Wissenschaftliche Untersuchungen
zum Neuen Testament

Herausgegeben von
Jörg Frey, Martin Hengel, Otfried Hofius

154

Carsten Colpe

Iranier – Aramäer – Hebräer – Hellenen

Iranische Religionen und ihre Westbeziehungen

Einzelstudien
und Versuch einer Zusammenschau

Mohr Siebeck

CARSTEN COLPE, geboren 1929 in Dresden; Studium der Evangelischen Theologie, der Orientalischen Philologie und der Philosophie; Promotion 1955 (Dr. phil.) und 1960 (Dr. theol.); 1960 Habilitation; 1962–1968 Professor in Göttingen; Visiting Professor in Yale, Chicago und an der British Academy in London; 1969–1974 Professor für Iranische Philologie, 1975–1997 Professor für Allgemeine Religionsgeschichte und Historische Theologie an der FU Berlin; 1997 emeritiert.

BL
2270
.C650
2003

ISBN 3-16-147800-2
ISSN 0512-1604 (Wissenschaftliche Untersuchungen zum Neuen Testament)

Die Deutsche Bibliothek verzeichnet diese Publikation in der Deutschen Nationalbibliographie; detaillierte bibliographische Daten sind im Internet über *http://dnb.ddb.de* abrufbar.

© 2003 J.C.B. Mohr (Paul Siebeck) Tübingen.

Das Werk einschließlich aller seiner Teile ist urheberrechtlich geschützt. Jede Verwertung außerhalb der engen Grenzen des Urheberrechtsgesetzes ist ohne Zustimmung des Verlags unzulässig und strafbar. Das gilt insbesondere für Vervielfältigungen, Übersetzungen, Mikroverfilmungen und die Einspeicherung und Verarbeitung in elektronischen Systemen.

Das Buch wurde von Gulde-Druck in Tübingen auf alterungsbeständiges Werkdruckpapier gedruckt und von der Buchbinderei Spinner in Ottersweier gebunden.

HANS HEINRICH SCHAEDER (1896–1957)
und
WALTHER HINZ (1906–1992),
meinen iranistischen Lehrern,
gewidmet in altem,
unverändert lebendigem Gedenken
und mit immer wieder neuem Respekt

Inhalt

Vorwort XI
Erläuterungen XVII

Versuch einer Zusammenschau

I. Systematische und methodische Grundfragen 1

1. Zum Titel 1
2. Zum Hintergrund I: Die Herrscher 2
3. Zum Hintergrund II: Die Beherrschten 3
4. Herrschaftsprobleme I: Zur dynastischen Legitimität 4
5. Herrschaftsprobleme II: Zur Urheberschaft von Toleranz . 5
6. Historische Antworten I (jüdisch): Die Perser als Glaubensretter .. 8
7. Historische Antworten II (griechisch): Die Perser als Barbaren 10
8. Eine zeitlose Antwort: Der Marathonläufer 11
9. Moderne Antworten I: Weiterbildung des jüdischen Urteils 13
10. Moderne Antworten II: Verspielen des griechischen Sieges 16
11. Defizite der Imperialismusforschung 18
12. Aufzuschiebende Definitionen I: Das Sollen in der Geschichte ... 20
13. Aufzuschiebende Definitionen II: Kurzzeitige Konjunkturen und andauernde Strukturen 21
14. Konflikt der Perspektiven, Position I: Phänomenologie einer beherrschten Welt 23
15. Konflikt der Perspektiven, Position II: Die Unvermeidlichkeit von Herrschaft 25
16. Alte Rezeptionsprobleme I: Iran in der „Welt der Antike" .. 27
17. Alte Rezeptionsprobleme II: Iran in der „Umwelt der Bibel" 28
18. Methodenkonvergenz von Historie und Exegese 28
19. Beispielgruppe I: Frühzeiten und historisch-philologische Methode 30
20. Beispielgruppe II: Spätzeiten und katalysatorische Methode 30
21. Die verbleibende Aufgabe 32
22. Auswahl und Anordnung des Stoffes 32

II. Historischer Grundriß 35

Teil 1: 16. bis 9. Jh. v.u.Z.:
800 Jahre bloßer Orientierung an Linien zwischen himmlischen Grenzpunkten zwecks Erfassung der Dimensionen außerhalb irdischer Siedlungsgebiete 36

Teil 2: 8. bis 4. Jh. v.u.Z.:
Ein halbes Jahrtausend Geltung von „Osten" und von „Westen"
als klaren irdisch-geographischen Grenzpunkten 41
Teil 3: Beginn 3. Jh. v.u.Z. bis Mitte 3. Jh. n.u.Z.:
550 Jahre Verschiebungen äußerer und Überschneidung innerer Grenzen im metaphorisch werdenden West-Ost-Verhältnis 49
Teil 4: Mitte 3. bis Mitte 11. Jh. n.u.Z.:
800 Jahre wechselnde historische Gründe für Beendigungen von allen iranischen Westbeziehungen bisheriger Art 54
Teil 5: Eine auf die Europäische Sicht beschränkte Bilanz 69

Einzelstudien

Stück 1: Avicenna als Begründer einer neuartigen iranisch-westlichen Beziehung 70
Stück 2: Werfen die neuen Funde vom Toten Meer Licht auf das Verhältnis von iranischer und jüdischer Religion? 72
Stück 3: Geo Widengren: Iranisch-semitische Kulturbegegnung in parthischer Zeit 74
Stück 4: Lichtsymbolik im alten Iran und antiken Judentum 78
Stück 5: Die „Himmelsreise der Seele" als philosophie- und religionsgeschichtliches Problem 109
Stück 6: Kurze Charakteristik der Esra-Forschungen 1927–1967 129
Stück 7: Geo Widengren: Mani und der Manichäismus 139
Stück 8: Überlegungen zur Bezeichnung „iranisch" für die Religion der Partherzeit 145
Stück 9: Der Ausdruck „Mensch" als Interpretament iranischer Gestalten (Gayomart, Yama/Yima, Fravaschi) in Wechselwirkung mit einem humanistischen Interesse an ihm 155
Stück 10: Zur Überlieferung und zum Ursprung der Orakel des Hystaspes 167
Stück 11: Jüdisch-christlich-iranische Parallelen im Geschichtsbild 174
Stück 12: Schlüsse aus der Entwicklung der Vorstellung vom endzeitlichen Feuer 179
Stück 13: Großer König und Menschensohn 195
Stück 14: Ugo Bianchi: Il Dualismo Religioso 202
Stück 15: A. Henrichs und L. Koenen: Ein griechischer Mani-Codex . . . 224
Stück 16: Zarathustra und der frühe Zoroastrismus 229
Stück 17: Lehr- und Lernbeziehungen zwischen diversen Ostaramäern, westlichen Magiern und frühen Manichäern als dialektisch-historischer Prozeß 244
Stück 18: Die Arsakiden bei Josephus 260

Stück 19: Wissen und Erkennen in den Gathas 272
Stück 20: Parthische Religion und parthische Kunst 281
Stück 21: Mithra-Verehrung, Mithras-Kult und die Existenz iranischer Mysterien 288
Stück 22: Die iranische Dämonologie und ihre teilweise Umadressierung an Juden und Christen 316
Stück 23: Hintergründe der Irankenntnis und Inanspruchnahme Zarathustras im alexandrinischen Neuplatonismus 327
Stück 24: Auf der Grenze zwischen zoroastrischer und „westlicher" Weltalterlehre 340
Stück 25: Die griechische, die synkretistische und die iranische Lehre von der kosmischen Mischung 350
Stück 26: Irans Anteil an der Entstehung des antiken Synkretismus 365
Stück 27: Selbstbegrenzung von Iraniern in der eigenen Kommunität und ihr Funktionswechsel unter alteingesessenen und hinzugekommenen Dynastien (Ende 3. bis Ende 10. Jh.) 374
Stück 28: Daēnā, Lichtjungfrau, zweite Gestalt 383
Stück 29: Sethian and Zoroastrian Ages of the World 403
Stück 30: Mystische und berechnete, unendliche und astronomische Zeit in mittelpersischer Rezeption 416
Stück 31: Von den medischen Magern zu den hellenistischen Magiern . 448
Stück 32: Iranische Ursprünge der Gnosis? 455
Stück 33: Der iranische Anteil an der Entstehung der Mithras-Mysterien 462
Stück 34: Aion und Zurvan 466
Stück 35: Ältere und jüngere Dämonologie 470
Stück 36: Die Entwicklung der „Welt-selb-ander"-Tradition zum vollen Dualismus 473
Stück 37: Die iranischen Vorstellungen vom Weltende 478
Stück 38: Iranisches Königtum 485
Stück 39: Der iranische Begriff von der Seele 487
Stück 40: Die iranische Anschauung von der Weltschöpfung 490
Stück 41: Zarathustras Verhältnis zum Mythos 494
Stück 42: Zoroastrismus und Remythisierung 495
Stück 43: Zu einigen islamischen und westlichen Wert- und Weltvorstellungen 498
Stück 44: Iranische Religionen oder Iranische Religion? 526
Stück 45: Die Kurden als ethnische Minderheit 533
Stück 46: Die Jeziden als religiöse Minderheit 535
Stück 47: Die Pahlawi-Literatur 538
Stück 48: Vom hellenistischen, täuferischen und randständigen Judentum zur dualistischen Gnosis 545

Stück 49: Der „iranische Hintergrund" der islamischen Lehre vom vollkommenen Menschen 563

Stück 50: Ahriman oder der Unheil bringende Geist Zarathustras 567

Stück 51: Äußerungen leitender Institutionen und Bezeugung leitender Ideen in der hellenistischen Zeit Irans 583

Stück 52: Die iranische Vischtaspa-Gestalt und griechischsprachige Hystaspes-Literatur – Griechische und iranische Sibyllinen – Ursprünge jüdischer und iranischer Apokalyptik 603

Stück 53: Die Apokalyptik als Elementargedanke und als Diffusionsphänomen 622

Stück 54: „Sich der Westbeziehungen Enthalten" bei Iraniern: Von eigener Identitätsfindung im zoroastrischen Kalender bis zum Aufgehen in derselben Haltung bei Muslimen 630

Stück 55: Das Magiertum, die Mageia, der Magus 634

Stück 56: Priesterschrift und Videvdad 649

Stück 57: Die meistverbreitete iranische Anschauung vom Seelenaufstieg 661

Stück 58: Eine „zoroastrische Vergewisserung der eigenen Orthodoxie"? 663

Stück 59: Konsens, Diskretion, Rivalität 666

Stück 60: Ein westiranisch-mesopotamisches Milieu bei der Entstehung des Elkesaitentums 684

Stück 61: Zarathustra in Europa 691

Stück 62: Der böse Gott und der vom Bösen erlösende Gott – Marcions oder Zarathustras Lehre? 697

Epilog 704

Verzeichnis der 62 Einzelstücke 705

Vorwort

Der Titel dieses Buches eröffnet nur einen Teilaspekt auf ein größeres Ganzes. Damit ist sogleich die Frage gestellt, ob ihm ein anderes Großes – und dann vielleicht auch: Ganzes – gegenübersteht, das transhistorisch und über jegliches Ermessen erhaben, also entweder kleiner oder noch größer ist. Auf eine Antwort muß wohl jede Person spontan verzichten, es sei denn, sie beabsichtigt – wozu freilich die Versuchung gerade im Falle Iran eine ganz besondere ist –, auch metaphysische Sichtweisen zur Geltung zu bringen. Aber der Mensch begäbe sich damit bereits in die nähe eines Übertritts in „das ganz andere Große", für das die iranischen Sprachen eine Reihe von Wiedergaben bereithalten, die dicht beim Heiligen liegen, und für dieses von uns eine Dimensionierung verlangen, die den Leiden iranischer Völker, oder des iranischen Gesamtvolkes, an Ausmaß entspricht. Niemand ist dazu in der Lage, jeder muß bei dem Titel als einem historischen Thema bleiben. So verstanden, hat es ähnliche Themenstellungen neben sich (eingeführt ist „Iran Extêrieur") oder wird sie bekommen (dann handelt es sich höchstwahrscheinlich um vorerst eher programmatisch gebrauchte Namen, die mit „Eurasien" oder entsprechendem Adjektiv zusammengesetzt sind); sie sind ebenfalls wie kleinere auf ein Größeres hin orientiert. Zum Ziel haben die Verwirklichung dieses Ansatzes aber auch Überlegungen, die einmal ganz anders angesetzt waren, darunter die auf den folgenden Seiten dokumentierten; in sie und von ihnen ins Ganze führt vielleicht ein Stück Autobiographie des Verfassers am besten ein.

Es waren die verschiedensten Motivationen, die sich unter einigen politischen Hintergrundgedanken im Laufe der Zeit als wichtigste herausbildeten und zu dem schließlich gewählten Thema zusammenfügten. Auf dem Gymnasium hatte ich es noch für selbstverständlich gehalten, daß im Geschichts- und Griechischunterricht über die asiatische Despotie, derer sich die Griechen im Namen Europas durch ihre Siege bei Marathon und Salamis erwehrten, anders geredet wurde als im Religionsunterricht über jene insgeheim gottesfürchtige Nation, die den Juden in Babylon erlaubte, ihren Tempel in Jerusalem wieder aufzubauen. Dann, im Studium, gerieten diese Dinge auf eine andere Ebene. Mir wurde bewußt, daß es unser, der Rezeptoren Problem ist, wie wir mit dem bis dahin nur undeutlich gespürten Widerspruch fertig werden, daß es sich bei den Bedrohern Europas und den Errettern der Juden um dasselbe Volk handelte. Es gab gestandene Wissenschaftler, die mit den – in der Kriegsgeschichte ja garnicht seltenen – ganz unterschiedlichen Behandlungen von Feinden überhaupt nicht fertig wurden und sich aus der Verlegenheit halfen, indem sie den einen oder den anderen Feldzug einfach wegließen. Aufschlußreich war bei einigen, deren Meinung man nur noch in Büchern lesen konnte, wie ihre Option zu ihrer politischen Haltung – in Konformität oder Opposition – paßte oder (im

„Dritten Reich") gepaßt hatte. Alsbald wandelte sich die Kenntnis von der Haltung der beiden ersten „Könige der Könige" zu den Juden zur Frage nach ihren Beweggründen gegenüber den orientalischen Nachbarvölkern ihrer Untertanen überhaupt, während die Letzteren im Verhältnis zu europäischen Völkern nahezu gleichzeitig in die Topik einrückten, in der das auf sie angewandte Wort „Barbaren", mit dem bis dahin vor allem die „Sprecher von schlechtem Griechisch" bezeichnet wurden, die Bedeutung „Vollbringer grausamer Taten" dazugewann. – Später lernte man Gruppen kennen, von denen nicht wenige mit der Unterstellung jener schlimmsten Nuance der Barbarenbezeichnung diskriminiert worden waren, und die sich jetzt sogar gegen potentielle fürstliche Fortsetzer der gnädigen Gewährung von Sonderrechten auflehnten, wie sie den im babylonischen Exil lebenden Juden zuteil geworden war; das war ein Verhalten, das in der Geschichte ganz neu entstand, indem die sich aufgerufen Fühlenden ihren Zustand als Folge einer Vorenthaltung von „Toleranz" anprangerten, die dringlich zu fordern jetzt endlich die Zeit gekommen sei. – Ganz anders tauchten, noch später im Studium, die „Iranier" in den Bibelwissenschaften auf. Sie hätten die Apokalytik ausgearbeitet, die dann von den Juden zu einer „Mutter der christlichen Theologie" weiterentwickelt worden sei, und außerdem ein iranisches Erlösungsmysterium geschaffen, das teils im Verein mit Apokalytik und Mysterien, teils als selbständiger Träger von Gnosis ungeahnte Wirkungen entfaltet habe. Das führte zu Thesen, an denen sich jugendliche Gemüter abarbeiten konnten, die sich auf eine radikale „religions-" und das hieß damals bei einigen von uns zugleich: „selbst"-kritische Gesinnung etwas zugute hielten. – Beim Propheten Zarathustra konnte man gar dem Reiz nachgeben, Jesus neben ihn zu stellen und die Möglichkeit einer größeren prophetischen Autorität des einen vor dem anderen im Zuge der fortlaufenden Offenbarung zu untersuchen. – Schließlich gab es eine späte politische Erweckung mittels der schweren Einübung in die Imperialismusproblematik, für die allerdings nicht wir Orientalisten und Theologen von anderen, sondern andere von uns wenigstens die Tatsachen zu lernen hatten – gibt es doch bis heute politologische Standardwerke, in denen das Land oder der Staat Iran, geschweige die Priorität des iranischen Imperiums bzw. der imperialen Ideologie vor den späteren Stoßrichtungen des mit den politisch – militärischen Bestrebungen heutiger Großmächte zusammengebrachten, jetzt kritisch revidierten Weltherrschaftsgedankens keines Wortes, weder einer Zustimmung noch eines Vorbehaltes, gewürdigt werden.

Es wäre nun zuviel gesagt, daß ich seit der Mitte meines Theologiestudiums und danach Iranistik nur studiert habe, um über diese Dinge ins Klare zu kommen. Die erste Wahl eines Berufes, eines Studiums, eines Faches kann ja nicht wirklich begründet werden. Der nachträglichen Rationalisierungen des dahinter stehenden Wunsches ist kein Ende, und sie lenken alle davon ab, daß man, solange man kann, gewisse Dinge einfach tut, weil man Lust dazu hat. Davon gab und gibt es auch in den Iranwissenschaften übergenug. Als ich – von der Studienstiftung des Deutschen Volkes, die ich hier mit großem Dank erwähne – in den Stand gesetzt wurde, den größeren und wichtigeren Angeboten nachzugehen, meldeten allerdings die eingangs angeführten Umstände mit Macht ihren Anspruch auf Berücksichtigung an – jedoch im Verein mit anderen Dingen, die wohl interessant waren, aber für sich allein ein solches Engagement nicht gefunden hätten. Ich habe bei Begründungen für die von mir getroffene Fächerwahl von Anfang an eine Antwort auch auf die Frage versucht, was in und an der Iranistik eigentlich die oft zitierte Größe ausmacht, und fand heraus: es ist das und nur das, was quantitativ zu verstehen ist. Es ist das, was (wie z. B. die geographische Ausdehnung) *gemessen,* und das, was (wie z. B. die Sprachreste oder die archologischen Denkmäler) *gezählt* werden kann. *Somit erschien mir nach und nach mein auf die Rolle der zu ihrer Zeit beteiligten Völker und Nationen politisch zugespitztes Thema nicht länger als ein großes, wohl aber als ein ganzes, und das vertrete ich weiterhin.* Nur von dieser Haltung aus, so wurde mir außerdem bald klar, braucht man auch das, was einem von den beiden anderen Optionen aus an Gemessenem und Gezähltem geboten wird, nicht einfach zu ignorieren, sondern kann Gründe dafür angeben, *inwieweit man es,* namentlich als Repräsentanz auch des Großen, das das Ganze mitvertritt, *positiv will,* und *inwieweit man es nicht will.*

Hier zeigte sich nun aber, daß die positive wie die negative Entscheidung unterschiedslos grundlegende Überlegungen beiseite gedrängt hätte – Überlegungen herkömmlicher, d.h. auf Wissenserweiterung angelegter Art. Wollte ich nicht den diesbezüglichen wissenschaftlichen Status der Iranistik anachronistisch festschreiben, womit ich ja letztlich auch meinem Thema einen Bärendienst erwiesen hätte, so mußte ich nicht nur auf diese zunächst eher beiläufig aufgetauchten Anforderungen eingehen, sondern ihren Kreis noch erweitern, und sei es auch nur, damit einige Differenzierungen überzeugender, als für Details ohnehin nötig, vorgenommen werden konnten. Widerwillig mußte ich mich schließlich, und rasch zu der Feststellung bequemen, daß es sogar unter meinem bereits geklärten Voraussetzungen eine ganze Reihe von Grundfragen gab, unter denen nur ausgewählt werden konnte. Diejenige, die sich durchsetzte, sei hier angedeutet. Sie steckt nunmehr in dem Versuch, die historische Sicht auf ein Territorium, das vom 6. bis 4. Jh. v. Chr. ein Teil des iranischen Weltreichs war, nach rückwärts bis zum Erkennbarwerden von Irano – Ariern (um 1000 v. Chr.) und nach vorwärts bis zu einem neben dem arabisch – abbasidischen Kalifat sich letzmalig profilierenden Iraniertum unter den Samaniden (873–999) und ihren Nachbardynastien zu erweitern. Eine wie auch immer beschränkte Darbietung des Stoffes kam natürlich nicht in Frage. Es ging vielmehr weiterhin um Zusammenschau der wichtigsten Stationen. Hauptprinzip dabei mußte sein, Kriterien zu folgen – von denen einige erst noch zu entwickeln waren –, unter denen eine proto-, eine para- und evtl. eine „post-iranische" Religionsgeschichte konzipiert werden kann.

Innerhalb dieser 2000 Jahre liegt ein *Schwerpunkt* in dem halben Jahrtausend um den Beginn unserer Zeitrechnung herum. Es handelt sich, je nach dem Winkel und Standpunkt, von dem aus man blickt, um den Hellenismus (in griechischer oder „vorderasiatischer" Gestalt), um Israel mit dem Frühjudentum und – in der 2. Epochenhälfte – dem Urchristentum, schließlich um die Alte Kirche und um Frühbyzanz. In Iran wird gleichzeitig die Kultur von neuen Völkern umgeprägt, die nach einer alten Landschaft „Parther" genannt und von 247 v. u. Z. bis 224 n. u. Z. von den Arsakiden regiert werden. In dieser Zeit entstehen die religionsübergreifenden Formen der Mysterien, der Apokalyptik und der Gnosis. Sie werden nach einer früher weit-, heute immer noch verbreiteten Meinung in Iran oder in seiner unmittelbaren Nachbarschaft in ihrer jeweiligen Gesamtheit durch die Mithrasmysterien, die Hystaspesorakel und den Manichäismus repräsentiert. Da dies religionsgeschichtlich ein ideologie- und hypothesenfreundlicher Bereich ist, schien es mir geboten, alle drei Bildungen zweimal darzustellen: eimal in Auseinandersetzung mit der, in wenigen Fällen auch mit Konzession zugunsten der These, sie seien rein iranisch, das andere Mal im Blick auf den für sie nahezu konstitutiven Synkretismus, in dem sich evtl. iranische Elemente gehalten haben.

Meine Weigerung, den Umgang mit dem stofflich Großen zu bevorzugen, war in all diesem durchaus begründet, aber in erster Linie war sie eine Konsequenz aus der Einsicht, daß die Notwendigkeit, einen geschichtlich vertretbaren Begriff des Sollens zu gewinnen, zwar grundsätzlich nur in Auseinandersetzung mit historischen Tatbeständen erfüllt werden kann, daß aber de facto diejenigen Tatbestände, in denen es um die „Großen Dinge" geht, für dergleichen Normgewinnung ganz ungeeignet sind. Diesem vorerst zu registrierenden Scheitern zur Seite trat ein durch literarische Form der Topik ans Licht gebrachter, allerdings nicht eindeutiger Grund: Gegensätze, die mit der Zeit Topoi werden, kann man sich fast beliebig viele aus der großen Anzahl inhaltsarmer Nomina heraussuchen, die zueinander konträr stehen. „Das Geziemende" und „das Unziemliche" reichen als Beispiel aus. Hier sind wir genötigt, uns an den iranischen Hauptcasus zu halten. Wir wissen nicht, wie sich Darius I. auf seinen Feldzügen wirklich verhalten hat; daß aber sein Verhalten erst in Jerusalem (ca. 520–515), dann bei Marathon (490) zunächst zur Hypothese einer bestimmten Tolerantentopik dann zu Neukonstruktionen einer Barbarentopik führte, das wissen wir oder können es ermitteln (wenn wir nicht selbst die Urheber dieser Topiken sind). Der ersteren läge dann eine politische Beziehung Irans zu Israel, der letzteren eine kriegerische Beziehung Irans zu Griechenland zugrunde. Zwischen den drei Völkern und dem deutschen zeigt sich damit eine je besondere, sympathetische Verbindung. (Ich hatte in einer privat gebliebenen Arbeit aufzeigen wollen, wie es dazu kam. Die wichtigsten Gedanken sind in die „Systematischen und methodischen Grundfragen" eingegangen. Im Bedenken dessen haben eine ganze Reihe der seit 1988 zusammengestellten Texte ihre Form gefunden.)

Unter den zahlreichen Gegensätzen aber, mit denen man es hier zu tun bekommt, kann keiner schärfer sein als der absolute, der zwischen im Dunklen geübter grausamer Barbarei und öffentlicher Toleranz besteht. Bedenkt man nun, daß dieser Gegensatz mit wichtigen ähnlichen Gegensätzen wie zwischen Krieg und Frieden, Bosheit und Güte, Grausamkeit und Barmherzigkeit parallelisiert werden kann, dann stößt man zwar, so sensibilisiert, nicht selten auf Gegensätze, die gleich absolut zu sein scheinen. Vor allem jedoch bemerkt man, daß sie in einer Topologie sich ganz *verwaschen* ausnehmen. Ich habe trotzdem unter den absoluten Gegensätzen dem zwischen öffentlicher Toleranz und verborgener Barbarei bestehenden seinen Höchstrang belassen, aber nicht, weil das Faktische letzlich stärker dastehen soll als das Topische, sondern weil ich keinen Gegensatz kenne, in dem sich schon die erst bevorstehenden Folgen in einer Weise verdichten, die niemand erfinden kann, weil der Gegensatz außerdem aus einem einzigen geschichtlichen Grunddatum (in diesem Fall den letzten fünfundzwanzig Lebensjahren eines antiken Königs) ableitbar ist. Aber wer hat die Gegensätze, wie sie im Kleinen fast aus jedem alltäglichen Vorgang entstehen können, in einem Ausmaß voneinander wegstilisiert, das nicht nur verständlich macht, warum ein Ausgangspunkt nicht mehr bekannt ist und niemanden neu interessiert, sondern auch, warum es so schwierig ist, in anderen Problemzonen einen Sachverhalt oder Begriff aufzufinden, in dem sich die Widersprüche ebenso unauflöslich verknoten? Der falsche Ethiker, den man hier erschließen müßte, verführt zu der Simplifikation, daß das topische Barbarei-Toleranz-Verhältnis ein Gegensatz ist, die ganze Weltgeschichte durchzieht. Ist das richtig? Zwar läßt sich in einer Skala „Barmherzigkeit – Güte – Frieden – Toleranz" und in einer anderen „Grausamkeit – Bosheit – Krieg – Barbarei" jeder Begriff als Topos des folgenden *wie auch des vorausgehenden* verstehen, und noch dazu die erste Reihe als Konkretisierung des Topos „geziemend", die zweite als Konkretisierung des Topos „unziemlich". Doch die Skala ermöglicht das Erkennen von noch anderen Übeln ohne sich in Synonymen und Sinnäquivalenten zu gefallen und so jede Unterscheidung unmöglich zu machen. Aber ist es überhaupt richtig, daß das Kleine groß gemacht wird, vielleicht damit man es besser erkennt? Die Vielfalt des Schrecklichen im Großen bleibt doch mehr als die Multiplikation oder Addition desselben im kleinen, und diesem sehr komplexen Tatbestand kann eine per Gleichsetzung versuchte Erklärung ebensowenig gerecht werden, wie die Analyse eines großen Unheils zur Normgewinnung verhilft. So kam ich zu der Meinung, daß es bis auf Weiteres genügen muß, das Sollen in der Geschichte zu wollen, und wenn andere es für unmachbar halten, an einer metaethischen Theorie zu arbeiten.

Als ich i.J. 1987 einmal noch nicht wußte, daß sich eine negative Prognose meines Gesundheitszustandes als übertrieben herausstellen sollte, packte ich die Aufsätze bzw. aufsatzartigen Arbeiten (davon zwei „noch nicht ganz fertig"), die das Thema, so wie ich es heute verstehe, gerade noch, aber immerhin vorbereiten, und die deshalb auch dieser Band als Kapitel enthalten darf, zusammen, dazu zwei, die jetzt als Kapitelteile figurieren, und zwei über die Beurteilung von Mithrasmysterien und Manichäismus bei den Kirchenvätern, die jetzt weggelassen sind. Dies bot ich Martin Hengel und Georg Siebeck an, die das Manuskript für die *Wissenschaftlichen Untersuchungen zum Neuen Testament* annahmen. Aber erst nach zwölf Jahren kam ich wieder dazu, die Arbeit am Manuskript, die nach und nach nötig geworden war, wieder aufzunehmen und abzuschließen.

Durch die Titel, die seit 1988 hinzugekommen waren, sah ich mich zu einer tiefgreifenden Neuredaktion gezwungen, die schließlich anderthalb Jahre in Anspruch nahm. Sinnvoll und üblich sind drei Weisen, ein solches Thema anzugehen: man erarbeitet eine *Monographie*, beteiligt sich an einem *Sammelwerk*, oder schreibt, wenn einen am Thema etwas neu interessiert, *Aufsätze*, bis davon genügend vorliegen, um eine Sammlung „Kleine Schriften" zu ergeben. *Keine dieser drei Möglichkeiten schien mir inzwischen auszureichen, die noch verkannte Gegenwart der Probleme angemessen zu bezeugen.* So rechnete ich widerwillig dazu, worüber das Verzeichnis der Einzelstudien jetzt Auskunft gibt, und holte in den so erweiterten Kreis nachträglich noch einiges aus den Jahren vor 1988 hinein. Die Benutzbarkeit der Gattung „Kleine Schriften" mußte dabei erhalten bleiben, die anderen Texte sollten aber ebenso „diplomatisch getreu" zitiert und zitierbar sein. Ich kann nur hoffen, daß die Kritik das Resultat akzeptiert. Mich jedenfalls hat diese Aufgabe und die gewählte Form ihrer Bewältigung erheblich weiter gebracht. Manche Nuance hätte sich nicht gezeigt, wenn nicht die Nötigung zur gattungsorientierten Verwendung eigener Arbeiten dahinter gestanden hätte. Ich versichere außerdem jedem Arbeiter auf Feldern wie diesem, daß sogar die verdrießliche Konsequenz, sich selbst herausgeben zu müssen, nicht zu frustrieren braucht, und daß die damit verbundene Parteinahme für die eigene Person niemandem schadet, aber viele amüsiert.

In meiner gesundheitlich sehr kritischen Lebensphase haben Georg Siebeck und Martin Hengel die Arbeit am Manuskript in einzigartiger Weise mit Geduld und Ermunterung begleitet und gaben mir, verstärkt durch die Herstellerin Ilse König, den Verlagslektor Henning Ziebritzki und die Berliner Freunde Gisela Herdt, Bogdan Burtea und Markus Wachowski, mit denen allen die Zusammenarbeit eine besondere Freude war, die Gewißheit, daß das Buch erscheinen werde. Wer kann für mehr zu danken haben?

Berlin, nach dem 11. September 2001   Carsten Colpe

Erläuterungen

Das Buch besteht im Wesentlichen aus drei Abteilungen: den Systematischen und methodischen Grundfragen, dem Historischen Grundriß und den Einzelstudien *Stücke 1 bis 62*. Während die Grundfragen Überlegungen beinhalten, die sich aus dem Überblick über den behandelten Gegenstand ergaben, wird im Historischen Grundriß skizziert, wie die Gliederung einer ordentlichen Monographie zu dieser Sache aussehen könnte. Es muß sich um eine Paraphrase eines zwar nicht existierenden, aber doch denkbaren Buches handeln.

Der Historische Grundriß wird durch die Teile (1–5), Kapitel (I–XLIII) und dazu parallel durch die Abschnitte (A–X) strukturiert. Alle umfassen quantitativ den gleichen Stoff, erschließen ihn aber unter verschiedenen Gesichtspunkten. Während sich Teile und Kapitel eher an chronologischen Einteilungen orientieren, umfassen die Abschnitte den Stoff primär unter dem Gesichtspunkt erscheinender und verschwindender Phänomene.

Die anstelle des Historischen Grundrisses zu denkende Monographie ist in einigen Passagen durch einen eigenen Text eingeführt, an anderen dienen die Verweise in Fußnoten oder auf die angefügten Einzelstudien als Beispiel für die angestrebte Vorgehensweise. Auf die *Stücke 1 bis 62* kann u. U. von verschiedenen Stellen aus verwiesen werden, es werden aber alle 62 Einzelstudien mindestens einmal herangezogen. Größe und Inhalt der Stücke bestimmen dabei, ob sie ein ganzes Kapitel oder kleinere Einheiten repräsentieren. Das chronologisch geordnete Verzeichnis der 62 Einzelstücke ab Seite 705 gibt über die Erstpublikationsorte und gegebenenfalls über Titeländerungen Aufschluß. In diesem Verzeichnis finden sich auch vier sogenannte 0-Stücke, die sachlich zwar dazugehören, aber weil sie keine wissenschaftlichen Texte sind, nicht abgedruckt wurden.

Der Historische Grundriß enthält auch die Überschriften von Kapiteln, die nicht mit Stück-Verweisen oder einem Text versehen sind. Das geschieht, damit das, was ausgearbeitet wurde, keinen verschiebbaren Ort erhält. Die Leser sollen auf den ersten Blick erfahren, was zu einer monographischen, auf Vollständigkeit bedachten Darstellung noch gehören würde.

Versuch einer Zusammenschau

I. Systematische und methodische Grundfragen

1. Zum Titel

Iranier – Aramäer – Hebräer – Hellenen – dies sind Namen von Völkern oder kleinen Völkergruppen, hergenommen von ihren Sprachen, in denen sie, die Völker selbst, so genannt werden. Ihre Aufzählung beginnt, von jedermann sogleich und einfach zu erkennen, auf unserer Erdkarte an einer Stelle im Osten, die in jeder Richtung von den Weltmeeren sehr weit entfernt ist, und geht nach Westen, wo sie an ein Meer herankommt. Zu Beginn des Weges dorthin wird sich das Verhältnis zwischen Iraniern und Aramäern als ein sehr einfaches erweisen. Dann aber hängt es von der Sichtweise des historischen Betrachters von heute ab, ob als die letzten in der Reihe nur die „westlichsten", die Hellenen zu gelten haben oder, da der geographische Längengrad nicht zuviel bestimmen sollte, mit ihnen zusammen auch die Hebräer. Kann man eine Vergleichsebene finden?

Der Untertitel „Iranische Religionen und ihre Westbeziehungen" sagt mit seinem letzten Wort, daß nicht an ein flächenhaftes Nebeneinander gedacht ist, sondern an Vorgänge in der Zeit. Am Schluß der Aufzählung müßten also diejenigen Völker stehen, zu denen Beziehungen zuletzt hergestellt worden sind. Da Beziehungen sehr vielfältig und in mancher Hinsicht nicht exakt datierbar sind, kann von ihnen eindeutig nur auf Grund eines kleinen Ensembles erster Kontakte gesprochen werden. Solche hat es in diesen Fällen zwar genügend gegeben, sie liegen aber bei beiden Völkern intern so nahe beieinander und überschneiden sich so dicht zwischen ihnen, daß sinnvoll nicht zu entscheiden ist, wer mit der letzten Stelle vorlieb nehmen muß. Hebräer und Hellenen sind hier an einer weltgeschichtlichen Konstellation beteiligt, die noch mehr Momente hat als das der Gleichzeitigkeit. Sie bringen darin ihre Mentalitäten und Volkscharaktere ein, wie sie sich auf beiden Seiten verschieden entwickelt haben, ferner solche der Kultur und der Religion sowie ganz unterschiedliche Erfahrungen mit einem dritten Volk als Feinden oder Freunden. Diese Beschaffenheiten können durchaus Mittel einer Erkenntnis werden, die über sich kein Widerspruchsprinzip anerkennt. Weitere Analogien zum cusanischen Denken ließen sich finden, doch geht es hier nicht um Gottes-, sondern um Geschichtserkenntnis. Diese ist seitens der Beteiligten wie bei uns in ihrem Verhältnis zu Daseinsformen formal so strukturiert, daß man das, was so bewirkt wird, eine Koinzidenz nennen darf. Aber zu opposita werden die Erscheinungszustände der beiden, wie überhaupt aller Völker erst da, wo sie aufeinander treffen: an sich sind sie nicht metaphysisch, sondern von temporaler Natur.

2. Zum Hintergrund I: Die Herrscher

Eine die entscheidenden kulturellen Grundorientierungen einschließende Übereinstimmung zweier Völkergeschicke, einerlei wie sie sich im übrigen voneinander unterscheiden, kann nur innerhalb gleicher historischer Zusammenhänge erfolgt sein. Diese bestehen hier im Ablauf von Ereignissen, von denen nicht nur Hebräer und Hellenen betroffen waren. Man bezeichnet sie herkömmlicher Weise nach für die betreffende Angelegenheit maßgebenden Personen. Zu Anfang sind es deren zwei, Perser in machtvoller Stellung. Ihre Namen lauten in griechischer Wiedergabe: Kyros (in seiner Abkunftsreihe gezählt als „der II.", hatte dreißig Jahre die Macht, nämlich 559–529 v. u. Z.) und Dareios (I., herrschte fünf Jahre länger als jener sein Vor-Vorgänger: 521–486 v. u. Z.). Am Ende des Ablaufs steht der Name eines dritten Mächtigen, des Makedoniers Alexander (übte nur wenig länger als ein Drittel der Zeit jedes der beiden Genannten Macht aus, 336 bis 323 v. u. Z.). Diese drei gehören zu den ersten in aller Welt, die von der Geschichtsschreibung aus ihrem eigenen wie aus der Umgebung der betreffenden Machtträger selbst kommenden Antrieb mit einem Beiwort bedacht worden sind, das den Ausübenden sonstiger Männerberufe für immer versagt bleibt; denn bereits ihrem Erwerb einer Anwartschaft auf etwaige Chancen stünde eine Kumulation von Vertretern aus dem militärisch-dynastischen Bereich entgegen. Diese werden weder auf eigenen noch auf irgendjemandes anderen Beschluß hin die Erhebung einer Personenanzahl, die bloß der statistische Mittelwert von einer etwas gleichmäßigeren als der bisher praktizierten Erstrekrutierung aus der verfügbaren Bevölkerungsgruppe wäre, in den Rang eines Dividenden zulassen, der bei der Festsetzung ihrer Sollstärke das Seine dazugibt. Das Beiwort, das so viel Mühe macht, ist das schmückende „der Große".

Zwischen den beiden Großen am Anfang und dem einen am Ende hat der Ablauf der Ereignisse bekanntlich zum ersten Weltreich in der Menschheitsgeschichte geführt, das den Dimensionen nach bis heute diesen Namen verdient. Es umfaßte viele besiegte Völker.[1] Sie gehörten zu einer „Größe", die wir an be-

---

[1] Corpus Inscriptionum Iranicarum: *Part I:* Inscriptions of Ancient Iran. *Vol. I:* The Old Persian Inscriptions. *Texts I.* The Bisitun Inscriptions of Darius the Great. Old Persian Text (ed. by) RÜDIGER SCHMITT, London 1991, S. 83 – 85: Words and Forms discussed in the Commentary; *Vol. II:* The Babylonian Versions of the Achaemanian Inscriptions. *Texts I:* The Bisitun Inscription of Darius the Great. Babylonian Version by ELIZABETH N. VON VOIGTLANDER, London 1978, Sections 6, 10, 12, 16, 18, 20, 21, 24, 25, 26, 28, 29, 31, 33, 34, 37, 39, 41, 54. *Vol. V:* The Aramaic Versions of the Achaemanian Inscriptions, Etc., *Texts I:* The Bisitun Inscription of Darius The Great. Aramaic Version. Text, Translation and Commentary by JONAS C. GREENFIELD and BEZALEL PORTEN, Introduction by Bezalel Porten, Hand Copy by Ada Yardeni, London 1982,

stimmten Eigenschaften, ja an ihren „Gegenständen" wiedererkennen, als da sind funktionierende Verhältnisse zwischen Zentrale und weit entfernten Peripherien, ein für Kommunikation wie Kontrolle gleich gut geeignetes Fernstraßennetz, die Schaffung von sehr vielen Arbeitsplätzen zur Sicherung des jeweils Gewünschten: mit der angesehenen Dienstbezeichnung „Auge des Königs".

3. Zum Hintergrund II: Die Beherrschten

Für die Völker war fortan – denn die nur ein Menschenleben lang währende (und keineswegs flächendeckende) Ausnahme des weißen Raben Kyros (Kap. XII) wiederholte sich nicht – etwas anderes wichtig als für die Großkönige. Hoch in die Felsenwand bei Behistun ließ Dareios unter anderem die Sätze meißeln[2]: „Ich gab dem Volk zurück die Gehöfte, das Vieh und das Gesinde ..., die Gaumata der Magier ihnen geraubt hatte. Ich setzte das Volk wieder an seinen Platz – Persien, Medien und die sonstigen Länder. So wie (es) vorher (gewesen war), schaffte ich wieder herbei, was weggenommen worden war. Nach dem Willen Ahuramazdas tat ich dies". Er macht damit unmißverständlich klar, was ein Großkönig tun und was er unterlassen kann. Die Völker, denen er von (Kriegs-)Fall zu (Kriegs-)Fall gegenübertrat – das waren im Prinzip immer alle existierenden bis auf das eine ihm bereits untertane – bekamen öfter, als ihnen lieb war, die Kehrseite dieser positiven Aussage zu spüren. Das war bekannt, und damit war nicht nur da, wo es um Besitz ging, sondern in sämtlichen wesentlichen Dingen die Charakteristik der Völker von außen durch allerlei Abschätzigkeit geprägt und mußte es in ihrem eigenen Bewußtsein immer bleiben. Diese läuft permanent auf das Ziehen von Grenzen hinaus, die zu natürlichen Abschlüssen quer stehen oder sie zerstören. Eine erzwungene Begrenzung sämtlicher Lebensphasen war z.B. das andauernd nötige Rechnen mit einer Lebensbedrohung (Beschlagnahme von Nahrungsmitteln, Viehfutter, Sachgütern als Steuern; Wegfangen von Familienernährern für irgendeinen Kriegsdienst), für die unwiderruflich ein Termin wie in einem amtlichen Kalender feststand. – Eine Maßnahme, die böse Erfahrungen (z.B. Befehle an das Heervolk zur Brandschatzung eines Landes bei seiner Eroberung; den Mißbrauch namentlich weiblicher Bewohner bei Durchzug einer Armee auch im Frieden) noch nachträglich

---

S. 58–60: List of Personal Names, Place Names, and Gentilics. Diese Ausgaben enthalten auch die Resultate der Forschung über die Geschicke der Völker und die Formen ihrer Namen in den drei Sprachen. Sie ermöglichen ferner, von den angegebenen Stellen aus die noch nicht überall vollzogene Unterscheidung und Identifikation wirklicher Völker von den Parteigängern der Gegner der Könige – Einheiten, die durchaus nicht immer zusammenfallen.

[2] Behistun – Inschrift § 14, übersetzt von RYKLE BORGER und WALTHER HINZ in: Texte aus der Umwelt des Alten Testaments (= TUAT); Bd. I, Liefg. 4 = Abt. „Historisch-chronologische Texte" I, Gütersloh 1984, S. 419–450, dort S. 427.

zu einer Lebensbegrenzung machen konnte, war das Schweigen der Chronistik über gewisse Schlimmes verursachende Willkürakte, deren Urheber für die Erdulder der lange nachbleibenden Traumata damit unauffindbar gemacht werden – was die letzteren noch einmal entwürdigte, indem dieses Schweigen sie auch noch zu Namenlosen machte, die als Kollektiv bis heute noch bösartiger verachtet werden als diejenigen, die man vor jeder Rechenschaftspflicht durch Geheimhaltung schützt (diese Art von Anonymität gilt dann, verglichen mit Namenlosigkeit, geradezu als vornehm).

4. Herrschaftsprobleme I: Zur dynastischen Legitimität

Unter den grundsätzlichen Problemen, die hier ans Tageslicht kommen, gibt es zwei, mit denen man sich generationenlang nahezu ausschließlich beschäftigte. Beide hängen am Königtum. Die eine Frage war, ob die Könige der Religion Zarathustras anhingen oder nicht, und die andere, ob sie die ersten toleranten Herrscher in der Weltgeschichte waren. Wer ganz tief loten wollte, verband die beiden Fragen miteinander. Die Fragen sind echt und für die Rekonstruktion der Verhältnisse unter der Obmacht eines jeden dieser Herrscher weiterhin wichtig[3], nicht zuletzt wegen des Vielen, was sonst, zumeist außerhalb des iranischen Territoriums, noch daran hing: Gottessohnschaft, Erlösergesandtenlegitimation, sakrales Königtum[4]. Aber für die Individualität jedes Achämeniden sind diese Fragen nicht mehr interessant. Denn es ist mittlerweile erwiesen, daß ein Gottesbekenntnis überhaupt von einer Generation zur anderen nicht unverändert bleibt, und daß es eine reine, ungeteilte Anhängerschaft schon innerhalb ein- und derselben Generation empirisch nicht gibt. Soweit man feststellen konnte, unterliegen allen diesen Bedingungen auch Könige. Bei ihnen kommen noch weitere Gründe hinzu, die das sowieso nie ohne politische Absicht öffentlich Geäußerte nur als Zeugnis für ihre eigene (auch hier wie immer: die Selbsttäuschung einschließende) Psychologie, aber nicht als Protokollsätze für die Gestaltung der Wirklichkeit zu nehmen gestatten. Sollte eine größere Menge von Indizien vorliegen, daß es damit in der Hand von bestimmten Königen eine besondere Bewandtnis habe, so ist ihre Anzahl im Verhältnis zu der sehr viel größeren Menge von Gelegenheiten immer noch so verschwindend klein, daß man sie für abschließende prosopographische Feststellungen vielleicht verwen-

---

[3] Von dieser Überzeugung aus ist verfaßt: WALTHER HINZ, Darius und die Perser. Eine Kulturgeschichte der Achämeniden, 2 Bde, Baden-Baden 1976 und 1979. Vor allem wegen der Spezialbemerkungen zu Einzelheiten und Ereignissen, auf die mehr Wert gelegt wird als auf Strukturen und Gesetzmäßigkeiten (Reliefs, Inschriften, Datierungen) wird es sich noch lange lohnen, dieses Werk zu konsultieren.
[4] Gerade so, d.h. umfassend aufgearbeitet von GREGOR AHN, Religiöse Herrscherlegitimation in Iran (Acta Iranica 31), Leiden – Louvain 1992.

den kann, sie aber z.B. als Faktor in Erklärungsmodellen jeglicher Art ausschließen muß.

Es gibt noch einen weiteren, tiefer greifenden Aspekt in der Kritik der dynastischen Legitimität. Kyros war höchstwahrscheinlich kein Nachkomme des als Stammvater und Heros Eponymos der Phratrie in Anspruch genommenen Achaimenes (Kap. XI), d.h. kein Achämenide[5], sondern wurde erst in Inschriften aus Pasargadai, die auf das Konto Dareios des I. gehen, dazu gemacht, offenkundig um ihn in die – tatsächlich achämenidische – Familie des zweiten Reichsgründers hineinzuholen. Nach Herodot (hist. 1, 107f.) und Xenophon (Kyropädie 1, 2, 11) war er der Sohn einer medischen Mutter, was auf Legitimitätsansprüche in dieser Richtung weist. Kyros' Karriere als persischer Thronprätendent begann als König von Anschan und setzte sich in dem Maße fort, wie Klienten dieses Kleinkönigtums als solche des potentiellen Großkönigs erschienen. Als „Lehre aus der Geschichte" bleibt bisher, daß vom Beginn hochkulturlichen Herrschertums an die königlichen Erfolge am sichersten eintraten, wenn für den, dem sie gutgeschrieben wurden, irgendein Verwandter die Eintrittsbedingungen mitgeschaffen hatte.

5. Herrschaftsprobleme II: Zur Urheberschaft von Toleranz

Dies ist die Frage schlechthin, deretwegen das altpersische Königtum bis heute ein größeres Interesse gefunden hat als sämtliche anderen antiken Herrschaftsformen[6]. Sie sei deshalb wegen ihrer Wichtigkeit ausführlicher als die anderen Fälle behandelt und an den Anfang gestellt. Daß „Toleranz" die richtige Bezeichnung ist, soll damit nicht gesagt sein.

a) Das zentrale Faktum im Vollzug dieser Praxis war und ist die Erlaubnis zum (Wieder-)Aufbau des jüdischen Tempels. Es kommt in diesem Zusammenhang nicht darauf an, ob Kyros dem II. oder Dareios dem I. das größere Verdienst an der Erteilung dieser Erlaubnis gebührt. Der Tempel, der da wieder erbaut wurde, figuriert in der jüdischen Geschichte als „der Zweite Tempel". Es möge an dieser Stelle genügen, die opinio communis – man kann sie auch eine überwältigende Mehrheitsmeinung nennen – über ihn wiederzugeben.

---

[5] R. ROLLINGER, Der Stammbaum des achaimenidischen Königshauses oder die Frage der Legitimität der Herrschaft des Dareios, in: Archäologische Mitteilungen aus Iran und Turan 30, 1998.

[6] Die Ereignisse oder Angelegenheiten, die Toleranz bedeuten sollen, sind kurz zusammengestellt von PETER FREI und KLAUS KOCH, Reichsidee und Reichsorganisation im Perserreich (OBO 55), Freiburg und Göttingen 1985. Mit dem ersten Teil setzt sich Punkt für Punkt auseinander JOSEF WIESEHÖFER, ‚Reichsgesetz' oder ‚Einzelfallgerechtigkeit'? Bemerkungen zu P. Freis These von der achaimenidischen ‚Reichsautorisation', in: Zeitschrift für Altorientalische und Biblische Rechtsgeschichte 1, Wiesbaden 1995, S. 36–46. Die Argumente beider werden unten ohne besondere Verweise in die Erörterung aufgenommen.

Die Zeit des „Zweiten Tempels" wird allgemein als diejenige beschrieben, in der alles – manches sogar dicht um ihn herum, in seiner unmittelbaren Nähe – geschehen sei, was heute noch den Ruhm und die Eigenart Israels ausmacht. Die Zeit, da es jenen der Ehre Gottes geweihten Bau gab, war die, in der das Volk Israel, dem dieser Tempel gehörte, noch zusammenlebte. Nach der bislang einzigen, neben vielen nicht mehr vertretenen Thesen lebendig gebliebenen Anschauung, für die es auf dasselbe hinauslief, ob weitere durch die Forschung der Frühzeit Israels zugeschriebene Tempel im Dunkel der Vergangenheit versunken oder auch bloß unbekannt geblieben seien, oder aber garnicht existiert hatten, hätte es immer nur diesen Tempel gegeben. Seine Stellung und Bedeutung waren durch Lokalisierung auf dem Berge Zion gesichert. Mehr als diesen Einen, Ihn allein repräsentierenden Tempel konnte der aus der über dessen Platz sich öffnenden Höhe die Welt regierende Eine Gott nicht haben. Mit der Bezeichnung „der zweite" hatte sich lediglich die – theologisch vereinfachende – Chronologie der Architekturen und Baustile durchgesetzt. Den „ersten Tempel", der später – unbekannt seit wann, und nie sehr häufig – nach der ersten, d.h. zugleich: der ältesten Bauweise benannt war, hatte schon im zehnten Jahrhundert vor dem Beginn der von uns reprojizierten christlichen (!) Zeitrechnung König Salomon mit Hilfe auswärtiger Fachkräfte, Materialien und Planmodelle errichten lassen. Es war dasselbe Bauwerk, das ein babylonisches Heer vier Jahrhunderte später wieder dem Erdboden gleichmachte. Dieses Geschick des „ersten Tempels" war zugleich der Auftakt einer Zwangsumsiedlung der Juden nach Babylonien gewesen; denn selbst seitens der Großmächte galt wohl damals – und hier beginnt bereits das Problem, ob nach persischem Vorbild oder nicht – die Maßnahme, nach einem erfolgreichen Feldzug die am Leben gebliebenen Reste ganzer Völker als Gefangene umzusiedeln, als aussichtsreichste Prävention zur erfahrungsgemäß bevorstehenden und doch jedesmal wie neu erscheinenden Racheabsicht der Besiegten. Im vorliegenden Falle aber nahm diese Präventionsbereitschaft eine andere Gestalt an, indem sie das Problem stellte, wie es *so bald* zur Ausführung dieser Handlungsabsicht kommen konnte; denn die „Babylonische Gefangenschaft der Juden" mußte wegen ihrer kurzen Dauer entweder sehr rasch in einer besonderen, noch nie dagewesenen Weise interpretiert worden sein, oder sie zeigte sich mit allerlei heute nur mehr zu rekonstruierenden Indizien schon nach siebzig Jahren selber als beendet an.

Ein Volk, das von Herrschern mit solchen Ansichten geführt wurde, hatte die Babylonier tatsächlich besiegt und war entsprechend mit ihnen verfahren. Die unter ihnen lebenden Juden galten als miterobert. Konsequenter Weise wurde ihre Expatriierung wieder rückgängig gemacht. Das ging in mehreren Stufen vor sich. *Es ist diese Aktion, die meistens als Akt der Toleranz interpretiert wird.* Am wichtigsten für die Juden selbst war die Stufe, wo sie die Erlaubnis zum (Wieder-?)Aufbau ihres Tempels in die Tat umsetzen konnten. Es war selbstverständlich nicht die Herstellung eines „neuen" Tempels, aber der Bau tendierte, aus den eingangs genannten Gründen, zur Benennung „der zweite". Der Herrscher, der damals regierte und dafür sorgte, daß ein Erlaß seines königlichen Vor-Vorgängers Kyros nun auch befolgt und ein Tempel in Jerusalem, der den Juden sehr wichtig war, tasächlich „wieder" aufgebaut wurde – das geschah von etwa 520 bis 515 vor Chr. –, war König Dareios. Die europäischen Christen und Juden nennen ihn gleichermaßen „den Großen", weil er die militärischen Voraussetzungen geschaffen oder aufrechterhalten hat, daß die Juden ins gelobte Land zurückkehren konnten. Sie wurden damit nicht nur in die Lage versetzt, Gott, den Gott Israels und der Völker, angemessen zu verehren, sonden auch, ihre Gedankenwelt um ein Symbol neuer Art zu bereichern, das sie schon bald sehr nötig haben würden: den Gedanken *Nationale Identität*. Der darin liegenden Devise hätten sich die Juden zur Hilfe für ihr politisches Überleben gut zu- und unterordnen können. Aber als nach rund fünfhundert Jahren, in denen der Tempel mit der zweiten (und an manchen Stellen mittlerweile sogar der dritten, der hellenistischen) Architektur dagestanden hatte, diese Möglichkeit akut wurde, vermochten die Juden es nicht mehr, sie wahrzunehmen. Denn das Symbol *ihrer* nationalen Identität war ja eben der „zweite Tempel"; dessen Gemäuer war aber im ersten Jahrhundert unserer Zeitrechnung von neuen Feinden, den Römern, geschleift worden. Wie tief das Unglück empfunden wurde, als das man die *Zerstörung auch des Zweiten Tempels* beklagte, ist sowohl aus dem Sich-Bescheiden des jüdischen Volkes mit der Existenzform der „Zerstreuung" als auch aus dem Erwachen der Hoffnung auf einen „dritten Tempel" zu ersehen. Es ist nicht ausgeschlossen, daß es unserer Generation aufgetragen ist, über ihn das wahrscheinlich letzte menschenmögliche Wort zu sprechen.

An anderen für Toleranz zitierten Fällen heben wir jetzt nur solche hervor, die eine neue Gruppe von Fakten setzen. Die Entsendungen von Nehemia und Esra nach Jerusalem sowie der Elephatine-Papyrus Nr. 4 SACHAU (= Nr. 21 COWLEY), das Passafest in der Militärkolonie betreffend, gehören nicht dazu, weil sie auf der Linie des Verhältnisses zum Judentum liegen. Einen Toleranzakt solcher Art müßten wir nur erwähnen, wenn er in der iranischen Stellung zu einem fremden Kult eine Wende anzeigte, oder wenn die Rechtsakte auf ganz verschiedenen Ebenen lägen.

So verhält es sich gleich bei dem nächsten Vorgang (b). Dann folgen drei andersartige Fälle (c–e).

b) Berufung einer Kommission von ägyptischen Experten mit dem Auftrag, das geltende ägyptische Landrecht zu kodifizieren. Dies kann sowohl geschehen sein, weil dieses Recht auch viel Gewohnheitsrecht über die Heiligtümer enthielt, als auch, damit der selbstverständlichen Herrscherpflicht Genüge geschehe, sich über die Institutionen eroberter Länder zu informieren;

c) Brief des Dareios an Gadatas, den persischen Satrapen in Ionien, mit der Weisung, die finanziellen Privilegien des Apollon – Heiligtums in Magnesia am

Mäander zu respektieren, „weil (der Gott) den Persern immer die volle Rechtsordnung kündete"[7].

d) Regelung der Einrichtung eines Kultes für zwei Karische Götter durch die Gemeinde Xanthos in Lykien, publiziert auf der sog. Trilingue (lykisch – griechisch – aramäisch) von Letoon, aus der Zeit Artaxerxes des I. oder II.;

e) Verfügung eines Kultgesetzes aus dem 39. Jahr eines der beiden Artaxerxes seitens eines Hyparchen von Lydien namens Droaphernes an die Tempeldiener des Kultes, sie dürften nicht an den Mysterien einheimischer kleinasiatischer Götter teilnehmen.

Dies sind die immer wieder genannten Fälle, wobei noch einige Zeugnisse wie die Lizenz zum Bau eines ägyptischen Tempels in der Oase Chargeh von einigen dazugerechnet werden, von anderen nicht. Manchen genügt es, daß das Dokument nach der Regierungszeit eines Großkönigs datiert ist. Wir haben dies nur am Rande mitzubesprechen, da unser Thema ein besonderes ist. Im jetzigen Zusammenhang muß der Hinweis genügen, daß die Größe und Bedeutsamkeit einer Sache niemals aus den historischen Umständen allein folgt, in deren Zusammenhang sie gehört, sondern daß insbesondere für ihre Valutierung ganz andere Gesetze gelten. So hat die Ausführlichkeit, mit der der Bau des Zweiten Tempels in der westlich-jüdisch-christlichen Welt behandelt wird, die bekannten Gründe, während es sich für die Perser und ihre Könige damals um eine Maßnahme handelte, die nicht gewichtiger war als das halbe Dutzend Vorgänge, die erwähnt wurden.

6. Historische Antworten I (jüdisch): Die Perser als Glaubensretter

Die Antwort der Juden auf die Handlungen des Kyros wurde von einem Propheten übernommen, dessen Namen wir nicht mehr kennen und deshalb nach dem Jesaja-Buch, wo von Kap. 40 wohl bis Kap. 55 seine Verkündigung dokumentiert ist, „Deuterojesaja", d.h. „der andere" oder „der zweite Jesaja" nennen. Dieser Mann hatte den unerhörten Mut, den Platz des zum König Gesalbten, den schon Ezechiel, kaum weniger mutig, nicht mehr mit einem Davididen besetzt wissen, sondern leer lassen wollte, dem Nichtisraeliten Kyros zuzusprechen. Er führt ihn, obwohl die meisten ihn wohl schon kennen, rätselhaft und unscheinbar ein, um ihn dann bis zur Namensnennung wachsen zu lassen, ganz wie es den Menschen damals vorgekommen sein mag. Er läßt Gott sprechen: „Wer erweckte von Aufgang den, dem Sieg begegnet auf Schritt und Tritt. Gibt ihm Völker preis und streckt Könige nieder? ... Ich habe erweckt vom Norden" – besser konnte es einer, dem Nordostiran fremd war, nicht sagen –, „und er

---

[7] Mehr bei GEROLD WALSER, Hellas und Iran. Studien zu den persisch-griechischen Beziehungen vor Alexander (Erträge der Forschung 289), Darmstadt 1984, S. 51 f.; Text (mit linguistischen Erläuterungen) bei W. BRANDENSTEIN – M. MAYRHOFER, Handbuch des Altpersischen, Wiesbaden 1984, S. 91–98.

kam, vom Aufgang der Sonne her den, der meinen Namen anruft. Und er zerstampfte Fürsten wie Lehm und wie der Töpfer Kot zertritt" (Jes. 41,2. 25) ..." Vom Aufgang bringe ich deinen Samen und zum Abend sammele ich dich, Sage zum Norden: gib her, und zum Süden: halte nicht zurück" (43,5). „So spricht Jahwe, dein Erlöser, dein Bildner vom Mutterleibe ..., Der zu Stand bringt das Wort seiner Knechte und den Rat seiner Boten. Er, der spricht von Jerusalem: es sei bewohnt, und vom Tempel: werde gegründet. Und von den Ruinen des Landes: sie werden gebaut, und seine Trümmer richt ich auf. Er, der spricht zur Tiefe: versiege, und deine Fluten trockne ich aus. Er, der von Kyros sagt: mein Hirte, und all mein Anliegen vollführt er. So spricht Jahwe (der Gott) zu seinem Gesalbten Kyros, Dessen Rechte ich gefaßt habe, niederzutreten vor ihm Völker. Zu öffnen vor ihm die Türen, und daß Tore unverschlossen sind; Ich, ich gehe vor dir her, und Hügel ebne ich, eherne Riegel zerbreche ich, und eiserne zerhaue ich" (44,24–45,5).[8]

Man hat es zuweilen gar wie eine Überschreitung der Grenzen des Judentums gewertet, daß der jüdische Prophet hier ihn, Kyros, „den Gesalbten" genannt hat. Aber das war damals noch kein Titel für einen selbständigen Messias neben dem König. Trotzdem sagt der Ausdruck auch als bloßes Prädikat immer noch sehr viel. Der Autor setzt damit ein Stück Verständlichkeit für seine Zeitgenossen aufs Spiel, und er tut dies auch, indem er seine Erlösungs- und „Problembeseitigungs"-Aussagen bis zu einer Höhe steigert, die in christlicher Zeit vom „Alles-neu-machen" handeln würde, die aber aus vielerlei Gründen zu seiner Zeit Schöpfungsaussagen sein müssen. Manche Exegeten meinen sogar, sie seien dem obersten Gott der Perser, Auramazda, entrissen, dem für seine Schöpfung ähnliche Macht zugeschrieben werden könne und damit zu Gebote stehe wie dem Gott Israels. Eine solche Vermutung müßte heute in die Form gekleidet sein, daß die Gottesprädikationen am ehesten aus einem Hymnen- und Gebetsschatz stammen, der eigentlich nur der des Kyros selbst gewesen sein kann. Außerdem können die Aussagen auch die Anmaßung von Feinden enthüllen, die darin besteht, daß ihre Kampfeslust in den Raum hinüberquillt, wo nur Gott kämpfen kann: selbst hier, wo es gute Gelegenheiten gegeben hätte, sich zwei Heere gleicher Qualität gegeneinander kämpfend vorzustellen, bleibt das Anliegen wichtiger, Menschen nicht zu Rivalen Gottes avancieren zu lassen.

---

[8] Übersetzung von BERNHARD DUHM, Das Buch Jesaja. 4., neu durchgesehene Auflage, Göttingen 1922. Ich bevorzuge diese Übersetzung, weil sie den ekstatischen Charakter wahrt, den das Hebräische hier hat, und, ohne Mühe daran zu wenden, daß der deutschen Syntax zwanghaft Genüge geschehe, doch ganz und gar verständlich ist. Überdies sagt der Kommentar S. 338 über 44, 24–45, 7 „ein Gedicht von fünf Strophen zu je fünf Distichen mit abwechselnd drei und zwei Hebungen, Einleitung einer Reihe von Ausführungen über Cyrus", hält also an der Formgeschichte – wie auch an den anderen modernen exegetischen Methoden – fest und bringt doch in den Passagen um das Gedicht herum in kongenialer Redeweise alles zur Sprache, was noch an Kyros erinnern könnte, ohne sich in Thesen zu versteigen, die wahrscheinlich eine sterile Diskussion hervorrufen würden, welcher Vers sich denn nun definitiv auf Kyros bezieht.

7. Historische Antworten II (griechisch): Die Perser als Barbaren[9]

Die Griechen hatten schon lange auf Grund ihrer Beschäftigung mit der brabbelnden Bevölkerung – es ist inzwischen seitens der Linguistik und der vergleichenden Sprachwissenschaft erwiesen[10], daß die Alphabetisierung bzw. Orthographie dieses Brabbelns mit „bar ... bar ... bar" tatsächlich die Wurzel oder der Stamm des Wortes „Barbar" ist –, die vor ihnen das südliche Balkanland bewohnt hatte, und anderer, die ihnen fremd waren, im meist neutralen und höchstens durch Vergleich mit sich selbst entstehenden, relativierenden und nur selten diskret negativen *und* positiven (!) Sinne von Barbaren gesprochen. Aber das wurde eine bloße Wiederholungsbezeichnung, die inhaltlich nicht viel mehr als „Ausländer" besagte. Was ist da nicht schon damals alles hineingefüllt worden! Barbaren haben keine Speisesitten, sondern fressen wie die Tiere, so daß man mit ihnen nicht zu Tische liegen kann. Die Barbaren tragen unmögliche Kleider (knielangen Chiton, Baschlik) und ziehen sich sogar zum Kampf warm an (Schuhe, Hosen, Ärmeljacke), anstatt so zu kämpfen, wie es dem anständigen Manne gebührt: nackt. Und so weiter. Bedeutungen gibt es schließlich die Fülle. Die eine oder andere kann so in den Vordergrund treten, daß die anderen daneben ganz blaß werden und nahezu verschwinden.

Da ist es zunächst vielleicht garnicht besonders aufgefallen, daß ein Schriftsteller wie Herodot eine Bedeutungsnuance im Wort ausweitet, indem er die fremden Krieger, die sich da in Attika herumtrieben, weiterhin „Barbaren" nennt – waren sie doch unzweifelhaft Ausländer geblieben. Aber damit erweist der große Historiker der „Kulturgeschichte des Fatalen" einen gewaltigen Dienst. Es kann nämlich der also „Barbar" Benannte noch einer weiteren Eigenschaft bezichtigt werden, derjenigen eines „Vollbringers grausamer Taten."

Was geschieht da? In den Erfahrungsstoff wird ein Sinn eingeschwärzt, den jeder akzeptieren muß, dem es um die historische Erkenntnis der *Dinge selber und ihrer zeitgenössischen*, d.h. mit ihnen gleichzeitigen *Bezeichnungen* geht. Ob das auf eine Steuerung auch der ethischen Entscheidung hinausläuft, die irgendwann getroffen werden muß – kürzer gesagt: Ob das bereits ein Stück der

---

[9] Ilona Opelt / Wolfgang Speyer, Art. Barbar I, und Rolf Michael Schneider, Barbar II (Ikonographisch), in: RAC Suppl.-Bd. 1, Stuttgart 2001, Sp. 811–895 und 895–902, bieten überreichlich Material, auf das Satz für Satz verwiesen werden müßte. Es würde den Rahmen sprengen; statt dessen wird oben auf den Unterschied zwischen Faktizität des Barbarischen und den sich vielfach damit kreuzenden Redeweisen mehrerer Gattungen größerer Wert gelegt. Klärend ist Dieter Timpe, Der Barbar als Nachbar, in: Christoph Ulf (Hsg.), Ideologie – Sport – Außenseiter. Aktuelle Aspekte einer Beschäftigung mit der antiken Gesellschaft, Innsbruck 2000, S. 203–230. Für die hellenistische Zeit und über den Untertitel hinaus indirekt auch für das heidnisch-christliche Verhältnis besondes wichtig ist Martin Hengel, Juden, Griechen und Barbaren. Aspekte der Hellenisierung des Judentums in vorchristlicher Zeit (Stuttgarter Bibelstudien 76), Stuttgart 1976. Darstellung im größeren historischen Rahmen: Gerold Walser (oben Anm. 6).

[10] Hjalmar Frisk, Griechisches etymologisches Wörterbuch, Bd. 1, Heidelberg 1973, S. 219.

Geschichte ist, die uns etwas „lehrt", ist damit noch nicht gesagt. Vorerst nur dieses: Als Haupt- und oberste Barbaren galten von nun an, wann immer möglich, die Perser. Sie waren es seit den griechischen Perserkriegen, und kein geringerer als der Inhaber eines unschätzbaren Monopols der Berichterstattung, Herodot, hat langsam aber unaufhaltsam die Fundierung dieser „abschätzigen Einschätzung" zwar nicht geschaffen, wohl aber geschehen lassen. Ob das letztere mit von Anfang an bestehender Absicht geschah, die zunächst geheimgehalten wurde, oder auf Grund eines Sinneswandels, wie er schon manchen befallen hat, der sich urplötzlich von der Heimatfront an die bewaffnete Front versetzt sah, oder ob einfach Fahrlässigkeit im Spiele war – diese Fragen lassen sich nicht beantworten.[11] Es muß ein meinungsbildender Prozeß ohne benennbare Subjekte gewesen sein, der zu der These nebst Schlußfolgerung führte: Barbaren sind grausame Unmenschen, und die Perser sind Barbaren. Fortan gab es eine Standardmeinung, die von dieser Inhaltsbestimmung immer etwas behielt, wenn man sie auf Personen anwandte, die anders waren, als man selber sein wollte. Für diejenigen, die die Perser garnicht kannten, konnte vielleicht der freiheitsbesessene Läufer von Marathon – wenn es ihn schon gab? – als Gegenbild einen bleibenden Eindruck vermitteln. Von denjenigen aber, die im Geiste der ehrwürdigen Antitypik „Hellenen und Barbaren" lebten, konnte unversehens der Hellene als Typus des zu keiner und der Barbar als Typus des zu jeder Grausamkeit Fähigen verstanden werden. Man vergesse nicht, daß der Barbar als Typ außerdem noch auf Roheit, Dummheit, Zügellosigkeit, Feigheit, Mordlust, Gefräßigkeit, und was der unmoralischen Eigenschafen mehr sind, festgelegt blieb. In der Neuzeit wird das alles seine Fortsetzung finden.

8. Eine zeitlose Antwort: Der Marathonläufer[12]

Es soll hier nicht behauptet werden, daß diese Gestalt unbedingt zu unserem Thema gehört. Sie gibt aber über die Mentalität derer, die im Altertum wie auch heute sich an der kleinen Geschichte gütlich tun, soviel Aufschluß, daß es sich

---

[11] Mindestens der Sprachgebrauch Herodots ist nicht einheitlich. Er bewegt sich zwischen folgenden Extremen: Die von ihm wahrlich höchst geschätzten Götternamen der Hellenen seien anerkanntermaßen fast alle ägyptischen Ursprungs – habe doch er, Herodot selbst, schon längst festgestellt, daß sie „von den Barbaren" kämen (hist. 2, 50, 1). Athenische Gesandte läßt er zu Lakedaimoniern reden: „Während verabredet war, den Persern nach Böotien entgegenzurücken, laßt ihr uns im Stich und duldet, daß die Barbaren nach Attika einbrechen", und nennt die Feinde im 8. und 9. Buch so unterschiedslos „Perser" und „Barbaren", daß es einer theoretisch durchdachten Definition gleichkommt.
[12] Nach den Belegen bei THOMAS FRIGO, Art. Marathonlauf, in: DNP Bd. 7, Sp. 845, und einem Artikel von GERD STEINS, maraton (sic). Von der Legende über die Kunst zum Massenspektakel, in einer wohl schon halb zur Grauen Literatur zu rechnenden „Festschift 25 Jahre (1974–1998) Berlin-Marathon", S. 6f.

lohnt, sie kurz durchzusehen, ob sie etwa generell etwas über die Art etwas aussagt, in der man überlieferte. Zunächst ist anzumerken, daß der Bericht über den Läufer nicht bei dem wichtigsten unter den ausführlichen griechischen Historikern der Perserkriege, bei Herodot steht[13]. Bei ihm fehlt auch die Einschätzung des Hopliten, der zum Meldeläufer ausgebildet ist und in entsagender Unverdrossenheit seine Strecke zurücklegt. Das ursprungsbetonte Erzählmuster von der Entstehung lokaler Waffenläufe klingt nirgends an. Die kleine Episode begegnet überhaupt bei sehr wenigen Autoren, und man wird in der Neuzeit nach Gründen suchen müssen, warum sie überhaupt so oft erzählt wurde. Im Altertum ist relativ ausführlich und interessant erst die Version von Lukian von Samosata, der sechs Jahrhunderte nach den Ereignissen lebte[14].

Lukian stellt eine Reihe von Verstößen gegen die Grußkonventionen zusammen (z.B. Vertauschung von Begrüßungs- und Verabschiedungsformeln). Er gibt damit Hinweise auf Bestehen oder Veränderung derselben in der Zeit und an dem Ort, wo die von ihm erzählte Geschichte spielt, und gibt damit zugleich dem Leser Material für die Beurteilung an die Hand. Liest man Lukian naiv und mit den Anmerkungen des Übersetzers, so staffelt sich der Fehler des Läufers dreifach. Zunächst liegt er darin, daß er bei einer so wichtigen Angelegenheit, für die im damaligen Athen laut Beschluß auf alle Formalitäten zu verzichten sei, Zeit mit dem Aussprechen nicht einer, sondern von zwei Grußformeln verschwendet habe – sein erster Fehler. Dann aber, als dieses Malheur vorüber war, habe er sich nicht klar gemacht, daß die mit zwei Grußformeln völlig überforderten Athener nun wenigstens Gelegenheit zu zwei Reaktionen hätten erhalten müssen. Durch diese wäre eine Pause im Ablauf des kurzen Geschehens eingetreten, die den Rahmen für die Vorbereitung und Wiederherstellung wenigstens eines Teiles der verlorenen Würde der Situation abgegeben hätte: die Versammelten hätten nun ihrerseits dem Läufer einen Willkommensgruß entbieten, also ihn, den Ankömmling, zuerst und allein begrüßen können – auch dies ein Konventionsbruch, aber gerechtfertigt durch gleich zwei Umstände, nämlich daß damit eine schlimmere Peinlichkeit von gleicher Art wieder gutgemacht wurde, und daß der Läufer noch etwas Zeit erhielt, sich seine Nachricht in angemessener Form zurechtzulegen. Der Läufer aber – das war sein zweiter Fehler – habe letztere Gelegenheit nicht dankbar und zurückhaltend genutzt, sondern sei sogleich mit seiner ganzen Nachricht herausgeplatzt. Wieder gab es

---

[13] Überraschend ist das freilich nur für den, der wie ich Jahrzehnte lang so sicher war, daß die Sache nur bei diesem Autor stehen könne, daß ich niemals nachschlug – und ich weiß von mehreren Fachkollegen, daß es ihnen ebenso erging.

[14] In seinem launigen Traktat „Über einen beim Grüßen begangenen Fehler" (deutsch in: Lukian. Sämtliche Werke. Mit Anmerkungen. Nach der Übersetzung von G.M. Wieland bearbeitet und ergänzt von HANNS FLOERKE, 4. Band, 2. Aufl., Berlin/Propyläen (1920!), S. 314–324. (der Bericht gehört zwar nicht von Haus aus – dafür fehlen ihm einige Merkmale –, aber doch mittelbar zur Gattung der Legende).

eine Gelegenheit, die Situation zu verbessern: die Besuchten müßten auf eine Nachricht wie diese reagieren, nachfragen, das Drum und Dran erörtern können, und dabei hatte der Bote mitzuwirken; denn er kannte alle Umstände am besten. Das gehörte mit zur Grußkonvention. Dieser Läufer aber desavouierte das alles, indem er tot umfiel (sein dritter Fehler).

Es gibt Historiker, die entweder ein Zeugnis der Selbstopferung um der Verbreitung der rettenden Nachricht willen, oder ein Zeichen für einsilbig-zurückhaltenden Heroismus aus dieser Episode machen und nach einer treffenderen Interpretation suchen. Aber Verbesserungsvorschläge zum Text, unternommen auf der Grundlage des gesamten Lukian-Textes, dürfen sich, selbst wenn sie bestätigen, daß er zu *unserer* Art hellenistischer Schriftsteller gehört, auf ihn nicht mit diesem Tenor berufen, d.h. ihn bei seiner europäischen Ehre packen, damit er möglichst viel wieder gutmache. Dafür ist er zu sehr Individuum, das seinen ganzen Nacken voller Schelme hat. Seine Verteidigung des Läufers liegt im tiefernsten, gegen den Wortlaut abstechenden Tonfall seiner Darstellung: einem Mann, der sich anschickt, tot umzufallen, müsse man beide lapsus verzeihen: beim Hereinkommen nicht „Hallo" und für das Interesse an seiner Nachricht nicht „Danke" gesagt zu haben. – Wenn eine so gestaltete Episode über sechs Jahrhunderte mündlich mitgelaufen sein soll, ehe sie jemand aufschrieb, dann erweitert sich die Frage nach der Zuverlässigkeit und der Motivation einer Anekdotenüberlieferung dahin, ob die Griechen wirklich eine Gesellschaft waren, wie wir sie gern hätten. Die Episode ist, in dieser Form erzählt, jedenfalls von absolut anderer Art, als ihre Wiedergaben in neuer Zeit sonst sind.

9. Moderne Antworten I: Weiterbildung des jüdischen Urteils

Beschränkt man sich auf den eindeutig jüdischen Aspekt der Sache, dann geht es um die Messianität der Großkönige und damit um die Messianität überhaupt, daneben um die Ausweitung gewisser Tatbestände, die eintritt, wenn man die Kategorie „Toleranz" auf sie überträgt, sowie natürlich um die Berechtigung des Ausdrucks „Toleranz" überhaupt.

Es fällt auf, daß der Ausdruck „Toleranz" öfter in der reinen Fachliteratur[15] als in allgemeineren Darstellungen begegnet, und dann nicht selten mit Hinweis auf bedeutende Strömungen oder Repräsentanten der europäischen Geistesgeschichte. Damit ist zugleich – jedenfalls dürfte man am ehesten unter dieser stillschweigenden Voraussetzung zitiert haben – ein verläßlicheres und weiter wir-

---

[15] Z.B. MAX MALLOWAN, Cyrus the Great (558–529 B.C.), in: CHI vol. 2, p. 392–419; p. 412: „Religious toleration was a remarkable feature of Persian rule and there is no question that Cyrus himself was a liberal-minded promoter of this humane and intelligent policy."

kendes Urteil ausgesprochen, als es der Stubengelehrte sich zutraut. „Keine von den Maßnahmen der achämenidischen Regierung hat in neuerer Zeit stärkeres und einhelligeres Lob geerntet als ihre Religionspolitik, deren ‚Toleranz' den abendländischen Kulturliberalismus seit dem 18. Jahrhundert immer aufs Neue entzückt."[16] Für eine solche Sicht ist es charakteristisch, daß nicht die persische Geschichte, sondern die Toleranz das Thema ist und dafür ein Paradigma herangezogen werden soll. Dementsprechend habe ich bei Philosophen, Staatslehrern und anderen Autoren, bei denen man auf Grund von Bildungstrümmern eine einschlägige Aussage erwartet, gesucht, bzw. gemeint, nicht lange suchen zu müssen – vergeblich. Ich meinte, z.B. Voltaire (1694–1778), *Essai sur les moeurs et l'esprit des nations* (veröffentlicht 1736) nur an der richtigen Stelle[17] aufschlagen zu müssen, um einen prominenten Beleg zu haben. Aber im Gegenteil: Kyros bleibt von der Ironie, die auch über alle anderen ausgegossen wird, die es mit dem Aberglauben halten (der Glaube an die Totenauferstehung ist das wie alle, so auch ihn entwaffnende Indiz), nicht verschont. Fehlanzeige auch bei Montesqieu (1689–1755), *De l'Esprit des Lois*, Diderot[18] (1713–1784), *Ausgewählte Artikel aus der Encyclopédie*, Rousseau (1712–1778), *Contrat Social ou Principes du Droit Politique* und *Emile ou de l'Education*. Natürlich ist, wo auf der Hand liegend, häufig der Sache nach von Toleranz die Rede, so bei Alexis de Tocqueville (1805–1859), *De la démocratie en Amérique* (erster Teil erschienen 1835, zweiter Teil 1840)[19]. Teil I, Kap. II und Teil II, Kap. I, 55 lehren indessen, daß durch die gleichzeitige Gründung von religiösen Gemeinden und demokratischen Institutionen ein klassisches Toleranzproblem in den USA garnicht entstehen konnte, und man kommt sich etwas komisch vor, wenn man erwartet,

---

[16] H.H. SCHAEDER, Das persische Weltreich (1941/1942), abgedruckt in: Der Mensch in Orient und Okzident, München 1960, S. 48–82, dort S. 66f. Ich zitiere diese Äußerung meines Lehrers nicht gern, weil ich, der ich diesen Aufsatz erst nach seinem Tode kennenlernte, ihn nie gefragt habe, wen er mit „Kulturliberalismus" meint.

[17] Edition de R. POMEAU, tome I, Paris 1963, S. 39–43.

[18] Philosophische Schriften I, hsg. (und übers.) von THEODOR LÜCKE, Westberlin (sic) 1984, S. 149–414. Typisch sind folgende Stücke aus dem Artikel „Luxus": „Die Perser unter Cyrus hatten wenig Luxus und unterjochten doch die reichen und fleißigen Assyrer. Nachdem sie nicht nur reich, sondern unter allen Völkern auch dasjenige geworden waren, bei dem am meisten Luxus herrschte, wurden sie von den Makedoniern, einem armen Volk, unterjocht" (a.a.O. S. 355). „Die alten Perser, so arm und tugendhaft unter Cyrus, eroberten Asien, nahmen asiatischen Luxus an und wurden verdorben. Aber wurden sie verdorben, weil sie Asien eroberten, oder weil sie asiatischen Luxus annahmen? Führte die Ausdehnung ihrer Herrschaft nicht notwendig zur Änderung ihrer Sitten? Konnte in einem Reich von solcher Ausdehnung eine gute Ordnung oder überhaupt irgendeine Ordnung bestehen? Mußte Persien nicht in den Abgrund des Despotismus stürzen? Warum muß man denn überall, wo man den Despotismus sieht, nach anderen Ursachen der Entartung suchen?" (S. 357f.)

[19] Premiere edition historico-critique revue et augmentée par EDUARDO NOLLA, 2 Bde, Paris 1990. – Ich habe oben die für mich interessanteste Gruppe (um die französische Enzyklopädie herum), ausgewählt, aber noch mehr durchgesehen. Selbstverständlich kann ich etwas übersehen haben. Und: Es müssen noch viele Autoren durchgesehen werden. Mit Überraschungen ist zu rechnen.

Gewährsleute wie Kyros und Darios angeführt zu finden. Begriffspragmatisch, d. h. unter dem Gesichtspunkt des Verhältnisses zwischen einem Begriff und seinen Benutzern gesehen, ist Toleranz nur der Inhalt einer Forderung[20], nicht einer Gewährung, schon garnicht einer zuvorkommenden. Bei einer solchen Auffassung der Sache hängt wenig am Bestehen auf dem Begriff, dem Abstraktum Toleranz. Wohl deshalb hat sich bisher kein Autor, Dokument oder Jahr nachweisen lassen, in dem der Begriff geprägt wurde. Unbekümmert um dergleichen wird denn auch in Lexika der Begriff weit gefaßt und entbreitet[21]. Die Geschichtswissenschaft hat keinen Grund und keinen Anhalt mehr, hier mit einer engen Definition zu arbeiten, und zu forschen gibt es auch noch etwas.

Dabei möge folgendes Extrem von Ideologisierung nicht übersehen werden. Es gibt Aussagen und Handlungen iranischer Gruppen, die bisweilen auf Glaubensbekenntnisse zurückzugehen scheinen, namentlich solche, die daraus in Zeiten, die für das moderne Israel wie für das revolutionäre Iran (nach 1979) gleich kritisch waren, eine fast schon eschatologische Schicksalsgemeinschaft der beiden Länder ableiten wollten. Manchmal werden diese Aussagen stilisiert, als machte sie Gott über sich selbst, und das heißt: als hätten die Überlieferer des Deuterojesaja – aber gerade das war der Fall – die Gefahr ideologischer Entstellung nicht gewittert. Die Entstellung besteht darin, daß die mit dem Gesalbtentitel verbundene Hochschätzung des Kyros, sozusagen zu einer messianischen Dauerqualität gemacht wird, die man jederzeit abrufen kann. Der messianische Inhalt kann dabei nach Belieben als wirtschaftliche oder militärische Superiorität gefaßt werden. Nach dem Programm der Sprecher, die hinter den Flugblättern solchen Inhalts stehen, muß es politische Parteien geben, die – in Iran – den Ministerpräsidenten als Geschöpf des obersten Ayatollah verstehen: das ist dann – so fällt es dem europäischen Religionshistoriker jedenfalls ein – die Einsetzung des „Messias aus Israel" durch den „Messias aus Aaron"[22].

Welche politischen Konstruktionen von den Israelis erwartet wurden, habe ich nicht in Erfahrung bringen können.

10. Moderne Antworten II: Verspielen des griechischen Sieges[23]

Nach dem Tode Heinrich Schliemanns (1890) legten griechische Archäologen einen Grabhügel frei, in dem die Gebeine von 197 gefallenen Athenern nach-

---

[20] An 25 Autoren gezeigt von HANS R. GUGGISBERG, Religiöse Toleranz. Dokumente einer Forderung, Stuttgart 1984. Es beginnt mit Nikolaus von Kues und Johannes Reuchlin.

[21] Ohne Eingehen auf ein Problem aus diesem Kreise, aber solide belehrend: GISELA SCHLÜTER – RALF GRÖTKER, Artk. Toleanz, in: HistWbPhilos 10, 1998, Sp. 1251–1262.

[22] Ein mir vorliegendes, irgendwo veröffentlichtes Photo, auf dem der selbstgefällig in einem Lehnstuhl sitzende Khomeini den devot dastehenden Bazargan einer riesigen Teheraner Menschenmenge vorstellt, kann man nur so deuten.

[23] Nach VOLKER KLUGE, „Als die Favoriten in den Staub stürzten", und „Eine Kuh zu Tode laufen", beides in der oben (Anm. 12) erwähnten Berliner Lokalfestschrift.

gewiesen wurden. Schon bald erhob und festigte sich die Vermutung, dies seien die Krieger, die bei Marathon den Tod gefunden hatten. Wie meistens bei solchen Entdeckungen ließ sich eine solche These weder beweisen noch widerlegen. Ein Wissenschaftler, der sich an den Mutmaßungen eifrig beteiligte, war der Pariser Professor Michel Bréal, ein gebürtiger Pfälzer. Er hatte das Glück, im Jahre 1884 an der Pariser Sorbonne am Gründungskongreß der Olympischen Bewegung teilnehmen zu können, auf dem die von einer großen Anzahl der im einzelnen für die Bildungsgeschichte Europas außerordentlich interessanten Zirkel erarbeiteten Grundsätze zusammenliefen. Es war derselbe Kongreß, auf dem Baron Pierre de Coubertin den Vorschlag machte, erstmals seit der Antike wieder Olympische Spiele zu veranstalten, und zwar in Athen, jener Stadt, die nicht nur für die grundsätzliche Aufnahme des Sportes in das zivilisierte Menschenbild die größten Verdienste hatte, sondern sich außerdem bereit zeigte, speziell dem europäischen Sport einige Disziplinen als Kulturerbe eigener Art zu vermachen. Michel Bréal war es, der dieses Angebot auf eine Art Marathonlauf zuspitzte. Er regte Coubertin brieflich an, doch einmal herauszufinden, ob sich nicht ein Lauf von dem Felde bei Marathon zum traditionellen Ort der Volksversammlungen im antiken Athen organisieren lasse; das müsse die Athener auf eine ganz besondere Weise ehren, und ein Pokal, den er, Bréal, stiften werde, dürfte gleichzeitig die Läufer, die imstande seien, die 48 (sic) km durchzuhalten, dazu bewegen, gegenüber dem antiken Läufer einen Geschwindigkeitsrekord aufzustellen. Coubertin und seine griechischen Partner stimmten begeistert zu, es gab sogar einige Ausscheidungskämpfe, und am 10. April 1896 fand der erste offizielle olympische Marathon-Lauf tatsächlich statt. Ein 23-jähriger Grieche siegte, Bréal konnte ihm seinen Silberpokal persönlich überreichen, der griechische König soll vor Begeisterung von seinem Sessel gesprungen sein.

Die Szene, die nach dem Wissen der Interessierten aus einer kulturell großartig anzusehenden Historie stammte, war repräsentativ ins Gedächtnis der Gebildeten zurückgeholt.

Niemand dachte an die Leute, die das alles in eine andere Richtung gelenkt hätten, nämlich an die Perser, und ihren König Dareios (532–485 v.Chr.), der für diesen mißlungenen Feldzug verantwortlich war, aber von seinen Untertanen trotzdem „der Große" genannt wurde. Für die Perser, die nach ihm lebten, wurde der abendländische Triumph mit der Zeit schlimm. Das Diffamierungsvokabular der Europäer reicherte sich im Anschluß an die griechische Antwort zeitweilig mit spießigen Gemeinplätzen an: die Perser sind dekadent, Frauenknechte (dahinter verbarg sich der Neid, denn was immer man über die Barbaren zu sagen wußte, es fiel unter die permanente Kritik, die mit der Existenz der „schönen Barbarin" im Raume stand), Haremsintrigen gab es überall, übergenüßliche Schätzung des Luxus hatte ihren Charakter verdorben usw. Sogar die im Herrscherhaus aus Gründen, die hier nicht darzulegen sind, vorgenommene

Suspendierung des Inzesttabus[24] wurde verallgemeinert: da hatte man den Frauen- und den Blutschänder in einer Person.

Natürlich war es für die Entwicklung des europäischen Selbstbewußtseins, für spätere Programme der Völkerverständigung, ja für den öffentlichen kulturellen Umgang der Menschen miteinander nicht gut, wenn als Gegner der abendländischen Freiheitsidee als die geborenen Anhänger der „orientalischen Despotie" immer schon ein bestimmtes Volk oder eine bestimmte Nation in Petto gehalten wurde.

Nun haben ja gerade wir Deutschen zur Ermittlung der richtigen Antwort auf die Frage nach dem verächtlichsten Volk in Europa ein bestechend zuverlässiges Kriterium mit auf den Weg genommen – nicht: bekommen –, die Einschätzung und die wenigstens versuchsweise als Einsatz im großen politischen Kreuzworträtsel unentbehrlichen Wortjoker „Juden" und „Zigeuner". Wir müssen uns hier auf die Juden, und bei diesen wieder auf das Einwanderungserlebnis beschränken, das nicht zu den häufigsten Erfahrungen gehört. Mit dieser Einschränkung ist darauf hinzuweisen, welch peinliche Namen den Juden von den europäischen Grenzern und Einwanderungsbehörden an Stelle der mitgebrachten und auf Befragen auch frei genannten hebräischen Namen gegeben wurden. Hier besteht ein wissenschaftliches Desiderat: es muß dringend untersucht werden, ob zwischen den Zeiten, in denen auf diese Weise die Juden, und solchen Zeiten, in denen auf diese Weise die Perser verhöhnt wurden, ein Zusammenhang besteht, ob man die einen in Ruhe ließ, wenn man den anderen etwas am Zeuge flicken wollte, ob auch anderes Material als die Praxis der Namengebung etwas erbringt, und inwieweit die Bevölkerungsstatistik diese Fragen sinnvoll erscheinen läßt. Soweit nach oberflächlicher Einsicht feststellbar, lassen die abschätzigen Eigenschaften, die Juden und Persern beigelegt werden, kleine Felder frei, in die man Inhalte eintragen konnte, die denn doch nur für die einen, nicht für die anderen typisch sein sollen. Von dieser fehlgeleiteten Sachlichkeit macht nur der Punkt „Frauen" eine Ausnahme – die „schöne Jüdin" bereitete den männlichen Nichtjuden genau so verklemmte Gefühle wie die schöne Barbarin ... (siehe oben). Aber sonst: wo die Perser üppig und verschwenderisch waren, da waren die Juden geizig; wo die Perser aus Vorsicht ihre wahre Meinung verschwiegen, da war es bei den Juden zweifelhaft, ob sie überhaupt eine wahre Meinung hatten; wo der Perser ein malerisches Heldentum zur Schau stellt, da drückt sich der Jude unauffällig feige herum – usw. Hier liegt ein reiches Belegmaterial für Ausländerfeindlichkeit vor.

---

[24] NIKOLAUS SIDLER, Zur Universalität des Inzesttabu. Eine kritische Untersuchung der These und ihrer Einwände (Soziologische Gegenwartsfragen, NF Bd. 36 Stuttgart 1971, referiert die ethnologisch-anthropologische Literatur, nimmt der Bezeugung des Inzest in den Fremd- und Eigenzeugnissen, im Awesta und in der Pahlavi-Literatur auf und untersucht das Phänom bei iranischen Herrschern in Verbindung mit Geschwisterehen in Ägypten zur Römerzeit.

11. Defizite der Imperialismusforschung

Um dieser Betrachtung zu folgen, muß man von den eben angetippten, teilweise vulgär-individuellen Eindrücken absehen und sich der frühen kollektiven Einschätzung von Macht zuwenden. Dann kann man sich unter verschiedensten Hinsichten vergegenwärtigen, wohin man sich heute stellt, wenn man politisch fragt. Erfahrungsgemäß ergibt sich bei einem solchen Verfahren mehr Sicherheit darüber, ob, und wenn ja, auf welchem Gebiet und in welcher Hinsicht eine Fortsetzung der unter den Punkten 6 und 7 referierten frühesten Antworten überhaupt und schon jetzt zu erwarten, oder ob die historische Betrachtung noch ein wenig fortzusetzen ist. Für das hier vorgenommene Thema ist das letztere geboten. Unser innerer Atlas bedarf angesichts des riesigen Territoriums, in dem die – im Vorwort angesprochene – Verbindung zwischen Deutschen, Griechen, Juden und Persern gründet, ständiger Nachhilfe in Anschaulichkeit. Dieselbe ist, den drei Ländern Eranschahr, Israel und Hellas entsprechend, für manche Betrachter am leichtesten in „trigonaler" Imagination zu gewinnen; für andere bringt sie, mit zwei Kapitalen (Pasargadae und Ekbatana) im Osten, eher ein Viereck, auf das sich, mit dem hinzueroberten Ägypten, am Ende wohl die meisten einigen würden. Täten sie es, dann könnten sie es sich aber wahrscheinlich immer noch kaum vorstellen, daß diese Landfläche von interkontinentalem Ausmaß tatsächlich einmal eine staatlich-politische Einheit war.

Geradezu beängstigend wird die Beschäftigung mit diesem Thema dann, wenn man dessen inne wird, daß das, was sich der Anfängerstudent – damit ist keine Altersangabe gesetzt –, kritisch wie er ist, nur kaum vorstellen kann, bei hochmögenden Leuten nicht einmal diese kleine, im Entstehen schon wieder verschwindende Beunruhigung hervorruft, daß doch letztlich auch darüber Kenntnisse zu beschaffen seien, sondern aus glatter Unkenntnis garnicht für nötig gehalten wird. Schlägt man einen Klassiker auf[25], so kann man die Iranier nur bedauern – oder beglückwünschen –, daß die Küste des persischen Golfes anscheinend zu kurz und das darin vorhandene Wasser zu träge ist, um Sturmfluten zu erzeugen, die aus Iran eine „hydraulische Gesellschaft" machen würden. Da kann sie es auch nicht erwarten, als „orientalische Despotie" anerkannt zu werden. Hält man sich an die Freiheitsdenkerin, die all die Jahre nichts zu wünschen übrig gelassen hat[26], dann muß man zugeben: die Perser von damals sind heute einfach zu alt, und wenn sie in diesem Buch nicht stehen, dann wird sie auch niemand vermissen. Nimmt man ein Sammelwerk, das einen Forschungsstand zusammenfassen will[27], so fällt einem ein, daß nur solche Kollegen ein Zuständigkeits- und Kompetenzbewußtsein entwickeln und durchsetzen, die den

---

[25] KARL AUGUST WITTFOGEL, Die orientalische Despotie. Eine vergleichende Untersuchung totaler Macht, Köln – Berlin 1982.
[26] HANAH ARENDT, Elemente und Ursprünge totaler Herrschaft, Frankfurt/Main 1955.
[27] HANS-ULRICH WEHLER, Imperialismus, Köln – Berlin 1970.

Kreis derer, die an allen Werktagen ihren Lunch gemeinsam einnehmen, nicht zu groß werden lassen wollen. Geht man an ein Werk, das weiterbohrt und Neuland zu erschließen sucht[28], und greift sich die Autoren (Freunde), so erklären sie voll Bedauern, sie könnten kein Persisch, und ziehen erleichtert von dannen, wenn sie sich haben überzeugen lassen, daß *dieses* auch *ohne* geht. – Was haben wir nun den Politologen anzubieten?

Es nimmt nicht wunder, daß in Wirklichkeit und Begriff des persischen Weltreiches die meisten Probleme, die bei Eroberungen, Kolonisationen, Missionen und Hegemonien immer wieder auftreten, bereits enthalten sind. Dazu sind – bemerkenswerter Weise namentlich bei neu zu Nachbarn werdenden oder bei im Kampf unterlegenen Religionen: ein sehr wichtiger Teil ihres Schrifttums ist in Sklavensprache verfaßt – ganz neue Schwierigkeitskategorien entstanden, und zwar erst aus unserer – nicht unbedingt anschaulichen, nein: – denkenden Begegnung mit diesem gewaltigen historischen Gegenstand. Die Tatsache, daß er vor zweieinhalb Jahrtausenden für weniger als zweieinhalb Jahrhunderte in der Welt war, kann ja nicht bedeuten, daß seither alles, was sich je in ihr begab, „iranisch" „beeinflußt", oder „grundgelegt", oder „eingeleitet", oder „bestimmt" ist. (Unwillkürlich unterlaufen einem hier einige der diagnostisch gemeinten Wörter, mit denen man sich, sofern hier ein Problem überhaupt bemerkt wurde, aus der Verlegenheit hat helfen wollen.) Betrachten wir die Dinge so, dann rückt das persische Weltreich perspektivisch in eine Frühzeit. Aber woran erkennen wir, wie oben behauptet, die „Gegenstände", mit denen wir es da zu tun bekommen, eigentlich „wieder"? Kannten wir sie denn schon?

Machen wir uns klar: Der Weltherrschaftsgedanke ist zunächst, d.h. noch etwa anderthalb Jahrtausende, nachdem er im benachbarten Akkad gefaßt wurde, an den Iraniern vorbeigegangen. Indessen: Noch bevor die offizielle Geschichte richtig angefangen hat, und weiterhin während der ganzen Dauer der Dynastie, deren Name „Achämeniden" nun auch der eines Reiches und einer Epoche wird, hat eine andere, auf die Dauer doch wohl wichtigere, also die eigentliche Geschichte angefangen: die Geschichte der Völker, nicht nur der Iranier und ihrer Nachbarn, sondern auch derer, mit denen sie selbst erst später in Berührung kommen werden. Wem eine auf gegenteilige Anfänge zielende Frage schon verneint worden ist, der fragt nun wohl, ob man nicht, um einen Rest von Gemeinsamkeit mit der alten Sicht zu bewahren, wenigstens das Ende der Dynastien zugleich zum Ausgang der eigentlichen Geschichte erklären sollte? Abermals muß die Antwort lauten: Nein. Denn nachdem die Beherrscher verschwunden sind, stehen wieder Iranier da, aber von einem anderen Schlage, und Angehörige wieder anderer Völker neben ihnen. Sie sehen nicht mehr wie Völker im alten Sinne aus, eher wie Gruppen, die zunächst Völkertraditionen fort-

---

[28] NORMAN PAECH und GERHARD STUDY, Machtpolitik und Völkerrecht in den internationalen Beziehungen, Baden-Baden 1994.

geführt haben mögen, aber nun Träger gänzlich anderer Gedanken geworden sind. Wenn die Betrachtung nach dem Ausgang der Achämenidenzeit in diese sich hiermit ankündigenden, folgenden Epochen fortgesetzt werden soll – und sie soll es –, dann gibt es außer den Wandlungen der Dinge auch Wandlungen der wissenschaftlichen Untersuchungsweisen zu verzeichnen.

12. Aufzuschiebende Definitionen I: Das Sollen in der Geschichte

Das Bedürfnis, ein ethisches Prinzip in die Geschichte einzuführen, bekommt es, noch ehe es ausgesprochen ist, mit dem Doppelsinn der letzteren zu tun (Objekt der Darstellung und Darstellung des Objekts). Die Möglichkeit, aus einer widersprüchlichen Aussage dieses Inhalts eine dialektische zu machen, würde sich sehr rasch als Modell für die meisten anderen Theorien erweisen, die da meinen, nach einem Ausweg aus Schwierigkeiten suchen zu müssen, die in ihrer Position begründet sind. Das ist zunächst einmal ein Grund, nach einer Position zu suchen, die möglichst wenige solcher determinierenden Vorgaben mit sich bringt. Ich finde sie, grob gesprochen, im neukantianisch-phänomenologischen Grenzgebiet. Hier wird das Sollen in gleicher Weise davor bewahrt, ein bloßer Maßstab für Geschehenes zu sein, also den quasi ontologischen Vorwurf an das Sein darzustellen, es habe den Status des Soll-Seins verfehlt (ähnlich Max Scheler); wie auch, eine ontologische Qualität von vornherein zu haben, also den handelnden Menschen dem Vorwurf auszusetzen, er weiche dem Gebot des Seins als eines Sollens aus, indem er es auf soziale Handlungsgewohnheiten verkürzt, deren Resultat seine persönliche Entwicklung ist (ähnlich Georg Simmel). Es bleibt die sozialwissenschaftliche De- (nicht: In-)duzierbarkeit von Werturteilen (ähnlich Max Weber), mit deren Austeilung wir in dieser Arbeit nicht geizen werden.

Ein Sollen in der Geschichte[29] läge hier insofern vor, als ich im Gegenstand meiner selbst als eines Subjektes, d.h. in demjenigen Gegenstand, der ich selber als diesen darstellendes Subjekt bin, also im „objektiven" Geschehen, etwas vorfinde, was als nichtnormatives gleichwohl einer normsetzenden Beurteilung unterliegt; und auch insofern, als ich selbst als geschichtlich handelndes Wesen oder als Teil der Geschichte mein Sollen (nicht: mein Vollbringen), d.h. einen Teil des großen, kollektiven einschließlich des vergangenen Sollens, selbst in der Hand habe und unbedingt behalten möchte. Praktisch könnte das bedeuten, daß ich das, was Zeitgenossen von mir oder ich selbst getan oder unterlassen habe, zum Maßstab dessen mache, was von anderen Menschen zu verlangen ist. Ein großer Teil der heutigen „Aufarbeitungen" geschieht nach diesem Muster. Allein in dem von uns gewählten historischen Zusammenhang

---

[29] Den Mut zu dieser Konzeption habe ich nach der Lektüre des hervorragenden Artikels von ANNEMARIE PIEPER, „Sollen", in: HistWbPhilos Bd. 9, Sp. 1026–1045, gefaßt.

würden wir das, was zu tun ist, gefährden, wenn wir die Tatsache zu einem ethischen Leitprinzip machten, daß – wohl zum ersten Males, in der Weltgeschichte – gegen Ende unseres Jahrtausends etwas nie und nimmer für möglich Gehaltenes geschieht: Verfolgten oder gefangen gehaltenen Menschen werden Angaben über diejenigen Personen zur Verfügung gestellt, die früher die erst nach der Befreiung jener Menschen überhaupt aussprechbaren, absolut fürchterlichen Gründe für die nun laut werdenden Klagen immer nur so in die Welt gesetzt hatten. Würden wir nur von der günstigen Gelegenheit ausgehen, die dieser einmalige Vorgang geschaffen hat, liefe unser diesbezügliches Handeln entweder auf bloße Rache hinaus, oder es setzte das Ergebnis der Aufarbeitung den Gefährdungen einer Frühgeburt aus. Sie bestünden in diesem Falle darin, daß man zu schnell für erledigt hält („Nun tut es nicht mehr weh!"), was noch lange nicht erledigt ist. Außerdem sollten wir, ehe wir eine solche gründlichere Bewältigung für die Zukunft mitpostulieren, uns vergewissern, was wir daraus zuvor noch lernen müssen. Das in unserem Zusammenhang wichtigste Bedenken ist, daß mit der Tatsache, daß die Verfolger von einst – sie kommen örtlich und zeitlich verschieden häufig vor, weshalb einem manche schneller einfallen als andere – nicht mehr anonym sind, *gleichzeitig die Befreiten wieder ihren Namen bekommen.* Jeder denke darüber nach, für was alles, mit der Rechtsfähigkeit angefangen, man einen Namen braucht. In der Theorie geht es darum, „die Dinge beim Namen zu nennen". Es ist eine theoretische Aufgabe von hohem Schwierigkeitsgrad, überhaupt herauszufinden, wie ein Ding heißt, oder festzusetzen, wie es heißen soll.

13. Aufzuschiebende Definitionen II:
Kurzzeitige Konjunkturen und andauernde Strukturen

Auf dem Felde der Geschichte liegt das, was mit dem Index des Sollens versehen werden kann oder bereits versehen ist, in der seit 1929 erscheinenden Zeitschrift *Annales d'Histoire économique et sociale* vor. In manchen Büchern der zur *Ecole des Annales* zu rechnenden Historiker Lucien Lefebvre (1878–1956), Marc Bloch (1886–1944), Fernand Braudel, Jean-Pierre Vernant, in einem leicht entfernteren Sinne auch Philippe Ariès und Paul Veyne – ist es weitergeführt worden. Das Grandiose ihrer Leistung besteht im Auffinden von Gegenständen – und dann im Standhalten vor der von ihnen gestellten Aufgabe –, die noch keinen oder einen falschen Namen haben (am häufigsten in der Sozial- und Ökonomiegeschichte zu verzeichnen, wo denn auch mit jeder Publikation die Entdeckung neuer Tatsachen zu vermelden ist). Unrecht ist in diesen Zusammenhängen evident schwieriger zu erkennen als das, was z.B. in der Praxis der politischen Verfolgung vor sich geht; wenn es aber wirklich erkannt wird, dann hat das akademische Urteil etwas von der Unwiderlegbarkeit des Jüngsten Gerichts.

Dies bedeutet eine methodologische Revision großen Stils. Sie muß unbedingt für asiatische Verhältnisse weitergeführt werden. Das zentrale Theorem, das anderen sozialen und historischen Verhältnissen angepaßt werden müßte, ist die Komplexität von Phasenverschiebungen als kurzzeitigen Konjunkturen. Wir sind glücklich daran, daß gerade solche Themen und Probleme, wie sie sich uns von den besiegten Völkern in der Umgebung Irans aus aufgedrängt haben, von den bedeutendsten Vertretern der Schule für Europa bereits bearbeitet sind und sogar schon in deutscher Übersetzung vorliegen.[30] Es käme darauf an, die Phase der *Fortdauer der Macht* als einer andauernden Struktur zu anderen Phasen der jeweils untersuchten Geschichte in Beziehung zu setzen. Hier muß man sich in der Voraussetzung einig sein, daß *die Macht an sich böse ist.*[31] Die Geschichte wird als Namengeberin einer historischen Empirie dienen müssen; sie kann diese Funktion nicht zuletzt nur deshalb noch nicht wahrnehmen, weil das zugehörige Definitionsinstrumentarium nicht zur Verfügung steht. Legte es eines Tages jemand vor, so wäre es allerdings in Deutschland immer noch zu früh für eine sogleich vorzunehmende Erprobung; denn hier hat es bisher schon an der Zusammenfügung und Unschädlichmachung einschlägiger Postulate als solcher gefehlt. Diese sind aber unbedingt notwendig, weil hier zwei merkwürdige Tatbestände aufeinander treffen und sich gegenseitig durch Verfestigung verschlimmern. Sie müssen – so lauten die Postulate – untersucht werden, und das ist in diesem Falle geschehen, sobald sie erkannt sind. Wir werden daraus sogleich einige neue Perspektiven entwickeln, haben aber vorher noch den in der Überschrift angekündigten Definitionsaufschub zu erklären. Es ist nicht gemeint, daß in dieser Arbeit die Definitionen geliefert werden, wenn man sich nur geduldig genug hat vertrösten lassen. Vielmehr geht es darum, die Negativität einer historischen Bestandsaufnahme festzustellen und ihre Bedeutung durchzuhalten. Meistens wird statt dessen einfach zu jedem Negativum einfach das zugehörige Positivum genommen; aber dieses behält die ihm zugedachte

---

[30] F. BRAUDEL, Sozialgeschichte des 15.–18. Jahrhunderts, Band 1: Der Alltag (französ. Paris 1979; deutsch von SIGLINDE SUMMERER, GERDA KURZ, GÜNTER SEIB), München 1995; PHILIPPE ARIES und GEORGES DUBY (Hsg.), Geschichte des privaten Lebens, 5 Bde (jeder von einem eigenen Herausgeber und mehren Autoren), Paris 1985–1989 (?), übersetzt von HOLGER FLIESSBACH, Frankfurt/Main 1989–1993; GEORGES DUBY und MICHELLE PERROT (Hsg.), Geschichte der Frauen, 5 Bde (jeder von einem eigenen Herausgeberinnen), Frankfurt 1997.

[31] Zur Begründung verhilft kein Geringerer als JACOB BURCKHARDT, Über das Studium der Geschichte, ... auf Grund der Vorarbeiten von Ernst Ziegler nach den Handschriften herausgegeben von PETER GANZ, München 1982, z.B. S. 239, Z. 40, oder S. 302, Z. 30 („Und nun ist die Macht an sich böse, gleich viel, wer sie ausübe"). Gewährsmann in der Begründung ist manchmal FRIEDRICH CHRISTOPH SCHLOSSER (1776–1861). In der von JAKOB OERI unter dem bekannter gewordenen Titel „Weltgeschichtliche Betrachtungen" im Jahre 1903 herausgegebenen Fassung (mit einem Nachwort neu herausgegeben von ALFRED VON MARTIN, Krefeld 1948, wird der Satz öfter und in mehr Zusammenhängen wiederholt und anscheinend nicht auf Friedrich Christoph, sondern auf AUGUST LUDWIG SCHLOSSER (1735–1809) zurückgeführt.

Qualität erfahrungsgemäß nur eine Zeitlang bei. Die religionsgeschichtliche Forschung kann zu der Kunst, einen negativen Befund als solchen offen zu halten, insofern etwas beitragen, als sie von einem ihrer Gegenstände, der Apokalyptik, die dort selbstverständliche Fähigkeit übernehmen kann, auf das „Bald" der Endoffenbarung zu warten, ohne die bis dahin mutmaßlich vergehende Zeit zu berechnen. Zwar würde diese Haltung sofort die Kritik auf sich ziehen, es werde Objekt- und Metasprache durcheinander geworfen. Man kann das zugeben, denn es steht nirgends geschrieben, daß dergleichen verboten ist. Der Religionshistoriker darf es sich gestatten bzw. wird es sich nur dann verbieten, wenn aus einer solchen methodischen Unsauberkeit eine falsche Erkenntnis des Geschehenen folgt. Wenn aber etwas noch nicht geschehen ist, sondern erst geschehen soll, dann gibt es keinen Grund, einen solchen Übertritt zu unterlassen, denn die Folgen, wie immer sie aussähen, würden demselben Gebot des Offenhaltens unterliegen, das schon die Voraussetzung für ihr Eintreten war. Zugleich könnte dies eine Konkretion des Sollens in der Geschichte sein, die vom nachträglichen Herumwerfen mit Verdammungsurteilen weit entfernt ist und doch historische Fehler erkennt, um sie vermeiden zu können. Anders gesagt: Es muß ein Besserwissen ohne Schadenfreude und Selbstgerechtigkeit geben, das darin überzeugt, daß „Werte und Normen" nicht willkürlich von dem Himmel geholt werden, wo sie vermeintlich herumhängen, sondern daß sich ihre Formulierung und historisch verbindliche Festsetzung als Erfahrungswert ergibt, nachdem generationenlang sämtliche denkbaren Negativa subtrahiert worden sind.

14. Konflikt der Perspektiven, Position I: Phänomenologie einer beherrschten Welt

Von den eben erwähnten, sich gegenseitig verschlimmernden Tatbeständen besteht der eine darin, daß die unvollständige und damit falsche Vorstellung, die man gewöhnlich zuerst von etwas hat, gleichwohl eine Dimension eröffnet, die ihre eigene Stabilität gewinnt und durch Richtigstellungen der üblichen Art nicht zu beseitigen ist. Der andere Tatbestand: Die Repräsentation der Wirklichkeit, die man kennenlernen will, wird häufig durch die zweideutige Erwartungshaltung der Adressaten fehlgeleitet. Dieser Vorgang kann ein Volk in einer dermaßen negativen Auswahl seiner Eigenschaften präsentieren – Angabe verschiedener Namen, die von niemandem alle zusammen respektiert werden; fehlende Deckung zwischen demographisch korrekt angegebener Ausdehnung mit dem von dem betr. Staat beanspruchten Territorium; Entstellungen des Volksgeistes weit über die Karikatur und die Selbstironie hinaus – daß es aussieht, als solle die Kenntnisnahme unterlaufen werden. Neue Perspektiven müssen voraussetzen können, daß die gegenseitige Zementierung beider Tatbestände aufgebrochen ist, da nicht alles beim alten bleiben darf, besonders nicht im Falle Iran, der besonders kraß liegt. Wie es sich mit dem darauf aufbauenden Hauptproblem, der iranischen Identität überhaupt, für den Verf. verhalten hat, läßt sich aus dem nicht seltenen Mißlingen seines vor vierzig Jahren gefaßten Vorsatzes ableiten, eben jenes Identitätsproblem zum einzigen Leitprinzip zu machen, das bei der Abfassung bestimmter Schriften zu beachten sei – derselben, denen jetzt die beigegebenen zweiundsechzig Einzelstudien entnommen sind. Hier hält Vf. es nun für eine neue Perspektive, für die Partherzeit Kategorien zu entwickeln, die sie sich selbst nicht mehr in einer – wie auch immer zu verstehenden – Form als „entstellt" präsentieren lassen. Seit zwei Forschergenerationen ist das Problem erkannt und anerkannt, daß in einer Zeit, wo die iranische „Ausstrahlung" besonders intensiv gewesen sein muß, die Zeugnisse für „Iranisches" aller Art außerhalb des iranischen Territoriums erheblich zahlreicher sind als auf diesem selbst. Man muß in der Weltgeschichte lange suchen, um einen Tatbestand zu finden, der diesem einigermaßen ähnlich sieht. Zwei Wissenschaftsideologien haben hier bis zum Ende aller Tage ausreichend Diskussionsmaterial zur Verfügung, um auf die Anforderung, das iranische Gedankengut möglichst vollständig zu erfassen, entweder sagen zu können „Da müssen wir die Länder außerhalb Irans besonders sorgfältig bearbeiten, denn nur dort ist es zu finden", oder „Da können wir diese Länder ganz unbeachtet lassen, denn wenn das zentrale Land über nichts Iranisches mehr verfügt, können die peripheren Länder erst recht nichts mehr haben". Es war immer peinlich, daß man wie in einer stillschweigend getroffenen Übereinkunft gerade in einem Kontroversfall wie diesem die methodenschwache Religionswissenschaft de facto mit der Federführung bei der wissenschaftlichen Bewältigung dieses Problems betraute. Es erweckt Hoffnung, daß endlich nicht nur Einzelgänger, sondern ganze Gruppen von wirklichen Historikern, die einen richtigen Tatsachenbegriff haben, auf Kongressen, die ganz den Parthern gewidmet sind, sich auch dieser Schwierigkeiten annehmen wollen[32] (Kap. XXII, XXIV–XXVIII).

Vf. möchte die Gelegenheit für die Erklärung nutzen, daß ihm wohl bewußt ist, daß seine 62 Einzelstudien zumeist von Problemen und Phänomenen eben dieser fraglichen Zeit handeln, und daß damit dieser Einleitung der zusätzliche Zweck zugewachsen ist, außer in diese Zeit besonders intensiv einzuführen noch annähernd dasselbe auch für die ande-

---

[32] Vgl. die „Beiträge des internationalen Colloquiums Eutin (27.–30. Juni 1996), hsg. von JOSEF WIESEHÖFER: Das Partherreich und seine Zeugnisse / The Arsacid Empire: Sources and Documentation, Stuttgart 1998. Ich möchte es als Zeichen kritischen Bewußtseins verstehen, daß in diesem Band die Religion nicht behandelt wird. Es ist viel besser, wenn man auf diese Weise die religionskundlichen Teildisziplinen zwingt, sich in den nächsten Jahren einen reflektierteren Quellenbegriff zuzulegen, als sich vorzeitig einen in die Tasche zu lügen. Wenn keine evident religiösen, sondern nur politisch-historische Quellen zur Verfügung stehen, muß man diese so gruppieren, daß sie nicht unversehens einen irreversiblen säkularen Tatbestand bezeugen, sondern die Möglichkeit für eine Rekonstruktion offen lassen, die woanders mehr bezeugt ist.

ren Zeiten zu tun, damit kein einseitiges Geschichtsbild entsteht. Eine gewisse Ungleichmäßigkeit in der Darbietung der Stoffauswahl, die durch die Themenwahl mitgegeben war und neu entstand, ist zu bedauern.

15. Konflikt der Perspektiven, Position II: Die Unvermeidlichkeit von Herrschaft

Dies ist, nach den Grundsätzen für neue Perspektiven, das zweite Problemfeld, das abgearbeitet werden muß, bevor der Ort für die aufzuschiebenden Definitionen (nicht diese selbst!) bestimmt werden kann. Setzte man nämlich neue Definitionen für einen Staat, der aus einem Hirtenkriegertum (?) hervorgegangen ist, für seine Institutionen, seine aus synkretistischer hervorgegangene synthetische Kultur – sofort ein, würden die neuen Resultate gleich mit einem Geburtsfehler, der sie der oben erwähnten Frühgeburt ähnlich machen würde, auf die Welt kommen, und der würde sich beständig forterben[33]. Besonders deutlich wird das an der Topik, die ihre eigene Mißverständlichkeit, ja Fehlerträchtigkeit immer neu gleichsam aus sich erzeugt. Es handelt sich um eine ehrwürdige literaturwissenschaftliche Bezeichnung, die ursprünglich auf einer originellen Wort- und Sinnschöpfung beruht. Aber schon die nächste Generation kann die Topik – bestehend aus Formeln oder Motiven –, oder den Topos, den „Platz" oder literarischen Gemeinplatz – diese Bezeichnung ist nicht von vornherein abwertend gemeint – übernehmen. Man sieht im Laufe seines wissenschaflichen Lebens viele Topoi sich bilden, stereotyp werden, ihren Inhalt verlieren und einen ähnlichen Inhalt aufnehmen. Das Interessanteste, das die Topik zu bieten hat, ist der bei aller Veränderung des Sinnes eine Topos und der enormen zeitlichen Entfernung von seinen Ursprüngen immer noch rekonstruierbare Zusammenhang.

Schon unsere kurzen Ausführungen über die Griechen haben uns auf die Meinung von Majoritäten damals und heute geführt, die Griechen seien ursprünglich einmal dazu ausersehen gewesen, nach so vielen asiatischen die ersten europäischen Untertanen eines garnicht einmal aus dem feindlichen Nachbarland – „wo heute die Türkei liegt" – stammenden, sondern von viel weiter östlich schon über dieses gekommenen Tyrannen zu werden, der, wäre er Sieger geblieben, der damaligen Welt die „orientalische Despotie" aufgezwungen hätte. (Manch ein „Medien"-Vertreter ist vor dem neuerdings aufkommenden, als falscher Topos zu entlarvenden Vergleich zu warnen.) „(Despotie), wie sie heute der Islam anstrebt, der ihre Idee insgeheim von ihren früheren orientalischen

---

[33] Im positiven wie im negativen Befund erschöpfend: OLIVER PRIMAVESI – CHRISTOPH KANN – STEPHAN GOLDMANN, Art. Topil, Topos, in: HistWbPhilos 10, 1998, Sp. 1263–1288 (KLAUS MAINZER, Artk. Topologie, a.a.O. Sp. 1280f., behandelt dagegen eine Grunddisziplin der Mathematik, auf die jene Bezeichnung jetzt festgelegt ist.)

Verfechtern übernommen hat und nur darauf wartet, zu gegebener Zeit mit dieser Idee, die nur zu oft auch schon Vertreter der abendländischen Kultur fasziniert hat, offen hervorzutreten." Aber jener orientalische Herrscher, der – so brauche man garnicht mehr zu unterstellen, weil es doch wohl so gewesen sei – Tyrannei und Unterdrückung im Schilde führte, habe die Rechnung ohne die Väter unserer Freiheitlichen Ordnung, die Griechen gemacht und war im Jahre 490 v.Chr. in der Schlacht bei Marathon selbst besiegt worden. Nun, wer in der Lage ist, den Zusammenhang zwischen Barbarentopik und den Perserkriegen der Griechen zu rekonstruieren, der wird auch weitere Zusammenhänge nicht verkennen. Vielleicht sind solche Überlegungen die einzigen im großen politischen Spiel, die eine gewisse Lebenserfahrung erfordern – und sei es auch nur, weil man erst von einem gewissen Alter an die Frage meint stellen zu dürfen, wieso eine dermaßen kluge Denk- und Ordnungsmöglichkeit, wie ein Topos sie darstellt, einen so unvorstellbar doppelten Boden haben kann.

Was auf jüdischer Seite vorliegt, haben wir unter den Punkten 6 und 9 erörtert. Hier fügen wir hinzu, was über das Verhältnis der Juden selbst zu den Völkern in äußerster vom Zusammenhang diktierter Kürze zu sagen ist. Sie hatten schon lange auf Grund ihrer Beschäftigung mit den Fremden, darunter auch denen, die vor ihnen das Land bewohnt hatten, im positiven wie im negativen Sinne von „Völkern" geredet. Aber Wörter dafür gab es mehrere, und die waren mehrdeutig, manchmal auch auf Israel anwendbar geworden.[34] Die Qualität, zu der es die Perser gebracht hatten, wäre deshalb nicht mit einem Wort auszudrücken, sondern hätte relativ umständlich umschrieben werden müssen – wenn man überhaupt einen Sinn darin sieht, eine Bezeichnung wie „die Toleranten" in jüdischer Überlieferung zu suchen. (In der rabbinischen „Literatur" wird, soweit mir bekannt, die Funktion der Topik von der Typologie wahrgenommen, was zu ganz anderen Aussagen führt. Speziell bei Ländern und ihren Bewohnern wurden die neutralen geographischen Bezeichnungen genommen, auch in theologischen Zusammenhängen: „Der König von Persien" etc.) Als im christlichen Bereich später – wir wissen nicht genau, wann, aber es war Jahrhunderte nach den 6./5. Jh. vor Chr. – der Begriff der Toleranz geprägt wurde, blieb auch er nicht lange vor der Entleerung zu einem bloßen Topos verschont. Zahlreich waren ja immer wieder mehrere Generationen lang die Versuche, ihm einen Inhalt zu geben. Wurde dieser aus dem Vorrat der Herrschertugenden genommen, zu denen natürlich das Gewährenlassen andersgläubiger Untertanen gehörte, hätten selbstverständlich immer wieder einmal auch die Wohltaten der Perserkönige zitiert werden können. (Feststellungen, wie weit und wie oft es tatsächlich geschah, müssen wir suspendieren.) Aber es gab noch andere, die für ihre Haltung Anerkennung verdienten. Wollte man danach eine Herrschafts-

---

[34] Zusammenstellung der Terminologie bei CARSTEN COLPE, Das Siegel der Propheten, Berlin 1990, S. 92–100.

oder Königstopik vor dem Abrutschen ins Negative bewahren, war umgekehrt der Toleranzbegriff unentbehrlich. Für diejenigen aber, die von den persischen Großkönigen nichts wußten, konnte vielleicht die Idealgestalt des jüdischen Frommen, der um seinen Tempel besorgt ist, einen bleibenden Eindruck vermitteln. Und das Verhältnis der Juden zu den Völkern kam – und kommt – für den, der es im Lichte der Offenbarung durchdenkt, am klarsten in der endzeitlichen Völkerwallfahrt zum Zion zum Ausdruck. Genaueres steht im Fragmenten-Targum zu Jes. 41, 2f., 25; 44, 28; 45, 1–3. Aber das konnte nebenbei an dieser Stelle nicht mehr bearbeitet werden[35].

16. Alte Rezeptionsprobleme I: Iran in der „Welt der Antike"

Es geht um Einordnung in einen klassischen Zusammenhang. Für ihn steht der Ausdruck „Welt der Antike" als der nüchternste, der der Aufhebung einer gewissen Spannung zwischen der Zugehörigkeit Irans und der anderer Regionen am wenigsten entgegenstehen würde. Tatsächlich ist nämlich diese Zugehörigkeit nicht so selbstverständlich wie die von Griechenland und Rom. Die Beschränkung auf das klassische Altertum und die humanistische Bildung, die damit gegeben war, wurde bekanntlich von Eduard Meyer aufgebrochen. Der Alte Orient gehörte damit voll zur Sache. Aber dem Land Iran kam das kaum zugute, denn es war gegenüber Babylonien und Assyrien ein Parvenu! Vielleicht erklärt es sich daraus, daß Iran im wissenschaftlichen Bildungsbewußtsein einen schwächeren Platz hat als der „Vordere Orient", der auch der „Nahe Osten" heißt. Wenn sich daran in den letzten Jahrzehnten auch viel geändert hat, so bereitet es manchen für Nachbargebiete zuständigen Wissenschaftlern immer noch überraschende Schwierigkeiten, sich auf Abruf spontan vorzustellen, wo der „mittlere Orient" oder der „Mittlere Osten" liegt. In anderer Hinsicht hat die Problematik eines Platzes für Iranier in einem konservativen Geschichtsbild manche Ähnlichkeit mit einem Dilemma, in das sich von einer bestimmten Wissenschaft die Juden gestellt stehen. – Merkwürdig ist es, daß die Perser von der Arierideologie der Nazis nichts profitiert haben. Wahrscheinlich kam ihre unbezweifelbare arische Herkunft im Urteil der Rassefachleute gegen ihre spätere Dekadenz und ähnliche Entartungen nicht an.

---

[35] Die Bearbeitungsgrundlage ist jetzt, was den kritisch herausgegebenen Text und Heranziehung früher vernachlässigter Handschriften anlangt, erheblich verbessert durch ALEXANDER SPERBER, The Bible in Aramaic, vol. III: The latter prophets acccordimg to Targum Jonathan, Leiden 1992, S. 82–96.

17. Alte Rezeptionsprobleme II: Iran in der „Umwelt der Bibel"

Noch merkwürdiger ist das Fehlen Irans in der biblischen Umweltforschung und in den Auslegungswissenschaften. Überall sonst z.B. ist die Angst vor Originalitätsverlust durch Glaubensvergleich oder irgendeine andere Art von Relativierung geschwunden: „Ägypten und die hebräische Bibel", auch „Babel und Bibel", „Ugarit und Israel" , der „Hellenimus und die frühe Christenheit", „Paulus und die Stoa", „Gnosis und Neues Testament" – das geht alles in Ordnung. Irgendein Unterschied wird ja auch noch in der banalsten Religions- und Kulturverschmelzung bestehen bleiben. Nur wenn das Stichwort „Iran und die Bibel" fällt, heben sich die Augenbrauen. Woher bekommt man den richtigen Ratschlag, damit sie sich wieder senken können? Steckt eine Art „Propheten-" oder gar „Erlösersyndrom" dahinter?

Wir schlossen den Punkt 11 mit einem Hinweis auf den erforderlichen Wandel von Untersuchungsweisen. Dazu konnte man die anschließenden Punkte 12 und 13 über die aufzuschiebenden Definitionen zählen. Im folgenden sollen die Verfahrensweisen, die mit den in der Imperialismusproblematik und darüber hinaus geübten formal verwandt sind, ohne an ihren Inhalten teilzuhaben, mitgeteilt oder erläutert und ergänzt werden.

18. Methodenkonvergenz von Historie und Exegese

Es hängt vom Interesse des Forschers – z.B. des Exegeten oder des Religionshistorikers – ab, ob er von einer Früh- oder einer Spätzeit ausgeht (diese sehr einfache Phasenunterscheidung genügt für den hier gesetzten Zweck, also: Früh = Zeit Israels, seiner Könige und Propheten, Zarathustras und der Großkönige; Spät = Zeit des Judentums und Urchristentums, der Seleukiden und Arsakiden). Pro- bzw. retrospektivisch muß er auf die eine wie die andere Zeitepoche in jedem Falle Rücksicht nehmen. Spätzeiten sind nun als Anreiz zur Verfeinerung von Methoden viel ergiebiger als alle sonstigen Teilzeiten. Vieles, was sich „früh" (d.h. in Frühzeiten) in der Frage nach Faktizität erschöpft, muß sich „spät", wenn man will, eher auf ein Symbol richten oder selbst eines bilden. Und was sich „früh" vielleicht methodisch geradezu simpel ausnimmt, erscheint „spät" unter Umständen als eine aus anspruchsvoller Differenzierung hervorgegangene Aufgabe. Das letztere kann so weit gehen, daß sich das, was untersucht werden soll, dermaßen verfeinert, daß der Forscher in Zweifel gerät, ob es sich nur bis zur Unkenntlichkeit verkleinert hat, oder ob es ganz verschwunden ist (Paradebeispiel: das Heilige). In einem solchen Fall bleibt ihm, wenn er die Frühzeit weder völlig ignorieren noch sie als voll bestimmend anerkennen, sondern sie einfach *sein lassen* will, für die sich nun stellenden Aufgaben vorerst nur eines zu tun übrig; die bloße Darstellung der baren Fraglichkeit von Eigenschaf-

I. Systematische und methodische Grundfragen

ten und Charakter dessen, was hypothetisch als weiterhin anwesend zu behandeln ist.

Einem Exegeten fällt meist die Aufgabe zu, eine gotteskundliche Aussage wie z.B. Esra, 2 („Jahwe, der Gott des Himmels") auszulegen. Demgegenüber gehört meist der Kampf mit der „Waffenrüstung Gottes" gegen die Geister der Bosheit droben im Himmel zu den Aufgaben des Religionshistorikers. Hinter beiden Zitaten steht ein Stück iranischer Gedankenwelt. Macht man aus ihnen ein kombiniertes Beispiel, dann hat sowohl die exegetische als auch die religionshistorische Kommentierung übereinstimmend einen Beitrag zum Verständnis geleistet. Da, wo es einfach abzulesen ist – wie man in Unkenntnis der Schwierigkeiten bei gewissen alt- und neutestamentlichen, also in einer „Früh-" und in einer „Spätzeit" entstandenen Texten angenommen hätte, daß es möglich sei – ob hier ein iranischer Gedanke vorliegt oder nicht (Beispiele: früh die Bezeichnung JHWH's als des „Gottes des Himmels" in Esra 1,2 oder als „des Himmels" selbst; später die geistliche Rüstung und die Wurzeln des Gotteskämpfertums in Eph. 6, 10–20), und wo auch immer untersucht werden muß, ob ein Zusammenhang von iranischen Motiven mehr bestimmt worden ist als von anderen, da wird eine bis zur Identität gehende Verwandtschaft der exegetischen und der idiographischen Aufgabe nebst zugehöriger Arbeitsweise sichtbar.

Das ist ein Resultat. Es muß aber verifiziert werden, und zwar durch Anknüpfung an die zweite Hälfte der Behauptung, daß es außer den Wandlungen der Dinge auch Wandlungen der wissenschaftlichen Untersuchungsweisen zu verzeichnen gibt. Sie sehen in Frühzeiten anders aus als in Spätzeiten, sofern diese eindeutig gegeben sind. Unter einer bestimmten Fragestellung entfällt nämlich die Notwendigkeit, Zeiten zu klassifizieren. Da wir hier keine Kasuistik von Untersuchungsansätzen entwerfen wollen, können wir mit Kürzeln arbeiten. Die Frühzeit sei, außer einer Selbstbezeichnung, ein Kürzel für sich plus Spätzeit; denn die Entwicklung einer Methode für die Spätzeit allein betrifft dort einen Ausnahmefall. Für die Methode gilt, was Vielfalt und Kürzelprinzip anlangt, Analoges, so daß man ebensogut statt von historisch-kritischer von historisch-philologischer Methode sprechen könnte. Das geschieht ja oft, aber es ist sinnvoll nur, wo diese Methode gegen eine überständige (Lehren von einem mehrfachen Schriftsinn, Allegoresen, Verbalinspiration, etc.) profiliert werden soll. Für die iranischen Westbeziehungen sind diese Dinge am wichtigsten, sofern es um deren Darstellung in einer modernen Geschichtsschreibung geht.

Es folgen deshalb keine illustrierenden Gegenstände, Begriffe etc., sondern einige Paradigmen, die zum Auffinden eines Stellenwertes dienen sollen, durch den beeinflußte und beeinflussende Größen erst ihren Sinn erhalten. Alles weitere ist Aufgabe einer religionsgeschichtlichen Methodenlehre. Die folgenden Punkte sollen auf den Zusammenhang einer solchen mit dem in den Einzelstudien Gebotenen aufmerksam machen und gleichzeitig eine Kontrolle ermöglichen.

19. Beispielgruppe I: Frühzeiten und historisch-philologische Methode

Bei diesem Problemkreis ist nicht nur an Bereiche zu denken, die via Textinterpretation, Wortkunde, oder mit irgendeiner linguistischen Methode zugänglich sind. Bei manchen archäologischen Denkmälern z.B. wäre es ganz unsinnig, auf sie zu verzichten, weil sie mit Textzeugnissen in einem engen Verhältnis gegenseitiger Erklärung stehen (Herrschercharisma, Königsglorie) Allerdings gilt das folgende nicht für die Hermeneutik und verwandte Verfahren, soweit sie sich nicht handwerklich-philologischer Mittel bedienen.

Jetzt einige Beispielhinweise nur aus der unklassifizierten Zeit. Die historisch-kritische Methode ermöglicht es z.B., die Wirkung eines im Verhältnis zum untersuchten Gegenstand homogenen und dies auch bleibenden Faktors, festzustellen. Das kann auf vielfache Weise geschehen: in historischen Prozessen, bei Rechtsgütern, in der Administration. Es ist z.B. zu untersuchen, ob ein historischer Vorgang in der Partherzeit, wie z.B. der Universalhistoriker Pompejus Trogus (im augusteischen Zeitalter) deren viele beschreibt, von iranischen Elementen – wie eine etwa mitgegebene Behauptung, daß ein böser Dämon am Werk sei, eines sein könnte – bestimmt sei.

Es gibt leider keine methodische Operation, die aus einem diffusen Feld einen sicheren Rückschluß auf Beteiligung iranischer Elemente gestattet. Aber es gelingt gelegentlich eine gleichsam vertikale Problemlösung, welche besagt, daß nicht mehr als das beigebrachte Material zu dieser Lösung verholfen habe, während man früher noch mehr für nötig gehalten hatte. Ist der Fall nun so beschaffen, daß man, ohne sich logisch zu übernehmen, das, was die einfache Lösung zunächst verhindert hat, eine Unbekannte zu nennen (die, wohlgemerkt, etwas anderes ist als ein unbekannter Begriff), dann hat man mit Hilfe dieser Methode statt einer Gleichung mit *zwei* jetzt eine solche mit nur *einer* Unbekannten.

20. Beispielgruppe II: Spätzeiten und katalysatorische Methode

In Bemühungen um exaktere Methoden für religionsgeschichtliche Untersuchungen ist an der durch den ersten Absatz von Punkt 16 bezeichneten Stelle die Kategorie der katalytischen Anwesenheit eingeführt worden[36]. In der Che-

---

[36] In: M. EUGENE BORING – KLAUS BERGER – CARSTEN COLPE (Hsg.), Hellenistic Commentary to the New Testament, Nashville 1995, werden auf S. 23–32 „Categories for Designating the Relation between Early christian Texts and Texts from the Environment" vorgestellt. Sie sind eine gute Adaptation des entsprechenden deutschen Textes in Berger – Colpe, Religionsgeschichtliches Textbuch zum NT, Göttingen 1975), auf die ich mich hiermit festlege. Die letzte Kategorie dort, „Catalytic Presence", ist dieselbe, die oben genannt wird. Von da aus geht es weiter zu Interferenz, Katalyse, Verstärkerwirkung: ULRIKE SCHLOTT, Vorchristliche und Christliche Beziehungen bei Kelten, Germanen und Slawen. Zur Entwicklung einer exakteren Methodik für religionsgeschichtliche Untersuchungen, Hamburg 1997.

mie wird als Katalysator ein Stoff bezeichnet, der die Geschwindigkeit einer Reaktion daduch erhöht, daß er den Stoffen, aus denen etwas Neues hervogehen soll. einfach beigegeben wird. Aus ihm geht aber in den chemischen Prozeß nichts Substanielles ein, er bleibt unverändert. An dieser Charakteristik ändert sich bei Herübernahme eines Begriffs in die Religionsgeschichte nichts. Ein Unterschied liegt nur darin, daß der Chemiker weiß, womit er in die Reaktion eingreift, während der Religionshistoriker aus einer historischen Entwicklung erst ableiten muß, ob ein Katalysator am Werke war. Es ist sinnvoll und einfacher, auch von dem zur Untersuchung bestimmten Vorgang als einer Katalyse zu sprechen.

Die Anwendung dieser Kategorie ermöglicht es, die Mitwirkung eines heterogenen Faktors in einem historischen Prozeß oder Elementes beim Sichzeigen eines Phänomens festzustellen. Setzt man im letzteren Fall den Beobachtungspunkt an anderer Stelle, kann man auch sagen, man sieht den Einfluß eines Elementes, das ein im Sichzeigen begriffenes Phänomen zu komplettieren sich anschickt. Sie ermöglicht es leider nicht, auch noch den Herkunftsort des Faktors oder Elementes festzustellen. Man bekommt also, wie bei der in Punkt 19 erörterten Methode, für ein hermeneutisches oder historisches Problem solcher Art keine Lösung (wie vom Verfasser zu lange angenommen).

Das bedeutet: Aus einer als Katalyse angesetzten Untersuchung könnte z.B. eine Kontrolle der These hervorgehen, daß es eine hellenistische, (wir dürfen als uns Interessierende, vom Autor so nicht erwähnte Variante hinzufügen: in ihrem Synkretismus auch das „iranische Erlösungsmysterium" pflegende christliche) Gemeinde vor und neben Paulus[37] gegeben habe. Die These würde bestätigt werden, wenn es gelänge, einen Vorgang, eine Konstellation, einen administrativen Akt zu ermitteln, der jeweils als Katalysator wirkend erklären würden, warum eine Gemeinschaft, deren Entstehung gewöhnlich die Dauer einer Generation beansprucht, de facto innerhalb weniger Jahre, ja evtl. in weniger als einem Jahr entstanden sein könnte. Aber beide Partner, der Exeget und der Religionshistoriker, müssen sich bescheiden, daß sie die Frage „iranisch oder nicht?" so nicht beantwortet bekommen. Statt dessen geht es um die phänomenologische Namensgebung. Auch sie ist, da lange vernachlässigt, des Schweißes der Edlen wert. Sie läßt den herkömmlichen Methoden nicht nur ihr Recht, sie weist ihnen auch neue Aufgaben zu. Die Identifikation iranischer – und entsprechender anderer – Elemente und Faktoren muß mit Hilfe der alten Methoden angestrebt werden. Aber diese Methoden haben für die hiermit angesprochenen Probleme nicht getaugt.

---

[37] Vertreten von RUDOLF BULTMANN, Theologie des Neuen Testaments, 7. Aufl. Tübingen 1977, S. 66–186.

21. Die verbleibende Aufgabe

Gegen die Geringschätzung der Völker und an die Stelle der noch fehlenden Definitionen lassen sich sehr wohl schon heute einige Leitgedanken in Form einer Frage stellen. Es können bei einem einzigen Mal nicht gleich alle sein, die sich melden, aber doch diese zwei. 1. Wir wissen inzwischen, welch falsche Sicht der Dinge eingeleitet wird, wenn man die Punkte auf der Erdkarte, die vom Ausgangsort eines Großen am weitesten entfernt liegen, durch eine Linie miteinander verbindet. Was „jenseits der Grenzen", was „drinnen" geblieben ist, darüber gibt es immer Standpunktstreit, und nur wenn man diesen irgendwie beendigt, gibt es – nicht etwa die „Sache selbst", sondern Zulassung zum Wertungsstreit. Aber dieselben (übertragen gesagt) kartographischen Unternehmungen[38] können viel bedeuten, wenn man sich um das bemüht, *was beiderseits der Grenzen geblieben, und was neu der Fall ist*. In diesem Sinne sollte verfahren werden. 2. Welche Rolle spielen in den „Westbeziehungen iranischer Religionen" eigentlich die Völker selbst, spielt insbesondere die in ihre Sprachen eingewobene Intelligenz, derer es für das Aufnehmen, Übermitteln und Empfangen religiöser Botschaften, Verkündigungen, Traditionen bedarf? (Diese Frage wurde bisher durch eine andere in den Hintergrund gedrängt, nämlich die, wie rein die ursprüngliche Botschaft erhalten geblieben sei.)

Wenn man die neuen Umgebungen und Zeitumstände genau erfaßt, dann kann man in der „Spätzeit" gewisse Gruppen – die Apokalyptiker, die in Mysterien Eingeweihten, die Gnostiker – sogar die Rolle der Völker weiterspielen lassen. Man darf nur nicht meinen, daß die Gruppen nach ihrem Selbstverständnis stellvertretend die Völker weiter repräsentieren; denn das würde methodisch falsch darauf hinauslaufen, daß man aus einer Verstehenskategorie eine Existenzaussage machte.

22. Auswahl und Anordnung des Stoffes

Diese Grundfragen befassen sich nur mit der erfolgten Herstellung und hiermit vorgelegten Sammlung der eben erwähnten Einzelstudien. Die „gesamtiranische" Religion, die dabei erst richtig zum Problem wird, kommt nur mittelbar zur Sprache, ebenso der Zoroastrismus. Beiden Formen können die Grundfragen nicht besser dienen, als indem sie so konzipiert bleiben, daß sie ihren Charakter als bloßer Leitfaden immer behalten und nicht unter der Hand zur Er-

---

[38] Man vertiefe sich in die beiden äußerst instruktiven Karten aus dem „Tübinger Atlas des Vorderen Orients", nämlich B IV 22: GERD GROPP, „Iran unter den Achämeniden (6.–4. Jahrhundert v.Chr.)", und B IV 23: PETER HÖGEMANN – KAI BUSCHMANN, „Östlicher Mittelmeerraum. Das achämenidische Westreich von Kyros bis Xerxes (547–479/8 v.Chr.)". Beide Karten bieten auch mit kulturgeschichtlichen Symbolen eine enorme Fülle an Informationen.

gänzung werden; denn damit würde sie unumkehrbar zur Sekundärliteratur gerinnen. Sie darf also nicht, wie andere, oft sehr gute Darstellungen es gerade wollen, als ein Double ihrer Gegenstände zur Kenntnis genommen werden. Deshalb wird auch an jeweils einschlägiger Stelle absolut nichts aus den Einzelstudien wiederholt. Das Bedürfnis nach Berichtigung muß der Leser selbst mit Hilfe der umfassenderen, in den Anmerkungen zitierten Literatur[39] befriedigen.

Schließlich und endlich muß die Grenze übersprungen werden, die in der Praxis immer noch die „Vor-" oder „Urgeschichte" von der „wirklichen" Geschichte trennt (Kap. I, II, IV, VI). Aus dem Bisherigen ergibt sich, daß eine dem Ablauf der iranischen Geschichte folgende Stoffanordnung am sinnvollsten ist. Die sinnvollste Anordnung ist es schon für sich, sie soll es aber erst recht sein, wenn der „prae-" und „para-"historische Bereich, in dem die „Protoiranier" zu Hause sind, nicht ausgespart wird. Es ergibt sich in diesem Falle, je nach Perspektive, eine gegenseitige Deckung von Früh- und Spätzeit, die der unter Punkt 18 als Ausnahme angeführten analog ist. Entsprechend muß man dann hier auf eine etwas größere Ausführlichkeit bedacht sein.

Die Ost-West-Korrelation ist bisher an die frühgeschichtlichen Verhältnisse auf den späteren iranischen Territorien nicht herangetragen worden. Das ist an sich auch nicht zwingend erforderlich. Sie wird hier einmal versuchsweise auf dieses Gebiet erweitert, in erster Linie deshalb, um der rekonstruierenden Sprachwissenschaft, die mit Etymologien jeder Art in für sie immer dunkler werdende Jahrhunderte zurückdrängen will, von der anderen Seite her auf einem Wege, der für den Prähistoriker immer heller wird, entgegen zu kommen[40].

Das bedeutet bei einem Thema wie den Westbeziehungen, daß man dergleichen schon in eben jenem Geschichtsbereich tut, gegen den der Historiker alter Schule Distanz wahrt. Sein Argument wäre diesmal wohl, man suche ahnungslos nach Kräften, die ein Geschehen, das sich doch im „hellen Licht der Geschichte" abspiele(n sollte), determinierbar erscheinen lassen. Mit der in diesem Votum steckenden grundsätzlichen Kritik befindet sich unsere These „*Die Annahme von Determination ist der Tod jeder historischen Erklärung*" in voller Übereinstimmung. Es wird sich zeigen, daß gerade eine so einfache Kategorie

---

[39] Zu dieser ist aber hinzugekommen: JOSEF WIESEHÖFER, Das antike Persien Von 550 v.Chr. bis 650 n.Chr. Neuauflage Düsseldorf/Zürich 1998. Dieses auch sonst vorzügliche Werk, fachlich und im Eingehen auf die öffentliche Meinung auf der Höhe der Zeit, bringt das Belegmaterial nicht in Fußnoten, sondern in – lesbaren! – „Bibliographischen Essays" am Schluß der Darstellung. Es sei zur Ergänzung, selbständigen Belehrung und Kontrolle meiner Arbeit zur Lektüre wärmstens empfohlen.

[40] Ein Musterstück dafür, wie es im einzelnen gemacht werden sollte, liefert ALMUT HINTZE, The Migrations of the Indo-Iranians and the Iranian Sound Change s > h, In: Wolfgang Meid (Hsg.), Sprache und Kultur der Indogermanen (Akten der X. Fachtagung der Indogermanischen Gesellschaft, Innsbruck, 22.–28. September 1996), Innsbruck 1998, S. 140–153.

wie die Ost-West-Korrelation einer historischen Sicht auf diesem Gebiet beträchtlich zur Konsequenz verhilft.

Und *last, not least:* Da der Hauptpunkt der Kritik von Historikern und Prähistorikern aneinander darin besteht, daß mit dem Übergang aus dem Felde des einen in das des anderen auch die Methode gewechselt wird – dann sei es schließlich keine Kunst, zu vertretbaren Ergebnissen zu kommen –, will ich es am Gegenstand dieses Buches einmal versuchen, die Lehre vom Elementargedanken zu einem einheitlichen methodologischen *tertium relationis et operationis commune* weiter zu entwickeln.

II. Historischer Grundriß

Vorbemerkung zur Stellung der vier Völkernamen

Es ist wichtig, daß sie an prominenter Stelle in je einem der vier Teile 1, 2, 3, 4 stehen; denn sie sollen deren Substanz repräsentieren, jedoch so, daß nicht unter der Hand nur eine einzige von den allenthalben zur Sprache kommenden als „Leitsubstanz" durchgesetzt wird. Man braucht im Text bei der Plazierung des repräsentativen Namens nicht bis in die letzte Feinheit eines möglichen genius loci hineinzuloten; man kann auch eine allgemeine Charakteristik ausdrücken wollen, wofür die vorherige Feststellung eines „locus ubi" nicht erforderlich ist.

Für das Geschichtsbild, das hier dem Teil 1 zugrunde liegt, wird der Iranier-Volks-Name kraft des Primär- und Unikats-Charakters der einzigen frühen Wanderungsbewegung, die aus Zentralasien heraus und nach Europa hinein unter diesem Namen erfolgte, an den Anfang gestellt. Damit soll zugleich zu alternativen Überlegungen hier und zu analogen Überlegungen für die drei folgenden Teile und Völkernamen angeregt werden. Jeder muß für sich selber das Wichtigste finden.

A. Zusammenhänge zwischen Kulturräumen, Vergesellschaftung und Denkformen

I. Kapitel: Eurasische Bedingungen für Ethnogenesen bis zur Mitte des 2. Jahrhunderts

1. Feststellung der Elementargegebenheiten „nutzbar erfundene Erdräume", „Gruppierungen neben dem Tier- und dem Pflanzenreich" sowie „anthropisches Prinzip[1] eines Denkens in Formen[2]"

---

[1] So zahlreich und verschiedenartig die Ansätze der historischen Anthropologie auch sind, es dürfte Einmütigkeit darüber bestehen, daß es für die Urzeit oder die Anfänge der Menschheit bei einem Nebeneinander von zwei qualitativ gleichartigen Gesellungsweisen – der Tierherde und der Menschengruppe – nicht bleiben kann. Was sich darüber hinaus sagen läßt, ohne der Verhaltensforschung Gewalt anzutun, bleibt strittig. Es muß eine elementare Gegebenheit sein, die weder in einer abstrakt-körperlosen Hypostase aufgeht noch an eine mit dem Tode des Menschen zugrunde gehende Einzeleigenschaft gebunden und schon garnicht mit ihr identisch ist. Dafür scheint mir jetzt der Ausdruck „anthropisches Prinzip" der beste zu sein. JOZEF ZYCINSKI und PHILIP HEFNER, Art. „Anthropisches Prinzip", in: RGG[4], Bd. 1, Tübingen 1998, Sp. 519f., erläutern die Herkunft des – i.J. 1973 von Brandon Carter geprägten – Ausdrucks aus der Notwendigkeit, den privilegierten Standpunkt des irdischen Beobachters im Universum unter Bedingungen zu stellen, die derart spezifisch sind, daß das Alter, die Dichte und die Ausdehnungsrate der Materie und die Entstehung von Leben auf der Basis von Kohlenstoff unabdingbar berücksichtigt bleiben. Die Konzeptionen von ALFRED NORTH WHITEHEAD, PIERRE

2. Entwicklung von Kriterien für die Ordnung der Elementargegebenheiten zueinander

   a) Vorrang der beiden ersten als a priori sich gegenseitig stützendes Kategorienpaar

   b) Verhältnis der Denkformen als dritter Gegebenheit zu allen, einschließlich ihrer selbst

Diese Vorklärung ist erforderlich, um einem etwaigen Irrtum vorzubeugen, man müsse eine Art Präfiguration der Westbeziehungen in der „Vor- und Frühgeschichte" finden. Eine ganz andere Forderung gilt für Invarianzen, derer man sich vergewissert haben sollte, um Transformationen richtig erkennen und historische Stufen innerlich nachvollziehen zu können. Daraus erwächst ein Kriterium, dem künftig immer Rechnung zu tragen ist:

Jede folgende Transformation muß ebenso strukturiert sein wie diese erste; sie darf aber keinen dieser Struktur analogen Inhalt haben.

Teil 1: 16. bis 9. Jh. v. u. Z.: 800 Jahre bloßer Orientierung an Linien zwischen himmlischen Grenzpunkten zwecks Erfassung der Dimensionen außerhalb irdischer Siedlungsgebiete

   B. Jungbronzezeitliche Geschichtsräume (16./11. Jh.)[3]

Teilhard de Chardin und der Prozeßtheologie entsprächen dem Sinn dieses Ausdrucks. Dieses Argument hat mich bewogen, Bedenken gegen seine Aufnahme gleich zu Anfang zurückzustellen, die im wesentlichen darin begründet sind, daß der Ausdruck auf einer ganz anderen Ebene steht als die beiden anderen Elementargegebenheiten. Der Ausdruck wird ohne Anspruch, damit ein weitreichendes Theorem aufzustellen, deshalb akzeptiert, weil er die Minima zur Geltung bringt, die diesseits von Metaphysik bestehen: das Postulat einer rationalen Struktur der Welt in Verbindung mit der Erkennbarkeit des Menschen durch ihn selbst.

[2] Auch mit diesem Ausdruck, der sinngemäß keine einfache Umdrehung von „Denkform" sein soll – HANS LEISEGANGS Buch mit diesem Titel (2. Aufl. 1931) ist hier nicht einschlägig – wird kein auf Urgeschichtsforschung beruhendes Urteil über die Mentalität des Frühmenschen abgegeben, sondern nur der Hinweis auf eine unkörperliche Kraft, die hier als ein Beispiel für eine Fähigkeit ausgewählt ist, die schon früh in historischer Zeit begegnet und in der Mitte des 2. Jahrtausends v. Chr. nicht gefehlt haben kann. Die Formulierung „Denken in Formen" statt „Denkform" (dazu vgl. H.G. MEIER, HistWbPhil 2, Sp. 104–107) soll die Vielgestaltigkeit des frühesten Denkens nochmals im Sinne des „Anthropischen Prinzips" einschränken.

[3] Es muß endlich auch in einem kurzen einleitenden oder den Haupttitel ergänzenden Überblick um das Einteilen und Durchhalten der chronologischen Gliederung nach Jahrhunderten gehen, da man nur mit Hilfe derselben aus der leidigen Inkompabilität historischer und parahistorischer Aussagen sowohl der Wissenschaft als auch der Ideologie herauskommt – der-

II. Kapitel: Seßhaftigkeit – Arier erkennbar – Seelenvorstellung erschließbar

1. Der letzte, unwiederholbare Synchronismus zwischen den drei Gegebenheiten in primären Regionalgruppierungen, die ihre Identität in dieser Zusammengehörigkeit finden und ihre Stammräume nicht verlassen

2. Der intuitive Elementargedanke ‚Die-Seele-selbst'[4]

3. Als Kollektiv zusammenhaltend erkennbare Arier – kaum alle, doch vermutlich schon manche aus gemeinschaftlicher Grundintuition

III. Kapitel: Die „Himmelsreise der Seele" als philosophie- und religionsgeschichtliches Problem (= *Stück 5)*

Eine Zusammenstellung wie diese darf nur die universale Verbreitung von Seelenvorstellungen aufzeigen, ohne damit deren innere Strukturen genauer parallelisieren zu wollen. Allenfalls kann vorab die Funktionen von „Teil"-See

---

jenigen Inkompatibilität also, die dem Autodidakten gerade für solche Themen der Frühzeit alles verdirbt. Ich aber habe nur so vorgehen können in enger Anlehnung an die Bände 2–4 des in seiner Belehrungskraft geradezu wunderbaren Werkes von HERMANN MÜLLER-KARPE, Grundzüge früher Menschheitsgeschichte, 5 Bände, Darmstadt 1998. Diese Untersuchungen, denn darum handelt es sich trotz des auf Argumentieren nicht mehr angewiesenen Stils immer noch, waren mir auch noch bei anderen Problemen, die hier alsbald folgen, von großem Nutzen. Man kann ihren Titel im doppelten Sinne in „Zenturien" ummünzen; denn es stellt nicht nur die früheste Menschheitsgeschichte nach dem hier besonders klärenden Zenturienprinzip dar, sondern rückt sich selbst innerhalb eines Forschungsjahrhunderts, die Magdeburger Zenturien noch übertreffend, an den ersten Platz.

[4] Zur Terminologie: Wenigstens kurz sei begründet, warum diese Bezeichnung gebildet wurde (alle Behauptungen, die Etymologie und Grammatik betreffen, möge man kontrollieren an Hand von FRIEDRICH KLUGE (– ALFRED GÖTZE), Etymologisches Wörterbuch der deutschen Sprache, 21. Aufl., Berlin 1975; WILHELM BRAUNE-HANS EGGERS, Althochdeutsche Grammatik, 14. Aufl. Tübingen 1987.) Das Pronominaladjektiv, das man im Mittelalter mit „ipse" und das wir heute mit „selber", „selbst", „derselbe", „eben dieser", „eigen", „sogar" wiedergeben, gab es ursprünglich nur in den Formen „selp", „self", „selb". Der schwach flektierende Genitiv lautete „selbs". Mit dem bestimmten Artikel in schwacher Flexion hat das Wort die Bedeutung des lat. „idem". „In der Verwendung der schwachen Formen erhält sich ein Rest des älteren Zustandes, als das schw. Adj. individualisierende Bedeutung hatte und syntaktisch vom Gebrauch des best. Artikels unabhängig war" (BRAUNE-EGGERS § 255 Anm. 4). Als der Genitiv, der die Bedeutung „(die Seele) ganz allein", „nur diese eine (Seele)" behalten haben muß, im 16. Jh. adverbial erstarrt war, trat das *-t* an. Versteht man das nunmehrige *-st* als dasjenige Element, das aus dem Aussagewort im Kollektivum notwendig ein Ordnungswort im Singularis machte, weil die superlativische Form genau wie eine Ordinalzahl gar nichts anderes als ein Singular sein kann, dann wird man in der obigen – für diesen Zusammenhang nur von mir benutzten – Formel jedenfalls keine Tautologie erblicken. Vielleicht wird man sogar finden, daß – ähnlich wie bei *eher-* > *„erst(er)"* – eine so etwas wie eine Höchststufe ausdrückende Wortform („Die Seele zuerst", „zuoberst") entstanden ist. – Zur Sache: Vielleicht darf man die Formel wagen: „Die Seele *selb-*(er)st"? Das Resultat ist nicht an die deutsche Sprache gebunden.

len angegeben und vor allem die Vermutung unterbunden werden, daß darin etwa das Zentrum einer Diffusion solcher Vorstellungen verborgen sei. Dieses Stück wird also nicht wegen seines eigentlichen Themas, der Himmelsreise, vorgelegt (bei der sich die Mitaufgabe einer Unterscheidung von der Himmelfahrt von selbst verstand), sondern, mangels Besserem, wegen der relativ ausführlichen Ausbreitung von Seelenvorstellungen überhaupt. Eine solche Art der Darstellung dürfte heute, bei forschungsbedingtem Absehen von dem Thema, um das sich bei Abfassung der Arbeit alles gruppierte, eher für eine Illustration des ganzen Bereiches der Seelenvorstellungen – mit Material aus Schamanismus, Griechenland, den Steppenvölkern (Skythen), Iran (wenig!), Ägypten, dem Judentum, der Gnosis – dienlich sein, als es eine auf Vollständigkeit bedachte Bestandsaufnahme der „reinen" Seelenvorstellungen in gleicher Kürze vermochte. Man muß grundsätzlich auch zum Seelenbegriff einer jeden anderen Kultur von einer solchen Zusammenstellung aus gelangen können – was uns nur nachträglich aus Kenntnis der jeweiligen Einzelkultur möglich ist.

C. Früheisenzeitliche Zonen und spätere Stammesmigrationen (14.–11. Jh.)

IV. Kapitel: Migrationen – Völkerspaltungen, u. a. zu Indo- und Irano-Ariern

1. Die erste, unwiderrufliche Diachronie von Denkformen und Gesellungsweisen in sekundären Regionalgruppierungen, die ihre Räume verlassen und selbständige Völker werden können

2. Der reflektierte Elementargedanke ‚Die-Welt-selb-ander'[5]

3. Trennungsbereit erscheinende Indo-Arier und Irano-Arier, wahrscheinlich nicht ohne jegliche elementare Reflexion

---

[5] Ich bitte jeden Leser, wohlwollend über die Weiter- oder Wiederverwendung dieses ungebräuchlich gewordenen Pronomens nachzudenken. Im KLUGE S. 701 b wird es wiedergegeben mit „derart, daß ich selbst der andere, der zweite bin, zu zweit". (Wem es in der Gemäldegalerie beim Anblick der „Heiligen Anna selbdritt" jemals spontan aufgegangen ist, was „selbdritt" bedeutet, der wird sich auch die Bedeutung von „selbander" ableiten können.) Ich bin nach jahrelangem Durchprüfen aller Möglichkeiten, wie man es vermeiden kann, immer gleich von „Dualismus" zu reden – ich würde diesen Ausdruck gern für eine spätere Stufe der „Sinngeschichte" (des Zweifachen o. ä.) aufsparen – auf keinen besseren Ausdruck gekommen. Von ihm aus kann man wirklich zu jedem Sinn gelangen, der dem Ausdruck „Dualismus" beigelegt wird – und kann dann besser aufpassen, daß man nicht in die Deutungsfalle tappt, wo gilt, im Deutschen sei alles immer so wahr. Kontrollen müssen ausgehen von LORENZ DIEFENBACH, Glossarium Latino – Germanicum Mediae et Infimae Aetatis, Frankfurt / M. 1857 (sic) und von RUDOLF SCHÜTZEICHEL, Althochdeutsches Wörterbuch, 3. Aufl. Tübingen 1981 im Vergleich mit HEINRICH GÖTZ, Lateinisch – Althochdeutsch – Neuhochdeutsches Wörterbuch, Berlin 1999.

V. Kapitel: Die Stellung einer einzelnen, auch vor- oder außerethnisch denkbaren ‚Welt-selb-ander'-Tradition inmitten einer sinnverwandten Folklore in aller Welt (= *Stück 14*)

Schon in dieser Epoche hat man mittels Sprachenvergleich sehr gewichtige Indo-Iranische – nicht Indo-Arische! – Mythologeme entdecken wollen. Die hier vorgelegte Untersuchung hat eine andere Fragestellung, doch wird sie durch die Korrektur in *Stück 49* unterstützt, deren Autor sich freilich durchaus darüber im klaren war, daß die folgenden Fragen damit noch nicht beantwortet, sondern erst gestellt waren: Welche Methode ist für eine solche Frühzeit zuverlässiger an Einsichten? Von wann an darf man von einer spezifisch iranischen Mythologie sprechen? Ist die darin mit zu vernehmende Polemik gegen Verwandte, mit denen man sich fortan weniger wird verständigen können als mit anderen Völkern, das wichtigste Kriterium für die Möglichkeit, daß eine ethnisch-politische Autonomie zustande kommt? All dieses muß im folgenden unbeantwortet bleiben. Erst eine neue historische Völkerpsychologie hat vielleicht noch die Chance zu einer Antwort.

D. Hypothetisch wahrnehmbare Ansätze der Herausbildung kleiner, aber selbständiger iranischer Völker auf eigenen Territorien (seit dem 10. Jh.)

VI. Kapitel: Iranisierung von Seelen und Spezifizierung von Doppelungen

1. Voraussetzung: Erste Konsolidierung von Territorien für neue Völker mit Fähigkeit zur Verarbeitung zugehöriger Vorgänge in eigenen Mythen

2. Ableitung einer eindeutig iranischen Seelenvorstellung aus dem Elementargedanken ‚Die-Seele-selbst'

3. Entfaltung eines als typisch iranisch erkennbar bleibenden Dualismus aus dem Elementargedanken ‚Die-Welt-selbander'

4. Verselbständigung von Irano-Ariern, evtl. mit begleitender Integration beider gedanklicher Operationen

Welche spezifisch iranischen Seelenvorstellungen sich aus einem Sektor der in *Stück 5* ausgebreiteten Anschauungen haben entwickeln können, läßt sich hier nur aus *Stück 39* zeigen, dem rein zoroastrische Texte zugrunde liegen. (Deduktionen sind möglich, wenn eine genügend groß wählbare Anfangsmenge solcher Eigenschaften zur Verfügung steht, die in anderem Zusammenhang „die Seele" zu „den Seelen" machen könnte. Das ist dort der Fall, weil man die „Text-für-Text" – oder „Begriff-für-Begriff" – erfolgte Ableitung, die bis dahin geführt hatte, ebenso wieder rückgängig machen kann. Nichts kann dann vortäuschen, es sei bereits ein iranischer Seelenbegriff ins Auge gefaßt worden.)

Die oben von *Stück 14* aus anvisierte Ausprägung eines hier erreichten „vollen" Dualismus hingegen ist etwas anderes: eine einfache Linearisierung eines punktuell angesetzten Grundbegriffs, die vor oder außerhalb des Zoroastrismus dieselbe ist wie innerhalb. Und das hier zur Verfügung stehende „Hilfs-"*Stück 36* ist nur das Denkmodell für die Logik dieses Vorganges.

VII. *Kapitel:* Herausbildung von Ost- und Westiraniern

1. Diffusionen statt Regionalgruppierungen

2. Migrationstüchtige und zu Trennungen bereite Iranier

3. Verbleiben maßgebender Stämme an ihren gewohnten Orten

4. Ansiedlung wichtiger Stämme an neuen Orten

5. Folgen

a) Herausbildung von „Ost"- und „West"-Iraniern

b) Neue Bedeutungen von „Osten" und „Westen"

E. Zurücktreten der bronze- und eisenzeitlichen Elementargegebenheiten zugunsten boden-unständiger inner-iranischer Faktoren (10. bis 8. Jh.) (= *Stück 44*)

VIII. *Kapitel:* Zarathustra und der frühe Zoroastrismus (= *Stück 16*)

IX. *Kapitel:* Ahriman oder „Der Unheil bringende Geist" Zarathustras (= *Stück 50*)

X. *Kapitel:* Keine Westübertragung von Werten, Wissen oder Mythos

1. Verneinung einer wirklichen historischen Beziehung zum „Westen" (*Stück 62*) trotz grundsätzlich bestehender Übertragbarkeit des im Werden begriffenen neuen Wertsystems auf andere Völker (*Stück 61*)

2. Aussagen der Gathas über die wahre Erkenntnis (*Stück 19*) und ihr Verhältnis zum Mythos (*Stück 41*)

Angesichts von Jahrhunderte weiter hinauf oder hinabgehenden Versuchen läßt sich Zarathustra leicht ins 9. Jh. datieren. Ein Kriterium etwaiger Priorität von Priestertum oder Prophetie, für deren beider Dasein es Zeichen gibt, gilt in seinem Falle nicht. Aus den vielen Anhaltspunkten für eine Datierung ist nur wichtig, daß in der relativen Chronologie vor und nach ihm für gewisse Dinge ausreichend Zeit bleibt. – Im folgenden kann von Zarathustra, insbesondere von seiner Person (weniger von seinem Werk), nicht mehr in dem Sinne die Rede sein, wie ihn der gleichzeitige Zoroastrismus in den iranischsprachigen Ländern versteht.

Teil 2: 8. bis 4. Jh. v. Z.: Ein halbes Jahrtausend Geltung von „Osten" und von „Westen" als klaren irdisch-geographischen Grenzpunkten

F. Beginn und einige Verläufe der eigentlichen Geschichte von „Iran extérieur" (8. Jh.)

Man muß sich vorstellen, daß hier vom Wege der Zarathustra- Religion, die, durch wieviele Nötigungen „unter Grund" zu gehen auch immer gezwungen, doch schnurgerade in den Zoroastrismus der Sassanidenzeit führt, eine Richtung abzweigt, die immer als Parallelstraße erkennbar bleiben, aber nicht zur Hauptstraße zurückbiegen wird. Wer auf der Parallelstraße gehen wollte – nehmen wir einen Typus „Wanderer" an, der in vorchristlicher und in christlicher Zeit auftreten kann – , der würde vielleicht einem Feuerpriester begegnen, aber kein Guß ins Feuer würde ihm das erquickende Gefühl verschaffen, daß etwas Böses von ihm ferngehalten worden ist. Er würde durch die offenen Haustüren das Feuer auf dem Herd brennen sehen, aber der „vorchristliche Wanderer" wird nicht auf den Gedanken kommen, daß nach der Überzeugung vieler Familien dieses ihr kleines Feuer von jenem großen Feuer stammt, in dessen Gegenwart Zarathustra gebetet hatte, und der in „christlicher Zeit Wandernde" wird wohl den Respekt vor Gott und dem Großkönig nicht spüren, in dem eine Familie lebt, deren Feuer mit dem des Dorfes zu der Basis gehört, auf der ein ganzes pyramidales System von Feuern errichtet ist, das oben im Staatsfeuer gipfelt und als solches unterhalten wird.

Wenn der Wanderer einen menschlichen Körper leblos daliegen sah, würde er beides für einen Zufall halten, sowohl daß weit und breit niemand zu sehen war, als auch, daß Leute da waren, die einen Hund mit Flecken über den Augen an dem Körper schnüffeln ließen – Leute, von denen er erst später erfahren sollte, daß es gefährlich war, sich durch Beobachten des Verhaltens des Hundes keine Gewißheit verschafft zu haben, ob der Körper einem Lebenden oder einem Toten gehöre, und wie er dann behandelt oder nicht behandelt werden sollte.

Ausgeschlossen war es, daß dem Wanderer ein Heiliges Buch gereicht würde, obwohl seine Partner keine Arkandisziplin übten. Aber in vorchristlicher Zeit war das Awesta noch nicht geschrieben – und in christlicher Zeit? Dem Wanderer fällt hoffentlich ein, daß er, vielleicht ab und zu einen Bogen um ein Pfarrhaus oder ein Kloster machend, Jahrhunderte lang das Christliche Abendland durchstreifen konnte, ohne eine Bibel aufzutreiben, und daß man im Orient zwar vielleicht ein „Testament" besaß, aber warum es ein Altes genannt werden sollte, war nicht einzusehen, denn es gab kein Neues, jedenfalls nicht schriftlich.

Das letztere war sowieso nicht wichtig, denn im Abend- wie im Morgenland konnte niemand lesen, und Latein, Griechisch oder Syrisch konnte auch niemand.

Nirgends war jemand, der dem Wanderer ein Gebet rezitieren oder mit ihm eine Sequenz aus dem Yasna durchgehen wollte. Es war wohl ab und zu jemand anzutreffen, der allerlei auswendig wußte, aber wo gehörte es hin? Und was hatte der Wanderer davon, wenn er es nur für sich allein auswendig lernte?

Der Wanderer fängt an zu zweifeln. Hatte er sich etwa verlaufen – war er überhaupt in einer iranischen Welt, wenn auch in einer zweitrangigen? Da endlich konnte man ihn beruhigen, zuerst allerdings mit einem schlimmen, dann aber auch mit einem guten Argument. Das schlimme: Der Eintreiber von Steuern oder irgendeiner anderen Abgabe stand ins Haus. Das waren immer Wochen voller Bedrückung und Tränen, denn wenn er wieder weg war, erschien das Leben so, als müsse man sich seine Existenz von Anfang aufbauen. Der Gouverneur aber, für den eingetrieben wurde, war ein Iranier – man wußte, woher er gekommen war, und sein Name sagte es auch. Man war also in einem iranischen Gemeinwesen. Das positive Argument: Würde er, der Wanderer, etwas länger bleiben, am besten ein ganzes Jahr am selben Ort, dann würde er mit erleben, wie Feste gefeiert wurden, und wie viele! Denn von irgendwoher kam immer wieder eine Nachricht, daß irgendetwas am Kalender nicht stimmte – ein Tag X gehörte eigentlich nicht dahin, wo er bisher war, sondern dort oder dorthin im Ablauf der Jahreszeiten. Man konnte leicht einen liturgischen Fehler machen, und dem entging man eher, wenn man ein Fest mehr, als eines weniger feierte. Da gab es dann ab und zu auch einen Namen zu hören, der irgendwie „ostiranisch" klingen sollte, da mochten die Leute recht haben, Namen von kleinen „verehrungswürdigen" Wesen, die durchs Haus und über die Felder schwebten, Namen, die man in Zeilen zusammenstellen konnte, die sich reimten. Einer oder zwei sollten für ihn besonders wichtig sein – man lasse hören. „Mithra"? Das überzeugte nicht, die Sonne kannte jeder, und daß viele rivalisierten in ihrer Anbetung, das war ja bekannt. Aber der andere , „Verethragna", der alte Eber und Held vieler Geschichten als „Beschützer der Reisenden", ja, das überzeugte.[6] Um einen Eingottglauben sollte es sich handeln? Gewiß. Wenn man richtig definierte, was ein Gott ist, dann gab es hier überhaupt kein Problem.

---

[6] Bis hier habe ich mir erlaubt, das Kapitel „The Religion of Empires" in Mary Boyce, Zoroastrianism. Its Antiquity and Constant Vigour, Costa Mesa/New York 1992, S. 123–148 regelrecht auszuschreiben. Es trägt für die von Persern eroberten Gebiete das sonst immer für alle zitierte Material mühsam und mustergültig zusammen, so daß ein Referent nichts Besseres tun kann als nachzuerzählen. Es finden sich viele Einzelangaben über typische Ereignisse und Ansichten. Die oben herausgegrifffene Angabe über Verethragna allerdings findet sich nicht hier, sondern in Mary Boyce, Zoroastrians. Their Religious Beliefs and Practices, London 1979, S. 89.

Die iranische Welt außerhalb derjenigen, in der auch iranische Sprachen gesprochen werden, ist unanschaulich und unsinnlich, ohne asketisch zu sein. Vielleicht ist die in der Wissenschaft eine Zeitlang herumgeisternde Behauptung, die altiranische sei eine Mysterienreligion gewesen, auf Grund solcher Alltagserfahrungen Außenstehender entstanden.

XI. Kapitel: Übernahme der politischen Hauptrolle durch Westiraner

1. Wandel der historisch gewachsenen einen iranischen Rolle zu einer in Neben- und Hauptrolle teilbaren

2. Übernahme der letzteren durch zunächst potentielle, später als Meder und Perser geschichtsmächtig werdende Westiranier

3. Folgen

a) „Westen" jetzt Land der Mitanni-, Chatti- und Urartu-Nachfahren, der Aramäisch- und Griechischsprecher, der Juden und Ägypter

b) Zweideutige Trennungen und mehrdeutig bleibende Verbindungen von gemeiniranischer Volksreligion und Zoroastrismus

Mit dem 9. Jh. wandernd, befinden sich nun die Meder (siehe Schluß von Kap. VII) auf dem seither „Iran" genannten Territorium. Ihrerseits nach Osten offen, können sie nun gegenüber „dem Westen" die Position „im Osten" übernehmen. Der „Westen" ist aber die Region, in der Menschen leben, die keine iranische Sprache sprechen. Diese Menschen mußten sich ebenso wie später die Wissenschaft darüber klar werden, was sie mit „Osten" meinten, wenn sie „Iran" oder „die Iranier" sagten. Das Problem der Meder, historisch, sprachwissenschaftlich und archäologisch so gut „gelöst"[7] wie möglich, besteht für eine Größe weiterhin: es sind die Mager, von denen aus das ganze, dieselben einschließende Problem noch einmal neu zu stellen ist. Es steht damit wie einst für die „Protomeder". Aber bei den „Protomagern", immerhin auch einem medischen Priesterverband, kommt das Problem der Ausbreitung der Zarathustra-Religion nach Westiran hinzu.

---

[7] JUSTIN F. PRASEK, Geschichte der Meder und Perser bis zur makedonischen Eroberung, 2 Bde. Gotha 1906 und 1910 (ND Darmstadt 1968), widmet von den 252 Seiten seines ersten Bandes 169 den Medern und wirft Probleme auf, die bis heute nicht gelöst, ja z.T. in ihrer Bedeutung wieder verkannt sind. Seine Behandlung der Meder vor und nach dem Hinzukommen der Arier ermutigt einen bei der Beschäftigung mit den Magern darauf zu achten, ob es sich um „Mager, die schon da sind" handelt oder um solche, die erst kommen werden (der weitgespannte, lehrreiche Beitrag von I.M.DIAKONOFF, Media, in der CHI vol.2, 1981, S.36–148, geht auf derlei Probleme nicht ein). Ein bemerkenswerter Fortschritt in der Rekonstruktion des medischen Vokabulars (wichtig z.B. Titel) und seiner historischen Auswertung (Verwaltungstermini etc.) gelang RICHARD N. FRYE, Persien, Zürich 1962, S.112–254: „Iran und der Westen". Zusammen mit dem folgenden Kapitel „L'Iran Extérieur" (S.255–353) ist es zugleich eine ausgezeichnete historische Einführung, auch in das, was oben weggelassen werden mußte.

Die Frage nach den Westbeziehungen schließlich, in denen die Meder wie die Mager leben werden, wird durch das Auftreten Kyros des II. – eines Angehörigen desjenigen Volkes, das vollständig später als die Meder im Lande war, eines Persers also, der zudem erst noch die Meder unterwerfen mußte, ehe er seine historische Rolle für den westlich seines Westens liegenden Westen übernehmen konnte – bis zum äußersten mitkompliziert.

Bei dem ganzen Problem der Westbeziehungen iranischer Religionen handelt es sich aber nicht nur um historische Details wie die genannten, sondern sehr grundsätzlich um die Fragen intersozietärer Kommunikation überhaupt, für deren Vollzug man bisher keine Individuen – Statthalter, Heerführer, Abgesandte, Kaufleute, Handwerker, Karawanenführer – kennt und niemals kennen wird. Können sich Gedanken wie Flugsand verbreiten? Stellt man die Frage so, dann geht es besonders um die Arten der Übermittlung, die denn auch gern im Passiv beschrieben werden, weil ihre Subjekte im Dunkel der Vergangenheit verschwunden sind. Damit wird verschleiert, ob es überhaupt sinnvoll ist, nach einer Identität der Kommunikationspartner zu suchen.

XII. Kapitel: Ausbau der historischen Rolle der Westiranier durch die Politik Kyros des II. (559–529), insbes. seine Feldzüge gegen die Länder Medien, Lydien, (erst über letzteres mittelbar) gegen die Griechen und das – auch die Juden beherbergende – Land Babylonien

Mit Kyros änderte sich alles. Mindestens eine Unterscheidung der Verhältnisse vor und nach ihm war vorzunehmen. Diesem Erfordernis wurde entsprochen. Dann aber überraschte es erst recht, wie kurz die Zeit war, in der alle diese Umbrüche geschahen. Dies gilt für das Imperium im Großen und sollte in etwas kleinerem Maßstab noch einmal eindrücklich im Falle Ägyptens demonstriert werden. Wir nehmen bei Kriegs- und Eroberungszügen meist automatisch an, daß diese Unternehmungen, wenn sie erfolgreich verlaufen, auch eine Ausbreitung der siegenden Seite darstellen. Oft ist es auch so; indessen ist hier zu beachten, daß z.B. die „Geschichte des Zoroastrismus", die auf eine „Ausbreitung" desselben – oder des Iraniertums, seiner Kultur, seiner Lebensweise – hinausläuft, ein anderes Thema[8] ist als das für die folgende Darstellung ins Auge gefaß-

---

[8] Es wird umfassend, gründlich und weiterführend bearbeitet von MARY BOYCE – FRANTZ GRENET, A History of Zoroastrianism, vol. III: Zoroastrianism under Macedonian and Roman Rule (HOri Bd. 8, Abschn. 1, Liefg. 2, „Heft" (!) 2 (XIV + 598 Seiten), Leiden / Köln 1991. Auch der Osten wird behandelt („Lands of Ancient Iranian Habitation", S. 51–193). Das Gebiet, auf das wir uns beschränken, wird unter der Bezeichnung „Non-Iranian Lands of the former Achaemenian Empire" (S. 197–490) umfassend aufgearbeitet – von den Münzen, den archäologischen Resten, den Eigennamen und selbstverständlich auch von den literarischen Quellen aus. Das Buch ist eher als Grundlegung denn als Ergänzung zu unserem Thema unentbehrlich. Überdies bietet es einen „Excursus" von erschöpfender Vollständigkeit des Materials und streckenweise auch der Sekundärliteratur („Thus spake not Zarathustra. Zoroastrian Pseudepigrapha of the Greco-Roman World" (S. 491–565), der unserer Fragestellung näher steht. Von

te. Die Beziehung berührt sich zwar vielfach mit der Ausbreitung, setzt sie aber im Ganzen nicht einmal voraus. Etwas Besonderes ist in diesem Zusammenhang das Verhalten des Kyros zu den Juden. Die Anordnung zur Wiederherstellung des Jerusalemer Tempels ist wohl nicht aus der Tätigkeit Dareios I. zur Sicherung der Autorität des letzteren extrapoliert, sondern historisch (dann i.J. 538 erlassen). Sie schloß zunächst noch nicht die Erlaubnis zur Rückkehr der Juden nach Jerusalem ein.

Das ganze Geschehen läßt Kyros ebensowenig als geheimen Anhänger des Gottes der Juden erscheinen, wie sein Umfassen der Füße einer auf den Altar gestellten Marduk-Statue ihn zu einem homo religiosus Babyloniacus publicus machte. Eine echte Ausnahme unter seinesgleichen war er nur darin, daß er diktieren konnte: „Meine umfangreichen Truppen marschierten friedlich durch Babel ... Die Länder insgesamt ließ ich einen Wohnsitz der Ruhe beziehen"[9].

Alles Gesagte ist für die Darstellung ein Problem. Es können hier nur sechs unabhängig voneinander argumentierende Kapitel (XIII–XVI, XIX, XX) geboten werden. Das zugrunde liegende Quellenmaterial läßt sich bisher weder chronologisch noch nach einem sonstigen einheitlichen Gesichtspunkt ordnen.

G. Erschlossene Abläufe aus der und für die Geschichte der Mager

Wird diese Voraussetzung akzeptiert, dann liegen Beziehungen mit nur *einem* Grenzpunkt vor.

XIII. Kapitel: Das dämonologische Weltbild I: Das Magiertum – die Mageia – der Magus (= *Stück 55*)

XIV. Kapitel: Das dämonologische Weltbild II: Die iranische Dämonologie und ihre teilweise Umadressierung an Juden und Christen (= *Stück 32*)

Dahinter könnten iranisch- und aramäischsprachige Diffusionen gelegen haben. Der eine Grenzpunkt, den sie haben – der Ausgangspunkt –, kann eigentlich nur ein *genuin iranischer* gewesen sein.

---

einem Kollegen, der sich keine Gesamtdarstellung vorgenommen hat, kann darauf nur erleichtert und mit vielem Dank verwiesen werden.

[9] Kyros-Zylinder 24. 36, übers. von Rykle Borger (TUAT I, Abt. Historisch-chronologische Texte I), Gütersloh 1984, S. 407–410. Was heute weiter dazu zu sagen ist, sagt Josef Wiesehöfer, Kyros und die unterworfenen Völker. Ein Beitrag zur Entstehung von Geschichtsbewußtsein, in: Quaderni di storia 26, edizioni Dedalo 1987, S. 107–126. Frühere Beurteilung: Die „erste Serie" der ACTA IRANICA, anläßlich der 2500 – Jahrfeier der persischen Monarchie mit den Referaten eines Kongresses in Schiras (1971) sogleich in drei Bänden „Commémoration Cyrus" in Leiden/Teheran/Liège (alle 1974) erschienen, enthalten unter dem Titel „Hommage Universel" nicht nur Hofpanegyrik, sondern auch seriöse wissenschaftliche Beiträge.

XV. Kapitel: Das zeremoniell geordnete Weltbild I: Priesterschrift und Videvdad: Ritualistische Gesetzgebung für Israeliten und Iranier (= *Stück 56*)

XVI. Kapitel: Das zeremoniell geordnete Weltbild II: Lichtsymbolik im alten Iran und antiken Judentum (= *Stück 4;* vgl. *Stück 2)*

Das könnte bedeuten, daß man diesmal mit hebräisch- und iranisch-sprachigen Verbindungen zu rechnen hat und zwar solchen, die wechselseitig sind.

H. Die Achämeniden als Pharaonen in Ägypten und die vermutliche Tätigkeit der Mag(i)er in dieser Zeit (6./4. Jh.)

Der Unterschied zwischen den von Kyros II. eroberten, zunächst einfach „nicht-iranischen" Kulturen und der von seinem Sohn und Nachfolger Kambyses II. eroberten ägyptischen Kultur ist so groß, daß man ohne Nachdenken geneigt ist, das Zeitintervall zwischen den beiden Herrschern für entsprechend groß zu halten, um möglichst viele Ereignisse darin unterbringen zu können. Indessen stehen nicht mehr als sieben Jahre zur Verfügung (Tod des Kyros 529, des Kambyses 522).

XVII. Kapitel: Die persischen Großkönige als „27. Dynastie" von Pharaonen:
Kambyses II. seit dem Jahr 5 seiner Regierung, d.h. 525–522;
Dareios I. 521–486; Xerxes I. 485–465; Artaxerxes I. Longiman 464–424;
Xerxes II. / Sogdianus 424; Dareios II. Nothos 423–405;
Artaxerxes II. Mnemon 404–359

Die Tatsache, daß für Ägypten drei Dynastien bis zur „zweiten" Perserherrschaft gezählt werden, darf nicht darüber hinwegtäuschen, daß für die Iranier zwischen Artaxerxes II. Mnemon und Artaxerxes III. Ochus keine Generation lag. In Ägypten werden auch sich überschneidende Dynastien voll mitgezählt. Es sei bei dieser Gelegenheit die auch wegen ihrer chronologischen Implikationen oft und kontrovers diskutierte Frage erwähnt, inwieweit die historischen Probleme seitens der Geschichte des nachexilischen Judentums mit aufgehellt werden können. Meist ist die Fragerichtung umgekehrt, aber die „Geschichte Israels" hat davon genau so wenig profitiert[10] wie die Geschichte Ägyptens. Am besten kommt man durch, wenn man annimmt, daß es wohl Artaxerxes I. war, der bald nach 450 seinen jüdischen Mundschenken Nehemia zum Statthalter von Juda ernannte, während Artaxerxes II. um das Jahr 400 den jüdischen Priester Esra zum „Kirchenkommissar" für Judäa machte. (Nachweise zur Chrono-

---

[10] Am ehrlichsten werden die Schwierigkeiten geschildert bei HERBERT DONNER, Geschichte des Volkes Israel und seiner Nachbarn in Grundzügen, Teil 2. Von der Königszeit bis zu Alexander dem Großen (Das Alte Testament Deutsch, Erg.-Reihe Band 4,2), Göttingen 1986. Die Zeit zwischen Esra und Nehemia und Alexander dem Großen wird „das Dunkle Jahrhundert" genannt, die Zeit davor aber so geschildert, daß sie genau so genannt werden könnte.

II. Historischer Grundriß

logie der beiden Artaxerxes und zum Esra-Nehemia-Problem in *Stück 6*). Bei alledem steht hier immer die 27. Dynastie zur Debatte.

Die 31. Dynastie aber war ein anderer Fall, nämlich das Resultat eines mechanischen editorischen Zusatzes zur 30. Dynastie, mit der die Hersteller der Epitome der früh verschollenen Aigyptiaka des Priesters Manetho (aus Hierapolis) bald nach 240 v.u.Z. die Pharaonenliste abgeschlossen hatten. Sie war das Wichtigste daran gewesen – die vollständige Version scheint sie noch gar nicht enthalten zu haben – und hatte nachgerade kanonische Geltung erlangt. Namentlich der Mönch Synkellos – im 8. Jh.(!) als eifriger Sammler von Überlieferungen über die ägyptische Spätzeit tätig – scheint zu der Aufstellung jener dynastischen Fiktion besonders beigetragen zu haben, indem er aus einer Vorlage einmal „31." statt „30." Dynastie abschrieb[11]. Dieser Fehler hatte zu der Konsequenz geführt, daß *sämtliche* iranischen Könige wie alle fremden Eroberer von der ägyptischen Tradition akzeptiert und mitgezählt worden seien.

Für Rekonstruktionen der iranischen (nicht: iranistischen) wie der ägyptologischen (so hier, nicht: ägyptischen) Sicht ist es immer noch merkwürdig, welch positive Aufnahme dieser frühmittelalterliche Herausgeberfehler seitens der Wissenschaft des 19. Jh. erfahren hat, bevor er durch Vergleich mit Manethos Ausschreibern und Überlieferern Josephus, Iulius Africanus und Eusebius nachgewiesen wurde. Schon auf dem früherem Forschungsstand hätte einem modernen Historiker, der die Epitome aus denselben (Papyrus-)Fragmenten wie sein spätantiker Vorgänger zusammensetzen muß, noch eine andere Möglichkeit einfallen können, nämlich die, daß schon manche Inventarnummer plötzlich ein Gegenstand war. Hätte da nicht auch ein für die Bestimmung einer Dynastie zusammengetragenes Papyrushäufchen einer also zu zählenden Dynastie zu realer Existenz und einigen späten iranischen Königen zur Pharaonenwürde verhelfen können? Aber so respektlose Fragen können sich noch heute wohl nur die Papyruskonservatoren leisten.

XVIII. Kapitel: Die Fiktion von persischen Großkönigen als 31. Dynastie in Ägypten: Artaxerxes III. Ochos 359 bzw. 342–338, Pharao seit dem Jahre 17 seiner Regierung; Arses 338 bzw. 337–336; Dareios III. Kodoman 336–331/30

Wäre Dareios III wirklich der letzte anerkannte Pharao gewesen, hätte Alexander d.Gr. die iranische und die ägyptische Fliege mit einer Klappe geschlagen[12]. Auch ohne dieses ist aber immer noch enorm viel geschehen, das

---

[11] Stellen in der Loeb-Edition Manetho cf. WADDELL S. 174ff., 184ff.

[12] EBERHARD OTTO, Ägypten. Der Weg des Pharaonenrechtes (Urban Bücher 4), Stuttgart 1953, rechnet zwar nur bis zur 30. Dynastie, schreibt aber: „Auch die Herrschaft der Perser und ihrer ephemeren Gegenspieler wird in das Schema der ägyptischen Geschichtsauffassung – die Dynastienfolge – einbezogen, und in den offiziellen Darstellungen und Titulaturen erscheint

eine groß angelegte Aufarbeitung lohnen würde[13]. Die Zeit ist jetzt reif für die Frage:

XIX. Kapitel: **Die große iranisch-griechischsprachige Beziehung?**
 Von den medischen Magern zu den hellenistischen Magiern (= *Stück 31)*

Und so könnte man sich eine Auswertung der von Magern geführten Diskussionen vorstellen. (Der Wortlaut des Kapitels konnte leider nicht mehr vorgelegt werden, doch vgl. *Stück 36)*

XX. Kapitel: **Rivalität der dualistischen Systeme**

1. Die drei iranischen Dualismen

a) Rein – Unrein

b) Ascha – Drug

c) Menog – Getig

2. Die fünf hellenistisch-jüdisch-christlichen Dualismen

a) Ideen – Hyle

b) Licht – Finsternis

c) Transzendenz – Kosmos

d) Sündig – Begnadet

e) Geistselbst – Geistselbst

3. Vier Formen des Verhältnisses der Dualismen zueinander

a) Interferenz

b) Rivalität

c) Verschmelzung

d) Harmonie

---

ein Darius ebenso als legitimer Nachfolger der Pharaonen wie ein makedonischer Ptolemäer oder ein römischer Kaiser" (S. 246). Dafür hätte man wirklich gern einen Beleg.
[13] W. HELCK, Geschichte des Alten Ägypten (HOri I, 3), Leiden 1986, schildert in seinem vorletzten Kapitel „Der ägyptische Nationalismus und Persien" (S. 258–168) ein ganzes Spektrum von Motiven und Gründen der Eroberung, von innerägyptischen Gegensätzen, derer sich Kambyses freundlichst annahm, über die von Dareios veranlaßte Fertigstellung des Kanals, den Necho zwischen dem Roten Meer und dem Nil graben zu lassen begonnen hatte, was einen schnellen Warenaustausch zwischen Ägypten und Mesopotamien/Iran ermöglichte, ferner die Bemühungen um die ägyptische Priesterschaft und bestimmte Tempel, schließlich geheime Beteiligungen der „Satrapie Ägypten" an achämenidenfeindlichen Tätigkeiten usw. und die vergeblichen Versuche Artaxerxes des II., den Abfall Ägyptens zu verhindern. Kurz, Helck beantwortet auch wichtige von irankundlicher Seite zu stellende Fragen.

I. Zusammenfassende Überlegung zu den Motiven und der Eigenart der Westbeziehungen bis zum Ende des 4. Jh.s

Die Grundfrage stellt sich einfach: Worin bestand eigentlich die Motivation, eine solche Beziehung zu unterhalten? Wie kann man sie nennen? Ungern geben wir die Antwort: Es war das „geistige Äquivalent der militärischen Eroberung", ob man sich dessen bewußt war oder nicht. Wir wollen es eine „Beziehungstendenz" nennen, um z.b. jede missionarische Absicht, wie man sie aus der Daiva-Inschrift Xerxes I. herausgelesen hat, auszuschließen. Noch ist das elementare Eroberungsstreben einer militarisierten Gruppe klar erkennbar, die sich durch jeden kriegerischen Erfolg selber zum jeweils nächsten Expansionsakt weitertreibt. Das reicht als Motiv der militärischen Eroberungen völlig aus. Es ist verlorene Liebesmüh, etwa im Falle Ägyptens die Kornbeschaffung aus dem Nildelta für die hungernde iranische Bevölkerung zu nennen. Fragt man ins Blaue hinein: „Warum mußte Ägypten erobert werden?", so gibt es nur eine Antwort, und die ist vom Weltherrschaftsgedanken diktiert: „Weil es noch nicht erobert worden war!" Wem diese Antwort nicht gefällt, der mache die Gegenprobe: „Kann man sich vorstellen, daß ein Pharao, bevor er von einem – von Darius eingeleiteten – Diskurs über die ferne Göttin Anahita und seine Neith von Sais etwas wußte, mit einem riesigen Heer nach Zentralasien aufbricht, oder mindestens bis an den Oxus, um auf die andere Seite zu gucken?"[14]

Teil 3: Beginn 3. Jh. v. u. Z. bis Mitte 3. Jh. n. u. Z.: 550 Jahre Verschiebungen äußerer und Überschneidung innerer Grenzen im metaphorisch werdenden West-Ost-Verhältnis

Diese Epoche beginnt auf der griechischen Seite mit einem expliziten Selbstverständnis, das immer wieder nachformuliert wurde. Es ist die offizielle Einrichtung einer kosmisch-kalendarischen Zeiteinheit als „Ära". Seleukos I. Nikator hatte gleich zu Anfang als Konsultant griechischer wie babylonischer Astrono-

---

[14] Daß auf der Seite der Großmächte die „Religion" nicht mehr ist als man geneigt ist, mitlaufen zu lassen, ist wohl klar. Diese banale Feststellung ist hier deshalb nicht überflüssig, weil sie daran erinnern kann, daß, wenn überhaupt, religionsgeschichtliche „Daten" am ehesten aus der historisch-politischen Literatur bzw. den von dieser ausgewerteten Quellen zu holen sind – vorausgesetzt, sie sind richtig ausgewertet. Für das hier verhandelte Thema ist man glücklich daran durch die Arbeiten von JOSEF WIESEHÖFER, die Zeile für Zeile das schwierige Quellenmaterial von Grund auf neu erschließen – wobei leicht mit abfällt, was der Religionshistoriker sucht. Genannt sei die wichtige, an vielen Stellen weiterführende Besprechung von Bd. 2 der CHI in: Gnomon 59, 1987, S. 313–316. Ferner; Beobachtungen zum Handel des Achämenidenreiches, in: Scripta Mercaturae 14/2, Münster 1980, S. 5–16; Iranische Ansprüche an Rom auf ehemals achämenidische Territorien, in: Archäologische Mitteilungen aus Iran 19, 1986, S. 177–185. Siehe auch unten Fn. 17. Sehr Vieles ist für unsere zu kurzen Andeutungen unmittelbar einschlägig.

men und Kalenderspezialisten einen Anteil daran, der sich als der größte unter den vielen erweisen sollte, den nachmalige Computisten für sich zu verbuchen pflegen. Unter den Fragen nach der Bedeutung iranischer Westbeziehungen spielte dies insofern eine Rolle, als hier zwei Zeitverständnisse neben- und vielleicht gegeneinander traten, die die inneren Widersprüche der Epoche klarer als auf anderen Gebieten erweisen: auf der „westlichen" Seite nüchterne Berechnung der Chronologie und genaue Kontrolle, welchen Raum dieselbe etwa für Horoskope oder auffällige Planetenkonstellationen freigeben sollte, damit die stets notwendige Versorgung des Königshauses mit dergleichen nicht stockte; auf der „östlichen" Seite Auffassungen über die Schicksalhaftigkeit der Zeit und ein Ewigkeitsbegriff, der nach Maßgabe des sog. Zuvanismus einen Religionsüberschuß anzeigt, der evtl. konstruiert und deshalb mit Skepsis zu betrachten ist. Dieser Ewigkeitsbegriff konnte seit etwa dem 5. Jh. auch von Priestern und gelehrten Theologen vertreten werden – mehr als gemäß heutiger Einsicht.

Außerdem tritt mit der Eroberung Jerusalems duch Pompeius (63 v.Chr.) auch Rom in die Geschichte des „Orients" ein und erhebt von da an ständig die Ansprüche einer Ordnungsmacht, die nicht selten auch Folgen für die Religionsausübung haben sollten.

J. *Historische Aspekte der Seleukidenära (312 v.–63 v.u.Z.), des römischen Prinzipats von Augustus bis Severus Alexander (30 v.–235 n.u.Z.), der Arsakidendynastie (247 v.–224 n.u.Z.) und zeitlich begrenzter Lokalkonflikte*

Tatsächlich wird die Epoche in dem Maße weniger griechisch und mehr parthisch, wie die Dynastie der Seleukiden im Osten an Boden gegen die Arsakiden verliert. Im folgenden Beitrag wird versucht, deutlich solche Stimmen vernehmen zu lassen, in denen sich die Griechen ihrer selbst vergewissern.

XXI. Kapitel: Äußerungen leitender Institutionen und Bezeugung leitender Ideen in der hellenistischen Zeit Irans (= *Stück 51*)

Dann aber geht es um eine verdeckte Auseinandersetzung mit Rom, in der sich der Verfasser freilich auf seine Ahnung und auf Wissenschaftskritik beschränken mußte, da eine quellenmäßig fundierte Untersuchung – die natürlich sehr wohl zu einem anderen Ergebnis hätte führen können – s.Zt. nicht gefordert war.

XXII. Kapitel: „Iranisch"/„parthisch": In Rivalität versetzte Charakteristika

1. Für die Religion der Epoche

2. Für die Kunst einer anderen Epoche und einer benachbarten Region (*Stücke 8* und *20*)

Es beruht auf der Anziehungskraft gerade der „dunklen" Themen, daß die in Rede stehende Epoche seit langem als diejenige gilt, in der sich diejenigen Religionsformen ausgebildet haben, die mehr und mehr als die bedeutendsten iranisch-religiösen Beiträge zur Weltkultur angesehen werden. Natürlich braucht man diesem Tatbestand bei Darstellungen aus diesem Gebiet, sei es bei der Gewichtung von Fakten, sei es bei der wissenschaftlichen Namensgebung, nicht Rechnung zu tragen, doch scheint sich demjenigen, der ein Gefühl für dergleich entwickelt hat, in der von manchen Forschern konsequent und affirmativ gebrauchten Bezeichnung der Epoche als „Partherzeit" manchmal ein verschwiegenes methodologisches Gegenprogramm Ausdruck zu verschaffen. Beide Behandlungsweisen kritisieren aneinander das Übernehmen der Sprache ihrer Objekte in Metasprache. Damit stehen allerdings für Dritte die dem Charakter der griechischen Wissenschaft Verpflichteten besser da als die (vermeintlich) vom Okkultismus Gezeichneten.

XXIII. Kapitel: Ein Vorläufer der Betrachtung von außen (1. Jh. v. u. Z.). Die Arsakiden bei Josephus (= *Stück 18*)

Vielleicht hätte sich bei diesem Thema auch herausarbeiten lassen, daß der jüdische Autor mit seiner letztlich iranophilen Gesinnung sich stillschweigend mit einer latenten Iranophobie auseinandersetzt.

Informationshalber sei aber, statt nur auf Texte, auch einmal auf Ereignisse hingelesen, in denen sich Prozesse spiegeln. Offenbar gab es folgenreiche Aktivitäten von Personen, deren geistige Herkunft wir nicht mehr kennen und die vielleicht schon zu ihrer Zeit nicht mehr wichtig war – Aktivitäten, die bis zum Mittelalter zu regelrechten Ethnogenesen führen konnten. Diese aber erzeugten seit Ausgang der Antike keine neue Ost-West-Polarität mehr. Es war anders, als die Kontrahenten durch die Verhältnisse an der westiranischen Grenze in kleineren Ausmaßen zu solch äußeren Abgrenzungen gezwungen waren. Der letztbekannte antike Fall läßt sich aus den Verhältnissen zu derjenigen Zeit rekonstruieren, als der Kölner Mani-Codex entstand (*Stück 15*). Auf Grund der bekannten Bevölkerungsstruktur im südlichen Mesopotamien darf man annehmen, daß es unter den Beteiligten immer auch Iranier gegeben hat. Hier werden hypothetisch gerade solche angenommen, die außerhalb authentischer iranischer Überlieferung standen – Iranier, von denen etwas ausgegangen sein muß, das auch die letzte Qualität iranischer Herkunft, die geographische, nicht mehr erkennen ließ. Als Illustration dient ein Vorgang, der noch an das Ende von Teil 3 gehören würde (er ist nach Hippolyt, der sich von etwa 189/90, als er Presbyter in Rom wurde, bis zu seinem Tode um 235 damit auseinanderzusetzen hatte, gut datierbar; *Stück 60*). Darin treten Täufer, Observanten, Missionare in den gemeinsamen Anfängen und späteren Trennungen von Elkesaiten und Manichäern auf. Dieser Vorgang hätte in Kap. XXXV eine Entsprechung. Die vertikale Grenze zwischen den beiden Buchteilen, in welche jenes und dieses Kapitel gehören würde, ist nicht sehr dicht – genau wie die wirkliche geographische Grenze zwischen den Regionen, in denen die Geschichten spielen.

Die im folgenden Kapitel ausgebreiteten rein ideengeschichtlichen Angaben müsen irgendwann auf äußere Vorgänge wie die eben skizzierten bezogen werden.

XXIV. Kapitel: Lehr- und Lernbeziehungen zwischen Magiern, ostaramäischen Gruppen und frühen Manichäergemeinden als dialektisch-historischer Prozeß (= *Stück 17*)

K. Kritik an der De-facto-Weiterentwicklung antiker (z.B. feudalistischer) Ideologien durch die moderne Wissenschaft

Es ist nicht zuletzt die Zeit, in der die Schriften des Neuen Testaments entstehen. Die Gründe, innerhalb des Hellenismus hier zu einer Identität des Iranischen und dort zu einer Identität des Christlichen zu finden, stimmen strukturell überein, werden aber inhaltlich sowohl zu Auseinandersetzungen gegeneinander, als auch zur Eignung für gegenseitige subversive Einflußnahme formuliert. Beides begünstigt Ideologiebildung neben den echten Überzeugungs- und Glaubensaussagen. Die heutigen Gründe für Ideologieverdacht, die dann auch gegen heutige wissenschaftliche Fortsetzer solch ideologieträchtiger Aussagen formuliert werden müßten, lassen sich indessen mittels der hier gebrauchten Darstellungsart nicht demonstrieren.

Man beachte, daß die in den Kapiteln XXV bis XXVIII vorgenommenen *Stück*-Verweise durch mehrere Aufforderungen „vgl." kenntlich gemacht sind und es damit dem Leser anheimstellen, seine Schlüsse zu ziehen, daß aber auf kein Stück im Sinne eines Beleges verwiesen wird.

XXV. Kapitel: Die Ur- oder auch Pan-Iranistische These
(vgl. *Stück 3* und *Stück 7* mit *Stück 23* und Einzelheiten in *Stück 10*)

XXVI. Kapitel: Zurvan, Aion, Schicksal, Unendliche Zeit, Fatalismus
(vgl. *Stücke 29, 34, 42*)

XXVII. Kapitel: Volksüberlieferungen vom Heilbringer (vgl. Teile von *Stück 12*) und königlichen Gesandten (vgl. *Stück 38* und Einzelnes in *Stück 11*)

XXVIII. Kapitel: Der „Wissenschaftsmythos" vom „himmlischen Menschen", „Urmenschen", „Urmensch-Erlöser" oder „Menschensohn"
(indirekt bzw. zu erschließen aus *Stück 9* und *Stück 13*)

L. Die wichtigsten tatsächlichen eine Zeitspanne füllenden Religionsbildungen oder -gattungen (Mysterien, Gnostizismus, Apokalyptik)

Die drei Themen werden im folgenden in der Form aufgenommen, daß einem Beitrag, der nach Möglichkeit das ganze Material berücksichtigt, ein Artikel zugeordnet wird, der eine These vertritt.[15]

XXIX. Kapitel: Mithrasmysterien, kleinas.-iran.-griech.-röm. Mischcharakter (= *Stück 21*)

1. Mithras-Verehrung

2. Mithras-Kult

3. Die Existenz iranischer Mysterien (= *Stück 21*) versus

XXX. Kapitel: Der iranische Anteil an der Entstehung der Mithrasmysterien (= *Stück 33*)

XXXI. Kapitel: Vom 1. hellenistischen, 2. täuferischen und 3. randständigen Judentum zur dualistischen Gnosis (= *Stück 48*) versus

XXXII. Kapitel: Iranische Ursprünge der Gnosis? (= *Stück 32*)

XXXIII. Kapitel: Jüdische und iranische Apokalyptik, eher synkretistisch gesehen (= *Stück 52*)

1. Die iranische Vischtaspa-Gestalt und die griechischsprachige Hystaspes-Literatur

2. Griechische und iranische Sibyllinen

3. Ursprünge jüdischer und iranischer Apokalyptik (= *Stück 52*)

XXXIV. Kapitel: Zentralmediterran-gemeinorientalischer prophetischer Ansatz oder jüdisch-iranisches Rivalitätsprodukt? (= *Stück 53*)

Meint man, zur Apokalyptik, zu den Mysterien und der Gnosis ein wenig klarer zu sehen, dann sollte man nicht der Versuchung erliegen, zu der Position, mit welcher man sich auseinandergesetzt hat, nun eine gußeiserne Gegenposition zu errichten. Diese Enthaltung läßt sich praktizieren, wenn man so lange, wie es irgend geht, den Ur-/Vollkommenen Menschen, den Zurvan/Aion und die Seele/das Selbst lediglich als Leitbegriffe verwendet, sie aus der riesigen Vorrats-

---

[15] Da die (Gegen-)These von demselben Verfasser formuliert ist, wenn auch nicht von ihm stammt, der auch den größeren, das Material darstellenden Artikel zu verantworten hat, dürfen die kleineren nur mit Hilfe von zwei Zufällen als der kritisierten Position nahestehend erachtet werden: die beiden von Mysterien und von der Gnosis handelnden, weil sie zuerst in einem Sammelwerk erschienen, worin den Autoren das Äußerste an kritischer Reflexion oblag, wenn die Definition des Iranischen im Dunst zu verschwinden drohte und der von der Apokalyptik handelnde, weil s.Zt. den Herausgebern der BThZ eine ideologiekritische Stellungnahme wichtiger erschien als eine Fachrezension. Der Verfasser hat dennoch mit Bedenken diese drei jeweils auf Nr. 3 folgenden Beiträge *(Stücke 21, 48, 52)* aufgenommen.

kammer gedanklicher und begrifflicher Fertigteile heraushält und ihre Fähigkeit, sich direkt zu artikulieren, nicht dadurch unterstützt, daß man ihnen aus jenem Fundus die Elemente hinzufügt, die nötig sind, um ein Gedankengebäude zu errichten. Denn dann setzt automatisch ein, was immer wieder zu falschen Resultaten führt: der Systemzwang.

M. Zusammenfassung der wichtigsten vorgestellten Zeugnisse und Überleitung zu einer rechtsgeschichtlichen Fragestellung

Ein Rückblick auf die Epoche löst zwiespältige Gefühle aus. Besonders irritierend ist der Umstand, daß „Ost" und „West" nur mehr Chiffren sind, die mehrfach aufgelöst werden können. Zwar gibt es weiterhin richtige Grenzen zwischen Ost und West, aber sie besagen für die Religionsgeschichte der Epoche praktisch nichts. Denn wenn die Parthermacht nach Westen vorrückt, so bedeutet das nicht, daß damit im Osten ein Areal gebildet wird, auf dem eine mysterienartige, eine apokalyptische, eine gnostische Variante iranischer Religion eher entstehen konnte als anderswo.

Um weiterzukommen, wenden wir uns versuchsweise einer anderen Forschungsrichtung zu, der rechtsgeschichtlichen. Sie vermag über „Großräume", namentlich solche, die zugleich politische Hintergründe religiöser Bildungen sind, viel zu sagen. Der Rückblick eines kompetenten Staatsrechtshistorikers von derselben zeitlichen Linie aus, auf der wir uns befinden, lautet folgendermaßen:

„Als Ergebnis bleibt mithin festzuhalten, daß die in der Zeit der severischen Kaiser die unter Hadrian und seinen Nachfolgern entwickelten beachtlichen Ansätze zu einem Rom und das Partherreich verbindenden völkerrechtlichen System im ganzen weiter ausgebaut wurden. Es war nunmehr auch auf römischer Seite unbestritten, daß der Großkönig als Herrscher der östlichen Weltmacht nicht nur gleichberechtigt, sondern auch im Range völlig ebenbürtig neben dem römischen Kaiser stand. Die weitere Entwicklung, die zur Ausbildung einer solchen Völkerrechtsordnung hätte führen können, wurde durch den Untergang des parthischen Großkönigtums im Jahre 227 n.Chr. jäh abgebrochen." [16]

Der staatsrechtliche Einschnitt, der dann dargestellt wird, hat auf dem Gebiet der Religionsausübung Zug um Zug seine Entsprechungen.

Teil 4: Mitte 3. bis Mitte 11. Jh. n.u.Z. 800 Jahre wechselnde historische Gründe für Beendigungen von allen iranischen Westbeziehungen bisheriger Art

In sassanidischer Zeit ordnen sich die widerstreitenden und wechselnde Verbindungen eingehenden Tendenzen der vorausgehenden Epoche dadurch, daß eine konsolidierte Staatsreligion feste Marken setzt. Außerhalb ihrer sind leichter als früher religiöse Dogmen und Gruppen erkennbar, die nun vom Zoroa-

---

[16] Karl-Heinz Ziegler, Die Beziehungen zwischen Rom und dem Partherreich. Ein Beitrag zur Geschichte des Völkerrechts, Wiesbaden 1964, S. 140.

strismus bekämpft werden. Was im letzteren als formierte Gestalt erscheint, findet sich diffus als proteushafte Gruppierung von Denk- und Verhaltenselementen in denjenigen Gruppen, Überlieferungen und Individuen wieder oder bleibt dort erhalten, die den Zoroastrismus indirekt mitgestaltet haben und zwar insofern, als sie ihn schon duch ihre bloße Existenz und natürlich durch polemische Formulierung von Lehraussagen, herausfordern und so zu einer Antwort zwingen konnten. Während es aus heutiger Sicht möglich war, wesentliche Prozesse im seleukidischen Bereich als synkretistische und im parthischen Bereich als konkurrierende zu erklären, so enthüllt sich die Auseinandersetzung, die in der Sassanidenzeit stattfindet, im Kern als ein ganzes Bündel von Prozeduren, in denen die eine Seite die andere gegen ihre eigenen Begriffe, Vorstellungen, Aussagen verschiedenster Art nach und nach überempfindlich macht. Dabei behalten die griffigeren, eindeutigeren und – so empfinden es jedenfalls manche z.B. bei einem Vergleich etwa des hellenistischen Romans mit der mittelpersisschen Andarz-Literatur – spröderen Ausdrucksformen das Feld.

N. Die Unausführbarkeit von Ansätzen zu einer Westbeziehung bei Bildung neuer Gruppen angesichts rigiderer Grenzverhältnisse

XXXV. Kapitel: Konsens, Diskretion, Rivalität. Aus der Kurden und Jeziden gemeinsam gebliebenen Ethnohistorie (= *Stück 59*, vgl. *Stück 45*)

Dieser Vorgang zeigt, daß es sich bei der Beendigung der bisherigen Westbeziehungen nicht unbedingt um eine mentale Sache zu handeln brauchte. Achtet man auf äußere Dinge, dann wäre es andererseits übertrieben, für ein solches Aufhören die Ursache in einer Art von Eisernem Vorhang zu suchen. Dennoch, es hatte sich sehr viel geändert, seit Iran und Rom sich an der Westgrenze des Sassanidenreiches gegenüberstanden, die fürwahr von anderer Art war als diejenige, die zum Partherreich bestanden hatte. War doch die östliche Entsprechungslinie der letzteren allein durch eine noch nicht dagewesene Westverschiebung, die das von den Seleukiden beherrschte Territorium von Jahr zu Jahr ein Stückchen kleiner machte, ein politisch-historisches Erklärungsmodell von schlechthin weltgeschichtlicher Reichweite geworden.

Sieht man die Ethnogenese der Kurden sowie die mehr innerhalb, aber ein wenig auch außerhalb dieses Ethnos sich vollziehende Verselbständigung der Yeziden zunächst zu einer Religionsethnie (*Stück 46*) allerspätestens ganz kurz *vor* dem Aufkommen des Islam als beendet an, an, dann liegt darin zugleich ein Komplex von Begründungen vor, warum es so etwas wie die „Westbeziehungen der iranischen Religionen" nicht wieder geben werde. Erst recht gilt das natürlich *seit* der islamischen Zeit, in der der Vorgang ebenfalls stattgefunden haben könnte. Besonders eine Regionalgruppierung wie die Trennung zweier späterer Völkerschaften lehrt, daß vom 3. Jh. an gerade keine Riesendimension an Trennung erfolgte wie zwischen den Elkesaiten in Rom und den Manichäern „weit weg im Osten", sondern daß sich mitten in einer geradezu „klassisch" zu Trennungen aller Art bestimmt scheinenden Region ein Nucleus bilden konnte, der bei aller religiösen Verschiedenheit – ist es doch eine der produktivsten Stätten der Welt für Synkretismus, den man hier wie in einem großen Soziallabotatorium studieren kann – letztlich Untrennbarkeit demonstriert – auf welcher Art von Gemeinschaftsgefühl auch immer.

O. Die Beschaffenheit geistiger Freiräume, erschlossen aus den Rezeptions- und Überlieferungsschichten des Großen Bundahischn

Literarkritisch und redaktionsgeschichtlich zu ermittelnde Schichten, die die Verarbeitung nicht-iranischer, meist griechischer Stoffe bieten, werden uns im sassandischen Iran garnicht so selten beschert. Beispielhaft und instruktiv begegnen sie in jenem bekannten und bedeutenden mittelpersischen Werk, das einen Titel trägt, der wörtlich übersetzt „Wurzel des Gegebenen" bedeutet und sinngemäß mit „Anfängliche Schöpfung"[17] o.ä. wiedergegeben wird. Der bloßen Existenz dieses Werkes sind Einsichten zu entnehmen, die manches in neuem Licht erscheinen lassen.

Zur am gründlichsten durchgearbeiteten und zugleich relativ ältesten Schicht der Überlieferung dürfte das folgende Thema gehören.

XXXVI. Kapitel: Die griechische, die synkretistische und die iranische Lehre von der kosmischen Mischung (= *Stück 25*)

Hier darf man vielleicht doch einmal annehmen, daß Gelehrte, wie es sie z.B. an der Hochschule von Gondeschapur gegeben hat (siehe Kap. XL), mit den klassischen Fragen von Raum und Zeit beschäftigt gewesen sind und für erstere vom „Westen" zur Belehrung und Sicherheit gewisse Kenntnisse und Daten übenommen haben. Für unsere Frage besagt dies aber erst dann etwas, wenn sich herausstellt, in wieviele Richtungen der Umgang mit einem solchen Wissen noch gehen konnte. Gab es nicht überall neben der Wissenschaft die zu rasch angewandte, die Pseudo-Wissenschaft?

Betrachten wir die nächste Möglichkeit, einen hypothetischen Versuch ehemaliger „Westpartner" zur Wahrung oder Wiederfindung ihrer weltanschaulichen Identität.

---

[17] DAVID NEILL MACKENZIE, Art. „Bundahishn", in: Encyclopaedia Iranica IV, London-New York 1990. Sp. 547 a – 551 a, faßt mit dem Editions- und Forschungsstand auch die auf griechische Überlieferungen zurückgehenden Rezeptionen – es sind zur Erklärung des Ganzen mehrere Vorgänge solche Art anzunehmen – (namentlich astronomischen und geographischen Inhalts) zusammen und geht implizit auch auf den „weltlichen" wie „geistlichen" Gebrauch dieses Werkes ein.

XXXVII. Kapitel: Hinweise der Pahlavi-Literatur auf ein iranoides, mit unscharfen griechischen Begriffen arbeitendes, ethisch probabilistisches Weltdeutungs-System

Hypothetisch gedacht ist an eine von reformierender Rationalisierung sich fernhaltende Neuinterpretation der synkretistischen Mythologie, besonders der Lehrstücke „Weltschöpfung", „Dämonologie" und „Eschatologie" (vgl. die in *Stück 40, Stück 35* und *Stück 37* versuchsweise zusammengefaßte Gegenposition).

Man kann die Frage aufwerfen, ob es einer Hypothese über die Existenz eines solchen Werkes – denn darum handelt es sich – überhaupt bedarf. Die Frage ist zu verneinen, wenn man an nur zwei Diskussionspartner denkt, von denen der eine immer mehr zu festen Meinungen, zur Thesenbildung, zum Fundamentalismus neigen wird als der andere. Da kann, wer eine solche Hypothese aufstellt, sich selber auch gleich die verneinende Antwort geben. Aber die Frage ist zu bejahen, wenn man sich vor Augen führt, daß die Vertretung der „weicheren" Meinung, das Argumentative, das Sich-eine-Weile-mit-dem-Vorläufigen-Begnügen-Können einmal eine wichtige Funktion hatte und sie – jedenfalls nach Meinung und Hoffnung ihrer damaligen Verfechter – vielleicht einmal wieder bekommen werde. Dafür mußte die Fähigkeit dazu erhalten bleiben, und wenn sie auch kraft eines unumstößlichen Denkgesetzes durch willentlichen Einsatz nie wieder auf das Niveau gebracht werden kann, auf dem sie einstmals war, so war sie durch diesen Einsatz doch davor bewahrt, ganz verloren zu gehen.

Überdies gibt es weitere geistesgeschichtliche Zusammenhänge, die nur unter der Annahme rational nachvollziehbar sind, wenn man ein solches System voraussetzt[18]. Mit heutigen Mitteln kann man ihm von verschiedenen Seiten auf die Spur kommen, z.B. indem man untersucht, warum Mani, der eine Täufergruppe verlassen hatte, die einen völlig anderen Typus von Lehre und Wissen pflegte, relativ plötzlich mit einem großartigen System als Rahmen seiner Verkündigung hervortreten konnte.

Man kann dieses System mindestens als heuristisches Modell einmal an bestimmter Stelle in einem dialektisch-historischen Prozeß ansetzen, der im Großen tatsächlich stattgefunden hat. Seine Entstehung könnte in diesen Prozeß folgendermaßen eingegriffen haben:

Der erste Schritt muß eine zweideutige Mythologisierung eines Mager-„Systems" gewesen sein – am ehesten in der Form, wie im XIII. Kapitel vorgestellt,

---

[18] Dabei darf man sich der mühsamen Aufgabe, diese Zusammenhänge zu ermitteln, nicht deshalb verweigern, weil sie den damals beteiligten Personen nicht bekannt gewesen seien, ja von ihnen garnicht hätten erarbeitet werden können, weil sie über die geistesgeschichtliche Methodik von heute schlechterdings nicht verfügten. Gewiß gehört dieser letztere Tatbestand mit zur Sache, aber dann gerade in der Form, daß die Mentalität der Autoren, die nur als Nicht-Wissenschaftler zu beschreiben nicht ausreicht, auch durch den Aufweis des Abstandes mitdemonstriert wird, der zwischen ihnen und der historisch-analytischen Sicht ihrer Sache besteht.

und in einer Weise dualistisch so eindeutig gemacht, wie es nur durch die Identifikation der Achämenidengegner mit der Gefolgschaft Angra Mainyus möglich war.

Für den zweiten Schritt bestanden dann zwei Möglichkeiten: a) die Einarbeitung derjenigen hellenistisch-mythologischen Komponente, die außer bei Mani auch bei Bardesaes von Edessa zu erkennen ist; b) die Aufstellung bzw. Anerkennung einer Reihe untergeordneter Thesen (gewisse Verabsolutierungen des Dualismus und ihre soteriologischen Konsequenzen betreffend) und Antithesen (vor allem die für Iranier zweideutige Ausprägung zu einem System wie dem Zurvanismus).

Der dritte Schritt könnte in der Schaffung von Möglichkeiten zur Aufstellung einer Synthesis bestanden haben. Sie sind von denselben Voraussetzungen aus, nur eine Schraubenwindung höher zu denken – nämlich dem Ohrmazd – Ahriman Dualismus und dem Verhältnis der voll entwickelten iranischen und nichtiranischen Dualismen zueinander (aus Kapitel IX und XX bekannt). Die weiteren Folgerungen rekonstruieren zu wollen, die von da aus entwickelt werden könnten, würde allerdings eine ungehemmte Spekulation eröffnen.

In dieser Schwebe müssen wir den Versuch belassen, denn jeder weitere Schritt würde sich durch hellenistische Magier, gewisse abseitige Rabbinen und vor allem durch die Messalianer bereits als getan erweisen. Sie alle haben den Dualismus so verabsolutiert, daß er nur durch ein soteriologisches System hätte neutralisiert werden können. Darum aber hat es sich bei diesem Weltdeutungssystem nicht gehandelt. Es muß vielmehr um seiner Glaubwürdigkeit willen in möglichster Nähe zur Wissenschaft, und zwar zur profanen, gehalten worden sein. Dort könnte man aber überraschend zuviel verlangt haben, nämlich Mathematik.

Tatsächlich befindet sich das, was das Große Bundahischn an Geometrie wie an Arithmetik zu bieten hat, wissenschaftsgeschichtlich gesehen auf einer erstaunlichen Höhe und kann es mit den hervorragendsten Leistungen der griechischen Mathematik dieser Zeit wohl aufnehmen. Das bedeutete aber keine Einordnung in die Schul- und Lehrbücher, denn dafür war der Inhalt denen doch zu bunt. Dafür war aber diese Schicht am vielseitigsten verwendbar. Das dritte hier vorgestellte Stück kann man auch als den Versuch ansehen, eine auch wissenschaftlich anerkannte oder mindestens vertretbare Form der Restauration zu schaffen.

XXXVIII. Kapitel: Mystische und berechnete, unendliche und astronomische Zeit in mittelpersisch-schriftlicher Rezeption (= *Stück 30*)

Hier war anders zu argumentieren, als man es aus den Kreisen gewohnt sein mochte, die hinter dem eben umrissenen System standen. Man hätte sich hier sehr bewußt auf der Grenze zwischen zoroastrischer (vgl. *Stück 29*) und „westlicher" Weltalterlehre (vgl. *Stück 24*) bewegen müssen – *beide* sind mit nur je einem Wort auch nicht annähernd eindeutig zu charakterisieren –, um babylonische Sternlaufberechnung, iranisches Weltenjahr und die „Unendliche Zeit" einarbeiten zu können. Es scheint, daß dies gelungen ist – man kann es insofern nachweisen, als das hier formulierte Thema des Kapitels nicht auf Rückschlüssen beruht, sondern in einer bestimmten Überlieferungsschicht des Bundahischn nachweisbar vorliegt.

Es bleibt an dieser Stelle nur noch zu sagen, daß eine Frage wie die, ob man sich bei der Übernahme wohl früherer Westbeziehungen bewußt bedient und damit die auf anderen Gebieten gewohnte Rezeptionsrichtung um 180 Grad gedreht habe, garnicht aufkommen konnte, da es eine wissenschaftliche Reflexion auf das eigene Handeln noch nicht gab. So hätte dies alles auch keine bewußte Aufkündigung solcher Beziehungen bedeutet, wenn welche bestanden hätten.

Das heißt in diesem Falle, daß in einer ganzen Reihe zoroastrischer Schriften ein Werk wie das fertige Bundahischn selbstverständlich an prominenter Stelle rangierte. Ebenso klar ist es aber, daß diese Qualität nicht ausreiche, um daraus eine Abgrenzung der Gemeinschaft gegen andere Gruppen zu entwickeln. Denn um eine Heilige Schrift oder um eine Schrift von in irgendeiner Hinsicht kanonischem Ansehen handelte es sich nicht. Würde Entstehung und Redaktion der Awesta-Sammlung mit zu unserem Thema gehören, dann würde es von selber sehr schnell klar, daß mittels Schrift und Lehre eine solche Abgrenzung unter den damaligen Umständen grundsätzlich überhaupt nicht zu vollziehen war. Anschaulich und wirksam waren nur gewisse Arbeiten am Ritual im ganzen wie an Riten oder kultischen Zeremonien im einzelnen. In Arbeiten, die die Formierung des Zoroastrismus mit Hilfe der sassanidischen Könige untersuchen[19], sind schon mehrere überzeugende liturgische Belege für diesen Sachverhalt beigebracht worden.

P. Strukturelle Übereinstimmung in der Ablehnung der Westbeziehungen von sassanidischer und frühislamischer Seite

Es gilt, einen Fall aufzufinden, der tendenziell ebenso eindeutig ist wie – um ein betont zufälliges Beispiel zu nennen – im Zoroastrismus das völlig integrierte Wassergußritual[20] und der, wie das in islamischer Umgebung auch möglich ist, zwar die im ehemals synkretistischen Bereich liegende Herkunft seiner In-

---

[19] Gut z. B.: JACQUES DUCHESNE – GUILLEMIN, Symbolik des Parsismus, Stuttgart 1961; dazu der Tafelband von JOSEPH BAUER, Stuttgart 1973 (Reihe „Symbolik der Religionen", hrsg. von Ferdinand Herrmann, Bd. VIII und XVIII).

[20] Ab – Zohr. In Anwesenheit der Gemeinde und unter umfänglichen Rezitationen wird geweihtes und evtl. mit aromatischen Zusätzen versehenes Wasser aus einer möglichst kostbaren Schale in einen fließenden Quell gegossen, der von den Ortsbewohnern viel genutzt wird. Es ist eine Ehrung der Anahita und ein Preis aller im Awesta vorkommenden Gewässer.

halte noch erkennen läßt, für den daraus aber keine Verbindlickeit mehr folgt. Der Hadhokht-Nask dürfte ein solcher Fall sein.

Q. Die Abschließung gegen Außenbeziehungen als Resultat einer kultischen, priesterlichen und einer wissenschaftlichen, kosmopolitisch zweideutigen Restauration

XXXIX. Kapitel: Priesterliche Durcharbeitung der Seelenlehre zwecks aktueller Begleitung der Erkundungsekstase und des Lebensendes

Zu verwenden war der Inhalt von *Stück 57* bzw. der zugrunde liegende Hadhokht-Nask. Es herrscht nicht annähernd Einmütigkeit, ob er in graue Vorzeit oder in neuere Zeiten einzuordnen ist. Hier muß jedoch unterschieden werden zwischen der Konzeption des Seelenbegriffes als solchem, der in alter Tradition in Verbindung mit mehreren anderen erfolgte, und seinen späteren Einordnungen in neue Zusammenhänge. Der alte Begriff, oder die alte Vorstellung, hätte in Kap. III und V in der Nachbarschaft des Elementargedankens oder ganz einbezogen in diesen einen unangefochtenen Platz haben können und erhielt ihn dort nur aus methodischer Vorsicht nicht. Nach Meinung des Verfassers handelt es sich bei der Einbeziehung in den jetzigen Rahmen um eine relativ späte, umfangreich – und beispiellos erfolgreich – auf intersozietäre Akzeptanz getestete Vereinfachung des Seelengeschickes zu einer individuell-eschatologischen Himmelfahrt.

Eine stillschweigende Option gegen das Westlich – Fremde kann dieser Punkt insofern gewesen sein, als das Eigene, sehr unangezweifelte Physische – und wenn das niemand mehr wollte dann eben: der am besten psychologisch zu beschreibende Herkunftsort der meditativen Technik der Wiederbelebung nach Erkundungsekstasen, die natürlich gleichfalls – genau wie ein Elementargedanke – weitverbreitet gewesen war. Niemand weiß es heute, und genauso konnte es auch damals niemand wissen, ob die Priester nicht nur über gelehrtes zeremonielles Wissen verfügt oder auch über ihre Legtimation nachgedacht und eingestanden haben, daß sie ein Wissen und eine Art magischer Kraft, die einmal allen gehörten, monopolisiert hätten. (Aus unserer Vermutung, es habe sich um Akte kultischer, priesterlicher Restauration gehandelt, hätte schon damals nichts Beleidigendes herausgehört werden können.) – Gilt das Entsprechende auch für den folgenden Fall? Handelt es sich tatsächlich nicht nur um eine wissenschaftsnahe, sondern auch um eine in kosmopolitischer Hinsicht nicht über jeden Zweifel erhabene Restauration? Die Frage darf so kritisch klingen, denn zu der in Kap. XXXI und XXXII mitberichteten Einsicht in die Überlegenheit des wissenschaftlichen Partners hätte es eine Umkehrung geben können, wenn eine solche Frage noch einmal akut geworden wäre. Das war aber im 6. Jahrhundert nicht der Fall, vielleicht weil die öffentliche Aufmerksamkeit auf die Verselbständigung der nestorianischen Kirche gerichtet war, die in viele Vorgänge der Zeit hineinspielte.

XL. Kapitel: Die Ablösung einer trotz wissenschaftlich angelegter Vorgabe beibehaltenen beziehungstendenziösen Lehrpraxis durch Aufbau eines freien Systems von Kommunikation, Ideenaustausch und Geisteswettstreit an der Schule von Gondeschapur zur Zeit Khosrau's des I. Anoscharwan (532–579)

Diese Dinge sind bekannt (ganz wenige Hinweise in *Stück 47*) und sollen hier nur erinnert werden. Einer besonderen Untersuchung wert ist aber die sog. Profanität der dort betriebenen Wissenschaft. Sie fügt sich nicht in das historische Muster einer voraufgegangenen Säkularisierung. Es wurden auch Gelehrte aufgenommen, die mit der Schließung der Schule von Athen, die der byzantinische Kaiser Justinian I. (527–565) zwei Jahre nach seiner Thronbesteigung verfügte, Opfer der „totalen Verchristlichung" geworden waren. In Bezug auf die Ost-West-Beziehung hätte die Aufnahme dieser „letzten Heiden" bedeuten können, daß „der Osten" „dem Westen" positiver gesonnen war als dieser sich selbst. Es kam aber anders.

Die kritische Überschrift über diesem Abschnitt ist sachlich nicht voll berechtigt; denn sie entspricht nicht der Tendenz der meisten zeitgenössischen Autoren, die über dieses Ereignis berichten (der wichtigste ist Agathias Scholastikos, 530/2–580/2, bekannter als Dichter). Es ist aber in diesem Falle sinnvoll, die Sache nicht aus einer Originalquelle oder ihrer Übersetzung, sondern aus der Sicht eines ganz großen Historikers zur Kenntnis zu nehmen, der die Schriftsteller des 6. Jh. meisterhaft ausgewertet hat. Edward Gibbon erzählt die Geschichte von den athenischen Gelehrten in seinem bei solchen Angelegenheiten wohl bewußt besonders trocken gehaltenen Stil folgendermaßen:[21]

„Seven friends and philosophers, Diogenes and Hermias, Eulalius and Priscian, Damascius, Isidore, and Simplicius, who dissented from the religion of their Sovereign, embraced the resolution of seeking in a foreign land the freedom which was denied in their native country. They had heard, and they credulously believed, that the republic of Plato was realised in the despotic government of Persia, and that a patriot king reigned over the happiest and most virtuous of nations. They were soon astonished by the natural discovery that Persia resembled the other countries of the globe; that Chosroes, who affected the name of a philosopher, was vain, cruel, and ambitious; that bigotry, and a spirit of intolerance, prevailed among the Magi; that the nobles were haughty, the courtiers servile, and the magistrates unjust ... The disappointment of the philosophers provoked them to overlook the real virtues of the Persians; and they were scandalised, more deeply perhaps than became their profession, with the plurality of wives and concubines, the incestuous marriages, and the custom of exposing dead bodies to the dogs and vultures, instead

---

[21] History of the Decline and Fall of the Roman Empire vol. II, Chapter XL = Ed. New York o.J., vol. II, S. 525.

of hiding them in the earth, or consuming them with fire. Their repentance was expressed by a precipitate return, and they loudly declared that they had (sic, C.C.) rather die on the borders of the empire ..."

Es folgt dann aber noch eine Mitteilung, die eine Gesamtbeurteilung des Vorganges schwierig macht. Der persische Großkönig habe durch Bitten erreicht, daß der byzantinische Kaiser die abtrünnigen Gelehrten nicht bestrafte, wie er es eigentlich vorhatte, da diese seinen Ruf durch Ausweichen unter ein anderes Regime, und noch dazu unter ein solches, erheblich geschädigt hätten. Schon die ersten Schriftsteller, die darüber berichteten, machten sich Gedanken, ob dies wohl für den guten Charakter Khosraus spreche und kommen mehrheitlich zu einem positiven Urteil. Wir haben heute keinen Grund dem zu widersprechen. Aber ein Akt der Wiederherstellung einer Westbeziehung, wie sie früher war – das müßte zur Partherzeit gewesen sein – war sein Schritt nicht, oder konnte es mangels Unterstützung durch den Lehrkörper nicht werden.

R. Kompensation für Außenbeziehungen durch Privatisierung einer religiös-nationalen Identität gegenüber den Institutionen als Form eines „Rückhaltes im Eigenen"

Die Manichäer waren im 9./10. Jh. in islamischen Landen nicht einfach institutionalisiert, nein, sie waren auch eine so selbstständige Kommunität geworden, daß ihre Organisation sogar als Modell für das Leben von anderen Minderheiten geschätzt wurde. Eine Voraussetzung für das konsequente Funktionieren dieses Status hatte in der Lösung der Bindungen an die Gemeinden im Mutterland des Manichäismus seitens der arabisch- und neupersisch-manichäischen Gemeinden bestanden; die letzteren müssen de facto immer ein so hohes Ansehen genossen haben, daß eine administrative Sicherung oder Bestätigung einstiger Bindungen der Gemeinden – übrigens wahrscheinlich auch zentralasiatischer und europäischer! – an die mesopotanischen nicht mehr nötig zu sein schien. Seitens der letzteren sah die Sache wohl so aus, daß die Lösung kein Verwaltungsakt oder Casus für „Kirchenzucht" war.

Die Haltung, in der dies alles im Leben sichtbar gemacht wurde, dürfte auf andere Gruppen sogar „abgefärbt" haben. Sie konnte jedenfalls mühelos als Demonstration einer Lebensweise verstanden werden, die auf Unterstützungen oder Hilfeleistungen welcher Art auch immer von „außen" grundsätzlich nicht angewiesen ist.

Es scheint, daß einige manichäische Gemeinden und ihre Häupter, die in islamischen Ländern lebten, diese Umstände außerordentlich zu nutzen wußten. Sie konnten Zeit und Gelegenheit wahrnehmen, an der Weiterentwicklung ihrer Lehren zu arbeiten, namentlich solcher, die inhaltlich an die Traditionen des jeweiligen Gastlandes anknüpften. Daran war in Iran kein Mangel. In diesem

Falle knüpfte man an die Daēnā an und befand sich damit auf einer altiranischen Lebensstufe[22].

Und nicht nur das. Die Tatsache, daß der Ausdruck des ganzen auf Arabisch erfolgte, trug nicht nur dem Umstand Rechnung, daß dies jetzt die Muttersprache der ansässigen Manichäer war, sondern auch die Sprache des Korans und des muslimischen Hausnachbarn. Um auch diesem etwas zu gebem, blieben wahrscheinlich die Manichäer bei der nunmehr zu der ihren erwählten arabischen Sprache. Wenn der Gebrauch des Arabischen an dieser Stelle und in dieser Überlieferung darauf hinweist, daß sich das Ganze auch inmitten einer Arabisch sprechenden Bevölkerung abspielte, so macht das, was die oben vorausgesetzte Verbindlichkeit eines erforderlichen iranischen Zeugnisses anlangt, sachlich keinen Unterschied. Prinzipiell könnte auch eine neupersisch sprechende Stadt (oder Dorf) der Hintergrund ein. Es wurde in vielen persischen Ortschaften auch Arabisch gesprochen. Jedenfalls dürfte es hier nicht nur die Sprache des Überlieferers Ibn an-Nadim, sondern auch die der arabischsprachigen Gemeinde sein (deshalb wurde im folgenden Kapiteltitel das Wörtchen „arabisch" dazugefügt). Eine Gemeinde muß es gewesen sein, die – wohl mit Hilfe eines Gemeindeamtes – für das absolut Jüngste, das es in ihren Augen gab (nämlich die islamisch-arabische Überlieferung, die um sie herum gepflegt wurde), die Vermittlung des absolut Ältesten übernahm, über das sie verfügte: die altiranische erlösende Weisheit.

XLI. Kapitel: Daēnā, Lichtjungfrau, zweite Gestalt. Verbindungen und Unterschiede zwischen zarathustrischer und arabisch-manichäischer Selbst-Anschauung (= *Stück 28*)

Allen iranoiden Interpretationen in islamischer Zeit gemeinsam zu sein scheint die Tendenz, Lebensgestaltungen zusammenwirken zu lassen. Erfolgte dies nach einem nur in einem beschränkten Bereich gültigen Festkalender, dann ergab sich die im nächsten Kapitel dargestellte Lebensweise. Erfolgte sie nach einer bodenständigen enthaltsamkeitsfreundlichen Meditationspraxis, dann ergab sich eine geistliche Variante des „Rückhaltes im Eigenen".

---

[22] Ich kann mich nicht mehr dafür verbürgen, daß jede Aussage im vorliegenden Kapitel auf einer zutreffendem Interpretation der zugrundeliegenden Texte beruht. Die Texte sind noch in mancherlei anderer Richtung interpretierbar. Insofern macht *Stück 28* eine Ausnahme von der sonst erfolgten Regel, daß der Sinn, der den Einzelstudien durch ihre Einbeziehung in den neuen Kontext zuteil wurde, derselbe ist wie der bei der ursprünglichen Abfassung waltende. Für das sogleich folgende Stück möchte ich heute die wesentliche Ausage in einer Harmonisierung des altiranischen Weisheits- und Seelenverständnisses mit dem eigenen, d.h. mit dem manichäischen, erblicken. – Die Formulierung „Rückhalt im Eigenen" stammt von Walter Braune. Eine fast zu gut passende Beschreibung des Milieus und der Atmosphäre, an die mich die Vermutung über das arabisch-manichäische Zeugnis zuletzt denken ließ, gibt jetzt EUGEN WIRTH im 5. Kapitel seines großen Werkes *Die orientalische Stadt im islamischen Vorderasien und Nordafrika*, Mainz 2000 (S. 325–336: Privatheit als prägende Dominante städtischen Lebens im Orient).

XLII. Kapitel: Privates Abstandnehmen von Außenbeziehungen zur einfacheren Wahrung einer nicht mehr kultisch gestützten iranischen Identität

Der Rekurs gewisser – zwar nicht Zoroastrier gebliebener, aber als iranische Muslime doch auf irgendeine Unterscheidung von den arabischen Glaubensbrüdern bedachter – Personen auf das vom Propheten anerkannte Prinzip der Territorialverbände (arab. shuʻûb) verbürgte die Zusammengehörigkeit von Menschen, die auf Blutsverwandschaft nicht zurückgreifen konnten. Wenn es sich bei den shuʻûb gar um iranische handelte, dann mußten auch die leisesten Bewegungen und Bestrebungen, die aus Iran hätten herausführen können, unbedingt als Desavouierung des Prinzips der Schuʻūbiyya[23] erscheinen, das zeitweise in erster und einziger Linie als Bindung an iranisches Territorium vertreten wurde. Es ist möglich, daß dies auf eine diskrete Selbststilisierung iranischer Muslime hinauslief, die, falls sie auch Mystiker waren, ihren Verband als himmlisches „territorium" verstanden, dem sie sich schon zu Lebzeiten dazugehörig fühlten.

Das war eine Haltung, die nicht nur in shu'ubitisch gesonnenen Orden, sondern auch im privaten Alltag gepflegt wurde. Da hatten Beziehungen von Art der früher zum Westen unterhaltenen keine Funktion mehr.

Dieser Sinn ist versuchsweise aus dem den *Stücken 27* und *54* zugrunde liegenden Material abgeleitet worden. Die sufische Vertiefung dieser Haltung würde mit ihrer – als iranischer ungewohnten – Selbstbegrenzung in der eigenen Kommunität einen totalen Funktionswechsel ihres Fremdheitsbewußtseins bezeugen. So etwas soll es unter den Sassaniden (226–651) wie unter kleineren, vornehmlich in Nordiran heimischen islamischen Dynastien (bis Ende 10. Jh.) gegeben haben.

Die sufische Variante, die bis weit in die Seldschukenzeit hinein lebendig ist, soll von einigen frühen persischen Mystikern vertreten worden sein. Man steht damit bei einer „turkonomadischen Asketik", d.h. bei evtl. Ansätzen zu einer tieferen, unelitären Kontemplation bei den ältesten persischen Mystikern. Damit stellt sich die Aufgabe einer kritischen Neubesinnung auf den vermeintlich allgemein-menschlichen noëtischen Kern der iranischen („gathischen"), der griechischen („neuplatonischen") und erst recht der altarabischen Mystik. Vulgo kann man auch von einem imaginären Schulstreit zwischen „Beduinen und Steppenbewohnern" und „städtischen Schöngeistern und Spiritualisten" sprechen. Bis zum Ende des 11. Jh. dürfte, es bei einer ganzen Reihe von Persönlichkeiten sinnvoll sein, eine solche Frage zu stellen[24]. Dann läßt die Reihe sich et-

---

[23] Dies ist der Name einer von nationalikanischer Oppositionsschriftstellerei geprägten islamischen Richtung; Viele Belege bei Bertold Spuler, Iran in früh-islamischer Zeit, Wiesbaden 1952, Reg. (S. 651 s.v.).

[24] Näheres bei Tor Andrae, Islamische Mystiker, Stuttgart 1960, Quellenverzeichnis S. 149, Nr. 6, 7, 11; A.J. Arberry, Sufism, in: Handbuch der Orientalistik I Bd. 8/2, Leiden-Köln 1961, S. 449–475, insbes. 461f., 464, 465f., 468; Richard Gramlich, Islamische Mystik. Sufische Texte

was dünner bis ins 15. Jahrhundert verfolgen. Zweifellos befindet man sich hier in einem Milieu, wo der „Rückhalt im Eigenen" fundamental empfunden wurde, und nichts abwegigeres gäbe es wohl, als diese Situation für eine Frage nach dem Verhältnis des Sufi zu einem westlichen Bruder auszunützen.

S. Eine neue Qualität im Verhältnis „Orient und Okzident"

Im 9. und 10. Jahrhundert gab es im nordöstlichen Teil des Kalifates besondere politische Entwicklungen, die Dynastien eines ganz neuen Typs an die Macht brachten. Dabei geschah etwas Unerwartetes, es wurden Bibliotheken gebaut, zuerst für die Prinzen, dann über sie und ihre Freunde für außerordentlich vielseitig interessierte Personen, die hier zu Zirkeln mit einer Bildung enzyklopädischen Zuschnitts zusammenwuchsen. Man kaufte fachbezogen und planmäßig Bücher und unternahm alles, was über die Routine von Bibliotheksgelehrsamkeit hinaus nur zu machen war, um es auf Dauer in eine neupersisch profilierte Wissenschaftspflege übergehen zu lassen. Schon dieses wäre der Beweis für Vertrauen in die Wissenschaft genug gewesen. Es geschah aber unter den Samaniden (873–999) in Nordostpersien (Khorasan) noch mehr, zuerst mit der kulturell blühenden Stadt Nischapur. Ihrem – im Auftrage des Kalifats in Bagdad amtierenden – Gouverneur war ohne Umweg über eine Provinzialverwaltung auch die handelsstrategisch mächtige Stadt Bukhara unterstellt. Von dort aus sollten die Samaniden ein rundes Jahrhundert lang, dann auch mit Samarkand, als nahezu autonom agierende Dynastie über Transoxanien und Ostiran herrschen.

T. Die souveräne Ausübung von Wissenschaft als philosophische Voraussetzung des Gelingens jeder künftigen intersozietären Kooperation

Zu einem etwaigen Thema „Westbeziehungen" vergegenwärtige man sich zunächst, daß die Samaniden eine rein iranische Dynastie waren, in islamischer Zeit die erste ihrer Art. Weitere iranische Dynastien, die hier und da vorausgingen, gleichzeitig regierten oder folgten, erreichten niemals die Bedeutung der samanidischen. Es ist nicht ausgeschlossen, daß schon damals diese Iranier von außen als Tadschiken eingestuft wurden. Paradoxer Weise hätte ihnen der hohe Stand der arabischen Bildung, über den man für Islamstudien jeder Art verfügte, diese – damals noch nicht leicht abwertende – Bezeichnung eingetragen, denn eine der Bedeutungen dieses Wortes ist „Mann von arabischer Herkunft, der in Persien aufgezogen worden ist". Es entstand ein Milieu, in dem sich Philosophen, Mathematiker und Ärzte unter den Herrschenden wie Mächtige ihresgleichen bewegten, und wo dieselben es umgekehrt genau so unter den

---

aus zehn Jahrhunderten, Stuttgart 1992, S. 80–84 und passim; Moh. Dj. Moinfar (Ed.), Textes Persanes Mystiques vol. I: Prose, Wiesbaden 1965, S. 3f., 10, 12–14, 15–17, 18–20; Jan Rypka, History of Iranian Literature, Dordrecht 1968, S. 179ff., 210–213, 220, 233ff., 236f. Annemarie Schimmel, Mystische Dimensionen des Islam, Die Geschichte des Sufismus, Köln 1985, passim. Einen Namen zu nennen, traue ich mich nicht.

„Männern des Geistes" taten.[25] Und nun tat ein kulturgeschichtliches Gesetz seine Wirkung, wie es garnicht so selten und doch immer wieder ganz unbegreiflich ist: diejenigen, die man schon bald und für dauernd „Klassiker" nennen wird – bleiben wir bei diesem unserem Ausdruck, für den es dort und damals natürlich andere gab –: Klassiker stehen am Anfang. Mit wem beginnen? Wegen der auch in diesem Zusammenhang schon kennzeichnenden Züge seines Wesens gehört unbedingt Firdausi, der Dichter des iranischen Nationalepos (gest. 1020), in dieses Milieu; aber er gehört nicht zu unserem Thema, wenngleich sein Bestreben, keine Zeit eines Königs, und sei er auch noch so unbedeutend, auszulassen, etwas Enzyklopädisches an sich hat.

Schon eher trifft dies z.B. auf Abu Raihan Muhammed b. Ahmad al-Biruni zu, geboren i.J. 362/973 in der Vorstadt von Kat, der Hauptstadt der Chorezm-Schahs. Er verbrachte seine ersten zwanzig Lebensjahre in seiner Geburtsstadt mit dem Studium der alten oder arabischen und der neuen oder nichtarabischen Wissenschaften. Danach war er eine Zeitlang am Ghaznavidenhof in Ghazna als Astrologe tätig, doch seine Sympathien gehörten weiterhin den Afrigiden, die i.J. 385/995 entmachtet wurden. Biruni ging daraufhin in die samanidische Hauptstadt Bukhara und gewann hier den zweitletzten Emir, Mansur II. b.Nuh II. (367–69/997–99) als Protektor und Mäzen. Birunis Werk als das eines ganz großen Universalistorikers bedarf hier nur eben der Erwähnung, denn zu seinen Lebzeiten gab es von ihm aus keine Verbindung zum Westen.

Er hatte mit einem gewissen Abu Ali Husain Ibn Abdallah Ibn Sina korrespondiert, der den Vorgänger seines Patrons, Nuh b. Mansur (365/976–387/997), von einer Krankheit geheilt hatte und daraufhin zu seinem Leibarzt ernannt worden war. Da er erst sechzehn Jahre (sic) alt war, hatte er damit sozusagen ein Abonnement für neidische Anfeindungen erworben. Er war dergleichen gewohnt. Für den Fall, daß die Geistlichkeit ihn aufs Korn nahm, hatte er schon mit zehn Jahren vorsorglich den Koran auswendig gelernt. Sein fürstlicher Herr war der Sohn des samanidischen Statthalters von Karmaytan, der einige Jahre vor Ibn Sinas' Geburt aus Balkh dorthin gezogen war. In einem kleinen Dorf, Afschana, gelegen bei dem gleichfalls nahen Bukhara, war Ibn Sina geboren. Später zog die ganze Familie in diese Stadt, und Ibn Sina sog ihre ganze Kultur mit der Muttermilch ein. Sein Leben verlief in ganz anderen Stationen als das Birunis, denn sein Können

---

[25] M. Mahdi und elf weitere Autoren, Art. (in dreizehn Teilartikeln) „Avicenna", in: Encyclopaedia Iranica III, London – New York 1989, S. 66–110. Für obige Fragen besonders wichtig: D. Gutas, „II. Biography" (S. 67–70); M. Achena, „XI. Persian Works" (S. 99–104); S. van Riet, „XII. The Impact of Avicenna's Philosophy in the West" (S. 104–107); U. Weisser, „XIII. The Influence of Avicenna on Medical Studies in the West" (S. 107–110). – Angaben über al-Biruni nach C. Edmund Bosworth, Art. „Biruni. Abu Raihan, I. Life", in: Encyclopaedia Iranica IV, London-New York 1990, S. 274–276; von den weiteren sieben Teilartikeln (S. 276–287) stammen drei von David Pingree. – Ergänzend zu den kleineren Dynastien die beiden Art. gleichfalls von C.E. Bosworth „Al-e Afrig" und „Al-e Ma'mun", in: Encyclopaedia Iranica I, London – New York 1985, S. 743–745 und 762–764.

brachte ihm Rufe an Fürstenhöfe in großer Zahl ein und schuf gleichzeitig eine Atmosphäre, die ihn alsbald wieder zu neuer Wanderschaft zwang. Eine von diesen nahm über Jahre den Charakter einer Flucht an. Fangen konnte man ihn nicht einmal im Schlaf, denn er brauchte keinen Umstand, den er in ruhigeren Zeiten zu nutzen pflegte, um zu denken, zu lernen und zu schreiben. Seit sich zwischen ihm und Biruni ein Gelehrtenaustausch angebahnt hatte, ist seine Biographie für uns nicht mehr interessant. Denn „Westbeziehungen" können mittlerweile schriftlich genau so gut wie mündlich verlaufen. Die schriftlich erreichbaren Westpartner waren bereits auch wir Europäer. Ibn Sina starb weit westlich von seinem angestammten Volk, eher in Hamadan als in Isfahan – ein Grab zeigt man an beiden Orten – jedenfalls da, wo die Perser noch als richtige Perser galten, während sie in seiner Heimat schon halb den Kulturstatus der Tadschiken eingenommen hatten. (Es gab eigentlich keinen Grund, hier Unterschiede zu machen, denn Farsi war die Sprache von beiden).

U. Rolle und Leistung des Philosophen Avicenna

Die Werke Avicennas waren bald nach ihrem Erscheinen der großen Masse der im 8./9. Jh. aus dem Griechischen übersetzten Werke als arabische Neuleistungen hinzugefügt worden und gelangten so bis zum 11. Jh. über Kairo nach Spanien. Dort entstand eine Übersetzerkultur, wie es sie vorher und nachher wohl nie wieder gegeben hat. Im Zentrum stand die Schule von Toledo, deren Protektor Erzbischof Raimund (1126–52) war. Von Avicennas (so wurde sein arabischer Name Ibn Sina in Europa umschrieben; Avi-, Aven-, Aven steht für hebr./arab. aleph-beth-nun) Werken wurde dort sehr viel, aber beileibe nicht alles übersetzt. Wir müssen uns hier auf die erste Gruppe, und dort wieder auf das beschränken, was in die beiden Enzyklopädien hineinkam.

Avicennas Hauptwerk, die philosophische Enzyklopädie *aš-Šifā'* („die Heilung"), ist in vier Sammlungen (*ǧumal*) eingeteilt: Logik, Physik, Mathematik, Metaphysik; jede Sammlung ist eingeteilt in vier „Fächer" (*funūn*); jedes Fach (*fann*) in Sektionen, Traktate o.ä. (verschiedene arabische Bezeichnungen, z.T. beibehalten aus der Zeit, als die betr. Schrift noch selbständig war). Übersetzt wurden die ganze Metaphysik *(Elāhiyāt)* und große Teile der Logik *(manṭiq)* und der Physik *(ṭabī'a),* jedoch nichts aus der Mathematik, soweit sie zum *Kitab as-Sifa* gehörte. Aus den Physik-Traktaten wurde der „Über die Seele" übersetzt und dem Bischof Johannes von Burgos dediziert, der seine Stadt als Bildungszentrum zur im Range zweiten nach Toledo machen wollte. Der Liber de Anima wurde über Jahrhunderte zum einflußreichsten Werk des Avicenna in Europa. Die Metaphysik spielte eine große Rolle für Thomas von Aquino und Albert den Großen. Die wichtigsten Übersetzer waren Dominicus Gundissalinus, Avendauth der Israelit, Hermann der Deutsche, Alfred der Brite und noch drei oder vier weitere. Der bedeutendste Übersetzer der Zeit, Gerard von Cremona, taucht hier nicht auf – verständlich, denn er übersetzte allein das

K.-al-Qanun, die andere, die medizinische Enzyklopädie, genannt „Buch der Satzung". Seine Einteilungsordnung war Bücher, Fächer, Unterweisungen, Summen, Abhandlungen oder Abschnitte. Innerhalb dieser Teile weichen die jeweils nachgeordneten in der Reihenfolge gelegentlich voneinander ab. Lateinisch heißen sie Liber, Fen (arab. fann als Fremdwort), doctrina, summa, tractatus. Eine Inhaltsangabe würde hier den Rahmen sprengen und ist an anderer Stelle leicht zugänglich, zusammen mit einer klugen Würdigung des Werkes und reichen Informationen über seine Wirkung[26]. Die ungeheure Klassifikationsleistung aller Körperteile, Organe, Funktionen, deren Erkrankungen, Störungen, Sedierungen und Heilmittel haben ihren Eindruck auch auf die verschworensten Galen-Anhänger nicht verfehlt.

Hier steht nur zur Diskussion, wie ein einschlägiges Thema formuliert sein müßte, das angemessen ausdrückt, daß Avicenna in Europa hauptsächlich durch seine Medizin, im Orient aber durch seine Leistung für das gesamte System der Wissenschaften (*Stück 1*) seine unvergleichliche Bedeutung gewann, Vorschlag:

XLIII. Kapitel: Philosophie und Lebenspraxis Avicennas als Interpretation eines gesellschaftlichen nexus universalis

Ob man nun dieses Thema akzeptiert oder nicht, soviel dürfte evident sein: Eine Repristination der „klassischen" Westbeziehung liegt bei allen drei Klassikern – und damit auch bei ihrer ganzen Umgebung – nicht mehr vor. Die ungeheure Genialität Avicennas könnte für alles stehen. Auch der Hintergrund ist ein völlig anderer: Paradoxer Weise hat zwar die mit dem Islam in die Welt gebrachte neue weltgeschichtliche Situation die Ost-West-Verhältnisse neu geklärt. Man braucht sie nicht mehr metaphorisch zu verstehen, sondern weiß und sieht: hier ist die Welt des Islam, dort die westliche Welt (mehr in *Stück 43*). Aber die Identität des Iranischen hat gewechselt: Sie ist durch den Islam so weit verwandelt worden, wie sie ihrerseits den Islam verwandelt hat. Möchte man auch sagen „Avicenna ist die inkarnierte iranische Westbeziehung", so wird man sehr bald differenzieren müssen. Avicenna selbst ist es, der wie kein anderer zur Herstellung eines Avicenna Latinus herausgefordert und damit dem ganzen „Westen" einen neuen Charakter gegeben hat. Denn seine geistige Weite bürgt außer allem auch noch dafür, daß man ihn bruchlos in den Aristotelismus[27] und in den Augustinismus einordnen konnte.

---

[26] MANFRED ULLMANN, Die Medizin im Islam, (Hor I, Erg.-Bd. 555 V, Leiden/Köln 1970, S. 152–566.

[27] Deshalb konnte A.-M. GOICHON, Lexique de la langue philosophique D'IBN SINA (AVICENNE), Paris 1938, zugleich ein Dokument der neuen Klarheit und Eindeutigkeit vorlegen, das niemand für möglich gehalten hätte. Da nicht nur die des Arabischen halbwegs Kundigen hiervon etwas begreifen sollten, sei zur Erläuterung hinzugefügt: Die termini sind dort in lateinischer Umschrift ohne Rücksicht auf die arabische Morphologie der Wortarten wiedergegeben,

Teil 5: Eine auf die Europäische Sicht beschränkte Bilanz

V. Die politische Relevanz

Das vom Hellenismus bedeckte Territorium als geographisches Grundmuster Eurasiens zur Vorbereitung der Globalität in der Erprobung von Interkontinentalität. Zum Abschnitt W überleitender Hauptgedanke: Das katalysatorische Andauern des Weltherrschaftsgedankens (vgl. S. 18).

W. Die historische Relevanz

Die Ostgrenze des Partherreiches hatte letztlich den paradoxen Tatbestand demonstriert, daß zwischen den großen Mächten eine wie stillschweigend verabredete „Balance of power" bestand, daß also diese Mächte untereinander ein Gleichgewicht großer Kräfte aufrecht erhielten: Rom, das über die hellenistischen Staaten hinweg gegen die Westverschiebung der Parthergrenze nichts tun konnte; sodann die hellenistischen Staaten selbst, natürlich das Partherreich; ausschließlich die von der zweiten Kuschana- und der Andhra-Dynastie regierten Länder. Das bedeutete, daß der ganze „Vordere", in Zentralasien übergehende Orient in jener Zeit ein *offenes* internationales *System* war, bestehend aus Römern, Hellenen, Parthern und „Indern" bzw. Kuschanleuten, Andhra-Untertanen und wem auch immer. Ein Zeitraum von 500 bis 550 Jahren ist hier schon unter den verschiedensten Gesichtspunkten ausgegrenzt worden und „macht Sinn", wenn man ihn nicht aus einem fehlgeleiteten Exklusivbedürfnis mit anderen Ausgrenzungsprinzipien konfrontiert.

X. Die theologische Relevanz

Glaubensverkündigung, Schriftauslegung und interkonfessioneller Dialog sind überzeugend nur vorzustellen in einer interkontinental offenen Gesellschaft. Für die allgemeine Geistes- und Philosophiegeschichte sind diese hermeneutischen Vorgänge dort, wo sie stattfanden, unter dem Titel „The Han – Hellenistic – Bactrian Wold" aus- oder eingegrenzt worden[28]. In den Erläuterungen zu einer beigegebenen Karte könnte manch einem das „déja vu" vergehen. So bewußt war es ihm vielleicht doch nicht, wie zentral der Bereich der „iranischen Westbeziehungen" mitten darin liegt und welch eine wenn auch lange, so doch begrenzte Zeit auch er gehabt hat und wie westlich – und nicht etwa, wie unter anderem Gesichtspunkt auch östlich – seine Grenzen tatsächlich waren. Vieles lädt zu weiteren Betrachtungen ein. Doch wir müssen bei den bis hierhin vorgenommenen Dingen bleiben.

---

aber nach der Reihenfolge der arabischen Wortradikalen, also wie im arabischen Wörterbuch. Damit der Nichtarabist sie zitieren kann, sind sie einfach durchnumeriert.

[28] JOHN G. PLOTT, Global History of Philosophy, vol. II: DERS. und JAMES MICHAEL DOLIN, –, RUSSELL F. HATTON:- PAUL E. MAYS, The Han – Hellenistic – Bactrian Period, Delhi – Varanasi – Patna 1949.

Einzelstudien

Stück 1

Avicenna als Begründer einer neuartigen iranisch-westlichen Beziehung

Avicenna, lat. für (Abū ʿAlī al-Ḥusain Ibn ʿAbdallāh) Ibn Sīnā, *370/980 in Afschana bei Buchara, † 428/1037 in Hamadān, islamischer Philosoph und Universalgelehrter. Einzelne Motive aus seinen ins Lateinische übersetzten Schriften (Hauptwerk die philos. Enzyklopädie aš-Šifāʾ „die Heilung") wirkten auf die Scholastik und Dante. Jedoch war sein Einfluß auf die islamische Philosophie ungleich größer und entspricht dem des Averroes im Abendland; hier, im Abendland, wirkte A., der „arabische Galen", bis ins 17. Jh. vornehmlich durch seine Medizin, während er im Orient das gesamte System der Wissenschaften für die folgenden Jh.e festlegte.

Die logische Leistung, die das System des A. erschließt und seine neuplatonische Interpretation des Islam zu einer fruchtbaren Neuschöpfung macht, ist die Unterscheidung von Wesen und Existenz. Sie gilt im möglichen, kontingenten Sein; dieses empfängt seine Existenz vom notwendigen Sein, wo jene Unterscheidung nicht gilt. Das Mögliche und Vielfache haftet am Wesen, welches der Existenz logisch vorausgeht. Indem es über diese vom notwendigen Sein abhängt, hängt auch das Mögliche und Vielfache von ihm ab. Dieser Sachverhalt wird nach neuplatonischer Tradition dynamisch als Emanation beschrieben. Erste Zwischenstadien in diesem Prozeß sind das Hervortreten der Ersten Vernunft aus dem notwendigen Sein und das der Zweiten Vernunft aus der Ersten. Damit treten auch die Sphären ins Dasein, von der obersten und ihrer Form, der Seele, bis zu der des Mondes. Dieser außerzeitlichen lichthaft vorgestellten Welt steht die zeitliche gegenüber; sie erhält durch die Zehnte Vernunft (intellectus agens) ihre Formen und aus den vier Elementen durch die Bewegung der Sphären ihre Materie.

Die koranisch-islamische Theologie und Kosmologie haben in diesem Weltbild keinen Platz. Jedoch erstrebte A. die Harmonie zwischen beiden und verstand die geoffenbarten Texte als Allegorien, in denen intelligible Wahrheiten ausgesprochen wurden, die Propheten als notwendige Deuter im universellen Determinismus, ihre Verkündigung als Entwurf des zu bewältigenden Planes der Philosophie. Intellektuelle Erkenntnis des notwendigen Seins, mystischer Seelenaufstieg und Glaube an Allah sind im Grunde identisch.

Bibliogr. v. P.J. deMenasce in BEStPh H. 6, 1948 – GAL I, 452ff – GALS I, 812ff – EI[1] II, 445ff – Ü II, 291. 307ff. 721 – UJE I, 648 – A.M. Goichon, La philosophie d'A. et son influence en Europe médiévale, (1944) 1951[2] – G. Vajda, Les Notes d'A. sur la Théologie d'Aristote (RThom 51, 1951, 346–406) – L. Gardet, La Pensée Religieuse d'A., 1951 – F. Rahman, A.'S Psychology, 1951 – A.M. Goichon, Livre des Directions et Remarques d'A., 1951 – A., Scientist and Philosopher, ed. G.M. Wickens, 1954 – A.J. Arberry, A. on Theology, 1954.

Bibliographischer Nachtrag: Wilhelm Totok, Handbuch der Geschichte der Philosophie, Bd. 2, 1973; Rolf Schönberger/Brigitte Kible, Repertorium edierter Texte des Mittelalters, 1994.

Werfen die neuen Funde vom Toten Meer Licht auf das Verhältnis von iranischer und jüdischer Religion?

Die Frage nach der Beeinflussung der jüdischen Religion durch die iranische ist mit der Entdeckung der Qumran-Texte wieder akut geworden. Da auch unabhängig davon seit den Tagen der älteren religionsgeschichtlichen Schule sowohl die Wissenschaft vom Spätjudentum wie die Iranistik Fortschritte gemacht haben, hofft man, nun neue Ansätze zu finden, von denen aus man einer Lösung dieser Frage näherkommen kann.

Im Referat wurde versucht, mit Hilfe der historisch-kritischen Methode die jüdisch-iranischen Parallelen zu prüfen, die von einigen Forschern geleugnet, von anderen bloß nebeneinandergestellt und von noch anderen zu Bestandteilen religionsgeschichtlicher Genealogien gemacht werden. Als hier wie dort die Gesamtstruktur bestimmend wurde a) der Dualismus, b) der Geist- und Wissensbegriff aus der bisherigen Diskussion übernommen und die Frage gestellt, ob sich diese beiden tertia comparationis besser durch einen gegenseitigen typologischen Vergleich oder durch Beziehung auf ihre jeweiligen historischen Voraussetzungen und das jeweils mitgegebene Welt- und Menschenbild inhaltlich aufhellen lassen.

Die Grundthese des Referates war, daß der zweite Weg weiterführt: ein Denken, das historische Gegensätze nicht als solche stehen läßt, sondern sie von vornherein als Manifestationen metaphysischer Gegensätze begreift, führt überall zum Dualismus. In einem historischen Gegensatz zu einer älteren Gruppe und ihrer für falsch befundenen Religion stehen aber sowohl die Qumransekte wie Zarathustra; beide grenzen sich in prophetischer Verkündigung einer neuen, der eigentlichen Wahrheit gegen die Anhänger der Lüge und ihren Herrscher ab. Doch sind die dabei gewonnenen Aussagen über die Wahrheit, den Gegenstand und das Ziel der „reformatorischen" Haltung, den Charakter und die Funktion der den Dualismus ausmachenden Mächte und ihre Stellung zum obersten Gott verschieden.

Analoge Überlegungen ergeben sich, wenn man dem „Monismus" der Qumransekte den Zurvanismus gegenüberstellt; hier ist vor allem auf den Unterschied zwischen Jahwe und dem deus otiosus Zurvan hinzuweisen. – Das Wissen ist im Selbstverständnis der Essener ein Privileg, das den Söhnen der Finsternis fehlt. Es umfaßt nicht nur das, was Gott in der Thora offenbart hat, sondern auch seine Geheimnisse und seine Pläne, und wird von demselben, schon sehr verselbständigten Geist getragen, der auch der Gott zugehörige und von ihm geoffenbarte Geist ist. Dem ist in den Gathas die doppelte Funktion des Guten Denkens zu vergleichen: es ermöglicht dem Menschen die Annahme der Wahrheit des Weisen Herrn, wie dieser es andererseits auf Bitten des Menschen ihm gnadenweise zugleich mit der Wahrheit schenkt und durch es den Menschen in

Übereinstimmung mit sich wirken läßt. Hier wie dort finden wir also Konsubstanzialität der menschlichen und göttlichen Geisteskraft und ihre wechselseitige Tätigkeit, die von der göttlichen Seite aus Selbstoffenbarung, von der menschlichen aus Spekulation über die göttliche und damit in verschiedenem Sinne auch erlösende Wahrheit bedeutet. Doch gehört ebenso der spätalttestamentliche Weisheitsbegriff hierher, den man seit langem mit guten Gründen auf die Stoa zurückführt.

Das dem Iran und dem Spätjudentum Gemeinsame wäre danach die Hypostasierung von Begriffen als solche, hier die des Bösen zu einer selbständig handelnden, halbwegs personifizierten Potenz mit der Hypostase des Guten als Gegenspieler, und die der höchsten Geisteskraft des Menschen und der gleichbenannten Gotteskraft, über deren Identitätsverhältnis nicht reflektiert wird. Doch sind solche Hypostasierungsvorgänge gemeinorientalisch. Die Tendenz und die Fähigkeit dazu ist wohl überall spontan, jedenfalls ist ihre Übertragung von einem Religions- und Kulturkreis auf den anderen nicht zu beweisen, weil sie noch vor dem begrifflichen Ausdruck liegt, welcher der Forschung allein zu Gebote steht.

Herr NYBERG machte in der Diskussion den berechtigten Einwand, daß der Begriff „Einfluß" grundsätzlich für unbrauchbar erklärt wird, wenn man ihn hier nicht anwenden will. Das Material, dessen sich dieses (spontane oder beeinflußte) Denken in Qumran zum Aufbau eines theologischen Systems bedient, ist jedenfalls auf Grund der bekannten historischen Schwierigkeiten – Herr RATHJEN möchte sie mit der Rolle der Seidenstraße, Herr MINOVI „by the archeological evidence of Jewish communities in Persia, e.g. in Susa", Herr ADAM durch die Annahme eines Kontaktes zwischen den Exulanten des israelitischen Nordreiches und Iraniern in der späteren Adiabene beheben – immer noch kaum als aus Iran übernommen zu erweisen; wohl aber ist es zum großen Teil in der auch durch die alttestamentliche Verkündigung und die rabbinische Theologie nicht völlig überdeckten kanaanäischen Volksreligion wiederzufinden, welche uns jetzt die Ras-Schamra-Texte repräsentieren. Daraus gab Herr SCHUBERT in der Diskussion ergänzend einige prägnante Beispiele.

Im übrigen hat sich die Problematik für die Untersuchung von Einzelheiten, unter denen es sehr wohl iranische Elemente im Spätjudentum gibt (Asmodaios!), seit BOUSSERT und GRESSMANN kaum geändert, weil die meisten in den Qumran-Texten begegnenden Motive und Gestalten namentlich des apokalyptischen Bereiches aus den pseudepigraphischen Schriften zum Alten Testament schon lange bekannt sind.

GEO WIDENGREN: *Iranisch-semitische Kulturbegegnung in parthischer Zeit* (Arbeitsgemeinschaft für Forschung des Landes Nordrhein-Westfalen. Geisteswissenschaften Heft 70). Westdeutscher Verlag, Köln und Opladen 1960. 163 S.

Mit der vorliegenden Arbeit setzt der Verfasser mehrere frühere Arbeiten über den Einfluß Irans auf die Kulturen und Religionen der westlich angrenzenden Länder fort. Sinnvoller Weise beschränkt er sich auf eine Epoche, die man als Kulminationszeit in der Geschichte dieser Einwirkungen bezeichnen kann: die Partherzeit (247 v.Chr. bis 226 n.Chr.). In einer „politischen Übersicht" werden zunächst die historischen Möglichkeiten für eine Kulturbegegnung in den Königreichen Armenien, Pontus und Kappadokien und in den Kleinkönigtümern Kommagene, Osrhoene, Adiabene, Hatra und Charakene aufgezeigt (S. 5–8). Sodann führt ein kurzes, aber sehr instruktives Kapitel die Handels- und Verkehrswege und -zentren auf, durch die diese Gebiete miteinander und mit dem Osten in Verbindung standen (S. 9–12). Parthische Stilelemente und Inhalte in der Kunst und Architektur werden vorsichtig aufgespürt (S. 13–24, 108–110) und durch 36 gutgewählte Abbildungen (S. 2, 129–148) illustriert. Pionierarbeit enthält z.T. der Katalog der parthischen Lehnwörter im Edessenisch-Syrischen, Babylonisch-Talmudischen, Mandäischen und Palmyrenischen (S. 25–34 und 89–108, hauptsächlich hierzu die Wortregister S. 152–159). Er wird ergänzt durch den Nachweis parthischer Motive in Matth. 7, 6; 1. (3.) Esra 3, 1–4, 42; Eph. 6, 11–13, in den Büchern Esther und Tobit sowie im Perlenlied und im sog. Cyriacus-Gebet (S. 35–41). Das 6. Kapitel versucht dann zu zeigen, wie eine neue Geschichtsauffassung entstand, in der iranische und semitische Traditionen (z.B. Zoroaster-Nimrod; Verschmelzung israelitischer, arabischer und persischer Geschichte im letzten Traktat des rechten Ginza) miteinander verbunden wurden (S. 42–50). Das 7. und 8. Kapitel befaßt sich mit der iranischen Komponente des antiken Synkretismus (Mithrasmysterien, Aionspekulation, Apokalyptik, Taufbewegung, literarischer Feudalismus, Geburtsstätten des Erlöserkönigs[1]) (S. 51–86, 110–114). In einer Schlußbetrachtung wird auf die Bedeutung der beiden Brennpunkte des parthisch-semitischen Kulturkontaktes, Edessa und Südbabylonien, und ihre beiden „Typenrepräsentanten" Bardesanes und Mani hingewiesen (S. 87 f.).

Man überschätzt die Schrift sicher nicht, wenn man sagt, daß sie eine neue Epoche im bisher oft verworrenen und mit vielen Vorurteilen belasteten Studium iranisch-westlicher Beziehungen einleitet. Das reiche und sorgfältige Belegmaterial gibt nun jedem Interpreten dieser Beziehungen eine sichere Grundlage, und wenn er auch in der Interpretation im einzelnen abweicht, so wird er

---

[1] Zur Kritik an diesem Punkte vgl. jetzt J. DUCHESNE-GUILLEMIN, ZDMG 111, 1961, S. 469–475. Von der neutestamentlichen Exegese aus wäre dazu und zu den anderen nt.lichen Stellen noch mehr zu sagen.

doch nicht vergessen, daß WIDENGREN selbst ihm dazu die Möglichkeit gegeben hat. In diesem Sinne möchten die folgenden Bemerkungen verstanden werden, mit denen dem Gegenstand eher gedient sein dürfte als mit einer bloß repetierenden Würdigung der vielen wertvollen Einzelerkenntnisse, die man besser im Buch direkt nachliest.

Wie es scheint, ist WIDENGREN der Meinung, mit seiner Arbeit auf religionsgeschichtlichem Gebiet die von RICHARD REITZENSTEIN und FRANZ CUMONT begründete Tradition fortzusetzen. Doch legt er hier m.E. einen (höchst notwendigen!) Bruch in diese Tradition. Zunächst einmal bezeichneten REITZENSTEIN und CUMONT mit „iranisch" Verschiedenes. REITZENSTEIN verstand darunter die in mandäischen und manichäischen, weiterhin auch hellenistischen Texten greifbare, in den Augen der orthodoxen Priesterschaft häretische, namentlich auf babylonischem Boden lebendige Volksreligion, deren Kontinuität zu Zarathustra noch nachweisbar sei; CUMONT, die innerhalb der griechisch-römischen Welt relativ deutlich umgrenzbaren Fremdkörper persischer Herkunft, vor allem Mithrazismus, Magiertum, Aion-Theologie, Hofzeremoniell und Eschatologie. WIDENGREN dagegen führt namentlich von S. 13 bis S. 50 in der Darstellung eine Synthese durch, und zwar so vorbildlich, daß weder das iranische noch das semitische Element überwiegt; wie das geschieht, konnte hier nur durch unsere obige Inhaltsangabe angedeutet werden. Wenn er sich dann aber in den Kapiteln über die Religion (S. 51–86) auf REITZENSTEIN wie auf CUMONT beruft, ist er sich über seinen eigenen Neuansatz nicht im Klaren und hält ihn denn auch in all den Partien nicht durch, in denen ihm am iranischen Ursprung der „eschatologisch eingestellten, apokalyptisch-gnostischen Frömmigkeit" und der „Taufreligionen ... mit gnostischen Ideen" gelegen ist. Andererseits schwenkt er voll weder auf REITZENSTEINS noch auf CUMONTS Linie ein, worin eben jener Traditionsbruch sichtbar wird, sondern sucht einzelne iranische Motive in Eschatologie, Apokalyptik, Gnosis und Täufertum auf. Hier wäre m.E. erstens zu beachten, daß diese vier Dinge nicht als ein einheitlicher Komplex zu behandeln sind, da sie neben ihren Verschmelzungen doch auch weitgehend voneinander getrennt vorkommen können. Zweitens wäre deutlicher zu machen, wieso auch hier die Substrate, namentlich gewisse Formen iranischer „Volksreligion", ein „Symptom des ‚Iranismus'", d.h. „schon von der semitischen Kultur stark beeinflußt" (S. 54) sind; hier wäre die den „Iranismus" ergebenden Synthese grundsätzlich dieselbe wie bei CUMONT, müßte aber nach WIDENGRENS Ansatz einen weiteren Umfang haben, während sie sich von REITZENSTEIN durch das Eigengewicht der semitischen Komponente unterschiede, welcher diese von der iranischen entweder nicht trennen wollte oder sie als bereits selbst iranisch durchsetzt bezeichnete oder aber sich mit ihrer Qualifizierung als iranisch durch hellenistische Literaten begnügte. Drittens aber wären dann in diesem so beschaffenen Iranismus nicht nur bestimmte rein iranische oder rein semitische Einzelmotive nachzuweisen (wo sich WIDENGREN oft überzeugend mit CUMONT berührt), sondern gerade die jeweils das ganze prägenden zentralen Anschauungen (auf die REITZENSTEIN mehr, WIDENGREN hier weniger Gewicht legt), z.B. mit Bezug auf die Gnosis der salvator salvandus.

Für diese Aufgabe müßte dann wohl auch das Parthertum als solches genauer definiert werden. WIDENGREN scheint nicht immer nur die Zeit der semitischen Durchdringung, sondern manchmal auch frühere Stadien der parthischen Geschichte als typisch parthisch zu betrachten, z.B. wenn er bei Darstellungen aus Dura Europos von „echt parthischen, ostiranischen Modellen" spricht und gar von einem „Aussehen, wie es im fernsten Ostiran anzutreffen ist" (S. 20). Doch ist eine historische Differenzierung parthischer Phänomene wohl noch zu schwierig (vgl. jetzt B. PH. LOZINSKI, *The Original Homeland of the Parthians*, 's-Gravenhage 1959).

Eine weitere grundsätzliche Frage ist, was Entlehnungen parthischer Wörter in anderen Sprachen beweisen. Hier kommt es doch sehr auf die neuen Zusammenhänge an. So ist z.B. in der Kriegsrolle von Qumran das parthische Wort *naxčīr* „Jagd" nachgewiesen. Die Stelle lautet etwa: „An dem Tage, an dem Kittäer fallen, gibt es Kampf und wilde Jagd vor dem Gott Israels" (1 QM I 9f.). Geht daraus wirklich hervor, daß „mit diesem Lehnwort ... in der jüdischen Gesellschaft eine Vorstellung aufgenommen (ist), die für das Leben der Iranier beinahe ebenso charakteristisch ist wie das Wort ‚Gymnasium' für die griechische Art zu leben" (S. 55)[2]? Und ist es richtig, daß in Anbetracht zumal der sprachlichen Kriterien „für einen ... speziell medisch-parthischen Einfluß in der mandäischen Literatur" „die mandäische Überlieferung vom Ursprung der mandäischen Gemeinde in den medischen Bergen mehr Bedeutung (gewinnt), als ihr gewöhnlich beigemessen wird" (S. 61)? Was besagen daneben die Kriterien, die auf einen Ursprung des Mandäertums im Jordangebiet weisen? Ist es bedeutungslos, daß Mandäisch im ganzen eine semitische Sprache ist? Können die Mandäer die parthischen Lehnworte und andere iranische Vorstellungen nicht nach ihrer Einwanderung in Mesopotamien aufgenommen haben?[3] – WIDENGREN kündigt im Schlußwort eine Gesamtdarstellung der parthischen Kultur und Gesellschaft an, in die auch der bedeutende hellenistische Kultureinfluß einbezogen werden soll. Dieser gilt also als eigene Größe und nicht, wie man im (vergröbernden) Gedanken an REITZENSTEIN erwarten könnte, als ein

---

[2] Neuerdings geht J.P. ASMUSSEN (Acta Orientalia 26, 1961, S. 3–20) der weiten Verbreitung des Wortes *naxčīr* nach und kommt für 1 QM zu dem Ergebnis, daß das Wort die Wildheit eines Gemetzels ausdrückt, die die hebräischen Wörter vom Stamm *ṣwd* nicht enthalten. Nur in diesem Sinne wurde das Wort im eschatologischen Zusammenhang von 1 QM gefordert.

[3] Diese Fragen werden jetzt von WIDENGREN selbst im Handbuch der Orientalistik, 1. Abt. hrsg. von B. SPULER, Bd. 8,2, Leiden 1961, S. 88–98 beantwortet. W. spricht hier überzeugend von einer jüdisch-westsemitischen, einer spätbabylonischen und einer iranisch-parthischen Schicht in der mandäischen Überlieferung. Die Überlieferungen der Mandäer, die sie „auch" (S. 96) mit Medien und den Parthern verbinden, gehören danach deutlich einem späteren Stadium ihrer Geschichte an.

griechisch-sprachiger Iranismus. Hier soll offensichtlich der Begriff der Synthese, die keine Präponderanz historischer Filiationen duldet, sondern ein Gebilde sui generis sichtbar machen muß, wirklich ernst genommen werden, so wie es für jeden lebendigen Synkretismus nötig ist. Dahin tut WIDENGREN in dieser Arbeit, die als erforschbaren und exemplarischen Bereich aus dem antiken Synkretismus höchst sinnvoll Partherzeit und -reich ausgrenzt, zwar nicht die letzten, aber doch die wichtigsten Schritte.

Lichtsymbolik im alten Iran und antiken Judentum*

1. Vorbemerkungen zur Methode und zur Begrenzung

Die Lichtterminologie und lichtsymbolisch relevante Vorstellungen in der Religion des vorislamischen Iran zum Thema einer kurzen Übersicht zu machen, heißt eine Blickrichtung nehmen, die der Erfassung des Gegenstandes nicht besonders günstig ist. Sind doch die Vorstellungs- und Glaubensbereiche, in denen es Lichtprädikationen gibt, keineswegs so umfassend, daß eine hinreichend große Anzahl von die Essenz dieser Religion beinhaltenden, den Lichtprädikationen gleichgeordneten Aussagen eine zentrale Bedeutung des Lichtes aufweisen könnte. Und die Aussagen, die es gibt, reichen nur unvollkommen aus, zu zeigen, was das Licht für diese Bereiche bedeutet. Sachgemäße Proportionen dürften sich erst ergeben, wenn man die Religion des alten Iran im ganzen darstellen und dann von Fall zu Fall sagen würde, welche Grundanschauungen und Begriffe durch Licht symbolisiert oder mit Lichtprädikaten bzw. -attributen versehen werden und welche nicht. Geht man dagegen von der Lichtterminologie aus, so kann diese leicht ein Auswahlprinzip präjudizieren, das falsche oder mindestens einseitige Ergebnisse begünstigt. Um dies zu vermeiden, werde ich häufig Dinge erwähnen, die mit der Lichtsymbolik nichts zu tun haben. In diesen Passagen muß ich leider auf Belege verzichten. Auch kann ich mythologische Begriffe oder Gestalten, die mit dem Licht verbunden werden, nicht in ihrer ganzen Bedeutung beschreiben, welche von der Lichtsymbolik oft nur zum Teil erfaßt wird. Die in den Anmerkungen genannte Literatur wird in solchen Fällen hoffentlich weiterhelfen.

Eine weitere Schwierigkeit liegt in der sprachlichen Beschaffenheit des Materials. Hier bin ich ganz von den Gelehrten abhängig, die in den Anmerkungen genannt sind, in den Teilen über das jüngere Awesta insbesondere von dem Wörterbuch von *Christian Bartholomae* und der darauf fußenden Übersetzung von *Fritz Wolff*. Doch sei nachdrücklich darauf hingewiesen, daß hier neuerdings vieles fast so kontrovers ist, wie es in den Gathas schon immer war. Im Mittelpersischen bin ich nicht zur Kritik an Umschrift-Editionen einschließlich der durch Index und Glossar gleich gut erschlossenen Texte in *Nybergs* Hilfsbuch in der Lage, wohl aber zum Lesen der Faksimile-Ausgaben. In diesen ist noch viel enthalten, was das hier gezeichnete Bild modifizieren dürfte.

Die dritte Schwierigkeit ist, inwieweit sich die Chronologie und Geographie der Vorstellungen mit der Chronologie und Geographie der Texte deckt, in denen sie enthalten sind. Auffüllungen von Aussagen einer bestimmten Zeit und

---

* *Martin Doerne* zum 65. Geburtstag.

eines bestimmten Raumes mit Aussagen aus anderen Jahrhunderten und anderen Gebieten sind in vielen Handbüchern üblich. Ich habe sie zu vermeiden gesucht, und dadurch ist der Befund von Fall zu Fall magerer geworden, als man es gewohnt ist.

Die vierte Schwierigkeit liegt darin, wie weit man den Bereich des Iranischen spannen soll. Insbesondere die vier sich teilweise überschneidenden Größen: antiker Synkretismus (einschließlich Mithrazismus und Magiertum), Gnosis (insbesondere Manichäismus), Parthertum (vor allem nach der Gründung des Arsakidenreiches auf ehemals seleukidischem Gebiet) und nachexilisches Judentum (hier vor allem die Essener) stehen zur Debatte. Einerlei, welches Urteil man über ihre Beeinflussung durch die iranische Religion fällt: wenigstens die Erörterung einer solchen Frage einschließlich der Kategorie „Einfluß" sollte nicht fehlen, damit die Problematik des Begriffes „iranisch" sichtbar wird und die Grenzen für seine Erweiterung offenbleiben. Ich habe das nachexilische Judentum gewählt, weil gerade die Lichtsymbolik mit denselben Einschränkungen, die eingangs gemacht wurden, ein gutes tertium comparationis bietet, und weil bereits ein Aufsatz über die Lichtsymbolik im Alten Testament von *Johannes Hempel* von der anderen Seite, die hier in Betracht kommt, vorzüglich zu den Lichtvorstellungen des Judentums hinführt[1].

Schließlich sei noch erwähnt, daß die Lichtsymbolik im alten Iran wie antiken Judentum ihre eigentliche Relevanz im Wechselspiel mit der Finsternissymbolik bekommt. Wenn ich diese und alles, was damit zusammenhängt, hier auch nicht mitbehandeln kann, so möchte ich doch wenigstens einige Hinweise zur Typologie und Geschichte des Dualismus Licht-Finsternis geben, die jene Relevanz verdeutlichen können.

2. Zarathustra

Die Betrachtung mußte eigentlich bei den vorarischen Religionen auf dem Boden Irans einsetzen. Aber wir wissen darüber nicht genug, um sagen zu können, ob und wie es in ihnen Lichtsymbolik gab. Nicht einmal der wahrscheinlich vorarische Feuerkult[2] ist für uns in seinem Sinne eindeutig. Sodann müßte man zur vorzarathustrischen, aber bereits indoiranischen Tradition weitergehen[3], soweit

---

[1] Studium Generale *13*, 352–368 (1960). – Sehr viel verdanke ich für die analysierenden Partien dieses Aufsatzes dem Buch von *Ugo Bianchi*, Zamān i Ōhrmazd, Lo Zoroastrismo nelle sue origini e nella sua essenza, Torino ... Palermo: 1958, ohne daß ich für Einzelheiten des mir gestellten Themas darauf verweisen konnte.

[2] Siehe zusammenfassend unten S. 19f. –. Zum Vorarischen überhaupt vgl. *R. Ghirshman*: Iran. Pelican Books A 239, S. 27–72; *H. H. v. d. Osten*: Die Welt der Perser, S. 13–38. Stuttgart: 1956.

[3] Dazu siehe *Joh. Hertel*: Die arische Feuerlehre, 1. Teil (IIQF 6), Leipzig: 1925; fortgesetzt unter dem Titel: Yašt 14, 16, 17, Text, Übersetzung und Erläuterung. Mithra und ƎRƎXŠA

sie sich auf iranischem Boden festgesetzt hat. Aber es empfiehlt sich nicht, hier die üblichen Rückschlüsse aus der vedischen Literatur zu machen, da nichts in den Gathas darauf hindeutet, daß gerade die Lichtwelt einer der Vorstellungsbereiche war, die vor Zarathustra wichtig waren, und daß er speziell von Lichtvorstellungen ausging.

So beginnen wir mit Zarathustra (wohl 628 bis 551 in Choresmien)[4] selbst. In den Verspredigten des Zarathustra finden sich nur wenige Belege, die überdies recht verschieden gedeutet werden. In Yasna 44, 5, wo Zarathustra bittet, Ahura Mazdah möge ihm Auskünfte über die richtige Gottesverehrung erteilen[5], fragt er beinahe rhetorisch:

„Welcher Meister schuf Licht[6] und Finsternis[7]?
Welcher Meister schuf Schlaf und Wachen?
Wer ist es, durch den Morgen, Mittag und Abend[8] sind
die den Verantwortlichen an sein Anliegen erinnern?[9]"

Es ist offensichtlich, daß hier wie in allen ähnlich stilisierten Fragen der Strophen 3–7 die Antwort „Ahura Mazdah selbst" vorausgesetzt wird. Der oberste Gott des Himmels ist also Schöpfer von Licht und Finsternis, die Finsternis ist kein selbständiges böses gottfeindliches Prinzip.

Den Schluß der Strophe Yasna 30, 1, den Relativsatz

yā raočəbīš darəsatā urvāzā

übersetzt *Bartholomae* mit „die zugleich mit dem Lichtraum erschaut werden wird"; er bezieht diesen Satz auf die zukünftige Wonne, die dem Wissenden, der Ahura Mazdah richtig preist, zuteil werden wird. Der „Lichtraum" ist dann der Ort, wo die Götter und Seligen wohnen[10]. *Humbach* übersetzt den Relativsatz

---

(IIQF 7), Leipzig: 1931. Bei *Hertel* beeinflußt ein starker „Panphotismus" freilich alle Übersetzungen, insbesondere – gegen *Bartholomae* – die Wörter vom Stamme ra- (z.B. ratu – Y 33, 1 „Himmelslichtstrahler"). So reich und interessant das von *Hertel* herangezogene Material ist, seine Theorien (vgl. noch „Die Sonne und Mithra im Awesta" (IIQF 9), Leipzig: 1927; „Die Himmelstore im Veda und im Awesta" (IIQF 2), Leipzig: 1924) haben keine Nachfolger gefunden und werden im folgenden übergangen. S. jedoch unten *Tavadia* (S. 23, Anm. 71).

[4] Dazu *W.B. Henning:* Zoroaster – Politician or Witch-Doctor? S 35–45. Oxford/London: 1951.

[5] *Humbach, H.:* Die Gathas des Zarathustra. 2 Bände. Dort Bd. 1, S. 116. Heidelberg 1959.

[6] *raočåscā.*

[7] *təmåscā.*

[8] *xšapācā.* Die Umschrift alt- und mitteliranischer Wörter mußte z.T. stark vereinfacht werden. Leider kann ich hier nicht genau sagen, wie, da eben für die Laute, die abweichend von der gebräuchlichen Umschrift wiedergegeben werden mußten, keine Lettern zur Verfügung stehen. Es dürfte trotzdem nicht schwierig sein, alle Wörter in den Lexika und Grammatiken wiederzufinden.

[9] *Humbach:* a.a.O. S. 117; *Chr. Bartholomae:* Die Gathas des Avesta. Zarathustras Verspredigten, S. 59; Straßburg: 1905, hat statt „Welcher Meister schuf ...": „Wer schuf wohlwirkend ...".

[10] *Bartholomae:* S. 17.

mit „die durch die Lichter sichtbar ist" und bezieht ihn auf die Erhebung, mit der sich der Prophet dem Opfer nähert; die „Lichter" sind dann einfach der Schein des Opferfeuers[11]. W. Hinz[12] zieht voraufgehende Worte mit hinein und übersetzt „... wird gemäß göttlichem Recht welche Seligkeit auch immer erschaut, die mit Lichtern (versehen ist)", freier: „der wird nach göttlichem Recht die Seligkeit mit ihrem Himmelslicht erschauen". Hinz nähert sich also der Deutung Bartholomaes. Dementsprechend ist sūčā manaŋhā gleich danach in Yasna 30, 2 für Bartholomae und Hinz „mit (hell)lichtem Sinn", mit dem die Hörer hören sollen, für Humbach „im Feuerglanz mit eurem Sinn" – angeredet sind nach Humbach die Ahuras, die genau beobachten sollen, wie Zarathustra im Feuerglanze einen Gläubigen nach dem andern auf seine Rechtschaffenheit prüft.

Eindeutiger ist in den beiden andern Stellen von himmlichen Lichtern die Rede. Nach Yasna 31, 7 mehrt Ahura Mazdah mit Vohu Manah das Reich *(xšaϑra)* und sinnt durch Vohu Manah auf *Xšaϑra*, das die freien Räume mit Lichtern *(raočəbīš)* füllen wird[13]. Nach Yasna 50, 10 dienen die Lichter der Sonne dem Preise des Gottes ebenso wie die Taten Zarathustras.

Bleibt man bei der dualistischen Terminologie, dann wird das Wesentliche in der Religion Zarathustras nicht durch den Gegensatz des Lichtes zur Finsternis, sondern durch *aša-* im Gegensatz zu *drug-*, d.h. die Wahrheit im Gegensatz zur Lüge, die Rechtschaffenheit im Gegensatz zur Bosheit, die Ordnung im Gegensatz zur Unordnung ausgedrückt. Die Stellen, die wir hier nicht nennen können, stehen jedoch in keinem Zusammenhang mit den vier gathischen Belegen für das Licht oder die Lichter. Dasselbe gilt für die Götterwelt. Wenn auch Y 30, 1 so gedeutet werden kann, daß die Lichter der Ort sind, wo die Götter wohnen, so ist doch weder Ahura Mazdah, der „Weise Herr", als ein Lichtgott im strengen Sinne zu verstehen, noch der manchmal mit ihm identische, manchmal als eine seiner Eigenschaften betrachtete und manchmal hypostatisch ganz von ihm unterschiedene Spenta Mainyu, der „heilwirkende Geist", selbst wenn er sich, wie *Nyberg*[14] annimmt, im Feuerkult der Gemeinde manifestiert. Auch die später zum Kanon der „heilwirkenden Unsterblichen", der Amescha Spentas, zusammengefaßten göttlichen Eigenschaften oder Hypostasen Vohu Manah „Gutes Denken", Aša „Wahrheit" (siehe oben), Ārmaiti „fromme Ergeben-

---

[11] *Humbach:* Bd. 2, S. 19; vgl. das Feuer in Yasna 31, 3.
[12] *W. Hinz:* Zarathustra, S. 169, 209. Stuttgart: 1961.
[13] Oder: Ahura Mazdah sinnt mittels Aša und mehrt durch den Guten Gedanken (Vohu Manah) die Wahrhaftigkeit, die die Räume mit Lichtern *(raočəbīš)* füllt. *Lommel, H.:* Die Religion Zarathustras, S. 199f., Tübingen: 1930, deutet diese Stelle eschatologisch. Vgl. auch *Hinz:* a.a.O. S. 212 z.St.; *H.S. Nyberg:* Die Religionen des Alten Iran. Deutsch von *H.H. Schaeder* (MVAG 43), S. 122. Leipzig: 1938.
[14] *Nyberg, H.S.:* Die Religionen des Alten Iran. Deutsch von *H.H. Schaeder* (MVAG 43), S. 279. Leipzig: 1938. Zum Verhältnis zwischen Aŋra Mainyu, Ahura Mazdah und Spenta Mainyu vgl. *A.V. Williams Jackson:* GIPh II, S. 647f. Straßburg: 1896–1904.

heit", Xšaϑra „Königtum", Ameretāt „Unsterblichkeit" und Haurvatāt „Ganzheit" oder „Gesundheit" sind, was immer ihre religionsgeschichtliche Herkunft sein mag, keine Lichtgötter. Entsprechend ist der Gegenzwilling Spenta Mainyus bzw. Gegenspieler Ahura Mazdahs, Aka oder Aŋra Mainyu „der böse Geist", kein Finsternisgott.

Im Zoroastrismus, den wir mit *Herman Lommel* als nachzarathustrische, auch viele durch Zarathustras Reform in den Hintergrund gedrängte Elemente wiederaufnehmende Religion terminologisch vom Zarathustrismus, der Religion Zarathustras, unterscheiden, ergeben sich mit fortschreitender Systematisierung dieser Begriffswelt auch recht neuartige Beziehungen zu den Lichtvorstellungen. Für Zarathustra selbst aber haben wir festzuhalten, daß das Licht weder mit dem Guten oder der Wahrheit noch mit der Götterwelt fest assoziiert wird[15]. Erst recht bleibt es nicht der Welt des Geistes vorbehalten, sondern leuchtet auch in der materiellen Welt, die ebenso wie die Finsternis eine göttliche Schöpfung ist.

3. Die achämenidischen Königsinschriften

Es ist auffällig, daß in den achämenidischen Königsinschriften ein ganz ähnlicher Befund vorliegt. Ob dies in der vielverhandelten Frage nach der Religion der Achämeniden dafür oder dagegen spricht, daß sie Zarathustra-Anhänger waren, soll hier nicht entschieden werden.

In den Keilinschriften der Achämeniden[16] bedeutet der Stamm *raučah-*, welcher derselbe ist wie in awestisch *raočah-*, nicht „Licht", sondern einfach „Tag". Zwanzigmal kommt das Wort in der Behistun-Inschrift Darius des Großen (521–486) vor, und nicht der feinste symbolische oder abstrahierte Sinn ist erkennbar. Es handelt sich immer nur um chronologische Angaben aus der verworrenen Regierungszeit des Darius, z.B. „26 Tage des Monats Açiyadiya waren vergangen, da bestanden wir die Schlacht" (Kol. I, 89f.); auch in achtzehn weiteren Fällen handelt es sich immer um solche Daten mit Angabe der Tageszahl und des Monatsnamens. „Tag" ist dann im kalendarischen Sinne gemeint, d.h., er umfaßt auch die Nacht. Dagegen heißt es in Kolumne I, 19f.: „Was ihnen von mir bei Nacht oder bei Tag (*xšapavā rauča-pativā*, Z. 20) aufgetragen wurde, das wurde ausgeführt". Hier haben wir eine Metapher für „wann auch immer" vor uns, wie sie auch im Rigveda vorkommt. Weitere Belege für „Tag" und „Nacht" finden sich in den Achämenideninschriften nicht.

---

[15] Nachdrücklich betont auch von *H. Lommel*, Die Religion Zarathustras, S. 20. Tübingen: 1930.

[16] Benutzt wurde die durch Übersetzung, Grammatik und Lexikon erklärte Ausgabe in *Roland G. Kent:* Old Persian, 2nd Edition. New Haven: 1953, sowie *F. H. Weißbach:* Die Keilinschriften der Achaemeniden, Leipzig: 1911.

Der Gegensatz von „Wahrheit" und „Lüge" ist auch in diesen Inschriften weder durch „Licht" und „Finsternis" symbolisiert noch mit dem Unterschied von Tag und Nacht verbunden. In den Substantiven ist der Gegensatz selbst nicht einmal voll ausgebildet: der Gegensatz von *drauga-* „Lüge"[17] ist Ahura Mazdah oder das Regiment des achämenidischen Königs. Auch zum Adjektiv *draujana-* „lügenhaft"[18] gibt es kein entgegengesetztes Adjektiv, das dem awestischen *ašavan-* im Gegensatz zu *drəgvant-* entspräche. Die mit *vahu-* „gut" zusammengesetzten Eigennamen kommen hier nicht in Betracht. In der Behistun-Inschrift I, 21f. finden wir ein ganz anderes Gegensatzpaar: „In diesen Ländern belohnte ich gut den Mann, der loyal *(āgariya-)* war; den, der böse[19] war, bestrafte ich hart", und noch ein anderes in Naqš-i-Rustam b 7–11: „Durch die Gunst Ahura Mazdahs bin ich von der Art, daß ich ein Freund des Rechten *(rāsta-)*, aber kein Freund des Üblen *(miϑah-)* bin. Es ist weder mein Wunsch, daß dem Schwachen Übles vom Mächtigen geschehe, noch ist es mein Wunsch, daß dem Mächtigen Übles vom Schwachen geschehe. Was recht ist, das ist mein Wunsch". Das Wort *rāsta-* kommt noch einmal allein in Naqš-i-Rustam a 59 vor: „Verlasse nicht den rechten Pfad!"

4. Der „siebenteilige Yasna"

Die nächste hier zu behandelnde Textgruppe, die sog. Gāthā Haptaŋhāiti oder der Yasna Haptaŋhāiti, konnte bisher leider nicht so genau datiert werden, daß sich ihr zeitliches Verhältnis zu Darius genau bestimmen ließe. Man kann nur sagen, daß dieser „siebenteilige Yasna" (Y 35–41)[20] nicht lange nach dem Tode des Zarathustra verfaßt worden sein muß, in demselben archaischen Dialekt wie seine Gathas, jedoch in Prosa. Hier werden die göttlichen, zwischen Ahura Mazdah und dem Menschen wirkenden Hypostasen, zu denen die Wahrheit gehört, zum erstenmal zur Gruppe der Amescha Spentas, der „heilwirkenden Unsterblichen", zusammengefaßt, wobei es nicht klar ist, ob und wie diese Gruppe zahlenmäßig begrenzt sein sollte. *Aša*, die Wahrheit, spielt hier die beherrschende Rolle und ist dementsprechend ein allgemeinerer und in seiner Bedeutung

---

[17] Behistun-Inschrift I, 34: nach Kambyses' Expedition nach Ägypten nahm die Lüge überhand in Medien, Persien und den andern Provinzen; IV, 34: die Lüge machte die Provinzen rebellisch; IV, 43: der Leser soll nicht für Lüge halten, was Darius sagt; IV, 37: Darius' Nachfolger soll sich vor Lüge schützen. Persepolis d (ebenfalls von Darius d.Gr.) 17f. 20: weder ein feindliches Heer noch eine Hungersnot noch die Lüge soll Persien heimsuchen.
[18] Behistun IV, 38. 68: der Nachfolger des Darius soll den Lügenhaften bestrafen; IV, 63: der König wurde von Ahura Mazdah unterstützt, weil er kein Lügenhafter war. Naqš-i-Rustam b 12: der König ist kein Freund des lügenhaften Mannes.
[19] *arika-*, das Wort noch viermal in dieser Inschrift, sonst nicht. *Kent*, S. 170, vergleicht awestisch *aŋra-*, siehe S. 82.
[20] *Geldner, K.F.:* Avesta, die heiligen Bücher der Parsen. 3 Bände. Stuttgart: 1889–1895.

vom Gegensatz zu „Lüge" unabhängigerer Begriff als in den Gathas. Hier nun gelten das Licht und *Aša* einerseits noch in gleicher Weise als von Ahura Mazdah geschaffen wie die Erde, das Rind, die Wasser und die guten Pflanzen (Y 37, 1). Daneben kommt aber der Aša nun auch das Attribut *raočahvant*- „licht" oder „aus Licht gemacht" zu: „*Aša vahišta* (die beste Wahrheit) wollen wir verehren, den schönsten Spenta Amescha, den aus Licht gemachten, alles gute gewährenden" (Y 37, 4)[21].

Noch deutlicher ist Ahura Mazdah selbst im Yasna Haptaŋhāiti mit dem Licht verbunden. „Man betrachtet ihn nun nicht mehr als reinen Geist, der die Schöpfung aus dem Nichts ins Dasein denkt, den Schöpfer von Licht und Finsternis"[22], und der mit dem Lichtraum in so mittelbarer Weise zu tun hat, wie wir es in Y 31, 7 sahen. Ihm wird nun auch eine körperliche Gestalt zugesprochen, die der Liturg „die schönste" nennt und als „die Lichter hier", wohl das Tageslicht[23], und als „jenes Höchste unter den Hohen"[24] dort, was Sonne heißt", umschreibt (Y 36, 6)[25].

Für Spenta Mainyu haben wir in Y 36, 3 u.ö. das Zeugnis, daß er sich im Feuerkult manifestiert, oder daß das Feuer als seine sichtbare Gestalt betrachtet werden kann[26]: etwa so wird man es interpretieren dürfen, wenn es alternierend als Feuer und als *spəništa mainyu* angerufen wird.

5. Das jüngere Awesta

Im jüngeren Awesta unterscheiden wir hier nicht zwischen den liturgischen Sammlungen und dem sog. kleineren Awesta, da sich damit kein Unterschied in den Lichtvorstellungen deckt, sondern nur zwischen den drei großen Textgruppen des Yasna, der Yašts und des Vidēvdāt, und gruppieren die Aussagen der kleineren Texte dazu. Die Sachgruppen der mit Lichtadjektiven versehenen, aber lichtsymbolisch nicht so relevanten Gegenstände, der Eschatologie und des Feuerkultes nehmen wir jedoch heraus und betrachten sie gesondert.

Im jüngeren, in jungawestischer Sprache verfaßten Yasna machen die von den Gathas und dem Yasna Haptaŋhāiti unabhängigen Aussagen[27] das Licht

---

[21] So *F. Wolff:* Avesta, die heiligen Bücher der Parsen, S. 68. Nachdruck Berlin und Leipzig: 1924; *R. C. Zaehner:* The Dawn and Twilight of Zoroastrianism, S. 64. New York: 1961: „all good things".

[22] *Zaehner:* a.a.O., S. 65.

[23] Daß in solchem Zusammenhang der Plural von *raočah-* das volle Tageslicht bedeutet, zeigt Yt 15, 55 (Zarathustra soll die für den Gottesdienst benötigten Baresman-Zweige früher als die Lichter und später als die Morgenröte sammeln).

[24] Mit diesem Prädikat wird die Sonne, das Licht des Himmels, nach Visprat 19, 2 verehrt.

[25] Vgl. *I. Gershevitch:* The Avestan Hymn to Mithra, S. 293. Cambridge: 1959.

[26] So *Zaehner:* a.a.O., S. 75.

[27] Das sind alle bis auf Y 12, 1, wo Y 31, 7 und Y 37, 1 wiederaufgenommen sind.

bzw. die Lichter oder den Lichtraum zum Gegenstand der Verehrung (Y 16, 6; 71, 9) und Adressaten des Opfers (Y 1, 16), wie nach dem Kontext des ganzen Yasna nicht anders zu erwarten ist. Wenn es in Y 58, 6 heißt: „Möchten wir des schöpferischen Schöpfers schöpferisches Licht *(dadūžbīš raočəbīš)*, das des Ahura Mazdah, zu sehen bekommen"[28], dann ist wohl wieder an die Erschaffenheit des Lichtes gedacht. *K. F. Geldner*, den *Wolff* hier zitiert, dürfte im Recht sein, wenn er zu dieser Stelle ergänzt: „nach dem Tode". Denn gut fügt sich hierzu Y 19, 6: Die *urva*, d.h. die nach dem Tode des Menschen freigesetzte Seele, „will ich, Ahura Mazdah, sogar dreimal über die Brücke in das Dasein hinführen, hin zum besten Dasein, hin zum besten Ašaanrecht, hin zum besten Lichtraum *(vahištaēibyō raočəbyō)*". Hier haben wir eines der Rudimente jener mit der Vorstellung von der Činvat-Brücke verbundenen individuellen Eschatologie vor uns[29], die später in den Pahlavi-Schriften einen so großen Raum einnehmen wird. Schon hier ist das Reich der Lichter der Ort, in welchen die Seele des Menschen nach dem Tode eingeht – oder darf man bereits sagen: „heimkehrt", und damit voraussetzen, daß nach dem Yasna die Seele auch aus dem Lichtreich gekommen ist?

Die Yašts, an verschiedene Gottheiten gerichtete Hymnen[30], lehren über die Anspielung auf die Erschaffenheit des Lichtes bzw. der Lichter (Yt 3, 1) hinaus – des Lichtes, mit dem die Sonne, die Leuchte des Himmels, Wärme bringt (Yt 6, 1)[31] –, daß Rašnu, der Gott, welcher das posthume Ordal zu überwachen hat, sich bei den anfangslosen Lichtern bzw. im anfangslosen Lichtraum befindet[32]. Und nach Yt 13, 57 zeigen die Fravaschis[33] den himmlischen Lichtern, auf welchen Bahnen sie sich zu bewegen haben. – Für sich stehen die Aussagen des zehnten, an Mithra gerichteten Yašt: Mithra bringt hier seinen eigenen Leib zum Leuchten gleich dem des selbstleuchtenden Mondes (Yt 10, 142)[34], seine klagende Stimme dringt hinauf zu den himmlischen Lichtern und um die ganze

---

[28] Übersetzung nach *Wolff-Bartholomae*.
[29] Vgl. *J.D.C. Pavry:* The Zoroastrian Doctrine of a Future Life from Death to the Individual Judgement, S. 69f. New York: 1926.
[30] Herangezogen wurde auch *H. Lommel:* Die Yäšt's des Awesta übersetzt und eingeleitet (QRG 15). Göttingen und Leipzig: 1927. Zu den im folgenden vorkommenden Eigennamen sind die mythographischen Materialsammlungen in dem Buch von *L. H. Gray:* The Foundations of the Iranian Religions. Bombay o.J. (nach 1925) zu vergleichen, das alphabetisch nach den Namen geordnet ist.
[31] Die deifizierte Sonne ist nicht symbolisch zu verstehen und deshalb vom Licht deutlich unterschieden, vgl. außer Yt 6 noch Nyāyišn 1 und dazu *M.N. Dhalla:* Zoroastrian Theology, S. 126f. New York: 1914; *ders.:* History of Zoroastrianism, S. 211–213. New York: 1938.
[32] Yt 12, 35. Mit dem Prädikat „anfangslos" wird der Lichtraum verehrt nach dem Sīh rōčak (2, 30), nach welchem er auch einen eigenen Tag hat (1, 30).
[33] Die prä- und postexistenten himmlischen Gegenbilder der Frommen, die wohl aus dem Ahnenkult herübergenommen sind und eine schützende Funktion ausüben.
[34] Daneben viele andere Belege in Yašt 10, die bedeuten, daß Mithras Körper die Sonne ist. Dieser topos muß hier übergangen werden, da er durch *Gershevitch* wieder kontrovers geworden ist, vgl. die Polemik von *Zaehner:* Dawn and Twilight, S. 110f.

Erde herum (Yt 10, 85), und genausoweit dringt die Stimme des Priesters, der das Opfer verrichtet (Yt 10, 89)[35].

Eine auffällige Differenzierung bietet das Vidēvdāt, das gegen die Daevas gerichtete Gesetz. In der Sage von Yima, dem sagenhaften König des Erdkreises, von dem Iran als Teil nicht deutlich unterschieden ist, wird erzählt, wie Yima, den Ahura Mazdah in der zarathustrischen Religion unterwiesen und mit der Aufsicht über die Welt betraut hat (Vid. 2, 1–7), die Erde in ihrem goldenen Urzeitalter dreimal erweitert, damit sie für die sich beständig vermehrenden Lebewesen weiterhin Platz bietet (Vid. 2, 8–21), und wie er dann, nachdem das goldene Zeitalter vorbei und die Menschheit böse geworden ist (2, 22–24), auf Geheiß und nach detaillierter Vorschrift Ahura Mazdahs (2, 25–31) einen Ort erschafft, in dem die Verhältnisse des Goldenen Zeitalters fortdauern (2, 32–43), der also als Paradies dauernd neben der bösen Welt herbesteht und ausgewählte Lebewesen aufnimmt[36]. Vor jeder der drei Erweiterungen der Erde, die Yima vornimmt, wird erzählt, daß Yima dem Licht am Mittag, dem Pfad der Sonne entgegengeht, die Erde mit dem goldenen Pfeil ritzt und ein Gebet spricht (Vid. 2, 10.14.18). So wie im Paradies alles fortbesteht, was das Goldene Zeitalter auszeichnete, so auch seine Lichter, von denen es heißt, daß sie ewig und vergänglich (sic) sind, d.h. nur einmal im Jahr unter- und aufgehen (Vid. 2, 39f.). Insbesondere das Tor, durch das man in diesen Ort hineingeht, erhält Lichtattribute (Vid. 2, 30. 38). Es sind diese Lichter gemeint, die Zarathustra zusammen mit allem, was Ahura-Mazdah-erschaffen und *ašavan* ist, im Gebet herabruft (Vid. 9, 35). Daraus läßt sich folgern, daß in der nunmehr bösen Welt auch ein Licht besteht, das vom paradiesischen zu unterscheiden ist. Das wird dadurch bestätigt, daß in Vid. 11, 1f. von Lichtern die Rede ist, die genau wie alles andere auf dieser mazdah-geschaffenen Erde der Läuterung bedürfen. Dieser Zustand wird durch Dämonen hervorgerufen (Vid. 11, 9f.), von denen Būšyąstā das ganze stoffliche Dasein beim Aufgehen des Tageslichts einschläfern kann (Vid. 18, 16). Zarathustra geht bei seinem Läuterungswerk von den himmlischen, paradiesischen Lichtern aus (Vid. 11, 10. 13); den Gutgesinnten läutert er, indem er ihn unbekleidet diesen Lichtern aussetzt, bis neun Tage vergangen sind[37]. Es ist dieses, nicht das läuterungsbedürftige Licht, es ist der Wohnort der Seligen, der eine Qual für den Lügenhaften ist (?), welcher vom Mazdah-Anbeter und Zarathustra-Anhänger verehrt wird (Gāh 3, 6).

---

[35] Dazu vgl. *Zaehner*: Dawn and Twilight, S. 113f. 115f.: „Mithra's Plaint to the Wise Lord" und „Haoma consecrates himself Mithra's Priest".

[36] Es handelt sich also nicht um einen neuen Äon, dem der alte, damit zugleich sein Ende findend, entgegenstrebt. Das ist ein wesentlicher Unterschied zur jüdischen Eschatologie, der früher oft übersehen wurde.

[37] Vid. 19, 23. Der genaue Vollzug dieses Rituals geht aus Vid. 19, 21–25 nur unvollkommen hervor. Daneben gibt es die Aussetzung der Totengebeine zur Belichtung und Besonnung (Vid. 6, 51), durch welche die Leichname in Jahresfrist wieder zu Erde werden (Vid. 7, 45f.).

6. Lichtsymbolisch weniger relevante Vorstellungen

In den bisher zusammengestellten Belegen kommt das Licht nahezu ausschließlich als Substantiv vor. Es scheint, daß der Substantivgebrauch eher symbolischen Sinn anzeigt als der Gebrauch von Verben oder Adjektiven. Selbst da, wo mit den „Lichtern" Sonne, Mond und Sterne gemeint sind, ist es nicht belanglos, daß eben nicht nur die Gestirne als solche, z.T. mit ihren Eigennamen, genannt werden, sondern daß neben ihnen erläuternd-abstrahierend oder statt ihrer zusammenfassend-abstrahierend von „Lichtern" die Rede ist. Dieser Plural geht ja sogar in die Bedeutung „Lichtraum" über. Dementsprechend kann „Licht" oder „Lichter" zu einem substanzhaften Symbol für anderes werden, daneben aber weiterhin eine unmetaphorische Abstraktion bleiben, die als solche weniger wichtig ist als das, von dem sie die Lichteigenschaft abstrahiert. Wo das letztere der Fall ist, werden die Lichteigenschaften oder das Leuchten offenbar lieber durch Adjektive bzw. durch Verben ausgedrückt, und zwar auch bei Gegenständen, bei denen wir sonst das Lichtsubstantiv finden. In diesem nur halb ins Symbolhafte übergehenden oder aus der Symbolsphäre wieder in die konkrete Vorstellungs- (nicht unbedingt nur Gegenstands!-)Welt zurückweisenden Sinne sind „licht", „(auf)leuchtend", „strahlend", „flammend", „hell", „scheinend", „glänzend" selbstverständlich die Morgenröte (Vid 19, 28), die Sonne[38], das Feuer (s. unten Nr. 8), der Mond[39], die Sterne Tištrīya (Sirius) (Y 1, 11; 3, 13; 7, 13; der ganze Yt 8) und Satavaēsa (Yt 13, 44); dann aber auch das auf dem Haraiti-Gebirge erbaute Haus des Gottes Sraoša und die Rennpferde, die ihn durch die Lüfte ziehen[40], die Amescha Spentas (Yt 13, 82), die Seele *(urva)* des Ahura Mazdah (Yt 13, 81), der Himmel, den Ahura Mazdah als sternengeschmücktes Gewand trägt[41], das Schlachtfeld bzw. die Schlachten, in welchen die Fravaschis der Aša-Anhänger die Daevas besiegen (Yt 13, 45), das im Gottesdienst verwendete Zweigbündel Baresman (Yt 15, 55) und die Gaben des Priesters, die der Aša-Gläubige als Belohnung empfängt (Yt 19, 53). Dies möge als Auswahl genügen.

---

[38] Außer den bisher gegebenen Belegen vgl. noch Vid. 21, 5, wonach sie Licht bei den Geschöpfen schaffen soll.

[39] Vgl. den ganzen dem Mond gewidmeten Yašt 7, wonach er zur Lichtsphäre gehört, mit Ahura Mazdah und den Amescha Spentas zusammen verehrt wird, der Ursprung des Rindes und *ašavan* ist und der Erde pflanzenerweckendes warmes Licht bringt.

[40] Y 57, 21. 27. Doch erhält Sraoša selbst in dem langen Kap. 57 merkwürdigerweise kein Lichtattribut.

[41] Yt 13, 2; nach Y 1, 11; 3, 13; 7, 13 ist die Sonne sein Auge.

7. Eschatologische Vorstellungen

Die zoroastrische Eschatologie ist ein umstrittenes Gebiet. Zwar haben wir jungawestische Texte über das Schicksal der Einzelseele nach dem Tode in Vid. 19, 27–34 und ausführlicher im sog. Yt 22, 1–36, die im einzelnen ein ziemlich klares Bild ergeben[42]. Doch gibt es von den Gathas an Anspielungen, die zeigen, daß die Eschatologie viel reicher ausgestaltet war; aber hier hängt es leider von Fall zu Fall von der Interpretation ab, ob diese Stellen eschatologisch zu verstehen sind oder nicht. So haben wir diese Möglichkeit für Y 30, 1 und Y 31, 7 erwogen und sind im jüngeren Awesta unter den lichtsymbolisch relevanten Stellen auf deutliche Spuren in Y 19, 6 gestoßen. Aus anderer Tradition als diese und die gleich zu nennenden Stellen muß Vid. 2 stammen, wo eine ins Eschaton verlängerte Protologie, aber keine die Protologie widerspiegelnde Eschatologie vorliegt.

Die im folgenden gegebenen Stellen können hier nicht in eine ausgeführte eschatologische Chronologie oder Systematik eingefügt werden, setzen aber in ihrer Auswahl und Einordnung in diesem Zusammenhang eine Auseinandersetzung mit der Literatur voraus, in denen diese Chronologie bzw. Systematik rekonstruiert wird[43]. Zwischen individueller und kosmischer Eschatologie[44] brauchen wir hier nicht zu unterscheiden, da das Licht als Symbol des auf den einzelnen Menschen nach seinem Tode wartenden Eschaton, das zu seinen Lebzeiten „der Himmel" o. ä. ist, vom Licht als Symbol des Eschaton nach dem Ende dieser Welt nicht unterschieden wird.

Damit ist es schon ausgesprochen: Licht ist der Ort („das Paradies") und der Zustand („bestes Dasein"), in den die Aša-Anhänger nach dem Tode eingehen werden; Ahura Mazdah oder das Feuer werden darum gebeten, er bietet „alle Wonnen", und als „bestes Dasein" ist er vielleicht von der Art, daß die Menschen schon bei Lebzeiten in ihn versetzt werden können[45]. Als Ort heißt er auch das „lichte Haus des Lobes"[46]. Vielleicht ist er auch mit dem einfacheren

---

[42] Vgl. *E. Böklen:* Die Verwandtschaft der jüdisch-christlichen mit der parsischen Eschatologie, S. 17–27. Göttingen: 1902.

[43] Außer den einschlägigen Kapiteln bei *Nyberg, Lommel, Zaehner*, insbesondere *Pavry* (oben Fußn. 29) sowie *E. Stave:* Über den Einfluß des Parsismus auf das Judentum. Haarlem: 1898; *Hübschmann, H.:* Die parsische Lehre vom Jenseits und jüngsten Gericht. In: Jahrbücher für protestantische Theologie 5, S. 203–245, 1879; ferner *Böklen:* (oben Fußn. 42) und die klassische Monographie von *Söderblom, N.:* La vie future d'après le Mazdéisme à la lumière des croyances parallèles dans les autres religions (Ann. Mus. Guimet 9). Paris: 1901.

[44] Dazu vgl. *Böklen:* S. 69–81.

[45] 13 Belege aus dem jüngeren Awesta bietet *Bartholomae:* Wörterbuch Sp. 1491 s. v. *raočah-*.

[46] Yt 19, 44; Spenta Mainyu wohnt darin; Sīh rōčak: er hat einen eigenen Tag (1, 30), wird verehrt (2, 30); Yt 10, 123f.: Mithra kommt von dort her; Y 12, 37: der Ordalherr Rašnu wohnt darin.

Ausdruck „das schöne lichte erstrahlende Haus"[47] gemeint, wenngleich nach Y 62, 3 eher zu vermuten ist, daß es sich dabei um die irdische gute geschaffene Welt handelt: der Aša-Anhänger soll in diesem Hause aufflammen, erstrahlen, groß werden, bis die Menschheit neugestaltet wird. Hier sehen wir zugleich, daß zwischen dem lichten Dasein des *ašavan* vor und nach seinem Tode nicht unterschieden zu werden braucht; werden doch bereits die, die sich am mazdah-geschaffenen Haoma begeistern, „leuchtend" genannt (Y 10, 19). Daß das individuelle, wohl auch proleptisch zu erfahrende Eschaton reines Licht ist, wird in all diesen Aussagen vorausgesetzt und durch den Hadōxt-Nask (den sog. 22. Yašt) bestätigt, wo das Paradies, in welches die *urva* des *aša*gläubigen Mannes eingeht, unter anderem „anfangslose Lichter" heißt (§ 15); seine *daēnā*, die ihm als eine schöne Jungfrau entgegentritt, ist eine hell strahlende (§ 9). Erst recht ist das universale, rein futurische Eschaton ganz Licht – wenigstens dieses wird man aus den Pahlavischriften auch für das jüngere Awesta substituieren dürfen. Einer der Richter, die mit dem Saošyant zusammenwirken, heißt Raočascaēšman, wohl „der Licht Bereitende"[48].

8. Der Feuerkult

Eine Übersicht über Lichtsymbolik und lichtsymbolisch relevante Vorstellungen im vorislamischen Iran wäre unvollständig, würde man nicht den Feuerkult erwähnen. Doch sind damit so viele Probleme verbunden, daß sie hier nicht im einzelnen diskutiert werden können. Das Hauptproblem ist damit gegeben, daß man hier weniger Texte als archäologische Zeugnisse, nämlich die Feuerheiligtümer, zur Verfügung hat, und daß diese den Sinn des Feuerkultes noch nicht eindeutig erkennen lassen. Wenn wir im folgenden von „Feuerkult" sprechen, dann bedeutet das außer in den Fällen, wo mehr gesagt werden kann, nichts weiter, als daß beim Gottesdienst oder einzelnen Teilen des Gottesdienstes ein Feuer brannte[49].

Unsicher ist es, ob es bereits im elamischen Reich des 13. und 12. Jh. v. Chr. einen Feuerkult gegeben hat. Erst zu Anfang des 1. Jahrtausends v. Chr. scheint

---

[47] Vid. 22, 1: Ahura Mazdah hat es geschaffen.
[48] Yt 13, 121.128 nach *Bartholomae* Sp. 1489, mit Fragezeichen; vgl. dazu *Darmesteter, J.:* Études Iraniennes II, S. 206–208, Les six Alliés de Çaoshyañt. Paris: 1883.
[49] K. Schippmann (Hamburg) bereitet eine Dissertation über diesen Gegenstand vor, in der das gesamte Material kritisch gesichtet und z.T. neu interpretiert wird. Dankbar verwende ich für das folgende den Vorbericht, den er im SS 1962 in einem von *W. Lentz* und mir veranstalteten Seminar in Hamburg gegeben hat. Die archäologische Übersicht hätte ich ohne dieses Referat so kritisch gar nicht geben können. Literatur: *Erdmann, K.:* Das iranische Feuerheiligtum. Leipzig: 1941; dazu *Tavadia, J.C.:* Orientalistische Literaturzeitung, Sp. 57ff. (1943), und *Wachsmuth, F.:* Archiv für Orientforschung *16*, S. 99ff. (1952). *Oelmann, Fr.:* Persische Tempel. In: Arch. Anzeiger *III/IV*, Sp. 274–287 (1921).

auf dem Zendan-i-Suleiman, 150 km südöstlich des Urmia-Sees, ein Feuerheiligtum errichtet worden zu sein – wir wissen nicht von wem –, das dann wohl von den Medern übernommen wurde[50]. Daß die Meder den Feuerkult kannten, beweist die stilisierte Wiedergabe eines Feuers auf einem hohen Altar auf dem Felsgrabrelief von Kizkapan in Kurdistan[51]. In achämenidischer Zeit dürfte Feuerkult auf den Hochterrassen bei Demavend[52] in der Provinz Mazenderan, am Abhang des Elwand[53] und bei Tamar[54] am Urmia-See, wahrscheinlich aber auch noch an vielen anderen Plätzen stattgefunden haben. Da die heilige Flamme nicht verlöschen und nicht verunreinigt werden durfte, muß sie an all diesen Plätzen in einem Feuerhaus geschützt gewesen sein, von welchem das Feuer, auch über größere Entfernungen, von Fall zu Fall zum Kultplatz gebracht werden konnte. Ein solches Feuerhaus ist aber bisher nur aus Tamar bekannt, wo es als Kammer aus dem anstehenden Felsen herausgehauen worden ist. Wenn Feuerhäuser ganz neu errichtet werden mußten, fühlte man vielleicht Veranlassung, größere, dann auch den eigentlichen Kultraum mit umfassende Bauten zu errichten. Solche festen Feuerheiligtümer fand man in Gordion in Kleinasien aus der Zeit Kyros' des Großen (559–529) und in Susa aus der Zeit Artaxerxes des II. (405–359)[55]. Wahrscheinlich sind auch der Tempel in Naqš-i-Rustam[56] bei Persepolis aus der Zeit Darius des I. oder des II. (heute im Volksmund „die Kaaba Zarathustras" genannt), in Pasargadae[57] aus der Zeit Kyros des II. und in Nurabad an der Straße von Schiraz nach Ahwaz Feuerheiligtümer gewesen, von denen die beiden ersteren aber wohl nur als Feuerhäuser dienten, während das letztgenannte vielleicht das Feuer im Innern und den Kultplatz mit Altar auf dem Dach hatte[58]. In seleukidischer Zeit scheint eine lokale Dynastie den Feuerkult in Persepolis[59] weitergeführt zu haben. Aus parthischer Zeit kennt man die Heiligtümer von Kuh-i-Khwadja[60] in der Provinz Seistan und von Surkh Kotal im heutigen Afghanistan, vielleicht auch im Palast von Hatra[61] nordwestlich

---

[50] So *Schippmann*; anders *Wikander, St.:* Feuerpriester in Kleinasien und Iran, S. 60, Lund: 1946, der Feuerheiligtümer im strengen Sinn erst in der Zeit seit dem 5. Jh. v. Chr. ansetzt.
[51] Vgl. dazu *Osten, H.H.v.d.:* a.a.O. S. 56 und Tafel 38; *Ghirshman, R.:* Iran. Protoiranier, Meder, Achaemeniden, S. 88 und Abb. 115f. München: 1964.
[52] Vgl. *Erdmann:* a.a.O., S. 8.
[53] Vgl. *Erdmann:* a.a.O., S. 8.
[54] Vgl. *Erdmann:* a.a.O., S. 8.
[55] Vgl. *Erdmann:* a.a.O., S. 15f.
[56] Vgl. *Erdmann:* a.a.O., S. 17f. Tafel IIb. III; *v.d. Osten:* a.a.O. S. 86. Tafel 47; *Ghirshman:* a.a.O. S. 226f. Abb. 277. Die beiden merkwürdigen Türme in Naqš-i-Rustam sind wahrscheinlich Feueraltäre aus sassanidischer Zeit, so *Erdmann:* Die Altäre von Naqshi Rustam. In: Mitt. d. Deutschen Orient-Gesellschaft. Band 81. S. 6–15. 1949; zustimmend *Ghirshman:* a.a.O. S. 227.
[57] Vgl. *Erdmann:* a.a.O. S. 13f. 18ff. Tafel IIb; *Ghirshman:* a.a.O., S. 134. Abb. 183f.
[58] Nach *Ghishman, R.:* La Tour de Nourabad. In: Syria 24, S. 175–193 (1944/45).
[59] Vgl. *Erdmann:* a.a.O., S. 29ff.
[60] Vgl. *Erdmann:* a.a.O., S. 32ff. Tafel Va.
[61] Vgl. *Erdmann:* a.a.O., S. 25.

des alten Assur[62]. Strabo, Plutarch und Pausanias berichten über Feuerkult in Kappadokien, Lydien und Armenien[63]. In sassanidischer Zeit[64] war Iran von einem ganzen Netz von Feuern überzogen: jedes Haus hatte sein Feuer, von denen je zehn die Adhuran-Feuer bildeten, die es in jedem Ort gab. Diese bildeten das Bahram-Feuer, das Hauptfeuer einer jeden Provinz. Über den Bahram-Feuern stand das Farnbag-Feuer für den Priesterstand, das sich vielleicht in Kariyan in der Provinz Laristan[65] befand, das Burzin-Mihr-Feuer für den Bauern- und Handwerkerstand, das man auf dem Berg Rewand nordwestlich von Nischapur in der Provinz Chorasan vermutet[66], und das Gušnasp-Feuer für den Kriegerstand auf dem Takht-i-Suleiman[67], zu dem die sassanidischen Könige nach ihrer Krönung pilgern mußten.

So gewiß das Feuer vornehmlich wegen seines Lichtes eine Rolle spielte, so schwer lassen sich Sinn und Richtung der symbolischen Beziehungen zwischen beiden ermitteln. Man kann dem Feuerkult als solchem ja nicht einmal entnehmen, welchem Gotte er diente – beim Heiligtum von Susa aus der Zeit Artaxerxes des II. und den Feuerkulten Kleinasiens in parthischer Zeit ist z. B. aus anderen Gegebenheiten zu erschließen, daß es nicht Ahura Mazdah, sondern Anahita war. Zarathustra hat den Feuerkult von jener von ihm bekämpften Gottesverehrung getrennt, in welcher der Haomarauschtrank getrunken und das Rind orgiastisch als Schlachtopfer dargebracht wurde. Das Feuer sollte also nur etwas mit der vergeistigten Gottesverehrung und der Reinheit ihrer Verfechter zu tun haben (vgl. Y 43, 9). Sodann scheint Y 43, 4 darauf hinzudeuten, daß das Feuer die Wahrheit symbolisiert, da Zarathustra der Wahrheit (Aša) bei der Gabe der Verehrung durch das Feuer gedenken will. Und wenn das Feuer nach Y 34, 4 „kraftvoll durch das Wahrsein" ist, so liegt die Analogie nahe, daß es die Finsternis zerstört wie die Wahrheit den Irrtum, die Reinheit die Befleckheit. Diese Beziehung zwischen Wahrheit und Feuer bleibt aber deswegen undeutlich, weil uns die Gathas über eine Beziehung zwischen Wahrheit und Licht nichts sagen, obwohl sie, wie wir sahen, neben dem Feuer durchaus den abstrakten Begriff des Lichtes kennen.

Im jüngeren Awesta ist das Feuer nicht nur das Symbol der Wahrheit, sondern direkt das Element, aus dem sie besteht. Doch ist nicht eindeutig, ob die Lichtprädikate in all der Prägnanz, die wir uns vor Augen geführt haben, mit dem Feuer oder den Flammen verbunden werden wie mit der Wahrheit. Die Stellen

---

[62] *Hopkins, Cl.:* The Parthian Temple. In: Berytus 7, S. 1ff. (1942); *Reuther, O.:* Parthian Architecture. In: Survey of Persian Art. Vol. 1, S. 411–444. Oxford: 1938.
[63] *Wikander, St.:* Feuerpriester in Kleinasien und Iran. Lund: 1946.
[64] *Godard, A.:* Les Monuments du Feu. In: Athar-e-Iran. t. 3. 1938; *Reuther, O.:* a.a.O. S. 493–578.
[65] Vgl. *Erdmann:* a.a.O., S. 42.
[66] Vgl. *Erdmann:* a.a.O., S. 42.
[67] Vgl. *Erdmann:* a.a.O., S. 42.

mit dem Verbum *raok-* „leuchten"[68] besagen das nicht. Doch wenn das Feuer im jüngeren Awesta zahllose Male „Sohn des Ahura Mazdah" heißt, so ist daraus immerhin zu entnehmen, daß es mit ihm und oft für ihn (z.B. Yt 19, 50 gegen das Ungeheuer Dahaka) die Lüge und die Daevas bekämpft. Deshalb hatte das Feuer wohl auch apotropäische Bedeutung.

9. Die sassanidische Zeit

Zwischen der Eroberung Irans durch Alexander den Großen und der national-iranischen Restauration unter den Sassanidenkönigen klafft für uns jene Traditionslücke von fünfeinhalb Jahrhunderten, die nicht nur die Beurteilung des Iranischen in diesem Zeitraum selbst, sondern auch in den folgenden Jahrhunderten bis zur islamischen Eroberung so überaus schwierig macht. Für den eigentlichen Zoroastrismus wie auch für Magiertum, Zurvanismus und Manichäismus stellt sich ja immer wieder die Frage, inwieweit in ihnen das genuin-iranische und inwieweit das hellenistisch-synkretistische Erbe wirkt, wobei für einen Teil des letzteren seinerseits eine iranische Komponente in Betracht zu ziehen ist. Erst wenn wir in diesen Fragen etwas klarer sehen, wird auch die große Rolle, die das Licht in den Theologien und Religionen der sassanidischen Ära spielt, religionsgeschichtlich besser zu erklären sein. Hier müssen wir uns mit ganz wenigen Bemerkungen begnügen.

Blicken wir zurück, dann können wir feststellen, daß sich in der awestischen Tradition die Dualismen Ahura Mazdah-Aŋra Mainyu, Licht-Finsternis, Gut (bzw. Wahrheit)-Böse (bzw. Lüge) und Geist-Materie keineswegs deckten. Gut deckte sich teils mit Ahura Mazdah, teils mit Spenta Mainyu, Böse mit Aŋra Mainyu. Beide Gegensatzpaare gab es sowohl in der geistigen wie in der materiellen Welt, und zwar bei Zarathustra erst nach der Schöpfung; über den präexistenten Weltzustand spricht er sich nicht aus. Das Licht wird, wenn es vielleicht auch bei Zarathustra als Wohnort Ahura Mazdahs gilt, eindeutig doch erst im siebenteiligen Yasna sowohl mit Ahura Mazdah als auch mit der Wahrheit verbunden[69]; doch ist für uns ohne die Kategorien des griechischen Sub-

---

[68] Das aufleuchtende Feuer im Gottesdienst, Afrīnakān 4, 5; das Hausfeuer bittet, der Hausherr, der Bauer und Sraoša möchten es mit richtig bereitetem Holz wieder aufflammen lassen, Vid. 18, 19, 21 f.; das Holz muß aša-gemäß zu hellem Brande ausgesucht und ganz trocken sein, Y. 62, 10, Vid. 18, 26 f., dann wünscht das Feuer dem Menschen Herden von Vieh, einen regsamen Geist und frohes Leben, vgl. den ganzen Y 62. Ein Baum, welcher mit Leichenteilen beschmutzt ist, darf nicht verwendet werden, obwohl die Berührung von Leichenteilen einen Menschen nicht sündig macht, Vid. 5, 1–4. Eine menstruierende Frau darf nicht in die Flammen blicken und hat sich in einer gewissen Entfernung von ihnen zu halten, Vid. 16, 1–4.

[69] Ähnlich *Pike, A.:* Indo-Aryan Faith and Doctrine as Contained in the Zend-Avesta, S. 245 f. Louisville: 1924 (ein freimaurerisches Bekenntnisbuch): But the idea that there is a light, or essence or substance of light, that is not light, and not perceivable by the eyes, but only to be

Lichtsymbolik im alten Iran und antiken Judentum 93

stanzdenkens schwer vorzustellen, in welcher Weise. Die Frage, wie sich dann Gut und Böse unmittelbar zu Licht und Finsternis verhalten, wurde im Vidēvdāt nur für das Gute beantwortet: es gibt ein „gutes", paradiesisches und postexistentes Licht und ein „böses", läuterungsbedürftiges, in dieser geschaffenen Welt leuchtendes Licht. Doch scheint eine analoge Aufteilung für die Finsternis nicht möglich gewesen zu sein, und vielleicht war es diese Schwierigkeit, die in der zoroastrischen Theologie der Sassanidenzeit zu einer anderen Systematisierung drängte.

Zunächst wird die Beziehung zwischen den beiden Göttern Ohrmazd (so heißt jetzt Ahura Mazdah, von dem Spenta Mainyu jetzt deutlich als Amescha Spenta unterschieden ist) und Ahriman (dies die mittelpersische Form für Aŋra Mainyu) einerseits, Licht und Finsternis andererseits eindeutig gemacht: „Die Substanz Ohrmazds ist heiß und feucht, hell, süßschmeckend und licht ... Die Substanz Ahrimans ist kalt und trocken, schwer, finster und stinkend"[70]. Für beide Götter ist ihre Substanz zugleich ihr ewiger Wohnort und die Materie, aus der sie schaffen. Ohrmazd schafft aus dem endlosen Licht den Makrokosmos[71], Ahriman gestaltete ebenfalls eine Schöpfung aus materieller Finsternis, welche sein eigener Körper ist[72]; sie wird auch „lügenhafte Äußerung" genannt[73], man hat sie sich als innerhalb unserer sichtbaren Welt wirkend vorzustellen. Wesen aus beiden Welten kämpfen gegeneinander. Nach Denkart VII 14, 2; Zatspram XIV 6f. verscheuchen die himmlischen Scharen mit ihrem Licht die dämonischen Wesen, die Zarathustra in seiner Geburtsstunde töten wollten[74]. Zeit und Raum sind nun nicht mehr einfach mit der Urmaterie identisch, aus der die Welt geschaffen wurde, sondern mit dem endlosen Licht, das Ohrmazds ewiger Wohnort ist[75] und nach einigen Aussagen sogar vor Ohrmazd existiert[76]. Die

---

conceived of by the intellect, is of later origin than the creed of Zarathustra. The sun, in that creed, was the body of Ahura Mazdah; and light and fire were His effluence or outflowing, Himself *as* light and fire, as Vohu Mano was Himself *as* the divine wisdom. Siehe auch oben S. 83f.

[70] Großes Bundahišn 181, 6; 188, 111 nach *Zaehner, R. C.:* Zurvan. A Zoroastrian Dilemma, S. 73 Anm. 3, S. 141 Anm. 3. Oxford: 1955; Dawn and Twilight, S. 203.

[71] Pahlavī Rivāyat zum Dātastān i dēnīk S. 127 § 2f *Dhabhar* und GrBd. 11, 8–10 *Anklesaria* (Kap. 1, 26) nach *Zaehner:* Zurvan S. 281. 316. 361. 364; Dawn and Twilight S. 253. Dazu *J. C. Tavadia:* Middle Persian Evidence for the Avestan Conception of Fire. In: Studia Indo-Iranica. Ehrengabe für Wilhelm Geiger zur Vollendung des 75. Lebensjahres. Hrsg. von *Walther Wüst.* S. 237–247, dort S. 238. Leipzig: 1931. *Tavadia* versucht vom Mittelpersischen her einige von *Hertels* (s. oben Fußn. 3) „Licht"-Bedeutungen für *sūra-, bərəg-, barəg-, bərəzant-, xvarənah-, daēnā-* (aber nicht für *ra-*) mit Hilfe ihrer Äquivalente zu sichern oder mindestens wahrscheinlicher zu machen, worauf ich hier nicht näher eingehen kann.

[72] Beleg siehe unten S. 126, Anm. 85.

[73] GrBd. 12, 1f.

[74] Zitiert nach *I. Scheftelowitz:* Die altpersische Religion und das Judentum, S. 57. Gießen: 1920. In diesem Buch enthält der § 39 „Göttliche Lichtsubstanz" noch mehr Material.

[75] GrBd. 2, 12ff. (Kap. 1, § 2), dazu *Zaehner:* Zurvan S. 70; *Tavadia:* a. a. O. S. 238; GrBd 33, 4ff. (Kap. 3 § 8); *Zatspram:* Kap. 1 § 2 (alle Texte bei *Zaehner:* Zurvan).

Weisheit, durch welche die Menschen gut sehen und denken, ist selbst Licht und steigt von dort zur Erde hernieder[77]. Sehr oft hat das Licht das Prädikat *asar* „endlos"[78]. In einer mittelpersischen Übersetzung des *Sīh rōčak* wird es angerufen wie alle anderen Götter[79]. Die Schöpfung erscheint in ihren verschiedenen Stadien als ein sich ständig verringernder Abglanz des göttlichen Lichts[80]. Bei der Welterneuerung wird der Saōšyant einen feurigen Lichtschein wie die Sonne verbreiten[81], danach werden von allen Seligen Strahlen ausgehen[82].

In allen mittelpersischen Aussagen über Licht und Finsternis wird vorausgesetzt, daß nun das Gute endgültig und statisch Ohrmazd und dem Licht, das Böse ebenso endgültig und statisch Ahriman und der Finsternis zugeschlagen worden ist. Das ist nicht verwunderlich, wenn man die Schwierigkeit bedenkt, die sich im Vidēvdāt ergab. Dagegen ist es auffällig, daß sich der Dualismus Geist-Materie bis zuletzt mit dem Dualismus Ohrmazd/Licht/Gut – Ahriman/Finsternis/Böse durchkreuzt. Nach dem Denkart-Abschnitt *Madan* 98–100[83] zerfällt *mēnōk*, die geistige Welt, hier definiert als nicht zusammengesetzt, einzig unsichtbar und unberührbar, in das *mēnōk* des Lichtes und das der Finsternis, wobei das erstere das Prinzip des Lebens und die letztere das Prinzip des Todes ist. Auf der anderen Seite „gestaltete Ohrmazd aus dem, was sein eigenes Wesen ist – aus materiellem Licht – die Formen seiner eigenen Schöpfungen[84]", und „der böse Geist gestaltete seine Schöpfung aus materieller Finsternis, welche sein eigener Körper ist"[85].

Es gibt also sowohl in der Welt des Geistes (*mēnōk*, auch *asar* „anfangs-" oder „endlos" genannt) als auch in der Materie *(gētēh)* beides, Licht *(rōšnīh)* und Fin-

---

[76] Dies allerdings nur nach einem griechischen Magiertext, nämlich *Eudemos* von Rhodos; es ist aber möglich, daß unser einziger Gewährsmann, der den Eudemos hier zitiert, *Damascius* (453–533 nach Chr.), ihm (neuplatonische?) Anschauungen seiner eigenen Zeit unterstellt: Dubitationes et solutiones de Principiis 125, abgedruckt bei *C. Clemen:* Fontes Historiae Religionis Persicae, S. 95. Bonn: 1920.

[77] Denkart 221, 14 nach *Zaehner:* Zurvan. S. 385f., dazu S. 213 und 236. Vgl. Šāyast nē-šāyast 20, 2 (ed. *J.C. Tavadia*, Hamburg 1930): „Die Natur der Weisheit ist ähnlich dem Feuer."

[78] Nur im Zoroastrismus, nicht im Zurvanismus! Vgl. Denkart 282, 7–283, 17 *Madan* bei *Zaehner*; Zurvan. S. 389ff., dazu S. 209 und 234.

[79] Text bei *Zaehner:* Zurvan S. 199–217, dazu S. 201ff.

[80] Denkart 124, 17f. *Madan* nach *Zaehner:* Dawn and Twilight, S. 204.

[81, 82] Dafür zitiert *Scheftelowitz:* a.a.O. S. 101 mehrere Denkart-Stellen (5, 2, 2; 7, 11, 2; 5, 2, 15) – nach welcher Ausgabe? Sie sind nicht zu verifizieren. Aber nach *Scheftelowitz* reden diese Stellen vom x^{v}arənah, dem Glorienschein, der u.a. auch das Herrschercharisma anzeigt. Er ist nur mit Vorbehalt als aus Lichtsubstanz bestehend zu betrachten und wird seinerseits eben nicht durch „Licht" symbolisiert. Vgl. *H. Lommel:* Die Yäšts des Awesta, S. 168–175, und zuletzt *J. Duchesne-Guillemin:* Le x^{v}arenah. In: Istituto orientale di Napoli. Annali 5, S. 19–31 (1963), insbes. S. 24 Nr. 8 (Beziehung zu den Gestirnen). Zu den Bedeutungen des Wortes vgl. *W. Lentz*, ZDMG 111, S. 410 (1961).

[83] Nach *Zaehner:* Dawn and Twilight, S. 204f.

[84] GrBd. 11, 2f. Zu *gētīk rōšnīh* und *gētīk tārīkīh* im Bundahišn vgl. *Zaehner*, Zurvan S. 210.

[85] GrBd. 11, 10f. Vgl. auch die Definitionen bei *Nyberg, H.S.:* Hilfsbuch des Pehlevi II, S. 80f., 149f., 197, 223 (1931).

sternis *(tārīkīh)*. Es ist bezeichnend, daß im Škand-gumānīk vičār (Zweifelzerstreuende Entscheidung)[86], einer Apologie des Mazdaismus aus dem 9. Jh. n.Chr. gegen die mit ihm konkurrierenden Religionen, der Dualismus Licht-Finsternis empirisch aus einer phänomenalen Erklärung und Beschreibung aller Gegensätze in der Welt gewonnen wird. Die Soteriologie und der physikomoralische Parallelismus Geist/Gutes im Manichäismus wird wegen der Beschränkung des Lichts auf diesen Bereich ebenso verworfen (XVI 5f. 24ff. 35ff. 78ff.) wie die hypostatische Sonderung des Lichts von Gott im Sinne des Schöpfungsgedankens des Judentums (Kritik an der Genesis: XIII 49–58. 70–91) und wie die monokausale Rückführung der Welt einschließlich Licht und Finsternis auf einen Gott im Islam (XI 319f.)[87]. Der Antagonismus Licht-Finsternis ist nicht als Fall der Schöpfung zu begreifen, sondern liegt vor ihr (IX 19) als der Kampf des finsteren Ahriman gegen den lichten Ohrmazd (IV 12). Licht-Finsternis erscheinen nicht als kosmische Urprinzipien, deren hypostatische Emanationen das kosmische Drama erklären, sondern bleiben relative Größen mit abgestecktem Bereich: „Das Licht hält die Finsternis fern, der Wohlgeruch den Gestank, die tugendhafte Tat die Sünde, das rechte Wissen die Unwissenheit. Hingegen ist weder das Licht fähig, den Gestank fernzuhalten, noch der Wohlgeruch die Finsternis. Denn alle Dinge sind so beschaffen, daß sie nur ihr eigenes Gegenteil fernhalten können"[88].

Erst im Manichäismus wird der Dualismus absolut gemacht und der Geist mit dem Licht, die Finsternis mit der Materie gleichgesetzt. Damit deckt sich weiterhin der Gegensatz Gut-Böse, aber dafür nicht mehr der Gegensatz Ohrmazd-Ahriman: der oberste Gott, der Vater der Größe, der Hauptrepräsentant des Lichtreichs heßt in der für Zoroastrier bestimmten Form des manichäischen Systems, aus was für Gründen auch immer[89], Zurvan.

Es sei hinzugefügt, daß die manichäische Auffassung von Licht und Finsternis keine zwingende Konsequenz aus den zoroastrischen oder zurvanitischen Voraussetzungen ist. Dazu ist der manichäische Begriff von Finsternis/Materie[90] selbst zu ambivalent, worüber sich nicht jeder manichäische Autor klar gewesen zu sein braucht: einerseits wird darunter nämlich die präexistente Substanz verstanden, die durch den Finsterniskönig symbolisiert und in den Archonten verkörpert ist, aus denen später die Welt geschaffen wird; andererseits aber auch diese geschaffene Welt selbst, obwohl sie die Lichtglieder des Urmenschen ent-

---

[86] Kritische Ausgabe durch *P.J. de Menasce:* Škand-gumānīk vičār. La solution décisive des doutes. In: Collectanea Friburgensia. Nouvelle Série. Fascicule 30. Fribourg: 1945.
[87] Vgl. *J. Duchesne-Guillemin:* Ormazd et Ahriman, S. 139f. Paris: 1953.
[88] III, 31ff. Vgl. noch VI, 12f. 16. 21. 23f. 30. 54. 93; VIII, 18. 20; IX, 16; X, 49.
[89] *Zaehner:* Dawn and Twilight S. 184 schließt daraus, daß mindestens in der ersten Hälfte des dritten Jahrhunderts Zurvan und nicht Ohrmazd als die oberste Gottheit betrachtet wurde.
[90] Vgl. *E. Kamlah:* Die Form der katalogischen Paränese im Neuen Testament. WUNT 7, S. 71–103. Tübingen: 1964.

hält, welche die Archonten verschlungen haben. Daß, streng betrachtet, damit noch etwas Gutes in dieser Welt geblieben ist, dürfte zoroastrisches Erbe im Manichäismus sein. Die Verteufelung der Welt, welche diese Auffassung für unsere zergliedernde Betrachtung ambivalent macht und für die Manichäer selbst völlig überdeckte, kommt anderswo her. Hiermit sei wenigstens angedeutet, von welchen Fragen die Einbeziehung des antiken Synkretismus oder der Gnosis in unser Thema auszugehen hätte. Doch wir hatten uns für das Judentum entschieden, bei dem übrigens einige die Gnosis betreffende Fragen auch zur Sprache kommen müssen.

10. Das Problem des Einflusses der iranischen Lichtsymbolik auf das antike Judentum

Die Frage nach der Beeinflussung der jüdischen Religion durch die iranische[91] ist mit der Entdeckung der Qumran-Texte wieder akut geworden. In der älteren religionsgeschichtlichen Forschung hatte sie schon einmal eine große Rolle gespielt und zu Thesen geführt, die viel diskutiert worden sind[92]. Die Diskussion mußte sich notgedrungen festfahren, nachdem die Argumente von Anhängern und Gegnern dieser Thesen formuliert waren und kein neues Material hinzukam, das ihnen neue Ansätze erlaubte. Man hofft, daß das jetzt möglich wird, weil auf jüdischer Seite die Qumran-Texte vorliegen und auf iranistischer Seite wenn vielleicht nicht die Erforschung des Awesta, so doch die der mitteliranischen Dialekte und des Buchpahlavi ein gutes Stück vorangekommen sind. Die Literatur ist auf beiden Seiten gewaltig gewachsen[93]. Das Problem Spätjudentum-Iran kommt dabei meist nur in höchst allgemein gehaltenen Wendungen und Hinweisen auf Ähnlichkeiten zur Sprache, die nur das eine ganz deutlich zeigen, daß das alte Interesse an dieser Frage wieder erwacht. Aber erst wenige Forscher, deren Namen im folgenden genannt werden, haben es gewagt, sich genauer darüber zu äußern. Ein Wagnis bleibt auch der hier vorgelegte Diskussionsbeitrag, weil ein einzelner die jüdische wie die iranische Überlieferung heute gleich gut nicht mehr kennen kann und damit rechnen muß, von den Spezialisten beider Seiten mit guten Gründen des Dilettantismus geziehen zu wer-

---

[91] Vgl. insbesondere *E. Stave:* a.a.O. S. 51–80: Juden und Achämeniden; S. 118–128: Ahura Mazdah und Jahwe.

[92] Knappe, aber reichhaltige Übersicht über die betreffenden Veröffentlichungen bei *A. Dupont-Sommer:* Le problème des influences étrangères sur la secte juive de Qoumran. In: Revue d'Histoire et de Philosophie Religieuses Bd. *35*, S. 75–79. Paris: 1955. (Weiterhin zitiert RHPhR 1955.)

[93] Zusammengestellt bei *W. B. Henning:* Bibliography of Important Studies on Old Iranian Subjects. Teheran: 1950, und *Chr. Burchard:* Bibliographie zu den Handschriften vom Toten Meer Bd. 1 (Beihefte zur Zeitschrift für die alttestamentliche Wissenschaft 76). Berlin: 1957; Bd. 2 (Beihefte ... 89). Berlin: 1965.

den. Doch mag dabei immerhin eine fruchtbare Problemstellung herauskommen, die das Gespräch wach und konkret zu halten geeignet ist.

Von den verschiedenen tertia comparationis, bei denen man einsetzen kann, fällt zweifellos das des Dualismus am deutlichsten in die Augen. *K. G. Kuhn* hat am Schlusse eines ersten Interpretationsversuches[94] schon früh darauf hingewiesen und ihn in einem weiteren Aufsatz[95] dann ausführlicher behandelt. Zwischendurch hatte *W. H. Brownlee* in seiner englischen Übersetzung[96] auf Yasna 30 als Parallele hingewiesen und „zoroastrian influence" konstatiert. Gleichzeitig hatte *A. Dupont-Sommer*[97] behauptet, daß in einigen Qumran-Texten gathischer Einfluß – allerdings mit neupythagoreischen und anderen Elementen zu einem Synkretismus gemischt[98] – vorliege, und diese These später[99] wiederholt. Damit war die Diskussion in Gang gebracht. Sie knüpft sich meist an eine Ge-

---

[94] Die in Palästina gefundenen hebräischen Texte und das Neue Testament. In: Zeitschrift für Theologie und Kirche. Band *47*, S. 192–211. Tübingen: 1950 (weiterhin: ZThK 1950).

[95] Die Sektenschrift und die iranische Religion. In: ZThK *49*, S. 296–316 (1952). Fast genau so wie *Kuhn*, aber erst mit nachträglichem Verweis auf diesen Aufsatz, argumentiert *H. Wildberger:* Der Dualismus in den Qumranschriften. In: Asiatische Studien. Band 8, S. 163–177, Bern: 1954 (weiterhin: *Wildberger*).

[96] The Dead Sea Manual of Discipline. In: Bulletin of the American Schools of Oriental Research. Supplementary Studies 10–12. New Haven (Conn.): 1951.

[97] L'instruction sur les deux Esprits dans le „Manuel de Discipline". In: Revue de l'Histoire des Religions. Band *142*, S. 5–35. Paris: 1952 (weiterhin: RHR 1952).

[98] Neupythagoreische Elemente erblickt *Dupont-Sommer* – der übrigens immer wieder auch das jüdische Element betont – in der vor allem von Josephus (Bell. Jud. II 8, 5, § 128; 9, § 148) berichteten Verehrung der Sonne (vgl. Jamblich: De vita Pyth. 256; Philostrat: Vita Apoll. II 38; VI, 10; VII 31; VIII 13), im Kalender mit seinen 364 Tagen und vier (statt altjüdisch zwei) Jahreszeiten und in der Heiligkeit des Buchstabens *nun* (1 QS 10, 4), welcher den Zahlwert 50 hat, den wiederum Philo De vita cont. § 65 so hervorhebt, s. RHPhR 1955 S. 86–91 und La sainteté du signe „noun" dans le Manuel de Discipline. In: Académie Royale de Belgique. Bulletin de la Classe des Lettres et des Sciences Morales et Politiques. Band 38, S. 184–193. Brüssel: 1952. Selbst wenn man Josephus nicht zu sehr beim Wort nimmt und die Essener die Sonne nicht direkt mit Gott identifiziert und angebetet, sondern nur eine Gebetsrichtung zur Sonne gehabt hätten, bleibt dieser Zug auffällig. *Molin, G.:* Qumran – Apokalyptik – Essenismus. Eine Unterströmung im sogenannten Spätjudentum. In: Saeculum. Band *6*, S. 244–281, Freiburg/München: 1955 (weiterhin: Saeculum 1955) stellt S. 276 die Frage, ob das Sonnenjahr wegen besonderer Verehrung der Sonne angenommen wurde, oder ob das Sonnenjahr zu dieser geführt hat. Er nimmt für die Verehrung ägyptischen Einfluß an, offenbar weil er die hermetische Gnosis (Anbetung der Sonne in Traktat XIII 6) in früher (z. B. bei *R. Reitzenstein:* Poimandres. S. 117ff., 198, 227ff. Leipzig: 1904) üblicher Weise für ägyptisch und nicht, wie *A. J. Festugière* (Corpus Hermeticum Band II, S. 398 Anm. 342. Paris: 1945) für pythagoreisch gefärbt hält. Doch ist das bei einem so synkretistischen Text ohnehin eine sinnlose Alternative. Ebensogut könnte man babylonischen Einfluß annehmen: *Schollmeyer, A.:* Sumerisch-babylonische Hymnen und Gebete an Schamasch. Paderborn: 1912 und *W. von Soden:* Studium Generale *13*, S. 647–653 (1960). Auch im AT finden sich Ansätze, wo die Morgendämmerung als Gleichnis für Gottes erlösendes Eingreifen verwendet werden kann (von ihr ist der eigentliche Sonnenaufgang allerdings terminologisch genau unterschieden), s. *Sverre Aalen:* Die Begriffe Licht und Finsternis im Alten Testament, im Spätjudentum und im Rabbinismus. S. 38–43. Oslo: 1951; und *Hempel, Joh.:* a.a.O. S. 358–366. Auch für Iran ist die Verehrung der Sonne belegt (doch wohl mehr im Zusammenhang der Lichtverehrung allgemein, vgl. den 10., speziell dem

genüberstellung der Gatha-Stelle Yasna 30, 3–5[100] und des nun schon berühmt gewordenen anthropologisch-dualistischen Abschnitts 1 QS 3, 13–4, 26[101]. Dieser Abschnitt hat den Gegensatz zwischen Erkenntnis und Torheit, Wahrheit und Frevel (ᵃmät|'awlah, 'āwäl), Licht und Finsternis, Gut und Böse, der das ganze Denken der Qumran-Sekte durchzieht und in ihrem gesamten Schrifttum vorausgesetzt wird, ausdrücklich zum Thema. Danach hat Gott dem Menschen zwei Geister (rūḥōṯ) gesetzt (3, 18: wajjāsäm, v. sīm; nach 3, 25 hat er sie geschaffen, bārā), den der Wahrheit und den des Frevels, nach denen er wandeln könne bis zum Zeitpunkt seiner Heimsuchung im Gericht. Der Geist der Wahrheit oder des Guten ist der Fürst des Lichtes, der des Bösen der Engel der Finsternis. Der Kampf zwischen den von ihnen beherrschten Söhnen des Lichts und Söhnen der Finsternis macht den Inhalt der Welt- und Menschheitsgeschichte aus. Doch streiten die Geister ebensosehr in der Seele eines jeden Menschen, selbst in der des Lichtsohnes. Auch dieser Kampf endet erst im Endgericht mit der Verdammung des Frevels[102]. – Die Gatha-Stelle handelt von den beiden Ur-Geistern, Spenta Mainyu und Aŋra Mainyu, von denen der eine das Schlechteste, der andere das Gute, die Rechte Ordnung zu tun wählt, und für die sich jeweils die beiden gegnerischen Gruppen unter den Menschen, die Drug-Genossen und die Aša-Anhänger, entscheiden. Dupont-Sommer[103] stellt lakonisch fest, daß „cette conception des deux Esprits est absente de l'Ancien Testament", und zitiert als Parallele zu 1 QS 3, 18 neben Yasna 30, 3 und Yasna 45, 2[104] in der Übersetzung Duchesne-Guillemins[105] und meint zu 1 QS 3, 19 und 25: „Le mazdéisme, comme chacun soit, identifie vérité (ou justice, arta) et lumière, perversion (ou mensonge, druj) et ténèbres." Diese Identifikation sei in den jüdischen Text übergegangen, während der Name Ahura Mazdahs, des obersten

---

Mithra gewidmeten Yašt) – man sieht, wie unmöglich es im Grunde genommen ist, den überall von der Natur gegebenen Wechsel von Tag und Nacht (selbst 1 QS 10, 1–3 kennt noch seine Verbindung mit den Prinzipien Licht und Finsternis!) zum Angelpunkt religionsgeschichtlicher Genealogien zu machen.

[99] Nouveaux Aperçues sur les Manuscrits de la Mer Morte. S. 156ff., Paris: 1953, und RHPhR 1955, S. 82–86.

[100] Text in Umschrift bei *Humbach* (oben Fußn. 5) und bei *H. Reichelt:* Awestisches Elementarbuch, S. 408f. Heidelberg: 1909.

[101] Zitiert nach der Erstausgabe: The Dead Sea Scrolls of St. Mark's Monastery. Vol. II Fasc. 2: Plates and Transscription of the Manual of Discipline. Ed. by *Millar Burrows* with the assistance of *John C. Trever* and *William H. Brownlee*. New Haven: 1951.

[102] Ich verzichte auf Belege, da dieser Zusammenhang schon oft dargestellt worden ist, übersichtlich z.B. von *Wildberger* S. 163–169. Z.B. vgl. IV, 14 mit Y 48, 11.

[103] RHR 1952, S. 16.

[104] Diese Stelle wird von ihm auch RHPhR 1955, S. 83, zitiert.

[105] *Duchesne-Guillemin, J.:* Zoroastre. Étude critique avec une traduction commentée des Gatha. (Les Dieux et les Hommes Vol. II) Paris: 1948.

Gottes, durch den des Gottes Israels, die Namen der beiden Geister *(mainyu)* durch *mal'ak ᵘmät* und *mal'ak ḥošäk* ersetzt (remplacé) worden seien[106].

Kuhn konstatiert einen ethischen Dualismus hier wie dort, den „Gegensatz von Rechthandeln und Bösetun" bei den Menschen, der bestimmt ist durch „die beiden uranfänglichen Geister des Guten und des Bösen"; beide Male ist der Dualismus „eschatologisch ausgerichtet auf den schließlichen Sieg des Guten[107] und die Vernichtung alles Bösen". Unterscheidende Merkmale erblickt *Kuhn* darin, daß im Awesta die Aufteilung in Gut und Böse in einer uranfänglichen Wahl begründet ist, die die Menschen immer zu wiederholen haben, während sie im Judentum auf doppelter Prädestination beruhe[108]; zweitens darin, daß der iranische Dualismus dem alttestamentlichen Schöpfungsgedanken und dem monotheistischen Gottesbegriff untergeordnet sei. Prüfen wir zunächst den rein dualistischen Aspekt beider Anschauungen.

Für die richtige Wertung des essenischen Dualismus scheint es mir entscheidend zu sein, daß er in der sektiererischen Haltung seiner Vertreter verwurzelt ist. Aus Gründen, die hier nicht zu nennen sind, hielten sie sich für die Söhne des Lichts, der Wahrheit, des Lebens, ihre eigenen Volksgenossen unter dem verweltlichten hasmonäischen Königshaus aber und nächstdem alle anderen Menschen auf der Welt für die Söhne der Finsternis. Die beiden entgegengesetzten und alle andern damit alternierenden Begriffe sind symbolische Bezeichnungen für den religiös-moralischen Bereich[109], keine allgemein metaphysischen und

---

[106] RhPhR 1955, S. 84.

[107] und zwar dank der Hilfe Gottes, die nach *Dupont-Sommer*, RHR, S. 21, 1952, auch dem Zarathustra zugesichert wird (Yasna 50, 5) – ein zu allgemeiner und in allen Religionen belegter Topos. Dasselbe gilt (Hinweis a.a.O. S. 25) für die von Gott ausgehende Heilung *mrp'* in 1 QS 4, 6 einerseits, Yasna 44, 2. 16; 31, 19 andererseits (s. *Leeuw, G. van der:* Phänomenlogie der Religion. Tübingen: 1933. Register s. v. Heilung). Auch daß der „Engel der Wahrheit" von 3, 24 eine Verschmelzung des zarathustrischen Geistes der Wahrheit mit dem alttestamentlichen „Engel Jahwes" (oder Gottes) darstelle, braucht man nicht anzunehmen.

[108] πειρασμός-ἁμαρτία-σάρξ im Neuen Testament und die damit zusammenhängenden Vorstellungen. In: ZThK *49* (S. 200–222), S. 205 f. (1952); ZThK *49*, S. 311 f. (1952). Nach *F. Nötscher*, Zur theologischen Terminologie der Qumran-Texte, S. 85, Bonn: 1956, überschätzt *Kuhn* den Gegensatz Fleisch-Geist; besondere Erörterungen darüber, daß das Fleisch an der Sünde seinen Anteil habe, fehlen in den Texten; vgl. jetzt auch *H. Conzelmann*, Artk.: σκότος In: ThW VII, S. 424–446. Stuttgart: 1962.

[109] *Nötscher*, S. 80. Behandlung der mit den Essener-Texten in dieser Hinsicht verwandten pseudepigraphischen Stellen bei *Aalen* S. 178–183, des rabbinischen Materials ebenda S. 272–282. *Aalen* stellt fest, daß „Licht" und „Finsternis" im ethischen Sinne im AT keine Anwendung finden, während *Nötscher* S. 104 in Hiob 24, 17; 38, 15 Ansätze zu erblicken scheint. Doch auch in der iranischen Religion ist die ethische Anwendung spät, jedenfalls noch nicht gathisch. Nach *Schoeps, H. J.:* Urgemeinde, Judenchristentum, Gnosis, S. 54 f. Tübingen: 1956, wo ebenfalls rabbinisches Material diskutiert wird, geht es in dem ethischen Dualismus, der in der jüdischen Religionsgeschichte alt und dessen iranische Herkunft nicht beweisbar sei (so auch *Nötscher*, jedoch mit ungenauer Begründung, S. 83: in der persischen Religion sei der Dualismus absolut, Gut und Böse, Licht und Finsternis ringen wie zwei unabhängige Prinzipien miteinander), um eine Unterscheidung in den *middōt*, den Seins- und Wirkweisen Gottes. Auch das Bö-

erst recht keine kosmologischen Grundprinzipien. Wenn hier gegenüber der alttestamentlichen Verwendung der Begriffe eine Veränderung zu konstatieren ist, dann vielleicht die, daß hier diese Begriffe „aus dem Zeitschema, in dem sie im AT erfahren wurden, herausgenommen und als Erscheinungen im Raume zum Gegenstand einer objektivierenden Analyse gemacht worden sind"[110]. Die Bereiche aber, welche durch die Begriffe Licht und Finsternis bezeichnet werden, haben für die Essener eindeutige und feste Grenzen. Der Bereich des Lichtes deckt sich mit ihrem eigenen Kreise, der der Finsternis mit dem der Umwelt, wenn auch diese Unterscheidung nicht ganz mechanisch gilt und auch der unter die Kinder des Lichts Aufgenommene ständig auf Heuchelei geprüft werden muß[111]. Von dieser Lokalisierung der Begriffe her wird es dann freilich begreiflich, daß sie später kosmische Dimensionen annahmen[112].

Der essenische Dualismus läßt sich also aus dieser Art reformatorischer Haltung dem alten Israel gegenüber verstehen. Wie zu fast jedem Dualismus, so liefert auch zu dem des Zarathustra, eine sehr geläufige Interpretation Zarathustras zunächst einmal vorausgesetzt, die reformatorische Struktur der Lehre den Schlüssel, nur natürlich im Verhältnis zu einem ganz anderen Ausgangspunkt und demgemäß auch mit ganz anderen Ergebnissen[113]. Er wendet sich gegen die Religion derer, für die Kultgenossenschaft und politischer Stammesverband noch ein und dasselbe sind, die sich auf orgiastischen Festen mit Hoama berauschen und ihren Götterdämonen die klagenden Rinder opfern, die sie ihren Gegnern, die Weidewirtschaft treiben, weggetrieben haben. Ihnen stellt Zarathustra die rechte Lehre vom guten Denken, Reden und Handeln als die eigentliche Wahrheit gegenüber; die Wahrheit ist göttlichen Ursprungs und als solche offenbart. Sie ist der Wille des obersten Gottes, des Weisen Herrn, die der Mensch durch dieselben hohen Geisteskräfte kennen und vollbringen kann,

---

se wurde auf Gott als den alleinigen Urheber zurückgeführt, vgl. die rabbinische Lehre von den beiden *jeṣārīm*. Hierher gehört eher die von K. *Schubert:* Der Sektenkanon von En Feshcha und die Anfänge der jüdischen Gnosis. ThLZ 78, S. 495–506, dort Sp. 503 (1953) als Beleg für die Syzygienlehre herangezogene Talmudstelle b Chag 15a, wenn auch dort das Wort *jeṣār* nicht vorkommt. Nach Hymn III sind die „Söhne Belials" Werkzeug des göttlichen Endgerichts. Belial erscheint immer wieder als Werkzeug Jahwes und hat seinen Platz in der Heilsökonomie Gottes wie der Satan des Alten Testaments.

[110] So *Aalen,* S. 98, für die spätjüdische Umdeutung eines eng verwandten Motivs, des Tag-Nacht-Motivs. Dieses a.a.O. S. 97–102 analysierte Phänomen ist der essenischen Aufteilung der Welt in einen lichten und einen finstern Bereich analog.

[111] Belege passim, siehe z.B. *Nötscher* S. 97f. H. W. Huppenbauer, Der Mensch zwischen zwei Welten, S. 14–44, Zürich: 1959, stellt vorbildlich dar, wie den Gegensätzen der Qumrangemeinde zur Außenwelt zuletzt auch der ins Räumliche übertragene Gegensatz von Licht und Finsternis untergeschoben worden ist.

[112] *Nötscher,* S. 99. Das Lichtsymbol für den Bereich des Lebens liegt auf Grund seiner Anschaulichkeit von Natur aus nahe; von da aus kann Jahwe bildhaft-metaphorisch selbst „Licht" genannt werden (Belege bei *Nötscher* S. 106f.).

[113] Vgl. *S. Pétrement:* Le Dualisme chez Platon, les Gnostiques et les Manichéens, S. 314–328. Paris: 1947.

durch die die Gottheit wirkt. Dieser Wahrheit tritt in einem noch nicht historisierenden Denken das Alte, die Lüge, und dem Guten Denken das Böse Denken nicht nur als historischer, sondern vor allem als metaphysischer Gegensatz gegenüber. Dieses war es, das die Verehrung der Daevas, die Rauschtränke und die Schlachtopfer von Urzeit her bewirkte. Und analog dazu steht dem Weisen Herrn, der gerade in dieser Beziehung als Heilwirkender Geist, Spenta Mainyu bezeichnet wird, das hypostasierte Böse Denken, nämlich Aka oder Aŋra Mainyu, der böse Geist, gegenüber. Wir haben z.T. verfolgt (oben S. 83ff.), wie diese Konzeption weiter ausgebaut wird. Ihre begrifflichen Ergebnisse sind denen der essenischen Lehre nicht mehr vergleichbar.

Zunächst ist festzuhalten, daß die Identifikation zwischen Wahrheit und Licht, Lüge und Finsternis noch nicht gathisch ist. Das ist ein entscheidender, von *Dupont-Sommer* verschleierter Unterschied zur Sektenschrift. Sodann: Spenta Mainyu ist von Ahura Mazdah bald getrennt, bald mit ihm identisch, jedenfalls aber nicht sein Geschöpf, wie der Fürst des Lichts das Geschöpf Jahwes ist; der böse Geist ist in den Gathas noch gar keine stabilisierte Figur wie der Engel der Finsternis in Qumran und schon Satan oder Belial im AT, sondern nur erst ein Prinzip, aber auch kein Aspekt oder personifiziertes Geschöpf des Weisen Herrn, während auch der Engel der Finsternis in Qumran ausdrücklich als von Jahwe geschaffen bezeichnet wird. Ferner: Ahura Mazdah wirkt durch eine ganze Reihe, bzw. Spenta Mainyu hat neben sich eine ganze Reihe weiterer Geisteskräfte, die in der zu verschiedenen Zeit verschiedenartig gegliederten und systematisierten Daevawelt ihr Gegenstück haben. Dieser Zug fehlt in Qumran. Es scheint mir willkürlicher, die Unterschiede aus der Übernahme der iranischen Konzeption ins Judentum zu erklären – etwa daß der iranische Dualismus dem alttestamentlichen Schöpfungsgedanken und dem monotheistischen Gottesbegriff habe untergeordnet werden müssen –, als in ihnen die Indizien für die Verschiedenartigkeit der Hintergründe und der Struktur beider Dualismen zu sehen und von hier aus auch die beiden Wahrheitsbegriffe verschieden zu bestimmen. Grundsätzlich dasselbe gilt für die andere These, die den Unterschied zwischen der essenischen und der zarathustrischen Konzeption dadurch beseitigen will, daß sie an die Stelle der letzteren die Zurvantheologie setzt. 1.) Entweder ist der Zurvanismus die besondere Ausgestaltung der alten medischen Religion vor der Ausbreitung des Zoroastrismus, 2.) oder er ist die in sassanidischer Zeit erfolgte Reaktion gegen den zoroastrischen Dualismus; in beiden Fällen kommt er aus chronologischen Gründen für eine Beeinflussung von Qumran nicht in Frage. Ist er 3.) in der zweiten Hälfte der Achämenidenzeit durch Berührung mit dem Babyloniertum entstanden, wäre er vom Aufkommen der Qumransekte nicht so weit entfernt, aber in diesem wie in den beiden andern Fällen gilt dann der strukturelle Unterschied dieses Monismus vom essenischen: der Zurvanismus ist Spekulation, die über den Priesterkreis, der sie geschaffen hatte, kaum hinausdrang; Zurvan, die unendliche Zeit, ist, phänomenologisch gesprochen, heilige Hinterwelt, ein deus otiosus, also ganz etwas anderes als der alttestamentliche, weltschaffende, erwählende, strafende und vergebende Gott der Qumran-Sekte.

Im Zarathustrismus sind im übrigen, wenn ich recht sehe, die Grenzen offen, die die Aša-Anhänger von den Druggenossen trennen. Die Begriffe des ethisch Guten, mit denen das Walten Ahura Mazdahs und in eins damit das des Aša-Anhängers beschrieben wird, die Amescha Spentas also, durchwalten die ganze Welt und eröffnen jedem Menschen die Möglichkeit, Aša-Anhänger zu werden[114]. Daß er damit faktisch auch Zarathustra-Anhänger wurde, hat noch nicht jenes sektiererische Erwählungsbewußtsein zur Folge, für das die Entscheidungen im Grunde bereits gefallen sind.

Das zweite Charakteristikum nach dem Dualismus, das sich als tertium comparationis eignet, ist der Wissensbegriff der Gemeinde. Dazu gehören die anthropologischen Voraussetzungen, welche für das Subjekt, und die metaphysischen Voraussetzungen, die für den Gegenstand des Wissens gelten. In Qumran erwartet man von Gottes Gerechtigkeit und Gnade Vergebung[115], nicht die Befreiung des Selbst von Leib und Seele. Ihre Voraussetzung ist, ganz im alttestamentlichen Sinne, das rechte Verhältnis zu Gott. Aber man gewinnt es nun durch Erkenntnis *(daʿat)*, Einsicht *(bīnah)*, Wissen *(maḥšäbät)* o.ä.[116]. Es dokumentiert sich im richtigen Handeln, dessen Norm die rigoros und verschärft ausgelegte Tora ist[117]. Aber mit dem Selbstverständnis der Gemeinde wird dieses Wissen zugleich zu einem Privileg, das den Söhnen der Finsternis, welche der Verdammnis verfallen sind, fehlt. Als Wissen derer, die sich von Gott zum Heil erwählt wissen, ist es auf den Kreis der Gemeinde beschränkt. Es ist ihr Kennzeichen, ihr Wesensmerkmal, und die Gegenstände dieses Wissens sind dementsprechend nicht nur das, was Gott offenbart hat *(niglah)*, vor allem seine Tora; es sind darüber hinaus auch seine Geheimnisse[118] und seine Pläne[119], mit denen Gott den Frommen belehrt, und die das von ihm gewünschte Verhältnis zu ihm ermöglichen. So geht m.E. *Kurt Schubert* nicht zu weit, wenn er sagt, daß die „Eingeweihten um Ursprung und Ziel der Schöpfung wissen und dieses Wissen als geheimen Heilsbesitz der Sekte verstanden"[120]. Das ist aber bereits ein wich-

---

[114] *Dupont-Sommer*, S.22: „Dans les Gatha, l'idée des deux voies est mise en rapport avec celle des deux partis ou des deux camps (Yasna XXXI 2)".

[115] Belege bei *Nötscher* S.183–188.

[116] Es gibt noch andere Synonyme.

[117] Im einzelnen belegt von *H. Braun:* Spätjüdisch-haeretischer und frühchristlicher Radikalismus. Bd. I: Das Spätjudentum. Tübingen: 1957.

[118] 1 QH 1, 21; 11, 10; 12, 12f.

[119] 1 QS 11, 11; 3, 15. 16. Vgl. *K. Schubert:* a.a.O. Sp.502f.

[120] A.a.O. Sp.502. Belege, die so interpretiert werden können, schon bei *Kuhn:* Die in Palästina gefundenen hebräischen Texte ... TThK *47*, S.203ff. (1950). – In bezug auf den Grad der Eingeweihtheit sind die Essener gegenüber den Nicht-Essenern mit den gnostischen Pneumatikern gegenüber den Somatikern vergleichbar.

tiges Kennzeichen des gnostischen Wissensbegriffes; auch daß das Wissen anthropologische Kenntnisse, wie etwa die Bestimmtheit des Menschen durch zwei Geister umfaßt, gehört mit dazu. Dagegen ist es mißverständlich, wenn *Kuhn* a.a.O. sagt: „Das Ganze zeigt, daß wir es hier bei dieser Sekte mit einem Seins- und Weltverständnis und mit einer Denkstruktur zu tun haben, wie wir sie später in der Gnosis wiederfinden – hier aber noch ohne die eigentliche gnostische Mythologie. Wir haben hier eine Vorform des gnostischen Denkens, Jahrhunderte vor den gnostischen Texten". Denn zum Seins- und Weltverständnis der Gnosis gehört z.B. auch der Dualismus Geist-Materie, mit dem sich der Dualismus Licht-Finsternis deckt; die Verworfenheit der Finsternis-Materie sowie die Degradierung des Schöpfergottes (Demiurgen) unter einen obersten Gott[121]. Es gehört ferner die Zerspaltenheit des menschlich-kosmischen Selbst und seine Aufteilung auf eben diese Sphären des Lichts und der Finsternis dazu[122]. Von all dem kann in Qumran noch keine Rede sein. Doch scheint hier die Bemerkung nicht überflüssig, daß man, wo es sich etwa ankündigt, nicht vom „Eindringen" oder „Einfluß" „gnostischen Denkens" o.ä. in die Qumran-Sekte zu reden braucht[123], weil man dann den Ursprung dieses gnostischen Denkens wieder woanders suchen muß. Wenn das gnostische Denken in dem spezifischen Sinn, in dem es uns heute für eine bestimmte religiöse Strömung der Spätantike charakteristisch ist, einmal in einem bestimmten Bereich entstanden ist, so kann das ebenso gut im spätjüdischen Bereich, als dessen Hauptvertreter wir jetzt die Essener kennen, wie woanders geschehen sein. Es ergibt sich aus einem solchen Sachverhalt also auch nicht als Alternative, daß man es, wenn nicht mit gnostischem, dann eben mit persischem Einfluß zu tun habe[124].

Für die Frage nach dem iranischen Einfluß auf Qumran bedeutet diese Überlegung, daß es nicht angeht, auf Grund der dort aufzeigbaren gnostischen oder prägnostischen Ansätze von iranischem „Einfluß" zu reden, nur weil diese Ansätze von der „klassisch"-alttestamentlichen Überlieferung deutlich unterschieden sind[125]. Denn das hätte die These vom iranischen Ursprung der Gnosis zur

---

[121] Siehe z.B. *W. Bousset:* Hauptprobleme der Gnosis, S. 83ff. Göttingen: 1907.

[122] Näheres bei *C. Colpe:* Die Religionsgeschichtliche Schule, S. 207f. Göttingen: 1961.

[123] So z.B. *Bo Reicke:* Traces of Gnosticism in the Dead Sea Scrolls? In: New Testament Studies 1, S. 137–141. 1954/55. Wenn ihm auch darin zuzustimmen ist, „that the Epistemology of the Qumran Congregation as represented by the Manual of Discipline does not show any direct traces of gnostic mysticism" (S. 141), so kann deshalb doch die gnostische Epistemologie in den Essener-Texten vorgebildet sein.

[124] So *van der Ploeg:* Bibl. Or. Band 11, Sp. 150. 1954, zitiert nach *Schoeps* S. 85, und viele andere. Die Lehre, daß im Menschen selbst zwei Geister miteinander streiten, ist nicht zoroastrisch, sondern erst manichäisch; sie wurde Mani in seinem mit dem Tod im Gefängnis endenden Prozeß von der zoroastrischen Priesterschaft, die sich damit nicht einverstanden erklären konnte, zum Vorwurf gemacht (Hinweis von *P.J. de Menasce* zu *Dupont-Sommer*, RHPhR *35*, S. 93 (1955).

[125] *Dupont-Sommer, A.:* RHR *142*, S. 12 (1952), verweist zu 1 QS 3, 13 auf den *maskīl*, der schon im AT für den Klugen, Weisen, Frommen steht; zu 3, 15 (S. 14: pluriel d'abstraction) auf

Voraussetzung, die nach Auffindung der Qumran-Texte füglich genauso neu zur Diskussion gestellt werden muß wie die These vom iranischen Einfluß auf das Spätjudentum. Charakteristischerweise kann *Widengren*[126], auf den *Kuhn* sich beruft[127], zum gnostischen Wissensbegriff wohl indische und mittelpersische, aber keine gathischen Parallelen anführen; daß es im alten Iran diese Art von soteriologischem Wissen gegeben hat, ist bisher nicht bewiesen, auch nicht durch Y 46, 7. Doch sei hier die doppelte Funktion, die in den Gathas insbesondere das Gute Denken ausübt, festgehalten: diese Geisteskraft ermöglicht dem Menschen die Annahme der Wahrheit des Weisen Herrn, wie dieser es andererseits auf Bitten des Menschen gnadenweise dem Menschen zugleich mit der Wahrheit schenkt und durch es den Menschen in Übereinstimmung mit sich wirken läßt. Übereinstimmend wären hier die Konsubstanzialität der menschlichen und göttlichen Geisteskraft mit der Konsubstanzialität von göttlicher und menschlicher Weisheit bei den Essenern und z.B. in der Sapientia Salomonis und ihre wechselseitige Tätigkeit, die von der göttlichen Seite aus Selbstoffenbarung, von der menschlichen aus Spekulation über die göttliche und damit in verschiedenem Sinne auch erlösende Wahrheit bedeutet.

Doch ist damit schon gesagt, daß man diesen essenischen Wissensbegriff gut von der alttestamentlichen Weisheit her verstehen kann, die man bekanntlich seit langem auf stoischen Einfluß zurückzuführen gewohnt ist. Aus der deutlichen Tendenz zum gnostischen Wissen in den Qumran-Texten folgt also nicht der Einfluß iranischen Gedankengutes, sondern es hat umgekehrt nunmehr die Vermutung, daß die Wurzeln der ausgebildeten Gnosis viel fester in jüdischen und stoischen bzw. mittelplatonischen als in iranischen Boden hinabreichen, bedeutend an Wahrscheinlichkeit gewonnen[128].

'el ha-da'at 1 Sam. 2, 3 und θεὸς γνώσεως in der LXX; S. 17 vergleicht er 1 QS 3, 18 mit Test. Jud. 20, 1; Joh. 4, 6; Hermas Mand. 5, 1, 1–4; 6, 2, 1ff.

[126] Der iranische Hintergrund der Gnosis. In: ZRGG *4*, S. 97–114, dort S. 104 (1952).

[127] ZThK *49*, S. 307 (1952). A.a.O. S. 315 verkennt *Kuhn* die Sache, wenn er – übrigens im Widerspruch zu ZThK *49*, S. 205 (1952) – meint, daß auf Grund der Verwandtschaft von gathischem und essenischem Wissensbegriff beide von der Gnosis getrennt seien. Diese stelle ein späteres Stadium der Einwirkung des parsistischen Dualismus dar, der durch griechisches Denken zu stofflich-physischem Dualismus umgeprägt wurde. Wenn er auch recht damit hat, daß sowohl Gathas wie Essener die gnostische Beurteilung dieser Welt als widergöttlich noch nicht kennen, so folgt doch aus dem Unterschied beider zur Gnosis noch nicht ihre gegenseitige Verwandtschaft, und aus dem Unterschied zwischen essenischem und gnostischem Weltbild folgt kein analoger Unterschied zwischen essenischem und gnostischem Wissensbegriff.

[128] Dies wollen im einzelnen z.B. die Arbeiten von *G. Quispel:* Christliche Gnosis und jüdische Heterodoxie. Ev. Theologie *14*, S. 474–484. 1954; *G. Scholem:* Die jüdische Mystik. Frankfurt: 1957, passim; *K. Schubert* a.a.O. und: Die Religion des nachbiblischen Judentums, S. 80–97. Freiburg/Wien: 1955, zeigen. *H.J. Schoeps:* Urgemeinde, Judenchristentum, Gnosis, S. 40 u. 49, Tübingen: 1956, der von vorchristlicher jüdischer Gnosis spricht, konstatiert zwar eine in bezug auf die soteriologische Spekulation der Gnosis entgegenkommende oder voranlaufende kosmologische Begriffsbildung im Judentum, meint aber, daß sie innerhalb der jüdischen, die Kabbala vorbereitenden Religionsgeschichte und ohne Einfluß auf die eigentliche mythologi-

Bisweilen ist eine qumranische Vorstellung von einer zoroastrischen wie von einer alttestamentlichen Vorstellung gleich weit verschieden. So gehört z.B. das Feuer in Qumran[129] zur finsteren Unterwelt; dagegen ist es in Iran Ahuras heiliges Element und hat einen eigenen Kult, und in Israel hat man von alters her Licht- und Feuerphänomene mit dem Erscheinen Gottes verbunden, die teils als konkret verzehrendes Feuer[130], teils als Manifestation von Gottes Machtfülle empfunden werden[131].

Soll nun das dem Iran und dem antiken Judentum Gemeinsame definiert werden, so ist es m.E. die Hypostasierung von Begriffen als solche, in unserem Beispiel also die des Bösen zu einer selbständig handelnden, halbwegs personifizierten Potenz, deren Gegenspieler die Hypostase des Guten ist; ferner die Hypostasierung der höchsten Geisteskraft des Menschen und der gleichbenannten Gotteskraft, über deren Identitätsverhältnis nicht reflektiert wird – eine Vorstufe der Gnosis, in der die Erkennbarkeit der göttlichen Weisheit durch die menschliche eine Voraussetzung der Soteria durch Gnosis sein wird[132]. Diese Hypostasierung ist tatsächlich ein Iran und dem antiken Judentum gemeinsames Phänomen; aber sie ist nicht nur dies, sie ist mehr: sie ist gemeinorientalisch. *H. Ringgren* hat dasselbe Phänomen in Ägypten, Sumer/Akkad, Ugarit und im vorislamischen Arabien studiert und es damit in den gehörigen weiteren Rahmen gestellt. Sein phänomenologischer Befund wäre durch einen historischen zu ergänzen, der zu zeigen hätte, ob solche Tendenzen zur Hypostasierung in der beschriebenen Weise allenthalben gleich stark lebendig geblieben sind, oder ob sie zwischendurch auch einmal durch spirituellere Behandlung von Begriffen abgelöst werden konnte. Es würde sich wahrscheinlich ergeben, daß eine

---

sche Gnosis geblieben sei. Diese stehe vielmehr, unerachtet der Unhaltbarkeit eines eigentlichen iranischen Erlösungsmysteriums (S. 41), mit ihrer zentralen Urmenschgestalt (Gayomart, S. 49) und mit der Funktion des prophetischen Pneumas (S. 53) in iranischer Tradition. Wir lassen dieses Zugeständnis an den komplexen Charakter des Synkretismus (vgl. S. 33) hier undiskutiert, doch vgl. *Schoeps* selbst ZRGG *14*, S. 71 (1962). Zum „Dualismus" männlich-weiblich und zur Syzygienlehre vgl. *Nötscher* S. 83 gegen *Schubert* ThLZ: Sp. 503f., 1953, die spätere Ausgestaltung bei *Schoeps* S. 56ff.

[129] 1 QH 3; 1 QS II, 8; IV, 13.

[130] Wie im Spätjudentum das Licht des Tages, das die Sünde enthüllt (S. 71–73), zum von Gott oder seiner doxa ausgehenden richtenden Licht wird, zeigt *Aalen* S. 233–236 u. S. 321–324.

[131] Vgl. die Priesterschrift, Ezechiel, Jes. 4, 5; 66, 15 u.ö. sowie die Behandlung des Begriffes *kabod* bei *Aalen* S. 73 bis 86 und *von Rad*, ThW II, S. 242. Den alttestamentlichen Theophanieaussagen liegt natürlich viel mythologisches Material zugrunde, doch liegen die a.a.O. zitierten Parallelen aus dem phönizisch-syrisch-kanaanäischen Bereich viel näher als die aus dem persischen.

[132] Der Zusammenhang beider Hypostasierungsvorgänge besteht darin, daß dieselbe Weisheit, die Gegenstand der Erkenntnis des Menschen bildet und an der in der kommenden Welt teilzuhaben für ihn Soteria bedeutet, als mit dem die Welt organisierenden und das Böse und die Finsternis in Schach haltenden Urlicht identisch gilt, vgl. Sap. Sal. 7, 22ff.; Syr. Bar. 54, 13 und dazu *Aalen* S. 175–178; *H. Ringgren: Word and Wisdom. Studies in the Hypostatization of Divine Qualities and Functions in the Ancient Near East*, S. 115–120. Lund: 1947; *Schubert:* a.a.O. Sp. 497, der hier stoische Einflüsse sieht.

solche spirituelle Behandlung z.B. im Bereich des AT sowohl unter dem Einfluß der spezifisch israelitischen Rechtsbildung wie unter dem der prophetischen Predigt statthaben konnte; beide Prozesse wirkten entmythisierend auf die vor-israelitisch-kanaanäische Begriffsschicht. Mit dem Aufkommen der Weisheitsspekulation, das schon ebenso ein *Wieder*aufleben genannt werden kann, mit der dazu analogen Geist-Spekulation, nun aber nicht nur für den guten, sondern auch für den bösen Bereich, welcher mit der Neuinkraftsetzung der Chaosmacht zusammengeht[133], hätten wir dann einen Rücklauf dieses Prozesses vor uns, der zu Hypostasen führt, wie sie in archaischer Zeit schon einmal bestanden, und wie sie in umliegenden Ländern, darunter auch in Iran, vielleicht nie aufgehört hatten zu bestehen. Aber eine solche phänomenologische Gemeinsamkeit, die seit alters besteht oder auch sich wieder herstellt, liegt vor jener geistig-geschichtlichen Sphäre, innerhalb derer es sinnvoll und berechtigt ist, von Beeinflussung zu reden. In der hypostatischen Qualität als solcher mögen guter und böser Geist hier, *spənta mainyu* und *aŋra mainyu* dort, Weisheit/Ruach/Torah einerseits, ein bestimmter Amescha Spenta andererseits übereinstimmen; aber in den mythographischen Details sind sie zu verschieden, die vor ihnen liegenden Weltbilder, in die sie eingeordnet sind, haben zu wenig gemein, als daß hier das eine vom andern beeinflußt sein könnte. Dasselbe gilt für die andern Details, welche wir betrachtet haben; entweder besteht ein Unterschied und ist eine Übernahme nicht erkennbar, oder aber die Übernahme bleibt singulär und besagt nichts für den Geist des Ganzen. Überdies ist die Liste singulärer, allenfalls übereinstimmender Details längst nicht in einem dem Umfang der Qumrantexte entsprechenden Maße größer geworden, als sie vorher war[134].

---

[133] Schon das alte Kanaanäertum kannte zwei gegeneinander kämpfende Heerlager göttlicher Mächte, die im Spätjudentum als Engel einerseits, als böse Geister unter Führung Satans, Belials oder Mastemas andererseits wiederkehren. Die Umwandlung solcher Mächte zu Vertretern ethischer Prinzipien ist in der israelitischen Religion durchaus verständlich. Auch hat Jahwe im AT ja nicht nur mythische Gegenspieler wie Rahab oder Tannin, sondern kann selbst einen bösen Geist zwischen Abimelech und die Bürger von Sichem senden (Ri. 9, 23) oder ihn sich des Saul bemächtigen lassen (1. Sam. 10, 6) und nach Jes. 45, 7 schafft er Heil und Unheil. Neu wäre in Qumran dann die personale Festigung und relative Verselbständigung der von Jahwe ausgehenden oder ihm von vorisraelitischer Zeit her bereits gegenüberstehenden bösen Macht. Die Frage, ob dies nicht auch zurvanitisch sein könnte, kann hier nicht mehr diskutiert werden, doch vgl. *J. Duchesne-Guillemin:* Le Zervanisme et les Manuscrits de la Mer Morte. In: Indo-Iranian Journal *1*, S. 96–99. 's-Gravenhage: 1957.

[134] Die Übersichtstafel am Schluß von *G. Molin:* Die Söhne des Lichts. Wien/München: 1954 zeigt eindrücklich die Parallelen zwischen Qumrantexten und dem pseudepigraphischen und apokalyptischen Material, das auch *W. Bousset* und *H. Greßmann* schon kannten. Nur der Zusammenhang der Motive ist für uns jetzt deutlicher geworden. Aber ich sehe nicht, wie man daraus schon gesicherte Schlüsse über das Verhältnis Iran-Judentum ziehen kann, als es jenen beiden Gelehrten möglich war. Wer die iranische These zugunsten der Prävalenz alttestamentlicher Überlieferung nicht aufgeben möchte, müßte deshalb eigentlich auch heute noch persischen Einfluß schon auf das Alte Testament annehmen, wie jene (Die Religion des Judentums im späthellenistischen Zeitalter, 3. Aufl., S. 514 bis 517. Tübingen: 1926) es taten. Doch würde damit nur das Problem in einen andern Bereich verlagert, in dem es genausowenig lösbar ist

Diese kritischen Überlegungen können leicht zu dem Resultat führen, daß im Bereich der Lichtsymbolik und der damit zusammenhängenden Vorstellungen überhaupt kein iranischer Enfluß auf das antike Judentum stattgefunden habe. Aus Gründen methodischer Vorsicht haben wir alles Gewicht auf die Möglichkeit gelegt, daß die Entwicklung, die von der alttestamentlichen zur antik-jüdischen, am deutlichsten jetzt in Qumran repräsentierten Lichtsymbolik führt, eine rein endogene war. Halten wir die unleugbaren iranischen Übereinstimmungen daneben, so wäre es dann die Kategorie der Konvergenz, nicht die der Influenz, der wir uns hier zu bedienen hätten.

Um jedoch auch der Möglichkeit der Influenz, des „Einflusses", der „Beeinflussung" gerecht zu werden, genügt es, die Gegenprobe zu machen. Gesetzt der Fall, Einfluß zoroastrischer Lichtsymbolik auf die jüdische stünde, aus welchen Gründen auch immer unabdingbar fest – wie müßte der jüdische Befund aussehen? Die Antwort kann, namentlich wenn wir an Yasna 30, 3–5; 45, 2 und 1 QS 3, 13 bis 4, 26 denken, ehrlicherweise nur lauten, daß er kaum anders aussehen könnte, als er uns tatsächlich vorliegt. Man müßte dann allerdings annehmen, daß die Lichtsymbolik zuvor in die Gatha-Stellen, die sie ja ursprünglich nicht enthalten, eingefügt worden ist. Aber das wäre dann nicht die Verifizierung der Hypothese vom iranischen Einfluß, sondern das bisher massivste Indiz für solchen Einfluß, das seinerseits Verifizierung erst fordert. Diese Verifizierung hätte etwa folgende Fragen zu beantworten[135]: In welchen Kreisen Babyloniens oder Irans war vom 3. bis 1. Jh. v.Chr. das Jungawestische und gar das Gathische so bekannt, daß es nicht nur schriftlich weiterüberliefert, sondern auch sachlich verstanden werden konnte? Wer übersetzte es ins Hebräische? Wenn es Juden waren, warum taten sie es – weil sie, in Babylonien ganz untypisch, sich fremden Einflüssen öffneten und zum Synkretismus bereit waren, oder weil sie ihre Gedankenwelt aus dem Reservoir der Umwelt ergänzen mußten, um ihr geistig besser widerstehen zu können? Wenn es Perser waren, ob Zoroastrier oder nicht, warum taten sie es, wo sie doch sonst auf Mission unter ausgebildeten anderen Religionen verzichteten und gerade dem Judentum wieder zu eigener Existenz verholfen hatten? Wenn solch eine Übersetzung trotz allem stattge-

---

wie in dem, der uns hier beschäftigt hat – abgesehen davon, daß dort die chronologische Frage der iranischen These erst recht nicht günstig ist.

[135] Vgl. *H.H. Schaeder*, RGG², Band 4, Sp. 1085 (1930); *Nötscher* a.a.O. S. 86–92. Weiter dürfte man auf dem Wege kommen, den *G. Widengren*: Quelques Rapports entre Juifs et Iraniens à l'Époque des Parthes. In: Supplements to Vetus Testamentum 4, S. 197–240. Leiden: 1957 einschlägt. *Widengren* lenkt hier überzeugend den Blick vom „Parsismus" der älteren Diskussion auf das Parthertum, dessen Religion aus der der medischen Magier hervorgegangen ist. Er trägt dieser Korrektur auch inhaltlich vielfach Rechnung (Feudalstruktur, Administration, Kunst, viele Einzelmotive), aber kaum auf religionsgeschichtlichem Gebiet, wo vieles mitläuft, was in älteren Büchern als „Parismus" figuriert. Zu den Dingen, mit denen wir uns in diesem Aufsatz beschäftigt haben, fehlen noch die überzeugenden parthischen Parallelen.

funden hat, wie und warum kam sie nach Palästina und dort gerade in die Qumransekte?

Es ist möglich und zu hoffen, daß wir auf diese und ähnliche Fragen einst werden antworten können. Aber so lange wir es noch nicht können, plädiere ich dafür, daß wir von Konvergenz und nicht von Einfluß sprechen; wobei ich mir darüber im klaren bin, daß wir damit kein Problem gelöst, sondern lediglich dem Rätsel einen – hoffentlich zutreffenden – Namen gegeben haben.

Die „Himmelsreise der Seele"
als philosophie- und religionsgeschichtliches Problem

Diesen Beitrag wage ich nur deshalb unter die philosophiegeschichtlichen Themen einzureihen, weil der Empfänger dieser Festschrift oft genug anerkannt hat, daß ich bei meiner Beschäftigung mit religionsgeschichtlichen Problemen von philosophischen Überlieferungen oder Fragestellungen wenigstens ausgegangen bin. Gern wie an Weniges denke ich an viele Gespräche dieser Richtung in oder nach einer ganzen Reihe von Seminaren. So wie es von *Thomas von Aquino* über die arabischen Philosophen auf den Islam des 10. bis 13. Jahrhunderts, von *Max Scheler* über ethische Probleme auf Protestantismus und Katholizismus im 19. Jahrhundert, vom Neukantianismus über den späten *Hermann Cohen* auf das Judentum kam, so soll es heute von Seelenaufstiegslehren, wie die antike und spätantike Philosophie sie kennt, über die der letzteren nahestehende Gnosis auf die Himmelsreise der Seele als Thema der allgemeinen Religionsgeschichte kommen[1].

Was den Ort jener Lehren innerhalb philosophischer Tradition anlangt, so ist er jüngst von *Antonie Wlosok*[2] unter der Überschrift „Rectus Status und Contemplatio Caeli in der philosophischen Anthropologie" umrissen worden. Die von ihr weiter geschilderte Umdeutung dieser Anthropologie bei *Philo* von Alexandrien, den *Hermetikern, Clemens*

---

[1] Die Einsicht, daß unter diesen, im folgenden weiter entwickelten Gesichtspunkten dem vielbehandelten Thema noch manches abzugewinnen sei, verdanke ich Herrn Prof. Dr. Ugo *Bianchi* anläßlich der Einladung zu dem von ihm veranstalteten Colloquio Internazionale sulle Origini dello Gnosticismo, der vom 13.—18. April 1966 in Messina stattfand. Dort habe ich aus einem vorher eingesandten und vervielfältigten Entwurf in einem Referat zusammengefaßt, wodurch sich die Topoi der „Himmelreise der Seele" innerhalb und außerhalb der Gnosis voneinander unterscheiden. Der genannte, mehr enthaltende Entwurf ist hier auf Grund einschlägiger auf dem Colloquio gehaltener Referate (zitiert mit CIOG; erschienen als Suppl.-Bd. XII zum „Numen", Leiden 1967) verbessert und auf eine Thematik hin geändert, wie sie Joseph Klein besonders interessiert.

[2] A. *Wlosok*, Laktanz und die philosophische Gnosis (AAH 1960, 2), Heidelberg 1960.

von Alexandrien und *Laktanz* bildet ein eindrückliches Paradigma für einen Übergang aus philosophischer in religionsgeschichtliche Problematik, hier speziell der Gnosis. Wir setzen diesen Übergang hier voraus, ohne seinen philosophischen, insbesondere mittelplatonischen Pol aus dem Auge zu verlieren, und wagen von seinem gnostischen Pol aus einen weiteren Schritt in einen Bereich, den man mit Vorbehalt den „archaischen" nennen könnte. Der Blick von da auf die Gnosis läßt diese, die sich von der hellenistischen Philosophie aus doch wie ein ganzes Sammelbecken von Rearchaisierungsphänomenen ausnimmt, als in hohem Maße entarchaisiert und spiritualisiert erscheinen. Wie sich unter diesem Gesichtspunkt die Philosophie zu einer Religiosität von der Art der gnostischen verhält, muß als Frage an den Philosophiehistoriker stehenbleiben.

Die vor- und außergnostische Vorstellung von der Himmelsreise der Seele (HdS) findet sich in zunächst verwirrend erscheinender Mannigfaltigkeit über die ganze Erde verbreitet. Doch ordnet sich diese Mannigfaltigkeit, sobald man feststellt, daß die HdS nur in den Religionen voll ausgeprägt ist, die u. a. schamanistische Struktur haben, ja daß sie ganz offenbar fest an das interreligiöse Phänomen des Schamanismus gebunden ist. Damit ergibt sich einmal das Problem der Verbreitung des Schamanismus in seiner gegenwärtig-ethnologischen Horizontale wie in seiner urgeschichtlichen und parahistorischen Vertikale, zum andern die Frage, welche der in diesen beiden Dimensionen nahezu uferlos variierenden, durch das deutsche Wort „Seele" niemals zu deckenden Vorstellungen zum Schamanismus gehören, insbesondere Bestandteil seiner Ekstasetechnik sind. Eine detaillierte Antwort müßte für viele Epochen, geographische Gebiete, Völker und bezeugende Überlieferungen gesondert gegeben werden und ist nicht nur im Rahmen eines kurzen Aufsatzes ein hoffnungsloses Unterfangen.

Es ist jedoch eine sachgemäße Möglichkeit, die Mannigfaltigkeit der Schamanismen und ihrer Seelenvorstellungen selbst zum Grundbegriff der Darstellung zu erheben, da auf diese Weise gezeigt werden kann, welche Möglichkeiten nach den Hochkulturen die Gnosis hatte und teilweise auch tatsächlich ergriffen hat, Mannigfaltigkeit solcher Art zu rezipieren und durchzuhalten, wie sie aber andererseits diese Mannigfaltigkeit einengen und schließlich zu einem ganz bestimmten, schlechterdings ihr Wesen beinhaltenden Erlösungskonzept verdichten mußte. Die Mannigfaltigkeit insbesondere der Seelenvorstellungen muß dabei im folgenden terminologisch häufig typisierend ausgedrückt werden, wobei sich als begriffliches Signum für einen solchen Typus leider wieder kein anderes anbietet als das Wort „Seele". Nur gelegentlich kann aus diesem Typus eine historisch belegbare und begrifflich in ein Wort verdichtete spirituelle Individualität herausgenommen werden, deren der Typus viele zusammenfaßt, und deren vergleichbare Züge er aneinander angleicht und steigert.

Wir sind mit diesen Überlegungen wissenschaftsgeschichtlich ein volles Jahrhundert von jenem Gelehrten entfernt, für den das, was für uns nur ein nominalistischer Typus ist, eine historische Realität war, der aber, indem er diese aufzuweisen versuchte, mit der modernen Erforschung der Seelen- und spirituellen Erlösungsvorstellungen recht eigentlich begonnen hat. Edward Burnett *Tylor* entwickelte seit 1865 seine Theorie des Animismus[3] und legte sie in seinem epochemachenden Werk „Primitive Culture"[4] ausführlich dar. Was uns daran interessiert, ist nicht das evolutionistische Grundprinzip, das letztlich den personhaften Gottesgedanken über eine Reihe von Zwischenstufen aus dem Seelenglauben und Totenkult ableiten wollte[5], sondern die Entdeckung der überragenden Rolle, welche Seelen- und Geistervorstellungen bei den Naturvölkern spielen und in früheren, wenn auch sicher nicht den anfänglichen Epochen der ganzen Menschheit gespielt haben müssen. *Tylor* beschrieb auch unter dem Stichwort „the savage theory of daemoniacal possession and obsession" bereits eine Reihe von Phänomenen, die man heute dem Schamanismus zuordnen muß[6]. Seither hat die ethnologische Forschung in den Seelenvorstellungen erstaunliche Nuancen herausgearbeitet[7], von denen für unser Thema diejenigen am interessantesten sind, die sich im Gebiet der deutlichsten Ausprägung des Schamanismus nachweisen lassen, die zentralasiatischen und sibirischen nämlich, die namentlich von Wilhelm *Schmidt*[8] und Ivar *Paulson*[9] untersucht worden sind. Im Zusammenhang damit hat neuerdings der Schamanismus große Aufmerksamkeit gefunden. Aus der Fülle der Theorien seien als besonders repräsenta-

---

[3] *E. B. Tylor*, Researches into the Early History of Mankind and the Development of Civilization, London 1865.

[4] *E. B. Tylor*, Primitive Culture, London 1871. Deutsch: Die Anfänge der Cultur, Leipzig 1873. Nachdruck in zwei Bänden: New York 1958, hiernach zitiert. Zur Kritik an der Einheitlichkeit der „Seele" in „savage societies" vgl. *A. Hultkrantz*, RGG V[3] Sp. 1634; *F. Herrmann*, Symbolik in den Religionen der Naturvölker, Stuttgart 1961, S. 16—30; *W. Stöhr*, Die Religionen der Altvölker Indonesiens und der Philippinen, in: Die Religionen der Menschheit, hrsg. von *Chr. M. Schröder*, Bd. 5, 1, Stuttgart 1965, S. 14—18 u. 173—180.

[5] Zur Kritik vgl. *Nathan Söderblom*, Das Werden des Gottesglaubens, Leipzig 1916, S. 10—32; *Adolf E. Jensen*, Mythos und Kult bei Naturvölkern, Wiesbaden 1951, S. 331—339; *W. E. Mühlmann*, RGG I[3], Sp. 389 ff.; *Ugo Bianchi*, Probleme der Religionsgeschichte, Göttingen 1964, S. 6 f.; *F. Gölz*, Der primitive Mensch und seine Religion, Gütersloh 1963, S. 12—41.

[6] Bd. 2, S. 210—228; vgl. auch Register s. v. Demons and Ecstasy.

[7] Vgl. zusammenfassend *Th. P. van Baaren*, Menschen wie wir. Religion und Kult der schriftlosen Völker, Gütersloh 1964.

[8] *W. Schmidt*, Der Ursprung der Gottesidee, Münster, Bd. 9, 1949; Bd. 10, 1952; Bd. 11, 1954; Bd. 12, 1955, jeweils in den Abschnitten über den Schamanismus.

[9] Die primitiven Seelenvorstellungen der nordeurasischen Völker, Stockholm 1958; Seelenvorstellungen und Totenglaube bei nordeurasischen Völkern, in: Ethnos 25, 1960, S. 84—118, abgedruckt in: Religions-Ethnologie, hrsg. von *C. A. Schmitz*, Frankfurt 1964, S. 238—264, danach zitiert; Die Religionen der nordasiatischen (sibirischen) Völker, in: Die Religionen der Menschheit (s. Anm. 4), Bd. 3, 1962, S. 1—144.

tiv für seine gegenwärtig-ethnologische Horizontale die von Mircea *Eliade*[10], Laszlo *Vajda*[11] und Dominik *Schröder*[12], für seine urgeschichtliche und parahistorische Vertikale die von Hans *Findeisen*[13] und Karl Josef *Narr*[14] hervorgehoben. Was sich aus diesen Forschungen so weit als gesichert herauskristallisiert, daß es für unser spezielles Thema Beachtung verdient, ist dies:

Die Ekstaste, wichtigstes und konstitutives Element des schamanischen Phänomens schlechthin, ist nicht möglich, ohne daß ein Jenseits und eine Seele vorausgesetzt wird. „Wie die Seele und das Jenseits im einzelnen beschaffen sind, variiert je nach der historischen Ideologie."[15] Eine Art Definition dessen, worum es sich hier bei der „Seele" handelt, ergibt sich aus einer Beantwortung der Frage, aus welchen Gründen oder gar zu welchem Zwecke die „Seele" den Schamanen in der Ekstase verläßt. Zweierlei tritt hier in den Gruppen oder Stämmen, die zur Aufrechterhaltung ihrer Ordnung des Schamanen bedürfen, immer wieder hervor: Krankenheilung und Jagdmagie. *Paulson* vermutet, daß die Krankenheilung sogar seine ursprüngliche Grundfunktion gewesen ist, an die sich die anderen mit der Zeit ankristallisiert haben. „Da man sich dachte, die Krankheit beruhe darauf, daß die Seele der betreffenden Person aus dem Körper gewichen und in die Gewalt der draußen lauernden Gefahren und Geister geraten sei, war es die Aufgabe des Schamanen, die verschwundene Seele aufzusuchen und sie zurückzubringen, damit der Kranke wieder genese."[16] Der Schamane entäußert sich dazu seiner Frei-

---

[10] Mehrere frühere Arbeiten zusammenfassend und weiterführend in: Schamanismus und archaische Ekstasetechnik, Zürich und Stuttgart 1957.

[11] Zur phaseologischen Stellung des Schamanismus, in: Uraltaische Jahrbücher 31, 1959, abgedruckt in: Religions-Ethnologie (s. Anm. 9), S. 265—295.

[12] Zur Struktur des Schamanismus, in: Anthropos 50, 1955, abgedruckt in: Religions-Ethnologie S. 296—334.

[13] Schamanentum, dargestellt am Beispiel der Besessenheitspriester nordeurasiatischer Völker, Stuttgart 1957 (Urbanbücher 28); Sibirisches Schamanentum und Magie, Augsburg 1958. *Findeisen* datiert die ältesten Elemente des Schamanentums, die Tracht und die Magie, in die Zeit der Höhle von Lascaux (14 000/12 600 v. Chr.).

[14] Bärenzeremoniell und Schamanismus in der Älteren Steinzeit Europas, in: Saeculum 10, 1959, S. 233—272, hinausgehend über Historia Mundi, Bd. 2, Bern 1953, S. 84 f. (Vogeldarstellungen und Skelettmagie der Altsteinzeit weisen vielleicht schon im Hirtentum dieser Epoche auf Schamanismus, der außerdem Einwirkungen aus pflanzerischer Kultur erfahren haben kann); zusammengefaßt in: Urgeschichte der Kultur, Stuttgart 1961, S. 147—149 (Elemente oder Bausteine des späteren Schamanismus in der altsteinzeitlichen Höheren Jägerkultur; der sibirische ausgebildete Schamanismus frühestens eisenzeitlich) und in der Saeculum-Weltgeschichte Bd. 1, Freiburg 1965, S. 51 u. 101 (Deponierung von Bärenknochen kann zur Wiedererstehung des Tieres geschehen sein; jungpaläolithische Darstellung einer menschenartigen Figur mit Krallenhänden und Vogelkopf macht ekstatische Praktik wahrscheinlich).

[15] *Schröder* a.a.O. S. 303.

[16] Die Religionen der nordasiatischen Völker, S. 136.

seele oder auch einer Körperseele als einer sog. sekundären Freiseele und sendet sie hinter der verlorenen Seele des Erkrankten her. Wo die Krankheit nicht auf Seelenverlust, sondern auf Besessenheit durch einen bösen Geist zurückgeführt wird, muß der Schamane mit einer Seele, unter Umständen unter Herbeirufung von Hilfsgeistern, in den Kranken eindringen, den bösen Geist aus ihm vertreiben und bis weit nach außerhalb verfolgen. Wie sich diese außerordentlich interessanten exorzistischen Praktiken in concreto vollziehen, kann hier leider nicht beschrieben werden[17].

Auch die Jagdmagie, besser vielleicht: die häufig mit Hilfe magischer Praktiken vollbrachte Jagdhilfe, geschieht über die Seelenreise. Der Schamane muß seine Seele ausschicken, um zu erkunden, wo die Jäger oder Fischer seiner Gruppe einen guten Fang machen können. Seine Seele muß die Seelen wilder Tiere einfangen und in besondere Tierfiguren bringen, die so zu besitzen und manchmal zusätzlich noch zu beschießen den Jägern und Fischern ihre Beute garantiert. Die Seele des Schamanen muß aber auch die Wildgeister beschwichtigen, aus deren Mitte einer der ihrigen herausgerissen worden ist. Und sie muß als Psychopomp die Seelen ins Jenseits geleiten oder zurückgeleiten, die der Tiere, damit der Herr der Tiere sie einstmals wiedersenden kann, auf daß aus den oftmals rituell bestatteten Knochen neue Tiere wiedergeboren werden können, und die der Menschen, damit sie den Lebenden nicht lästig fallen[18].

Die Eigenart aller dieser Seelenreisen hängt nun noch sehr davon ab, wo und wie das Jenseits vorgestellt wird, in das sie führen, als himmlische Welt, als jenseits der erfahrbaren geographischen Dimensionen liegendes Reich auf der Erde oder als Unterwelt. Himmlische und ferne irdische Welt sind immer als Ort des Heils zu verstehen, die Unterwelt ist häufiger Ort des Unheils, kann aber auch Ort des Heils sein. Die Qualifikation dieser Orte hängt mit dem Wesen der Götter zusammen, zu denen die Reise geht. Mircea *Eliade* hält die Verbindung der schamanischen Seelenreise mit dem Hochgottglauben bzw. der Vorstellung von einer Himmelsgottheit für primär. Nach ihm soll das Durchbrechen der Ebene zwischen irdischer und himmlischer Welt dazu dienen, die abgerissene leichte Verbindung der Menschen zu den Göttern wiederherzu-

---

[17] Vgl. *Paulson* (Anm. 16) S. 125—138; Eliade S. 208—248; A. *Friedrich* und G. *Buddruss*, Schamanengeschichten aus Sibirien, München-Planegg 1955, S. 44—51, 65—91, 185—207; L. *Vajda*, a.a.O. S. 268—290; *Findeisen*, a.a.O. S. 121—140 u. ö.; dazu die Besprechung von *Paulson*, in: Ethnos 24, Stockholm 1959, S. 223—227.
[18] Nach *Paulson*, Die Religionen der nordasiatischen Völker, S. 135.

stellen[19]. In der Tat begegnet man dem Schamanismus überwiegend in Gebieten, wo die Vorstellung einer Himmelsgottheit nicht gänzlich bedeutungslos ist, ja die mythische Begründung des Schamanismus wird häufig durch Exemplifikation an der Möglichkeit einer Seelenreise in den Himmel oder zu einem höchsten Himmelswesen gegeben. Pater Wilhelm *Schmidt* hingegen, der in den vier letzten Bänden seines „Ursprung(s) der Gottesidee" dem Schamanentum der innerasiatischen Völker etwa 620 Seiten widmet[20], hält diesen „weißen" Schamanismus für eine „Reaktion der Hirtenkultur" mit ihrer Himmelsreligion auf das Eindringen des „schwarzen" Schamanismus; dieser sei der eigentliche und primäre. Der schwarze Schamanismus entstamme einer agrarischen Kultur, deren Ideologie um Erde, Mond, Ahnen und Unterwelt kreise. Seine stärkste Ausprägung finde er in der ekstatischen Besessenheit, die im völligen Verlust des Bewußtseins bestehe und sich physisch in krampfartigen Konvulsionen des Schamanen äußere. Ihre höchste Steigerung erfahre sie in der schamanistischen Besessenheit, in der das Ich durch ein anderes Selbst ersetzt werde[21]. Wir können die Frage hier nicht entscheiden, müssen aber darauf hinweisen, daß die Qualifizierung der Schamanismen als „schwarz" und „weiß" in die Irre führen würde, wollte man sie in Analogie zur schwarzen und weißen Magie verstehen. Denn auch das schwarze Schamanisieren, selbst wenn es in die Unterwelt als Ort des Unheils führt, dient nicht dazu, dem Menschen zu schaden, wie es die schwarze Magie tut, sondern ihm zu nützen. Beide Typen können als „Entsendungsschamanismus" bezeichnet werden.

Doch ist zu diesem archaischen Komplex abschließend zu bemerken, daß die Seelenreise keine mystische Vorstellung ist, die die individuelle Erlösung des Menschen ausdrückt oder ihr dient. Die Beschaffenheit des gegenwärtigen Zustandes von Welt und Mensch ist nach der zugrunde liegenden Ideologie nicht derart, daß eine Erlösung aus ihm nötig würde. Die gegenwärtige Beschaffenheit soll ja gerade beibehalten und gegen Not und Krankheit geschützt werden, und daß dies gelingt, darin besteht das Heil. Und was die Seele unternimmt, um dies zu erlangen, kann deswegen auch keine unio mystica sein, wie immer auch diese sonst verstanden werden mag.

---

[19] *M. Eliade*, Schamanismus, S. 276, 319, 324, 464 f.
[20] Vgl. oben Anm. 8. Zum vermittelnden Standpunkt von *K. J. Narr*, der wohl damit steht und fällt, ob ein Jägerkreis wie der osteuropäisch-sibirische auch „pflanzerisch-animistische" Elemente gehabt haben kann, siehe Anm. 14.
[21] Zusammenfassung nach *Findeisen*, S. 203.

Versuchen wir nun, aus dem hiermit skizzierten Bereich in den hochkulturlichen Bereich weiterzugehen, so werden wir zunächst auf zwei Überlieferungszusammenhänge gewiesen, die mindestens Beachtung in diesem Zusammenhang verdienen, einen in Iran und einen in Griechenland. Nach der Ansicht des schwedischen Iranisten H. S. *Nyberg* ist Zarathustra ein Ekstatiker gewesen, den sein religiöses Erlebnis dem Schamanen sehr nahe gerückt hat [22]. *Nyberg* glaubt aus dem Gatha-Wort „maga" folgern zu dürfen, daß sich Zarathustra und seine Schüler durch rituelle Gesänge, die in einem abgeschlossenen Raum im Chor gesungen wurden, in eine Art Ekstase versetzen konnten. In diesem heiligen Raum *(maga)* sei die Verbindung zwischen Himmel und Erde ermöglicht gewesen. Nach M. *Eliade* wurde damit der heilige Raum zu einem „Zentrum". *Nyberg* betont dabei die ekstatische Natur dieser Verbindung, zumal die Gatha-Stellen, die sie zu beweisen scheinen, auch von der „Schau" *(čistā)* handeln, und vergleicht das mystische Erlebnis der „Sänger" mit dem Schamanismus im eigentlichen Sinn [23].

Außer an diese Ekstase wäre an die von Zarathustra abgelehnte, aber bei mehreren iranischen Völkern, insbesondere den Skythen, bezeugte Trance im Hanfrausch zu erinnern.

Was Griechenland anlangt, so wagt kein Geringerer als E. R. *Dodds* für das 5. Kapitel seines Buches „The Greeks and the Irrational" die Überschrift „The Greek Shamans and the Origins of Puritanism" [24], nachdem schon Erwin *Rohde*, der übrigens durch *Tylor* auf das lange vernachlässigte Gebiet der griechischen Seelenvorstellungen hingewiesen worden war, eine Reihe von in Griechenland bezeugten Ekstase-Erfahrungen zusammengestellt hatte [25]. *Dodds* durchmustert die Hadesmythen, die Orphik, die pythagoreische Seelenwanderungs- und die platonische Anamnesis-Lehre und einige Epimenides-, Zalmoxis-, Abaris- und Hermes-Traditionen und findet überall mehr oder weniger schamani-

---

[22] *H. S. Nyberg*, Die Religionen des Alten Iran, deutsch von *H. H. Schaeder*, Leipzig 1938, bes. S. 160—163; zustimmend *G. Widengren*, Die Religionen Irans, Stuttgart 1965, S. 73.

[23] Vgl. die zustimmende Zusammenfassung bei *Eliade* S. 379. Kritik an der Deutung von *maga* bei *Widengren*, S. 91 f., an der Gesamtkonzention bei *W. B. Henning*, Zoroaster-Politician or Witch-Doctor?, Oxford/London 1951, S. 19—34. Das Wort „witch-doctor" verschleiert hier, daß Zarathustra nach *Nyberg* und *Eliade* zum Typ des ruhig und feierlich auftretenden Schamanen gehört.

[24] Berkeley-Los Angeles-London 1951, Nachdruck 1963, S. 135—178.

[25] *E. Rohde*, Psyche. Seelenkult und Unsterblichkeitsglaube der Griechen, 2 Bde, Leipzig und Tübingen ²1898, Reg. s. v. ἔκστασις, Entrückung, Seelenwanderung; Abaris, Zalmoxis usw.

stische Strukturen wieder. Auch die Geschichten von Melampus[26], der die besessenen Argiverinnen heilt, hätten in diesem Zusammenhang behandelt werden können.

Nybergs wie Dodds' Interpretationen werden von der Mehrheit der Iranisten und der Altphilologen abgelehnt. In der Tat liegt die integrierende Verbindung zwischen Seelenvorstellung und Ekstasetechnik, wie wir sie als für den eigentlichen Schamanismus konstitutiv erkannt hatten, so nicht vor, und auch daß hier eine Metamorphose einer archaisch-schamanischen in eine hochkulturliche Vorstellung stattgefunden habe, läßt sich nicht beweisen[27]. Dennoch sollte man Nybergs und Dodds' Thesen angesichts der Tatsache als Frage stehen lassen, daß in historischer Zeit Traditionen vom Seelenflug im engeren Sinne nirgends in reicherer Fülle bezeugt sind als in Iran und in Griechenland.

In Iran wäre auf das 19. Kapitel des Vidēvdāt (19—111), auf den 2. und 3. Fargard des sog. Hadōxt-Nask bzw. den 22. Yašt, das 2. Kapitel des Mēnōīk xrat (114—198), die Datastān i dīnīk (20 f., 31), das Buch von Arda Viraf (161 f.), das Zartušt-name und den Bahman-Yašt zu verweisen. Wie schon aus W. *Boussets* bahnbrechender Besprechung dieses Materials[28] hervorgeht, handelt es sich hier überall um den Aufstieg einer deutlich individuierten „Seele" durch verschiedene, farbig ausgemalte Himmelsräume. Ekstasepraxis gehört in den meisten Fällen dazu. Aber eine vorgängige Beziehung der Seele zu dem Himmel, in den sie eingeht, sei sie kosmologischer, sei sie substantieller Natur, ist nicht erkennbar. Das ist ein wichtiges Charakteristikum. Ob es sich aus einer älteren Makro-Mikro-Kosmos-Spekulation entwickelt hat, in welcher etwa Vayu als Hauchseele des Kosmos und des Menschen fungiert[29], so daß sich die Individuierung der Seele erst mit zunehmender Verselbständigung des Kosmosbildes ergeben hätte, oder ob die akosmische Individualität der Seele auch schon auf den frühesten Stufen der in den genannten Pahlavi-Zeugnissen endenden Entwicklungsreihe gedacht wurde, läßt sich nicht mehr sagen.

Eindeutig aber ist, daß der Seelenflug nicht durch die Kraft eines erlösenden Erkenntnisorgans bzw. Erkenntnismittels vollbracht wird, und daß es auch nicht das Erkenntnisorgan selbst ist, das als höchster oder wertvollster Seelenteil emporsteigt[30]. Auch ist im Hinblick auf die spä-

---

[26] Bei *Apollodor* Bibl. 1, 9, 11 und 2, 2, 2, dazu *Dodds* S. 77 und *Rohde* Bd. 2, S. 51 ff.; I. *Trencsényi-Waldapfel* weist mich darauf hin, daß „Schwarzfuß" ein richtiger Schamanenname ist.

[27] Doch vgl. *A. Closs*, Erlösendes Wissen als gnostisches Erbe aus Altiran? (CIOG), S. 13: „Die früh-hochkulturelle Entwicklung wurde hier durch das geistige Erbe von benachbarten und eindringenden Wanderstämmen zur Entwicklung ekstatischer Formen der Frömmigkeit mit angeregt. So wird sie gewissermaßen zum günstigsten Untersuchungsfeld für das Verhältnis von Schamanismus und Gnosis."

[28] Archiv für Religionswissenschaft 4, 1901, S. 155—163, Nachdruck: Darmstadt 1960, S. 24—32.

[29] So *Widengren*, Religionen Irans, S. 8.

[30] Das geht aus der von *Closs* a.a.O. S. 4—7 u. 9 ff. gegebenen Erläuterung der nichtgnostischen Wissenshypostasen *daēnā* und *čistā/čisti* (im Gegensatz zum sprach-

teren gnostischen Anschauungen zu beachten, daß, falls in den Gathas von einer Himmelsreise des Zarathustra die Rede sein sollte, nur die endzeitliche gemeint sein kann, und daß sich etwa auf eine Himmelsreise von Anhängern zu deutende Aussagen nur auf die „Seele" nach dem individuellen Tod beziehen können. Es fehlt die Wiederholbarkeit und das Durchschreiten kosmischer Räume. „Bei Zarathustra würde sich das Fehlen gerade dieser Art wiederholter Reise durch den Kosmos am besten durch das machtvolle und ihn umwandelnde Neuerlebnis seines Gottes erklären: an ihre Stelle trat bei ihm das ekstatische Hinhören und Hinschauen auf Ahura Mazda und Vohu Manah. Der Entsendungsschamanismus hätte sich so bei ihm sublimiert, und zwar in einer Weise, wie es bei Gnostikern nicht erfolgte." [31]

In der griechischen Überlieferung läßt sich bemerkenswerterweise das Material typologisch zwei großen Vorstellungskomplexen zuordnen, nämlich dem eben skizzierten von der lediglich räumlichen Einbeziehung einer individuierten Seele in eine himmlische Szenerie und der Makrokosmos-Mikrokosmos-Spekulation.

Die ersteren werden vorbereitet in den Heilsvorstellungen der griechischen Orphiker [32], sie sind ausgebildet in der damit vielleicht zusammenhängenden platonischen Vorstellung von der Befreiung der menschlichen Seele von den Fesseln des Leibes und ihrer Rückkehr in die Ideenwelt [33], ferner in den in *Plutarchs* Schriften „Über das Mondgesicht" und „Späte Vergeltung durch die Gottheit" [34], in der Inschrift des *Antiochos*

---

gesetzlich mit gr. Gnosis verwandten *frazanakih* und dem buddhistischen *prajñā paramitā*) hervor. Zur Kluft zwischen zarathustrischem und gnostischem Wissens- und Erlösungsdenken s. auch *A. Closs*, Die gnostische Erlösungsidee und Zarathustra, in: Festschrift für J. F. Schütz, Graz-Köln 1954, S. 69 ff.

[31] *Closs* a.a.O. S. 14 f. Dagegen betont *G. Gnoli*, La Gnosi Iranica. Per una impostazione nuova del problema (CIOG) auf Grund einer Diskussion von *maga* (s. 20 ff.) „le analogie fra il concetto gnostico-manicheo della separazione della luce dalla materia e la dottrina gathica" (S. 22). Es käme hier darauf an, ganz genau zu definieren, was „Analogien" sein sollen.

[32] *E. Rohde*, Psyche, Bd. 2, S. 109—115; entschiedener *U. Bianchi*, Le problème des origines du gnosticisme et l'histoire des religions, in: Numen 12, 1965, S. 161—178 und zu einer Sonderform des Mysterienmithra mit orphischen Merkmalen *Ders.*, Protognosis, in: Studie e materiali di storia delle religioni 19/2, 1957, S. 118 ff.

[33] Phaidr. 249 A, Rep. 614 DE, Phaido 80 D.

[34] Besprochen von *Bousset* a.a.O. S. 250—253/59—62. Über das astrophysikalische Pendant („Anziehungskraft des Mondes" als eines Körpers mit Erdnatur) zur Funktion des Mondes als Stätte für die Seelen der Abgeschiedenen vgl. *S. Samburski*, Das physikalische Weltbild der Antike, Zürich 1965, S. 351—368. Das Verhältnis zwischen astronomischer Wissenschaft und mythischer Seelenaufstiegslehre in der hellenistischen Astrologie bis zu Ptolemaios, wo beides sich zu trennen anfängt, wäre ebenfalls einer eingehenden Untersuchung wert.

von Kommagene [35] und noch in bei Seneca [36] bezeugten Vorstellungen. Schließlich gehören auch diejenigen menippeischen Satiren *Lukians* hierher, in denen die traditionellen Jenseitsvorstellungen parodiert werden, wobei zwischen der Himmelfahrt (so im Ikaromenippos) und der Hadesfahrt (so in den Totengesprächen und in der Nekyomantie) hier nicht unterschieden zu werden braucht [37]. Phänomenologisch scheint mir dieser Komplex näher zur iranischen Vorstellung zu gehören als der sogleich zu skizzierende; ob auch genetisch, steht dahin, doch dürfte diese Möglichkeit hier eher zu erwägen sein als beim folgenden Komplex.

Die Makrokosmos-Mikrokosmos-Spekulation ist hier in ihrer spiritualisierten Form in Betracht zu ziehen, d. h. in der Form, wo sowohl Makrokosmos wie Mikrokosmos mit ihrer sie eigentlich nur durchwaltenden Seele nahezu identisch werden. Mensch wie Kosmos werden damit zu Wesen voll gegenseitiger Spiegelbilder und Analogien. Sie sind konsubstanzial, wobei ihre Substanz weder materiell noch spirituell zu denken ist. Von der Menschengestalt des Mikrokosmos her ergibt sich eine entsprechende Gestalt auch für den Makrokosmos, jedenfalls in den meisten Fällen. Der Himmelsaufstieg der menschlichen Seele ergibt sich hier, da sie nicht so individuiert ist wie in der skizzierten Form, auf abgeleiteter Weise. Der irdische Mensch paßt sich in der Ekstase oder im Sterben spirituell dem Makroanthropos, d. h. dem Kosmos, ein. Dabei erhebt er sich mit seinem wesentlichen Teil, dem Träger der Seele, die sein Selbst ausmacht, häufig dem Haupte. So erhebt sich die Seele teils, teils weitet sie sich kosmisch aus. Die Vorstellung des Sich-Erhebens verdrängt die des Sich-Ausweitens, je hypostatisch konzentrierter und damit individuierter die Seele ist. Hierher gehören, mit vielen Varianten im einzelnen, die „Aufstiegs"-Vorstellungen des mittleren Platonismus, insbesondere *Philos* von Alexandrien, der Hermetik, der sog. Mithrasliturgie, der Oracula Chaldaica und des Neuplatonismus [38]. Ekstasepraxis kennen von diesen Überlieferungen alle außer der erstgenannten.

Ein besonderes Problem stellen die ägyptischen und die jüdischen Traditionen dar.

Was die ägyptischen Traditionen anlangt, so hat sie namentlich L. *Kákosy* [38a] auf Vorstufen zur gnostischen Lehre hin befragt und findet solche z. B. im demotischen sog.

---

[35] H. *Dörrie*, Der Königskult des Antiochos von Kommagene im Lichte neuer Inschriften-Funde (AAG 3,60), Göttingen 1964, S. 190.

[36] Praefatio zu den Quaestiones naturales (die dann selbst wieder naturwissenschaftlich sind, vgl. *Samburski* S. 368—371) und ep. 65, dazu *Wlosok* (oben Anm. 2) S. 33—43.

[37] Zur Parallelität der Topoi vgl. *Bousset* a.a.O. S. 164 f./33 f. und H. D. *Betz*, Lukian von Samosata und das Neue Testament (TU 76), Berlin 1961, S. 81—99. Hier ist an die Wiederverwendung der menippeisch stilisierten Motive Himmelfahrt und descensus in Senecas Apocolocyntosis zu erinnern, von wo sich die Frage nach dem hier parodierten, ursprünglichen Sinn der pompa funebris im Kaiserkult stellt. Hier läuft eine Seelenaufstiegsvorstellung die ganze Zeit neben der Gnosis her, aber von entgegengesetzten soteriologischen Voraussetzungen aus, wie (trotz der Abgabe der Leidenschaften an die sieben Planeten durch den verstorbenen Theodosius) noch um 400 n. Chr. der aus Alexandrien (!) stammende Claudius Claudianus (zu seiner hierher gehörigen Aion-Vorstellung vgl. R. *Reitzenstein*, Das iranische Erlösungsmysterium, Bonn 1921, S. 182—186) in seinem Panegyrikus auf das 3. Konsulat des Honorius erkennen läßt. Diesen wichtigen Hinweis machte *I. Trencsényi-Waldapfel* auf dem CIOG.

[38] Dazu im einzelnen A.-J. *Festugière*, La Révélation d'Hermès Trismégiste, Bd. 3: Les Doctrines de l'Âme, Paris 1953.

Kap. 125 des Totenbuchs (63 n. Chr.), in den dem 1. und 2. Jahrhundert n. Chr. zugehörigen Golénischeff-Papyri 58 007, 58 009 und 58 010, sowie im hieroglyphischen Papyrus Milbank (Ptolemäerzeit). Diese späten Zeugnisse der ägyptischen Totenliteratur zeigen, daß die seit den Pyramidentexten bezeugte Vorstellung von der Jenseitsreise der Seele noch in enger zeitlicher Nähe zur Gnosis bekannt war. Allerdings konnte in ältester Zeit die Jenseitsreise sowohl eine Reise in die Unterwelt wie eine Reise zu den Sternen sein. Vom Schamanismus unterscheidet sich dies aber dadurch, daß die Ekstase der älteren ägyptischen Religion fremd war. Man kann vorläufig nur sagen, daß die Gnosis auf dem Boden Ägyptens mit der Lehre von der HdS sicher an autochthone Überlieferungen anknüpfen konnte. Das religionsgeschichtliche Problem ist damit gerade erst bezeichnet.

Im Judentum könnte die Auffahrt des apokalyptischen Sehers zur Schau himmlischer Geheimnisse, wie sie uns das aethiopische und slavische Henochbuch, die Ascensio Jesajae, der babylonische Talmudtraktat Chagiga (14 b ff.), das Testamentum Levi (2 ff.), das griechische Baruchbuch, die Himmelfahrt des Mose[39] sowie einige Hekhaloth rabbathi seit dem 3. Jh. n. Chr.[40] schildern, dem oben (S. 92) erstgenannten Vorstellungskomplex von der räumlichen Einbeziehung der Seele in eine himmlische Szenerie zugeordnet werden (und wird denn auch gern aus Iran abgeleitet), wenn die Anthropologie theoretisch strenger und zum Spiritualismus tendierender, und wenn damit die Seelenvorstellung ausgebildeter wäre. Aber stark individuiert ist die Sehergestalt, und eine Theorie über ihre Konsubstantialität mit dem Himmel ist nirgends erkennbar. Auf der andern Seite ist diese Theorie bei den Geist- und Wissensgriffen der sog. jüdischen Weisheitsliteratur einschließlich mancher Qumran-Texte voll entwickelt[41], aber dafür fehlt hier, wenn man von dem auch hierher gehörigen *Philo* von Alexandrien absieht[42], die Makrokosmos-Mikrokosmos-Idee ebenso wie die Aufstiegsvorstellung. Ob die Auffahrtsvorstellung der Apokalyptik und die Konsubstantialitäts- oder gar Identitätstheorie der Weisheitsliteratur Adaptationen der vergleichbaren Lehren aus Iran und Griechenland im Judentum darstellen, oder ob sie hier elementare Gedanken sind, ist ein Problem, das in diesem Beitrag nicht erörtert werden kann.

[38a] Gnosis und ägyptische Religion (CIOG) S. 3—7.
[39] Vgl. *Bousset* a.a.O. S. 138—148/7—17. Übersetzungen bei *E. Kautzsch*, Die Pseudepigraphen des Alten Testament, Tübingen 1900, und *P. Rießler*, Altjüdisches Schrifttum außerhalb der Bibel, Augsburg 1900. Die Ascensio Jesajae folgt als Kap. 6—11 dem Martyrium Jesajae (bei *Rießler* S. 481 fälschlich „Himmelfahrt"), Übersetzung von *J. Flemming* u. *H. Duensing* bei *E. Henecke-W. Schneemelcher*, Neutestamentliche Apokryphen, 2. Aufl., 2. Bd., Tübingen 1964, S. 454—468. Besprechung der Talmudstelle und ihrer Nachwirkung bei der jüdischen Mystik bei *G. Scholem*, Die jüdische Mystik in ihren Hauptströmungen, Frankfurt 1957, S. 55 f., 73 f., 392 Anm. 17.
[40] Vgl. *G. Scholem*, Jewish Gnosticism, Merkabah Mysticism, and Talmudic Tradition, New York 1960.
[41] Vgl. *H. Leisegang*, Art. Sophia, Pauly-Wissowa Reihe 2, Bd. 3 (= 3 A.), Stuttgart 1929, Sp. 1019—1039, insbes. Sp. 1031 f.; ders., Art. Logos, Pauly-Wissowa, Bd. 13, 1927, Sp. 1035—1081, insbes. Sp. 1069—1078; *F. Nötscher*, Zur theologischen Terminologie der Qumran-Texte, Bonn 1956, S. 38—78; *H. Ringgren*, Qumran and Gnosticism (CIOG); *M. Mansoor*, The Nature of Gnosticism in Qumran (CIOG).
[42] Z. B. Quis rer. div. her. 155; Migr. Abr. 220; Vit. Mos. II 117—135; Spec. Leg. I 84—97. Diskussion weiterer Stellen bei *M. Simon*, Eléments gnostiques chez Philon (CIOG). Zum Aufstieg *J. Pascher*, He Basilike Hodos. Der Königsweg zu Wiedergeburt und Vergottung bei Philon von Alexandreia, Paderborn 1931.

Der Übergang von den hier skizzierten iranischen, griechischen, ägyptischen und jüdischen Seelenvorstellungen zu den gnostischen ist leichter nachzuzeichnen als der Übergang von den archaischen zu den ersteren, wenn auch der Unterschied zwischen den zugrunde liegenden Gesamtideologien hier vielleicht noch größer ist als dort. Die Triebkraft bei der Ausbildung der hochkulturlichen Seelenvorstellungen war nicht das Verlangen nach Heilerhaltung des irdischen Lebens im Diesseits (wie z. B. im Skelettschamanismus, der in seiner Bestattungsart wie in seiner Ekstasetechnik die Wiedergeburt aus den Knochen zu erreichen suchte), sondern nach Vollendung des zeitlich-diesseitigen Lebens in einem ewigen Jenseits, sei es daß sich das Leben in einer Seele dort einfach fortsetzt, sei es daß es sich dort steigert, sei es daß es dort ausgleichend Lohn oder Strafe empfängt[43]. Das Leben in der zeitlich-irdischen Welt hat dabei den Stellenwert der Vorläufigkeit oder des zeitlichen Auftaktes. Es ist noch nicht etwas, wovon der Mensch erlöst werden will[44].

Das wird es erst in der Gnosis. Die Seelenvorstellungen treten damit in den Dienst der Erlösungsidee, und zwar in einer ganz spezifischen Weise, die durch die große religionsgeschichtliche Metamorphose mitbestimmt ist, welche zur Gnosis hinführt. Im Verlauf dieser Metamorphose wird die diesseitige Welt mit dem Leben darin vom Vorläufigen zum Wertlosen, ja Teuflischen und Widergöttlichen[45]. Damit wird es zum

---

[43] Belege zu diesen Möglichkeiten bei *F. Heiler*, Erscheinungsformen und Wesen der Religion, Stuttgart 1961, S. 517—526.

[44] *Closs*, S. 21: „Eine klare Terminologie der Erlösung läßt sich in den Hymnen Zarathustras nicht erkennen. Jener Ausdruck, der zu einer solchen am geeignetsten gewesen wäre, nämlich *būji* (von *baog-*), hat hier die Bedeutung ‚Buße' (Y 31,13) entsprechend der ethischen Umdeutung des allein göttlichen unter den vorzarathustrischen Erlösern, des indoarischen Mitra in ‚Vertrag' (Y 46, 5). Auch die Pehleviformen *bōzišn* und *buxtārīk* waren semasiologisch noch nicht entscheidend zu einem religiösen Grundbegriff der Erlösungslehre fortgeschritten."

[45] Wenn sich auch eine solch Metamorphose nicht „erklären" läßt, so muß doch nach historischen Konstellationen gesucht werden, welche sie leichter begreiflich machen. Auf eine solche Konstellation weist mit guten Gründen *A. Adam,* Ist die Gnosis in aramäischen Weisheitsschulen entstanden? (CIOG) hin: Die Ausweglosigkeit ihrer Situation in den Diadochen-Reichen habe die aramäischen Schreiber den zurvanitischen Ašoqar („der die Zeugungskraft verleiht") negativ bewerten lassen, womit eine Verneinung der Geschlechts- und Lebenskraft nicht nur durch dessen Entlehnungen ins Aramäische *(ašaqlun)* und Griechische *(Saklas),* sondern auch durch dessen Lehnübersetzung *Jaldabaoth* („Hervorbringung der Vaterkraft", Name des Demiurgen in der Barbelognosis) ausgesprochen sei. Auch die mit dem vegetativen Leben verbundene Hyle war damit in ihrem tötenden Charakter erkannt und mußte als „Löwin" angeredet werden (Th.-Ps. 14, 8 nach der überzeugenden Erklärung von *W. Till* bei *A. Adam,* Die Psalmen des Thomas und das Perlenlied als Zeugnisse vorchristlicher Gnosis, BZNW 24, 1959, S. 46 Anm. 38. Ich bedaure, in meiner Anm. 47 genannten Arbeit

Problem, auf welche Seite die Seele gehört, auf diese oder auf jene, himmlische, göttliche, ewige. Die Antwort ist von letzter Kühnheit: die Seele wird mitgespalten. Sofern sie eine Hypostase ist, wird diese Spaltung begrifflich genau durchgeführt. Sofern sie Substanz hat, reicht das logische Vermögen nicht aus, ihre finstere Seite exakt zu qualifizieren, und man beschreibt sie via analogiae als dem Schlaf, der Trunkenheit oder dem Vergessen anheimgefallen. Von einer qualifizierten Spaltung auch der Substanz kann man also nicht reden. Aus noch nicht in allen Einzelheiten durchsichtigen Gründen, von denen ein wichtiger sogleich zu nennen sein wird, wird der obere Teil der Seele zum Erlöser des unteren Teils, der erlöst werden muß. Da der untere Teil mit dem oberen substantialiter identisch war und die hypostatische Identität im Erlösungsvorgang wiederhergestellt wird, spricht man bei der Seele auch von einem Erlöser, der erlöst werden muß, salvator salvandus. Ein Seelenflug findet, wie in den vorgnostischen Überlieferungen, in der Ekstase oder nach dem Tode statt, aber er hat nun den Wert einer vorweggenommenen oder endgültigen Erlösung. Es fliegt entweder der untere Teil der Seele zu ihrem oberen empor, oder es fliegt der obere Teil, nachdem er zum unteren hinabgefahren ist, mit diesem zusammen in die himmlische Heimat zurück. In dieser Form ist die Seelenlehre dem wissenschaftlichen Bewußtsein weiter Kreise, namentlich soweit sie vom Neuen Testament her an der Spätantike interessiert sind, am eindrücklichsten geworden, und da die gnostische Erlöserlehre in der Tat einen Prototyp der Seelenlehre ausgebildet hat, findet man gern „Gnosis" signalisiert, wo von der HdS die Rede ist. Demgegenüber ist festzuhalten, daß das Mythologem von der HdS nicht schon als solches gnostisch ist, sondern erst da, wo es in die salvator-salvandus-Konzeption eingefügt wurde.

Ist auch dies alles den vorgnostischen Seelenvorstellungen gegenüber völlig neu[46], so besteht doch in mythographischer Hinsicht eine deutliche Kontinuität zu diesen, und zwar eindeutig soweit sie zur Makrokosmos-Mikrokosmos-Idee gehören. Vom salvator salvandus ist der obere Teil ein konzentrierter Makro- und der untere Teil ein konzentrierter Mikrokosmos. Deshalb hat es mit der Individualität der gnostischen Seele

---

S. 86 f. bei Th.-Ps. 18 die Herkunft der Übersetzung mit den überzeugenden Konjekturen von *A. Adam* und S. 91 Anm. 55 *W. Till* als Erklärer des Wortes *tmoie* nicht erwähnt zu haben.)

[46] *A. Bausani*, Letture iraniche per l'origine e la definizione tipologica di Gnosi (CIOG) weist (S. 19 f.) darauf hin, daß die Gleichung „böse = materiell" in Iran nur manichäisch ist, und (S. 37) daß der Mazdaismus (= Zoroastrismus) keinen „Salvatore salvato" im gnostischen Sinne kennt.

immer wieder seine Schwierigkeiten. Die Verbindung zur Makro-Mikrokosmos-Idee ist aber auf zweierlei Weise tief begründet: einmal weil sich — und dies ist zugleich der eben angekündigte Grund für die Erlöserwerdung der Seele — die Seele in der erlösenden, weil Erkenntnis vermittelnden Predigt eines Propheten manifestiert[47], dessen menschliche Gestalt in die jenseitige Heimat der Seele hinausprojiziert wird; zum andern weil es der Gnosis nicht nur um die Erlösung des Menschen, sondern auch um die des Kosmos ging.

Der Grad, in welchem die Vorstellung von der HdS in die salvator-salvandus-Konzeption eingefügt ist, und die Deutlichkeit, mit welcher ihr Zusammenhang mit der Makrokosmos-Mikrokosmos-Idee erkennbar ist, sollen die phänomenologischen Kriterien sein, nach denen bestimmt werden kann, was als gnostische Vorstellung von der HdS zu gelten hat[48].

Als früheste Möglichkeit kommt die Deutung in Betracht, die Simon Magus sich und seiner Genossin Helena gegeben hat. Indem er sie als Ennoia des höchsten Vaters auffaßte, die in die unteren Regionen hinabgestiegen sei und die Engel und Mächte zeugte, von denen diese Welt gemacht sei, um darin von ihnen zurückgehalten zu werden und viel Schmach zu erleiden[49], faßt er sie als salvanda auf. Indem er sich als die große Dynamis Gottes erklärt, die gekommen sei, damit sie die Ennoia aufrichte und befreie (assumeret et liberaret), macht er sich zum salvator. Die substantielle Identität zwischen Dynamis und Ennoia unterliegt keinem Zweifel, die hypostatische wird begrifflich nicht ausgesprochen, aber durch die geschlechtliche Vereinigung beider symbolisch mitgesetzt. Der über die beiden Personen hinausgehende Bezug von Erlösungsbedürftigkeit und -vollzug auf die Dinge der Welt wird durch die Wendung „ad emendationem venisse rerum"[50] sichergestellt. Der Aufstieg von Ennoia und Dynamis ist endgültig nach dem Tode ihrer Träger zu denken, der

---

[47] Nähere Begründung bei C. Colpe, Die Thomaspsalmen als chronologischer Fixpunkt in der Geschichte der orientalischen Gnosis, in: JbAC 7, 1964, S. 77—93.

[48] Es kann sich im folgenden nur darum handeln, die wichtigsten Typen herauszustellen. Zur Gewinnung der oben ohne Begründung aufgestellten phänomenologischen Kriterien aus dem gnostischen Material selbst vgl. meine Arbeit: Die religionsgeschichtliche Schule (FRLANT 78), Göttingen 1961, S. 175—191. Die mit Hilfe der Kriterien gewonnene Typologie zeigt zugleich eine innere Genesis an, innerhalb derer de facto jedoch zahlreiche Abweichungen und Rückläufe vorkommen, und mit der sich erst recht die Abfassungszeiten der Texte nicht decken.

[49] Iren. I 23, 2.

[50] Iren. I 23, 2.

Aufstieg der durch sie mitrepräsentierten Weltseele, nachdem die Welt aufgelöst ist[51].

Im Perlenlied der syrischen Thomasakten ist die salvator-salvandus-Konzeption dreifach ausgebildet: Im Verhältnis beider Größen zueinander stehen Königssohn und Perle, Brief und Königssohn, Kleid und Königssohn. Auch hier ist an der Substanzgleichheit dieser Gestalten angesichts ihrer gemeinsamen Herkunft aus dem Königreich des Ostens nicht zu zweifeln. Die hypostatische Wiederidentifizierung beim Aufstieg wird durch Aufnehmen der Perle, Empfang des Briefes und Anlegen des Kleides so weit ausgesprochen, wie es in Symbolen eben geht. Die historische Existenz eines Propheten, dem Simon vergleichbar, der sich mit Kräften der oberen, hier durch ein östliches Königreich symbolisierten Welt identifiziert und sie im Vollzug seiner Sendung zu erlösenden macht, ist zu postulieren, wenn sich auch hinter den märchenhaften Zügen des ganzen Liedes nicht mehr erkennen läßt, um wen es sich handelte. Nur die kosmische Dimension des salvandum läßt sich nicht erkennen, und auch die Einreihung des Königsohnes unter Vater, Mutter, Bruder und zwei Beschützer wird man nur gezwungen als Reflex eines Systems kosmischer Kräfte deuten können. Ob die Individuierung der salvanda und der salvatores durch ihre Symbolisierungen als Perle, Königssohn, Brief und Kleid erzwungen ist, oder ob darin die iranische Anschauung nachwirkt, in der wir die kosmische Dimension ebenfalls vermißten?

In phänomenal anderer Weise als die Erlöser Simon und Königssohn agiert der Anthropos in der sog. Naassenerpredigt der Ophiten[52]. Er vertritt die Seele oder das Selbst der Welt, und als solcher unterliegt er einer großen inneren Spannung: er ist einmal als oberer Anthropos das

---

[51] Solvi mundum, Iren. I 23,3. Die Kosmologie der Megale Apophasis nach Hipp. Ref. VI 9,3—18,7 fügt sich analog dazu. Der kosmische Raum (οἰκητήριον) heißt hier sogar direkt ἄνθρωπος; die ἀπέραντος δύναμις, die in ihm wohnt, zerfällt als Feuer in eine κρυπτά und eine φανερά φύσις (9,5). Die verborgene Feuerkraft, mit der gezeugten Welt identisch, ist in ihren sechs Wurzeln νοῦς und ἐπίνοια, φωνή und ὄνομα, λογισμός u. ἐνθύμησις nur mehr δύναμις (Möglichkeit), nicht mehr ἐνέργεια (Aktualität). In der aristotelischen Terminologie von der Überführung der δύναμις in ἐνέργεια wird die Aufhebung der διπλῆ φύσις, die Zurücknahme der gezeugten Welt ins ἀγέννητον πῦρ (12,1—3) und damit der Erlösungsvorgang beschrieben. Die sechs ῥίζαι, lauter seelische oder geistige Potenzen, fliegen wieder empor. — J. Frickel, Die Apophasis Megale, eine Grundschrift der Gnosis? (CIOG) zeigt, daß Hippolyt nicht, wie gewöhnlich angenommen wird, aus der Apophasis selbst excerpiert, sondern eine (von uns nicht näher bekannten Simonianern hergestellte) Paraphrase zu dieser Schrift mit eigenen polemischen Zusätzen wiedergibt.

[52] Hipp. Ref. V 7,2—9,9. Die Gotteslehre der Naassener ist möglicherweise vom Grundsystem der Apophasis (s. Anm. 51) beeinflußt.

Selbst des Kosmos und wird auch „ungeprägter Logos" (7,33), Adamas, Archanthropos, „großer", „sehr schöner" oder „vollkommener" Mensch genannt (7,6 f. 30.36), zum andern aber ist er auch der in allen Einzelwesen ausgestaltete „innere Mensch" (7,36), auch „geprägter" (7,33) und ähnlich genannt. Die Spannung scheint aktualisiert worden zu sein, indem der untere innere Mensch als von oben in den Leib herabgestiegen verstanden wird. Der obere Mensch gilt teils als diesem ganzen Götterschicksal gegenüber entrückt und selbständig bleibend (8,2), teils als mitgeknechtet, ins Gebilde des Vergessens hinabgetragen und darin leidend (7,7 f.). Die Aktualisierung dieser Spannung aber wird merkwürdig schwach ausgemalt: es heißt nur, daß der Mensch von oben „herabgefallen" (7,36), „heruntergebracht" oder „abwärts geflossen" sei. Auf diese Weise ist der obere Mensch der pneumatische Teil des irdischen Menschen geworden, welchem in Übereinstimmung mit der klassisch-gnostischen Trichotomie der psychische und der sarkische Teil zugeordnet sind[53]. Dieser Teil muß daran erinnert werden, daß er vom oberen Menschen hierher abgesunken ist. Die Gestalt, die diese Erinnerung besorgt, wäre der Erlöser. Aber wir können dem Text nicht entnehmen, daß ein eigens Gesandter als solcher auftritt. Es ist nur vom kyllenischen Hermes, dem Seelenurheber und -geleiter, die Rede[54], und in Parallelität dazu von dem „Christus, dem in allen Geborenen als Menschensohn vom ungeprägten Logos geprägten" (7,33). Beide Male muß es sich um die hypostasierte Fähigkeit des inneren Menschen zur Selbsterinnerung handeln, ohne daß dabei eine selbständig hypostasierte Figur von außen an ihn herantritt und mithilft. Der innere Mensch steigt wieder auf — das ist seine Wiedergeburt, durch die er rein pneumatisch und mit dem oberen Menschen ganz und gar wesensgleich wird. Der Anthropos ist also ein Symbol für den abwärts und wieder aufwärts fließenden Strom des Werdens, das nichts anderes bedeutet als der im Kreise von oben nach unten und von unten nach oben fließende Okeanos (7,38), der in derselben Richtung fließende Jordan (7,41) und die sich in den Schwanz beißende Schlange (9,9 ff.). Sie alle sind zugleich Symbole für das seelische Selbst des Kosmos, und mehr ist auch der Anthropos in der Naassener-Predigt trotz seines Herab- und Hinaufsteigens im Grunde nicht[55]. Das Selbst ist hier also ein sinkendes und sich von selbst wieder

---

[53] Nach 7,7 f. bildet die ψυχή das Bindeglied zwischen dem oberen und dem unteren Menschen.

[54] Er wird 7,29 f. im Anschluß an *Homer*, Od. 24,1 ff. eingeführt und heißt Logos.

[55] Vgl. in 8,4 die Identifikation des aufwärts fließenden Jordan mit dem mannweiblichen Menschen, die *R. Reitzenstein*, Studien zum antiken Synkretismus aus Iran

erhebendes Prinzip, d.h. es ist akzentuierter in Bewegung gesetzt als in anderen Überlieferungen, wo es mehr in statischer Spannung verharrt. Das wird auch durch die Gestalten bestätigt, mit denen es über seine Ausprägung „Mensch" gleichfalls allegorisch gleichgesetzt werden kann: Adonis, Osiris, vor allem aber mit Attis. Die salvator-salvandus-Konzeption wird hier nur halb erreicht, weil die Spannung zwischen oberem und unterem Menschen nicht bis zum vollen Dualismus zerrissen ist.

In der Lehre der Valentinianer ist der gegenseitige Übergang zwischen dem kosmischen Makroanthropos und seinem es eigentlich nur durchwaltenden seelischen Selbst aufs schönste dadurch ausgedrückt, daß der „Antitypos des vor allem Sein vorhandenen Ungezeugten" bei *Epiphanius* (Pan. haer. 31, 5, 5) Anthropos und der ihm entsprechende „Vater aller Dinge" bei *Irenäus* (I 1, 1) Nous heißt. In ihm ist das universale kosmische Pleroma vollendet, worin der Anthropos als untergeordnete Hypostase noch einmal erscheinen kann[56]. Innerhalb dieses Pleroma ist bereits das, was der Horos tut, Erlösung: er begrenzt und reharmonisiert das in Unordnung geratene Pleroma, das also, ebenso wie der Anthropos in der Naassener-Predigt, nicht ganz zerreißt. Dem Seelenflug entspricht hier der Aufstieg der gefallenen Sophia, nachdem sie die Enthymesis, von der sie befallen war, als eigene Hypostase von form- und gestaltloser Substanz zurückgelassen hat. Sie wird dann als untere Sophia oder Achamoth Materialursache für diese Welt[57]. Aber der genetische Zusammenhang der Erlösergestalten Horos, Jesus oder Christus mit den Äonenreihen führt merkwürdigerweise nicht in diese Welt hinein und also auch nicht aus dem spekulativen Konzept des Systems heraus. Die Erlösung geschieht, indem man die in Kosmogonie mündende Entwicklung der Ontologie erkennen lernt. Das geschieht durch die Lehrschriften, wie denn auch der bei Epiphanius erhaltene Lehrbrief der Form nach zum Typus des Offenbarungsbuches uralter Herkunft gehört. Diese Dignität haben die Lehrschriften zwar noch öfter in der Gnosis, jedoch sind sie dann auch, und sei es über die Person ihrer Verfasser, an das spekulative Erlösungssystem angeschlossen, insofern nämlich, als ihr Ver-

---

und Griechenland, Berlin und Leipzig 1926, S. 166 durch Emendation des Abschnittes 7, 40 γεννᾶται — 8, 4, 1. Hälfte beseitigt hat.

[56] *W. Bousset*, Hauptprobleme der Gnosis (FRLANT 10), Göttingen 1907, S. 163, trifft deshalb das Wesen der Sache nicht, wenn er nur sagt, der Anthropos stehe erst an dritter oder vierter Stelle der Äonenreihe und rage deshalb nicht besonders hervor.

[57] Dies alles genauso auch in einem valentinianischen Nag-Hamadi-Text, vgl. *J. Zandee*, Die Person der Sophia in der vierten Schrift des Codex Jung (CIOG). Die höhere Sophia erscheint hier als Logos, die niedere als Frau.

fasser selbst als eine Figur im System gilt. Bei den Valentinianern dagegen kennen wir einen solchen Zusammenhang nicht. Wir erfahren nur, daß Valentinus ein neugeborenes Kind gesehen und es gefragt haben soll, wer es sei; es habe geantwortet, es sei der Logos[58]. Die dogmatische Fixierung der Erlösung bei den Valentinianern hat also keine andere Qualität als die, welche in den anderen gnostischen Systemen der präexistente und der posthume Erlösungsvorgang haben. Die in der Geschichte am konkreten Menschen geschehende Erlösung[59], zu der diese beiden Vorgänge Archetyp und Wiederholung bzw. Vollendung sind, hat im valentinianischen System keinen Ort. Das valentinianische System stellt also in typologischer Hinsicht eine Zwischenform dar zwischen den Systemen, in denen das Selbst hinabsinkt, verfällt, wiedererweckt wird und im Wiederaufstieg den von ihm erfüllten Menschen erlöst, und den Systemen, in denen ihm die wichtigste seiner Sonderhypostasierungen in personifizierter Gestalt erweckend entgegentritt.

Unter diesen ist vor allem das manichäische System zu nennen. Es steigen herab in der Präexistenz der Urmensch, in der gegenwärtigen Existenz Jesus der Glanz, der Lichtnous und die Apostel, in der Postexistenz eine ganze Reihe von seelengeleitenden Gottheiten. Das salvator-salvandus-Konzept ist mit absoluter begrifflicher Schärfe beim Lichtnous durchgeführt. Die Hauptfigur in der Präexistenz ist als Hypostase nur salvandus (und salvatus!), die Figuren der Postexistenz nur salvatores. Die makrokosmische Dimension von Fall und Erlösung ist im Urmensch-Mythus so eindeutig und voll ausgebildet, daß man viele andere gnostische Systeme fälschlich von da aus interpretieren konnte. Der Seelenflug wird im Aufstieg des Urmenschen, nachdem der „Ruf" ihn erreicht hat, vorweggenommen und mit mehreren anthropologischen Begriffen, die mit dem Nous[60] und seinen Äquivalenten in den andern Sprachen verbunden sind, breit ausgeführt.

Es würde zu weit führen, jetzt eine die eben skizzierte weiter ausbauende Typologie aller gnostischen Systeme zu geben, zumal sie sich ändern würde, wenn man

---

[58] *Hippolyt*, Ref. VI 42,2. Valentin entwickelte seinen tragischen Mythus aus dieser unmittelbar lebendigen Anschauung des in die Welt geratenen Logos. Parallelen: die nach Andrapolis verschlagene Flötenspielerin (= Dirne) in den Thomasakten 5—8 (p. 108—112 *Bonnet*) und die ins Bordell gesteckte Helena (Justinus, Apol. I 26,3) als Sinnbilder der gefallenen Sophia.
[59] Dazu vgl. *H. J. Marrou*, La Théologie de l'Histoire dans la Gnose Valentinienne (CIOG).
[60] Dazu mit Belegen: *L. J. R. Ort*, Mani's Conception of Gnosis (CIOG).

andere Vergleichshinsichten als die von Abstieg und Befreiung der Seele wählte[61]. Einige Beispiele seien herausgegriffen. Eine ähnliche, den Dualismus überbrückende und die Seele über ihn hinwegführende Rolle wie Simon Magus spielt Jakobus in den beiden *Jakobus-Apokalypsen*[62]. In bezug auf die Individuiertheit der Seele ist die *Paulus-Apokalypse*[63] dem Perlenlied vergleichbar. Um eine ähnliche Selbsterlösung der aufsteigenden Seele wie in der Naassener-Predigt handelt es sich in der ganzen nebenchristlichen Barbelognosis[64] einschließlich des *Apokryphon Johannis*[65], der *Hypostase der Archonten*[66] und der titellosen Schrift aus Codex II von Nag Hamadi („Vom Ursprung der Welt")[67]. Den valentinianischen Typus finden wir kongenial im *Traktat über die drei Naturen*[68] und im *Philippusevangelium*[69] und in Konkurrenzbildung im *Evangelium Veritatis*[70] und im *Brief an Reginus*[71] wieder, wo allerdings die salvator-salvandus-Terminologie nicht eindeutig ist. Dem manichäischen Typus entspricht am ehesten das *Baruchbuch* des Gnostikers *Justin*[72] und bestimmte Zusammenhänge in den *mandäischen Texten*[73], die übrigens den kosmologischen und den individuierten Seelentyp nebeneinander enthalten. Nichtgnostische Aufstiegs-Lehren enthalten z. B. die hermetischen Schriften aus Codex VI von Nag Hamadi[74] und das *Apokryphon Jacobi*[75].

---

[61] So stellt z. B. *L. Kákosy* (oben Anm. 38 a) unter dem ägyptischen Motiv des Fortkommens der Seele durch magische Sprüche, Zeichen, Siegel usw. das Evangelium nach Maria, die Paulus-Apokalypse, die Pistis Sophia und das erste Buch des Jeû zusammen.

[62] *A. Böhlig-P. Labib*, Koptisch-gnostische Apokalypsen aus Codex V von Nag Hammadi im Koptischen Museum zu Alt-Kairo (WZ Halle, Sonderband), Halle 1963, S. 27—85, dazu *R. Kasser*, Le Muséon 78, 1965, S. 71—98 u. 299—306.

[63] Ebenda (vorige Anm.) S. 15—26.

[64] Vgl. *L. Cerfaux*, Art. Barbelognostiker, in: RAC 1 (1950) Sp. 1176/80.

[65] *M. Krause-P. Labib*, Die drei Versionen des Apokryphon des Johannes im Koptischen Museum zu Alt-Kairo (ADIK Kopt. Reihe I), Wiesbaden 1962.

[66] Übersetzt von *H. M. Schenke*, ThLZ 83, 1958, Sp. 661—670.

[67] *A. Böhlig-P. Labib*, Die koptisch-gnostische Schrift ohne Titel (Deutsche Akad. Inst. f. Orientforschg. 58), Berlin 1962.

[68] Text bisher nur bei *P. Labib*, Coptic Gnostic Papyri in the Coptic Museum at Old Cairo Vol. 1, Kairo 1956, pl. 3, 4, 7, 8, 11—26, 27—36? 37, 38, 39? 40?; 41—44, 45? 46?, dazu *H.-Ch. Puech* und *G. Quispel*, Le quatrième écrit gnostique du Codex Jung, in: Vig. Ch. 9, 1955, S. 65—102.

[69] *W. C. Till*, Das Evangelium nach Philippos (PT St 2), Berlin 1963.

[70] *M. Malinine-H.-Ch. Puech-G. Quispel*, Evangelium Veritatis, Zürich 1956; dazu von denselben Herausgebern, *W. Till* und *R. Mc L. Wilson*: Supplementum 1961.

[71] *M. Malinine-H.-Ch. Puech-G. Quispel-W. Till-R. Mc L. Wilson-J. Zandee*, De resurrectione (Epistula ad Rheginum), Zürich 1963.

[72] Hippolyt, Ref. V 23—27, dazu *E. Haenchen*, Das Buch Baruch. Ein Beitrag zum Problem der christlichen Gnosis, in: ZThK 50 (1953) S. 123—158, abgedruckt in: Gott und Mensch. Gesammelte Aufsätze, Tübingen 1965, S. 299—334.

[73] Grundlegend: *W. Brandt*, Das Schicksal der Seele nach dem Tode nach mandäischen und parsischen Vorstellungen, in: Jahrbücher für protestantische Theologie 18, 1892, S. 405—438 u. 575—603, Nachdruck: Darmstadt 1967.

[74] Nach *M. Krause*, der diese in ADIK Kopt. Reihe II veröffentlichen wird, in: Der Stand der Veröffentlichung der Nag-Hammadi-Texte (CIOG), S. 24—39. Nach

In der gesamten Gnosis ist der Bereich, in den die „Seele" hinabfährt oder -steigt, nicht die Unterwelt des Schamanismus oder der Hochkulturen, wie sie nach deren Texten Josef *Kroll* in allen Kapiteln außer den beiden über Mandäer und Manichäer[76] geschildert hat. Erst recht „erklären" die Unterweltsüberlieferungen der Ägypter, Babylonier, Inder, Iranier, Juden, Griechen und Römer nicht das Interesse der Gnostiker, sich mit einem unter ihrer Himmelswelt liegenden widergöttlichen Bereich zu befassen. Dieser ist für sie ja ursprünglich präexistent und liegt nicht unter einer geschaffenen Welt, und wo die geschaffene Welt selbst dafür steht, ist sie der vorgnostischen Unterwelt so gleichwertig, daß eine solche von der irdischen Welt nicht mehr unterschieden zu werden braucht. Die vorgnostischen Unterweltsüberlieferungen leihen der dämonisierten Welt der Gnostiker allenfalls Chiffren. Diese Welt kommt oft erst durch einen Seelenfall zustande; nachdem sie da ist, können weitere seelische Kräfte in sie hinabsteigen. Die Befreiung der Seele geschieht dann nicht von etwas, das bestehen bleibt; sondern dies verschwindet im Vollzug der Befreiung, so daß selbst dieser Begriff uneigentlich wird — Freiheit kann nicht sein, wo nichts mehr knechten will. Die gnostische Metamorphose der Vorstellung von der HdS hebt die Möglichkeit sinnvoller Anwendung von Begriffen aus archaischen und hochentwickelten Kulturen, aus Religionen und Philosophien auf, und es kann nicht anders sein, wo das Schicksal der Seele alles in allem ist.

Damit wird zugleich die Vielschichtigkeit der in „Freiheit" zu versetzenden „Seele(n)" unwichtig, die doch der Grund für die Differenziertheit jenes Erlösungsdenkens gewesen war. So vollendet die Gnosis die von griechischer Spekulation eingeleitete Reduktion zu einem einheitlichen, dabei erst recht substanzhaft bleibenden Seelenbegriff. Er wurde vom Christentum (hier in komplizierten Verbindungen mit der biblischen Fleisch-Geist-Dialektik) und vom Islam übernommen und bestimmte dann die ganze abendländische Tradition, weshalb wir, die wir darin stehen, mit ihm frühere Gegebenheiten nur schwer erfassen können. Erst eine historische Religionspsychologie, die Substanzdenken von ihrem eigenen Funktionsdenken her interpretieren kann, wird sich von ihm befreien und damit auch die stets willkürlich bleibende Alternative überwinden können, ob es sich hier um eine theologische oder um eine philosophische Problematik handelt.

S. 15 f. handelt es sich bei der in diesem Band mitzuveröffentlichenden „Exegese über die Seele" aus Codex II um einen gnostischen Text, was aus der Besprechung des noch nicht veröffentlichten Textes bei *J. Doresse,* Hermès et la Gnose. A propos de l'Asclépius copte, in: Novum Testamentum 1, 1956, S. 54—69 nicht hervorgeht.

[75] Vgl. vorläufig *H.-Ch. Puech* bei *Hennecke-Schneemelcher* (oben Anm. 39) S. 245 bis 249.

[76] In seinem großen Werk „Gott und Hölle. Der Mythos vom Descensus-Kampfe", Leipzig und Berlin 1932, Nachdruck Darmstadt 1963.

Stück 6

Kurze Charakteristik der Esra-Forschungen
1927–1967

Die Arbeit *Esra der Schreiber* steht sachlich mit denen über Mani und Bardesanes in keinem Zusammenhang. Sie wurde aus zwei Gründen mit diesen zusammengestellt: einmal weil sie als monographische Behandlung einer für einen andersartigen Kultur- und Religionskreis entscheidend gewordenen Person ein eindrucksvolles Gegenstück zum Stil der Untersuchung darstellt, der in den beiden anderen Abhandlungen gefunden werden mußte; zum andern um zu zeigen, wie Schaeder in den Jahren 1926–1932 ein ganzes Feld von Problemen erschloß, zu deren Meisterung er eben diese verschiedenen Stile von Annäherung an die Sache und Durchführung der Untersuchung entwickeln mußte. Vielleicht noch deutlicher als die Arbeiten über Mani, Bardesanes und Esra zusammengenommen zeigt dies sein Buch *Iranische Beiträge I* (Schriften der Königsberger Gelehrten Gesellschaft, Geisteswiss. Klasse, 6. Jahr Heft 5, Halle 1930, S. 199–296), über das zur Ergänzung für den Leser der Esra-Arbeit zunächst etwas gesagt werden muß.

Diese Schrift, die mit demselben Recht „Aramaistische Beiträge", „Irano-Aramaica" oder ähnlich heißen könnte, hat es „mit Fragen der iranischen Geschichte, zumal der Literatur- und Religionsgeschichte zu tun. Aber die Ausgangspunkte liegen zumeist außerhalb von Iran" (S. VII). Dies gilt für vier der in diesem Buch vereinigten Studien[10]. Damit liefern von ihnen die dritte (*Sprachliche und orthographische Entwicklung im Reichsaramäischen*, S. 225–254; vgl. schon *Urform* S. 147–150) und die vierte (*Über die iranischen Elemente im Reichsaramäischen*, S. 255–273) zugleich eine Fülle von philologischen und linguistischen Erklärungen zu den aramäischen Teilen des Alten Testament, die zum größten Teil von der Forschung anerkannt worden sind. Die erste und die

---

[10] Die fünfte und letzte, *Zandiq-Zindiq* S. 274–291, sichert die Ableitung des mittelpers. *zandīk* von *zand* und damit die Bedeutung „Heterodoxer, der eine neue allegorische Erklärung zum Awesta bringt", und zeigt weiter, daß dieser Ausdruck ebenso wie seine ins Arabische entlehnte Form *zindīq*, mit der *ṣiddīq* nichts zu tun hat, deshalb auf Mani angewandt werden konnte, weil er Begriffen der zoroastrischen bzw. zurvanitischen Theologie ebenfalls einen neuen Sinn mitteilte. Dieser Aufsatz stellt damit eine wichtige Ergänzung zur Abhandlung *Urform und Fortbildungen* dar (vgl. dort S. 130 oben), deren Ergebnis, wie immer man es sonst beurteilt, hier die Geschichte eines häreseologischen Begriffes im Mittelpersischen und Arabischen zuverlässig hat aufhellen helfen.

zweite Studie (*Ein Terminus der achämenidischen Kanzleipraxis im Alten Testament und im Mittelpersischen*, S. 199–212; *Die Komposition von Esra 4–6*, S. 212–225) zeugen von einem solchen Anwachsen neuer Aufgaben zu Person und Buch Esra, daß begreiflich wird, wieso *Esra der Schreiber* als umfangreichste aus den damit zusammenhängenden Studien hat herausgelöst werden können. Zu dieser kleinen Monographie stehen die beiden Aufsätze nun im Verhältnis wechselseitiger Ergänzung.

Der erste Aufsatz zeigt, daß der Terminus *mpārǎš* in der Urkunde Esra 4,17–22 (Antwort Artaxerxes' I. auf die Beschwerde des Unterstatthalters von Samaria) bedeutet „ex tempore (vom Blatt weg) aus dem Aramäischen ins Persische übersetzt", und *mpōraš* in der Denkschrift Esras (Neh. 8,8) „ex tempore aus dem Hebräischen ins Aramäische übersetzt". Es handelt sich um einen terminus technicus aus dem achämenidischen Kanzleiwesen, der auch in mittelpersischer Lehnübersetzung weiterlebt. Er dient in *Esra der Schreiber* S. 51 ff. dazu, Esras Amt näher zu bestimmen. Seine Existenz bezeugt zugleich die Echtheit der Urkunde Esra 4,17–22, die dann auch einen Schlüssel für die Analye des literarischen Zusammenhanges liefert, in dem sie jetzt steht.

Damit beschäftigt sich der zweite Aufsatz. Er analysiert denjenigen Teil des Buches Esra, der die Darstellung der bis zum Auftreten des Mannes Esra sich abspielenden Geschichte aus aramäischen Urkunden entfaltet, die außerdem z. T. zitiert werden. Man nennt diesen Abschnitt heute meist neutral „die aramäische Chronik von Jerusalem" bzw. einen vom Chronisten ausgehobenen Teil daraus. Schaeder versucht, die von A. KLOSTERMANN (*Geschichte des Volkes Israel* [1896] S. 216f.) und von R. KITTEL (*Geschichte des Volkes Israel* Bd. 3,2 [1929] S. 602f.) angedeutete Lösung jener Schwierigkeiten zu verifizieren, die damit gegeben sind, daß bestimmte Ereignisse den falschen achämenidischen Regierungen zugeordnet werden. In Esra 4,7 sieht Schaeder eine notdürftige Hebraisierung einer aramäischen Notiz, die folgendermaßen zu übersetzen sei: „(a) Und in der Zeit des Artaxerxes schrieb im Einverständnis mit Mithradata und seinen[11] übrigen Kollegen Tabᵓel an Artaxerxes, den König von Persien; (b) die Schrift des Dokuments: geschrieben aramäisch und verdolmetscht aramäisch[12]." So tritt ein sonst unbekannter

---

[11] Bezieht sich auf den folgenden Namen.

[12] Nur 7b wird von Schaeder wörtlich so wiedergegeben; die Übersetzung von 7a ergibt sich aus seinen kritischen Bemerkungen und Paraphrasen des Inhalts dieses Verses. Durch diese wird die Schwierigkeit übergangen, daß *ušᵓar knāwōṭāu*, das doch ganz offenbar wie *Miṭrdāt* von *bišlām* abhängig sein soll, hinter dem Subjekt *Tabᵓel* steht. Außerdem wird nicht in Erwägung gezogen, ob das Suffix von *knāwōṭāu* sich statt auf das Subjekt, an dessen Hervorhebung Schaeder alles liegt, auf *Miṭrdāt* beziehen könnte. Schließlich wird nicht gesagt, warum die Annahme,

Mann mit dem aramäischen Namen Tabᵓel hervor, der zunächst als Schreiber des folgenden aramäischen Schriftstückes in Anspruch genommen werden kann. In diesem sei als erstes die Klageschrift Rechums und Schimschais an Artaxerxes I. (465–424) 4,8–16 enthalten gewesen, darauf der für die Juden ungünstige Antworterlaß des Königs 4,17–22. Tabᵓel selbst muß dann in v. 23 eine Notiz über dessen Folgen angefügt haben. Die befremdliche Rückblende in die Zeit Darius' I. (521–485) in 4,24 müsse nun ein bewußter Rückgriff auf diese Zeit sein, „um an Hand von Urkunden den Beweis zu liefern, daß schon damals ähnliche Versuche von persischen Provinzialbehörden gegen den Wiederaufbau des jüdischen Tempels unternommen, aber unschädlich gemacht wurden durch eine ausdrückliche, auf ein Edikt des Kyros gestützte und es bestätigende Verfügung des Dareios" (S. 215). Ein solcher Rückgriff, höchstwahrscheinlich mit einem vom Chronisten weggelassenen überleitenden Resumé der Ereignisse unter Kyros, sei aber ebenfalls am besten in einer Denkschrift vorstellbar, für die wiederum kein anderer Autor als Tabᵓel in Frage komme. Esra 4,8–24 stammen also aus der Denkschrift des Tabᵓel, während 4,6 und 7a aus dieser vom Chronisten umgesetzt und in 7b selbständig erläutert worden sei. Der zur Legitimation herangezogene Schriftwechsel zwischen dem Satrapen von Syrien und Dareios 5,3–6,13 ist dann folgerichtig ebenfalls Bestandteil der Denkschrift des Tabᵓel, wobei bereits dieser selbst in 6,1.2 den Beginn des Antwortschreibens des Dareios in einen historischen Bericht umgeformt und in 6,15 die Vollendung des Tempelbaus berichtet habe, während die Überarbeitung des Berichts über die Neuaufnahme des Tempelbaus 5,1.2 und über die Vollendung des Tempelbaus und die Tempelweihe 6,14.16–18 auf den Chronisten zurückgehe, der aus eigenem in 6,19–22 die Notiz über das erste Passah- und Mazzenfest nach der Weihe des erneuerten Tempels hinzugefügt habe. Die Denkschrift des Tabᵓel müsse danach noch weiter gegangen sein. Entstanden sei sie nach dem Exulantenzug unter Esra 458 v. Chr. und nicht lange vor Nehemias erster Reise im Jahre 446. Vielleicht wurde sie von der Gesandtschaft überbracht, durch welche diese Reise des Nehemia veranlaßt wurde.

Dies sind die Resultate, auf die in *Esra der Schreiber* S. VI, 27 und öfter Bezug genommen wird. Auf der gleichen Ebene einleitender literarkritischer Untersuchung liegen hier dann noch S. 28–33 unten, wo ergänzend zum zweiten Aufsatz der *Iranischen Beiträge* gezeigt wird,

---

die Worte *bišlām miṯradāta ṭāḇ ᵓēl uš ᵓar...* seien eine Aneihung, „unerträglich" (S. 214) ist, und warum das voraufgehende Prädikat nur *kāṯḇū* soll heißen und sich nicht, wie sonst so oft (GESENIUS-KAUTZSCH § 146f.), im Numerus nach dem ersten als dem nächststehenden Subjekt soll richten können. Vgl. unten S. 280.

daß der Chronist da, wo er zuverlässig erscheint, aus der Tabᵓel-Denkschrift extrapoliert und Lücken durch Kombinationen zu füllen versucht. Alles andere, vor allem der Nachweis, daß Neh. 8 und 9 mit zu den Memoiren des Esra gehöre, die sonst noch aus Esra 7–10 wiederzugewinnen sind, hat zentral mit der Tätigkeit Esras zu tun.

Für den folgenden Überblick [13] ist festzuhalten, daß der chronologische Rahmen der nachexilischen Restaurationszeit nach dem chronistischen Geschichtswerk und dem Buch Daniel durch die Regierungszeiten von nur vier Achämenidenkönigen gegeben ist, nämlich Kyros II. (559–529), Dareios I. (521–486), Xerxes I. (Achasweros, 485–465), Artaxerxes I. (Artaschasta, 465–424). Hier ist aus den persischen Quellen ergänzend hinter Kyros II. Kambyses II. (529–522) einzufügen, der 525 den Jahwetempel in Elephantine bestätigte, und nach dieser Reihe Dareios II. (424–405) und Artaxerxes II. (405–359), in dessen Regierungszeit viele Hypothesen über die Zeit der Wirkung des Esra hinabführen. Schaeder sieht im Großkönig des Erlasses Esra 7,12 ff. Artaxerxes den I. und setzt dementsprechend Esras Wirksamkeit von seinem siebenten (Esra 7,7f.) bis zu seinem achten Jahr an, d. h. 458/57 v. Chr. (S. 38). Dieses „konservative" Datum ist in Einzeluntersuchungen immer wieder neu begründet worden, so von E. JOHANNESEN, *Studier over Ezras og Nehemjas historie* (Kopenhagen 1946); W. M. F. SCOTT, *Nehemiah-Ezra?* (Expos. Times 58, 1946/47, S. 263–267: auch vor, nicht nur nach Nehemia kann Esra auf den Widerstand der samaritanischen Führung gestoßen sein, Nichterwähnung eines persischen Statthalters dort ist vor Nehemia wahrscheinlicher); C. T. WOOD, *Nehemiah-Ezra* (Expos. Times 59, 1947/48, S. 53: Juden, die nach Esra 4,12 in den ersten Jahren Artaxerxes' I. heimkehrten, können von Esra geführt gewesen sein und die Stadt in die Lage versetzt haben, die Stadtmauer Esra 4,23/Neh. 1,3 wiederherzustellen); K. FRUHSTORFER, *Ein alttestamentliches Konkordat (Esdr 7 s)* (Studia Anselmiana 27/28 = Miscellanea A. Miller, 1951, S. 178–186); F. M. HEICHELHEIM, *Ezra's Palestine and Periclean Athens* (ZRGG 3, 1951, S. 251–253: Dor gehörte zwischen 460 und 450 zum attischen Bund, Esra kann zur Eindämmung des griechischen Einflusses dorthin gesandt worden sein); ders., *Geschichte Syriens und Palästinas von der Eroberung durch*

---

[13] Man bekommt ihn vollständig mit Hilfe der fortlaufenden Bibliographie in der *Zeitschrift für die alttestamentliche Wissenschaft* und des alljährlich der Zeitschrift *Biblica* beigegebenen *Elenchus Bibliographicus (Biblicus)*, der sich seit 1964 zu einem eigenen dicken Bande ausgewachsen hat, von 1951 an auch der *Internationalen Zeitschriftenschau für Bibelwissenschaft und Grenzgebiete*, hsg. von F. STIER, Stuttgart Bd. 1 (1951/52) ff. (mit nützlichen Inhaltsangaben, die im folgenden gelegentlich verwendet wurden). Diese Hilfsmittel haben auch als Grundlage der hier gegebenen Auswahl gedient.

Kyros II. bis zur Besitznahme durch den Islam (547 v.Chr. — 641/42 n.Chr.) (Handbuch der Orientalistik, 1. Abt. hsg. v. B. Spuler, Bd. 2,4,2, 1966, S. 103); J. L. MYRES, *Persia, Greece and Israel* (PEQ 85, 1953, S. 8–22); A. JEPSEN, *Nehemia 10* (ZAW 66, 1954, S. 87–106: ursprüngliche Priesternamenliste in Neh. 10,1-28, die sich mit 12,1ff. 12ff. wiederherstellen läßt, ist ebenso wie die folgende Verpflichtungsurkunde vornehemianisch, beides zeigt den Abschluß der Reform des Esra an, der damit vor Nehemia zu datieren sei; vgl. Schaeder S. 26 oben); J. ST. WRIGHT, *The Date of Ezra's Coming to Jerusalem* (London 1947, ²1958). Auch in Handbüchern wird dieses Datum vorausgesetzt oder begründet, so bei A. FERNÁNDEZ, *Comentario a los libros de Esdras y Nehemias* (Madrid 1951) S. 196–218, in der Herderbibel (H. BÜCKERS, 1953) und in A. T. OLMSTEAD, *History of the Persian Empire* (Chicago 1948, ⁴1963, Phoenix Edition 1959, dort S. 304–308 mit Bezug auf Schaeder S. 39ff.; vgl. Reg. s. v.); J. MORGENSTERN, *The Dates of Ezra and Nehemiah* (Journ. Sem. Stud. 7, 1962, S.1–11: Esra 458, bis 450 Tempel-, dann Mauerbau; Nehemia, der 445 kommt, beendet Mauerbau. Nach Neh. 8 hält sich Esra, der auch nach Esra 8,31 nur nach dem Passafest aufgebrochen sein kann, noch an den alten Sonnenkalender und kann daher die Priesterschaft noch nicht gekannt haben, die erst kurz vor 411 eingeführt worden sein dürfte).

Das konservative Datum trennt Nehemias Tätigkeit recht weit von der Esras. Demgegenüber hat sich immer wieder die Frage erhoben, ob nicht die Endredaktion des Buches Nehemia wenigstens darin eine zutreffende historische Reminiszenz bewahre, daß die Tätigkeiten beider Männer nicht nur sachlich, sondern auch zeitlich eng zusammengehört haben. In neuerer Zeit hat namentlich W. RUDOLPH, *Esra und Nehemia samt 3. Esra* (Handbuch zum AT I. Reihe Bd. 20, Tübingen 1949) Esra zwischen beiden Statthalterschaften Nehemias angesetzt. Er stellt (S. XXII) als Quellen für Person und Werk des Esra 7/8, Neh. 8, Esra 9/10, Nehemia 9/10 zusammen. Esra 4,6f. (mit 4,8-23) biete die einzige Nachricht aus der Zeit zwischen 515 und 445: Samariern, welche die Juden bei Xerxes und Artaxerxes I. verklagt hatten, gelingt unter Artaxerxes die Hintertreibung des jüdischen Planes, die Stadt Jerusalem zu befestigen. Nehemia erfährt von diesem Mißgeschick in Susa im Winter 446 und erlangt von Artaxerxes I. die Ermächtigung, die Mauern Jerusalems wieder aufzubauen. Nehemia 1-6 schildert, wie er sich – im Frühjahr 445 – dieses Auftrags entledigt. Er ist, später auch zum Statthalter ernannt, zwölf Jahre im Amt und reist dann in der Erkenntnis an den Königshof zurück, daß auch die religiösen und kultischen Verhältnisse einer Reform bedürfen. Esra bemüht sich während der Abwesenheit Nehemias, also etwa zwischen 434 und 430 (S. 65–71 mit viel Lit. und Erörterungen über die falsche Zahl in Esra 7,7), um diese Reform, scheitert aber, weil er die Auflösung der ungesetzlichen Mischehen erzwingt und dadurch schwere Unruhe ins Land bringt. Er wird nach einjähriger Tätigkeit abberufen. Erst Nehemia verschafft nach seiner Rückkehr dem von Esra eingeführten Gesetz Achtung (Neh. 13,4ff.) (S. XXVIf.).

A. GÉLIN, Les premiers Sioniens (Introduction au Livre d'Esdras-Néhémie) (Lumière et vie 7, 1952, S. 95–104), setzt in Esr. 7,8 statt des 7. das 37. Jahr und datiert die erste Sendung des Nehemia von 445–433, die Sendung des Esra auf 428, die zweite Sendung des Nehemia vor 424; so auch in seinem Kommentar, Esdras et Néhémie (1953). V. PAVLOVSKY, Die Chronologie der Tätigkeit Esdras. Versuch einer neuen Lösung (Biblica 38, 1957, S. 275–305 und 428–456) bestimmt als Jahr für Neh. 8–10.13 mit Hilfe des Zyklus der Sabbatjahre 430 v. Chr. (die Einführung dieses Gesichtspunktes kommt auch den Verfechtern von 458 zugute, das ebenfalls ein Sabbatjahr war!); auch daraus ergibt sich für Esra 428 v. Chr. Die religiöse Reform wurde danach zwar von Esra und Nehemia gemeinsam begonnen, Esra kann aber noch keine offizielle Sendung gehabt haben. Das in Esra 7–10 Geschilderte (dazu auch V. PAVLOVSKY, Ad chronologiam Esdrae 7, Verbum Domini 33, 1955, S. 180–184) liegt also nur wenig später als das in Neh. 8–10.13, bedeutend später aber als das in Neh. 1–7.11–12 (während dieser ersten Tätigkeit Nehemias wurde noch keine religiöse Reform begonnen und angestrebt). Auch nach F. MEZZACASA, Esdras, Nehemias y el Año Sabatico (Revista Biblica 23, Buenos Aires 1961, S. 1–8. 82–96) fiel die Tätigkeit Nehemias (Neh. 8–10) mit der Eröffnung eines Sabbatjahres zusammen, für das von dreien in einer nicht unterbrochenen Reihenfolge 430/29 das wahrscheinlichste sei.

Meistens argumentieren diese Untersuchungen vornehmlich von der Analyse des alttestamentlichen Textes her und beziehen die Vorgänge der altorientalischen Geschichte erst von da aus in die Betrachtung ein. Wo die Anhaltspunkte aus beiden Gebieten gleich wichtig genommen werden, entschließt man sich meist, Artaxerxes II. als Großkönig des Erlasses anzunehmen. H. H. ROWLEY, The Chronological Order of Ezra and Nehemiah (Goldziher Memorial Volume I, Budapest 1949, S. 117–149); ders., Nehemia's Mission and its Background (Bull. John Rylands Library 37, 1955, S. 528–561; 38, 1956, S. 166–198) nimmt an, daß Nehemia unter Artaxerxes I. lebte und wirkte, wofür auch die Elephantine-Papyri sprechen, und daß Esras Sendung unabhängig von ihm unter Artaxerxes II. erfolgte. Esra 4,8–23 wird auf einen nicht näher zu bestimmenden Zwischenfall kurz vor der Sendung des Nehemia bezogen. N. H. SNAITH, The Date of Ezra's Arrival in Jerusalem (ZAW 63, 1951, S. 53–66) meint den Widerspruch von Neh. 13,13 und Esra 8,23 am besten aufheben zu können, indem er 398/97 (7. Jahr Artaxerxes' II.!) als Ankunftsjahr annimmt. So erklärt sich auch, daß Esra und Nehemia nichts voneinander wissen. Esra schloß die Reform mit Wiederherstellung der Habdalah-Politik ab; ähnlich H. CAZELLES, *La mission d'Esdras* (Vet. Test. 4, 1954, S. 113–140).

Der These ,,398" neigt meist auch K. GALLING zu, der sich wohl am gründlichsten mit dem ganzen Komplex beschäftigt und dabei die dunkle Epoche in der Geschichte des Judentums in der ersten Hälfte des 4. Jahrhunderts am überzeugendsten aufgefüllt hat. Sein Buch *Studien zur Geschichte Israels im persischen Zeitalter* (Tübingen 1964) enthält in neuer Bearbeitung und mit teilweise neuen Titeln folgende frühere Studien: 1. *Von Nabonid zu Darius* (ZDPV 69, 1953, S. 42–64; 70, 1954, S. 4–32; neue S. 32: die ,,Kultmaßnahmen Kyros' II. haben darin ihren Grund, daß dieser von bestimmten Kreisen in Babylonien gebeten wurde, die in letzter Zeit eingetretene kultische Unordnung wiedergutzumachen. Es handelt sich um Restitutionen im eigentlichen Sinn des Wortes, und deshalb hat man hinter ihnen wesentlich konservative Erwägungen zu sehen"; Rückführung der jerusalemitischen Kultgeräte und Tempelbau einerseits, Rückwanderung andererseits, zwei getrennte Vorgänge, sind deshalb nicht als Toleranzpolitik zu deuten)[14]; 2. *Der Tempelschatz nach Berichten und Urkunden im Buche Esra* (ZDPV 60, 1937, S. 177–183); 3. *The Gola-List according to Ezra 2/Neh. 7* (JBL 70, 1951, S. 149–158; z. T. mit Bezug auf Schaeder S. 17ff.: Neh. 7 ist der ursprüngliche Text, aus dem Esra 2 hergestellt wurde[15]); 4. *Die Exilswende in der Sicht des Propheten Sacharja* (Vet. Test. 2, 1952, S. 18–36: Sach. 1,16f. gehört in die Zeit kurz vor Beginn des Tempelbaus); 5. *Serubbabel und der Wiederaufbau des Tempels in Jerusalem* (Festschr. W. Rudolph, 1961, S. 67–96)[16];

---

[14] Hier neu eingeschaltet: *Die Proklamation des Kyros in Esra 1* (S. 61–77); vgl. K. GALLING, *Kyrosedikt und Tempelbau* (OLZ 40, 1937, Sp. 473–478), und L. ROST, *Erwägungen zum Kyroserlaß* (Festschrift W. Rudolph, 1961, S. 301–307).Ferner: A. FERNÁNDEZ, *Indole y autenticidad del decreto di Ciro (Esd. 1,1–4)* (Estud. bibl. 8, 1936, S. 17–25); R. DE VAUX, *Les décrets de Cyrus et de Darius sur la reconstruction du temple* (Rev. Bibl. 46, 1937, S. 29–57); E.J. BICKERMANN, *The Edict of Cyrus in Ezra 1* (JBL 65, 1946, S. 249–275); H. H. GROSHEIDE, *Twee edicten van Cyrus ten gunste van de Joden (Ezra 1,2–4 en 6,3–5)* (Gereformeerd Theologisch Tijdschrift 54, 1954, S. 1–12); H. L. GINSBERG, *Ezra 1,4* (JBL 79, 1960, S. 167–169). Vgl. Schaeder S. 28f.

[15] So auch – mit ganz anderen Argumenten – H. L. ALLRIK, *The Lists of Zerubbabel (Nehemia 7 and Ezra 2) and the Hebrew Numeral Notation* (BASOR 136, 1954, S. 21–27; Lösung des Problems aus der Untersuchung verschiedener Zahlbezeichnungsarten). Vgl. Schaeder S. 15f.

[16] Diese Fassung ist später als die des Sammelbandes. Danach neu eingeschaltet: *Bagoas und Esra* (S. 149–184; S. 161: Mag auch die genaue Datierung von Esras Mission auf das Jahr 398 nicht zu beweisen sein, so kommt dafür nur die Spanne zwischen 400 und 397 in Frage, wie sich aus den Zeugnissen für Bagoas, des dem Nehemia im Amt folgenden Statthalters von Juda, ergibt).

6. *Die syrisch-palästinische Küste nach der Beschreibung bei Pseudo-Skylax* (ZDPV 61, 1938, S. 66–96). Von den zahlreichen sonstigen Arbeiten Gallings hätte etwa noch aufgenommen werden können: *Denkmäler zur Geschichte Syriens und Palästinas unter der Herrschaft der Perser* (Palästina-Jahrb. 34, 1938, S. 59–79) und *Kronzeugen des Artaxerxes? Eine Interpretation von Esra 4,9f.* (ZAW 63, 1951, S. 66–74: In der aramäischen Chronik von Jerusalem ist vom Chronisten umgestellt worden, die ursprüngliche Reihenfolge war: Esra 5,1–6,18; 4,6–23. Der Rechum-Artaxerxes-Korrespondenz fehlt das zwischen Schreiben und Antwort liegende, begründende Zwischenstück. Zwischen 4,16 und 17 müßte die Auskunft der persischen Dienststellen liegen. Der Verf. schiebt hier 4,9f. ein [4,8 wird in V. 11 fortgesetzt], das außerdem – mit verbaler Übersetzung des Wortes „Richter" gegen den Chronisten – in erster Linie persische Beamte als Zeugen anführt und wie im Vergleichsabschnitt eine Entfaltung des Artaxerxes-Briefes ist. 4,6f. ist ins Hebräische übersetzt [wie auch nach SCHAEDER *Iran. Beiträge* S. 212ff., s. oben S. 273f.], 4,24 sei als aram. Flickvers eingefügt worden [etwas anders Schaeder a.a.O., s. oben S. 275]). Auf die fortlaufende Erklärung des Textes übertrug GALLING seine historischen Einsichten und begründete sie zugleich zusammenhängend daraus im Kommentar *Die Bücher der Chronik, Esra, Nehemia* (ATD 12, Göttingen 1954), zu welchem die wichtige Rezension von S. MOWINCKEL, *Erwägungen zum chronistischen Geschichtswerk* (ThLZ 85, 1960, Sp. 1–8) zu vergleichen ist. Damit, daß Esra seine einjährige Tätigkeit etwa 30 Jahre nach Nehemia (ca. 445–425) ausgeübt hat, erklärt sich, warum die aramäische Chronik von Jerusalem, die im übrigen keine Tabᵓel-Denkschrift ist (ähnliche Argumente wie oben S. 274, Anm. 12), Esra überhaupt nicht erwähnt, und es entfallen die Mühen, die Schaeder S. 34–37 mit diesem Tatbestand hatte. Auf weitere Zusammenfassungen darf verzichtet werden, da Galling sie selbst aufs beste in seinen leicht zugänglichen RGG-Artikeln *Chronikbücher, Esra, Esrabücher I, Judentum I, Nehemia, Nehemiabuch*, die konzentriert noch viele weitere Einzelbeobachtungen enthalten, gegeben hat. Seiner Sicht hat sich jetzt auch O. EISSFELDT, *Die israelitisch-jüdische Religion* (Saeculum Weltgeschichte Bd. 2, 1966, S. 255) angeschlossen.

Es ist an dieser Stelle unmöglich, die zahlreichen Textumstellungs- und Interpolationshypothesen, die jede der skizzierten Theorien zu Hilfe nehmen muß, mit denen Schaeders im Kapitel „Die Denkschrift Esras" und im zweiten der *Iranischen Beiträge* zu konfrontieren. Es greifen in ihnen Anstöße an einzelnen Unstimmigkeiten der Überlieferung und allgemeine Überlegungen über Sinn und Ziel der Tätigkeiten Esras, Nehemias und der Schriftstellerei des Chronisten ineinander. Wieviele Fehlerquellen in beiden Arten von „approach" liegen, sei kurz illustriert.

S. Mowinckel, *Ich und Er in der Ezra-Geschichte* (Festschrift W. Rudolph, 1961, S. 211–233) nimmt dem Wechsel zwischen 1. und 3. Person den Wert eines Ausgangspunktes oder einer Stütze für den Beweis, daß die Esrageschichte von einem Redaktor bzw. dem Chronisten überarbeitet worden sei; es handele sich um eine in jüdischer wie in altorientalischer Literatur gebräuchliche Stilform zur Belebung des Erzählten; zwischen den „Ich-" und „Er-"Stücken in der Esrageschichte gebe es keine wirklichen sprachlich-stilistischen Differenzen. D. F. Robinson, *Was Ezra Nehemiah?* (Angl. Theol. Rev. 37, 1955, S. 177–189: Nehemia machte alles, aber da es als Reformtat eines Eunuchen nicht anerkannt worden wäre, erfand er Esra, worin ihm der Chronist, der Esra auch für eine historische Person gehalten haben kann, folgte) bezeugt unfreiwillig negativ die Manipulierbarkeit des Materials, welche allen anderen Autoren unbewußt positiv die Anhalte für ihre Konstruktionen und Rekonstruktionen liefert. Hier kommen dann die Vorstellungen über Sinn und Ziel der Tätigkeit von Agierenden und Schreibenden ins Spiel. W. H. Friedrichs Überlegungen, in denen in der klassischen Philologie *Philologen als Teleologen* (Festschrift J. Klein, 1967, S. 202–215) entlarvt werden, könnten auch an Hand der Analysen des chronistischen Geschichtswerkes angestellt worden sein[17].

Um so erfreuter darf man registrieren, daß nahezu in der gesamten Literatur das Ergebnis von Schaeders Kapitel „Schreiber und Schriftgelehrter", in dem der doppelte Aspekt von Esras Titel als eines persischen Staatssekretärs für religiöse Angelegenheiten und eines jüdischen

---

[17] Weitere, nicht literarkritische Einzelheiten: Zu Esra im Judentum, Schaeder S. 37 Anm. 1: M. Munk, *Esra Hasofer nach Talmud und Midrasch* (Jahrb. der jüd.-lit. Gesellschaft 21, 1930, S. 129–198; auch Diss. Würzburg 1930); ders., *Esra ha-Sofer. Ein Lebensbild. Nach der Überlieferung dargestellt* (Frankfurt 1933); zum Esra-Grab, Schaeder S. 14: J. Jeremias, *Heiligengräber in Jesu Umwelt* (Göttingen 1958), S. 74f.; zum Text, Schaeder S. 17ff. und 49 Anm. 3: P. Joüon, *Notes philologiques sur le texte hébreu d'Esdras et de Néhémie* (Biblica 12, 1931, S. 85–89); A. Allgeier, *Beobachtungen am Septuaginta-Text der Bücher Esdras und Nehemias* (Biblica 22, 1941, S. 227–251); H. L. Allrik, *1 Esdras according to Codex B and Codex A as appearing in Zerubbabels list in 1 Esdras 5,8–23* (ZAW 66, 1954, S. 272–292). – Von den zahlreichen Kommentaren sei besonders hervorgehoben: H. Schneider, *Die Bücher Esra und Nehemia* (Die Hl. Schrift des AT, hsg. von F. Nötscher, IV. Band 2. Abteilung, Bonn 1959), in dem die Entwirrung des Zusammenhangs der Probleme und die genaue Verteilung von viel Sekundärliteratur auf die sich ergebenden Punkte besonders gut gelungen ist. – Zur theologischen Interpretation der Ereignisse durch den Chronisten: H. C. M. Vogt, *Studie zur nachexilischen Gemeinde in Esra–Nehemia* (Werl 1966). – Zu Esra in der christlichen Überlieferung: W. Schneemelcher, Art. *Esra* (RAC 6, 1966, Sp. 595–612).

Gesetzestradenten und -auslegers meisterhaft aufgezeigt wird, schon so selbstverständlich figuriert, daß sein Autor kaum noch zitiert wird. Aus anderen Gründen wird das Kapitel „Gesetz und Geschichte" in der unter diesem Thema stehenden hermeneutischen Diskussion, die davon doch Substanz hinzugewinnen könnte, so gut wie gar nicht zitiert, ohne daß man daraus auf Ablehnung schließen darf.

GEO WIDENGREN: *Mani und der Manichäismus*. Stuttgart: Kohlhammer [1961]. 160 S., 16 Taf. kl. 8° = Urban-Bücher, 57.

Es wird akzeptiert und deswegen nicht wiederholt oder genauer ausgeführt, was in der Schwesterzeitschrift (ThLZ 87, 1962, 913–917) von K. Rudolph zu demselben Buche angemerkt worden ist. Statt dessen soll, unter der von W. sicher geteilten Voraussetzung, daß die Orientalistik dem Historismus genau so verpflichtet ist wie alle anderen modernen Geisteswissenschaften, W.'s religionsgeschichtliches Gesamtbild jener Epoche ermittelt werden, in welche Entstehung und Frühgeschichte des Manichäismus fällt. Daran ist dann die methodische Grundtendenz des Buches aufzuzeigen. Diese wiederum ist mit möglichen Kriterien der Geschichtswissenschaft zu konfrontieren und das Resultat durch etwas Detailkritik nicht an Thesen zum religionsgeschichtlichen Gesamtbild, sondern zum speziellen Thema des Manichäismus zu erläutern.[1]

Nach S. 38 ist Manis Religion „eine bewußt synkretistische Mischung von Christentum und iranischer Religion, mit einer Unterschicht der alten mesopotamischen Religion in der Gestalt, die sie im gnostischen Täufertum gewonnen hatte". Nach S. 24 ist es aber eben dieser „gnostisch beeinflußte Täuferkreis, mit dem wir auch den Ursprung des Christentums in Verbindung bringen können." Der „Ursprung" des Christentums ist für W. in diesem Buch stets wichtiger als das Christentum selbst. Die angebliche, mit der mandäischen Selbstbezeichnung Nāṣorāyē übereinstimmende Bezeichnung für die ersten Christen ist unter vielen anderen Mitteln das geeignetste, um das Christentum auf einen Aspekt des „gnostischen Täufertums" zu reduzieren (vgl. S. 23f). Als selbständiges Element in einer synkretistischen Mischung wird es jedenfalls im ganzen Buche nicht sichtbar.

So bleiben als Elemente des Manichäismus das „Iranische" und das „Mesopotamische" in seiner gnostisch-täuferischen Transformation. Diese beiden Größen sind in den Gestalten des iranischen „Urmenschen" oder „leidenden

---

[1] Die sechs Jahre Verspätung, mit der diese Rezension erscheint, bedürfen einer persönlichen Erklärung. Zunächst habe ich es zwei Jahre lang nicht gewagt, den Thesen des Buches zu widersprechen, da sie mich zu unsicher gemacht hatten, und war immer wieder darauf und daran, der Redaktion das Buch zurückzugeben. Dies kam nicht mehr in Frage, seit mir G. Widengren in OLZ 58, 1963, 548 ein *caveat* zurief, dem ich mich stellen mußte. Anderthalb weitere Jahre meinte ich aber nun, nur Fehler machen zu können, indem ich entweder schrieb, was ich für richtig hielt, und damit unbelehrbar, oder schwieg, und damit erledigt schien. Im Mai 1965 sandte ich dann eine Rezension ein, in der ich Selbstbestätigung und Selbstkritik in ein möglichst genaues Verhältnis zu setzen versuchte. Sie war noch nicht gesetzt, als ich vom 13.–18. April 1966 in Messina Gelegenheit hatte, mit Prof. Widengren einige recht klärende Gespräche zu führen. Ich erbat mir die Rezension daraufhin zurück und hatte dann leider wegen Arbeiten auf anderen Gebieten anderthalb Jahre lang keine Möglichkeit, mich so gründlich neu in den Manichäismus und seine Voraussetzungen zu vertiefen, wie es in diesem Fall nötig schien. Es wurden mir dabei allgemein geisteswissenschaftliche Fragen zuletzt wichtiger als philologische Einzelkritik.

Gottes" und des mesopotamischen Tammuz konzentriert. Von deren gegenseitiger Verhältnisbestimmung hängt alles ab. Was W. darüber sagt, wird man als zusammenfassende Definitionen dessen werten dürfen, was er in seinem materialreichen und durch seine Detailliertheit weniger angreifbaren Buche „Mesopotamian Elements in Manichaeism" (Uppsala Univ. Årsskrift 1946) ausgeführt hat. Im vorliegenden Buche sind durch die starke Konzentration, zu der wohl der Stil der Urban-Reihe gezwungen hat, die Dinge z.T. unklar geworden. Man möchte fragen, ob der manichäistische Urmensch auf den sterbenden Tammuz zurückzuführen ist, denn es heißt S.58: „Der Gedanke an einen leidenden Gott hat sicherlich in der iranischen Volksreligion nicht gefehlt" ... Aber „die stark pathetische Gestaltung, die das Motiv des leidenden Gottes im Manichäismus erfahren hat, ist allem Anschein nach als Einschlag der mesopotamischen Tammuzreligion zu erklären", und S.65: „Für den Erlösungsmythus Manis bildet das Tammuzdrama den Ausgangspunkt. Aber es dient nur als Anknüpfung, denn die Deutung des Erlösungsdramas stammt aus der indoiranischen religiösen Spekulation, die dem altorientalischen Erlösungsdrama einen tieferen philosophischen Sinn verleiht." Wenn man dies sagt, kann man aber andererseits nicht das Motiv des mythischen Kampfes, in welchem der Urmensch zu Tode kommt, „iranischen Ursprungs" nennen (so S.52 – nebenbei gesagt, unter irreführender Berufung auf F.C. Baur, welcher davon m.W. so nicht gesprochen hat und von W. auch nicht für seine S.48 aufgestellten Thesen über den Dualismus als Gewährsmann in Anspruch genommen werden darf).

Es wäre Aufgabe einer Rezension des Buches „Mesopotamian Elements in Manichaeism", die auch nur von einem Altorientalisten unternommen werden könnte, festzustellen, ob das von W. entwickelte Bild vom Tammuzdrama richtig ist. Auch kann hier nicht untersucht werden, wie die „indo-iranische Religion" ausgesehen hat, als sie mit der mesopotamischen in Berührung kam, und ob dies in der von W. vorausgesetzten Weise überhaupt jemals geschah. Was auffällt, ehe man an Materialkritik überhaupt herangehen kann, ist der offenbar bewußte Verzicht darauf, historische Individualitäten zu erkennen und als Elemente durch alle historischen Erwägungen hindurch festzuhalten. Wenn Friedrich Meineckes Sätze gelten sollen: „Der Kern des Historismus besteht in der Ersetzung einer generalisierenden Betrachtung geschichtlich-menschlicher Kräfte durch eine individualisierende Betrachtung. Das bedeutet nicht etwa, daß der Historismus nunmehr das Suchen nach allgemeinen Gesetzmäßigkeiten und Typen des menschlichen Lebens überhaupt ausschlösse. Er muß es selber üben und mit seinem Sinn für das Individuelle verschmelzen"[2], dann wird in diesem Buch in erster Linie nicht historisch individualisiert, sondern unhistorisch generalisiert, vielleicht sogar archaisiert. Denn in der Konvergenz der Bil-

---

[2] F. Meinecke, Die Entstehung des Historismus, München 1959, S.2.

der und Vorstellungen zwischen mesopotamischer und „indo-iranischer" Religion haben die mesopotamischen Vorstellungen im Grunde ebensowenig Individualität wie das Christliche als Aspekt des Täuferischen, die eigentliche Sinngebung kommt aus den indo-iranischen Vorstellungen. Folgerichtig ist S. 52–58 denn auch beim Hintergrund der Urmenschlehre fast nur von der Zurvan- und kaum von der Tammuzreligion die Rede. Archaisierend könnte sein, daß sich die sinngebende indoiranische Bild- und Vorstellungswelt am ehesten in „iranischer Volksreligion" konzentriert. Was diese als archaischer Grund des Gnostizismus in einer grauen Vorzeit produziert hat, scheint sich – und das wäre wieder generalisierend – bis ins 3. Jahrhundert nach Chr. nicht geändert zu haben und von allen intellektuellen Brechungen, mit welchen die Geschichte eine Volksseele heimsuchen kann (im Falle des Manichäismus können u. a. kaiserzeitlicher Rationalismus, Mysterienkonstruktionen, zoroastrisch- oder auch zurvanitisch-theologische Spekulation diese Rolle gespielt haben), unberührt geblieben zu sein. Man wird deshalb nicht mißinterpretieren, wenn man die Grundtendenz des Buches paniranistisch nennt.

Daß der Paniranismus nun auch, ähnlich wie früher der Panbabylonismus, zum Index für den Nachweis wesensbestimmender Elemente in den Nachbarreligionen wird, die damit gleichfalls ihre Individualität verlieren, sei an folgenden ausgewählten Beobachtungen gezeigt. Der Mythus von der Verführung der Archonten (S. 60–62) wird recht gezwungen auf eine zurvanitische Grundlage zurückgeführt, ohne daß die erstaunliche Parallele in der titellosen Schrift aus Codex II von Nag Hammadi 156, 2–158, 1, auf die H.-M. Schenke schon in ThLZ 84, 1959, Sp. 247 aufmerksam gemacht hatte[3], auch nur in die Betrachtung einbezogen wird. Wäre es geschehen, hätte diese Schrift, unerachtet ihrer ägyptischen, griechischen und jüdischen Elemente[4], zu einem zurvanitischen Dokument gemacht werden müssen, ganz wie auch der von ihr mitrepräsentierte Sethianismus im allgemeinen auf eine „jüdisch-iranische Gnosis" zurückgeht, die „uns in Nordmesopotamien und im Nordwesten Irans, nicht zuletzt dank den neuen koptischen Texten aus Nag Hammadi in Ägypten, immer deutlicher greifbar" wird und sich „innerhalb der Sphäre des kosmologischen Denkens ganz auf iranischem Boden mit deutlicher Anknüpfung an das zervanitische System" bewegt (S. 29).

Den terminus technicus μεταγγισμός für die Seelenwanderung gibt W. mit „Umschmelzen, Umschmieden" wieder und sagt dazu: „Hinter dieser Verwendung des Wortes liegen wahrscheinlich alte indoiranische Vorstellungen von dem Menschen als einem Produkt des himmlischen Schmiedemeisters" (S. 69). Verwiesen wird auf die ossetischen Erzählungen vom Blitzgott Batradz, aber

---

[3] Ausführlicher jetzt von A. Böhlig in seiner Edition, Akademie-Verlag Berlin 1962, S. 58–65 behandelt.
[4] Aufgezeigt von A. Böhlig, WZ Halle 10, 1961, S. 1065–1070 und 1325–1328.

nicht auf die einfache und einleuchtende Erklärung von C.R.C. Allberry[5], der Begriff bedeute den „Wechsel des Gefäßes (ἄγγος)", also „Umgießen", „Umfüllen". Die Möglichkeit, der Ausdruck könne letztlich aus platonischer Tradition stammen, wird nicht erwogen; das bei Titus von Bostra und Ephraem erhaltene, von Mani gebrauchte syrische Äquivalent, das die indo-iranisch-ossetische Theorie allein schon widerlegt, nämlich *tašpīkā* „Eingießen", wird verschwiegen.

Zu Manis „Buch der Riesen" hatte W. B. Henning nachgewiesen: „It is noteworthy that Mani, who was brought up and spent most of his life in a province of the Persian Empire, and whose mother belonged to a famous Parthian family, did not make any use of the Iranian mythological tradition. There can no longer be any doubt that the Iranian names of *Sām, Narīmān* etc., that appear in the Persian and Sogdian versions of the Book of the Giants did not figure in the original edition, written by Mani in the Syriac language. His disciples, who, it is well known, were in the habit of translating *every* word of a text (including the names of months, deities etc.), have been fit also to „translate" the names of the giants. Thus *Sām* is merely the translation of *Ohya*. However, they kept some of the original names (e.g. *šhmyz'd*), and adapted some others (e.g. *wrwgd'd*)"[6]. Die Schlußfolgerung, mit welcher W. die Schrift dennoch von iranischer Tradition - abhängig zu machen sucht[7], stellt sich mir folgendermaßen dar:

Obersatz:	Die Namen Sam und Nariman begegnen in der mandäischen Literatur.
Untersatz:	Damit begegnen sie schon vor Mani.
Schluß und neuer Obersatz:	Deshalb muß Mani sie verwendet haben.
Untersatz:	Anderswo begegnen Identifizierungen Zoroaster-Seth und Zoroaster-Nimrod.
Schluß:	Deshalb hat Mani vielleicht Sam und Nariman neben Ohia und Ahia gestellt.

Auf S. 18 wird Markion, ohne phänomenologische Unterscheidung seines historischen Dualismus zwischen gerechtem unvollkommenen Schöpfergott und gutem fremden Erlösergott von den verschiedenen iranischen Dualismen, zu einem iranisch beeinflußten Gnostiker gemacht, weil er aus der Stadt Sinope im alten iranischen Königreich Pontus stammt.

---

[5] Eranos-Jahrbuch 1939, Zürich 1940, S. 132f.
[6] BSOAS 11, 1943, S. 52f.
[7] a.a.O. S. 81f mit Anm. 152 und Verweis auf Iranisch-semitische Kulturbegegnung in parthischer Zeit, Köln und Opladen 1960, S. 45. Es bleibt abzuwarten, ob die von W. in OLZ 58, 1963, Sp. 547f angekündigte Abhandlung über die iranischen Elemente im äthiopischen Henochbuch nachweist, daß durch die Verwendung einer Vorlage des äth. Hen. in Manis „Buch der Riesen" direkt altiranisch-folkloristisches Gut wieder nach Iran zurückgekehrt ist.

Die Reihe solcher bestreitbarer Urteile ließe sich verlängern. Es muß nun aber hervorgehoben werden, daß sie in eine große Anzahl von der Manichäismusforschung ermittelter Fakten etwa über Manis Leben, die Organisation seiner Gemeinde und die Ausbreitung seiner Lehre hineingewebt sind, welche ausgezeichnet dargeboten werden. Ich betone, daß diese Rezension nur unter Einschluß der Versicherung ein gerechtes Bild von dem Buch vermitteln kann, daß neben den bestreitbaren Beurteilungen ebensoviele unbestreitbare stehen. Die letzteren zähle ich lediglich deshalb nicht auf, weil sie aus einem methodisch ungefährdeten Bereich stammen und einfach zur reich belehrenden Lektüre empfohlen werden können. Mit der Aufzählung der ersteren breche ich ab, weil sie über das von mir Behauptete hinaus, nämlich daß sie alle nichtiranischen Individualitäten verschwinden lassen bzw. das Iranische generalisieren, nichts Neues lehren. Und nur darum geht es mir, nicht um eine Wiederbelebung der alten fruchtlosen Alternative „westlich-orientalisch" oder „griechisch-iranisch", und erst recht nicht um eine Hervorhebung oder Generalisierung des Griechischen oder Westlichen.

Es könnte gegen all dies nun von W. eingewandt werden, daß man sich im spätantiken Synkretismus befindet und dem Forscher hier, im Sinne der oben zitierten Worte Meineckes, weniger als auf irgendeinem anderen Gebiet Individualitäten begegnen, daß vielmehr durch die vielen Verschmelzungen vorzugsweise Typen entstanden seien, deren Inhalt am richtigsten als iranisch bestimmt werden könne. Darauf wäre zu erwidern, daß dann eben, um Mißverständnisse zu vermeiden, neue Kategorien und Ausdrücke gefunden werden müssen; in unserem Falle also: daß im Bereich so synkretistischer Phänomene, wie die manichäischen es sind, Individualitäten und Typen anders definiert werden müssen als im Bereich „reiner" Phänomene, und daß man sie neu benennen muß. Das wird mit Sätzen bis auf weiteres leichter sein als mit Ausdrücken. Daß hier zu einer gemeinsamen Sprache und damit zur Verständigung zu gelangen ist, davon überzeugt mich am meisten der Schlußabschnitt „Mani als Persönlichkeit" (S. 136–145, 158f.), soweit er sich mit der von H. H. Schaeder gestellten Frage „Auf welcher Stufe der Denkrationalisierung befand sich Mani?" auseinandersetzt. Zur Frage der *ratio* im Manichäismus wäre viel zu sagen. Sie wird m.E. tatsächlich nicht im Gebrauch der griechischen Wissenschaft, wohl aber in der Gebrochenheit des Offenbarungsbegriffs sichtbar. Deshalb ist es einleuchtend, wenn W. die Antwort Schaeders, welche das Prinzip von Manis Indienstnahme des Mythos durch den Logos so nahe an die griechische Philosophie heranrückt wie gerade noch möglich, mit dem Hinweis widerlegt, daß bei den Manichäern die prophetische Offenbarung ist, was bei den Philosophen die Prämissen bedeuten (S. 138). Aber wenn hier nicht der Einwand gelten soll, daß in gleicher Weise Rationalisierung vorliegt, wenn man sich zu einer Offenbarung wie zu einer Prämisse rational verhält, dann muß der Offenbarungsbegriff spezifiziert werden. In ihm selbst wären, genau wie in der manichäischen Pseudowissenschaft und der Theosophie, die rationalistischen Zerfallsprodukte zu bestimmen, welche religiöse Energien freigesetzt haben – eine Aufgabe, die kaum mit den Mitteln der Philologie, sondern eher mit denen einer historischen Psychologie gelöst werden könnte.

Korrekturzusatz: Zu Marcion als iranisch beeinflußten Gnostiker vgl. *Stück 62.*

Stück 8 145

Überlegungen zur Bezeichnung „iranisch"
für die Religion der Partherzeit

Wenn man die parthische Periode der iranischen Religionsgeschichte als eine dunkle bezeichnet, dann denkt man vor allem an die Religion des Partherreiches selbst, nicht auch an die anderer politischer Größen in der nach ihm benannten Epoche, etwa der Kleinkönigtümer mit helleno-iranisch-semitischer Mischkultur im Westen oder des graekobaktrischen Reiches im Osten. Wir wollen dieser Blickrichtung folgen, weil das Partherreich tatsächlich das eigentliche Problem der Periode von 250 vor bis 226 nach Chr. stellt. Will man über die Religion dieses halben Jahrtausends etwas sagen, dann ist man in zeitlicher wie in geographischer Hinsicht überwiegend auf Zirkelschlüsse angewiesen. Man möchte z. B. aus der Religion des jüngeren Awesta nach vorwärts oder der Pahlavi-Texte nach rückwärts schließen, und man versucht etwa in Mithrasmysterien und jüdischer Apokalyptik die iranischen Komponenten zu erheben, welche die großen Lücken in unserer Kenntnis der parthischen Religion auffüllen könnten. Ein Zirkel ist dadurch gegeben, daß die Summe solcher Extrapolationen dann ihrerseits als der Initialbereich fungieren muß, von dem aus die endogen nicht recht erklärbaren Besonderheiten seiner umliegenden Bereiche verursacht sein sollen. Doch sind solche Zirkelschlüsse gestattet, wenn man sie methodisch überlegt anstellt. Das eigentliche Problem ist vielmehr, inwiefern man das, was man mit ihnen gewinnt, „iranisch" nennen darf. Denn dies darf man evidentermaßen nicht erschließen, sondern nur an Kriterien messen, die von den Extrapolationen unabhängig sind; 250 Jahre Seleukidenherrschaft vor und neben den Arsakiden haben aber die autochthonen Überlieferungen in einem Maße hellenisiert oder unterdrückt, daß sie solche Kriterien kaum noch hergeben.

Ob man auf sie ganz verzichten soll[1], oder ob man in entschlossener

---

[1] So tat es gelegentlich H. H. SCHAEDER, z. B. in *Die Kultur des vorderen Orients*, 2. Aufl. durchgesehen von W. HINZ (Handbuch der Kulturgeschichte, neu hrsg. von E. THURNHER, Lieferung 106–110, Frankfurt/M. 1966, S. 3–103), S. 40 f. (unverändert aus der 1. Aufl., hrsg. von H. KINDERMANN, Potsdam 1937, S. 194 f). Demgegenüber war noch in *Der Orient und das griechische Erbe* (Die Antike 4, 1928, S. 226–265) von den produktiven Wirkungen der altiranischen Religion in Kleinasien und im Judentum die Rede (jetzt in: H. H. SCHAEDER, *Der Mensch in Orient und Okzident*, München 1960, S. 130). Vermittelnde Po-

Flucht nach vorn alles das iranisch nennt, was nicht eindeutig als etwas anderes erwiesen werden kann[2], das ist die Frage, mit der ich mich beschäftigen möchte. Danach richtet sich die Auswahl des Stoffes. Die Religion des Partherreiches besteht ohne Zweifel zu einem großen Teil aus reinem importierten Griechentum, das nicht zuletzt hier zum Hellenismus wurde[3]. Davon soll ebensowenig die Rede sein wie vom im Partherreich gleichfalls vertretenen Juden-, Römer- und Christentum. Außerdem ist auf die eben genannten Zirkelschlüsse zu verzichten. Ergänzend zum unvermischten ist freilich synkretistisches Material heranzuziehen. Aber von ihm aus extrapoliere ich nur, sofern eine zeitliche und eine geographische Koordinate zur Verfügung steht; also z. B. nicht aus einem spätbabylonischen Bel einen Ahura Mazdah, aus Schamasch einen Mithra, aus Ischtar oder Nanai eine Anahita, aus Hades einen Ahriman, aus Herakles einen Verethragna[4], aus dem hellenistischen Aion einen medischen Zurvan, aus

---

sition im Artikel *Perser III: Parsismus und Judentum* (RGG 2. Aufl. Bd. 4, Tübingen 1930, Sp. 1085 ff.).

[2] So tut es G. WIDENGREN, z. B. in *Stand und Aufgaben der iranischen Religionsgeschichte II* (Numen 2, 1955, S. 47–134), S. 88–113.

[3] Für die bloße Tatsache, daß Götter in Statuen dargestellt wurden, wird man nicht den griechischen Brauch verantwortlich machen dürfen. Es nahmen jedoch mehrere Arsakiden den Titel Philhellen an. Kāmnaskires, der parthische König der Elymais, übernahm den Titel des Alexander Balas, Nikephoros; Mithradates II. den Titel Antiochos' des II., Theos; Artabanos II. den Demetrios' des II., Nikator; der römische Diktator erscheint als Autokrator als Titel bei Phraates IV. Arsakidische Münzen (bei W. WROTH, *A catalogue of the coins of Parthia*, BMC 23, London 1903) folgen zunächst ganz der seleukidischen Prägung. Auf der Vorderseite tragen sie das Bild des betreffenden Königs, auf der Rückseite eine Figur, die auf dem Omphalos sitzt – ein Motiv, das die Seleukiden von den kyprischen Münzen übernommen hatten. Münzen Mithradates' I. haben auf der Rückseite einen sitzenden Zeus Aetophoros wie auf den Silbermünzen Alexanders, oder einen stehenden Herkules, von dem sich die Seleukiden herleiteten, oder eine Nike, die seine Siege repräsentiert. Die Beziehungen zwischen der Dynastie und griechischen Städten werden seit Phraates IV. (38–32) auf Tetradrachmen durch Begegnungen zwischen dem betreffenden König und einer Tyche symbolisiert. Derselbe König läßt auch eine Pallas, einen Apollo und sogar römische Götter wie Janus und Aequitas (diese aber wohl eher Nemesis) prägen – um von unsicheren Figuren wie Hermes, Eirene und Harpokrates nicht zu reden. Nach J. M. UNVALA, *Observations on the Religion of the Parthians*, Bombay 1925, S. 6–9.

[4] Damit ist zugleich gesagt, daß auch die parthische Kunst nicht zur hilfsweisen Bestimmung des Iranischen in Anspruch genommen werden kann, weil dieses in ihr genau so schwierig zu definieren ist wie in der Religion. Der Begriff der „parthischen Kunst" als solcher allerdings dürfte seit M. ROSTOVTZEFF geklärt sein, vgl. dazu die Literaturnachweise bei TH. KLAUSER, *Der Beitrag der orientalischen Religionen, insbesondere des Christentums, zur spätantiken und frühmittelalterlichen Kunst* (Accademia Nazionale dei Lincei 365/105, Rom 1968, S. 31–89), S. 85 Anm. 245, und bei R. GHIRSHMAN, *Iran. Parther und*

dem sassanidischen einen parthischen Zurvanismus. Die Existenz eines arsakidischen Awesta ist ein Problem eigener Art, das außer Betracht bleibt.

Bereits zu Beginn der parthischen Epoche müssen wir zwischen dem Iranischen im weiteren und im engeren Sinne unterscheiden. ,,Als die arsakidischen Fürsten mit ihrer Gefolgschaft ... in das iranische Hochland einbrachen, waren sie – obgleich iranischen Stammes und iranischer Sprache – noch keine ‚Iranier'"[5]. Den weiteren, durch die Daha bzw. Parni in der Steppe repräsentierten Sinn wird man als den ethnologischen, einen engeren als den sprachwissenschaftlichen, den engsten als den kulturgeschichtlichen Sinn definieren dürfen. Was können wir über die iranische Religion im ethnologischen Sinn sagen?

Die Antwort hängt davon ab, inwieweit wir ihr die Elementen-, Feuer- und Ahnenverehrung zuordnen dürfen. Die Parther verehrten das Wasser und die Flüsse[6]. Seereisen wurden vermieden, um das heilige Element nicht zu beschmutzen. Noch der von Nero 66 n. Chr. zum König von Armenien eingesetzte Tiridates[7], ein Bruder Vologases' I., machte die lange Reise nach Rom über Land und überquerte nur den Hellespont[8]. Tiridates III. (um 36 n. Chr.), der Rivale Artabanus' III. (12–38 n. Chr.), schmückte sein Pferd zum Opfer, um den Euphrat gnädig zu stimmen, der denn auch ohne vorangegangenen Regen mächtig anschwoll und aus Schaum diademähnliche Kreise bildete, Vorzeichen eines glücklichen Stromübergangs[9]. – Mit der Verehrung der Elemente hängt die der Gestirne zusammen. MOSES VON

Sassaniden (Universum der Kunst), München 1962, S. 1–12. Aber die Frage, die uns die Ikonographie (nicht das Stilgesetz!) stellt, lautet: Handelt es sich hier um reinen importierten Hellenismus, oder konnten unter den griechischen Göttern iranische gesehen werden, ähnlich wie wohl zuweilen in den Königstiteln das iranische Herrschercharisma empfunden wurde? Eine sichere Antwort läßt sich nicht geben. Immerhin zeigen die von H. INGHOLT, *Parthian Sculptures from Hatra* (Memoirs of the Connecticut Academy of Arts and Sciences 12, New Haven 1954, S. 1–54) untersuchten Skulpturen nur einen Hades als Ahriman (S. 16 f., 34), während Artemis als Anahita unsicher (S. 13 f.) und Nanaia (S. 12 f.) gar keine iranische Göttin ist – eine angesichts des Reichtums der hatrischen Götterglyptik bemerkenswert schwache Repräsentation des iranischen Anteils.

[5] H. H. VON DER OSTEN, *Die Welt der Perser*, Stuttgart 1956, S. 117. Zutreffend, auch in bezug auf das Verhältnis der Sprachen zueinander (s. u.), sah den Sachverhalt schon A. v. GUTSCHMID, *Geschichte Irans und seiner Nachbarländer von Alexander dem Großen bis zum Untergang der Arsaciden*, Tübingen 1888, S. 32.

[6] M. JUNIANI JUSTINI *Epitoma Historiarum Philippicarum Pompei Trogi* (ed. OTTO SEEL, Teubner 1935) 41,3.

[7] PLINIUS, *Nat. hist.* 7, 129.

[8] DIO CASSIUS 63, 1–7 = *Epit.* 62 (ed. E. CARY, Loeb Classical Library 1925 = 1961, vol. 8, p. 138–147).

[9] TACITUS, *Ann.* 6, 37.

CHOREN[10] berichtet von einem Tempel mit Statuen von Artemis und (vor der Stadt) Apollo, die für Venusstern und Sonne stehen, und wohl auch von nach dem Tode deifizierten armenischen Arsakiden in der armenischen Hauptstadt Artaxata (Ardaschad) (II 49, S. 105); wir werden zurückkommen auf seine Erwähnungen von Standbildern für Sonne und Mond (II 77, S. 119) und auf Anrufungen der Sonne im Eid (II 19, S. 90). Tempel für den Mond lagen zwischen Carrhae und Edessa, in Arbela, Ekbatana, Hatra und Emesa – der letztere zwar nicht in Parthien, aber von parthischen Fürsten jedes Jahr mit Votivgaben beschickt. Für die Sonnenverehrung darf man ferner auf den Kult des Mithra, für die Verehrung des Venussterns auch auf den Kult der Anahita/Nanaia verweisen, wenn auch die Götternamen Mithra und Anahita das Ethnologisch-Iranische nicht mehr in seiner ganzen Allgemeinheit anzeigen.

Löst man die Belege aus der Verbindung mit jungawestischen oder Pahlavi-Parallelen, in der sie gern angeführt werden, dann sieht es nicht so aus, als seien die Parther in einen gegebenen religiösen Kontext eingetreten, der in demselben Sinne „iranisch" genannt werden dürfte, wie man die Religion der Polis „griechisch" oder die der nachexilischen Gemeinde in Jerusalem „jüdisch" nennen darf. Vergleicht man Elementen-Canones und Himmelsgottglauben, wie sie in zoroastrischer Theologie erscheinen, mit dem parthischen Befund, dann scheint sich eher das Iranische im engeren Sinne im 3. Jh. vor Chr. südöstlich und südlich des Kaspischen Meeres (und von da aus ausstrahlend) neu gebildet zu haben, ganz ähnlich, wie es zur Zeit Zarathustras südöstlich und südlich des Aralsees geschah. Wo sich ein kulturell-iranischer Kontext, in den die Parther eingetreten sein könnten, wirklich mit vorparthischen Belegen stützen läßt, da kann es sich um Nachwirkungen jenes ersten Iranisierungsprozesses handeln, der jedoch im großen und ganzen durch die Seleukidenzeit zerbrochen oder wenigstens unterbrochen gewesen zu sein scheint. Der zweite stellte ihn wieder her oder führte ihn weiter, und die Sassanidenzeit läßt außerhalb der Awestaexegese nicht erkennen, ob sich der eine oder der andere Prozeß in ihr aufsummiert. Die Gegenprobe liefert mehr und mehr die Archäologie der frühen Steppenvölker, welche das, was rezipiert, aufsummiert und in neue Zusammenhänge gebracht wurde, bei im weiteren Sinne iranischen wie bei nichtiranischen Stämmen nachweist[11].

---

[10] V. LANGLOIS, *Collection des Historiens anciens et modernes de l'Arménie*, Bd. 2, Paris 1869, S. 53–175.

[11] Vgl. T. SULIMIRSKI, *Scythian Antiquities in Western Asia* (Artibus Asiae 17, Ascona 1954, S. 282–318); K. JETTMAR, *Die frühen Steppenvölker* (Kunst der Welt), Baden-Baden 1964, S. 14 f., 35, 57, 174 f., 179, 218, 224, 234, 238, wo selbstverständlich auch Iran als Ausstrahlungszentrum bzw. Vermittlungsland für mesopotamisches Gut gegen Iran als Aufnahmebereich für zentralasiatische Einflüsse abgewogen wird. Die Qualifizierung von Völkern wie bestimmter

Überlegungen zur Bezeichnung „iranisch" 149

Ein großes Feuerheiligtum, in dem in parthischer Zeit mit Sicherheit Gottesdienst stattfand[12], gab es, abgesehen vom Frātadāratempel in Persepolis, in Rhagae; je ein kleines in Ostiran im Palast von Kuh-i-Khwadja sowie in Taxila, im Süden in Nurabad, und im Westen in Bard-i-Nišānda, Susa und Hatra (Naqš-i-Rustam und Pasargadae bleiben, da vielleicht nicht mehr in diese Epoche gehörig, außer Betracht, ebenso selbstverständlich die sassanidische Anlage von Šīz). Außerdem zeigen Münzen Vologases' I. einen Feueraltar, und Arsakes I. soll in einem Feuertempel in Chorasan gekrönt worden sein. Auch hier ist von dem früheren zarathustrischen und dem späteren zoroastrischen Kontext, der Verehrung eines Gottes in einem Kult mit Feuer, abzusehen und die ethnologisch gegebene Möglichkeit ins Auge zu fassen, daß das Feuer direkt Kultobjekt war, und daß es als solches wie auch in einem Gottesdienst auch ohne festen Altar oder Tempel oder nur auf einem Altar brennen konnte. Hier wäre in Verbindung mit Altären und abgesehen von ihnen angesichts von Kulten mit Feuer in den rezenten Volksreligionen der Altaier[13] und in der Landschaft bzw. dem Reich von Chwarezm[14], das hier vielleicht nicht Iranisches aufnimmt, sondern Älteres weiterführt, die Frage prähistorischer Kulte mit Feuer, eventuell auch schon auf Altären, zu erörtern. Das Problem, ob es etwas Derartiges dann im elamischen Reich gab, schließt sich an[15] und wird angesichts der stilisierten Darstellung eines Feuers auf einem Altar auf dem Felsgrabrelief von Kizkapan in Kurdistan[16] für das Meder-

---

skythischer Gruppen, Sarmaten, Alanen usw. erfolgt allerdings am zuverlässigsten auf Grund der Sprache und gehört insofern schon mehr in unserer nächste Überlegung; doch muß eine solche Qualifizierung auch bei nichtiranischer Sprache nach ethno-anthropologischen Gesichtspunkten gerechtfertigt sein, wie es R. GÖBL, *Dokumente zur Geschichte der iranischen Hunnen in Baktrien und Indien*, Wiesbaden 1967, Bd. I, S. IX für die „iranischen Hunnen" andeutet.

[12] K. SCHIPPMANN, *Iranische Feuerheiligtümer*, unveröffentlichte Habilitationsschrift Göttingen 1967, S. 301–315, 879–885, 545–549, 244–256, 477–501, 528–543; SCHIPPMANN bezweifelt S. 252 f., daß die Anlagen in Taxila und in Hatra Feuertempel waren. VON DER OSTEN (oben Anm. 5) S. 122 nennt noch die Akropolis von Surkh-Kangal (? wohl: Kotal).

[13] N. POPPE, *Zum Feuerkultus bei den Mongolen* (Asia Major 2, 1925, S. 130–145); WOLF-D. v. BARLOEWEN (Hsg.), *Abriß der Geschichte außereuropäischer Kulturen* Bd. 2: *Nord-und Innerasien, China, Korea, Japan*, München/Wien 1964, Reg. s. v. Feuerkult.

[14] Seit 1937 wiederentdeckt und beschrieben von S. P. TOLSTOV, *Auf den Spuren der altchoresmischen Kultur* (Sowjetwissenschaft Beiheft 14), Berlin 1953. Zum Feuerkult vgl. S. 13, 77 f., 122 (= Abbildung 24a Nr. 6), 128, 187.

[15] Vgl. FERD. BORK, *Zur Religion der alten Elamier* (Zeitschr. f. Missionskunde u. Religionswissenschaft 48, Berlin 1933, S. 161–176), und die Erwähnungen von „(heiligem) Feuer" bzw. „Opfern des Feueraltars" in den Inschriften bei F. BORK, *Elamische Studien* (MAOG 7, 3), Leipzig 1933, S. 24, 29, 31.

[16] Abbildung bei VON DER OSTEN a. a. O. (oben Anm. 5) Tafel 38.

reich noch diskutabler. Bis hierher hätten wir es bereits mit drei verschiedenen Religionsformen zu tun. Für Achämeniden- und Sassanidenzeit kommen Zarathustrismus und Zoroastrismus hinzu, für die Partherzeit die Religion, die wir zu definieren suchen. Auch hier wird man sie als im engeren Sinne iranisch werdend bezeichnen dürfen. Man hat hier freilich bisher keine der prähistorischen entsprechende parahistorische Evidenz für Feuerkult aus dem parnisch-nomadischen Bereich oder seinem weiteren Umkreis. Aber die Ausformung eines Feuerkultes im großen Stil, wie ihn dann die sassanidische Staatskirche mit ihrer Hierarchie der Feuerpriester und ihrem dichtgeknüpften Netz der Feuerheiligtümer kennt, hat sich in den letzten beiden vorchristlichen Jahrhunderten vollzogen. Die Tatsache, daß dies nicht im eigentlichen parthischen Machtbereich, sondern in graeko-iranischen Sekundogenituren Kleinasiens[17], namentlich in Phrygien, geschah, bildet eine Analogie zu den beiden an Hand der Elementen- und Gestirnverehrung aufgezeigten Iranisierungsprozessen. Dort wie hier bekommen wir, mit einer Ausschließlichkeit, wie sonst selten auf dem Globus, rein religionsgeographische, von ethnischen und sprachlichen und sogar historischen Bedingungen faktisch unabhängige Gründe für die Ausbreitung eines verbreiteten Volksglaubens in den Griff.

Für die Ahnenverehrung aber gilt das nicht. Die Ahnen hatten, neben den Göttern oder allein, Standbilder oder besondere Plätze in den Häusern bzw. Palästen. Da MOSES VON CHOREN[18] erzählt (II 19, S. 90), der parthische Satrap Barzaphranes habe bei der Sonne und allen Göttern des Himmels und der Erde geschworen, und (II 77, S. 119) der König Vałarschak habe zu Ehren seiner Ahnen, der Sonne und des Mondes in Armavira Statuen errichtet, ist es möglich, daß unter den πατρῷοι θεοί, bei denen[19] Artabanus III. schwor, auch die Ahnen waren[20]. Nach HERODIAN und JOSEPHUS[21] nahmen die Parther auf Reisen oder bei Wohnungswechsel die Bilder ihrer Familienangehörigen bzw. Götter mit. Diese und andere Zeugnisse über Ahnenverehrung stammen alle aus der Königsfamilie. Das kann entweder bedeuten, daß die Ahnenverehrung ein Teil der Königsideologie war[22], oder

---

[17] S. WIKANDER, *Feuerpriester in Kleinasien und Iran*, Lund 1946.
[18] Vgl. oben Anm. 10, dazu den leider undeutlichen Beleg II 4a (S. 105).
[19] Nach JOSEPHUS, *ant.* 18, 9, 3 (§ 328; Bd. IV p. 200 NIESE).
[20] Vgl. auch den jüdischen Anstoß an der Verehrung parthischer „Götter" (= Götzenbilder) Jos. *ant.* 18, 9, 5 (§ 348; Bd. IV p. 203 NIESE).
[21] *Ab excessu divi Marci libri VIII* (ed. K. STAVENHAGEN, Teubner 1922) IV 10 (p. 125), deutlicher Jos. *ant.* 18, 9, 5 (§ 344).
[22] M. A. R. COLLEDGE, *The Parthians*, London 1967, macht mehrfach darauf aufmerksam, daß schon bei den Nomaden ein König oder früher Ahn deifiziert oder kultisch verehrt wurde (Münzen, Statuen in Nisa und Schami, z. B. S. 103 u. 156 f.), und daß die Körper der arsakidischen Könige nicht ausgesetzt, sondern in Gräbern (Nisa, später Arbela) verbrannt wurden (z. B. S. 109–114).

es besagt, daß man aus der im Blickpunkt stehenden Dynastie am leichtesten berichten konnte, was für die Familie allgemein galt. Nur wenn man das letztere annimmt, darf man die Zeugnisse hier anführen. Aber auch dann erscheint die Ahnenverehrung im Großen zu inkohärent und zu wenig in die Bestattungssitten von Parthern einerseits, Steppenvölkern andererseits einbeziehbar, als daß man hier von einem geographischen Rahmen sprechen dürfte, der ihr zu einem System verholfen oder sie zu einem wichtigen Element im Volksglauben gemacht hätte.

Wir wenden uns nun der partherzeitlichen Religion zu, soweit sie im engeren, d. h. sprachwissenschaftlichen Sinne iranisch ist. Die dahischen Parner gaben ihre eigene, zweifellos ostiranische Muttersprache auf, als sie in die ehemalige achämenidische Provinz Parthawa eindrangen, und nahmen die Sprache der eroberten Bevölkerung an. Als Verwaltungssprache der Arsakiden wurde sie auch in anderen iranischen Landen mehr oder weniger heimisch. Die parnische Sprache ist nicht ohne Einfluß auf das Parthische geblieben[23]. Doch erlaubt, was man aus ihrer Sprache hat erschließen können, keine Ergänzung des Ethnologisch-Iranischen, abgesehen vielleicht von dem Wort *margare* o. ä. „Zauberer". Man muß sich an das eigentliche Parthisch halten, darf hier dafür aber auch das vom inschriftlichen nicht abweichende manichäische zu Hilfe nehmen, selbstverständlich unter völligem Absehen von dem neuen mythologischen Kontext, in den die Manichäer die wichtigsten Ausdrücke der religiösen Sprache gefügt haben. Für das nicht-manichäische Parthisch haben die Forschungen schon relativ viel erbracht[24]. Wir kennen die Bezeichnungen für kultische Plätze, Kleider und Geräte, für Priester, Kultbeamte und Gläubige, für das Feuer, für Grabstätten und Trauerriten. Die manichäischen Texte enthalten eine ausführliche Himmel- und Höllenfahrts-[25], daneben eine Beicht- und Bußterminologie[26]. Von diesen kann die erstere auf das schamanische Substrat der im ethnologischen Sinne iranischen Religion zurückweisen, während bei der letzteren die Möglichkeit besteht, daß erst der Manichäismus sie ausgebildet hat, sie also für die Religion der Partherzeit nichts besagt.

Den nächsten engeren, den kulturgeschichtlichen Sinn des Iranischen[27]

---

[23] Gezeigt von W. B. HENNING, *Mitteliranisch* (Handbuch der Orientalistik 1. Abt., hsg. von B. SPULER und H. KEES, Bd. 4/1, Leiden-Köln 1958, S. 20–130) S. 93.
[24] Vor allem von WIKANDER, *Feuerpriester* (oben Anm. 17), und G. WIDENGREN, *Die Religionen Irans*, Stuttgart 1965, S. 190–196.
[25] M. BOYCE, *The Manichaean Hymn – Cycles in Parthian*, Oxford 1954, Glossar.
[26] W. HENNING, *Ein manichäisches Bet- und Beichtbuch* (APAW 1936, phil.-hist. Klasse Nr. 10), Berlin 1937, persisch-parthisches Glossar.
[27] Die Belege zum folgenden Absatz finden sich in der bisher zitierten Literatur und können aus Platzgründen nicht wiederholt werden.

erreichen wir mit der allgemein-religionswissenschaftlichen Einsicht, daß eine frühe Kultur ihr Selbstverständnis in einer bestimmten Mythologie findet, ähnlich wie eine späte in einer Ideologie oder Weltanschauung, und daß dementsprechend eine Mythologie eine homogen gewordene Kultur anzeigen kann. Leider kennen wir in unserer Epoche die Mythologie ihrerseits nicht ausgeführt, sondern haben sie nur durch Götternamen wie Mithra, Anahita, Tischtrya, Verethragna angezeigt. Daß ein nichtzoroastrischer Mithraismus verbreitet war, der sich des Näheren dem des Kuschanreiches und des Weiteren dem Sonnenkult der Saken vergleichen läßt, dürfte gesichert sein. Sofern man außerdem von Zoroastrismus sprechen darf, wozu der Brauch der Leichenaussetzung im Osten, die Monatsnamen von Nisa und Personennamen wie *Ohrmazdik und *Dinmazdak berechtigen, kann es sich nur um eine Remythisierung des Reformwerkes Zarathustras handeln, die der im jüngeren Awesta bezeugten vergleichbar ist, ob sie sich nun an Götter arischer (*Mithra, Haoma*) oder erst iranischer (*Anahita, Xvarnah*) Herkunft oder an neu divinisierte Begriffe aus Zarathustras Predigt (*aši-, sraoša-*) anschließt. Die Königsnamen, die mit *Arta-* oder *Mithra-* beginnen, fügen sich zur zoroastrischen wie zur nichtzoroastrischen Frömmigkeit. Vielleicht gelangt man aber von dieser vage bezeugten Religion als Teil der parthischen Kultur noch zu einem eindeutigeren Spezificum.

Es scheint, daß sich innerhalb der parthischen Kultur nirgends eine Verdichtung zeigt, die zu einer noch engeren Definition des Iranischen, nämlich im nationalen Sinn, berechtigen würde. Daß die national-iranische Restauration der Sassaniden von der Persis ausging, beruht somit nicht auf einem historischen Zufall, dem etwaige andere national-iranische Ansätze zum Opfer gefallen wären, sondern ist ganz folgerichtig. Die Persis wirkt nun bereits aus dem Anfang des 3. Jh.s eigenständig in die Partherzeit hinein, die erst in der Mitte dieses Jh.s beginnt. Noch unter Antiochos I. (294–261 v. Chr.)[28] hatte sich ein Fürstengeschlecht selbständig gemacht, das sich Frātadāra „Feuerhüter" nannte und Nachfolger der Achämeniden zu sein beanspruchte. Abgesehen von ihrer politischen Rivalität zu den Arsakiden dürfen sie jedoch je länger desto eindeutiger als Teilhaber und Bereicherer der parthischen Kultur betrachtet werden: die Symbiose der Parther mit den Nachfahren der alten Meder machte sie den Frātadāra weniger fremd; der Feuerkult, der allerdings in der Persis intensiver betrieben worden sein dürfte, war ein verbindendes Element; schließlich: bei den hellenisierten Magiern mischten sich kulturell- und nationaliranische Traditionen. Das letztere scheint sich neuerdings beweisen zu lassen.

---

[28] Ein anderer Ansatz bei R. STIEHL, *Chronologie der Frātadāra*, in: F. ALTHEIM, *Geschichte der Hunnen* Bd. 1, Berlin 1959, S. 375–379 (Seleukos IV., sehr diskutabel). Ich kann hier nicht begründen, warum ich dem früheren Ansatz von E. HERZFELD folge.

Schon sieben Jahre vor der großen Sammlung der graeko-iranischen Magiertexte[29] konnten zwei Komplexe aus dem weitverzweigten Material ausgesondert und untersucht werden[30]: die mithrische Eschatologie und die Apokalyptik der Orakel des Hystaspes. In der *imago resurrectionis*, von der Tertullian[31] spricht, erkannte CUMONT den Mithra Tauroktonos der zahllosen Reliefs und meinte, der Zoroastrismus habe[32] dem Saošyant die endzeitliche Aufgabe des Mithra übertragen; im Magierhymnus des Dion von Prusa hob er die das Weltende als stoische Ekpyrosis deutende Schicht von einer Weltzeitalterlehre ab, die wir, da sie auch von der babylonischen Astrologie mitbestimmt wird, chaldäisch nennen dürfen. Das andere Element in ihr ist das von Zarathustras Reform unberührt gebliebene, alte – wir dürfen es dem von uns sog. Kulturell-Iranischen zuordnen.

Die Orakel des Hystaspes hingegen haben ein gutes Dutzend ausführlicher und eindeutiger Parallelen im Bahman-Yašt[33], dessen Apokalyptik man wegen ihrer immer neuen Repristinationen anläßlich römischer, arabischer und türkischer Invasionen noch eindeutiger als national-iranisch bezeichnen wird als die apokalyptischen Passagen des Dēnkart und des Bundahišn. Wenn man den eschatologischen Ausblick auf national-iranische Erneuerung auch in den Orakeln anerkennt, dann wird man sie weder im parthischen Machtbereich lokalisieren, wo man sich trotz aller Seleukidenkriege auf die makedonischen Städte im Lande stützte, noch in Pontus, wo es bereits um Gegnerschaft gegen Rom geht, sondern dort, wo man von Anfang an und am konsequentesten antihellenisch war, nämlich in der Persis. Tatsächlich kann man neuerdings die Entstehung der Orakel aus der Geschichte gerade dieses Gebietes am besten verständlich machen[34]. Es ist dann aber müßig, zu archaisieren, sei es, indem man die apokalyptischen Bilder der Orakel aus den spärlichen Ansätzen der Gathas oder älteren Yašts herauszuentwickeln versucht, sei es, indem man sie als eine Übersetzung aus einer iranischen Sprache deklariert. Alles spricht da-

---

[29] J. BIDEZ- – F. CUMONT, *Les Mages Hellénisés*, 2 Bde., Paris 1938.

[30] Von F. CUMONT, *La fin du monde selon les mages occidentaux* (RHR 103, 1931, S. 29–96).

[31] *De praescr. haeret.* 40.

[32] *Indisches Bundahišn* 30, 10–27 (K. F. GELDNER, *Die zoroastrische Religion* (*Das Awesta*), RgLb 1, Tübingen 1926, S. 48 f.) bzw. XXXI, LXXIII ff. (F. JUSTI, *Der Bundehesh*, Leipzig 1868, S. 41 ff.). *Iranisches Bundahišn* 34, 10–26 (B. T. ANKLESARIA, *Zand-Ākāsīh*, Bombay 1956, S. 286–291).

[33] Nach der Übersetzung von E. W. WEST, *Pahlavi-Texts* vol. 1 (SBE V, Oxford 1880) hinter die Fragmente der Apokalypse gedruckt bei BIDEZ-CUMONT (oben Anm. 29) Bd. 2, S. 361–376, weitergeführt – auch in den Übersetzungen aus dem Original – bei WIDENGREN (oben Anm. 24) S. 199–207.

[34] SAMUEL K. EDDY, *The King is dead*, Lincoln 1961, Reg. s. v. Oracle of Hystaspes, bes. S. 32–36. EDDY gibt im Appendix S. 343–349 auch eine überzeugend auf den ältesten Kern gekürzte Übersetzung des Bahman-Yašt.

für, daß hier ein neues Produkt national-iranischer Religiosität vorliegt, und daß es gleich – im 2. Jh. vor Chr. – auf griechisch entstand, aus welchen Gründen auch immer[35]. Paradoxerweise wird man hier die im engsten, nämlich nationalen Sinn iranische Religiosität zunächst ohne sprachliche Grundlage konstatieren müssen. Das hat sich später geändert: wenn der „Große König", den Gott vom Himmel senden wird, um die Gerechten zu erretten[36], später auch in manichäischen Texten wiederkehrt[37], dann scheint sich der apokalyptische Glaube der Persis auch über das Partherreich verbreitet und dort vielleicht sogar in dessen Sprache die Religion nationalisiert zu haben; und in sassanidischer Zeit wurden die Orakel ins Pahlavi übersetzt, mit anderem Material zusammengearbeitet und bei akuten Gefährdungen des Staates und des Staatsglaubens weiterentwickelt.

Man sieht, daß sich die Bezeichnung „iranisch" für die Religion der Partherzeit, so wie sie eingangs eingegrenzt wurde, gut vertreten läßt. Entschließt man sich aber, sie zu verwenden, dann sollte man es nach Möglichkeit mit dem Index „ethnisch", „sprachlich", „kulturell" oder „national" tun, um keiner mißverständlichen Homogenisierung anheimzufallen.

[35] Die Kontinuität altiranischer Tradition und Sprache in diesem Gebiet wird nicht bestritten (Zusammenfassung des Materials und der Argumente z. B. bei R. N. FRYE, *Persien*, Zürich 1962, S. 406–410). Daneben aber hat in einigen genau abgrenzbaren Bereichen, wohl eher schriftlich als mündlich, mit erstaunlicher Ausschließlichkeit das Griechische geherrscht. In der Nachbarschaft der Persis denkt man am ehesten an die Verwaltung in Susa, das unter Seleukos II. (246–226 vor Chr.) als Seleukeia am Eulaios zur Polis gemacht wurde und seine administrative Autonomie bis ins 4. Jh. nach Chr. (!) behielt, und mit dem noch Artabanos III. im Jahre 22 nach Chr. griechisch korrespondierte (W. G. LUKONIN, *Persien II*, deutsch von W. HINZ, München/Genf/Paris 1967, S. 22 ff. und 154 f.). Sogar Freilassungsurkunden wurden in Susa auf griechisch aufgesetzt (F. CUMONT, *Inscriptions grecques de Suse*, CRAI Paris 1931–1933; L. ROBERT, *Études d'épigraphie grecque*, Rev. de Philologie ... 10, 1936, S. 137 ff.).
[36] Nach LAKTANZ, *Div. Inst.* VII, 17, 11 (bei BIDEZ-CUMONT Bd. 2, S. 370). H. WINDISCH, *Die Orakel des Hystaspes* (Verh. Akad. Amsterdam, Afd. Letterkunde N. R. 28/3, 1929) S. 72 erklärte diese Wendung noch als eine christliche Interpolation mit Hilfe von *Or. Sib.* III 651.
[37] Dort meist „(Großer) König der Ehre" (AUGUSTINUS, *Contra Faustum* 15, 6, p. 428 ZYCHA; THEODOR BAR KONAI p. 128, 27 f. POGNON), wohl um ihn von dem aus anderer Tradition zu einem weiteren Sohn des Lebendigen Geistes gemachten „Ruhmeskönig" zu unterscheiden. Im Südwest-Dialekt hat er die staatsrechtliche Bezeichnung *pāhragbēd* „Grenzwacheherr" (E. WALDSCHMIDT und W. LENTZ, *Manichäische Dogmatik aus chinesischen und iranischen Texten*, SPAW 1933. XIII, S. 510 zu H 130 b, wegen der Übereinstimmung mit der syrischen Angabe. Deshalb kann der „Landesherr" nicht dem *rex honoris* entsprechen), weil er über die sieben Firmamente herrscht (*Keph.* 80, 5; 83, 3; 87, 34; 91, 23; 170, 28; 172, 10), d. h. „im Himmel" (THEODOR a. a. O.) oder auf der Grenze zwischen ihnen und dem Äther thront. Er muß der *šahrdār* sein, der in *Huwīdagmān* I 1b; VI 1 (sogd.) und VI c 21b als Gnädiger angerufen, als den Weinenden mit seiner Stimme Tröstender genannt und als Überwinder von Feinden sowie Herr der Äonen des Lichts beschrieben wird, und ebenso der *sm'n xšyδ* „Himmelsherrscher" im sogdischen Fragment M 583, 1 R 7 (WALDSCHMIDT-LENTZ a. a. O. S. 545).

Der Ausdruck „Mensch" als Interpretament iranischer Gestalten (Gayomart, Yama/Yima, Fravaschi) in Wechselwirkung mit einem humanistischen Interesse an ihm

Die „iranische Hypothese" will durchweg nicht nur die Herkunft der Menschensohn-Eschatologie, sondern zusammenhängend damit auch die einer ganzen Reihe anderer „Mensch"- und Heilandgestalten in verschiedenen religiösen Überlieferungskreisen erklären. Sie ist Bestandteil eines gewissen religionsgeschichtlichen Paniranismus, dem Panbabylonismus vergleichbar und mit diesem überdies, auf Grund einer tatsächlichen iranisch-babylonischen Verschmelzung in der chaldäischen Mischkultur seit dem 7./6. Jh. v. Chr., gelegentlich kombiniert. Isoliert man die hierin eingebetteten Erklärungsversuche für die Menschensohnvorstellung, dann kann man sie notgedrungen nicht ganz genauso referieren, wie sie gemeint sind.[71]

---

[71] In den *Stücken 9* bis *13* häufiger und deshalb abgekürzt zitierte Literatur: *Bailey:* H. W. Bailey, Zoroastrian Problems in the ninth Century Books, Oxford 1943; *Bidez-Cumont:* J. Bidez-F. Cumont, Les Mages Hellénisés, 2 Bd., Paris 1938; *Bousset-Greßmann:* W. Bousset-H. Greßmann, Die Religion des Judentums im späthellenistischen Zeitalter, Tübingen 1926; *Colpe: C.* Colpe, Die Religionsgeschichtliche Schule, Göttingen 1961; *v. Gall: A.* von Gall, Basileia tou Theou, Heidelberg 1926; *Greßmann:* H. Greßmann, Der Ursprung der israelitisch-jüdischen Eschatologie, Göttingen 1905; *Kraeling: C.* H. Kraeling, Anthropos and Son of Man, New York 1927; *de Menasce* vgl. SchGV; *Otto:* R. Otto, Reich Gottes und Menschensohn, München 1934, ²1940 (mit Nachtrag), ³1954 (unverändert); *Reitzenstein,* Hell. Myst.: R. Reitzenstein, Die hellenistischen Mysterienreligionen nach ihren Grundgedanken und Wirkungen, Leipzig und Berlin ³1927; *Reitzenstein,* Poimandres: R. Reitzenstein, Poimandres. Studien zur griechisch-ägyptischen und frühchristlichen Literatur, Leipzig 1904; *Schaeder:* H. H. Schaeder, Die islamische Lehre vom Vollkommenen Menschen, ihre Herkunft und dichterische Gestaltung, in: ZDMG 79, 1925, 192–268; SchGV: Une apologétique Mazdéenne du IXe siècle: Schkand-Gumanik Vikar. La solution décisive des doutes, Texte pazend-pehlevi transcrit, traduit et commenté par P. J. de Menasce, Fribourg 1945; *Söderblom:* N. Söderblom, Les fravashis, in: Rev. de l' Hist. des Religions 20, 1899, 228–246. 373–418; *Staerk:* W. Staerk, Die Erlösererwartung in den östlichen Religionen (Soter Bd. II), Stuttgart und Berlin 1938; *Volz:* P. Volz, Die Eschatologie der jüdischen Gemeinde im neutestamentlichen Zeitalter, Tübingen 1934 = Hildesheim 1966; *Widengren,* Numen: G. Widengren, Stand und Aufgaben der iranischen Religionsgeschichte, in: Numen 1, 1954, 16–83; 2, 1955, 47–134; *Widengren,* Religionen Irans: G. Widengren, Die Religionen Irans, Stuttgart 1965; *Windisch:* H. Windisch, Die Orakel des Hystaspes (Verh. Koninklijke Akademie van Wetenschapen te Amsterdam, Afd. Letterkunde Nieuwe Reeks XXVIII 3), Amsterdam 1929; *Zaehner,* Teachings: R. C. Zaehner, The Teachings of the Magi, London-New York 1956; *Zaehner,* Zurvan: R. C. Zaehner, Zurvan. A Zoroastrian Dilemma, Oxford 1955.

a) Gayomart

α) Hypothesen

Der apokalyptische Menschensohn repräsentiert die jüdische Form des iranischen Gayomart[72], so wie der gnostische Anthropos dessen hellenistische und synkretistische Form repräsentiert.[73] Die Gestalt, welche mittelpersisch Gayomart und jungawestisch Gaya maretan („sterbliches Leben") heißt, ist ein Urmensch, d.h. Mensch schlechthin[74], als welcher auf Grund seiner Bezeichnung auch der „Mensch(ensohn)" des Judentums anzusehen sei.[75] Dieser Urmensch spielt in der iranischen Religion eine eschatologische Rolle.[76] Er sei ein siegreicher Kämpfer gegen die gottfeindlichen Mächte schon seit der Urzeit gewesen[77], entweder weil er mit dem nationaliranischen Heiland Saoschyant (mittelpersisch: Soschyans) zusammengehöre[78], oder weil er zwischen dem 6. und 3. Jh. v.Chr. mit Marduk, dem Besieger des Chaos-Ungeheuers Tiamat, identifiziert worden sei.[79] Das Judentum konnte die Gestalt dieses das Heil am Ende der Zeiten heraufführenden „Menschen" gut kennenlernen, solange es unter persischer Herrschaft lebte[80], d.h. von Kyros II. bis zu Alexander dem Großen, aber auch danach noch, da in hellenistischer Zeit viele persische Ideen weiter wirkten.[81] Das Judentum habe dann diese Gestalt im Sinne seiner Eschatologie interpretiert und seinem Gotte Jahwe untergeordnet[82], wozu in der Unterordnung Gayomarts unter den obersten Gott Ohrmazd schon eine Analogie gegeben war.[83]

β) Textbefund und Ergebnis

Gegen die direkte[84] Ableitung des Menschensohnes vom aw. Gaya maretan bzw. mpers. Gayomart sprechen fünf Einwände: 1. Der Name: Gaya maretan

---

[72] *Kraeling*, 128–165; *v. Gall*, 409–419; *W. Bousset*, Die Religion des Judentums, Berlin 1903, 347f.

[73] *Kraeling*, 85–127; *Bousset-Greßmann*, 354f; *Bousset*, Religion des Judentums ²(1906), 407; Hauptprobleme der Gnosis, Göttingen 1907, 202–209; *Reitzenstein*, Hell. Myst., 9–17. 181. 418; *R. Reitzenstein*, Das Iranische Erlösungsmysterium, Bonn 1921, passim.

[74] So, meist implizite, alle hier genannten und viele andere Autoren.

[75] *Kraeling*, 144 (die „Mensch"- oder „Mann"-Appelative wollen die ursprünglich namenlose Gestalt „sterbliches Leben" identifizieren und lokalisieren); kritisch *Volz*, Esch., 189f. (trotz Übernahme des Ausdrucks „Urmensch").

[76] *v. Gall*, 437.

[77] *Bousset-Greßmann*, 352.

[78] *v. Gall*, 109. 126. 409.

[79] *Kraeling*, 145–147.

[80] *v. Gall*, 245–250; *Bousset-Greßmann*, 506–520.

[81] *v. Gall*, 263ff; weitere Literatur mit diesem Grundgedanken bei *Colpe*, 18–57.

[82] *Bousset*, Hauptprobleme der Gnosis, 219.

[83] *v. Gall*, 417. Im folgenden eine interpretierte Auswahl aus dem Material bei *A. Christensen*, unten Anm. 93, Bd. I, Stockholm 1917, 11–105.

[84] Gegen die indirekte Ableitung (auf dem Umweg über die Gnosis) vgl. ThWbNT VIII, 414–418.

heißt nicht „Mensch", sondern „sterbliches Leben"; das letztere ist nicht Umschreibung einer Namenlosigkeit, sondern ebenfalls Appellativ.[85] 2. Die Gestalt: Gayomart ist nicht nur „menschenähnlich", sondern auch ein tellurisches Wesen, sein Körper besteht aus den sieben Metallen[86]; 3. Seine Rolle in der Endzeit: ihm wird nicht die Herrschaft über die Völker verliehen, sondern er ist der Erstling der Auferstehung; überdies fehlt in der Pahlavi-Literatur eine Gerichtsszene wie die in Da 7,9f; 13f[87]; 4. Chronologische Erwägungen: Die Pahlavi-Literatur, in der wir die wesentlichsten Charakteristika des Gayomart finden, stammt aus sassanidischer und frühislamischer Zeit, und welche Vorlagen ihr im einzelnen zugrunde lagen und aus welcher Zeit diese stammen, ist bisher nicht geklärt[88]; 5. Typologische Erwägungen: die Stellen aus dem jüngeren Awesta (Yt 13,86f. 145; Y 13,7; 23,2; 26,5.10; 67,2; 68,22; Nyayischn 1,5; Visprat 21,2), die älter sein können als Da 7, unterliegen dem obigen Einwand, daß die Figur „sterbliches Leben" heißt; ferner lassen sie sich nur dann mit Da 7,13 vergleichen, wenn man Menschensohn und Gayomart als Variationen ein und desselben prototypischen Urmenschen betrachtet. Bei dieser Betrachtungsart hat sich aber der Befragungsrahmen so verfestigt, daß das Resultat einer späteren Mythopoiia in einer einzigen ihrer Vorstufen angelegt erscheint. Gegen eine solche immer wieder zu beobachtenden Tendenz der Forschung, genauso substrathaft zu denken wie ihr Gegenstand, um ein handfesteres Material zur Bearbeitung zu haben, sind schwere Bedenken zu erheben.

Doch bahnt sich gerade an diesem Punkt ein aufschlußreicher Consensus an. *Sven Hartman*[89] hat nämlich gezeigt, daß es sich in jungawestischen Stellen, wo Gayomart, Zarathustra und Saoschyant oder zwei von den dreien genannt werden, nicht einfach um liturgische Reihungen handelt, wie ich behauptet hatte,

---

[85] *K.W. Trewer* (bei *S.P. Tolstow*, Auf den Spuren der altchoresmischen Kultur, Berlin 1953, 97) hat sogar die Übersetzung „Stier-Mensch" vertreten; linguistisch wohl nicht möglich (*gaya-* und *gav-* gehören nicht zusammen), doch ist auf die Symbiose Gayomarts mit dem Urstier und die Gleichartigkeit ihrer Schicksale (vgl. Großes Bundahischn Kap. 4) zu achten.

[86] Großes (Iranisches) Bundahischn Kap. 6 und 14. Aus diesen Kapiteln geht auch Gayomarts Rolle als Anfänger der Nutzpflanzenkultur und als prototypischer Androgyn hervor; er scheint also auch in den Kreis der Dema-Gottheiten (wie bei *A.E. Jensen*, Mythos und Kult bei Naturvölkern, ²Wiesbaden 1960, 103–153) und der geschlechtsstarken Wesen, bei denen das *utrumque* noch nicht zum *neutrum* geworden ist (*H. Baumann*, Das doppelte Geschlecht, Berlin 1955, 277–280), zu gehören. Religionsethnologische Untersuchungen in diesem und dem in Anm. 85 angedeuteten Sinne würden vom Menschensohn noch weiter abführen als die gleich anzustellenden Erwägungen.

[87] Auferstehung: Kleines (Indisches) Bundahischn 30, (6) 7. 9.

[88] *M.J. Lagrange*, Le Judaisme avant Jésus Christ, ³Paris 1931, 390. Jedoch sei darauf hingewiesen, daß *K. Hoffmann*, MSS 11, 1957, 85–103 den Gayomart-Mythos als zoroastrische Form des arischen Martanda-Mythos auffaßt. Doch führt auch von da kein Weg zum Menschensohn.

[89] Auf die Kritik, die ich (*Colpe*, 145–150, 165–169) an dem Buch von *S. Hartman*, Gayomart, Uppsala 1953, geübt habe, hat dieser in einem gehaltvollen Aufsatz geantwortet: Der große Zarathustra, in: Orientalia Suecana 14/15, Uppsala 1965/66, 99–117, daraus und davon angeregt das Obige.

sondern um den Niederschlag der Zerlegung des Rettungswerkes des Zarathustra in einen protologischen und einen eschatologischen Aspekt. Der Saoschyant, mit dem Zarathustra in den Gathas (Y 45,11; 48,9; vielleicht 53,2) offensichtlich sich selbst meint, wird zu einer jenseitigen bzw. kommenden Gestalt und damit zu einem Epitheton des Astvat.ereta, während Gayomart in Yt 13,87.145 und Y 13,7; 26,4f Eigenschaften erhält, die in den Gathas Zarathustra zugeschrieben werden. Dies sind wichtige, überzeugender als bisher begründete Erkenntnisse für die Entstehung einer iranischen Eschatologie. Aber gerade sie zeigen ein Modell für die Entstehung endzeitlicher Rettergestalten und ihrer Korrelation zu Urzeitgestalten auf, welches eindeutig macht, daß die Bildung der Menschensohngestalt – mit der sich *Hartman* nicht beschäftigt – nicht dazu gehört. Es wird nämlich nicht eine mythische Urzeitgestalt – ob sie nun „Mensch" oder „sterbliches Leben" oder noch anders heißt, ist jetzt ohne Belang – verdoppelt, sondern es wird eine selbständige Erretterprädikation, die Zarathustra ja nicht nur sich selbst, sondern auch seinen Helfern gibt (Y 34,13; 46,3; 48,12), auf die Fortsetzer und schließlich Vollender des Rettungswerkes übertragen, wobei sich aus ganz bestimmten, hier nicht zu erörternden Gründen zuletzt deren Konzentration auf eine einzige Gestalt ergibt.[90] Daß diese Gestalt dann nicht nur in Korrelation – nicht personenhafter Identität! – zu einer Urzeitgestalt gesehen wurde, die aus *anderer* Tradition vorgegeben war, sondern daß in diese Protologisierung auch die Gestalt, nämlich Zarathustra, einbezogen wurde, welche den Anstoß zur Eschatologisierung gegeben hatte, ist nach bestimmten mythologischen Gesetzen nur konsequent. Dieses Modell erklärt aber weder den Menschensohn als einen adaptierten iranischen Erlöser noch als ein double des iranischen oder jüdischen Prototypen, sondern spricht gegen beides und zwingt dazu, nach einer anderen Gestalt zu suchen, die von einer Erlösungserwartung in sich hineingezogen und zum Korrespondenten ihrer Urzeitgestalt gemacht wurde.

b) Andere Urmenschgestalten

α) Hypothesen

Die transzendente Menschensohnerwartung ist eine Variante der irdisch-nationalen Messianologie[91] und bildet im apokalyptischen Zeitalter denselben Mythos vom König des Goldenen Zeitalters um, der bereits im prophetischen Zeitalter durch historisierende Verbindung mit dem Davidhaus zur jüdischen

---

[90] Belege bei *Bartholomae*, Altiranisches Wörterbuch 1551f unter B, dazu *S. Hartman*, Aspects de l'histoire religieuse selon la conception de l'Avesta non-gathique, in: Orientalia Suecana 13, 1964, 88–118, bes. 92–101.

[91] *Volz*, Eschatologie, 203–228; *S. Mowinckel*, He that cometh, Oxford 1956, passim.

Messias-Vorstellung geworden sei.[92] Bei diesem Mythos vom König des Goldenen Zeitalters oder Paradieseskönig handelt es sich um die indo-iranische Yama/Yima-Überlieferung.[93] Die religionsgeschichtliche Genealogie, die von ihr bis zur Menschensohnerwartung führe, ist entweder eine direkte[94], oder sie führe über die Davidsohn-Messianologie, so daß diese die nähere Vorstufe der Menschensohn-Messianologie wäre.[95]

β) Textbefund und Ergebnis

Die Figur, um die es sich handelt (sanskrit Yama[96], awestisch Yima), ist als Urzeitkönig schon in arischer Tradition auch Herrscher über die Toten und erster Sterblicher (denn er hat einen Vater, sanskrit Vivasvant, awest. Vivahvant, kann also nicht als erster Mensch schlechthin bezeichnet werden). Er hat eine Zwillingsschwester, die zugleich seine Gattin ist (sanskr. Yami, aw. nicht belegt, doch ist eine Yimag wegen einer Yimak im Bundahischn anzunehmen). Nach der ältesten Tradition währt seine Herrschaft über die Menschheit die ersten tausend Jahre ihrer Geschichte. So lautet die Überlieferung auch noch zunächst nach ihrer Loslösung aus dem arischen Kreise in Iran.[97] In jüngerer iranischer Überlieferung entstehen dann zwei Fassungen, die man eher als Sagen denn als Mythen bezeichnen muß: nach der einen rückt Yima an die dritte, vierte oder noch spätere Stelle in der Reihe der Urkönige[98], nach der anderen wird er die zentrale Figur im unirdischen Totenreich, wo der Zustand ungetrübter Seligkeit, der in der Urzeit herrschte, fortdauert.[99] Als er Freude an Falschheit und Lüge zu finden begann, wich das Xvarnah, die göttliche Glorie, die ihm Macht über die Dämonen verlieh, von ihm.[100]

Das alles muß man wirklich an den Haaren herbeiziehen, um die Menschensohngestalt damit zu erklären. Diese ist eine durch und durch eschatologische Figur, und die Behauptung, daß sie ein wiedererscheinender erster Mensch sei, bedarf zur Unterstützung bereits einer Analogie, die Bestandteil der hier ge-

---

[92] *Greßmann*, Ursprung, 272–285. Anders *v. Gall*, 173f. 250f. („natürlich nur rein jüdischer, nachexilischer Herkunft").

[93] Das Material bei *A. Christensen*, Les Types de Premier Homme et du Premier Roi dans l'Histoire Légendaire des Iraniens, Bd. 2, Leiden 1934.

[94] Theorien: ThWbNT VIII, 411, Anm. 48.

[95] *Greßmann*, Ursprung, 272–285, 362ff. Anders *Bousset-Greßmann*, 490 (Yima-Gestalt beeinflußt Messias-Gestalt, aber Menschensohn-Gestalt von hier aus nicht verständlich.)

[96] Vgl. *V. Moeller*, Die Mythologie der vedischen Religion und des Hinduismus (Wörterbuch der Mythologie, hsg. v. *H.W. Haussig*, Liefg. 8, Stuttgart 1966), 201f.

[97] Yt 17, 30, mehr bei *Christensen*, 36.

[98] Belege bei *F. Justi*, Iranisches Namenbuch, Marburg 1895 = Hildesheim 1963, 144.

[99] Y 9, 4f u.ö. Zu Vendidad 2 vgl. Übersetzung und die wichtige Einleitung bei *H. Lommel*, Die Yäscht's des Awesta (QRG 15), Göttingen-Leipzig 1927, 196–207.

[100] Yt 19, 34; dazu *Bartholomae*, Altiranisches Wörterbuch 1300f. Historisch ist es durchaus möglich, hier an Adaption des biblischen Sündenfall-Motivs zu denken.

prüften Hypothese ist. Yama/Yima dagegen ist eine primär protologische Figur; die Aussagen über ihn lassen zuweilen gar nicht deutlich erkennen, ob von der vergangenen Urzeit oder ihrem Andauern in einem mythischen Bereich jenseits oder neben der gegenwärtigen Menschenwelt die Rede ist. Das jüdische Eschaton ist eine andere Größe als dieses Paradiesesreich und wäre es auch, wenn das letztere rein zukünftig sein sollte. Die jüdische Eschatologie zerbricht jedes linear gedachte Urzeit-Endzeit-Schema, und es gibt keinen Anhalt dafür, daß das hier zerbrochene Schema das des Yama/Yima-Mythus gewesen ist.

c) Der Menschensohn als Fravaschi

Eine Variante der iranischen Hypothese besagt, daß der Menschensohn die Fravaschi des exemplarisch Gerechten, nämlich Henochs, sei. Aber diese Hypothese ist nicht nur mit dem Menschensohnproblem, sondern intentional auch mit dem Problem des gnostischen Erlösers verquickt, der nach der Gayomart- und der Yama/Yima-Hypothese material eben durch den Menschensohn schon im 2. Jh. v. Chr. angezeigt werde. Da ich diesen Teil des Problems an anderer Stelle behandelt habe, habe ich ihn bisher nicht wieder aufgenommen, sondern mich auf den Menschensohn-Teil des Problems beschränkt. Bei der Fravaschi-Hypothese aber muß das Problem des gnostischen Erlösers als eines Verwandten des Menschensohns mitbehandelt werden.

In einer wichtigen Apologie des Zoroastrismus aus dem 9. Jh. n. Chr., dem Schkand-Gumanik Vicar („Zweifelzerstreuende Entscheidung"), lesen wir:[101] „(§ 6) Und er (sc. Ohrmazd) hat den Menschen als oberste der Kreaturen zur Ausführung seines Willens geschaffen. (§ 7) Nach und nach (kamen) durch sein Wohlwollen und Mitleid gegen seine Kreaturen (hinzu) Religion *(den)* und Bewußtsein *(danakih)*, Reinheit *(apecakih)* und Mischung *(gumecakih)*, Natur *(cihrih)* und Wollen *(kamih)*, (§ 8) so wie auch Intelligenz *(vir)*, Gedächtnis *(hosch)*, Urteilskraft *(xrat)*, Wissen *(danischn)*, Bewußtsein *(bod)*, Fravaschi *(fravahr)*, welches die Organe der Seele *(ruvan)* sind, welche ihre Kenntnis suchen bei den fünf himmlischen Organen *(afzaran i menok)*, nämlich Gesicht, Gehör, Geruch, Geschmack, Gefühl (§ 9) durch die fünf irdischen Organe *(afzaran i getih)*, nämlich Augen, Ohren, Nase, Mund und die ganze Körperoberfläche."

Das ist ein Abriß der zoroastrischen Psychologie, wie wir sie in größerer und geringerer Vollständigkeit und in vielen Variationen in der Pahlavi-Literatur immer wieder finden.[102] Als letzter Seelenteil erscheint hier die Frava-

---

[101] SchGV I 6–9, 24f *de Menasce*.
[102] Im SchGV vor allem noch V, 80–91, vgl. dazu den wichtigen Kommentar von *de Menasce*, a.a.O. 75f.; *Bailey*, Problems, 10ff.; 'Ulema i Islam bei *Zaehner*, Zurvan, 412, § 27: „In his (sc. Man's) body there is fire, water, earth, and air, and further soul, intelligence, consciousness, and

schi.[103] Daß sie eine vor den übrigen Teilen ausgezeichnete Stellung hat, erfahren wir nicht hier, wohl aber an anderen Stellen: die Fravaschi ist die Natur *(cihr)* selbst, die Besitzerin (oder Aufrechterhalterin, *dastar*) des Körpers.[104] Hier steht die Fravaschi für die ganze Seele. Der Mensch ist ursprünglich ein Geistwesen, und seine Seele qua Fravaschi existiert vor seinem Körper, so wie die himmlische Schöpfung *(menok)* der irdischen *(getih)* vorhergeht.[105] Körper und Seele aber sind Schöpfungen Ohrmazds, d.h. die Seele ist nicht ewig präexistent.[106] Schon jetzt sehen wir, daß die Stellung der Fravaschi sehr mehrdeutig ist: sie ist bald ein Seelenteil unter mehreren (wobei die Seele auch nur eine unter weiteren spirituellen Kräften ist), bald das Einheitsprinzip der in mehrere Teile zerfallenden und neben anderen stehenden Seele, bald das Belebende der Seele, bald das Belebende des ganzen Körpers und, wie wir in GrBd. Kap. 3 und bei den *'Ulema i Islam* sehen (unten Anm. 123), die Idee der Seele *(ruvan)* oder noch weiterer spiritueller Teile des Menschen. Wir werden dieser Mehrdeutigkeit am besten gerecht, wenn wir die Fravaschi als Selbst der Seele, aller Seelenteile, aller daneben noch bestehenden spirituellen Kräfte oder als Seele oder Selbst des Körpers, kurz: als Selbst des ganzen Menschen bezeichnen.

Dieser Begriff ergibt sich auch aus *Söderbloms* grundlegender und bis heute unüberholter Abhandlung über die Fravaschis; wir zitieren ihn aus praktischen Gründen ohne Anführung seiner Quellen – die ausführlichste ist der 13. Yascht, die anderen Stellen übersichtlich bei *Bartholomae*, Altiranisches Wörterbuch, 992–995 – und entnehmen seinen reichhaltigen Ausführungen, wie umfassend der Begriff Fravaschi nuanciert sein kann. Die Fravaschis sind ursprünglich die Seelen der Toten[107]; nach *Söderbloms* Ansicht sind sie nicht nur aus der Deutung von Traum- oder Visionsgestalten entstanden, sondern „in erster Linie eine Hypothese, um die Autorität zu erklären, die von dem verstorbenen Vorfah-

---

fravahr; further the five senses, sight, hearig, taste, smell, and touch." Ebda., 414, § 43: „Beasts, birds, and fish have no soul ... They are exempt from the reckoning and judgement becuse they have no soul or fravahr."

[103] So für *fravaschay* (die awestische) oder *fravahr* (die mpers. Form). Näheres bei *Bailey*, Problems, 107–110.

[104] SchGV V 87, ähnlich im Denkart (*Madan*, 241–243 nach de Menasce z.St.): der Geist *(jan)* ist der Besitzer des Körpers, wird aber selbst durch *fravahr* belebt; *fravahr* besitzt die Natur *(cihr)* des Menschen und ernährt den Körper. Vgl. *Söderblom*, Fravashis, 396 u. 392 Anm. 2.

[105] *Zaehner*, Teachings, 17; *Söderblom*, Fravashis, 403.

[106] *Zaehner*, a.a.O., richtig, soweit es sich nur um die Seele handelt; wenn jedoch *Söderblom*, a.a.O. 412 aus dem GrBd. belegen kann, daß die Fravaschis sich schon vor Ahura Mazda im Himmel befinden, so kommt damit ihr von der Seele zu unterscheidender und sie repräsentierender Charakter zum Ausdruck.

[107] Fravaschis, 234; die Wurzel dieser Vorstellung ist die Idee einer Fortsetzung des Lebens im Grabe oder über der Erde, 395. Bedenken gegen die Herleitung allein aus Ahnengeistern des Volksglaubens bei *Lommel* (oben Anm. 99), 105f.

ren über seine Nachkommen ausgeübt wird".[108] Man bringt den Fravaschis auch Opfer dar[109], ja man ruft sie überhaupt bei allen Opfern an.[110] Der neunzehnte Tag eines jeden Monats ist ihnen geheiligt.[111] Sie kommen gern auf die Erde herab und mischen sich unter die Lebenden.[112] Der Kult der Fravaschis beschränkte sich später aber nicht nur auf die Toten; auch die Lebenden haben ihre Fravaschis, die noch würdiger sind als die der Toten, durch einen Kult geehrt zu werden.[113] Sogar die Dinge haben ihre Fravaschis.[114] Man wendet sich nur an die Fravaschis der Gerechten[115]; sie gewähren Schutz gegen Feinde[116], spenden dem Pflanzenwuchs Wasser[117] und den Kranken Gesundheit.[118] Sie sind gut, mächtig, wohlwollend, streng und siegreich.[119] Bei alledem sind sie nicht das Spiegelbild *(Söderblom:* double) des Menschen. Keine Definition bringt ihr Wesen als Selbst des Menschen besser zum Ausdruck als die *Söderbloms*: homunculus in homine.[120]

Über den Kampf der Fravaschis ist mutatis mutandis dasselbe zu sagen wie über den Kampf Gayomarts, der übrigens von einem ganzen Heer von *fravahrs* begleitet wird; es handelt sich hier nicht um Erlösung. Um sie nachzuweisen und

---

[108] A.a.O. 416; später sind sie von dieser Vorstellung gelöst, so daß sie mögliche Gegenspieler der Vorfahren werden können: sie kommen dem von Feinden überrumpelten Oberhaupt eines Stammes zu Hilfe, wenn sich die Vorfahren nicht einmischen, 379.

[109] A.a.O. 236; vgl. *I.H. Moulton,* in: ERE (ed. *J. Hastings),* s.v. Fravaschi.

[110] A.a.O. 249. Zum Alter der Vorstellung: *O.G.v. Wesendonk,* Das Weltbild der Iranier, München 1933, 112, 227ff.

[111] A.a.O. 238. S. auch *A.V.W. Jackson,* Zoroastrian Studies, New York 1928, 59f.

[112] A.a.O. 237, 248. Vgl. GrBd. III, 21f bei *Zaehner,* Zurvan 324, übersetzt ebda. 336 und Teachings, 41. Danach pflegt Ohrmazd Rat mit ihnen, ob er sie in die irdische Welt eingehen lassen, zum Kampf mit der Lüge inkarnieren und am Ende in ewiger Unsterblichkeit wiederherstellen soll, oder ob sie auf ewig vor Ahriman geschützt sein wollen. Von ihrer Entscheidung hängt der Ausgang des Kampfes ab. Sie wissen, daß sie viel leiden werden, aber im Hinblick auf ihre Wiederherstellung und die Befreiung von der Feindschaft Ahrimans stimmen sie dem Abstieg in die irdische Welt *(getih)* zu.

[113] A.a.O. 390; vgl. auch 253: „Les plaintes se faisaient non seulement après la mort mais aussi aux cérémonies consacrées aux fravashis." Eigentlich erwarteten die Fravaschis der Gerechten keine Klagen bei ihrer Verehrung; das zoroastrische Gesetz hielt Klagen für ein Übel, 254f.

[114] A.a.O. 405; aber es ist nicht die gleiche Vorstellung wie in Platons Ideenlehre, 404.

[115] A.a.O. 387; nach Yt. 13, 17 sind die Fravaschis der Lebenden mächtiger als die der Toten; vgl. *Söderblom,* 259 u. Anm. 13.

[116] A.a.O. 375; das ist der Hauptgrund, weshalb sie unter den Menschen weilen.

[117] A.a.O. 279, 377, 379; SchGV VIII, 60, *de Menasce,* 96f u. *Zaehner,* Teachings, 62. Zu dieser durch ihren Naturalismus auffallenden Vorstellung s. unten.

[118] A.a.O. 380; diese Vorstellung ist verwandt mit der vorherigen, die Belebung des Organischen (Tränkung der Pflanzen und Belebung des Viehs) in sich enthält.

[119] A.a.O. 385. Zum Unterschied von der *daena,* die auch Böse haben können, siehe *I.H. Moulton,* Early Zoroastrianism, ²London 1926, 263f.

[120] A.a.O. 400. Sie befinden sich schon vor Ahura Mazdah im Himmel (412), ja wie die himmlische Schöpfung der irdischen voraus geht, so sind auch die Fravaschi eher da als der Mensch, den sie repräsentieren (403). Der Begriff Fravaschi ist also außerordentlich reichhaltig: er reicht von einer ursprünglichen Wurzel, der Idee einer Fortsetzung des Lebens im Grabe oder über der Erde (395), bis zu einer Art Präexistenzgedanken.

gleichzeitig eine Verwandtschaft zu gnostischen Vorstellungen herzustellen, hat man bei den Fravaschis folgerichtig nach der eschatologischen Komponente gesucht. Aber welche Rolle spielt die Fravaschi beim Tode des Menschen? Hauptbelegstelle ist GrBd. III,11:[121]

„Der Mensch wurde in fünf Teilen *(bazischn)* eingerichtet: Körper *(tan)*, Geist (oder Atem, *jan*), Seele *(ruvan)*, *advenak*[122], *fravahr*. Der Körper ist das Irdische *(getih)*; der Geist das, was mit dem Wind verbunden ist – das Einziehen und Ausstoßen des Atems; die Seele das, was mit Bewußtsein *(bod)* im Körper hört, sieht, redet und erkennt; *advenak* ist das, was in der Sonne gelegen ist; *fravahr* ist das, was bei dem Herrn Ohrmazd ist: sie wurde deshalb so geschaffen, weil zur Zeit des Einbruchs (sc. des Angreifers Ahriman) die Menschen sterben, der Körper mit der Erde *(zamik)*, der Geist mit dem Wind, *advenak* mit der Sonne, die Seele mit *fravahr* verbunden wird, so daß die Devs die Seele nicht zerstören können."[123]

Hier nimmt also die *fravahr*, die zunächst als einer neben vier Teilen (nicht einmal *Seelen*teilen) des Menschen erscheint, als himmlisches Wesen das eigentlich Belebende des Menschen in sich auf. Das erinnert an die Vereinigung der *urva* des Menschen mit seiner *daena* im Hadoxt-Nask[124]; die Fravaschi erlöst hier ebensowenig wie dort die *daena*, sondern es erlöst, wie meistens in den Selbst-Spekulationen, der oberste Gott (hier Ohrmazd). Nun hat man aber das oben nach *Zaehners* Vorgang mit „Teil" wiedergegebene Wort *bazischn* bisher den Handschriften entsprechend *bozischn* gelesen. Das bedeutet „das zu Erlösende" oder „Erlösung" (zum Verbum *boxtan*), und *Nyberg*[125] übersetzt die Zeile dementsprechend: „il créa pour l'homme la rédemption par cinq (forces)." Die Fravaschi wäre also eine zu Erlösende und erlöste am Ende die von ihr vertretene Seele; sie wäre also beinahe das Selbst als salvator salvandus. Dazu ist zu sagen, daß dieses die einzige Stelle im Kapitel wäre, wo von Erlösung die Rede ist; daß nur diese Stelle unter all den andern die Möglichkeit gibt, die Qualität des salvator salvandus für die Fravaschi zu deduzieren, und daß die Anthropologie und die Kosmologie in den zitierten Texten nicht „gnostisch"

---

[121] Bei *Zaehner*, Zurvan, 323/334.

[122] unklares Wort; *Zaehner* übersetzt „prototype"; *H.S. Nyberg*, Questions de Cosmogonie et de Cosmologie Mazdéennes, in: JA 1929, 233: „l'individualité"; *de Measce*, SchGV, 264, „espèce, usage, aspect".

[123] Noch umfassender ist die Tätigkeit der Fravaschi auf das Innere des Menschen bezogen bei den *'Ulema i Islam* (*Zaehner*, Zurvan, 414, § 38): „When it is said that a person dies or is killed, the air that is within him is united to the Air, and the earth within him to the Earth, the water within him to the Water, and the fire within him to the Fire. His soul, intelligence, and consciousness all become one and unite with the *fravahr*, and the whole becomes one. If one has a preponderance of sin, one is punished. If one has a preponderance of virtue, one is taken up to heaven."

[124] Tatsächlich wird ja auch in der Pahlavi-Übersetzung von HN § 11 *daena* mit *fravaft* (nicht etwa mit *den*) wiedergegeben, wohl weil man keinen sachlichen Unterschied mehr empfand.

[125] Questions z.St. (siehe Anm. 122).

sind und mit Mensch und Welt an ihrem Ende ganz etwas anderes geschieht als in der Gnosis, daß z.B. die Verbindung des Leibes oder einzelner Seelenteile mit der Fravaschi nicht so zerbrochen ist, daß die Fravaschi als fremder Erlöser diese Verbindung neu herstellen müßte. Schließlich – die ganze von diesen Sachgründen widerlegte Interpretation hängt an einem millimeterlangen Strich; „but the insertion of an otiose Waw is so common in Pahlavi as to deserve no comment".[126] So wird man *Zaehners*[127] dem Sachverhalt besser entsprechender Übersetzung den Vorzug geben.

Eine ausführliche Theorie über die Fravaschi als salvator salvandus ist von niemandem entwickelt worden; sie klingt nur gelegentlich, wenn von diesem die Rede ist, als iranischer Bezugspunkt leise mit. Ganz deutlich aber muß sie gemeint sein in *Rudolf Ottos* Theorie von der Herkunft des jüdischen Menschensohnes. Diese Theorie ist ein Spezialfall der Hypothese vom iranischen Einfluß auf die spätjüdische Apokalyptik.[128] Diese Hypothese hat die Identität von Urmensch und Seele schon in altiranischer Tradition zur Voraussetzung, die jedoch offensichtlich nicht vorliegt. Außerdem setzt sie die bisher nicht bewiesene Identität von jüdischem Menschensohn und „orientalischem Urmenschen" und für den letzteren eine Erlöserfunktion analog zum Erlöser gnostischer Systeme voraus, der aber ideengeschichtlich eine andere Herkunft hat als der Prototyp oder Protoplast, an den man beim „Urmenschen" meistens denkt, und der überdies durchaus nicht „Mensch" zu heißen braucht. *Otto* äußert sich über das Verhältnis seiner Theorie zur geläufigeren Form der iranischen Urmensch-Hypothese nicht[129], und es wäre auch nicht möglich, sie nach seinem Ansatz umzugestalten.

Nach *Otto* ist der Menschensohn die Fravaschi des exemplarisch Gerechten, nämlich Hennochs[130]. Dieser werde zum Schluß, iranischen Allgemeinvorstellungen entsprechend, mit seiner Fravaschi vereint. Fravaschis seien eine Art Engelwesen, welche die himmlischen geistigen Gegenseiten von frommen Menschen und Kindern repräsentieren. In der Sprache des Henoch wären dann die Fravaschis selber „Gerechte und Heilige". Sie gehören zu Toten, Lebendigen und noch nicht Geborenen; dieser Umstand erkläre, daß die Gerechten und Heiligen im Buch Henoch einerseits dereinst in den himmlischen Orten leben werden, und daß sie trotzdem andererseits deutlich genug schon bei dem Herrn der Geister sind und hier sogar durch die Fürbitte und durch Herabsendung des

---

[126] *Zaehner*, Zurvan, 329 z.St.
[127] S. Anm. 121; so auch schon *Bailey*, Problems, 92.
[128] *Reitzenstein*, Poimandres, 81 u.ö.; *Schaeder*, ZDMG 1925, 214 Anm. 1; *R. Bultmann*, Das Evangelium des Johannes, [15]Göttingen 1957, 12, spricht vom Einfluß gnostischer Mythologie.
[129] Er leugnet lediglich, wenn auch nicht mit letzter Bestimmtheit, daß Gayomart oder Yima die Vorfahren des Menschensohnes sind. Seine Kritik an der Ableitung des Menschensohnes vom kosmischen Allwesen Purusha ist übrigens voll zu unterschreiben.
[130] Reich Gottes, 319ff.

Taues der Gerechtigkeit schon als wirkende Wesen gedacht sind. Die Fravaschis seien verborgen bei Gott wie der Menschensohn auch. So könnte der Menschensohn die Fravaschi des exemplarisch und einzigartig Gerechten, nämlich Henochs, sein. Er wäre dann nicht der präexistente Henoch, denn Präexistenz des Menschen selber lehre diese Vorstellung nicht, sondern er wäre (nach *Darmesteter*) „l'élément divin de la personne humaine". So ließe sich das Schweben zwischen Ideal- und Realexistenz, die Erhöhung und die Körperlosigkeit Henochs begreifen. Leicht habe sich eine solche Vorstellungsweise einkleiden können in die speziell jüdischen Lehren einer vorzeitlichen Erwählung und Vorausbestimmung. „Was für einen Parsen die Fravaschi war, das mußte für einen Juden ein ewig Auserwählter sein."[131] Diesen Ausführungen schließt sich *Staerk* im wesentlichen an.[132]

Zur Erklärung des danielischen Menschensohns kann man die Fravaschi nicht heranziehen; *Otto* und *Staerk* haben sie denn auch nur für den Henochschen „Urmenschen" bemüht. Dessen eigentliche Funktion ist die des endzeitlichen Richteramtes; davon findet sich in der Fravaschi-Vorstellung nicht das Geringste. *Otto* erklärt denn am Menschensohn auch nur seine Auserwählung, und diese noch schlecht, nämlich aus der himmlischen Existenz der Fravaschi; *Staerk* findet für die in bezug auf den Menschensohn wichtigste Eigenschaft beider Figuren die vox media „potentielle Machtfülle", was viel zu verwaschen ist und das Richteramt des Menschensohnes nicht trifft. *Otto* begeht darüber hinaus noch den Fehler, eine ursprüngliche Wesenseinheit zwischen Henoch und „seinem" Menschensohn anzunehmen; die Identifizierung beider ist aber sekundär.[133]

Es gibt noch andere Gegengründe. Bekanntlich sind die Amescha Spentas (mpers. *amahraspand*) in zoroastrischer Zeit mit dem Elementenkanon verknüpft oder identifiziert worden, und zwar *vohu manah* (mpers. *vahuman*) mit dem Rind oder Vieh, *ascha (artvahischt)* mit dem Feuer, *xschathra (schahrevar)* mit dem Metall, *armaiti (spandarmat)* mit der Erde, *haurvatat (hurdat)* mit dem Wasser, *ameretat (amurdat)* mit dem Pflanzen.[134] *Zaehner*[135] zitiert einen aufschlußreichen Abschnitt aus einem Beichtkatechismus im Zand zum „kleinen Awesta": „I repent, am sorry, and do penance for any sin I may have committed against Vahuman or against the animal kingdom ... I repent, am sorry, and do penance for any sin I may have committed against Shahrevar, the metals, or the

---

[131] A.a.O. 321.
[132] Soter II, 471.
[133] Die Einsetzung Henochs zum Menschensohn wird nur 1 Hen 71, 14–17 beschrieben. Sie ist eine der möglichen Konsequenzen der verbreiteten Vorstellung über Henochs Erhöhung; wahrscheinlich ist das Kapitel aber auch literarisch sekundär. Vgl. *E. Sjöberg*, Der Menschensohn im äthiopischen Henochbuch, Lund 1946, 147–189.
[134] *Widengren*, Numen 1954, 22f.; *B. Geiger*, Die Amesha Spentas, Wien 1916, 16 u.ö.; *Zaehner*, Teachings, 124.
[135] *Zaehner*, Techings, 120f.

different manifestations of the metals ... I repent, am sorry, and do penance for any sin I may have committed against Hurdat, the water, or the different manifestations of the water ..." Die Amescha Spentas wurden also als materielle Elemente verehrt, die entweder als sichtbare Symbole ihrer im Himmel befindlichen göttlichen Prototypen galten[136] oder direkt mit ihnen identisch waren. Diese Beziehung Amescha Spentas-Elemente ist, wie gesagt, zoroastrisch und auch vorsassanidisch[137], wenn daraus auch wohl nicht mit *Widengren* a.a.O. zu folgern ist, daß Ahura Mazdah, als dessen Einzelhypostasierungen man die Amescha Spentas auffassen kann, bereits in arischer Zeit ein Allgott im pantheistischen Sinn war, der die Elemente der Welt in sich einschloß.

Zu der Zeit also, als die Übernahme des Reichs *(xschathra)*-Begriffes nach Westen und seine Umprägung zur neutestamentlichen „Reich-Gottes-Idee" erfolgt sein müßte, bedeutete dieser Amescha Spenta praktisch „Metall": der Haupteinwand gegen die eine These von *Ottos* Buch „Reich Gottes und Menschensohn". Für die andere, auf den Menschensohn bezügliche These wird *hurdat* (Ganzheit, Gesundheit, Heilsein, Rettung) wichtig, der in der fraglichen Zeit praktisch „Wasser" bedeutete. Die Fravaschis gelten nämlich als die Helfer speziell von *hurdat*: „Das sechste der himmlischen Wesen *(menokan)* ist *hurdat*. Von den irdischen Kreaturen *(dahischn i getih)* nahm er das Wasser zu sich. Zu seiner Hilfe und Unterstützung wurden ihm *tir*, der Wind und die *fravartin* gegeben ... Während der Zeit des Angriffs (sc. Ahrimans) übernimmt *tir* mit Hilfe der *fravartin* – das sind die *fravahr* der Wahrhaften *(ahrovan)* – die Wasser und übergibt sie himmlisch (oder spirituell, *menokiha*, Zaehner: unseen) dem Wind. Der Wind verteilt die Wasser richtig auf die Zonen und sprengt sie aus. Durch Wolken und ihre Helfer regnen sie herab."[138] Daraus erklärt sich wahrscheinlich die merkwürdig naturalistische Aussage (s. oben u. Anm. 118 und 123), daß die Fravaschis Wasser spenden. In SchGV VIII 60 heißt es darüber:[139] (Die Güte des weisen Schöpfers folgt daraus, daß er geschaffen hat und aus) „der Erhaltung, dem Reifen und dem Wachstum der Tiere und Pflanzen durch diese erhaltende, nährende und die Natur unterstützende Kraft, die man in der Religion die *fravahr* nennt". Wenn diese Vorstellung zwischen dem 1. Jh. v.Chr. und dem 3. Jh. n.Chr. die beherrschende war, dann entfallen damit genau wie für den zu dieser Zeit im Bilde dargestellten *vohu manah*[140] auch für die Fravaschi alle Vergleichspunkte zum „Urmenschen" und zum „Erlösten Erlöser", zum salvator salvandus und zum Menschensohn.

---

[136] So *Zaehner*, a.a.O. 124.
[137] *Widengren*, Numen 1954, 23–29.
[138] GrBd. III, 16 bei *Zaehner*, Zurvan, 324/335. Zu Hurdat s. auch *Zaehner*, Teachings, 32 und GrBd. I, 33 bei *Zaehner*, Zurvan, 282/317 u. Teachings, 38.
[139] *de Menasce*, 96f; *Zaehner*, Teachings, 62.
[140] Strabo 11,8,4; 15,3,15. Andere Erklärung bei: *G. Messina*, Der Ursprung der Magier, Rom 1930, 97.

Zur Überlieferung und zum Ursprung der Orakel des Hystaspes[*]

a) Zur Überlieferung der Orakel des Hystaspes

Die Eroberungen Alexanders des Großen haben im Vorderen Orient tiefgreifende politische und ideologische Veränderungen hervorgerufen[142]. Erst neuerdings beginnt man zu sehen, daß der weltgeschichtliche Prozeß, den man unter den Titel „Hellenisierung und Enthellenisierung des Orients" gestellt hat, in jeder Phase auch gegenläufige Tendenzen enthielt, in der Hellenisierungsphase also auch Ablehnungen des Hellenismus. In der Persis im Südwesten Irans scheint eine solche Ablehnung geradezu mit der Entstehung eines neuen Nationalismus zusammengefallen zu sein, zu der es ohne die hellenistische Provokation nicht gekommen wäre. Wir haben dafür ein Zeugnis, das in seiner Bedeutung noch gar nicht richtig gewürdigt worden ist[143], die sog. Orakel des Hystaspes (Χρήσεις Ὑστάσπου). Sie wurden in der Zeit zwischen Antiochos I. (294/80–261 v.Chr.) und Seleukos IV. (187–175 v.Chr.), wohl um 200, von einer besonderen Gruppe von Magiern verfaßt[144] und von da aus durch die ganze Mittelmeerwelt verbreitet. Dabei erhielten sie so viele neue Pointen – Untergang Roms, Menschwerdung des Erlösers, Kampf der Könige gegen Christus, Parusie, Weltenbrand –, daß man lange Zeit hindurch auch jüdischen oder jüdisch-christlichen Ursprung erwogen hat.

Die erhaltenen Reste[145] liegen uns jetzt in lateinischer und griechischer Sprache vor; die lateinischen Versionen gehen auf griechische zurück. Von hier aus

---

[*] Zu in den *Stücken 9 bis 13* häufiger und deshalb abgekürzt zitierter Literatur vgl. *Stück 9*, Anm. 71.
[142] Sie wurden erstmals zusammenhängend dargestellt von *S.K. Eddy*, The King is Dead. Studies in the Near Eastern Resistance to Hellenism 334–31 B.C., Lincoln/Nebraska 1961. Man wird diesem Buch nicht gerecht, wenn man es „halbwissenschaftlich" nennt, so *R.N. Frye*, Persien, Zürich 1962, S. 557 (dort der Autorenname falsch Kelly). Man muß verstehen, daß es das erste Mal nicht ohne Oberflächlichkeiten abgehen kann, wenn vielverhandelte Zeugnisse aus Persien, Mesopotamien, Kleinasien, Palästina und Ägypten unter einen gemeinsamen ideologiegeschichtlichen Aspekt gestellt werden, den so für diese Zeit noch niemand gewagt hat.
[143] Gleichwohl unentbehrlich bleibt die Aufarbeitung älterer Untersuchungen durch *H. Windisch*, Die Orakel des Hystaspes (Verh. Koninklijke Akademie van Wetenschapen te Amsterdam, Afd. Letterkunde Nieuwe Reeks XXVIII 3), 1929. Vorausgesetzt wird ohne Einzelauseinandersetzung ferner der in *Stück 12* unter Anm. 187 zitierte Aufsatz von *F. Cumont*, La fin du monde selon les mages occidentaux, in: RHR 103, 1931, S. 29–96.
[144] Genauere Begründung in meinem Beitrag zu Bd. III der Cambridge History of Iran und unten Abschn. b *(= Stücke 31–33)*.
[145] Gesammelt von *J. Bidez-F. Cumont*, Les Mages Hellénisés Bd. II, Paris 1938, 357–377, einiges auch bei *C. Clemen*, Fontes Historiae Religionis Persicae, Bonn 1920. Diese Ausgaben werden benutzt, zitiert wird jedoch mit den dort gegebenen Stellenangaben ohne jedesmaligen Verweis auf die Seiten in diesen beiden Sammlungen.

hat man angesichts der Tatsache, daß die Orakel zahlreiche eindeutige Parallelen im mittelpersischen Bahman-Yascht haben, gelegentlich ein Originalwerk in einer iranischen Sprache postuliert (Vischtasp-namak), nicht zuletzt sicherlich deshalb, weil man sich nationaliranische Aussagen in einer landesfremden Sprache nicht vorstellen konnte. Und doch war gerade dies der Fall. Die philologische Methode hat das ihre an Auskünften geliefert, indem sie zu dem Beweis verhilft, daß in den griechischen Texten schlechterdings nichts auf ein Original in einem iranischen Dialekt hinweist. Will man dann weiterkommen, darf man sich nicht scheuen, Kategorien zu Hilfe zu nehmen, welche die moderne komparative Nationalismusforschung erarbeitet hat, insbesondere die der Pseudomorphose. Sie liegt z.B. vor, wenn neu entstehende Nationalitäten auf dem Balkan zunächst die Sprache des Staates sprechen, von dem sie sich unabhängig machen wollen, ehe sie einen eigenen Dialekt entwickeln; und sie liegt vor in nahezu allen nativistischen Bewegungen der Dritten Welt, deren Propaganda sich gegen den Kolonialismus richtet, der ihnen in überwältigendem Ausmaß in englischer und amerikanischer Gestalt begegnet, und deren Tragik darin liegt, daß sie sich nicht anders äußern können als in Pidgin-Englisch.

Es hat also bei den Orakeln des Hystaspes keine Metamorphose des Iranischen ins Hellenistische stattgefunden, sondern nur eine Pseudomorphose: der iranische Gehalt ist unverändert geblieben oder konnte es jedenfalls grundsätzlich bleiben, die griechische Gestalt ist pseudologisch. Das schließt natürlich nicht aus, daß unter den Namen des Hystaspes später auch Aussagen gestellt worden sind, die nicht in diesen Zusammenhang gehören. Mehr noch als sich der Name in Persien durch sein Alter empfahl – seine beiden historisch bedeutsamen Träger, der Beschützer des Zarathustra (Y 28,7; 51,16) und der Vater Darius des I. (Inschr. Dar. Behistun I 4), scheinen als Erstling, Beschützer und Vermittler des wahren Glaubens zusammengeschaut worden zu sein –, empfahl er sich zusätzlich durch seine Herkunft aus einem fremden östlichen Land in der Mittelmeerwelt[146]. Deshalb bezeichnet bei manchen Stücken der Name „Hystaspes" ein Stück antiker Iran-Romantik, nicht die ursprüngliche Zugehörigkeit zur Orakelsammlung.

Kriterien für die Trennung des Hinzugefügten vom Ursprünglichen, und hier wieder für die Unterscheidung der verändernden Redaktion von der Grundsubstanz sind aus der Relation zwischen Nichteinfügbarkeit und Einfügbarkeit

---

[146] Laktanz, Epitome Inst. c. 68 stellt fest, daß mit der biblischen Prophetie das von Hermes Trismegistos, Hystaspes und der Sibylle Vorausgesagte übereinstimmt. Zum Alter, das man Hystaspes zuschrieb, vgl. Laktanz, Inst. 7,15,19, zu seiner Heimat ebendort und Athenaios, Deipnosoph, 13,33,575 A. *Windisch* bezieht S.45 das *quam illa Trojana gens conderetur* bei Laktanz richtig auf die Gründung Roms, daneben und S.11 aber auch fälschlich auf die Generation des trojanischen Krieges; von da aus falsche Kombination mit der Zeitangabe über Zarathustra bei Plinius, hist. nat. 30,1,4. Agathias, Hist. 2,24 (6. Jh. n.Chr.) kennt das Problem, ob es einen oder zwei Hystaspes gab, und Ammianus Marcellinus, Rer. gest. 23,6,32 nennt ihn nur als Vater des Darius, nicht als Beschützer des „Baktriers Zoroaster".

der betreffenden Aussage in die Spannung zwischen seleukidischem und national-iranischem Anspruch zu gewinnen. Dabei ist sogleich mitzubedenken, daß sich diese Spannung und diejenige zwischen seleukidischem und national-jüdischem Anspruch, wie sie sich erstmals in den Makkabäerkriegen entlud, gegenseitig erklären können. Sie tun dies aber nicht, indem unverwechselbar jüdische und unverwechselbar iranische Aussagen aufeinander deuten, sondern indem beide je für sich auf denselben Homogenisierungsprozeß hinweisen, der die Bedingungen enthielt, unter denen sich persisches wie jüdisches Geschichtsbewußtsein zu apokalyptischen Eschatologien ausbilden mußten. Die Übereinstimmungen zwischen beiden kommen, wie sich zeigen wird, nicht dadurch zustande, daß spezifisch jüdisches in Abhängigkeit von spezifisch iranischem Material geriet oder umgekehrt, sondern dadurch, daß bei der Eschatologisierung Anschauungen des gleichsam ungeschichtlichen Alltags bzw. der national indifferenten Lebens- und Welterfahrung transformiert wurden.

Wenn hiermit der Stellenwert der Parallelen richtig bestimmt ist, dann dürfen sie jetzt genannt werden[147]. Dabei ist freilich noch ein letzter Vorbehalt zu machen, nämlich der, daß noch nicht untersucht worden ist, inwieweit Laktanz selbst solche Parallelen erst hergestellt hat. Er ist ja im 7. Buch der Institutiones, wo er von der Unsterblichkeit und den letzten Dingen handelt, „weit davon entfernt, die Angaben der Offenbarung Johannis ins Spirituelle zu deuten, und fügt ihnen weitere, apokalyptische Stoffe noch hinzu"[148], vor allem aus Daniel und eben den Orakeln des Hystaspes. Dabei können, ähnlich wie bei früheren Apologeten die Übereinstimmung von heidnischer und christlicher Wahrheit gesucht und nachgewiesen wurde, in Laktanz' apologetischem Riesenwerk die Einzelheiten des kosmischen Enddramas aus den Überlieferungen einander angeglichen worden sein, weil ja doch das Weltende für alle gleich und dementsprechend von den Propheten übereinstimmend vorausgewußt sein würde. Der Vorbehalt, zu dem die Stilisierung des Materials durch Laktanz zwingt, verbietet aber die folgenden Hinweise nicht; denn er dürfte nicht vorweg und ausschließlich durch eine innerhalb des Laktanz-Textes verbleibende literarkritische Untersuchung zu beseitigen sein, sondern nur durch ergänzende Kritik an der Parallelisierbarkeit von Ausdrücken und Motiven, wie sie in Abhängigkeit von Laktanz im Folgenden noch hingenommen werden muß. Dies ist also vorläufig und möchte zu einer Laktanz-Analyse anregen, von der aus dann die Unterschiede zwischen iranischer und jüdisch-christlicher Apokalyptik, zu denen die strukturelle Gleichartigkeit ihrer Entstehungen geführt hat, genauer erfaßt werden können.

---

[147] Dankbar benutze ich Referate von Frau *Awerbuch*, Frl. *Ettisch*, Frl. *Schweikert* und Frl. *Otto* sowie der Herren *Elsas*, *Funke* und *Woytowitsch*, die in einem Seminar über graeco-iranische Apokalyptik im SS 1969 an der FU Berlin gehalten wurden.
[148] H. von *Campenhausen*, Lateinische Kirchenväter, Stuttgart 1960, 65.

b) Zum Ursprung der Orakel des Hystaspes

Die hiermit abgeschlossene, nur die Erlösergestalt und die Topoi ihrer Menschbenennung und Menschwerdung aussparende Untersuchung[149] führte zugleich eine historische Lokalisierung der Orakel des Hystaspes durch, deren Richtigkeit sich lediglich durch ihre Verwendbarkeit für die aus bestimmten Gründen gewählte strukturorientierte Argumentation zu erweisen hatte. Besser wäre es natürlich gewesen, wenn man von einem gesicherten Ergebnis positivistisch-historischer Forschung hätte ausgehen können. Ein solches war aber bisher der Natur der Sache nach nicht zu erreichen; so sei noch kurz vermerkt, daß ältere Annäherungsresultate dem hier hervorgetretenen nicht widersprechen und ihrerseits lediglich präzisiert, aber nicht völlig ausgeschlossen oder umgestürzt worden sind. *Bidez-Cumont* nehmen das Ergebnis von *Windisch* auf, die Orakel seien kein jüdisches oder judenchristliches Werk, sondern ein Produkt des heidnischen Synkretismus, und der Autor ein hellenisierter Orientale, der vielleicht selbst *mazdéen* war, oder ein Orientgrieche, der die Magierlehren genau kannte. Sie verschieben damit den Akzent bereits dahin, daß die Orakel auch im Osten verfaßt worden seien, während Windisch auch gemeint haben kann, der Verfasser habe im Westen gelebt und nur nach Osten geblickt, denn er sagt von ihm:

Er war „ein Mann, der an die Einheit von Ahura Mazda, Zeus und Jupiter glaubte, vielleicht auch Jahwe in diesen Synkretismus einbezog. Er glaubte weiter an die religiöse und politische Suprematie des Ostens. Höchste Weisheit war für ihn nur im persischen Osten zu finden. Denn diese östliche Weisheit war älter als alle griechische Kultur und Weisheit. Aber dem Volk und Land, das die ältesten und höchsten Offenbarungen empfangen, gebührte auch die Weltherrschaft. Darum mußte das frevelhafte Rom, das die Suprematie des Ostens nicht anerkennen wollte, erniedrigt werden und zugrunde gehen."

Ich möchte das Zeugnis, auf das dieser letzte Satz anspielt, Inst. 7,15,11, einer späteren Phase in der Weiterüberlieferung und Neuaktualisierung der Orakel zuweisen, die in Kleinasien unter Mithradates VI. Eupator Dionysios von Pontos (120–63 v.Chr.) anzusetzen ist, dem größten Gegner Roms und „Neuen Alexander"[150]. Damit ist der Weg frei, der Akzentverschiebung von Bidez-Cu-

---

[149] Als Materialdarbietung weiterhin unentbehrlich bleibt *H. Hübschmann*, Die parsische Lehre vom Jenseits und jüngsten Gericht, in: Jahrbücher für protestantische Theologie 5, Leipzig 1879, 203–245.

[150] Damit folge ich *G. Widengren*, Iranische Geisteswelt, Baden-Baden 1961, in meinem Kongreßbeitrag: Überlegungen zur Bezeichnung „iranisch" für die Religion der Partherzeit, in: ZDMG Supplementa I/3, Wiesbaden 1969, 1011–1020, dort 1019f. Darlegungen von *Bidez-Cumont* Bd. 1, 217–222, von *Windisch*, 97f. Die Stelle Laktanz, Inst. 7, 15, 11 bei *Bidez-Cumont* Bd. 2, 366f. und *Windisch*, 50. Zur Aussage, daß der Name Roms von der Erde vertilgt werden und die Herrschaft nach Asien zurückkehren werde, daß der Orient wieder herrschen und der Okzident dienen werde, macht mich *R. Faber* darauf aufmerksam, daß Vergil, Äneis 8, 674–723 die Niederlage des Antonius bei Aktium gerade als Sieg des Okzidents über den Orient interpretiert – ob in Antithese zu einer Prophezeiung nach Art von Inst. 7, 15, 11? *Faber* weist auf

mont zu folgen und Verfasserschaft im Osten, und zwar dort, wo man am griechenfeindlichsten war, nämlich in der Persis, anzunehmen. Mit der Einführung des Gesichtspunktes, daß in einer Pseudomorphose ein Magier griechisch geschrieben habe, ist *Windischs* Alternative „Der Verfasser kann hellenisierter Parsist oder orientalisierter Hellene gewesen sein" entfallen.

Als Abfassungszeit nehmen *Windisch* und *Bidez-Cumont* das erste Jahrhundert vor oder das erste Jahrhundert nach Christus an. Dies ist offensichtlich eine Schätzung, die nur die Zitierung durch Justin im 2. Jh. nach Chr. als terminus ante quem nimmt; es ändert nichts an der Beurteilung des Ganzen, sondern präzisiert nur, wenn man diesen terminus vorverlegt: Über das – als solcher natürlich nicht beweisbare – Jahr der Schlacht von Aktium und die Regierungszeit des Mithradates VI. zurück in eine Zeit und ein Gebiet, wo römische Bedrohung noch gar nicht am Horizont aufgetaucht war. Für eine genauere örtliche und zeitliche Lokalisierung gibt es dann nur die inneren Indizien, die im bisher Ausgeführten enthalten sind[151].

Der bei *Bidez-Cumont* folgende Versuch, *Windischs* Resultate durch eine Skizze der Geschichte der Millenar-Eschatologie zu sichern und zu präzisie-

---

weitere Aussagen römisch-imperialer Ideologie hin, die bewußt kontrastiert worden sein könnten: zu Inst. 7, 15, 19 (*Bidez-Cumont* Bd. 2, 359 und 366), wo es heißt, der von Hystaspes überlieferte Traum in der Deutung eines wahrsagenden Knaben habe lange, bevor jene trojanische Sippe gegründet wurde (dazu oben Anm. 146), vorausgesagt, daß der römische Name ausgetilgt werde, steht eine klare Gegenposition in Äneis 1, 257–296; zu Justin, Apol. 1, 20, 1 (oben *Stück 12*, Anm. 180), eine in der 16. Epode des Horaz, eine andere bei Vergil, 4. Ekloge 50–52!

[151] Erwägenswert ist auch der Versuch von *Eddy*, 34f, der zeigen will, das Stück vom Großen König, der vom Himmel gesandt sei und die Unfrommen mit Feuer und Schwert vertilgt (Inst. 7, 17, 9–11; bei *Eddy* als 7, 17–24), sei in das – um 165 v. Chr. verfaßte und damit einen terminus ante quem abgebende – Buch Daniel übernommen: dort entspreche *has-sar hag-gadol* Michael (12, 1), der sein Volk gegen den König aus dem Norden – Antiochos IV. – beschützt wie der Große König das seine gegen den Unfrommen, der mit seinem Heer den Berg der Gerechten umstellt. Genau an dem Punkt, wo die exakte Seleukidengeschichte in unexakte Prophezeiung übergeht – so auch nach *A. Bentzen*, Daniel (HAT I 19), Tübingen ²1952, 83, dort Einzelheiten –, zugleich dem, wo Antiochos IV. eine Invasion nach Iran geplant habe (?), sei in Da 11, 45–12, 1 ein iranisches Orakel inkorporiert worden, das sich durch seine Herkunft aus einem Gebiet empfahl, welches sich von hellenistischer Kontrolle bereits freigemacht hatte. Die Bezeichnung des *sar* Michael als *gadol* scheint tatsächlich nur an dieser Stelle zu begegnen (in Da 10, 13. 21 nicht), und auch kein anderer *sar* scheint im AT oder in Qumran oder im Rabbinat (nach Auskunft der Wörterbücher und Konkordanzen) jemals *gadol* zu sein; andererseits braucht man das Wort „König" für den Beschützer Israels nicht zu verlangen, da der Persiens ebenfalls *sar* heißt (Da 10, 13). Schwierigkeiten macht nur die Hervorhebung gerade Michaels – zu welchem vgl. *J. Michl*, Art. Engel VII: Michael, in RAC 5, 1962, 243–251 – aus der Reihe der Engelfürsten durch diese Identifikation sowie überhaupt die Annahme, die Gestalt, mit der er identifiziert worden sei, sei wegen ihres antihellenischen Erfolges aus einem iranischen Orakel übernommen: Denn dies setzt eine moderne Geschichtsbetrachtung voraus, während damals die jeweiligen Gegner dieser Rettergestalt durch ihren Kampf gegen sich im Zentrum der Welt sehende Juden und Magier zu verschiedenartigen Weltfeinden hochstilisiert worden waren und auch bei den Rettern durch Angelisierung (Michael!) einerseits, Astrologisierung (Jupiter!) andererseits recht verschiedene Gestalten zustandekamen.

ren[152], konnte hier durch eine weiterdifferenzierende Analyse ersetzt werden, die im Prinzip dasselbe leistet. Einige Worte aber verdienen noch die Beziehungen zwischen dem Dschamasp-Namak und den Orakeln[153], soweit daraus für die religions- und literargeschichtliche Stellung der letzteren etwas folgt. *Benveniste* rechnet im Zusammenhang seiner Untersuchung über jene andere Apokalypse auch die Hystaspesorakel zu denjenigen Werken, die aus dem awestischen Bahman-Yascht hervorgegangen *(issues)* seien (373), und daß man zwischen beiden ein Werk wiederherstellen müsse, das man hypothetisch „Vischtasp-namak" nennen könne (379). Die Stellung, die er dem Dschamasp-Namak gegenüber dem Bahman-Yascht zuweisen möchte, könne die Stellung der Hystaspes-Orakel gegenüber der zoroastrischen Literatur genauer bestimmen (374): Parallelen zwischen dem Dschamasp-Namak und Laktanz, die sich im mittelpersischen Bahman-Yascht nicht finden (374–377), weisen, ob nun über das hypothetische Vischtasp-namak oder direkt, am mittelpersischen vorbei auf den awestischen Bahman-Yascht zurück, der damit, über einen vollständigeren mittelpersischen Bahman-Yascht als er jetzt vorliegt, als die Quelle auch des Dschamasp-Namak erwiesen sei (380). Demgegenüber möchte ich annehmen, daß der mittelpersische Bahman-Yascht auf den awestischen (wenn es einen solchen gab) und mehr noch auf die davon unabhängigen Orakel des Hystaspes zurückgeht, das Dschamasp-Namak hingegen auf den mittelpersischen Bahman-Yascht und ebenfalls auf die Hystaspes-Orakel, darunter auf solche Traditionen daraus, die im mittelpersischen Bahman-Yascht nicht mit aufgenommen wurden. Diese Annahme stellt die Hystaspes-Orakel also nicht an das Ende eines Weges der Entzoroastrisierung, die mit dem Vischtasp-Namak beginnt, sondern an den Anfang eines Weges zur Zoroastrisierung, der über den Bahman-Yascht geht und beim Dschamasp-Namak endet. Mit dieser Annahme entgeht man zugleich der Verlegenheit, in die *G. Messina* (190 bis 195) angesichts der Beobachtung gerät, daß sich im Brahman-Yascht und im Dschamasp-Namak die Lehre von der Ankunft eines Heilandes – die Namen spielen jetzt keine Rolle – viel kürzer angedeutet findet als in den Orakeln, die mit ihrer Ausführlichkeit geradezu in die Nähe des Großen Bundahischn zu stellen seien. Statt es für wahrscheinlich zu halten, in den Orakeln liege eine Wiederherstellung *(rifacimento)* der eschatologischen Lehre vor, in der aus verschiedenen Büchern verschiedene Elemente, darunter auch das vom Saoschyant, aufgenommen worden seien (190f.), was doch das Zurücktreten dieser Lehre in den beiden eindeutig zoroastrischen Apokalypsen ganz rätselhaft machen würde, legt sich die Lösung nahe und paßt

---

[152] Bd.1, 218 wird von einer Kombination mazdäischer Lehren mit astrologischen Spekulationen der Chaldäer gesprochen. Die Einteilung des Weltlaufs in sieben Jahrtausende wird auch dort für ursprünglich gehalten.

[153] E. Benveniste, Une apocalypse pehlevie: le Zamasp-Namak, in: RHR 106, 1932, 337–380; G. Messina, Una presunta profezia di Zoroastro sulla venuta del Messia, in: Biblica 14, 1933, 170–198. Zur Ablehnung eines Vischtasp-Namak s. oben Abschn. a.

zugleich gut zum bisherigen Befund, daß innerhalb mindestens vergleichbarer Eschatologien doch die Gestalten des Uschetar, des Uschetar mah und des Saoschyant genuin andere sind als die des Großen Königs.

Der Neuansatz in der Bildung dieses messianischen Protoyps vermag nunmehr auch den Neuansatz deutlich zu machen, der bei der Bildung des Menschenähnlichen in Da 7 statthatte.

Jüdisch-christlich-iranische Parallelen im Geschichtsbild*

Der Ablauf der Endzeit[149] wird innerlich zum Teil bewältigt, indem man ihn berechnet. Dabei wird die Zeit von der Schöpfung an einbezogen. Nach der samaritanischen Eschatologie beträgt die Weltdauer 6000 Jahre (Asatir 4,20), und auch rabbinische Berechnungen kommen auf diese Zeit (S. 143f.). Dazu stellt sich das Zeugnis der Tübinger Theosophie, deren Autor allerdings rabbinische Berechnungen gekannt haben kann und jedenfalls dartun will, „daß die Orakel der griechischen Götter und die sogenannten Theologien der hellenischen und ägyptischen Weisen, dazu die Orakel der Sibyllen durchaus mit dem Sinn der heiligen Schrift übereinstimmen"[150]. Es heißt dort:

„Im vierten (Buch) behandelt er die Orakel des Hystaspes, eines Königs der Perser oder Chaldäer, von dem man sagt, er sei sehr fromm gewesen und habe deshalb Offenbarung göttlicher Geheimnisse ... empfangen. Am Ende der Buchrolle aber hat er eine sehr summarische Chronik von Adam bis zur Zeit des Zenon aufgestellt und versichert darin mit Überzeugung, nach Ablauf des sechstausendsten Jahres werde die Vollendung kommen."

Die Übereinstimmung in der Zeitangabe scheint aber eher als durch Kenntnis rabbinischer Daten seitens des Autors dadurch zustandegekommen zu sein, daß hier wie dort jene Woche zugrundelag, die vor dem Ruhetage sechs Arbeitstage kannte. Ihr entspricht eine Weltdauer von 6000 Jahren, neben der man auch mit Einschluß der Zeit, in der die Welt ruht, 7000 Jahre findet. Dies ist nicht nur die jüdische Woche, sondern auch die Hebdomas des griechischen Kalenders[151], den Alexander oder die Seleukiden u.a. in der Persis in Geltung setzten. Er kann die Alltagsgröße gewesen sein, die in der jüdischen wie in der iranischen

---

* Zu in den *Stücken 9 bis 13* häufiger und deshalb abgekürzt zitierter Literatur vgl. *Stück 9*, Anm. 71.

[149] Aus der uferlosen Literatur über die Apokalyptik erwies sich wegen seiner beständigen Nähe zum Material und seiner Enthaltung von Theorien immer noch als das brauchbarste das Buch von *Volz*. Ich folge dem Aufriß des dritten Teils „Die eschatologischen Akte und Zustände"; hieraus oben die Seitenzahlen („S. 143f"). Stellenangaben ohne Titel („7,25,1") sind aus Laktanz, Institutiones.

[150] *Windisch*, 40, ähnlich *Bidez-Cumont*, Bd. 2, 363. Nach dem Summarium des Aristokritos (5. Jh.) enthielten die ersten drei Bücher Sentenzen aus Philosophen und den Sibyllinen, das vierte die Orakel. Oben ist bei ... der Zusatz „über die Menschwerdung des Erlösers" (*nach Bidez-Cumont* eine Christianisierung des Herabstiegs Mithras auf die Erde, mir wenig wahrscheinlich) und am Schluß eine Bezugnahme auf das Sechstagewerk Gottes, kombiniert mit Ps. 89,4, weggelassen. Nicht mehr zu ermitteln ist, welche Zeitangabe hinter der Erstreckung der Zeitrechnung bis zum byzantinischen Kaiser Zenon (gest. 491) stand.

[151] *M.P. Nilsson*, Die Entstehung und religiöse Bedeutung des griechischen Kalenders, Lund 1918, ²1960, 48f; *ders.*, Geschichte der griechischen Religion Bd. 1, München ³1967, 644–647. Wir brauchen hier nicht zu diskutieren, ob die der alten Dekadeneinteilung eigentlich fremde Hervorhebung des siebenten Tages auf die dem Apollo heilige Zahl 7 oder auf die natürliche Gegebenheit der siebentägigen Mondphasen zurückgeht.

Apokalyptik der eschatologischen Berechnung zugrundelag, zumal der Multiplikator 1000 nicht nur im „1000 Jahre sind vor Dir wie ein Tag" des Psalmisten begründet ist, sondern auch eine wahrscheinlich schon indogermanische Vollkommenheitszahl war[152]. So kann auch die Angabe Inst. 7,14,8 zum ursprünglichen Bestand der Orakel gehören, daß die Siebenzahl gesetzmäßig und vollständig sei, weil es auch sieben Tage gebe, durch deren wechselnde Wiederkehr die Jahreskreise vollendet werden, und sieben Sterne, die nicht untergehen (der Große Bär), und sieben Planeten *(sidera quae vocantur errantia)*, deren ungleichmäßige Bewegungen die Verschiedenheiten der Dinge und Zeiten bewirken sollen. Und die Verlegung des 1000jährigen Zwischenreiches, während dessen der *princeps daemonum* gefesselt sein wird (Epitome 67,2), bevor er zum Endkampf freigelassen wird, in das siebente Weltjahrtausend (7,26,1) braucht Laktanz nicht aus Apoc. Joh. 20,2 eingetragen[153], er kann sie ebenfalls aus iranischer Tradition aufbewahrt haben[154]. Von den Parallelen seien nur genannt Bahman Yascht 3,53–57 (während des Jahrtausends, wo Huschetar regiert, ist Azi Dahaka im Berge Demavend gefesselt, danach bricht er hervor und zerstört große Teile der Schöpfung Ohrmazds)[155] und Pahlavi Rivajat (zum Datastan-i dinik) 2 (im Aufriß dasselbe, aber mit sehr viel mehr Details)[156]; hier nimmt das Zwischenreich allerdings nicht das siebente Weltjahrtausend ein, es liegen komplizierte andere Chronologien zugrunde[157]. Aber diese Texte sind auch sehr viel jünger als die Hystaspes-Orakel, und das heißt hier: nach Aufgabe des griechischen Kalenders entstanden. Es bleibt also möglich, wenn auch nicht bewiesen, daß ursprünglich eine Chronologie mit sieben Einheiten zugrundelag. Wo diese, wie an der eben genannten Stelle Inst. 7,14,8, mit der Siebenzahl von Gestirnen begründet wird, ist sie erst recht national unspezifisch.

Bei Justin, Apol. 1,4,12 hat man bisher meist angenommen, es werde ein Gesetz zitiert, in dem „die Lektüre apokalyptisch-profetischer Schriften bei Strafe untersagt war"[158]. Es ist aber nicht gelungen, solch ein Gesetz nachzuweisen, und es ist auch merkwürdig, daß Justin als Grund angibt, man wolle κατ' ἐνέργειαν δὲ τῶν φαύλων δαιμόνων diejenigen, die an den Büchern interessiert

---

[152] Sie ist eine konstitutive Größe sowohl im persischen Weltenjahr als auch in Satapatha Brahmana 4,6,1,15; 11,4,3,20.
[153] Dazu verweist übrigens *E. Lohmeyer*, Die Offenbarung des Johannes (HNT 16), Tübingen ²1953, 161, schon auf slav. Hen. 33, fürs Zwischenreich überhaupt auf äth. Hen. 91–94; Ps. Sal. 11,1ff; Sib. 3,1–62; Apc. Bar. 30.
[154] Hinweis von *Bidez-Cumont* Bd. 2, 375f.
[155] *E.W. West*, Pahlavi Texts 1 (SBE 5), Oxford 1880 = Delhi 1965, 233f.
[156] Text am besten bei *H.S. Nyberg*, A Manual of Pahlavi 1, Wiesbaden 1964, 96–99.
[157] Vgl. *H. Lommel*, Die Religion Zarathustras, Tübingen 1930, 205–219. Auch im Jüdischen findet man Entsprechendes ohne Wochen-Chronologie, so äth. Hen. 55,4 (Auserwählter verdammt Asasel und Genossen) und Test. Levi 18 (Priesterkönig bindet Beliar), *Volz*, 216.
[158] *Windisch*, 31, ähnlich *Bidez-Cumont* Bd. 2, 362. Alle drei Autoren sehen Schwierigkeiten, ein entsprechendes Edikt in Sueton, Aug. 31 und in Paulus, Sentent.liber 5,21 (29?),3 wiederzufinden.

seien, unterdrücken (δουλεύοντας κατέχωσιν), damit sie nicht Erkenntnis des Schönen (τῶν καλῶν γνῶσιν) erlangen; erwarten würde man: damit sie nicht die Autorität Gottes an die Stelle der Autorität von Imperium und Kaiser setzten und durch Ankündigung der Vernichtung der Gottlosen den Untergang des bestehenden Staates prophezeien. Justin hatte keinen Grund, so etwas mit dem verhüllenden Ausdruck „Erkenntnis des Schönen erlangen" zu bezeichnen; die Autoren der Orakel aber hatten ihn, wie alle Verfasser, die sich tarnen müssen. Deshalb ist es möglich, daß die Aussage, durch das Wirken von Dämonen würden die, die die Hystaspes-Orakel konsultieren, den Tod finden (θάνατος ὡρίσθη), schon Bestandteil der Orakel selbst war (Justin oder ein anderer hätte diese Aussage dann auf die Sibylle und die Propheten erweitert). Daneben wäre dann der in der jüdischen Apokalyptik (S. 149) geläufige Topos zu stellen, daß die dämonisierte heidnische Weltmacht alles daran setzt, Gott zu bekämpfen und die Seinen in Israel oder Jerusalem zu vernichten. Es wäre dann für die Magier in der Persis eine Situation vorauszusetzen, welche der z.B. der Makkabäer in Palästina vergleichbar ist.

Diese Situation gehört nach dem Verständnis derer, die in ihr stehen, bereits zur „letzten, bösen Zeit", und in ihr „kann man nicht daran zweifeln, daß alle Hoffnung auf Leben und Heil allein in der Religion Gottes begründet ist" (Epitome 68)[159]. Ganz entsprechend wird die für die Errettung entscheidende Bedeutung des richtigen Glaubens in jüdischer Überlieferung betont, wobei das, was verallgemeinernd als „richtiger Glaube" zusammengefaßt werden kann, natürlich entsprechend der Herkunft und Gruppenzugehörigkeit der Überlieferer verschieden ist: Beobachtung des Gesetzes oder des Sabbats, Wohnen im Heiligen Lande, Aufgeschriebensein im himmlischen Buch, Gezähltsein zum Gottesvolk, Glauben an die jenseitige Vergeltung, die Auferstehung, das ewige Leben, an Gott und die Offenbarung seiner Königsherrschaft (S. 158, 81, 362). In der Persis wie in Palästina hat das faktisch Bestehende und für richtig Erkannte unter dem Druck der Bedrohung je auf seine Weise einen eschatologisch überhöhten Wert bekommen. Um so größer wird nach Epitome 66 der Gegensatz gegen die *malitia*, die überhand nimmt, wenn das Ende der Welt naht, ganz wie auch äth. Hen. 80,2; 90,7ff; 91,6f; 93,9; 4. Esra 5; Jubil. 23; syr. Bar. 48 u.ö. (S. 153f).

Die Wirklichkeitserfahrung in dieser letzten bösen Zeit kann nur nach dem mythologischen Modell von der „verkehrten Welt" konstruiert werden. Auch dies ist – durch Umkehrung charakteristischer Merkmale – aus der historisch wie national unspezifischen Erfahrung von Ordnung am Himmel und auf Er-

---

[159] Dazu *Windisch*, 44 und *Bidez-Cumont* Bd. 2, 365, aus deren Überlegungen hervorgeht, daß Laktanz die Harmonie zwischen der „Bibel" einerseits, Trismegistos, Hystaspes und der Sibylle andererseits – ähnlich auch Inst. 7,14,16 und 7,25,1, vgl. *Volz*, 158f – nicht nur aus seinem Interesse daran aufweist oder gar herstellt, sondern daß die „mazdäische" Prophezeiung von vornherein mit der biblischen vereinbar gewesen sein muß.

den, Fruchtbarkeit in der Natur, Sicherheit der Städte, Zuverlässigkeit der menschlichen Beziehungen, Getrenntheit des Nichtzusammengehörigen gewonnen und insofern zeitlos[160]. Der Abschnitt Inst. 7,16,4–12, dessen wichtigste Aussagen später in Bahman Yascht 2,42–47; 3,2 und öfter wiederkehren, enthält eine lange solche Liste: Städte werden nicht durch Feuer und Schwert, sondern durch Erdbeben, Krankheiten und Hunger zerstört, also nicht durch geschichtliche Ereignisse, gegen die man sich wehren kann, sondern durch Naturereignisse, über die der Mensch keine Gewalt hat; die Luft wird verdorben, *corruptus ac pestilens*, manchmal zu regnerisch, manchmal zu trocken, manchmal zu heiß, manchmal zu kalt; die Erde, die Getreidefelder, die Bäume, die Weinstöcke werden durch reiche Blütenpracht Hoffnungen auf große Ernten erwecken und dann doch keine Früchte bringen; Quellen und Flüsse werden vertrocknen, Wasser blutig und bitter werden, so daß Tiere, Vögel und Fische aussterben müssen; Haarsterne *(crines cometarum)*, Sonnenfinsternisse, Mondverfärbungen, Sternenstürze werden als seltsame *prodigia* am Himmel die Menschen in Schrecken versetzen; Jahr, Monat und Tag werden verkürzt; die Berge werden eingeebnet, das Meer wird unbefahrbar; Schwert *(ferrum)*, Feuer, Hunger, Krankheit werden durch den Zorn Gottes gegen die wüten, die die Gerechtigkeit nicht anerkennen – *et super omnia metus semper impendens*. Man wird zu Gott beten und er wird nicht erhören, man wird vergeblich zu sterben wünschen; allmählich wird es leer auf dem Erdkreis, vom ganzen Menschengeschlecht werden neun Zehntel, von den Anbetern Gottes zwei Drittel zugrunde gehen. In der Epitome dieses Stückes, 66,3, wird nach einer Zusammenfassung erklärt, daß die Verkürzung von Tag, Monat und Jahr durch das Blaßwerden der Sonne und durch das Aufhören der Mondphasen zustandekommt *(nec amissae lucis damna reparabit)*, daß es sich also eigentlich um ein Verschwimmen der Grenzen zwischen den Tages- und Jahreszeiten handelt; dementsprechend heißt es: *nec temporibus sua ratio constabit, hieme atque aestate confusis*. – Aus der jüdischen Apokalyptik ist dieses alles ganz geläufig (S. 152–157) und gehört seither zum eisernen Bestand abendländischer Endzeiterwartung; hervorzuheben ist, daß für den „Heiligen Rest" andere Zahlen angegeben werden als in den Hystaspesorakeln (S. 158) – hier sind es eben keine geschichtslosen Alltagsgegebenheiten mehr, die für die Schilderung der Endzeit verwendet werden; hinzuzufügen ist, daß sich eine klassische Schilderung der verkehrten Welt in 4. Esra 4,51–5,13 findet, und daß die Mischung der Stoffe, aus denen die Statuen bestehen, welche die Weltreiche darstellen (Da 2,31–45; 7,19), nicht nur ihre Verdor-

---

[160] *W. E. Mühlmann*, Chiliasmus und Nativismus, Berlin 1964, Reg. s.v., weist es in Fülle bei nativistischen Befreiungsbewegungen in der modernen Dritten Welt nach, und dieser Nachweis hat Gewicht auch unabhängig von der Tatsache, daß in den meisten dieser Bewegungen auch Elemente christlicher und islamischer Mission wirksam sind; denn es werden nur solche Elemente aufgenommen und mit Hilfe autochthoner Überlieferungen weiterentwickelt, für die eine innere Bereitschaft da ist, andere dagegen bleiben ganz außerhalb des Gesichtskreises.

benheit im allgemeinen bedeutet, sondern auch die Vermischung der historischen Phasen, in denen die Reiche aufzusteigen, zu blühen und zu fallen pflegen[161].

Es ist selbstverständlich, daß die Unterschiede zwischen den Hystaspesorakeln und der jüdischen Apokalyptik an den Stellen größer sind, wo geschichtlich entstandene und nicht naturwüchsige Gegebenheiten einbezogen werden; dafür gibt es, neben dem in die eben wiedergegebene Schilderung eingesprengten „Schwert", eindeutigere Aussagen. In Inst. 7,17,9–11 besteht die Endzeitssignatur in der Preisgabe ausgesprochen ritterlicher Tugenden, wie sie für eine royalistisch-feudalistische Gesellschaft typisch sind, die wir für ein Gebiet, das immer achämenidische Traditionen weitergepflegt hat, wohl voraussetzen dürfen[162]. Es ist die Rede von Verschmähen der Gerechtigkeit und Haß auf die Unschuld, von räuberischer Verschleppung der Guten durch die Bösen, von Nichtbeobachtung jeden Gesetzes, jeder Ordnung und – besonders bezeichnend – jeder *militiae disciplina*; weiter, man werde die Alten nicht verehren, das *officium pietatis* nicht anerkennen, sich der Frauen und Kinder nicht erbarmen (dies auch Epitome 66,1). Und wieder der Topos der Vermischung, der hier der Geltung von göttlichem Gesetz und Naturrecht entgegengesetzt wird: *confundentur omnia et miscebuntur contra fas, contra iura naturae.*

Es folgt die Schilderung der letzten Schlacht mit der entscheidenden Aussage über die Sendung des Großen Königs, auf die wir am Schluß dieses Abschnittes zu sprechen kommen; es dürfte kein Zufall sein, daß in Bahman Yascht 2,28–31 wohl die Preisgabe der Tugenden paraphrasiert wird, daß aber für die Rolle des Großen Königs kein Platz mehr ist: die zoroastrische Eschatologie, auf die in diesem Text das aus den Hystaspesorakeln Überkommene hinstilisiert worden ist, hat bekanntlich andere Erlösergestalten. Umgekehrt scheint es gerade zu der Preisgabe der Tugenden in der jüdischen Apokalyptik keine Parallelen zu geben, während dort die forensischen oder kriegerischen Akte, mit denen die verschiedenen eschatologischen Protagonisten die Feinde Israels beseitigen, überall da mit noch erkennbarem nationalen Kolorit gezeichnet werden, wo nicht die in aller Welt zwangsläufig auf ähnliche Bilder hinauslaufende summarische Beschreibung zu Felde ziehender Heere die unterscheidenden Details unkenntlich macht.

---

[161] Hinweis von *Jacob Taubes*.
[162] Dies kann man zu der Begründung fügen, mit der *Windisch*, 72 hier das Vorliegen von Zitaten aus der Hystaspesschrift wahrscheinlich macht, wenn auch Verschmelzung mit anderen Quellen nicht auszuschließen sei: die hier beschriebene Auflösung aller Ordnung und Zucht hebt sich von der vorangegangenen Schreckensherrschaft des Antichrist wesentlich ab. *Bidez-Cumont* Bd. 2, 371 verweisen ergänzend auf die Übereinstimmung von 7,17,9f und 7,15,7–9.

Schlüsse aus der Entwicklung der Vorstellung vom endzeitlichen Feuer*

Besonders schwierig sind Einzelheiten der Weltenbrand-Motivik den verschiedenen Überlieferungen zuzuweisen. Unspezifisch ist zunächst die Definition Laktanz, Inst. 7,21,4–7, die Beschaffenheit des ewigen Feuers sei verschieden von dem, das die Menschen zum Leben brauchen, und das Nahrung brauche, um nicht zu erlöschen; das himmlische bedarf ihrer nicht, es ist auch nicht verqualmt, sondern rein und klar wie Wasser. Die übrigen Aussagen scheinen teils der stoischen Lehre vom Weltenbrand, teils der iranischen Vorstellung vom Feuerordal zu entstammen; die Frage ist dadurch kompliziert, daß für die stoische ἐκπύρωσις selbst die Herkunft aus babylonisch-persischem Synkretismus, den man „chaldäisches Magiertum" nennen darf, zur Debatte steht. Ein fester Ausgangspunkt ist dadurch gegeben, daß die zum Orgiasmus disponierte Hirtenkriegerkultur, aus der entweder Zarathustra ausbrach, oder die sich ihm in einem neuen Kult entgegensetzte, ein Ordal mit glühendem oder flüssigem Metall kannte. Es wurde dem Probanden entweder auf die Brust gegossen – es gibt Schamanenberichte, nach denen eine solche Prozedur in Trance überstanden wurde –, oder er mußte es durchschreiten. Zarathustra hat diesen Brauch sicher nicht in seine sich bildende Gemeinde übernommen, setzt ihn aber in Y 32,7; 43,6.9, 47,6; 51,9f und vor allem in 30,7[162] als Anschauungsmaterial für seine im übrigen spärlichen Andeutungen eines Weltgerichts voraus[163]. Vielleicht ist diese Eschatologisierung auf Grund des Ausbleibens einer Ordalprobe vorgenommen worden, die zur Legitimation Zarathustras dienen sollte.

Für die weitere Geschichte der Vorstellung ist in diesem Zusammenhang wichtig, daß sie nicht nur im Zoroastrismus weiterlebt – es sei nur an Ind. Bundahischn 30,31 erinnert[164] –, sondern auch außerhalb davon. Magier, deren Einfluß seit den Zeiten der Meder bis ins Zweistromland und seit den Zeiten der Achämeniden bis nach Kleinasien reichte, müssen sie ebenfalls gekannt und weitertradiert haben. Dies kann auf zweierlei Weise geschehen sein: entweder sie haben diesen Inhalt aus der Prophetie des Zarathustra nach Westen übernommen, wobei er sich etwa in dem gleichen Maße änderte, wie die Gestalt des

---

* Zu in den *Stücken 9 bis 13* häufiger und deshalb abgekürzt zitierter Literatur vgl. *Stück 9*, Anm. 71.

[162] Diskussion der Auslegungen bei *R. Mayer*, Der Auferstehungsglaube in der iranischen Religion, in: Kairos 7, 1965, 194–207, dort 195ff.

[163] Zusammenfassung der von der Forschung beigebrachten Argumente bei *K. Rudolph*, Zarathustra – Priester und Prophet, in: Numen 8, 1961, 81–116, dort 114 u.ö.

[164] Näheres zur Stelle und mehr Material bei *E. Abegg*, Der Messiasglaube in Indien und Iran, Berlin und Leipzig 1928, 214 u.ö. Hier ist manches aus der klassischen Monographie von *N. Söderblom*, La vie future d'après de Mazdéisme, Paris 1901, 254ff verbessert und weitergeführt.

Zarathustra legendarisiert wurde; oder sie haben ihn aus einer Folklore, etwa der skythischen, aufgenommen und zum Bestandteil einer eigenen Eschatologie gemacht, die von der zarathustrischen ganz unabhängig war. Für das letztere spricht, daß es eine solche in den von einer bestimmten Gruppe von Magiern ausgebildeten Mithrasmysterien gab, die typologisch zur Urzeit-Endzeit-Entsprechung gehört (Schlachtung des Stieres *in illo tempore*), während die zarathustrische Eschatologie aus dem Bedürfnis nach Weiterführung und Vollendung der von Zarathustra gebrachten Offenbarung entstanden ist.

Diesen Feststellungen braucht man nur die Hypothese hinzuzufügen, daß auch die von der mithrischen zu unterscheidende, von anderen Magiergruppen konzipierte Eschatologie des Hystaspes Orakel, die, wie sich zeigen wird, ebenfalls zum Urzeit-Endzeit-Typ gehört (Regiment des Großen Königs *in illo tempore*), das Feuer als den Kosmos verzehrende bzw. erneuernde Kraft kannte; dann könnte man die in Frage stehende Laktanz-Stelle (Inst. 7,21,4–7) im großen und ganzen dieser Tradition zuweisen und könnte einen etwaigen zusätzlichen Einschlag stoischer Ekpyrosis-Lehre auf sich beruhen lassen. Da aber gerade dieser (und das, was ihm vorausgeht) geeignet ist, den Eindruck zu zerstören, daß die hier in Frage stehenden eschatologischen Konvergenzprobleme sich auf das Verhältnis zwischen Iran und dem Judentum beschränken, sei darauf eingegangen.

Aristoteles berichtet (Met. A 3,984a 7) von dem Pythagoreer Hippasos aus Metapont (oder Kroton oder Sybaris) und von dem etwas jüngeren Heraklit aus Ephesus, der um die Wende des 6. zum 5. Jh. lebte, nach beider Ansicht sei das Feuer der Grundstoff der Welt. Spätere Autoren (Simplikios, Aetius u.a.) bauen diese Information noch etwas aus, z.T. in Richtung auf die Theorie einer Folge von Kondensationen und Verdünnungen des kosmischen Feuers hin[165]. Darüber hinaus haben wir mindestens fünf Fragmente, in denen sich Heraklit mit dem kosmischen Feuer beschäftigt, und bei denen sich der Verdacht, die Tradenten trügen stoische oder christliche Interpretationen ein, nicht bestätigt hat. Sie lauten in der Übersetzung von *Diels-Kranz*:

Frg. 30 (Clemens von Alexandrien): „Diese Weltordnung, dieselbige für alle, schuf weder einer der Götter noch der Menschen, sondern sie war immerdar und ist und wird sein ewig lebendes Feuer, erglimmend nach Maßen und erlöschend nach Maßen."

Frg. 31 (Clemens von Alexandrien): „Feuers Umwende: erstens Meer, vom Meere aber die eine Hälfte Erde, die andere Hälfte Gluthauch ... Die Erde zerfließt als Meer und dieses erhält sein Maß nach demselben Sinn (Verhältnis) wie er galt, ehe denn es Erde ward."

---

[165] Die Stellen sind abgedruckt bei *H. Diels-W. Kranz*, Die Fragmente der Vorsokratiker Bd. 1, Berlin ⁶1951, 145.

Frg. 64–66 (Hippolyt): „Das Weltall aber steuert der Blitz (, d.h. er lenkt es. Unter Blitz versteht er nämlich das ewige Feuer. Er sagt auch, dieses Feuer sei vernunftbegabt und Ursache der ganzen Weltregierung. Er nennt es aber) Mangel und Sattheit. (Mangel ist nach ihm die Weltbildung, dagegen der Weltbrand Sattheit.) Denn alles (sagt er) wird das Feuer, herangekommen, richten und fassen."

Frg. 76 (Maximus von Tyros): „Feuer lebt der Erde Tod und Luft lebt des Feuers Tod; Wasser lebt der Luft Tod und Erde den des Wassers (?)" (von *Diels* als Bericht, nicht als Zitat angesehen).

Frg. 90 (Plutarch): „Wechselweiser Umsatz: des Alls gegen das Feuer und des Feuers gegen das All, so wie der Waren gegen Gold und des Goldes gegen Waren."

Aus diesen Stellen geht hervor, daß die späteren Interpretationen, nach denen durch Verbrennung einer Welt ins Urfeuer die Möglichkeit zur Entstehung einer neuen Welt geschaffen wird, kongenial sind. Das Frg. 31 darf man mit Hilfe von Frg. 60 (Hippolyt: „Der Weg hinauf hinab ein und derselbe") so interpretieren, daß die Verwandlung des Feuers in Wasser und des Wasers in Erde der Weg nach unten, die rückläufigen Verwandlungen von Erde in Wasser und Wasser in Feuer der Weg nach oben sind. Diese beiden Prozesse bilden eine Weltperiode. Vielleicht interpretiert Hippolyt sogar richtig, wenn er übermittelt: „Er sagt aber auch, es finde ein Gericht der Welt und alles dessen, was drinnen ist, durch Feuer statt"[166].

Frg. 64 stellt die Verbindung zur Logos-Lehre her. Es sind zwar Hippolyts Worte, mit denen das Feuer als φρόνιμον und τῆς διοικήσεως τῶν ὅλων αἴτιον erklärt wird, doch decken sich sachlich Aussagen über den Logos mit denen über das Feuer (Frg. 41, 72, vielleicht auch 108, wenn τὸ σοφόν synonym mit Logos ist). Der Logos wurde als aus feurigem Stoff bestehend vorgestellt. Er wurde auch mit der Gottheit identifiziert. Andererseits besteht die Seele des Menschen aus Feuer: je trockener, d.h. im Sinne von Frg. 31 von Erdhaftigkeit und Feuchtigkeit entfernter sie ist, desto weiser und besser ist sie (Frg. 118, Stobaios).

Damit hat Heraklit „den entscheidenden Einfluß auf die Entwicklung" der Feuerlehre ausgeübt; seine „pantheistische Zusammenschau von Gott und feurigem All, Weltvernunft und Menschengeist kehrt später vor allem in der Stoa wieder". Für die Stoiker ist das Wirkende (τὸ ποιοῦν) körperhaft stofflich wie das Leidende (τὸ πάσχον), „nur von feinerer Art. Diese reinste Substanz (= θεός Chrysipp Frg. 1035; ὁ λόγος τοῦ θεοῦ Chrysipp Frg. 1051) wird feurig (νοῦς κόσμου πύρινος Zeno Frg. 157; vgl. Chrysipp Frg. 1026 u. 1032), als vernünftiger, feuerartiger Hauch (πνεῦμα νοερὸν καὶ πυρῶδες Chrysipp Frg. 1009), als künstlerisch nach Zwecken bildendes Feuer (πῦρ τεχνικόν Chrysipp Frg. 1027)

---

[166] Dies und das Folgende ähnlich schon bei *E. Zeller*, Grundriß der Geschichte der griechischen Philosophie, Leipzig [11]1914 (bearb. von *F. Lortzing*), 66–68.

gedacht, das als Weltseele und leitendes Prinzip alles gesetzmäßig, d.h. zugleich providentiell durchwaltet und zusammenhält und das die einzelnen vernunftgemäßen Keimformen (τοὺς σπερματικοὺς λόγους Chrysipp Frg. 1027) in sich schließt. Der Weltbildungsprozeß besteht ähnlich wie bei Heraklit in einer Verwandlung des Urfeuers. Durch die ἐκπύρωσις (Chrysipp Frg. 626) kehrt alles in den Urzustand zurück, aus dem sich die Welt wieder völlig gleich entwickelt: ein Kreislauf von Weltperioden ohne Ende. Die menschliche Seele ist ein Teil der feurig-pneumatischen Gottheit (Zeno Frg. 135; Chrysipp Frg. 885); sie kann auch einfach als Feuer bezeichnet werden (Zeno Frg. 134; Chrysipp Frg. 175). Nach dem Tod dauert sie fort, aber nur bis zum Weltbrand, wo sie ins Urfeuer zurückkehrt (Chrysipp Frg. 809)."[167]

Das Problem der Herkunft der Weltbrand-Vorstellung in den Hystaspesorakeln weist also nicht nur direkt nach Iran, sondern daneben auch indirekt, nämlich auf dem Weg über die Stoa und – Heraklit; denn für diesen steht mindestens die „Verwandtschaft" mit Iran erneut zur Debatte, nachdem ihre Erforschung im vorigen Jahrhundert durch Kuriosität kompromittiert worden war[168], so daß spätere Kritik es leicht hatte, mit Beziehungen auch die „Ähnlichkeiten" zu leugnen[169]. Es ist erfreulich, daß neuere, meist italienische und französische Untersuchungen des Problems zusammenfassend von einem Gelehrten diskutiert worden sind, welcher der übereilten Herstellung von Beziehungen zwischen Iran und Griechenland unverdächtig ist[170]. *Duchesne-Guillemin* stellt neben die

---

[167] Aus der Zusammenfassung von *F. Lang*, Art. πῦρ, in: ThWbNT VI, 1959, 927–953, dort 929f, wo die Stoiker nach *H.v. Arnim*, Stoicorum Veterum Fragmenta, 4 Bände. Leipzig 1905–1925 zitiert werden (dort II 307,15ff; 310,16ff; I 42,7f; II 306,12ff; 307,4ff; 299,11ff; 306,20; 306,19ff; 190,38; I 38,3f; II 238,32; I 38,2; II 217,19; 223,17ff).

[168] Der auf den ersten Blick eine neue und fundierte Sicht anzeigende Buchtitel von *A. Gladisch*, Herakleitos und Zoroaster, Leipzig 1859, steht in einer Reihe, mit welcher derselbe Autor die ganze vorsokratische Philosophie in ein weitgespanntes Geflecht zwischen Orient und Okzident einbeziehen will: Die Pythagoreer und die Schinesen, Posen 1841; Die Eleaten und die Inder, Posen 1844; Die Religion und die Philosophie in ihrer weltgeschichtlichen Entwicklung, Breslau 1852; Empedokles und die Ägypter, Leipzig 1858; Anaxagoras und die Israeliten, Leipzig 1864; Die Hyperboreer und die alten Schinesen, Leipzig 1866.

[169] *Th. Hopfner*, Orient und griechische Philosophie (Beihefte zum Alten Orient 4), Leipzig 1925; dort 83 Anm. 2 die Titel von *Gladisch* und Stellungnahme zum Problem Iran-Griechenland. *Hopfners* Kritik an der Zuverlässigkeit der Nachrichten über die ältesten griechischen Philosophen als Schüler von orientalischen Weisen sowie seine Bestimmung der Unterschiede zwischen griechischer und „orientalischer Philosophie" bleiben unangreifbar. Das schließt aber nicht aus, daß hier und dort vergleichbare Motive und Strukturen aufgewiesen werden können, an denen sich gerade die historisch unterschiedlich gewordenen Kontexte verdeutlichen lassen, in denen solche Motive und Strukturen nunmehr stehen.

[170] *J. Duchesne-Guillemin*, Le Logos en Iran et en Grèce, in: Quaderni della Biblioteca Filosofica di Torino 3, 1962, 1–15; *ders.*, Fire in Iran and in Greece, in: East and West, New Series 13, Rom 1962, 198 bis 206; *ders.*, Heraclitus and Iran, in: History of Religions 3, Chicago 1963, 34–49. Jeder dieser Aufsätze hat Passagen, die übereinstimmend auch einer oder die beiden anderen haben; doch manche Einzelheiten finden sich auch ausschließlich in einem der Aufsätze. Da sich die Seitenzahlen nicht überschneiden, wird oben nur mit diesen zitiert.

griechischen Aussagen einige der oben genannten gathischen, dazu auch noch Y 46,7, ferner die Verehrung Ahura Mazdahs durch König Darius vor einem Feueraltar (Relief in Naqsch-i Rustam), ein Relief aus Daskyleion (Hauptstadt der Satrapie am Marmara-Meer), das höchstwahrscheinlich zwei an einem säulenförmigen Feueraltar amtierende Magier mit Mundbinde und Barsombündeln zeigt (5. Jh. vor Chr.!), schließlich die bekannten hierarchisch-geographischen Klassifikationen der Feuer im jüngeren Awesta und in Zeugnissen der Sassanidenzeit (S. 201–203, 36–39). Die Ähnlichkeit zum griechischen Befund wird unterstrichen dadurch, daß der bis zur Identifizierung gehenden Verbindung zwischen Feuer und Logos eine Verbindung zwischen Feuer und Ascha entspricht: nicht nur die Lichtqualität des Ascha ist festzustellen, sondern auch seine direkte Verbindung mit dem Ordalfeuer (Y 31,19), ähnlich wie die zwischen Rta und Agni in Indien (S. 43–49, 12–15).

Dringlich erhebt sich angesichts dieses Befundes, der im vorliegenden Zusammenhang leider nicht detaillierter wiedergegeben werden kann, die Frage nach den Gründen für diese „Verwandtschaft" oder „Ähnlichkeit" – und damit die Notwendigkeit, die apostrophierten Ausdrücke durch reflektiertere und besser definierende zu ersetzen. *Duchesne-Guillemin* stellt zunächst anheim, es könne eine *Bekanntschaft* Heraklits mit der Feuerlehre oder mindestens mit dem Feuer der Magier bestanden haben (S. 14,37,49,202) – nicht unmöglich angesichts des Reliefs, das zur Zeit des Heraklit im von Ephesus nicht zu fernen Daskyleion angebracht wurde, und auch nicht widerlegbar mit Frg. 14 (Clemens Alexandrinus, Protrepticus): „Wem prophezeit Heraklit? Den Nachtschwärmern, Magiern, Bakchen, Mänaden und Mysten. Diesen droht er mit der Strafe nach dem Tode, diesen prophezeit er das Feuer. Denn die Weihung in die Mysterienweihen, wie sie bei den Menschen im Schwange sind, ist unheilig"; denn es kann gerade die für ursprünglich gehaltene kosmische Vergeistigung des Feuers gewesen sein, die Heraklit gegen seine als magischen Mißbrauch empfundene Verwendung durch die Magier setzte. *Duchesne-Guillemin* spricht weiter von einer allgemeinen *Analogie* zwischen dem Denken Heraklits und dem Zarathustras, die sich aus Entwicklungen ergebe *(results)* oder erkläre *(s'explique)*, die unabhängig von und vor beiden stattgefunden hätten: „Beide gebrauchen in ihrer Darstellung der Welt Wesenheiten, personifizierte Abstraktionen. In Griechenland ist dies schon bei Hesiod der Fall, für den Heraklit eine gewisse Verachtung zeigt (vielleicht weil er einer seiner Lehrer war); in Iran geht der Gebrauch von Abstraktionen Zarathustra voraus, wie das Beispiel *Rta-Ascha* zeigt, das schon ein indo-iranischer Begriff war. Es gibt aber noch eine andere Analogie: bei Heraklit wie bei Zarathustra werden Abstraktionen oder Wesenheiten derart gebraucht, daß sie den Platz der alten Götter einnehmen. Der Bruch mit diesen ist allerdings beim iranischen Propheten radikaler als bei Heraklit, wenn dieser auch trotzdem die blutigen Opfer ablehnte." Diese Analogien beweisen jedoch keinen historischen Einfluß, und andererseits zeigt eine bedeutsame Differenz wie die folgende, daß, wenn eine Entlehnung stattgefunden haben sollte, dies keine sklavische Nachahmung war: „Iran setzte von Zarathustra an und vielleicht lange vorher in irreduzibler Weise das Gute dem Bösen, das Leben dem Tod entgegen. Heraklit proklamiert zwischen Leben und Tod (und anderen entsprechenden Paaren) die Harmonie der Gegensätze. Hier liegt sicherlich eine Intuition vor, zusammen mit der von der Äquivalenz von Einem und von Allem und mit dem πάντα ῥεῖ – in summa, die drei wesentlichen Punkte seiner Lehre nach Platon –, die man dem Genius Griechenlands (oder Heraklits) zuschreiben sollte. Nichtsdestoweniger muß man anerkennen, daß Heraklit als Verkünder des Logos (und von da als einer der Väter des christlichen Denkens) und des immer lebendigen Feuers dem alten Iran irgendetwas verdankt" (S. 48f, 14f).

An Stelle der Erfassungen der Befunde als Bekanntschaft des einen im andern oder als Analogie zwischen beiden kann man drittens die *parallele Kontinuität* beider zu einem gemeinsamen Ausgangspunkt in Erwägung ziehen, der als kultische Verwendung des Feuers mit Tendenz zu spiritualisierender Deutung bei den Indogermanen zu bestimmen wäre. Es bedarf hier wohl keiner Wiederholung der eingebürgerten und berechtigten Zweifel an der Zuverlässigkeit einer solchen Hypothese[171]. Es kommt hier ja nicht auf das Feuer als solches an, das im von Thrakien bis nach Zentralasien reichenden Steppenvölkergürtel immerhin so nachweisbar angesiedelt ist, daß die Annahme einer lebendigen Anschauung nicht nur bei Zarathustra, sondern auch bei Heraklit kaum mehr Schwierigkeiten macht als die Annahme seiner Bekanntschaft mit dem Magierfeuer; sondern es kommt auf die ungefähre Konvergenz der Deutungen – das ist noch etwas anderes als Analogie – durch Heraklit und Zarathustra an, und für den Nachweis von deren Bestehen oder Nichtbestehen fehlen bisher die Methoden einer Wissenschaft, die sie auszubilden hätte, der parahistorischen Völkerpsychologie.

Die Feststellung, daß die von *Duchesne-Guillemin* angegebene Differenz zwar für Zarathustras und Heraklits Gedankenwelten im Ganzen gilt, aber nichts sagt über die Position des Feuers im Zeitverständnis beider, vermag aber noch eine vierte Verhältnisbestimmung anzuregen, die zugleich den Vorteil hat, die Struktur der hier zu untersuchenden Eschatologie einschließlich ihrer Verwendung geschichtslos vorgegebener Elemente weiter klären zu helfen. Was wir hier ein „geschichtslos vorgegebenes Element" nennen, ist selbstverständlich auch unter historischen Bedingungen entstanden: gemeint ist das Große Jahr oder Weltenjahr, dessen astronomische Begründung durch Geschichtlichkeit charakterisiert ist, wie es für Befähigung und Entschluß zu mathematischer

---

[171] Verwiesen sei nur auf die Kritik, welche die neun Bände von *Joh. Hertel*, Indo-Iranische Quellen und Forschungen, Leipzig 1924–1927 hervorgerufen haben, ebenso *F. Cornelius*, Indogermanische Religionsgeschichte, München 1942.

Erforschung der Sternenwelt grundsätzlich der Fall war. Die Resultate solcher Forschung jedoch haben die Tendenz, die Motivationen zu ihrer Erlangung vergessen zu lassen – leicht verständlich angesichts der Unbeeinflußbarkeit der Sternenwelt und der vom Zufall unabhängigen Gültigkeit der mathematischen Gesetze. Damit aber kann sich das menschliche Selbstverständnis an eben den hier offensichtlich waltenden Notwendigkeiten orientieren und dadurch ungeschichtlich werden; was der Mensch sei, sagt ihm nicht mehr seine Geschichte, sondern ein kosmisches Gesetz[172]. Es ist evident, daß eine solche Verschiebung eintreten muß, sobald ein aus Zukunftsperspektive erwachsener geschichtlicher Entwurf, wie er sich bei Zarathustra im Blick auf das Vollkommenwerden des Ascha im endzeitlichen Feuerordal und bei den Magiern der Persis im Blick auf das Eingreifen des Großen Königs ergab, kalendarisch-astronomischen Berechnungen unterzogen wurde. Dies ist bekanntlich im 6. Jh. vor Chr. in Babylonien geschehen[173]; dort, nicht in Iran, war man in der Lage, die Verhältnisse kleiner Zyklen (Tag, Monat, tropisches Jahr, siderisches Jahr, Siriusaufgänge) zahlenmäßig zu erfassen und ein gemeinsames Vielfaches aller Planetenperioden zu berechnen. Die kleinen Perioden – 8-, 19-, 27jährige und andere – wurden von den Babyloniern gerade in der Perserzeit unablässig verbessert und bis zur sehr genauen Bestimmung der Periodenverhältnisse hin entwickelt, die der rechnenden Astronomie der Seleukidenzeit zugrundelagen. Dementsprechend kam man zu verschieden langen Berechnungen des Großen Jahres; bei diesem ist zu beachten, daß es ein wiederkehrendes sein sollte, weil es in einem Weltbild stand, das die Entstehung dieser Welt nach einer Sintflut voraussetzte. Die Lehre von der kosmischen Wiederkehr scheint also babylonisch zu sein. „Die Kosmogonien sind nicht Weltschöpfungen, sondern Welterneuerungen, die aus dem chaotischen Zusammenbruch eines abgeschlossenen Weltverlaufs hervorgehen"[174].

---

[172] Vgl. *F. Engels*, Herrn Eugen Dührings Umwälzung der Wissenschaft, Stuttgart ³1894 = K. Marx – *F. Engels*, Werke Bd. 20, Berlin 1968, 36f, und *E. Topitsch*, Sozialphilosophie zwischen Ideologie und Wissenschaft (Soziologische Texte 10), Neuwied/Berlin ²1966, 74, 99, 209ff.

[173] Für die im folgenden wiedergegebenen Belehrungen bin ich Herrn Kollegen *B. van der Waerden* zu Dank verpflichtet, der als Mathematiker, welcher sich in die Kulturgeschichte eingearbeitet hat, zu richtigeren Ergebnissen kommt als jemand, der den umgekehrten Weg doch nie zu Ende gehen kann. Herr van der Waerden war auch so freundlich, mir seine Einzeluntersuchungen (zur Harmonie in Hermes 78; zum Großen Jahr in Hermes 80; zur Astronomie in den Verhandlungen der Akademie Amsterdam, Naturwissensch. Klasse Bd. 20; zu Pythagoras im Pauly-Wissowa) wissenschaftsgeschichtlich zu erläutern. Um mich nicht in Einzelheiten zu verlieren, die vom Menschensohn-Thema abliegen, folge ich hier nur den auch von Laien nachrechenbaren Darstellungen von *B. van der Waerden*, Erwachende Wissenschaft. Ägyptische, babylonische und griechische Mathematik, Basel/Stuttgart 1956, und: Die Anfänge der Astronomie (Erwachende Wissenschaft II), Groningen o.J. (nach 1956), dort insbes. 116–119 zum Großen Jahr.

[174] *F. Jeremias*, Semitische Völker in Vorderasien, in: *Chantepie de la Saussaye*, Lehrbuch⁴ Bd. 1, 1925, 508, vgl. zum Neujahrsfest und zum Enuma Elisch 559 und 592f.

Es ist schon häufig vermutet worden, daß die bekannte Terminierung der zoroastrischen Weltperiode auf 12000 Jahre – von den unterschiedlichen inneren Aufgliederungen kann hier abgesehen werden –, wie sie im Großen Bundahischn und anderswo erscheint, in der babylonisch-iranischen Mischkultur entstanden ist[175]. Diese Vermutung bestätigt sich hier; das, was daran iranisch bleibt, ist die Einmaligkeit und Linearität des Weltenlaufs. Davon unterscheidet sich, wie wir nun sehen, das Große Jahr bei Heraklit durch seine Wiederkehr. Dementsprechend bewirkt das Feuer bei ihm eine Welterneuerung, die einen neuen Prozeß einleitet, im Zoroastrismus hingegen eine endgültige Verklärung oder Tauglichmachung *(fraschkart)* der Welt. Heraklit bleibt damit nur im isolierten Bezug auf das Feuergericht mit dem Zoroastrismus vergleichbar; in Bezug auf die Periodizität des Weltenlaufs steht er näher bei den babylonischen Astronomen. Das historische Bindeglied müssen die Pythagoreer gewesen sein[176].

Es kann nun die Vorstellung von einer Weltperiode als solche, ganz abgesehen sowohl von ihrer verschieden berechenbaren Länge als auch von ihrer Einmaligkeit oder Wiederholbarkeit, als ein geschichtslos vorgegebenes Element bestimmt werden, und zwar deshalb, weil es sich von Geschichtsentwurf und Astronomie ganz lösen konnte. Wenn dies geschah, wurde es zu einem Komplex im Volksglauben, der Fatalismus erzeugte. Eine astrologische Schicksalslehre, die mit der astronomischen Wissenschaft verbunden war, blieb daneben selbstverständlich bestehen. Außerdem ist es nicht abwegig, als ein dem bisher genannten korrespondierendes Motiv für die Periodisierung und Berechenbarmachung der Weltzeit das Bedürfnis nach Rationalisierung eines bereits bestehenden Fatalismus anzunehmen, für den dann noch ganz andere Gründe aufzusuchen wären. Als historischen Ort und für andere Gegenden bedeutsamen Ursprung der Schicksalslehre wie des volkstümlichen Fatalismus darf man ohne Bedenken die Größe „Chaldäertum", gerade in ihrer Mehrdeutigkeit, annehmen: Werden damit doch sowohl die mit Astronomie und Divination beschäftigten, nach den Königen der neubabylonischen Dynastie *(Kaldu/Kasdim)* benannten Priester bezeichnet, die nach der achämenidischen Eroberung i.J. 539 tätig blieben und den Magiern praktisch gleich wurden, als auch die gemischte Bevölkerung des mittleren und südlichen Zweistromlandes seit dem 6. Jh. vor Chr.[177].

---

[175] Z.B. *O. G. v. Wesendonk*, Das Weltbild der Iranier, München 1933, 162 („Beeinflussung des späteren Zoroastrismus durch Babylonien"), ähnlich 168 (chaldäische Priester sind die Verschmelzer und Vermittler). Zur Sache: *H. S. Nyberg*, Questions de Cosmogonie et de Cosmologie Mazdéennes, in: JA 1931, 19; *ders.*, Die Religionen des alten Iran, Berlin 1938, 27–31; *H. Lommel*, Die Religion Zarathustras, Tübingen 1930, 130–143; *R. C. Zaehner*, Zurvan. A Zoroastrian Dilemma, Oxford 1955, 96–100.

[176] Näheres mit Belegen bei *v. d. Waerden*, Anfänge der Astronomie 209–211.

[177] Vgl. *W. J. W. Koster*, Art. Chaldäer, in: RAC 2, 1954, 1006–1021. Die dort nachgewiesene volkstümliche Verwendung des Ausdrucks „Chaldäer" ist also nicht ungenau, sondern bezieht

Die Frage, deren Beantwortung zu einer vierten Bestimmung des Verhältnisses zwischen Heraklit und Zarathustra führen soll, lautet nun: Wie verhalten sich beide zur Alltagserfahrung der Zeit? Zarathustra hat sie, wie jeder originäre Prophet, überhaupt erst geschaffen, indem er durch das Eintretenlassen der Wahrheit gegen die Lüge den Erfahrungshorizont auf eine Zukunft hin aufbrach, die mehr ist als eine Folge von Repetitionen der Gegenwart. Durch ihr Verhältnis zu dieser neuen Zukunft wird die Gegenwart die Stätte einer sich realisierenden Eschatologie[178], wie man mit einer Exegese von Y 30,2 und anderen Stellen zeigen könnte. Heraklit hingegen setzt erstens die – durchaus im *Max Weber*'schen Sinne zu verstehende – Rationalisierung einer solchen Zeiterfahrung voraus wie der spätere Zoroastrismus auch, zweitens aber noch die rückfällige Verwendung dieses Rationalisierungsresultats im Sinne einer Zukunftsbestimmung durch Gegenwartsrepetition, nur ins Makrokosmische vergrößert; lediglich rechnerisch gesehen, aber eben damit wissenschaftlich unerhört relevant, kommt dabei eine Vergrößerung der Zukunftsdimension heraus. Dies führt zwei prinzipielle Schritte von Zarathustra weg; bedenkt man, daß Heraklit keinen von ihnen selbst gegangen ist, so kommt als dritter noch der durch – wohl pythagoreische – Mediatisierung gegebene hinzu. Will man dies auf eine kürzere Formel bringen, dann besteht das Verhältnis Heraklits zu Zarathustra in der Rezeption der Verwissenschaftlichung seines Heilbesitzes. –

Was dieser Exkurs für das Verständnis der Orakel des Hystaspes und das Verhältnis der jüdischen Apokalyptik zu ihnen lehren soll, ist das Folgende. Wir betrachten die Orakel als ein von Zarathustra unabhängiges Paradigma für die prophetische Möglichkeit, Zeiterfahrung durch Eröffnung einer Zukunftsperspektive zu gewinnen. Der Unterschied zu Zarathustra liegt darin, daß die Eschatologie sich hier nicht realisiert, sondern daß sie rein futurisch ist. Auch ohne daß wir den Propheten oder die Prophetengruppe kennen, welche(r) die Orakel verfaßt hat, dürfen wir die Transformation und Eschatologisierung ihrer Befreiungshoffnung für spontan halten. Ob die Rolle des Feuers darin aus dem Zarathustrismus oder aus einer Folklore von der Art der skythischen übernommen ist, läßt sich nicht entscheiden; es ist auch nicht so wichtig, da es mehr darauf ankommt, daß das Feuer überhaupt zum frühesten Stadium der Prophetie gehört hat. Und dies wird durch ein Altersindiz gesichert, das darin besteht, daß sich in Inst. vgl. oben 7,21,4–7 die archaische Theorie des Ordals in nahezu klassischer Weise zusammengefaßt findet:

---

sich auf einen wirklich diffusen Gegenstand. – Auf die Übergänge zwischen wissenschaftlichem und volkstümlichem Schicksalsglauben macht *H.O. Schröder*, Art. Fatum (Heimarmene), in: RAC 7, 1969, 524–636 häufig aufmerksam.

[178] Der Ausdruck stammt aus der neutestamentlichen Wissenschaft, in der man damit gelegentlich den Ausdruck „realized Eschatology" verbessern wollte, mit dem *C.H. Dodd*, The Parables of the Kingdom, London 1936, 198 u.ö. das durch die Verkündigung Jesu geschaffene Zeitverständnis definiert.

„Dasselbe göttliche Feuer wird mit ein- und derselben Kraft und Fähigkeit die Unfrommen verbrennen und wiederherstellen, und wieviel es von den Körpern wegnehmen wird, soviel wird es wiedergeben ... Deshalb wird es so vieles ohne jeden Schaden für die wiedererstarkenden Körper anbrennen und ohne Schmerzempfinden darauf einwirken. Auch die Gerechten wird Gott ja bei Ausübung seines Richteramtes durch Feuer prüfen; dann werden diejenigen, bei denen an Gewicht oder Zahl die Sünden überwiegen, vom Feuer durchzuckt und verbrannt, diejenigen aber, welche die volle Gerechtigkeit und Reife der Tugend bereits abgebrüht hat *(incoxerit)*, werden jenes Feuer nicht spüren: sie haben nämlich etwas von Gott in sich, welches die Kraft der Flamme zurücktreibt und von sich weist. So groß ist die Kraft der Unschuld, daß jenes Feuer, ohne Schaden anzurichten, vor ihr zurückweicht, weil es von Gott die Fähigkeit erhalten hat, die Unfrommen zu verbrennen und die Gerechten zu schonen."

Die Vorstellung vom Verbrennen der ganzen Welt ist demgegenüber jünger. Sie ist wahrscheinlich eine einfache Ausweitung der ursprünglichen, lokal begrenzten Vorstellung – der Strom geschmolzenen Erzes überflutet die ganze Erde und ergießt sich auch in die Hölle und die letzten Verstecke des Bösen[179]. So findet sie sich im Zoroastrismus (nicht im jüngeren Awesta), dort auch in vom flüssigen Metall abstrahierterer Form, und so dann auch bei Heraklit. Ob sie in den Orakeln des Hystaspes[180] ursprünglich oder dem heraklitischen Spätstadium entsprechend eingetragen ist, läßt sich nicht mehr sagen. Es ist immerhin möglich, daß sich ein traditionsgeschichtlich späteres Stadium der Vorstellung bereits im ursprünglichen Text findet, unter der Voraussetzung freilich, daß die oben (in *Stück 11*) gemachte Aufstellung richtig ist, daß auch die Berechnung der Weltzeit einschließlich bestimmter Endzeitphasen schon Bestandteil der ursprünglichen Orakel war. Auch diese gehört ja, wie wir sahen, zu einem traditiosgeschichtlichen späteren Stadium, das als Bewältigung der Weltzeit ihrer Entdeckung folgt. Vielleicht sind beide Weiterentwicklungen kongruent. In diesem Falle spricht viel dafür, daß schon die Magier, die die Orakel verfaßten, sie vorgenommen haben; sie stünden dann traditionsgeschichtlich auf derselben Stufe wie diejenigen Magier oder Chaldäer, auf welche die bis zu Heraklit hin überlieferte Weltenjahrs-Konzeption zurückgeht.

Die Tatsache aber, daß bei den letzteren und den Pythagoreern – für Heraklit ist an diesem Punkte ja nichts überliefert – ganz andere Zahlen für die Dauer eines wiederholbaren Weltenjahres angegeben werden als bei den Hystaspes-Ma-

---

[179] *Lommel*, Religion Zarathustras, 209f; die wichtigsten Belege, Dad. i dinik 32, 12 und Ind. Bd. 30 bzw. GrBd. 34 passim, ebendort; *Bidez-Cumont* Bd. 2, 361; *Mayer* (oben Anm. 162), 203–206; *Abegg* (oben Anm. 164), 213–215.

[180] Es handelt sich um einige Aussagen kurz vor der eben wörtlich wiedergegebenen Passage (Feuer wird durch irdische Körper nicht festgehalten und nicht nach oben gedrängt), deutlicher Justin, Apol. 1, 20, 1 (Sibylle und Hystaspes lehren, daß die Aufzehrung [ἀνάλωσις] des Vergänglichen durch Feuer erfolgen wird), dazu *Windisch*, 26 und *Stück 10*, Anm. 150.

giern für die Dauer eines einmaligen, zeigt die Unabhängigkeit beider Entwürfe voneinander bei strukturell gleichartigen Voraussetzungen. Dies lehrt – wir kommen zu dem zu Beginn angekündigten Schluß –, daß die Vergleichbarkeit der Hystaspes-Vorstellungen mit der Genesis der heraklitisch-stoischen Weltenjahrs- und Weltenbrandvorstellungen, auf die uns Inst. 7,21,4–7 geführt hatte, den Abstand beider von Zarathustras Zeit- und Feuervorstellung zu zeigen vermag. Es lehrt weiter, daß dieser Abstand da kleiner ist, wo die zeitliche Berechnung der Periode durch einfache Multiplikation der Einheiten einer Woche vorgenommen wird; wenn die Siebenzahl der Tage auch von den Planeten genommen ist – Lydus, De mensibus 2,4 sagt es wörtlich von der Praxis der „Chaldäer und Ägypter um Zoroaster und Hystaspes" –, so ist dies doch noch keine Astronomie, sondern allenfalls jene einfache Astrologie, derzufolge jeder Planet einen Tag regiert. Der traditionsgeschichtliche Abstand wird aber, wie bei den Pythagoreern und Heraklit, größer, wenn wirkliche Astronomie ins Spiel kommt, vor allem die Notwendigkeit, ein kleinstes gemeinsames Vielfaches von Perioden zu berechnen, die größer sind als eine Woche.

Und dies wiederum verdeutlicht das sachliche – nicht das historische – Verhältnis der Hystaspes-Orakel zur jüdischen Apokalyptik. Die Berechnungen der Weltdauer von der Schöpfung an, die oben (in *Stück 11*) neben die 7000 Jahre der Orakel gestellt wurden, sind spät – frühestes Zeugnis wohl Test. Abr. 7,17, ein zweifelhaftes Ass. Mos. 10,12, alles andere rabbinisch oder samaritanisch. Frühere „Berechnungen" wie die vier Weltreiche im Danielbuch, die Periodeneinteilung des Jubiläenbuches und der ursprünglich wohl weniger Wochen annehmende Grundstock der Zehnwochenapokalypse des Henochbuches, gehen deutlich von kleineren Einheiten der Völkergeschichte aus und sind in ihrer Bildhaftigkeit und Unexaktheit ganz unastronomisch; dasselbe gilt für die nicht recht auf einen Nenner zu bringenden dreieinhalb Jahre, 1290 oder 1335 Tage am Schluß des Danielbuches (12,7.11.f.), die es bis zum Ende noch dauern soll[181]. Dies ist, wenn man so will, eine Zwischenstufe zwischen den Zukunftsentwürfen der alttestamentlichen Propheten und der Berechnung einer absoluten Weltdauer; eine solche Stufe scheint es in der iranischen Apokalyptik nicht zu geben. Die Danielapokalypse ist also in Bezug auf die Sicht der Weltzeit, traditionsgeschichtlich gesehen, älter als die Hystaspesorakel, weil in jener die mathematische Astronomisierung noch nicht so prinzipiell ins Spiel gekommen ist wie in diesen. Rein literarisch gesehen hingegen, ja auch im Blick auf die von der Aufzeichnung unabhängige Gesamtkomposition kann sie jünger sein als die Orakel; diese Frage läßt sich nicht entscheiden, da die Abfassungszeit der Orakel nicht sicher zu ermitteln ist.

Hiermit soll abermals gezeigt sein, daß eine Untersuchung der Hystaspes-Orakel und der frühesten jüdischen Apokalyptik auf Unterschiede führt, die

---

[181] Genaueres mit Belegen und vergeblichen Nachrechnungen bei *Volz*, 141 ff.

wechselseitig für die jeweils andere Überlieferung zeigen, daß diese von einem Neuansatz ausgeht. Dies bedeutet zunächst „Unabhängigkeit" voneinander im Sinne herkömmlicher historischer Kategorien; doch daß solche Kategorien nicht mehr tief genug reichen, dürfte nach dem Bisherigen ebenfalls klar sein. Es muß hier für spätere wissenschaftstheoretische Arbeiten notiert werden, was in der methodologischen Diskussion über die neuere Geschichte längst erkannt ist: Es ist nicht nur „mit dem traditionellen Begriffsapparat die neueste Geschichte nicht mehr zu fassen"[182], auch die antike Religionsgeschichte ist es nicht. Wir müssen uns vorläufig damit begnügen, iranische und jüdische Apokalyptik als zwei verschiedene Reflexe desselben Homogenisierungsprozesses zu sehen, der sich im Wechselspiel von Annahme und Ablehnung der Hellenisierung des Orients vollzog; um von den Differenzen aus den Grund dieses Prozesses gleichsam transzendental zu erfassen, fehlen der Geschichtswissenschaft bis auf weiteres die Kategorien[183].

Nur wo ein solcher Homogenisierungsprozeß gegeben ist, kann es, nun auf einer nicht mehr nur transzendental, sondern schon material zu erfassenden Ebene, eine Geschichte der Wirkungen oder Übertragungen von Vorstellungen oder Motiven geben. Hier besagt es dann auch etwas anderes als „Unabhängigkeit" im kategorial unreflektierten Sinne, wenn man konstatieren muß, daß eine Wirkungsgeschichte *nicht* stattgefunden hat. Dies ist für die Bewertung der Tatsache festzuhalten, daß in einem apokalyptischen Zeitverständnis eine zentrale Gestalt als „Menschenähnlicher" bezeichnet werden konnte. Als korrespondierend illustrativ sei vorerst der längst bekannte, im Judentum auftauchende Komplex Feuerstrom-Höllenfeuer-Weltenbrand an die richtige Stelle gerückt; die abermals methodologische Ergiebigkeit dieses Verfahrens möge eine letzte Rechtfertigung für die Ausführlichkeit des Feuer-Exkurses sein, dessen Gegen-

---

[182] *P.E. Schramm*, Probleme der neueren und neuesten Geschichte. Über die Notwendigkeit erweiterter Forschungsmethoden, in: Deutsche Universitätszeitung 11, 1956, 6–8, dort 7; in anderen Arbeiten Anwendung auf auch für die Erforschung der Spätantike so unzulängliche Kategorien wie „Einfluß" und „Entwicklung", nachgewiesen bei: *R. Wittram*, Das Interesse an der Geschichte, Göttingen ²1963, 165, der selbst in Vorlesung 3 „Die Begriffssprache der modernen Historie" (33–46) eindringende Bemerkungen macht. Davon unabhängig *C. Colpe*, Die Funktion religionsgeschichtlicher Studien in der evangelischen Theologie, in: Verkündigung und Forschung 13/2, 1968, 1–12, wo S. 19 „Einfluß" und „Abhängigkeit" einer zu kurzschlüssigen Relevanz religionsgeschichtlicher Forschung für das Verständnis des Jüdischen und des Christlichen zugewiesen werden.

[183] Jenen Prozeß zusammenschaubar beschrieben zu haben, bleibt das Verdienst des Buches von *Eddy* (oben *Stück 10*, Anm. 142), bei dem insbesondere die Einordnung des Töpferorakels in ihn überzeugt (Kap. „The Egyptians" und „Priest, Peasant, and Patrician in Hellenistic Egypt", insbes. 292–294; 309–316). Würde sich unsere Untersuchung allgemeiner mit dem Verhältnis zwischen politischer Apokalyptik und eschatologischer Zeitauffassung beschäftigen, wäre eine Untersuchung des Töpferorakels unbedingt geboten gewesen. – Eine Neubildung geschichtswissenschaftlicher Kategorien, an der es *Eddy's* Buch in der Tat mangelt, konnten auch seine Kritiker bisher nicht anbieten.

stand auf der Ebene direkter motivgeschichtlicher Bezüge nichts mit dem Menschensohn-Thema zu tun hat.

Äth. Hen. 67, 4–9 heißt es:

„Es wird jene Engel, die die Ungerechtigkeit gezeigt haben, in jenem brennenden Tal einschließen, das mir mein Großvater Henoch zuvor gezeigt hatte, im Westen bei den Bergen des Goldes und Silbers, des Eisens, weichen Metalls und Zinns. Ich sah jenes Tal, in dem ein großes Wogen und Schwellen der Gewässer stattfand. Als alles dieses geschah, erzeugte sich aus jenem feurigen flüssigen Metall und der Bewegung, wodurch sie (die Gewässer) bewegt wurden, an jenem Ort ein Schwefelgeruch und verband sich mit jenen Wassern; jenes Tal der Engel, die (die Menschen) verführten, brennt unterirdisch weiter. Durch die Täler desselben (Landes) kommen Feuerströme hervor, da wo jene Engel gerichtet werden, die die Bewohner des Festlandes verführt haben ... In demselben Verhältnis, als das Brennen ihres Leibes zunimmt, wird eine Veränderung des Geistes in ihnen vorgehen von Ewigkeit zu Ewigkeit; denn niemand darf vor dem Herrn der Geister ein eitles Wort sprechen."

In äth. Hen 52,6 sagt ein Engel zu Henoch:

„Jene Berge, die deine Augen gesehen haben: der Berg von Eisen, der von Kupfer, der von Silber, der von Gold, der von weichem Metall und der von Blei, sie alle werden vor dem Auserwählten wie Wachs vor dem Feuer sein und wie Wasser, das von oben her über jene Berge herabfließt; sie werden schwach vor seinen Füßen sein"[184].

Nach 4. Esra 8, 23 zerschmilzt das Drohen Gottes die Berge, nach Sib. 4, 172 bis 177 wird Feuer über die Welt kommen und die ganze Erde und das Menschengeschlecht verbrennen, auch Städte, Flüsse und Meere, bis alles rußiger Staub ist; nach Sib. 3,84–87 wird ein Gießbach mächtigen Feuers fließen, Erde und Meer verbrennen und Himmelsgewölbe und Schöpfung in eins zusammenschmelzen. Dies sind nur die wichtigsten Belege[185].

Ein Blick auf die Zeugnisse für die anderen Versuche, das Weltende mehr oder weniger anschaulich darzustellen – in Verwesung, Verwandlung, Flut, Vergehen der Geschöpfe –, zeigt deutlich, daß die Bilder austauschbar sind und der Weltbrand jedenfalls nicht für eine dogmatisch korrekte Beschreibung des Endablaufs unentbehrlich ist. Mag das endzeitliche Feuer zuletzt auch in Verbindung mit palästinensischen Phänomenen gesehen worden sein, es ist letztlich

---

[184] Übersetzungen von *G. Beer* bei *E. Kautzsch*, Die Apokryphen und Pseudepigraphen des AT, Tübingen 1900, Bd. 2, 274 (wo er meint, man habe in den heißen Mineralschwefelbädern am Toten Meer Ausflüsse eines Feuerstromes gesehen) und 265f.

[185] Mehr bei *Volz*, 318f und 335f, dort 333–338 auch die anderen Weltuntergangsarten und 337 der Satz: „Vermutlich haben hier, wie sonst manchmal, fremder Einfluß und innerjüdisches religiöses Bedürfnis zusammengearbeitet". Gut auch die Zusammenstellung der Belege bei *Lang* (oben Anm. 167), 937 mit der Bemerkung zu den Sibyllinen, daß „die Motive vom feurigen Metallstrom und fallenden Stern auf iranischen Einfluß hinweisen."

iranischer Herkunft. In äth. Hen. 67,9 ist noch ein Rest der alten Ordaltheorie da, derzufolge der Grad des Verbrennens für die Rechtsfindung anzeigt, inwieweit der Proband mit den Elementen in Frieden oder Unfrieden lebt, und in den Versen davor eine Weiterentwicklung dieser Deutung, nämlich daß das Verbrennen einfach Strafe ist; eine ähnliche Neudeutung scheint sich auf iranischem Gebiet in den Exzerpten des Zatspram 34,50–54 entwickelt zu haben, schon in Verbindung mit einer reinen Weltbrandvorstellung[186]. Im jüdischen Bereich haben wir die universale Weltbrandvorstellung dann z.B. in den angeführten Zeugnissen aus dem 4. Esra und den Sibyllinen.

Ganz offenbar ist hier entweder das Bild und die Theorie vom Feuerordal aus dem Iran ins Judentum eingedrungen und hat sich dort weiterentwickelt, oder es ist der ganze Bildkomplex, einschließlich der schon erfolgten Weiterentwicklung zur universalen Weltbrandvorstellung, eingedrungen, und es wird bald dieses, bald jenes Motiv aus ihm verwendet. Aber dies besagt nur etwas für die Übertragbarkeit der Vorstellung als solcher – die, wie wir sahen, ja auch anderswohin erfolgt ist –, nachdem auf jener transzendental zu erfassenden Ebene die jüdische Eschatologie in demselben Homogenisierungsprozeß ausgebildet worden war, der auch einen bestimmten Typ der iranischen Eschatologie zeitigte. Erst dann wurde Übernahme materialer Elemente möglich. Die Zugehörigkeit iranischer und jüdischer Eschatologie zu demselben Prozeß, der heterogene nationale Traditionen und unspezifische Alltagserfahrungen eschatologisch homogenisierte, und die unleugbare Identität von Elementen hier und dort, die auf Übernahme schließen läßt, dürfen also nicht zu einem Urteil führen wie dem folgenden:

„Diesen Einfluß (sc. heilsgeschichtlicher Betrachtung unter westiranischen Mithrasverehrern) können wir auch im Spätjudentum spüren, wo wohl die Auswirkungen dieses Typus iranischer Religion am deutlichsten zu finden sind ... Zweitens ist zu beachten, daß man nicht isolierte Einzelprobleme herausgreifen kann, um mit Aufwand allerlei geschraubter Einwendungen zu behaupten, es sei doch möglich, daß in diesem Falle ‚eine innerjüdische Entwicklung' vorläge. Nein, der iranische Einfluß im Westen muß in einem größeren Zusammenhang betrachtet werden, nämlich in Verbindung mit den politischen, kulturellen und religiösen Einflüssen der Partherzeit im Westen. Drittens müssen auf dem religiösen Gebiet alle Aspekte des iranischen Einflusses eben als Totalität angese-

---

[186] Bei *Zaehner*, Zurvan 347f (Text); 353f (Übersetzung) und Teachings 42f. Der Text verdiente eine gesonderte Untersuchung, weil er zurvanistisch ist und also unter der absoluten Zeitauffassung steht, in der das Feuer offenbar einen festeren Platz hat als in rein zoroastrischen Texten. *H.J. Schoeps*, Iranisches in den Pseudoklementinen, in: ZNW 51, 1960, 1–10, macht dazu einige interessante Beobachtungen, gibt aber leider *Zaehners* Übersetzung „(demon) Whore" für die Urhure Dscheh (auch mit *dev* davor oder dahinter), die am Ende niedergekämpft wird, mit „der Dämon Whore" wieder, hält das englische Wort also anscheinend für einen persischen Eigennamen (8f).

hen werden. Die Menschwerdung des Erlösers, Apokalyptik und Eschatologie, Angelologie, Teufels- und Dämonenglaube, überhaupt der Dualismus, mythische Schilderungen von Paradies und Hölle in Verbindung mit der Himmelsreise der Seele, Tauf- und Kommunionsriten, Mysterienorganisation mit militärischen Zügen, alle solche Komplexe, die im Judentum einen völligen Umbruch darstellen, wenn man es mit der alttestamentlichen Religion vergleicht, alle diese Komplexe hängen zusammen und können eben als Totalität auf einen bestimmten Typus von iranischer ‚Volksreligion' zurückgeführt werden – nämlich auf die mit dem Zervanismus zusammenhängende Mithrareligion, welche wir ja dicht an die Grenze Palästinas verfolgen können"[187].

In dieser Argumentation liegen die Indizien für „Einfluß" auf Ebenen, die wir zu unterscheiden versuchen. Auf der bis auf weiteres nur transzendental kategorisierbaren Ebene der Zugehörigkeit zum gleichen, Geschichtsverständnisse homogenisierenden Prozeß liegen Apokalyptik, Eschatologie und Dualismus; auf der Ebene der möglichen Wirkungsgeschichte liegen die anderen, weniger die Gesamtstruktur als Einzelmaterien betreffenden Bezeichnungen. Die Probe auf die Richtigkeit dieser Behauptung kann man von verschiedenen Ansätzen aus machen: alle Aspekte als „Totalität" hätten eher abgestoßen als rezipiert werden müssen, wenn nicht das Judentum des 2. Jh.s vor Chr. in Palästina eine eigene innere Disposition dafür entwickelt hätte – die Juden in Babylonien oder die Iranier im Kuschanreich, die dem Andringen dieses „Einflusses" ebenso ausgesetzt waren, haben sich ihm nicht geöffnet; wäre das Auftauchen von Apokalyptik, Eschatologie und Dualismus im Judentum wirklich ein „völliger Umbruch", müßte man ihn mit Umbrüchen vergleichen können, wie sie durch

---

[187] *Widengren*, 107–109. Die eschatologische Mithra-Religion, von der dort vor dem hier zitierten Abschnitt die Rede ist, wird irreführend mit Texten aus den Orakeln des Hystaspes belegt, obwohl in ihnen Mithra überhaupt nicht vorkommt und schon *F. Cumont*, La fin du monde selon les mages occidentaux, in: RHR 103, 1931, 29–96 voneinander unterschieden hatte: I. Les Mystères de Mithra (31–64) und II. L'Apocalypse d'Hystaspe (64–93, dort 86 auch der wichtige Hinweis, daß erst Bahman-Yascht 3, 31ff „fait de Mithra le principal artisan de la défaite des méchants"). Im Sinne dieser Unterscheidung behandeln wir hier die Hystaspes-Eschatologie als eine mit der mithrischen verwandte, aber nicht identische. In den Anmerkungen erweitert *Widengren* seine falsche Identifizierung, die wohl wegen der Unentbehrlichkeit einer geographisch bis nach Palästina reichenden Größe (dafür müssen dann die Mithrasfunde in Syrien herhalten, dort Anm. 302) vorgenommen werden mußte, von der aus dann ein Einfluß (der Ausdruck begegnet in diesem Zusammenhang außer im oben zitierten Text noch weitere sieben Male) denkbar wäre, auch noch um alles andere, was nicht zoroastrisch ist; anschließend an jenen Text verweist er auf den Dualismus in Qumran, der jedoch nicht aus dem gewöhnlichen Mithrakult stamme, auf das Wort *raz* dort und andere iranische Lehnwörter im Danielbuch, ferner auf den iranischen Hintergrund der Gnosis. Man sieht, es ist nicht allein „prinzipiell ... vorteilhafter, sich über kulturelle Verbindungen zwischen solchen Kulturen nur dann zu äußern, wenn man mit beiden gleich gut vertraut ist" (dort Anm. 292 gegen *Duschesne-Guillemin*), weil es ja heute ziemlich leicht ist, sich aus beiden Kulturbereichen alle einschlägigen Informationen zu beschaffen; erst recht ist es vorteilhaft, wenn man sich eine richtige Theorie über die Verwendung solcher Informationen gebildet hat. Eine differenziertere Betrachtungsweise findet sich in der oben Anm. 10 zitierten Abhandlung *Widengrens*.

Missionierungen zustandekamen – der Saken oder Mongolen zum Buddhismus, der Uiguren zum Manichäismus, der Griechen zum Christentum, der Chazaren zum Judentum –, während hier ein völlig anderes Phänomen vorliegt, das ganz und gar innerhalb der Dialektik von Kontinuität und Diskontinuität verbleibt; ohne strukturelle Vorveränderungen wären Ordalfeuer, Dämonenglaube, Himmelsreisevorstellungen, wenn sie schon im Zuge einer beeinflussenden Bewegung ans Judentum herangekommen wären, in andere Kontexte eingefügt worden – aber sie konnten solche Veränderungen nicht selbst schaffen, d.h. keine Eschatologie erzeugen.

So gehört also auch der endzeitliche feurige Metallstrom und seine Ausweitung zum weltverzehrenden Feuer in die Geschichte des Weiterwirkens iranischer Vorstellungen; aber sie konnte hier nur aufgenommen werden, weil und nachdem die autochthon israelitische Verbindung der Gestalt Jahwes mit der Elementargewalt des Feuers, insbesondere mit seinem Gebrauch des Feuers als Strafmittel, eine entsprechende Veränderung durchgemacht hatte[188].

---

[188] Im einzelnen gezeigt von *R. Mayer*, Die biblische Vorstellung vom Weltenbrand. Eine Untersuchung über die Beziehungen zwischen Parsismus und Judentum, Bonn 1956. Vgl. auch *Lang* (oben Anm. 167), 934 bis 936: Das Feuer (im AT) bei der Theophanie, als Mittel des göttlichen Gerichts, als Zeichen der gnädigen Heimsuchung, als Gottesbezeichnung.

Großer König und Menschensohn*

Ausgangspunkt des Vergleichs ist die in den *Stücken 11* und *12* ausgeführte These: Derjenige historische Homogenisierungsprozeß, der die Bedingungen enthielt, unter denen sich persisches wie jüdisches Geschichtsbewußtsein zu apokalyptischen Eschatologien ausbilden mußten, brachte Übereinstimmung da hervor, wo er Anschauungen aus dem ungeschichtlichen Alltag, der Natur oder der national indifferenten Lebens- und Welterfahrung transformierte, Unterschiede hingegen dort, wo die Transformation Mythologeme, Anschauungen, Elemente aus stammes-, volks- oder nationalgeschichtlich spezifischer gewordenen Kontexten ergriff. Das Grundbeispiel für die Übereinstimmungen war die Periodisierung des Weltenlaufs, das Grundbeispiel für die Unterschiede das Feuerordal neben der Feuertheophanie, deren Ausläufer erst in Spätzeiten einige Verbindungen miteinander eingehen konnten. Die aus diesem Beispiel gezogenen Schlüsse können auf das Verhältnis der Errettergestalten zueinander angewandt werden.

Der entscheidende Text folgt den oben *(Stück 11)* besprochenen Aussagen über den Verfall der Tugenden und lautet (Laktanz, Inst. 7,17,10f.):

Cum haec facta erunt, tum iusti et sectatores veritatis segregabunt se a malis et fugient in solitudines. Quo auditu inpius inflammatus ira veniet cum exercitu magno et admotis omnibus copiis circumdabit montem in quo iusti morabuntur, ut eos comprehendat. Illi vero ubi se clausos undique atque obsessos viderint, exclamabunt ad deum voce magna et auxilium caeleste inplorabunt, et exaudiet eos deus et mittet regem magnum de caelo, qui eos eripiat ac liberet omnesque inpios ferro ignique disperdat.

Nichts deutet darauf hin, daß der Große König eine Inkarnation der Sonne bzw. Mithra ist[194]. Viel näher liegt es, daß er ein wiederkehrender nationaler König, vielleicht sogar aus dem Geschlechte der Achämeniden, sein sollte[195], deren

---

* Zu in den *Stücken 9* bis *13* häufiger und deshalb abgekürzt zitierter Literatur vgl. *Stück 9*, Anm. 71.

[194] So *Bidez-Cumont* Bd. 2, 372 Anm. 3 z.St.; etwas anders *Cumont* (oben *Stück 12*, Anm. 187), 86 („le *rex magnus* d'Hystaspe ne peut désigner que le dieu solaire") und *Widengren*, Numen 107 („... Geburt des ‚Großen Königs', des ‚inkarnierten Mithra' ..."), vgl. auch *Widengren*, Die Religionen Irans 200, 202f., 208f. Windisch, 72 hingegen denkt an christliche Interpolation aus Sib. 3, 652f (übers. *A. Kurfess*, Sibyllinische Weissagungen, München 1951: „Dann wird Gott vom Aufgang der Sonne entsenden den König, welcher die ganze Erde befreit vom Übel des Krieges"), womit nur eine Unbekannte durch eine andere erklärt ist; wahrscheinlich stammt das sibyllinische Stück seinerseits aus einer persischen Prophetie nach Art der Hystaspes-Orakel, ähnlich wie es *W. Bousset*, Oracula Sibyllina, in: ZNW 3, 1902, 23ff 34ff für Sib. 3, 388–395 gesichert haben dürfte. Sib. 5, 107–110 scheint aber jüdisch zu sein, da Gott das Richteramt erhält.

[195] Weder in diesem Falle, noch wenn es sich doch um Mithra handeln sollte, darf man von „Menschwerdung des Erlösers" reden, wenn nicht eindeutige Ausdrücke dazu zwingen; ein

Andenken besonders in der Persis, dem mutmaßlichen Ursprungsland der Orakel, hochgehalten wurde. Man weiß dort freilich vor Alexander nichts von einer Prototypisierung des Königs zum Heilbringer, und deshalb ist dafür nach einem anderen, in der Ideologie der hellenisierten Magier selbst liegenden Grund zu suchen. Auf ihn führt der sachlich ganz parallele Abschnitt Inst. 7,18,2:

Hystaspes enim, quem superius nominavi, descripta iniquitate saeculi huius extremi pios ac fideles a nocentibus segregatos ait cum fletu et gemitu extenturos esse ad caelum manus et inploraturos fidem Iovis: Iovem respecturum ad terram et auditurum voces hominum atque inpios extincturum.

Hier hat Jupiter die Funktion des Großen Königs, und dies erklärt zugleich, wie der Große König an den Himmel kommt und damit zum Heilbringer wird: Er ist zu demjenigen Stern geworden, der den Namen des obersten Gottes trägt[196], und er konnte es werden, weil der König gerade in Persien zu Ahura Mazdah in so enger Beziehung stand, daß die Weltherrschaft des einen durch die des anderen symbolisiert werden konnte[197]. Daß der König hier zum Gott aber nicht in dem Verhältnis des Vikariats, sondern in dem astraler Repräsentation steht, ist eben in der Lehre der Magier begründet: Huldigten sie doch nicht ausschließlich einem religiösen Nationalismus – dann hätten sie einfach die Wiederkehr des Königs von einst erwarten müssen[198] –, für sie war auch eine rei-

wiederkehrender König kann eine übernatürliche Gestalt, ein herabsteigender Mithra kann ein Gott bleiben. Wo von Menschwerdung die Rede ist wie im Zeugnis der Tübinger Theosophie (oben *Stück 11*, Anm. 150), handelt es sich um einen christlichen Zusatz (nicht um eine Uminterpretation), der ganz dem bei Clemens Alexandrinus, Strom 6, 5, 43, 1 („... nehmt den Hystaspes und lest, und ihr werdet umso strahlender und deutlicher den Sohn Gottes geschrieben finden, und wie viele Könige gegen Christus gleichsam eine Front machen werden, die ihn ... und seine Geduld und seine Parusie hassen") und dem in Epitome 67, 1 (nach 66, 10 Gott erhört sie und schickt ihnen einen Befreier, *liberator*: „Dann öffnet sich der Himmel in tiefem Schweigen der Nacht, und Christus steigt mit großer Macht herab ...") entspricht. Eine ihm schon vorliegende Lehre von der Menschwerdung des Erlösers hätte der auf die Übereinstimmung der heidnischen und christlichen Propheten bedachte Laktanz gewiß registriert; er sagt aber gerade dazu in Inst. 7, 18, 2 (im Anschluß an die gleich zu zitierenden Worte), was über das letzte Saeculum geschrieben stehe, sei wahr, nur daß nicht Jupiter, sondern Gott das alles tun werde, und daß durch Betrug der Dämonen ausgelassen worden sei, daß Gottes Sohn vom Vater geschickt werde, um alles Übel zu vernichten und die Frommen zu befreien.

[196] So steht für den bei uns aus der lateinischen Astrologie eingebürgerten Jupiter bei den Persern Ahura Mazdah, für Merkur Tir, für Mars Vahram (Varahran), für Venus Anahita und für Saturn Kevan, wie es *E. W. West*, SBE 5 = Pahlavi Texts 1, Oxford 1880, 21 u.ö. und *B. T. Anklesaria*, Zand-Akasih, Bombay 1956, 57–61 u.ö. in ihrer Übersetzung der astrologischen Kapitel des GrBd. (Kapitelzählung hier unterschiedlich) richtig zum Ausdruck bringen. Vielleicht ist von der persischen Astrologie aus die Bezeichnung „Großer König" für diesen Planeten in die internationale Astrologie eingedrungen (zu einem vielleicht ähnlichen Fall vgl. Anm. 199) – jedenfalls verbessert schon *F.K. Movers*, Die Phönizier Bd. 1, Bonn 1841, 652 ein *Molobobar* des Hesychius in *molokobar* aus *malk kabir* als Namen Jupiters (Hinweis *E. Woytowitsch*).

[197] Vgl. *Eddy* (oben *Stück 10*, Anm. 142), 37–64 („The Persian Kingship") und *G.C. Cameron, Ancient Persia*, in: *R.C. Dentan* (Hsg.), The Idea of History in the Ancient Near East, New Haven 1955, 77–97.

[198] So sieht es zu einfach *Eddy*, 59, der meint, wenn wir die – S. 35 in einer „orientalischen"

ne Theokratie nicht vollziehbar, sondern beide Ideologien wurden durchdrungen und überhöht von ihrer Astrologie, nach der wie alle Weltperioden so auch die Heilszeit am Ende von einem Planeten regiert werden mußte; und das konnte nur der Glücksstern[199] sein.

Auch an dieser Stelle ist zu betonen, daß es für die Richtigkeit dieser Interpretation keine eigentlichen Beweise gibt, sondern daß nur eine gewisse Konsistenz im Gefüge der Zuordnungen von Bezeichnungen, historischen Situationen und Lehren zu einander dafür spricht. Einzelheiten, die sich in dieses Gefüge nicht einordnen lassen, sind doch auch wieder nicht so gravierend, daß sie es zu sprengen vermöchten. Dazu gehört vor allem die Bezeichnung Jahwes als *mäläk gadol* in Mal 1,14; Ps 47,3 und 95,3. Ein Nachhall der Thronbesteigungspsalmen ist grundsätzlich nicht verwunderlich, und der Königstitel als solcher ist für keine bestimmte Herrschaft und kein bestimmtes Volk spezifisch; was das *gadol* anlangt, so sind die beiden ersten Stellen sicher und die dritte wahrscheinlich nachexilisch, bei der dritten hat man außerdem erwogen, ob das *gadol* eine Glosse ist. Man wird fragen dürfen, ob hier eine Anlehnung an persischen Sprachgebrauch vorliegt, zu der es natürlich ohne die Bezeichnung Jahwes als König im alten Israel nicht gekommen wäre, ähnlich wie man sich in Esra 1,2; Neh 1,4f; 2,4.20 an die Bezeichnung „Himmelsgott" im Dariuserlaß Esra 6,9f (dort aramäisch) anlehnte, um den jüdischen Gottesbegriff den Persern (vgl. Yt 13,2) verständlich zu machen, was man doch auch nicht hätte tun können, wenn er nicht schon vereinzelt (vgl. Gen 24,3.7) geprägt gewesen wäre. Aber zugunsten der Herkunft der Bezeichnung „Großer König" in den Hystaspes-Orakeln und (ohne μέγας) in Sib. 3,652 aus Magierkreisen statt aus dem Judentum wiegt schwerer, daß die Gestalt vom Himmel herabgesandt werden kann – dahinter steht das Bild vom Fall des Kometen wie in Bahman Yt 3,15 bei einem anderen rettenden Ereignis, der Geburt eines Kai. Schließlich sprechen für Herkunft der Bezeichnung aus hellenisierten Magierkreisen auch noch zwei christlich redigierte Texte[200]. Es handelt sich erstens um zwei Stellen der koptischen Elia-

---

Sprache" angesetzte, von mir in ihrer Existenz bestrittene – verlorene Originalversion der Orakel hätten, würden wir dort lesen, der Große König sei ein Nachkomme des Hystaspes. Zu dieser Annahme berechtigt nicht, daß in Bahman Yt 3, 51f Peschyotanu als Sohn des Vischtaspa genannt wird, und dementsprechend ist auch die Einsetzung dieser beiden Namen in 3, 14 bei *Eddy*, 348 abzulehnen.

[199] Nach Bahman Yt 3, 18 erlangt ein Fürst (Kai) die Herrschaft, wenn der Stern Ohrmazd kulminiert und Anahit niederwirft. Auch Ohrmazd als Glücksstern (vgl. auch Anm. 201) scheint international geworden zu sein (vgl. Anm. 196), denn Jupiter steht auch für den phönikischen Gott des (großen) Glückes (des einzelnen, eines Stammes, einer Ortschaft) *Gad* (*W. Gesenius*, Wörterbuch s. v.), der in Jes 65,11 neben der Göttin des (kleinen) Glückes *Meni* steht (sie werden in LXX als *Daimon* und *Tyche* wiedergegeben).

[200] *G. Steindorff*, Die Apokalypse des Elias (TU 17, 3a = N.F. 2), Berlin 1899; Theodor bar Konai, Liber Scholiorum Bd.2, ed. *A. Scher* (CSCO 26, 2), Paris 1912, 74ff; französisch bei *Bidez-Cumont* Bd.2, 126–129, italienisch bei *Messina* (oben Stück 10, Anm.153), 173f, beides mit Kommentar.

Apokalypse (31,2 und 43,5); sie sind beweiskräftig, weil in Kap. 30f die Perser wegen ihrer Eroberung Ägyptens gepriesen werden und man die Überlebenden sprechen läßt: „Der Herr hat uns einen Großen König gesandt, damit das Land nicht wüst werde", und weil in Kap. 43f der König ein Gesalbter genannt wird wie weiland Kyros II. bei Deuterojesaja (45,1). Es handelt sich zweitens um die Aufforderung: „Höret, damit ich euch das wunderbare Geheimnis über den Großen König enthülle, der in die Welt kommen wird"; sie mußte deshalb dem Zarathustra zugeschrieben werden, weil die Bezeichnung „Großer König", unter welcher der christliche Autor seinen Erlöser den Persern als einen der Ihren glaubhaft machen wollte, nur im Munde des altiranischen Propheten legitim klang[201].

Da es hier nur darauf ankam, innere Gründe für die Ausbildung einer endzeitlichen Rettergestalt zu finden, können wir uns bei den Zeugnissen für den Heilszustand, der im Zusammenhang mit dieser Gestalt beschrieben wird, kurz fassen. Die Fragmente lassen sich leider nicht so anordnen, daß sich der vorgestellte Endablauf lückenlos ergibt; deshalb kann man nicht genau sagen, in welchem zeitlichen Verhältnis Einschließung und neuer Aufstand des Fürsten der Dämonen während bzw. nach dem tausendjährigen Reich, von dem in Inst. 7,24,5; 7,26,1; Epit. 67,2f.6 die Rede ist, zu dem Paradies stehen, wie es in 7,19,5f; 7,24,7–9; Epit. 67,4f beschrieben wird. Da Laktanz dies alles zu einem einheitlichen Bild von den letzten Zeiten und dem tausendjährigen Reich zu verarbeiten sucht, kann hier nur eine Untersuchung der betreffenden Abschnitte weiterhelfen[202]. Es ist zu hoffen, daß sich dabei auch klären läßt, in welchem Verhältnis das *regnum iustorum* Epit. 67,3 zum Reich der Heiligen des Höchsten Da 7,27 und das *quartum proelium* Inst. 7,19,6; Epit. 67,1 zur Vernichtung des vierten Weltreiches Da 2,40–45; 7,19–27 steht. Eine genauere Bestimmung des Verhältnisses ist an dieser Stelle entbehrlich, da die Evidenz genügt, daß diese Größen

---

[201] Nichts an diesen Stellen spricht für solare Theologie oder für die Gestalt eines Sonnengottes hinter dem Großen König, wie *Bidez-Cumont* Bd. 2, 372 Anm. 4 und *G. Widengren*, Die Religionen Irans, 207f annehmen. Und wenn im Töpferorakel 2, 7 ἀπὸ ἡλίου παραγένηται βασιλεύς und in Sib. 3, 652 ἀπ' ἠελίοιο θεὸς πέμψει βασιλῆα, dann ist auch das kein Herabstieg des Sonnengottes, sondern ein Herabstieg eines Königs aus der himmlischen Sphäre der Sonne. Im übrigen kommt *Widengren* mit seinem Hinweis auf die *stella beatitudinis* im Opus imperfectum in Matthaeum (Text bei *Bidez-Cumont* Bd. 2, 118–120, dazu *Messina*, 196f.) der von mir versuchten astrologischen Deutung des Großen Königs recht nahe. Eine genauere Untersuchung der Messianologie des Opus imperfectum, die weitere Arbeiten von *Widengren, Messina, Duchesne-Guillemin* und *U. Monneret de Villard* diskutieren müßte, kann an dieser Stelle nicht erfolgen.

[202] Sie stehen bequem bei *A. Kurfess*, (oben Anm. 194), 232–252. Das Material zum Friedens- und tausendjährigen Reich in der jüdischen Apokalyptik bei *Volz*, 381–390, 413–421. Zur kriegerischen Tätigkeit des Messias vgl. Inst. 7, 17, 9–11; 7, 18, 1–3; 7, 19, 5–9; Epit. 66, 1f. 10; 67, 1f. mit *Volz*, 149–152; 212–216; 282f. Auch sie bedürfte einer vergleichenden Analyse, und noch nötiger ist sie für die Vorstellung von der Auferstehung, zu welcher vgl. *Volz*, Reg. s.v., und *R. Mayer*, Der Auferstehungsglaube in der iranischen Religion, in: Kairos 7, 1965, 194–207. Diese Arbeiten sind meinen Artikeln „Henoch" und „Hystaspes" im RAC vorbehalten.

in die Periodisierung des Weltenlaufs gehören, deren Konzeption sich als Reflex desselben antihellenischen Prozesses der Homogenisierung von Bedingungen interpretieren ließ, unter denen sich persisches wie jüdisches Geschichtsbewußtsein zu apokalyptischen Eschatologien verändern mußten – das erstere nach Transformation durch Astrologie, das letztere im durch die Einheit des Gesetzes ermöglichten Festhalten an der Einheit der Geschichte[203].

Es ist damit auch das Entscheidende über die Dynamisierung der Abfolge von babylonischem, medischem, persischem und griechischem Reich und deren auf ein Zukunftssymbol gerichtete Verlängerung im Danielbuch gesagt[204]. Erst dieses Phänomen erklärt, warum die Kontinuität zwischen der kanaanäischen Mythologie, die am ehesten hinter der Ablösung eines Hochbetagten durch einen Menschenähnlichen steht[205], und dem, was wir in diesen und vielen anderen Details der jüdischen Apokalyptik vor uns haben, so vielfach gebrochen ist. Das Alte, was man als gebrochen erscheinend ermitteln kann, gibt nur eine Art Vorstellungsrahmen für das Neue, aber es erklärt seine Entstehung nicht. Bei dem Alten, das im Judentum des Buches Daniel – nach einem langen Untergrundgehen, demgegenüber die Propheten- und auch die Gesetzesreligion einen ähnlichen Stellenwert haben wie in der ethnologischen Akkulturationskategorie die Hoch- gegenüber den Stammeskulturen – wieder lebendig wurde, handelte es sich um andere Überlieferungen als von irdischen Königen der Vorzeit. Man-

---

[203] Für die Feststellung dieses Grundzuges muß ich der These von *D. Rößler*, Gesetz und Geschichte, Untersuchungen zur Theologie der jüdischen Apokalyptik und der pharisäischen Orthodoxie, Neukirchen 1960, zustimmen, so wenig damit andere Züge im Buch Daniel und insbesondere in den späteren Apokalypsen erfaßt sind. Auch in der Kritik an diesem Buch von *A. Nissen*, Tora und Geschichte im Spätjudentum, in: Novum Testamentum 9, 1967, 241–277, wird am Schluß nur die Verabsolutierung des von *Rößler* herangezogenen Typus eines apokalyptischen Geschichtsüberblicks mit Recht kritisiert und die Prävalenz der deuteronomistischen Sicht vor dem Vier-Reiche-Schema betont, die Interpretation des letzteren aber nicht überzeugend korrigiert: die Tatsache, daß der Autor des Danielbuches die Geschichte des 6. Jhs. vor Chr. nicht richtig kennt, zeugt doch nicht für sein Desinteresse an der Geschichte, sondern sein Interesse an ihr einschließlich ihres *telos* „Menschenähnlicher" – auf den *Nissen*, 275 bezeichnenderweise nicht zu sprechen kommt! – zeigt sich gerade daran, daß er ein von ihm geschichtswissenschaftlich gar nicht zu verifizierendes Schema statt möglicher anderer Endzeitsignaturen, wie *Nissen* sie gut herausarbeitet, übernimmt.

[204] Dies ist zur Ergänzung des Abschnittes ThWbNT VIII, 418–425 unentbehrlich, der notgedrungen unbefriedigend bleiben mußte, weil bei der geforderten rein begriffsgeschichtlichen Untersuchung ausschließlich die mythographische, traditionsgeschichtliche und literarkritische Arbeitsweise möglich war. Wie wenig diese im Grunde leistet, hat *J. Barr*, Bibelexegese und moderne Semantik, München 1965, an vielen Stellen mit markigen Worten gesagt; für das oben diskutierte Problem der Benennung einer Gestalt als „Mensch(enähnlicher)" war mir Barrs Abschnitt „Der Mensch – Hinzufügung von Bedeutungen" (147–150) besonders wichtig.

[205] Die ugaritischen Texte werden zitiert nach CTA = *A. Herdner*, Corpus des tablettes en cunéiformes alphabétiques découvertes à Ras Shamra-Ugarit de 1929 à 1939, 2 Bde, Paris 1963. Für die oben wiedergegebenen Mitteilungen aus der ugaritischen Mythologie konnte ich noch die ausgezeichnete neue Aufarbeitung des Materials bei *H. Gese*, Die Religionen Altsyriens, in: Die Religionen der Menschheit Bd. 10, 2, Stuttgart 1970, 1–232 benutzen; Rekonstruktion des Baalepos dort 51–80.

ches spricht dafür, daß dabei auch Berichte über die Ablösung eines Gottes in der Königsherrschaft über die Erde durch einen andern wieder akut wurden. Man darf dies nicht literargeschichtlich auf einen Text festlegen, etwa auf das ugaritische Baal-Epos. Es erzählt, mit vielen Widersprüchen, Inkongruenzen und Nebenzügen, wie El, der Weltherrschaft offenbar müde, durch einen Handwerkergott einen Königspalast erbauen läßt, um darin einen Nachfolger, den Meeresgott Jamm, zu inthronisieren; gegen ihn, oder auch gegen seine Substitute Tunnan und Lotan, kämpfen – in duplizierter Schilderung oder sich unterstützend – Anat und Baal, wobei Baal siegt und dabei seine eigene Königsherrschaft durchsetzt. Damit verfällt er dem Tod, d.h. er wird entweder zum Gotte Mot oder von diesem verschlungen, und kann ihn schließlich doch überwinden.

Der Ausschnitt aus der hier komponierten und voll episierten Überlieferung, um den es sich handeln muß, betrifft weder den Baal, der die Funktion des Gottes des Getreideanbaus und der Getreideernte, Dagan, übernimmt, noch den, der durch Auslieferung an bzw. Gleichwerden mit Mot zum „sterbenden und auferstehenden Gott"[206] wird. Es geht nur um den Baal, der auf Wolken reitet oder fährt[207], und für den Anat oder Athirat bei El, der auf dem *schnm*-Gipfel wohnt[208] und durch Grauheit des Bartes[209] als altgewordener Gott charakterisiert wird, einen Palast erbitten, in den er schließlich einziehen darf. Es war ausschließlich der Vorgang der Herrschaftsübernahme, wie immer er im Da 7,9f.13f übernommenen Mythenbruchstück dargestellt worden sein mag, der dem Autor der ersten Daniel-Vision diesen Text als Abschluß und Überhöhung der Reiche der irdischen Regimente geeignet erscheinen ließ. Seine Motivation, ihn dafür einzusetzen, kam nicht aus dem Inhalt dieser Überlieferung – das hätte schon die Inkongruenz der kanaanäischen Götter mit dem israelitischen Gott verhindert –, sondern aus dem apokalyptischen Geschichtsverständnis, dessen Entstehung andere, vielleicht die in dieser Untersuchung ermittelten Gründe gehabt hat.

Wozu die, Überlieferungen nicht einfach reproduzierende oder abwandelnde, sondern transformierende Dynamik dieser Art von Wirklichkeitserfassung aber getrieben haben muß – wir nehmen die in Abschnitt I gewonnene Einsicht

---

[206] So *Gese*, 128; zu dieser heute nicht mehr zulässigen Ausdrucksweise wie zum Baal-Mot-Adonis-Problem überhaupt vgl. C. Colpe, Zur mythologischen Struktur der Adonis-, Attis- und Osiris-Überlieferungen, in: *lischan mithurti* (Festschrift W.v. Soden), hsg. v. *W. Röllig*, Kevelaer 1969, 23–44.

[207] CTA 4 III 11.18; 4 V 122; 5 II 7; 2 IV 8.29; 10 I 7; 10 III 37; 3 II (= B) 40; 3 III (= D) 35; 3 IV (= D) 48.50; 19 I 43f., dazu *Gese*, 122.

[208] CTA 6 I 36; 17 VI 49; 4 IV 24; 1 III 24, dazu *Gese*, 97 und zum Gang Anats zu El S. 68. Zu Schuqamuna und Schunem (CTA 34, 3.6; 32, 26; 30, 4) vgl. *Gese*, 102f.

[209] CTA 4 V 66; 3 IV (= E) 10; 3 V (= E) 33; Sieg Baals: *Gese*, 60, 65, 78, 96. Es wären daraus historische Schlüsse auf die Geschichte der Völker zu ziehen, die diese Mythen überlieferten und sich in den betreffenden Göttern repräsentiert sahen.

über den Symbolcharakter des Menschenähnlichen auf[209a] –, das war die Neubenennung vorgegebener Anschauungselemente. Sie wurde bezeichnender Weise nicht den tierischen Repräsentanten der vier Weltreiche zuteil, sondern nur dem Baal. Während die iranischen Magier sich an einem Stern orientiert haben, der weiter regieren würde, und ihn zum Garanten der Wiederkehr einer vergangenen Königsherrschaft machten, haben sich die jüdischen Apokalyptiker an einem Mythos orientiert, in dem die Weltherrschaft von einem alten Gott auf einen jungen übergeht, und dabei den letzteren zum Symbol einer über alle bisher erfahrenen und erfahrbaren Regimente zeitlich hinausgehenden, qualitativ andersartigen Herrschaft gemacht. Baal wurde damit nicht nur etwas anderes als ein Stier, wie er gelegentlich beschrieben wurde, sondern sogar etwas anderes als der schreitende Mann mit Donnerkeule, Blitzlanze, Schwert und gehörntem Spitzhelm, den die Stelen zeigen. Von einer einfachen Übersetzung dieses Bildes in ein Wort liegt die Symbolisierung der kommenden Gottesherrschaft ebenso weit ab wie von der Übernahme oder Bildung einer Bezeichnung für den anthropomorphen Makrokosmos, Protoplasten oder Prototypen der Menschheit in altorientalischen Mythen. Es scheint daraus das linguistische Gesetz zu folgen, daß da, wo symbolisiert wird, auch ein Neuansatz in der Begriffsbildung erfolgt[210]. Dies wirft die Frage auf, ob dasselbe auch in der Prophetie Jesu geschehen sein kann, die jedenfalls darin mit der jüdischen Apokalyptik vergleichbar ist, daß sie gleich starke sprachliche Kräfte erzeugte.

[209a] Vgl. *C. Colpe*, Der Begriff „Menschensohn" und die Methode der Erforschung messianischer Prototypen, I. Der Ausdruck „Mensch" in der jüdischen Tradition, in: Kairos 11, 1969, 242–250.

[210] Ich setze die Sprachtheorie voraus bzw. finde sie bestätigt, die *Susanne K. Langer*, Philosophie auf neuem Wege. Das Symbol im Denken, im Ritus und in der Kunst, Frankfurt 1965, Kap. 5, im Anschluß an *E. Cassirer* und *A. N. Whitehead* entwickelt. Ob etwas Vergleichbares in Iran stattgefunden hat, als man den „König der Könige", der unter dieser Bezeichnung noch in Aischylos' Persern (vgl. *W. Brandenstein – M. Mayrhofer*, Handbuch des Altpersischen, Wiesbaden 1964, 126) und in Esra 7,12 sowie in den iranischer Terminologie verdächtigen Stellen Hes 26, 7, Da 2, 37 und Ass. Mosis 8, 1 vorkommt, den „Großen König" nannte, darf gefragt werden. Bei *Volz*, 189 liegt also der Bruch zwischen seiner in dieser Kürze ausgezeichneten Darbietung des Materials und seiner Theorie, es sei dies aus der „Idee vom Urmenschen" hervorgegangen.

Ugo Bianchi, Il Dualismo Religioso. Saggio Storico ed Etnologico. „L'Erma" di Bretschneider, Roma 1958. 8° 215 S.
Ugo Bianchi, Zamān i Ōhrmazd. Lo Zoroastrismo nelle sue Origini e nella sua Essenza. Societa Editrice Internazionale, Torino etc. 1958 (Storia e Scienza delle Religioni, Collezione diretta da Giorgio Castellino). 8° 263 S.

Die beiden Bücher erschienen im gleichen Jahr und gehören insofern sachlich zusammen, als das eine (‚Il Dualismo'. . . .), von der Gnosis ausgehend, den Dualismus in Religionen asiatischer und amerikanischer Naturvölker untersucht, das andere (‚Zamān'. . .) die widerstreitenden dualistischen und monistischen Tendenzen in der altiranischen Religion. In ‚Dualismo' wird auf ‚Zamān' etwa zwanzigmal Bezug genommen, und zwar im Dienste so verschiedener Argumentationen, daß man in der Sache weiterkommt, wenn man sie festhält (unten S. 9ff.); außerdem findet man im Namenindex unter den iranischen Göttern die Seiten, auf denen die Ähnlichkeiten zwischen naturvölkischem und iranischem Mythologem angedeutet werden. Einige dieser sachlichen Bezüge werden auch von ‚Zamān' aus aufgezeigt (S. 143 und 233, über auffällige Übereinstimmungen zwischen dem iranischen Zurvan-Mythos und dem irokesischen Mythos von den Zwillingen Yoskeha und Tawiscara, bezieht sich auf ‚Dualismo' S. 30 Anm. 14; ausdrücklicher allgemeiner Verweis nur ‚Zamān' S. 235 Anm. 33), weitere lassen sich herstellen. Es ist nicht nur wegen der Vergleichbarkeit und teilweisen Überschneidung des behandelten Materials sinnvoll, sondern auch für eine methodologische Einsicht in das Verhältnis von ethnologischer und iranistischer Problematik reizvoll, beide Bücher zusammen zu behandeln[1]).

---

[1]) Eine ausführliche Inhaltsangabe von ‚Il Dualismo' gab B. in RHR 159 (1961) 1—46, dazu Ergänzungen in drei Aufsätzen: Der demiurgische Trickster und die Religionsethnologie, in: Paideuma 7 (1961) 335—344; Prometheus, der titanische Trickster, in: Paideuma 7 (1961) 414—437; Trickster e Demiurgi presso Culture Primitive di Cacciatori, in: Festschrift Walter Baetke, hsg. von K. Rudolph, R. Heller und E. Walter, Weimar 1966, 68—78.

Folgende Rezensionen wurden eingesehen: Zu beiden Büchern: J. Duchesne-Guillemin, Explorations Dualistes avec Ugo Bianchi, in: L'Antiquité Classique 28 (1959) 285—295.

Zu ‚Il Dualismo': G. Montesi, Studi e Materiali di Storia delle Religioni 30 (1959) 126—129; F. Vian, Revue de Philologie de Littérature et d'Histoire Anciennes 3. Série 33 (1959) 284—286; J. Elfenbein, BSOAS 23 (1960) 195f.; C. Vansteenkiste, Angelicum 37 (1960) 476—478; J. Henninger, Anthropos 56 (1961) 645—648; V. van Bulck, Gregorianum 42 (1961) 800—803; G. Mensching, ZDMG 113 (1963) 169f.

Der Gegenstand von ‚Il Dualismo' sind nicht Komplementär- oder Gegensatzpaare wie Gott und Welt, Geist und Materie, Seele und Leib, Licht und Finsternis, kommender und gegenwärtiger Äon, sondern Spezialfälle des Widerstreits zwischen zwei Arten von Göttern, der manchmal auf einen Widerstreit zwischen Gut und Böse hinausläuft. Er ist häufiger ein Bestandteil kosmogonischer Mythen, seltener kosmologischer Systeme, in denen Schöpfung und Weltregierung unter dem Antagonismus zweier Mächte stehen. Dabei gibt es vom absoluten Widerstreit dieser Mächte viele Grade bis hin zu dem, wo im Einverständnis mit einem Gott ein Gegner die Welt schafft und regiert und damit auch die Verantwortung für das Böse in ihr übernimmt, um den obersten Gott davon zu entlasten. Dualistische Positionen solcher Art drücken, so Bianchi (im folgenden: B.) in seiner Einleitung (S. 7—9), Zoroastrismus, Manichäismus, gnostische Systeme und Bogomilismus aus; in mehr oder weniger analoger Weise tun es aber auch die Religionen primitiverer Völker. Ob zwischen beiden historische Verbindungen bestehen oder nicht, diesem Problem stellt sich B. sogleich am Beginn seiner die Hochkulturen durchmusternden Bestandsaufnahme (Cap. II: Un'area di diffusione dualistica, S. 26—54). Dähnhardt und Harva (= Holmberg) hatten gemeint[2]), Iran sei das Mutterland des Dualismus gewesen, und dualistische Konzeptionen in der Folklore Osteuropas und Asiens seien dementsprechend als ein verzerrter Reflex der großen klassischen dualistischen Systeme anzusprechen. B. jedoch folgt im Prinzip der gegenteiligen Sicht von W. Schmidt[3]). Ohne zu leugnen, daß die großen dualistischen Religionen die eine oder andere Volksreligion haben beeinflussen können, meint er, daß die Vorstellungen der

---

Zu ‚Zamān': A. Bausani, Studi e Materiali ... 30 (1959) 256—258; M. du Buif, RB 66 (1959) 311; O. Klima, Archiv Orientalni 27 (1959) 707f.; F. B. J. Kuiper, IIJ 3 (1959) 212—216; R. C. Zaehner, BSOAS 22 (1959) 366f.; M.-L. Chaumont, RHR 158 (1960) 228—230; H. Cornélis, Revue des Sciences Philosophiques et Theologiques 45 (1961) 280f.; W. Lentz, ZDMG 111 (1961) 222—226; J. P. Asmussen, Acta Orientalia 26 (Kopenhagen 1962) 215f.; A. Closs, Anthropos 57 (1962) 239f.

Nach Möglichkeit wird aus diesen Rezensionen nichts wiederholt; falls nötig, werden sie nur mit den Namen der Autoren zitiert.

[2]) O. Dähnhardt, Natursagen Bd. 1, Leipzig-Berlin 1907; U. Harva, Die religiösen Vorstellungen der altaischen Völker (FFC 125), Helsinki 1938.

[3]) W. Schmidt, Der Ursprung der Gottesidee, Bd. 9—12, Münster 1948—1955. Bianchi unterscheidet sich jedoch von Schmidt durch Verzicht auf dessen kulturgeschichtliche Perspektive, derzufolge noch nicht in der Ur- oder Grundkultur (wo das Höchste Wesen allein Schöpfer ist), sondern erst in der Primärkultur listige Konkurrenten des Höchsten Wesens auf den Plan treten; er führt die Mythen vom maliziösen Gegenspieler vielmehr auf das gemeinmenschliche Bedürfnis zurück, das Problem des Bösen zu lösen. Eine Harmonisierung der Ansichten von Schmidt und Bianchi versucht van Bulck; Literatur, deren Berücksichtigung für die Kritik an Schmidt förderlich gewesen wäre (besonders die Rezension von UdG Bd. 9—12 durch A. von Gabain in Anthropos 51 [1956] 1067—1074), nennt Henninger S. 646 Anm. 2.

ersteren zum größeren Teil ihrerseits aus einem sehr alten Substrat stammen, einem „tendenziell dualistischen ethnologischen *Humus*" (S. 8, 27, 54), von dem man in der ganzen Welt Spuren finde. B. beabsichtigt dabei weder eine ethnologische Erklärung der großen dualistischen Systeme noch deren Reduktion auf dieses Substrat (S. 54); also scheint es die, wenn auch eindeutig nie ausgesprochene Absicht der ganzen Untersuchung zu sein, aufzuzeigen, daß die Entstehung der großen dualistischen Systeme andererseits auch nicht ganz ohne jedes Substrat denkbar sei. Es darf gleich vorweg gesagt werden, daß die hier sichtbar werdende Halbheit und Unentschlossenheit in der Anwendung der historischen Methode den um Nachvollzug des Gedankenganges bemühten Leser immer wieder unsicher macht; er wird dem Buch deshalb am besten gerecht werden, wenn er es von vornherein ausschließlich als phänomenologische Untersuchung liest.

Nur dann wird auch einsichtig, warum das Buch mit einem Kapitel „Gnosi e Storia delle Religioni" (S. 13—25) beginnt: als Phänomen, in dem Dualismus dadurch am konsequentesten ausgebildet ist, daß die Pole früherer Dualismen zur Deckung gebracht werden, steht sie „im Widerspruch zu den Religionen, denen sie Ausdrücke und Begriffe entlehnt" (S. 20). Damit sind die phänomenal andersartigen Dualismen der Hochkulturen (einschließlich der iranischen, S. 25) ins Recht der Eigenständigkeit gesetzt und werden nun in Kap. 2 sehr gerafft vorgeführt, wobei nach Möglichkeit zwischen ihrer historischen Abhängigkeit voneinander und ihrer ethnisch-dualistischen Determiniertheit unterschieden wird: Zoroastrismus und dualistische, die Qualitäten von Ohrmazd und Ahriman vertauschende Varianten des Zurvanismus in Iran; Bogomilismus und südrussische Erzählungen, die den bogomilischen Eigennamen des Gegengottes Satanail in Verbindung mit der Erde bringen, die vom Grund urzeitlicher Gewässer heraufgefischt wird; dasselbe Thema[4]) in der bulgarischen, finnischen und nordwestasiatischen, altaischen, nordostasiatischen und nordamerikanischen Folklore; Spätformen der jüdischen Mystik in Osteuropa und ein indigen anmutender Dualismus bei den Magyaren[5]); Ansätze zu einem dualistischen Weltbild im Schamanismus der Skythen, Thraker, Geten und bis in die Orphik hinein; Affinitäten des Prometheus zum Trickster-Demiurgen Nordamerikas (S. 48; beide sind Zivilisationsheroen und Gegner des Himmels-

---

[4]) Im Anschluß an die grundlegende Abhandlung von L. Walk, Die Verbreitung des Tauchmotivs in den Urmeerschöpfungs- (und Sintflut-)Sagen (Mitt. Anthrop. Ges. Wien 63, 1933, S. 60—76).

[5]) Eine außerordentlich instruktive Unterscheidung des auf sassanidische Einflüsse zurückgeführten „ungarischen Parsismus" vom in der Romantik wiederentdeckten Dualismus ugrofinnischer und turkotatarischer Geschwistervölker der Ungarn in der Nähe von deren Urheimat gibt jetzt M. de Ferdinandy in: Wörterbuch der Mythologie, hrsg. v. H. W. Haussig, Lfg. 6, Stuttgart (nach 1965), S. 253—258 s. v. Urreligion, ungarische.

gottes und Inhaber eines furchtbaren Geheimnisses)[6]; schließlich, sowohl im transkaukasisch-ethnologischen wie im iranisch-hochkulturlichen wie im gnostisch transformierten Einzugsbereich die sich jeder religionsgeschichtlichen Analyse entziehende, allenfalls durch die Kategorie der Konvergenz (*confluenza*, S. 51) zu erfassende Mythologie der Jeziden.

Befreit man diesen Überblick von seinen mehr assoziativen als auf eine Theorie abzielenden Vorwegnahmen der Themen (und damit auch geographischen Gegenden) aus dem ethnologischen Teil II (S. 57—197), dann wird ein Areal sichtbar, in welchem — gleichsam horizontale — historische Bezüge zwischen den Dualismen mindestens ebenso wahrscheinlich, wenn nicht wahrscheinlicher sind als die Entstehung der Dualismen durch Sublimierung, Veränderung oder Umpolung von Gegensätzen in den Substraten; auch die letztgenannten Vorgänge aber sind — gleichsam vertikale — historische Prozesse. Bianchi erkennt weder die eine noch die andere Art historischer Vorgänge in ihrer Eigentümlichkeit (das unglückliche Bildwort vom ethnologischen Humus, der den Dualismen Nahrung gibt, und in dem man nur zu graben braucht, um sie wiederzufinden, verhindert dies; in dieser Rezension wird es nur gelegentlich gelingen, das Gemeinte durch den Ausdruck „Substrat" zu retten); er stellt dementsprechend auch keine Alternative zwischen ihnen auf. De facto rechnet er nur mit der ersten Art, was übrigens den Leser von seinem Vorsatz, das Ganze als phänomenologische Untersuchung zu lesen, gleichwohl nicht abzubringen braucht; denn einen Prozeß bekommt er — trotz des doch wohl geschichtserfassend gemeinten Begriffes „diffusione" — nicht vorgeführt, z. B. keine Antwort auf die Frage, wo Zentrum oder Zentren bzw. Umbruchstellen der Diffusion liegen. Daß aber B. hier mit einem durch Schriftkultur geprägten und damit in einem spezifischeren Sinne historisch erfaßbaren, nicht mit einem urgeschichtlichen oder gar geschichtslosen Raum rechnet, geht daraus hervor, daß er die ausgedehnte ethnologische Untersuchung in Teil II (Kap. 3—7, mit Appendices zu Kap. 4 und 7) unter das als Alternative gemeinte Vorzeichen stellt, daß hier dualistische Einflüsse aus hochkulturlichen Regionen und Religionen, in erster Linie der iranischen, evident ausgeschlossen sind. Inwieweit dies gleichzeitig auch für Teil I des Buches die schwächere Möglichkeit sichern soll, daß der ethnischdualistische Humus zeitlich und sachlich *vor* der Ausbreitung des hochkulturlichen Dualismus eine Rolle gespielt habe, wird, jedenfalls im einzelnen, nicht klar.

Der Stellenwert des Folgenden bereitet dem historischen Bewußtsein des Lesers also abermals verklemmte Gefühle; gelingt es, sie einzukapseln,

---

[6] Aischylos, Prometheus 209ff., hat dies Motiv nicht erfunden. Vian verwahrt P. Mazon, Eschyle Bd. 1, Paris 1946, S. 155, gegen den Tadel von Bianchi S. 49, er behaupte dies; Mazon behaupte nur, daß ein anderer Cyclus dies Motiv aufgenommen habe, und diese Meinung sei durch den Text gesichert. Vgl. dazu jetzt die in Anm. 1 genannten Arbeiten Bianchis.

dann ist es nichtsdestoweniger interessant. Es werden nacheinander die Mythen und Legenden der Altsibirier (Tschuktschen mit aleutischem und jukagirischem Parallelmaterial S. 58—65, Korjaken S. 65—68), der Indianer des westlichen Nordamerika (Prototyp offenbar die Maidu S. 74—85, damit am ausführlichsten verglichen die Algonkin S. 107—115, danach verschiedene Stämme des Mittelwestens S. 115—134, Auseinandersetzung mit ethnologischen Theorien S. 134—138), der Polynesier (S. 139—146), der Ainu (S. 147—151), der Samojeden (S. 151—156), der Mongolen (besonders Burjäten S. 164—169), der Türken (besonders Jakuten S. 169—177) und der Finno-Ugrier (S. 187—193) untersucht. Die bemerkenswerteste Gestalt ist überall diejenige, die mit dem aus der amerikanischen Ethnologie herübergenommenen Ausdruck „trickster" genannt wird — manchmal mehr zum Zivilisationsheros, manchmal mehr zum Eulenspiegel, manchmal mehr zum Mephistopheles hinneigend, meist deren Züge in schillernden und erweiterungsfähigen Nuancen in sich vereinigend. Bei den Altsibiriern (aber nicht den Ainu und den Samojeden) hat er meist die Gestalt eines Raben, bei den Indianern die eines Koyoten. Er stellt sich immer irgendwie gegen das höchste Wesen, welches B. meist „creatore di base" nennt; nach manchen Mythen weiß man nicht, woher er kommt, nach manchen entstammt er zwar der Schöpfung, aber ohne daß seine Geburt vom *creatore di base* gewollt oder vorhergesehen ist. Er tritt mit dem Anspruch auf, dem *creatore di base* gleichzustehen, was dieser ihm meist bestreitet; dennoch kann er vom Gegner oder Rivalen zum unentbehrlichen Mitarbeiter werden. Er kann nicht ex nihilo schaffen, sondern nur die erste, schon vorhandene Schöpfung verändern; dies tut er vor allem durch Intervention in der menschlichen Welt: namentlich, indem er den Menschen seine ursprüngliche Unsterblichkeit verlieren läßt, wodurch er in die Stelle manchmal des ersten Ahnen, manchmal des Herrschers der Unterwelt einrückt. Seine Gestalt reizt zur novellistischen Erweiterung seiner Mythen — man malt ihn, von Volk zu Volk wechselnd, lebhaft oder wankelmütig, erfinderisch oder unvorsichtig, boshaft oder stupide, prometheisch oder epimetheisch (vgl. B. S. 86).

Unbestreitbar dürfte B.s Ergebnis sein, daß der *trickster* immer in eine dualistische Sicht der Schöpfung einbezogen ist bzw. diese begründet, und daß er im Prinzip immer dieselbe Funktion gegenüber dem *creatore di base* erfüllt; ferner, daß zwischen beiden beträchtliche Niveauunterschiede bestehen können, von völliger „Symmetrie" in einem „absoluten" bis hin zu richtiger Unterordnung in einem „monarchischen" Dualismus. Dieses Ergebnis, stellenweise immer schon angedeutet (z. B. S. 85), wird im Schlußabschnitt (S. 199—207), der im übrigen auch der Unsicherheit des Verfassers über die Beziehungen zwischen naturvölkischen und hochkulturlichen dualistischen Systemen Ausdruck gibt, noch einmal zusammengefaßt (S. 202—205). Schließlich ist evident, daß es einen vom hochkulturlichen unabhängigen Dualismus verschiedener Götterarten gibt; wem dies der asiatische Befund nicht beweist, wo z.B. bei den Mongolen immerhin buddhistische und iranische Einflüsse (S. 157, 168f.) und bei den Jakuten iranische Parallelen (S. 172—175) diskutiert werden müssen, dem muß es der nordamerikanische Befund beweisen: schon Indianer der sog. Altgruppe, die nach O. Menghin spätestens im frühen dortigen Postglazial (seit 8000 v. Chr.) eingewandert sind, haben die Mythen, und auch wenn diese erst einer späteren Überlagerung, etwa einer mongolischen seit dem Ende des 3. Jahrtausends angehören, sind wir immer noch anderthalb Jahrtausende von jener Zeit entfernt, in der asiatisch-hochkulturlicher Einfluß zaghaft erwogen werden kann.

Angesichts des wohl unbestrittenen urgeschichtlichen Zusammenhanges zwischen nordasiatischen und indianischen Völkern ist damit aber keineswegs ein ganz und gar polygenetischer Ursprung des archaischen Dualismus sichergestellt. Vielmehr kann auch er unter dem Gesichtspunkt der Diffusion betrachtet werden, ohne daß damit ein Kulturkreis postuliert zu sein braucht, der durch Dualismus charakterisiert ist. Noch akuter wird diese Möglichkeit, wenn man das Verhältnis des archaischen (sich nicht immer mit dem naturvölkischen deckenden!) zu hochkulturlichen Dualismen ins Auge faßt. Bleibt man im Rahmen der durch den ersteren vorgezeichneten Typologie, dann scheiden unter den letzteren der ägyptische, der indische und der chinesische als Vergleichspunkte aus. Als frühester — das heißt noch nicht: für alle weiteren zentraler oder initiierender — kommt der iranische Dualismus in Frage.

Folgende Alternative besteht: Entweder Zarathustra und die Achämenidenkönige — bei unserer Fragestellung ist es einerlei, ob man die letzteren als Zarathustrier betrachtet oder nicht — verstanden ihre, frühere soziale und religiöse Verhältnisse überwindende Sendung als Wahrheit, die das Frühere als Lüge entlarvt, dann ist — in einem unhistorischen Denken, für welches das Wahre das Alte sein muß, das also nur wegen eines erst zu bestehenden Kampfes mit der Lüge später ans Licht getreten sein kann — der iranische Dualismus in bestimmten historischen Konstellationen neu entstanden. Oder Zarathustra und die Achämenidenkönige fanden dualistische Überlieferungen von der Art der oben referierten vor und versetzten sich in die Rolle des Sachwalters des *creatore di base*, ihre Gegner in die Handlanger des *tricksters* und entwickelten damit eventuell auch das Bild des obersten Gottes und seines Gegners weiter, dann ist der iranische eine Ethisierung und Spiritualisierung eines älteren, ethnisch-iranischen oder auch nichtiranischen Dualismus.

Niemand ist verpflichtet, eine solche Alternative zu Anfang eines Buches über altiranische Religion zu erörtern. Wenn ein solches Buch aber im Zusammenhang von weitausgreifenden Untersuchungen über den Dualismus steht, dann sollte man eine solche Erörterung erwarten. B. stellt sie nicht an; daß er damit dennoch nicht für einen autogen,

d. h. ohne Vorläufer entstandenen iranischen Dualismus votiert, muß daran liegen, daß für ihn mit Ahura Mazdah nicht ausschließlich der Gott benannt ist, welcher bei den Indern Varuna heißt, und der mit keinerlei rivalisierendem *trickster* zusammengespannt ist. Ahurah Mazdah muß vielmehr auch Züge des Gottes Indra haben. Denn in ‚Zamān' sucht B. nicht nach einem *trickster* voll boshafter Intelligenz unter iranischen Völkern, obwohl Gestalten indogermanischer Völker wie der ossetische Syrdon und der germanische Loki (dem in ‚Dualismo' S. 194— 197 ein kurzer und für das Ahriman-Problem nicht einschlägiger Exkurs gewidmet ist) dazu wohl berechtigen würden. B. führt vielmehr den bösen Ahriman auf Vrtra zurück, der nach dem Ṛgveda bekanntlich, oft als Schlangendämon vorgestellt, u. a. die Wasser gefangenhält, beide Welten bedrängt und als Feind der Götter und Menschen von Indra erschlagen wird. Außerdem werden aber auch diejenigen Gestalten in die Thematik einbezogen, die innerhalb oder oberhalb des Ohrmazd-Ahriman-Dualismus als Zeitgottheiten auch das Schicksal repräsentieren können, bisweilen auch in malam partem, wodurch sie dem Ahriman nahekommen. Die — sagen wir vorläufig: Ähnlichkeiten — zwischen zoroastrischen und nicht-zoroastrischen Dualismen einerseits, außeriranischen Dualismen andererseits stellen dann aber erst recht schwere Probleme. Ehe wir uns damit befassen, sei das Buch ‚Zamān' für sich besprochen.

Man versteht es am besten, wenn man berücksichtigt, daß es im Grunde eine einzig große Auseinandersetzung mit einer früheren Monographie über den iranischen Zeit- und Schicksalsgottglauben ist, nämlich mit R. C. Zaehners Zurvan. A Zoroastrian Dilemma, Oxford 1955. Bereits der Titel des Buches bringt B.s Gegenposition zum Ausdruck, indem nicht der im Mittelpersischen relativ seltene Ausdruck *zurvan*, sondern das gewöhnliche Wort für Zeit, *zamān*, in den Titel hineingenommen wird. Darin soll liegen, daß innerhalb der zoroastrischen Theologie diejenige fatalistische Strömung, die ihren Schicksalsgott Zurvan dem guten Ohrmazd der Zoroastrier entgegenstellte, eine geringere Rolle spielte als diejenige, welche die Zeit dem Schöpfer Ohrmazd unterordnete. Dementsprechend wird in den wichtigsten Textgruppen — leider meist ohne Angabe der Editionen und genauen Fundstellen, immerhin meist mit Verweis auf die Seiten bei Zaehner — untersucht, welchen Stellenwert Zeitspekulationen in ihnen haben, und was für ein Typ von Dualismus sich daraus ergibt. Damit beschäftigt sich der größte Teil des Buches, Parte II (S. 95—146) und III (S. 149—253, Ende). Kap. 6 (S. 95—117) leitet ins Dualismus- und Zeitproblem der Pahlavi- und „hellenisierten Magier"-Texte ein, aus dem in Kap. 7 (S. 118—129) die Licht-Finsternis-Polarität und in Kap. 8 (S. 130—146) der Zurvan-Mythos gesondert behandelt werden. Der Vf. hält sich hier an Texte, in denen die unendliche Zeit mythisch personifiziert erscheint, wobei auf die ethnologischen Vergleiche in Kap. 12 vorgegriffen und die in ähnlichem Zusammenhang in ‚Il Dualismo' behandelten Jeziden gestreift werden. Von hier aus wird in Kap. 9 und 10 (S. 149—189) untersucht, inwieweit für den Zurvanismus nicht nur die Existenz eines personifizierten Zurvan, sondern auch eine vom traditionellen Zoroastrismus abweichende Sicht des Bösen konstitutiv ist, und welche Züge den Religionshistoriker überhaupt dazu berechtigen, von Zurvanismus zu sprechen. Das letztere geschieht an Hand einer ausführlichen Analyse des Traktates der sog. ʿUlemā i Islām — ohne Zweifel das wertvollste und weiterführendste Stück des ganzen Buches. Der Text reizt zu vielen Differenzierungen, die B. glücklich leistet, und die es dem Forscher nunmehr wohl endgültig verbieten, dem Zurvanismus als religionsgeschichtlicher Größe eindeutige Konturen zu geben. Die ʿUlemā werden als Rezipienten zurvanitischer Ideen und in diesem Sinn als Nachfahren der Zurvaniten, aber nicht direkt als solche erklärt. Kap. 11 (S. 190—221) ist dann der Frage gewidmet, inwieweit die Raumkomponente in der Zurvan-Vorstellung mit der Idee vom absoluten Raum zusammenhängt, wie sie der Mythos vom Weltenei und die Makrokosmos-Mikrokosmos-Spekulation repräsentieren; bei dieser Gelegenheit wird der Manichäismus als indirektes Zeugnis für den Zurvanismus entwertet. Kap. 14 (S. 244—253) stellt die Aussagen über das menschliche Schicksal im Mēnōkē xrat zusammen, das nach H. S. Nyberg (ZDMG 82, 1928, S. 217) zurvanitischen Kreisen entstammt; durch Hinweis darauf, daß zamān mit deutlicher Hervorhebung des Zeitcharakters neben Begriffen wie baxt und bagō-baxt steht, die das Schicksal als gute Gabe des Ohrmazd verstehen, soll der Text aus dem Kreis der zurvanitischen oder halbzurvanitischen Zeugnisse in den der rein zoroastrischen zurückverwiesen werden.

Eine Sonderstellung nehmen die „analisi comparativa" des Zurvan-Mythos in Kap. 12 (S. 222—235) und die ebenfalls komparatistische Parallelisierung theogonisch-kosmogonischer Reihen aus dem Kumarbi-Mythos, Hesiod und erschließbaren Formen der Yama/Yima-Mythologie (Yama-Vṛtra-Indra, Yima Xšaēta — Aži Dahāka — Thraētona) in Kap. 13 (S. 236—243) ein. Das erstere erinnert in Art der Argumentation und Präsentation des Materials an ‚Il Dualismo', das letztere an B.s verdienstliches Buch ΔΙΟΣ ΑΙΣΑ (Rom 1953), das mit dem Nachweis der Unterordnung des Schicksals unter Zeus in bestimmten griechischen Überlieferungen einen Sachverhalt feststellt, der dem iranischen im Prinzip, und so auch durch die Parallelität der Titelformulierungen zum Ausdruck gebracht, korrespondieren soll.

Vorangestellt ist dem bisher Referierten eine Einführung (S. 11—20) und ein erster Hauptteil (Parte I, S. 23—92). Die Einführung gibt zunächst einen Überblick über die Forschungsgeschichte und definiert sodann den „mazdeismo" — der Ausdruck wird in derselben Bedeutung gebraucht wie der von H. Lommel eingeführte „Zoroastrismus" im Unterschied zum „Zarathustrismus" — als vornehmlich durch den

Dualismus Wahrheit—Lüge bestimmt und damit als „etnicamente iranico" (S. 19). Die Reihenfolge der nächsten Kapitel ist nicht recht durchsichtig und wäre so einleuchtender: Kap. 5 (S. 81—92) der Dualismus Zarathustras, Kap. 4 (S. 70—80) der Dualismus in der mazdayasnischen Frömmigkeit, Kap. 1 (S. 23—40) Kosmogonie und Dualismus, Kap. 2 (S. 41—61) Ahura Mazda und seine Souveränität, Kap. 3 (S. 62—69) „Mittler"-Gestalten: Mithra und Vayu.

Mehrere einleuchtende Belehrungen, die man in diesem Buche über den Dualismus und damit zusammenhängende Anschauungen erhält, helfen nun, die in ‚Il Dualismo' behandelten Probleme noch genauer, als es dort z. T. schon geschieht, in einfachere (= lösbare) und bis auf weiteres nicht lösbare zu unterscheiden; die Lösbarkeit der ersteren wird wieder durch zwei verschiedene Methoden ermöglicht.

Was S. 44 und S. 253 über Mithra als Mittler und endzeitlichen Bekämpfer des Bösen gesagt wird, erweist den in ‚Dualismo' S. 168 beschriebenen Khurmas Tengeri als eine nur mongolisierte, letztlich iranische Gestalt. Das S. 170—172 zitierte und besprochene Zeugnis des Diodor von Eretria (bei Hipp. Ref. I 2,12) über dualistische Lehren des Pythagoras[7]) stellt sich ‚Dualismo' S. 205 an das Ende einer dualistische Pole pedantisch weiter systematisierenden Geschichte. Die Ausführungen über die Verschiebung der Dualismen gut—böse und geistig—materiell gegeneinander (S. 82—87, 124—126, 218—221)[8]), die sich von Zarathustra bis zum Zoroastrismus hin vollzog, helfen, wie in ‚Dualismo' S. 203—205 (Anm. 3), einige Behauptungen richtigzustellen, die Simone Pétrement in ihrem sonst viel scharfsinnigeren Buche ‚Le Dualisme dans l'Histoire de la Philosophie et des Religions' (Paris 1946)[9]) macht. In dieselbe Richtung zielt die Einordnung des gnostischen einschließlich manichäischen Dualismus, der sich vom zoroastrischen Dualismus (‚Zamān' S. 216—218/‚Dualismo' S. 25) wie vom zurvanitischen Monismus (‚Zamān' S. 153 Anm. 6/‚Dualismo' S. 158) unterscheiden

---

[7]) Pythagoras habe bei Zarathustra gelernt, das Seiende habe zwei Ursachen, Vater (= Licht mit den Teilen des Heißen, Trockenen, Leichten und Schnellen) und Mutter (= Finsternis mit den Teilen des Kalten, Flüssigen, Schweren und Langsamen); in Erde und Kosmos verursache ein irdischer Daimon als Wasser das Wachstum und sei ein himmlischer Daimon als Feuer mit der Luft verbunden, und keiner von beiden beflecke die Seele. Im Sinne von Th. Hopfner, Orient und griechische Philosophie (BAO 4), Leipzig 1925, kann man diese Überlieferung den orientalisierenden Tendenzen des Neupythagoreismus zuschreiben.

[8]) Vgl. auch C. Colpe, Lichtsymbolik im alten Iran und antiken Judentum, in: Studium generale 18 (1965) S. 116—133, zur Konformierung mit dem Licht-Finsternis-Dualismus insbes. S. 124—126.

[9]) Dieses Buch (127 S. Kleinformat, großer Druck) gibt Zusammenfassungen, in denen manchmal vereinfacht wird. B. setzt sich nicht auseinander mit dem ein Jahr später erschienenen: S. Pétrement, Le Dualisme chez Platon, les Gnostiques et les Manichéens, Paris 1947 (354 S. Großformat, kleiner Druck), das S. 314—328 auch einen Abschnitt über Zarathustra enthält, in dem die Dinge exakt dargestellt werden.

wollte. Solche Einsichten resultieren aus der Anwendung einer mit iranischem Material arbeitenden historischen Methode in Ethnologie[10]), klassischer Altertumswissenschaft, Philosophie- und Religionsgeschichte.

Andere Aspekte aber sind gegeben, wenn sich im für Uiguren bestimmten Xuāstuānīft Äzrua (= Zurvan) als eine andere Gottheit erweist als der alttürkische Himmelsgott (*täŋri*), oder wenn die dort abgelehnte Lehre, Xormuzta und der von ihm bekämpfte Šimnu[11]) seien jüngerer (*ini*) und älterer (*iči*) Bruder, auf eine Weiterentwicklung des Zurvanismus schließen läßt, in der wie in mongolischen und tatarischen Mythen aus der Konkurrenz des bösen Gottes eine Anciennität geworden ist (‚Dualismo' S. 159). Auf einer früheren Stufe kann man im Mordrausch (*aēšma*) oder in dem Orgiasmus, in dem Mithra und seine Anhänger den Stier töteten (‚Zamān' S. 84—87), ein Weiterleben von Ekstasen gleicher Intention erblicken, wie es sie bei paläoasiatischen Völkern immer gegeben hat, und wie sie schon Zarathustra vorgefunden und bekämpft haben kann (‚Dualismo' S. 173). Die Fravaschis, u. a. mit ihrer Beziehung zur Totenwelt und ihrer Fähigkeit und Bereitschaft, dem Menschen im Kampf gegen das Böse vollenden zu helfen, wozu er aufgerufen ist (‚Zamān' S. 125f.), können Spiritualisierungen von Hilfsgeistern sein, wie sie der Schamanismus kennt (‚Dualismo' S. 175). Solche Einsichten wird man, im Unterschied zu den eben definierten, als Ergebnisse der Anwendung ethnologischer Methode in der Iranistik bezeichnen dürfen.

Die eigentlich schweren Probleme aber stellen die scheinbaren oder wirklichen Übereinstimmungen zwischen zurvanitischen und außeriranischen Motiven, die weder auf die ersteren eingewirkt haben noch von ihnen geprägt worden sein können.

Nach der in die Märtyrerakten aufgenommenen Erzählung des Adhurhormizd (Zaehner S. 434—437) trinkt ein von Ahriman geschaffener Frosch das Wasser von Hormizds Erde, doch ein ahrimanisches Geschöpf, eine Fliege, kommt dem Hormizd zu Hilfe, indem sie dem Frosch in die Nase krabbelt und ihn zwingt, das Wasser wieder von sich zu geben. Im irokesischen Mythos von den Zwillingen Yoskeha und Tawiscara wird vom letzteren, der sich vor Yoskeha aus dem Mutterleib gedrängt hatte und dessen spätere Schöpfung durch eine Gegenschöpfung

---

[10]) Zur Anwendung in der slavischen Volkskunde vgl. die Rezension von Giancarlo Montesi.

[11]) Vgl. H. Junker, Türkisch Šimnu „Ahriman", in: Ungarische Jahrbücher 5 (1925) S. 49—55. Asmussen vermißt eine Behandlung des Xuāstuānīft und des wichtigen Turfanfragments M 28 (auch bei Zaehner S. 431 und 439, dort F 3b und F 7b) in ‚Zamān' und macht auf die oben wiedergegebene Aussage aufmerksam; sie steht in seiner kommentierten Ausgabe (Xuāstvānīft. Studies in Manichaeism, Copenhagen 1965) S. 168, Z. 30f. (= T II D 178 III recto Z. 6f.), Übersetzung S. 194 unter I C, Erklärung S. 202f. — Auf (Zwillings-)Bruderschaft und Widerstreit der beiden Götter, ohne Rücksicht auf die Anciennität des bösen, in Iran seit Yasna 30 und bei Zentralasiaten weist der Bezug ‚Zamān' S. 95/ ‚Dualismo' S. 31, ähnlich ‚Zamān' S. 126 Anm. 18 / ‚Dualismo' S. 37 Anm. 46, jedoch so vage, daß man ihn keinem der oben unterschiedenen methodischen Aspekte zuordnen kann.

boykottiert, ein gigantischer Frosch geschaffen, der alles Wasser austrinkt und von Yoskeha in die Seite gestochen wird, so daß die Schöpfung ihr Wasser wiedererhält (in einem folgenden Zweikampf wird Tawiscara aus ihr vertrieben); in einem australischen Mythos fehlt es auf der Erde plötzlich an Wasser, es wird im Körper eines riesigen Frosches gefunden, der es wieder ausspeien muß, weil ein von den durstigen Tieren beauftragter Aal ihn durch kitzelnde Windungen zum Lachen gebracht hat; in einem andamanischen Mythos trinkt eine Kröte alles Wasser aus, um alle Tiere verdursten zu lassen und sich so für ein Unrecht zu rächen, das einige ihr angetan haben, verliert es aber wieder beim Tanz (‚Zamān‘ S. 143 und 232—234 / ‚Dualismo‘ S. 30 Anm. 14; S. 60).

Es ist verdienstlich, daß B. diese Parallelen zunächst einmal zusammengetragen hat[12]); was aber die Auswertung anlangt, so scheut man sich, gerade aus ihnen zu folgern, ,,daß die iranische dualistische Mythologie weit davon entfernt ist, ganz und gar ‚kulturellen‘ Ursprungs zu sein, und daß sie vielmehr ‚ethnologische‘ Elemente aufgenommen hat" (‚Dualismo‘ S. 61, im gleichen Tenor auch S. 27, ‚Zamān‘ S. 230ff. u. ö.); eher möchte man schon sagen: ,,Natürlich schließen die Punkte, die sich im Mythos von Zurvan und in dem von den beiden irokesischen Zwillingen als vergleichbar darbieten, keine Vergleichbarkeit der beiden Zusammenhänge im ganzen ein, auch keine Korrespondenz der Leitmotive des einen und des anderen Mythos, der Personen und der in ihnen enthaltenen Ideen" (‚Zamān‘ S. 144). Dies schwankende Urteil des Verfassers zeigt überzeugender, als die Kritik eines anderen es könnte, daß man das komparatistische Verfahren, mit dem gearbeitet wird, eigentlich keine Methode nennen darf — es sei denn, es gelänge einmal einer historischen Religionspsychologie, Gesetze für das polygenetische Zustandekommen gleichartiger mythologischer Strukturen zu ermitteln.

Es durchkreuzen sich also in beiden Büchern, nun vereinfachend gesagt, historische Methode, ethnologische Methode und Methodenlosigkeit. Der letzteren braucht man sich nicht zu schämen, wenn man nur weiß, warum sie zustande kommt, und wo sie unvermeidlich ist; und das ist in einer Rezension das letzte Wort dazu. Was die beiden Methoden anlangt, so ist aber nun weiter zu sagen, daß sie sich auszuschließen weder brauchen noch sollen. Der Anschein, daß sie es doch tun, entsteht dadurch, daß die Betrachtung, in deren Dienst B. sie stellt, letztlich eine *synchronische* ist: die Unterscheidungen, die gemacht werden, setzen Typen voraus, die nicht nur vergleichbar, sondern mit ihren Differenzen auch ähnlich sind, und der Grad der Ähnlichkeit ist unabhängig vom Alter der Typen, selbst wenn auf das Alter geachtet wird. Eine angemessene Abstimmung der Methoden aufeinander aber wäre möglich in einer *diachronischen* Betrachtung. Dies gilt natürlich nicht bei der historischen Methode für

---

[12]) Dagegen ist es wohl schon keine Parallele mehr, sondern geht auf gemeinsame klimatische Bedingungen zurück, wenn in einem Maidu-Mythos der Koyote den Winter zehn Monate dauern läßt, und wenn nach Videvdat I 3 das von Aŋra Mainyu heimgesuchte Land Vaējah zehn Winter- und nur zwei Sommermonate hat (‚Dualismo‘ S. 79f. Anm. 11).

sich, mit der als solcher jene Betrachtung ja faktisch bereits gegeben ist; wohl aber gilt es bei der ethnologischen Methode, und zwar sowohl für sich als auch für ihre Zuordnung zur historischen. Für eine diachronisch verfahrende „Grammatik" der dualistischen Mythologie würde das bedeuten, daß — unter vorläufigem Verzicht auf die irgendwann auch noch nötige psychologische Hinterfragung dualistischen Denkens — im Bereich der Stammesreligionen in einem ersten Arbeitsgang ermittelt würde, ob der Dualismus nichts weiter ist als eine polarisierende Tendenz in einem Polytheismus, ob er Ambivalenzen in einem Monotheismus verabsolutiert, ob der sekundäre Schöpfer oder Demiurg eine Zufallsschöpfung des obersten Schöpfers ist, oder ob es von Anfang an zwei Schöpfungen unabhängig voneinander gibt (J. Elfenbein); in einem zweiten, dem eigentlich diachronischen Arbeitsgang wäre dann herauszufinden, ob der nun genauer umschriebene Dualismus mehr am Anfang oder mehr in der Mitte oder mehr am Ende einer zusammenhängenden kosmologischen Überlieferung eines Altvolkes steht, und ob Positionen, von denen er etwa seinen Ausgang nahm, nachträglich seine Polarität wieder ausgeglichen, seine Absolutheit relativiert, seine Balancen zu Unterordnungen gemacht haben o. ä. Wie die diachronische Betrachtung beim Übergang in eine Hochkultur fortgesetzt werden kann, wurde bei der Alternative, die für die Erklärung des dualistischen Ansatzes im Zarathustrismus besteht, bereits gesagt (oben S. 6); hier ist hinzuzufügen, daß in konsequent diachronischer Betrachtung das durch ethnologische Methode zu Ermittelnde auch weiterhin im Auge behalten werden muß, und zwar deshalb, weil in der weiteren Geschichte des Zoroastrismus neue Rezeptionen aus nur im ethnologischen Sinne iranischen oder auch nichtiranischen Religionen stattgefunden haben können[13]). Das ist etwas anderes, als wenn nach B.s Meinung der ethnologische Humus aus immer dem gleichen Urgrund in Hochreligionen Dualismus produziert; aber es ist ungefähr das, was (oben S. 10) als Gegenstand der Anwendung ethnologischer Methode in der Iranistik herauspräpariert wurde. Versuchen wir nun abschließend, diese Folgerungen durch Untersuchung je einer These zu verifizieren, zuerst aus dem mehr ethnologisch gerichteten (a), dann aus dem mehr historisch gerichteten Buch (b) B.s.

a) Über den *Melek Ṭāʾūs*, d.h. „Engel Pfau" der Jeziden heißt es in ‚Dualismo' S. 52f., daß er in die Typologie des „Engel Gabriel" eingehe, „und auch in die allgemeinere ‚prometheische' des Demiurgen-tricksters, des Gegenspielers Gottes und Wohltäters der Menschen: die besondere und in gewisser Weise ausschließliche Verehrung, welche die Jeziden ihm darbringen, hat dieser Sekte die Bezeichnung ‚Teufelsanbeter' ein-

---

[13]) Für eine spätere Epoche versuche ich es zu zeigen in: Überlegungen zur Bezeichnung „iranisch" für die Religion der Partherzeit, in: XVII. Deutscher Orientalistentag vom 21. bis 27. Juli 1968 in Würzburg, hsg. von W. Voigt, Wiesbaden 1969, S. 1007—1016.

getragen, eine Bezeichnung, die in gewissem Sinne gerechtfertigt ist, wenn man auch der Tatsache Rechnung tragen sollte, daß der Engel Pfau nach jezidischer Lehre nunmehr rehabilitiert ist. Es handelt sich also um ein Bestehen des *Melek Ṭāʾūs* darauf, daß es in den Dingen Gegensätze gebe, im Gegensatz zum Willen des Schöpfers, der eine volle ‚Gleichheit' (Dähnhardt Bd. 1, S. 27) vorgesehen hatte." Es folgt wieder ein Hinweis auf dualistische Sagen aus der westamerikanischen und europäischen Folklore, dann: „Nun, dieser Glaube ist verschiedentlich auch für Iran bezeugt: am Ende der Zeiten, wenn der Gegner zur Strecke gebracht sein wird, wird die Erde aufs neue flach sein (nach einem bestimmten Text wurde die Entstehung der Berge durch die Flucht der Erde vor Ahriman verursacht), und jede andere Ungleichheit und jeder Bruch wird aufgehoben sein." Zum Beleg wird auf ‚Zamān' S. 126 verwiesen, wo für das in Klammern Stehende auf „einen Passus des Bundahišn" angespielt und für das übrige Plutarch, Isis und Osiris Kap. 47 (= Theopomp, 4. Jh. vor Chr. ?) [14] zitiert wird. Dann: „Bemerkenswert und für uns bezeichnend ist die Tatsache, daß in den beiden ‚Kultur'-Religionen, der mazdayasnischen und der jezidischen, die Tendenz auf-

---

[14]) „Indes behaupten jene auch von den Göttern viele fabelhafte Dinge, so die folgenden. Horomazes, der aus dem reinsten Licht, und Areimanios, der aus der Finsternis entstanden ist, kämpfen miteinander. Der erstere schuf sechs Götter (als ersten den des Guten Sinnes, als zweiten den der Wahrheit, als dritten den der Wohlgesetzlichkeit; unter den übrigen den der Weisheit, den des Reichtums und den Schöpfer der angenehmen Dinge, die auf Gute Taten folgen), der andere aber schuf gleichsam ihre Gegenspieler in gleicher Anzahl. Nachdem Horomazes sich zu dreifacher Größe ausgedehnt hatte, entfernte er sich sodann so weit von der Sonne, wie die Sonne von der Erde entfernt ist, und schmückte den Himmel mit Sternen. Einen Stern setzte er als Wächter und Späher über alle übrigen ein, nämlich den Sirius. Dann schuf er 24 weitere Götter und verschloß sie in ein Ei. Aber die von (aus?) Areimanios (entstandenen Götter), die ebensoviele an Zahl waren, durchbohrten das Ei und ... (Text korrupt); deshalb ist das Schlechte mit dem Guten vermischt. Aber es wird eine vorbestimmte Zeit kommen, in welcher der Pest und Hunger mit sich bringende Areimanios von diesen — so wollen es die Anagke — ganz und gar zerstört und beseitigt wird; die Erde wird begehbar und eben sein, und die Menschen, selig und alle eine Sprache sprechend, werden ein und dasselbe Leben und ein und dieselbe Politeia haben. Theopomp aber sagt, daß nach der Lehre der Magier nacheinander je 3000 Jahre der eine der Götter herrscht und der andere beherrscht wird, daß sie sich während 3000 weiterer Jahre bekämpfen und bekriegen und der eine die Dinge des anderen auflöst, daß aber zuletzt der Hades ausgeschlossen wird und die Menschen glücklich werden, indem sie weder Nahrung mehr brauchen noch Schatten werfen; daß aber der Gott, der dieses bewerkstelligt hat, ausruht und eine Weile rastet, übrigens nicht lange für einen Gott, nur etwa so lange, wie ein Mensch schläft. So also sieht die Mythologie der Magier aus." Zur Auslegung vgl. J. Bidez-F. Cumont, Les Mages Hellénisés Bd. 2, S. 72—79 (mit den Parallelen aus dem Bundahišn); H. S. Nyberg, JA 1931 (unten Anm. 23), S. 223. 233 und Die Religionen des alten Iran S. 392f.; H. Michaud, Un mythe zervanite dans un des manuscripts de Qumrân, Vetus testamentum 5 (1955) S. 137—147; Th. Hopfner, Plutarch Über Isis und Osiris Bd. 2, Prag 1941, S. 207—211; unten S. 18.

kommt, auch das ‚ethnologische' Thema vom Ursprung der Berge aus dem Bösen wieder an eine allgemeinere und abstraktere Interpretation anzuschließen. Wohlgemerkt, damit soll nicht gesagt werden, daß die Idee einer restitutio ad integrum der Gleichheit und der ursprünglichen Einheit vom ethnologischen Thema der Berge abgeleitet sei: man bemerkt lediglich, wie — auf der Ebene der ‚Kultur' — man eine Verbindung zwischen den beiden Ideen herstellt, und damit implizit auch die Aufnahme (und den Gebrauch) eines Begriffes ‚ethnologischen' Ursprungs — wie jenes der Berge und des Böswilligen — im Bereich einer kulturell weit komplexeren ideologischen Welt. Das ist für unsere allgemeine Hypothese von großem Interesse. Ein letzter Aspekt, den die jezidische Lehre mit den dualistischen eurasiatischen Mythen und Legenden gemeinsam hat . . ., ist der, daß der Schöpfer, enttäuscht über das Handeln des *Melek Ṭāʾūs*, das Böse straft, aber keine radikale Abhilfe schafft."

Diese Ausführungen gehören in den allgemeineren Zusammenhang jener zum Monismus neigenden dualistischen Systeme theogonisch-kosmologischer Art, deren mehrfache Registrierung durch B. von Mensching hervorgehoben wird[15]). Eine Emanation Gottes ist aber nur der Gabriel oder *Melek Ṭāʾūs* der Jeziden[16]), nicht der Ahriman des Theopomp und des Bundahišn. Rückführung in eine ursprüngliche Einheit liegt dementsprechend nur in der Begnadigung des pfauengestaltigen Teufels bei Jeziden und Mandäern, nicht in der Ausschaltung des Ahriman und seiner Wirkung auf die Erde im Zoroastrismus. Das verbindende Glied hätte lediglich die Aussage des Eznik von Kolb sein dürfen: ,,Wie sie auch noch ein anderes Wort sagen, daß Ahriman gesagt habe: ‚Nicht daß ich etwas Gutes nicht machen kann, sondern ich will nicht', und um sein Wort bestätigt zu machen, machte er den Pfau. Siehst du, daß er mit Willen böse ist und nicht von Geburt! Was nun wäre strahlender als der Pfau, welchen er zur Bezeugung seiner Fertigkeit im Schönen erschaffen hat?"[17]) Hier aber wären dann nicht die vogelgestaltigen Widersacher in aller Welt als Beweis für ethnologischen Humus in Jeziden- und Zoroastriertum heranzuziehen, sondern etwa folgende Etappen aufzuzeigen: Vorstellung vom gefallenen und wieder begnadigten ersten Engel im syrisch-nordmesopotamischen Judenchristentum — Ausdruck von dessen widergöttlicher Unsterblichkeit durch das von China bis Südeuropa vorkommende, dort natürlich überall positiv ge-

---

[15]) Vgl. z.B. die Ausführungen über die Wiederherstellung des Pneuma in der Gnosis neben dem Aufweis der Einheit von Brahman und Atman in den Upanishaden sowie über die Äquivokationen Monotheismus — Theopantismus — Monismus in ‚Dualismo' S. 23f. / ‚Zamān' S. 215f.

[16]) Nachweise für das im folgenden kurz gruppierte Material bei K. E. Müller, Kulturhistorische Studien zur Genese pseudo-islamischer Sektengebilde in Vorderasien, Wiesbaden 1967, S. 216—218 und 368—374.

[17]) Eznik von Kolb, Wider die Sekten. Aus dem Armenischen übersetzt ... von J. M. Schmid, Wien 1900, S. 109, zitiert bei Müller S. 369.

wertete Unsterblichkeitssymbol des Pfauen — von da aus einerseits Festlegung dieses durch seine Schönheit zum Hochmut verführten Vogels auf eine ahrimanische Schöpfung bei nordwestiranischen und kleinasiatischen Zoroastriern oder Magiern, andererseits Festlegung der ineinander übergehenden Gestalten Gabriel und Pfau auf ein gutes Wesen bei den Jeziden.

b) Der zoroastrische Dualismus hat eine monistische Tendenz sowohl nach der Ansicht Zaehners als auch nach der seines Kontrahenten. Für Zaehner drückt sie sich in der Gestalt des Hochgottes Zurvan aus, der die — in Yasna 30 als „Zwillinge" bezeugten — beiden Geister erzeugt habe und ihre gegenseitige Begrenzung als unendlichen Raum, ihre Erzeugung in der Zeit als unendliche Zeit übergreift. Für B. ist die Souveränität Ahura Mazdahs Grund genug, von einem „dualistischen Monotheismus" zu sprechen[18]). Ehe man die Sache analysieren kann, müßte man sich eigentlich bei der Mißverständlichkeit der Argumentationen aufhalten. Nach B. S. 155 hat Zaehner eine „Neigung, die Existenz bereits ausgebildeter und fertiger religiöser Systeme vorauszusetzen, wo wir es nur mit Fragmenten zu tun haben, die man auch einfacher und adäquater erklären kann." Zaehner fühlt sich mißverstanden[19]). Es kann nicht unsere Aufgabe sein, die Gedankengänge beider in Ordnung zu bringen. Auf die Gefahr hin, sie nicht zu treffen, müssen wir neu beim Material einsetzen. Da von einer richtigen Bestimmung der Stellung des Ahriman bei Theopomp und im Bundahišn auch viel für das Zurvan-Problem abhängt, sei zur Konfrontation mit dem ersteren[20]) zunächst eine dafür wichtige, bisher m. E. nicht richtig erklärte Stelle aus dem letzteren besprochen.

Die Schöpfung der Götter und der Dämonen gehört höchstwahrscheinlich ganz in ein Stück, das Zaehner S. 105, 113, 126 u. o. als Fragment einer zurvanitischen Kosmogonie innerhalb von Gr. Bundahišn Kap. 1

---

[18]) ‚Zamān' S. 24: „Crediamo invece — al di fuori di questa questione — di potere anticipare la nostra impressione, che appunto questa pietà attiva contro i malvagi visibili e invisibili, e le credenze da cui essa dipende, ci spieghino una religiosità combattente e vittoriosa la quale, non rinnegando il suo creazionismo fondamentale, e continuando al contrario a vedere nell'Essere supremo l'autore e il tutore del bene, ha posto l'avversario al di fuori del mondo di lui, dando così origine a una forma (oggettivamente contradittoria) di monoteismo dualistico nel quale sembra esprimersi l'ultima parola del mazdeismo."

[19]) Er sagt von sich in seiner erwidernden Rezension (siehe oben Anm. 1) S. 366 mit Bezug auf die von mir oben zitierte Kritik: "He had thought that it was precisely 'tendencies' that he had been tracing, not 'religious systems'. Similarly it is surely a misrepresentation to say that he attributes 'absolute power' over the earth to Ahriman in Eznik's myth (p. 185), for he had attributed no more power to him than has Satan as 'Prince of this world'."

[20]) Vgl. oben Anm. 14, wobei zu beachten ist, daß das über Areimanios Gesagte nicht auf Theopomp zurückzugehen braucht (ein ähnliches Problem besteht bei den Aussagen über Licht und Finsternis, vgl. H. Conzelmann, ThWbNT 7, 1964, S. 428 Anm. 33).

abgrenzt (§§ 26—27)[21]). Die im überlieferten Zusammenhang stehenden Worte ‹ut-aš nazdist ›dēvān xᵛatīh ›dāt, dušravišnīh, ›ān mēnōk ›i-š (A I S. 11 Z. 14f.; A II S. 14 § 49 Z. 1f bis *ya-s*) zeigen, daß im voraufgehenden korrespondierenden Abschnitt an A I S. 11 Z. 10 (1. Wort: *apāyast*); A II S. 14 § 46 aus A I S. 8 Z. 7f.; A II S. 10 § 35 (bis *karṭan*) die Worte ›ut-aš nazdist yazdān xᵛatīh ›dāt, nēvak-ravišnīh, ›ān mēnōk ›i-š (.....) tan i ›xᵛēš pat-iš ›vēh ›bē kart angeschlossen werden müssen[22]). In diesem Satz zeigen nun die hinter der von mir gesetzten Klammer (.....) stehenden Worte, daß der Satz A I S. 12 Z. 3f.; A II S. 14 § 49 (letzte Zeile *chi-s ān* bis S. 16 Z. 1 *bê-bahoṭ*) ›čē-š ›ān dām ›dāt ›i-š xᵛēš-tan pat-iš ›vattar ›bē kart, ›ku akār ›bē bēt hinter A I S. 12 Z. 1 (1. Wort: ›būt); A II S. 14 § 49 Z. 3 (*az-as bûṭ*) gehört[23]). Die ersten fünf Worte dieses Satzes ergeben dann aber mit denen, an die sie jetzt anschließen, die Wendung *ganākīh i dāmān i Ōhrmazd* ›hač-iš ›būt ›čē-š ›ān dām ›dāt ›i-š, deren Entsprechung in dem eben zuerst zitierten Satz an der durch (.....) markierten Stelle als Homoioteleuton, gegeben durch ›i-š, ausgefallen sein muß[24]). Dies erklärt, warum der Satz grammatisch nur mühsam, sachlich so aber gar nicht verständlich ist[25]). Rekonstruiert man das Homoioteleuton und setzt es ein, dann ergibt sich als Schlußsatz zur Götterschöpfung des Ohrmazd ›ut-aš nazdist yazdān xᵛatīh ›dāt, nēvak ravišnīh, ›ān mēnōk ›i-š fražānakīh[26]) i dāmān i Ōhrmazd hač-iš būt; čē-š ān dām dāt i-š tan i ›xᵛēš (oder xᵛēš-tan) pat-iš ›vēh ›bē kart, ›ku kartār ›bē bēt „Und als nächstes schuf er das Wesen der Götter, die gute Bewegung, jenen Geist, von welchem die Weisheit der Geschöpfe

---

[21]) Im folgenden bedeutet A(nklesaria) I: The Bûndahishn, ed. by Ervad Tahmuras Dinshaji Anklesaria, Bombay 1908; A II: Zand-Ākāsīh. Iranian or Greater Bundahišn, Transliteration and Translation in English by Behramgore Tehmuras Anklesaria, Bombay 1956.

[22]) So überzeugend Zaehner S. 296 zu 11.78—79.

[23]) Wegen der Worte *xᵛēš-tan pat-iš 'vattar 'bē kart*; vgl. Zaehner S. 303 zu 11.125—128. Außer diesen beiden Beobachtungen Zaehners versucht der folgende Vorschlag zur Wiederherstellung des Textes die Erörterungen von H. S. Nyberg, Questions de Cosmogonie et de Cosmologie Mazdéennes, in: JA 1929, S. 276ff. weiterzuführen.

[24]) Hinzu kommt am Schluß der Ausfall des *ku*-Satzes, den ich gleich mit hinzufüge, ohne auf *kartār* als Entsprechung zu *akār* zu bestehen.

[25]) *ān mēnōk* ist ohne folgende Erklärung weder als Interpretament zu *yazdān* *xᵛatīh* noch zu *nēvak-ravišnīh* zu begreifen; was folgt, ist aber keine Erklärung, sondern führt die Aussage weiter, und zwar mit einer falschen Relativkonstruktion: die Iẓāfet in *i-š* stellt den Relativanschluß von *patiš* an *ān mēnōk* her, wodurch das Prädikatspartizip *kart* ohne Person bleibt (*tan* kann sie, da in keinem obliquen Kasus stehend, nicht vertreten). Im gleich zu rekonstruierenden Satz kann man dagegen *patiš* auf das eingefügte zweite *iš* beziehen und findet dann den von *kart* (ebenso wie von *dāt*) geforderten casus obliquus der 3. Person in *čēš* (vgl. C. Salemann, GiPh I S. 314, § 114a), während das erste *iš* völlig korrekt durch das eingefügte *hačiš būt* wiederaufgenommen wird.

[26]) Oder ein anderer Gegenbegriff zu *ganākīh*. — Der korrespondierende Satz aus der Schöpfung des Bösen Geistes ist so, wie er bei Zaehner S. 281 Z. 123—125 steht (anders Nyberg a.a.O. S. 216 Z. 7—9 *kartan*), zu akzeptieren.

Ohrmazds stammt; denn er schuf eine solche Schöpfung, durch die er seinen eigenen Körper besser machte, auf daß er ein Tätiger würde."
Mit der folgenden, Zug um Zug antithetischen Aussage über die Schöpfung des Bösen Geistes heben sich die §§ 26—27 in der Tat als eine Art Doppelkosmogonie von ihrer Umgebung ab — vorher wird über die Eigenschaften der Götter gesprochen, wie sie in ihren Schöpfungen sichtbar werden, hinterher wird z. T. in pedantischen Dubletten erläutert, was außer den ,,Formen" der beiden Schöpfungen aus sichtbarem Licht bzw. aus sichtbarer Finsternis sonst noch geschaffen wurde. Aber wieso ist die ausgegrenzte Doppelkosmogonie zurvanitisch? Immer wieder begegnen bei Zaehner zu dieser Stelle (und passim) wie überhaupt in der ganzen einschlägigen Literatur die ,,unendliche Zeit" und der ,,Schicksalsglaube" wie Leitmotive für den Zurvanismus — B.s ‚Zamān' bildet hier eine wohltuende Ausnahme. Man kann seine Argumentation aber noch durch eine andere unterstützen: Figur, Eigenschaften und Schöpfung des Ahriman lassen alles, was zurvanitischer Glaube sein könnte, allein durch dessen innere Logik auf sich hintendieren. Der Mensch mußte sich in der unendlichen Raumzeit so gefangen, so sehr vom unabwendbaren Schicksal belastet fühlen, daß die Ambivalenz seines Gottes Zurvan zwangsläufig immer wieder zum Bösen hin aufgelöst wurde. In hellenistischer Zeit fiel dieser Glaube mit dem an griechische Zeitgötter, Chronos und Aion, zusammen — welches Problem dort das Verhältnis beider zueinander und zu Zurvan im einzelnen aufwirft, ist hier nicht zu erörtern. Nun gibt es bekanntlich Statuen, die von einigen als Darstellungen des Chronos/Aion, von anderen als Darstellungen des Ahriman empfunden werden — hieratisch aufrechtstehende, meist männliche, manchmal mannweibliche Gestalten, um die sich eine Schlange ringelt, zwischen deren Windungen die Tierkreiszeichen angebracht sind, und die ein Löwenhaupt trägt, in deren weitaufgesperrtem Rachen mit vorstehenden Zähnen man eine brennende Fackel anbringen konnte[26a]. Ist dies ein Symbol der alles unnachsichtig verschlingenden, am Ende der Zeiten alles in Feuer auflösenden Zeit[27], oder ist es eine Darstellung Ahrimans[28]? M. E. muß man hier ein ,,So-

---

[26a] J. Leipoldt, Umwelt des Urchristentums Bd. 3, Berlin 1966, Abb. 122 und 123; F. Cumont, Die orientalischen Religionen im römischen Heidentum, 4. Aufl., Darmstadt 1959, Tafel I Nr. 1; M. J. Vermaseren, Mithras. Geschichte eines Kultes, Stuttgart 1965, S. 94—99. Die Vorstellung lebt noch lange weiter, zuletzt meist unter dem Namen des Saturn, weil dieser über sein griechisches Äquivalent Kronos durch Wortspiel oder mythologisches Mißverständnis mit Chronos identifiziert worden war. So wird auch Saturn zum Verzehrer, ja Menschenfresser, der er ursprünglich niemals war (vgl. G. Radke, Die Götter Altitaliens, Münster 1965, S. 283f.), so auf einem Gemälde von Francesco Goya (1746—1828) (Reproduktion bei F. Sánchez Cantón, Goya: la Quinta del Sordo, Florenz 1965, Tafel 5 und 6).
[27] So Cumont a.a.O. S. 138, 275 Anm. 108 und 285 Anm. 46 sowie Vermaseren a.a.O. S. 96.
[28] So J. Duchesne-Guillemin, Aiōn et le Léontocéphale, Mithras et Ahriman, in: La Nouvelle Clio 10, Brüssel (1958—)1960, S. 1—8.

wohl-als-auch" an die Stelle eines „Entweder-oder" setzen. Die Neigung des Zeitgottes, für seine Gläubigen zu einem bösen Gott zu werden, wird sogar durch Weihinschriften Deo Arimanio o. ä. zum Ausdruck gebracht.

Wenn also Ahriman mit Zurvan zusammenfallen konnte ähnlich wie Spenta Mainyu mit Ohrmazd, dann entfällt der Schicksalsglaube als Leitmotiv für Zurvanismus. Mit dem der „unendlichen Zeit" steht es nicht besser, solange die Zeitvorstellungen[29]) und -bezeichnungen[30]) der Quellen nicht gründlich analysiert worden sind, und zwar nicht von einem Philologen, sondern von einem Physiker[31]). Für die Passage GrBd 1,26f. aber ist schon nach philologischer Analyse evident, daß sie nicht zurvanitisch ist. Sie ist der oben Anm. 14 wiedergegebenen Plutarch-Stelle vergleichbar[32]): beide sprechen von der Schöpfung der Licht- und der Finsternisgötter aus dem Wesen Ohrmazds bzw. Ahrimans, wobei Plutarch zu entnehmen ist, daß es sich bei den ersteren um die Ameša Spentas handelt, während das Bundahišn die Gestalten beider Hauptgötter räumlicher beschreibt und ihre Schöpfungen schon halb als Qualitäten innerhalb ihrer Raumkörper[33]) aufzufassen scheint. Dies ist eine weitergehende Parallele als die von B. (vgl. oben S. 214) gemeinte; auch sie paßt zu der Hauptthese des Buches ‚Zamān'.

Wir kommen also dahin, der Hauptthese des Buches zuzustimmen; sie etwas anders fassend, können wir sagen, daß es sich empfiehlt, die zoroastrischen Zeitspekulationen nicht in dem Sinne als produktiv zu betrachten, daß sie einen Gott hervorbrachten. Noch ein so spätes Zeugnis wie der Mythos bei Eznik von Kolb, Wider die Sekten II 1,7—9 — der einzige ausführliche, in dem Zurvan als (wohl androgyner) Erzeuger der Zwillinge Ohrmazd und Ahriman eindeutig vorkommt — muß zeigen, daß es ein alter Gott war, der entweder eine auch ohne seine Erwähnung mögliche mythosnahe Rede von Zwillingsgöttern sinnvoll

---

[29]) Vor allem das 12 000jährige Weltjahr mit der verwirrend wechselnden Bestimmung seiner 3000-Jahres-Epochen und sein Verhältnis zu den in Anm. 30 genannten Größen.

[30]) „Zeit", „unendliche Zeit", „unendlicher Zurvan", „Zeit des Ohrmazd", „Zeit" bzw. „Zurvan" bzw. „Vāy der langen Herrschaft", „endlose Form", „endloses Licht", „endlose Finsternis", „Jahr", „geistiges Jahr" u. a.

[31]) Man wünscht sich, daß dies Thema einmal so in Angriff genommen wird, wi es S. Sambursky, Das physikalische Weltbild der Antike, Zürich/Stuttgart 1965, Kap. XI („Raum und Zeit"), M. Jammer, Das Problem des Raumes, Darmstadt 1960, Kap. I („Der Raumbegriff im Altertum") oder E. Scheibe, Die Einheit der Zeit (Festschrift für Joseph Klein, Göttingen 1967, S. 53—72), S. 58—61 (Plato, Aristoteles, Plotin) für Zeitvorstellungen tun, die historisch irgend etwas mit denen der Pahlavi-Literatur zu tun haben müssen.

[32]) Bidez-Cumont II S. 76 Z. 3 meinen mit Bd. I 24 einen weniger signifikanten Satz.

[33]) Diese Vorstellung begegnet auch bei Plutarch, und zwar als Weltei. Daß dies den absoluten Raum ausdrückt, zeigen die Belege bei J. Haussleiter / S. Grün, Ei, in RAC 4, 1959, Sp. 731—739, wo mit den hermetischen Zeugnissen PGM V 213—302; Hopfner, Offenbarungszauber II, § 294f. gemeint ist.

gemacht oder aber Zeitspekulationen angeregt hat [34]). So bleibt auch hier nur noch die Aufgabe, eine diachronische Sicht der Zurvan-Mythologie (nicht Zurvan-Religion mit Institutionen etc.) anzudeuten; denn diese fehlt noch bei B. Sein Versuch, im Verhältnis Ohrmazd–Ahriman einen dualistischen Typus zu sehen, wie er auch im Verhältnis Indra–Vṛtra ausgebildet ist (s. oben S. 7), stellt die Dinge vielmehr durch und durch synchron dar. Dies ist in der wichtigen Rezension von Kuiper widerlegt worden, die ich mir an dieser Stelle als Bestandteil meiner Überlegungen zu eigen machen möchte. Hinzuzufügen wäre noch, daß, wenn trotz einer solchen Sicht ein Gott sich nicht aus dem Ausgleich der dualistischen Pole ergeben, sondern diesen weiterhin vorausgesetzt bleiben soll, tatsächlich kaum etwas anderes übrigbleibt als der Rückzug in eine ahistorische Ethnologie.

Nachdem sich die Bezeugung des Zurvan in den Nuzi-Texten, die an sich durchaus zum Ausgangspunkt einer durch die Überlieferungszeit der Zurvan-Traditionen gehenden Betrachtung hätte dienen können, nicht hat sichern lassen, hat J. Duchesne-Guillemin (S. 291) einen neuen Weg eröffnet, indem er auf R. Ghirshmans höchst plausible Identifikation Zurvans in den Luristan-Bronzen hinwies [35]). "Le mythe de Zurvan et des jumeaux paraît attesté anciennement, indépendamment du mazdeisme. Est-ce à dire qu'on puisse parler d'une religion zurvaniste autonome, en opposition directe à la thèse de Bianchi? Non, car rien ne prouve que Zurvan, dieu initial, soit aussi le dieu suprême. La distinction qu'a bien établie Bianchi lui sera utile: Zurvan est comparable à Ouranos, non à Zeus." Die Identifikation ist natürlich nicht beweisbar. Sie kann nur ein Teilargument für ihre Richtigkeit hinzugewinnen — dem grundsätzlich gewichtigere Argumente für ihre Verkehrtheit entgegenge-

---

[34]) Sinngemäß so in ‚Zamān' S. 82, 130ff., 222ff. (auch ‚Dualismo' S. 30f. und 204) und in der Rezension von M.-L. Chaumont.

[35]) R. Ghirshman, Le Dieu Zurvan sur les bronzes du Luristan, in: Artibus Asiae 1958, S. 37ff.; ders., Iran — Protoiranier, Meder, Achämeniden, München 1964, S. 51f. mit Abb. 63 (S. 405: „Fragment einer Scheibenkopfnadel. Ausschnitt: Der Gott Zurvan bringt die Zwillinge Ahuramazda und Ahriman zur Welt. 8.—7. Jh. v. Chr. New York, Privatsammlung") und Abb. 64 (S. 406: „Silberblech mit dem Gott Zurvan, der die Zwillinge . . . zur Welt bringt. 8.—7. Jh. v. Chr. Cincinnati Art Museum") sowie S. 70 mit Abb. 91 (Köcherbesatz mit Reliefdekor auf übereinanderliegenden Feldern). Darstellungen getrennter Eigenschaften als zweite und dritte Gestalt neben oder unter der, die beide in sich vereinigt, gibt es in sakraler Kunst auch sonst, man betrachte den japanischen Gott Fudo aus der frühen Heian-Periode (794—876) in P. C. Swann, Japan (Kunst der Welt, Baden-Baden 1965), S. 83. Neben seiner furchterregenden Gestalt stehen zwei junge Akolyten, „Seitaku, der die unterwerfende Macht symbolisiert, und Kinkara, der für die aufrechterhaltende Tugend steht" (a.a.O. S. 85). Die Ambivalenz in ein- und derselben Gestalt findet man z.B. im pferdeköpfigen Avalokiteshvara (aus dem Vajrayāna-Buddhismus des 11. Jh.s) in schrecklicher Erscheinung, aber mit Symbolisierung der unermüdlich alle Weltrichtungen durcheilenden Gnadenkraft des Bodhisattva durch das Pferd, bei D. Seckel, Kunst des Buddhismus, Baden-Baden 1962, S. 239.

halten werden dürfen —, wenn sich zeigen ließe, daß sie sich späteren Ausprägungen des Dualismus mit von Fall zu Fall monistischen Tendenzen zuordnen ließe. Das ist m. E. möglich. Man muß dann zunächst davon absehen, den drei Göttern schon für die Stufe ihrer archäologischen Bezeugung Namen zu geben. Dies gilt vor allem für die beiden Zwillingsgötter, nicht nur weil, wie Duchesne-Guillemin sagt, Ahura Mazdah noch nicht mit dem Guten Geist verschmolzen war oder es Ahura Mazdah und die beiden Geister vielleicht noch gar nicht „gab", sondern weil die „Namen" der beiden Zwillingsgötter aus der ostiranischen Predigt des Zarathustra stammen und man der Vielfalt der bei mehreren Gruppen des Ostmittelmeerraumes bezeugten Zwillingsmythen nicht gerecht werden würde, wenn man die Gruppe, die hinter den Luristanbronzen steht, für Träger genau derselben Überlieferung halten würde, wie sie bei Zarathustra vorkommt. Einen Namen sollte man aber wohl auch für die erzeugende Gottheit nicht substituieren, wenngleich es wahrscheinlich ist, daß es sich tatsächlich um eine Zeitgottheit handelt — ein weibliches Antlitz auf ihrem Körper erweist sie als androgyn, sie wird von je drei Repräsentanten der drei Menschenalter flankiert, von denen zweien die aus den Schultern wachsenden Zwillinge Herrschaftsinsignien empfangen, und was den Unendlichkeitsaspekt anlangt, so wies mein Lehrer H. H. Schaeder einmal — ohne daß er es je zu publizieren wagte — darauf hin, daß zur Zeit der Luristan-Bronzen ein Anaximander (611—546) im kleinasiatischen Milet in der Lage war, vom Apeiron (Frg. 12 A 9/B 1 Diels-Kranz) zu sprechen.

Nach Beseitigung der anachronistischen Namengebung haben wir eine zwillingsgebärende Gottheit in einem iranischen Volk vor uns — genauer können wir es angesichts der Schwierigkeit, die Luristan-Bronzen einem bestimmten Stamm zuzuweisen, nicht sagen.

Ein solcher Zwillingsmythos steht, wie gesagt, nicht allein. Vielleicht ist er der Spezialfall eines Mythos von zwei feindlichen Brüdern, die in Stammvätersagen genealogisch auf einen ersten und zweiten Urvater folgen und vor einer Mehrzahl von Stammvätern stehen; zu erinnern ist hier vor allem an eine Reihe griechischer Mythen aus Delos, Thessalien, Theben, Sparta, der Messene, Argolis und Mykene[36]). Daß ein solches mythisches Schema auch bei Göttern vorkommt, bedarf keines Beweises mehr[37]). Es bestehen keine Bedenken, auch den Zwillingsmythus, auf den Zarathustra anspielt (Yasna 30,3—6), in diesen Zusammenhang zu stellen.

Es ist nicht sachgemäß, feststellen zu wollen, welche Gottheit es ist, die die Zwillinge hervorbringt, wenn man meint, von da aus die Gotteslehre des Zarathustra aufschlüsseln zu können; *denn der Dualismus des*

---

[36]) Diesen Hinweis verdanke ich E. Woytowitsch. Das Material z.B. bei K. Kerényi, Die Mythologie der Griechen, Bd. 2: Die Heroengeschichten (Zürich 1958 = dtv 397), München 1966, Reg. s. v. Zwillinge.

[37]) Vgl. R. J. Harris, The Cult of the Heavenly Twins, Cambridge 1906.

Zarathustra ist historisch unabhängig von diesem mitgeführten Mythenbruchstück entstanden. Er reflektiert den Gegensatz, in dem sich der Prophet zu den im orgiastischen Mordrausch Rinder schlachtenden Nomaden befindet. Die Metaphysizierung dieses Gegensatzes zu dem von Wahrheit und Lüge konnte dann zwar in das Schema des Zwillingsmythus eingezeichnet werden; daß sie aber nicht einfach aus dessen Aktivierung und Anwendung entstand, zeigt sich deutlich daran, daß die Gottheit, deren unhistorische Ambivalenz im Zwillingsmythos auseinandergelegt wird, mit dem Gotte Zarathustras nicht zur Deckung gebracht werden kann [38]. Der letztere ist eben in einer historischen Situation begriffen worden: es handelt sich bei Ahura Mazdah um eine Neubenennung [39] des Gottes, der bei den Indern Varuna heißt. Der Böse Geist in der Predigt Zarathustras ist dann kein Appellativ für einen arischen trickster — selbst wenn die Vṛtra-These stimmen sollte (vgl. oben S. 7), da man auch Vṛtra nicht als trickster bestimmen kann. Es bleibt die Möglichkeit, daß er nicht als Manifestation des von Zarathustra Überwundenen konzipiert wurde, sondern auf eine ethnisch-iranische Gestalt zurückgeht [40]. Ihr Gegenspieler ist dann aber zunächst nur der Gute Geist, nicht Ahura Mazdah.

Die metaphysisch-zweideutige Voraussetzung von Dualismus, wie sie in der Darstellung aus Luristan und in Yasna 30 vorliegt, ist nun bereits bei Zarathustra mit der historisch-eindeutigen Voraussetzung von Dua-

---

[38] Aufschlußreich wäre ein Katalog der Voten und Argumentationen für Zurvan, Vayu und Ahura Mazdah; die beiden letzteren gleich in einem Buch von G. Widengren, Iranische Geisteswelt, Baden-Baden 1961. S. 111: „Der höchste Gott in Iran ist sicherlich immer Ahura Mazdā gewesen, der dem indischen Varuna entspricht ... In seinem Wesen findet sich wie bei anderen iranischen Hochgöttern eine Andeutung der Doppeltheit." Diese „führt zu einer Zersplitterung in zwei selbständige geistige Prinzipien, den Guten und den Bösen Geist". S. 144: „Mit der Lehre von den ‚Zwillingen' knüpft Zarathustra offenbar an eine alte iranische Lehre von dem doppelten Wesen des Gottes Vayu an. Dieser, im funktionellen System eigentlich als einleitende Gottheit erscheinend, konnte sein Wesen in zwei Aspekte, den guten und den bösen Vayu, spalten." S. 123 bezeichnet Widengren den Vayu als einen ostiranischen Gott, der Ahura Mazdah und Mithra nebengeordnet sei; damit erhebt sich dann die Frage nach dem überlieferungsgeschichtlichen Ort Ahura Mazdahs.

[39] Diese hebt die Identität gerade auf, so daß die sich auf H. Lommel berufende Polemik von W. Hinz, Zarathustra, Stuttgart 1961, S. 91 und S. 256 Anm. 2, gegen Nyberg und Christensen eigentlich gegenstandslos ist.

[40] Entsprechend ist in den Achämenideninschriften bis auf weiteres nicht zu entscheiden, ob der Gegensatz zwischen Wahrheit und Lüge ein historisch-politischer ist (darauf zielt die Rezension von Klima ab, der darauf hinweist, daß *drauga-* nicht Lüge in allgemein-ethischer Bedeutung ist, sondern eine politische Aktion, durch die ein Thronprätendent dem legitimen König dessen Recht auf den Thron abstritt), oder ob ein ethnisch-metaphysischer Gegensatz zwischen guten und bösen Geistern dahintersteht (vgl. das Relief am Dareios-Palast in Persepolis, das den König im Kampf mit einem Fabelwesen zeigt, bei J.-L. Huot, Persien I [Archaeologia Mundi], München/Genf/Paris 1965, Abb. 31, oder bei H. H. von der Osten, Die Welt der Perser, Stuttgart 1956, Tafel 49).

lismus, wie sie mit seinem prophetisch-reformatorischen, das Bisherige in die Rolle des Bösen drängenden Auftreten gegeben ist, eine Verbindung eingegangen. Dadurch kommen Ahura Mazdah, der den guten Pol im historischen Dualismus anzeigt, und der Gute Geist, der einen Zwillingsgegner zu bekämpfen hat und den einen Pol im metaphysischen Dualismus darstellt, so eng zusammen, daß sie immer wieder auch identifiziert werden können.

Wir haben die analytischen Mittel, um die hiermit festgestellte Verbindung noch im einzelnen aufzulösen; das besagt freilich nicht viel für ein besseres Verständnis des Zarathustra, wohl aber hilft es die Geschichte des Dualismus klären. Die Auflösung einer entsprechenden Verbindung in der Zurvantheologie der Sassanidenzeit, die sowohl einen alten Zwillingsmythus weiterführt, der vielleicht durch neue Rezeptionen ethnischen Stoffes der gleichen Art genährt wurde, als auch Zarathustra exegisiert, bei dem schon eine Dualität von Dualismen vorliegt, ist ebenfalls möglich.

A. HENRICHS und L. KOENEN: *Ein griechischer Mani-Codex.* (Zeitschrift für Papyrologie und Epigraphik 5,2 (1970), 97–216). Jahrbuch für Antike und Christentum 14 (1971), S. 150–53.

Neue Texte, die nicht nur eine Überlieferung in Einzelheiten ergänzen, sondern eine große Wissenslücke füllen, die bis dahin durch Hypothesen überbrückt zu werden pflegte, rufen immer eine berechtigte Aufregung hervor. Es scheint, daß dazu nach langer Zeit wieder einmal Grund besteht: hier wird ein wohl aus einem Grab in Oxyrhynchos stammender griechischer Codex angezeigt, der jetzt im Besitz der Kölner Papyrus-Sammlung ist. Er enthält ein Stück aus der Biographie Manis, ist aber wie die meisten manichäischen Texte bis weit in die vielen Verzweigungen hinein wichtig, in welche sie infolge des Charakters und der historischen Stellung ihrer Religion auch noch gehören – ob man an die Geschichte des Vorderen Orients im 3. Jahrhundert, Probleme der astronomischen Chronologie und des Kalenders, der Paläographie, der Philologie einer Reihe von Sprachen und schließlich des antiken Synkretismus im allgemeinen denkt. Die beiden Bearbeiter legen, außer Edition und Übersetzung wichtigster Textproben, zu jedem dieser Probleme gründliche, die bisherige Forschung gleich mit zitierende Beiträge vor, die von vielseitiger Sachkunde zeugen. In lapidaren Sätzen, als hätten sie eine Routine-Untersuchung abzuliefern, betreiben sie das understatement einer wissenschaftlichen Sensation.

Sogleich die sehr kurze Einführung in den Manichäismus und seine Erforschung (97/100) kann mit einem neuen Zitat über das Sendungsbewußtsein Manis bereichert werden, durch das die Bedeutung dieses Fundes nach denen aus Turfan und Medinet Madi probeweise hervortritt. Sodann wird der Codex beschrieben (paläographisch ins 5. Jahrhundert gehörig, winzigstes bisher bekanntes Format 4,5 x 3,5 cm, 129 Seiten mit durchschnittlich je 23 Zeilen auf einem Schriftspiegel von der Größe einer Streichholzschachtel, meisterhafte Öffnung durch A. Fackelmann), sein Titel untersucht („Über das Werden seines Leibes" = Über sein Leben) und die Sprache der Vorlage als Syrisch ermittelt (100/105). Es folgt eine Inhaltsangabe (Manis Jugend in der Täufergemeinde bis zum Beginn seiner öffentlichen Wirksamkeit), Namen von Gewährsmännern (Baraies, Innaios, Abiesus, Kustaios, Timotheos) und ein Schluß auf die Zuverlässigkeit der Zitate verlorener Manischriften in diesem Codex von zwei Pauluszitaten aus, die sich als recht genau erweisen (106/116). Eine Auswahl der wichtigsten Stellen aus dem Codex ermöglicht nunmehr eine Reihe von Einzeluntersuchungen. Zur Chronologie von Manis Leben und den Berichten über seine Jugend im Fihrist lassen sich Ergänzungen beibringen. Mani lebte vom 4. bis zum 25. Lebensjahr unter den Täufern, d.h. von 219/220 bis 240/241; für seine beiden Offenbarungen setzte er als ideale Daten die Vollmondstage[1] nach seinem 12. und

---

[1] R. KÖBERT, Orientalistische Bemerkungen zum Kölner Mani-Codex: ZPapyrEpigr 8 (1971) 243/47 hat inzwischen die „Vollmondstage" auf Grund der Wendung baḏsahrā in Datie-

24. Geburtstag an, d.h. den 7. April 228 und den 24. April 240; Ibn an-Nadīm's Bericht über Manis erstes öffentliches Auftreten bezieht sich auf die Krönung Schapurs I zum Mitregenten Ardaschirs am 12. April 240 (116/132). Die Täufer waren keine Mandäer, sondern Elchasaiten (133/140). Mani lehnte ihre Taufen ab, übernahm aber in veränderter Form ihre Speisetabus und verstand sich zunächst als erneuernder Fortsetzer der Lehre des Elchasai (141/160). Die ausführlichste Untersuchung gilt Manis himmlischem Zwilling an Hand eines Vergleiches der σύζυγος-Stellen im neuen Codex mit entsprechenden iranischen und koptischen Texten sowie im Perlenlied und bei Didymos dem Blinden (161/189). Als textgeschichtlich und philologisch interessantestes Dokument kommt ein längerer Abschnitt aus dem Proömium von Manis Lebendigem Evangelium zutage, durch das sich sogar die mittelpersische Parallelfassung im Turfanfragment M 17 korrigieren läßt (189/202). Indices der Namen und Sachen, manichäischer Termini, der Stellen sowie drei Tafeln mit Seitenproben und Entzifferung der Schrift (203/216) schließen die Publikation ab.

Diese und erst recht die zu erhoffende Gesamtedition werden über viele Jahre hin die Diskussion anregen. Eine angemessene Rezension müßte eigentlich das Vielfache des Umfangs dieser Arbeit haben. Für das JbAC wird es angemessen sein, die Frage herauszugreifen, wie sich nunmehr der Anteil darstellt, den das Christentum an der Entstehung des Manichäismus hatte. Die beiden Autoren fassen ihre Meinung so zusammen: „Man wird folglich die christlichen Elemente im Manichäismus nicht mehr als sekundäre Zutat des westlichen Manichäismus abtun dürfen; sie standen an der Wiege der manichäischen Kirche, wenn auch bei ihrer Ausbreitung im Einflußgebiet des Christentums die christlichen Einflüsse weiter verstärkt worden sind. Die Kirchenväter hatten von ihrem Standpunkt aus völlig recht, wenn sie den Manichäismus als eine christliche Häresie behandelten" (140).

Wenn dieses Urteil nicht wieder die alten Debatten um vor- oder nachchristliche Gnosis, iranische oder häretisch-christliche Grundstruktur des Manichäismus wachrufen soll, muß man sich folgendes klarmachen. Obwohl Jesus im fertigen manichäischen System eine ganz bestimmte Funktion bekommen hat und in manichäischen Gebeten eine sehr große, wenn auch weniger klar definierte Rolle spielt, folgt es aus der Gesamtanlage des Systems und seinem Erlösungsverständnis nicht, daß der Erlöser Jesus sein mußte. Es war höchstwahrschein-

---

rungen der syrischen Märtyrerakten als Tage innerhalb eines Monats nach dem Mondkalender interpretiert, und L. KOENEN, Das Datum der Offenbarung und Geburt Manis: ebd. 247/50, hat daraufhin festgestellt, daß gegen eine Lesung „im Monat Pharmuthi am 8. Tage des Mondes" paläographisch nichts einzuwenden ist. Mani hätte danach die beiden Offenbarungen als an seinem 12. und 24. Geburtstag direkt geschehen angegeben, was bereits in seine eigene Stilisierung seiner Biographie gehört, die zum Mani-Mythos werden sollte. Von daher macht KOENEN wahrscheinlich, daß mit dem „Leib", von dessen „Werden" der Codex handelt, die „Kirche" Manis gemeint ist.

lich ursprünglich ein Magiersystem mit iranischen Grundelementen, und eine mythologische Erlösergestalt hätte darin auf verschiedene Weise konzipiert werden können: indem derjenige, der mit Hilfe dieses Systems das Böse in dieser Welt bewältigen will, auf dem Wege über den Kultus prototypische Bedeutung gewinnt oder doketisiert wird, oder indem eine Urzeitgestalt aus iranischer Tradition als endzeitlicher Retter verkündigt wird. Er hätte für Christen durch Christus ersetzt werden können. Es bestand aber auch die Möglichkeit, daß das iranische System den Rahmen für die Aufnahme einer Erlösergestalt aus einer ihm fremden Tradition abgab. Vom Kölner Codex her muß man sich nun wohl für das letztere entscheiden. Denn die Elchasaitengemeinde, in der Mani aufwuchs, war christianisiert, Elchasaios verstand sich gut judenchristlich als Fortsetzer der Sendung Christi, und Mani sollte sich als Fortsetzer des Elchasaios verstehen. Die Bedeutung Jesu geht daraus hervor, daß Mani vorgeworfen wird, er hebe die Gebote des Soter auf (Codex 91,11), daß Mani sich dagegen auf sie beruft (84,9/85, 1; 91, 19/92, 11; alles S. 136f) ferner daraus, daß die Doppelung in einen irdischen und einen himmlischen Christus, die für die Elchasaiten bezeugt ist, bei Mani wiederkehrt: er kennt den irdischen (gleichwohl doketischen) Jesus und Jesus den Glanz (als Ἰησοῦς τῆς εἴλης nun Cod. 11, 14; S. 183).

Da der auf Erden Gebote erlassende und der im Himmel über den Licht-Nous die Apostel entsendende Christus hier noch in kein System eingefügt ist, festigt sich die bisher nicht recht zu belegende Meinung, Mani habe seine Lehre in Etappen entwickelt, er habe sogar manche Traditionen (wie in den Thomaspsalmen) auf ihre Verwendbarkeit hin ausprobiert oder ausprobieren lassen, die er später wieder verworfen habe. So scheint es ja zunächst eine Reihe weiterer Symbole für die in die Welt gebannte Lichtsubstanz neben dem Urmenschen gegeben zu haben, ehe der letztere als vielsagendstes ausgewählt wurde und seine sozusagen klassische Stellung im System bekam. So werden wir mit dem erhaltenen Teil der Biogrpahie in die Zeit geführt, nach welcher Mani durch seine eigene Vollendung der elchasaitischen Halbgnosis zu einer vollen Gnosis vor neue Aufgaben gestellt worden war, nämlich die durch ihn in eine kritische Ambivalenz zwischen Gnosis und Nicht-Gnosis geratenen zoroastrisch-zurvanitischen Traditionen eindeutig gnostisch zu machen (dazu siehe demnächst Rezensent: The Cambridge History of Iran Bd. 3). Es ist ein Jammer, daß die Biographie nicht weiter erhalten ist; sie muß nach HENRICHS-KOENEN mehrere Bände umfaßt haben (110).

Dies führt auf die Frage, ob die viele Mühe, die man sich bisher mit der Biographie Manis gemacht hat, künftig wiederholt werden muß, indem man jede Angabe aus den vielen anderen Quellen noch einmal an Hand des Codex prüft, oder ob man sich ihm als einer authentischen Quelle einfach überläßt. Darüber wird es noch viele Kontroversen geben. Das grundgelehrte Werk von O. KLIMA, Manis Zeit und Leben (Prag 1962) ist eines der wenigen, das die Verf. in Anm. 22, 24, 26, 60, 66 nur kurz erwähnen, ohne sich wirklich damit auseinanderzusetzen (KLIMA hat übrigens in ‚Probleme der koptischen Literatur', hrsg. von P. NAGEL [1968] 121, seinen Ansatz des Todesdatums Manis vom 20. März 276 in 6. März 276 geändert). Das Urteil über die historische Zuverlässigkeit der Biographie hängt nicht nur von normaler Quellenkritik, sondern auch von grundsätzlichen Einstellungen ab, und man darf bereits jetzt die Voraussage wagen, daß die Verfechter der durchgehend iranischen Grundlage des Systems den Codex als einen Mani-Roman, verfaßt von Judenchristen für alle Christen, bezeichnen werden. Eine Synopse dieses bisher ausführlichsten biographischen Textes mit den vielen kürzeren und weithin verstreuten sonstigen Angaben, wie man sie nach vollständiger Publikation des Codex unbedingt herstellen muß, wird dieses Problem nicht lösen, weil man jede Übereinstimmung ja nicht nur zugunsten der Zuverlässigkeit des neuen Textes interpretieren kann, sondern auch als Beweis dafür, daß eben alles bereits von jenem frühen Roman oder ihm verwandter Überlieferung abhängig sei, und daß wir ähnlich wie bei Jesus zum wahren Leben Manis nicht zurückkönnen. So sei mit einem Hinweis geschlossen, welcher die Diskussion auf ein weiterführendes Gleis lenken möge.

Man muß nach der Synopse der Zeugnisse für äußere Daten der Biographie versuchen, die vita, wie sie sich dann darstellen wird, mit Stadien der Lehrentwicklung innerhalb dieser vita zur Deckung zu bringen. Von einer solchen Lehrentwicklung konnte man bisher kaum sprechen – nach einer Rekonstruktion des Lebens ging man mehr oder weniger abrupt zum fertigen manichäischen System über, worin wohl die Vorstellung von der Monolithik des Systems als Repräsentanten eines uralten Erlösermythos weiterwirkte. Der neue Codex scheint es zu ermöglichen, endlich auch hier historisch, sogar im engsten Sinne, nämlich biographisch, zu verfahren. Und was er als Ausgangspunkt des Denkens Manis darstellen hilft, der seine spätere Einbeziehung eines iranischen Systems nicht nur nicht ausschließt, sondern als Komplementärtat beinahe erwarten läßt, das ist die Eigenart des syrischen Christentums. Dieses war durch Exegese einer Schrift, die zunächst noch nicht durch Hinzutreten eines Neuen zu einem Alten Testament geworden war, dem Judentum verpflichtet. Es wollte im Grunde auch durch seine Prophetologie nicht darüber hinaus geführt sein, aber manche Gruppen gerieten an seinen Rand, indem sie von der Einmaligkeit der Proselyten- oder der Johannestaufe, deren eine das Vorbild für die Einmaligkeit auch der christlichen Taufe war, in die Wiederholbarkeit der auch heidnisch möglichen Waschungen zurückfielen, welche nach der Akzentuierung eines ersten Reinigungsbades in Qumran in jenen Taufen gerade abgeschafft erscheint (Manis Dispute mit den Elchasaiten über die Notwendigkeit, die Taufe zu wiederholen, gehören zu den interessantesten Stücken im neuen Codex; sie enthalten faktisch auch endlich die Begründung, warum Mani nicht nur die Wiederholung, sondern schließlich die Taufe überhaupt ablehnte). Das syrische Christentum war darüber hinaus auf einem Territorium zu Hause, wo es dauernd herausgefordert wurde, sowohl durch die Bedeutung, die man Priestern und Königen in Mesopotamien für das Bestehen der Gesellschaft zugeschrieben hatte, als auch durch die Lehren der in seiner Mitte lebenden Magier, die etwas ähnliches wie Christus mit seiner Erlösungstat durch ein mit System gedeutetes Ritual bewirken wollten, hinter dem ihre Individualität als kultische Veranstalter zurücktrat. Zu weitgehende Annahme dieser Herausforderung konnte an den Rändern des syrischen Christentums ebenfalls zum Übergang ins Heidentum führen, und dies braucht sich wegen der tiefgehenden spirituellen und allegorischen Deutbarkeit der religiösen Sprache hier wie dort nicht einmal wie eine Konversion ausgenommen zu haben. Man definiert den Manichäismus nicht als christliche Häresie, wenn man es für erwiesen hält, daß sein Stifter eine solche Entwicklung durchgemacht hat, sondern man konstatiert die volle Paganisierung eines täuferischen und als solches schon halb heidnischen Judenchristentums durch Einbringung seiner wesentlichen soteriologischen Inhalte in ein dualistischeres iranisches System, das seinerseits dabei gnostisch wurde. Wegen dieser inneren Evidenz ist es wahrscheinlich, daß der Codex im Ganzen wirklich Geschehenes enthält, wenn auch, wie die Bearbeiter bereits richtig sehen, gelegentlich schon Legendarisches und Bildung neuer Mani-Worte hineingearbeitet ist. Die Veranlagung elchasaitischer Grundbegriffe zu gleitenden Neuannahmen von Inhalten, wie sie bei semitischen Mandäern oder iranischen Manichäern gegeben sind, kann vielleicht eines Tages durch Rückübersetzung des neuen Codex ins Syrische sichtbar gemacht werden.

Zarathustra und der frühe Zoroastrismus

Zarathustras historische Stellung

Aus der zoroastrischen Tradition, die im Jahre 881 n.Chr. der Priester Zādspram und zu Anfang des 11. Jh.s der große khwārezmische Gelehrte al-Bīrūnī wiedergeben, kann man ein relatives Datum errechnen, das man gewöhnlich „Jahr Zarathustras" nennt. In diesem Jahr sei Zarathustra „erschienen", und es liege 258 Jahre vor der „Ära Alexanders".

Nimmt man also an, das mehr als siebzigjährige Leben Zarathustras habe sich zum größten Teil im 7. Jh. v.Chr. abgespielt, dürfte man vom Richtigen nicht weit entfernt sein. Das ist keine graue Vorzeit. Damals standen in Israel schon seit längerem Propheten im Licht der Geschichte. Da kein mythisches oder legendäres Schema erkennbar ist, nach dem die Schlüsselzahl 258 gebildet sein könnte, sie also aus einer Berechnung resultieren muß, deren eventuelle Fehlerhaftigkeit nur innerhalb erträglicher Grenzen liegen kann, kommt den solcherart gewonnenen Ansätzen stärkeres Gewicht zu als denjenigen, die aus allgemeineren Indizien gewonnen sind. Daß z.B. die Nähe der Sprache zu indogermanischer Dichtkunst den Zarathustra ins 9. oder 10. Jh. rücke, ist nicht einzusehen; danach könnten die Gāthās auch beträchtlich später verfaßt sein, wenn auch nicht so spät wie die Eddalieder, aus denen man in diesem Zusammenhang immerhin Stilformen als Parallelen heranzieht. Und daß auf das zwischen dem 8. und 6. Jh. v.Chr. existierende Königreich von Khwārezm, in dem oder in dessen Nachbarschaft Zarathustra gelebt haben muß, in den Gāthās nicht angespielt wird, Zarathustra also früher gelebt haben müsse, würde voraussetzen, daß ihn dort Städte beeindruckten, wie es sie im Westen, in Elam und im Zagrosgebiet, gab. Aber die ostiranischen Städte waren in jener Zeit, wie sowjetische Ausgrabungen ans Licht gebracht haben, Hürdensiedlungen, die im großen die ummauerten Gehöfte nachbildeten, in denen Mensch und Vieh Schutz und Ruhe finden konnten. Das letztere ist es, um das es dem Zarathustra unter anderem geht, und darüber hinausreichende Erwähnungen oder Beschreibungen der Stätten, die den seßhaften Viehzüchter schützen und ihm einen beschränkten Ackerbau ermöglichen, sind gar nicht zu erwarten.

Hier lassen sich die Überlegungen zur geographischen von denen zur zeitlichen Lokalisierung Zarathustras nicht mehr trennen. Auf Verhältnisse in Nordostiran weist auch alles andere. Man wüßte allerdings gern, ob Airyanəm Vaējō, wo nach dem jüngeren Awesta Zarathustra wirkte, und das auch noch nach späterer Tradition den Khwārezmiern gehörte, unmittelbar südlich des Aralsees am Unterlauf des Oxus (des alten Amudarja) lag, oder ob es sich weiter nach Süden am westlichen Murgab und dem Harī-Rūd entlang erstreckte. Das letztere ist wahrscheinlicher, und dort, d.h. im Gebiet zwischen und um Merw (jetzt

Russisch-Turkestan), Herāt (jetzt Nordwest-Afghanistan) und Mešhed (jetzt Persisch-Khorāsān) lag wohl sogar der Schwerpunkt des Reiches. Daneben muß man an das später (um 555 v.Chr.) von Kyros d. Großen eroberte Gebiet denken, über das als Fürst – Kavi – Vištāspa herrschte, zu dem Zarathustra nach einer Krise seiner Verkündigung floh. Das kann eben jenes Groß-Khwārezm gewesen sein, und Zarathustra wäre dann dorthin von woandersher gekommen; angesichts altiranischer Listen mit den damals bekannten Orten und gezogenen Grenzen kommt dafür, also als Geburtsheimat Zarathustras, nur ein Gebiet weiter östlich in Frage, nämlich Baktrien, rings um das an der vom Paß des Kōh-e Bābā zum Amudarja führenden Handelsstraße gelegene Balkh, das Baktra der Griechen und Bakhtriš der Achämeniden (heute das kleine Wazīrābād in Afghanisch-Turkestan nahe Mazar-e Šarīf, das seine Funktionen übernommen hat). Dies ist nicht sicher, aber es ist wahrscheinlicher, als daß sich alles umgekehrt verhielt.

Die Alternative hat für das Verständnis Zarathustras keine großen Konsequenzen. Denn da die Gāthās nicht deutlich erkennen lassen, welche von ihnen die älteren und welche die jüngeren sind, scheint der Unterschied zwischen ihren sprachlichen und kulturellen Voraussetzungen, die nur in Zarathustras erster, und solchen, die nur in seiner zweiten Heimat gegeben waren, ohnehin nicht allzu groß gewesen zu sein. Weidewirtschaft und Bedrohung durch zwischen den Siedlungen schweifende kriegerische Nomaden gab es tatsächlich hier wie dort, wie man aus der späteren Geschichte weiß. In beiden Ländern, Khwārezmien und Baktrien, wurden das Rind, das Pferd und das zweihöckrige Kamel gezüchtet; die Gattungsbezeichnung für das letztere enthalten als Bestandteil *(-uštra-)* z.B. der Name des Zarathuštra („der mit Kamelen umgehen kann, sie gehen lassen kann") und der seines Schwiegervaters Frašaoštra („der mit den starken Kamelen" oder „der mit den alten Kamelen"). Das Pferd – auch dieses *(-aspa-)* in theriophoren Personennamen wie Vištāspa („der mit den geübten Pferden") und Zarathustras Vater Pourušaspa („der mit den grauen Pferden") – war vor allem das Tier der arischen Herrenschicht; dazu gehörte auch Zarathustras Geschlecht, die Spitamiden, aber sie waren klein unter den Großen, oder er war klein unter ihnen, denn er hat nur wenig Vieh und gebietet über wenig Leute (Y. 46,2).

Von den verschiedenen Richtungen der modernen Gāthā-Exegese legen sich einige auf die Alternative fest, ob Zarathustra besser von seinen Ideen wie Glaube an einen Gott, Kampf zwischen zwei Geistern, Erwartung eines Weltendes mit Ausrottung der Lüge und Herstellung eines Paradieses, bzw. von Begriffen wie Wahrheit und Lüge, Gut und Böse, den Namen seines Gottes und der Heilwirkenden Unsterblichen her zu verstehen sei, oder ob der Rückgang auf die gesellschaftlichen Verhältnisse seiner Umwelt und die Tendenz seines Eingreifens in sie die wesentlichen Erklärungen liefere. In Wirklichkeit schließen die beiden Interpretationsarten einander nicht nur nicht aus, sie stützen und fördern sich sogar gegenseitig; man kann sie so freilich nur vollziehen, wenn man die symbolisierenden Bezüge zwischen Begriffswelt und ökonomisch-sozialen Gegebenheiten in einem Rahmen sieht, in welchem Ausdrücke für den einen Bereich durch solche für den anderen sehr exakt vertreten werden können. Davon ist hier zunächst der ökonomisch-soziale Bereich von Belang.

Daß die Gruppe des Zarathustra die von seßhaften Viehzüchtern mit beschränktem Ackerbau ist und die seiner Gegner aus räuberischen Nomaden besteht, die sich an orgiastischen Viehschlachtungen berauschen, ist allgemein anerkannt. Meinungsverschiedenheiten bestehen darüber, welche der beiden Lebensweisen der anderen gegenüber als die neuere oder gar fortgeschrittenere zu betrachten sei. Man konnte dies nicht immer aus der Analyse speziell der nordostiranischen Verhältnisse entscheiden, sondern mußte auf Ergebnisse aus der allgemeinen Kulturgeschichte zurückgreifen. So wie man früher annahm, es habe zwischen Jägertum und Ackerbau die Zwischenstufe der Nomaden-Hirten gegeben, setzte man dann wohl in leichter Modifikation dieser Grundentwicklung Zarathustra auf die Grenze zwischen den beiden letzteren Stufen; als Vertreter eines Hirtentums, das das Nomadisieren praktisch aufgegeben hat und über die dann nötige Weidewirtschaft auch schon zum Ackerbau kommt, ist er dann ein Neuerer gegenüber jenen Nomaden, welche die natürlichen Weideplätze häufig wechseln, ihr Vieh mit sich führen und dessen Bestand immer wieder durch Raub aus dem Besitz der schon halb Seßhaften ergänzen. Seit aber mit der genaueren Erforschung namentlich des vorderasiatischen Neolithikums das Nomadentum eher als eine Abspaltung von der Bauern- und Stadtkultur erscheint, ist es auch möglich geworden, Zarathustra als Vertreter einer alten Ordnung zu sehen, natürlich unter Berücksichtigung des Unterschiedes der weiträumigen Ackerbürger-Wohnplätze und -Arbeitsstätten seiner Umwelt von den dichten Stadtsiedlungen Vorderasiens; die einbrechenden Nomaden sind dann Vertreter einer neuen Lebensweise und eines neuen Kultes.

Die Frage ist für das Verständnis Zarathustras relativ, aber nicht absolut wichtig. Denn ob er gesellschaftlich der Vertreter einer neuen oder einer alten Ordnung ist, er hat sie in keinem Fall selbst geschaffen; und in jedem Fall ist nach seiner Überzeugung die von ihm vertretene Ordnung die oder eine uranfänglich gegebene, so daß er weder objektiv noch nach seinem Selbstverständnis ein Revolutionär genannt werden kann. Ein Reformer ist er nur insofern, als Lebensweise und Gottesauffassung seiner in Gefahr geratenen Bezugsgruppe schon in der vor ihm liegenden Zeit klar getrennt werden können, aber nicht, falls sie der gegnerischen gegenüber noch nicht durchgesetzt waren. Ein Traditionalist ist er wegen seiner Indienstnahme des hergebracht Rituellen, das zwar durch einige neue Sinngebungen verändert wird, aber doch nicht soweit, daß sie sich von einer neuen bloßen Repräsentanz des Irano-Arischen unbezweifelbar entfernt. Er entzieht sich allen Kategorisierungen, welche erst die Neuzeit zu ihrer eigenen Erfassung entwickeln mußte.

Das einzige, was man sicher sagen kann, ist, daß er einem schreienden Mißstand gegenüber für eine Besserung eintritt, in der zwischen wahrem Gottesglauben, sozialer Lebensform, humaner Einstellung auch zur tierischen und pflanzlichen Kreatur – einschließlich ihrer der ethischen Sphäre analogen Aufteilung in rein und unrein – und bewahrend-aufbauender Pflege von Produktivkräften und Produktionsmitteln nicht zu trennen ist. Da er, wie gezeigt, in den zwei oder drei letzteren Bereichen nicht wie in den Gesetzen gesellschaftlicher Vorwärts- oder Rückwärtsentwicklung aufgeht, wird hier seine Eigenständigkeit als homo religiosus beinahe logisch darstellbar: die ökonomisch-sozialen Verhältnisse beeinflussen das Religiöse durch und durch, aber sie haben es nicht erzeugt.

Das gilt vor allem für diejenige Disposition, die als Spiritualisierung ekstatischer Grundgegebenheiten einfach anerkannt werden muß: die visionäre Veranlagung. Sie hat als solche ihren Ort in Hirtenvölkern, deren Weltbezug uranisch und nicht tellurisch ist, und bildet einen Bestandteil ihres weißen Schamanismus, wo dieser vorhanden ist. Aber die psychologische Erklärung einer solchen Disposition aus der historischen Stellung des Zarathustra erklärt zugleich weder das Zustandekommen der Visionsinhalte, noch der Art, wie sich Zarathustra zu ihnen verhält, noch der Folgerungen, die er daraus zieht. Er wird seines Herrn schauend gewahr (Y. 45,8), und dementsprechend verkündet er denen, die von nahe und ferne herbeigekommen sind (45,1). Seine Kunde ist zugleich Lob und Preis des Weisen Herrn (Mazdā Ahura) (45,6.8) – eine Alternative, ob die Gāthās „Verspredigten" sind, also sich zwecks Bekehrung und Unterweisung an Menschen richten, die zunächst noch nicht und später dann gläubig sind, oder ob es sich um Gebetshymnen handelt, in denen Ahura Mazdā angeredet und verherrlicht wird, besteht nicht.

Verkündigung durch Gebet

Zarathustra schreitet von einer Verkündigung der beiden ersten Geister des Daseins *(anghəuš mainyū)*, von denen der Heilwirkendere *(spanyah-)* der Unvereinbarkeit seiner Denkweise mit der des bösen *(angra-)* gewiß ist (45,2), über eine Betonung des Ersten *(paouruya-)* und Besten *(vahišta-)* dieses Dasein (45,3.4) zur Verkündigung des Größten von allen fort, eben des Mazdā Ahura (45,6). Er gelobt, ihn zufriedenzustellen und zu verherrlichen (45,9.10); jemand, der beständigen Nutzen, Hilfe, Heil bringen wird *(saošyant-*; Zarathustra, ein Zeitgenosse oder ein Kommender?), wird dem ein Freund, Bruder oder Vater sein, der sich den falschen Göttern und den Gegnern des Mazdā Ahura widersetzt (45,11). Zarathustra nennt bei all dem und später seinen Namen noch nicht; seine Legitimation folgt für ihn daraus, daß er belehrt wird durch den Verstand *(khratu-)* des Ahura Mazdā, sich über dessen Verehrung mit demselben

Guten Denken *(vohu- manah-)* berät (45,6), dessen Vater Ahura Mazdā ist (45,4), und ihn in derselben Wahrheit *(aša-)* preisen kann (45,6), die mit Vohu Manah verwandt (oder vertraut) ist (45,9).

Obwohl Zarathustra mit dieser Botschaft zu allen kommt (31,2), weiß er, daß nicht alle ihn hören werden (31,1). Der Inhalt dessen, was durch Aša und Vohu Manah zu erlangen ist, wird als Zusage von Gott erbeten oder zum Bestandteil einer Frage an ihn gemacht. So bleibt die Mitteilung dessen, wie die Lüge *(drug-)* besiegt wird, was Bestand haben wird und was nicht, wem der Bildner des Rindes *(gə̄uš tašan-)* zugehört und wem das Rind sich zu seiner eigenen Wohlfahrt beizugesellen hat, bzw. wer der bessere Weidehirt *(vāstrya- fšuyant-)* für es ist (31,4–10), in eine Zwiesprache mit Gott gekleidet, die seither im Zoroastrismus die klassische Form religiöser Belehrung ist. – Seit Gott Lebewesen *(gaēthā-)* und ihre geistigen Wesenheiten *(daēnā-)* schuf und Lebenskraft ins körperlich-knochenhafte *(astvant-)* Dasein überführte, erheben der Falsches und der Rechtes Redende, der Wissende und der Törichte ihre Stimme (31,11f.). Nur Ahura Mazdā weiß, was hier zu bestrafen oder zu verzeihen ist (31,13–17). Aber was Drug ist, ist schon dem Zeitgenossen klar; keiner soll darauf hören, wenn der Lügenhafte *(drəgvant-)* Haus *(dəmāna-,* „Großfamilie") und Dorf *(vis-,* „Sippe") und Gau *(šōithra-,* „Gemarkung") und Land *(dahyu-)* verderben will – man soll ihn mit der Waffe vertreiben und auf den Lebensheiler *(ahūm.biš,* hier wohl Zarathustra selbst) und Wissenden hören, der bei der mit glühend geschmolzenem Metall vorgenommenen Wahrheitsprobe das Rechte zu sagen weiß (31,18f.). Wer sich zu einem solchen Wahrhaften *(ašavan-)* hält, wird Herrlichkeit und Gemeinschaft mit dem Nichtsterben *(amərətatāt-)*, dem Gesundsein *(haurvatāt-)*, dem Asa, der Herrschaft *(khšathra-)* erlangen, der *drəgvant-* hingegen Finsternis, Klage und üble Speise (31,20–22).

Die Wahl des Guten oder Bösen durch Menschen ist Nachvollzug eines Wählens *(var-)*, welches die beiden Mainyu als Zwillinge *(yəma-)* am Anfang vollzogen haben (30,3–5); über die Erschaffung des Kosmos selbst wird nichts gesagt, sie ist immer vorausgesetzt. Die durch Wahl gezogene Grenze erstreckt sich sogar durch die Götterwelt, und die hier getroffene Entscheidung überhöht die der Geschöpfe auf der Erde: um den Mordrausch *(aēšma-)* – denselben, der in der orgiastischen Rinderschlachtung sein Wesen treibt – laufen die einen zusammen, mit Khšathra, Vohu Manah, Aša, Fügsamkeit *(ārmaiti-)* – denselben, mittels derer als Geisteskräfte auch der Mensch sich zu Gott bekennen kann – versammeln sich die andern (30,6f.). Die guten Ahuras werden bestehen, wenn Sühnstrafe und Khšathra eintritt, und sie werden zugleich den Menschen, die bestanden haben, die Kräfte sein, in denen die von Drug befreite Welt besteht; was damit den *ašavan-*'s als Gabe verheißen wird, sollen sie zugleich als Aufgabe begreifen, dieses Dasein untadelig *(fraša-)* zu machen (30,8–11).

Allen hohen Mainyu, die bisher genannt wurden, gebührt deshalb Preis in vielfacher Hinsicht: ein heilwirkender *(spənta-)*, ja heilwirkendster *(spə̄ništa-)*

Mainyu ragt als primus inter pares unter ihnen hervor und erweist sich als Exponent des Doppelcharakters aller: ihrer Göttlichkeit, die in ihrem personalen Kindschaftsverhältnis zu Gott (47,3) und ihrer Mittlerstellung zwischen ihm und dem Menschen (47,5) ebenso besteht wie in ihrer Fähigkeit, die Menschen zur Entscheidung zu zwingen (47,4), und ihrer Wirksamkeit in der menschlichen Sphäre, durch die die Menschen an jedem von ihnen Anteil bekommen können (47,1f.5). Als Gott schafft Spənta Mainyu das Rind – er also ist der Gəuš Tašan –, und als Werkzeug Gottes werden durch ihn und andere von den großen Geistern den beiden Menschengruppen ihre Entgelte zugeteilt (47,3.6).

Alles das, wessen der Prophet in diesen Visionen gewiß geworden ist, treibt zum Kampf gegen die Vertreter der anderen Religion und der anderen Gesellschaft, und es ruft zugleich deren Reaktion hervor, die in Verfolgung übergehen wird. Die ganze fünfte Gāthā spielt auf die Verkehrtheiten der Gegner an: Vertreter der verschiedenen Sozialeinheiten – der Hausgemeinschaft *(khvaētu-)*, der Dorfgemeinde *(vərəzāna-)*, des Stammesverbandes *(airyaman-)* – geloben dem Ahura Mazdā bereits Nachfolge und werden in ihrer Ārmaiti auch akzeptiert (32,1f.), doch über andere, Lügengötter *(daēva-)* und ihre Anhänger, die den rechten Glauben nur vortäuschen, muß das Allerschlimmste gesagt werden (32,3–5). Solche Entlarvung wird nicht mehr nötig sein, wenn in Khšathra und Aša Mazdā's sein Wort allein gilt und durch Bestehen einer Feuerprobe mit geschmolzenem Erz bestätigt wird, wer nicht zu den Frevlern gehört (32,6f.). Solch ein Frevler war z.B. der Urzeitkönig Yima, der die falsche Art der Rinderschlachtung eingeführt hat, und so wie er verdirbt derjenige die Verkündigung, der das Rind in Verbindung mit der Sonne bringt und daraus nicht ableitet, für es die Gehöfte zu schützen und Futter zu sammeln, sondern gegen die *ašavan-'s*, die Beschützer des Rindes, die Waffe zu erheben (32,8–10). Damit diesem Frevel endlich ein Ende gesetzt wird, müssen die Kavis und die Karapans, die Lokalfürsten und ihre Priester, entmachtet werden zugunsten derer, die einst zum Hause Vohu Manah's gebracht werden (32,11–15).

Wo sich Aša und Drug auf Menschengruppen, Wahrhafte und Lügenhafte verteilen lassen, sind jedoch die Dinge klar: Gott kennt Lohn und Strafen für beide seit Urzeiten; das bedeutet zugleich den Sieg der einen über die andern und hat Bedeutung für die ganze Zeit dieses Daseins (48,1f.). Dies ist auch der Inhalt eines Heilwissens – Gott lehrt es durch Aša, er und der Mensch kennen es durch den *khratu-* des Vohu Manah, und im Bessermachen des Denkens ist der Mensch wie Gott; im Besser- wie im Schlechtermachen des Denkens bildet der Mensch sich seine *daēnā-*, deren böse einst von der guten abgesondert werden wird (48,3f.). Wieder und immer wieder ist es das Rind, dem dies zugute kommt; es geschieht vor allem durch die Ārmaiti, die hier angerufen wird (48,5). Aber was grundsätzlich klar ist, ist damit noch nicht Wirklichkeit: *aēšma-* muß erst noch niedergehalten, die Opferpriester der Gegenseite müssen endgültig gehindert werden, mit ihren Rauschtränken den Menschen Übelkeit zu verursachen.

Der (gegenwärtige oder zukünftige?) Saošyant (48,9) sollte wissen, welches sein Los (*aši-*) sein wird, künftige Saošyants der Länder werden durch Aša das Gebot des Herrn erfüllen und *aēšma-* endgültig beseitigen (48,7–12). Vor einem solchen Helfer wird in Balladenform die Klage des Rindes ausgesprochen, die zugleich für die Verzweiflung des Propheten steht, der sich zu seinem Anwalt gemacht hat, und für die ganze Kreatur, die im Rind ihre Mitte hat. Die Angeredeten – ein Kavi, doch wohl bereits Vištāspa, und sein Hofstaat – stehen zugleich für Gott und die Seinen, so daß man die einen anreden kann, als wären sie die andern. Die Ballade ist als Verhandlung mit Rede und Gegenrede stilisiert, deren einzelne Partner nicht immer klar sind. Es sprechen Spənta Mainyu als Gəuš Tašan und die Seele des Rindes *(gə̄uš urvan-)*, die sich über die Grausamkeit beklagt, mit der bei der Verehrung falscher Götter gegen alle Rinder verfahren wird; es spricht Ahura Mazdā, der den Zarathustra Spitama – erstmalig wird hier sein Name genannt! – als den einzigen bezeichnet, der seine Lehren gehört hat, und es spricht wieder Gəuš Urvan, klagend darüber, daß dieser doch nicht mächtig genug sei, die Lehre durchzusetzen, und ihm einen kraftvollen Gebieter wünschend, der endlich die Frage überflüssig machen wird, wo Aša und Vohu Manah und Khšathra sind (Y. 29), die doch jetzt noch um Teilhabe an der großen Gabe, die der Bund mit Gott darstellt *(maga-)*, gebeten werden müssen (29,11). Dem, der dies wünscht, wünscht der Prophet Erfüllung durch Ahura Mazdā nach seinem Wunsch (43,1) – in einer visionären Zusammenkunft mit seinem Gott, deren Intensität ihm das Bewußtsein vermittelt, als habe sie schon bei Entstehung der Welt stattgefunden; wie überhaupt alles, was für die Förderung der irdischen Lebewesen durch Vohu Manah mittels des Aša gilt, Abbild eines Urvorganges und Urbild eines Endvorganges gleichzeitig sein kann. Es ist ein endzeitlicher Vorgang, wenn das Geistige, das Richtige, *astvant-* wird und sich bereits im Opferwerk dokumentiert – das ist sich realisierende Eschatologie und eschatologische Gegenwart in einem (43,2–16).

Eintreten für das Rind, wodurch den kriegerischen Nomaden ihre Beute entzogen wird, verschlungen in das Bekenntnis zu einem Gott, welcher etwas Universaleres und Mächtigeres sein sollte als ein himmlischer Stammesherr oder, falls es so etwas gab, ein Totem – die Lage Zarathustras in seinem *khvaētu-*, seinem *airyaman-*, seiner *vərəzənā-* wie den lügenhaften Gebietern seiner Heimat gegenüber muß unhaltbar geworden sein; er muß fliehen, aber wohin (46,1)? Noch haben die Stiere der Tage die Erfassung des Aša durch das Dasein nicht heraufgeführt, noch ist die Einsicht *(khratu-)* von Saošyants nicht da, aber klar ist schon, wer durch Aufnahme eines Wahrhaften selbst ein Wahrhafter, durch Aufnahme eines Lügners selbst ein Lügenhafter ist (46,3–7); der Wahrhafte ist der, der durch Vohu Manah begehrt, was der Gəuš Tašan durch Aša dem Aša gesagt hat (46,8f.); diese werden unter Zarathustras Leitung auch die Brücke (oder Furt) des Scheiders (oder Schichtenden) *(činvant-)* überschreiten können, die von den Fürsten und Opferpriestern Verführten hingegen, die dort angelangt sind, kommen für immer ins Haus der Drug (46,10f.). Unter den ersteren ist es Vištāspa, der dem Spitama Zarathustra ein Bundesgenosse im großen *maga-* – ist es hier schon die sich konsolierende Gemeinde und die Stätte ihrer kultischen Begegnung mit Ahura Mazdā? – ist und deswegen von Ahura Mazdā durch Vohu Manah Vieh und Leute gefördert erhalten wird (46,13f., 18f.). Unter den letzteren ist es ein Bəndva, dem Mazdā durch Vohu Manah Tod bringen soll (49,1f.). Unter denen, die man auffordern darf, dahin zu gehen, wo Aša auf Ārmaiti folgt, und denen man dafür Khšathra verheißen darf, sind besonders die beiden Brüder Frašaoštra und Ğāmāspa zu nennen (46,16f.; 49,8f.). Das gute, zu erwählende Khšathra ist das Beste *(vahišta-)*, das es gibt; man erlangt es durch Aša, durch Tun des Aša wie z.B. Opfern von Milch (49,10) und Festhalten daran; es gehört von Anfang an zu Madzā (51,1–3.8.13–15.21f.). Wer aber hat den Zarathustra für den *maga-* des Vohu Manah schon bei sich aufgenommen? Der Lügenkavi Vaēpya sicher nicht – der hat ihn im Winter an einer Brücke abgewiesen, als er mit vor Kälte zitternden Zugtieren dort ankam (51,11f.). Bei der Činvat-Brücke wird es umgekehrt sein – dort werden die Wahrheitsgegner merken, daß ihnen Verderben zuteil wird (51,13). Welche Vergeltung beiden Parteien durch rotes Feuer, geschmolzenes Erz zuteil werden wird, soll ihnen schon jetzt als Zeichen aufgeprägt werden, damit das Verderben des Lügenhaften, das Heil für den Wahrhaften bereits seinen Anfang nehme (51,9).

Die Gemeinde kann sich jetzt unter dem Schutz eines fürstlichen Protektors entfalten; der Kult ist keinen Improvisationen mehr ausgesetzt. Zarathustra, der nun sein Priestertum hervorheben darf, wird fortan dem Ahura Mazdā durch priesterliches Tun dienen können und dafür den Gehorsam *(sraoša-)* zu Hilfe rufen (33,5f.). Für den Gottesdienst sind Preisgesänge, Verneigungen, Darbringungen – als Opferspende ist auch durch Vohu Manah genährtes Vieh möglich – und verehrender Umgang um ein heiliges Zentrum, das Feuer, zu ordnen (34,2–4). Ahura Mazdā muß äußern, was er an solch ritueller Verehrung *(yasna-)* wünscht (34,12), und welches die Bahn sein soll, auf der die *daēnā-*'s der Saošyants bis zu dem Lohn hinwandeln sollen, der den Guthandelnden bestimmt ist (34,13). Gebete werden vom *yasna-* aus wie schnelle Pferde zum Himmel fahren, und mit ihnen kommen auch die göttlichen Mächte zur Hilfe herab (50,7). Das Gebet kann nun wie bei arischen Dichtern und Priestern ein ritueller Spruch, ein *pada-* sein (50,8), und Zarathustra ist endgültig der *manthran-*, der sakrale Rezitator (50,5f.), wie es seine Amtsvorgänger generationenlang gewesen waren. Aša und Vohu Manah, diese vor allem, können nun in hieratischer Regelmäßigkeit gepriesen, durch sie kann gebetet werden, womit gleichzeitig Mazdā Ehre erwiesen und Gəuš Urvan zufriedengestellt wird; sakrales Geloben und ritualisiertes Erbitten sind nun gleichzeitige Themen (Y. 28), und die immer akut gewesene Vertreibung von *khrafstra-* (28,5), von Religionsfeinden und Raubgesindel, kann sich nun in der Freihaltung des Opferplatzes von unreinen Tieren konkretisieren.

Kultischer Dienst und prophetisches Amt

Die zuletzt genannten Gāthās (Y. 33, 34, 50 und 28) haben einen liturgischeren Charakter als die anderen. Während man im Abendlande den Zarathustra gern als kultkritischen Prophetengenossen eines Amos ansah, ja zu Zeiten gar als Aufklärer feierte, las man in der zoroastrischen Gemeinde alle Gāthās so, wie jene vier es nahelegen, und wie ja schließlich ihre Integration in den Yasna es voraussetzte. Nennt sich doch Zarathustra in Y. 33,6 selbst einen „durch Aša aufrichtigen *zaotar-*". Dieses iranische Wort entspricht dem vedischen *hótar-*, wörtlich „Ausgießer", d.h. dem, der eine Opfergabe ins Feuer gießt. Da bei dieser Tätigkeit auch Hymnen rezitiert wurden, hat das Wort dann auch die Bedeutung „Rezitator" angenommen und wurde statt von *hu-* „gießen" von *hū-* „anrufen" abgeleitet. Zarathustra bekennt sich also als Angehörigen des Priesterstandes, und es besteht kein Zweifel, daß er den Kultus ausgeübt hat. Das war der Yasna in einer aus arischer Zeit überkommenen Grundgestalt, für dessen Haoma-Ritual auf indischer Seite die Brāhmaṇas die beste Parallele sind. Da zu diesem Ritual, wie zu Ritualen überhaupt, kultische Texte in großem Umfang rezitiert werden müssen, die ursprünglich ja größtenteils zur Begleitung des Rituals verfaßt worden sind, erklärt sich Zarathustras häufige Verwendung kultischer Formeln, die altindische Parallelen haben, und die Zugehörigkeit seiner Sprache zu indogermanischer sakraler Tradition. Wäre er nicht gleichzeitig Prophet gewesen, so wäre er in dieser Tradition aufgegangen und heute ebensowenig mehr als Person bekannt wie irgendeiner der über Jahrhunderte tätigen indischen *hótar-*'s. Es wird sogar begreiflich, wenn es auch eben der prophetischen Komponente wegen nicht überzeugend ist, wie man Zarathustra ausschließlich als einen solchen kultischen Funktionsträger hat sehen und seinen Namen als bloße Bezeichnung eines Prototypen in der Ausübung dieser Funktion hat deuten können, womit der Mann in der Funktion verschwindet und seine Individualität für den heutigen Betrachter so unerheblich wird, daß einer gänzlichen Leugnung seiner Historizität nichts mehr ernsthaft entgegenzustehen scheint.

Die Individualität des Zarathustra ist jedoch gerade in kultischen Neuerungen faßbar. Diese müssen – äußerlich gesehen – viel subtiler gewesen sein, als man lange Zeit dachte. Es war ein plausibles dialektisches Schema, dem Zarathustra mit Abschaffung des Haoma-Trankes und der blutigen Opfer eine vergeistigende und auf ethische Verpflichtung hin profilierende Antithesis gegen die Nomadenreligion zuzuschreiben und in der Durchsetzung eines neuen Haoma-Rituals sowie in der Verehrung einer über seine Verkündigung weit hinausgehenden Anzahl von einst naturhaften, nun im Charakter veränderten Verehrungswürdigen (*yazata-*'s) eine Synthese zwischen Alt und Neu zu sehen. Ein solches Aufgehobenwerden des Alten ist jedoch deshalb unwahrscheinlich, weil hier ganz andere Verhältnisse vorliegen als bei weltweit missionierenden Religionen wie z.B. Christentum oder Buddhismus, welchen solche Mächte wie Hellenismus oder Hinduismus, die bei der Entstehung des Neuen eine katalysatorische Rolle mitgespielt hatten, während weiterer Ausbreitung in reiner Gestalt wiederbegegneten und Kompromisse verlangten. Hier kann man von der zwangsläufigen Veränderung sprechen, welcher die Urpredigt eines Propheten oder Stifters unterliegt; in der Anhängerschaft Zarathustras gab es zwar auch Veränderungen, wie sich noch zeigen wird, aber sie waren endogener Natur und erlauben keinen Schluß auf die Machtlosigkeit des prophetischen Wortes gegenüber den Forderungen andersartiger Verhältnisse (etwa solcher, wie sie Jahrhunderte später in den Mithras-Mysterien wiederkehren – die dortige Bindung der in Eurasien sonst innerhalb verschiedenster Ideologien möglichen Stiertötung ausschließlich an Mithra hat andere Gründe). So können Haoma-Ritual in der Gemeinde und Übung blutiger Opfer nur erklärt werden, wenn Zarathustra sie nicht abgeschafft, sondern modifiziert hat.

Diese Modifikation bestand in dreierlei: a) Haoma-Ritual und Rindertötung wurden getrennt, so daß der Rausch nicht mehr zur exzessiven Grausamkeit und Massenhaftigkeit der Schlachtungen führte und die Schlachtung dem Rausch nicht mehr den Inhalt einer Identifikation mit einem das Leben schlechthin repräsentierenden und insofern göttlichen Wesen gab; b) um jedes Mißverständnis auszuschließen, ob der Mensch sich ein Wesen orgiastisch einverleibt, das immerhin eine Entsprechung im Himmelsstier hat, oder ob er als Geschöpf ein Mitgeschöpf weggibt, wurde die Rindertötung, nun ein Rindsopfer, aus dem Yasna herausgenommen und die Tötung so schmerzlos wie möglich – wahrscheinlich nach Betäubung mit einem Holzklotz – vollzogen (dies bedeutet es, wenn die Schlachtung „mit Vohu Manah" geschehen muß); c) da nun auch der Haoma-Trunk keine Theopoiesis mehr ins Werk setzte, war es nur konsequent, ihn so zu verändern, daß der Mensch durch ihn in Aša mit der geschaffenen Natur kommunizierte. Leider ist noch immer unbekannt, was der Soma der Inder und der Haoma der Iranier botanisch war (wilder Rhabarber? eine hochwachsende Grasart? Hanf?), und was Zarathustra an seine Stelle setzte (schon Ephedra, welches heute benutzt wird?). Man kann nur sagen, daß ihm etwas beigemischt wurde, was bei einer der beiden Einnahmen während des Kultes Milch war, und daß er so verändert wurde, daß er nicht mehr wie in Y. 32,14 als *dūraoša-* anzuprangern war (dies Wort wird bisher sehr verschieden übersetzt: „Todabwehrer", „Schwerverbrennbarer", „scharf, ätzend, brennend Schmeckender").

Wäre einfach ein Brauch abgeschafft oder die Art seiner Ausführung abgewandelt worden, so hätte sich auf die Dauer ebensowenig geändert wie bei einer Beibehaltung oder Fortsetzung bzw. bei einer Reaktion, durch die der Brauch wiedereingeführt und die Ausübungsart wiederhergestellt worden wäre. Die äußerliche Subtilität der Änderung aber beließ den Neuerungen das Liturgisch-Faktische als Gerüst, ohne welches sie sich ebenso verflüchtigt hätten wie die jonische Naturphilosophie ohne das mythische Weltbild, und sie ließ sie gerade dadurch über dies Faktische hinaus innerhalb überlieferter Begriffe um so wirksamer werden. Das betrifft vor allem Ahura Mazdā und seinen Spənta Mainyu und die, welche wohl in Y. 30,9 und 31,9 neben Mazdā als Ahuras angerufen werden: Vohu Manah, Aša, Amərətatāt, Haurvatāt, Khšathra, Ārmaiti, Aši, Gəuš Tašan, Gəuš Urvan und Sraoša. Dies sind Kräfte, die etwas wirken, was man am besten mit „Heil" bezeichnet. Dieser Ausdruck ist weltanschaulich und anthropologisch neutral, sagt also nichts darüber, ob die Welt so beschaffen ist, daß sie im Prinzip erhalten bzw. wieder in Ordnung gebracht werden kann, oder ob sie in einen qualitativ besseren, verklärten Zustand überführt werden muß, und auch nichts darüber, ob der Mensch in seiner Ganzheit untadelig werden soll, oder ob er bzw. etwas an ihm so verfallen ist, daß er bzw. etwas in ihm erlöst werden muß.

Der Dualismus zwischen Wahrheit und Lüge und die Spannung zwischen Gegenwart und Zukunft

Als Kronzeugnis für den Dualismus Zarathustras und damit des Zoroastrismus überhaupt wird gewöhnlich Y. 30,3–5 zitiert:
  „Und dies sind die beiden anfänglichen Geister, welche sich als Zwillinge durch einen Traum bekannt machten;
  im Denken, Reden und Handeln sind sie nämlich jeweils das Bessere und das Böse.
  Zwischen diesen beiden haben sich die Guthandelnden, nicht die Schlechthandelnden richtig entschieden.
  Als sie aber zusammentrafen, setzten sie erstmals
  das Leben und das Nichtleben fest, und daß am Ende sei
  bösestes Dasein der Lügenhaften, für die Wahrhaften aber Bestes Denken.
  Von diesen beiden Geistern wählte der Lügenhafte, Bösestes zu tun,
  Aša aber (erwählte) der Heilwirkendste Geist, welcher in die festesten Firmamente gekleidet ist.
  Und (so tun auch) die, welche Ahura gern Genüge leisten, dem Mazdā, durch rechtschaffenes Handeln."
  Dieses Stück sagt in der Tat alles, aber es bringt außerdem in den Dualismus, welcher sich aus Zarathustras Predigt als ganzer ablesen läßt, noch einen komplizierenden Aspekt hinein. Es scheint kein Zweifel daran zu bestehen, daß hier die beiden Widersacher, der Heilwirkende Geist (Spənta Mainyu) und der Übelwirkende Geist (Angra Mainyu) beschrieben werden – die Repräsentanten von Wahrheit und Lüge, in deren Kampf die Menschen bis ans Ende der Tage gestellt sind. Aber sie werden hier Zwillinge genannt, und daraus folgt viel: ihr Charakter ist dann eher komplementär als gegensätzlich; sie müssen irgend-

wann entstanden sein, ihr Ursprung aber braucht keinen Anfang in der Zeit zu haben und könnte beide Seiten in sich vereinigen.

Wenn aber Zarathustra seinen Gott nicht selbst in eine zweideutige Position versetzt hat, dann muß man annehmen, daß sein Dualismus, den er ja nicht einfach „erfunden" hat, zweideutig war; und zwar wegen seiner beiden historischen Bedingungen, der Kampfstellung gegen eine für Lüge erkannte Grundanschauung und der Notwendigkeit, einen traditionell Autorität heischenden Doppelgott auszulegen. Die dualistische Einstellung Zarathustras zur Vielzahl der Entscheidungsmöglichkeiten wäre ja ganz ohne die ethische Widersprüchlichkeit eines überkommenen, prophetisch wie auch immer neu profilierten Hochgottes erklärbar. Sie folgt aus seinem Gegensatz gegen die räuberischen Nomaden, die orgiastischen Quäler der Seele des Rindes und der Kreatur überhaupt. Zarathustra hat diesen Gegensatz nicht historisch, er hat ihn metaphysisch gesehen: einerlei, ob die rechte Ordnung, die er vertrat, gegenüber der falschen faktisch eine neue oder eine alte war – der Geist der Wahrheit mußte von Anfang an existieren, mindestens gleichewig mit dem der Lüge. Daß schon in diesem Zusammenhang die Wahrheit häufiger erwähnt wird als die Lüge, daß sie im Kreise von heilwirkenden Kräften steht, denen auf der Gegenseite die Entsprechungen fehlen, ist beinahe selbstverständlich, wenn man bedenkt, wie dringlich an die Zeitgenossen appelliert werden mußte, das Rechte zu wählen, eine Entscheidung zu treffen, statt mit einem mechanischen Sieg des Guten zu rechnen.

Diesen Dualismus, der auf Grund einer historischen Konstellation entstanden ist, kann man kurz einen historischen nennen, und er hätte der einzige sein können, welcher der Ethik des Zarathustra die geschichtlich wirksam bleibende Gestalt gab. Neben ihm aber ist ein auf Grund der Ambivalenz des arischen Hochgottes tradierter Dualismus nicht zu bestreiten, den man kurz einen genuin metaphysischen nennen kann. Da die fatalistische Komponente den Eigenschaften des Hochgottes leichter ein natürliches Übergewicht zum Bösen als zum Guten hin gab, fielen die negativen Aspekte beider Dualismen bei Zarathustra immer zusammen. Die positiven Aspekte aber taten es nur zuweilen, wodurch dann auch der historische Dualismus in die Nähe monistischer, später zurvanitischer Aufhebbarkeit geriet; manchmal hingegen fielen sie auseinander, wodurch das Nebeneinander zwischen Spənta Mainyu und Ahura Mazdā, bei nur einem Gegenspieler Angra Mainyu, entstand. Die damit gegebene dialektische Spannung zwischen tendenziell monistischer und dezidiert dualistischer Bewältigung des Theodizeeproblems auf verschiedene Weise aufzulösen, blieb späteren Theologen und Theosophen vorbehalten.

Bei den Achämenidenkönigen dagegen liegt anscheinend nur der historische Dualismus vor, wie er auch später immer wieder entstehen oder aktiviert werden konnte: die *arštā-* oder das *rāsta-* – beides „Richtigkeit", „Recht", „Gesetz" – des Dareios (522–486), das *arta-* (= *aša-*) des Xerxes (486–465) oder im Namen des Artaxerxes (= „dessen *khšathra-* das *arta-* ist"; I 465–424, II 404–359, III 359–338) bezeichnet den Inhalt der siegreich gebliebenen königlichen Macht gegen jeden inneren und äußeren Gegner, welcher dem *drauga-* „Lüge" verfallen ist. Eine Ausweitung dieses politischen Gegensatzes in individuell-ethische, ökonomische, kosmische und mythische Bereiche findet sich nicht; man kann kaum entscheiden, ob ein derart reduzierter zarathustrischer Dualismus nach Eroberung des khwārezmischen Reiches durch Kyros II. den Großen (559–529) für die Formulierung des achämenidischen eine zusätzliche Rolle gespielt hat oder nicht. Und wenn Xerxes in seiner sog. Daiva-Inschrift in Persepolis Vorschriften gegen die Verehrung falscher Götter erlassen muß, wird das eher darauf hinweisen, daß in seinem Reich nicht alle Untertanen die alte iranische Dämonisierung der *daēva-*'s zugunsten der *ahura-*'s mitgemacht hatten – daß sie also darin den Indern gleichgeblieben waren –, als daß der fertige zarathustrische Gegensatz zwischen Ahuras und Daēvas, von deren Verehrung der Prophet noch weiß (Y. 32,3), übertragen worden wäre. Der oberste Gott aber, dessen beide Appellative Ahura und Mazdā bei Zarathustra immer als solche und in beliebiger Reihenfolge und Entfernung vorkommen, wird unter einem richtigen und nicht mehr veränderten Namen *Auramazdā*, neben dem kein Appellativ mehr steht, zum Herrn der Achämeniden – ohne jede Ambivalenz und in keinem zweideutigen Dualismus. Die Namensbildung wäre sicher ohne Zarathustra nicht möglich gewesen. Ob man die Achämeniden deshalb Mazdayasnier oder Zarathustrier nennen soll, ist eine Definitionsfrage.

Bezug zu Wirtschaftsformen, Berufen und Ständen

Die beiden Einteilungen von Sozialeinheiten, die oben wiedergegeben wurden, scheinen sich auf dieselben Größen zu beziehen, welche das eine Mal nach ihrer Organisation in Ausdehnung und Arbeitsfunktion, das andere Mal nach dem Charakter ihres Zusammenschlusses für den Opfervollzug benannt werden. Wenn das richtig ist, dann entspricht die Großfamilie *(dəmāna-)* der Hausgemeinde *(khvaētu-)*, die das Dorf *(vis-)* bewohnende Sippe der Dorfgemeinde *(vərəzəna-)* und die in einer größeren Gemarkung *(šōithra-)* Wohnenden der Stammesgemeinde *(airyaman-)*; zu *dahyu-* „Land" scheit es keine kultische Entsprechung zu geben, oder sie wird davon mit umfaßt. Die vertikale Standesgliederung in *nar-* „Krieger" oder „Adliger", zu denen auch der *kavi-* „Fürst" gehörte, sowie *zaotar-, karapan-, usig-* (Priester) als Oberschicht und *vāstar-(vāstrya)* „viehzüchtender Hirt" sowie *vāstrya-fšuyant-* „ackerbauender Hirt" als Unterschicht muß um so deutlicher ausgebildet gewesen sein, je größer die Sozialeinheit bzw. Opfergemeinschaft war. Wenn nun Zarathustra als adliger *zaotar-* wirkte, dann muß das innerhalb der Standesgliederung zu mehreren Trennungen und neuen Verbindungen geführt haben: in der weltlichen Herrenschicht gab es fortan *kavi-*'s, die auf der Seite der Wahrheit, und solche, die auf der Seite der Lüge standen, und in der geistlichen die *zaotar-*'s des ahurischen gegen die *karapan-*'s und *usig-*'s des daēvischen Kultus. Der wahrheits- und ahura-ergebene Teil der Oberschicht aber wandte sich der viehzüchtenden Unterschicht zu, in welcher dadurch keine analoge Teilung verursacht wurde, da deren Gegensatz zu den Nomaden von vornherein bestand. Die Priester dienten Ahura Mazdā für den aus den *ašavan-*'s bestehenden Hirtenstand, und die Fürsten mit ihren Kriegern beschützten ihn. Es entstand auf diese Weise eine die vertikale wie die horizontale Gliederung einschließende Gemeinschaft, *hakhəman-* (Y 49,3) oder wohl auch *maga-*.

Eine endogene Umschichtung innerhalb dieser Integration war jedoch wahrscheinlich durch folgendes angelegt: Dem Priesterstand kam als Wahrer der rechten Ordnung ein größeres Gewicht zu als dem Hirten- (bzw. bauern-)Stand, und dies kam der ganzen Oberschicht zugute, deren Teil der Priesterstand war. Da diese Schicht in den kleineren Sozialeinheiten nicht lokalisierbar war – diese lieferten nicht genügend Vertreter und waren als Herrschaftsgrundlage zu unbedeutend –, konnte sich eine Verlagerung derart ergeben, daß der *airyaman-* die Bezugsgruppe vornehmlich des Priesterstandes wurde, während die *vāstrya fšuyantō* auf *vərəzāna-* und *khavaētu-* (der also nicht, wie früher angenommen, der Adel war oder wird) beschränkt blieben.

Diese Entwicklung kann verstärkt worden sein, als mit Einbeziehung von Khwārezm ins Achämenidenreich exogene Veränderungsbedingungen hinzutraten. Diese bestanden einmal im anderen Charakter der Städte, zum zweiten in der weitergehenden Arbeitsteilung, die nun auch Handwerker (*hūiti-* dann in Y. 19,27), *bandaka-*'s und *marīka-*'s umfaßte (alle Deutungen von „Gefolgsmann" bis „Sklave" sind vorgeschlagen worden), dann in der größeren Bedeutung des Ackerbaus (vielleicht gibt es nun auch *khvāsar-*, den Weinbauern) und schließlich in der andersartigen Ausrüstung und Organisation des Kriegerstandes (jetzt *rathaēštar-*). Namentlich die Auffächerung der Unterschicht, die den Anknüpfungspunkt der Predigt Zarathustras, der im Ergehen des Hirtenstandes gelegen hatte, verschwimmen ließ, muß die Konzentration des kultischen Wissens im Priesterstand (nun *āthravan-*) unterstützt haben.

Dieser Vorgang war von nicht zu unterschätzender Bedeutung. Die Priesterschaft wurde auf diese Weise instand gesetzt, den Zoroastrismus das halbe Jahrtausend Seleukiden- und Partherzeit hindurch vor allem auf dem Lande zu konservieren. Ihre Affinität zur iranischen Herrenschicht aber, sofern es noch oder wieder eine gab, kann die Verschmelzbarkeit von Königsideologie und Religion zu einer autoritär-hierarchischen Staats- und Kosmosdoktrin in der Sassanidenzeit vorbereitet haben. Und als die Unterstützung der Könige weggefallen war, konnte der Zoroastrismus als Priesterreligion – und nur als solche, d.h. ohne eine von Laiengelehrten getragene wissenschaftlich diskutable Theologie – weiterleben.

Es läßt sich bisher nicht beweisbar entscheiden, ob die Formierung der zoroastrischen Priesterschaft als Magierstand in den Bereich des endogenen oder des exogen Bedingten gehört. Das erstere wäre im Sinne der Theorie, daß die Magier die Angehörigen des *maga-* sind, was sowohl die „Gabe" Ahura Mazdā's, seine geoffenbarte Religion nämlich, als auch die dadurch gestiftete Gemeinschaft, den „Bund" bedeuten kann; die Magier sind dann ostiranischen Ursprungs und die ursprünglichen Schüler Zarathustras. Dagegen steht die Theorie, die Magier seien medischen, d.h. westiranischen, Ursprungs und eine Priesterkaste oder -klasse oder ein Stamm mit priesterlichen Funktionen gewesen; dieser habe unter den Achämeniden die zoroastrischen priesterlichen Funktionen übernommen und dabei die Religion ziemlich verändert. Die beiden Theorien kann man nur an einem einzigen Punkt zu einer übereinstimmenden Sicht bringen: die ostiranische Theorie hat eine Konsequenz in der Reservierung des *airyaman-* für den Priesterstand, während nach der westiranischen das Wort *magu-* die Zugehörigkeit zur Stammeseinheit *zantu-* (nicht zu den kleineren *nmāna-* = *dəmāna-* und *vis-*, auch nicht zur größeren *dahyu-*) bezeichnet, die im jüngeren Awesta für *šōithra-* steht, das, wie gezeigt, von Anfang an dem *airyaman-* entsprechen konnte.

Von allen Veränderungen läßt sich die Ausweitung der Funktionen des Priesterstandes zur Stellvertretung für alle Stände, Berufe und Sozialeinheiten schon im Yasna Haptanghāti belegen. Seine Sprache ist noch die der Gāthās, nur deren Metrik fehlt. Seine Sprecher nennen sich *staotar-* „Lobpreiser" (Y. 41,5), so wie Zarathustra genannt werden wollte (Y. 50, 11), und *manthran-* „Spruchkünder" (Y. 41,5), ebenfalls wie Zarathustra (Y. 32,13; 50,5f.; 51,8). Man wird ihn dennoch nicht als den Verfasser des Yasna Haptanghāti ansehen dürfen; zu viele Unterschiede zu den Gāthās sprechen dagegen. Vielmehr müssen die Verfasser ihre Selbstbezeichnungen bewußt aus den Gāthās genommen haben; sie waren wohl selbst Priester, worauf noch vieles andere hinweist. In Y. 40,3 sind es Stände der vertikalen *(nar-* und *vāstrya-)*, in 40,4 Einheiten der horizontalen Gliederung *(khvaētu-* und *vərəzāna-)*, denen statt *zaotar-* bzw. *airyaman-* das *hakhəman-* folgt, als welches die Stände den Priestern ergeben sein mögen, bzw. mit dem sich diese vereint wissen. Dieser Begriff scheint also nicht mehr für die ganze Gemeinschaft zu stehen, aus der die Trughaften verbannt werden, sondern für die Priesterschaft, die auf dem Wege ist, sich als die eigentliche Zarathustra-Gemeinde auszugeben. Sie erbittet denn auch in 40,2 *hakhəman-* als die Beziehung zwischen Ahura Mazdā/Aša und sich selbst und in 41,4 um „langdauernde Unterstützung" durch Ahura Mazdā, damit sie durch ihn zur Macht gelange. Nach Y. 42,6, einer jüngeren Stelle, haben die *āthravan-*'s dann offenbar sogar Missionsreisen unternommen.

Lehr- und Lernbeziehungen zwischen diversen Ostaramäern, westlichen Magiern und frühen Manichäern als dialektisch-historischer Prozeß

I. Transformierende Träger des Prozesses unter invarianten Randbedingungen

Während man für gewisse Ethnien oder Religionsethnien, Gemeinden, Gemeinschaften o.ä. mit der Bezeichnung „iranisch" – mit nur grober dialektaler Differenzierung – noch in der ausgehenden Arsakidenzeit, also im 3. Jahrhundert n.Chr., gewisse inhaltliche, manchmal sogar historisch-ethnologisch verifizierbare Bestimmungen vornehmen kann, läßt sich dies für sinnentsprechende soziale Größen von anderer sprachlicher Herkunft in jener Zeit, etwa mit einer Bezeichnung „semitisch" (oder nach einem Untergruppendialekt) nicht mehr leisten. Trotzdem, und nur der Kürze halber, müssen hier als „Ostaramäer" Personen und/oder Gruppen zusammengefaßt werden, von denen bloß die Sprachen miteinander verwandt sind, die sich aber in den Lehren, die sie damit ausdrücken, sehr voneinander unterscheiden. Es sind einige von den Trägern oder Akteuren eines Geschichtsprozesses besonderer Art; „transformierend" werden sie genannt, weil sie Äußerungen, in denen sich der historische Ablauf symbolisiert, an dem sie selbst teilhaben, auch bewußt selbst mit verändern. Dies geschieht nicht zum wenigsten durch z.T. großdimensionierte Ortswechsel. Im Einzelnen handelt es sich vornehmlich a) um Persönlichkeiten, die zunächst den hellenistischen, griechische Philosophie tradierenden Schulen nahestehen, sich dann aber im Zuge der Aramaisierung, die erst mit der Ausbildung sehr kleiner familiärer Schulbetriebe zur Ruhe kommen wird, von ihnen entfernen, indem sie den Weg bis zur Durchsetzung des edessenischen Syrisch mitgehen – Bardesanes von Edessa ist ihr Hauptvertreter; b) um früheste syrische Christen, bei denen sich der Monophysitismus, der später die Christologie prägen wird, noch nicht einmal vage abzeichnet; c) um heidnische Täufer, die zwar schon anfingen, Gnostiker zu werden, als sie noch im westaramäischen Dialektgebiet wohnten, die aber erst mit ihrer Wanderung in östliche und nordöstliche Randgebiete Syriens um die Wende zum dritten Jahrhundert den Status erreichten, den man sprachlich und sachlich als „frühmandäisch" bezeichnen muß; d) schließlich um jüdische und judenchristliche Täufer, die gerade in ihrer Stellung zwischen den Bekenntnissen die Elkesaiten repräsentieren.

Die anderen Gruppen werden, selbst wenn einige von ihnen ebenfalls einen aramäischen Dialekt sprachen, mit Bezeichnungen ins Spiel gebracht, die sich auf ihre Lehrmeinungen beziehen. Eine Unterscheidung von (ursprünglich im Osten heimischen, später nicht selten noch unter Zarathustras Einfluß gebliebenen) Magern und (einer westlichen Umgebung entstammenden oder später dorthin gezogenen) Magiern wird gelegentlich angedeutet, ist aber im Ganzen hier nicht erforderlich. Die Religion, deren Vertreter allen diesen Gruppenbildungen gegenüberstanden und sie teilweise durchdrangen, könnte man für rein iranisch halten und müßte sie dann als Zoroastrismus bezeichnen; dieser war während der ganzen Arsakidenzeit nicht untergegangen.[1] Doch wird der oszillierende Übergang zu einer nicht mehr zoroastrischen Haltung, den wir immer wieder vor uns haben, und der nach der sassanidischen Restauration durchaus bemerkt und als Häresie verfolgt werden kann, besser durch die Größe „Magiertum" erfaßt. Sie ist, paradoxer Weise, inhaltlich als solche deutlicher, gerade in der Mehrdeutigkeit ihres Lehrbestandes. Denn auch eine Mehrdeutigkeit kann deutlich erkennbar sein, besonders wenn sie sich, wie es hier der Fall ist, etwa von der mittelplatonischen Philosophie, die die griechische Literatur der Zeit immer wieder überraschend eindeutig in sich birgt, und z.B. von der Andarz-Gnomik, wie sie für einen Zweig der nicht konfessionell zoroastrischen, aber für den Zoroastrismus offenen und die von ihm mit herbeigeführte Säkularität genießenden mittelpersischen Literatur charakterisisch ist, gerade in Kleinigkeiten deutlich unterscheidet.

Es läßt sich überdies eher annehmen, daß es die Eigenart des vieldeutigen Magiertums, als daß es die des nur kirchenpolitisch eindeutigen Zoroastrismus ist, die eine grundsätzliche Herausforderung wenn nicht für eine klarere Durchbildung, so doch für eine deutlichere Erkenntnis der geistigen Felder darstellt, mit denen wir es zu tun bekommen. Diese Felder stellen sich in unserem Zusammenhang als vier Voraussetzungen dar – nämlich nach zweimal zwei Seiten hin, oder: in je einmal zwei geographischen Richtungen (Ägypten[2] und Iran) und zwei historischen Stufen (dem Bestehenbleiben von Nichtgnosis und der Entstehung von Gnosis). Die Voraussetzungen für die Ausbildung der Dominanz einer von zwei geographischen Richtungen, d.h. von iranischer oder nichtiranischer, insbesondere ägyptischer[3] Seite her, liegen auf der historischen Horizon-

---

[1] M. Boyce, Arsacids IV: Arsacid Religion, in: EncyclIran II, 1987, S. 540f.

[2] Der ägyptische Dualismus ist genau so genuin wie der iranische. Er läßt sich von seinen Anfängen an – dem in Seth symbolisierten Gegensatz der Wüste und ihrer Bewohner gegen die Segnungen des Niltales und seiner Nutznießer – bis in die hellenistische Zeit aus seinen und nur seinen Voraussetzungen nachkonstruieren. Daß der Deutungsteil von Plutarchs Schrift über Isis und Osiris auch mit iranischen Übrlieferungen über den Antagonismus Ohrmazd – Ahriman arbeitet, spricht für die Gelehrsamkeit des vergleichenden Mythographen Plutarch, nimmt aber dem modernen Wissenschafter nicht die Mühe eigener Analyse ab.

[3] Giorgio Raimondo Cardona, Sur le Gnosticisme en Arménie, in: CIOG 645–648, weist auf die Verwandschaft zwischen den acht gnostischen Adambüchern, die Erwin Preuschen den Sethianern zugeschrieben hatte, und der Adam-Apokalypse von Nag-Hammadi hin, die heute auch allgemein als sethianisch gilt. Wenn sich zwischen der letzteren, den acht armenischen Büchern und späten (= hellenistischen) ägyptischen Texten literarische Beziehungen nachweisen lassen, so darf man daraus doch nicht mit Widengren, CIOG 57–59, eine Übertragung der wichtigsten Prinzipien iranischer Kosmologie nach Ägypten durch die Sethianer ma-

tale; die Voraussetzungen für das Weiterbestehen von Nichtgnosis und das Entstehen von Gnosis liegen auf der historischen Vertikale. Der Umstand, daß die Entwicklungsmöglichkeiten auf der Vertikalen in der Alternative zwischen iranischer und nichtiranischer Tradition blockiert sind, macht es ungewöhnlich schwierig, die mit dem Titel gestellte Aufgabe sachgerecht anzugehen. Oft genug kommt man nicht umhin, etwa die Sprachlichkeit oder das Sozialverhalten in diesem Bereich als derzeit unveränderliche Gegebenheit anzusetzen; damit aber läuft man Gefahr, den Charakter und besonders das Ausmaß des zu untersuchenden Prozesses zu verkennen. Eine gewisse Erleichterung besteht darin, daß die Fragestellung keinen Entweder-Oder-Erwägungen unterliegt, sondern daß immer der Einsatz auf der iranischen Seite vorgegeben ist. So ist gleich jetzt nur die nichtgnostische – das ist nicht unbedingt die prägnostische – Seite relevant für die weitere Untersuchung.

Auf der historischen Vertikalen geht es vor allem um das Verhältnis zwischen Magiertum und Zarathustrismus. Die Lehre der Mag(i)er stimmt mit der Zarathustras nur insoweit überein, wie auch die letztere die Sonne und bestimmte Elemente (namentlich Feuer und Erde) zur guten Welt rechnet und im Kultus von ihnen nicht absieht. Davon zu unterscheiden ist die den Paradoxien der Mag(i)er vorbehaltene bzw. von ihnen beanspruchte und propagierte, ihren Überzeugungen stets zugerechnete direkte Göttlichkeit und entsprechende Verehrbarkeit der Elemente (auf einer bestimmten Ebene mit ihnen auch des Himmelsgottes), die aber praktisch aus ihrem Fundus ausgeschlossen bleiben, weil sich hier zwei Essentialien der Zarathustrier durchgesetzt hatten: unverzichtbar war für sie a) die Deutung bestimmter Naturelemente als Amescha Spentas (diese wären dabei für den Magierbedarf nicht materiell genug geblieben), b) deren Zuordnung zu Ahura Mazda (die für die Magier angesichts der zwischen Mensch und Welt vermittelnden Aufgabe zu einseitig erfolgte und damit zu wenig inneren und äußeren Raum für ihre Lieblingsbeschäftigung ließ, die Theurgie). Die trotz dieser Differenz bestehende Verwandtschaft der Magierlehre mit dem Zarathustrismus und erst recht mit dem Zoroastrismus sowie eine etwaige, durch individuelle Interpretation noch weiter zu treibende Übereinstimmung bedeutet jedoch kein Bekenntnis zu Zarathustras Verkündigung und keine – im konfessionellen Sinn gemeinte – Zugehörigkeit zur zoroastrischen Gemeinde.

---

chen. Denn zwischen der „Paraphrase des Sem" und der Angabe bei Hippolyt, Ref. 5, 19 einerseits, der bei Plutarch, Is. et Osir. 46 und GrBd. 1 andererseits bestehen eben auch gewichtige Unterschiede. Vor allem sind die Mischungslehren historisch anders einzuordnen (vgl. *Stück 25*), sofern sie überhaupt vorhanden sind.

Erster Exkurs: Besinnung auf das Verfahren

Die Rekonstruktion eines Prozesses hat zur Voraussetzung, daß sich gedankliche Elemente in ausreichender Anzahl voneinander abgrenzen lassen, damit die einen als Träger des Prozesses, die anderen als invariant bleibende Umgebung desselben verstanden werden können. Die von hier an mitzubedenkende Möglichkeit, einen dialektisch-historischen Lehr- und Lernprozeß zu rekonstruieren, hängt nicht nur von der methodischen Stringenz der Durchführung ab, sondern auch von der Richtigkeit oder Verkehrtheit der Feststellung des Tatbestandes, ob der Synkretismus ohne eine individuell-systematisierende Kraft – wie die des Mani eine sein wird – nur die Anlage oder auch die Ausbildung von Erlösungsvorstellungen gewährleistet. Nach unserer Überzeugung ist das letztere der Fall.

II. Die Setzung des Prozeßanfangs als axiomatischer Akt

Mit dem Aufbrechen der Blockierung, in der die Spekulation der Magier festsaß – einem Aufbrechen, das auch ihre historische Vertikale zur gnostischen Seite hin öffnen konnte –, soll zugleich das Axiom (damals:) anerkannt und (heute:) ausgesprochen sein, ihr Lehrstoff sei an den Anfang eines dialektisch-historischen Prozesses zu setzen und dafür noch zu erweitern. Unter diesem Prozeß wird hier nicht, wie im Schlußkapitel von Hegels „Wissenschaft der Logik"[4], eine „Selbstbewegung der absoluten Idee" verstanden, durch die sie schließlich die Differenz von Erkennen und Gegenstand, von Subjekt – das ist letztlich die absolute Idee selbst[5] – und Objekt in sich aufheben wird; dementsprechend soll die hier nachgezeichnete Logizität des Ablaufs keinen Zweck aufweisen, der Bestandteil einer auf den Endzustand der Welt gerichteten Finalität ist. Es wird damit ganz bewußt[6] der Bestandteil „Methode" aus Hegels Dialektik isoliert; sie dürfe nach Meinung derer, die sie untersucht haben, in Anspruch genommen

---

[4] Ed. G. Lasson, Hamburg² 1963, 2 Bände.
[5] So nach der „Phänomenologie des Geistes" (ed. J. Hoffmeister, Hamburg⁶ 1952), hier vom (absoluten) „Geist" oder der „wissenden Substanz", z.B. S. 558 „Er ist an sich die Bewegung, die das Erkennen ist – die Verwandlung jenes *Ansichs* in das *Fürsich*, der *Substanz* in das *Subjekt*, des Gegenstands des *Bewußtseins* in Gegenstand des *Selbstbewußtseins* ..." bis S. 559 „Die Substanz hat, als Subjekt, *die erst innere Notwendigkeit* an ihr, sich an ihr selbst als das darzustellen, was sie *an sich* ist, als *Geist*".
[6] Im Anschluß an Karl R. Popper. What is Dialectics?, in: Mind, New Series vol. 49, 1940, und in: Conjectures and Refutations. The Growth of Scientific Knowledge, London 1963 (deutsch in: E. Topitsch (Hsg.), Logik der Sozialwissenschaften, Köln/Berlin⁶ 1970, S. 262–290), und an H. Holzhey Dialektik. Zur gegenwärtigen Auseinandersetzung mit dem Hegelschen Begriff, in: Neue Zürcher Zeitung vom 23.8. 1970, S. 49, dort die beiden oben zitierten Sätze mit Bezug auf Popper. Von dieser Methode wird seitens der Historiker wegen zu vieler, seitens der Philosophen wegen zu weniger Kentnisse(n) kein Gebrauch gemacht.

werden als „eine empirisch-deskriptive Theorie bestimmter Entwicklungen oder bestimmter Geschichtsabläufe, die nicht einmal ohne Ausnahme anwendbar ist".

Hier soll die Beschreibung in zwei Durchgängen erfolgen, und zwar jeweils einschließlich der dritten Stufe, der Synthesis; denn der Schritt dorthin, und mit ihm dieses Verfahren, „erlaubt recht befriedigende Interpretationen in der Geistesgeschichte". Für uns wird ein wichtiges Interpretament der Sinn sein, der von Fall zu Fall dem Wechsel zwischen Mythos und System zukommt. Die Vereinerleiung beider in der Gnosisforschung muß ein Ende haben.

III. Die erste Thesis, ihre Reichweite und ihre Bestandteile

Die Heranziehung eines dialektisch-historischen Schemas legt sich in diesem Zusammenhang nicht zuletzt deshalb nahe, weil dadurch am leichtesten die Simplifikationen zu vermeiden sind, mit denen man sich bisher auch die kompliziertesten Sachverhalte noch zurechtgelegt hat. Solche Simplifikationen liegen meistens vor, wenn man archaisiert[7], substituiert[8], psychologisiert[9] oder theologisiert[10]. Aber die Dinge bleiben genauer, was sie jeweils sind und was sie jeweils werden, wenn man einfach Wechselwirkungen zwischen ihnen annimmt, in deren Verlauf sie den zu erklärenden qualitativ neuen Stand erreichen. Die „Geistesgeschichte" dokumentiert sich an dieser Stelle zunächst in dem Magier-Material, das in *Stück 25, Stück 55* und *Stück 56* zusammengestellt und versuchsweise auf verschiedene Richtungen verteilt ist. Was die Erweiterung des Lehrstoffes anlangt, so nötigt sie sich einfach auf, nachdem in anderen Zusammenhängen oft gezeigt worden ist, um welche Art von Zusammengehörigkeit es sich handelt a) bei gewissen bardesanitischen und elkesaitischen Anhängerschaften, die die Lehren ihrer Meister noch nicht zu Ende entwickelt haben; b) bei der überaus reichen „prä"-mandäischen mythologischen Folklore; c) bei frühmanichäischen Anschauungen, mit denen im dritten Viertel des dritten Jahrhunderts Zusammenhänge übereinstimmen, die die in der Entwicklung zum Mandäis-

---

[7] Nach dieser Meinung gab es die elementaren oder urtümlichen Formen des Zoroastrismus und der Gnosis seit arischen Urzeiten, aber erst jetzt treten beide deutlicher hervor.

[8] Danach ist der Hellenismus im Grunde schon iranisch, und das erklärt seine Weiterungen in Iran; oder: es bleibt danach Iran im Grunde hellenistisch, deshalb hatte der Manichäismus zunächst solchen Erfolg.

[9] Nach dieser Hypothese hat sich die iranische, hellenistische, semitische Kollektivseele einfach verändert oder entwickelt, hatte einen „Aufstand der Bilder" zu bestehen und ist gnostisch oder gnosisresistent geworden.

[10] Danach entsteht Gnosis im Hellenismus oder in Ägypten, in der Apokalyptik und im Judentum „unter iranischem Einfluß". „Theologisierend" wird diese These genannt, wenn hinter jeder der vier Kultur- oder Landesbezeichnungen ein geheimes heilsgeschichtliches Konzept steht.

mus befindliche Folklore noch enthält;[11] d) um Aionspekulationen, die freilich gerade wegen ihrer überaus weiten Verbreitung für eine Funktion in diesem Prozeß noch nicht genauer erfaßt sind. Das ist längst nicht alles, was im zugrunde liegenden Schema hätte aufgehen können. Indessen: Begriffsbehandlungen in Armenien/Pontus, in Kappadokien und der Kommagene, in der Osrhoene und der Adiabene, aus Hatra und der Charakene, d.h. solche, die den bisher vorgenommenen formal analog, aber kulturpolitisch ganz andersartig gerichtet sind oder kulturspezifisch für gänzlich vernachlässigte Zwecke genutzt werden sollen, sind bewußt draußen gelassen worden.

Das bis zu der letzten Aufzählung Gesagte aber gehört auf dieselbe traditionsgeschichtliche Stufe wie die Magierlehren und bildet gemeinsam mit ihnen im dialektisch-historischen Prozeß die erste Thesis. Das in ihr vereinigte Lehrmaterial ist in physikotheologischer Hinsicht variabel interpretierbar. Kosmologisch genommen, ist es nicht dualistisch. Ethisch genommen, ist es probabilistisch; deshalb fordert es nicht zu eindeutigen Entscheidungen heraus, wie sie im Urstreit Ohrmazd contra Ahriman und der von ihm aus verstandenen Feindschaft zwischen persischen Zoroastriern und besiegten Achämenidengegnern selbstverständlich sind. Recht verschiedene Anschauungen sind hier homogenisiert.

IV. Die Erste Antithesis und die Gründe für ihr Aufkommen

Wirklich soteriologische, und nicht bloß verschärft ethische Konsequenzen würden vorliegen, wenn die ambivalenten Tendenzen der Variabilität und der Probabilität konsequenter dualistisch gemacht würden. Das wäre zugleich (vorher) die Begründung und (hinterher) die Bestätigung der Aufstellung einer Antithesis gegen das als Thesis Definierte. Je mehr Menschen nun von der Unveränderlichkeit eines Zustandes (Vereinbarung, Friedensschluß, Vertrag) überzeugt sind, an dem sie selbst mitgewirkt haben, desto mehr Grund hat der Forscher, das Dokument der Vereinbarung mit der Frage unter die Lupe zu nehmen, ob bereits bei seiner Aufstellung eine ‚Welt-selb-ander'-Tradition offen oder subversiv mit am Werke war (siehe *Stück 14*), bzw., ob unter einem vergleichenden Blickpunkt sich eine andere Art von Lehre schon erkennen läßt. Dem ist in der Tat sehr oft so. Am deutlichsten kommt die letztere heraus, wenn es gelingt, sie als eine Opposition zu kennzeichnen, die sich mitten im Areal der Homogenisierungen erhebt, und sei es aus Überdruß an denselben sowie mit dem Bestreben, denjenigen Bewegungen den Weg zu bereiten, die aus der Selbstzufrieden-

---

[11] Bei b und c handelt es sich um die wichtigen Erkenntnisse, zu denen Anstoß gegeben wurde von TORGNY SÄVE-SÖDERBERGH, Studies in the Coptic Manichaean Psalm-Book. Uppsala 1949.

heit religiöser Stagnation – so kann die alles umfassende Homogenisierung empfunden worden sein – heraus zu führen vermöchten.

Wir nehmen an, daß eine fundamentale Änderung der soeben mitskizzierten Anfänge der Verhältnisse tatsächlich im Begriff war zu erfolgen, aber wohl nicht zu Ende gekommen ist. Als formulierte Antithesis wäre sie sowohl zu einem in den Anfang versetzten Erlösungsdiskurs, nämlich zu den später ins manichäische Psalmbuch aufgenommenen „Psalmen des Thomas", als auch zu einigen Formen des Zurvanismus zu begreifen. Mit der Summe, die die Überlieferungen – evtl. schon zusammen mit der von ihnen provozierten Opposition – ergäben, stehen wir auf einem Boden, der insofern „fester" ist als der bisher in Anspruch genommene, als er mindestens eine Basis darstellt, auf der mit Begriffen operiert werden kann. Unter solchen Operationen müssen Gleichungen mannigfacher Art gewesen sein. Die grundsätzlichsten waren die eines Begriffes mit sich selbst, entstanden aus der inneren Opposition des Menschen gegen sich – eine Urzelle von Dualismus auf der somatischen Grundlage einer Persönlichkeitsspaltung. Wenn als ungespaltene Persönlichkeit die galt, in der zwischen iranischen und westlichen, namentlich griechischen und westaramäischen Selbst-Begriffen Harmonie waltete, dann muß das Schwinden derselben eine Beschaffenheit gewesen sein, die von denen, die solche Äquivalente nicht selbst aufgestellt, oder sich an ihrer Aufstellung beteiligt hatten, als zweideutig empfunden wurden. Wo eine Zweideutigkeit, hinter der sich ein verschärfter anthropologischer Dualismus verbarg, erst einmal Platz gegriffen hatte, da machte sie auch in ihrer Umgebung Aussagen dubios, die bis dahin nicht als bedenklich im Sinne der Gefährdung einer bewährten, gewohnten Tradition gegolten hatten.

Am meisten Gewicht scheinen die Zweideutigkeiten gehabt zu haben, die eine nationale Identität in Frage stellten. In allen hier verhandelten Fällen war die iranische Identität betroffen. Wenn eine iranisch-nichtiranische Zweideutigkeit[12] hergestellt wurde, dann war nicht einfach der theoretische Fall „Synkretismus" statt des Falles „doctrina et natio pura" gegeben, sondern es konnte das ganze Verhältnis der Betroffenen zur Zeit und zum Schicksal neu herausgefordert werden. Hypothetisch nehmen wir an, daß es ein Gefühl der Auslieferung an ein ungewolltes Schicksalsverständnis war, das innerhalb gewohnter Prakti-

---

[12] Mit einer rein- oder national-iranischen Position ist zu rechnen, auch wenn Zeugnisse dafür viel später sind. Es kommt darauf an, zu verstehen, was „iranische Eindeutigkeit" im Gegensatz zu „iranisch-nichtiranische Zweideutigkeit" eigentlich heißt. Man kann sich an mehrere zoroastrische Lehrstücke halten, z.B. die individuelle Eschatologie, die sich umsetzen läßt in „das Schicksal der eindeutig iranischen, der zweideutigen und der nicht-iranischen Person nach dem Tode". R.C. ZAEHNER, The Teachings of the Magi, London – New York 1956 (S. 131–138) hat gezeigt, daß die einschlägigen Kapitel der Weisheitsschrift Menok i Khrat (ZZZ S. 399–404, auch im Zusammenhang mit anderen Lehrstücken) darüber eine glasklare Auskunft geben. Auf welche Stufe des Zurvanismus diese Texte gehören, wenn überhaupt, bleibt natürlich ungeklärt.

ken und Überzeugungen einen Gegensatz heranwachsen ließ, der eine neue Interpretation des Dualismus erforderlich machte, und der selbstverständlich auch in schlimme Gruppenspaltungen und Feindschaften ausbrechen konnte. Man wird die Durchschnittsmeinung in diesem „antithetichen Feld" als Neigung zu einem fatalistischen Zeitverständnis zusammenfasssen, in dem die Verstärkung des Dualismus keine Ordnungskategorien schafft, denen man die Dinge zuteilen kann, sondern als vergiftende Infragestellung der Seinsordnung wirkt. (Es gibt eben zwei so verschiedene Arten von Dualismus, eine, die hilfreich Schubladen bereitstellt, und eine, die etwas so von etwas anderem abspaltet, daß man nicht weiß, wohin damit).

V. Die erste Synthesis als solche und als zweite Thesis

Die Wertung der Merkmale des eben verlassenen antithetischen Feldes mußte mit einander widersprechenden Eigenschaftswörtern vorgenommen werden, da über die Beschaffenheit der nun fälligen Synthesis nichts präjudiziert werden sollte. Zu diesem Punkt werden wir uns von hier an so neutral wie möglich ausdrücken; denn die Lehrbildungen werden gelegentlich einander so weit übergreifen, daß die eine vorübergehend auch für die andere wird eintreten müssen.

Die Regeln der Systembildung – es müßten so ungewöhnliche sein, wie die Systeme selbst es sind – können hier nicht rekapituliert werden. Was aus dem Mythos ein System macht, kann man den *Umbau der Elementeordnung* nennen. Dieser Vorgang hat keine selbständige dialektisch-theoretische Dignität, es sei denn, man bezeichnete die Tatsache so, daß diese Stufe des Lehr- und Lernprozesses die Synthesis, als die sie entstanden ist, sogleich als Theorie für den nächsten Schritt darbietet. Ein System ist schon wegen seiner Binnenreferenzen eine stabilere Form von Lehre als eine narratio, oder ein Mythos. Es haftet an mehreren Kristallisationspunkten, vor allem an solchen, aus denen es entfaltet worden ist. Das antithetische Feld, d.h. der vorausgehende antithetische Überzeugungskreis muß sie enthalten haben. Seine Vertreter können in diesem Zustand verharren, sie können sich aber auch durch einen weiterentwickelten Mythos provozieren lassen. Für eine solche Art von Auseinandersetzung mußte im spätantiken Vorderen Orient der geistige Boden für eine Systembildung wiederentdeckt werden, wie er seit Platons *Philebos* oder seit den griechischen Ärzteschulen grundsätzlich bekannt war. Damit aber war das System vom ersten Augenblick an in der Zweideutigkeit „iranisch-nichtiranisch" gefangen. Hier haben sich die Geister geschieden, indem die einen das, was auf dieser Stufe der langsam anwachsenden Doktrin geboten wurde, als ausreichend weiterentwickelt empfanden, während die anderen auf die intellektuelle, rasch und energisch auftretende, für die Zukunft einer Gemeinschaft unabdingbare Kraft eines Systems setzten. Den letztgenannten gehörte die Zukunft, denn sie hatten erkannt, daß genau wie die erste Thesis auch die zweite nur nach Erweiterung des Aussagenbestandes ihre Rolle werde spielen können – eine Rolle, von der wir heute wissen, daß es eine weltgeschichtliche werden sollte. Und es geschah also: Mit dieser eindeutig synkretistisch-systemischen, nicht mehr iranischen, oder mindestens: für geborene Iranier zweideutigen (= iranisch – nichtiranischen) Option, die sich alle bis dahin tradierten Erlösungsmythen zu eigenem Nutzen aneignen konnten, war die Grundlage für die Systembildungen der Manichäer, der Elkesaiten und der Bardesaniten geschaffen[13].

Freilich kann es nicht die allerfrüheste Form von Manis „System" gewesen sein, die als zweideutig empfunden wurde. Weiter kommt man, wenn man zwischen Lehre, Mythos und System unterscheidet. Im ersten Satz dieses Absatzes steht das Argument dann richtig, wenn man nicht „System" sagt, sondern „Lehre". „Zweideutigkeit der Lehre" bedeutet dann: Es muß die Möglichkeit bestanden haben, sie ganz im Sinne iranischer Tradition auszulegen. Damit treten die zur lehrenden Weitergabe bestimmten Interpretationsakte in den Kreis ein, der uns in dieser Arbeit interessiert, in das Magierproblem. Unerachtet des total anderen, falls überhaupt vorhandenen Wahrheitsbegriffes der Magier war ihre Lehre zu einer geschlossenen Theologie, Kosmologie und Eschatologie systematisierbar, als wollten sie irgendwann Anspruch auf allgemeine Gültigkeit erheben. Dieser Vorgang, wenn er denn je ins Werk gesetzt wurde, setzt weder Zarathustras Extrapolation schöpfungsbezogener Aussagen aus der tendenziell schon für die Urzeit proklamierten Rinderfürsorge noch die Eschatologisierung seiner ordalähnlichen Wahrheitsprobe voraus. Was die Entstehung eines Magier*systems* anlangt, so geht sie auf Astrologisierung zurück – zwar nicht ausschließlich, aber ohne sie nicht zu denken. Die Astrologie hat wohl einer zur Ausbildung von Protologie und Eschatologie tendierenden Heilslehre ein Gerüst geboten, das metaphysische Lehre und möglichst exakte Berechnungen gleichermaßen erleichtern sollte. (Man vergesse nicht, daß wir uns in einem Milieu befinden, wo bereits die Frage, ob Religion und Wissenschaft wirklich eine Einheit bildeten, nichts als Kopfschütteln hervorgerufen hätte.) So wurde die Astrologie mit ihrer derart naturgegebenen Zeitvorstellung selbst ein primärer

---

[13] Hier wird unsere Argumentation angreifbar; denn der Ansatz eines Systems unter solchen Bedingungen ist nicht erklärt, von einem System der Manichäer statt des Mani zu sprechen ist unerklärt, und Entsprechendes bei den beiden anderen Richtungen anzunehmen, ist unerklärt und ungewohnt zugleich. Aber wo steht eigentlich geschrieben, das es nur das Individuum Mani war, von dem das Manichäische System herstammt? Manis Übergang von der Elkesaitenlehre, wie sie der Kölner Mani-Kodex bezeugt, zur Lehre (um von der Textgattung und der Sprache garnicht erst zu reden) des Schabuhragan ist unerklärt. Viel mehr dürfte aus der systemischen Grundstruktur der Kephalaia zu holen sein, was nicht ausschließt, daß irgendwann ein Einzelner einen Leitfaden herstellt, wie ihn dann Theodor bar Konai verwendet. Und die Hinterlassenschaft der Elkesaiten und Bardesaniten hat ebenfalls eine systemische Grundstruktur, aber sie war historisch zu unbedeutend, als daß sich die Leute damals wie heute die Mühe einer gründlichen Mythenextrapolation hätten machen und dazu etwa noch dem Stifter das Monopol der Erfindung oder einer anderen Sorte von Priorität hätten sichern mögen.

Faktor, durch den auf die Anordnung von Elementenfolgen, Weltzeiten, Göttergenerationen Einfluß genommen werden konnte.

Die Astrologisierung muß ihren langen Weg bis zur Fertigstellung eines Systems im 5. Jahrh. v. Chr. begonnen haben. In diesem Jahrhundert herrschten die Perser seit wenigen Jahrzehnten über das Stammland der Astronomie/Astrologie, Babylonien. Es konnte sich eine Symbiose zwischen den dortigen Chaldäern und den Magern anbahnen. Herodot bezeugt bereits eine Theogonie dieser doppelten Herkunft, und ein Jahrhundert später beschreiben Eudemos von Rhodos und Theopomp eine kosmische Raumzeit. Das fertige Magiersystem konnte (aus den am Schluß von Teil I genannten Gründen) auch als Ausdruck der zarathustrischen bzw. zoroastrischen Lehre in Anspruch genommen werden. Die Magier hatten ihm, wie wir dort sahen, insbesondere die zoroastrischen Götter und die Amescha Spentas einzuverleiben gesucht. Jetzt sehen wir, daß sie es taten, um für ihr Herrschaftswissen wenigstens das Nächstliegende zu vereinnahmen und es universaler zu machen. Seitens der Zoroastrier brauchte dagegen kein Einwand erhoben zu werden, konnte vielmehr das System als legitime Gestalt eigenen Bekenntnisses anerkannt werden, solange die Mag(i)er es nicht ableugneten.

VI. Die zweite Antithesis, ihr allgemeiner Charakter und ihre Neuartigkeit

Was besagt dies für die nichtgnostischen, aber zu Iran Extérieur gehörigen Lehren, um die es hier geht? Sie sind, wenn sich auch viele Einzelheiten aus griechischen Magiertexten belegen lassen, nicht mit allem identisch, was unter den Titel „Mages hellénisés" gebracht worden ist, auch nicht mit dem, was man dort etwa von der Interpretatio Graeca ablösen kann. Dies auch deshalb, weil bei jenen Magiern im ganzen die Systematik fehlt, die auf Grund der in der westlichen Gnosis und ihrer Vollendung im Valentinianismus bestehenden Tendenz – und Fähigkeit! – zur Systembildung auch in Manichäismus und Zoroastrismus vorausgesetzt werden muß. Deshalb darf das gesuchte System trotzdem Magiern zugeschrieben werden. Um was für eine Gruppe es sich handelte, sollte Gegenstand weiterer religionssoziologischer Untersuchung werden. Das gesuchte System muß diffus dualistisch gewesen sein, d.h. es dürfte nicht nur von Gruppe zu Gruppe wechselnde Pole gehabt haben, sondern war wohl auch innerhalb ein- und derselben Gruppe ohne genaue Fixierung der Pole, ohne Bestimmung ihrer Beziehungen zueinander und ohne Deutung des von den dualistischen Polen geprägten Weltbefundes als Mischung (siehe *Stück 25*).

Angesichts dessen sind präzise Spekulationen, wie es zu diesem Dualismus kam, und was daraus einmal werden sollte, nicht zu erwarten. Lehren über eine Weltzeit wird es dennoch gegeben haben, und zwar wegen des Verhältnisses iranischen Denkens zur Zeit überhaupt. Beim hier zu rekonstruierenden System ist zwar nicht zu entscheiden, ob es sich um eine zyklische oder eine lineare Zeitauffassung gehandelt hat. Aber gerade daß beide Auffassungen bei Zarathustra und im Zoroastrismus einerseits, bei den hellenistischen Magiern andererseits vorkommen, macht Entsprechendes auch bei der hier postulierten Gruppe, auf welche Seite auch immer sie gehört, in hohem Grade wahrscheinlich. Was Zarathustra anlangt, so entspricht das noch nicht genau geklärte Verhältnis zwischen zyklischer und linearer Zeitauffassung bei ihm genau den Argumenten gegen und für seine Historizität, zwischen denen Marian Molé dieses Problem unentschieden läßt[14]. In der folgenden Diskussion hat allgemeine Unkenntnis über das Wesen von Kultus und Mythos das Problem der Beziehungen zwischen beiden auf die herkömmliche geschichtswissenschaftliche Ebene verschoben,[15] und Molé hat es nicht verstanden, dieser Unkenntnis abzuhelfen[16]. Hier genügt die Feststellung, daß Protologie und Eschatologie bei der einen wie der anderen Zeitauffassung möglich sind[17].

Das wichtigste an der zweiten Antithesis aber ergibt sich aus ihrem Verhältnis zur ersten. Diese kann von „rechts" wie von „links" als eine Epoche betrachtet werden, wo die signifikanten Profile, wie sie spätere Lehrbildungen auszeich-

---

[14] MARIJAN MOLÉ, Une histoire du mazdéisme est-elle possible? Notes et remarques en marge d'un ouvrage récent (d.i. zugleich Rez. von R.C. Zaehner, The Dawn and Twilight of Zoroastrianism, London – New York 1961), in: Revue de l'Histoire des Religions 102, 1962, 45–67 und 161–218, dort bes. 62; sachlich gleich schon in: Culte, Mythe et Cosmologie dans l'Iran ancien, Paris193, bes. 271 – 386 und überall, wo es um den rituellen Charakter der Gathas geht; kurz auch in: L'Iran ancien, Paris 1965.

[15] JAQUESS DUCHESNE-GUILLEMIN, Rituel et eschatologie dans le mazdéisme: Structure et évolution, in: Numen 8, 1961, 46–50; deutsch bei BERNFRIED SCHLERATH (Hsg.), Zarathustra (Wege der Forschung 169) Darmstadt 1970, 314–319; ders., RHR 169, 1966, 69–71; KURT RUDOLPH Orientalistische Literaturzeitung 64, 1969, Sp.278f.; M. BOYCE, Zoroaster the Priest, in: BSOAS 33, 1970, 22–38.

[16] MARIJAN MOLÉ, Réponse à M. Duchesne Guillemin, in: Numen 8, 1961, 51–63, deutsch bei Schlerath a.a.O. 320–335, danach hier zitiert. Molé ist hier in den Aussagen über die zyklische wie über die lineare Zeit sowohl für wie gegen eine Historizität Zarathustras als Vertreters einer der beiden Zeitauffassungen interpretierbar. Zur zyklischen Zeit siehe S.333: „Die kultische Opferhandlung, die die Schöpfung wiederholt und so ihre Erneuerung vorbereitet, ist eine Wiederholung des Opfers, das Zoroaster bei der Einweihung des Vischtaspa gefeiert hat ..." S. 334: „Zoroaster dagegen, der während der Zeremonie aus dem Haoma geboren wird, ist der Prototyp des Priesters": also kann Zarathustra sich als Priester selbst in diese Handlung hineingestellt haben und später legendarisiert worden sein (vgl. M. BOYCE, Haoma, Priest of the Sacrifice, in: W.B. Henning Memorial Volume, London 1970).

[17] Wenn, wie bei Molé, die auch von anderen anerkannte Zugehörigkeit der Gathas des Zarathustra zu indo-iranischer Dichtertradition bedeuten soll, daß die Gathas Liturgien sind, von denen Zarathustras Reden und Handeln selbst ein Teil ist, dann wird in den Ritualen eine Urzeit vergegenwärtigt und zugleich ein Modell für die Vollendung in der Endzeit dargestellt. Daß sich dies mit jeder rituellen Handlung wiederholt, daß auf diese Weise jeder rituelle Ablauf zum Symbol des Jahresablaufs und dieser das Symbol eines kosmischen Jahres werden kann, rückt zwar unter kosmischem Aspekt Urzeit und Endzeit eng aneinander, läßt sie aber als getrennte, selbständige Bezugspunkte für Vorstellung, Handeln und Erwartung des Menschen nicht verschwinden.

nen werden, erst ganz schwach zu erkennen sind – gerade so weit, daß man schon einen kleinen Unterschied zur Thesis bemerkte, wo noch alles in Ordnung war. Die zweite Antithesis bietet ebendie verschärften und vergrößerten Profile in der Tat wenigstens andeutungsweise[18].

Was mit kleinen Proben dualistischer Zersetzung angefangen hatte und als anfängliche Mythisierung eines Weltbildes erklärt werden konnte, das am ehesten immer noch ein rationales genannt werden durfte und darf, ist nun eine Mythologisierung großen Stils. Sie ist leicht daran zu erkennen, daß das Böse einen größeren Raum einnimmt als bisher – nicht weil es als mächtiger denn seine früheren Manifestationen zu konstatieren (gewesen) wäre, sondern weil sich eine ungezügeltere Mythologisierung des Ganzen am besten an diesem Begriff festmachen ließ.

Das heißt: Das Böse, mit dem sich die Menschen auseinanderzusetzen haben, gilt jetzt nicht mehr als halbwegs domestiziert und in einer Hölle oder Unterwelt isoliert erkennbar wie in einem der gnostischen Systeme, sondern – sagen wir es in systemtheoretischer Terminologie – es setzt, aus dem Unbekannten kommend, nicht nur die Systemtheorie, sondern das System überhaupt, mit dem Bösen darin, außer Kraft. Eine Chaostheorie, mit dem Andringen des Chaos ohne System, müßte an seine Stelle treten, wenn es sie gäbe.

VII. Auslaufen der dialektischen Triade, Entschränkung des Prozesses, allmähliche Umwandlung seines Inhalts

Die Verschärfung der Mythologisierung durch die Beteiligung des wilden Bösen verlegt auch die drei soteriologischen Sinnkonsequenzen, die auf dieser Stufe gezogen werden müssen, in eine riesengroße Dimension. Es sind fürs erste die Konsequenzen, die von jenen christlichen Mönchen gezogen werden, die im vierten Jahrhundert in unmittelbarer Nachbarschaft des Sassanidenreiches gelebt haben, den Messalianern oder Euchiten. Sie sind die ersten, die den bisherigen dialektisch-historischen Prozeß hinter sich lassen und damit nicht nur seinen geographischen Rahmen und seinen chronologischen Rhythmus sprengen, sondern den Begriff des Bösen entschränken, und zwar auf eine Weise, deretwegen Christen in der Welt sonst niemals mit einem Kirchenbann belegt worden sind. Denn angesichts der allerhöchsten Position, die in den Hunderten von Ordensregeln aller Zeiten das Beten hat, gehörte schon etwas dazu, wegen zuvielen Gebetes verketzert zu werden; so aber widerfuhr es ihnen, und zwar weil nach ihrer Meinung die Überwindung einer vergleichsweise harmlosen Sache

---

[18] Näheres, wenn auch beschämend vorläufig, bei C. COLPE, Das Böse bei Gnostikern und syrischen Kirchenvätern, in: DERS. und WILHELM SCHMIDT-BIGGEMANN (Hsg.), Das Böse. Eine historische Phänomenologie des Unerklärlichen, Frankfurt/M. (dtw 1078) 1993, S. 35–62.

wie der Sünde getrost dem sanften Christus überlassen werden könne, während dem chaotisch-gefährlichen Bösen nur die menschliche Kraft des gestandenen Beters gewachsen war.

Von ähnlicher Art mögen die Konsequenzen gewesen sein, die von einzelnen Magiern und von einzelnen Rabbinern gezogen wurden – Virtuosen des Umgangs mit dem Bösen, deren (richtige) Namen wir hoffentlich irgendwann herausfinden. Aber schon jetzt sehen wir, daß diese Selbsterlösertypen geographisch, ethisch, politisch und theologisch über den Prozeß weit hinausweisen.

Wenn die prophetische Durchbrechung der zyklischen Zeit durch neues In-Kraft-Setzen des Guten und der Wahrheit die priesterliche Vergegenwärtigung des alten Wahren überwiegt, dann realisiert sich im Auftreten des Propheten bereits eine Eschatologie, die mehr und mehr etwas anderes enthält als ein Abbild der Urzeit. Im Zoroastrismus gab es, wie wir sahen, dasselbe Nebeneinander von zyklischer und linearer Zeit. Wie durch eine Analyse der Weltenjahresvorstellungen gezeigt werden könnte – es muß leider auf eine andere Gelegenheit verschoben werden –, dürfen letztere nicht auf den einzigen und unwiederholbaren Ablauf einer bestimmten Anzahl von Jahren beschränkt werden.

Und nun das Überraschende: Die Rolle normierter und normierender Zahlen gibt es auch im nichtzoroastrischen Magiertum. Die zyklische Zeitauffassung ist mit dem Wichtignehmen der Riten gegeben, deren allenthalben skrupulöse Beachtung ja überhaupt nur so etwas wie eine Einheit des Magiertums herstellt und dabei gleichzeitig die unendliche Variation der Lehren gestattet. Die lineare Zeitauffassung ergibt sich, wo Magier aus bestimmten Gründen zu Propheten werden, wie es höchstwahrscheinlich bei den Verfassern der Orakel des Hystaspes der Fall gewesen ist.

Das System dürfte, als es weitertradiert wurde, eher mehr monistisch als mehr dualistisch interpretierbar gewesen sein. Im letzteren Falle lag eine dualistische Spaltung nur zwischen den ethischen Qualitäten und ihren göttlichen Repräsentanten, nicht in der Welt der Elemente. Eine „Mischung" gab es nur zwischen Tugenden, die von vornherein gut oder böse waren, nicht zwischen Elementen oder Naturkräften; diese konnten vielmehr erst bei der Tugendmischung auf die gute oder die böse Seite geraten. Das Magiersystem war weder ein von vornherein selbstverständlicher Träger für Gnosis, noch aus rein psychologischen Gründen endogen gnostisierbar; denn die zarathustrische Form des Heilswissens oder Geistbegriffe wie Vohu Manah waren als solche ins System nicht aufgenommen worden, abgesehen davon, daß zur Eignung der letzteren für ein gnostisches Erlösungskonzept die dualistische Spaltung durch jeden einzelnen Begriff hätte hindurchgehen müssen, was nicht der Fall war. Gnostisiert wurde das System vielmehr durch besondere historische Umstände. Sie können an dieser Stelle nicht untersucht werden.

Wenn es im gesuchten System eine protologisch-eschatologisch reflektierte Zeitauffassung gegeben hat, noch dazu mit den bereichernden Alternativen, sei es in zyklischem sei es in linearem Verlauf, dann ist anzunehmen, daß die Bewältigung des negativen Pols im Dualismus irgendwie an den Zeitablauf gebunden und damit zum Hauptanliegen geworden war. Das kann durch Sieg des Guten Gottes über den Bösen, durch Erleuchtung der Welt mit Verschwinden der Finsternis und auf mancherlei andere Weise vorgestellt worden sein. Es bleibt zunächst noch die Frage, ob dies mit Hilfe einer Erlösergestalt geschehen sollte oder nicht. Prinzipiell war beides möglich. Eine magische Bewältigung des Negativen im kultischen Ritus hatte prägende Kraft für die Zukunft in der zyklischen Zeit; die Individualität des kultischen Veranstalters tritt hier ganz zurück. Er arbeitet einzeln oder kollektiv für den Sieg des Guten Gottes, aber dieser wird dadurch nicht zum Erlöser im hier gemeinten Sinn. Die Individualität des kultischen Veranstalters tritt hervor, wo er gleichzeitig Prophet ist, wo der Priester zum Propheten wird oder wo eine von Anfang an prophetisch eindeutige Person auftritt. Sie kann zum Prototypen eines Erlösers werden und nach ihrem eigenen oder ihrer Anhänger Verständnis sein gegenwärtiger Stellvertreter, Repräsentant, Körper oder Vorläufer sein. Eine Mitte zwischen der erlöserlosen Rettungskraft des Rituals und der etappenweise in die lineare Zeit eintretenden Kraft des Erlösers ist gegeben, wo der prophetische Entwurf eine Urzeitgestalt als endzeitlichen Retter verkündigt, ohne daß Protologisierung bzw. Eschatologisierung des Propheten zur Konzeption des einen oder des anderen Typus geführt hat.

Welche dieser Möglichkeiten im gesuchten System ergriffen wurden, läßt sich nicht einmal mehr erschließen. Aber wichtig ist schon, zu erkennen, daß all diese Möglichkeiten bestanden. Nur dann wird verständlich, daß unter bestimmten historischen Bedingungen die eine oder die andere verwirklicht werden konnte, einschließlich der Herstellung eines Rahmens für die Aufnahme einer Erlösergestalt aus fremder Tradition.

VIII. Zweite Synthesis = Dritte Thesis?

Es wäre pedantisch und gezwungen, wollte man jetzt nach Spuren suchen, die es erlauben würden, den Prozeß in der bisherigen Weise weiter zu verfolgen. Aber auch die entschränkte Möglichkeit setzt sich selbst ein inneres Ende. Die erreichte zweite Synthesis läßt sich nur auf eine Weise, und nur formal auch als dritte Thesis verstehen. Mit alledem würde die zweite Synthesis jedoch – mutmaßlich in den Proportionen, die auch das Verhältnis der anderen Stadien zu den ihnen auf den früheren Stufen entsprechenden regulieren – so viel Kommentar als Handlungsbegleitung und Faktenauslegung erfordern, daß schon aus diesem Grunde der Rahmen der Synthesis nicht mehr ausreichen und die Ränder des Prozesses zu eng würden. Das neue Problem, das hier auftaucht, formuliere ein weiterer Exkurs:

Zweiter Exkurs: Die Etablierung einer neuen dialektisch-historischen Entwicklung auf der literarisch-kontroverstheologischen Ebene

Es würde sich, einerlei ob mit oder ohne Inanspruchnahme einer voraufgehenden Syntheses als eigener – dann wohl besser als erster statt als dritter – Thesis zunächst um neue Verhältnisse in Iran *Intérieur* seit der Mitte des dritten Jahrhunderts handeln. Man hätte in den voraufgehenden Stadien beginnen können, aus den Faktoren, die ein nächstes Mal ein weiteres Stadium bedingen sollten, eine Auswahl zu treffen, die den Rahmen sinnvoll begrenzt und stabil erhielte – wobei man der Vermehrung der Vorgaben hätte Rechnung tragen können, indem man den Prozeß irgendwann gespalten und die beiden so entstehenden Stränge in verschiedene Richtungen geleitet hätte. Dann wären der – spachlich, aber in Einzelheiten auch sachlich – iranische (= iranisierte) Manichäismus und der restaurierte Zoroastrismus als neue Syntheseis herausgekommen, die selbstverständlich hätten rivalisieren müssen. Für den Konflikt zwischen nunmehr den beiden iranischen Religionen müssen Gründe nach Maßgabe der dialektisch-historischen Tatsache gefunden werden, daß sie als parallele Synthesen aus dem Prozeß hervorgegangen sind, den man in iranisch-territorialen Grenzen hätte halten können. Beide geraten durch das Hinzukommen des Islam in vergleichbare Identitätskrisen. Beider Geschichte wäre dann, je für sich betrachtet, bis zum zehnten Jahrhundert zu verfolgen – gerade bis dann deshalb, weil sich in derselben Zeit eine außergewöhnlich interessante Antithese ergab. Die Manichäer nahmen, wahrscheinlich mehrheitlich, die arabische Sprache an, die Zoroastrier nicht. Neben die bisherigen treten nun die Konsequenzen, die von zum Islam übergetretenen Manichäern gezogen werden und alle bisher gefundenen Begründungszusammenhänge überschritten, in die sie in vorislamischer Zeit gehört hatten. Als Synthesen neuer Art lassen sich dann die Widersprüche im Iraniertum des Ibn al-Muqaffa' und des Avicenna verstehen, während das Verhältnis von Islam und Häresie bei Abu 'Isa al-Warraq eine Entschränkung auch dieser Spannungen darstellt. Das alles wird sich – wir sagen es in dem Bewußtsein, daß so mancher hingerichtet wurde, der nicht vergessen werden darf – vor allem in einer Kontroversliteratur niederschlagen, deren Reichtum an Autoren, Gattungen, theologischen Richtungen so über die Maßen groß ist, daß für jeden, der davon zuerst erfährt, spontan eines feststeht: die Auswahl, die man treffen müßte, um jemandem aus den ersten drei Jahrhunderten des Islam eine Erkenntnis – sei es in einer dialektisch-historischen, sei es in irgendeiner anderen Form – zu vermitteln, müßte so rigide sein, daß man erst einmal eine ausgiebige Phase Agnostizismus einlegen möchte.

Indessen: die des ursprünglichen Prozesses fiktiv Mächtigen, d.h. seine Träger und/oder seine Erforscher, wären ihrer Leistung, den Prozeß in dialektisch-historischen Regeln zu halten, niemals recht froh geworden. Denn sie hätten keine in ihrem Innern begründete Bewältigungs-, sondern nur eine äußerliche

Domestikationstat vollbracht, und da sie es gewußt hätten, wären sie sich als Verräter an der Geschichte vorgekommen. Vermeiden kann man das wahrscheinlich nur, indem man darauf verzichtet, in der Praxis wie in der Theorie einen dialektisch-historischen Prozeß mitgestalten zu wollen und sich auf die nur äußerlich attraktive Rolle des virtuosen Umgängers mit dem Bösen zurückzieht. Dafür kann der Betroffene aus der zweiten Antithesis die Anfangsgründe erlernen, die in der doppelten „Weisheit" gegipfelt hatten, Erlösung aus dem Dilemma sei nur denen möglich, die noch kräftiger sündigen (jawohl !!!) oder noch kräftiger beten, als die zitierten Vorbilder es wohl getan haben mögen.

Da stehen wir nun, wir bedeutenden Zeitgenossen, in Wahrheit zu erbarmungswürdiger Bequemlichkeit verurteilt. Wir können darin nur hoffen, daß uns von irgendwoher die Rolle eines noch ganz und gar unbekannten Menschentyps zufällt und wir für ihn – und das heißt: für uns – einen oder zwei passendere Namen finden als den oder die von einer bis zur Albernheit banalen Analogie zur Verfügung gestellten, ja selbst als den Namen eines Magiers oder eines Messalianers von morgen.

Die Arsakiden bei Josephus

Für die Rekonstruktion der Arsakidengeschichte, die aus im weiteren Sinne einheimischen oder gar im engeren Sinne iranischen Quellen gar nicht zu gewinnen wäre, ist Josephus einer der vier Wichtigen neben Justinus, Tacitus und Cassius Dio. Für die Erkenntnis von Tendenz und Arbeitsweise des Josephus ist die historische Rolle der Parther, wie sie bei ihm sich darstellt, von ähnlichem Rang wie die Rezeption des biblischen Altertums als eines neuen Bildungsgutes für „Griechen" und wie die Verherrlichung der Sendung Roms in seinem Gegensatz zum Orient — dies, obwohl der Orient nicht nur durch Völker repräsentiert ist, die allein wegen ihrer faktischen Macht interessant waren, sondern sogar durch die Juden, bei denen doch unanzweifelbare Glaubenshaltung und unzersetzte Heldenhaftigkeit hervorgehoben werden mußten[1].

Diese beiden Gesichtspunkte heben aus den unendlich vielen Gegenständen, welche die großen Historiker in den Kreis ihrer Darstellung einbeziehen mußten, welche heute aber häufig nur mehr Schulaufgaben hergeben, einen von der Art heraus, an dem man das Verständnis von Geschichte in beiderlei herkömmlichem Sinn exemplifizieren kann: Was trägt ein solcher Historiker zur Erkenntnis dessen bei, wie bestimmte Dinge wirklich gewesen sind, und welchen Einfluß hatte die Herausforderung des Geschehenen auf den Charakter seiner Geschichtsschreibung?

Was den ersten Gesichtspunkt anlangt, so hat Josephus seinen selbstverständlichen Platz nicht nur in Darstellungen des Hellenismus oder der Neutestamentlichen Zeitgeschichte im allgemeinen, sondern auch in den —

---

[1] Hiermit wird die Zusammenschau der unterschiedlichen dem Josephus zuteilgewordenen Beurteilungen akzeptiert, wie sie O. Michel und O. Bauernfeind, Flavius Josephus. De Bello Judaico..., zweisprachige Ausgabe ... Bd. 1, Darmstadt 1959 vornehmen: Josephus stand „im geschichtlichen Zwielicht: Er blieb Bekenner des jüdischen Glaubens, stand aber im Dienst einer bestimmten heidnischen Dynastie" (S. XVII); „der Hauptwiderspruch aber liegt in der Person und Situation des Autors selbst, der als Priestersohn, Pharisäer und ehemaliger Anführer jüdischer Truppen den siegreichen Kampf seiner einstigen Gegner und jetzigen Gönner beschreiben soll, die seine Heimat zugrundegerichtet haben" (S. XX). Es gelingt sogar, diesen Widerspruch bis in die Abzweckung der ersten Ausgabe des Bellum zu verfolgen: nicht nur den Juden, sondern vor allem den Parthern, die den römischen Kaisern stets viele Schwierigkeiten machten, sollte sie zur Warnung dienen, die römische Macht zu leicht zu nehmen (S. XXI). Der folgende Beitrag versucht, am Gesamtwerk mehr Beobachtungen ähnlicher Art zu machen. Der Gratulant muß sich freilich dessen bewußt sein, daß er damit einen Untersuchungsansatz vereinzelt, wie in der Arbeit des Jubilars zahllose enthalten sind, und daß die wichtigeren unter diesen die so viel schwieriger zu gewinnenden sind, mit denen ein großer Josephus-Forscher hinter Einrichtung, Übersetzung und Kommentierung eines Textes zurücktritt.

relativ wenigen — Untersuchungen, die sich speziell mit der Arsakiden- bzw. Parthergeschichte befassen. Die fünf gewichtigsten davon sind: die erste moderne Auffüllung der großen Lücke zwischen den beiden sich selbst mit Anspruch auf Nachvollzug ihres national-iranischen Selbstverständnisses darstellenden Epochen, welche wohl für immer dargetan hat, um wieviel mehr als für Achämeniden- und Sasanidenzeit die Forschung hier auf griechische und römische Quellen angewiesen bleiben wird[2]; eine — erst fünfzig Jahre später nötig gewordene — Neubearbeitung des Materials, das inzwischen durch neue Editionen, vor allem von Münzen und Inschriften, beträchtlich angewachsen war[3]; die Untersuchung jener genau die Mitte der parthischen Geschichte haltenden Dezennien, in denen es einem bedeutenden König gelang, die römischen Kaiser von Augustus bis Caligula immer wieder auszumanövrieren[4]; die nach weitgehend erreichter Klarstellung der historischen Verhältnisse möglich gewordene Herausarbeitung von Abreden, Abkommen und Verträgen, durch welche sich die welthistorisch gleichrangig gewordenen Staaten gegenseitig zu Partnern banden[5]; und die — den Anfang eines monumentalen fünfbändigen Werkes bildende — Detaillierung der weitausgreifenden Forschung zu einer Geschichte der wichtigsten Minderheit im Partherreich[6].

Selbstverständlich wird in diesen Büchern sowie in mancherlei Einzeluntersuchungen[7] da, wo es nötig ist, auch jener Gesichtspunkt berücksichtigt, wie es um historiographische Eigenart und dementsprechend Zuverlässigkeit des Josephus bestellt ist. Aber nur einmal — vor 70 Jahren — scheint dies direkt thematisiert worden zu sein[8]. Da diese Arbeit vor jenen großen Werken liegt, die über ihre Mitverwertung des Josephus auch zur Präzisierung des quellen- und prosopographisch-kritischen Gesichtspunktes beigetragen haben, erscheint es sinnvoll, der Frage noch einmal in gebotener Kürze nachzugehen.

---

[2] A. von Gutschmid, Geschichte Irans und seiner Nachbarländer von Alexander dem Großen bis zum Untergang der Arsaciden, Tübingen 1888; zu Josephus siehe besonders S. 80 und 121—123, jeweils Anm. 1; S. 116 Anm. 2. Im Anhang die ältere Literatur.
[3] N. C. Debevoise, A Political History of Parthia, Chicago 1938.
[4] U. Kahrstedt, Artabanos III. und seine Erben, Bern 1950.
[5] K. H. Ziegler, Die Beziehungen zwischen Rom und dem Partherreich. Ein Beitrag zur Geschichte des Völkerrechts, Wiesbaden 1964.
[6] J. Neusner, A History of the Jews in Babylonia, Bd. 1: The Parthian Period (Studia Post-Biblica 9), Leiden 1965; 2., revidierte (und um insges. 13 Seiten erweiterte) Aufl. 1969.
[7] Liste der wichtigsten Titel in der Loeb-Ausgabe Bd. 9 (L. H. Feldman), 1965, S. 567f.
[8] E. Täubler, Die Parthernachrichten bei Josephus, Diss. Berlin 1904 (65 S.). Demgegenüber war A. Bürcklein, Quellen und Chronologie der römisch-parthischen Feldzüge in den Jahren 713—718 d.St., Diss. Leipzig, Berlin 1879 (69 S.), S. 41—46 über Dellius als Quelle des Jos., deren Glaubwürdigkeit nicht mehr zu kontrollieren sei, nicht hinausgekommen.

Es empfiehlt sich heute, den Bestand nicht an Hand seiner Verteilung über das Werk des Josephus aufzunehmen[9], weil seine Faktenbasis in der Folge der Ereignisse dann nur undeutlich hervortritt, vor allem aber, weil sich die Berichte in diesem Falle mit dem, was als Überlieferung bestimmter von Josephus benutzter Autoren bereits ermittelt worden ist[10], besonders schlecht decken. Weiter führt es, im historischen Ablauf selbst, so wie er heute bekannt ist, die Gegenstände der Darstellung zu lokalisieren. Es zeigt sich nämlich, daß sie in sechs Zusammenhänge gehören, die sich als relativ geschlossene markieren lassen; damit ist schon ein erster Aufschluß gegeben.

a) Die Parther treten in den Bereich des von Josephus Berichteten, als das zehnjährige Intervall zwischen den beiden Regierungszeiten des Demetrios II Nikator (145—139/38 und 129—125) die Regentschaft des Antiochos VII Sidetes ermöglichte und sich dadurch sowie durch die Rivalität des Diodotos Tryphon mit beiden Herrschern laufend die Konstellationen änderten, welche die Hasmonäer Jonathan (160/52—143), Simon (143—134) und Johannes Hyrkanos I (134—105) zu bestehen hatten. Dieses Intervall war dadurch zustandegekommen, daß Demetrios, der mit Hilfe der in Mesopotamien wohnenden Griechen und Makedonier gegen den Partherkönig Arsakes (sc. VI, = Mithridates I, ca. 171—138/37) zu Felde ziehen wollte, die Schlacht verlor und gefangen wurde (Ant

---

[9] So tat es Täubler: Von der Verteilung der Nachrichten auf Bell 1, 2 und 7 sowie Ant 13—20 aus untersuchte er, da der „erste Teil" der Nachrichten (= gleich unter a—d) bis auf eine Kleinigkeit inhaltlich keinen Anstoß biete (S. 6) und nur Bell 7 neben Ant selbständigen Wert habe (S. 5), an den letzteren (18,39—52 aus einer anonymen Partherquelle; 20,69—74 zum größeren Teil ebenfalls, jedoch in 70—72 Einlage eines Missionsberichtes über Izates von Adiabene) die Differenzen zwischen Jos. und Tacitus, Sueton, Cassius Dio (S. 9—29), dann Ant. 18,96—105 (S. 29—62: 18,96.101—105 gehen auf Memoiren des Herodes Antipas, 97—100 wohl auf eine in einer mesopotamischen Griechenstadt entstandene Quelle zurück), dann Ant 18,310—379 und 20,17—96 (S. 62—65: Wiedergabe mündlicher Berichte parthischer Juden). Ferner, außer in den Indices der Niese- und der Loeb-Ausgabe, Ausschreibung des Wichtigsten mit kommentierender Literatur und Parallelstellen bei G. Boettger, Topographisch-historisches Lexicon zu den Schriften des Flavius Josephus, Leipzig 1879 = Amsterdam 1966, s.vv. Adiabene, Alanen, Armenia, Bactrianer, Carrä, Commagene, Dahä, Ecbatana, Parthi, Sacen, Scythen. Einzelstellen bei A. Schalit, Namenwörterbuch zu Fl. J., Leiden 1968, unter denselben Lemmata sowie unter Antiochos 4.5.15, Arsakes, Arsakides, Artabanos, Bazaphranes, Bologeses, Bonones, Dakoi, Daoi, Dareios 5, Demetrios 1.4.6, Diodotos, Helene, Izates, Kotardes, Krassos, Ktesiphon, Mithridates 2.5—8, Monobazos 1—3, Orsanes, Orodes 1.2, Ouardanes, Pakoros 1.2, Parthyaia, Parthyene, Parthyenoi, Sakai, Samachos, Sarmatai, Seleukos 2—4, Tiridates, Hyrkanoi, Philippos 7, Phraatakes, Phraates. Eine neue monographische Behandlung des Themas wäre lohnend.
[10] Liste bei H. Bloch, Die Quellen des Flavius Josephus in seiner Archäologie, Leipzig 1879 = Wiesbaden 1968, S. 168f; danach G. Hölscher, Die Quellen des Josephus für die Zeit vom Exil bis zum römischen Kriege, Leipzig 1904. Für das Thema Täublers erbrachten diese Untersuchungen nichts.

Die Arsakiden bei Josephus 263

13,185 f), und von Arsakes (sc. VII, = Phraates II, 138/37—ca. 128) die Freiheit erhielt, als Antiochos VII gegen ihn nicht nur eine Schlacht, sondern auch das Leben verlor (Ant 13,250—253).

b) Knapp zwei Generationen später führten die Parther eine Reihe von Situationen herbei, die der Politik des Alexandros Iannaios (103—76) zugute kamen, nämlich zur Zeit des Antiochos X Eusebes Philopator (95—83) und seiner Rivalen aus der anderen Linie, Demetrios III Eukairos (bzw. Akairos) Philopator Soter (95—88) und Philippos Epiphanes Philadelphos; die letzteren beiden waren Söhne des Antiochos VIII Grypos (121—96) und entzweiten sich später ihrerseits. Sowohl Antiochos X als auch Demetrios III erlagen den Parthern: der erstere fiel, als er den Samener-Nomaden gegen die Parther zu Hilfe zog (Ant 13,371), der letztere starb in der Haft des Partherkönigs Mithridates II (ca. 123—88/87), nachdem er vom parthischen Gouverneur Mesopotamiens Mithridates Sinakes, den ein Verbündeter seines feindlichen Bruders Philippos zu Hilfe gerufen hatte, bei Beröa gefangen worden war (Ant 13,385 f).

c) In die Zeit des Hyrkanos II (67/63—40) fällt die Wende der römisch-parthischen Beziehungen durch die Niederlage des Crassus bei Carrhae 53 v. Chr. (Ant 14,119; Bell 1,180) — wobei nicht unerwähnt gelassen wird, daß Crassus auf seinem Zuge dorthin Jerusalem und den Tempel ausgeraubt hatte (Ant 14,105; Bell 1,179). Frevel und Niederlage des Crassus ließen bestimmte Gruppen der Juden innerlich auf die Seite der Parther treten.

d) Realpolitisch wirkte sich dies aus, als sich noch einmal für etwas über drei Jahre (40—37) ein Hasmonäer, Antigonos, als König halten konnte, obwohl die Etablierung Herodes', des späteren Großen, bereits im Gange war. Dieser Antigonos war zur Zeit des Partherkönigs Orodes II (57—37/36) durch das direkte Eingreifen von dessen Sohn Pakoros (nach seinem Vater für 2 Jahre König) und dem Satrapen Bazaphranes eingesetzt worden (Ant 14,330—336; 20,245; Bell 1,248—273). Die Episode ging zu Ende, indem Antonius' Feldherr P. Ventidius Bassus die Parther wieder vertrieb (Ant 14,392—395.420.434; Bell 1,288—290.309.317).

e) Ganz für sich steht der Abriß aus der Geschichte der arsakidischen Dynastie von Phraates IV (38—2 v. Chr.) bis Artabanos III (12—ca. 38 n. Chr.), einschließlich des Bündnisses zwischen Tiberius und Artabanos und der Beschuldigung des Tetrarchen Herodes, sich mit Artabanos gegen Caius (Caligula) verschworen zu haben (Ant 18,39—52.96—105.250).

f) Zwei dicht aufeinanderfolgende Ereignisse im Bereich der babylonischen Judenheit: die Errichtung eines jüdischen Briganten-„Staates" unter Anilai und Asinai ca. 20—35 n. Chr. unter den Augen des eben genannten Artabanos III, der die Bewegung zunächst duldete und sie dann durch seinen Schwiegersohn mit einem ihm ergebenen Herr besiegen ließ (Ant 18,313—370); und die Konversion der Adiabene zum Judentum unter der Königin Helena und ihrem Sohn Izates (II) nach 36 n. Chr. (Ant 20,17—53), die Artabanos III nicht nur duldete, sondern zur Unterstützung gegen seine Satrapen in Anspruch nahm, so daß die Erbfolge seiner — so verkürzt nur bei Josephus — fünf Söhne, Vardanes (ca. 49—47/48), Kotardes (= Gotarzes II, ca. 38—51) und Vologeses I (51/52—79/80) in ganz Parthien, Pakoros in Medien und Tiridates in Armenien gesichert blieb (Ant 20,54—74).

Es spiegeln sich hier also für die Hasmonäer folgenreiche Verwicklungen zwischen Seleukiden- und Arsakidengeschichte (a,b), der kritische Punkt des machtpolitischen Aufrückens des Partherreiches neben Rom (c), das sich eine Zeitlang in Palästina sogar gegen den von Rom ernannten Herodes durchzusetzen vermochte (d), schließlich jener erneute Machtzuwachs der Arsakidendynastie (e), der es als bemerkenswerte und für das Judentum rühmliche Ereignisse erscheinen läßt, daß es im Machtbereich jener Dynastie eine Zeitlang zu einer Art politischer Unabhängigkeit kommen und ein Fürstenhaus nebst seinen Untertanen zu sich hinüberziehen konnte (f).

Damit zeigt sich, daß Josephus aus der Geschichte der Parther eine Auswahl trifft, die sich genau so rigide nach dem richtet, was von der jüdischen Geschichte aus oder für diese relevant erscheint, wie er es bei der Geschichte der Römer tut. Es wäre immerhin denkbar gewesen[11] und

---

[11] Von der Anlage der Antiquitates und erst recht des Bellum her ist hingegen nichts über die Frühgeschichte von Arsakiden und Parthern zu erwarten wie bei Justin 41,1—6 (ergänzend 2,1,3 und 2,3,6: Skythen haben Partherreich gegründet), Strabo 9,9,1—3 und Arrian, Parthica fr. 1 bei Photios, Bibliotheca 1,58 Bekker und Syncellus, CSHB 12/13, p. 539f. Dindorf. Zur Sache heute J. Wolski, The Decay of the Iranian Empire of the Seleucids and the Chronology of the Parthian Beginnings, Berytus 12, 1956/57, S. 35—52; davor ausführlicher in Bull. Intern. Acad. Polonaise, Classe de Philologie..., d'Hist. et de Philos. Suppl. 5, Krakau 1947, S. 13—70, jetzt deutsch: Der Zusammenbruch der Seleukidenherrschaft im Iran im 3. Jahrh. v. Chr., in: F. Altheim—J. Rehork (Hsg.), Der Hellenismus in Mittelasien (Wege der Forschung 91), Darmstadt 1969, S. 188—254; F. Altheim und R. Stiehl, Geschichte Mittelasiens im Altertum, Berlin 1970, S. 443—549; sehr allgemein: M. A. R. Colledge, The Parthians, London 1967 (S. 180—187 Bibliographie). Nicht durchgesetzt hat sich die These von der südsibirischen Heimat der Arsakiden bei B. Ph. Lozinski, The Original Homeland of the Parthians, 's-Gravenhage 1959 (wegen der reichen Literaturangaben, besonders der russischen, dennoch wertvoll); vgl. die Rezension von R. Göbl, WZKM 58, 1962, S. 276—278.
Titel zum rein archäologischen Material: R.N. Frye, Persien, Zürich 1962, S. 523 Anm. 19 und 20 (Nisa); A. Belenickij, Zentralasien, S. 59—109, und W.G. Lukonin, Persien II (beide in: Archaeologia Mundi), Genf 1968 und 1967.
Die wichtigsten Ergänzungen und Korrekturen zu den Historikern bieten wie immer die Münzen (siehe Anm. 23) und die Inschriften. Die in der alten parthischen Königsstadt Nisa (südl. Turkmenistan) entdeckten Ostraka (Nr. 1760 scheint Aršak I zu erwähnen; die meisten aus 77—66 v. Chr., einige seit 100 und bis 29 v. Chr.) sowie die Pergament-Urkunde aus Awroman (südl. Kurdistan), von 11 v. Chr. oder 53 n. Chr., geben jetzt endlich Aufschluß über Handel und Eigentumsverhältnisse. Die Reliefinschrift von Sar Pul bezieht sich wohl auf die Unterwerfung des Mithridates IV (129—147?) durch Vologeses III (148—192); die Inschrift von Susa wurde am

hätte sein Gesamtkonzept nicht gesprengt, wenn er etwas darüber gesagt hätte, wie seit Mithridates I (ca. 171–138/37), dessen antiseleukidische Aktivität evident mit derjenigen der mit ihm gleichzeitigen drei ersten Makkabäer parallel geht, nicht mehr das Seleukidenreich die Parther niederzuhalten hatte, sondern das Machtverhältnis sich umkehrte[12]: also das Partherreich, das sich auf Kosten der abbröckelnden Seleukidenherrschaft vergrößerte, der historisch bedeutendere Faktor war[13]. Entsprechend brauchten die Römer nicht mit Pompejus, der in Armenien stand und die Schlichtung des Streits zwischen Hyrkanos II und Aristobulos II zur Eroberung Jerusalems nützen würde, beinahe unvermittelt aufzutreten – Hintergründe, wie Josephus sie beim zweiten Triumvirat so reichlich enthüllt, wären auch beim ersten aufschlußreich gewesen, zumal die Beziehungen zwischen Pompejus und Crassus denen zwischen Octavian und Antonius an direkter Bedeutung für die Juden nicht nachstanden.

Hiermit ist nicht gesagt, daß zwischen Einbeziehung und Wertung der Rolle des römischen wie des parthischen Reiches ein ausgewogenes Verhältnis besteht. Dafür war der Anteil der römischen Politik am jüdischen Geschick schon rein quantitativ zu groß. Aber gerade weil Josephus es bei den Gewichtungen des Faktischen läßt und diesen darüber hinaus eine fast messianologische Bedeutung beimißt, ist es bemerkenswert, daß er jenes Kaisertum und Reich, das für ihn schließlich den Ort einnahm, der dem

---

14.9.215 n. Chr. von Artabanos V (ca. 213–227) seinem Satrapen aufs Grab gesetzt. Parthische Fresco-Graffiti und Ostraka aus Dura Europos reproduziert von R. N. Frye, The Parthian and Middle Persian Inscriptions of Dura Europos (Corpus Inscriptionum Iranicarum Part III, Vol. III), London 1968, pl. 13–16, 25–29, 31f. Bearbeitung eines parth. Privatbriefes vom Ende 2./Anfang 3. Jh. von W. B. Henning bei C. Bradford Welles u.a., The Parchments and Papyri (Excavations at Dura Europos, Final Report V 1), New Haven 1959, S. 414f. Die nichtgriechische Version der Grab-Bilingue aus Armazi in Georgien (2. Jh. n. Chr., 2. Hälfte) hat sich inzwischen als parthisch erwiesen. Die Inschrift aus der Schlucht von Jāngāl (südl. Chorasan) gehört wahrscheinlich schon in frühsasanidische Zeit (Henning, JRAS 1953, S. 135). Vollständige Bibliographie der Inschriften und ihrer Auswertungen bei Ph. Gignoux, Glossaire des Inscriptions Pehlevies et Parthes (Corp. Inscr. Iran. Suppl. Series Vol. I), London 1972, S. 43f.

[12] Den Unterschied zeigen die Karten zu 176 v. Chr. und 128–63 v. Chr. bei A. Hermann, An historical Atlas of China (1935), Neuausg. von N. Ginsburg, Edinburgh 1966, S. 10f.

[13] G. Widengren, Geschichte Mesopotamiens, HO Abt. 1 Bd. 2, Abschn. 4 (Orientalische Geschichte von Kyros bsi Mohammed) Liefg. 2, Leiden–Köln 1966, S. 11–22 gibt einen guten Überblick über die Geschichte des Gebiets von 129 (Sieg des Phraates II über Antiochos VII Sidetes) bis 216/17 n. Chr. (Krieg zwischen Caracalla und Artabanos V) und stellt die wichtigsten parthischen Ausdrücke und Daten aus Verwaltung und Diplomatik zusammen. Vollständigere Sammlung, vornehmlich aus hatrischen Inschriften, und Bearbeitung von D. Harnack bei Altheim-Stiehl (eben Anm. 11), S. 492–549. Daß Josephus mehr gekannt hat, als er auszuführen für nötig hält, zeigt seine beiläufige Erwähnung einer Kampagne des Seleukos II Kallinikos gegen die Parther 228 v. Chr. in c Ap 1,206.

Judentum hätte verbleiben müssen, ebenso unerklärt aus seinen bisherigen Entwicklungen hervortreten läßt wie seine große östliche Gegenmacht. Man darf vermuten, daß es gerade die heilsgeschichtliche Irrelevanz der letzteren war, welche diese säkulare Unvermitteltheit auch bei der Einführung der römischen Macht nahegelegt und so dazu mitgeholfen hat, daß der sinngebende Anfang aller Nomothesia und Physiologia (Ant 1,18) letztlich doch als Leistung des Mose und seines Volkes festgehalten werden konnte.

Kleinere Vermutungen ergeben sich, wenn man die sechs Zusammenhänge in ihrem Verhältnis zu solchen Vorgängen betrachtet, die auch bei Anerkennung des durch Direktheit der Beziehung zur jüdischen Geschichte bestimmten Auswahlprinzips Beachtung verdienen. Eine erste Gruppe (a–d) läßt sich als Arsakidennachrichten im weiteren, eine zweite (e und f) als solche im engeren Sinn kennzeichnen.

Zu a bis d. Der vieldiskutierte Beschluß[14], demzufolge der römische Senat das Angebot jüdischer Gesandter annahm, mit den Römern ein Freundschaftsbündnis zu schließen, wird bekanntlich in 1 Makk 15,16–24 in die Zeit des Simon Makkabaios, von Josephus (Ant 14,145–147) in die Zeit des Hyrkanos II gesetzt. Dabei ist diejenige Notziz weggefallen, daß der Beschluß dem Seleukiden Demetrios II (siehe S. 99), dem Attalos II von Pergamon (159–138), dem Ariarathes V von Kappadokien (162–130) und dem Arsakes (VI = Mithridates I von Parthien), dazu einer Reihe von kleineren, weder diesen noch Rom untertanen Staaten mitgeteilt worden sei. Wenn die frühe Datierung richtig ist, wofür vieles spricht, muß dieser Beschluß den arsakidischen Hof erreicht haben, als man sich dort zur Eroberung Babyloniens anschickte, und er muß darüber informiert haben, daß die palästinischen Brüder der von den Parthern bedrohten babylonischen Juden mächtige Bundesgenossen hatten[15]. Man hat nun bisher oft vermutet, Josephus habe die Urkunde mit einer bestimmten Absicht 92 Jahre später placiert – und, wie man hinzufügen darf, sie deshalb von der Funktion gelöst, die sie ursprünglich in der internationalen Diplomatie haben sollte. Dagegen steht die These, die Urkunde befinde sich bei Josephus, vielleicht schon von seiner Quelle her, an der richtigen Stelle, und es habe sie vielmehr der Autor von 1 Makk nach vorn gerückt[16]. Vielleicht kann man die Frage unter Berücksichtigung einer Stellungnahme zur Rolle der Arsakiden entscheiden, wie sie für Josephus nach allem, was über seine Tendenzen bisher ermittelt wurde, folgerichtig ist.

Zwischen Juden und Parthern bestand eine selbstverständliche, dauernde

---

[14] Literatur in der Loeb-Ausgabe Bd. 7 (R. Marcus), S. 775–777.
[15] Neusner, History, 1. Aufl. S. 24; 2. Aufl. S. 24 mit nicht überzeugendem Zusatz über die Allgemeinheit der Adressenangaben wie in Act 2,9.
[16] Nachweis beider Meinungen bei E. Kautzsch, Die Apokryphen und Pseudepigraphen des AT, Bd. 1, Tübingen 1900, S. 30. Die Kontroverse wurde in der in Anm. 14 nachgewiesenen Literatur weitergeführt.

Interessengleichheit[17] durch ihren gemeinsamen Gegensatz gegen die Römer; darüberhinaus gab es zwischen 87 und 83 v. Chr. besondere Gründe für ein Bündnis zwischen Arsakiden und Hasmonäern[18]. Damals, also wohl von Gotarzes I (91–81/80), wurde eine parthische Gesandschaft an Alexandros Iannaios (104–78) geschickt, wie jBer.7,2,48a en passant erwähnt wird[19]. Sie interessierte sich auch für die Lehren des Simeon b.Schetach, bestand also wohl aus Juden, die als „bedeutende Herren" für den Partherkönig tätig wurden[20]. Josephus erwähnt diese Gesandschaft nicht. Wenn es dafür einen Grund gibt, dann den, daß er nicht daran interessiert sein konnte, eine Beziehung zwischen den Juden und den mächtigsten Gegnern Roms festzuhalten, die der von ihm für richtig gehaltenen zwischen Juden und Römern entgegenstand. Dazu würde es sich nun fügen, daß er in die Regentschaft des Sohnes des Alexandros Iannaios, eben des Hyrkanos II, zwar nicht die Herstellung dieser römisch-jüdischen Beziehung, wohl aber deren urkundliche Besiegelung verlegte. Es ist plausibel, daß ihm die Dokumentierung seiner Tendenz in der Zeit nach Alexandros Iannaios wichtiger war als in der Zeit vorher; sie ermöglichte genau so gut wie ein etwaiger Verweis auf ein noch früheres Bündnis, dem Herunterspielen des Gegensatzes zwischen Römern und Juden etwas von seiner Peinlichkeit zu nehmen und auf dessen Partikularisierung vorzubereiten, die darin bestand, daß der Gegensatz im wesentlichen auf das Konto des Zelotismus gehe, während ein durch Anpassung durchsetzbares Judentum, dessen größter Repräsentant Josephus selber war, auf Unterstützung der Römer angewiesen blieb. Daß dabei die früheren Mitadressaten des Beschlusses, darunter der arsakidische, nicht durch in die spätere Zeit gehörige ersetzt wurden, versteht sich für einen nie bis zu direkter Fälschung gehenden Historiker. Die antiparthische Tendenz wird damit nicht beseitigt, sondern ins Unausgesprochene zurückgenommen – wie in wirklicher Diplomatie, die von da aus bei Bedarf auch zu einem Bündnis mit einem früheren Gegner kommen kann, wie Josephus es später seitens der Römer akzeptieren wird.

Im Sinne der antiparthischen, römisch-jüdischen Gemeinsamkeit ist es, daß Josephus nicht nur den Ventidius Bassus, sondern wenig später (34/33 v. Chr.) auch seinen Herrn M. Antonius gegen die Parther ziehen läßt (Ant 15,80; Bell 1,363), obwohl sich dieser Feldzug gegen Armenien richtete[21].

---

[17] Über das Politische hinausgehend: G. Widengren, Quelques rapports entre Juifs et Iraniens à l'époque des Parthes, Suppl. VT 4, 1957, S. 197–241.
[18] Näheres bei Neusner, History, 1. und 2. Aufl. S. 26; New Perspectives on Babylonian Jewry in the Tannaitic Age, Judaica 22, 1966, S. 1–32.
[19] Hervorgehoben von Neusner, 1. Aufl. S. 25, 2. Aufl. S. 26, der dies und anderes überzeugend zugunsten der Historizität der Geschichte auswertet. Deutsche Übersetzung bei A. Wünsche, Der Jerusalemische Talmud in seinen haggadischen Bestandteilen, Zürich 1880 = Hildesheim 1967, S. 25f.
[20] M. Smith bei Neusner, History, 2. Aufl. S. 26f.
[21] Debevoise S. 133f.

Dies wurde bisher für ein Versehen gehalten[22] und war es wohl auch, doch kann es seine Psychologie gehabt haben.

Natürlich ist der Schluß, hinter Umsetzung der Urkunde, Nichterwähnung einer Gesandschaft und Nennung von Parthern statt Armeniern als Romgegnern stehe dieselbe Tendenz, reine Hypothese. Sie darf vorgetragen werden, da sie nicht auf einer, sondern auf drei Beobachtungen beruht. Jede für sich vermag freilich auch zu einer anderen Erklärung zu führen.

Zu e und f. Die Zuverlässigkeit der Nachrichten des Josephus über Ereignisse in Babylonien, das damals längst im arsakidischen Machtbereich lag, ist oft aufgezeigt worden[23]. Sie schließt auch die Arsakidennachrichten im engeren Sinne ein. Die Treue zu seinen Quellen, die ihn hier selbst zu einer Primärquelle macht, läßt die Arsakidengeschichte auf den ersten Blick als Thema selbständiger und objektiver, das Interesse des Josephus an ihr direkter und positiver erscheinen, als im Gesamtwerk angelegt und in der Nachrichtengruppe a–d durchgeführt ist. Allein es waren diesmal die Tatsachen selbst, die mit den Intentionen des Josephus harmonierten. Da die Römer inzwischen die Parther verschiedener Bundesschlüsse gewürdigt hatten — Augustus hatte anläßlich des Friedensschlusses von 20 v. Chr. dem Phraates IV eine italische Sklavin geschenkt, die dieser zur Königin erhob, nachdem sie ihm einen Thronfolger geboren hatte (Ant 18,40)[24]; L. Vitellius schloß für Tiberius i.J. 37 n. Chr. ein Bündnis mit Artabanos III, bei dem sich beide als gleichberechtigte Partner auf dem Euphrat trafen (Ant 18,96.101f)[25] —, gab es für Josephus keinen Grund mehr, die Feindschaft zwischen beiden zu betonen und von daher die Interessengleichheit zwischen Juden und Parthern abzuwerten. Dies umso weniger, als auch die Tatsachen, die sich zwischen ihnen abspielten, inzwischen eher Spannungen anzeigten und dem Arsakidenkönig nicht zur Ehre gereichten: Artabanos muß die Autarkie des Anilai und Asinai dulden, weil er darin

---

[22] Täubler S. 6. Ein anderes Versehen (Ant 20,68: Nisibis nicht von Artabanos III den Armeniern entrissen, sondern vom osrhoenischen Vasallen auf den adiabenischen übertragen) ermittelt Kahrstedt S. 64f.

[23] Vor allem auf Grund weitgehender Übereinstimmung mit dem Münzbefund seit R. H. McDowell, Coins from Seleucia on the Tigris, Ann Arbor 1935. Die Münzimpressionen und -legenden ermöglichen nach wie vor die wichtigten Ergänzungen bzw. Korrekturen des von den Historikern Berichteten. Wichtigste Publikationen: A. von Petrowicz, Arsaciden-Münzen, Wien 1904 = Graz 1968; W. Wroth, Catalogue of the Coins of Parthia, London 1903 = Bologna 1964; G. F. Hill, Catalogue of the Greek Coins of Arabia, Mesopotamia, and Persia, London 1922. Einführung und zusammenfassende Auswertung: E. T. Newell, The Coinage of the Parthians, in: A. U. Pope – Ph. Ackerman (Hsg.), A Survey of Persian Art Bd. 1, London 1939 = Teheran 1965 = Tokyo o.J., S. 475–492.

[24] Interpretation und weiteres Material bei Ziegler S. 50–52. Darauf folgt eine von Josephus nicht erwähnte Einigung zwischen Caius Caesar und Phraates V i.J. 1 n. Chr. (S. 53–57).

[25] Ausführlich Ziegler S. 57–64, auch zur Zuverlässigkeit des Josephus gegen Sueton und Dio Cassius.

einen Rückhalt gegen seine Satrapen fand, die gegen ihn rebellierten oder rebellieren wollten (Ant 18,330)[26], und dasselbe Motiv gilt für seine Unterstützung der Konversion der Adiabene[27]. Demgegenüber braucht Josephus nicht zu verschweigen, daß Adiabener im Krieg gegen Rom 66—73 eine führende Rolle spielten (Bell 2,520; 6,356f)[28]; waren sie doch höchstwahrscheinlich seine Gewährsleute für das, was sich unter Izates, Helena, Monobazos II und Artabanos III abgespielt hatte[29], und stellte ihr Einsatz, als der einer nur kleinen Gruppe parthischer Untertanen (inzwischen des Vologeses I, 51/52—79/80), keine ernsthafte Beeinträchtigung des römisch-parthischen Bündnisses dar[30].

Als die Geschichte bei Josephus' neuem politischen Messias, dem Kaiser Vespasian (Bell 3,400—402) angekommen ist, läßt der Autor die Arsakiden aus ihr ähnlich am Rande verschwinden, wie er sie unter den ersten Makkabäern hereingeholt hat. So wie dort, so hätte auch hier noch mehr hineingepaßt, wovon nur noch Spuren da sind: der Abfall des Antiochos III und seines Sohnes Antiochos IV von Kommagene (38—42 n. Chr.) und ihr Bündnis mit den Parthern (Bell 7,221.224.237), das zur Eroberung der Kommagene durch den Statthalter Caesennius Paetus führt[31], und die

---

[26] Dazu und zum ganzen Hintergrund Neusner, History, 1. Aufl S. 50—58; 2. Aufl. S. 53—61; Aspects of the Relationships between Tannaitic Judaism and Babylonian Jewry, ca. 10—130, Waltham/Mass. 1964. Zum Einfluß mächtiger Adelsgruppen auf die Stellung des Königs: J. Wolski, Aufbau und Entwicklung des parthischen Staates, in: Neue Beiträge zur Geschichte der Alten Welt Bd. 1, Berlin 1964, S. 379—388; L'aristocratie parthe et les commencements du féodalisme en Iran, Iranica Antiqua 7, 1967, S. 133—144.

[27] Mehr bei Neusner, History, 1. Aufl. S. 58—64; 2. Aufl. S. 61—67. Vorarbeit: The Conversion of Adiabene to Judaism, JBL 83, 1964, S. 60—66. Aus diesen und den in Anm. 26 zitierten Arbeiten geht auch die Zuverlässigkeit des Josephus als Quelle hervor.

[28] Vgl. Neusner, History, 1. Aufl. S. 64—67; 2. Aufl S. 67—70; On the Parthian Background of Jewish History in the First two Centuries C.E. (hebr.), New York o.J. (nach 1955, Privatdruck).

[29] Neusner, JBL 1964, S. 60.

[30] Ziegler S. 77 Anm. 237. — Josephus muß die staatsrechtliche Problematik erkannt haben, da er in der großen Rede des Agrippa von Chalkis zweierlei gebracht hat: die Hervorhebung der Botmäßigkeit der Parther (= wieder eine Fehlleistung statt der Armenier? Es ist von einem Phylon die Rede, also kann nicht einfach die Dynastie „Parther" gemeint sein, zu welcher der Geiselgeber Tiridates I von Armenien, Bruder des Vologeses I von Parthien, allerdings gehörte) gegenüber den Römern (Bell 2,379), und daß „der Parther" (= Vologeses I) die Teilnahme jüdischer Homophyloi aus der Adiabene am Kriege nicht erlauben werde, da er dies als Bruch der Verträge mit den Römern ansehen müsse (Bell 2,389). Welchen Eindruck der Übertritt der Adiabener auf das Rabbinat machte, zeigt Gn.r.46,10 zu 17,8 (Schwierigkeit der Beschneidung) und Joma 3,10 (Helena und ihr Sohn Monobazos stiften Goldgeräte).

[31] Dazu Debevoise S. 199; Ziegler S. 79 und besonders Michel, Textausgabe Bd. II 2, 1969, S. 259f, der schließt, daß dem Josephus über die Auseinandersetzung mit den Parthern noch mehr bekannt war.

Invasion des parthischen Territoriums durch die Alanen (Bell 7,244—251; Ant 18,97)[32]. Beide Ereignisse gehören in viel größere Zusammenhänge[33]. Aber sie hätten durchaus noch mit auf dieselbe Linie gebracht werden können, auf der die beiden so unterschiedlichen Nachrichtengruppen zu liegen scheinen.

Abschließend sei eine Antwort auf die beiden eingangs gestellten Fragen versucht. Josephus trägt zur Kenntnis dessen, wie es gewesen ist, politische Einzelheiten bei[34], die auf die Geschichte der Dynasten und ihrer Feldzüge ausgerichtet und dementsprechend verkürzt sind. So gut wie nichts erfahren wir über innere Verhältnisse des Partherreichs[35], nicht einmal für Königtum[36] und auf militärischem Gebiet[37]. Auch nichts über Wirtschaftliches[38], nur wenig über Religion[39]; Kongruenz und Diastase zwischen

---

[32] Dazu F. Altheim, Geschichte der Hunnen, Berlin ²1969, S. 57—84.

[33] Neuere Lit: J. Neusner, Jews and Judaism under Iranian Rule: Bibliographical Reflections, History of Religions 8, 1968, S. 159—177.

[34] Nicht untersucht werden konnte hier die Überlieferung der unzähligen Einzelheiten bei Josephus und ihr Verhältnis zu der anderer Autoren; vgl. *zur Nachrichtengruppe a:* Debevoise S. 32 Anm. 12; 34 Anm. 21. *Zu b:* S. 46 Anm. 66; 50 Anm. 19. *Zu c:* S. 77 Anm. 28 (dazu jetzt: E. Bammel, The Organization of Palestine by Gabinius, Journ. Jew Stud. 12, 1961, S. 159—162); 78 Anm. 36; 81 Anm. 41. *Zu d:* S. 111 Anm. 72; 113 Anm. 77; 114 Anm. 81; 116 Anm. 88f; 118 Anm. 97; 122 Anm. 6; 95 Anm. 72; 123 Anm. 1; A. Schalit, König Herodes, Berlin 1969, S. 59.74—80 und Zusätze am Schluß des Bandes. *Zu e:* Debevoise S. 144 Anm. 4; 149 Anm. 23; 151 Anm. 33—36; 152 Anm. 40; 158 Anm. 60; 159 Anm. 61; 160 Anm. 63; 162 Anm. 68; 163 Anm. 69; Kahrstedt S. 17—23. *Zu f:* Debevoise S. 165 Anm. 72f; 166 Anm. 76; 170 Anm. 86; 174 Anm. 98; 176 Anm. 104; 177 Anm. 105; 198 Anm. 49; 155f; 178 Anm. 107.

[35] Vgl. vor allem N. Pigulevskaja, Les Villes de l'état Iranien aux époques Parthe et Sassanide, Paris 1963, die S. 17—89 nur einige Angaben aus der Nachrichtengruppe f mitverwerten kann; S. 65 meint sie übrigens, daß Josephus die Taten des Izates hier übertrieben habe. Interessant jetzt auch der Bericht über die Mission des Kan Ying nach Rom, der 97 n. Chr. in der Mesene haltmachen mußte: F. Grosso, Roma e i Parti a fine I inizio II secolo d.Cr. attraverso fonti Cinesi, Acc. Naz. dei Lincei 363, Rom 1966, S. 157—176.

[36] J. Neusner, Parthian Political Ideology, Iranica Antiqua 3, 1963, S. 40—59 (bespricht vor allem die in Anm. 11 genannten Stellen); dort S. 59 und bei Ziegler S. XX weitere, hier nicht zitierte Arbeiten von J. Wolski. Ferner: J. Junge, Saka-Studien. Der ferne Nordosten im Weltbild der Antike, Klio Beiheft 41, 1939 = Aalen 1962, S. 106—112: Zur Wiederaufnahme des Titels „großer König der Könige" in der Partherzeit.

[37] Nach anderen Quellen: J. Wolski, Le rôle et l'importance des mercenaires dans l'état Parthe, Iranica Antiqua 5, 1965, S. 103—115; E. Gabba, Sulle influence reciproche degli ordinamenti militari dei Parti e dei Romani, in: La Persia e il mondo Greco-Romano (worin auch F. Grosso, siehe Anm. 35), S. 51—74 (reiche allgemein historische Literaturangaben).

[38] Zu den Handelswegen vgl. A. Hermann, Die alten Seidenstraßen zwischen China und Syrien, Berlin 1910, und Atlas (oben Anm. 12) S. 18f; Vorkommen und Handel von Mineralen, Edelmetallen, Gewürzen, Textilien, Kulturpflanzen: B. Laufer, Sino-Iranica, Chicago 1919 = Taipei 1967.

[39] Z.B. Ahnenverehrung bei den Arsakiden Ant 18,344 und anderes, in größere Zu-

beidem muß ohnehin erst der moderne Historiker ermitteln. Die Beschränkung auf einen Teil[40] dessen, was in der marxistischen Theorie Überbau heißt, ist von anderer Art als die Beschränkung auf den Bezug aller Ereignisse zur Geschichte der Juden in Palästina und Babylonien[41], der sich damit kreuzt. Das Festhalten an diesem Bezug war es, von dem aus Josephus sich durch das Gegen- und Nebeneinander einer westlichen und einer östlichen Welt herausgefordert fühlen mußte[42], das weder aus der Perspektive eines gegen Rom kämpfenden noch aus der eines mit Rom sich arrangierenden Judentums mit universal- oder gar heilsgeschichtlichem Sinn erfüllt werden konnte. Darauf war nur mit einer historiographischen Pragmatik zu reagieren[43], die wie jede pragmatische Einstellung den Josephus für den heutigen Historiker bald kritisierbar, bald akzeptierbar macht.

---

sammenhänge gestellt von J. M. Unvala, Observations on the Religion of the Parthians, Bombay 1925, weitergeführt von C. Colpe, Überlegung zur Bezeichnung „iranisch" für die Religion der Partherzeit, ZDMG Suppl. I (17. Deutscher Orientalistentag Würzburg 1968) 3, Wiesbaden 1969, S. 1011–1020.

[40] Zu beachten ist, daß sich in der Kunst (zuletzt am vollständigsten bei R. Ghirshman, Iran. Parther und Sassaniden, München 1962, S. 1–117; Korrektur der zahllosen vom Laien nicht zu bemerkenden Sachfehler in der deutschen Ausgabe bei K. Erdman, Gnomon 36, 1964, S. 485–493) der Begriff des Parthischen nicht mit dem in historischer Ethnologie und politischer Geschichte gebrauchten deckt. Deshalb werden von der „parthischen Kunst" aus häufig falsche historische Schlüsse gezogen.

[41] Dazu J. Neusner, Tannaitic Scholars in Babylonia during Parthian Times, in: Central Conference American Rabbis Journal April 1963, S. 55–61 (Hillel der Babylonier und Nehemia v. Beth Deli in Nehardea nach 50 n. Chr., zwei Juda ben Bathyra in Nisibis 30–90 und 90–150/60, Hanania in Nehar Pekod um 145 und noch spätere).

[42] Indem Josephus den großen Exkurs Bell 3,70–109 über das römische Heer übernimmt, an dessen Schluß (3,107) der Euphrat als die Ostgrenze der römischen Macht bezeichnet wird, scheint er sich auch dessen bewußt zu sein, daß er in einer Zeit des Gleichgewichtes der Kräfte schreibt.

[43] Was unter pragmatischer Geschichtsbetrachtung bei Josephus weiterhin zu verstehen ist, hat zuletzt O. Michel, Bd. 3 (= Ergänzungen u. Register) der zweispr. Bellum-Ausgabe, 1969, S. XXV dargelegt, worauf hier zur Vertiefung verwiesen sei.

Wissen und Erkennen in den Gathas

Vor 17 Jahren, auf dem 13. deutschen Orientalistentag im Juli 1955 in Hamburg, lud der Sektionsleiter W. Lentz zu einer Diskussion ,,Wie weit verstehen wir die zarathustrischen Gathas?" ein[1], die jedem, der daran teilnahm, unvergessen bleiben wird. Von den damaligen Diskussionsteilnehmern hatten namentlich H. S. Nyberg und W. B. Henning ihre wesentlichen Arbeiten zum Thema schon vorgelegt; andere, z. B. H. W. Bailey, K. Hoffmann, H. Humbach, W. Lentz und P. Thieme, veröffentlichen sie seither, wobei die stillschweigende Bezugnahme auf die Problemstellungen der damaligen Diskussion gelegentlich zu erkennen ist. Aus dem Kreise der damals nicht Anwesenden sind weitere Arbeiten hinzugekommen, von denen hier nur an Aufsätze von M. Boyce, I. Gershevitch und B. Schlerath sowie an Bücher von J. Duchesne-Guillemin, G. Widengren, W. Hinz und H. Lommel erinnert sei. Es scheint, daß nunmehr, bei aller Unsicherheit im einzelnen, das Verständnis der Texte soweit gefördert ist, daß man Sachthemen wieder aufgreifen oder neu stellen kann, wie sie in einer früheren Periode der Forschung häufiger verhandelt wurden. Unter solchen Themen hat anscheinend eines, ,,Wissen und Erkennen", bisher gefehlt.

Dabei scheint es aus mehreren Gründen sinnvoll zu sein: 1. die Ableitungen einer relativ großen Reihe von Wurzeln ergeben zusammengenommen rein lexikographisch ein nicht unbeträchtliches Material, dessen Untersuchung dazu verhelfen könnte, eine der Forderungen von 1955 zu erfüllen, nämlich verwandte Wortgruppen bzw. Ableitungen von derselben Wurzel durch die Übersetzung als zusammengehörig zu kennzeichnen; 2. eine sinnvolle Parallelisierung von Subjekten und Gegenständen der Erkenntnis könnte auf die Lösung dieses oder jenes syntaktischen Problems zurückwirken; 3. im Hinblick auf die Frage nach Vorzarathustrischem bei Zarathustra könnte sich eine Profilierung im Verhältnis zu dem viel größeren Komplex

---

[1] Kurzes Protokoll: ZDMG 105, 1955, * 61*f. Die gleich zu nennenden Beiträge, die jedem Fachgenossen bekannt sind, werden aus Platzgründen nicht bibliographiert. Aus jedem der danach genannten vier Aspekte konnte in zwanzig Minuten natürlich nur eine Auswahl getroffen werden. Sie ist hier beibehalten, da sich das Wesentliche durch eine Zusammenstellung des Ausgewählten schon anzielen lassen dürfte, während eine vollständige Anführung und Analyse des Belegmaterials, namentlich der ganz kontroversen Stellen, gleich einen sehr viel größeren Umfang einnehmen würde, der den inneren Proportionen eines Kongreßberichtes nicht mehr angemessen ist.

archaischen Wissens, dem Veda, ergeben; 4. und was die Nachwirkung anlangt, so ist schon seit längerem vor allem durch G. WIDENGREN die Aufgabe gestellt, den umstrittenen, meist zu pauschal in den Blick genommenen iranischen Hintergrund der Gnosis durch eine Einzeluntersuchung solcher Art aufhellen zu helfen.

Es läge nahe, dabei von Substantiven auszugehen, wie sie unter anderen Gesichtspunkten schon häufiger untersucht worden sind. Allein es zeigt sich, daß solche Substantive, die hier zusammenfassend „Geistbegriffe" genannt werden sollen, Struktur, Gegenstände und Subjekte des Wissens und Erkennens entweder nicht deutlich genug hervortreten lassen oder da, wo sie es tun, so im Kreise ihrer eigenen Tradition verbleiben, daß eine Kombination der Aussagen unstatthaft ist. Dies betrifft zuerst und vor allem das Gottesappellativ selbst, *Mazdā*: man möchte fragen, was der Weise weiß, wessen der Kundige kundig ist, und sieht sich dann ohnehin auf den ganzen Kreis von Aussagen gewiesen, die auf den Grund führen könnten, weshalb dieses Wort in erst nach und nach enger werdender Verbindung dem älteren *Ahura* hinzugefügt worden ist. Es betrifft zweitens *Spənta* oder *Spəništa Mainyu* und *Vohu* oder *Vahišta Manah*, die beide als zur Wurzel man- gehörig Aufschluß über das Organ des Erkennens und Denkens, auch des Wissens und Wollens, erwarten lassen. Allein wo, vor allem bei *Vohu Manah* und selbst wo *Manah* allein steht (nur einmal: Y 31,8 *manaŋhā*), der bevorzugte Instrumental einem Verbum zugeordnet ist, das zur Bedeutungsgruppe „wissen, denken, erkennen" gehört, und erst recht in den Fällen, wo keine solche Zuordnung vorliegt, erweist sich die liturgische Gebundenheit der Sprache als so stark, daß die Gestalthaftigkeit, ja fast die Personalität dieser Geistbegriffe und damit ihre Umsetzbarkeit innerhalb liturgischer Formeln es nicht gestatten, sie auf einen Wissens- oder Erkenntnisvorgang zu beziehen. Das gilt gerade auch für *Vohu Manah*, bei dem es sich hier anders verhält als bei seinem späteren Derivat, dem *vahman* bzw. *manuhmed* der mittelpersisch- und parthisch-manichäischen Texte. Die Schwierigkeit, von substantivischen Geistbegriffen auszugehen, bestätigt sich drittens bei verschiedenen Bezeichnungen für das Selbst des Menschen, das doch, als sein inneres Wesen oder geistiger homunculus in homine, wie jedes geistige Ich als Organon zumal des Wissens und Erkennens plausibel sein könnte. Die Aussagen über *daēnā*- und *cisti*- geben dafür keine Belege her, wie ausführlicher dargetan werden könnte. Dasselbe gilt schließlich, viertens, für Begriffe wie *xratu*- und *urvan*-, bei denen man eine historisch-psychologische Interpretation noch am ehesten wagen würde: von ihrer Etymologie her oder wo sie mit Verben des Denkens, Wissens und Erkennens nicht zusammenstehen, sind sie semantisch, d. h. was das Verhältnis zu ihrer Bedeutung, und syntaktisch, d. h. was ihr Verhältnis untereinander und zu anderen Geistbegriffen anlangt, unergiebig; wo sie aber mit solchen Verben zusammenstehen, da ist es der durch eben diese Verben geprägte Zusammenhang, der zur Bedeutungsbestimmung verhilft. Abermals also wird man auf ganze, finite Verbalsätze gewiesen, und dann natürlich einerlei, ob jene bisher genannten Geistbegriffe in ihnen vorkommen oder nicht.

Es empfiehlt sich, die Aussagen zunächst nach dem Subjekt der Erkenntnis zu ordnen, soweit dies grammatisch nicht kontrovers ist (einige ganz umstrittene Aussagen müssen außer Betracht bleiben); sodann ist eine, diese erste Ordnung durchkreuzende, Ordnung nach den Gegenständen der Erkenntnis ins Auge zu fassen. Aus dem Verhältnis zwischen Zugehörigkeit und Nichtzugehörigkeit bestimmter Erkenntnisgegenstände zu bestimmten Erkenntnissubjekten soll sich dann eine Erkenntnisart ergeben, deren Umschreibung über den unmittelbaren Textbefund hinausgeht.

a) Aussagen über Gott als Wissenden

Y 28,10 Gott kennt (*vōistā*, 2. sg. ind. perf.) bestimmte Menschen als solche, die aus Aša gerecht und aus Vohu Manah würdig sind;

Y 29,4 Gott, der beste Kenner (*mairištō*, part.) von *saxᵛārō* (HINZ: Heimlichkeiten, HUMBACH: Verkündigungen, DUCHESNE-GUILLEMIN: Plänen), möge beachten ... (*pairī.* bzw. *aipī. ciθiṯ*, 3. sg. opt. aor.);

Y 29,6 Gott kennt oder weiß wohl (*vidvå*, part.) *vafūš* (HINZ: Fügungen, HUMBACH: Geheimsprüche, BARTHOLOMAE: Satzungen);

Y 29,11 Gott, zusammen mit Menschen und Aməša Spəntas, wird gebeten: erkennt mich an (*paitī. zānatā*, 2. pl. imp.) für den großen *maga-*;

Y 30,1 Gott ist einfach der Wissende (*viduše*, dat. v. *vidvå*);

Y 31,2 Gott kennt (*vaēdā*, 3. sg. ind. perf.) den rechten Weg (HUMBACH) oder den, der die beiden Lose richtig beurteilt (HINZ);

Y 45,6 Gott soll den Zarathustra in den höchsten Dingen unterweisen (*sāstū*, 3. sg. imp.);

Y 46,7 Gott soll dem Zarathustra das Wissen (*dąstvąm*) verkünden (*frāvaocā*, 2. sg. imp.), wer sein Beschützer in der Not sein wird;

Y 46,10 Gott kennt (*vōistā*) die besten Güter des Lebens;

Y 46,19 Gott weiß am besten (*vaēdištō*, part.), wie dem Zarathustra sein Priesterlohn zuteil wird, und worin dieser besteht;

Y 48,3 Gott kennt (*vidvå*) die geheimen Sprüche (LOMMEL);

Y 51,8 man spricht zu Gott wie zu einem Wissenden (zweimal *viduše*), der weiß, was Zarathustra weiß, nämlich daß dem Lügenknecht Böses droht und es dem an Aša Festhaltenden nach Wunsch ergeht;

Y 51,22 Gott weiß (*vaēdā*), wer Zarathustra den besten Lohn geben wird.

Das sind dreizehn Aussagen, zwei davon (29,4 und 51,8) mit Wiederholungen. Viermal wird Gott in der zweiten Person als Wissender angesprochen, davon zweimal im Indikativ und zweimal im Imperativ. Dreimal wird von

Gott in der dritten Person als von einem, der weiß, gesprochen (einschl. Y 45,6, wo ein Wissen vorausgesetzt ist). Sechsmal dient ein Partizip oder Adjektiv, um Gott als Wissenden oder Kenner zu bezeichnen: *mairištō* (29,4), *vīdvå* (viermal), *vaēdištō* (46,19). Damit ist aber allenfalls der explizite Befund angegeben. Implizit wird auf Gott als Wissenden weit häufiger angespielt, darunter auch in rhetorischen Fragen (wie 43, 9 oder 48, 2), in denen seine Unterscheidungsfähigkeit vorausgesetzt wird.

b) Aussagen über Zarathustra als Wissenden

Y 28,5 Z. erkennt (*vaēdəmnō*, part. med.) Vohu Manah;

Y 28,10 Z. kennt (*vaēdā*) Lobeshymnen;

Y 31,5 Z. begehrt, das Bessere genannt zu bekommen, um dies, d. h. das durch Aša Gegebene, unterscheiden (*vicidyāi*, inf., d. h. sich dafür zu entscheiden, BENVENISTE, *Infinitifs* S. 81: pour que je m'y rallie) und davon durch Vohu Manah wissen (*vīduyē*, inf.) zu können;

Y 31,19 Z. als *ahūm.biš* und *vīdvå* hat auf die Zaubersprüche der Gegner gelauscht (oder HINZ: man soll auf ihn lauschen, der rechte Worte zu sprechen weiß);

Y 34,9 Z. ist Ahuras Kenner/Eingeweihter (*vīdušō*, gen. von *vīdvå*), der Armaiti schätzt;

Y 43,4.5.7.9.11.13.15 Z. erkennt (zuerst *mənghāi*, 1. sg. subj. aor. med., dann *mənghī*, 1. sg. ind. aor. med.) Ahura Mazdā als Spənta in allen seinen Werken, insbesondere als oder indem er von ihm zuerst oder über das Erste belehrt wurde (11: *didaiŋhē*, 1. sg. ind. praes. med.; HUMBACH);

Y 44,3 Z. begehrt zu wissen (*vīduyē*), wer Sonne, Gestirne und alles andere geschaffen hat;

Y 44,11 Z. erkennt mit/oder: wird erkannt (*fravōividē*; crux interpretum) von denen, zu denen Armaiti gedrungen ist;

Y 45,4 Z. kennt (*vaēdā*) den Schöpfer des Daseins bzw. des Guten Gedankens;

Y 48,9 Z. fragt, wann er wissen wird (*vaēdā*, 1. sg. ind. perf.), wie Gott mit seinen Gegnern verfahren wird.

Es handelt sich also, wenn man sich an die reine Wissensterminologie hält, um zehn Aussagen, zuzüglich der Wiederholungen in Y 43. Zählt man diese mit, so halten sich die Bildungen von *vid-/vaēd-* und von *man-* etwa die Waage. Es wären jedoch eine Reihe von Ausdrücken für das Schauen, das Erfassen und ähnlich bezeichnete Akte hinzuzuzählen, mit denen sich Zarathustra zu Ahura Mazdā in Beziehung setzt. Oft stehen sie parallel zu den Ausdrücken für das Wissen und Erkennen und dürfen dann von ihnen her interpretiert werden; oft stehen sie aber auch für sich und legen durch ihre Anzahl – ihr quantitatives Verhältnis zu den Wissensausdrücken wäre zu untersuchen – die Vermutung nahe, daß es sich um ein gleichsam diffuses Feld von Beziehungsbegriffen handelt, aus denen diejenigen, welche die Beziehungen Zarathustras zu Gott, Menschen oder bestimmten Gegebenheiten bzw. Erfordernissen als ein Wissen oder Erkennen fassen, keinesfalls als spezifische herauszuheben sind. Dies berechtigt umgekehrt dazu, die Konkordanz zu den beiden genannten Hauptverben nicht mechanisch in einen Aussagenkatalog umzusetzen, sondern einige Wendungen als unspezifisch zu übergehen (z. B. *viduš* in Y 45,8, das offenbar eine blassere Bedeutung hat als *vidvå*). Dasselbe gilt für die Gruppe der

c) Aussagen über den Menschen als Wissenden

Y 31,12 Die Wendung, ob bei den Gegnern ein Wissender (*vidvå*) oder ein Nichtwissender (*əvidvå*) sich befindet, ist eine chiastische Parallele zu der, ob unter ihnen ein falsch oder ein recht Redender wirkt;

Y 31,17 Der Wissende (*vidvå*) soll zum Wissenden (*vidušē*) sprechen, der Nichtwissende (*əvidvå*) soll nicht irreleiten;

Y 31,22 Dem Guthandelnden als einem, der durch Denken (*manaŋhā*) weiß (*vaēdəmnāi*, dat. part. med.), ist alles klar (Lommel), wird Glanzvolles zuteil (Humbach);

Y 46,9 Wer ist der Gedeihbringer/Betreuer (*arədrō*), der als erster erkennen wird (*cōiθaṯ*, 3. sg. subj. aor. act., Humbach), daß Gott der stärkste, schnellste, Heilvolle ist?

Y 46,13 Wir erkennen (*məhmaidi*, 1. pl. inj. s-aor. med., Humbach) als guten Freund, wer sich auf Zarathustras Seite stellt;

Y 48,2 Es ist bekannt (*vistā*, part. perf. pass.), was gute Gestaltung des Daseins ist, nämlich die Besiegung des Lügners;

Y 48,9 Der Saošyant (Zarathustra selbst?) sollte/möchte wissen (*vidyāṯ*, 3. sg. opt. perf.), wie sein Los sein wird, bzw. welche Vergeltung seiner harrt.

Daneben gibt es unspezifische Aussagen wie Y 29,3, wonach man nicht wissen kann (*nōiṯ viduyē*), wie die Hohen gegen die Geringen vorgehen (Lommel). Die genannten Belege zeigen, daß der Mensch nach dem Vorbild Zarathustras beurteilt wird, und daß die Entscheidung – unter ihrem Aspekt würde auch der inf. *vīcidyāi* Y 49,6 mit hierher gehören – für Ahura Mazdā und die rechte Ordnung, d. h. das gute Denken, Reden und Handeln, nicht emotionale Nachfolge ist, sondern auf Einsicht beruht. Damit ist freilich die ganze Anthropologie Zarathustras in die Frage nach der Funktion von Wissen und Erkennen bei ihm hineingezogen. Deshalb läßt sich vorerst nur sagen, daß Wissen und Erkennen im Gesamtverhalten des Ašavan integral fungieren, nicht aber daß darin eine rationale Komponente besonders betont wird.

d) Gegenstände der Erkenntnis

Hier exakte Angaben zu machen, ist deshalb schwierig, weil dem Wissen und Erkennen die Objekte oft nicht eindeutig zuzuordnen sind. Eine gewisse Kongruenz zwischen Ahura Mazdā und Zarathustra scheint aber hervorzutreten, und ihr fügen sich die schwächer profilierten Aussagen über den Menschen im allgemeinen ein.

α) Die Aussagen einer ersten Gruppe sind reziprok aufeinander beziehbar: Gott und Zarathustra erkennen einander als die Richtigen. Gott kennt oder weiß aus Aša die Gerechten und aus Vohu Manah die Würdigen (Y 28,10); den Zarathustra als des Maga würdig (Y 29,11); den, der beide Lose richtig beurteilt (Y 31,2). Zarathustra kennt oder weiß Vohu Manah (Y 28,5), Ahura Mazdā als Spənta (Y 43, siebenmal), Mazdā (Y 34,9), Ahura als Schöpfer (Y 44,3; 45,4).

β) Ahura Mazdā (Y 29,4.6; 48,3) und Zarathustra (Y 31,19) kennen beide die heimlichen Zaubersprüche der Gegner.

γ) Nach den Aussagen einer dritten Gruppe kennen beide ,,das Beste", das Los der Guten und Bösen o. ä. Gott weiß, wer Zarathustras Beschützer in der Not sein wird (Y 46,7), wie Zarathustras Priesterlohn beschaffen sein (Y 46,19), und wer ihn geben wird (Y 51,22); das alles ist das Beste (Y 45,6; 46,10). Zarathustra kennt das ihm Bestimmte (Y 31,5) und will wissen, wie mit seinen Gegnern verfahren wird (Y 48,9). Ahura Mazdā wie Zarathustra wissen, daß dem Lügenknecht Böses droht, und daß es dem an Aša Festhaltenden nach Wunsch ergeht (Y 51,8).

δ) Beide kennen die Lobpreisungen, Ahura Mazdā die für ihn selbst (Y 30,1), Zarathustra die für Ahura Mazdā bestimmten (Y 28, 10).

Der Mensch kennt oder weiß die richtige Partei, die Zarathustras (Y 31,12.17; 46,13), die gute Gestaltung des Daseins (Y 48,2), er ist ein Guthandelnder durch Denken (Y 31,22); er kennt die Eigenschaften Gottes (46,9), und er kennt – als Saošyant, wer immer damit gemeint ist – sein Los (Y 48,9). –

Soviel auch im einzelnen noch zu untersuchen sein wird, dreierlei wird man über die Struktur von Wissen und Erkennen in den Gathas schon sagen dürfen: Es handelt sich nicht um Mysterienwissen; Worte, von denen aus man dergleichen angenommen hat, namentlich *vafu-* in Y 29,6 und *gūzra-* in Y 48,3, meinen, wenn sie überhaupt eine derartige Bedeutung haben (vgl. Bartholomae, Air. Wb. 1346 und 525), das, was die Gegner der Zarathustra-Gemeinde vor dieser geheimhalten. Ferner: Es handelt sich bei dem Wissen nicht um eine Tradition ex illo tempore; es ist als solches durch die Offenbarung seitens Ahura Mazdā's, durch Hören/Schauen bei Zarathustra in offenbar einer ganzen Reihe konkreter Situationen gebrochen und wird in diesen Situationen und für sie neu begründet. Schließlich: Die Wissenskongruenz zwischen Ahura Mazdā und Zarathustra ist, selbst wo sie sich auf personale Gegenseitigkeit einstellt, nicht auf ein punctum mathematicum zuzuspitzen und hat kein Ineinanderaufgehen etwaiger Erkenntnisorgane wie in einer unio mystica zur Voraussetzung.

Angeschlossen seien einige Bemerkungen zu den vier eingangs genannten Aufgaben.

1. Die Forderung, Ableitungen von derselben Wurzel auch etymologisch zu übersetzen, dürfte sich nicht verwirklichen lassen. Sie ist darüber hinaus nicht einmal sachgemäß. Die Subjekt-Objekt-Relation war so, wie sie aus bestimmten historischen Gründen unseren Sprachgebrauch mitbestimmt, in Zarathustras Zeit und Denken nicht gegeben, und es gibt im Deutschen eine Reihe unverzichtbarer Substantive, die zu keinem Verbum eine ursprüngliche Beziehung mehr haben – wie „Geist" –, oder deren Bedeutung sich anders entwickelt hat als die des zugehörigen Verbums – wie von „Vernunft" und „vernehmen" –, so daß bei Erfüllung jener Forderungen ganz irreführende Übersetzungen herauskämen.

2. Zwei Beispiele zur Klärung schwieriger Stellen; aus B. SCHLERATH's *Index locorum* S. 73 und 46 können nur wenige Interpretationen angeführt werden. Bei Y 44,11 *azə̄m tōi āiš paouruyē* fravōividē* ist zunächst zu entscheiden, ob die Stelle überhaupt in unseren Zusammenhang gehört. Das wäre nicht der Fall nach REICHELT (*Elementarbuch* S. 290: „Ich ward dazu von dir zu Anfang ausersehen"), NYBERG (*Rel. d. alten Iran* S. 117f: „Zu diesem Zweck bin ich von dir am Anfang abgesondert worden"), DUCHESNE-GUILLEMIN („C'est moi qui, pour ce faire, fus choisi par toi, dès l'origine") und LOMMEL („Ich bin dazu von dir zu Anfang auserlesen worden"); sie folgen wohl alle stillschweigend BARTHOLOMAE Sp. 1319, der die Verbalform als 1. sg. praes. med. von (*frā* +) ²*vaēd*- „finden" deutet. Hingegen stellen drei neuere Deutungen die Aufgabe, wenigstens in den Gathas ohne die Annahme eines Homonyms auszukommen, was nicht ausgeschlossen erscheint, auch nicht bei den anderen für ²*vaēd*- in Anspruch genommenen Stellen: I. GERSHEVITCH in der Rezension der englischen Ausgabe von DUCHESNE-GUILLEMIN (JRAS 1952, S. 176), dem HINZ folgt („Ich ward von ihnen von Anfang an als Dein erkannt"); und HUMBACH („Ich erkenne mit ihnen deine uranfänglichen Eigenschaften"), der die Verbalform als 1. sg. ind. praes. med. des Intensivums von (*fra* +) *vid*- (= BARTHOLOMAE's ¹*vaēd*-) erklärt, sie aber auf Grund von Y 33,8 transitiv übersetzen zu müssen meint. Gegen diese Interpretation wäre im Rahmen der unter „Zarathustra als Wissender" zusammengestellten Belege jedenfalls nichts einzuwenden; die transitive Übersetzung allerdings macht Schwierigkeiten, und das führt zu der Interpretation von GERSHEVITCH und HINZ, die als Subjekt des Erkennens alle auf Ahura Mazdās Seite gehörigen Wesen, also wohl auch die Aməša Spəntas, einführen würde.

Y 32,5 *yā fracinas drəgvantəm xšayō* erklärt BENVENISTE (*Infinitifs* S. 35f) gegen BARTHOLOMAE, der in *xšayō* einen Infinitiv „um zu verderben" sieht; es handele sich um „le neutre *xšayah-* „pouvoir", qu'il soit sujet ou régime de *fracinas*". HUMBACH übersetzt im Kontext „woran der Herrscher den Trughaften erkennt" und stellt im Kommentar anheim „wodurch man den Trughaften zur Herrschaft bestimmt". HINZ holt das problematische verbum finitum *fracinas* „er lehrte, brachte bei" einen Vers weiter nach vorn und übersetzt den Rest „auf daß die Macht an den Lügenknecht (komme)"; ähnlich LOMMEL: „gelehrt hat" ist für ihn Prädikat zu „Böser Geist", der Rest wird übersetzt: „damit dadurch der Lügner herrsche". HINZ und LOMMEL folgen damit BARTHOLOMAE Sp. 431, der das Verbum als 3. sg. praes. (sc. seine 8., d. h. die nach Sanskrit-Gewohnheit 7. Klasse) act. von (*frā* +) ²*kaēš-* „lehren" erklärt. HUMBACH meint mit seiner bevorzugten Übersetzung, „die in *fracinas* die Wz. *ciθ* voraussetzt" (Bd. 2 S. 34), offenbar eine 7. Praesensklasse von BARTHOLOMAEs *kaēt-* „bedenken, bedacht sein", mit der anheimgestellten aber eine solche von BARTHOLOMAEs (*frā* +) ¹*kaēš-* „zurichten, bereiten", wobei jedoch das Subjekt „man", wie aus einem Passiv umgesetzt, nicht einleuchtet. Hier wäre auf Grund des über den Menschen als Wissenden Gesagten die Übersetzung von (*frā* +) *kaēt-* als „erkennen" auszuschließen; für das „hat gelehrt" im Sinne von „hat wissen lassen" hingegen ist der Böse Geist als Subjekt problematisch. So wird man HUMBACHs anheimgestellte Übersetzung bevorzugen, jedoch mit dem Bösen Geist als Subjekt; diese Auffassung liegt offenbar hinter der freieren Übersetzung von GELDNER (*Rel. gesch. Lesebuch* 1², S. 3) „durch das er dem Falschgläubigen die Herrschaft versprochen hat".

3. Über das Verhältnis zum vedischen Wissen gäbe es sehr viel zu sagen. Ein gewichtiger Unterschied scheint der zu sein, daß das vedische Wissen zuerst und vor allem den korrekten Opfervollzug zum Inhalt hat, einschließlich der Mythologie der beteiligten Götter und der Ätiologie der entstehenden Folgen. Bei Zarathustra ist zwar auch das Wissen um das, was das Richtige, die Wahrheit ist, von dessen kultischer Manifestation nicht zu trennen; es ist das Verdienst des Kommentars von H. HUMBACH und von Aufsätzen von P. THIEME und M. BOYCE, dies gründlich eingeschärft zu haben. Allein es kommt ein dem Vedischen fremdes Moment dadurch hinein, daß Zarathustra die Intentionen des einst sicher indo-iranischen Kultes prophetisch neu ausrichtet. Auch bei den vedischen Ṛṣis gab es zwar Neuorientierungen auf Grund von Offenbarungen, doch sind diese in der Überlieferung, wie sie vorliegt, abermals zu Tradition zusammengeronnen. Auch würde man den Traditionsbruch unterschätzen, den Zarathustra herbeiführte, wenn man ihn als einen Ṛṣi sähe, wie deren in vedischer und hinduistischer Überlieferung immer nur mehrere in fast kanonischen Reihen genannt werden.

4. Das gnostische Wissen unterscheidet sich vom gathischen dadurch, daß es an die Stelle aller anders ausgedrückten und also empfundenen Beziehungen zwischen dem Menschen und der Gottheit getreten ist, vor allem aber dadurch, daß es eindeutig Funktion eines Erkenntnisorgans geworden ist, das prinzipiell die Stelle beider Erkenntnispartner eingenommen hat. Für den manichäischen Nachfolger von Vohu Manah z. B., den Vahman der südwestiranischen und Manuhmed der parthischen Texte, bedeutet dies insbesondere, daß aus seinem Fungieren auf göttlicher und auf menschlicher Seite eine Zerspaltung zu zwei Hypostasen geworden ist, deren jede wegen ihrer Konsubstantialität und ihres gegenseitigen Aufeinanderwirkens als salvator wie als salvandus bezeichnet werden muß. Von keinem Geistbegriff in den Gathas kann dies gesagt werden, und kein Wissen und Erkennen führte dort ausschließlich und in des Wortes strenger Bedeutung zur Erlösung, d. h. zur Erlösung des einzig Erlösenswerten, des Erkenntnisorgans.

Möchten die vorstehenden Ausführungen gezeigt haben, daß die Zeit für eine gründliche monographische Behandlung des Themas reif ist.

Parthische Religion und parthische Kunst

Stoff und Argumentation wurden an Hand eines Entwurfes vorgetragen, wie er den einschlägigen Kapiteln einer in Arbeit befindlichen größeren Publikation des Referenten zugrundeliegt. Da volle Vorwegnahme jetzt bzw. Wiederholung oder gezwungene Umformulierung später mißlich wäre, wird an dieser Stelle eine Zusammenfassung mit Angabe benutzter und weiterführender Literatur geboten.

Einleitung

Das Thema des Referates gehört in zweierlei Hinsicht in das Programm der Studientagung über ‚Spätantikes Judentum und frühchristliche Kunst' (Eisenstadt, 22.-26. Mai 1974). a) Die Fremdbestimmung der jüdischen Religion in der behandelten Zeit, insbesondere seiner Apokalyptik, wird seit langem diskutiert. Wo sie behauptet wird, ist seit kurzem an die Stelle des früher zu allgemein so genannten „iranischen Einflusses" die Frage getreten, inwieweit speziell die „parthische Religion" eine Rolle gespielt haben kann; denn mit dieser hat man es neben dem Judentum vom 2. Jh. vor bis 2. Jh. nach Chr. zu tun. b) Die Kunst der Synagoge von Dura Europos wird seit M. Rostovtzeff „parthische Kunst" genannt und mit nichtjüdischer Kunst gleichen oder verwandten Stils zusammengestellt. Gelegentlich wird darin eine Bestätigung des parthischen Einflusses auf das Judentum überhaupt gesehen. Es war zu untersuchen, ob der Begriff des Parthischen in der Kunstgeschichte derselbe ist wie in der Religionsgeschichte. In der letzteren mußte außerdem der Aspekt der direkten Bezeugung des Parthischen von dem der behaupteten indirekten unterschieden werden, die nur durch das Judentum vermittelt sei. Demgemäß ergaben sich drei Teile.

E. Benveniste, The Persian religion according to the chief Greek texts, Paris 1929, 50–117.
J. Bidez – F. Cumont, Les Mages Hellénisés, 2 Bde., Paris 1938 (dazu *A.D. Nock*, Greeks and Magi, in: Journal of Roman Studies 30 [1940], 191–198 = Essays on Religion and the Ancient World, Bd. 2, hsg. v. Z. Stewart, Oxford 1972, 516–526).
F. Cumont, Die orientalischen Religionen im römischen Heidentum, 4. unv. Aufl. Darmstadt 1959, 124–147.
C. Colpe, Ost und West, in: H.J. Schultz (Hrsg.), Die Zeit Jesu (Kontexte 3), Stuttgart-Berlin 1966, 19–26.
J. Duchesne-Guillemin, La religion de l'Iran ancien (Mana 1,3), Paris 1962, 224–276 (mit wichtiger weiterführender Literatur).
R.N. Frye, Persien, Zürich 1962, 354–410.
W.B. Henning, Mitteliranisch, in: Handbuch der Orientalistik 1. Abt. 4. Bd. 1. Abschnitt, Leiden-Köln 1958, bes. 27–30 und 40–43 (mit älterer Lit. zu den Inschriften und Münzen).

H.H. von der Osten, Die Welt der Perser, Stuttgart 1956, 103–122.
M. Streck, Seleukia und Ktesiphon, Leipzig 1917.
G. Widengren, Iranisch-semitische Kulturbegegnung in parthischer Zeit, Köln und Opladen 1960 (dazu C. Colpe, ZDMG 113 [1963], 218–221).
G. Widengren, Die Religionen Irans, Stuttgart 1965, 174–242.

1. Der Begriff „Parthische Religion" als Kürzel für vier Aspekte iranischer Religion der Partherzeit neben dem Hellenismus

a) Der Zoroastrismus ist sehr wahrscheinlich in den Kerngebieten Irans die ganze Partherzeit hindurch ungebrochen lebendig geblieben. Dörfer und weite Landstriche abseits von Poleis und Straßen waren von hellenistischer Kultur praktisch unberührt. Auf Kontinuität weisen der Kalender, der ein solcher des religiösen Jahres war; Übereinstimmungen im gottesdienstlichen Yasna, die sich aus dem Vergleich awestischer und mittelpersischer Zeugnisse sowie aus der Anlage in dieser Zeit gebauter Feuertempel ergeben; und die Indizien, die auch dafür sprechen, daß ein Awesta-Text oder Teile davon auf Veranlassung von Arsakidenkönigen aufgezeichnet wurde. Verhältnisse, welche die Frage nach gegenseitiger Beeinflußbarkeit mit Judentum, Hellenismus, aramäischer Volksreligion zu stellen gestatten, dürften nur im Westen des Partherreiches geherrscht haben. Ob die Apokalyptik in diesen Bereich gehört, und ob die in parthischer Zeit zweifellos vorhandene Apokalyptik zoroastrisch oder nichtzoroastrisch, d.h. allgemein nationaliranisch war, sind offene Fragen.

b) Die Parther, die ihren Namen ja erst bekamen, nachdem sie in die Provinz Parthawa eingedrungen waren, brachten aus ihrer dahischen Heimat eine Natur- und Stammesreligion mit. Elementen-, Feuer-, Gestirn-, Geister- und Ahnenverehrung fielen noch römischen, griechischen und armenischen Autoren auf. Obwohl dies alles auch im Zoroastrismus begegnet, hat es in dessen Theologie doch noch eine andere Bedeutung als in einfacher ethnisch-iranischer Religion.

c) Es war ein nichtzoroastrischer Mithraismus verbreitet. Er läßt sich des näheren mit dem des Kuschanreiches und des weiteren mit dem Sonnenkult der Saken überhaupt vergleichen und hatte nicht die Form eines Mysterienkultes; in diese ging er erst in Kleinasien ein, und sie verbreitete sich nur im Römer-, nicht im Partherreich.

d) Es gibt eine Terminologie in parthischer Sprache, aus der man eine ganze Mythologie, ein Kultinventar und ein Ritual konstruieren könnte. Sie kann zu den drei genannten Aspekten gehört haben, obwohl sie in deren Zusammenhang nicht bezeugt ist, sie kann aber auch einen vierten Aspekt anzeigen, etwa den, der für die Ausbildung des hellenisierten Magiertums oder des Manichäismus wichtig wurde. Daß eine Erlösungslehre oder gar ein Messianismus eben hierzu gehörte, ist möglich.

Dies alles reicht vielleicht nicht aus, um von vier verschiedenen Religionsformen zu sprechen. Aber selbst als Aspekte einer Religion sind sie unterscheidbar genug, weshalb erst recht bei der Untersuchung des „Einfluß"-Problems Differenzierungen gemacht werden müssen.

E.J. Bickermann, The „Zoroastrian" calendar, Archiv Orientalni 35 (1967), 197–207.
M. Boyce, Zariadres und Zarēr, BSOAS 17 (1955), 463–477.
dies., The Parthian gōsān and Iranian minstrel tradition, JRAS 1957, 10–45.
dies., The Letter of Tansar, Rom 1968 (bes. 16ff. 47f).
dies., On the calendar of Zoroastrian feasts, BSOAS 33 (1970), 513–539.
M.A.R. Colledge, The Parthians, London 1967.
C. Colpe, Überlegungen zur Bezeichnung „iranisch" für die Religion der Partherzeit, ZDMG Suppl.-Bd. 1, 3, Wiesbaden 1969, 1011–1020.
ders., Der Begriff „Menschensohn" und die Methode der Erforschung messianischer Prototypen, 2. Folge (zu den Hystaspesorakeln), Kairos 12 (1970), 81–112.
J.R. Hinnells, The Zoroastrian Doctrine of Salvation in the Roman World: A Study of the Oracle of Hystaspes, in: Man and His Salvation, Studies in memory of S.G.Fr. Brandon, hsg. E.J. Sharpe und J.R. Hinnells, Manchester 1973, 25–148.
J.M. Unvala, Observation on the Religion of the Parthians, Bombay 1925 (grundlegend).
Th. Reinach, Mithridate Eupator, Roi de Pont, Paris 1890.

2. „Dualismus", Apokalyptik, Dämonologie und Messianologie im Judentum als Indizien für enge Beziehungen zu „parthischer Religion"

a) Der Begriff „Dualismus" ist undefiniert zur Begründung von Abhängigkeits- oder Verwandtschaftsthesen nicht geeignet. Unter seinen vielen Typen kommen hier überhaupt nur die beiden in Betracht, die einen wesenhaften Unterschied zwischen himmlischer und irdischer Welt und einen ebensolchen zwischen künftiger und gegenwärtiger Welt beinhalten. Nur wenn man beide Unterschiede getrennt hält, nicht wenn die Deckungsgleichheit von himmlischer und künftiger Welt (nur im Judentum, nicht in Iran) zur Debatte steht, besteht Übereinstimmung zwischen iranischen Religionsaspekten der Partherzeit und antik-jüdischer Religion. Diese Übereinstimmung besagt als solche weder für noch gegen Abhängigkeit oder Einfluß etwas, da sowohl die Entstehung „dualistischer" Weltmodelle hier wie dort aus intentionsgleichen Widerständen gegen den Hellenismus erklärbar ist als auch ebendiese Verhältnisse die Übernahme solcher Modelle erklärlich machen, wo sie angeboten werden und eigene nicht zur Verfügung stehen.

b) Die Ausbildung konvergier- und einflußfähiger Zukunftsankündigungen fand in einer Zeit statt, die zwei Jahrhunderte (539–332 v. Chr.) Zugehörigkeit der jüdischen Theokratie zum Achämenidenreich und die Ausbildung einer jüdischen Diaspora u.a. in Medien (seit 200 v. Chr.) und im parthischen Babylonien (seit 150 v. Chr.) hinter sich hatte und nun durch Auseinandersetzung zwischen autochthonen und hellenistischen Herrschaftsidealen gekennzeichnet ist. So werden das iranische wie das jüdische theologische Geschichtsbewußtsein bei ihrer Ausbildung zu apokalyptischen Eschatologien unter dieselben Bedingungen gestellt. Die Homogenität des Geschichtsaufrisses, die so zustandekommt, gestattet eigentlich keine Alternative zwischen gegenseitiger Abhängigkeit oder Selbständigkeit hier und dort. Innerhalb dieser Homogenität aber sind sowohl massive wirkliche Übernahmen (Beispiel: c) als auch Bevorzugungen jeweils jüdischer bzw. iranischer Tradition (Beispiel: d) möglich.

c) Dämonen- und „Engel"-Vorstellungen, die ohnehin in einer Folklore gediehen, die ethnisch weitgehend unspezifisch gewesen war, wurden frei austauschbar. Hier war Iran sicher der Partner, der mehr gegeben hat (vgl. Asmodaios; Dämonen um den Teufel in Test. Sebul. 9,8 u. Test. Juda 13,3; sieben gute gegen sieben böse Dämonen in Test. Ruben 2,1ff; und vieles andere).

d) Die Erlösergestalten hier und dort haben nichts miteinander zu tun. Der Davidsohn macht die von der in der Rückschau glorifizierten Davidsgestalt durchgeführte Reinigung Jerusalems von den Gottlosen endgültig. Im am Himmel erscheinenden Menschensohn wird entweder eine in kanaanäischer Mythologie den gealterten Hochgott ablösende und dabei mächtiger werdende Gottheit oder der Völkerarchont der jüdischen Geschichtsmythologie neu benannt und zunächst zum Symbol kommender Gottesherrschaft, danach zum Repräsentanten des Gottesvolkes gemacht. Der „Messias aus Aaron" ist eine hohepriesterliche Gegenfigur zum Dividen. Sie alle sind durchaus andere Gestalten als der Große König der Hystaspesorakel oder als die Saoschyants des Zoroastrismus, in denen sich der eschatologische Aspekt des bewahrenden Werkes Zarathustras verselbständigt hat.

F.F. Bruce, Israel und the Nations, London 1963.
C. Colpe, Lichtsymbolik im alten Iran und antiken Judentum, Studium generale 18 (1965), 16–133 (und die dort Anm. 92 und 135 zitierten Arbeiten von A. Dupont-Sommer und G. Widengren).
C. Colpe, Die Arsakiden bei Josephus, in: Josephus-Studien (Festschrift O. Michel), hsg. von O. Betz, K. Haacker und M. Hengel, Göttingen 1974, 97–108 (wichtig die in Anm. 18, 27, 33, 36, 41 zitierten Arbeiten von J. Neusner sowie Anm. 2 A.v. Gutschmid, Anm. 3 N.C. Debevoise, Anm. 23 W. Wroth und G.F. Hill, Anm. 38 A. Hermann, Anm. 40 R. Ghirshman).
C. Colpe – J. Maier, Geister (Dämonen) B.I. Alter Orient; III.a. Synkretismus in Ägypten; b. Frühes und hellenistisches Judentum; d. Talmudisches Judentum, in: Reallexikon für Antike und Christentum 9, Liefg. 68/69 (1974/75), 553–598; 615–640; 668–688.
R.N. Frye, Iran und Israel, in: Festschrift für Wilhelm Eilers, hsg. von G. Wießner, Wiesbaden 1967, 74–84.
S.S. Hartman, Iran, in: U. Mann (Hsg.), Theologie und Religionswissenschaft, Darmstadt 1973, 106–123.
J. Neusner, A History of the Jews in Babylonia, Bd. 1: The Parthian Period (Studia Post-Biblica 9), 2. Aufl. Leiden 1969.

D.S. Russell, The Method and Message of Jewish Apocalyptic, London 1964.
S. Shaked, Qumram and Iran: Further Considerations, Israel Oriental Studies 1 (1972), 433–446.
P. Wernberg-Møller, A Reconsideration of the Two Spirits in the Rule of the Community (1 Q Serek III 13-IV 26), RQ 3 (1961/62), 413–441.
D. Winston, The Iranian component in the Bible, Apocrypha, and Qumram: A review of the Evidence, History of Religions 6 (1966), 183–216.
U. Müller, Messias und Menschensohn in jüdischen Apokalypsen und in der Offenbarung des Johannes, Gütersloh 1972.

3. „Parthische Kunst" als Kunst parthischer Höfe, hellenistischer Poleis in Iran und syrisch-mesopotamischer Wüstenstädte

a) Neben den hellenisierten iranischen Höfen ist eigentlich nur ein wirklich parthischer durch Funde vertreten, nämlich der von Nisa, der Hauptstadt der parthischen Frühzeit in der viel später sog. turkmenischen Steppe. Doch auch der Hof der Hauptstadt der parthischen Spätzeit, Ktesiphon, muß eine dynastische Kunst gehabt haben, obwohl das parthische Stratum dieser Stadt kaum bekannt ist. Nur wenn man diese Stadt, mit hellenisierten Orientalen als Künstlern und Handwerkern, als Zentrum annimmt, erklären sich die Übereinstimmungen der Kunst in sehr weit auseinanderliegenden Gebieten, nämlich Palmyra/Dura Europos, der Elymais und Afghanistan (H. Seyrig u. andere).

b) Neben dieser Kunst, also gleichfalls noch in der ersten Hälfte der Partherzeit, gab es eine griechisch-iranische. In den hellenistischen Städten von Seleukia bis Aï Khanum wurde sie wohl mehr von den Bürgergemeinden getragen. Sie findet sich daneben in den Reliefs von Hung-i Naurūzī und Bīsutūn, aber auch in der Kommagene und bei den Parthern selbst (Nisa, Kūi-i Ḫwāǧa); in den beiden letzteren Fällen war sie wohl die Kunst des jeweiligen Herrscherhauses. Sie weist in Reliefs mit Dreiviertel-Frontalansicht und Statuen Merkmale der hellenistischen, bei Königen und Göttern auch solche der achämenidischen Glyptik auf, entfernt sich aber eben damit von den Traditionen der klassisch-griechischen Vollplastik wie von der Polarität zwischen Repräsentationsbild und berichtendem Bild im Alten Orient (D. Schlumberger). Als Sonderform der griechisch-iranischen entwickelte sich die griechisch-buddhistische Kunst in Gandhāra und Mathura.

c) Die Kunst, die M. Rostovtzeff „parthisch" nannte, stammte in erster Linie aus Palmyra, Dura, Hatra und Assur, in zweiter aus Warka in Mesopotamien, Tang-i Sarvak und Schamī (beide in Ḫuzistān, der alten Susiana). Sie wurde wohl ganz und gar von Stadtgemeinden getragen, wobei in Palmyra besonders eine Handelsoligarchie greifbar wird, die den Warenaustausch durch die Wüste steuerte, und in Dura ein Verband alter makedonischer Familien. Die fünf letztgenannten Orte gehörten immer, d.h. seit es seine weiteste Ausdehnung nach

Westen erreicht hatte, zum parthischen Reich; Dura tat es nur zeitweise und wurde später römisch (165–256 n. Chr.), Palmyra war politisch niemals parthisch. Die Zeugnisse stammen aus der parthischen Spätzeit und stimmen in ihrem Hauptcharakteristikum, der Frontalansicht der handelnden Figuren, weder mit der Kunst der parthischen Frühzeit noch mit der griechisch-iranischen noch mit der griechisch-römischen überein. Die Herkunft der Darstellungsart in Frontalansicht ist heute umstritten. Sie fällt auch nur in den Malereien der Synagoge von Dura als etwas Besonderes auf, weniger in den Skulpturen von Palmyra, deren Gegenstück sie sind.

Da Übereinstimmungen, die in anderer Hinsicht mit der Kuschan- und Gandhāra-Kunst bestehen, nur durch Annahme eines auch künstlerisch fraglos parthischen Zentrums in Ktesiphon erklärbar sind, ist es berechtigt, von „parthischer Kunst" zu sprechen oder diesen Begriff sogar mit D. Schlumberger auf die 250 Jahre zwischen der Stabilisierung der römisch-parthischen Beziehungen (um 20 v. Chr.) und dem Untergang des Partherreiches (um 225 n. Chr.) zu beschränken.

P. Bernard, Aï Khanum on the Oxus. A Hellenistic city in Central Asia, Proceedings of the British Academy 53 (1967), 71–95 + Taf. I-XX.
M. Hallade, The Gandhara style and the evolution of the Buddhist art, London 1968.
Cl. Hopkins, The Parthian temple, Berytus 7 (1942), 1–18.
H. Ingholt, Parthian sculptures from Hatra, Memoirs of the Connecticut Academy of Arts and Sciences 12 (1954), 1–54.
E. Porada, Alt-Iran. Die Kunst in vorislamischer Zeit, Baden-Baden 1962, 181–190.
J.M. Rosenfield, The Dynastic Art of the Kushans, Berkeley 1967.
M.J. Rostovtzeff, Dura and the Problem of Parthian Art, Yale Classical Studies 5 (1935), 157–304.
K. Schippmann, Die iranischen Feuerheiligtümer (Religionsgeschichtliche Versuche und Vorarbeiten 31), Berlin 1971.
D. Schlumberger, The Excavations at Surkh Kotal and the Problem of Hellenism in Bactria and India, Proceedings of the British Academy 47 (1961), 77–95 + Taf. I-XXIV.
ders., Descendants non-méditerranéens de l'art Grec, Syria 37 (1960), 131–166 und 253–318, deutsch in: F. Altheim – J. Rehork (Hsg.), Der Hellenismus in Mittelasien (Wege der Forschung 91), Darmstadt 1969, 281–405.
ders., Der hellenisierte Orient, Baden-Baden 1969.
H. Seyrig, Antiquités Syriennes 24–25, 26–28, 29–39, Syria 20 (1939), 35–42, 177–194, 296–323.
ders., Palmyra and the East, Journal of the Roman Society 40 (1950).

Schluß

Aber dieser Begriff ist ein fundamental anderer als der in den beiden religionsgeschichtlichen Teilen des Referates erörterte. Er paßt mit diesem nur in chronologischer Hinsicht einigermaßen zusammen, inhaltlich aber keinesfalls so, wie etwa die „griechische Kunst" zur „griechischen Religion" gehört. Eine Zuordnung der parthischen Kunst der Frühzeit zur Religion der Parther, soweit diese zur in Teil 1 besprochenen iranischen Religion der Partherzeit gehört, erscheint insofern möglich, als die letztere uns nur als die Religion des Herrscherhauses überliefert ist. Bei der „parthischen Kunst" der Spätzeit hingegen ist das weder in bezug auf diese Religionsform noch erst recht in bezug auf die durch das Judentum vermittelte Form möglich. Schon gar nicht hat die parthische Stilisierung der jüdischen Überlieferung in der Synagoge von Dura irgend etwas mit den in Teil 2 des Referates besprochenen Sachverhalten zu tun.

Die einzige ‚Übereinstimmung', die man feststellen könnte, liegt auf der Ebene, in welche die historisch-philologische Untersuchung nicht mehr hineingreift, und welche zu ihrer Erfassung einer historisch-psychologischen Methode noch harrt. Durch die Frontalität wird eine höhere Realität, ja eine Spiritualität der dargestellten Gestalten zum Ausdruck gebracht (Rostovtzeff), welche durch Bindung an die materiellen Mittel gleichwohl dinglich bleibt. Dies kann man mit der Hypostasierung von Begriffen vergleichen, in denen sich ein Dualismus, eine Erlösungsvorstellung, eine Dämonologie oder ein zeitlich-räumlicher Äon verdichtet. Insofern kann zwischen parthischer Kunst einerseits, verschiedenen Aspekten in parthischer und antik-jüdischer Religion andererseits eine verborgene Verwandtschaft bestehen.

Mithra-Verehrung, Mithras-Kult und die Existenz iranischer Mysterien

1 *Fragestellung*

Die Entstehung der Mithras-Mysterien stellt ein Rätsel dar, das für die Natur der Beziehungen zwischen Orient und Okzident beispielhaft ist. Kaum eine andere Erscheinung in der Geschichte dieser Beziehungen enthält so scheinbar ausschließlich jede der beiden Möglichkeiten, Kontinuität und Diskontinuität zwischen den Überlieferungen in Ost und West zu belegen. Daß man versuchen muß, alternative Entscheidungen zugunsten der einen oder der anderen Möglichkeit zu vermeiden, ist wie in jeder historischen Forschung evident.

Solche Versuche lassen sich auf verschiedene Weise durchführen. Man kann die Charakterisierungen des Gottes Mithra nach indischen und iranischen Zeugnissen einerseits, nach griechischen und römischen Zeugnissen andererseits vergleichen, und man kann diesen Gott als das Zentrum einer religions-, kultur- und kunstgeschichtlichen Erscheinung 'Mithraismus' ansehen, innerhalb welcher sich die Symbolik der Monumente und die Terminologie der Texte durch viele Verzweigungen verfolgen läßt. So ist es in der Forschung bisher meistens, und mit eindrucksvollen Resultaten, geschehen.

Es gibt aber noch eine weitere Möglichkeit, herauszufinden, inwiefern hier ein Bruch oder ein Wandel in einer Tradition vorliegt, die auf den ersten Blick wie ein Verbindungsglied zwischen der nachklassischen Antike und dem gleichzeitigen Orient aussieht, dem zu einem großen Teil wesentliche ihrer Elemente entstammen. Man kann nämlich auch bei der kultischen Organisationsform und dem Ritual sowie dem an beides gebundenen Heilsverständnis der Gemeinschaften ansetzen; denn diese waren es ja, die sich der Umwelt, welcher wir einen großen Teil unserer Zeugnisse verdanken, in einer bestimmten Gestalt dargeboten haben, und in ihnen sind die Monumente und Texte hergestellt worden, die uns nun als noch authentischere Aussagen über Mitra, Mithra, Mithras und den Mithraismus vorliegen. Wenn man diesen Ansatz verfolgt, läßt man freilich außer Betracht, daß Texte auch ohne Gemeindebezug, mehr oder weniger rein als

Literatur, verfaßt worden sein können,[1] daß Inschriften manchmal keine Gemeinde, sondern die Devotion eines Einzelnen bezeugen,[2] und daß Reliefs und erst recht mithrische Motive in anderen Rahmen zuweilen keine Kultbilder, sondern freie Kunstwerke sind.[3] Deshalb ist sogleich zu sagen, daß ein Versuch wie der folgende das ganze Problem nicht zu lösen vermag. Aber daß er in ein Zentrum führt, von dem aus für die Erklärung von Symbolik und Terminologie mindestens ebensoviel zu gewinnen ist wie in rein kunstgeschichtlicher und rein philologischer Untersuchungsweise, dürfte nicht zu bestreiten sein. Man benötigt zunächst eine möglichst genaue Bestimmung dessen, was ein Mysterium ist.

2 Der wesentliche Kern antiker Mysterien

Der Begriff der 'Mysterienreligionen' ist oft so sehr ausgeweitet worden, daß man unter ihm die spätantik-synkretistischen Religionen schlechthin versteht. Das liegt daran, daß die Bezeichnung Mysterion = 'Geheimnis' nicht nur technisch, sondern auch allgemein verwendet werden kann, wie es sogar ihrem ursprünglichen Sinne entspricht. Mysterienreligionen sind dann solche, die Geheimnisse enthalten und enthalten wollen, konkret: die ihre Rituale und Lehren, die meist mythologische Form haben, geheimhalten.[4] Bestimmte Gemeinschaften taten dies ersichtlich deshalb, weil sie einen besonderen Heilsbesitz damit verbanden. Es folgte daraus, daß sie besondere Bedingungen setzen mußten, deren Erfüllung Voraussetzung dafür war, daß sie auch Außenstehenden Anteil an diesem Heilsbesitz gaben, und daß sie diese Anteilgabe in besondere Einweihungsprozeduren kleideten, welche den Heilsweg symbolisieren, den ein Mensch von außen in ihr Inneres zurücklegt. Und da die Gemeinschaft selbst der symbolische Ort des Heiles

---

[1] Ein solches Dokument dürfte die von Dieterich, Leipzig 1903, herausgegebene *Mithrasliturgie* sein, von der man andererseits mit Recht gesagt hat, daß sie mit den Mithras-Mysterien nichts zu tun hat; vgl. die Rezensionen von Cumont, *Revue de l'instruction Publique en Belgique* 47, 1904, S. 1–10, Jones, *Quarterly Review* 440, 1914, S. 103–27 und viele spätere Äußerungen.

[2] Hierher gehören eine Reihe von Inschriften, die in den Registern bei Cumont, *TMMM* II S. 535–9 (unter 'Titres sacrés des fidèles' und 'Fonctions et qualités des fidèles') sowie bei Vermaseren, *CIMRM* II, S. 432–7 (Names of persons mostly Mithraists) aufgeführt werden.

[3] Einige solcher Darstellungen bei Saxl, *MTU*, werden von Saria, *Germania* 16, 1932, S. 325–7, Deubner, *Gnomon* 9, 1933, S. 372–81, Nilsson, *DLZ* 1933, Sp. 250–4, Koepp, *GGA* 1933, Sp. 233–51, und Dibelius, *Theol. Lit.-Zeitung* 59, 1934, Sp. 171–5 diskutiert.

[4] In dieser Richtung sind ältere Umschreibungen wie z.B. bei R. Reitzenstein, *Die hellenistischen Mysterienreligionen*, Leipzig–Berlin 1910, 2. Aufl. 1920, 3. Aufl. 1927, oder C. Clemen, *Der Einfluß der Mysterienreligionen auf das älteste Christentum* (RGVV 18/1), Gießen 1913, oder A. Angus, *The Mystery Religions and Christianity*, New York 1925, über Th. Hopfner, Mysterien VII: Die orientalisch–hellenistischen M., *Pauly-Wissowa* Bd. 16/2, Stuttgart 1935, Sp. 1315–50, vage geblieben bis hin zu G. Widengren, Synkretistische Religionen. Die orientalischen Mysterienreligionen, *Handbuch d. Orientalistik*, Abt. I, hsg. von B. Spuler, Bd. 8/2, Leiden 1961, S. 43–82 (zu Anfang).

war, das sie jedoch transzendiert, führt der Heilsweg nicht nur in die Gemeinde hinein, sondern zur Erlösung überhaupt. Arkandisziplin, Initiationspraxis und Wiedergeburtsvorstellungen gelten deshalb weithin als die drei Merkmale, an denen man eine Mysterienreligion erkennt. In Wirklichkeit reichen sie nicht hin, weder einzeln noch zu dritt. Viele Tempelkulte verschiedenster Art in Ägypten[5] und Mesopotamien[6] schlossen Unberufene aus, und später hielten Astrologen, Magier und Ärzte,[7] ja selbst Philosophen[8] ihre Lehren häufig geheim. Rituell eingeführt wurde man z.B. in verschiedene Altersstufen nicht nur bei Naturvölkern, sondern auch bei den Griechen;[9] oder in den römischen Kult der Bona Dea;[10] oder durch Beschneidung und später Proselytentaufe ins Judentum; oder durch Anlegen von *sudrah* (*sedre*) und *kustī* unter genauer Rezitation heiliger Texte in die zoroastrische Gemeinde.[11] Wiedergeburt konnte man schon durch Nachahmung der Embryonallage in der Hockerbestattung erstreben, und in der ausgehenden Antike konnte man sie ganz individuell durch Trancen, Ekstasen und Waschungen, ja sogar durch Lesen von Texten, körperliche Heilungen und selbst durch Zauber erfahren. Man könnte nun einwenden, daß, wenn eines der Merkmale nicht ausreicht, dann eben alle drei zusammenkommen müssen, um eine Mysterienreligion zu konstituieren. Aber diejenigen Gemeinschaften, in denen man dies verwirklicht sieht, und die man deshalb als Beweis anführt, bieten noch ein viel wesentlicheres Merkmal. Indem man es benutzt, um Unterschiede zwischen wirklichen Mysterien und solchen Religionen, Praktiken oder Erfahrungen festzuhalten, die unter Einschluß der rituellen und soteriologischen Konsequenzen einfach esoterisch sind, engt man die Definition also nicht willkürlich ein, sondern legt eine Erscheinung zugrunde, die sich nachweisen läßt.

---

[5] H. Bonnet, Mysterien, in: ders, *Reallexikon der ägyptischen Religionsgeschichte*, Berlin 1952 S. 494–6 (dort am Schluß).

[6] R. Borger, Geheimwissen, in: *Reallexikon der Assyriologie* Bd. 3, Liefg. 2, Berlin 1959, S. 188–91, erwägt, daß der Verzicht auf Niederschrift religiöser Texte während der sumerischen Renaissance darauf schließen läßt, daß u.a. die kultische Literatur Geheimwissen der Priester war, und gibt Beispiele aus späterer Zeit, wo dies eindeutig ist.

[7] Geheimhaltungsvorschriften aus Papyri bei A. Abt, *Die Apologie des Apuleius von Madaura und die antike Zauberei* (RGVV 4/2), Gießen 1908, S. 65 bzw. 139.

[8] So z.B. im *Corp. Herm.* 13, 1 f. 21 f (p. 199 f. 209 f. Nock–Festugière), dazu R. Reitzenstein, Zum Asclepius des Pseudo-Apuleius, *Archiv f. Religionswissenschaft* 7, 1904, S. 393–411 (am Schluß); mehr bei J. Mallinger, *Les Secrets ésotériques dans Plutarque*, Paris-Brüssel 1946.

[9] Unter den im *Thesaurus Linguae Graecae* Bd. 7, Paris 1848–54, Sp. 1947 f s.v. τελετή aufgeführten Belegen sind einige, z.B. Apollodor 2, 2, 2, aus denen hervorgeht, daß z.B. für den Übergang in die Ehe ein richtiger Initiationsritus gelegentlich für nötig erachtet wurde.

[10] K. Latte, *Römische Religionsgeschichte* (Handbuch d. Altertumswiss. Abt. 5/4), München 1960, S. 228, weist auf den Ausschluß der Männer, die Zulassung u.a. von Vestalinnen hin und denkt für die unerklärte Geheimhaltung bei Nacht an eine spezielle Weisung der Sibyllinen.

[11] M. Boyce, Den senere Zoroastrisme, in: *Illustreret Religionshistorie*, hsg. v. J. P. Asmussen und J. Laessøe, Kopenhagen 1968, S. 302.

Es handelt sich dabei um die Gleichschaltung und Gleichgestaltung des menschlichen Geschickes mit dem eines Gottes. In diesem Falle ist die geheimgehaltene Lehre sein Mythos; die Initiation ist die weitestmögliche Hineinziehung des menschlichen Lebens in das mythische Geschehen und als solche mindestens ein magischer, oft sogar ein noch drastischerer Akt; die Wiedergeburt ist eine Vergottung im ganz spezifischen Sinn. Erst wo Arkandisziplin, Initiationspraxis und Wiedergeburt in diesen zentralen Punkt integriert sind, an dem menschliches und göttliches Geschick, ja menschliche und göttliche Person ineinander übergehen, erst da ist der wesentliche Kern einer antiken Mysterienreligion gegeben.

Es nimmt nicht wunder, daß dieser Kern nicht immer ideal, sondern manchmal nur annäherungsweise verwirklicht wurde. Aber selbst wenn man nicht nur die Realisierung, sondern auch die Tendenz dazu in das entscheidende Definitionsmerkmal aufnimmt, wird der Kreis der wirklichen Mysterien bemerkenswert klein. Es sind zunächst einmal die Mysterien der Demeter, des Dionysos, des Orpheus, der Kabiren und des Attis bzw. der Kybele. Wenigstens kurz sei angedeutet, worin jeweils der wesentliche Kern liegt.

Der Kornmutter Demeter wird ihre Tochter, das Kornmädchen Kore, von Hades geraubt und in die Unterwelt entführt; auf zornige Intervention der Demeter hin läßt Zeus durch Hermes das Mädchen zurückholen, doch Hades gibt der Kore eine Granatfrucht zu essen und sichert sich so ihre Wiederkehr für den dritten Teil des Jahres.[12] Das Geschick der Demeter, die ihre Tochter abwechselnd bei sich haben darf und entbehren muß, ist ein agrarisches und gibt die chthonische Ambivalenz des Einschluckens und Wiederhervorbringens des lebengebenden Getreides wieder.[13] Der Myste eignete es sich auf verschiedene Weise an, durch ein sehr tief aufnehmendes Schauen der Dromena[14] oder indem er ein Bild von Demeters Mutterschoß aus einer Kiste nahm und es zur Nachahmung einer Geburt mit seinem eigenen Leibe in Verbindung brachte.[15] Über das, was in Eleusis und an einigen anderen Orten zu geschehen hatte, bis er dies durfte, über das Schweigegebot und den Wandel des Verständnisses des neuen Lebens liegen zahlreiche Zeugnisse vor.—Dionysos ist der Gott des Rausches. Seine Ekstasen führten aus den Konventionen des bekannten Lebens heraus, seine

---

[12] Hom. *hymn. Dem.* 292–495, dazu der Kommentar von T. W. Allen–W. R. Halliday– E. E. Sikes, *The Homeric Hymns*, Oxford 1936 (anast. Amsterdam 1963), S. 114–26 und 164–83. F. R. Walton, Athens, Eleusis and the Homeric Hymn to Demeter, *Harv. Theol. Rev.* 45, 1952, S. 105–14 findet eine anti-athenische Spitze in dem Hymnus.

[13] M. P. Nilsson, *Geschichte der griechischen Religion* Bd. 1 (Handbuch d. Altertumswiss. Abt. 5/2, Bd. 1), 3. Aufl., München 1967, S. 469–77.

[14] Ausführlich G. E. Mylonas, *Eleusis and the Eleusinian Mysteries*, Princeton 1961, S. 261–72.

[15] Diese Deutung der Worte ἔλαβον ἐκ κίστης, ἐργασάμενος (Clem. Al. *protr.* 2, 21, 2 = p. 16, 18 f Stählin, wiederholt bei Euseb. *praep. evang.* 2, 3, 35 = *GCS* 43/1, p. 85 Mras und bei Arnob. *adv. nat.* 5, 26, vgl. auch 5, 25 und 5, 35 = *CSEL* 4, p. 198, 7; 196, 15; 206, 3 Reifferscheidt) durch A. Körte, Zu den eleusinischen Mysterien, *Archiv f. Religionswiss.* 18, 1915, S. 116–26, dort 122 ff, hat weitgehende Zustimmung gefunden. Vgl. Anm. 42.

mantischen Kräfte greifen über das zu Erwartende hinaus vor, sein Zerrissenwerden[16] desavouiert die Mechanik der normalen Lebenszeugung und des natürlichen Todes. Der Ort dieser Art von Heil sind die Wälder und das Gebirge. Die Anhänger steigern sich ins Heil durch Ekstase hinein, die sie außer sich bringt, sie ziehen durch Maskierungen aller Art die Gestalt des Gottes an[17] und erleben sein Geschick, indem sie wilde Tiere und sogar ihre eigenen Kinder zerreißen.[18] Initiation und Geheimhaltung spielten hier nicht einmal eine Rolle—Frauen konnten sich dem mänadischen Haufen einfach anschließen—, woran man sieht, daß diese vermeintlich entscheidenden Merkmale sogar fehlen können und man doch—niemand hat es je geleugnet—von einem Mysterienkult sprechen muß.—Für die fast sektiererischen Kreise, die den thrakischen Sänger Orpheus zu ihrem Schutzheiligen wählten, war die dionysische Bewegung disqualifiziert, weil Mänaden den Orpheus zerrissen hatten, der nach Rückkehr aus dem Hades zur Verehrung des Helios–Apollon übergegangen war;[19] die Nachahmung dieser Verehrung in einem Leben voll apollinischer Reinheit wurde dem, der sich periodischen Riten unterzogen hatte, durch Hingabe an die Macht der Musik und Tabuierung bestimmter Speisen, Kleider und Ausschweifungen möglich,[20] und dies bedeutete seine Internalisierung des Orpheus. Die Erneuerung des Lebens, die damit geschah, setzte sich bis zur Betreuung der Seele auf dem Weg ins Schattenreich fort, den goldene Totenpässe ihr gangbar machten.[21] Von Geheimhaltung kann angesichts des überwältigenden Widerhalls dieser Mysterienbewegung in der ganzen griechischen und römischen Literatur keine Rede sein.[22]—Wie in den Heiligtümern auf Samothrake und einigen anderen Inseln die Macht der Kabiren auf den übertragen wurde,

---

[16] Neben dem Zerreißen in der Zagreussage gibt es andere Todesarten; die wichtigsten Belege bei W. F. Otto, *Dionysos. Mythos und Kultus*, Frankfurt 1933, S. 176–9.

[17] Auch durch 'Heraustreten aus sich selbst' wird der Mensch zum Gotte und darf den Gottesnamen βάχχος/βάχχη annehmen: D. Detschew, *Reallex. f. Antike u. Christentum* Bd. 1, Stuttgart 1950, Sp. 1147–50.

[18] Maskierung, Omophagie, Kindestötung: M. P. Nilsson, *The Dionysiac Mysteries of the Hellenistic and Roman Age*, Lund 1957, S. 28, 97 f, 106–15 (Kehrseite des vielleicht nur legendären Interesses an Kindesinitiation durch Zerreißen: Zulassung von Kindern zu den Mysterien—ohne Parallele!).

[19] W. K. C. Guthrie, *Orpheus and Greek Religion*, London 1935, S. 41–7 (historische Hintergründe dieses Mythos in Verbindungen zwischen apollinischen und dionysischen Kulten).

[20] Einiges über die Orpheotelestai bei Theophr. *deisid.* 16, 11–14 (Theophrasts Charaktere, hsg. erkl. übers. v. d. *philolog. Ges. zu Leipzig*), Leipzig 1897, p. 121. 129–34 (O. Immisch), Interpretation dieser Stelle für den Kult mit weiterem Material bei L. Moulinier, *Orphée et l'Orphisme à l'époque classique*, Paris 1955, S. 70 f.

[21] K. Ziegler, Orphische Dichtung, *Pauly-Wissowa* Bd. 18/2, 1, Stuttgart 1942, Sp. 1321–1417, hat die dort Sp. 1386–95 für den Zusammenhang der Goldplättchen mit der orphischen Katabasis–Literatur gebrachten Argumente noch einmal zusammengefaßt in *Der Kleine Pauly*, Bd. 4 (Liefg. 20: Stuttgart 1970), Sp. 361 f. Texte: G. Murray, Critical Appendix (sc. zu J. E. Harrison, *Prolegomena to the Study of Greek Religion*) on the text of the Orphic tablets, Cambridge 1903.

[22] Daß dies nicht gegen den Mysteriencharakter der Bewegung spricht, zeigt G. J. P. J. Bolland, *De Orphische Mysteriën. Eene geschiedkundige Schets*, Leiden 1917.

der die Gewalt des Meeres zu bestehen hatte,[23] wissen wir nicht; aber daß hier auf eine magische Weise der Mensch die Fähigkeit bekam, Gleichem Gleiches entgegenzusetzen, der Macht des Meeres die Macht der Dämonen, die es repräsentierten, könnte möglich sein. Die Geheimhaltung war erfolgreich bis heute.—Kybele/Attis waren personifizierte Differenzierungen eines Bätyls oder Felsens von doppeltem Geschlecht.[24] Die Vollkommenheit, die darin lag und später als Entsühnung, Unsterblichkeit und neues Leben gedeutet wurde, übernahm der Anhänger durch den unglaublich drastischen, in Ekstase vollführten Akt der Kastration; er wurde damit freilich kein utrumque, sondern ein neutrum. Dies war der eigentliche Initiationsakt; wie es mit der Geheimhaltung stand, wissen wir nicht genau.

Historisch kommen wir mit den genannten Mysterien in neolithische Zeit zurück.[25] Sie lagen in einem Kulturkreis, der Kleinasien, Thrakien, Griechenland und die Ägäis umfaßte. Ob es andere alte Mysterien gab, darüber wurde viel gestritten. Heute sagt man meist, daß die Verehrung des

---

[23] Karte der inschriftlichen Belege bei B. Hemberg, *Die Kabiren*, Uppsala 1950, nach S. 210. Über den Sinn des Kultes klärt dieses gründliche und materialreiche Werk nicht recht auf. Die oben gemachte Äußerung ist natürlich hypothetisch.

[24] Begründung bei C. Colpe, Zur mythologischen Struktur der Adonis-, Attis- und Osiris-Überlieferungen, in: *lišān mitḫurti (Festschrift W. v. Soden)*, hsg. v. W. Röllig, Kevelaer-Neukirchen 1969, S. 23–44, dort S. 34–9.

[25] Natürlich kann man bis ins späte Chalkolithikum hinabgehen. Für die Kybele-Attis-Mysterien liegt ein Altersindiz in der Vorschrift, daß für die Kastration nur ein Steinmesser benutzt werden darf, und für die Demeter-Mysterien darin, daß nach der Domestizierung der Pflanzen in der sog. neolithischen Revolution eine gewisse Zeit verstreichen mußte, ehe an eine magische Sicherung und Vermehrung gedacht werden konnte. Die Wirtschaftsform dieser Periode in den genannten Gebieten wird beschrieben von J. Mellaart, Neolithic Anatolia/The Early Chalcolithic period/The Late Chalcolithic period, und S. S. Weinberg, The Middle Neolithic period on the Greek mainland/The Late Neolithic period in the Aegean, beide in: *The Cambridge Ancient History*, third edition, vol. I, part 1, Cambridge 1970, S. 306–26 und 589–608. Jünger sind die orphischen Mysterien—in dem großen Werk von R. Böhme, *Orpheus. Der Sänger und seine Zeit*, Bern–München 1970, S. 334 f gehört Orpheus als Exponent der altäolischen Welt gar erst an den Anfang der griechischen Tradition, nicht noch zum ägäischen Bevölkerungssubstrat. Das spricht aber nicht gegen die These, daß die einwandernden Griechen ihn um die Mitte des 2. Jahrtausends v. Chr. in Thrakien kennengelernt haben. Doch aufschlußreicher als die Chronologie ist für die hier interessierende Frage nach iranischen Mysterien die Typologie. Das von Böhme und vor ihm von vielen anderen hervorgehobene, dem Schamanentum verwandte Wesen des Orpheus konnte nämlich nur deshalb in ein Mysterion eingehen, weil mit seiner Einbürgerung in der mykenischen Welt eine Reaktion gegen has Matriarchat einherging (daher der Misogynismus der Orphiker), die zunächst zu ihrer Stützung abgeschlossener Gruppen bedurfte, und mit der sich außerdem die Durchsetzung der Mythologie der olympischen Götter verband, die in der Folgezeit mit der orphischen Überlieferung vielfach verwoben erscheint. Solche Verhältnisse waren im alten Iran nicht gegeben. Was in dem—im ganzen recht konfusen—Beitrag von Joseph Strzygowski, *Orpheus und verwandte iranische Bilder*, bei O. Kern, *Orpheus*, Berlin 1920, S. 58–66, an wirklichen Ähnlichkeiten erscheint, geht auf die Kultur des Steppenvölkergürtels zwischen dem Schwarzmeergebiet und der Mongolei zurück, über die inzwischen viel mehr bekannt ist, gerade auch was den Schamanismus anlangt. Und hier sieht man deutlich, daß es nur an der Kontaktstelle zum thrakisch-phrygischen Kulturkreis—das Wort wird hier nicht im Sinne der Kulturkreis–Lehre gebraucht—zur Mysterienbildung kam.

Osiris so lange kein Mysterium war, wie nur der tote Pharao und nicht jeder Tote zu Osiris wurde, und wie das 'Werden zu Osiris' nur Weiterleben im Jenseits, aber nicht höheres Leben im Diesseits bedeutete.[26] Und was das Hinschreiten auf Marduk durch zwölf Tore im Esangila–Tempel anlangt,[27] so war es nach neuerer Meinung eine fortschreitende Krankenheilung mit magischer Hilfe durch Priester des Marduk,[28] aber es bedeutete keine Übernahme der Eigenschaften dieses Gottes, und es entstand keine Gemeinschaft daraus, die sich innerhalb aller anderen Marduk–Verehrer besonders organisierte. Während sich also die Nichtexistenz von wirklichen Mysterien in Ägypten und Mesopotamien an Hand von gutem Material recht überzeugend erweisen läßt, ist das Problem für Altiran noch ganz offen. Es steht hier Mysterienpraxis nicht nur für Mithra-Verehrer, sondern auch für die Zarathustra–Gemeinde zur Debatte. Vielleicht läßt sich darauf von den hier angestellten Überlegungen aus am Schluß eine Teilantwort finden.

Die anderen Mysterien, von denen wir wissen, waren jünger als die genannten. Zum Teil liegt ihre Entstehung im Licht der Geschichte, und wo dies der Fall ist, läßt sich vermuten, daß eine bewußte Stiftung an ihrem Anfang stand. Dies ist besonders deutlich bei Sarapis, dessen Kult offensichtlich ineins mit seiner Entwicklung aus den beiden heterogenen Totengöttern Osiris und Apis in ein Mysterium umgebildet werden sollte;[29] Ptolemäus I. berief dafür den Zeremonienmeister Timotheos aus Eleusis.[30] Aus verschiedenen Gründen gelang jedoch nur, und auch nicht mit einem Male, die Schaffung eines Sarapis-Kultes, nicht die von Mysterien. Die ihnen zugedachte Rolle wurde vielmehr von den Isis-Mysterien übernommen. Leider ist uns nicht bekannt, wie die Umstände ihrer Entstehung genau aussahen, doch müssen auch sie in den Kreis der religionspolitischen Bemühungen um Sarapis gehören, wie denn dieser teils als solcher, teils

---

[26] G. Nagel, Les 'Mystères' d'Osiris dans l'Ancienne Égypte, *Eranos–Jahrbuch* 11, 1944 (Zürich 1945), S. 145–66, dort S. 157 (S. 166: L'Égypte ancienne n'a donc pas eu de mystères véritables ... [Il] fut ... avec la mentalité religieuse des Grecs que des mystères d'Osiris et surtout d'Isis se créèrent). Die vielen Autoren, die mit dieser Meinung nicht übereinstimmen, haben einen weiteren Mysterienbegriff.

[27] H. Zimmern, Babylonische Vorstufen der vorderasiatischen Mysterienreligionen?, *ZDMG* 76, 1922, S. 36–54, führt seine früheren Arbeiten zu diesem Thema weiter (Schluß: In Kultus, Mythus u.a. hat die babylonische Religion Material und Form für die Mysterienreligionen abgegeben, der mystische Zug ist erst in nachbabylonischer Zeit hineingekommen). H. Greßmann, Babylonische Mysterien, *ZAW* N.F.1 (= 42), 1924, S. 156 f, faßt kurz die damalige Interpretation des *Ludlul bēl nemēqi* als Mysterientext zusammen.

[28] Überblick über die Diskussion (besonders wichtig W. G. Lambert, J. J. Stamm) bei G. Wagner, *Pauline Baptism and the Pagan Mysteries*, Edinburgh–London 1967, S. 159–70.

[29] K. Sethe, *Sarapis und die sogenannten κάτοχοι des Sarapis* (Abh. Ges. d. Wiss. in Göttingen N.F. 14/5), Berlin 1913, *passim*.

[30] Tacit. *hist.* 4, 83: *Ptolemaeus ... Timotheum Atheniensem e gente Eumolpidarum, quem ut antistitem caerimoniarum Eleusine exciverat, quaenam illa superstitio, quod numen, interrogat.* Diese Worte sind eingebettet in zwei weitere Traditionen, von denen nur noch die eine, unten Anm. 64 zitierte, Anspruch auf Zuverlässigkeit hat. Zur Sache siehe A. Bouché-Leclerq, La Politique religieuse de Ptolémée Soter et le culte de Sérapis, *RHR* 57, 1902, S. 1–30.

wieder als der alte Osiris seinen Platz in ihnen bekam.[31]—Was die Ptolemäer seit dem Anfang des 3. Jh.s für Isis-Sarapis-Osiris waren, das waren die Dynasten Pergamons und Kappadokiens seit der Mitte des 2. Jh.s für Sabazios.[32] Er war ein alter phrygischer oder lydischer Gott, dessen Kult, äußerlich ekstatisch wie der des Attis, um diese Zeit zum Mysterium wurde.[33] Vier Jahrhunderte später beginnen die Zeugnisse für die Mysterienwerdung des Kultes des Baal von Doliche.[34] Bei Sabazios und Jupiter Dolichenus haben wir nicht einmal Anhaltspunkte, wie die etappenweise Schaffung des Sarapis–Kultes sie für die Anfänge der Isis–Mysterien bietet, um auf die Gründung und frühe Ausbildung ihrer Mysterien zu schließen. Aber Anzeichen für eine bewußte, älteren Devotionen klug Genüge tuende Konstruktion der rituellen Praxis mit Folgen für die Adaptation des Mythos gibt es auch hier.

Der wesentliche Kern, wie er eben (S. 381) bestimmt wurde, liegt nun auch bei diesen jüngeren Mysterien vor. Der Isis-Initiand wird zum consors der zur Erlöserin gewordenen Göttin, indem er, Nachbildungen der Unterwelt durchwandelnd,[35] die Rolle des Osiris spielt; die Weihe war geheim— neben anderen Isis-Zeremonien, die in aller Öffentlichkeit stattfanden.— Der Sabazios-Neophyt zog eine Schlange, die Vertreterin seines Gottes, durch den Schoß[36] und vereinigte sich auf diese Weise symbolisch mit ihm. Die Weihen fanden bei Nacht statt; sie führten nicht zur Wiedergeburt, eher zu Nothilfe bei Krankheit oder drohender schlechter Ernte.[37]—Die Dolichenus–Mysten hielten mit ihrem Gott liturgische Bankette, trugen ihn

---

[31] L. Vidman, *Sylloge inscriptionum religionis Isiacae et Sarapiacae* (RGVV 28), Berlin 1969, Index S. 342 s.v. Ὄσιρις und Σάραπις, S. 344 s.v. Osiris und Sarapis.

[32] Die Erlasse Attalos' II. und Attalos' III. aus dem Jahre 135-4 v. Chr. galten für beide Landschaften, s. Schaefer, Sabazios, *Pauly-Wissowa*, 2. Reihe, Bd. I/2, 1920, Sp. 1540-51, dort 1544 f.

[33] Th. Hopfner a.a.O. (oben Anm. 4), Sp. 1334 f. Den terminus *post quem* bildet nach allgemeiner Meinung die 330 v. Chr. gehaltene Rede des Demosthenes *De corona*, doch zeigt die Stelle 259 D/260 B (ed. C. A. und J. H. Vince, Loeb 1926, p. 188 ff) eher, daß die Unterscheidung von Bakchos– und von Attis-Ekstatik noch nicht deutlich war, wenn auch die Schlange (siehe Anm. 36) schon begegnet.

[34] Die bisher für die am ältesten gehaltene Inschrift, *CIL* VI 30943, wird von Kan 1943, S. 115 unter Nr. 197 auf 138 n. Chr., von Merlat, *Répertoire des inscriptions et monuments figurés de culte de Jupiter Dolichenus*, Paris-Rennes 1951 (künftig *Répertoire*), S. 230 unter Nr. 233 auf den 11. November 201 datiert. An ihre Stelle treten die Inschriften von Pfaffenberg/ Carnuntum (Merlat, *Répertoire* Nr. 85) und aus Lambraesis in Numidien (Merlat, *Répertoire* Nr. 286, Kan Nr. 251), beide aus der Zeit Hadrians.

[35] Apul. met. 11, 23: *accessi confinium mortis et calcato Proserpinae limine per omnia elementa vectus remeavi.* Es folgt das Schauen der Sonne, womit der Ritus über die ägyptische Vorstellungswelt hinausführt, und ein Summarium, das in den Zugang zu den *dei inferi* nun auch die *dei superi* einschließt.

[36] Clem. Al. protr. 2, 16, 2; Arnob. adv. nat. 5, 21; Firm. Mat. de err. prof. rel. 10.

[37] An dergleichen wird man denken müssen, wenn der Gott *conservator* (*CIL* XIII 2, 6708) heißt, wenn man ihm Bronzehände weiht, deren Fingerhaltung Segnung bedeutet, und wenn sich unter den Attributen auf seinen Reliefs liegende Frauen mit Kind, Pinienzapfen und Widderköpfe befinden. Seine Anhänger heißen μύσται auf einer phrygischen Inschrift von 207/8 n. Chr. Dies und anderes Material bei F. Cumont, Sabazius, in Ch. Daremberg-

in sakralen Prozessionen, nahmen Lustrationen und Ablutionen und vielleicht oneiromantische Praktiken vor. Nimmt man dies zusammen, kann man vom wesentlichen Kern gerade noch reden. Priester spielten für die Initianden, die sehr oft Soldaten waren, eine besondere Rolle, womit freier Zugang zum Kult und zum Mythos gleichermaßen ausgeschlossen ist.[38] Was die Einweihung brachte, wandelte sich mit Jupiter Dolichenus selbst, der vom Kämpfer, Beschützer und Gott auf dem Stier mit Blitz und Doppelaxt in den Händen zum kosmischen und Himmelsgott, ja zum Omnipotens und Kosmokrator wurde.[39]

Viel spricht dafür, daß bei der Bildung des wesentlichen Kernes der jüngeren Mysterien das entsprechende Prinzip der älteren Pate gestanden hat —wohlgemerkt: nur das Prinzip, sodaß die Mythen und Rituale, Arkandisziplinen und Heilsvorstellungen, die nach diesem integriert wurden, die epichorischen bleiben konnten. In diesem Sinne dürften die Mysterien der Demeter/Kore für die der Isis, die Mysterien der Attis/Kybele für die des Sabazios Bedeutung gehabt haben. Für die Dolichenus-Mysterien läßt sich dergleichen nicht vermuten; aber sie stammen aus der Kommagene und haben in mancher Hinsicht Ähnlichkeit mit denen des Mithras. So wird es geraten sein, bei der Prüfung des wesentlichen Kernes der letzteren die des Jupiter Dolichenus nicht ganz außer Acht zu lassen. Wir stehen damit bei den Fragen, wie der wesentliche Kern der Mithras-Mysterien aussah; ob auch er, wie bei den genannten jüngeren Mysterien, nach einem älteren gebildet wurde; und wenn ja, wie das Prinzip aussah und woher es stammte, nach welchem dies geschah.

3 *Mithras-Kult in Mysterien-Form*

Zwischen 140 und dem Ende des 4. Jh. n. Chr. sind in den Mithras-Mysterien eine Reihe von Praktiken bezeugt, welche den Mysten und seinen Gott in eine so enge körperlich-seelische Gemeinschaft bringen, daß man auch hier religionspsychologisch werden und von einer Internalisierung des Gottes sprechen darf. Ob diese Praktiken uns nur zufällig zeitlich und örtlich so weit auseinanderliegend bezeugt sind und in Wirklichkeit zusammengehörten oder gar schon zu Anfang mit der Entstehung der Mysterien ausgebildet wurden, läßt sich nicht sagen. Wahrscheinlicher ist, daß die Riten wechselten und verschieden kombiniert wurden, weil es geraten schien, je nach Umständen die eine oder die andere Internalisierungsmethode nutzbar zu machen. Daß solche Abwechslungen möglich

---

E. Saglio, *Dictionnaire des antiquités grecques et romaines*, Bd. 4/2, Paris o. J., S. 929 f. Texte, die ausführlicheres mitteilen, haben wir nicht.

[38] Merlat, *Jupiter Dolichenus, Essai d'interpretation et de synthèse*, Paris 1960 (künftig *Essai*), S. 198–210, 190–7.

[39] Abbildungen bei Merlat, *Répertoire*, pl. IV–VI, IX–XV, XX, XXIV, dazu Merlat, *Essai* S. 99–126.

waren, weist nicht primär auf den anfänglich komplexen Charakter des Mithras, aus dessen Mythos man bald das eine, bald das andere Motiv zur liturgischen Manifestation hätte auswählen können; sondern es weist auf die Verfügbarkeit und Beweglichkeit mystagogischer Mittel, wie sie—symptomatisch für eine Spätzeit—nach und nach entstanden war. Und vielleicht ist die bis zur inneren Widersprüchlichkeit gehende Vielfalt der mithrischen Mythologie, die für sich und ihre Anschließbarkeit an die indo-iranische Tradition solche Schwierigkeiten bereitet, als Reflex solcher ritualgeschichtlichen Vorgänge zu erklären.

Wenn also gleich einige Parallelen zu anderen Mysterien genannt werden, so heißt das nicht, daß bewußte Anleihen gerade bei bestimmten von diesen gemacht worden wären, oder daß der eine oder andere Mysterienkult eine Grundlage für die Mithras-Mysterien abgegeben hätte. Es heißt nur, daß an solchen Parallelen sichtbar werden kann, wie man auch hier die Esoterik, die Initiation und die Erlösungsvorstellungen von einem Kern aus wirksam machte, dessen Prinzip wesentlicher war als seine Substanz. Übereinstimmungen mußten sich da eher zufällig ergeben; die Zahl der menschlichen Verhaltensweisen, die in den Mysterien magisch aufgeladen wurden und so die Internalisierung vermitteln konnten—Essen, Hören, Schauen, Koitieren, Sichverkleiden, Ertragen von Schmerz und Hunger, Berühren, Außersichgeraten, Insichgehen—, war schließlich nicht beliebig zu vergrößern.

Ein tief aufnehmendes Schauen wie das eleusinische fand statt, wenn der Myste zum ersten Mal das Mithräum betrat und in der Apsis in flackerndem Licht das Relief des stiertötenden Mithras erblickte.[40] Dazu gehörte die Steigerung der Aufnahmefähigkeit durch Einnahme eines berauschenden Trankes;[41] auch in Eleusis gab es ein solches Trinken, aber es machte nicht das Schauen tiefer, sondern das Hantieren mit dem Mutterschoß realer.[42] Wir hören ferner von einem *lavacrum*[43]—dies muß kein Taufsakrament gewesen sein, es versetzte sich mit ihm der Myste einfach in einen neuen Zustand, die Reinheit seines Gottes; auch die Isis–Mysterien hatten ein lavacrum,[44] die Christen hatten die Taufe, und wenn in den Mithras–Mysterien etwas ähnliches entwickelt wurde, kann zugleich ein Anknüpfungspunkt in dem Bedürfnis gelegen haben, die archaische Überschüttung

---

[40] So auf Grund des Ausgrabungsmaterials Cumont, *TMMM* I, S. 322 f, deutsch Cumont–Gehrich 1911, S. 149 f.

[41] Die Reliefs, auf denen eine Person kniend aus einer Felsschale trinkt, sind zusammengestellt bei Campbell, *Iconography*, S. 339. Vgl. auch Anm. 45.

[42] Den in Anm. 15 zitierten Worten des Synthema gehen die Worte ἔπιον τὸν κυκεῶνα voraus. Monographie: A. Delatte, *Le Cycéon. Breuvage rituel des mystères d'Éleusis*, Paris 1955. Ich bedaure, den vielen dort genannten Hypothesen über den Zusammenhang zwischen diesen beiden Aussagen des Synthema, die das Trinken meist spiritualistisch deuten, eine weitere hinzufügen zu müssen.

[43] Tertull. *de baptismo* 5, 1 (*Corp. Christianorum Tert. opera* I, p. 280): . . . *sacris quibusdam per lavacrum initiantur Isidis alicuius aut Mithrae*. Manche Mithräen haben im Mittelgang eine Wassergrube, vgl. Vermaseren, *CIMRM* II, Reg. S. 404 s.v. basin.

[44] Apul. *met.* 11, 23: . . . *me . . . deducit ad proximas balneas et prius sueto lavacro traditum* . . .

mit Stierblut zu sublimieren, wie man sie im Taurobolium der Attis–Mysterien weiterhin vornahm. Entsprechend ist es nicht ausgeschlossen, daß Mahlzeiten mit Wasser, Wein und Brot,[45] die in Analogie oder Konkurrenz zu Kultmahlen aller Art bis hin zur christlichen Eucharistie gehalten wurden, zugleich ein sublimierender Ersatz für den alten iranischen Haoma-Trank und das rohe Rindfleisch waren, dessen orgiastische Beschaffung Zarathustra bekämpft hatte. Die Einkleidung in die Gestalten und das Spiel der Rollen der sieben Mystengrade[46] erinnert an die Verkleidung in den Dionysien. Signierungen durch Einbrennen oder Tätowierung[47] sind ein über Symbolisierung der Zugehörigkeit zum Kult hinausgehender Eingriff am Körper, der sich der Kastration der Gallen nähert.[48] Für die Fesselungs- und Entfesselungszeremonien[49] scheint es keine eindeutige Parallele zu geben, doch lag das Bild von der Gebundenheit des menschlichen Körpers oder der Seele in den Körper nebst dem Verlangen nach Befreiung seit der Orphik in der Luft und kann hier in eine Symbolhandlung umgesetzt worden sein. Hinzu kam ein proprium der Mithras–Mysterien, das sich doch wohl von den Initiations- und Überzeugungsprüfungen in anderen Mysterien unterscheidet und vielleicht als höhere Valutierung eines nicht so weit verbreiteten Grundverhaltens, des soldatischen, zu erklären ist: die *militia dei* im Ganzen, unter Einschluß von Mutproben und Prüfungen im Ertragen von Schmerz.[50]

Im Hinblick auf das Entstehungsproblem läßt alles dieses wohl nur einen

---

purissime circumrorans abluit . . . Diskussion der wichtigsten Interpretationsversuche bei Wagner (oben, Anm. 28) S. 100–3.

[45] Iustin. *apol.* 1, 66, 4 (Cumont, *TMMM* II, S. 20; p. 108 Rauschen): ῞Οπερ καὶ ἐν τοῖς τοῦ Μίθρα μυστηρίοις . . . ἄρτος καὶ ποτήριον ὕδατος τίθεται ἐν ταῖς τοῦ μυομένου τελεταῖς. . . Fortsetzung der Anm. 47 zitierten Stelle Tertull. *de praescr. haer.* 40, 3 (*SC* 46, p. 144 f Refoulé-de Labriolle mit guten Erläuterungen): *celebrat et panis oblationem*. Cumont, *TMMM* I, S. 320 scheint an Übernahme aus dem 'office mazdéen' (Cumont–Gehrich 1911, S. 145 dafür: 'mazdäische Messe'!) zu denken—aber eher scheint an diesem Punkte zwischen den beiden iranischen Kulten von vornherein kein wesentlicher Unterschied bestanden zu haben. Was oben darüber hinaus gesagt wird, soll nur zur Diskussion gestellt werden.

[46] Ps.–Aug. *quaest. vet. et novi test.* 114, 11 (Cumont, *TMMM* II, S. 8; *CSEL* 50, p. 308, 18–22 Souter): *Illud autem quale est, quod in speleo velatis oculis inluduntur? Ne enim horreant turpiter dehonestari se, oculi illis velantur. alii autem sicut aves* (sic) *alas percutiunt vocem coracis imitantes, alteri vero leonum more fremunt*. Mit *tradere* und einem Adjektiv, das aus den Namen der Einweihungsgrade gebildet ist, wird die Aushändigung einer entsprechenden Verkleidung bezeichnet, Vermaseren, *CIMRM* I, Nr. 400–5.

[47] So ist wohl Tertull. *praescr. haer.* 40, 3 (vgl. Anm. 45) zu verstehen: *Mithra signat illic in frontibus milites suos.*

[48] Greg. Naz. *or.* 4 (*adv. Iul.* 1, 70), *MPG* 35, Sp. 592 (Cumont *TMMM* II, S. 15): καὶ τὰς Φρυγῶν ἐκτομὰς, τῶν ὑπ' αὐλοῦ κηλουμένων, καὶ μετὰ τὸν αὐλὸν ὑβριζομένων· καὶ τὰς ἐν Μίθρου βασάνους καὶ καύσεις ἐνδίκους τὰς μυστικάς· καὶ τὴν ἐν Ταύροις ξενοκτονίαν. . . .

[49] Ps.–August. *quaest.* (s. Anm. 46) Z. 22–4: *Alii autem ligatis manibus intestinis pullinis proiciuntur super foveas aqua plenas, accedente quodam cum gladio et inrumpente intestina supra dicta qui se liberatorem appellet.*

[50] Ps.–August. *quaest.* 114, 12 (p. 309, 1–4 Souter): *Ecce quantis modis turpiter inluduntur, qui*

Schluß zu, nämlich den, daß, wie bei den anderen jüngeren Mysterien auch, eine bewußte Stiftung am Anfang der Mithras–Mysterien gestanden hat.[51] Diese Stiftung muß in Kenntnis des wesentlichen Kernes von Mysterien überhaupt mit neuer Anwendung seines Prinzips geschehen sein. Nach einem einzelnen Stifter braucht man kaum zu suchen, es müßte sich irgendeine Überlieferung über ihn gehalten haben. Also wird es ein consortium gewesen sein, und da Mithras sein Gott war, am ehesten eines von Magiern.[52] Die Stiftung kann eine gewisse Zeit gedauert haben, vielleicht eine Generation oder zwei,[53] denn die Ausarbeitung und vor allem die Erprobung des Rituals war nicht so schnell zu bewerkstelligen, und die Bedürfnisse, die zur Stiftung führten, änderten sich vielleicht ab und zu.

Durch den Namen 'Mithras' fixiert, nach dem die Mysterien heißen, ist man immer wieder geneigt, die Impulse zu ihrer Stiftung—oder, wenn man diese These nicht akzeptiert: Entstehung—im Charakter dieses Gottes zu suchen. Daß er aus dem Orient einwanderte, schließt sich dann bestätigend mit der orientalischen Herkunft der Mysterien zusammen. Aber so kommt man nicht weiter. Man erkennt dies freilich nur, nachdem aufgedeckt ist, mit welcher Gedankenlosigkeit häufig von 'orientalischen Mysterien' gesprochen wird. Für die Zeit, in der die alten Mysterien entstanden, ist unser Kulturbegriff 'Orient', der ein im historischen Griechenland entstandenes Okzidentbewußtsein voraussetzt, überhaupt noch nicht anwendbar. Und in hellenistischer Zeit, als die jüngeren Mysterien entstanden, ist er es zeitweilig nicht mehr, höchstens im geographischen Sinne. Denn man hat es hier mit dem hellenisierten Orient zu tun, und die jüngeren Mysterien sind weithin nicht orientalisch, sondern synkretistisch. Was aber ihren wesentlichen Kern anlangt, der nicht synkretistisch ist, so ist es bezeichnend, daß von der vier jüngeren Mysterien drei in Kleinasien entstanden sind, die des Sabazios, des Mithras[54] und des Jupiter Dolichenus. Dies weist nicht auf die Produktivität des 'Orients', in dem man dann wohl das Heimatland der

---

se sapientes appellant! sed quia haec in tenebris patiuntur, putant posse nesciri. Ista enim omnia quae a malis et turpibus inventa et ordinata sunt in occulto . . .
Nonnus, *schol. ad Greg. Naz. or.* 1, c. 6 (*MPG* 36, Sp. 989): Βαθμοὶ δέ εἰσι κολάσεων, τὸν μὲν ἀριθμὸν ὀγδοήκοντα (die Zahl ist wohl übertrieben), ἔχοντες δὲ ὑπόβασιν καὶ ἀνάβασιν. Κολάζονται γὰρ πρῶτον τὰς ἐλαφροτέρας, εἶτα τὰς δραστικωτέρας· καὶ εἶθ' οὕτω μετὰ τὸ παρελθεῖν διὰ πασῶν τῶν κολάσεων, τότε τελεῖται ὁ τελούμενος. Αἱ δὲ κολάσεις εἰσὶ τὸ διὰ πυρὸς παρελθεῖν, τὸ διὰ κρύους, διὰ πείνης καὶ δίψης, διὰ ὁδοιπορίας πολλῆς, καὶ ἁπλῶς διὰ πασῶν τῶν τοιούτων. Ähnlich c. 47 und *In sancta lumina* 9 (Sp. 1009 f, 1072).

[51] Am deutlichsten wurde dies wohl von Merkelbach 'Die Kosmogonie der Mithras-Mysterien, *Eranos-Jahrbuch* 34, 1965, Zürich 1967, S. 249, ausgesprochen. Zur Ergänzung des oben Ausgeführten sei auf seine These hingewiesen, die Gründer seien mit platonischen Gedanken, besonders aus dem Timaios, vertraut gewesen und hätten sie und Mythen und Riten des Mithra voneinander her interpretiert.

[52] Über die Beziehungen von Magiern zu Mithra siehe Cumont, *TMMM* 1, S. 36 ff, und J. Bidez-F. Cumont, *Les Mages hellénisés*, Paris 1938, Bd. 1, S. 91 f, und Bd. 2, S. 147 ff. Vgl. auch Anm. 79 ἐμάγευσε Μίθρῃ.

[53] Genauere Erwägungen zur Entstehungszeit siehe in § 5.

[54] Die Verwechslung von Mithra-Verehrung mit Mithras-Mysterien führt Hinnells,

Mysterien überhaupt sehen und sie leicht auch noch weiter südlich und weiter östlich finden mochte. Sondern es weist auf den phrygisch-thrakischen Kulturkreis, der von den fünf alten Mysterien bereits die dionysischen nebst der orphischen Reaktion, die des Attis und vielleicht die der Kabiren hervorgebracht hatte. So vorsichtig man sein muß, vom genius loci zu sprechen—hier tritt einer hervor. Noch Alexander von Abonuteichos wird gewußt haben, warum er mit der Stiftung seiner Pseudo-Mysterien in Paphlagonien und nicht in einer Landschaft außerhalb von Kleinasien auf Erfolg rechnen konnte.

Solange ein gleichgewichtiger wesentlicher Kern an anderer Stelle nicht nachgewiesen ist, muß man daran festhalten, daß Kleinasien die Heimat der Mithras-Mysterien war, und zwar nicht zufällig, sondern aus tiefer historischer Notwendigkeit. Dafür ist die phrygische Mütze, die Mithras auf den Reliefs trägt, angesichts der nicht abnehmenden Fülle ihrer Bezeugung eine beweiskräftigere Illustration, als das später verschwindende parthische Reitkostüm[55] sie für sein iranisches Wesen liefert. Dies bedeutet jedoch nicht, daß Mithras als neuer Attis zu verstehen ist, oder daß er deshalb nicht iranischer Herkunft sei, weil seine Mysterien es nicht sind.[56]

4 Der Wandel von Mithra(s)-Verehrung in ein Mithras-Mysterium

Die besondere politische Situation, in der sich einige Staaten in Kleinasien, besonders Pontus und die Kommagene, seit dem 2. Jh. v. Chr. befanden, ist schon früher zur Erklärung für die Reaktivierung einer Lebensauffassung herangezogen worden, die ihren Sinn im Kampf gegen das Böse sah. Die Begründung, die dieser Sachverhalt für die Entwicklung einer *militia dei* liefert, ist freilich nicht so zu fassen, daß die asiatischen Diadochen, die über Militärmonarchien herrschten, zum Teil Adepten des mazdäischen Dualismus gewesen seien;[57] denn das waren die parthischen Könige auch, und trotzdem gab es in ihren Heeren weder besondere Verehrung noch gar das Mysterium eines Kriegsgottes. Wohl aber reicht das Legitimationsbe-

---

Christianity and the mystery cults, *Theology* 71, 1968, S. 21, vom Alter der Mit(h)ra-Zeugnisse seit dem 14. Jh. v. Chr. (Mitanni-Vertrag) her zu dem Fehlurteil, 'that of all the Mystery cults Mithraism is probably the oldest'.

[55] Hervorgehoben von Widengren 1965, S. 439.

[56] Die gegenteilige Behauptung ist der entscheidende Fehlschluß in dem vorbildlich konsequenten Aufweis der Unterschiede zwischen Kult und Anhängerschaft des Mithra in der griechisch-römischen und der indo-iranischen Welt von Wikander 1950, S. 18 f (Der Name Mithras garantiert den iranischen Ursprung der Mysterien nicht—dem kann man nur zustimmen; aber dann): 'En ce qui concerne l'Iran, nous ne possédons aucun témoignage ni en archéologie ni en littérature, sur quelque culte de mystères qui, de quelque façon, aurait pu ressembler au culte de Mithras. Inversement, on ne trouve pas concernant les mystères de Mithras de texte comparable aux témoignages iraniens sur Mithra (respectivement aux anciens documents de l'Inde sur Mitra) qui auraient pu nous convaincre de l'origine iranienne (ou aryenne) du dieu des mystères.'

[57] Cumont, Mithra, in: Daremberg-Saglio, *Dictionnaire des antiquités grecques et romaines*

dürfnis jener Monarchen als Motiv dafür hin, daß sie sich einen göttlichen Protektor bestellten und bestellen ließen. Die Wahl unter den im Lande heimischen oder heimisch gewordenen Göttern kann nicht schwer gefallen sein: es war vor allem Mithra(s), dessen Charakter ihn dem Ethos einiger königlicher Gefolgschaften wahlverwandt erscheinen ließ.[58] Er konnte am tiefsten in sie eingepflanzt werden, und sie mußten nun als seine Gefolgschaften am wirksamsten sein, wenn sein Mythos nicht einfach so etwas blieb wie die Doktrin eines Ordens, sondern wenn er nach heimischem Prinzip in einen Mysterienlogos verwandelt wurde, dem die Organisation und Motivation der neuen Gemeinschaft entsprach. So entstand auch das oben erwähnte proprium, das sie über die anderen Mysterien-Kulte hinaus bekam.

Im einzelnen kann man auf folgendes hinweisen. Die rauschhafte Tötung des Stieres durch Mithra—als älteres Motiv ist sie bisher ein 'missing link' zur Tötung Somas,[59] welcher Same des Himmelstieres ist, und zur Tötung Vrtras, welcher mit der Mondschale gleichgesetzt werden kann, aus welcher die Götter Soma trinken[60]—blieb göttliches Privileg und wurde nicht zu einer von Menschen geübten Barbarei herabgewürdigt wie im Taurobolium der Magna Mater. Sie wurde damit zum Symbol für den Kampf mit einer von außen kommenden Macht. In einem Kult, der bis zur Askese rein

---

Bd. 3/2, 1904, S. 1944 und ders., *Les Religions orientales dans le paganisme romain*, Paris 1906, S. xvi. Cumont scheint diese Meinung später geändert zu haben, denn sie fehlt in der deutschen Ausgabe *Die orientalischen Religionen im römischen Heidentum*, 3. Aufl. bearb. von A. Burckhardt-Brandenberg, Leipzig-Berlin 1931, S. xiii und schon in der 1. Aufl., bearb. von G. Gehrich, 1910, S. xi. Dort Nachweis der Texte zur *militia dei*, der in den späteren Aufl. weggefallen ist. Das oben Gesagte versucht, Cumonts spätere Meinung genauer zu fassen.

[58] Es würde sich also zunächst um die neue Herstellung einer Beziehung handeln, wie sie zwischen Mithra und Kriegern schon früher bestanden hatte; s. dazu unten Anm. 91. Der dort festgestellte Anthropomorphismus bedeutet psychologisch wohl dasselbe wie die—aus älterer Zeit mitgeführten—Personifikationen in den Mysterienmythen, doch mythologisieren diese darüber hinaus den Menschen soweit, daß jede Distanz zum Gott verschwindet. In den Mithras-Mysterien und ihrer Umgebung (Isis-Mysterien: Apuleius, *Met.* 11, 22, 3!) konnte ein Mensch 'Mithras' heißen, in Iran gibt es nur theophore Personennamen mit einem Element 'Mithra' (Justi, *Namenbuch*, S. 208b–217a)! Die Gründe, durch die sich Mithra im Römerreich empfahl—und die formal auch für das Pontische Reich gegolten haben müssen, C.C.—, werden genannt von Nock 1937; darüberhinaus sollte oben in § 3 versucht werden, über Nock's Meinung S. 111 hinauszukommen, daß 'Mithraism, so far as we know, had nothing corresponding to the cult drama; in fact the essential mystery idea of a deity annually doing or suffering something was absent'.

[59] Hier ist der Meinung von Thieme 1957, S. 28, 35 u.ö. recht zu geben, der davon nicht spricht, im Unterschied zu Thesen, wie sie vor allem Lommel (s. nächste Anm.) vertritt. Es ist jedoch nicht alles berücksichtigt, was Lommel zur Tötung Somas durch oder unter Beteiligung von Mithra geschrieben hat, und Lommel ist in: Die Sonne das Schlechteste?, *Oriens* 15, 1962, S. 360–73, noch einmal darauf zurückgekommen (Antwort an Thieme, S. 367).

[60] H. Lommel, Der Gott Soma (Beitrag zu dem Aufsatz von A. E. Jensen, Das Weltbild einer frühen Kultur), *Paideuma* 3, 1944 (–1949), S. 36–9 (ohne Herkunftsangabe wörtlich wieder abgedruckt bei A. E. Jensen, *Die getötete Gottheit*, Stuttgart 1966, S. 98–101) gibt für das oben in Parenthese Gesetzte überzeugend Belege und Nachweis. Darüberhinaus aber hat er 1949 (s. Lit.-Verz.); König Soma, *Numen* 2, 1955, S. 196–205; Rez. von G. Dumézil, *Le Troisième Souverain* (Paris 1949) in *Oriens* 7, 1954, S. 381–5 (der dort für das Jahrbuch

bleiben sollte,[61] kam es nicht mehr in Frage, daß man sich diese Macht durch kontagiöse Magie aneignete, durch direkte Berührung mit dem Blut oder durch Verzehren des Fleisches des Stieres. Sie wurde nunmehr durch Internalisierung der Krafft des siegreichen Gottes vermittelt.

Der Kampf, zu dem diese instand setzte, wurde seinerseits als kriegerische Zuspitzung eines schützenden Amtes im allgemeinen verstanden, dessen der Mensch bedürftig war. Der iranische Mithra hatte zahllose Prädikate, aus denen hervorgeht, daß er ein solches Amt wahrnahm.[62] Die Wahlverwandschaft zwischen diesem seinem Charakter, wie man ihn vielleicht schon seit der Eroberung Kleinasiens durch Darius den Großen im Lande kannte, und dem Selbstverständnis kleiner Armeen, wie es sich bei der Beschützung solcher Staaten wie Pontus und umliegender Gebiete gegen den römischen Usurpator ergeben mußte, wird hier besonders deutlich. Ähnlich lassen sich die vielen anderen von der Forschung aufgespürten Übereinstimmungen zwischen Mithra und Mithras erklären, die hier nicht wiederholt werden sollen.[63] Wenn es richtig ist, daß die Stiftung vor der römischen Eroberung Kleinasiens erfolgte, dann bedeutet dies alles, daß die Mithras–Mysterien ursprünglich eine anti-römische Tendenz gehabt haben müssen (Näheres siehe Anm. 79–81).

Symbolon Bd. 3 angekündigte weitere Aufsatz zum Thema ist wohl: Kopfdämonen im alten Indien, *Symbolon* 4, 1964; zur Verknüpfung mit dem indo-iranischen Material siehe Jensen a.a.O., S. 101) die direkte Ausführung des Stieropfers durch Mithra und damit das zentrale Ereignis in der Mythologie der Mithras-Mysterien als bereits indo-iranisch zu erweisen gesucht. Eine Nachprüfung der Stellen ergibt jedoch, daß es sich letztlich nur um eine Teilnahme Mithras an der Tötung des Soma handelt (vor allem *Taittirīya Sanhitā* 6, 4, 8, 1 f und *Śatapatha Brāhmana* 4, 1, 4, 8–10), und daß die Gleichung des letzteren mit dem Stier aus der Gleichung des Stiersamens mit dem Soma–Saft weiterkombiniert ist; deutlich z.B. 1949, S. 215: 'Äußerlich scheint alles recht anders als bei der Stiertötung in der hellenistisch-römischen Mithras-Religion. Es ist ja nur vom Ausquetschen der Pflanzenschößlinge die Rede. Aber da ist noch ein merkwürdiger Zug: in den yajur-vedischen Texten weigert sich Mitra zuerst, den Soma zu erschlagen, nicht nur weil er dadurch a-mitra würde, sondern auch, weil dann die Rinder sich von ihm abwenden würden. Wie so oft im Veda bleibt da etwas unausgesprochen ..., was in seinen Beziehungen des Beteiligten deutlich war, uns aber verschlossen bleibt, wenn nicht die Verknüpfung von mancherlei Vergleichspunkten Aufklärung bringt. ... Die Rinder würden sich von Mitra abwenden, weil zugleich mit der Soma-Pflanze der Soma-Stier erschlagen wird.' Vielleicht ist eine solche Kombination zulässig, aber dann ist die Übertragung des Tötens auf Mithra allein noch unerklärt. Man sollte nicht Clemen 1937 vergessen, der S. 19 f darauf aufmerksam macht, daß die Tötung des Stieres zur Gewinnung von Stärke und Fruchtbarkeit auch in Alteuropa geübt wurde. An die sportlichere Form der Bezwingung des Tieres in den altkretischen Stierspielen darf man wohl auch erinnern.

[61] F. Cumont, *Die orientalischen Religionen* .., 3. Aufl. (oben, Anm. 57), S. 142–6.

[62] Die Diskussion über diese Prädikate begann wohl mit A. Meillet, Le Dieu indo-iranien Mitra, *JA* 1907, S. 143–59; man findet sie jetzt z.B. bei Gershevitch 1959, S. 26–39.

[63] Eine Zusammenfassung seiner eigenen Forschungen gab Cumont, in Daremberg-Saglio (siehe Anm. 57), der darauf folgenden Wüst, Mithras, in: *Pauly-Wissowa* 1932, 2131–2155, der neueren Fauth, Mithras, in: *Der Kleine Pauly*, 1969. Seit Cumont, *TMMM* I, S. 208, Anm. 6, wird am eifrigsten *nabarzes* = invictus, ἀνίκητος wiederholt, doch ist zu beachten, daß das iranische Wort als Prädikat des alten Mithra eine Reprojektion aus Zeugnissen der Mithras-Mysterien (Vermaseren, *CIMRM* II, Nr. 1790, 2029, 2153; siehe Reg. s.v. Mithras) darstellt.

Mithra-Verehrung, Mithras-Kult und die Existenz iranischer Mysterien 303

Daß mit der Umwandlung des Mithra in einen Mysteriengott eine Manipulation mit diesem vorgenommen worden sei, die sich mit wirklicher Devotion nicht verträgt und deshalb unwahrscheinlich ist, kann man nicht sagen. Man bewegt sich hier allenfalls in der Grenzzone zwischen einer legitimen Explikation göttlicher Eigenschaften *bona fide*, anderseits einer pia fraus, die sich anderer Möglichkeiten des Umgangs mit dem Gotte bewußt bleibt, schließlich einer impia fraus, welche religiöse Mythologie bewußt in den Dienst von Machtpolitik nimmt. Das Material für diese drei extremen Verfahren und die vielen anderen, die irgendwo dazwischen liegen, war in diesem Falle garnicht einmal weit hergeholt; es bot sich im Lande viel näher an, als z.B. die Statue des autochthonen Unterweltsgottes aus Sinope in Pontus dem König Ptolemäus I. war, der sie nach Alexandrien schaffen ließ,[64] wo sie fortan den griechischen Typus des Osarapis bestimmen sollte.

Wie selbstverständlich es war, bestimmtes menschliches Handeln gleichsam theomorph zu modellieren, kann man sich an zwei Gegenproben klarmachen. Die eine zeigt, wie man Mithra auch nicht-mysterienhaft applizieren konnte, die andere zeigt umgekehrt, daß für ein ähnlich wie bei den Mithras-Mysterien motiviertes Unternehmen, einen Mysterienkult zu gründen, auch ein anderer Gott als Mithra in Frage kam.

Zu Unrecht vergessen ist der Nachweis, daß im Kappadokien des 3. Jh.s n.Chr. eine Applikation der Eigenschaften des Mithra auf den hl. Georg stattgefunden hat.[65] Die Liste der Übereinstimmungen ist lang: Jugend, reiches Erbe, Reinheit, Schönheit, strahlender Nimbus; weiße(s) Pferd(e), alle Arten von Waffen, Kampf gegen dämonische Feinde; consortium mit einer Königin bzw. Göttin; Schmuck durch besondere Rüstung, Tapferkeit, Unverwundbarkeit, Unbesiegbarkeit, Ausdauer im Ertragen von Prüfungen, Zauberkraft; Bringen von Frieden, Segen, Herden, Reichtum, Hilfe in Nöten; Wachsamkeit für eine Lehre.[66] Es ergeben sich daraus auch

---

[64] Tac. *hist.* 4, 83 (Fortsetzung des in Anm. 30 zitierten Satzes): *Timotheus, quaesitis qui in Pontum meassent, cognoscit urbem illic Sinopen, nec procul templum vetere inter accolas fama Jovis Ditis* (den dahinter stehenden Namen kennen wir leider nicht). Dann folgt ein Bericht bis einschl. Kap. 84. Die Historizität des Berichts ('mit legendarischem Zierat') erweist O. Weinreich, *Neue Urkunden zur Sarapis-Religion*, Tübingen 1919, S. 5–10.

[65] A. v. Gutschmid, Ueber die Sage vom h. Georg, als Beitrag zur iranischen Mythengeschichte, in ders., *Kleine Schriften*, hsg. von Franz Rühl, Bd. 3, Leipzig 1892, S. 173–204, dort S. 185–96; abwegig nur: Anknüpfungspunkte für Georgs Martern im *Mihr Yašt*. Wohl aber kann man, wie es S. 198 geschieht, das oben Anm. 50 zitierte Scholion als Zeugnis für erst in den Mysterien eingeführte 'Quälereien' mit den Martern des hl. Georg vergleichen.

[66] Auf Grund von nicht nachgewiesenen Übersetzungen von *Yt* 10, 60 und 112, wo uralte Beinamen des Mithra begegnen sollen, versteigt sich v. Gutschmidt S. 202 f sogar zu der Behauptung, Γεώργιος sei eine Übersetzung solcher Beinamen. Ob *vouru.gaoyaoiti*gemeint ist, welches nach Gershevitch 1959, S. 151, aus der awestischen Konzeption von Mithra als Beschützer der Kuh folgt und dann von Benveniste, 1960, als Attribut nachgewiesen wurde, das auch mit Soma und Agni verbunden werden kann? Eine 'Übersetzung' im eigentlichen Sinne ist der griechische Name sicher nicht, denn er ist älter und kommt wohl nicht aus Kleinasien (W. Pape, *Wörterbuch der griechischen Eigennamen*, 3. Aufl., Braunschweig 1911, S. 248), wohl aber ist es nicht ausgeschlossen, daß der legendäre Heilige gerade den

eine Reihe von Ähnlichkeiten zwischen der bis nach England reichenden, dort sogar besonders aufblühenden Verehrung des hl. Georg, wie sie sich in den vielen Legenden niedergeschlagen hat, und den Mithras-Mysterien.

Die andere Gegenprobe betrifft die Dolichenus-Mysterien. Hier wurde aus Gründen, wie man sie Zug um Zug auch für die Mithras-Mysterien namhaft machen kann, die Wahlverwandschaft zum Geist der kommagenischen Truppen eben nicht in Mithras, sondern im Baal von Doliche gefunden. Die beiden Kulte breiteten sich, wenn auch nicht zur gleichen Zeit, fast von den gleichen Gebieten (Kommagene und Kilikien) her aus und erreichten dieselben Etappen hinter dem Limes von Rätien, Germanien und Britannien.[67] Vielleicht wurde der des Mithras noch weiter verbreitet und wirkungsmächtiger, weil er als Mysterium intensiver war. Beim Jupiter-Dolichenus-Kult war der für ein Mysterium wesentliche Kern kaum gegeben, wie oben gezeigt; man möchte ihn beinahe lieber einen Orden nennen, dessen innerer Zusammenhalt nicht so fest war, und der deshalb geringere Durchschlagskraft hatte. Die Bindung und Veränderlichkeit dieses Kultes nur durch das römische Heer ist auffällig. Seine bisher östlichste Stätte lag da, wo die bisher zweitöstlichste (?) der Mithras-Mysterien aufgedeckt wurde, in Dura-Europos.[68] Vielleicht ist dies ein erster Hinweis darauf, warum es auch die letzteren nur dort gab, wohin römische Legionen marschiert waren, und nirgends sonst.

5 *Zur Geographie der Verbreitung*

Die Charakterisierungen, die man für die Mithras-Mysterien gefunden hat, und die Voraussetzungen, die dafür ermittelt wurden, sind alle auch in Iran

---

Namen 'Mann der Landbauern' im Anklang an eines der Prädikate bekommen hat, die Mithra einen Beschützer von Land und Vieh nennen (die genaue Übersetzung dieser Prädikate, die meist Bahuvrihis sind, ist bekanntlich schwierig). Ebenso ist diskutabel, daß Georgs Feind, der legendäre persische Kaiser (!) Dacianus, an *Aži dahāka* anklingen soll (v. Gutschmid, S. 190, spricht von Romanisierung dieses Namens), der in einer von Cumont publizierten ältesten Fassung der Georgssage tatsächlich wieder eine Schlange bzw. ein Drache genannt wird; Nachweis mit Anschluß an entgegenkommende Motive aus der palästinischen Georgs-Überlieferung (vor allem Durchbohren eines Glaubensfeindes mit dem Speer), aus der übrigens die Wahl des Namens Georg nicht erklärt werden kann, bei C. Colpe, Das samaritanische Pinehas-Grab in Awerta und die Ursprünge von Ḥaḍir- und Georgs-Legende, *Zeitschr. d. deutschen Pal.-Vereins* 85, 1969, S. 170 f., 181–5.

[67] Übersicht bei Merlat, *Essai*, S. 129–67. Außerdem weiß man nur von zwei Tempeln in Rom (auf dem Aventin und dem Esquilin) und zweier in Afrika (Leptis Magna und Lambaesis), während nach dem Castellum Dimmidi in Numidien nur eine Stele verschlagen worden ist.

[68] Verbreitungskarte bei Merlat, *Répertoire*, S. 433. Ob die 1956–67 in Uruk ausgegrabene Anlage wirklich ein Mithräum war, wie bei H. Lenzen, Die deutschen Ausgrabungen in Uruk von 1954–57, in: *Deutsches Archäologisches Institut, Neue Deutsche Ausgrabungen im Mittelmeergebiet und im Vorderen Orient*, Berlin 1959, S. 26 f, vermutet wird, wird nach mündlicher Auskunft von H. v. Gall von Archäologen aus architekturgeschichtlichen Gründen mehr und mehr bezweifelt; vielleicht geben die Überlegungen dieses Beitrages den Ausschlag dahin, daß es keines gewesen sein kann. Dann wäre Dura-Europos auch das östlichste Mithräum.

gegeben, zum Teil sogar noch deutlicher als in Kleinasien und im Imperium Romanum. Der Antagonismus zwischen Gut und Böse, von dem her sich die Reinigung der Intentionen eingeweihter Mithras–Kämpfer bei ihrem befohlenen soldatischen Handwerk am besten erklären läßt, hatte in Iran auch in seiner hellenistischsten Zeit nicht aufgehört, bestimmend zu sein, weder für individuelles noch für kollektives Handeln. Der Gott Mithras wurde seit langem und überall im Lande verehrt. Im Kuschan–Reich, das in denselben beiden Jahrhunderten vor und nach Chr. entstand, in denen auch die Mithras–Mysterien gestiftet wurden, hat Mithra offenbar eine ganz besondere Rolle gespielt,[69] und die Zeugnisse dafür weisen in frühe Traditionen eines unter seinen Namen gestellten indo-iranischen Sonnenkultes zurück.[70] Was den Zarathustrismus anlangt, so sind neuerdings gute Gründe dafür beigebracht worden, daß das *argumentum e silentio*, mit dem man Zarathustra zu einem Kämpfer gegen die Mithra–Verehrung und gegen eine Mithra–Gemeinschaft zu machen pflegt, nicht zulässig ist.[71] In jedem Falle ist nicht daran zu deuteln, daß im Zoroastrismus—weiterhin oder wieder—Mithra so energisch Beachtung verlangte, daß ein großer Hymnus auf ihn, zu einem zoroastrischen Yašt redigiert, ins Awesta aufgenommen werden mußte.[72] Die Achämeniden hinderte ihr Gehorsam gegen Ahura Mazdā nicht daran, auch Mithra in den Kreis ihrer Verehrung aufzunehmen, wie sein Vorkommen in den Inschriften Artaxerxes' II. und III. zeigt.[73] Wie zwingend es war, daß noch im 3. Jh. n.Chr. der innerhalb wie außerhalb des Zoroastrismus weitverbreiteten Mithra–Verehrung in einer neuen Mission Rechnung getragen wurde, geht aus der Tatsache hervor, daß Mithra in der bedeutenden Funktion des Demiurgen in bestimmte Ausprägungen des iranisch-manichäischen Systems hineingenommen wurde.[74]

Daß der Zoroastrismus als Staatsreligion den nicht-zoroastrischen Mithraismus zur Häresie erklärt und ihn wie andere Häresien unterdrückt oder des Landes verwiesen habe, kann in der Arsakidenzeit, in der die Mithras–Mysterien entstanden, noch kein Grund für ihre Exterritorialität gewesen

---

[69] Soviel dürfte die Deutung der baktrischen Münzen mit MIIPO, MIOPO, MOPO (jetzt bei Vermaseren, *CIMRM* I, Nr. 1–6) und Inschriften erbracht haben, wenn auch seit H. Humbach, *Baktrische Sprachdenkmäler*, 2 Teile, Wiesbaden 1966–7, insbes. Teil I, S. 32–47, die Diskussion im einzelnen manche neue Erklärungen des Textes, z.T. durch Humbach selbst, erbracht hat.
[70] H. v. Stietencron *Indische Sonnenpriester. Sāmba und die Śākadvīpīya Brāhmana*, Wiesbaden 1965.
[71] Von Boyce, On Mithras part in Zoroastrianism, *BSOAS* 32, 1969, S. 17–20.
[72] Gershevitch 1959, S. 13–22, und Hartman, La disposition de l'Avesta, *Orientalia Suecana* 4, 1955.
[73] Die Stellen aus den Achämenideninschriften jetzt auch bei Vermaseren, *CIMRM* I, Nr. 7–9. Mehr über die Verbreitung (Darius I., III.; Parther, Armenien, Skythen; abwegig: Mithra bei den Juden seit 40 v.Chr.) bei Hinnels, *Christianity and the mystery cults*, S. 21–5.
[74] Belege und Unterschiede insbes. zwischen parthischer und sogdischer Überlieferung bei Boyce, On Mithra in the Machichaean Pantheon, *A Locust's Leg, Studies in honour of S. H. Taqizadeh*, London 1962, S. 44–54.

sein. Wenn die Arsakiden Zoroastrier waren—oder, was wahrscheinlicher ist: wenn sie mit ihren griechischen Untertanen olympische Götter verehrten und mit ihren iranischen Untertanen den Weisungen Zarathustras folgten —, dann war ihr Bekenntnis doch nicht so rigide, daß sie eine staatstragende, Intoleranz forcierende Ideologie daraus machten, wie es später durch den Hohenpriester und Großinquisitor Karder geschah.

Schließlich gibt es die gewichtige Hypothese, daß Iran ein Heimatland kriegerischer Männerbünde war.[75] So wie die Mithriasten einander *fratres* waren und Mithras ihr *comes*, *adiutor* und *socius* war, so habe in den altiranischen Kriegerbünden Mithra den Platz des Gefolgsherrn über die Bruderschaften eingenommen; die Mithräen, die *antrum*, *specus*, *spelaeum*, *spelunca* genannt wurden, sollen natürliche Höhlen nachgeahmt haben, wie es sie im Einzugsgebiet der Bruderschaften wirklich gab, worin sie sich versammelten, und worin nach ihrem Glauben Mithra geboren wurde; so wie die Mithriasten in Hundertschaften unter geistlicher Leitung organisiert waren, so hätten auch die iranischen Kriegerbünde aus Abteilungen zu hundert Mann bestanden, die durch Mithra–Priester geleitet wurden.[76]

Wenn sich dieses alles so verhalten hat, ja wenn man nur das relativ Wenige nimmt, was gesichert ist, und alles Hypothetische ausscheidet— warum sind für Iran keine Mithras–Mysterien bezeugt, warum findet man nicht bei jeder Ausgrabung wenigstens ein einziges kleines Mithräum? Man sieht hier, in welche Sackgasse man gerät, wenn man historische Erklärungen ausschließlich aus Determinanten zu gewinnen sucht, die in alten Mythen und Sozialstrukturen gegeben zu sein scheinen, und die man, um das Kausalverhältnis zwischen ihnen und dem späteren Sachverhalt sicherzustellen, nur philologisch sauber herauszuarbeiten braucht. Man gewinnt auf diese Weise nur eine, selbstverständlich unentbehrliche Gruppe von Antecedens–Bedingungen. Die andere, genau so wichtige Gruppe folgt aus den Gegebenheiten der Epoche selbst, in welcher der spätere Sachverhalt angesiedelt ist. In diesem Falle könnte man die weiterhin nötigen Antecedens–Bedingungen nur aus einer militärsoziologischen Analyse der Funktion und des Selbstverständnisses hellenistischer, römischer, parthischer und sassanidischer Heere gewinnen.[77] Das ist eine Forschungsaufgabe der Zukunft,

---

[75] Zuletzt G. Widengren, *Die Religionen Irans*, Stuttgart 1965, S. 23–6 und *Der Feudalismus* ... (s. gleich Anm. 77).

[76] Das hierzu von Widengren, *Mithraic mysteries*, S. 437, 444 f, 448–52, zusammengestellte Belegmaterial ist auch ohne die Männerbund–Hypothese wichtig und klärend.

[77] Nach. A. von Domaszewski, Die Religion des römischen Heeres, *Westdeutsche Zeitschr. für Geschichte und Kunst* 14, 1895, auch separat Trier 1895 (124 S., 5 Tafeln) (S. 22, 66: Mithras nie eigentlich ein Heeresgott, sein Kult nicht öffentlich, sein Heiligtum ist Teil des Privathauses) ist grundlegend A. D. Nock, The Roman army and the Roman religious year, *Harv. Theol. Rev.* 45, 1952, S. 187–252 (S. 247 f zu den Priestern des Jupiter Dolichenus und des Mithras). Für das Technische fehlt auf iranischer Seite ein Buch wie J. Kromayer– G. Veith, *Heerwesen und Kriegführung der Griechen und Römer* (Handbuch d. Altertumswiss. Abt. 4/3, Bd. 2), München 1928. Für das oben Gemeinte läßt sich schon manches herausholen

welche durch die folgenden dilettantischen Bemerkungen allenfalls andeutungsweise anvisiert werden kann.

Die Verdichtung der mithrischen Monumente in den drei Epochen etwa 140–253, 284–313 und 357–364[78] deckt sich auffällig mit den Regierungszeiten der Antonine, der Soldatenkaiser, des Diokletian und des Julianus Apostata. Das Heer, welches unter den Antoninen so sehr zur staatstragenden Kraft geworden war, daß es schließlich eine Zeitlang die Kaiser stellte, war unter Diokletian unter anderem ein Instrument der Restauration und unter Julian eines der Reaktion auf den Sieg des Christentums. Mit jeder dieser Funktionen ist ein höheres Selbstbewußtsein verbunden als mit der normalen, ein Land gegen Feinde zu schützen. Dies geht mit einer Steigerung und Konzentration des soldatischen Impulses konform, wie ihn die Mithras–Mysterien vermittelten. Deshalb erfreuten sie sich in den genannten Zeitabschnitten der besonderen Gunst der Imperatoren. Das setzt voraus, daß die ursprüngliche Stoßrichtung, die ja gegen Rom gerichtet war, umgedreht worden ist. Diese Annahme macht keine Schwierigkeiten: eine solche Umdrehung war möglich, nachdem die Soldaten im Zusammenbruch des Pontischen Reiches unter Mithradates Eupator[79] ihren ursprünglichen

---

aus G. Widengren, *Der Feudalismus im alten Iran*, Köln–Opladen 1969, S. 73–80, und aus der Literatur, die bei H. Gärtner–W. Heyke–V. Pöschl, *Bibliographie zur antiken Bildersprache*, Heidelberg 1964, S. 524 s.v. Militärwesen, zusammengestellt ist.

[78] So, d.h. nur unwesentlich, dürfte auf Grund des neuen Materials nach den Listen datierter Inschriften und Monumente bei Vermaseren, *CIMRM* I, S. 362 und II, S. 439 zu korrigieren sein, was früher J. Geffcken, *Der Ausgang des griechisch–römischen Heidentums*, Heidelberg 1929 (anast. Darmstadt 1963), z.T. im Anschluß an Toutain, ermittelte (S. 15, 29, 252: große Ausbreitung beginnt mit der Einweihung des Commodus, Unterbrechung nach den Gordiani, S. 25: die mit dem wirtschaftlichen Elend und dem Verlust Daciens, dem Hauptsitz der Mysterien, zusammenhängt; S. 95: Rückgang unter Constantin; S. 101: Nachblüte nach Julian im Mithräum von San Silvestro und in Kappadokien z.Zt. des Gregor v. Nazianz). Zum Material bei Vermaseren: Nr. 28–32 sind Zeugnisse aus der Kommagene (69–34 v. Chr.) und als Belege für Mysterien bisher nicht eindeutig erwiesen; Nr. 19 siehe nächste Anm.; Nr. 23 (78 n.Chr.) gehört nicht zu einem Kult; Nr. 594 (102 n.Chr.) ist die erste, wohl private Inschrift aus Rom. Die Masse der Inschriften setzt im 2. Jh., genauer um 140 ein; zwischen 253 und 284 gibt es nur 7, zwischen 313 und 357 nur 1 oder 2, nach 364 nur 10 datierte Zeugnisse. Die Frage bedarf aber noch genauerer statistischer Untersuchung, und eindeutig wird sich die oben vorgetragene Hypothese angesichts der Menge des undatierten Materials kaum beweisen lassen.

[79] Wir haben keinen direkten Beleg für die ursprünglich antirömische Tendenz der Mithrasmysterien. Wenn sie aber unter dem großen Romgegner Mithradates VI. Eupator (120/112–63 v.Chr.) eingerichtet zu werden begannen, wofür manches spricht (s. Anm. 80 f), dann müssen sie diese Tendenz gehabt haben und wären darin der ersten Adaptationsstufe der Hystaspes–Orakel zu vergleichen (wie sie G. Widengren, *Religionen Irans*, S. 199–202 sieht), die ursprünglich antihellenisch waren. Wenn diese bisher nicht gezogene Konsequenz richtig ist, lassen sich die Mithras–Mysterien in den realgeschichtlichen Hintergrund stellen, der in den literarischen Zeugnissen (d.h. den Reden, in denen Pompeius Trogus bei Justin den Mithradates sich aussprechen läßt) gespiegelt wird, wie sie H. Fuchs, *Der geistige Widerstand gegen Rom*, 2. Aufl., Berlin 1964, S. 16 f, mit anderen zusammenstellt (ist das Jahr 190 dort ein Druckfehler für 120?). Es ist dann auch nicht unwahrscheinlich, daß die Grotte mit Inschrift bei Farasha/Ariaramneia in Kappadokien (Vermaseren, *CIMRM* I, Nr. 19)

Auftrag verloren hatten und nun zunächst in einem kleinen kilikischen Piratenstaat als Landsknechte unter eigener Regie weiterlebten, deren Kampfziel austauschbar geworden war.[80] Als die Piraten den Westen unsicher machter, wurden die Mithras–Mysterien mitgenommen, und das ohnehin abstrakt begriffene Gute, in dessen Dienst sie standen, bekam statt des religiös-iranischen nach und nach einen national-römischen Inhalt.[81]

Im großen und ganzen genügen bereits diese Umstände, um zu erklären, warum es in Iran keine Mithras–Mysterien gab. Zur Zeit ihrer Gründung können sie noch nicht so bekannt gewesen sein, waren sie wohl auch noch nicht so entwickelt, daß sie das parthische Heer, welches in seiner anti-

---

tatsächlich ein Mithräum war, und wenn die Datierung auf das 1. Jh. n.Chr. richtig ist, so wäre dieses das älteste, das gleichzeitig dem Entstehungsort der Mysterien am nächsten liegt. Daß der in der Inschrift genannte Stratege ἐμάγευσε Μίθρῃ, dürfte dann bedeuten: 'er diente dem Mithra nach Art der Magier'.

[80] Appian, *Mithr.* 92, 421 f (p. 502 Viereck–Roos–Gabba) sagt nur, daß sich dieser Staat, dessen Zustandekommen er zuvor anschaulich geschildert hat, aus Entwurzelten (ἐς ἀπορίαν ἐμπεσόντες ἀθρόαν, § 417) syrischer, cyprischer, pamphylischer, *pontischer* und sonstiger Herkunft zusammensetzte, nicht aber, 'dat de zeerovers de mysteriën hadden leren kennen van de overgebleven troepen van het verslagen leger van koning Mithridates Eupator', so Vermaseren, *Mithras de geheimzinnige God*, Amsterdam 1959, S. 21. Doch da die Seeräuber die Mysterien kannten (s. Anm. 81), ist es wahrscheinlicher, daß die Pontier unter ihnen sie mitgebracht hatten, als daß sie erst in Kilikien entwickelt worden sind. Das letztere ist auch unwahrscheinlich angesichts des Milieus, wie es Plutarch, *Pompejus* 24 f schildert. Er weiß 28, 2f auch von der Richtungslosigkeit der Seeräuber und der Einsicht des Pompejus, ὅτι φύσει μὲν ἄνθρωπος οὔτε γέγονεν οὔτ' ἔστιν ἀνήμερον ζῷον οὐδ' ἄμικτον, ἀλλ' ἐξίσταται τῇ κακίᾳ παρὰ φύσιν χρώμενος, ἔθεσι δὲ καὶ τόπων καὶ βίων μεταβολαῖς ἐξημεροῦται. Die Konsequenz, die Pompejus daraus zog, war allerdings nicht, daß die weitere μεταβολή, die die Piraten brauchten, geordneter Soldatendienst sei, sondern daß sie im Landesinnern angesiedelt werden müßten, um in Ruhe halbzerstörte Städte (in Kilikien und die Städte Soli sowie Dyme in Achäa, nicht in Italien, wie Vermaseren, *Geheimzinnige God*, S. 22, fälschlich sagt) wieder aufzubauen und den Acker zu bestellen. Die Verbreitung der Mysterien muß also durch Desperados erfolgt sein, die vor dem Siege des Pompejus im westlichen Mittelmeer den Krieg auf eigene Faust weitergeführt hatten, siehe nächste Anm.

[81] Plutarch, *Pompejus* 24, 5 gibt die entscheidend wichtige Mitteilung: (Die Seeräuber) τελετάς τινας ἀπορρήτους (das müssen schon die Mysterienriten gewesen sein, denn die herkömmliche Mithra-Verehrung fand unter freiem Himmel statt) ἐτέλουν, ὧν ἡ τοῦ Μίθρου καὶ μέχρι δεῦρο (abgesehen vom Gelehrtenwissen in *Is. et Os.* 47 konnte Plutarch in seiner Zeit, 46-125 n.Chr., nur die Mysterien kennen) διασώζεται καταδειχθεῖσα πρῶτον ὑπ' ἐκείνων (also im 1. Jh. v.Chr.). Schwierigkeiten macht aber noch, wie die, die sich selbständig gemacht hatten (Plut. *Pomp.* 24 Anfang; Appian, *Mithr.* 63, 262: zuerst hatte Mithradates sie ausgeschickt, 92, 419: dann gebärdeten sie sich selbst wie Könige, Tyrannen und reguläre Heerhaufen und hielten sich vereint für unbesiegbar), die Römer in die Mysterien eingeweiht haben können (so Cumont 1911, S. 33 = *TMMM* I, S. 244 als Paraphrase des Berichtes Plutarchs, an dem er nichts Unwahrscheinliches findet). Das mußte ja zwischen 67 v.Chr. (Sieg des Pompejus) und 78 n. Chr. (frühestes datierbares Monument, siehe oben Anm. 78, dort Nr. 23) geschehen sein, mehr am Anfang als am Ende dieses Zeitabschnittes. In dieser Zeit entfällt noch das Motiv der Verwendbarkeit der Mysterien für die Stärkung des Geistes des römischen Heeres, und es bleibt nur die Annahme, daß es sich zunächst um vereinzelte und private Einweihungen von Personen handelte, die zum Verband der Seeräuber stießen und nach dessen Zerfall ihren neuen Glauben wie eine Mysterienfrömmigkeit allgemeinerer Art weiterpflegten; zwischen den Mithras- und anderen Mysterien entwickelten sich ja mancherlei Ähnlichkeiten, und die Kybele–Mysterien, die mit dem Militär nie etwas besonderes zu tun hatten, haben den Mithras–Mysterien gelegentlich den Weg gebahnt.

römischen Ausrichtung ja mit dem pontischen übereinstimmte, in Frage kamen. Später, als die Mysterien ein römischer Soldatenkult geworden waren, war es für eine Übernahme in Iran zu spät. Sowohl in parthischer wie in sassanidischer Zeit wäre es ganz undenkbar gewesen, einen Kult zu fördern, der für den westlichen Erbfeind eine solche Bedeutung hatte.

Darüber hinaus waren parthische und sassanidische Heere vielleicht auch noch deshalb gegen die Mysterien abstinent, weil in ihren Staaten der Kampf für das, was dort als das Gute galt, nicht so ausschließlich an die Armee delegiert war wie im römischen Imperium. Und wenn es im Kampf des Guten gegen das Böse, für den grundsätzlich jeder Einzelne engagiert zu sein hatte, noch Valenzen gegeben haben sollte, die sich speziell an Mithra hefteten, so waren sie durch die verbreitete Verehrung dieses Gottes absorbiert. Es könnte gerade durch die Kultformen, in denen die Mithra-Verehrung institutionalisiert war—wir wissen leider nicht genug darüber, doch ist unter ihnen die des Ordens oder der Bruderschaft für diese Zeit weniger wahrscheinlich —, eine gewisse Immunität gegen ihre Mysterienwerdung entstanden sein.

6 *Die Frage nach altiranischen Mysterien*

Was bisher über die Eigenart des phrygisch-thrakischen Kulturkreises und über den wesentlichen Kern von Mysterien gesagt wurde, enthält schon eine gewisse Antwort auf die Frage, ob es im alten Iran Mysterien gab. Man kann den vorläufig negativen Inhalt der Antwort erhärten, indem man, wie bisher, bei Organisation, Ritus und Selbstverständnis der Gemeinschaften bleibt. Die gravierenden Unterschiede, die sich zeigen,[82] besagen weiterhin nicht das Geringste gegen die Identität des griechisch-römischen Mithras mit dem iranischen Mithra.

Die historische Ethnologie ist noch nicht so weit, um einigermaßen gesicherte Auskunft darüber geben zu können, an welche Formen der Seßhaftigkeit, der Produktionsweise und des Volkscharakters die Neigung zur Mysterienbildung gebunden war. Doch zeichnet sich ab, daß sie mit einer durch Magie zu fördernden, also nicht einfach aneignenden Wirtschaft etwas zu tun hatten. Der Kult in Eleusis, der in den Händen eines alten Priestergeschlechtes war, sollte zunächst—dies war die elementarste Form der Heilsbewahrung—das Wachstum des Getreides in einer Landschaft sichern,[83] die nicht als ein vorläufiger Wohnort empfunden wurde,

---

[82] Die folgenden Bemerkungen möchten verstanden werden als Ergänzung zu de Menasce 1944. Dort wird, z.T. noch unter der Herausforderung durch R. Reitzenstein, *Das iranische Erlösungsmysterium*, Bonn 1921, der un-mysterienhafte Charakter der iranischen Religion an Hand der Unterschiede zwischen iranischer und manichäischer Seelenlehre herausgearbeitet, zu Nyberg etwas anders als oben Stellung genommen und S. 177 ff zu den Mithras-Mysterien gesagt, daß wir über ihren Sinn und ihre Entstehung noch nicht genug wissen.

[83] Es wird hier das ethnologisch und volkskundlich oft untersuchte Verhältnis gegenseitiger Abhängigkeit zwischen Mensch und Natur in sympathetischer Magie vorausgesetzt,

den man wieder wechseln konnte. Später war das Unheil durch drohenden Hunger nicht mehr so akut, und die Symbolisierungen, in denen sich der vegetative Kreislauf ausdrückte, gewannen solche Selbständigkeit, daß sich das Abhängigkeitsverhältnis zwischen ihnen und der naturhaften Grundlage des Kultes nahezu umkehrte.[84] Erst dann veränderte sich auch die Art des Heiles, das der Mensch durch Einbeziehung ins Symbolgefüge gewinnen konnte. Entsprechend sollte die Herstellung des doppelten Geschlechts in den Attis-Mysterien sympathetisch auf die Erhaltung der Intaktheit des Gesteines einwirken, von welcher u.a. das Nachströmen des Quellwassers und das Nachwachsen der Metalle abhing. Auch die körperliche Einstimmung auf diese tellurischen Kräfte gewann einen anderen Sinn, als die Bewahrung chthonischen Heiles sich nach und nach zu einem besonderen Erlösungsstreben veränderte.[85] Hier wie in Eleusis scheint mit Zunehmen der agrarischen und metallurgischen Kenntnisse die Überzeugung von der magischen Beeinflußbarkeit der Erde in den Hintergrund getreten zu sein. Es konnte damit ein Glaube freigesetzt werden, in welchem man sich auf die Gewinnung von Heil—zunächst als Bewahrung, später als Erlösung verschiedener Art—durch Gleichmachen mit den nunmehr vergotteten und anthropomorphisierten Kräften einfach verließ.

Erkennt man diese beiden Kulte als die Hauptbeispiele erdgebundener

---

wie es auch für die Kultur, in der Eleusis entstand, erwiesen sein dürfte z.B. durch Magnus Hammarstroem, *Ein minoischer Fruchtbarkeitszauber* (Acta Academiae Aboensis, Humaniora 3), Abo 1922 (Deutung einer Prozession auf einem spätminoischen Gefäßfragment als Flurumgang), oder durch R. B. Onians, *The Origins of European Thought about the Body, the Mind, the Soul, the World, Time and Fate*, Cambridge 1951 (S. 113: Idee der Assimilation des Menschen an Kinder der Mutter Erde, bes. das Korn, scheint hinter den eleusinischen Mysterien zu liegen; S. 274 f: Teilnahme am Leben des Korns durch sympathetische Magie).

[84] Vgl. oben Anm. 25. Mit dieser Umkehrung hängt von der Natur, später vom Mythos und vom Mysterienritual für den Menschen mehr ab als für die Natur von der magischen Kraft des Menschen. Doch ist auch da, wo dieser mehr des Schutzes in der Unterwelt oder der Erlösung bedürftig als zur Einwirkung auf die Erde fähig zu sein meint, immer noch Magie im Spiel, und zwar weil der ausgeführte Mythos ohne diese garnichts über den Menschen vermöchte. Solche Hinweise durchziehen ältere klassische Werke wie Alphonse Louis Constant (= Éliphas Lévi), *Histoire de la magie*, Paris 1914; R. G. Thompson, *Semitic Magic. Its Origins and Development*. London 1908, und F. Lenormant, *Chaldean Magic*, London 1877 (deutsch: *Die Geheimwissenschaften Asiens*, Jena 1878).

[85] Von H. Hepding, *Attis. Seine Mythen und sein Kult* (RGVV 1), Gießen 1903, der Attis im wesentlichen für eine Personifikation der Vegetation hält, bis zu P. Lambrechts, *Attis: Van Herderksnaap tot God* (Verh. Kon. Akad. Wetensch. België 46), Brüssel 1962, für den Attis das mythische Musterbeispiel für den schönen Jugendlichen ist, welcher eine verzehrende Gottesliebe auf sich zieht, woraus dann in späterer Deutung seine Erneuerung wird, bewegen sich die zahlreichen Untersuchungen auf der oben mit den letzten neun Worten des Satzes angedeuteten Linie, und von einer gewissen Zeit an ist das auch richtig. Demgegenüber sollte in der in Anm. 24 genannten Abhandlung ein Rückgang bis auf den archaischen Magnetismus versucht werden. Die Wichtigkeit des Gesteines für die Lebenserhaltung schließt selbstverständlich die der Ackererde nicht aus. Nach Ymär Daher, *Agricultura Anatolica* 1 (Studia Orientalia, ed. Societas Orientalis Fennica 42), Helsinki 1970, S. 37 f, gab es Ackerbau in spätchalkolithischer, durch Mühlsteine und Sichelschneiden aus Obsidian und Quarz bezeugter Zeit, die übrigens in Yümük Tepe um 3000 v.Chr. endete.

archaischer Heilsgewinnung an, so sind ihre Formen doch sehr verschieden von derjenigen, die im jägerisch-nomadischen Bereich, selbst bis hin zum Übergang zu temporärer Seßhaftigkeit mit Weidewirtschaft und Viehzucht, entstehen mußte. Dort war die Bindung an das Tier das naturwüchsig Gegebene, und wo man von verschiedenen Formen der Heilsbewahrung weiß, die daraus erwuchsen, waren es die schamanistischen.[86] Hier kann nicht diskutiert werden, inwieweit diese Verhältnisse im Nordosten Irans in der ersten Hälfte des ersten Jahrtausends v.Chr. wirklich herrschten, und ob sie es waren, die in das Gemeinwesen Zarathustras entweder einbrachen, oder aus denen er ausbrach.[87] Sie werden hier bloß erwähnt, weil nur, wenn man diese voraussetzt, die Möglichkeit der Entstehung archaischer Mysterien überhaupt diskutabel ist. Auf Einzelheiten kommt es in diesem Zusammenhang nicht an. Es dürfte jedenfalls einsichtig sein, daß die Entstehung von Mysterien–Gemeinschaften in einer solchen Welt von vornherein unwahrscheinlich ist, einerlei ob der alte oder neue orgiastische Kult, mit dem Zarathustra zu tun hatte, in einer Mithra–Gemeinde stattfand oder nicht.

Doch auch in der Zarathustra–Gemeinde selbst sind keine Ansätze zur Mysterienwerdung zu erkennen. Man kann sie ohnehin nur erwägen, wenn man die Hypothese voraussetzt, die Gemeinde habe sich in *Maga* genannten Räumen versammelt und sich in einer Art hymnodischer Ekstatik der Offenbarungen ihres Meisters vergewissert.[88] Wenn darin der Nachhall einer archaischen Technik des Entsendens der Seele oder des visionären Schauens zu erblicken sein sollte, so gehört sie in den Bereich des weißen Schamanismus, nicht in den des schwarzen. Nur vom schwarzen Schamanismus her wäre aber Mysterienwerdung zu konstruieren: die in die

---

[86] Nur kurz sei auf die Forschungen von D. Schröder, A. Friedrich, K. Meuli, H. Findeisen, W. Schmidt, M. Eliade, I. Paulson—um nur einige Neuere zu nennen—hingewiesen, für die es ganz selbstverständlich ist, daß ein großer Teil der schamanistischen Praxis aus Jagdmagie besteht. Hier scheint sich aber die Freisetzung der Seele im Entsendungsschamanismus nicht daraus entwickelt zu haben—das wäre eine Analogie zur Entwicklung von Erlösungsvorstellungen in den Mysterien—, sondern von Anfang an daneben gestanden zu haben, wie übrigens auch die Krankenheilung. Zu richtigen Erlösungsvorstellungen kommt es im eigentlichen Schamanismus nicht.
[87] Überlick über die Diskussion bei K. Rudolph, Zarathuštra—Priester und Prophet, *Numen* 8, 1961, S. 81–116; jetzt in B. Schlerath (hsg.), *Zarathustra*, Darmstadt 1970, dort S. 270–313. Dieser Sammelband enthält auch wichtige andere Einzeluntersuchungen.
[88] Die bekannte These von H. S. Nyberg, Die Religionen des alten Iran, deutsch von H. H. Schaeder, *MVAeG* 1938 = Osnabrück 1966; S. 146–66 und 174–87 auch bei Schlerath (s. Anm. 87), S. 53–96. Die oben zusammengefaßte These dort S. 61–76. Aufschlußreich ist der durchgehende Versuch, von mitgenannten, sachgemäßeren Begriffen her zur Interpretation der wesentlichen Inhalte als Mysterium zu kommen: durch Übersetzungen für *urvaθa* 'Mysteriengenosse' (eigentlich 'Auserwählter'), *maga* 'Mysterien- oder Ordalplatz', *mang-/mag-* 'Mysteriengesang', Charakterisierung von *Ys* 33 als 'Anrufungen vor einer Mysterienhandlung' und der Reihe '*manah*, Wort und Tat' als Mysteriensprache sowie der Beratung zwischen Prophet und Vohu Manah als Mysterienfeier. Durch Ablehnung dieses Sprachgebrauchs soll es nebenbei möglich werden, die ethnologische Komponente in Nybergs Theorie ernster zu nehmen, als es gemeinhin geschieht.

Unterwelt oder in ein Jenseits entsandte, durch Kooperation mit Geistern gestärkte Seelenkraft des Schamanen könnte mystagogischen Zwecken dienen, die auf dem Wege über die Vereinigung mit chthonischen Göttern Wiedergeburtserlebnisse vermittelt, wie wir sie aus dem Skelettschamanismus kennen, und die Schamaneninitiation könnte zugleich die Initiation in eine entsprechende esoterische Gemeinschaft sein. Doch ist dergleichen so nicht belegt. Vom weißen Schamanismus aus läßt sich so etwas nicht einmal konstruieren. Seine äußerste Konsequenz in solcher Richtung, der personale Austausch zwischen den Stellen für Gott und Mensch, wäre Mystik, nicht Mysterienreligion. Nicht einmal diese Konsequenz ist gezogen worden.

Sollte Zarathustra keine historische Person, sondern nur der historisierte Archetyp eines Exekutors von Ritualen sein, für dessen wesentliche Teile die Gāthās das früheste Zeugnis sind,[89] so wären diese Rituale erst recht nicht das Kennzeichen einer Mysterienreligion. Denn es gäbe keinen mythischen Referenzpunkt, weder einen chthonischen noch einen uranischen, der außerhalb ihrer selbst läge. Und die Fortführung der priesterlichen Praxis im Zoroastrismus zeigt, daß innerhalb der Gemeinde auch keine Arkandisziplin etabliert wurde. Diese macht zwar nicht das Wesen einer Mysterienreligion aus, aber sie ist, wie oben gezeigt, eine wesentliche Voraussetzung für die Bildung ihres wesentlichen Kernes. Schon diese Voraussetzung ist im Zoroastrismus nicht gegeben. Jeder, der zu ihm gehörte und gehört, war und ist zum Kult zugelassen. Über ihn hinaus oder hinter oder in ihm gibt es nichts Geheimes, in das Einweihung erfolgen könnte.[90]

Schließlich kann auch der iranische kriegerische Männerbund—seine Existenz soll nicht als bewiesen gelten, sie wird hier nur zur Illustration des Problems angenommen—als solcher nicht die Bedingungen ausgebildet haben, die für die Entstehung von Mysterien nötig sind. Dagegen spricht grundsätzlich, daß das Gesetz, nach dem Gruppen anzutreten pflegen, im Großen und Ganzen gleich bleibt und sich nicht dermaßen ändert, daß aus so etwas wie einem Orden etwas so anderes wie ein Mysterium wird. Man kann natürlich immer dieselben Menschen aus einer Gruppe in eine andern Art von Gruppe wiederfinden. Aber dann hat entweder zuvor eine Desintegration stattgefunden, oder sie sind eine zusätzliche Bindung eingegangen. In beiden Fällen schließen sich die Beteiligten unter einem anderen sozialen Apriori zusammen als unter dem bisherigen bzw. dem anderen, weiterhin bestehenbleibenden. Selbst wenn man also eine maßgebende Funktion von Kriegerbünden in Armee und Gesellschaft bis in die parthische Zeit hinein nachweisen könnte, so würde das für die Erklärung des Zustandekommens militärischer Mysterienorganisationen wenig nützen. Es wäre z.B. der entscheidende Wandel darin nicht eingeschlossen, nämlich der von

---

[89] Die These von M. Molé, z.B. *Culte, mythe et cosmologie dans l'Iran ancien*, Paris 1963, S. 4–6, 17–24, 466, 522–31, u.ö.
[90] Näheres bei Boyce 1969, S. 12.

der Rollengleichheit im Kriegertum des Mithra und des irdischen Streiters[91] zur magischen Gleichgestaltung des göttlichen und menschlichen Geschickes. Andere Wandlungen hängen damit zusammen. Es genügt z.B. das Höhlenmotiv[92] nicht für eine volle Filiation; diese wäre erst herzustellen, wenn in der Höhle, in der der altiranische Mithra geboren worden sein soll, auch die Initiationen in seinen Kult stattgefunden hätten. Und die Position des Gruppenoberhauptes ist bei aller feudalen Kameraderie, die es für seine Untergebenen haben kann, deutlich verschieden von der Rolle eines Begleiters, Helfers und Genossen, die Mithra für die Mysten spielt.[93] Natürlich lassen sich die Linien von der jeweils älteren Gegebenheit zur jüngeren immer ziehen; es sei wiederholt, daß an der Identität des Mithras der Mysterien mit dem Mithra Irans nicht gezweifelt werden soll. Aber faktisch lag ein Bruch in diesen Linien, und zwar ein so tiefer,[94] daß sowohl die iranische Mithra–Mythologie als auch die verschiedenen iranischen Sozialstrukturen für die

[91] So allgemein kann man davon sprechen, da an der Kriegereigenschaft Mithras und seiner besonderen Verehrung in bestimmten Gruppen nicht zu zweifeln ist (vgl. auch oben, Anm. 58). Dies bedeutet nicht, daß Mithra speziell der Anführer von Männerbünden war; diese These ist durch eine unakzeptable Argumentation zustandegekommen. In Υt 10, 75 wird Mithra 'starkarmig' (*uyra.bāzāuš*, var. *bāzuš*) genannt. In Υt 13, 136 geht es um den Widerstand 'gegen den starken Arm (*uyrahe bāzāuš*) irgendeines Feindes, gegen den die Fravaši des Keresaspa angerufen wird. 'Starke Arme' von Feinden allgemein auch Υt 13, 31, von Mithra–Anhängern hingegen (oder auch hier, vgl. gleich Υs 57, 33, von Mithra, Rašnu und Sraoša? So Gershevitch, 1959, S. 95) in Υt 10, 42. In Υt 10, 25 nennt man Mithra einen 'starkarmigen Kriegshelden' (*bāzuš. aojaŋhəm raθaēštąm*; nur *aojah-* in Υt 10, 140), in Υs 57, 33 den Sraoša. Es handelt sich also bei 'starkarmig' um ein Attribut, das ganz unterminologisch (zu beiden Ausdrücken jetzt Gershevitch 1959, S. 181 und 196) auf irdische Kämpfer verschiedener Couleur und auf verschiedene Götter angewandt werden kann; im letzteren Falle liegt ein normaler Anthropomorphismus vor. G. Widengren, *Hochgottglaube im alten Iran*, Uppsala–Leipzig 1938, S. 315–17 greift die Stellen mit *uyra.bāzu-* bzw. *uyra -bāzu-* heraus, vermutet auf Grund von Υt 10, 75, daß Mithra als Schutzherr der Starkarmigen von Υt 10, 42—ohne Erörterung, ob *uyra. bāzava* hier als Nom. oder Acc. aufzufassen sei—gelten muß, und daß er sich diesen auch entgegenzustellen vermag, wenn Unterliegende ihn darum bitten. Der Passus Υt 13, 135 f, dessen Zusammenhang auf S. 315 unerkennbar gemacht ist, wird dann so dazugestellt, daß der Starkarmige auch dort Mithra ist und nunmehr als Führer *drafša*-bewaffneter Horden geschildert werden kann. Damit steht es dann in der wissenschaftlichen Literatur für Jahrzehnte fest, daß Mithra *uyrabāzu* ist, 'eben das Epithet, das den Männerbündlern zukommt' (G. Widengren, *Stand und Aufgaben der iranischen Religionsgeschichte*, Leiden 1955, S. 52; danach z.B. Fauth 1969, Sp. 1360, und viele andere).

[92] Dies ist seit Ferd. Lommel 1920 trotz vieler Untersuchungen noch nicht gründlich geklärt und bedarf weiterer Analyse. Die hl. Höhle spielt noch anderswo als in iran-nahen Werken der syrischen Christenheit eine Rolle, die Felsgebirge auch bei nichtiranischen Göttern. Der Übergang in der Vorstellung von *asman-* Himmel = Fels (reiches Material bei H. W. Bailey, *Zoroastrian Problems* . . ., Oxford 1943 = 1971, S. 120–48) > Höhle kann Ausdruck eben der Wandlungen sein, die man mit ihm erklären will.

[93] Die sorgfältige Gruppierung der Aussagen von Υt 10 mit Parallelen bei Lentz 1970 spricht dafür, daß ein etwaiger Hochgott–Charakter des Mithra in historischer Zeit verlorengegangen war.

[94] Wenn man die Beweisführung bei Dumézil 1940 nicht im Hinblick auf die Funktion des alten Mitra liest (vgl. außerdem Thieme 1957 gegen G. Dumézil, *Le Troisième Souverain*), sondern daraufhin, wieviel Verstreutes man zur Rekonstruktion zusammenholen muß, geht die Zerbrechlichkeit des alten mythischen patterns sogar aus diesem Buch hervor; auch noch aus der 2. Aufl. von 1948.

Erklärung der Entstehung der Mithras–Mysterien nicht ausreichen. Wenn man dies anerkennt, ist man gezwungen, nach einer andersartigen Erklärung zu suchen. Dabei kann man auch zu einer solchen kommen, wie sie hiermit versucht worden ist.[95]

Zitierte Sekundärliteratur

zu den Mithras– und Dolichenus–Mysterien, in den Anmerkungen häufig abgekürzt zitiert Weitere Titel siehe in Anm. 4–32, 37, 42, 52, 57–60, 64–6, 68, 70, 75, 77–9, 82–5, 87–9, 91, 92, 95. Auf Begründungen einer Reihe von Behauptungen zur parahistorischen Religion, zum Schamanismus, zur Religionssoziologie und zu den Mysterien im allgemeinen mußte aus Platzmangel verzichtet werden.

E. BENVENISTE, Mithra aux vastes pâturages, *Journ. As.* 248, 1960, S. 421–9.
M. BOYCE, On Mithra in the Manichaean pantheon, *A Locust's Leg, Studies in honour of S. H. Taqizadeh*, London 1962, S. 44–54.
— On Mithra's part in Zoroastrianism, *BSOAS* 32, 1969, S. 10–34.
L. A. CAMPBELL, *Mithraic Iconography and Ideology*, Leiden 1968.
C. CLEMEN, Der Mithrasmythus, *Bonner Jahrbücher* 142, 1937, S. 13–26.
F. CUMONT, *Textes et monuments figurés relatifs aux mystères de Mithra*, Bruxelles: Bd. 1, Introduction, 1899; Bd. 2, Textes et monuments, 1896.
— Mithra, bei *Daremberg–Saglio* (oben, Anm. 37), Bd. 3/2, Paris 1904, S. 1944–54
— Rez. von Dieterich 1903, *Revue de l'instruction publique en Belgique* 47, Bruxelles 1904, S. 1–10.
— *Die Mysterien des Mithra*, 2. deutsche Aufl. bearb. von G. Gehrich, Leipzig 1911.
L. DEUBNER, Rez. von Saxl 1931, *Gnomon* 9, 1933, S. 372–81.
M. DIBELIUS, Rez. von Saxl 1931, *Theol. Lit.-Zeitung* 59, 1934, Sp. 171–5.
A. DIETERICH, *Eine Mithrasliturgie*, Leipzig 1903; 2. Aufl. bearb. von R. Wünsch 1910, 3. Aufl. von O. Weinreich, 1923.
G. DUMÉZIL, *Mitra-Varuṇa. Essai sur deux représentations indo-européennes de la souveraineté*, Paris 1940.
W. FAUTH, Mithras. Mysterien V., *Der Kleine Pauly*, hsg. von K. Ziegler und W. Sontheimer, Bd. 3, Stuttgart 1969, Sp. 1359–64 und 1538 f.
I. GERSHEVITCH, *The Avestan Hymn to Mithra*, Cambridge 1959.
S. S. HARTMAN, La Disposition de l'Avesta, *Orientalia Suecana* 4, 1955, S. 30–78.
J. HINNELLS, Christianity and the mystery cults, *Theology* 71, 1968, S. 20–5.
H. HUMBACH, *Die Kaniška-Inschrift von Surkh-Kotal. Ein Zeugnis des jüngeren Mithraismus aus Iran*, Wiesbaden 1960.
H. ST. JONES, Rez. von Dieterich 1903; Cumont, *TMMM* I u. II u.a. in: *The Quarterly Review* 440, London 1914, S. 103–27.
A. H. KAN, *Juppiter Dolichenus. Sammlung der Inschriften und Bildwerke*, Leiden 1943.
F. KOEPP, Rez. von Saxl 1931, *GGA* 195, 1933, S. 233–51.
W. LENTZ, The 'social functions' of the Old Iranian Mithra, *W. B. Henning Memorial Volume*, hsg. von M. Boyce und I. Gershevitch, London 1970, S. 245–55.
FERD. LOMMEL, *Der Mithramythus*, Diss. Bonn 1920 (maschinenschriftlich); gedruckter Auszug: *Mithras Felsgeburt*, Bonn 1920 (7 S.).
H. LOMMEL, Der Gott Soma; Mithra und das Stieropfer, *Paideuma* 3, 1944–49, S. 36–9 (1944) und 207–18 (1949).

---

[95] Der ähnlich gerichtete Versuch von R. L. Gordon, Mithraism and Roman society. Social factors in the explanation of religious change in the Roman empire, in: *Religion* 2, 1972, S. 92–121 konnte nicht mehr berücksichtigt werden (Korrekturzusatz).

A. MEILLET, Le dieu Indo-Iranien Mitra, *Journ. As.* 101 x 1907, S. 143–59.
P. DE MENASCE, Les Mystères et la religion de l'Iran, *Eranos-Jahrbuch* 11, 1944, Zürich 1945, S. 167–86.
R. MERKELBACH, Die Kosmogonie der Mithras-Mysterien, *Eranos-Jahrbuch* 34, 1965, Zürich 1967, S. 219–57.
P. MERLAT, *Répertoire des inscriptions et monuments figurés du culte de Jupiter Dolichenus*, Paris–Rennes 1951.
— *Jupiter Dolichenus. Essai d'interprétation et de synthèse* (Publ. Inst. Art et Archéol. Univ. Paris 5), Paris 1960.
M. P. NILSSON, Rez. von Saxl 1931, *DLZ* 54, 1933, Sp. 250–4.
A. D. NOCK, The genius of Mithraism, *Journ. Rom. Stud.* 27, 1937, S. 108–13.
B. SARIA, Rez. von Saxl 1931, *Germania* 16, 1932, S. 325–7.
F. SAXL, *Mithras. Typengeschichtliche Untersuchungen*, Berlin 1931.
P. THIEME, Mitra and Aryaman, *Transact. Connecticut Acad. Arts and Sciences* 41, New Haven 1957.
M. J. VERMASEREN, *Corpus Inscriptionum et Monumentorum Religionis Mithriacae*, 2 Bände, Den Hag 1956 und 1960.
— *Mithras, de geheimzinnige God*, Amsterdam–Brüssel 1959.
G. WIDENGREN, The Mithraic mysteries in the Greco-Roman world, with special regard to their Iranian background, *La Persia e il mondo Greco-Romano* (Convegno 1965, Accad. Naz. Lincei 363, n. 76), Rom 1966, S. 433–55.
ST. WIKANDER, Études sur les mystères de Mithras I. Introduction, *Vetenskaps-Societeten i Lund, Årsbok* 1950, S. 5–46.
E. WÜST, Mithras, *Pauly-Wissowa* Bd. 15/2, Stuttgart 1932, Sp. 2131–55.

Die iranische Dämonologie und ihre teilweise Umadressierung an Juden und Christen

1. Historische und wirtschaftliche Voraussetzungen

α. Vermutungen über vorgeschichtliche Verhältnisse

Die nahezu symmetrische Aufteilung, welche Geister u. Dämonen im Rahmen des zoroastrischen Dualismus (J. Duchesne-Guillemin: RAC Bd. 4, 1959, Sp. 342/5) nach einer guten u. einer bösen Seite hin erfahren haben, hat immer wieder Anlaß gegeben, hier den vollständigsten Ausdruck schließlicher Aufspaltung der Ambivalenz des Numinosen zu sehen, in welcher es mit der ersten Entstehung der Religion allgemein-menschlich zunächst erfahren worden sei (Interpretation nach diesem Muster trotz Kritik an der Animismus-Theorie z. B. bei G. Mensching, Die Religion = Goldmanns Gelbe Taschenbücher 882/3 [o.J.] 148/56). Jedoch zeigt gerade das iranische Beispiel, daß die meist als schädigend, seltener als fördernd verstandenen Mächte, die man als Geister u. Dämonen zu bezeichnen pflegt, nicht auf der ganzen Erde die gleichen sind, wenn auch die Rolle bestimmter Naturkräfte eine weitreichende Übereinstimmung zustande brachte. Es zeigt sich vielmehr, daß Geister u. Dämonen ihre Funktion eher im Rahmen dessen erhalten, was eine bestimmte Gesellschaft oder Gruppe als ihr nützlich oder schädlich definieren muß. So scheint schon vor Zarathustra die Gruppe derjenigen Arier, die zu Iraniern werden sollten, eben diejenigen Mächte für ihre sich entwickelnde Viehzucht u. die Anfänge des Anbaus als verderblich empfunden zu haben, die einer anderen Gruppe mit bloß aneignender Wirtschaft, die ins spätere Indien ziehen würde, verehrungswürdig waren (Barr 316). Fortan sind Daēva's (awestisch), Daiva's (altpersisch), Dēw's (mittelpersisch) im Iranischen böse Götter, Dämonen oder Götzen, Dēva's (verwandt mit lat. deus u. dīvus) im Indischen gute Götter oder Götter schlechthin (Möller 60/2).

β. Zarathustras Rolle

Es ist auch möglich, daß erst Zarathustra (nach Henning 41: 630/553, 628/551 oder 618/541 v. Chr.; daneben zahllose andere Ansätze) durch Verwerfung der Götter seiner Vorfahren u. Landsleute diese Umwertung herbeigeführt hat (so Hinz 107/12); wahrscheinlicher ist, daß er sie verstärkte u. stabilisierte (s. oben u. Jackson, Demons 619). Namen für Daēva's nennt er nicht; es ist nicht ausgeschlossen, daß er u.a. an Indra, Saurva, Nånghaiθya gedacht hat, weil diese, wenn auch erst im Vidēvdād bezeugten Namen alte Götter bezeichnen (Möller 112/4; Chantepie, Lehrbuch 2⁴, 30. 64 [Śarva]. 33f. 40 [Nāsatya]). Außerdem kann er Xrafstra gemeint haben (Yasna 28, 5), das nicht die Feinde seiner Religion, ‚Raubgesindel'(Ch. Bartholomae, Altiran. Wb. [1904 bzw. 1961] 538) gewesen zu sein braucht, sondern als Gruppe daēvischer Wesen neben unbekehrten Menschen (Yasna 34, 5) bereits das Kollektiv unreiner Tiere gewesen sein kann, die der Gemeinde schädlich waren; denn da es der Yasna ist, der u.a. zu deren Überwindung zelebriert wird, u. sein später aufgezeichnetes Ritual wenigstens streckenweise das von Zarathustra ausgeführte gewesen sein muß, kann dieser seinen eigenen Kultus auch als Abwehr ganz bestimmter Tiere verstanden haben.

γ. Kontinuität anderer Vorstellungen
Neben den Gestalten, die immer mit Namen benannt werden, führt die Überlieferung, überwiegend doch wohl aus arischer Zeit, die Vorstellung vom großen Heer der wider- u. untergöttlichen Dämonen mit. Sie werden, nur selten mit Namen (z. B. Apaoša für die austrocknende Sommerhitze), oft summarisch, vor allem in den Yašts erwähnt; ihre nunmehr am Gegensatz zu Ahura Mazdā ausgerichtete Widergöttlichkeit scheint von derselben Art geblieben zu sein wie die der ihnen vergleichbaren Rakṣas der indischen Überlieferung (Möller 151), ohne daß man daraus schon auf Gleichwertigkeit Ahura Mazdās mit arischen Göttern schließen darf. Der Grund für diese Kontinuität dürfte in der Unreflektiertheit des Volksglaubens liegen, der oft auch dann nicht umwertet, wenn eine Theologie neue Götter setzt.

2. Zarathustrische und achämenidische Varianten

Eine genaue Verteilung der vielen im Yasna u. im übrigen jüngeren Awesta genannten Daēvas auf die Vorstellungswelt des Zarathustra, der Urgemeinde u. der späteren Gemeinde bzw. des Zoroastrismus als Staatsreligion ist nicht möglich. Doch wird die Systematisierung erst mit der Zeit voll durchgeführt worden sein.

α. Zarathustra
In den Predigthymnen des Zarathustra, den Gathas (Yasna 28/34; 43/6; 47/50; 51 u. vielleicht 53), wird die auf der Seite seines Gottes Ahura Mazdā u. des wahrhaften Denkens, Redens, Handelns stehende Welt in immer neuen Ansätzen, jedoch unter Verwendung älterer kultischer Terminologie, benannt. Die dabei zur Sprache kommenden Kräfte kann man Geister nennen, wenn man festhält, daß bei ihnen die Beziehung zu bestimmten Elementen der materiellen Welt einschließlich Fauna u. Flora, von denen sie abstrahiert sind, noch besteht. Es sind Spənta Mainyu, der Heilwirkende Geist, auch Spəništa Mainyu (Yasna 47, 2), ‚Heilwirkendster Geist‘, genannt, der zugleich Gəuš Tašan, der Bildner des Rindes ist; Aša, die Wahrheit oder Rechte Ordnung; Xšaθra, die Herrscherliche Macht; Ārmaiti, die Schöpfungs- oder Erd-‚Gemäßheit‘, dann auch die fromme

Ergebenheit; Haurvatāt, das Heilsein oder Lebensheil einschließlich der Gesundheit; Amərətāt, die Lebensdauer oder das Nichtsterben; Vohu Manah oder Vohu Mainyu (Yasna 45, 5), das Gute Denken, auch Vahišta Manah, ‚Bestes Denken' genannt; Sraoša, der Gehorsam; Aši, die Belohnung oder das glückliche Geschick; Gəuš Urvan, die Seele des Rindes (Boyce 26/36). Insoweit Spənta bzw. Spəništa Mainyu bald als selbständige Kraft neben Ahura Mazdā steht, bald eins mit ihm ist, kann auch der Schlechte Geist Aka Mainyu (Yasna 32,5) neben dem Bösen Geist Angra Mainyu stehen oder eins mit ihm sein u. überdies als Schlechtes oder Schlechtestes Denken, Aka oder Ačišta Mamah, oppositionell auf Vohu oder Vahišta Manah bezogen sein (ähnlich Jackson, Religion 650). Diese Gestalt(en) gehört (gehören) jedenfalls, obwohl im wesentlichen erst aus der Frontstellung des Zarathustra entwickelt, mit in den Kreis der Daēvas hinein. Die Daēvas können wertneutral durchaus noch als Götter gemeint sein, wenn es heißt, daß sie die Geneigtheit Ahura Mazdā's, der am besten weiß, was einst von Daēvas u. Menschen getan worden ist (Yasna 29, 4), so erbitten, wie es die drei menschlichen Sozialeinheiten auch tun (Yasna 32, 1); auch könnten, da Ahura Mazdā die Lüge besiegt, grundsätzlich Daēvas wie Menschen Lebensdauer erlangen (Yasna 48, 1). Die Daēvas haben jedoch von den beiden uranfänglichen Geistern (oder Bestrebungen) das Schlechteste Denken (Ačišta Manah) sowohl selbst erwählt (Yasna 30, 6), wie sie auch von denen, die als Nicht-Viehzüchter unter Viehzüchtern den Mordrausch (Aēšma) mehren, auf die Seite der Lügenhaftigkeit gebracht worden sind (Yasna 49, 4). In dem synergistischen Verhältnis, das zwischen ihnen u. den Menschen besteht, betrügen sie ihrerseits die Menschen um Gesundheit u. Lebensdauer, ganz so wie sie vom Schlechten Denken falsch belehrt werden (Yasna 32, 5). Die Daēvas sind also Same aus Schlechtem Denken (Aka Manah), ihre Verehrer Same aus Lüge (Drug) u. Hochmut (Yasna 32, 3); sie haben niemals gute Herrschaft ausgeübt u. sie hätten nicht zusehen dürfen, wie die Priester der orgiastischen feindlichen Religion das Rind dem Mordrausch (Aēšma) überantworteten (Yasna 44, 20). Nur wer mit Ahura Mazdā den Daēvas u. den auf ihrer Seite stehenden Menschen Trotz bietet, wird die Hilfe des Saošyant erfahren (Yasna 45, 1).

β. Achämeniden
Die Frage, ob, inwieweit u. seit wann die Achämeniden-Könige Zarathustrier waren oder den Zarathustrismus förderten (u. damit zur Entstehung seiner entwickelteren, Zoroastrismus genannten Form beitrugen), ist äußerst kontrovers (vgl. nur Widengren 134/55 u. Duchesne-Guillemin 152/70). Zu ihr gehört auch das Problem, ob die Geister u. Dämonen, die sie als ihrer Herrschaft feindlich betrachteten, dieselben sind, die Zarathustra gemeint hatte. Wenn sie es gewesen sind (was hier nicht diskutiert werden kann), dann haben sie jedenfalls sowohl Gottheiten in sich aufgenommen, die auch ohne den Rahmen des eigentlichen Dualismus als Gegner des zarathustrischen oder nicht spezifisch zarathu-

strischen Gottes Auramazdā zu betrachten waren, als auch zu prinzipiellen Lügenanhängern gestempelte politische Gegner. So sind die manchmal mischgestaltigen Raubtiere zu verstehen, die der königliche Held auf den Reliefs an den Toren des Hundertsäulensaals in Persepolis bekämpft (R. Ghirsman, Iran. Protoiranier, Meder, Achämeniden [1964] 202f mit Abb. 250/3; H.H. von der Osten, Die Welt der Perser [1956] Taf. 49). Darüber hinaus können durch die Religionspolitik des Xerxes (486/465) auch Gottheiten von Untertanen, welche die altiranische oder zarathustrische Dämonisierung der Daēvas nicht mitgemacht hatten, ganz neu zu Dämonen abgewertet worden sein. So kann man die sog. Daiva-Inschrift verstehen: ‚Und unter diesen Ländern (sc. über die ich König war) gab es (einen Ort), wo vorher Daivas verehrt worden waren. Darauf zerstörte ich durch die Gunst Auramazdās jene Daiva-Stätte u. ordnete an: ‚Die Daivas sollen nicht verehrt werden!' Wo vorher die Daivas verehrt worden waren, da verehrte ich Auramazdā...' (Schlußworte artācā brazmaniya umstritten) (XPh 35/41 [151 Kent]).

3. Praxisorientierte Sonderzeugnisse

Bis zur Abfassung oder zoroastrischen Redaktion der Yašts, die bis weit in nachchristliche Zeit reicht, müssen einige der einst bekämpften Geister wieder aufgewertet worden sein; jedenfalls enthält das Pantheon jetzt u.a. Arədvī Sūra Anāhita, ‚die Feuchte, die Heldin, die Unbefleckte'; die Fravašis, ursprünglich Toten-Geister, jetzt Schutz-Geister der Gläubigen; Mithra, der aber wohl von Zarathustra nicht abgelehnt, sondern als Ahura mitgemeint war; Tištrya, den erntebringenden Sirius-Stern; Vāyu, den Wind-, u. Vərəθraγna, den Siegesgott. Daēvas sind nun nicht mehr diese oder andere Götter, sondern die der epischen Überlieferung entnommenen Drachen u. Ungeheuer, z.B. die von Kərəsāspa besiegten Srvara, Gandarəwa u. Snāvidka, u. der von θraētaona erlegte Aži Dahāka (Belege bei Christensen 8/25). Hier muß die von Zarathustra umgewertete Bezeichnung von seinen Anhängern in späterer Zeit allgemein auf die bösen Geister des Volksglaubens übertragen u. ebendarum von den nachträglich wieder anerkannten alten Göttern losgelöst worden sein (H.H. Schaeder, Rez. zu Christensen: ZDtMorgGes 95 [1941] 446). Im Zuge dieses Prozesses wurde aber auch die Hypostasierung innerzoroastrischer Begriffe pneumatologisch u. dämonologisch produktiv, u. zwar selbstverständlich nicht nur auf der bösen, sondern nun nahezu symmetrisch auch auf der guten Seite. So wurden z.B. Spənta Mainyu, Vohu Manah, Aša, Haurvatāt, Amərətāt, Xšaθra, Ārmaiti, daneben auch andere, zu einer Gruppe aus sechs, sieben oder einer unbestimmt gelassenen Anzahl von Aməša Spəntas, ‚Heilwirkenden Unsterblichen' zusammengefaßt u. ihnen nach Möglichkeit um Angra Mainyu herum ein entsprechendes böses Konsortium gegenübergeordnet. Beide Gruppen stehen inmitten einer sehr viel größer gewordenen, jedenfalls mit sehr viel mehr Namen benannten Schar anderer Wesen, die alle in der mittelpersischen Literatur der sassanidischen u. frühislamischen Zeit (3./9. Jh.), in der Ahura Mazdā zu Ohrmazd u. Angra Mainyu zu Ahriman geworden ist, weitertradiert u. interpretiert werden (Verzeichnisse bei Jackson, Religion 631/68; Gray 129/219; Interpretation bei Lommel 17/92). Unter diesen etwa 150 Gestalten werden von der Fragestellung des RAC diejenigen betroffen, die auch oder ausschließlich von dem ‚gegen die Daevas gegebenen' Gesetz = awestisch Vidaēva-dāta, mittelpersisch Vidēvdād (früher Vendidad gelesen) bezeugt sind.

4. Verwestlichung der rituell maßgebenden Traditionen

α. Allgemeiner Charakter
Es handelt sich um ein Ritual-Werk, das kasuistisch Verunreinigungen u. Reinigungsarten, Sühnemittel u. Strafen verzeichnet u. häufig auf Geister u. Dämonen als Verursacher oder Repräsentanten von Unreinheit u. Glaubensabfall rekurriert.

β. Historische Stellung
Das Vidēvdād ist für die Fragestellung des RAC wichtig, weil es möglich ist, daß es die Anschauungen westlicher Magier wiedergibt (so u.a. Nyberg 337/43), die mit denen der Verfasser der priesterschriftlichen Quelle des Pentateuch, insbesondere des Buches Leviticus, in Konkurrenz gestanden haben können (Schaeder 171). Von Bedeutung ist ferner, daß nach der persischen Eroberung des neubabylonischen Reiches (539 v. Chr.) die Magier zu einer gewissen Symbiose mit den dortigen Chaldäern (W.J.W. Koster: o. Bd. 2, 1008/18) gelangten, die ihnen in manchem verwandt waren, u. daß die Hellenisierung beider Gruppen faktisch ein- u. derselbe Prozeß war. Es ist allerdings umstritten, daß das Vidēvdād von westlichen Magiern stammt (für Abfassung in Ostiran z.B. Barr 286/8); die Kontroverse ist überdies durch die Alternative kompliziert, ob die Magier die ursprüngliche Anhängerschaft des Zarathustra waren (so z.B. Messina 67/99) oder ob sie die ursprünglich eine magiedurchsetzte Naturreligion verwaltende, dann zum Zoroastrismus übergegangene u. diesen dabei verändernde Priesterschaft der Meder repräsentieren (so z.B. Nyberg 336 u. Christensen 27/31); im letzteren Falle wären die Geister u. Dämonen des Vidēvdād das durch den vordringenden Zoroastrismus deteriorisierte medische Pantheon (Widengren 113/6). Doch genügt in diesem Zusammenhang die Feststellung, daß das Vidēvdād so, wie es heute vorliegt, durch u. durch zoroastrisch ist. Und was seine Einordnung an dieser Stelle anlangt, so ist sie schon wegen seiner Vergleichbarkeit mit der atl. Priesterschrift u. Anschauungen der hellenisierten Magier gerechtfer-

tigt, sofern man darin nicht auch ein Argument für seine Entstehung im iranisch-babylonisch-kleinasiatischen Grenzmilieu erblicken will.

γ. *Wichtigste Gestalten*
Die Daēvas versammeln sich auf dem Kopf eines Berges namens Arəzura (Vid. 3, 7; 19, 44f), der selbst ein Daēva ist (Nachweise hierzu u. zu folgenden, nicht aus dem Vidēvdād belegten Aussagen jeweils bei Gray s.v.). Zu ihren Anführern gehören Indra, der Streit zwischen den Männern anzettelt; Saurva, der betrunken ist u. durch Gesetzlosigkeit unterdrückt; Nånghaiθya, der den Menschen Unzufriedenheit u. Mißvergnügen bringt (Vid. 10, 9; 19, 43). Die Geister allen Unheils befinden sich unter ihnen: Astōvīdātu wirft dem Todgeweihten (nur der Gerechte vermag zu entkommen) eine Schlinge um den Nacken, Vaya führt ihn dann gebunden fort (ebd. 5, 8f). Die Seelen der Ungläubigen fallen Vīzarəša anheim (ebd. 19, 29). Drug Nasu, die Leichenhexe, dringt in die neun Leibesöffnungen dessen, der eine Leiche berührt, u. macht ihn unrein (ebd. 5, 27/32; 7, 1/10; 8, 41/72; 9, 15/28. 47f; 10, 1/6; vgl. A. Hermann, Art. Fliege: o. Bd. 7, 1113). Būšyasta macht mit langen Händen den Menschen schläfrig (Vid. 11, 9; 18, 16), Pairika befällt Feuer, Wasser, Erde, Rind u. Pflanze (ebd. 11, 9) u. macht den Menschen durch Liebeskünste vom Glauben abspenstig; letzteres tun auch Būti (ebd. 19, 1f) u. Marsavan (ebd. 18, 8). Verschiedene Krankheiten, körperliche u. moralische Fehler treten als Driwi, Dawi, Kašviš (ebd. 19, 43), Kapasti (ebd. 11, 9) auf. Wenn Menschen sich Haare u. Nägel schneiden u. diese in Erdlöcher u. Erdspalten fallen lassen, dann ist das Verehrung von Aoša (ebd. 17, 1; 19, 3), d.h. von Verderben, Untergang u. Tod, wie überhaupt bei solchen Gelegenheiten Daēvas u. Xrafstras (7, 2; 16, 12; 17, 3) entstehen (ebd. 17, 3). Böses schaffen Akataš (ebd. 10, 13; 19, 43), Būdi, Būidižā, Kundi, Kundiza u. Mūidi (ebd. 11, 9; 19, 41), Paitiša (ebd. 19, 43), die weiblichen Gruppen der Kaχuži u. Ayehyā (ebd. 21, 17), ferner die Lüge Draoga (ebd. 19, 46), der verderbliche Wind Vātya (ebd. 10, 14), das blutige, rohe Fleisch Xrū u. die grausam tötende Xrvigni (ebd. 11, 9). Von den Aməša Spəntas haben zum Gegner erhalten Vohu Manah den Aka Manah (ebd. 19, 4); Haurvatāt, der das Wasser, u. Amərətāt, der die Pflanzen anvertraut sind, speziell Taurvi u. Zairik, welche die Gifte erzeugen u. verbreiten (ebd. 10, 10; 19, 43); Aša in der Gestalt des Feuers die Azi, die ihm als Begierde Lebenskraft entzieht (ebd. 18, 19). Aēšma, der Mordrausch, der das blutige Holz besonders gegen das Rind schwingt, muß von Sraoša (ebd. 9, 13), Spənjagrya vom Feuer Vāzišta bekämpft werden (ebd. 19, 40). Der Anführer aller Dämonen ist Angra Mainyu, so wie Ahura Mazdā als Hochgott auch die Spitze der einstigen heilwirkenden Kräfte oder Bestrebungen ist, die jetzt durch Hypostasierungen zu guten Geistern geworden sind.

5. Aufgehen in hellenistischer Dämonologie bei den sogenannten westlichen Magiern

Nachdem das dialektische Verhältnis von Einheit u. Zweiheit, in dem Ahura Mazdā u. Spənta Mainyu zueinander gestanden hatten, in einer Identität aufgehoben worden war, gewann auch Angra Mainyu, nun nicht mehr Gegenaspekt nur des letzteren, sondern vielseitiger Gegenspieler des guten Gottes in all seinen Aktivitäten, klareres Profil. Manchmal treten hinter der damit erreichten prinzipiellen Polarisierung der Weltkräfte noch einzelne von ihnen benennbar hervor, manchmal ist Schematisierung die Folge.

α. Weiterführung der alten Vielfalt
Die noch nicht nach der dualistischen Polarität durchorganisierte, d.h. in erster Linie nur an Ahura Mazdā/Ohrmazd orientierte Auffächerung von Kräften konnte auch den eindeutiger substanzhaft gewordenen Spiritualisierungen heilwirkender Bestrebungen wohl am ehesten dann vorbehalten bleiben, wenn die Assoziierung der guten Kraft mit dem ganz heterogen vorgegebenen ἀγαθὸς δαίμων es leichter machte, hier Differenzierungen festzuhalten. So kann der ἀγαθὸς δαίμων, von dem nach den ‚Arianern' Zathraustes seine Gesetze zu haben behauptete (Diod. Sic. 1, 94, 2), ganz richtig als ἐπιτυχὲς νόημα, d.h. Spənta Mainyu (Bidez-Cumont 2, 24$_5$) erklärt werden (Schol. Plat. Alcib. 1, 122a [6, 281 Hermann]). Und bei Plutarch (Is. et Os. 46f [369D/370B]; Theopomp spricht erst später: ebd. 47 [370B]), wo allerdings Ὠρομάζης nicht ἀγαθὸς δαίμων, sondern (ἀγαθὸς) θεός u. Ἀρειμάνιος dagegen (κακὸς) δαίμων heißt (die Adjektive nur ebd. 46 [369F]; nach ebd. [369D] heißt ‚der bessere' Gott u. ‚der andere' Dämon), hat man sich die Gegenspieler (ἀντίτεχνοι) der vom ersteren geschaffenen θεοί, von denen sechs mit Begriffen benannt oder beschrieben u. vierundzwanzig summarisch erwähnt werden, als Dämonen vorzustellen (dazu Bidez-Cumont 1, 61; 2, 73$_3$. 75$_{13}$), welche mit bestimmten Funktionen in den von den Magiern für böse gehaltenen Bereichen von Fauna u. Flora herrschen. Eine Gewichtung nach der guten Seite zeigt sich darin, daß die bösen Dämonen keine Namen haben.

β. Polarisierung und Literarisierungen
Meistens aber ist es die Polarisierung als solche, welche das Weltbild prägt; dann hängt kaum etwas daran, ob für die eine u. andere Seite oder ihren Repräsentanten der Ausdruck δαίμων, θεός oder ἀρχή gewählt wird. Nach Diog. L. (prooem. 8) haben Aristoteles, Hermippos, Eudoxos u. Theopomp überliefert, nach der Lehre der Magier (die für ihn zu den Ägyptern gehören) gebe es zwei ἀρχαί, nämlich einen guten u. einen bösen δαίμων. Der eine heiße Zeus/Oromasdes, der andere Hades/Areimanios. Nach Hippol. ref. 1, 2, 12/5 haben Diodoros aus Eretria u. der Musiker Aristoxenos berichtet, Pythagoras habe seine

Verteilung von Vater, Licht, Heiß, Trocken, Leicht, Schnell einerseits, Mutter, Finsternis, Kalt, Flüssig, Schwer, Träge andererseits auf zwei uranfängliche αἴτια von Zaratas übernommen; wenn dann jedoch angeschlossen wird, dieser habe bezüglich der Erdendinge gelehrt, es gebe zwei δαίμονες, dabei aber (abgesehen von der Textverderbnis) nur Feuer u. Luft des himmlischen, Wasser u. Erde des irdischen Dämons einigermaßen zu den Reihen in diesem Fragment passen, dann ist noch ablesbar, daß hier nicht einmal Rezeption, sondern nur Harmonisierung vorliegen soll, u. zwar mit einer Lehre, die nur nach zeitgenössischem Urteil iranisch, nach heutigem aber ‚chaldäisch' oder synkretistisch ist (R. Reitzenstein – H.H. Schaeder, Studien zum antiken Synkretismus aus Iran u. Griechenland [1926 bzw. 1965] 116/8 u. F. Wehrli, Die Schule des Aristoteles[2] [Basel 1967] zu Aristox. frg. 13). In den polarisierenden Aussagen ist der temporale Aspekt, den der von den reinen Zoroastriern geglaubte Kampf zwischen Ohrmazd u. seinen Hilfs-Geistern u. Ahriman u. seinen Dämonen niemals verloren hat, durch das Statischwerden der dualistischen Weltsicht nahezu verschwunden.

γ. Internalisierung bei Heiden
Diese Weltsicht empfahl sich, weil sie eine leichtere Lösung des Theodizee-Problems ermöglichte. Sie anzustreben, konnte von Fall zu Fall für Platoniker die legitime dualistische oder gar gnostische Konsequenz werden. Insofern gehören in die Wirkungsgeschichte der Magier-Dämonologie auch solche Zeugnisse, die zugleich aus ihrer ursprünglichen Tradition erkennen lassen, warum ihre Verfasser sich diese Dämonologie zu eigen machten: die Berücksichtigung volkstümlicher Anschauungen im 1. und 2. Jh. n. Chr., Erwägungen über die Richtigkeit der Lehre Zarathustras bei Plutarch (vor allem def. orac. 10 [415A/B]), die ganze Dämonenlehre des Porphyrios (vor allem abstin. 2, 36/43) u. der chaldäischen Orakel.

δ. Problematik und Literarisierungen für Christen
Die Problematik, welche die Magier-Dämonologie für Christen bedeutete, geht nicht in der häretischen Versuchung auf, eine dualistische Lösung des Theodizee-Problems zu akzeptieren. Dies zeigt die Dämonenlehre des Cornelius Labeo (H. Kusch: o. Bd. 3, 429/37). Daß es böse Götter (numina, dei) gebe, die man durch Opfer besänftigen müsse (Aug. civ. D. 2, 11), ist eine Ausdrucksweise, die auch nach Aug. civ. D. 9, 1 (wo als Zeuge für die Austauschbarkeit der Bezeichnungen ‚Götter' u. ‚Dämonen' auch Cornelius Labeo mitgemeint ist, vgl. ebd. 9, 19) so wenig das deckt, was Labeo aus Roms Religion zu berichten wünscht, daß Augustin selbst diese Lehre, also Magier-Dämonologie (richtig gesehen von Arnob. nat. 4, 12), gegen eine altröm. Anschauung ins Feld führen kann (Aug. civ. D. 3, 25); in anderem Zusammenhang hingegen schlägt die entsprechend argumentierende Kritik an Plato, der alle ‚Götter' für gut hält, auf

Labeo zurück, weil er diesen Plato unter die Halbgötter rechne (ebd. 8, 13). Was Labeo böse Götter oder Dämonen nennt, bezeichnet Arnobius (nat. 4, 12) sinngemäß richtig als antitheoi, während Laktanz (inst. 2, 9, 11. 13) sogar von einem antitheos u. aemulus Dei spricht, als kenne er Ahriman (zum Zusammenhang mit den platonischen Anschauungen vgl. Cumont, Or. Rel. ^{4} 140. 286f$_{49/51}$). – Wäre über die Lehre von Magiern wie Athanasius u. Cyprianus (L. Krestan – A. Hermann, Art. Cyprianus II: o. Bd. 3, 467/77) mehr bekannt, die nicht ohne Grund den Namen bedeutender christlicher Bischöfe erhalten haben können (Brown 139), so würde sich der Versuch, Dämonen u. den Teufel in die christl. Theologie einzuführen, wahrscheinlich deutlicher als Magiersubversion zeigen, als die heutige Einsicht in die Satan-Belial-Mastema-Diabolos-Tradition es anzunehmen gestattet. Im Rahmen der Ablehnung von Dämonen ist die, wenn auch nicht exklusive, Diagnose des Dämonenglaubens als eines Spezifikums der Magier (z.B. bei Min. Fel. 26, 10f; Clem. Alex. strom. 3, 6, 48; Tert. apol. 23, 1; Lact. inst. 2, 16, 4) trotzdem noch aufschlußreich genug. Erst ein später Autor (8. Jh. ?) wie Kosmas der Sänger unterscheidet von der Mageia als einer Erfindung von Medern u. Persern die Goetie als ἐπίκλησις δαιμόνων κακοποιῶν (Cosm. Hieros. schol. 64; dazu Bidez-Cumont 2, 19$_4$). – Daneben wird der Magiertradition schließlich mehr zugeschrieben, als sich heute selbst dann halten läßt, wenn man sie rein synkretistisch versteht. So werden z.B. unter den Namen des Magiers Ostanes sieben astral gedachte θεοὶ ἔφοροι gestellt, die offenbar aus den Aməša Spəntas uminterpretiert worden sind, während Dämonen nach Ostanes als Zwischenwesen zu gelten hätten (Cosm. Hieros. schol. 51); Kritik bei Bidez-Cumont 1, 177. 187; 2, 274$_{10}$; zur Ähnlichkeit mit einer Überlieferung beim neuplatonischen Mathematiker Nikomachos v. Gerasa (um 100 n. Chr.) s. ebd. 283$_2$. Oder es wird die Falkenköpfigkeit eines Gottes als Lehre des Magiers Zoroastres ausgegeben statt als ägyptisch bestimmt (Euseb. praep. ev. 1, 10, 52 mit irrtümlicher Berufung auf Philon v. Byblos), oder es werden die nach heutiger Kenntnis eher für gräko-ägyptische Papyri u. mandäische Buchrollen charakteristischen Dämonenabbildungen für Bücher in Anspruch genommen, von denen einige den Magiern Zoroastres oder Ostanes zugeschrieben werden (Zachar. Scholast. v. Sev. Ant.: PO 2, 16); Kritik bei Bidez-Cumont 1, 101; 2, 157$_1$, 307$_1$.

6. Freie christliche Spekulationen

Von ganz andersartiger Wirkung im christlichen Bereich waren die Prophetien einer Gruppe von Magiern, die selbst niemals substantiell hellenisiert wurden oder sich in der Mittelmeerwelt verbreiteten; ihr Dualismus einschließlich einer Dämonologie ist aus nationaliranischer Frontstellung gegen den Hellenismus besser erklärbar als aus Reaktivierung eines hinter ihm nur zu imaginierenden

Zoroastrismus (anders Hinnells 142/5). Das Hauptzeugnis dafür, die sog. Orakel des Hystaspes, dürften in der ersten Hälfte des 2. Jh. v. Chr. in der Persis entstanden sein (Colpe, Begriff 85f. 104/7). Bemerkenswerterweise ist bei ihrer Weiterverwendung durch Christen der sonst zu bemerkende Schwund des temporalen Aspekts nicht eingetreten. Dies war einer der Sachverhalte, der schon Clemens Alexandrinus (strom. 6, 5, 43) u. noch Laktanz (epit. 68, 1) die Behauptung ermöglichen sollte, die Propheten, Hermes Trismegistos, Hystaspes u. die Sibyllen erzählten alle dasselbe.

α. Dämonen als Berufungs- und Geneninstanz für Magier und Christen
Dämonen werden hier ad hoc in Warnungen in Anspruch genommen, sich gegenüber den Herrschenden falsch zu verhalten, u. können im christlich rezipierten Text stehenbleiben, wo in vergleichbaren Situationen Gläubige gewarnt werden müssen: die Gefährlichkeit, welche die Lektüre dieser ‚Bücher' entsprechend der Wirkkraft der φαῦλοι δαίμονες hat, besteht nach Justin (apol. 1, 44, 12) auch noch für Christen u. gegenüber einer ganz anderen Obrigkeit, nämlich der römischen. Außerdem sind, dies offenbar erst für christliche Tradenten, Dämonen ganz im alten Sinne sowohl für akzeptable wie für verwerfliche Dinge tätig: so wie Propheten ex dei spiritu, so wissen vates wie z. B. Hystaspes ex instinctu daemonum, was bevorstehen wird; hingegen sei es die fraus daemonum, durch die in den Orakeln ausgelassen worden ist, daß zur Vernichtung der Übel u. Befreiung der Frommen Gottes Sohn vom Vater geschickt werden wird (Lact. inst. 7, 18, 1/3). Zu Justin vgl. u. Sp. 755f.

β. Einordnung in eine Eschatologie
Es scheint, daß die Rolle von Dämonen in endzeitlichen Ereignissen von christlicher Apokalyptik außer über den jüd. Umweg zweimal direkt aus iranischen, u. zwar verschiedenen Traditionen rezipiert worden ist. Einmal dürfte hinter Apc. 20, 2f die tausendjährige Gefangenschaft des Drachen Aži Dahāka in seinem u. Ahrimans Kampf gegen Ohrmazd u. seine Aməša Spəntas stehen, die nach zoroastrischen Aussagen (Bahman-Yašt 3, 51/60 West-Widengren; Großes Bundahišn 29, 8f Anklesaria, beides mit sehr viel mehr Einzelheiten) das irdische Endreich des Ohrmazd mit unangefochtener Geltung des Zarathustra-Glaubens vorbereitet u. vorbildet. Zum anderen konnte die antiröm. Ausrichtung, welche die Orakel des Hystaspes unter Mithradates VI v. Pontos (120/63 v. Chr.) in Kleinasien bekommen haben müssen (Colpe, Begriff 104f nach Widengrens Interpretation von Lact. inst. 7, 15, 11), zur Grundlage rein eschatologischer Symbolik werden; sie konnte von der letzteren sogar überwunden werden, nachdem der Universalgegner des Mithradates u. später der Christen, der röm. Kaiser, Christ geworden war: ein Weltjahrtausend lang wird der princeps daemonum von Gott gefangen u. gefesselt sein, nach dieser Zeit der Gerechtigkeit aber wird er wieder freigelassen u. darf die Völker gegen die Gerechten u.

die civitas sanctorum aufwiegeln (ebd. 7, 24, 5. 26, 1; epit. 67, 2). Die durch Wegfall der historischen Motivation topisch gewordene Aussage kann hier ebensogut ausschließlich ein Bild aus der mit der zoroastrischen nicht identischen, sondern nur verwandten Hystaspes-Eschatologie verallgemeinern, wie daneben auf die erstere durch das Medium von Apc. 20, 2f Bezug nehmen.

K. Barr, Die Religion der alten Iranier: HdbRelGesch 2 (1972) 265/318. – J. Bidez-F. Cumont, Les mages hellénisés 1/2 (Paris 1938). – M. Boyce, Zoroaster the priest: BullSchOrAfrStud 33 (1970) 22/38. – P. Brown, Sorcery, demons and the rise of christianity: Religion and society in the age of St. Augustine (New York 1972) 119/46. – A. Christensen, Essai sur la démonologie iranienne = Kgl. Danske Vidensk. Selsk., Hist.-fil. Medd. 27, 1 (København 1941). – C. Colpe, Der Begriff ‚Menschensohn' u. die Methode der Erforschung messianischer Prototypen 3,1: Kairos 12 (1970) 81/112; Altiranische u. zoroastrische Mythologie: Haussig, WbMyth 4 (1975) 161/430. – J. Duchesne-Guillemin, La religion de l'Iran Ancien (Paris 1962). – L.H. Gray, The foundations of the Iranian religions = OrInstPubl 5 (Bombay o.J. [um 1925]). – W.B. Henning, Zoroaster. Politician or witchdoctor? = Ratanbai Katrak Lectures 1949 (London 1951). – J. Hinnells, The Zoroastrian doctrine of salvation in the Roman world: Man and his salvation. Essays in memory of S.C.F. Brandon (Manchester 1973) 125/48. – W. Hinz, Zarathustra (1961). – A.V.W. Jackson, Die iranische Religion = Grundriß der iranischen Philologie 2 (1896/1904) 612/708; Demons and spirits (Persian): ERE 4, 619f. – R.G. Kent, Old Persian = AmOrSer 33^2 (New Haven 1953). – H. Lommel, Die Religion Zarathustras nach dem Awesta dargestellt (1930). –G. Messina, Der Ursprung der Magier u. die zarathuštrische Religion (Roma 1930). – V. Möller, Die Mythologie der vedischen Religion u. des Hinduismus: Haussig, WbMyth 5, 8 (1966) 1/203. – H.S. Nyberg, Die Religionen des Alten Iran = MittVAsAegGes 43 (1938 bzw. 1966). – H.H. Schaeder, Das persische Weltreich (1942) bzw.: Der Mensch in Orient u. Okzident (1960) 46/82. – G. Widengren, Die Religionen Irans = Die Religionen der Menschheit 14 (1965).

Hintergründe der Irankenntnis und Inanspruchnahme Zarathustras im alexandrinischen Neuplatonismus

(Vorausgesetzt wird, daß die betrachteten Umstände literarisch bestimmt sind.) Zu Beginn[6] stellt Zōstrianos sich vor, zusammen mit Jolaos, zu dem er in enger Beziehung steht (nach 4,10 ist er dessen [geistlicher?] Sohn). Er will für lebendige Erwählte, die ihm gleichen und die nach ihm kommen werden, beispielhaft berichten, und er ist dazu instand gesetzt worden, weil er sich von der somatischen Finsternis in ihm, ferner durch seinen Nous auch vom psychischen Chaos und von der weibischen Begierde getrennt hat (1,1/21). Er hat es eine Weile mit dem Wege derer versucht, die „fremde Teile" (oder: „teilweise etwas Fremdes") in sich (?) haben, hat sich dann aber doch von ihnen getrennt, und eine Offenbarung wurde ihm zuteil: er empfängt (?) Kraft vom heiligen Pneuma und sieht das vollkommene Kind (1,22/2,9). Dies Erlebnis treibt zum Suchen nach dem männlichen Vater von allem und wirft Fragen auf, Fragen nach der gemischten Hyparxis und dem verborgenen ungeborenen Gott, und wie innerhalb der Hyparxis die aus dem Äon der Seienden Stammenden auch (?) vom unsichtbaren Pneuma und den ungeteilten Autogeneis stammen können; „wie ist die Hyparxis, die nicht existiert, in einer existierenden Kraft erschienen?" (2,10/3,13). Zōstrianos – immer als „Ich" sprechend – hat durch Nachdenken, tägliches Darbringen (Opfern?) vor dem Gott seiner Väter und Lobpreis nach Vätersitte versucht, die Antwort zu finden, muß jedoch entmutigt aufgeben und geht in die Wüste, um sich dort von wilden Tieren zerreißen zu lassen (3,14/28). Dort tritt der Aggelos der Gnosis des ewigen Lichtes auf ihn zu, spricht ihn mit seinem Namen an, beweist ihm die Grundlosigkeit seines Tuns und mahnt ihn, dem Lebendigen Geschlecht derer zu predigen, die es wert oder schon erwählt sind, denn der Agōn des Aiōn sei groß und der Chronos hier unten kurz (3,28/4,20). Voll Freude steigt nun Zōstrianos mit dem Engel zu einer großen Lichtwolke empor, sein Plasma auf der Erde zurücklassend, wo es von Herrlichkeiten bewacht wird; die Äonen des Kosmos können den beiden nichts anhaben, ihre angelischen Wesen sehen sie nicht, nur ihr Archont ist verwirrt. Zōstrianos erkennt, daß die Kraft mit dem ganzen Licht in ihm über die Finsternis gesetzt ist, er empfängt die Taufe an jenem Ort und erhält das Aussehen der dortigen Herrlichkeiten (4,20/5,17).

Dies hat sich offenbar im Bereich des Aēr abgespielt, denn es heißt nun, daß Zōstrianos diesen verläßt und die sieben Antitypoi der Äonen passiert, wobei er

---

[6] Die ersten vier Zeilen sind leider stark zerstört, doch sichern die Silbe Ζωσ in Z. 3, vier weitere Erwähnungen im Text (3,31; 14,1; 64,11; 128,15, jedesmal im griech. Vokativ!) und das Kryptogramm am Schluß, daß Zōstrianos der Held der Geschichte ist und auch im Titel stand (SIEBER aO. 234).

in jedem eine Taufe mit lebendigem Wasser empfängt. Danach folgt offenbar der Bereich der Metanoia, wo Zōstrianos viermal, davon einmal (?) auf den Namen des göttlichen Autogenēs, getauft wird; dies geschieht in jedem der vier Äonen dieses Bereichs, die nach der Reihenfolge, in der sie erreicht werden, als erster bis vierter, nach ihrer hierarchischen Ordnung aber als vierter bis erster gezählt werden. Sieben oder acht Namen von Kräften, die die Taufe ausüben, werden genannt (5,17/7,22). [7,23/30 zu stark zerstört; offenbar stellt Zōstrianos Fragen nach der Erlösbarkeit der Menschen; denn] es folgen Fragen nach dem Unterschied der Menschen, ihrer Namen und Seelen voneinander. Authrunios, der Große, der in der Höhe herrscht, formuliert die Fragen um (8,1/20, Rest zerstört) und antwortet dann selbst ausführlich[7]:

a) Der Bereich des Aēr ist aus einem Wort entstanden; die Erzeugten und Vergänglichen und herabgekommene große Richter – oder eine der beiden Gruppen[8] – sollen nicht die Aisthēsis schmecken und die Schöpfung ablehnen; sie hatten die Archonten dieses Kosmos zur Zerstörung verurteilt. Als die Sophia sie sah, brachte sie die Finsternis hervor. Der Kosmos wird nach dem Eidōlon eines Eidōlon von dem geschaffen, der es sah[9]. Die Sophia erhält einen Ruheort als Entgelt für ihre Metanoia (9,1/11,2). b) Die Antitypoi der Äonen haben ewige Herrlichkeiten, aber gleichen keiner einzelnen Kraft. Sie üben die, die einen Typos ihrer Seelen empfangen, nackt ein, solange sie noch im Kosmos sind; sie können dann von Stufe zu Stufe aufwärts gelangen. [c) Es folgt dann wohl noch eine Beschreibung des Bereichs der Metanoia, dessen Erreichung in den Zeilen vorher schon anvisiert ist] (11,2/13,6).

Zōstrianos ruft das „Kind des Kindes" (sicher das „vollkommene Kind" von 2,9) mit „Ēphēsēch" an. Dies Kind ist es nun wohl, das als Aggelos Gottes und Sohn des Vaters auf Zōstrianos zutritt und sich als „Vollkommener Mann" vorstellt (oder bezeichnet es den Zōstrianos so?[10]). Es veranlaßt ihn zur Neuformulierung seiner Fragen und antwortet: Aus der einzigen Archē des Äons Barbēlō sind drei Archai in Erscheinung getreten, Hyparxis, Seligkeit und Leben (13,7/14,16). Zu jeder gehört ein Wasser; Lebenswasser, Seligkeitswasser und Hyparxiswasser sind unter denen, mit welchen Zōstrianos zuvor getauft worden ist. Der Name, auf den hin das geschah – Autogenēs beim Lebens-, Prōtophanēs beim Seligkeits-, Kalyptos beim Hyparxiswasser –, ist ein Wort des jeweiligen Wassers. Das Wasser des Autogenēs vermittelt Vollkommenheit, das des Prōto-

---

[7] Von hier bis einschließlich 22 sind nur die beiden ersten Drittel, d.h. bis zu ca. 20 Zeilen jeder Seite übersetzbar. Entsprechend lückenhaft ist die folgende Inhaltsangabe und hypothetisch einige vorgeschlagene Sinnergänzungen.

[8] Ihre Zuordnung zueinander ist syntaktisch unklar.

[9] Name des Subjekts stand wohl im zerstörten Teil von 9.

[10] Das K, dessen rechte Balken deutlich sichtbar sind, kann man leider sowohl zu anok „ich" wie zu ntok „du" ergänzen. Für die Urmenschlehre wäre es besonders wichtig, hier eine eindeutige Lesung zu haben.

phanēs Erkenntnis; über das des Kalyptos wird nichts Besonderes gesagt (14,16/ 18,10).

Im folgenden wird das Wesen des Autogenēs in einer wegen der Textzerstörung nicht mehr durchsichtigen Weise in Äonen entfaltet, die zu vieren in irgendeinem Verhältnis zu einem fünften stehen, sei es, daß sie neben ihm stehen, sei es, daß sie ihn schaffen oder als Vierheit zusammengenommen den fünften darstellen (18,11/19,16). Eine Spekulation über Merikon und Eidos (18,11f) dient zu einer genaueren Bestimmung des Verhältnisses der den drei Archai zugeordneten Personen: der Kalyptos existiert aus sich selbst, er ist die präexistente Archē des Autogenēs, eine Ursache des Prōtophanēs, ein Vater seiner Teile, zuvor erkennbar aber de facto unerkannt (20,4/13). Autogenēs-, Prōtophanēs- und Kalyptoswasser – so heißen sie nun – repräsentieren anscheinend verschiedene Ausmaße von Erkenntnis, die zugleich für Aufstiegsgrade und Taufarten stehen (21,19/24,12).

„Der dreifach mächtige unsichtbare Geist" (24,12f) ist sowohl ein Hören als auch die Kraft eines reinen Schweigens. Es wird wiederholt, daß durch die Wasser, mit denen Zōstrianos getauft worden ist, der Weg zu allen drei Archai führt, und es entstehen dadurch anscheinend drei Geschlechter von Männlichen bzw. Vollkommenen; ihre Ousia ist Nocron (26,18f). Unter ihnen stehen die, die nur eine Psychē haben, und auch unter ihnen gibt es Unterschiede (26,19f); darunter schließlich die, die wahrnehmbar und somatisch sind und eine hylische Physis haben (26,10f.17). Die Meinung ist wohl, daß die Menschen in desto mehr unterschiedliche Gruppen zerfallen, je unvollkommener sie sind (drei – vier – neun? 27,2/19).

Hiervon unabhängig ist die Vierzahl von Phōstēres, die offensichtlich nicht zu vier Arten von Autogenioi gehören, sondern wohl vier Bereiche oder Epochen[11] erleuchten, in welchen die Autogenioi leben. Diese vier sind Armozēl, Oroiaēl, Daveithe und Ēlēlēth; jeder von ihnen ist auch die Hypostasierung der Fähigkeit, die Wahrheit schauen bzw. erkennen zu können. Adamas, der (erste? vollkommene?[12]) Mensch, ist Auge und Gnosis des Autogenēs; sein Sohn Sēth (30,10) kommt zu jeder einzelnen Seele hinab, denn die Gnosis, die er ist, genügt für sie (28,17/30,12).

[Von 30,13 bis 42,29 sind nur die äußeren Drittel der Seiten erhalten; die Worte, die dort untereinander stehen, lassen sich nicht mehr zu einem Gedankengang verbinden, obwohl die Namen, die sich darunter finden, zuvor mit Ausnahme von Mirothea alle schon vorgekommen sind. Wie aus 44,23 „als ich das gehört hatte" zu erschließen ist, ist die Offenbarung der himmlischen Geheimnisse an den die himmlischen Regionen durchmessenden Zōstrianos, vielleicht im Dialog mit ihm, den ganzen jetzt bruchstückhaften Text hindurch weitergegan-

---
[11] Im Text wieder „Äonen" genannt.
[12] Textlücke.

gen. Er setzt verständlich wieder ein, als Zōstrianos Belehrung über verschiedene Menschentypen erhält. Als „dritter" Mensch scheint der Somatiker oder Hyliker oder der „Tote" bezeichnet worden zu sein.]

Unter den Menschen ist der „zweite" der, der als unsterbliche Psychē in den Toten ist. Der erste[13] ist dann der Mensch in der Paroikēsis, der die Wahrheit in sich findet, die Taten der sich schlecht Verhaltenden nicht mitmacht, Buße tut und mit dem unsterblichen Nous in der unsterblichen Psychē nach den himmlischen Kräften begehrt und sie findet. Er wird gerettet, denn indem er zu sich selbst zurückkehrt, kehrt er zu Gott zurück und wird selbst Gott (43,1/44,22). Zōstrianos preist den lebendigen ungeborenen Gott, den Kalyptos, den Prōtophanēs, den männlichen vollkommenen Nous, das unsichtbare dreimalmännliche Kind, den Autogenēs und das Kind des Kindes, Ēphēsēch, und bittet das letztere um weitere Erläuterungen über den, der gerettet wird. Die Antwort Ēphēsēchs ist eine klare Zusammenfassung der Erlösungspsychologie: In Gegenwart der Gnosis anderer kann der Mensch zu sich zurückkehren, und das bedeutet, daß der Nous und dann auch die Psychē mit ihm zur Erkenntnis fähig werden. Dann aber empfindet er einen Mangel: er ist nicht mehr einer, sondern vielgestaltig; er sucht nach Dingen, welche nicht existieren; er wird Physis und darin geboren, sprachlos durch die Qualen und Unbegrenztheit der Hylē. Seine lebendige, unsterbliche Kraft ist in den Körper gefesselt durch grausame, einschneidende Ketten. Deshalb sind zu seiner Erlösung Kräfte oder Herrlichkeiten eingesetzt, und diese wirken auch „an diesem Ort" (46,18), d.h. doch wohl: in der unteren Welt. Jede Herrlichkeit ist eine Noēma und Typos der Erlösung jedes einzelnen, der es empfängt. Mit einer solchen Herrlichkeit als Helfer kann er den Kosmos und die vergänglichen Äonen verlassen. Genannt werden fünf Namen von Bewachern der unsterblichen Seele, wohl auch fünf von unsterblichen Pneumata, weitere sechs in unklarer Zuordnung, vier von Bewachern der Herrlichkeiten, sechs von „Helfern in jeder Sache" (47,18f), drei von Richtern, ein „[Para]-lēmptōr" (47,24), zwei von Boten, die den Weg vor den Wolken weisen. Sie existieren alle im Autogenēs, der hier also wohl spiritualisiert makrokosmisch vorzustellen ist. „In bezug auf jeden einzelnen der Äonen" (48,3f[14]) sieht Zōstrianos eine lebendige Erde, lebendiges Wasser, lichte Luft (?), nicht verbrennendes Feuer, Pflanzen und Früchte, die nicht vergehen, jede Morphē und jedes Eidos eines Nous, alle Tagmata von Göttern und Aggeloi (44,23/48,26). Und dann ganz rätselhaft, als handele es sich um heidnische Kenntnis von aphthartodoketischer Christologie, die aber doch im 3. Jh. allenfalls in einer dynamistisch-monarchianischen Vorform entwickelt gewesen sein kann: „Und es war dort auch jener, der Leiden empfangen hat, obwohl er unempfänglich für Leiden ist" (48,26/29).

---

[13] Der Ausdruck steht nicht da.
[14] Heißt das: ihn oder sie alle umgebend?

[Von 49 bis 108 ist der Text wieder zu schlecht erhalten. Erwähnenswert ist, daß 51,15/20 erneut der Adamas-Sohn Sēth und die vier Lichter Armozēl, Oroiaēl, Daveithe und Ēlēlēth vorkommen. Mehrfach ist 51/56 von einer „männlichen" oder „dreimal-männlichen" Kraft die Rede; schon beim „dreimalmännlichen Kind" war dies als Vollkommenheitsprädikat hervorgetreten. 53,15/54,1 spricht Zōstrianos von seiner fünften Taufe. 55,13/25 wird mit ähnlichen Worten die Beschreibung der Lichtwelt von 48,3/27 wiederholt. Als Dialogpartner, der über die erlösenden geistigen Kräfte belehrt, tritt 57,15 die Jungfrau Jōel (sic) auf, und im folgenden, etwa bis 64,9, erfolgt eine ähnliche Zuordnung z.T. namentlich genannter Kräfte zu individuellen Erlösungen wie in 48,3/27. Aus beiden Passagen scheint hervorzugehen, daß jeder Mensch seinen eigenen „Schutzgeist" hat, genannt „Herrlichkeit", „unauflösliches Sōma", „Gott der Wahrheit", „Großes Licht" oder ähnlich. Es ist nicht erkennbar, daß diese verschiedenen Benennungen auch unterschiedliche Arten von Fremderlösung gegenüber dem sich auch selbst miterlösenden menschlichen Nous implizieren. Die Anthropologie der Erlösung scheint bis 73 fortgeführt worden zu sein[15] – die 65/68 erhaltenen Worte sprechen nicht dagegen –, denn es ist 73,12/24 von Vollkommenen, Trunkenen und Menschen ohne Psychē die Rede, und die folgenden Aussagen über Geist, Wissen, Gutheit, Reinheit und (fleischliche) Ungezeugtheit (75,14/23) scheinen sich auf den Noushaften, Vollkommenen zu beziehen. 76,17/104,1 (oder noch weiter) ist eine lange Einlage über die Barbēlō[16]; weder an anderen Stellen noch hier ergibt sich eine klare Stellung der Barbēlō im vorausgesetzten System. Es wird vielmehr einerseits über ihr Verhältnis zum Unsichtbaren Pneuma (80,19) reflektiert, andererseits kann es auch heißen, daß sie unwissend wurde (81,1) – wie eine zur Erde hinabgestiegene und ihrer selbst vergessende Weisheit. 86,12/88,22 (oder noch weiter) ist die Barbēlō mit anderen, öfter namentlich genannten Äonen zusammen.][17]

In 113,1 ist die Qualifizierung von Aggeloi, Daimones und Noes als gezeugte und ungezeugt-gezeugte, veränderliche und unveränderliche, vergängliche und unvergängliche im Gange, die alle in dem einen Äon des Verborgenen existieren (115,8f); die Beschreibung, bei der unklar bleibt, ob die vier Äonen, in die sich die Kräfte unterscheiden (113,14ff; 115,14ff.24), Entfaltungen des Kalyptos speziell in Armozēl, Oroiaēl, Daveithe und Ēlēlēth sind, läuft in sehr allgemeinen Wendungen bis 119,11 – in 119,4/11 sind die Phōstēres (Armē)dōn, Dipha-

---

[15] 69/72 waren unbeschrieben; siehe Vorrede arab. XVIII/XX, engl. XVII zum hier bestehenden kodikologischen Problem, das B. LAYTON, J. SIEBER und F. WISSE gelöst haben. Ihnen kommt auch das Hauptverdienst an der ganzen Edition zu.

[16] Ihr Name kommt erst 83,9 vor (später noch 118,10; 119,13; 122,1; 124,11; 129,10), aber sie muß mit den zahlreichen Aussagen in der 3. sing. fem. immer gemeint sein. Der Name war an Stellen, deren Zusammenhang zerstört ist, schon in 14,6; 36,14.20; 37,20; 53,10; 62,21; 63,6 vorgekommen und wird auch in 87,10 und 90,19 von SIEBER ergänzt.

[17] 109/112 fehlten wohl schon bei Auffindung im Codex, siehe Vorrede arab. XVIII, engl. XVII. Erst danach wird der Text wieder einigermaßen zusammenhängend übersetzbar.

ne(us?), (Malsēd)ōn und (Solmi)s/Olmis genannt worden, die z.T. schon 86,12/19 vorkamen (später auch 120,3ff) –, um sich dann auf den Kalyptos selbst zu konzentrieren. Aus den Aussagen über ihn ist für die Konstruktion wichtig, daß offenbar er es ist, der in die vier Phōstēres geteilt ist – tatsächlich stehen die Aussagen über jenen und diese in 121,2/7 nur nebeneinander –, und daß alles aus ihm hervorgeht und in ihn zurückkehrt. Der Kalyptos hat also in der himmlischen Welt eine zentrale Stellung. Es wird außer über ihn – leider wegen des Fehlens der jeweils fünf bis sechs letzten Zeilen auf 113/128 jetzt ohne Zusammenhang – über die Barbēlō, über die vier – jetzt „Herrlichkeiten" genannten – Phōstēres von 119,4/11 sowie über eine leider nur mit Personalpronomen der 3. sing. masc. benannte Kraft gesprochen, die vollkommene Herrlichkeit ist, vollkommen wird, wenn sie sich mit etwas vereinigt, und zu einem Sōma und der Veränderlichkeit der Hylē hinabsteigen kann (123,2/8). Wegen der vielfachen hypostatischen Zerteilbarkeit erlösender Kräfte geht es nicht an, dafür einfach den Nous einzusetzen. Zwischendurch, etwa 124,14/126,3, wird offenbar eine hierarchische und funktionale Differenzierung zwischen Kalyptos, Prōtophanēs, Jouēl (sic) und Autogenēs vorgenommen. Auffällig ist, daß danach Phōstēres auftauchen, die außer Solmis ganz andere Namen haben als bisher genannt (jeder mit zwei Namen und einem ebenfalls benannten Äon zugeordnet, 126,4/21); und in 127,19/128,7 werden die eigentlicheren, die Epochenerleuchter Armozēl, Oroiaēl, Daveithe und Ēlēlēth noch wieder als jeweils ein Äon definiert, der mit seinen jeweils drei asyndetisch hintereinander genannten weiteren Namen auch drei Äonen sein kann. Die vielen Hypostasenspaltungen bilden hier keine Genealogien wie anderswo, sondern ergeben gleichsam ontologische Horizontalen. All den vielen genannten Äonen werden am Schluß summarisch diejenigen gegenübergestellt, die in der Hylē sind und bleiben: sofern sie Gnosis, Größe, Tolmē haben, werden sie sein; sofern sie Gott nicht mehr kennen, werden sie verschwinden. Hier, in 128,14, endet die lange Gesamtbelehrung.

Darauf wird Zōstrianos auf all das hin angeredet, was er nun weiß – Dinge, welche Götter nicht wissen und Engel nicht erforscht haben; der Anredende muß der Engel sein, mit dem Zōstrianos sich noch in den himmlischen Welten befindet. Er wagt noch eine Frage nach dem dreifach mächtigen, unsichtbaren, vollkommenen Pneuma (128,14/26), doch es erfolgt keine Antwort, es sei denn der nun geschilderte Abstieg vermittelt zugleich eine Anschauung, welche einer Antwort gleichkommt: Zwei Kräfte, die mit Namen genannt werden, bringen ihn zum Prōtophanēs Nous, der groß, männlich und vollkommen ist, zum Verborgenen Äon, zur jungfräulichen Barbēlō und zum Unsichtbaren Pneuma; diese müssen wohl in absteigender Anordnung genannt werden. Nach dem Passieren des Prōtophanēs heißt es, Zōstrianos verbinde sich mit allen, die dort wohnen; und nach dem Passieren der Barbēlō heißt es, er wurde ganz vollkommen, empfing Kraft und eine vollkommene Krone und wurde versiegelt: eine sehr bezeichnende Zusammenfassung der ontologischen Zugehörigkeit des Zōstrianos

Hintergründe der Irankenntnis und Inanspruchnahme Zarathustras 333

zu den himmlischen Kräften wie seiner persönlich-personalen Instandsetzung durch diese zur Wahrnehmung eines irdischen Auftrags. Zōstrianos führt ihn aus, indem er zu den „Vollkommenen Einzelnen" „herausgeht"; nun hören sie von den Größen der Gnosis und empfangen ihrerseits Kraft (129,2/22). Darauf steigt Zōstrianos offenbar noch einmal zu einer kurzen Erkundung empor – es wird in 129,24/26 nicht ganz deutlich, welche weitere Qualifikation er dort erhält: eine bestimmte Morphē? –, um dann endgültig zum Reich des Aēr „herauszukommen". Dort beschreibt er drei Täfelchen und läßt sie dort zur Gnosis der Lebendigen Erwählten, die nach ihm kommen – offenbar wenn sie sich in dieser ersten Etappe ihres Aufstiegs befinden. Dann steigt Zōstrianos ganz in den Kosmos Aisthētos herab, zieht sein Toyōt[18] wieder an und predigt die Wahrheit; wieder, wie beim Aufstieg, haben ihn die kosmischen Aggeloi und Archonten nicht wahrgenommen. Die Verirrten, Schlafenden und Unwissenden werden von Zōstrianos als „Same des Sēth" angeredet (130,17)[19]. Die Rede an sie faßt die bekannten topischen Paraphrasen der Gnosisvermittlung klassisch zusammen. Imperative fordern u.a. auf zum Gehorsam, zum Suchen nach unveränderlicher Ungezeugtheit, zur Vermeidung der Todestaufe, der Fesseln der Weiblichkeit und der Finsternis. Indikative schärfen tröstend u.a. ein, daß der Vater von allem sie einlädt, ihnen den Sōtēr gesandt und ihnen Kraft gegeben hat, und daß sie nicht gekommen sind zu leiden, sondern ihre Fesseln zu lösen. Indikativ und Imperativ im gegenseitigen Begründungsverhältnis zusammen: „Löst euch, und wer/was euch gebunden hat, wird aufgelöst werden. Rettet euch, damit sie (?)[20] gerettet wird" (131,10/14). Wieder, wie bei der Beauftragung durch den Engel am Anfang, wird nun für die Sethianer die Motivation hinzugegeben, der Chronos sei kurz, aber der Aiōn des Aiōn der Lebendigen lang (131,19/22) – eher als Ausdruck eschatologischer Naherwartung ist dies ein Hinweis auf die Kürze des Lebens. Diese Rede an die Sethianer (130,16/132,5) ist der Schluß der Schrift.

Es folgt ein Schlußkolophon, bestehend aus dem Namen „Zōstrianos" (132,6) und einem Kryptogramm, das nach Dechiffrierung[21] heißt: λόγοι ἀληθεί(α)ς Ζωστριανοῦ θεὸς ἀληθείας λόγοι Ζωροάστρ(ου) (132,7/10). Es gilt zunächst, diese Angabe zum eingangs erinnerten Orientierungspunkt, der Erwähnung beider Namen bei Porphyrios, in Beziehung zu setzen. Verschiedene Erwägungen sind schon angestellt worden. Es scheidet zunächst diejenige aus,

---

[18] Götzenbild, Säule, Tempel; hier: irdischer Leib.
[19] Hier und 30,10 sind die beiden, zum Glück klaren, Erwähnungen des Sēth. Der Name wird von SCHENKE mit Fragezeichen in 6,27, von SIEBER in 6,25, von beiden in 7,8f ergänzt.
[20] Nur Pron. fem.
[21] Sie gelang DORESSE aO 259f. Das System setzt das griechische Alphabet voraus; es ist in drei Abschnitte (α bis ϑ, κ bis π, σ bis ω mit Sonderstellung von ι und ρ) eingeteilt, in welchen sich die Lesungen, mit Ausnahmen, durch Gleichungen mit den in jedem Abschnitt gesondert in umgekehrter Reihenfolge angeordneten Buchstaben ergeben. Das System war in Klöstern der Thebais gebräuchlich.

daß es sich nach Porphyrios um eine einzige Apokalypse gehandelt habe, deren Autor oder Hauptperson einen gräzisierten Zarathustra-Namen in zwei Varianten trage, dieselben, die für nur einen Namen auch im Kryptogramm erscheinen[22]. Dies ist zunächst für Porphyrios klar: er sagt ἀποκαλύψεις ... Ζωροάστρου καὶ Ζωστριανοῦ und nicht Ζωροάστρου τοῦ καὶ Ζωστριανοῦ; außerdem spricht er im folgenden von je einer Widerlegung eines jeden der beiden Bücher. Schwierigkeiten macht dann aber die vorausgesetzte Personenzahl im Kryptogramm. Hier sieht es zunächst aus, als sei nur an eine Person gedacht, deren selten bezeugte Namensform Ζωστριανός durch die bekanntere Ζωροάστρης erklärt worden sei. Man kann jedoch auch von der sicheren Zweiheit von Personen bei Porphyrios aus das Kryptogramm interpretieren. Dabei spielt es keine Rolle, daß rein namensgeschichtlich Ζωστριανός natürlich eine der vielen Varianten des einen griechischen Zarathustra-Namens ist, von denen Ζωροάστρης die häufigste darstellt[23]; denn hier, wie so oft, kann sich eine Namensverdoppelung zur Vorstellung von zwei Personen verfestigt haben. In welchem Verhältnis zueinander man diese zwei Personen gedacht haben kann, ergibt sich aus folgender Kombination von Zeugnissen:

---

[22] So mit Sieber aO. 236f gegen Doresse aO. 260f. Zur Einordnung der Schrift vor Bekanntwerden des Textes vgl. vor allem Ch. Elsas, Neuplatonische und gnostische Weltablehnung in der Schule Plotins = RGVV 34 (1975) 31f.49f, welcher die Forschung seit C. Schmidt, Plotins Stellung zum Gnostizismus und kirchlichen Christentum = TU NF 5, 4 (1901) aufarbeitet.

[23] Siehe J. Bidez/F. Cumont, Les mages hellénisés 1 (Paris 1938) 290 s.v. Zoroastre, noms; 2,389 s.v. Ζωροάστρης. Ζωστριανός wird in beiden Registern nicht als Zarathustra-Namensform geführt. Zur sprachlichen Beziehung der griechischen zu den iranischen Namensformen s. jetzt B. Schlerath, Noch einmal Zarathustra: Sprache 23 (1977) 127/35. Morphologisch-etymologisch führt von keiner Form ein Weg zu Zōstrianos. Ob man sich aus ζωστήρ, besser noch aus ζωστρον oder ζωστρίς mit der Zugehörigkeitsendung eine Volksetymologie zurechtgemacht und an den „Gürtelträger" gedacht hat? Sowohl der iranische Vasallengürtel banda- als auch die um die Hüften gewundene, bei Aufnahme der Volljährigen in die Gemeinde verliehene Glaubensschnur kustīk waren im Westen bekannt (Xen. exped. 1,6,10 und Töpferorakel 1,13; die neuerliche Rückführung der Ζωνοφόροι im Töpferorakel auf ein ägyptisches Motiv überzeugt nicht). Zur Bedeutung vgl. G. Widengren, Le symbolisme de la ceinture: Iranica Antiqua 8 (1968) 133/55.

Arnobius, adv. nat. 1,52[24]

{ Zōstrianos
|
(Vater von dessen nepos)
|
Armenius
| |
Ēr = Zōroastrēs }

Plato, resp. 10, 614b[25]

Clemens Alexandrinus, strom. 5,14, 103,2/4[26] und Proklos, in remp. 2,109[27]

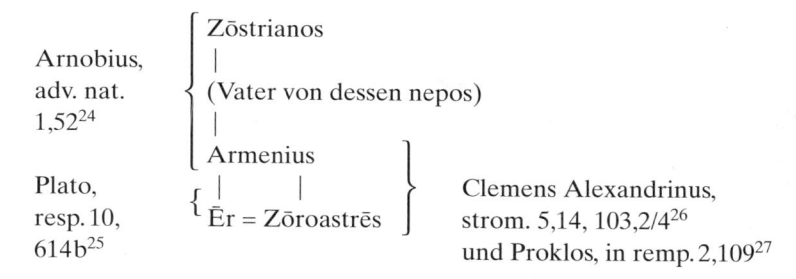

[24] BIDEZ/CUMONT aO. 2,15f (Stück B 4): Age hunc veniat ... per igneam zonam Magus interiore ab orbe Zoroastres ...; Bactrianus et ille conveniat, ... Armenius Zostriani nepos (,?) et familiaris Pamphylus Cyri, Apollonius, Damigero et Dardanus, Belus, Iulianus et Baebulus ... Auch was diese Personen dürfen – für Arnobius sind es Gaukeleien –, wäre in die Modalitäten einer gnostischen Botschaft umsetzbar: die Sprechwerkzeuge der Stummen wieder gelenkig machen, die Ohren der Tauben entstopfen, die Sehkraft der Verdunkelten wiederherstellen und erstarrte Glieder wieder sensibel machen. Im übrigen ist hier unklar, von wieviel und welchen Personen Arnobius eigentlich redet; sicher nicht von „four Zoroasters" (so SIEBER aO. [s.o. Anm.3] 236), denn der Baktrier, der Armenier und der Pamphylier (versteht man diese Appellativa einmal so) sollen solche nicht sein, und Armenius und der familiaris Pamphylus brauchen nicht zwei, sie können auch einer sein. Auch stehen die Namen der Westlichen (Apollonius usw.) auf einer Linie mit denen der Östlichen. G.E. MCCRACKEN, Arnobius of Sicca, The case against the Pagans. Newly translated and annotated 1 = Ancient Christian Writers 7 (Westminster, Md. – London 1949) 294 Anm. 260 rechnet mit drei „Zoroastres": dem Gründer des Zoroastrismus, einem Baktrier, den Arnobius an dieser Stelle mit dem baktrischen König Zoroaster von adv. nat. 1,5 zusammenbringe, und einem Zoroaster Armenius und familiaris Pamphylus Cyri = Ēr.

[25] Ἀλλ' οὐ μέντοι σοι, ἦν δ' ἐγώ (= Sokrates zu Glaukon), Ἀλκίνου γε ἀπόλογον ἐρῶ, ἀλλ' ἀλκίμου μὲν ἀνδρός, Ἡρὸς τοῦ Ἀρμενίου, τὸ γένος Παμφύλου· ὅς ... κομισθεὶς δ' οἴκαδε μέλλων θάπτεσθαι δωδεκαταῖος ἐπὶ τῇ πυρᾷ κείμενος ἀνεβίω, ἀναβιοὺς δ' ἔλεγεν ἃ ἐκεῖ ἴδοι. In die Zōstrianos-Apokalypse übertragbar wäre 614d: ἑαυτοῦ δὲ προσελθόντος εἰπεῖν ὅτι δέοι αὐτὸν ἄγγελον ἀνθρώποις γενέσθαι τῶν ἐκεῖ καὶ διακελεύοιντό οἱ ἀκούειν τε καὶ θεᾶσθαι πάντα τὰ ἐν τῷ τόπῳ (= hier noch nicht die himmlische Welt, sondern das Jenseits mit je einem χάσμα zum Himmel und zur Erde hin). Bemerkenswert, daß schon hier jede Seele das Gefüge des Kosmos einschließlich Milchstraße, Fixsternschale, sieben Planeten und Erde im Mittelpunkt schaut, wie er, sich drehend, die Seele durch sich hindurchbefördert (616A/617B). Vgl. zu Ēr noch W. FAUTH: KlPauly 2 (1967) 341f und u. Anm.28.

[26] BIDEZ/CUMONT aO. 2,158f (Stück O 12): (Πλάτων) ἐν τῷ δεκάτῳ τῆς Πολιτείας Ἡρὸς τοῦ Ἀρμενίου, τὸ γένος Παμφύλου, μέμνηται, ὅς ἐστι Ζωροάστρης. Danach zitiert Clemens das, was nach Plato Ēr berichtet hat, ausdrücklich nochmals als von Zoroaster, dem Sohn des Armenios, stammend und führt zu dessen Jenseitsreise der Seelen sowohl die Auferstehung (ἀνάστασις) als auch den Aufstieg (ἀνάληψις) durch die zwölf Bilder des Tierkreises nebeneinander als Interpretamente an. Das letztere ist ein bedeutungsvoller Hinweis auf die Möglichkeit, die Seelenwanderung auch in einen kosmischen Zeitzyklus oder in eine kosmische Zeitfolge zu übertragen, deren Modell der Tierkreis gewesen sein kann. Weiteres Material bei H. WINDISCH, Die Orakel des Hystaspes = VerhAmsterdam NR 28,3 (Amsterdam 1929) 15/17.

[27] BIDEZ/CUMONT aO. 2,159f (Stück O 13): ὧν ο[ἱ̣ μὲν οὔ; zur zwingend erforderlichen Aussage „contrairement à Platon" vgl. BIDEZ/CUMONT aO. 1, 110f] τὸν Ἠρά φασιν εἶναι τὸν πατέρα τοῦ μύθου τοῦδε παντός, ἀλλὰ Ζωροάστρην (dafür wird auch der Epikuräer Kolotes als Gewährsmann genannt, im 3. Jh. v. Chr. wohl der früheste Zeuge für die Einsetzung des Zoroaster in den platonischen Ēr-Mythos). Das diesem zugeschriebene Buch habe dementsprechend als Proömium Ζωροάστρης ὁ Ἀρμενίου Πάμφυλος τάδε λέγει ... Danach noch eine Bekräftigung:

Die seltenste Namensvariante, Zōstrianos, ist wohl am spätesten gebildet worden; denn es dürfte kein Zufall sein, daß sie nur bei dem spätesten der drei Autoren (Arnobius schrieb 304–310) auftaucht. Clemens' und Proklos' Einsetzung des Zōroastrēs an der Stelle des ihnen aus Platon bekannten Ēr[28] macht sie nun zwar nicht zwingend zu Zeugen der ganzen rekonstruierten Genealogie. Aber daß eine solche in ihrem und des Arnobius' Umkreis hergestellt worden ist, erscheint möglich. Setzt man sie voraus, wird jedenfalls das Kryptogramm leichter verständlich, und zwar gerade wenn man mit der gnostischen Anschauung einer Übereinstimmung der Lehren hochgeschätzter Archegeten rechnet; wird doch hier deren Mehrzahl genau so unerheblich wie die von himmlischen Äonen, die in einer Genealogie stehen und wesensgleiche Ausstrahlung haben. Das Kryptogramm würde dann bedeuten, daß die Lehre des Zōstrianos inhaltlich auch die seines Urenkels Zōroastrēs sein könnte, oder umgekehrt: daß das, was so viele unter dem Namen des Zōroastrēs kennen, in Wirklichkeit auf Zōstrianos zurückgeht, der sich damit nicht nur als der leibliche, sondern auch als der geistliche, dem Anfang der Weisheit noch nähere Urahn erweist.

Es gibt keinen Grund zu bezweifeln, daß es eben diese Apokalypse des so verstandenen Zōstrianos war, die nach Porphyrios von Amelius widerlegt worden ist[29]. Es ist keineswegs ausgeschlossen, daß auch eine Apokalypse des Zoroaster noch auftaucht, in der man die von Porphyrios selbst widerlegte würde erkennen dürfen. Daß diese einen wesentlich anderen Inhalt hätte als die des Zōstrianos, ist nicht zu erwarten; denn andernfalls würde die Verwendung des Zoroa-

---

... εἰ Ζωροάστρης ἀντὶ τοῦ Ἠρὸς ἐγέγραπτο ἐν τοῖς ἀντιγράφοις. Proklos schreibt dann dem Zoroaster auch die Stellung von Sonne und Mond inmitten der Planeten zu, sagt aber nichts von Tierkreis und Seelenreise. In 110,2 führt er den Neupythagoreer Kronios an, welcher einen Kompromiß macht, der dem des Zōstrianos-Kryptogramms vergleichbar ist, indem er dem Ēr die Autorschaft des Jenseitsmythus läßt und Zoroaster zu dessen Schüler macht. Vgl. E.-A. LEEMANS, Studie over den Wijsgeer Numenius van Apamea = Acad. royale Belg. 37,2 (Bruxelles 1937) 32f und 154 *(Stück 4)*.

[28] Unglückliche Einordnung der Wiedererweckung des Ēr in die Tradition der Novelle von Arā (›oder‹ Ēr?) und Semiramis bei K. KERÉNYI, Die griechisch-orientalische Romanliteratur in religionsgeschichtlicher Beleuchtung² (1962) 243/6. Auf den richtigen Hintergrund führt eher die von W. BOUSSET, Die Himmelsreise der Seele: ArchRelWiss 4 (1901) 257 bzw. Sonderausg. Libelli 71 (1960) 66 zitierte Vermutung von E. BLOCHET, der Name Ēr stehe mit Ērān in Verbindung. Immerhin zeigt nämlich die Gestalt des Ērāğ, der nach dem Šāhnāme (6, 298/302 MOHL) als Sohn des ersten (mythischen) iranischen Königs Feridūn speziell Iran erhält (und von seinen Brüdern ermordet wird; Stellen bei F. WOLFF, Glossar zu Firdosis Schahname [1935 bzw. 1965] 91), daß der ursprünglich aus einem gen. plur. *aryānām = (sc. Land) „der Arier" gebildete Name Ērān zu Ēr verkürzt und mit neuer hypochoristischer Endung versehen werden konnte. Ein sachlicher Grund für die so frühe Bereitschaft, eine zwar in der bei Platon erzählten Form nicht aus Iran stammende, aber ihren schamanistischen Hintergrund noch deutlich kundgebende Jenseitsanschauung zu rezipieren, kann in der historischen Verwandtschaft dieses Hintergrundes mit dem orphischen bestehen; dazu K. MEULI, Scythica: Hermes 70 (1935) 121/76, jetzt in Gesammelte Schriften 2 (Basel-Stuttgart 1975) 817/79, bes. 131/4 bzw. 828/32 (Iranier) und 164/76 bzw. 866/79 (griechische Epik).

[29] So auch DORESSE aO. 261/3; SIEBER aO. 237; ELSAS aO. (s.o. Anm. 22) 31/4.

ster-Namens zur Erläuterung und Legitimation der Zōstrianos-Lehre desavouiert. Mit wie geringen, heute jedenfalls finessenhaft anmutenden Unterschieden man zu rechnen hat, ist auch aus der Schrift „Allogenēs" (NHC XI 3) zu erschließen; ob sie nun dieselbe war wie „Messos" oder ob Porphyrios auch hier Recht hat, wenn er wie bei Zōstrianos und Zōroastrēs mit zwei Schriften rechnet, Messos muß in jedem Falle dasselbe übermitteln wie sein Vater Allogenēs, welcher in der nach ihm benannten, uns jetzt bekannten Schrift die Offenbarung an seinen Sohn und geistlichen Nachkommen weitergibt[30].

Was nun den Inhalt der Offenbarung an Zōstrianos anlangt, so ist er mit keiner Lehre zu vergleichen, die sonst unter den Namen des hellenistischen Magiers Zoroaster gestellt wird. Es handelt sich weder um „Physik" noch um „Magie", weder um Alchemie noch um Astrologie, nicht einmal um eine Weisheit, für deren Charakteristik man sich mit der Versicherung begnügt, daß sie aus dem Osten stammt. Sondern es handelt sich um eine Himmelsreiseerfahrung, ausführlicher als wir sie sonst, und unter anderen Namen als dem Zoroasters, bisher beschrieben fanden[31]. Gnostisch darf man diese Himmelsreise nicht deshalb nennen, weil schon aus dieser Schrift allein ein dualistisches System zu erheben wäre, sondern man darf es nur aufgrund ihrer evidenten Verwandtschaft in erster Linie mit Schriften des sethianischen, in zweiter Linie des barbelo-gnostischen Kreises tun. Von daher betrachtet, kommt der Erdenwandel des Zōstrianos einem Abgerissensein seines Nous von demjenigen gleich, den Armozēl, Oroiaēl, Daveithe und Ēlēlēth den Menschen der vier Weltepochen ver-

---

[30] Vgl. JbAC 17 (1974) 113f.

[31] Auf iranischer Seite ist das Ardāy Wīrāz Nāmag (AWN) vergleichbar: dieses ist, genau wie der Zōstrianos-Traktat, eine Erkundungsekstase. Der Erkundende ist hier jedoch nicht Zoroaster, sondern Ardāy Wīrāz (andere Lesungen des Namens: Arda/Arta Vīrāf u.ä.), ein Gläubiger im 4.Jh. n. Chr., der von einer Priesterversammlung ausersehen wird, im Jenseits Auskunft über die wahre Religion und ihre konkrete Ausführung zu holen. Selbstverständlich bestehen Unterschiede zum Zōstrianos: in diesem geht es um eine neue Offenbarung, im AWN wird die Richtigkeit der von Ohrmazd an Zarathustra und Vištāspa gegebenen Lehre einschließlich ihres Kultes gerade bestätigt; das Weltbild des Zōstr. ist das gnostisch-pleromatische mit mehreren Himmeln, das des AWN das klassisch-zoroastrische mit Činvat-Brücke, den Bereichen des Gut Gedachten, Gut Geredeten und Gut Getanen usw., und Ardāy Wīrāz sieht auch die Hölle; gegenüber der Anthropologie des Zōstr., die im obigen Referat mitformuliert wurde, gibt es im AWN nur einen Wechsel zwischen der 1. Pers. sing. und der Freiseele (ruwān): die Methode der Feststellung des Wahren ist im Zōstr. die freie Himmelsreise, während diese im AWN an ein Ordal gebunden bleibt (dazu, mit wichtigen Paralleltexten, G. GOBRECHT, Das Artā Vīrāz Nāmak: ZDMG 117 [1967] 382/409). Dennoch bleibt die Übereinstimmung in Anliegen und Aufriß beider Texte verblüffend; der Zōstr. dürfte dem AWN näher stehen als andere jüdische und christliche Visionsschilderungen mit einem angelus interpres, die bisher mit dem AWN verglichen worden sind. In die oben versuchte Ortsbestimmung des Sethianismus läßt sich dieser Befund bis auf weiteres nicht einordnen. Bis zum Erscheinen der seit langem angekündigten Neuausgaben des AWN von G. GOBRECHT, PH. GIGNOUX und J.P. ASMUSSEN/ F.VAHMAN muß man sich behelfen mit M. HAUG/E.W. WEST, The Book of Arda Viraf (Bombay-London 1872 bzw. Amsterdam 1971) 1/204. Deutsche Auszüge bei G. WIDENGREN, Iranische Geisteswelt (1961) 231/42.

mitteln, und der diesen von noch höheren Archai, Äonen und Göttern in der himmlischen Hierarchie vermacht worden ist. Eine Aufhebung dieses Abgerissenseins ist weder durch mystische Selbstversenkung noch durch autosuggestive Selbsterlösung, sondern nur durch Offenbarung eines Engels zu erreichen, und sie wird real nicht durch ein neues noetisches Selbstverständnis, das die Aszensionsterminologie allenfalls symbolisch in Dienst nimmt, sondern durch einen wirklichen Aufstieg, als dessen Subjekt Zōstrianos selbst vom Selbst (= Nous) des Zōstrianos nicht unterschieden wird[32]. Die prinzipielle Gleichartigkeit dieses Nous mit den vielen himmlischen Kräften (νόες, ἀρχαί, αἰῶνες, θεοί) macht es sinnvoll, daß die Inhalte der Offenbarung, die ihren Grad an Vollständigkeit in sphärenweiser Mitteilung erreichen, in Namen, Namen und nochmals Namen bestehen[33]. Insofern sind auch diese hier, anders als z.B. in Zauberpapyri, ein Indiz für den gnostischen Charakter des Textes.

Diese Feststellung erlaubt nun die vorläufige und formale Zuordnung des Textes zur neuplatonischen Position: er muß den Widerspruch des Amelius aus Gründen herausgefordert haben, welche denen analog sind, die Plotin „Gegen die Gnostiker" bestimmten, und die bei Porphyrios gegen das Buch des Zoroaster zu erwarten sind. Das Nähere sei einer Spezialuntersuchung überlassen[34], welche auch die Frage berücksichtigen müßte, ob nun auch der historische Typus des hellenistischen Magiertums einer Erweiterung bedarf. An dieser Stelle soll dafür die Orientierung auf den sog. iranischen Hintergrund der Gnosis hin weitergetrieben werden, mit dem das Magiertum gleichfalls verschwistert ist[35].

Paradoxerweise, d.h. obwohl die Lehre des Zōstrianos sich so oder ähnlich in den unter Zoroasters Namen gestellten Texten sonst nicht findet, läßt sich nämlich vom Inhalt des Traktates her doch ein Grund aufweisen, ihn mit einem Namen wie Zōstrianos zu versehen. Denn das vorausgesetzte sethianische System begreift als ontologisch-zeitloser Komplex eine Gliederung der Heilsgeschichte der Sethianer in sich, welche die Dimensionierung von Weltperioden hat. Im Zōstrianos allein ist das zwar nicht auf den ersten Blick auffällig, denn das System stellt sich hier – vereinfacht – so dar:

---

[32] Die Bezeichnung „Apokalypse" ist hier nur in dem Sinne zu verwenden, den E. NORDEN, Agnostos Theos² (1923 bzw. 1956) 26/8 ihr gibt. Es handelt sich um die „apokalyptische Schau" des Himmels oder der Erde von der Höhe herab, nicht um die von Altem und Kommendem Äon.

[33] Sie sind in der Inhaltsangabe größtenteils weggelassen.

[34] Erste Beobachtungen, wie SIEBER aO. 237$_2$ (Anführung einiger Plotin-Stellen) sie macht, ließen sich bereits in eine Untersuchung wie die von ELSAS aO. 56/71 (Entfaltung des plotinischen Denkens in der Polemik der Schriften 30–33) einbeziehen.

[35] Die Frage nach diesem Hintergrund mußte schon in JbAC 16 (1973) 115f.126 (wegen der Mischungs-Kosmologie) und 17 (1974) 115$_{22f}$ (wegen Zoroaster-Seth) gestellt werden.

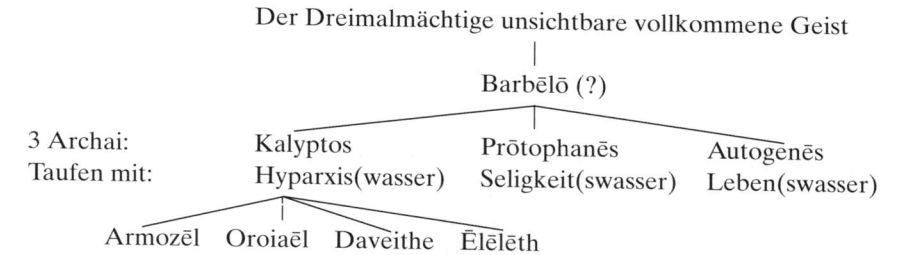

Hintergründe der Irankenntnis und Inanspruchnahme Zarathustras 339

```
                    Der Dreimalmächtige unsichtbare vollkommene Geist
                                             |
                                        Barbēlō (?)
                         ┌───────────────────┼───────────────────┐
3 Archai:            Kalyptos            Prōtophanēs          Autogenēs
Taufen mit:        Hyparxis(wasser)    Seligkeit(swasser)   Leben(swasser)
              ┌────────┼────────┬──────────┐
           Armozēl  Oroiaēl  Daveithe   Ēlēlēth
```

Aber die Bedeutung der vier zuunterst genannten Äonen als Weltperioden wird aus anderen Texten klar. Beziehungen der iranischen Weltalterlehre wie des Weltreichschemas zu unserem Text sind deshalb zu untersuchen. Hinzu kommen Beobachtungen zur Phōstēr-Messianologie, zu der eine Aufteilung der Eschatologie auf drei oder vier messianische Generationen gehört: hier stehen, wenn auch weniger evident, ebenfalls Beziehungen zu einer iranischen Lehre zur Debatte.

Auf der Grenze zwischen zoroastrischer und „westlicher" Weltalterlehre

Auf das iranische Weltenjahr führt die Interpretation der vier kosmischen Phostere Armozēl, Oroiaēl, Daveithe und Ēlēlēth als ursprünglich vier Gestirne, die je eine Jahreszeit des Weltenjahrs regieren[41]. Die Herleitung der drei irdischen Phostere, bzw. des einen Phōstēr in dreifacher Gestalt, in ApcAd 76,8/77,27 argumentiert folgendermaßen: „Dieser Abschnitt hat die Mission und das Leiden des Lichtpropheten zum Gegenstand. Zunächst möchte man an eine Anspielung auf das Leiden Jesu denken. Doch wäre das die einzige Erwähnung in unserem Text, und selbst dabei wäre der Name ja nicht einmal genannt. Also liegt die Annahme einer vorchristlichen Vorstellung näher. Dabei bietet sich die iranische Religion an, die auf die spätjüdische Gnosis unbedingten Einfluß gehabt hat. Gerade die hellenistische Überlieferung über die Magier bringt auch für unseren Text Vergleichsmöglichkeiten. In dieser Überlieferung begegnet sehr häufig die Überlieferung von Seth und Zarathustra. Ebenso findet sich in ihr die Lehre von drei nacheinander auftretenden Heilanden. Von Zarathustra wird auch berichtet, daß sein Same in einem See niedergelegt ist und daß drei Jungfrauen im Abstand von tausend Jahren drei Welterneuerer gebären werden, wenn sie in ihm gebadet haben. Diese Vorstellungen gehen auf alte Traditionen zurück, nach denen die Söhne Zarathustras im Kansaoya-See aufbewahrt und aus ihm geboren wurden. Mit ihren Namen heißen sie (mittelpersisch) Hušetar, Hušetarmah und Sošyans. Der letzte ist der wirkliche Erneuerer der Welt. Er zerstört das Böse, wird ein Reich der Gerechtigkeit aufrichten und die Toten erwecken... Wenn man ein dreiteiliges Zeitschema annimmt, in dem Zarathustra in der zweiten Epoche kommt, sein Wirken aber von den Saošyants fortgeführt und zu Ende gebracht wird, hat man die Grundlage für das bei uns vorliegende Denken. Anderseits ermöglicht auch die Vorstellung von einem

---

[41] SCHENKE aO. 168 weist mit der Anführung einer „Analogie bzw. Vorlage" aus F. JEREMIAS, Semitische Völker in Vorderasien: P.D. CHANTEPIE DE LA SAUSSAYE, Lehrbuch der Religionsgeschichte 1[4] (1925) 507 in die m.E. richtige Richtung und bleibt sogar – wie sich zeigen wird, sachgemäß – bei babylonischen (Welt)jahresvierteln stehen. Ich bin von da aus um klarerer Demonstration und der Verbindung mit Erlöserlehre und Weltreichschema willen dennoch bis zum damit zusammenhängenden iranischen Weltenjahr weitergegangen, zumal die Vierzahlspekulation auch als genuin-iranisch ausgegeben worden ist. G. WIDENGREN, Stand und Aufgaben der iranischen Religionsgeschichte I = Numen 1 (1954) 40f (= separate Buchausgabe o.J. 26f) und ders., Religionsphänomenologie (1969) 456/63 sieht z.B. als Hintergründe der Viergestaltigkeit des Hochgottes Zurvan und die indische Lehre von den vier Yugas. Die von da aus modifiziert mögliche Rückkehr zu babylonischen Lehren, die für die zoroastrische wie für die sethianische Zeitalterspekulation prägend gewesen sein müssen, ist als Befreiung von dem bei F. JEREMIAS noch herrschenden Universalpattern der Astralreligion und als Verifikation des Hinweises von SCHENKE gemeint; den Nachweis der dafür herangezogenen, in Anm. 47 genannten Literatur verdanke ich der Freundlichkeit von J. Renger, Berlin.

himmlischen Urwesen Zarathustras die Kombination mit dem himmlischen Seth... In unserem Text (= der Adamapokalypse), der zunächst nicht als christlich beeinflußt anzusehen ist, liegt wahrscheinlich ein Ausgleich jüdischer Gnosis mit iranischen Gedanken vor. Der Phoster bemüht sich um die Welt und kommt zu den Menschen, die noch viel zu ihrer Rettung bedürfen ..."[42]

Zu dieser Erklärung ist, ohne daß sie ganz abgelehnt wird, eine Alternative aus jüdischer Tradition erwogen worden[43]. Der iranischen These wird insofern Kredit gegeben, als zugestanden wird, daß nach jüdischer Tradition zwar Mose und die Propheten und Gott als Erleuchter oder Phostere beschrieben werden, aber nie der Messias. Die jüdisch-rabbinische Tradition habe zwar auch ein Dreier-Schema für den Ablauf der Welt entwickelt, zu dessen Stufen „diese Welt, die Tage des Messias und die zukünftige Welt" gehören[44]. Aber die Schilderungen der Übergänge von einer Stufe zur anderen würden nicht durch solche Katastrophen gekennzeichnet, wie sie in der Adamapokalypse vorliegen. Nichtjüdisch sei auf jeden Fall die Vorstellung von einem Weltende, in dem das rettende und richtende Handeln Gottes in drei Stufen erfolgte, und deshalb sei anzunehmen, daß die Adamapokalypse in ihrem Zeitschema diese Katastrophen als Ereignisse in der Geschichte der Menschheit sieht, wie die jüdisch-rabbinische Tradition. Das kann im Zusammenhang nur heißen, daß die Adamapokalypse lediglich durch das Zeitschema, aber nicht durch den messianischen Charakter der drei endzeitlichen Gestalten und ihrer Werke mit der jüdischen Tradition verbunden ist. Aber auch nach dieser logischen Glättung wird es nur halb verständlich, daß es trotz des Kredits an die iranische These schließlich doch „nicht ausgeschlossen" erscheint, „daß das Theologumenon von der dreifachen Ankunft des Phoster der Gnosis auf der rabbinischen Lehre beruht, wo-

---

[42] A. BÖHLIG/P. LABIB, Koptisch-gnostische Apokalypsen aus Codex V von Nag Hammadi im Koptischen Museum zu Alt-Kairo = WissZsUnivHalle Sonderbd. (1963) 90f. Das Folgende dient gleichfalls der modifizierenden Verifikation dieser Argumentation, die der Kürze und Genauigkeit halber wörtlich zitiert wird. Ausgelassen sind Sätze über Jesus und den manichäischen Dritten Gesandten.

[43] Von W. BELTZ, Die Adam-Apokalypse aus Codex V von Nag Hammadi. Jüdische Bausteine in gnostischen Systemen, Theol. Habil.-Schrift Humboldtuniv. Berlin (1970) 122f. Die Auseinandersetzung mit dieser These müßte eigentlich zweimal erfolgen, einmal mit ihr, so wie sie dasteht und dann, nachdem sie schlüssiger formuliert worden ist. Oben wurde versucht, beides ineinanderzuziehen, da der Hinweis auf die jüdische Alternative hier nicht zuviel Platz beanspruchen kann.

[44] Der so betitelte von BELTZ herangezogene Exkurs von P. BILLERBECK in STRACK/BILLERBECK 4, 799/976 belegt kein solches Dreier-Schema, und die zusammenfassende Überschrift des Exkurses will dies auch nicht ausdrücken. Es handelt sich im großen und ganzen um die beiden Zweier-Schemata „gegenwärtige Welt und messianische Heilsvollendung" (Apokryphen und ältere Pseudepigraphen) und „dieser und kommender Äon" (Rabbinen). Wo zwischen die beiden Äonen die „vorläufige Heilszeit der Messiastage" tritt, da kommt es zu einer Um- und Weiterbildung des Begriffs vom Kommenden Äon (aO. 816/9 u.ö.), aber nicht auch zu einer rückwirkenden Qualifizierung der gegenwärtigen Welt bzw. dieses Äons als einer ersten von drei messianischen Perioden.

nach Israels Knechtschaft noch andauern wird, nachdem der Erlöser bereits geboren ist, wobei nicht nur der Messias, sondern auch Moses als Erlöser geschildert werden"[45]. Denn hier werden nun doch Mose und der Messias auf eine Linie gebracht und gleich qualifiziert, als seien sie Phostere von gleicher Art wie die sethianischen, oder Heilande von gleicher Art wie die Saošyants.

Die Erklärung der sethianischen Eschatologie aus einer jüdisch-rabbinischen überzeugt also nicht. Aber auch die Erklärung aus der zoroastrischen Eschatologie allein reicht nicht aus, weil ein mit dieser formal vergleichbares messianologisches Schema so in den sethianischen Schriften nicht begegnet, sondern allenfalls hypothetisch aus einer Verschmelzung mit einer Weltalterlehre herausgelöst werden könnte. In den sethianischen Texten verundeutlichen sich vielmehr gegenseitig drei ganz verschiedene Zeiteinteilungen: das kosmische Weltenjahr mit vier Perioden ist zugleich die Weltgeschichte mit den vier Epochen der Adamiten, Sethiten, Gnostiker und Seelenwanderer (oder ähnlich), und davon ist die dreifache Ankunft des Erlösers durchdrungen. Deshalb heißen auch die vier Weltalterregenten ebenso wie die drei Heilande Phostere. Wie die kosmologische und weltgeschichtliche Vierereinteilung von der eschatologischen Dreiereinteilung her auch soteriologische Bedeutung gewinnt, so die Dreiereinteilung von der Vierereinteilung her eine die heilsgeschichtlichen Perioden ins Universale transzendierende Dimension. Erst von diesem Befund aus verspricht ein Erklärungsversuch weiterzuführen, und zwar nur ein solcher, der nicht erst im Explanandum, also im sethianischen System, sondern bereits im voraufgehenden Explanans eine solche Verschmelzung nachweisen kann. Daß dieses Explanans dann auch realiter die volle Überlieferung darstellt, von der auszugehen ist, ist damit noch nicht gesagt. Aber schon daß es als Phänomen möglich ist, besagt etwas für die Möglichkeit ähnlicher Zeugnisse, mögen diese nun dem Zoroastrismus oder dem iranisch durchsetzten Synkretismus zugehören. Um diesem Explanans näherzukommen, gilt es zunächst einmal, gründlich die drei Schemata zu unterscheiden, deren Verschmelzung im Explanandum wieder erscheinen könnte.

---

[45] Dazu verweist BELTZ auf W. BACHER, Die Agada der palästinischen Amoräer I (1892 bzw. 1965) 334$_1$. Dort heißt es: „Gen. r.c. 70 Ende. Unter dem Erlöser ist sowohl Moses als der Messias zu verstehen". Es handelt sich um Gen. R. 70,18 zu 29,30, wo eine Auslegung von R. Johanan dem Schmied (gest. 279) zu Hos. 12,13 zitiert wird. Sie lautet „Gott spricht zu Israel: Eure Art gleicht eurem Vater Jakob: wie euer Vater Jakob geknechtet war, bevor er ein Weib nahm, und geknechtet war, nachdem er ein Weib genommen hatte – so werdet auch ihr geknechtet sein, bevor der Erlöser geboren wird, und geknechtet, nachdem der Erlöser geboren ist". Das andere ist Interpretation BACHERS, der nur gemeint haben kann, daß hier offengelassen wird, ob unter dem Erlöser Mose oder der Messias zu verstehen ist, aber nicht, daß es um zwei aufeinanderfolgende Erlöser handelt (benötigt werden ohnehin drei). BILLERBECK sagt in STRACK/BILLERBECK 4,993f zSt.: „Wenn der Messias im J. 240 n.Chr. nicht öffentlich hervorgetreten ist, so kann dieses Jahr gleichwohl den Anfang der messianischen Zeit bezeichnen, da es göttliche Bestimmung ist, daß Israels Knechtschaft auch nach der Geburt des Messias noch eine Weile andauern soll". Das alles ist von ApcAd weltweit entfernt.

Es handelt sich, erstens, um das 12000jährige Weltenjahr[46]. Dieses gliedert sich in vier Weltalter von je dreitausend Jahren. Das erste ist Schöpfung Ohrmazds im geistigen Zustand, im zweiten ist diese geistige Schöpfung, die dabei bestehen bleibt, auch in eine irdisch materielle Welt überführt, während gleichzeitig Ahriman eine böse Gegenschöpfung hervorbringt, im dritten Weltalter mischen sich gute und böse Schöpfung durch Kampf, und im vierten wird in aufeinanderfolgenden messianischen Zeitaltern das Böse wieder aus der Welt vertrieben. Es ist nicht nötig, eine Übertragung des vollen iranischen Schemas auf den Sethianismus oder das ihm voraufgehende Explanans anzunehmen. Man kann direkt auf babylonische astronomische Vorstellungen zurückgehen, welche auch die Einteilung des iranischen Weltenjahres in vier Weltalter ermöglicht haben müssen. Aus den sethianischen Texten ist nämlich noch abzulesen, daß die vier Erleuchter Armozēl, Oroiaēl, Daveithe und Ēlēlēth ursprünglich einmal die vier Gestirne bzw. Planeten waren, die je eine Jahreszeit des Weltenjahres regieren[47]. Es ist allerdings bisher nicht geklärt, wie es neben der Zwölfteilung des iranischen Weltenjahres, die leicht und überzeugend auf die zwölf Sternbilder des Tierkreises zurückgeführt werden konnte, zu einer Vierteilung gekommen ist. Eine Herrschaft von vier Planeten über die Sektoren, die zwischen den Solstitial- und den Äquinoktialpunkten der Ekliptik liegen[48], kann hier nicht bestimmend gewesen sein, einmal weil man dann diesen vieren Son-

---

[46] Für Belege muß hier auf drei Arbeiten verwiesen werden, die demnächst erscheinen sollen: C. COLPE, Art. Weltschöpfung: ders. (Hrsg.), Altiranische und zoroastrische Mythologie = H.W. HAUSSIG (Hrsg.), Wörterbuch der Mythologie 4 Lief. 18; C. COLPE, Die griechische, die synkretistische und die iranische Lehre von der kosmischen Mischung: Akten des Symposium of the Faculty of Arts (June 6–9, 1977) = Uppsala University 500 Years Jubilee; ders., Zoroastrian and Sethian ages of the world: Akten der International Conference on Gnosticism (March 28–31, 1978), Yale University.

[47] So SCHENKE aO. 168. Zum folgenden vgl. B. LANDSBERGER, Jahreszeiten im Sumerisch-Akkadischen = JournNearEastStud 8 (1949) 248/97; E. WEIDNER, Gestirn-Darstellungen auf babylonischen Tontafeln: SbWien 254 (1967) nr. 2; F.R. HODSON (Hrsg.), The place of astronomy in the ancient world. A joint symposium of the Royal Society and the British Academy (London 1974); O. NEUGEBAUER, A history of ancient mathematical astronomy 1 (Berlin-Heidelberg-New York 1975).

[48] So früher F. JEREMIAS aO. 507f.597. – Der Tierkreis werde nicht nur von Sîn und Šamaš (= Mond und Sonne) durchlaufen und damit beherrscht, sondern auch von vier Planetengöttern regiert, deren jedem ein „bestimmter Teil" als Herrschaftsgebiet zugeteilt sei. Die Herrschaft des Marduk (als Götterkönig von Babylon dem Planetenkönig, später Juppiter, entsprechend) setze mit dem Frühjahrsäquinoktium ein; Ninurta, dem späteren Saturn entsprechend, erscheine als Gott der glühenden Sommersonne; der Planet, welcher der untergehenden Sonne nacheilt, später Merkur, entspreche dem Herbstgott Nebo; den Winter des Weltenjahres regiere der Unterweltgott Nergal, der dem Unterweltgestirn (später Mars) entspreche (ähnlich 565: Nergal, dem der Mitternachtspunkt der Wintersonnenwende gehöre; heute überholt). Das Weltenjahr sei zugleich das kosmische Urbild des „Kreislaufs der kleinen Zyklen, Jahr und Tag". Hiervon lassen sich nur die kleinen Vierteilungen halten (Tageszeiten und „four significant time intervals around full moon" bei A. SACHS, Babylonian observational astronomy: HODSON aO. 45, vier meteorologische Jahreszeiten neben der empirischen Zweiteilung des Wirtschaftsjahres bei LANDSBERGER aO. 252f).

nencharakter zuzuschreiben bzw. sie als Repräsentanten der Sonne auf ihrem Lauf zu betrachten hätte[49], zum anderen, weil von den fünf Planeten, die man neben Sonne und Mond kannte, willkürlich einer eine geringere, weil keinen Tierkreissektor beherrschende Stellung zugewiesen bekommen müßte[50]. Eher wäre an eine Übertragung der vier Fixpunkte des Sonnenjahres auf ein „Großes Jahr"[51] zu denken; im iranischen Weltenjahr wäre es dann vielleicht bei der damit gegebenen Einteilung geblieben, bei Verlust des Bezuges zum Sonnenjahr und zur Wiederholbarkeit des „Großen Jahres" und mit einer anderen Chronologie als ein „Großes Jahr" hatte[52], während im sethianischen Weltenjahr die Unterordnung jedes seiner Viertel unter die Herrschaft eines astralen Phōstēr auf das Konto einer neuen, rein spekulativen Astrologie gehen könnte. Daß es sich um eine solche gehandelt habe, wird man hypothetisch behaupten dürfen, solange die sethianischen Sterne weder durch ihre Namen noch durch ihre Stellung im System einen Bezug zur antiken Planetenlehre erkennen lassen. Die Aufhellung der sethianischen Astrologie, insbesondere ihres Bezuges zum im Catalogus Codicum Astrologorum Graecorum gesammelten Material, ist nun ein Desiderat[53].

---

[49] So JEREMIAS auch aO. 518: „Welchen Entwicklungsgang setzt allein die Sonderstellung der auf die 4 Phasen des Sonnenlaufs und die 4 Weltecken festgelegten Sonnengottheiten im System von Babylon: Marduk, Ninurta, Nebo, Nergal mit ihren Beziehungen zu den 4 Planeten voraus!" Ähnlich ebd. 535.545.551.562.576. Keinerlei Evidenz dieser Art z.B. bei WEIDNER aO. 15/38.

[50] So JEREMIAS aO. 510 für die Venus, die, als Abend- wie als Morgenstern bekannt, dem viergeteilten Kreislauf eingeordnet worden sei. – Zur Herkunft der iranischen Kenntnis von Ekliptik, Tierkreiszeichen und Planeten von den Babyloniern und zur Einteilung der Ekliptik in 12 Mondstationen erst um 500 n. Chr., vgl. W.B. HENNING, An astronomical chapter of the Bundahišn: JournRoyalAsiatSoc 1942, 229/48 bzw. Acta Iranica 15 (Leiden 1977) 95/114, am letzten Thema weitergeführt von W. SUNDERMANN, Einige Bemerkungen zur Lehre von den Mondstationen in der altiranischen Überlieferung: Altorientalische Forschungen 5 = Schriften z. Gesch. und Kultur d. Alten Orients (1977) 199/204.

[51] Dazu B.L. VAN DER WAERDEN, Die Anfänge der Astronomie (Groningen o.J.; nach 1956) 116/9. 210f.255f (Rhetorios, Berossos, Diogenes v. Babylon, Pythagoreer); die rein hellenistische Bezugnahme macht eine rein neubabylonische zweifelhaft, zeigt aber gerade einen beim Kulturübergang hervortretenden Zug zur zusammenfassenden Berechnung, wie ihn dann auch Gnostiker wenn auch nicht mathematisch nachvollziehen, so doch weltanschaulich voraussetzen können.

[52] VAN DER WAERDEN aO. nimmt eine ganze Reihe genauer Berechnungen vor, alle mit kosmischer Wiederkehr. Keine von ihnen läßt das Berechnungsprinzip oder die Vierteilung des iranischen Weltenjahres erkennen, so daß dieses selbst als Zeugnis nur für in der neubabylonischen Astrologie angelegte Möglichkeiten dienen kann. NEUGEBAUER aO. (s.o. Anm.47) 360/3 zeigt, daß schon die 19jährige Schaltperiode („Uruk-Schema", auch von griechischen Astronomen des 5. und 4. Jh. v. Chr. bezeugt: VAN DER WAERDEN aO. 113) mit den vier Datengruppen von Sommer- und Wintersolstitium und Herbst- und Frühjahrsäquinoktium berechnet und wiedergegeben werden konnte.

[53] W. und H.G. GUNDEL, Astrologumena. Die astrologische Literatur in der Antike und ihre Geschichte = Sudhoffs Archiv Beih. 6 (1966) 318/32 arbeiten bereits gründlich vor, indem sie neben vielen „Gleichklängen" (321) in der grundsätzlichen Einstellung zwischen der hellenisti-

Es handelt sich, zweitens, um das Schema einer Abfolge von vier Weltreichen. Es hat mit der Viertelung des Weltenjahres nichts zu tun, sondern ist, im Verhältnis zu dieser zufällig, aus der medischen Sicht einer historischen Konstellation am Ende des 7. Jahrhunderts v. Chr. entstanden[54] und wurde in hellenistischer Zeit fertig entwickelt[55]. Ursprünglich sah man die Weltherrschaft von den Assyrern auf die Meder und von diesen auf die Perser übergehen, mit zunehmender Entfernung von den Übergangsjahren 612 und 550 traten die Neubabylonier, welche in Wirklichkeit zusammen mit den Medern die Assyrer abgelöst hatten, an die Stelle der letzteren, und vor dem 2. Jahrhundert v. Chr. wurde das Schema um die Makedonier bzw. Griechen erweitert. Es ist irreführend, im Anschluß an eine Beschreibung der „Weltgeschichte", die „in einer Periode von 12000 Jahren" verläuft und in vier „Zeitalter" von je 3000 Jahren zerfällt, festzustellen: „Eine immerhin bemerkenswerte Parallele ist auch bei der Einteilung dieses (sic!) Weltverlaufs in vier Perioden vorhanden, die im Judentum zuerst bei Daniel c. 2 sich nachweisen läßt ..."[56]

Es handelt sich, drittens, um die Ankunft von Heilanden. Hier wird aber manchmal Zarathustra noch hinzugezählt, so daß also dessen Offenbarung das Jahr 9000, die des Hušētar (bāmīk) das Jahr 10000, die des Hušētarmāh das Jahr 11000 und die des Sōšyans das Jahr 12000 mit voraufgehender Auferstehung und nachfolgender Tauglichmachung (Fraškart, auch „Verklärung" o. ä. übersetzt) einleitet[57]. Auch dies kann man eine Zeitalterspekulation nennen, aber man darf kosmische, historische und eschatologische Zeit nicht miteinander verwechseln.

Um nun auf die Frage nach dem Explanans für die sethianische Weltalter-, Zeitalter- und Endzeitlehre zurückzukommen, so gibt es, wie gesagt, keine Indizien für eine Übernahme dieser drei Zeitspekulationen je für sich oder auch nur einer einzelnen von ihnen, deren erste, ursprünglich vielleicht babylonisch, nur in allgemein-iranischer Vermittlung greifbar wird, deren zweite ursprünglich medisch und dann irano-hellenistisch und deren dritte rein zoroastrisch war. Wohl aber gibt es auch im Iran eine Verschmelzung zwischen den Zeitschemata,

---

schen und der gnostischen Astrologie zahlreiche Sonderlehren bei Ophiten, Phibioniten, in der Pistis Sophia, bei den Valentinianern Markos und Theodotos, bei Bardesanes, den Manichäern (Kephalaia!) und Priscillianus nachweisen. In RAC 1 (1950) 829 figurieren die Sethianer nur erst als „Verteidiger der Astrologie".

[54] M. Noth, Gesammelte Studien zum Alten Testament (1960) 254/8, weitergeführt von D. Metzler, Reichsbildung und Geschichtsbild bei den Achämeniden: H.G. Kippenberg (Hrsg.), Die Entstehung der antiken Klassengesellschaft (1977) 279/312, dort 285/7.

[55] Aemilius Sura bei Velleius Paterculus 1,6; Dan. 2,31/45 und 7,3/8.17/25. Näheres bei J.W. Swain, The theory of the four monarchies. Opposition history under the Roman empire: ClassPhilol 35 (1940) 1/21 und in den Daniel-Kommentaren.

[56] So W. Bousset/H. Gressmann, Die Religion des Judentums im späthellenistischen Zeitalter = Hdb-NT 21⁴ (1966) 508₃.

[57] Zusammenstellung und Analyse des Belegmaterials jetzt bei C. Colpe, Art. Eschatologie, Frašōkereti: Haussig aO. (oben Anm. 46).

und zwar im Bahman Yašt. In ihm dürfte bis auf weiteres das gesuchte Explanans zu erblicken sein.

Schon die früheste Redaktion des Bahman Yašt[58], die in die jetzt einzig erhaltene Fassung mit eingegangen ist, muß zu einer Zeit entstanden sein, als das Weltreichschema schon ganz verselbständigt war; denn es ist hier ganz auf die inneriranische Geschichte übertragen, die sich nun als Abfolge von Herrschaften des Zarathustra-Förderers Vištāspa (in mythischer Vorzeit)[59], des Sasaniden-Anfängers Ardašīr (ca. 225–240 n. Chr.)[60], des Husrau Anōšarvān (531–579 n. Chr.)[61] und der Dämonen (in der angebrochenen Epoche messianischer Wehen)[62] darstellt. Diese Herrschaften aber werden als goldener, silberner, stählerner und eisengemischter Zweig am Weltenbaum symbolisiert[63]. Dadurch wird das Ganze interpretiert, als handele es sich um die Geschichte des Kosmos, in welchem jede Epoche durch einen offenbar gleich wichtigen Anfänger der Begünstigung der Guten Religion eingeleitet wird, einschließlich der durch einen Heiland eingeleiteten Dämonenepoche. Indem aber für das erste Weltalter als erste Weltreichsherrschaft die Zeit des Zarathustra angesetzt wird, dessen Millennium doch ursprünglich nur ein Zwölftel des Weltenjahres (= Jahre 9000–9999) ausmacht und die Herrschaften von Vištāspa über die beiden Sasanidenkönige bis zu den schlechten Endzeiten in sich schließt[64], wird außerdem noch eine Verschmelzung mit der historischen Soteriologie vorgenommen. In dieser nämlich ist nach der im Bahman Yašt vorliegenden Fassung Zarathustra der erste Heiland, und in den dem seinen folgenden Millennien befreien erst

---

[58] Zitiert wird nach der Ausgabe von B.T. ANKLESARIA, Zand-î Vohûman Yasn und two Pahlavi fragments (Bombay 1957) (= A.) sowie nach der Zählung der leichter zugänglichen, veralteten englischen Übersetzung von E.W. WEST, Pahlavi texts 1 = The Sacred Books of the East 5 (Oxford 1880 bzw. Delhi 1965) 189/235 (= W.). Deutsche Übersetzung (mit Zählung WEST; es fehlt nur 2,64 und 3,63 = 5,11 und 9 Postscriptum A.) bei WIDENGREN, Iran. Geisteswelt aO. (oben Anm. 31) 183/208.

[59] 3,23 A. = 2,16 W. Mit folgenden Bemerkungen soll zugleich eine Revision der in die richtige Richtung weisenden Bemerkungen eingeleitet werden, die R. REITZENSTEIN: R. REITZENSTEIN/H.H. SCHAEDER, Studien zum antiken Synkretismus aus Iran und Griechenland (1926 bzw. 1965) 45/50 zum Bahman Yašt machte.

[60] 3,24 A. = 2,17 W. Die dann folgenden drei Herrscher sind eine sekundär aktualisierende Einlage.

[61] 3,28 A. = 2,21 W. Die Auslassung dieses Stückes als „of Sassanid date" durch S.K. EDDY, The king is dead (Lincoln, Nebr. 1961) 345₂₁ bestätigt den hier vertretenen Ansatz auch für die weiteren Zusammenhänge, während gegen EDDYS sonstige Aufteilungen in Altes und Neues mancher Einwand zu erheben ist.

[62] 3,29 A. = 2,22 W. Die Aussagen über die Dämonenherrschaft hier und in dem in Anm. 64 genannten Stück sind miteinander verklammert.

[63] 1,1/11 A. = 1,1/5 W. G. WIDENGREN, Stand und Aufgaben aO. 1, 40f (26f) und Religionsphänomenologie aO. 461 (oben Anm. 41) interpretiert dies ausschließlich als vier kosmische Weltperioden, die vom pantheistisch aufgefaßten Hochgott umschlossen werden. Was im Text eine Verschmelzung ist, ist bei seinem Ausleger eine Verwechslung.

[64] 3,20/6,13 A. = 2.15/3,11 W. Vgl. Anm. 62.

Hušētar[65], dann ein verschieden identifizierter Kai[66], dessen Geburt durch einen Sternenfall angekündigt wird, und schließlich Pišyōtan die Welt vom Bösen[67].

Die Verwandtschaft zwischen sethianischer und iranischer Zeitalterlehre dürfte also in zweierlei bestehen: einmal in der Übereinstimmung zwischen den Abfolgen von vier Weltaltern, die zugleich Weltreichsherrschaften sind, und drei oder vier Erlöserperioden, zum andern in der Möglichkeit, die beiden ersten identifizierten Schemata auch noch mit dem dritten zu verbinden. Diese Verwandtschaft dürfte eine historische Beziehung anzeigen; sie kann nur stattgefunden haben, bevor der Zoroastrismus fertig und mit keiner Gnosis verwechselbar restauriert war, also im Iran spätestens in der ersten Hälfte des dritten Jahrhunderts; in Mesopotamien, wo die Mischformen länger lebten, auch noch später. Die heute vorliegenden Texte zeigen jedenfalls, daß in der Realisierung der Möglichkeit, die Zeitschemata zu kontaminieren, Sethianer und Zoroastrier verschiedene Wege gingen.

Abschließend stellt sich die Frage, welche Gründe die Sethianer gehabt haben können, solche (nicht: genau diese) Schemata zusammen mit dem Prinzip ihrer Kontaminierbarkeit zu rezipieren. Man ist versucht, auch diese Frage auf dem Grunde der vielverhandelten Verwandtschaft zwischen antiker jüdischer und iranischer Geschichtsauffassung einschließlich der Apokalyptik zu beantworten. Allein diese Verwandtschaft betrifft nur das Weltreichschema und die Dualität zwischen historischer und apokalyptischer Zeit als jeweils ganzer, nicht die Drei- oder Viergliederung der letzteren und schon gar nicht deren Kontaminierbarkeit mit den Weltherrschaften der historischen Zeit und gar mit den kosmischen Weltaltern. Deshalb sind die apokalyptisch-jüdischen, und aus analogen Gründen auch die rabbinisch-jüdischen Periodisierungen, gleichviel ob des Kosmos., der Geschichte oder der Eschatologie, sicher nicht als ein theologisches Erbe anzunehmen, welches in gnostischer Transformation den Sethianern jene Rezeption ermöglichte. Um diese verständlich zu machen, wird eine Spezifikation der Periodisierung benötigt, welche mindestens eine der möglichen Kontaminationen ermöglicht oder beinhaltet. Unter diesen fällt die kosmisch-weltgeschichtliche mangels eines eigenständigen kosmologischen Interesses im antiken Judentum aus. Es bleibt die weltgeschichtlich-eschatologische Kontamination. Dies führt auf den Sachverhalt, daß erst vom Bekenntnis zu Christus

---

[65] 7,2 A. = 3,13 W. Auf ihn beziehen sich auch Aussagen im Dialog zwischen Zarathustra und Ohrmazd, der die in Anm. 66f genannten Passagen durchzieht.

[66] 7,3/18 A. = 3,14/24 W., vermischt mit Aussagen über den aus anderer Tradition stammenden Hušētarmāh, der hier hinter seinem Helfer, dem Kai, zurücktritt.

[67] 7,19/9,23 A. = 3,25/61 W. Innerhalb dieses Stückes gibt es Dubletten und Einlagen aus früheren Phasen. Pišyōtan ist aus Yašt 24 (= Vištāsp Yašt), 4 verselbständigt und einer der Helfer, die dem letzten Saošyant bei seinem Werk beistehen (Liste bei J. DARMESTETER, Zend-Avesta 2 [Paris 1893 bzw. 1960] 638$_{125}$). Dieser selbst (9,24 A. = 3,62 W.) leitet kein neues Zeitalter mehr ein, sondern schließt die 12000 Jahre ab.

aus die Auseinandersetzung um Früheres, Späteres und Abschließendes in der Geschichte so substantiiert wurde, daß Fundamente für ein heilsgeschichtliches Periodenschema gelegt wurden.

Das ist die judenchristliche Position. „Daher also wurden auch vier allgemeine Bündnisse der Menschheit gegeben, das erste nach der Sintflut mit Noe bei dem Regenbogen, das zweite mit Abraham unter dem Zeichen der Beschneidung, das dritte bei der Gesetzgebung durch Moses, das vierte, das den Menschen erneuert und in sich alle zusammenfaßt, in dem die Menschen erhoben und zu dem himmlischen Reich emporgetragen werden, ist das Evangelium unseres Herrn Jesu Christi", sagt z.B. Irenäus[68]. Diese Worte sind nicht das schlagende, die vier Perioden hier und dort eng schließende Gegenstück zu den iranischen Zeugnissen – die Vierzahl ist hier ein Zufall –, aber sie zeigen, wie die Bestimmung des christlichen Verhältnisses zum alttestamentlichen Gesetz, die mit Paulus' und des Hebräerbriefs Gegenüberstellung von Alter oder Erster und Neuer Diatheke beginnt und sich mit Justins Argumentationen gegen die allgemeine Gültigkeit des mosaischen Gesetzes fortsetzt, zu einer Periodeneinteilung der Heilsgeschichte drängte. Das konnte ein Zweierschema von einer Periode des israelischen Zeremonialgesetzes und einer solchen der lex nova ergeben, es konnte die Periode des Zeremonialgesetzes als zweite zwischen die erste und dritte einer Gerechtigkeit ohne Beschneidung treten, und es konnten vier Bünde unterschieden werden wie eben bei Irenäus[69]. Ein solches Periodendenken genügt als Erklärungsgrund für die Rezeption eines anderen.

Es ist freilich noch eine benachbarte Möglichkeit zu erwägen, ausgehend von der Tatsache, daß der Zōstrianos-Traktat kein christlich-, sondern ein heidnisch-gnostischer Text ist. Periodendenken muß auch schon bei den jüdischen und den samaritanischen Seth-Anhängern angelegt gewesen sein, indem sie „nicht aus der Kainitenreihe, sondern aus der Sethitenlinie denjenigen Mann" – Noah! – „stammen lassen, der wegen seiner verhältnismäßigen Gottwohlgefälligkeit für den göttlichen Plan das geeignete Werkzeug wurde, das Menschengeschlecht durch das Strafgericht hindurch in eine bessere Periode der Geschichte hinüberzuleiten (Gen. 5,29; 6,5/8)"[70]. Im Verfolg dieser Sicht waren es nicht die Inkraftsetzungen bzw. Aufhebungen verschiedener Typen des Gesetzes, durch deren Konstatierung eine Periodisierung zustande kam, sondern es waren bestimmte genealogisch miteinander verbundene Personen, deren Wertung in ihrer Bindung an die Einleitung einer jeweils neuen Periode der Gottesbeziehung bestand. Diese Personenreihe brauchte nicht bis auf Christus weitergeführt zu

---

[68] Haer. 3,11,8, übers. E. Klebba = BKV² 3 (1912) 244.
[69] Näheres mit einer Auswahl von Belegen bei L. Goppelt, Christentum und Judentum im ersten und zweiten Jahrhundert = BFChrTh 2,55 (1954) 302/09.
[70] E. König, Art. Seth: Herzog/Hauck, RE³ 18 (1906) 238/46, dort 242 Z. 25/9, über den Jahwisten. Der Artikel enthält mehrere Hinweise darauf, wie die Sethianer die Linie des Jahwisten fortsetzen, und weist 244f auch schon auf erstes nachkanonisches Material hin.

werden, sie konnte innerhalb des Jüdischen verbleiben; so kann man auch den ganzen Sethianerbericht des Epiphanius lesen, indem man die beiden Sätze, die von Christus handeln, einfach einklammert[71]. Im sethianischen Corpus der Nag-Hammadi-Texte wird man zwischen christlich- und jüdisch-sethianischen Texten zu unterscheiden haben. Die Zōstrianos-Apokalypse gehört zu den letzteren; ihre neuartige Bedeutung besteht darin, daß sie außerdem noch eine gnostische Kosmologie entwickelt, deren neuplatonische Substanz so eindrücklich war[72], daß sie einer nichtgnostischen neuplatonischen Schule der Widerlegung wert erschien, und daß sie damit zugleich die iranisierende Magiervariante dieses kosmologisch-soteriologischen Systemdenkens darstellt.

---

[71] Nämlich innerhalb von Epiph. haer. 39,1,1/10,7 (GCS Epiph. 2,71/80) nur 39,3,3 Ende (71, Z. 11f: οὐ μὴν ... διαβεβαιοῦνται), 39,3,5 (74, Z. 15/20) und 39,10,4 Ende (80, Z. 11/13: οὐ μόνον ... ὑπόθεσιν).
[72] Die wichtigsten Begriffe schon bei SIEBER aO. 238.

Die griechische, die synkretistische und die iranische Lehre von der kosmischen Mischung[1]

Das Thema unserer Sektion – Cultural Contacts in the Mediterranean Area: Collision, Assimilation, Integration – ist evidenter gewiß ergiebig in den Bereichen der materiellen, archaeologisch greifbaren und der gesamtgesellschaftlichen, in soziologische Idealtypen zu fassenden Kultur. Es stellt sich jedoch immer wieder die Frage, inwieweit auch geistige Gebilde, die den Status kulturgebundener Mythologie hinter sich gelassen oder niemals besessen haben und nur einer ihr immanenten geschichtslosen Logik verpflichtet zu sein scheinen – inwieweit auch diese Gebilde Kulturen repräsentieren. Läßt sich erweisen, daß sie es tun, so müßten diese geistigen Gebilde Rückschlüsse gestatten, mit denen sich Kollision, Assimilation und Integration von Kulturen auch auf der Ebene solcher Repräsentanzen, die man als Überbau zusammenfassen kann, erklären und verstehen lassen. Man wird hier freilich zu kurz greifen, wenn man die Art dieser geistigen Repräsentanz als bloße Widerspiegelung einer materiellen oder gesellschaftlichen Kultur versteht. Es ist vielmehr an ein vermitteltes Verhältnis zu denken, in dessen Gestaltung auch ganz heterogene Traditionen und survivals eingegangen sein können, und es ist dabei die Möglichkeit in Rechnung zu stellen, daß das davon mitgeprägte geistige Gebilde auf Selbstverständnis und Ausdrucksweise seiner Träger sogar verändernd zurückwirken kann. Unter dieser Voraussetzung soll hier untersucht werden, ob zwischen bestimmten Weltentstehungslehren und den Kulturen, in denen sie entstanden sind, eine dialektische Beziehung besteht, und ob die Vertikalen solcher Beziehungen sich dergestalt auf derjenigen historischen Horizontale anordnen lassen, auf welcher Kollisionen, Assimilationen und Integrationen evidenter sind, daß sich eine neue Dimension von Einsicht in solche Prozesse eröffnet.

Unter den Weltentstehungslehren, die man nach dieser Methode untersuchen kann, wähle ich solche, die auf der Grenze zwischen vorwissenschaftlicher und wissenschaftlicher Wissenschaft stehen; anders gesagt: solche, zu denen die pragmatische Beziehung[2] ihrer Schöpfer und Benutzer halb religiös und halb wissenschaftlich motiviert ist. Es ist demgemäß nicht die Weltentstehung nach

---

[1] Vortrag gehalten am 7.6. 1977 an der Universität Uppsala im Rahmen des „Symposium of the Faculty of Arts June 6–9, 1977" anläßlich der 500-Jahrfeier der Universität.

[2] „Pragmatisch" ist hier durchaus im technisch-semiotischen Sinne gemeint. Wir kommen auf dieses Verhältnis am Schluß zurück. Zwischendurch walten bei der Ermittlung der gemeinten Qualitäten oder Substanzen semantische, beim Vergleich der griechischen, iranischen und synkretistischen Aussagen zueinander syntaktische Gesichtspunkte vor. Unter Zugrundelegung von J.M. BOCHEŃSKI, The Logic of Religion, New York 1965 (deutsch von A. Menne, Köln 1968), und der Diskussion von dessen § 19 durch W.A. CHRISTIAN, Bochenski on the Structure of Schemes of Doctrines, in: Religious Studies 13, Cambridge 1977, 203–219.

biomorphem oder technomorphem Modell, also eine Entstehung z.B. aus einem Urozean oder einem Weltenei, oder eine Schöpfung aus dem Nichts oder eine handwerkliche Bildung aus Urmaterie, die hier zur Debatte steht[3], sondern eine Weltentstehung, die Erklärungsmomente aus jenen Modellen mit analogieloseren, magiefreieren, abstrakteren Prinzipien verbindet. Damit ist bereits der Typ definiert, um den es sich handeln soll: die Entstehung der Welt aus einer Mischung kosmischen Ausmaßes. Die Frage, *woraus* diese Mischung besteht, *was* ihr vorgegeben ist und *wie* es vorgegeben ist, ist schon ein Teil unseres Problems.

Als Prototyp einer solchen Weltentstehungslehre, und oft auch schon als Ausdruck einer Kultur, deren besonderer Weltorientierung als Bedingung gerade für eine solche Kosmologie damit Priorität zukommt, kann man die Mischungs- „Theorie" einer im 9. Jh. nach Chr. fertig redigierten mittelpersisch-zoroastrischen Schrift, des Bundahišn, betrachten. Sie liegt in zwei Fassungen vor, von denen nach Aufbewahrungsland der Handschriften und Umfang die eine das Indische oder Kleine[4], die andere das Iranische oder Große Bundahišn[5] heißt. Schon auf den ersten Blick zeigt sich hier, daß die – terminologisch recht ausgebaute[6] – Mischungskategorie nicht nur ein Erklärungs-, sondern auch ein Wertungsprinzip darstellt. Der Vorgang ist positiv oder neutral nur in untergeordneten Bereichen, z.B. bei der Mischung von Pflanzensamen mit Wasser (IndBd. 9,1; 27,3; GrBd. 5 D,0; 16,4) oder von Mannessamen mit der Mutter (IndBd. 33,8; GrBd. 35,60) und bei der Mischung von Feuchtigkeiten überhaupt (IndBd. 21,2; GrBd. 11 B,2). Grundsätzlich aber ist Mischung etwas Negatives: Kot entsteht durch Mischung von Speisen (IndBd. 19,12; GrBd. 24 D,21); Unmögliches kommt heraus, wenn sich eine Jahreszeit, die nach dem Klima Sommer ist, mit derjenigen mischt, die nach dem Mondjahr Winter sein würde (IndBd. 25,19; GrBd. 25,24), oder wenn sich ein Mann mit einer Pairika, eine

---

[3] So wie, mit jenen termini technici, beschrieben z.B. bei E. Topitsch, Vom Ursprung und Ende der Metaphysik, Wien 1958, 33–221 passim.

[4] F. Justi, Der Bundehesh. Zum ersten Male herausgegeben, transcribirt, übersetzt und mit Glossar versehen, Leipzig 1868 (Nachdruck Hildesheim – New York 1976). Zählung im folgenden jedoch nicht nach Seite I–LXXII und den Zeilen des Pahlavi-Textes, die am Rande der deutschen Übersetzung S. 1–47 mit angegeben sind, sondern nach den (von Justis Kap. XXIX an divergierenden) Kapiteln und Paragraphen nach E. West, Pahlavi-Texts I (= SBE 5), Oxford 1880 (Nachdruck Delhi 1965), 3–151.

[5] The Codex DH, Being a Facsimile Edition of Bondahesh, Zand-e Vohuman Yasht, and Parts of Denkard, o.O. (jedoch: Teheran) o.J.; The Bondahesh, Being a Facsimile Edition of the Manuscript TD 1, o.O. uJ. (= Teheran 1972; Iranian Culture Foundation 88); E.T.D. Anklesaria, The Bûndahishn, Bombay 1908 (= Ms. TD 2). Die im folgenden zu zitierenden Stellen weisen in diesen drei Handschriften, soweit gelegentlich verglichen, keine inhaltlichen Abweichungen auf. Es war jedoch nicht möglich, für ihre Zitierung eine Konkordanz zu erstellen. Zitiert wird deshalb nach den Kapiteln und Paragraphen bei B.T. Anklesaria, Zand-Ākāsīh. Iranian or Greater Bundahišn, Transliteration and Translation in English, Bombay 1956.

[6] Es läßt sich jedoch bisher nicht zeigen, daß semantisch faßbare Bedeutungsunterschiede zwischen *gumēčišn, gumēčak, gumēčakīh, āmēčism, āmēk* bestehen.

Jungfrau mit einem Daēva mischt (IndBd. 23,2f). Dies wird auf den gegenwärtigen Weltzustand übertragen, der ebenfalls eine Mischung von Gegebenheiten ist, die nicht zusammengehören. Wo Angra Mainyu die Erde durchbohrt, ist die Hölle, und die Mischung kommt zum Vorschein (IndBd. 3,27; GrBd. 4,28); seine Gegenschöpfung mischt sich in alles, deshalb sind z.B. die Pflanzen rindig, dornig und rissig (IndBd. 27,1; GrBd. 16,1f); er mischt Rauch und Finsternis unter das Feuer, Planeten[7] und Dämonen unter die Fixsterne und schwärzt die Schöpfung (IndBd. 3,24f; GrBd. 4,27f); er sucht durch Einmischen von Gift ins Wasser die Geschöpfe des Ahura Mazdā zu töten (IndBd. 19,10; GrBd. 24 D, 19; oder auch: der Dämon Spənjagrya trägt durch sein Regnen dazu bei, daß Eiter und Gift der schädlichen Tiere ins Wasser gemischt werden, IndBd. 7,13; GrBd. 6 B, 15). Aēšma, der zarathustrische Dämon der Rauschwut, behauptet, nicht durch Vermischung zerstören zu können; Angra Mainyu gibt das nur für die heilige Verwandtenheirat zu und heißt Aēšma in die heiligen Begehungen doch einzudringen (IndBd. 35 Justi).

Der Ort der Vermischung ist der Luftraum zwischen Licht und Finsternis (IndBd. 1,4; GrBd. 1,5). Dabei handelt es sich weiterhin, gut iranisch, primär um die Mischung von Gut und Böse; wenn aber der ganze Weltzustand, in dem sich die Menschen jetzt befinden, „Mischung" genannt wird (IndBd. 1,17–20; GrBd. 1,25–28), dann bekommt die Mischung kosmologischen und damit auch substanzhaften Charakter[8]. In den Bestrebungen der beiden antagonistischen Götter mischen sich nicht mehr nur gute und böse Qualität, sondern auch gute und böse Substanz[9]. Die Zeit dieser auch substanzhaften Mischung sind die Jahre 6000–8999[10], d.h. das 3. Weltalter des Großen Weltenjahres: vorher gehen die Dinge 3000 Jahre nach Ahura Mazdā's Willen, danach wird Angra Mainyu 3000 Jahre lang durch Entmischung entmachtet. Die Mischung führt aber nicht zur Entstehung von Weltmaterie; denn diese ist schon nach Ablauf des ersten Trimillenniums im 12000jährigen Weltenjahr durch Überführung aus dem geistigen, dem *Mēnōk*-Zustand, in den materiellen, den *Gētīk*-Zustand, gebildet

---

[7] In den Pahlavi-Texten werden die Planeten manchmal deutlich dämonisiert; Belege bei R.C. ZAEHNER, Zurvan, Oxford 1955, Index s.v. Planets. Man sollte hier unterscheiden zwischen einer gegenüber früheren Wertungen klar feststellbaren Deteriorierung und der eigenen Begriffsbildung „Zurvanismus", in die man einen solchen Tatbestand natürlich aufnehmen kann. Umschreibbare Religionsformen Zurvanismus oder Gnosis, durch deren „Einfluß" von woandersher diese Deteriorierung zustande kommt, sind damit noch nicht gesichert.

[8] Vgl. auch zur „Entmischung" IndBd. 17,9; GrBd. 18,15: Wenn der Leib stirbt, wird er mit der Erde vermischt, und die Seele geht in den Himmel zurück.

[9] Nicht wiederholt werden hier die wichtigen Belege aus anderen Pahlavi-Schriften zur Mischung der Substanzen *(gōhr)*, nicht nur von Licht und Finsternis, die bei H.W. BAILEY, Zoroastrian Problems in the Ninth-Century Books, Oxford 1943 (erweiterter Nachdruck 1971), 87–90 gegeben werden. Der griechische Hintergrund der iranisch gewordenen Auffassungen von ethischen und physikalischen Qualitäten als Substanzen ist dort schon richtig gesehen.

[10] Nach der Zählung von GrBd. 33 beginnt hier das erste Millennium der Weltgeschichte (§ 1). Die hier auch einschlägige 9000-Jahr-Zahl paßt nicht hierher.

worden. Wir konstatieren also eine Widersprüchlichkeit in der Bewertung des Weltstoffes: er besteht einerseits aus gutem Gētīk, andererseits aus einer Mischung zwischen guter und böser Substanz. Mit diesem vorläufigen Resultat treten wir an die Frage heran, ob diese Lehre altiranisch ist.

Die Lehren des Bundahišn wurden früher auf Grund der Hypothese zurückdatiert, daß sie im wesentlichen einen an anderer Stelle Dāmdād-Nask genannten Teil des vorsassanidischen Awesta enthalten[11]; für diesen wiederum sollte die Verwandtschaft seines Inhalts mit bestimmten platonischen Lehren in der absoluten Chronologie auf das vierte Jh. vor Chr. als spätesten terminus ante quem führen[12]. Heute beschränkt man sich meist darauf, die Einführung einer Aussage durch eine bestimmte Formel („In der Religion ist gesagt") als Leitfossil für ältere Überlieferung zu nehmen[13]. Es soll nicht geleugnet werden, daß damit an einigen Stellen relativ sichere Resultate erzielt werden können, wenn auch an anderen Stellen das Motiv gewollter Archaisierung nicht gering zu veranschlagen ist. Bei den Mischungsaussagen zeigt sich indessen, daß sie durch diese Formel ohnehin nicht eingeführt werden. So muß man die ältere Tradition

---

[11] Das basierte im wesentlichen auf der Inhaltsangabe dieses Nask in Dēnkart 8,5 und – unter anderem Namen – in Dēn-Vičīrkart 5, beides bei E.W. WEST, Pahlavi-Texts IV, 13f. und 439f. Dazu W.B. HENNING, Journal of the Royal Asiatic Society 1942, 229f. = Selected Papers 2 (Acta Iranica 15), 1977, 95f.: „The often repeated assertion that the Bundahisn were the Pahlavi version of an Avestan Nask, the Dāmdād Nask, is a myth." Danach Hinweis auf weitere awestische und griechische Materialien, die ins Bundahisn inkorporiert sein könnten, sowie daß „there is nothing to show that the Dāmdād Nask formed the sole (or even the main) source of the Bundahishn". Die weitere Diskussion fasse ich in Anm. 1 zum Artikel „Weltschöpfung" zusammen (C. COLPE [Hrsg.], Altiranische und zoroastrische Mythologie, in : H.W. HAUSSIG [Hrsg.], Wörterbuch der Mythologie Bd.4, Stuttgart 1978/79, Liefg. 18).
[12] Nach dem berühmten Kapitel „Vom Dāmdād-Nask zu Plato" in R. REITZENSTEIN-H.H. SCHAEDER, Studien zum antiken Synkretismus aus Iran und Griechenland, Leipzig und Berlin 1926 (Nachdruck Darmstadt 1965), 3–37 findet sich eine verwandte Sicht wieder bei M.L. WEST, Early Greek Philosophy and the Orient, Oxford 1971, bes. in Kap.2 („Pherekydes the Syncretist"), 3 („Anaximander and Anaximenes"), 6 („Heraclitus and Persian Religion") und 7 („The Gift of the Magi"). WEST will insbes. bei Pherekydes von Syros (6. Jh. vor Chr.) „Iranian influence", d.h. insbesondere zurvanitischen Einfluß auf dessen abstrakteren Zeitbegriff nachweisen. Zu dieser und sehr viel mehr behaupteter „Iranian evidence" schließe ich mich im wesentlichen der kritischen Rezension von G.S. KIRK, The Classical Review N.S. 24, 1974, 82–86 an, auf die mich B. BRASWELL (Berlin) freundlichst aufmerksam machte. Doch auch davon abgesehen, ist zu beachten, daß die Konzepte, hier also das von unendlicher Zeit und kosmischer Mischung (über die sich WEST nur an zwei Stellen äußert, s. unten Anm. 24), ohnehin nicht von vornherein zusammenhängen und für sich untersucht werden müssen.
[13] G. WIDENGREN, in: U. BIANCHI (Hrsg.), Le Origini dello Gnosticismo (Suppl. to Numen 12), Leiden 1967, 263 (Diskussion), wo aber offenbar gerade kosmologische und astrologische Lehren nicht unter solche Passagen gerechnet werden sollen; Genaueres bei HENNING a.a.O. 231 = 97, Anm.9, danach M. BOYCE, A History of Zoroastrianism 1, Leiden/Köln 1975, 130. Dem dort beginnenden Kapitel „The Nature of the World and its Origins" ist auch darin besonders zuzustimmen, daß die Mischungslehre für diese frühe (vorzarathustrische, aber auch für die eigentliche und nachzarathustrische) Zeit noch nicht angenommen wird.

befragen, ohne hier von einem Leitfossil geführt worden zu sein. Was sagen das ältere und das jüngere Awesta?

Zarathustra kennt nach herkömmlicher Interpretation außer dem Wahrhaften und dem Lügenhaften auch den Menschen, bei dem sich Verkehrtes *(miθahya-)* und Richtiges *(ārəzva-;* also nicht Wahrheit und Lüge) miteinander mischen *(həməmyāsaitē,* Y 33,1). Das wäre eine Mischung ethischer anthropologischer, nicht kosmologischer *Qualitäten.* Und es ist von einer Vermischung der Ameša Spentas oder anderer Geisteskräfte mit Gegensätzlichem, d.h. Bösem oder Materiellem, weit entfernt. Auch der die ganze Verkündigung des Zarathustra durchziehende Gegensatz von Wahrheit und Lüge wird in kosmischen Dimensionen wohl als ein Antagonismus zweier getrennter Prinzipien angesehen, aber diese gelten nicht dergestalt als Bestandteile des Einen Kosmos, daß sie unter dem Begriff der Einen Mischung vorgestellt werden müssen. Im jüngeren Awesta gibt es dann außer dem Ort des Anfanglosen Lichtes *(Anaγra Raočah)*[14] und dem endzeitlichen „Haus des Lobgesangs" *(Garōdmān),* ebenfalls nach herkömmlicher Interpretation, einen „Ort der Gemischten" (Sīrōze 1,30; 2,30; Vid. 19,36). Das wäre eine Eschatologisierung des Beisammenseins dieser Personengruppe, von welcher eine Hypostasierung ihrer Qualitätsmischung abstrahiert werden kann; aber auch das wäre keine Mischung kosmischer Substanzen, auch keine Vorstufe dazu[15]. Schließlich sagt auch Theopomp (bei Plut. mor.

---

[14] Dazu siehe die gute Materialzusammenfassung von J. HAMPEL s.v., COLPE-HAUSSIG (s. oben Anm. 11), Liefg. 18.

[15] Wahrscheinlich läßt sich aber nicht einmal die Übersetzung halten. Neuerdings zeigt nämlich G. KLINGENSCHMITT, Münchner Studien zur Sprachwissenschaft 30, 1972, 79–92, a) daß im aw. *həmyāsaitē* (verbesserte Lesung statt der oben angegebenen) wohl nicht der Präsensstamm der Wz. *mis/myas* „mischen" (BARTHOLOMAE 1190), sondern von *yam-* „(das auf der anderen Waagschale Befindliche) hochheben" vorliegt, so daß in Y 33,1 zu übersetzen wäre: „(und demjenigen), dessen Falsches und das, was von ihm richtig ist, (auf der Waage) zusammen gehoben wird (d.h. in die gleiche Höhe gehoben wird, gleich gewogen wird)", b) daß *misvan- gatu-* (BARTHOLOMAE 1186f.) nicht der „Ort der Gemischten" ist, sondern nach VdPahl. und der Pahlavi-Übersetzung von Sīrōze „der immer Nutzen habende, selbstgeschaffene Ort *(gās)*", wohl identisch mit dem „immer Nutzen habende, (selbstgeschaffenen) Schatz *(ganj)*", der nach DD 37,22,24f. im Anara Raočah über dem obersten Drittel des Himmels (= dem Garōdmān), auf jeden Fall aber in der Nähe des Garōdmān vorgestellt worden sein muß, c) daß dieser Ort auch nicht identisch ist mit dem *hamēstakān,* das sich nach MH 7,3 und AW 6,5 von der Erde bis zu den Sternen erstreckt, sondern daß dieses nach VdPahl. 7,52 wieder mit **həmyāsaitē* zusammengehört und etwa „zu dem **hamiyast* (= dem Gleichgewogenen) gehöriger Aufenthaltsort der Seelen" wiedergegeben werden muß. – Damit ist sowohl die Himmelsgeographie erneut differenziert als auch ein lokal (nicht zeitlich wie das 1000-jährige Reich) zu verstehendes Zwischenreich unabhängig von der Mischungsvorstellung interpretiert, womit sich im letzteren Falle freilich sachlich wenig ändert. Schon N. SÖDERBLOM, La Vie future d'après le Mazdéisme, Paris 1901, 125–127 (dort weitere Stellen; aufgenommen von W. BOUSSET-H. GRESSMANN, Die Religion des Judentums im späthellenistischen Zeitalter, Tübingen 1926 [Nachdruck 1966], 288 Anm. 2 und 518 Anm. 2) hatte *hamēstakān* als „ceux chez lesquels se trouve l'égalité entre le bien et le mal" wiedergegeben; in: Der lebendige Gott im Zeugnis der Religionsgeschichte, München 1966, 197 schon *həmyāsaitē* (sic) „sind vermischt" oder „halten sich gegenseitig die Waage", 216 *Hamistakān* (sic) „dritter Ort zwischen Paradies und

370 B = Is. et Os. 47) nur, daß (im Weltenei?) das Schlechte mit dem Guten vermischt sei, womit er sich in Übereinstimmung mit der iranischen Lehre von der ethischen Gemischtheit oder Balanciertheit in der Welt befindet. Er gibt keinen Grund, auch die Lehre von der Mischung als einer Voraussetzung für Kosmogonie schon im 4. Jh. vor Chr. als iranisch anzusetzen.

Das ist alles. Die klaffende Lücke zwischen der nur ethisch-religiösen Weltorientierung hier, der auch physikalisch-wissenschaftlichen Orientierung im Bd. scheint nun aber durch zwei große gnostische Systeme gefüllt werden zu können, die u.a. eine Mischungskosmologie und gleichzeitig einen dezidierten Dualismus von Gut und Böse enthalten. Es handelt sich um das manichäische und das sethianische System. Mani kennt einen absoluten physikalischen Dualismus zwischen Licht- und Finsternissubstanz; indem er die letztere als aktiv böse faßt, vollzieht er zugleich den Anschluß an den ethischen Dualismus Irans, in welchem Bosheit/Lügenhaftigkeit und Finsternis bis zum 3. Jahrhundert nach Chr. weitgehend konvergent geworden sein müssen. Die Mischung zwischen Licht- und Finsternissubstanz, durch welche die Materie entsteht, aus der der Lebendige Geist die Welt erschafft, wird in verschiedenen Bildern ausgedrückt: die Söhne oder Glieder des Königs der Finsternis verschlingen die des Urmenschen, als wenn jemand seinem Feind Todesgift in einen Kuchen „mischt" (syr. ḥāleṭ, Theodor bar Konai, Lib. Schol. = CSCO II 65/66, p. 314,9 Scher); Finsternis vermischt (kopt. *moyčt*) sich mit den Söhnen des Urmenschen (Keph. 103,1); der König der Finsternis wird wie ein Löwe in einer Grube gefangen, in der als Köder des Lichtkönigs ein Schafbock sitzt (Act. Arch. 28 [40,33ff BEESON]). Im iranischen Manichäismus bleibt der Ausdruck *gumēg* (und in verschiedenen Zusammenhängen abgeleitete Worte „ver-", „unvermischt") deutlich jenem Aspekt des Vorgangs vorbehalten, welcher Mischung des Gutseins und des Böseseins in dieser Welt *(gētīg)* bedeutet (M 9[16]).

Im sethianischen System[17] wird nach ParSem. 2,10–3,36 eine kosmische Mi-

---

Hölle ... für jene, deren gute und böse Taten sich die Waage halten". *myas*- und die in Anm. 5 genannten Wörter sind etymologisch nicht verwandt: H. HÜBSCHMANN, Persische Studien, Straßburg 1895, 8f.

[16] ANDREAS-HENNING, Mir. Man. II, 297–300. Der oben zitierte Keph.-Beleg ist nur einer con ca. zwanzig mit *moyčt*; daneben gibt es ca. dreißig mit *tōt* und ein halbes Dutzend mit *tōh*. Eine Liste mit neun Belegen aus Titus von Bostra, in denen bei Aufrechterhaltung der negativen Wertung die Materie z.T. schon Mischungsbestandteil und nicht erst Mischungsresultat ist, und in denen griech. die Ausdrücke der nach-empedokleischen Philosophie (siehe Anm. 24–37) und syr. der Ausdruck des Bardesanes (siehe Anm. 38) wiederkehren, stellte mir freundlichst P. NAGEL (Halle) zur Verfügung.

[17] Es liegt in diesem Zusammenhang nichts daran, ob man von einem solchen System oder nur von verwandten Lehren innerhalb der Nag-Hammadi-Texte sprechen darf, und auch nichts daran, ob die „Paraphrase des Sêem" (Codex VII 1) zum einen oder anderen gehört. Allein auf diesen Text kommt es an. Ich möchte jedoch an meiner in Jahrbuch f. Antike und Christentum 16, 1973, 109–116 versuchten Zuordnung zum Sethianismus festhalten, obwohl M. KRAUSE, Die Paraphrase des Sêem und der Bericht Hippolyts, in: G. WIDENGREN-D. HELLHOLM (Hrsg.), Pro-

schung vorausgesetzt, für die sich in der Parallele bei Hippolyt 5,19,10ff. der Ausdruck συνδρομή findet. Die drei Prinzipien und die weiteren „Kräfte", die hier „zusammenstoßen" und Himmel, Erde und Lebewesen entstehen lassen, sind wie im Manichäismus deutlich substanzhaft gedacht. Woher aber kommt hier wie dort die Materialisierung des Substrats dieser Mischungsteile? Vorsichtigerweise wird man nun diejenige Tradition befragen, die nach der iranisch-manichäischen der rein iranischen am nächsten zu stehen scheint, die der hellenisierten Magier.

Die Überzeugung der Magier, das menschliche und das kosmische Sein sei in Dualitäten zu sehen, die – vielleicht – irgendwann aufgehoben werden müssen, war höchstwahrscheinlich nicht jeweils eindeutig auf den Begriff gebracht, und diese noch nicht voll durchrationalisierten Dualismen waren wohl auch noch nicht in widersprungsfreie Verhältnisse zueinander gesetzt worden. Die Grenze zwischen den Berichten der beiden δαίμονες des himmlischen und des irdischen (Hippol. ref. 1,2,14), fiel nicht unbedingt mit der zwischen dem Guten und dem Bösen (Arist. fr. 6 bei Diog. Laert., Prooem. 8) zusammen, diese beiden Grenzen nicht mit der zwischen Licht und Finsternis (Plut. Is. 47), diese nicht mit der zwischen Feuer und Wasser (Clem. Al., Protr. 5,6; Strab. 15,3,14). Die Gegensätze spielen sich alle innerhalb der Elementenwelt ab; Belege dafür, daß diese insgesamt als Welt der Materie der des reinen Geistes oder einer anderen, keine Elemente enthaltenden gegenübergestellt worden sei, scheinen ganz zu fehlen. Nur von Fall zu Fall „war" einer der beiden Pole Ōromazēs, der andere Areimanios (Plut. und Diog. Laert. a.a.O.), nur manchmal wurden beide als Theos und Daimōn unterschieden (Eudemos v. Rhodos), manchmal sind beide Götter (Plut.), manchmal beide Dämonen (Arist., Hippol., Diog. Laert., dort auch ἀρχαί)[18].

Auffällig ist aber, daß das Verhältnis der Gegensätze zueinander nur selten als „Mischung" bezeichnet wird, und wenn, dann offenbar nur in Zusammenhängen, in denen von der Tradition oder dem überliefernden Autor die betreffende Magier-Überlieferung bereits interpretiert wird. So steht z.B. die Angabe Hippol. 1,2,14, die Bohne sei nach Zaratas zu allererst, bei der σύγκρισις τῶν πάντων entstanden, inmitten einer stark pythagoreisierenden Darstellung des

---

ceedings of the International Colloquium on Gnosticism Stockholm Aug. 20–25, 1973, Stockholm-Leiden 1977, 101–110 zu einem anderen Ergebnis kommt. Die kosmologischen Vorstellungen der übrigen Nag-Hammadi-Texte sind emanatistisch, nur im Apokr. Joh. begegnen noch Anklänge an eine Mischungskosmologie (NHC III 26,8–26 [mit *moyčk*], II 20,35–21,7 [mit *tōh*] menschlicher Körper als Mischungsprodukt; II 12,10–12 Jaldabaoth mischt *[moyšc]* sich mit kosmischen Kräften; II 11,1–14 par. IV 17,18–23 Mischung *[tōh]* von Licht und Finsternis; II 18,12f par. IV 28,7 die Hylē ist gemischt [ebenfalls *tōh*]). Daneben gibt es fünf Aussagen von der Art der in Anm. 23 genannten, jedoch mit negativer Wertung, in der titellosen Schrift aus Codex II (siehe ed. A. BÖHLIG, Index s.v. *tōh*).

[18] J. BIDE-F. CUMONT, Les Mages Hellénisés, Paris 1938 Bd. 1, 56–84 geben eine ausführlichere Darstellung und 59 Anm. 3 und 75 Anm. 1 die wichtigsten weiteren Belege.

Dualismus[19]. Und wenn in Plut. Is. 47 das Eindringen ahrimanischer Götter in das Weltei bewirkt, daß ἀναμέμικται τὰ κακὰ τοῖς ἀγαθοῖς (s.S. 354f.), so ist hier erstens die Kosmologie mit einer orphischen Anschauung interpretiert[20], zweitens aber wird eine Aussage aus Kap. 45 wiederaufgenommen, in der Plutarch einen Vers des Euripides (Frg. 21 N bei Stob., Florileg. 43,20), welcher im Ausgleich zwischen Reichtum und Armut die Konkretisierung der zu fordernden Mischung von Gutem und Schlechtem sieht, im Sinne des platonisch-ethischen Dualismus auslegt[21]. Doch selbst wenn Ausdrücke für „Mischung" in unverdächtiger Magiertradition vorkämen, wäre es immer noch wahrscheinlicher, daß schon dann ein präzisierendes Interpretament vorliegt, als daß dieser Ausdruck bereits in einem früheren iranischen System eine Rolle gespielt hätte. Diese Behauptung muß sich angesichts der Selbstverständlichkeit, mit der das *gumēčišn* der Phalavi-Texte als originär zoroastrisch und Grundlage der manichäischen Lehre von der kosmischen Mischung hingestellt wird[22], den Verdacht gefallen lassen, von Originalitätssucht motiviert zu sein. Es ist jedoch bisher noch nicht plausibel gemacht worden, daß die mit diesem Ausdruck bezeichnete zoroastrische Kosmologie zunächst und vor allem die Makrokosmisierung einer Anthropologie ist, für die es eine allenfalls als Ursprung heranzuziehende Parallele bei Zarathustra nur in der zitierten Gatha-Stelle Yasna 33,1 gibt.

Geben also die synkretistischen Lehren der Manichäer, der Sethianer und hellenisierten Magier keinen Anhalt, aus ihnen rein Iranisches zu extrapolieren und dieses an Quellen von dort zu verifizieren, so muß man dasselbe Verfahren nach der anderen Seite hin erproben, der die synkretistischen Lehren inhaltlich verpflichtet sind, der griechischen. Hier findet man nun zu manichäischen und zoroastrischen Elementenlehren schlechterdings alle Vorstufen, die man im Zoroastrismus vor der Sassanidenzeit vermißt, und die man in ihn auch nicht aus den Pahlavi-Schriften reprojizieren kann. Es kann sich bei der Bestandsaufnahme allerdings noch nicht um eine traditionskritisch gesicherte Geschichte des Begriffes von der kosmischen Mischung handeln. Dazu ist die bekannte Verflechtung der sog. vorsokratischen Naturphilosophie mit den Ansichten der Tradenten gerade an diesem Punkte noch immer nicht überzeugend aufgelöst. Für unseren gegenwärtigen Zweck ist dies jedoch kein allzugroßer Nachteil. Denn in den hellenistischen Schulen des 3.–6. Jh.s waren die betreffenden Ansichten z.T. noch undifferenzierter bekannt, als sie uns heute erscheinen. Des-

---

[19] BIDEZ-CUMONT 2,63–66; dazu U. BIANCHI, Zamān i Ohrmazd, Turin 1958, 170–172; ders., Il Dualismo Religioso, Rom 1958, 205.
[20] BIDEZ-CUMONT 2,76f. Anm. 17 z.St.
[21] TH. HOPFNER, Plutarch Über Isis und Osiris, Bd. 2, Prag 1941 (Monogr. Archiv Orientalni IX) = Darmstadt 1967, 201.
[22] WIDENGREN, Origini 30.43f. und G. GNOLI ebda. 284 (trotz Betonung eines Unterschiedes zwischen man. und „mazd." *gētīk*) geben eine opinio communis wieder, während BIANCHI ebda. 25 (Gegenstück hier Basilides) differenziert.

halb liegt nicht allzu viel daran, z.B. in den ausführlichen Auseinandersetzungen des Aristoteles mit Empedokles in der Physik, der Metaphysik und den Schriften „Über Werden und Vergehen" und „Über den Himmel" zwischen beiden zu trennen, und auch die negative Auseinandersetzung des Alexander v. Aphrodisias mit der stoischen Variante der Mischungslehre (um 200 n.Chr.), ja selbst der Physikkommentar des Simplikios, der übrigens von 531–533 in Iran lebte, dürfen für den Aufriß eines Gesamtbildes herangezogen werden.

Vor dem 5. Jh. vor Chr. scheint der Mischungsbegriff in der Kosmologie nicht verwendet worden zu sein[23]. Wenn Thales (B 3) gesagt haben soll, vier Elemente mit dem Wasser als wichtigstem seien zur σύγκρισις, πήγνυσις und σύστασις der irdischen Dinge miteinander gemischt συγκεράννυται, dann bezeugt dies gerade das Gewicht der späteren Ausdrucksweise, mit der im 2. Jh. n.Chr. noch Galen überliefert. Wenn es von Anaximander bei Arist. Phys. 1069b 19–22 heißt, das Seiende sei für ihn ein μῖγμα, dann scheint eine Angleichung an Empedokles vorzuliegen, während in Phys. 187a 20–23 in Übereinstimmung mit vielen anderen Zeugnissen Anaxagoras zu diesem gestellt und Anaximander deutlich von ihnen unterschieden wird. Was Parmenides anlangt, so folgt aus Aristoteles, De gen. et corr. 330b 14f nicht, daß er selbst (A 35) Luft und Wasser μείγματα genannt habe; und dafür, daß er das Dünnere und Warme, von dem sich der Sonnenlauf getrennt hat, ein μείγμα genannt hat (A 43), ist der anonyme byzantinische Überlieferer ein zu unsicherer Zeuge.

Mit Empedokles ändert sich schlagartig das Bild[24]. Im Fragment B 35 zeigt der Wechsel der Ausdrücke – das Sterbliche kommt τῶν μισγομένων, vieles bleibt ἄμεικτα zwischen den κεραιόμενοι –, daß die Ausdrucksweise neu gebildet wird und noch nicht terminologisch geworden ist[25]. Φύσις ist nur bei den

---

[23] Nur Kosmologisches wird im folgenden genannt, also nicht „Mischung von Samen" (Emped. B 92) oder πολλὰ μίγματα, „die das Meer salzig machen" (Xenoph. A 33), oder daß Wahrnehmung durch μίξις zustandekommt (Theophr. de sensu 12) oder daß in der Zahl eine μίξις enthalten sei (Arist. Met. 990a 24; 1092b 27, beides pythagoreisch) o.ä. Wie die kosmologischen und anthropologischen Mischungslehren in Platons Timaios (vor allem 56c–58c und 69b–77c), bei Philo von Alexandrien (z.B. opif. mundi 135) und in der Hermetik (besonders Corp. Herm. Traktat 4) in den folgenden Zusammenhang gehören, bedarf noch genauerer Untersuchung.

[24] Ich führe genauer aus, was BIANCHI, Origini 742, Anm. 3 (beginnend S. 740) andeutet, ohne daß ich seinem Satz folgen kann, bei Empedokles sei die Kosmologie wie bei Bardesanes eine Soteriologie. Nach M.L. WEST 230 soll schon Zopyros, ein Pythagoreer des 5. Jhs., in seinem Kratēr von der kosmischen Mischung gehandelt haben. Er werde auch von Alkmaion und Heraklit vorausgesetzt (231f.).

[25] Z. 14f. scheint sogar eine Parallelität zwischen θνητά und ζωρά, zwischen ἀθάνατα und ἄκρητα (das vorher da war) hergestellt zu werden; leider ist die Lesung unsicher, und daß Ζωρός „gemischt" heißt, ergäbe sich nur hier und bei dem Arzt Philomenos (3. Jh. n.Chr.), De venenatis animalibus 2.3.4.2 (ed. M. WELLMANN, CMG 10,1,1; Berlin 1908) aus dem Gegensatz zu ἄκρατος. Sonst heißt ζωρός „rein", und „mische den Wein ζωρότερον" bedeutet nicht „mische ihn kräftiger", sondern „füge weniger Wasser hinzu" (nach LIDDELL-SCOTT s.v. und DIELS-KRANZ 1,328). Daß durch Mischung Sterblichkeit entsteht, wäre eine erstaunliche Parallele zu halbgnostischen und gnostischen Lehren.

Menschen ein Name für das, was μίξις τε διάλλαξίς τε μιγέντων ist (B 8); die κρῆσις von nur vier Elementen bringt die ganze Verschiedenartigkeit der Dinge hervor (B 21); was der κρῆσις entsprechend eingerichtet ist, ist in Liebe verbunden, was voneinander absteht und des συγγίνεσθαι ungewohnt ist, ist verfeindet (B 22). So sagt die nicht zitierende, sondern referierende Tradition nicht zuviel, wenn sie behauptet, Empedokles τὴν μίξιν μόνον ἐπαινεῖ (Arist., De gen. et corr. 33b 19f = A 40), oder nach ihm sei der ganze Kosmos ein μῖγμα von Elementen (Aet. 1,7,28 = A 32). Dort steht auch, daß er die Elemente Götter und die Seelen sowie die an ihnen teilhabenden Reinen göttlich nenne[26].

Mit der Lehre des Empedokles ist die des Anaxagoras soweit verwandt, wie die Sonderstellung des Nous bei ihm es zuläßt. Dieser ist vermischt mit keinem Dinge (B 12), alles andere ist gemischt (Plut. Pericl. 4 = A 15; Philod., De piet. 4a = A 48). Simplikios (Phys. 27,2ff.) geht in der Auseinandersetzung mit ihm von seiner (A 41, Z. 31) Annahme einer μίξις τῶν ἁπάντων aus; aus einem μῖγμα sei der ganze Kosmos entstanden (Phys. 154,29 = A 64, ähnlich Phys. 155,23 = B 1). Der klare Satz des Aristoteles (Phys. 203a 23f.), Anaxagoras behaupte, weil man jedwedes aus jedwedem entstehen sehe, sei jeder Teil der Welt ebenso ein μῖγμα wie das Weltganze, gibt Simplikios (Phys. 460,4ff.) Anlaß zu einer ausführlichen Paraphrase (bei Anaxag. A 45, Z. 8 und bes. Z. 18–29).

In der Nachfolge der beiden Großen[27] finden sich Nachahmungen. Ähnlich wie Anaxagoras soll Archelaos (A 4) über die μίξις τῆς ὕλης gelehrt haben, nur daß schon gleich im νοῦς ein μῖγμα entstehe (Hippol. ref. 9,1,1). Diogenes aus Apollonia, der sich nicht nur an Anaxagoras, sondern auch an Leukippos[28] anschloß, stellt eine Vermittlung zu dem Standpunkt her, daß alles aus Einem kommt, indem er alles nur deshalb als vermischbar bezeichnet, weil es dasselbe ist (B 2).

Die sind genau die Positionen, um deren Trennung Aristoteles sich müht. Er unterscheidet im 4. Kap. seiner Physikvorlesung[29] zwei Typen von Naturphilo-

---

[26] Weiteres Material: Arist., De gen. et corr. 324b 26 (= A 87); 334a 28 (= A 43); De part. an 642a 22 (= A 78); DIELS-KRANZ Bd. 3 (Index) 272a 14–20; J. BOLLACK, Empédocle vol. 1: Introduction à l'ancienne physique, Paris 1965, 367 s.vv. μῖγμα, μίξις; 388 s.v. Mélange; 390 s.v. Migma.

[27] Nicht hierher gehören die Bezeichnungen der Verbindung von zwei evidenten, nicht elementaren Bestandteilen miteinander als Mischung, z.B. von Himmel und Erde zur Natur bei Demokrit (Diodor 1,7,1 = B 5) oder von Erde und Feuer zum Menschen bei Plato (Protag. 320cff.).

[28] Ich übergehe die Mischungslehre der atomistischen Schule, da sie von S. SAMBURSKI, Das physikalische Weltbild der Antike, Zürich und Stuttgart 1965, 195f. 408 vorzüglich dargestellt worden ist. Derselbe 193ff. 196–201 ist auch zur Interpretation der unten etwas primitiver dargestellten stoischen Mischungslehre durchgängig heranzuziehen. Was Alexander von Aphrodisias über Demokrit (A 64) sagt, stellt wohl nur unter seinen Namen, was Alexander von der Kosmologie des 5. Jh.s allgemein hält. Zur Weiterführung der Stoiker bei Johannes Philoponus siehe SAMBURSKI 502.

[29] Das folgende unter Zuhilfenahme der sehr gut erklärenden Übersetzung von H. WAGNER,

sophen (φυσικοί). Die einen setzen die Grundsubstanz (τὸ ὂν σῶμα τὸ ὑποκείμενον) als das Eine und lassen alles Weitere durch Verdichtung und Verdünnung aus ihm hervorgehen. Die anderen, unter denen zuerst Anaximander genannt wird, lehren, daß sich aus dem Einen die darin enthaltenen Gegensätze (ἐναντιότητες) trennen (ἐκκρίνεσθαι). Von Empedokles und Anaxagoras heißt es dann: „Denn auch diese beiden nehmen ein Heraustreten des Konkreten aus der (ursprünglichen) Mischungseinheit an" (187a 23). Es folgt eine Erörterung der Unterschiede zwischen beiden, und als einer der Gründe für die Meinung des Anaxagoras wird die Leistungsfähigkeit solcher Grundbegriffe wie σύγκρισις und διάκρισις angegeben (187a 31). Weil die Entstehung von Seiendem aus Nichtseiendem nicht in Frage kommt und die Gegensätze schon im nicht mehr wahrnehmbaren, allerkleinsten Seienden enthalten sind, „deshalb lehren sie, nachdem sie alles aus allem entstehen sahen, daß alles eine Mischung aus allem darstelle" (187b 1f.). Unterschiede in der Erscheinung und in der Bezeichnung „sind darin begründet, daß innerhalb der Mischung des unendlich Mannigfaltigen jeweils bestimmte Mischungselemente mengenmäßig das Übergewicht erhielten" (187b 3f.). Reines Weiß, Schwarz, Süß, Fleisch, Knochiges gibt es nicht; „das, was jeweils als die Natur eines Dinges erscheine, sei in Wahrheit bloß das, was in ihm quantitativ überwiege" (187b 6f.).

Dieser Abschnitt ist deshalb so wichtig, weil Aristoteles in ihm die Interpretation bis zu der Konsequenz treibt, daß auch der unendlich kleinste Teil des Kosmos eine physikalische Mischung sei – womit er mehr die Meinung des Anaxagoras als die des Empedokles treffen will –, um dies dann anschließend mit den Argumenten zu bestreiten, daß diese letzten Quantitäten unerkennbar seien, und daß von einem endlich großen Körper bei fortschreitender Entnahme endlicher Teile, die in ihm ineinander liegen, irgendwann ein ungemischter Teil zurückbleiben werde (187b 7–188a 18). Dementsprechend bleibt er in seiner eigenen Mischungslehre in De gen. et corr. 1,10 (327a 30–328b 22) dabei stehen, daß jeder Körper, der einem anderen beigemischt ist, gleiche Teile wie dieser und das Ganze hat, d.h. ὁμοιομερές ist (328a 4) – so können dann auch die letzten Teile selbst heißen (Z. 10b; auch De cael. 302b 16 u.ö.). Diese Homoiomerien werden dann im späteren Peripatos bis zur Banalität, ja Komik zum faktisch Vorfindlichen vulgarisiert, wie der Abschnitt ὅσα περὶ κράσεις der Problemata Physica (909a 13–910b 8) an handfesten Beispielen exemplifiziert.

Umso bemerkenswerter ist es, daß die Stoiker diesen Weg nicht mitgehen, sondern die Teile, die bei Aristoteles Homoiomerien sind, insofern wieder der Kategorie der quantitativen Endlichkeit und damit der Homogenität mit den

---

Aristoteles, Physikvorlesung (Aristoteles, Werke hsg. von E. GRUMACH, Bd. 11), Berlin und Darmstadt 1967. Auf den gründlichen und materialreichen Kommentar von WAGNER sei ausdrücklich verwiesen; S. 412–414 zur oben referierten Passage mit Herausarbeitung der Unterschiede zwischen Aristoteles und seinen Vorläufern in den Lehren über Mischung und Homoiomerien.

Die Lehre von der kosmischen Mischung 361

natürlichen Grundbestandteilen der Welt entziehen, als ihre Mischungen miteinander nicht zu einer Vergrößerung der herauskommenden Substanz führen dürfen. Schon Kleanthes (Schulhaupt 263–233) sagt in seinem Zeushymnus (SVF I 537)[30], der Logos, der durch den weltvollendenden Blitz geleitet das All durchziehe, sei μιγνύμενος μεγάλοις μικροῖς τε φάεσσι (Z. 12f.). Wahrscheinlich folgte nach den Himmelslichtern eine Aufzählung weiterer vom Logos durchdrungener Teile des Kosmos[31]. Dies ist aber nur der Spezialfall einer allgemeineren Lehre von der τῶν σωμάτων κρᾶσις, in der sich bereits eine unterschiedliche Wertung der Mischungsbestandteile abzeichnet, die Empedokles (und natürlich Aristoteles) sicher und Anaxagoras wahrscheinlich noch nicht kannte. Die Lehre fand wegen der Paradoxie, daß sich die Volumina von Substanzen trotz gegenseitiger Durchdringung nicht vergrößern, außerhalb der Schule kaum Anhänger, wie Herkunft und Berichtstendenz der Fragmente SVF II 463–481 zeigen. Die berühmten Grundbeispiele für das Gleichbleiben der Quantität (Feuer, das ein ganzes Eisenstück durchglüht; Seele, die den ganzen Leib belebt) und für die gegenseitige Mitteilung der jeweiligen Qualität (Weihrauchkorn, das einen großen Luftraum durchduftet; Weintropfen, der einem ganzen Meer den Charakter einer neuen Mischung gibt), müssen jedoch von der Grundannahme her gewürdigt werden, daß alles, was es gibt, also auch das zu Mischende, körperlich ist, und daß es innerhalb der Welt keinen leeren Raum gibt. Es findet also immer nur eine Umverteilung der Proportionen statt; womit man sich beschäftigen mußte, das waren deshalb nicht Quantitäts-, sondern Zuordnungsprobleme, ähnlich wie in der modernen Mengenoperation. Besonders eindrücklich zeigt dies Chrysipps (ca. 280–205) Theorie[32], nach der nicht weniger als vier Arten von Mischungen unterschieden werden: Nebeneinandersetzung παράθεσις wie z.B. von Haufen, Mischung μίξις wie z.B. von Feuer und Eisen, Durchdringung κρᾶσις wie z.B. zwischen flüssigen Körpern, Verschmelzung σύγχυσις wie zwischen Parfümen oder Arzneien. Die beiden mittleren werden auch als ἀντιπαρέκτασις umschrieben, die letzte mit einer σύνθεσις verglichen. Nur die σύγχυσις führt zu einem veränderten Körper mit neuen Qualitäten ποιότητες.

Die Diskussion der Folgezeit, die durch sachliche Überlegungen als folgerichtig erwiesen werden kann, zeigt, daß mit diesen Aufstellungen des Chrysipp ein für die religiöse Weltdeutung brisanteres Problem aufgerissen war als z.B. mit den noch relativ wenig differenzierten Aussagen des Zeno (Schulhaupt ca. 300–263)[33] oder des Kleanthes oder selbst mit der in anderer Richtung zukunfts-

---

[30] H.v. ARNIM, Stoicorum Veterum Fragmenta, 4 Bde, Leipzig 1905–1924.
[31] Vorschläge bei A.-J. FESTUGIÈRE, La Révélation d'Hermès Trismégiste, Bd. 2: Le Dieu Cosmique, Paris 1949, 312 Anm. 2, dessen Kommentar S. 310–332 überhaupt zu vergleichen ist.
[32] SVF II 471; auch bei C.J. DE VOGEL, Greek Philosophy vol. III, Leiden ²1964, nr. 912b.
[33] SVF I 92 = DE VOGEL 913a: Er habe gemeint, daß sich Qualitäten und Wesenheiten total mischten.

trächtigen Symphyie-Lehre des Poseidonios (135–51 v.Chr.)[34]. Alexander v. Aphrodisias macht sich gerade an diesem Punkte die Mühe einer ausführlichen Widerlegung und argumentiert gut peripatetisch mit der Undurchdringlichkeit der Materie, die eine totale Mischung ausschließe[35]. Die Kontroverse war noch für Plotin (205–270 n.Chr.) so wichtig, daß er ihr einen eigenen Traktat περὶ τῆς δι ὅλων κράσεως widmete[36]. Er wägt darin, unter nachweisbarer Anspielung auf die Terminologie sowohl des Chrysipp als auch des Alexander[37], die Argumente beider sorgsam gegeneinander ab und versucht eine Harmonisierung der stoischen Theorie mit der meist evidenten Tatsache, daß der Rauminhalt einer Mischung größer ist als der ihrer Bestandteile: das Volumen eines Körpers müsse zu seinen Qualitäten (ποιότητες) gerechnet werden, und nur die Vielzahl von Qualitäten, nicht aber die Qualität σωματότης für sich ist es, die einen Körper dicht und undurchdringlich macht (2,7,2,16–19). Plotin kommt damit zu derselben Aufhebung des Unterschiedes zwischen Körperlichkeit und Unkörperlichkeit, durch die sich auch die gnostische, insbesondere die manichäische Mischungslehre vom klassischen Materialismus unterscheiden wird, den im Osten noch Bardesanes von Edessa deutlich repräsentiert. Es ist bekanntlich nicht die einzige Parallelität zwischen Plotin und Mani[38].

Bei Bardesanes von Edessa (154–222 n.Chr.) nun sind im Elementencharakter die Bestandteile seiner kosmischen Mischung (syr. *mauzāgā*) denen bei Chrysipp vergleichbar, doch die Wertung des Resultats ist ambivalent: es ist positiv in der Variante, nach welcher Finsternis als fünftes Element hinzugemischt wird[39], und negativ in der Variante, nach welcher die vier Elemente in der Mischung ihren freien Willen teilweise verlieren und dadurch gemeinsam selbst die Finsternis erzeugen (Buch der Gesetze der Länder = Patrol. Syr. I 2, 548–555 Naā). Damit zeigt sich bei Bardesanes – und in seiner Schule – in unmittelbarer Nachbarschaft des späteren Manichäismus die Interpretation der im Hellenismus noch monistisch konzipierten Elementenmischung im dualistischen Sinne, d.h. des gegenwärtigen gemischten Weltzustandes als Aufhebung einer frühe-

---

[34] Näheres über sie und ihr Verhältnis zur κρᾶσις bei K. REINHARDT, RE – Art. Poseidonios, Sp. 656–658.

[35] De mixtione p. 216ff. BRUNS (ein Stück aus 217 bei DE VOGEL nr. 993a, ein unwichtiges aus 226 dort nr. 912c), dazu SAMBURSKI 197f.

[36] Enneaden 2,7, chronologisch Nr. 37; zweisprachig in der Ausg. R. HARDER-R. BEUTLER-W. THEILER, Plotins Schriften Bd. 3a, Hamburg 1964, 234–243.

[37] Vgl. im einzelnen den Kommentar Bd. 3b der in Anm. 36 genannten Ausgabe, 470–475, der auch für die bisherige Darstellung hilfreich war.

[38] Richtig bleibt die von H. JONAS, Gnosis und spätantiker Geist Teil 2/1 (FRLANT 63), Göttingen 1954, IX und 171–175 angedeutete Interpretation auch dann, wenn man die Reihenfolge „von der Mythologie zur mystischen Philosophie" umkehrt. Mani berührt sich mit Plotin tatsächlich an den meisten Punkten, die außerhalb einer dualistischen Systembildung konzipierbar sind.

[39] Belege aus den Berichten bei vier syrischen Kirchenvätern bei H.J.W. DRIJVERS, Bardaisan of Edessa, Assen 1966, 98–112.

ren Dualität der kosmischen Bereiche. Die Folge davon mußte sein, daß die Kennzeichen dieser Bereiche in der gegenwärtigen Welt diagnostiziert werden mußten, und dies wiederum zog den Zwang zur unterschiedlichen Wertung der früher als gleichwertig angesehenen Elemente nach sich. Hierin dürfte Mani von Bardesanes anhängig sein; frühere Thesen, die ein solches Abhängigkeitsverhältnis dargetan hatten[40], treten damit mit anderen Argumenten erneut ins Recht[41]. Die Gleichsetzung des Bösen mit der einen und des Guten mit der anderen Elementensubstanz kann schon bei Bardesanes und muß im Manichäismus eine Konsequenz sein, zu der es ohne eine iranisch-dualistisches Denken voraussetzende, bereits an ein System gebundene Magierreligiosität, die aber jene Gleichsetzung selbst noch nicht vollzog, nicht gekommen wäre. Etwaige davon unabhängige dualistische Tendenzen im Westen hätten vielleicht statt zu einem Antagonismus nur zu einer Korrespondenz der Prinzipien oder zu einer emanatistisch abgeschatteten Sicht der Welt, ähnlich wie im Neuplatonismus, geführt.

Die Widersprüchlichkeit in der Bewertung des Weltstoffes, die wir im Bundahišn konstatiert hatten, enthüllt nunmehr eine Kollision der hellenistischen Lehre von der Weltbeschaffenheit als einer Mischung aus wertneutralen stofflichen Elementen und der iranischen Vorstellung von der Welt, die dadurch bestimmt ist, daß Gut und Böse in ihr miteinander kämpfen und bis zur Mischung ineinander verstrickt sind. Die iranischen Kosmologen leisteten die Integration, indem sie die nun wirklich uriranische Vorstellung, daß einzelne Weltbereiche etwas, evtl. von einem Gott, „Gegebenes" seien – die Wörter *dāt, dahišn* etc. werden meist als „Schöpfung" übersetzt –, sowohl denjenigen Stadien im 12000-jährigen Weltenjahr unterlegten, die der materiell-geschichtlichen Welt vorauf gingen, als auch dieser selbst, die nunmehr auf der Grundlage eines guten Weltstoffes als Mischung von guter und böser Qualität wie Substanz gelten konnte. Diese doppelte Mischung führt also nicht mehr, wie im Manichäismus, zur Entstehung der Weltmaterie. Die zoroastrische Grundvorstellung von der Gutheit oder Positivität der Welt, die nicht untergehen, sondern in den Zustand der Tauglichmachung überführt werden sollte, indem man das Böse aus ihr vertrieb, hatte damit die Oberhand behalten. Die manichäische und wohl auch die magierhellenistische Lehre hingegen hatte diese Grundvorstellung zu zersetzen gedroht; und dieses betraf auch die iranische Herrschaftsideologie. War doch Ahura Mazdā, der Schöpfer und Herr der präexistenten und mit Einschränkungen auch der gemischten Welt, mit dem König identifizierbar, wie z.B. die sassa-

---

[40] Z.B. O.G. VON WESENDONK, Bardesanes und Mani, in: Acta Orientalia 10, Leiden 1932, 336–363 (Kulturgeschichtliches, Astrologie, „Wesen", Materie, Seelenlehre).

[41] Mehr jetzt bei B. ALAND, Mani und Bardesanes. Zur Entstehung des manichäischen Systems, in: A. DIETRICH (Hsg.), Synkretismus im syrisch-persischen Kulturgebiet (Abh. Akad. Göttingen 3/96), Göttingen 1975, 123–143 (Mischung in einer Zwei- und in einer Dreiprinzipienlehre, zur Ergänzung des oben Gesagten besonders wichtig).

nidischen Felsreliefs zeigen; hingegen wäre die Herrschaft von Gott und König bedroht worden, wenn eine Lehre die Oberhand gewann, nach der die Welt von Dämonen beherrscht wird und die Auflösung der Mischung zugleich die totale Auflösung der Welt und ihres Grundstoffes bedeutete[42]. Die Mischungslehre des Bundahišn ist also nicht uriranisch, aber sie ist iranisch geworden durch Auseinandersetzung mit dem Manichäismus, und sie kann dann sogar im Kampf gegen diese Häresie ideologisch mitgeholfen haben, das Halbiranische an ihr als zersetzend zu entlarven. Als geschlossenes System hielt sich die nunmehr orthodoxe Lehre sich noch Jahrhunderte, nachdem der Islam ihrem politischen Funktionieren den Garaus gemacht hatte.

Manichäismus, Sethianismus und hellenisiertes Magiertum als Synkretismen schließlich, welche die iranische Mischung ethischer Qualitäten und die griechische Mischung elementarer Substanzen einander assimilierten, hatten damit ihren Dienst für die Hervorbringung dessen, was länger dauern sollte, erfüllt. Länger noch als die iranisch gewordene Mischungslehre konnte die hellenistische dauern, weil sie an kein politisches vergängliches System gebunden war und, von keiner Kollision betroffen, in keiner Assimilation zersetzt, keiner Integration bedürftig, bis heute für immer neue Theoriebildungen operationalisiert werden kann.

---

[42] Vgl. hierzu das materialreiche Kapitel „The Religion and the King" bei R.C. ZAEHNER, The Dawn and Twilight of Zoroastrianism, New York 1961, 284–301. Ich bin mir darüber klar, was es heißt, die Mischungskosmologie in iranischer Überlieferung erst bei Mani beginnen zu lassen, sehe aber keine andere Möglichkeit. Als Gegenprobe zur Behauptung der Genealogie, in welcher er und damit auch das Bundahišn steht, mag vorläufig gelten, daß eine solche Lehre bei den Mandäern keine Rolle spielt.

Irans Anteil an der Entstehung des antiken Synkretismus

Zum Stande der Forschung

1.1. *Einleitung.* Sowohl in der Entwicklung, die vom Alten Testament zum Frühjudentum, als auch in derjenigen, die von dort zur Gnosis führt, wird seit langem ein Resultat von Auseinandersetzung mit iranischen Lehren oder sogar ein inhaltlich determinierender iranischer Einfluß diskutiert. Es erscheint deshalb sinnvoll, zum Abschluß diesen Problemkreis in denjenigen hineinzuholen, der durch den Titel dieses Bandes bezeichnet ist. Die damit eingeleitete Erweiterung der Aspekte soll außerdem der Verdeutlichung der religionsgeschichtlichen Stellung der Gnosis dienen, d. h. auf der jetzt erreichten Stufe der Forschung neu zeigen, inwiefern sie einen Spezialfall innerhalb eines größeren Ganzen darstellt: des antiken Synkretismus.[1] Vom antiken Synkretismus im großen Stil, d. h. einer Kultur- und Religionsmischung, die mehr als nur zwei Elemente in sich birgt und geographisch von größerer Ausdehnung war als frühere vergleichbare Phänomene von begrenzter regionaler Bedeutung, spricht man erst seit dem Beginn des hellenistischen Zeitalters. Hier verdient aber innerhalb des Bereiches, den man seitens der klassischen Philologie zu lange einfach „Orient" nannte, Iran ein größeres Interesse als andere Länder und ihre Traditionen. Der Grund dafür ist, daß das Achämenidenreich, das zeitweise etwa dieselbe Ausdehung und imperiale Bedeutung hatte, wie das Alexanderreich sie bekommen sollte, in mehrerlei Hinsicht Verhältnisse vorbildete, die für den Hellenismus bestimmend blieben.[2] Sie kommen immer wieder in den Blick, auch wo

---

[1] Es handelt sich um einen Überblick, der unter dem Zwang zu äußerster Knappheit steht. Auseinandersetzung kann nur in einer Ausnahme (Anm. 49) erfolgen. Nur Sekundärliteratur kann zitiert, und sie kann nicht diskutiert werden. Jeder Titel ist zu lesen unter dem Vorzeichen „Näheres und Quellenbelege bei ...". Ältere Literatur wird nicht zitiert, außer wo unbedingt nötig.

[2] Nicht dargestellt werden vorhellenistische Verhältnisse, wie sie etwa zurückgehen auf die Kolonisierung durch Griechen der mykenischen Periode, und die äolische, jonische und dorische Besiedlung der ägäischen und dann der Schwarzmeerküste.

die ägyptischen,[3] die mannigfach semitischen, die kleinasiatischen und andere Anteile am antiken Synkretismus diskutiert werden.

Man kann an der Forschungsgeschichte, so diskontinuierlich sie in bezug auf dieses Problem auch verlaufen ist, aufzeigen, wie sich besonders mit dem Begriff des Iranischen nach und nach eine Konnotation verband, die eine Synkretismusbereitschaft, ja -produktivität der iranischen Kultur und des iranischen Denkens so prinzipiell besagte, wie sie sonst nur noch für das griechische behauptet werden konnte. Es liegt darin insofern ein gewisses Recht, als offenbar nur im frühen Iran gewisse Begriffsbildungen – das, was man auch „gathischen Idealismus" genannt hat[4] – den Abstraktionsgrad der griechischen erreichten; Abstraktionsfähigkeit ist aber eine wesentliche Voraussetzung für die Verbindung heterogener Denk- und Glaubensinhalte zu einer neuen synkretistischen Einheit. Doch dies reicht noch nicht aus, iranischem Denken eine natürliche, etwa im Volkscharakter verankerte Affizierbarkeit durch oder Produktivität für Synkretismus zuzuschreiben. Ob etwas Derartiges auf Grund anderer Daten dennoch nachzuweisen ist oder ob auch etwas dagegen spricht, wird am Schluß (5.) zu erörtern sein.

Dieser Überblick bewegt sich also, sofern er die *Entstehung* des antiken Synkretismus betrifft, im Rahmen zwischen Iran und Hellenismus. Die beiden Größen müssen unter drei Aspekten in Beziehung zueinander gesehen werden: einmal dem ihrer Deckung im gleichen geographischen Gebiet, zum anderen dem ihrer zeitlichen Abfolge bzw. der Überlagerung der älteren Größe durch die jüngere, schließlich dem einer inneren Verwandtschaft bzw. einer hier und dort vergleichbaren Disponibilität der eigenen Tradition zugunsten einer neuen komplexen Größe, wie Synkretismus von Fall zu Fall sie darstellt. Nicht jede Rezeption einer Tradition durch eine andere jedoch ist Synkretismus. Dies gilt auch für „iranische Elemente"; ginge es um diese als solche, müßte im folgenden noch mehr genannt werden. Es geht vielmehr um mehrere Typen von Synkretismus, jeder von ihnen in einem relativ engen Sinne definierbar.[5] Hier wiederum sind im Rahmen zwischen Iran und Hellenismus nicht alle diejenigen gemeint,

---

[3] *G. Lanczkowski*, Zur Entstehung des antiken Synkretismus. Darius als Sohn der Neith von Sais, in: Saeculum 6, 1955, 227–243. Auch dieser Befund gehört noch nicht hierher: Die Kanalinschrift des Uza-Horresnet, die Darius als Sohn der Neith bezeugt, ist als Quelle die einzige unter den 72 bei *Gauthier*, Livres des Rois 4, 136–155, aufgeführten Inschriften. Darius erscheint in den dortigen Titeln („geliebt von allen Göttern" usw.) mehr als Wahrer aller ihm politisch entgegenkommenden Traditionen (Hinweis von *D. Jankuhn*, Göttingen).

[4] *A. Pagliaro*, L'idealismo Gathico, in: Saṁjñāvyākaraṇam. Studia Indologica Internationalia 1, 1954, 9 ff.

[5] Sie werden genauer unterschieden bei *C. Colpe*, Die Vereinbarkeit historischer und struktureller Bestimmungen des Synkretismus, in: *A. Dietrich* (Hrsg.), Synkretismus im syrisch-persischen Kulturgebiet (AAG 3/96), Göttingen 1975, 15–37. Die dort 19–29 versuchte erste Typologie, die aus Platzgründen nicht referiert werden kann, muß hier vorausgesetzt werden.

an denen sich irgendein iranisches Element identifizieren läßt,[6] sondern nur diejenigen, deren Entstehung sich nicht nachkonstruieren ließe, wenn ein iranischer Anteil daran von vornherein gefehlt hätte.

1.2. *Abgrenzung.* Spannt man den Rahmen so, dann gehören gerade diejenigen Daten, an Hand deren das Problem am akutesten geworden ist, nur als lokal begrenzte Spezialfälle dort hinein. Sie werden deshalb (unter 2.1–6) auch nur insoweit miterwähnt, als sie über die jeweils zwei Traditionen hinaus, die hier zu Debatte stehen, gegeben sind.

Es handelt sich erstens um den sog. iranischen Einfluß auf das antike Judentum (das man noch bis vor kurzem, in Verkennung des andersartigen Charakters des vorexilischen Israel, „Spätjudentum" nannte). Wie es in diesen Rahmen gehört, wird sofort klar, wenn man sich vergegenwärtigt, daß es in Palästina von Kyros d. Gr. (559–529) bis Dareios III. (336–331) ein unter persisch-achämenidischer,[7] von Ptolemaios I. (323–283) bis Ptolemaios V. Epiphanes (204 bis 181) unter hellenistisch-ptolemäischer und von Antiochos III. (223–187) bis Antiochos IV. (175–163) unter hellenistisch-seleukidischer[8] Herrschaft stehendes Judentum, in Babylonien ein zunächst unter persisch-achämenidischer,[9] von Seleukos I. Nikator (312–281) bis Seleukos V. (126/25) und Antiochos VIII. (125–96) unter hellenistisch-seleukidischer[10] und von Mithridates II. (123–88/87) bis zu Vologases III.–V. (148–222/23 n. Chr.) und Artabanos V. (213–227) unter persisch-arsakidischer[11] Herrschaft stehendes Judentum war, innerhalb dessen die fraglichen Phänomene begegnen. Überdies handelt es sich im Judentum nur in wenigen Ausnahmefällen um Synkretismus, meist – wo sich das iranische Element überhaupt relativ zweifelsfrei identifizieren läßt – um Absorption (einen Vorgang, welcher der synkretistischen Möglichkeit zuvorkommt): so bei der Verbindung von Weltreichschema und Weltalter-Lehre im Buch Daniel, dem sog. Dualismus in einigen Qumran-Texten[12] und der Vorstellung vom Weltenbrand in den apokalyptischen Partien späterer Pseudepigraphen.[13]

---

[6] Deshalb bleiben z. B. die Mandäer außer Betracht: sie haben zwar allerlei Iranisches absorbiert (*K. Rudolph*, Die Mandäer I [FRLANT 74], Göttingen 1960, 118–141), aber sie sind synkretistisch nicht auf Grund einer iranischen Komponente.

[7] *K. Galling*, Studien zur Geschichte Israels im persischen Zeitalter, Tübingen 1964.

[8] *M. Hengel*, Judentum und Hellenismus (WUNT 10), Tübingen ²1973.

[9] *A. T. Olmstead*, History of the Persian Empire, Chicago 1948; Phoenix edition 1959, Reg. 532 s. v. Jews.

[10] *O. Eißfeldt*, Tempel und Kulte syrischer Städte in hellenistisch-römischer Zeit, Leipzig 1941, 107–155.

[11] *J. Neusner*, A History of the Jews in Babylonia I: The Parthian Period, Leiden ²1969.

[12] *D. Winston*, The Iranian Component in the Bible, Apocrypha, and Qumran: A Review of the Evidence, in: History of Religions 5, Chicago 1966, 183–216.

[13] *R. Mayer*, Die biblische Vorstellung vom Weltenbrand. Eine Untersuchung über die Beziehungen zwischen Parsismus und Judentum (Bonner Orientalist. Studien N. S. 4), Bonn 1956.

Der zweite Spezialfall sind die semitisch-iranischen Kulturkontakte in den Königs- oder Fürstentümern von Armenien über Pontus, Kappadokien, die Kommagene, Hatra und Osrhoene bis zur Adiabene und Charakene.[14] Waren es politisch zumeist parthische Sekundogenituren, so waren doch die Untertanen nicht von allem unberührt gebliebene „Semiten", sondern hatten von Alexander dem Großen bis Mithridates I., also rund 180 Jahre, unter griechischer Herrschaft gestanden. Die wichtigsten Zeugnisse, wie solche der Mithrasmysterien und des kommagenischen Königskultes,[15] sind denn auch nicht nur sprachlich griechisch, sondern auch inhaltlich hellenistisch vermittelt. Überdies hat der Kontakt mit der iranischen Kultur der Partherzeit nur sehr wenig wirklichen Synkretismus konstituiert,[16] und innerhalb dessen gibt es ihn direkt iranisch-semitisch, also ohne das griechische Element, allenfalls punktuell.[17] Die parthische Kunst schließlich,[18] als synkretistisches Phänomen wieder durchaus zu nennen, aber von der modernen Wissenschaft mit einem ganz anderen Begriff des Parthischen behaftet als die „parthische Religion",[19] führt in wesentlichen Eigentümlichkeiten auf eine ältere griechisch-iranische Kunst zurück und bestätigt damit den (in 1.1. zugrunde gelegten) Rahmen.

Der dritte Spezialfall ist der sog. „iranische Hintergrund der Gnosis".[20] Er ist hier zu nennen, weil die Gnosis im Ostmittelmeergebiet und Vorderen Orient, anders als in Indien, wirklich ein Phänomen des Synkretismus ist und ohne diesen wahrscheinlich nicht entstanden wäre. Der iranische Anteil steht hier schon in der These und zur Diskussion; was das Griechische anlangt, so ist an das überwältigende Ausmaß der ältesten Bezeugung in dieser Sprache zu erinnern, wie immer man das zeitliche und sachliche Verhältnis der Gnosis zum Christentum bestimmt. Daß damit nicht nur Übersetzung angezeigt, sondern auch

---

[14] *G. Widengren*, Iranisch-semitische Kulturbegegnung in parthischer Zeit, Köln und Opladen 1960.

[15] *H. Dörrie*, Der Königskult des Antiochos von Kommagene im Lichte neuer Inschriften-Funde (AAG 3/60), Göttingen 1964; durch neues Material und in der Chronologie der Inschriften z. T. überholt (bei schlechterer Edition der Inschriften – Texte) durch *H. Waldmann*, Die Kommagenischen Kultreformen unter König Mithridates I. Kallinikos und seinem Sohne Antiochos I. (ÉPRO 34), Leiden 1973.

[16] *C. Colpe*, Überlegungen zur Bezeichnung „iranisch" für die Religion der Partherzeit, in: *W. Voigt* (Hrsg.), XVII. Deutscher Orientalistentag (ZDMG Suppl.- Bd. I/3), Wiesbaden 1969, 1011–1020.

[17] *A. D. H. Bivar*, Mithra and Mesopotamia, in: *J. R. Hinnells* (ed.), Mithraic Studies 2, Manchester 1975, 275–289 (Beziehungen Mithra – Nergal; für Hatra bestritten von *H. J. W. Drijvers*, Mithra at Hatra? Some remarks on the problem of the Iranian-Mesopotamian Syncretism, in: Études Mithraïques (Acta Iranica 17), Leiden/Teheran/Liège 1978, 151–186).

[18] *D. Schlumberger*, Der hellenisierte Orient. Die griechische und nachgriechische Kunst außerhalb des Mittelmeerraumes, Baden-Baden 1969, 69–167.

[19] *C. Colpe*, Parthische Religion und parthische Kunst, in: Kairos 17, 1975, 118–123.

[20] Programmatischer Titel von *G. Widengren*, in: ZRGG 4, 1952, 97–114; z. T. abgedruckt bei *K. Rudolph* (Hrsg.), Gnosis und Gnostizismus (Wege der Forschung 262), 410–425.

Irans Anteil an der Entstehung des antiken Synkretismus 369

eine inhaltliche Relevanz gegeben ist, zeigt die zentrale Rolle des mittleren Platonismus für die Entstehung der Gnosis,[21] gerade auch der nicht- und nebenchristlichen. Das ist bekanntlich kein Widerspruch zu ihren geographisch- „orientalischen" Herkünften.

Der vierte und letzte Spezialfall ist eine Reihe von synkretismusverdächtigen Phänomenen im Bereich der Volksfrömmigkeit und Theologie der syrischen Christen, insbesondere der Nestorianer, in Mesopotamien und Iran seit dem vierten Jahrhundert.[22] Nur ganz selten, z. B. in der nisibenischen Periode Ephraems, war dieses Christentum keinen „griechischen" Einflüssen ausgesetzt, und wo eine rein syrische Theologie greifbar wird, wird sie es gerade als Emanzipation von der griechischen. Dasselbe gilt für die Heiligenlegenden bzw. Romane der Volksfrömmigkeit.[23] Konnten einige von ihnen auch bereits bestimmten ethnischen Substraten des syrischsprachigen Christentums zugewiesen und konnte am Beispiel des Qardag-Romans der Einfluß genuin-iranischer Tradition auf die christliche Legende nachgewiesen werden,[24] so wäre doch andererseits die syrische Hagiographie ohne die griechische wohl kaum je entstanden. Sie weist denn auch bis zuletzt, wenngleich nicht ausschließlich, deren Stilmuster auf.

2. *Material aus der Entstehungszeit.* Der folgende Überblick ist also primär auf den hellenistisch-iranischen Rahmen bezogen und enthält (unter 2.1–8) die wichtigsten Stellen und Stationen des iranischen Anteils am Synkretismus *in* diesem Rahmen. Um der Kürze willen muß in den meisten Fällen leider auf eine Differenzierung der Synkretismus-Diagnose in Hinsicht auf die Art der Mischung, die Quantität der Anteile, die Semantik der Begriffe und die soziale Funktion des Phänomens verzichtet werden, auch auf Benennung seiner sozialen Voraussetzungen, wie Symbiose oder Akkulturation. Doch dürfte als ein Schritt dorthin eine vorläufige Typologie, auch wenn sie noch eine gewisse klassifikatorische Stereotypie aufweist, nicht ohne allen Wert sein.

2.1. *Götterlehre.* Spurenweise seit Herodot und ausgedehnter seit Beginn der seleukidischen Periode begegnen verschiedene Götterkombinationen:[25] des

---

[21] *H. Langerbeck,* Aufsätze zur Gnosis. Aus dem Nachlaß hrsg. von *H. Dörries* (AAG 3/69), Göttingen 1967.
[22] Sonderforschungsbereich 13, Universität Göttingen, Arbeitsbericht 1974, 13–76: Teilprojekt A (Leitung W. Strothmann): Syrische Religionsgeschichte im Austausch mit den Nachbarkulturen.
[23] *G. Wiessner,* Zur Auseinandersetzung zwischen Christentum und Zoroastrismus in Iran, ZDMG Suppl.-Bd. I/2 (siehe Anm. 16), 411–417.
[24] *G. Wiessner,* Christlicher Heiligenkult im Umkreis eines sassanidischen Großkönigs, in: *W. Eilers* (Hrsg.), Festgabe deutscher Iranisten zur 2500 Jahrfeier Irans, Stuttgart 1971, 141 bis 155.
[25] Materialreich und gut analysierend bei *C. Colpe* (Hrsg.), Altiranische und zoroastrische Mythologie, in: *H. W. Haussig* (Hrsg.), Wörterbuch der Mythologie Bd. 4, Stuttgart, Liefg.

Ahura Mazdā mit Zeus (daneben mit Bēl); der Anahita mit Artemis, Hekate, Athene, Aphrodite, Hera (daneben mit Ischtar, Nana, Ma); des Aŋra Mainyu mit Hades (daneben Nergal); des Verethragna mit Herakles; des Mithra mit Apollon, Helios, Hermes, Asklepios, Hosios Dikaios, Theos Megas, unterem Aion (daneben mit Schamasch, Mēn, [Zeus?] Sabazios); des Hvarnah mit der Tyche; des Zurvan mit der Tyche oder dem oberen Aion; des Tīr mit Hermes (daneben Nabo); der Fravaschis mit den Heroen (?). Es dürfte heute weitgehend möglich sein, solche Kombinationen chronologisch zu ordnen und darüber hinaus anzugeben, wo sie bis zu gelehrter Identifikation weitergetrieben werden oder wo eine auf kultische Symbiose von Anhängern zurückgehende Theokrasie dahinter steht (so wohl bei Anahita und der kleinasiatischen „Artemis") o. ä. Hinzu kommen die Umsetzungen einzelner Namen in griechische Formen, mit denen manchmal eine inhaltliche Veränderung einhergeht, sowie einige regelrechte Übersetzungen von Namen. Leider ist nur in sehr wenigen Fällen neben theologischer Kenntnis oder wirklicher Verehrung ein Rest von Mythologie oder gar Mythos bezeugt. Dieser Sachverhalt macht bis heute ein einigermaßen sicheres Urteil unmöglich, welch eine iranische Überlieferung zugrunde liegt; der Zoroastrismus war noch nicht wieder konsolidiert, der „Zurvanismus" ist eine unsichere Größe, und die Auskunft „Magiertum" nimmt das Problem weitgehend in diesen Namen auf.

2.2. *Mysterien.* Diese Unsicherheit gilt speziell für Mithras in den nach ihm benannten Mysterien einschließlich seines problematischen Charakters als Gott, Heros oder Izād. Doch dürfte an seiner iranischen Herkunft nicht zu zweifeln sein. Seine Verehrung aber geschah innerhalb einer Mysteriengemeinschaft, deren Organisation und Ritual die hellenistische Metamorphose eines wahrscheinlich phrygisch-thrakischen Erbes anzeigen.[26]

2.3. *Apokalyptik.* Die bei ihrem Ursprung (wohl Anfang des 2. Jh. in der Persis) inhaltlich wohl rein iranischen, wenngleich vielleicht von Anfang an in griechischer Sprache verfaßten „Orakel des Hystaspes" konvergierten in mehreren Punkten mit der jüdischen und judenchristlichen Apokalyptik und wurden mit ihr spätestens bei Laktanz (gest. nach 317 n. Chr.) zu einer einheitlichen chiliastischen Sicht verschmolzen.[27]

18, zu folgenden Artikeln die synkretistischen Abschnitte von *Chr. Elsas*: Anāhitā, Arimanius Deus, Ārmaiti, Daēva, Fravaši, Mithra, Ohrmazd, Rašnu, Sraoša, Tīr, Verethragna, Zurvan.

[26] *C. Colpe*, Mithra-Verehrung, Mithras-Kult und die Existenz iranischer Mysterien, in: Mithraic Studies (siehe Anm. 17), 378–405.

[27] *C. Colpe*, Der Begriff „Menschensohn" und die Methode der Erforschung messianischer Prototypen III 1, in: Kairos 12, 1970, 81–112; *J. R. Hinnells*, The Zoroastrian doctrine of salvation in the Roman world, in: *E. J. Sharpe* und *J. R. Hinnells* (Hrsg.), Man and his Salvation. Studies in Memory of S. G. F. Brandon, Manchester 1973, 125–148.

2.4. *Dämonologie.*[28] Die hellenistisch-jüdischen „Testamente der zwölf Patriarchen" und rein hellenistische Parallelen zu ihnen enthalten mit einer Reihe von „Geistern der Verirrung", welche den Geistern als „Oberhaupt der Jugendwerke" gegenüberstehen, ein Gerüst, wie es auch aus jungawestischen Dämonenkatalogen und -beschreibungen erhoben worden ist; ihm läßt sich die jüdische Geisterlehre dieser Texte zuordnen, so daß mehr vorliegt als bloße Absorption. In den „Chaldäischen Orakeln" agiert Hades, anders als sein altgriechischer Typ, aktiv böse wie Ahriman.[29] Porphyrios kann von einer Zweiteilung in gute und böse Dämonen ausgehen und die letzteren, ganz ungriechisch, einem obersten Anführer gehorchen lassen. Andere Quellen führen mit *antitheoi* Geister ein, die am ehesten so heißen, weil sie wie Dämonen um Ahriman herum einen obersten Gott mitbekämpfen. Dies sind nur wichtige Beispiele. Die entsprechenden Passagen sind mit den Inhalten ihrer jeweiligen Umgebung auf den ersten Blick vollkommen ausgeglichen. Es ist anzunehmen, daß unterhalb der literarischen Ebene der volkstümlich-dämonologische Synkretismus noch viel dichter war. Außerhalb des Chaldäer- oder Magiertums tritt der iranische Anteil allerdings nahezu ganz hinter dem ägyptischen und jüdischen zurück.

2.5. *Kosmologie-Anthropologie.* Nachdem schon früher die Lehre des hermetischen „Poimandres" mit der des Großen Bundahišn verbunden worden,[30] die damit behauptete Abhängigkeit dann wieder zugunsten hellenistisch-jüdischer und/oder ägyptischer Grundlagen geleugnet worden war,[31] kam durch die genauere Untersuchung der manichäischen Kosmologie und Anthropologie, teilweise sogar der Eschatologie eine Unverbundenheit und Unvereinbarkeit verschiedener Ansichten über etwaige Zusammenhänge auf. Seit als erster Traktat des siebenten Nag-Hammadi-Codex die ‚Paraphrase des Sēem" aus dem Kreis der Sethianer bekannt geworden ist,[32] dürfte es möglich sein, einen Traditionszusammenhang zwischen zoroastrischem, manichäischem, sethianischem[33] und

---

[28] Monographischer Artikel „Geister (Dämonen)" in: RAC 9, 1976, 546–795, daraus hier einschlägig: *C. Colpe,* Ägypten; Mesopotamien, Syrien, Kleinasien, Iran; Synkretismus in Ägypten (553–578, 585–598, 615–625); *J. Maier,* Israel, Frühes und hellenistisches Judentum, Talmudisches Judentum (579–585, 626–640, 668–688); *C. Zintzen,* Hellenistische und kaiserzeitliche Philosophie (640–668); *C. D. G. Müller,* Volksglaube (761–797).
[29] *Chr. Elsas,* Der griechisch-iranische Synkretismus der chaldäischen Orakel, in: Proceedings of the XIIIth International Congress of the International Association for the History of Religions ... at Lancaster, August 1975 (im Druck).
[30] *R. Reitzenstein (-H.H. Schaeder),* Studien zum antiken Synkretismus aus Iran und Griechenland, Leipzig und Berlin 1926 (=Darmstadt 1965), 8–37, 154–161.
[31] *C. H. Dodd,* The Bible and the Greeks, London ²1954, 99–234.
[32] Edition mit Übersetzung und Glossar von *M. Krause* in: *F. Altheim* und *R. Stiehl,* Christentum am Roten Meer Bd 2, Berlin 1973, 2–105, dazu ders., Die Paraphrase des Sêem und der Bericht Hippolyts, in: *G. Widengren/D. Hellholm* (Hrsg.), Proceedings of the International Colloquium on Gnosticism Stockholm Aug. 20–25, 1973, Stockholm/Leiden 1977, 101–110 (Leugnung des sethianischen Charakters).
[33] *C. Colpe,* Heidnische, jüdische und christliche Überlieferung in den Schriften aus Nag

hermetischem System aufzudecken. Hier steht jedoch kaum das zoroastrische am Anfang und jedes der drei anderen als Derivat oder Uminterpretation in Abhängigkeit. Eher scheint es, als ob aus einem gemeinsamen synkretistischen Prozeß, der Anfang des 3. Jh. n. Chr. im iranisch-mesopotamischen Grenzgebiet sein Ende gefunden haben kann und zu dem auch solche älteren iranischen Traditionen beigetragen haben müssen, die später im Großen Bundahišn wiederkehren, die genannten Systeme hervorgingen. Im zoroastrischen setzten sich die iranischen Komponenten so weitgehend wieder durch, daß die nichtiranischen, die vorher den Synkretismus mitkonstituiert hatten (einschließlich der urspr. griechischen Lehre von der kosmischen Mischung!), nur mehr im Status der Absorbiertheit darin verblieben. Die drei anderen Systeme blieben einschließlich iranischer Elemente synkretistisch, das manichäische und das sethianische wurden überdies voll gnostisch.

2.6. *Gnosis*. Seit der Auffindung[34] und teilweisen Publikation[35] des Kölner Mani-Codex scheinen sich die Überlieferungen, die in das par excellence synkretistische System des Manichäismus eingegangen sind, in mindestens drei Gruppen den Hauptstadien der Biographie des Stifters zuweisen zu lassen. Iranisch waren davon wahrscheinlich zwei: zwischen Zoroastrismus und Zurvanismus oszillierende Inhalte, die überdies durch den aus seiner Elkesaitengemeinde ausgetretenen Mani in eine kritische Ambivalenz zwischen Gnosis und Nichtgnosis gerieten, und ein noch dualistischeres und damit noch iranischeres, aber gleichwohl hellenisiertes „Magier"system. In das letztere dürfte Mani seine Soteriologie einschließlich der elkesaitischen Christologie zuletzt eingebracht haben, um es dann sowohl in der aramäischen als auch der mittelpersischen Fassung seines Systems voll zu gnostisieren, in der letzteren unter Verwendung der iranischen mythologischen Begriffe, die in der zoroastrisch-zurvanitischen Überlieferungsgruppe disponibel geworden waren.

2.7. *Königsideologie*. Eine historische Sicht wird hier durch das myth-and-ritual-pattern vom sakralen Königtum verhindert: historische Zeugnisse für Königsideologie lassen sich nur als von Fall zu Fall hervortretender Ausdruck seiner angenommenen Zeitlosigkeit verstehen.[36] Macht man sich davon frei, dann ist am Weiterleben iranischer Königslegitimationen im hellenistischen Kleinasien, insbesondere Pontus, der Kommagene und Armenien, nicht zu

---

Hammadi II, JAC 16, 1973, 106–126, dort 109–116; *ders.*, Sethian and Zoroastrian Ages of the World, in: Proceedings of the International Conference on Gnosticism at Yale 28–31 March 1978.
[34] *A. Henrichs/L. Koenen*, Ein griechischer Mani-Codex, in: ZPE 5, 1970, 97–216.
[35] *Dieselben*, Der Kölner Mani-Codex ..., Edition der Seiten 1–72, in: ZPE 19, 1975, 1–85.
[36] *G. Widengren*, The Sacral Kingship of Iran, in: La Regalità Sacra (VIII Congresso Internazionale di Storia delle Religioni, Roma Aprile 1955) = Suppl. to Numen 4, Leiden 1959, 242–257.

zweifeln.[37] Das seleukidische Königscharisma für ein übernommenes und übersetztes Hvarnah zu halten,[38] geht hingegen zu weit: Hier haben die dynastischen Beziehungen zum Ptolemäerreich mit seiner die Pharaonenlegitimation verwandelnden Königsideologie wohl die größere Rolle gespielt.

2.8. *Kunst.* Die parthische Kunst erweist sich gerade gegenüber der älteren graeco-iranischen, in der die Elemente noch relativ getrennt nebeneinander stehen, als eine typisch synkretistische Kunst. Ihre iranisch-ikonographischen Komponenten werden besonders dann deutlich, wenn man sie mit der graeco-buddhistischen Kunst in Gandhara und Mathura vergleicht.[39]

2.9. *Sonderfall Baktrien.* Paradoxerweise erscheint der Hellenismus in seinem am weitesten von Griechenland entfernten Gebiet zunächst (d. h. unter den Diodotiden und Euthydemiden) reiner als weiter westlich.[40] Das iranische Element verstärkt sich unter den Eukratididen und erst recht unter den Kuschan-Herrschern. In ihrer Epoche trägt auch die hinduistische und die buddhistische Kultur zum Synkretismus noch bei.[41]

---

[37] G. *Widengren,* Die Religionen Irans, Stuttgart 1965, 52–59, 151–155, 236–242, 310–319, 342 f; *ders.,* Iranische Geisteswelt, Baden-Baden 1961, 281–304.
[38] F. *Taeger,* Charisma, 2 Bde. Stuttgart 1957 und 1960.
[39] Grundlegend: D. *Schlumberger,* Descendants non-méditerranéens de l'art grec, in: Syria 37, 1960, 131–166 und 253–318; deutsch in *Altheim/Rehork* (siehe Anm. 40), 281–405. Vgl. auch Anm. 18 und 19.
[40] W. W. *Tarn,* The Greeks in Bactria and India, Cambridge 1951 (Nachdruck 1966); F. *Altheim/J. Rehork* (Hrsg.), Der Hellenismus in Mittelasien (Wege der Forschung 91), Darmstadt 1969.
[41] J. M. *Rosenfield,* The Dynastic Arts of the Kushans, Berkeley und Los Angeles 1967.

Selbstbegrenzung von Iraniern in der eigenen Kommunität und ihr Funktionswechsel unter alteingesessenen und hinzugekommenen Dynastien (Ende 3. bis Ende 10. Jh.)

3. *Das Problem.* In die richtigen Dimensionen würde diese Bestandsaufnahme erst rücken, wenn man sie quantifizieren könnte. Es würde sich dann auch im einzelnen zeigen, daß der Synkretismus nicht universal war – ein Sachverhalt, über den beim gegebenen Quellenbestand nur allgemeine Aussagen gemacht werden können. Es ist nicht berechtigt, von einem Zeitalter des Synkretismus zu sprechen und es mit dem des Hellenismus gleichzusetzen.[42] Das hat Konsequenzen für die Bewertung des iranischen Anteils an der Entstehung des Synkretismus. Es gab den reinen Hellenismus, Polis-Verfassung und -Religion im seleukidischen und z. T. auch noch im arsakidischen Iran, es gab auch die völligen Absorptionen von Hellenistischem und Gnostischem im Zoroastrismus,[43] von Iranischem in Hellenismus und Judentum. Davon abgesehen aber ist der

---

[42] Materialübersicht auch bei *J. Duchesne-Guillemin*, La Religion de l'Iran Ancien, Paris 1962, 245–276.
[43] Während es in diesem Artikel ausschließlich um „Iran extérieur" geht, wird eine Konzentration auf „Iran intérieur" versucht von *C. Colpe*, Development of Religions thought, Hellenistic, Syncretistic, ethnically Iranian, Gnostic and Indian, in: *E. Yar-Shater* (Hrsg.), The Cambridge History of Iran Bd. 3, Kap. 23.

iranische Anteil am antiken Synkretismus da, wo sich die iranische Komponente belegen läßt, eindrucksvoll und eindeutig.

Dem stehen nun aber ebenso gewichtige Impulse zur Herbeiführung des *Endes* des antiken Synkretismus entgegen. Ob sie substantiell iranisch waren oder nur von iranischem Boden ausgingen, ist zu untersuchen. Eine etwaige Antwort würde auch auf die Problemstellung für die Entstehungsphase zurückwirken und gestatten, für diese eine entsprechende Alternative aufzustellen und eventuell darin eine Entscheidung zu treffen.

4. *Phasen des Ausgangs.* Die Entstehung des antiken Synkretismus als solche bietet kaum lösbare chronologische Probleme. Sie kann auch nicht als Initialereignis verstanden werden, von dem ein Prozeß ausgeht, der schließlich in der Konsolidierung eines immer gründlicher angereicherten und weitverbreiteten Synkretismus endet; dafür sind die Traditionen schon insgesamt und erst recht, wenn eine iranische Komponente zu ihnen beigetragen hat, literarisch und geographisch zu isoliert, und erscheinen Entstehungen in den fünf Jahrhunderten vom Beginn der Seleukiden- bis zum Ende der Arsakidenzeit nacheinander zu oft spontan. Der Ausgang „des Synkretismus" hingegen, soweit von Iran her gefördert, läßt sich in Phasen beobachten, die leicht nach der politischen Geschichte abgrenzbar sind. Es ist wieder nicht der ganze Umkreis der Synkretismen, um den es nun geht, sondern nur der Teilbereich, der in Iran selbst und seinen Nachbargebieten zu lokalisieren ist. Die Eingeschränktheit dieses Befundes wird durch die Grundsätzlichkeit der Tatsache aufgewogen, daß es sich bei den hier beseitigten Synkretismen um solche handelt, zu deren Entstehung gerade iranische Traditionen beigetragen hatten (4.1–3). Ergänzend dazu ist dann wieder die von Iran ausgehende Beseitigung von Synkretismen zu sehen, welche von dort aus nicht initiiert oder weiterentwickelt worden waren (4.4.).

4.1. *Sassanidenzeit.* Die Restauration der zoroastrischen Staatskirche erforderte die Ausrottung oder Vertreibung andersgläubiger Gemeinden, die sich weder bekehren wollten noch absorbieren ließen.[44] Unter diesen waren in erster Linie die Manichäer, in zweiter die Mazdakiten und in dritter die Mandäer synkretistisch. Weder die Versuche zu ihrer theologischen Überwindung noch die gegen sie gerichteten inquisitorischen Maßnahmen gelangen vollständig. Gruppen von ihnen und mit ihnen verwandte Sekten hielten sich bis weit in islamische Zeit. Grundsätzlich am interessantesten ist der Kampf des Zoroastrismus gegen den nunmehr im zweiten Grade iranisierten (siehe 2.6.) Manichäismus. Man kann ihn als Rücknahme der Konsequenzen betrachten, welche der ethische Dualismus für die Behauptung eines kosmologischen bedeutet

---

[44] *Ph. Gignoux*, L'inscription de Kirdīr à Naqš-i Rostam, in: Studia Iranica 1, 1972, 177 bis 206; *O. Klima*, Beiträge zur Geschichte des Mazdakismus (Dissertationes Orientales 37), Prag 1977.

hatte: Die irdische Welt, Schauplatz der sassanidischen Herrschaft und ihrer Religion, durfte nicht aus teuflischer oder finsterer Substanz bestehen. Daraus folgt eine die manichäische Mischungslehre umfunktionierende Kosmologie,[45] eine iranozentrische anstatt einer kosmozentrischen Geschichtsschau, die nationale Ausrichtung der Aufgaben des Erlösers.[46] Eine solche Kombination von Staatsreligion und Herrschaftsideologie ist synkretismusfeindlich. Das rein Iranische erscheint in Denken und Religion auf eine neue Stufe gehoben. Fremdes erscheint darin nur mehr absorbiert, obwohl es früher Synkretismus mitkonstituiert hatte.

4.2. *Epoche der Arabisierung.* Bestehende Sekten und die Möglichkeiten zu neuer Sektenbildung gerieten nach der arabischen Eroberung in eine neue Konfiguration.[47] Es ist zu untersuchen, inwieweit diese in einer Zeit allgemeinen Rückganges des Synkretismus dennoch bestehende Synkretismen begünstigt und neue hervorgebracht hat. Die Revolten al-Muḫtārs (682) und der Rāvandiyya (758/59) haben sich wahrscheinlich einer Interpretation des gnostischen Gottesfunkens im Menschen zur Begründung politischer Gleichberechtigung, und nicht nur von „Iraniern" und „Arabern", bedient. Bihāfarīd vermittelte als Führer eines Bauernaufstandes (746–749) zwischen einer parazoroastrischen Religion und dem Islam und geriet damit in Gegensatz sowohl zu den Herbads und Mobads von Nischapur als auch zum abbasidischen Propagator Abū Muslim. Dieser selbst nahm (744–749) das chorasanische, von Volkszoroastrismus durchsetzte Nationalgefühl ebenso wie einen nichtomajjadischen, von Kaufleuten getragenen Missionsislam in Anspruch und kam damit dicht an einen pragmatisch-eigenartigen Synkretismus heran. Ähnliches ist für Abū Muslims Anhänger Isḥāq den Türken anzunehmen, da ihn die Quellen weder als eindeutig zoroastrisch noch iranisch noch antiarabisch ausweisen. Von einer judenchristlichen, aber auf Mohammed und sich selbst erweiterten Prophetologie ließ sich Hāšim b. Ḥakīm al-Muqannaʿ (um 778–780) leiten, der außerdem Zoroastrier gewesen sein kann und mazdakitisches wie manichäisches Erbe weiterführte. Häretisch-islamisch und proiranisch zugleich waren die gegen Dehqān- wie Kalifenherrschaft gerichtete, auch mazdakitisch inspirierte Bewegung Sinbad des Magiers (755–762) und die zaiditischen Wirren in Dēlam unter Yaḥya b. ʿAbdallāh b. Ḥasan (792/793). Iranische, gnostische und christliche Einschläge zeigt die Ḫurramīya des Bābak (816–838). Die gesellschaftlichen Bedingungen für Synkretismus lassen sich bei diesen und vielleicht noch einigen anderen Gruppen relativ gut ermitteln. Eine Untersuchung müßte jedoch zeigen, warum

---

[45] C. *Colpe,* Die griechische, die synkretistische und die iranische Lehre von der kosmischen Mischung, in: Orientalia Suecana 27/28, 1978/79, 132–147.

[46] *Ders.,* Art. Eschatologie, in: H. W. Haussig (oben Anm. 25).

[47] B. S. *Amoretti,* Sects and Heresies, in: R. N. *Frye* (Hrsg.), The Cambridge History of Iran Bd. 4, Cambridge 1975, 481–519.

vergleichbare Konstellationen bei anderen Bewegungen, z. B. den Charidschiten oder der antiislamischen des Mardāviǧ b. Ziyār (929–935), nicht zum Synkretismus führten. Quantitativ gesehen, befinden sich, wie eingangs bemerkt, solchen Gruppen wie erst recht Sunna und Schia gegenüber die Synkretismusträger vom 7. bis zum 10. Jh. im Rückzug, wohl nur ungefähr proportional zum Prozeß der Islamisierung, der ja, blickt man auf Ghur, noch ein Jahrhundert länger in Anspruch nahm. Was über Gründe und Richtungen unifizierender Politik einschließlich militärischer Niederschlagung von Aufständen, Inquisition und Ketzergerichtsbarkeit unter den Abbasiden bisher erforscht worden ist, wird in noch mehr Fällen als dem der keiner Analyse bedürfenden Manichäerverfolgungen unter al-Mahdī (775–785) und al-Muqtadir (908–932) schlüssiger, wenn man als reichsgefährdendes Potential ein synkretistisches statt eines nationaliranischen oder zoroastrischen ansetzt. Gesellschaftlich gesehen, konnte dieses Potential innerhalb jeder Bevölkerungsschicht und gegen beide islamischen Konfessionen wie gegen den Zoroastrismus aktiviert werden.

4.3. *Seldschukenzeit.*[48] Mit dem 11. Jh. kam der Prozeß der Islamisierung zu Ende, und zwar durch Impuls von Osten, nicht von Westen aus. Dies bedeutet zugleich das Ende des Synkretismus. Zur Erklärung dieses Phänomens genügt es nicht, auf die Tatsache zu verweisen, daß es die Sunna war, die sich mit den Seldschuken in Iran durchsetzte. Denn entweder hätten diese, ohne in faktischer, militärischer wie administrativer Machtdurchsetzung etwas nachzulassen, ebenso wie eine andere als ihre angestammte Sprache in Iran auch eine andere als ihre angestammte Konfession annehmen können, oder ihr Eintreten für den orthodoxen Kalifen in Baghdad gegen die schiitischen Buyiden hätte ebenso krypto- oder antiislamische, darunter auch synkretismusträchtige Strömungen herausfordern können, wie es vom 7. bis 10./11. Jh. geschehen war. Überdies war die interne Religionspolitik der Seldschuken alles andere als rigoros, wie z. B. ihre Behandlung christlicher Untertanen zeigt, und von daher ist es durchaus vorstellbar, daß auch die älteren synkretistischen Gruppen hätten bestehenbleiben können. Aber nach dem Jahre 1000 hören solche Strömungen auf. Dabei herrschten keineswegs Verhältnisse, welche Gefühlen sozialen Protestes und Ressentiments gegen herrschende und offizielle Klassen alle Existenzberechtigung entzogen. Nur realisierten solche Gefühle, auch wenn sie religiös motiviert waren, kein synkretistisches Potential mehr, sondern sie wurden in Aktivitäten wie der ʿIyāra kanalisiert und säkularisiert oder gingen mit Bewegungen wie Ismaelitentum und radikaler Schia Verbindungen ein. Diese Bewegungen sind aber ebensowenig mehr als synkretistisch anzusprechen wie die Zwölfer-Schia,

---

[48] *C. E. Bosworth*, The Political and Dynastic History of the Iranian World (A. D. 1000 to 1217); *A. K. S. Lambton*, The Internal Structure of the Saljuq Empire; *A. Bausani*, Religion in the Saljuq Period, in: *J. A. Boyle* (Hrsg.), The Cambridge History of Iran Bd. 5, Cambridge 1968, 1–202, 203–282, 283–302.

die in der Safavidenzeit Staatsreligion wurde, obwohl der Synkretismus früher z. T. von denselben Verhältnissen wie die Schia profitiert hatte. Es ist also nach außerhalb von Sunna wie Schia liegenden, aber in iranischen Verhältnissen seit dem 11. Jh. n. Chr. enthaltenen Gründen für den dortigen endgültigen Ausgang des Synkretismus zu suchen.

4.4. *Sonderfall Anatolien.*[49] Daß es nicht allgemein-,,mittelalterliche", über Iran hinausgehende Verhältnisse gewesen sein können, in denen jene Gründe enthalten waren, geht aus den beiden Tatsachen hervor, daß der antike Synkretismus in Anatolien weiterlebte, solange dieses Gebiet neben Iran existierte, daß er aber auch dort – mit einer sehr bemerkenswerten Phasenverschiebung – zu Ende ging, sobald Anatolien in den seldschukisch-iranischen Bannkreis gezogen wurde. Die Islamisierung, die im Zuge der gleichen seldschukischen Eroberung wie die Irans erfolgte, machte aber in Anatolien keinem Synkretismus ein Ende, der zum größeren Teil notgedrungen parasitär von der Schia lebte, sondern einem solchen, der in einem entsprechenden Verhältnis zum byzantinischen Christentum stand. Synkretistische Situationen hatte es in Anatolien schon in vorgriechischer Zeit gegeben: Es hatte Urartäer, Hethiter, Phryger, Lyder, Lykier, Karier, Kappadokier, Isaurier, Kurden, Kimmerier und Iranier beherbergt. Man kann nicht sagen, daß die Magierkultur in der Zeit nach der achämenidischen Eroberung so substantiell war, daß man dem iranischen Element einen besonderen Anteil am Zustandekommen des kleinasiatischen Synkretismus zubilligen müßte. Die Magierkultur wird im übrigen erst in hellenistischer Mediatisierung greifbar. Vorhellenistische Synkretismen kennt man in der Hethitologie und Hurritologie schon genauer; die Mysterien des phrygisch-thrakischen Kulturkreises gehören noch nicht dazu. Erst der Hellenismus brachte das eigentliche und weiter durchdringende Ferment; von ihm darf man unter dem hier gewählten Aspekt das hellenistische Judentum und das grie-

---

[49] *Speros Vryonis, Jr.*, The Decline of Medieval Hellenism in Asia Minor and the Process of Islamization from the Eleventh through the Fifteenth Century, Berkeley/Los Angeles/London 1977. Dies grundlegende Werk kommt unseren Aspekten nahe: Es ist von „Medieval Hellenism" die Rede, nicht von byzantinischer Kirche etc. Vgl. bes. 43 zu vorgriechischen synkretistischen Situationen, 68 zum Nebeneinander von Orthodoxie und Häresie, 258–263 zur Rolle der Türkmenen, 271–274 (bes. 272) zum Glaubenskämpfer, 285 zu den „vier Jahrhunderten" (nachdem Anatolien in der Mitte des 13. Jh. schon konsolidiert gewesen war, kehrte es im späten 13. Jh. zu Zuständen zurück, wie sie für das späte 11. und die erste Hälfte des 12. Jh. charakteristisch waren; hier wird besonders auf die „tribal anarchy" abgehoben, mit der jedoch religiöse Anarchie zusammenhängt). Aber auch in diesem materialreichen Werk wird die Frage nicht diskutiert, *bis wann* „heresy remained a very vital fact in the life of the Byzantine Anatolians" (68), während das Problem für „Seljuk and Ottoman inhabitants" (a. a. O.) im Zentrum steht. Es wäre aufschlußreich, vergleichend zur neuen islamischen Orthodoxie die byzantinische auf Synkretismusfeindlichkeit zu untersuchen und darauf zu achten, inwieweit dabei Byzanz auf unifizierende Tendenzen in den Reichen der Groß- und Rūm-Seldschuken reagiert.

chisch sprechende Christentum Kleinasiens nicht trennen. Hier ist nun bemerkenswert, daß die am eindeutigsten synkretistischen Gruppen oder Sekten, welche Judentum und Christentum überhaupt hervorgebracht haben, gerade in Anatolien entweder entstanden sind oder dort doch am festesten heimisch wurden. Hervorzuheben sind die pagan-jüdischen Sabbatisten mit ihren Jahrhunderte späteren Nachfolgern, den Hypsistariern. Die Reihe der christlichen Häresien mit synkretistischem Einschlag beginnt mit den Montanisten und setzt sich über eine ganze Reihe gnostischer und enkratitischer Gruppen (einschließlich Tatianern und Marcioniten) bis zu Novatianern und Messalianern eindrucksvoll fort. Am Schluß dieser Reihe stehen die Paulikianer. Sie sind nicht als Neumanichäer zu betrachten, da sie eher das marcionitische und das monophysitische Erbe transformierten. Der Manichäismus seinerseits, der zur Zeit seines Eindringens in Kleinasien sein elkesaitisches Erbe so weit hinter sich gelassen hatte, daß er nicht mehr als christliche Häresie zu betrachten ist, scheint gerade in Byzanz besonders viel aus den genannten Häresien absorbiert zu haben, wie die Abschwörungsformeln zeigen. So war Anatolien – nur scheinbar paradoxerweise – vom siebten bis zum elften Jahrhundert gleichzeitig ein Hort der Orthodoxie und synkretistischer Häresien.

Die Eroberung, die dem ein Ende machte und zur Etablierung der Dynastie der Rūm-Seldschuken führte, ist nun gewiß nicht eindeutig als Beleg für die synkretismustötende Kraft der *nunmehrigen iranischen* Kultur zu werten. Aber einigermaßen deutlich ist der Vorgang ohnehin nur unter dem Aspekt der Islamisierung. Innerhalb dessen ist er mehrdeutig, und insofern mag es erlaubt sein, den iranischen Anteil an diesem Vorgang richtig als Problem zu stellen. Er verdient von iranistischer Seite ebenso angegangen zu werden, wie die Byzantinistik auf ihrer Seite ein entsprechendes Problem erkennen sollte.

Was die Mehrdeutigkeit des Vorganges anlangt, so lag die eigentliche Verve des Islamisierungsvorganges zweifelsohne bei den Türkmenen, und diesem Phänomen ist auch von der Tatsache her für das Iraniertum keine Bedeutung abzugewinnen, daß die Islamisierung von Weziren persischer Nationalität gegen die christlichen Staaten Armenien, Georgien und Byzanz gesteuert wurde. Und der Ġāzī, der den Islam eigentlich durchsetzte, ist – illiterat und immer noch „nomadisch" schweifend, wie er war – der türkische Typus des Glaubenskämpfers. Aber schon sein kultivierterer und spirituellerer Nachfolger, der Sufi als Derwisch, repräsentiert etwas, das vielleicht mehr ist als voraufgehende Wahlverwandtschaft: ist er doch ursprünglich sowohl in Nordostiran, insbesondere in Chorasan als auch in Anatolien,[50] insbesondere im Gebiet um Ikonium/

---

[50] Unter den vielen geistvollen, aber den Historiker schmerzenden Anachronismen, die E. *Bloch* sich leistet, ist oft auch ein klärender, so wenn er – in der Einleitung zum Thomas-Müntzer-Buch – den Montanus, der ja der Tradition nach ein konvertierter Kybelepriester war und eben im phrygischen Anatolien wirkte, einen „christlichen Derwisch" nennt.

Konya, zu Hause, und beides sind Heimaten eines autochthonen Ekstatikertums. Kann es nun nicht auch einmal Preisgabe oder mindestens Domestizierung des Ekstatikertums sein, das sonst, in freier Ausdrucksfähigkeit und Entfaltungsmöglichkeit, so synkretismusträchtig ist, mit welcher das Verlöschen von Synkretismus einhergeht? Wenn dem so ist, dann wäre dieser Vorgang (mit Preisgabe der Ekstatik) in der Heimat der iranischen Sufis runde vier Jahrhunderte eher beendet gewesen als in dem Gebiet, das Heimat der türkischen Derwische werden sollte (hier wurde das Ekstatikertum nur domestiziert). So betrachtet, könnte der iranische Sufi zwar nicht für die Durchsetzung des Islam, wohl aber für die Auslöschung des Synkretismus in Anatolien eine größere Rolle gespielt haben als der türkische Ġāzī.

Dies steht im Zusammenhang mit der Tatsache, daß die Islamisierung, die nicht wie die arabische von Süden und Westen, sondern von Norden und Osten kam, als sunnitische zwar eine vornehmlich türkische war, doch von iranischen Operationsbasen aus erfolgte und politisch im Interesse Irans und seiner von ihm assimilierten großseldschukischen Sultane lag. Spätestens seit diese Chorasan im Besitz hatten, wollten sie ja kulturell Iranier sein, und die Rūm-Seldschuken wollten es – man ist versucht zu sagen: erst recht. Nicht weniger als acht von ihnen trugen Beinamen, die aus alt-nationaliranischen Königsappellativen entstanden waren, nämlich Kai Kā'ūs (I: 1210-1219; II: 1245–1261), Kai Khusraw (I: 1204–1210; II: 1237–1245; III: 1266–1284) und Kai Kobad (I: 1219–1237; II: 1249–1257; III: 1284 oder 1298–1302).[51] Die Staatssprache im Seldschukenreich von Rūm war Persisch. Die Geschichtsschreiber dieses Reiches, Ibn Bībī (schrieb 1282–1285) und Aqserā'ī (schrieb 1323), verfaßten ihre Werke in persischer Sprache.[52] Mag man die Wahl dieser Sprache in der Historiographie auch als einen mehr technischen Vorgang einschätzen, in der Mystik des 13. Jh. in den Zirkeln von Qonya, nicht nur bei Ġalāl ud-Dīn Rūmī (gest. 1273), bestimmt sie die Substanz der kulturellen und religiösen Äußerung.

Es ist nun eine interessante ungleichzeitige Parallele, daß der sunnitische Islam in Iran wie in Anatolien runde vier Jahrhunderte benötigte, um sich durchzusetzen. Gewiß hat es vornehmlich militärische Gründe, daß ein solcher Prozeß in Anatolien erst beginnen konnte, als er in Iran zu Ende kam: im 7. Jh. hatte eben Byzanz den Arabern widerstanden und Iran nicht, während im 11. Jh. beide den oghuzischen Türken erlagen. Aber gerade in dieser Diachronie, hinter deren Zustandekommen niemand ein geschichtsmetaphysisches Gesetz wird suchen wollen, könnte etwas deutlich werden, das über die Existenz- und Subsistenzbedingungen von Synkretismus etwas Grundsätzliches enthüllt: Sozial-

---

[51] Vgl. zu allen die – mit keinem Autornamen gezeichneten – Artikel in der Enzyklopädie des Islam, 1. Aufl.

[52] F. Taeschner, Die osmanische Literatur, in: B. Spuler (Hrsg.), Handbuch der Orientalistik 1. Abt. Bd. 5 Abschn. 1: Turkologie, Leiden/Köln 1963, 250–335, dort 281 mit bibliogr. Angaben 284.

einheiten, die segmentär zueinander gelagert sind, bewahren aus Traditionalität möglichst viel Überliefertes in sich auf; wo es davon so viele gab wie im – von uns aus gesehen „Vorderen" – Orient, liefert dieser Tatbestand, sozialpsychologisch gesehen, eine erste Entstehungsbedingung für Synkretismus. Dadurch ist aber dann eine Disposition entstanden, die es ermöglicht, Kulturen und Religionen mit Autoritätsanspruch zu unterlaufen. Nun wird der Synkretismus subversiv und nimmt in Anatolien gerade so viel Christliches, in Iran gerade so viel Islamisches in sich auf, daß seine Träger in erneuerter Immunität, die in akuten Situationen sogar revolutionär wieder durchgesetzt werden kann, gegen Christentum und Islam jeweils vier Jahrhunderte lang verharren können.[53]

Es muß einmal gestattet sein, die Dinge von dieser Seite und nicht von den offiziell gewordenen Konfessionen her zu sehen, unter denen sich die Entwicklungen in Anatolien nur als christliche, in Iran nur als islamische Sekten- und Häresiengeschichte darstellen. Bleibt man konsequent bei dieser Sicht, dann sind das nichtchalcedonensische Christentum in Anatolien und der schiitische Islam in Iran darin vergleichbar, daß sie Synkretismus gegen das begünstigten, was hier wie dort orthodox werden sollte. Das hätte in Anatolien in einem innerchristlich-militärischen Kampf die byzantinische Orthodoxie werden können, so wie es in Iran in einem innerislamisch-militärischen Kampf der sunnitische Islam wurde. Es wurde aber auch in Anatolien der sunnitische Islam. Während also seine Durchsetzung in Iran den Kontrapunkt zu den vielgestaltigen, den Synkretismus begünstigenden wie gefährdenden Anfängen der Islamisierung seit der arabischen Eroberung bildet, stellt diese Durchsetzung in Anatolien ihrerseits eben solche Anfänge dar, und der Kontrapunkt, der dem Synkretismus hier ein Ende macht, wird erst mit der imperialen Durchsetzung der osmanischen Macht im 15. Jh. gesetzt. Daraus aber läßt sich eine Folgerung für den Charakter des iranischen Anteils hier und dort ziehen.

5. *Schluß*. Wenn der von Persern getragene sunnitische Islam des 11. und 12. Jh. das Ende des Synkretismus in Iran herbeiführte, es in Anatolien aber teils erst einleitete, teils hinausschob und daneben Synkretismus gar begünstigte, dann gibt es in dieser Zeit offenbar *keine* spezifisch iranische Disposition, Affizierbarkeit, Produktivität für Synkretismus (vgl. die Ausgangsfrage unter 1.1.). Daß die Beseitigung dieser Disposition auf das Konto rein des Islams gehe und sie ohne diesen bestehen geblieben wäre, wird durch die Tatsache widerlegt, daß sich der Islam in Indien als außerordentlich synkretismusfähig erwiesen hat. Zwar lag eine wesentliche Gruppe von Gründen nicht nur für die Entstehung, sondern auch für das Ende des Synkretismus sehr wohl in Iran – aber wie für die

---

[53] Bei Jeziden, Ahl-i Haqq und Gruppen, die man endlich richtig pseudo-muslimisch nennt, dauert dies bekanntlich bis in die Gegenwart an. Vgl. *K. E. Müller*, Kulturhistorische Studien zur Genese pseudo-islamischer Sektengebilde in Vorderasien (Studien zur Kulturkunde 22), Wiesbaden 1967, dazu *C. Colpe*, DLZ 90, 1969, 799–801.

Entstehung so auch für den Ausgang nicht in einem Volkscharakter oder einer zeitlosen Eigenart des Denkens, sondern in historisch-gesellschaftlichen Bedingungen, wie sie auch bei und zwischen anderen Völkern zu einer Zeit Synkretismus begünstigen, zu einer anderen Zeit ihn verhindern können.

Es läßt sich nachweisen, wo diese Bedingungen bei der Entstehung mit Akkulturation, Symbiose, Subversion, denkerischer Systematisierung, Interpretation und Religionspolitik gegeben waren; und es läßt sich vermuten, daß es das damalige segmentäre Verhältnis der Sozialeinheiten zueinander gewesen ist, welches ermöglichte, daß jene Bedingungen sich auswirken konnten. Es läßt sich ebenfalls nachweisen, daß der Ausgang des Synkretismus von Purismus, Traditionalismus, Restauration, Konversion und wiederum Religionspolitik bewirkt wurde; und es läßt sich andererseits vermuten, daß diesen neuen Bedingungen zwei wichtige neue sozialgeographische Faktoren korrespondierten, nämlich daß die Themenverfassung in Byzanz[54] und das Iqtā-System im seldschukischen Iran[55] dem isolierten Zusammenwohnen von „häretischen" Gruppen höchstwahrscheinlich gleichermaßen ungünstig waren.

---

[54] *J. Danstrup*, The State and Landed property in Byzantium to c. 1250, in: Classica et medievalia 8, Kopenhagen 1946, 222–262; *P. Lemerle*, Esquisse pour une histoire agraire de Byzance, in: Revue historique 219, 1958, 32–74. 254–284 und 220, 1959, 43–94; *N. Svoronos*-Études sur l'organisation intérieure, la société et l'économie de l'Empire Byzantin, London (Variorum reprints) 1973.

[55] Vgl. die Artikel von *M. Sobernheim* und *Cl. Cahen* in der 1. und 2. Auflage der Enzykloepädie des Islam sowie *A. K. S. Lambton*, The Evolution of the Iqtā in Medieval Iran, in: Iran (Journal of the British Institute of Persian Studies) 5, 1967, 41–50. Zum seldschukischen Erbe in Byzanz: *E. Werner*, Die Geburt einer Großmacht – die Osmanen (1300–1481), Wien/Köln/Graz ²1972, 23–77.

Daēnā, Lichtjungfrau, zweite Gestalt

Verbindungen und Unterschiede zwischen zarathustrischer und arabisch-manichäischer Selbst-Anschauung

„Die Auffassung, daß der persönliche Schutzengel des Menschen sein Ebenbild darstellt, stammt aus dem Griechentum und ist vom Judentum in der hellenistischen Zeit übernommen worden. Auf dieser Grundlage beruht das gnostische *mysterium coniunctionis*, sowohl in der Schule Valentins wie in der Religion Manis." „Es ist an der Zeit, nach den vielen Vorarbeiten auf Grund des neuen Materials ... (die) genetische Entwicklung (dieser Vorstellung) zu verfolgen".[1] Im ersten Teil der wichtigen Abhandlung, der diese Sätze entstammen, geht G. Quispel zunächst auf die archaisch-griechischen Vorstellungen vom Daimōn und vom Eidōlon zurück, verfolgt die ersteren über die Identifizierung mit der Vernunft bei Platon bis zu Poseidonios und die letzteren bis zur Gleichsetzung mit dem Daimōn bei den Pythagoreern; er weist dann Spuren der nunmehr fertigen Ebenbild-, Selbst- oder Engel-Vorstellung in Deuteronomim Rabba 4 (201 d), Acta 12, 15 und Matth. 18, 10 nach. Diese Spuren sollen dazu berechtigen, in den reicher entwickelten Auffassungen des Hirten des Hermas, valentinianischer Schriften und des Thomasevangeliums, daß der Mensch ein himmlisches Ebenbild hat, (des Näheren) ein Erbe des palästinischen Judenchristentums zu erblicken.

Es ist hiermit ein Entwurf vorgelegt, der große Linien aufzeigt, die nunmehr nachgezogen und verfeinert werden müssen. Hierzu gibt es

---

[1] G. Quispel, *Das ewige Ebenbild des Menschen. Zur Begegnung mit dem Selbst in der Gnosis*, in *ErJb* 36, 1967, Zürich 1968, 9-30, abgedruckt in: *Gnostic Studies*, 1 (Uitgaven van het Nederlands Historisch-Archaeologisch Instituut te Istanbul 34, 1), Istanbul 1974, 140-157, danach zitiert. Die beiden obigen Aussagen dort 142 oben und 141 unten.

Ansatzpunkte an zahlreichen Stellen.[2] Eine davon liegt dort, wo die manichäischen Anschauungen ihre Selbständigkeit gewinnen, die Quispel eingangs kurz neben die valentinianischen und — in Aufnahme von Hinweisen H. Corbins — neben die altiranischen von der Daēnā gestellt hat, und mit denen er sich im zweiten Teil seiner Abhandlung ausführlich beschäftigt. Diese sollen hier wiederaufgenommen und weitergeführt werden.

Vorausgesetzt werden die von Quispel wiedergewonnene Gesamtanschauung und die von ihm aufgezeigten Voraussetzungen dafür: die historische, d.h. Manis Bekanntschaft mit entsprechenden Anschauungen des syrischen Christentums einschließlich des Thomasevangeliums, und die psychologische, nämlich Manis visionäre Begegnung mit seinem Zwilling („Thomas") oder Paargenossen. Vorauszusetzen ist ferner die inzwischen erfolgte Bildung des manichäischen Mythos, in welchem das Selbst oder Gegenbild, der Zwilling oder Engel in mehrfachen Repräsentationen nebeneinander auftritt. Es wird am Schluß zu fragen sein, in welchem Grade einzelne dieser Repräsentationen im Verhältnis zum durch seinen Geist repräsentierten Menschen eine aktive Erlöserfunktion gewonnen haben. Denn grundsätzlich stellt sich nach Bildung des Mythos die Identität des Erlösers sowohl mit dem zu Erlösenden wie mit dem schließlich Erlösten als eine gnostische Offenbarungswahrheit dar, nach welcher die Trennung zwischen diesseitigem und jenseitigem, personifiziertem oder jedenfalls hypostasiertem „Geistes"-Teil durch einen mythologischen Vorgang, z.Bsp. den — oft mit dem Offenbarungsruf verbundenen — Abstieg des Erlösers aufgehoben wird.

Die Frage nach der Herkunft dieser Erlöser-Lehre hat an verschiedenen Punkten auch auf die iranische Religion geführt. Neben der zarathustrischen Verkündigung von den Aməša Spəntas war es vor allem die zoroastrische Lehre von der Daēnā, die Beachtung forderte. Das wichtigste Dokument über sie ist der sog. Haδōxt-Nask. Die Überlieferungen, die er enthält, stehen wohl an Alter denen des fünften, zehnten, dreizehnten, fünfzehnten und siebzehnten Yašt nicht

---

[2] Vgl. Merki und Ladner in *RAC* 4; ter Vrugt-Lentz in *RAC* 9 (genaue bibliographische Angaben zur hier und im folgenden abgekürzt zitierten Literatur siehe am Schluß dieser Studie; vgl. auch das Abkürzungsverzeignis am Anfang dieses Buches).

nach, und seine sprachliche Gestaltung weist auf Redaktoren oder gar Verfasser hin, welche denen des Vidēvdād nahestanden.[3] Nach diesem Text (HN 9,2; 11, 2-4) tritt dem Jüngling, der selbst u.a. gute *daēnā* hatte, bzw. seiner verselbständigten Seele (*urvan*), nach dem Tode seine eigene *daēnā* entgegen, welche die Gestalt einer Jungfrau hat; sie stellt sich ihm wohl nicht direkt als die Personifikation seiner eigenen Tugenden vor, aber doch als ein Wesen, dessen Qualitäten durch die guten Taten eines Jünglings gefördert worden sind, als „die im Jenseits aufbewahrte Quintessenz seiner Gedanken, Worte und Werke".[4] Es geht also aus dem Text eine weitgehende Identität beider Figuren hervor.

R. Reitzenstein[5] hat versucht, mit der *daēnā* die manichäische Lichtjungfrau zu erklären, welche nach *Fihr.* 335, 12 dem erlösten Gerechten ähnelt. Doch statt hier gleich eine Kontinuität festzustellen, welche die ganzen Figuren umfaßt, muß man zunächst versuchen, diese Einzelheit des schwierigen *Fihrist*-Textes überlieferungsgeschichtlich einzuordnen und festzustellen, ob die Aussage, die der späte Fihrist-Text über die Jungfrau macht, die älteren manichäischen Anschauungen zuverlässig wiedergibt.

Die Lichtjungfrau ist schwierig zu beschreiben, weil sie sowohl in der Ein- wie in der Zwölfzahl erscheint und genealogisch verschieden eingegliedert ist. Zwölf Jungfrauen haben im Gebetsleben und Festkalender des Manichäers zwar ihren Platz,[6] werden aber meist bloß

---

[3] Widengren, in *OLZ* 1963, 544. — Mit der Schilderung des HN stimmt, wenn auch in vielen Einzelheiten abweichend, im Großen und Ganzen Mēnōig xrad 2, 114-194 (hsg. von Nyberg, *Manual*, Part I, 72 Z. 7 letztes Wort — 77 Z. 13) überein. Die anderen zoroastrischen, sowohl pahlav- wie jungawestischen Texte über die *daēnā* (reiche Belegsammlungen bei Bartholomae, 662-666 jeweils unter 2) tragen für Vergleiche mit jeder gnostischen Erlöserlehre nichts aus; vgl. zu diesem Komplex Corbin, 105, 111, 115, 125, 127, 135-138, 140, 142-146. Wichtig an diesem materialreichen Aufsatz ist vor allem der Versuch, das himmlische Ich des Zoroastrismus, welches mit der auferstandenen Person identisch sei, mit dem himmlischen Gegenbild der kreatürlichen Erde in Verbindung zu bringen. Für die *daēnā*, welche in manchen Texten die Tochter der „Archange féminin de la Terre" Spənta Armaiti ist (Belege a.a.O. 111 und 136), ergibt sich damit eine Beziehung zur vergeistigten Makrokosmos-Mikrokosmos-Vorstellung, die in interessanter Weise an die Verwurzelung anderer Selbst-Spekulationen in dieser Idee erinnert.
[4] Humbach, *Gathas*, 1, 72.
[5] *Iran. Erlösungsmysterium*, 30-33.
[6] *Hymn.* 33, 4.

als zum Dritten Gesandten gehörig genannt[7] oder näher als seine „zwölf Stunden" auf ihn bezogen, wo die Bildrede vom Gesandten als dem zweiten der vier das Lichtreich repräsentierenden Tage es gestattet.[8] Hier sind sie auch vom Dritten Gesandten „berufen". Wo die Lichtjungfrau in der Einzahl auftritt, wird ihr dieselbe Genealogie nur an einer Stelle im Kapitel über die fünf Väter gegeben,[9] wohl weil die Zwölfzahl hier „wegen des Triadenschemas unverwendbar" ist.[10] Sonst ist sie als einzelne immer Tochter oder Emanation Jesu des Glanzes.[11] Sie wohnt im Lichtschiff des Mondes, aber nicht immer in der gleichen Gesellschaft: *Keph.* 82, 34/83, 1 mit Jesus dem Glanz und dem Urmenschen, der hier als Erlöser den Nous verdrängt hat, den man nach den eben zitierten Stellen erwarten sollte; sonst mit Jesus dem Glanz und dem Nous; *Keph.* 24, 19 mit dem Nous des Vaters (?) und nicht näher bezeichneten Göttern und Engeln. Diese letztere Anordnung mag eigens für die Systematik des Kapitels[12] geschaffen worden sein, welche Glückseligkeit, Weisheit und Kraft dieser Welt durch Gleichsetzung mit mythologischen Gestalten erklären will. Dabei ist die Bedeutung der Weisheit gerade durch die Jungfrau am sinnvollsten aufgezeigt worden: als „sublimierte manichäische Vertreterin ... der Sophia der älteren gnostischen Systeme"[13] ist die Jungfrau „Anfang aller Weisheiten der Wahrheit".[14] Sie spielt eine beherrschende Rolle im Kampf gegen die Finsternis; unter diesem allgemeinen Aspekt sind Aussagen wie *Keph.* 72, 34 (präexistent vom Vater der Größe durch Emanieren aus seinem *makmek* — Überlegung — geformt) und *Hymn.* 10, 7f. (vom Vater mit den fünf Lichtgliedern ausgerüstet, um gegen die Abgründe der Finsternis zu kämpfen) zu verstehen. Es ergibt sich aus diesen Aussagen im Vergleich mit den vorher zitierten Belegen, daß die Jungfrau im System nicht stabil war und

---

[7] Z. Bsp. *Hymn.* 138, 65; 144, 24.
[8] *Keph.* 25, 22; *Hymn.* 133, 16; vgl. Polotsky, *Mani-Fund*, 75ff. u. *Muséon* 1934, 253ff. = Collected Papers 685ff u. 654ff.
[9] *Keph.* 35, 15.
[10] Polotsky, *Mani-Fund*, 68 = Collected Papers 678.
[11] *Hom.* 86, 10; *Hymn.* 164, 13; 160, 18; 185, 14; M 2 II in *Mir. Man.* III, 852; M 583 R 1 Z. 14-16 in *Man.Dogm.*, 545ff.
[12] Vgl. das Schema *Keph.* p. XV.
[13] Schaeder, *Urform*, 103; Polotsky, *Mani-Fund*, 68i.
[14] *Keph.* 44, 8f.

dementsprechend zur Lichtbefreiung in verschiedener Weise eingesetzt werden konnte.

Diese verschiedenen Weisen können deshalb leicht durch erweiternde Paraphrasen umschrieben werden. Oft wird ihr dabei eine der Aufgaben noch einmal zugeschrieben, die schon dem Dritten Gesandten obliegen. Dieser wird bekanntlich entsandt, nachdem aus den Leichen erschlagener Dämonen, die zuvor die Lichtelemente des Urmenschen in sich aufgenommen hatten, der Kosmos gebildet ist. Der Dritte Gesandte soll die Lichtteile, die nun darin enthalten sind, herauslösen. Dies geschieht einmal, indem er den Kosmos in Bewegung setzt, sodaß das Licht über die Milchstraße, Mond und Sonne in die Lichtwelt zurückgeleitet werden kann.[15] Außerdem aber ist der Dritte Gesandte männlicher und weiblicher Natur[16] und muß als solcher durch Zeigen seiner Eikōn den Archonten das Licht entlocken.[17] Bei Archonten ist hier an die weiblichen Vertreter dieser Gattung gedacht; entsprechend hat die Jungfrau, welche nichts anderes ist als die weibliche Erscheinung des Dritten Gesandten,[18] den männlichen Archonten das Licht zu entziehen, indem sie sich vor ihnen enthüllt. Theodor bar Konai sagt im Anschluß an die eben zitierten Stellen einfach, daß die Archonten daraufhin nach dem Gesandten, und zwar jeweils nach der Erscheinung des anderen Geschlechts, lüstern werden und das von ihnen verschlungene Licht freizugeben beginnen. Die koptischen Texte beschreiben diese Verführung der Archonten in verschiedenen Bildern.[19] Damit ist gemeint, daß die weiblichen Archonten abortieren und die männlichen pollutionieren. Nach manichäischer Lehre entsteht dann aus dem hernniederfallenden Sperma die Flora und aus den Fehlgeburten die Fauna, von wo aus dann für die weitere Lichtbefreiung gesorgt wird.[20]

---

[15] Schaeder, *RGG*², 3, 1965.
[16] Theodor bar Konai 129,20f. Pognon = 316,11f. Scher: „Da offenbarte der Bote seine Gestalten, die männliche und die weibliche (*hāidēn izgaddā ǵlā ṣūrāṯēh dekrā wneqbṯā*)".
[17] Diesen Vorgang kann man an den Wolken wahrnehmen, die zur Jungfrau ziehen: *Keph.* Kap. 95 passim.
[18] Theodor bar Konai 129,24 Pognon: *dmūṯā dneqbṯā*; 316,16 Scher: *dmūṯā dneqbṯē*. Theodor kennt auch die Zwölfzahl der Jungfrauen und nennt sogar ihre Namen, 129, 10-17 Pognon / 316, 1-8 Scher.
[19] Herz rauben, *Keph.* 35,15 ähnlich *Hymn.* 10, 12ff. — Archonten und Kräfte richten, *Keph.* 80, 25 — durch Schönheit beschämen, *ti šipe hn ... saie*, *Hymn.* 2, 27f.
[20] Schenke, *TLZ* 1959, 247 hat gezeigt, daß in der von ihm versuchsweise „Vom

Indem Mani und seine Jünger nur indirekt sagen, daß die Freigabe des Lichtes durch die Archonten in Abortion, bzw. Pollution, erfolgt,[21] tilgen sie so weit wie möglich die Obszönität, die die älteren Vorbilder dieses Teils des manichäischen Systems noch an sich haben.[22]

Was nun die Rolle der (Licht) jungfrau (*bikr*) im eschatologischen Bericht *Fihr.* 335, 12 anlangt, so ist deutlich, daß sie ausschließlich auf Mithilfe beim Werk des Geleitenden Weisen, nämlich der posthumen Lichtausläuterung, festgelegt worden ist. Aus der Triade Jesus, Jungfrau/*kanīg*, Nous/*manuhmed*/*wahman* etc. kennen wir ihre Zuordnung zu den Hauptgöttern der dritten Berufung und haben im Fihrist den Ausdruck nur dieses allgemeinen Sachverhalts. Ihre eigentliche Aufgabe, durch Zeigen ihrer Eikōn noch vor der Erschaffung der Menschen die Archonten zu verführen, klingt Z. 13 nur noch in dem hier ganz beziehungslosen Motiv nach, daß sie die Gestalt des Weisen angenommen habe,[23] d.h. daß sie ursprünglich der weibliche Aspekt des Hauptgottes der dritten Berufung ist. Es liegt nahe, da die Lichtjungfrau sonst die weibliche Gestalt oder Erscheinung des Dritten Gesandten ist, hier als ältere Entsprechung zum Geleitenden Weisen[24] gar den

---

Ursprung der Welt" betitelten Schrift aus dem koptischen Funde von Nag Hamadi ein Abschnitt enthalten ist, wie ihn Mani vorausgesetzt haben könnte, oder der auch von Mani beeinflußt ist. Das Stück Labib pl. 156,2-158,1 (heute NHC II 108,2-110,1; dazu jetzt Böhlig, 58-65, und besonders Tardieu, 85-174) handelt von der Entstehung des Menschen und der Flora aus den Aborten und Pollutionen der Archonten übrigens in ähnlich zurückhaltender und die Einzelheiten umschreibender Form wie bei Mani. Die Beziehungen, die Zaehner, *Zurvan* 186-192, zur zurvanitischen Urhure Jēh herstellt, sind nicht überzeugend: diese ist Gefährtin Ahrimans, und wenn sie Gayōmard verführt, so will sie damit nicht sein Sperma — das bei ihm übrigens nicht in Finsternis eingeschlossen ist wie bei den manichäischen Dämonen — befreien, sondern es verderben.

[21] Dieser Vorgang wird in verschiedenen gnostischen Kulten von den Eingeweihten direkt nachgebildet. Am bekanntesten in dieser Hinsicht sind die Borborianer, vgl. L. Fendt, *RAC* 2, 512.

[22] Zu diesen Vorbildern vgl. Bousset, *FRLANT* 10, 71-83, zum simonianischen System auch Leisegang, *Gnosis*, 65f., 82, 208. Auf den durch sublimierende Worte überwundenen obszönen Mythus legt den Mani der entrüstete Augustinus fest in *De nat. boni*, 44 (881 ff. Zycha) u. *Ctra Faustum*, 20,6 (540 Zycha) (Schaeder, *Urform*, 82).

[23] Es ist aus sachlichen Gründen unmöglich, die erste Konsonantengruppe 'lhh Fihr. 335, 13 als *āliha* „die Götter" zu lesen, wie Keßler, *Mani*, 399 es will. Die Bedeutung gerade der Lichtjungfrau als weiblicher Aspekt des Hauptgottes der dritten Berufung erfordert, daß man liest *ilāha* „die Göttin".

[24] Zu den anderen sechs Entsprechungen, die man zum Geleitenden Weisen des ara-

Dritten Gesandten anzunehmen; jedoch nicht ganz, da der Dritte Gesandte und die Jungfrau wohl hinsichtlich ihrer Funktion, aber nicht als Hypostasen identisch sind, während das letztere beim Geleitenden Weisen und der Jungfrau offenbar der Fall ist, indem die Jungfrau in den Geleitenden Weisen sozusagen übergeht. Durch ihre Gestaltveränderung unterstützt sie nur noch die Heraufführung des Lichts, und außerdem ist ihr Werk aus der Zeit vor der Erschaffung des Menschen in die Zeit nach dem Tode des geschaffenen Electus verlegt worden. Die Tatsache, daß die Jungfrau zusammen mit Jesus und dem Nous im Monde wohnt, enthält die manichäisch sinnvolle Möglichkeit einer solchen Übertragung schon in nuce: der Mond ist ja nicht nur ein vom Lebendigen Geist zur mechanischen Lichtausläuterung geschaffenes Gestirn, sondern auch ein Schiff, das (wie auch hier Z. 15) die unmechanisch, d.h. durch Annahme der Gnosis befreiten Lichtseelen von der Säule der Herrlichkeit, in der sie aufsteigen, zur Sonne befördert. Der zweiten Funktion wurde auch die Tätigkeit der Jungfrau angeglichen. Auch die Untersuchung der Rolle der Lichtjungfrau im arabischen Bericht im Vergleich mit ursprünglichen Texten lehrt also, daß wir es hier mit spätmanichäischer Mythopoiia zu tun haben.

Besteht nun zu dieser späten oder zur früheren Ausprägung der Jungfrau eine inhaltliche Kontinuität von der zoroastrischen Daēnā aus? Die Daēnā-Vorstellung des HN ist deutlich jünger als die der Gathas; nicht zuletzt weist die größere Ausführlichkeit der Seelenreise gegenüber Vid. 19, 27-32 und die Tatsache, daß bestimmte weibliche Attribute nicht mehr der Anāhitā (wie nach Yt. 5, 7 und 64), sondern jetzt der Daēnā gehören, von der man dies nach den Gathas nicht erwartet hätte, auf ein späteres Stadium. Gleichwohl ist die HN-Vorstellung bedeutend älter als die manichäische. Angesichts dessen besteht in den

---

bischen Textes in älteren Texten namhaft machen könnte, siehe Colpe, *FRLANT* 78, 107-113 (Lichtgestalt, Paargenosse, Apostel des Lichts, Lichtnous, Jesus der Glanz, Großer Richter bzw. Richter der Wahrheit). An Hand derselben Texte hat auch Quispel, 155f. auf das Nebeneinander der Gestalten hingewiesen und darüber hinaus einige Funktionsunterscheidungen versucht (das Mädchen wie die Daēnā ein Werk des Gläubigen, das ihm erst beim Tode beggenet; die Lichtgestalt in der Gestalt des Weisen eine nicht vom Menschen erzeugte, göttliche Gestalt, die schon während des Lebens des Gläubigen, wenn er in die manichäische Kirche aufgenommen wird, in seine Existenz eintritt). Dazu oben im folgenden einige Verbesserungen.

Unterschieden zwischen zoroastrischer Daēnā und manichäischer Lichtjungfrau ein besonderes Problem. Für seine Erörterung ist zunächst ein kurzer Rückblick auf den alten, den sog. zarathustrischen Befund notwendig.

Nach der heute wohl allgemeinen Meinung ist *daēnā* von der Wurzel *dāy-* „sehen" abgeleitet.[25] Pagliaro interpretiert aber von da aus nicht als „(die Fähigkeit zu) Vision, das Schauen", und daraus sich ergebend als „die (religiöse) Ansicht", sondern parallel zu griech. *eidos* als imago, species und davon abgeleitet als Modell, Typ, genus und schließlich als Natur, Wesen. „Der Bedeutungsübergang von 'Wesen, geistiges Bild' (der Gottheit) zu 'Religion' folgt wie selbstverständlich und berechtigt aus Stellen wie Y 44, 11". An dieser Stelle geht auch die von Humbach für die beiden voraufgehenden Stanzen wohl wie in Y 49, 9 früher festgehaltene Grundbedeutung „Sinn" in eine andere über: in Y 44, 11 übersetzt er *daēnā* als rituellen terminus technicus mit „Andacht".[26] Insler kommt an sämtlichen Stellen außer in Y 44, 9f.,[27] wo er „vision" sagt, mit der Bedeutung „conception" aus.[28] Früher

---

[25] Zuletzt etwa Pagliaro (hier und im folgenden zitiert nach Duchesne-Guillemin, 64f.); Humbach, MSS 1956, 76; Insler (siehe Anm. 27); Schmidt, *Acta Iranica* 5, 165. Sachlich damit zusammenhängend, aber anders nuanciert ist die frühere Interpretation von Nyberg (*Religionen*, 159) der *daēnā* als „Schauseele" (so in Y 34, 13 u.ö.), die „in hervorragendem Sinne das Organ für die in der Ekstase geschaute Vision" ist. In Y 44, 10 bezeichne *daēnā* „die nach allen Regeln der Kunst hervorgerufene Vision". Ein einziges Mal wagt auch Humbach (*Gathas* 1, 57 und 154) die Übersetzung „Schauseele", nämlich in Y 51, 13; vgl. auch unten Anm. 38. — Diskussion auf Grund einer vollständigen Bestandsaufnahme der Gatha-Stellen ist hier nicht beabsichtigt; dafür sei zur Ergänzung auf den dichten und gehaltvollen Aufsatz von Kramers (siehe Lit.-Verz.) verwiesen.

[26] Humbach, MSS 1956, 74-76 und 79-81; in *Gathas* 1, 144 und 119 dafür „Gesinnung" und „andächtige Gesinnung".

[27] An beiden Stellen wegen des Wortspiels mit *daidyat̰* „sehen sie?" in Y 44, 10, vgl. den Kommentar, 246. Insler bezeichnet übrigens, 192, die Form *daēnā* statt des urspr. dreisilbigen *dayanā* (so, aber mit o, auch Lommel, *Yäšts*, 101 und 103) als Wiedereinarbeitung („reworking ... into") der mittelpers. Form *dēn* in die Redaktion des Awesta-Textes. Wenn es richtig ist, daß die Awesta-Schrift als Präzisierung der Pahlavi-Schrift entwickelt wurde, können sich dabei der ersteren in der Tat auch Wortformen aus der letzteren mitgeteilt haben. Insler leitet das Wort von der Wurzel *dī* (sic) „(sc. dauernd) betrachten, bedenken", ab, sieht die gathische Verwendung dicht bei der von ved. *dhī́* „Vision, Gedanke" und nimmt als spätere Entwicklung auch die zu „Religion" an.

[28] Doch findet sich p. 69 zu Y 44, 11 und p. 111 zu Y 53, 1 bei conception die Anmerkung „weiterhin" bzw. „wieder" „die gute Vision einer Welt, die von Wahrheit und gutem Denken regiert wird".

hatte Jackson[29] übersetzt „conscience", Geldner „Gewissen"[30] oder „religiöses Gewissen";[31] auch damit scheint eine richtige Nuance in der Bedeutungsbreite getroffen zu sein, weil damit die Voraussetzung der durch freien Willen zu treffenden Entscheidung für Aša oder Drug bezeichnet wird. Schaeder[32] pflegte, bestimmte Aspekte der genannten Übersetzungen so weit wie möglich verdichtend, eine Grundbedeutung „Bekenntnis" anzusetzen; von da aus habe das Wort einerseits den Ausdruck der durch gutes Denken, Reden, Handeln bekenntnismäßig geäußerten, der Aša-Welt zugehörigen Gesinnung, andererseits „Religion"[33] bedeuten können. Der innere Bereich des Menschen, der damit angesprochen ist, wird durch die Übersetzung „Ich, Person, Selbst"[34] konkretisiert; Reitzenstein meinte, daß es sich dabei um einen ganz anderen Begriff handele als den der Religion.[35] Doch ist evident, wie die Bedeutungen auseinander ableitbar sind.[36] Die Annahme einer semantischen wie etymologischen Verwandschaft aller Bedeutungen hat sich als so haltbar erwiesen, daß die *daēnā* neuerdings nicht auf Grund einer Herkunft von ved. *dhénā-*,[37] sondern rein nach den

---

[29] *Avesta Grammar*, XXXV für Y 45,2; in § 243 auch „religion".
[30] RgLb H. 1, 2 (für Y 45, 2) und öfter.
[31] *A.a.O.*, 42 f. in HN § 9 und 11; daneben z.B. „gläubige Seele", *a.a.O.*, 13 für Y 49,9.
[32] Mündlich im Kolleg.
[33] Die zweite Bedeutung hat sich namentlich für die mittelpers. Form des Wortes, *dēn*, stabilisiert. Dieses Wort ist also nicht, was grundsätzlich möglich gewesen wäre, das aus dem Aramäischen entlehnte *dīn* „Gericht"; aus der Bedeutung „Religion", welche *dīn* im Arabischen neben „Gericht" hat, ist nicht zu schließen, daß *dīn* auch im Aramäischen „Religion" hieß. Vielmehr ist das arabische *dīn* „Religion" ein — aus dem mittelpers. *dēn* hervorgegangenes — neupersisches Lehnwort, das mit der zufällig gleichlautenden semitischen Wurzel zusammengefallen ist.
[34] Reitzenstein, 31 f. 39; Lentz, *ZDMG* 1928, 203; neuerdings Lommel, *Gathas*, passim (z.B. Y 49, 9 : geistige Persönlichkeit; Y 34, 13 : geistige Urpersönlichkeit; Y 51, 13 : Geistpersönlichkeit; Y 31, 20 : geistiges Ich; Y 46, 6 : geistiges Urwesen; Y 45, 2 : geistige Natur); in Y 44, 9-11 jedoch dreimal „Lehre".
[35] So auch Bartholomae, 665-667 und 662-665. Übersicht über andere Ausdeutungen des Begriffs bei Pavry, *Future Life*, 28 f.
[36] Kritik der Bedeutungsteilung und Näheres bei Nyberg, *Religionen*, 114-120.
[37] Schmidt, *Acta Iranica* 5, 179 kommt, nach Diskussion der Bedeutungen „Milchkuh" (*dhenú*), „Gebet", „Lob" u.a., zum Bedeutungsansatz primär „Milchstrom, nährender Strom", figurativ „nährender Redestrom". Mit der Assonanz zu ved. *dhī́* „Vision" hätten die vedischen Dichter immerhin gespielt (tertium comparationis p. 172 : die eigentliche poetische Vision sollte magisch Nahrung schaffen oder die Götter veranlassen, dieses zu tun). Daß *dhénā* und *daēnā* beide in die Kuh-Bild-Vorstellung bzw. figurative Rede von der Kuh eingefügt waren, sei Koinzidenz.

Spiritualisierungsgesetzen bildlicher Hirtenrede als Orientierungsbegriff sogar für ein ganz heterogenes Vorstellungs- und Bedeutungsfeld in Anspruch gnommen werden und stabil bleiben konnte: darin sei die Kuh der Zarathustra-Predigt eine Metapher für die „gute daēnā" gewesen.[38] Doch kommt diese Möglichkeit für zoroastrische Priester und manichäische Lehrer, die beide weit außerhalb und zeitlich fern von Zarathustras Milieu stehen, nicht mehr in Betracht. Zum Beispiel ist die Lösung der Daēnā aus Fesseln, von der Yt. 13, 100 spricht, kein Nachhall der Befreiung der Kuh mehr, woran man von Y 29 aus denken könnte, sondern eine Allegorie der Förderung, welche Vištāspa der guten Religion angedeihen ließ.

Selbst wenn es nicht möglich erscheint, auf etymologischem oder auf semantischem Wege eine genauere Übersetzung für *daēnā* zu finden, so mag doch der Sinn genügen, wie er aus der referierten Diskussion hervorgeht. Man wird ihn, jedenfalls in den Gathas, ohnehin nie eindeutiger bestimmen können, als die Texte selbst gemeint sind. Sachlich ist die *daēnā* in den Gathas, wo sie noch nicht als Jungfrau vorgestellt wird,[39] eine Art Index für die Taten des Menschen im Gericht, „the real determinant of his (sc. The man's) future destiny".[40] Insofern kann von ihr gesagt werden, daß sie den Menschen zur Gerechtsprechung oder zur Verurteilung führt.[41] Aber sie ist keineswegs selbst der Richter;[42] dieses Amt bleibt Ahura Mazdā vorbehalten.

---

[38] Nach früheren Veröffentlichungen am ausführlichsten Schmidt, *Zarathustra*, 2-14 (zu oben Anm. 25 vgl. p. 3: Wörtliche Bedeutung „Vision", subjektiv eine Fähigkeit des Menschen, objektiv der Visionsinhalt, woraus sich die Bedeutung „Religion" entwickelte). Dort 20f wird die Gleichsetzung aus der Vorstellungswelt mit der Morgenröte (awest. *ušah*) entwickelt. Es ergibt sich in der Tat oft ein Sinn, wenn das, was vom Menschen entwickelt, gereinigt, vollendet werden kann, als Vision wie als Kuh gelesen wird.

[39] Nach Nyberg, *Religionen*, 82f. ist das erst geschehen, als die Zoroastrier das Pantheon der Mithragemeinde aufgriffen und die Göttin Čisti mit der *daēnā* gleichsetzten. Zur Mädchengestalt der *daēnā* im HN weist auch Schmidt, *Zarathustra*, 22 darauf hin, daß diese ebenso wie die spätere awestische Gottheit Čistā Züge der vedischen Uṣas bzw. ihrer indo-iranischen Grundgestalt wiedergeben.

[40] Pavry, *Future Life*, 29.

[41] Y 31, 20, dazu Pavry, *Future Life*, 29-32.

[42] Diese Aussage gilt auch dann, wenn man annimmt, daß die Gathas eine ebensolche Eschatologie voraussetzen, wie sie nach späteren Texten von Hübschmann, *JpTh* 1879 (kritisch weitergeführt von Colpe, *SHR* 41); Söderblom, *Vie future*; Pavry, *Future Life*, beschrieben wird. Gerade der HN zeigt das besonders deutlich.

Die dem Haδōxt-Nask am nächsten stehende gathische Aussage ist in Y 48, 4 zu erblicken, wo nach der übereinstimmenden Auslegung der Spezialisten gemeint ist, daß derjenige, der seinen Sinn besser oder schlechter mache, durch Worte und Taten auch die *daēnā* besser oder schlechter mache. Wie das Wesen der *daēnā* durch Gesinnung und Taten des Wahrhaften konstituiert wird, sagt ausführlicher HN §§ 12-14. Die *daēnā* ist hier aber lediglich dieses personifizierte Symbol. Der Text sagt weder, daß sie sich mit der Seele des Wahrhaften vereint, noch daß sie die unentbehrliche Garantin und Leiterin des Seelenaufstiegs ist, noch daß sie — wie in *Fihr.* 335, 13 die Lichtjungfrau — am Gericht über die Seele teilhat. Die *daēnā* ist also nicht die Erlöserin des Menschen, bzw. dem Gerechten treten seine personifizierten Verdienste nicht als *erlösende* Gottheit entgegen. Außerdem deckt sie sich substantialiter mit dem unkörperlichen Teil des Menschen zwar weitgehend, aber doch nicht so vollständig wie der erlösende Gott eines gnostischen Systems mit dem salvandum im Menschen. Denn es gibt neben ihr noch *ahū* (Leben), *baodah* (Bewußtsein), *urvan* (Freiseele) und *fravašay* (geistige Präexistenzform), und die drei letzteren agieren neben der *daēnā* nach dem Tode des Menschen durchaus selbständig.[43] Sie vertreten dann zwar das unkörperliche Wesen des Menschen zu mehr als nur einem Viertel, behalten aber doch ihren partiellen Charakter und treten nicht so konkurrierend bzw. sich im Mythus ablösend füreinander ein wie gnostische Hypostasen.

Es ergibt sich also, daß zwischen *daēnā* und Lichtjungfrau keine religionsgeschichtliche Beziehung bestehen dürfte,[44] weil sie nur die

---

[43] Belege bei Bartholomae, 283, (666,) 919, 1538, 992. Daneben gibt es z.Bsp. *uštāna*, den „materiellen Lebensgeist, der an den Körper gebunden ist und sein Geschick beim Tode teilt" (Nyberg, *Religionen*, 116); weiteres Material bei Widengren, *Numen* 1954, 30-34; Nyberg, *Religionen*, 445; *Questions* 1929, 232 f., überhaupt das dort und bei Zaehner, *Zurvan*, 321-336 bearbeitete 3. Kapitel des Großen Bundahišn; für die Gathas hat Humbach (*Gathas* 1, 56-58; 72) gezeigt, daß *urvan* und *daēnā* promiscue angewendet werden und ihre Verteilung rein nach den Gesichtspunkten dichterischer Technik bestimmt ist. Die beiden Wörter können paarweise stehen, jedes kann aber auch für das andere oder für das ganze Paar eintreten, und in dieser Weise können beide sowohl die Persönlichkeit und Seele des Menschen als auch die Quintessenz seiner im Jenseits aufbewahrten Äußerungen bezeichnen. Erst im Haδōxt-Nask sind die Bedeutungen der beiden Wörter terminologisch getrennt und festgelegt.

[44] Daß die Bedeutung von *daēnā* in anderer Richtung weiterentwickelt wird, sagt auch die Bemerkung von Pagliaro (zitiert bei Duchesne-Guillemin, *Western Response*, 65): „Questo motivo della *daēnā* ha avuto nella elaborazione teologica ulteriore poca

Eigenschaft der Weiblichkeit gemeinsam haben, die als solche nichts besagt. Doch war Reitzenstein dennoch berechtigt, an den Haδōxt-Nask zu denken, und zwar auf Grund der — von uns bisher noch nicht besprochenen — Angabe *Fihr.* 335, 12, daß die Lichtjungfrau dem erlösten Gerechten ähnele. Reitzenstein konnte noch nicht wissen, daß diese Angabe für die Lichtjungfrau im Fihrist singulär ist. Wir aber können auf Grund des uns zur Verfügung stehenden viel reicheren Materials nicht nur sagen, daß diese Eigenschaft der Lichtjungfrau in anderen Texten nicht bezeugt ist, sondern auch, welcher Hypostase diese Eigenschaft der Ähnlichkeit mit dem Gerechten ursprünglich zukommt: nämlich der sog. Lichtgestalt oder auch Zweiten Gestalt. Worum handelt es sich hier?

Die Lichtgestalt ist nach *Keph.* 36, 9-11; 41, 12ff.; Fragment T II K 2a[45] das zweite Selbst des Menschen, der sie schon zu Lebzeiten „annimmt", indem er sie durch Betätigung der „lebendigen guten Gedanken" selbst bildet. Nach seinem Tode tritt sie ihm in selbständiger Körperlichkeit als „Lohn" für seine guten Gedanken entgegen. Polotsky: „Der 'Lohn' besteht darin, daß die verkörperte Frömmigkeit des Verstorbenen sichtbarlich seine Berechtigung dartut, die Insignien des Sieges zu empfangen und so als Erlöser zum Lichtreich aufzusteigen".[46] Die Lichtgestalt geleitet die Seele des Verstorbenen mit Unterstützung der drei Engel, welche die Siegesinsignien für den Erlösten tragen, in die Heimat zurück und heißt deshalb „Erlöserin der Seele". Sie ist wahrscheinlich auch mit der „*morphē* des Meisters (sc. der Seele)" in Kap. 141 der *Kephalaia* gemeint.

Auch im posthumen Schicksal des Katechumenen kommt diese Gestalt vor. *Keph.* 225, 17-29 steht:

> „… so steht es mit dem Katechumenen, der mit dem Siegel des Glaubens und dem Siegel der Wahrheit gesiegelt ist. Die Werke, die er von den ersten Zeiten an getan hat, nicht ist einer durch sie in die Höllen gegangen wegen seiner *morphē*, die von Anfang an erwählt wurde, indem sie dasteht oben in der Höhe. Denn sie, seine *morphē*, sie erbarmt sich über ihn. Nicht

---

fortuna, poichè è stato in parte assorbito dalla fravaši 'spirito protettore, genio' che ha un valore più religioso e meno speculativo, e di cui nelle Gâthâ non si ha parola." Hierzu paßt die gute Interpretation der Daēnā und Aufweis ihrer sachlichen Verwandschaft mit der Fravaši bei Lommel, *Yašts*, 101-107.

[45] *Türk. Man.* I, 22; dazu Polotsky, *Muséon* 1934, 268ff. = Collected Papers 669-672.
[46] Siehe Anm. 57

läßt sie seine Werke sich verirren. Wie seine letzten Werke, die er tut, nicht in die Höllen gehen wegen seines Glaubens, so steht es mit den ersten Werken, die er getan hat, da seine *morphē* am Anfang in der Höhe ausgewählt wird. Nicht gehen sie in die Irre, sondern kommen nur in die *metaggismoi* und Mühsal. Dann kommen sie in die Hand der Engel und werden gereinigt."

Dieses hat den Wert einer Erklärung zu *Keph.* 36, 9-11 [47], woraus hervorgeht, daß nicht nur die Electi, sondern auch die Katechumenen sich bei Lebzeiten eine Lichtmorphē bilden, die nach ihrem Tode für gerechte Beurteilung und Belohnung der guten Werke sorgt und die Seele weiterleitet. Allerdings kann sie noch nicht endgültig den Weg ins Lichtreich freigeben, sondern nur die Seele von den sie verfolgenden Dämonen befreien, um sie dann in neuen *taraddud* (*Fihr.* 335,23)/*metaggismos* [48] zu entlassen. — Während diese Gestalt im Koptischen „Gestalt" oder „Lichtgestalt" heißt, sagt der zitierte alttürkische Text T II K 2a [49] *ikinti grīw. Grīw* ist das hier ins Alttürkische entlehnte, uns aus dem Parthischen bekannte Wort, sodaß man diesen Begriff etwa mit „zweites Selbst" übersetzen muß. Daß wir es hier mit einem Äquivalent für die Lichtgestalt zu tun haben, ist wegen der sachlichen Verwandtschaft der Texte sicher. [50] Diese Hypostase als eine „zweite" im Verhältnis zum irdischen Electus und Katechumen zu bezeichnen, erscheint nach dem bisher Ausgeführten sehr sinnvoll.

Es erhebt sich nun die Frage, ob im Arabischen mit dem Begriff „Zweite Gestalt" eine Kombination beider Bezeichnungen vorliegt. Wir müssen hier noch einen weiteren Fihrist-Text besprechen, weil er zur

---

[47] „Die dritte (Kraft) ist die Licht-Gestalt (*morphē*), welche die Electi und die Katechumenen annehmen, wenn sie der Welt entsagen".
[48] Allberry (*ErJb* 1939, 132) hält den Begriff für letztlich platonisch und findet einen Reflex davon in der „Bibliothek" des Photius in einem Zitat des Philosophen Hierokles. „Der Begriff des *metaggismos* (Jackson, *JAOS* 45, 1925, 246-268; s. auch Epiphanius, *Panarion*, LXVI, 62 mit Holls Anm.) bedeutet wörtlich den 'Wechsel des Gefäßes (*to aggos*), das Umgießen' ... Der von Mani gebrauchte syr. Ausdruck *taŠpīkā* „Eingießen" ist bei Titus v. Bostra, 138,13 de Lagarde, sowie bei Ephräm, *Prose Refut.* I 30, 37 Mitchell erhalten" (Allberry, *aa.O.* Anm. 1 u. 2). Vgl. *Hymn.* 218, 6; *Hom.* 27, 6; *Keph.* 21, 31; 87, 12; 115, 24; 223, 30; 224, 18; 225, 10.28; 240, 11f.
[49] Türk. Man. I, 22.
[50] Das „zweite Selbst" wird als *öz sïnlïγ ögdir* „der mit eigenen Gliedern ausgestattete Lohn" erklärt. Die Bedeutung von *ögdir* „Lohn, Preis", die v. Le Coq in *Türk. Man.* I, 22 und 42f. noch nicht angeben konnte, jetzt bei A. v. Gabain, *Alttürkische Grammatik*, 322.

Klärung speziell der Formulierung „Zweite Gestalt" nötig ist, welche viel Verwirrung gestiftet hat. Es handelt sich um Fihr. 332, 27 - 333, 3.

27 „Wie der Mensch in die Religion (*dīn*) eintreten soll.
28 Er (Mani) sagt: Wer in die Religion eintreten will, dem obliegt es, daß er sich selbst prüfe. Wenn er dann einsieht, daß er die
29 Sinnenlust und die Habgier zu beherrschen, auf den Genuß aller Arten von Fleisch, auf Weintrinken und den ehelichen Beischlaf zu verzichten und sich des Schädlichen des Wassers und Feuers sowie der Zauberei und der Heuchelei zu enthalten vermag,
30 so möge er in die Religion eintreten. Wenn er aber alles dieses nicht vermag, dann soll er nicht in die Religion eintreten. Wenn er die Religion zwar liebt,
1 jedoch die Sinnenlust und die Habgier nicht zu beherrschen vermag, dann mache er sich die Bewahrung der Religion und der Electi (*ḥifẓa d-dīni waṣ-ṣiddīqīna*) zunutze und habe (verschaffe sich) im Gegensatz zu seinen bösen
2 Werken Zeiten, in denen er frei ist zur Tätigkeit (*ʿamal*), Rechtschaffenheit (*birr*), nächtlichen Wachsamkeit (*tahaǧǧud*), (Für)bitte (*masʾala*) und Demut (*taḍarruʿ*); denn das macht ihn jetzt
3 und in Zukunft zufrieden, und seine Gestalt wird im jenseitigen Leben (*maʿād*) die Zweite Gestalt (*aṣ-ṣūra aṯ-ṯāniya*) sein, von der wir, so Gott will, im Folgenden sprechen werden."

Dieser Abschnitt faßt die unterschiedlichen Pflichten von Electi und Auditores zusammen. Der Auditor, d. h. derjenige, der dem Manichäismus dienen, aber nicht voll angehören möchte, ist in 333, 1 genannt; mit denselben Begriffen wie dort wird er in 335, 18 f. (*al-ḥāfiẓu* sc. *lid-dīni walil-birri waliṣ-ṣiddīqīna*) beschrieben. Der obige Text, der von Ibn an-Nadīm (wie hier nicht weiter gezeigt werden kann) der gleichen Quelle entnommen ist, verweist am Schluß zur Erklärung der „Zweiten Gestalt" ganz offensichtlich auf diese Stelle 335, 18 f. Hier entsteht eine Schwierigkeit dadurch, daß die geschilderte Erlösung gegenüber der des Electus zweiten Ranges ist, weil die Seele noch Generationen lang auf der Seelenwanderung (*metaggismos/taraddud*, Z. 23) bleiben muß. Einerseits wird die Faktizität der Erlösung berichtet, ohne die die Lichtgestalt des Katechumenen sinnlos ist, andererseits bleibt der Zustand weiteren Gebundenseins in die Hyle (Z. 21 f.) bestehen, sodaß die Lichtgestalt des Katechumenen nicht dieselbe Aufgabe erfüllen kann wie die des Electus und ihr gegenüber zweitrangig wird. Offenbar wird auf diesen Sachverhalt angespielt, wenn im Abschnitt Fihr. 332, 27-333, 3 nur (in 333, 3) die Gestalt des Auditors[51] als „Zweite Gestalt" im *ma'ād* bezeichnet wird. Wollte man der Tatsache, daß eine Seele auch nach ihrer Wanderung z.Bsp. durch Pflanzen oder Auditores zuletzt doch nur in einem Electus zur Erlösung kommen konnte, keine Rechnung tragen, sondern in einem paränetisch-kasuistischen Text wie *Fihr*. 332, 27 ff.[52] schon dem empirischen Auditor aus seelsorgerlichen Gründen als Belohnung für seine Verdienste die geziemende Stellung im *ma'ād* anweisen, so mußte man sich auf das genannte Dilemma zwischen Aussicht auf Erlösung (wie beim Electus) und Ankündigung weiterer Seelenwanderung einlassen. Die Bezeichnung der „Gestalt" des Auditors als „Zweite Gestalt (sc. Licht-Gestalt)" (sc. nach der des Electus) wäre dann der Ausdruck dieses Dilemmas.[53]

Es läßt sich nur vermuten, warum in *Fihr*. 335, 9 ff. diese „(Licht-) Gestalt" des Auditors, obwohl auf sie verwiesen wird, expressis verbis nicht auftaucht. Einmal ist ja dort von den geleitenden Göttern nur zusammenfassend die Rede, nachdem sie beim Electus etwas detaillierter genannt waren. Zum andern wohl deshalb, weil die „Gestalt" des Electus von der Jungfrau (s. gleich) verdrängt worden ist (sonst hätte man diese die „erste Gestalt" nennen müssen); zum dritten wird in einem Zusammenhang, der die Dinge rein von den Verhältnissen im Jenseits und nicht vom Standpunkt des zu ermunternden Auditors aus betrachtet, für eine rangmäßige Anordnung der „(Licht-) Gestalten" kein Anlaß bestanden haben, da das Schicksal ihrer irdischen Abbilder ohnehin feststand.

Die „Zweite Gestalt" von *Fihr*. 333, 3 ist demnach keine Parallele

---

[51] In diesem Abschnitt scheint zwischen dem empirischen Auditor und seinem eschatologischen Typus, d.h. seiner Lichtgestalt, nicht unterschieden zu sein; deshalb kann auf ihn mitsamt seiner Lichtgestalt in 335, 18 f. verwiesen werden, wobei man auch in 335, 18 f. auf gesonderte Erwähnung der Lichtgestalt verzichten kann. Möglich ist aber auch, daß mit „seine Gestalt" nicht seine irdisch-empirische, sondern seine Lichtgestalt gemeint ist so wie im Koptischen mit dem einfachen *morphē*. In diesem Falle ergibt sich die für diesen Text vorgeschlagene Bedeutung von „Zweite Gestalt" noch eindeutiger.

[52] Bei Colpe, *SHR* 21, 403 f. wird dieser Text unter einer anderen Fragestellung als hier, nämlich form- und überlieferungsgeschichtlich, untersucht. Soweit sich diese Fragestellung mit der hier leitenden berührt, konnten einige Formulierungen von dort übernommen werden.

[53] So deutet es schon Flügel, *Mani*, 286, an.

zu *ikinti grīw*, obwohl in beiden Fällen eine Lichtgestalt gemeint ist. Nach der arabischen Terminologie wäre eine (nicht bezeugte) „Erste Gestalt" die Lichtgestalt des Electus, so wie die „Zweite Gestalt" die Lichtgestalt des Katechumenen ist. Nach der alttürkischen Terminologie wäre ein (nicht bezeugtes) „erstes *grīw*" der irdische Electus, so wie das „zweite *grīw*" seine Lichtgestalt ist.[54]

Wenn nun in *Fihr.* 335, 12 gesagt wird, daß die Lichtjungfrau dem erlösten ṣiddīq/Electus ähnelt, dann hat sie Züge der Lichtgestalt angenommen. Das ist die einsichtige Konsequenz des spätmanichäischen Bestrebens, die Jungfrau auch an der posthumen Lichtausläuterung zu beteiligen, bei der die Lichtgestalt ja von Anfang an ihren Platz hat. Da in der manichäischen Theologie zwischen Figuren, die durch Verschiebungen im System verwandte Funktionen gewinnen, auch hypostatische Beziehungen hergestellt werden — das zeigte sich ja auch bei der Beziehung der Jungfrau zum Geleitenden Weisen[55] —, wurde hier eine Eigenschaft der Lichtgestalt auf die Lichtjungfrau übertragen. Als religionsgeschichtlichen Nachfahren der *daēnā* weist uns die Jungfrau damit auf die Lichtgestalt hin.

Sie hat im Vergleich mit der *daēnā* vor der Jungfrau wenigstens dies voraus, daß sie gleichfalls durch die Taten des Menschen gebildet wird.[56] Hier muß zwischen *daēnā* und Lichtgestalt in der Tat eine mythographische Beziehung vorliegen. Polotsky's Definition[57], daß die Lichtgestalt des Verstorbenen „sichtbarlich seine Berechtigung dartut, ... als Erlöser zum Lichtreich aufzusteigen", würde auch auf die *daēnā* passen, die er gar nicht in Betracht gezogen hat. Vielleicht hat Mani diese Figur tatsächlich übernommen, wie manch andere. Aber dann ist es selbstverständlich, daß auch sie — ganz ähnlich wie Vohu Manah — im Sinne seines Systems neu gedeutet ist: die Lichtgestalt ist nicht nur das sichtbare Symbol der Erlösungswürdigkeit der Seele, sondern

---

[54] Die „Zweite Gestalt" ist also kein Nachklang des zoroastrischen „künftigen Körpers", womit die „letzte Existenzform" bezeichnet wird, „welche dem Universum gegeben wird, nachdem der jetzt im Gange befindliche Zyklus der Millennien vergangen ist", „die nächste Welt, die Ewigkeit": Nyberg, *Manual*, 2, 190. Belege zumeist aus dem Mēnōīg xrad *a.a.O.* s.v. *tan i pasēn*. Vgl. Zaehner, *Teachings*, 139-150.
[55] Siehe oben bei Anm. 24.
[56] *Keph.* 225, 17-29.
[57] *Muséon* 1934, 271 = Collected Papers 672 (vgl. oben Anm. 46).

auch ihre aktive Erlöserin,[58] welche sie „rettet[59] von der Finsternis ab bis zum Lichte".[60] Damit ist am entscheidenden Punkte in der bekannten Weise die Kontinuität zur zoroastrischen Vorstellung aufgegeben; eine neue erlösende Figur ist entstanden, die als solche im Zoroastrismus neben Ohrmazd kein Recht hätte. Außerdem wird in *Keph.* 225, 17-29 — auch hier erlösend, so weit möglich! — dem Katechumenen eine Lichtgestalt zugeteilt, d.h. dem weder ganz guten noch ganz bösen Menschen. Das gilt einer Figur, die im späteren Zoroastrismus nicht zu einem festen besonderen Menschen- bzw. Gemeindeglied-Typus gemacht worden ist.[61]

Quispel stellt gegen Schluß seiner Untersuchung (p. 157) fest: „Mani hat sein eigenes religiöses Erlebnis, die Begegnung mit dem Zwilling, institutionalisiert und für die Mitglieder seiner Religion verbindlich gemacht." Er weist darauf hin (p. 156), in welcher Weise „der Erlöser, dieses Selbst, dann doch auch wieder von Menschen, zu denen er gehört, erlöst wird", und (p. 157) wie „die Ansicht, daß die Gottheit sich durch Vermittlung dieser dualitudo verwirklicht und erlöst", weiterhin verbindlich bleibt, bzw. wie das göttliche „Interesse daran, daß der Mensch seine Aufgabe erfüllt, weil (die Gottheit) dadurch selbst aus der Umklammerung mit der Materie erlöst wird", auch nach erfolgter Institutionalisierung lebendig erhalten wird. Das ist richtig. Die vorstehende kurze Untersuchung sollte zeigen, daß nach der Institutionalisierung aber auch noch etwas anderes eintreten konnte: die Verselbständigung der Selbst-Erfahrung zu einer fast dinglichen Symbolik, danach gar deren Multiplikation, sodaß Kombination, Austausch und Neubildung von Begriffen möglich wird. Hier scheint dann die terminologische Ausgestaltung und Weiterbildung einer Lehre bis hin zum scholastischen Distinktionsspiel wichtiger zu werden als das Instandhalten mythographischer Beziehungen, wichtiger auch als das Bewußthalten der „Polarität" von „Bild und Ebenbild, Mensch und Zwillingsbruder, Seele und Geist, Ich und Selbst."

---

[58] *Keph.* 41, 20f.
[59] l. *nessatoy*, von *sōte*, cf. Z. 21.
[60] *Keph.* 41, 12.
[60] Vgl. Colpe, *Or. Suec.* 1978/79, 136f.

ABKÜRZUNGS- UND LITERATURVERZEICHNIS

Allberry. C. R. C. Allberry, *Symbole von Tod und Wiedergeburt im Manichäismus*, in *Eranos-Jahrbuch*, 7, 1939, Zürich 1940, 113-149

Bartholomae. Chr. Bartholomae, *Altiranisches Wörterbuch*, Straßburg 1904 = Berlin 1961

Böhlig. A. Böhlig, *Die koptisch-gnostische Schrift ohne Titel aus Codex II von Nag Hammadi* (DAWBOr Nr. 58), Berlin 1962

Bousset, *FRLANT* 10. W. Bousset, *Hauptprobleme der Gnosis* (Forschungen zur Religion und Literatur des Alten und Neuen Testamentes 10), Göttingen 1907

Colpe, *FRLANT* 78. C. Colpe, *Die religionsgeschichtliche Schule. Darstellung und Kritik ihres Bildes vom gnostischen Erlösermythus* (FRLANT 78), Göttingen 1961

Colpe, *SHR* 21. C. Colpe, *Die Formulierung der Ethik in arabischen Manichäergemeinden*, in J. Bergman - K. Drynjeff - H. Ringgren (Edd.), *Ex Orbe Religionum. Studia Geo Widengren oblata*, Pars prior (SHR 21), Leiden 1972, 401-412

Colpe, *Or. Suec.* 1978/79. C. Colpe, *Die griechische, die synkretistische und die iranische Lehre von der kosmischen Mischung*, in *Orientalia Suecana* 27/28, 1978/1979, 132-147

Colpe, *SHR* 41. C. Colpe, *Sethian and Zoroastrian Ages of the World*, in B. Layton (Ed.), *The Rediscovery of Gnosticism*, Vol. 2: Sethian Gnosticism (SHR 41), Leiden 1981, 540-552

Corbin. H. Corbin, *Terre Céleste et Corps de Résurrection d'après quelques traditions Iraniennes*, in *ErJb* 22, 1953, Zürich 1954, 97-194

Duchesne-Guillemin. J. Duchesne-Guillemin, *The Western Response to Zoroaster*, Oxford 1958

Fendt. L. Fendt, *Borborianer*, in *RAC* 2, 1954, 510-513

Fihr. Ibn Abī Ya'qūb an-Nadīm, *Kitāb al-Fihrist*, mit Anm. hsg. von G. Flügel, nach dessen Tode besorgt von J. Rödiger und A. Müller, 2 Bde Leipzig 1871 und 1872

—. B. Dodge (Ed. and Transl.), *The Fihrist of al-Nadīm*, 2 Bde New York & London 1970

Flügel. G. Flügel, *Mani, Seine Lehre und seine Schriften*, Leipzig 1862

v. Gabain. A. v. Gabain, *Alttürkische Grammatik*, 2. Aufl. Leipzig 1950

Geldner. K. F. Geldner, *Die zoroastrische Religion (Das Avesta)*, in *Religionsgeschichtliches Lesebuch*, hsg. von A. Bertholet, 2. erw. Aufl. Heft 1, Tübingen 1926

Gray, *JAOS* 1947. L. H. Gray, *A suggested restoration of the Hadoxt Nask*, in *JAOS* 67, 1947, 14-23

Haug-West. M. Haug, assisted by E. W. West, *The Book of Arda Viraf, Pahlavi-Text prepared by Destur Hoshangji Jamaspji Asa, with an ... appendix ... containing Gosht-i Fryano, and Hadokht Nask*, Bombay-London 1872 = Amsterdam 1971

Hertel. J. Hertel, *Beiträge zur Metrik des Awestas und des Ṛgvedas*, Leipzig 1927

HN. *Haδōxt-Nask*; Text: K 20 (s.d.), fol. 42 v Z. 16 — fol. 51 r Z.4; Haug-West 279-300 und 309-316. Bearbeitungen: Hertel; Gray, *JAOS* 1947; Widengren, *OLZ* 1963

Hom. *Manichäische Handschriften der Sammlung A. Chester Beatty*, Bd. 1: Manichäische Homilien, hsg. von H. J. Polotsky, Stuttgart 1934

Hübschmann. H. Hübschmann, *Die parsische Lehre vom Jenseits und jüngsten Gericht*, in *Jahrbücher für protestantische Theologie* 5, 1879, 203-245

Humbach, *Gathas*. H. Humbach, *Die Gathas des Zarathustra*, 2 Bde Heidelberg 1959

Humbach, *MSS* 1956. H. Humbach, *Rituelle Termini in den awestischen Gathas*, in *Münchener Studien zur Sprachwissenschaft* 8, 1956, 74-83

Hymn. Manichaean Manuscripts in the Chester Beatty Collection, Vol. 2 : *A Manichaean Psalmbook*, Part II, ed. by C. R. C. Allberry, Stuttgart 1938
Insler. St. Insler, *The Gathas of Zarathustra* (Acta Iranica 8), Leiden-Téhéran-Liège 1975
Jackson, *Avesta Grammar*. A. V. Williams Jackson, *An Avesta Grammar in Comparison with Sanscrit*, nur Part I, Stuttgart 1892
Jackson, *JAOS* 1925. Enthalten in A. V. Williams Jackson, *Researches in Manichaeism*, New York 1928
K 20. *Codices Avestici et Pahlavici Bibliothecae Universitatis Hafniensis*, Vol. I : K 20, Copenhague 1931
Keph. *Manichäische Handschriften der Staatlichen Museen Berlin*, hsg. unter der Leitung von C. Schmidt, Bd. 1 : *Kephalaia*, 1. Hälfte (Liefg. 1-10), hsg. von A. Böhlig und H. J. Polotsky, Stuttgart 1940
Keßler. K. Keßler, *Mani, Forschungen über die manichäische Religion*, nur Bd. 1, Berlin 1889
Kramers. J. H. Kramers, *The 'Daēnā' in the Gathas*, in J. C. Pavry (Ed.), *Oriental Studies in Honour of C. E. Pavry*, London 1933, 232-237
Ladner. G. B. Ladner, *Eikon*, in *RAC* 4, 1959, 771-786
Leisegang. H. Leisegang, *Die Gnosis*, 4. Aufl. Stuttgart 1955
Lentz. W. Lentz, *Mani und Zarathustra*, in *ZDMG* 82 (N.F. 7), 1928, 179-206
Lommel, *Gathas*. H. Lommel, *Die Gathas des Zarathustra*, Basel/Stuttgart 1971
Lommel, *Yašts*. H. Lommel, *Die Yäšts des Awesta*, übersetzt und eingeleitet (Quellen der Religionsgeschichte 15), Göttingen und Leipzig 1927
Man. Dogm. E. Waldschmidt und W. Lentz, *Manichäische Dogmatik aus chinesischen und iranischen Texten* (SPAW Berlin 1933, Nr. 13)
Mani-Fund. C. Schmidt und H. J. Polotsky, *Ein Mani-Fund in Ägypten, Originalschriften des Mani und seiner Schüler* (SPAW Berlin 1933, Nr. 1)
Merki. H. Merki, *Ebenbildlichkeit*, in *RAC* 4, 1959, Sp. 459-479
Mir.Man. F. C. Andreas-W. Henning, *Mitteliranische Manichaica aus Chinesich-Turkestan*, I : SPAW 1932, 175-222; II : SPAW 1933, 294-363; III : SPAW 1934, 848-912 = W. B. Henning, *Selected Papers*, I (*Acta Iranica* 14), Leiden-Téhéran-Liège 1977, 1-48; 191-260; 275-339
Müller. F. W. K. Müller, *Handschriften-Reste in Estrangelo-Schrift aus Turfan*, Bd. II (APAW Berlin 1904)
Nyberg, *Manual*. H. S. Nyberg, *A Manual of Pahlavi*, Part I : *Texts*, Part II : *Glossary*, Wiesbaden 1964 und 1974
Nyberg, *Questions*. H. S. Nyberg, *Questions de cosmogonie et de cosmologie mazdéennes*, in *JA* 214, 1929, 193-310 und 219, 1931, 1-134.193-244 = *Monumentum H. S. Nyberg*, IV (*Acta Iranica* 7), Leiden-Téhéran-Liège 1975, 75-378
Nyberg, *Religionen*. H. S. Nyberg, *Die Religionen des alten Iran*, deutsch von H. H. Schaeder (Mitteil. der Vorderas.-Aeg. Gesellschaft 43), Leipzig 1938 = Osnabrück 1966
Pagliaro. A. Pagliaro, *L'idealismo Gathico*, in *Saṁjñāvyākaraṇam. Studia Indologica Internationalia* 1, Poona-Paris 1954, 9ff.
Pavry. J. C. Pavry, *The Zoroastrian Doctrine of a Future Life from Death to the Individual Judgment*, New York 1929
Polotsky, *Muséon* 1934. H. J. Polotsky, *Manichäische Studien*, in *Le Muséon* 46, 1934, 247-271 = Collected Papers, Jerusalem 1971, 648-672
Reitzenstein. R. Reitzenstein, *Das iranische Erlösungsmysterium*, Bonn 1921

Schaeder, *Urform.* H. H. Schaeder, *Urform und Fortbildungen des manichäischen Systems,* in F. Saxl (Hsg.), *Vorträge der Bibliothek Warburg* 4, 1924/25, Leipzig und Berlin 1927, 65-157 = H. H. Schaeder, *Studien zur orientalischen Religionsgeschichte,* Darmstadt 1968, 15-107
Schaeder, *RGG.* H. H. Schaeder, *Manichäismus,* in *RGG,* 2. Aufl. Bd. 3, Tübingen 1929, 1959-1973
Schenke. H. M. Schenke, *Vom Ursprung der Welt. Eine titellose gnostische Abhandlung aus dem Funde von Nag Hammadi,* in : *TLZ* 84, 1959, 243-256
Schmidt, Acta Iranica 5. H. P. Schmidt, *Is Vedic* dhénā- *related fo Avestan* daēnā?, in *Monumentum H. S. Nyberg,* II (*Acta Iranica* 5), Leiden-Téhéran-Liège 1975, 165-179
Schmidt, *Zarathustra.* H.-P. Schmidt, *Zarathustra's Religion and his Pastoral Imagery,* Leiden 1975
Söderblom, *Vie future.* N. Söderblom, *La vie future d'après le Mazdéisme à la lumière des croyances parallèles dans les autres religions. Étude d'eschatologie comparée* (Annales du Musée Guimet 9), Paris 1901
Tardieu. M. Tardieu, *Trois mythes gnostiques,* Paris 1974
Theodor bar Konai. H. Pognon, *Inscriptions mandaïtes de coupes de Khouabir,* app. II : *Extraits du livre des Scholies de Théodore bar Khouni,* Paris 1899; A. Scher (Ed.), *Theodorus bar Koni, Liber Scholiorum* (*CSCO,* Scriptores Syri II. Ser. Tom. LXVI), Paris/Leipzig 1912
Türk.Man. A. von Le Coq, *Türkische Manichaica aus Chotscho.* I : APAW 1912, II : APAW 1919; III : APAW 1922 = G. Hazai (Hsg.), *Sprachwissenschaftliche Ergebnisse der deutschen Turfan-Forschung* I, Leipzig 1972, 391-511
ter Vrugt-Lentz. J. ter-Vrugt-Lentz, *Geister (Dämonen)* B. II. *Vorhellenistisches Griechenland,* in *RAC* 9, 1976, 598-615
Widengren, *Numen* 1954. G. Widengren, *Stand und Aufgaben der iranischen Religionsgeschichte 1 : Einführung und Phänomenologie der iranischen Religionen,* in *Numen* 1, 1954, 16-83
Widengren, *OLZ* 1963. G. Widengren, *Die religionsgeschichtliche Schule und der iranische Erlösungsglaube,* in *OLZ* 58, 1963, 533-548
Y. Yasna; Yt. Yašt
Zaehner, *Teachings.* R. C. Zaehner, *The Teachings of the Magi,* London 1956
Zaehner, *Zurvan.* R. C. Zaehner, *Zurvan. A Zoroastrian Dilemma,* Oxford 1955

Sethian and Zoroastrian Ages of the World

THIS paper* elaborates hypotheses which H.-M. Schenke[1] and A. Böhlig[2] advanced about the four great aeons and the three illuminators, and which I myself advanced about the combination of history and cosmology in the *Paraphrase of Shem*.[3] The following grouping of source references is in some instances arbitrary and allows for some overlap between the various categories.

I. Sethian Evidence
  A. Distinction of patterns of fourfold cosmological and historical time and threefold eschatological time
    1. Cosmic ages of the universe (speculation about Harmozel, Oroiael, Daveithe, and Eleleth in *ApocryJn* cod. II 7:30-8:28; *GEgypt* cod. III 51:14-53:12; *Zost* 29:1-20; *Zost* 127:15-128:7; *TriProt* 38:30-39:27)
    2. Stages of terrestrial salvation history (*ApocryJn* II 8:33-9:24; *GEgypt* III 60:19-61:1; *GEgypt* III 64:4-8; *ParaShem* 25:8-45:31)
    3. Threefold advent of the savior (*ApocryJn* II 30:11-31:25; *HypArch* 96:27-35; *ApocAd* 76:8-17 or 77:27; *TriProt* 37:21-38:4; *TriProt* 47:4-15)
  B. Fusion of the patterns
    1. Cosmic and terrestrial salvation history (aeons of the primeval Sethians and the historical Sethians in *GEgypt* III 56:13-57:11; of the Adamites before them and the resting souls after them in *ApocryJn* II 8:28-9:24 and *GEgypt* III 64:9-65:26)
    2. Cosmic and eschatological history (Adam-Christ typology [?]

---

* Translated from the German by Anne M. McGuire.
[1] "Das sethianische System nach Nag-Hammadi-Handschriften," *Studia Coptica* (P. Nagel, ed.; Berlin [D.D.R.], 1974) 165-72, and his paper for this seminar, below, pp. 588-616.
[2] *Koptisch-gnostische Apokalypsen aus Codex V von Nag Hammadi im koptischen Museum zu Alt-Kairo* (Halle-Wittenberg, 1963) 90f.
[3] JAC 16 (1973) 109-116.

within the aeon speculation, *Melch* 5:24-6:11; judgment upon the Sethians, *ApocAd* 74:27-75:4; *ApocAd* 75:17-27)
3. Terrestrial salvation and eschatological history (Eleleth's decisive bringing of gnosis in *HypArch* 93:7-94:8 and *TriProt* 39:14-40:4; dialogue about the completion of the three periods in *Pistis Sophia* chap. 76, tr. Schmidt-Till 108,34-110,12)

II. Iranian and Zoroastrian Evidence
   A. Distinction of patterns of fourfold cosmological and historical time and threefold or fourfold eschatological time
      1. Periods of the world year (description and short analysis of the 12,000-year universe and its four 3,000-year periods)
      2. Scheme of the three or four kingdoms (genesis of the sequence of Assyrians or Neobabylonians, Medes, Persians, and Macedonians)
      3. Eschatological epochs according to the Pahlavi literature (description and short analysis of the sequence Ušētar bāmīk, Ušētarmāh, Sōšāns including and excluding Zarathustra)
   B. Fusion of the patterns
      1. Universal and terrestrial history (combination of the sequence of kingdoms of Vištāspa, Ardašīr, Xosrau Anōšarwān, and the demons with the four branches of the world tree symbolizing four world ages in *Bahman Yašt* 3.23-29 Anklesaria = 2.16-22 West and 1.1-11 = 1.1-5)
      2. World year and eschatology (combination of the millennia of the saviors Zarathustra, Ušētar, a Kai and Pišyōtan with the world ages in *Bahman Yašt* 7.2-9.23 = 3.13-61)
      3. Terrestrial and eschatological history (identification of the first world age with Zarathustra's tenth millennium in *Bahman Yašt* 3.20-6.13 = 2.15-3.11)

III. Conclusions

The substantive difference between the two doctrines of time or ages is great enough to exclude direct influence in either direction. But the formal patterns and especially their fusions, which render the conceptions of time or ages in both the Sethian texts and the *Bahman Yašt* indistinct, are so similar that the two developments of doctrine must be interrelated. It is precisely in the fusion of time patterns that this remarkable resemblance can be seen. This, along with the similarity of the doctrines of cosmic mixture in the *Paraphrase of Shem* and in the *Bundahišns*, perhaps gives as a terminus post quem the systematization of the Zoroastrian concept of time in the second or third century A.D. in Arsacid Mesopotamia. The reason for the Sethians' adoption of the Iranian principle of time fusion and for their providing it with its own contents (including its own astrology) may have been a periodization of history that was either genuinely Jewish (Seth, Noah, Abraham, and Moses), or else one that was Judaeo-Christian (the true prophet coming in different forms in subsequent epochs).

II A 1. The Iranian doctrine of world ages occurs in various systems. It is probably not yet found in Xanthus the Lydian or Eudoxus of Cnidus, but is first attested in Theopompus. It is then amplified in the two *Bundahišns*, in *Mēnōīk Xrat* (*MX*), in *Artā Wīrāz Nāmak* (*AWN*), in *Dātastān i Dēnīk* (*DD*), in *Wičītakīhā i Zātspram* (*WZs*), in the *'Ulemā-ye Islām*, according to Šahrastānī, Bīrūnī, Theodore bar Konai, and Eznik of Kolb. The systems include probably not two ages of the world, but rather three world ages, a rounding up of the latter to 10,000 years, and four world ages. Each of the systems is often so vaguely presupposed that we must assume there has been strong influence of interpretations that correspond more closely to another system. The following reconstruction of the development of the doctrine of world ages is hypothetical. It attempts to report on the summings up of world ages and on their inner structure in such a way that the systems of world ages can also be placed in other relationships to one another.

In both *Bundahišns* (*GrBd* 1.14-28 = *IndBd* 1.8-20) it is apparently the unity of the four world ages that is primary, because the resultant total of 12,000 years presupposes the Babylonian zodiac and the related notion of a twelve-month year. In the latter each of the twelve constellations represents a millennium (the coordination is found, e.g., in *GrBd* 36 = *IndBd* 34). Since the division of the zodiac into twelve parts could hardly have occurred in Babylonia before the beginning of the fourth century B.C., this is the terminus post quem. To this division there also corresponds the time which the Magi may have used after the Persian conquest of Babylonia (538 B.C.) in an effort to become more closely acquainted with the astrology of the Chaldaeans and to provide it with Iranian interpretations.

In this system the first age is "Creation" (literally, "given condition") of Ohrmazd in the *mēnōk* (= spiritual) state (years 1-2,999). The second is the transformation of this enduring *mēnōk* world into a *gētīk* (= earthly-material) world (years 3,000-5,999) in which Gayōmart and the Primeval Ox reign. Sin does not yet exist. Over against the latter Ahriman first generates a "Counter-Creation." The third age (years 6,000-8,999) is the mixture, accompanied by struggle, of Good and Evil under Yima in the first millennium of this age; Aži Dahāka in the second; other kings in the third. The fourth (years 9,000-12,000) is the eschatological age that goes up to the Fraškart (often translated "Glorification," better "the Making Useful").

A historical sketch of the 6,000 years since the mixture that results from Ahriman's invasion of the spiritual and material "Creation" of Ohrmazd is found in *GrBd* 33 with many historical details (it is missing from *IndBd*). This is also the view presupposed in *Pahlavi-Vendidad* 2, *'Ulemā-ye Islām* 8-37, *Wičītakīhā i Zātspram* 1.1-24, and Bīrūnī *Chronol.* p. 14. The origin of the division into four world ages remains unknown. That it derives from Babylonian astronomy—the tentative hypothesis of H.-M. Schenke (using A. Jeremias)—cannot be accepted, as the investigations of B. Landsberger, E. Weidner, A. Sachs, and O. Neugebauer have indicated, unless one should consider the Iranian world year itself to be secondary evidence that as in the earthly year a division according to the two solstice points and the two equinox points had been adopted. Whatever epochs may at that time have been known to the Babylonians were not governed each by its own planet. The attempt to account for the fourfold division on the basis of the fourfold form of the Zurvan Akarana, or on the basis of the Indian doctrine of the four Yugas, only transfers the difficulty to a new location.

After the establishment of the fourfold schema, it may have been possible to give up its connection with Babylonian astronomy or astrology, which would have provided the indispensible impetus for the original formulation of such a system. A classification more appropriate to the Iranian division into three periods may have been adopted: World Creation (of the spiritual and material world together), Mixture of Good and Evil, Dissolution (corresponding to the eschatology)—in all, 9,000 years (*Artā Wīrāz Nāmak* 18.57; 54.11; *Mēnōik Xrat* 8.9-11; 28.2, 9; 57.31; *Dātastān i Dēnīk* 36.9; Theopompus in Plutarch, *Isid.* 47; Eznik *De Deo* 2.78 f.; Theodore bar Konai, p. 111 ff. Pognon). It is disputed whether 9000 (the duration of the conflict between Ohrmazd and Ahriman, according to *IndBd* 1.18 and *GrBd* 1.26), 10,000 (Šahrastānī 1.2.2.2.; p. 183 Cureton, p. 277 Haarbrücker), or 12,000 years is the number in Zurvanism. A total of 6,000 years would result depending on whether the most important aspect of the world year as a whole lies in the theogony and divine conflict that endures from the beginning to the end or in a period that actually only begins with the Primeval Man and ends with the Saošyant. This number is, however, hypothetical at best; it is inferred from Xanthus the Lydian, according to whom Zoroaster lived 600 (sic) years before Xerxes' campaign (D. L., prooem. 2, with the possible implication that the original reading 6,000 referred to the time between an archetypal primeval event and a historical culmination), and from Eudoxus of Cnidus, according to whom Zarathustra lived 6,000 years before Plato (Plin. *H.N.* 30.1.3, with a similar possible implication: this could be the period between the first savior and the reincarnated savior who perfects this aeon). Since, however, both authors lived before the time in which the zodiac system could have been completed, and since it seems very forced to maintain that Zarathustra became a representative of the beginning of the world and Xerxes and Plato representatives of the end of the world, the hypothesis of 6,000 years has hardly any greater scientific value than the ancient assertions upon which it is based. The 6,000-year period of the *Oracles of Hystaspes* is of different origin.

II A 2. Even before Daniel (2:31-45; 7:3-8, 17-25), the schema of world kingdoms occurs in Aemilius Sura, writing before 171 B.C. (according to Velleius Paterculus 1.6: Assyrians, Medes, Persians, Macedonians). Indeed, one can infer the sequence Assyrians, Medes, and Persians already from the structure of Herodotus's presentation (cf. also 1.95, 130) of history (cf. also Ctesias in D. S. 2.1-34). Since the Neobabylonians and Medes shared in the reign after the end of the Assyrian kingdom in 612 B.C. and since the Neobabylonians are not named in these schemata the sequence of world kingdoms could only have come into use in the realm of the erstwhile Medean dominion (M. Noth). As revealed by a new join in the cuneiform cylinder of Cyrus made by D. Metzler, Cyrus II the Great (559-529 B.C.) consciously incorporated himself into this schema, since he eluded the Babylonian royal legitimacy and took the Assyrian king Ashurbanipal (669-626 B.C.) as his political model. The Book of Daniel was the first to erroneously put the Neobabylonians in the place of the Assyrians. The Iranians, like the Jews, had similar good reason for extending the sequence to include the Macedonians.

II A 3. Zarathustra had described the perfection of his activity in symbols that mediated not only between this world and the yonder, but also between the present and the future. An eschatological tension is thus built up by Zarathustra himself through the prophetic components of his activity—hardly, as many think, through implicit reference to a presupposed system like that of the Pahlavi texts. This eschatological tension was capable of being expanded and made into a fundamental principle by following generations. The later Avesta already attests to this systematization. It appears that national Iranian political hopes for a savior also entered in this way. These hopes make it possible to conclude that there was a further development of the eschatology in connection with an expansion of Zoroastrianism over Xwārezm at least as far as Sīstān and into other East Iranian regions.

The locus classicus (*Yašt* 19.92-96) for the true Saošyant Astvaṱ.ərəta ("the one who makes Aša, or truth, boney [i.e., corporeal]") has him equipped with the club that has slain previous historical enemies of the Iranian people (only mythicized in the case of Aži Dahāka). This deliverance is considered to be at one with the more universal deliverance in which Aša, Vohu Manah, Haurvatāt and Amərətāt (who have now become distinguished companions of the Astvaṱ.ərəta by means of the Zoroastrian virtues) each defeat their specific enemies, and all together defeat Aēšma and Aŋra Mainyu. That the resurrection precedes this (*Yašt* 19.89) may here still rest upon literary composition. Also through the latter Astvaṱ.ərəta can become the Saošyant proper (*Yašt* 13.129; probably also meant in *Yasna* 59.28; 26.10), even though this title is otherwise generally reserved for those who continue the work of Zarathustra, probably meaning priests (*Yasna* 12.7; 17.2; 13.3; 14.1; 20.3; *Visprat* 11.3) and worldly helpers, perhaps even princes ("Saošyants of the lands": *Yasna* 70.4 and *Visprat* 11.3; warriors: probably *Yasna* 13.38). Uxšyaṱ.ərəta ("he who makes Aša grow") and Uxšyaṱ.nəmah ("he who makes devotion increase")—both invoked only in *Yašt* 13.128—apparently do not yet belong here; such beings are remote also in the case of the four other figures that are invoked before Astvaṱ.ərəta in *Yasna* 13.110 and 117. Astvaṱ.ərəta has a mother, who is called Vispa.taurvairī ("sole conqueror") or Ǝrətaṱ.fədrī ("she who creates prosperity for the father," cf. *Yašt* 13.142; 19.92), and he comes out of the Lake Kąsaoya in Sīstān. The invocations of the twenty-six women who believe in Aša, beginning with the legendary wife of Zarathustra, precede the invocation of the mother in *Yašt* 13.139-142. The antepenultimate and penultimate ones are Srūtaṯ.fədrī ("she who has a renowned father"), and Vaŋhu.fədrī ("she who has a good father"), who are also perhaps led up to the mother of the last Saošyant, to judge from their place in the liturgical list. In any case, a place in the finite time is staked out, until whose end the ideas of the national unity of the Iranian people and the liturgical correctness of public worship can be extended.

It appears that this place could still be filled with a completely heterogeneous conception, namely that of the unlimited duration of the activity of the Fravašis in the finite time. The natural duration of Lake Vourukaša and of the stars join with it; and the resuscitatable body of Kərəsāspa (who is not among those who use the club of *Yašt* 19.92f.) and the seminal fluid of Zarathustra that has not dried up, thereby gain eschatological significance. All that which remains is guarded by 99,999 Fravašis (*Yašt* 13.59-62).

The Pahlavi books attest to the integration of all of these conceptions, which now appear to be homogeneous; in each specific case, new elements are adopted. While historical details, recognizable as such, frequently yield a terminus post quem for the dating of the text in question or its redaction, the origin of the fundamental concept is obscured in utter darkness. Perhaps in both tendencies there were endogenous impulses to suspend the sequence of individual redemptions after death within a simultaneous and final consummation, and to arrange the final, eschatological parts of litanies to accord with the last world ages of the world year (see *II A 1*). National Iranian color never disappears, and this compels one to seek other, fundamental impulses in the history of Iranian society. In particular the following can be sketchily distinguished:

a) The Millennium of Zarathustra, 9,000-9,999 of the world year. Cf. *GrBd* 33.12-28; *WZs* 4.1-28.7 Anklesaria = 12.1-24.19 + 0.1-9 West; *Dēnkart (Dk)* 7.8.1, 44-61; 8.14.3-11; *Ayātkār i Jāmāspīk (AJ̌)* 16.2-54 = *Jāmāsp Nāmak (J̌N)*; Pahlavi Rivayat to *Dātastān i Dēnīk* (PR*DD*) 48.1 = p. 141 Dhabhar (contradictory duration of 1,500 years—textual error?); *Bahman Yašt* 1.6-2.1; 3.20-7.2 Anklesaria = 1.3-6; 2.15-3.13 West.

At the beginning Zarathustra is thirty years old. There are struggles between Iranians and non-Iranians in almost every generation. Alexander destroys the religion and burns the Avesta, but Ardašīr restores it. The enemies in question allowed the dead bodies to be buried and washed and eaten, which are outright sins against the Zoroastrian purity regulations. Kai Wahrām and Pišyōtan bring these violations to an end (*GrBd*). When thirty winters are still left in the tenth century, the fifteen-year old virgin Nāmīk-pit (translation of Srūtaṯ.fəd̄rī) comes to "the water" (no name of a lake is mentioned). She drinks (sic) the seed floating in it which Zarathustra had poured over his wife Hwōw on the next-to-last occasion he tried to couple with her. She thereby conceives the Wahšēnītār-ahrāyīh (translation of Uxšyaṯ.ərəta, also corrupted to the form Ušētar, and often occurring with the epithet bāmīk, "brilliant"). When he is thirty years old, the sun returns to the place to which it had been appointed at the creation, and remains there for ten days and ten nights (*Dēnkart*). Perjury, vengeance, Arab invasions, lawlessness, and anarchy are the order of the day. Non-Iranians rule. In the social order, the lowest becomes the highest; even childlessness appears desirable to people (*JN*). In the *Bahman Yašt* the enemies become concrete and their number is augmented: Arabs, Romans, Turks. There is a struggle of Mithra against Hēšm = Aēšma, Bēwarasp = Aži Dahāka and a female demon. Another pretender invades Iranian territory from Zawul and fights the last battle together with the King of Patašxwargār before the arrival of Pišyōtan and of Ušētar. The hateful Mazdak comes (mentioned also in *GrBd*), but Xosrau holds him back. Demons with parted hair from the race of Hēšm (male members of East Iranian orgiastic leagues? Greeks?) burn down house and land in Iran and do not observe treaties. The years, months, and days become shorter as mankind becomes smaller and more wicked; rites and festivals are prevented or have no effect. There are unseasonable winds and rains. Livestock of all sorts becomes smaller and weaker. Kingship, dominion, and property fall to foreigners from the East and West. Metals break forth from the earth, the sun becomes dark, and the moon grows pale. There are mists, earthquakes, and storms. A few observe the rites and thus preserve the quality of the age of Vištāspa (i.e., of Zarathustra) through three eschatological battles up to the arrival of Ušētar, for whom three different birthplaces are mentioned, one being Lake Kąsaoya (*Bahman Yašt*).

b) *The Millennium of Ušētar, 10,000-10,999 of the world year*. Cf. *GrBd* 33.29-31; *Dk* 7.9.1-23; 8.4.12; *AJ* 17.2f.; PR*DD* 48.2-22 = p. 141-145; *Bahman Yašt* 7.3-9.10 A. = 3.14-51 W.

Ušētar brings revelation. Robbery disappears, peace returns, trees become green, and waters flow again. The power of medicinal plants is concentrated. One dies only of old age or murder, no longer of illness. The species of wolves disappear. Towards the end of the millennium a three-year Mahrkūša rain falls. Mankind endures this rainfall in a secretly built Yama fortress (*GrBd*, the latter also in *Dk* and in PR*DD*). The description of the conception and birth of Waxšēnītār-nyāyišn (translation of Uxšyaṯ.nəmah, instead of the usual corruption Ušētarmāh) by Wēh-pit (translation of Vaŋhu.fədrī), is like that of the preceding redeemer, and occurs also thirty years before the end of the millennium. This time the sun remains standing twenty days and nights. The livestock population increases. The relationship of the pious to the wicked goes out of balance in favor of the former, two to one. The depraved beings of the world unite to form a giant wolf, a Drug, which Ušētar cannot defeat. Animals are no longer slaughtered at the command of Artwahišt = Aša vahišta, but are eaten when they are old (PR*DD*). Eighteen rulers govern in this millennium (*AJ̌*). A Kai is born, variously identified; his coming is ascribed to many places (a falling star announces it); and he strikes down his enemies (detailed description). Yazatas (= divinities) and demons participate in the struggle. Pišyōtan continues his work; the world becomes again as Ohrmazd wanted it (*Bahman Yašt*).

c) *The Millennium of Ušētarmāh*, 11,000-11,970 or 12,000. Cf. *GrBd* 33.32; 34.2-5 = *IndBd* 30 West = 31 Justi, 2-6; *Dk* 7.10.1-14; 8.14.13; *AJ̌* 17.3-8; PR*DD* 48.23-37 = p. 145-47; *Bahman Yašt* 9.11-23 A. = 3.52-61 W.

Ušētarmāh also brings the revelation of Zarathustra. Serpents and other noxious animals disappear. Aži Dahāka unbinds himself and Frētōn is unable to vanquish him. Krišasp = Kərəsāspa is raised from the dead (according to *AJ̌*, his father Sām) and kills him (*GrBd, Dk, Bahman Yašt*, PR*DD*). All the serpents unite to form a giant snake, which Ušētarmāh cannot defeat (PR*DD*). The conception and birth of Sūtomand Pērōžkār ("victorious redeemer" as the rendering of Astvaṯ.ərəta instead of the usual generalization as Sōšāns = simply Saošyant; also called Tan-Kartār, "body maker") through Gōbāk-pit (translation of Ɜrətaṯ.fədrī) is described as coming thirty years before the end of this millennium as with the preceding redeemers. The sun now remains standing in the sky thirty days and nights. Kai Xosrau appears with helpers who will assist the Sōšāns in the achievement of the Fraškart (*Dk*). At first, people eat less, then they become vegetarian, and then eat nothing more. The transition to Fraškart is constituted by resurrection of the dead. In *GrBd* this transition is given a rationalistic explanation.

d) *Fraškart*. Cf. *GrBd* 34.6-33 = *IndBd* 30 West = 31 Justi, 7-33;

Dk 7.11.1-9; 8.14.14f.; 9.8.1-6; 32.25; 41.8; 42.1; 53 passim; 58.10f.; *WZs* 34.1-35.47 Anklesaria (didactic reflection); Plutarch, *Isid.* 47 (only 370bc); *AJ̌* 17.9 (there and *MX* 2.95, it is inconsistently designated as "Millennium of the Sōšāns") to 17.16; Lact., *Inst.* 7.16 (parallels to *Bahman Yašt* and *Bd*); Justin, *1 Apol.* 20; *Bahman Yašt* 9.24 A. = 3.62 W.; *MX* 57.7; PR*DD* 48.38-107 = p. 147-159 (the most detailed description).

In the Pahlavi books the imperishable world without old age, disintegration, or decomposition, which all three Sōšāns bring about, can be designated as Fraškart, "Making Useful" (*Dk* 7.8.50). Yet the Fraškart is almost always the work of the last Sōšāns. Understood pedantically, it includes the fifty-seven years of his activity, and therefore endures at the end of the world year from 11,970 until 12,027 (*GrBd* 34.7 = *IndBd* 30 [31].7). Yet the beginning, i.e., the resurrection and the time immediately thereafter (*GrBd* 34.16 = *IndBd* 30 [31].17), as well as the end of those fifty-seven years (*Dk* 7.11.7), can be designated as Fraškart, too. According to *DD* 2.10; 36.5; *MX* 27.63; *Dk* 9.58.10, the last and true Sōšāns frequently assists in the resurrection as the initiator. With the decline and disappearance of the need for nourishment, it is preceded by a gradual transition of the living to immortality. Therewith they cancel out the fall of the first human beings, Mašyak and Mašyānak, which inter alia consisted in eating more food than was needed (cf. *GrBd* 34 = *IndBd* 30 [31].1-3 with *GrBd* 14.16-20 = *IndBd* 15.9-12). Sōšāns makes the dead to arise in the course of his fifty-seven years, starting with the prototype Gayōmart and the two protoplasts, Mašyak and Mašyānak (*GrBd* 34.6-9 = *IndBd* 30 [31].7-9). After an ordeal by fire with molten metal, by which means evildoers are purified (*GrBd* 34.18f. = *IndBd* 30 [31].19f.), he sacrifices the bull Haδayaos and mixes its fat with the perfect white Haoma, in order to prepare a potion of immortality for all of mankind (*GrBd* 34.23 = *IndBd* 30 [31].25). Finally, Sōšāns and his helpers reward persons on the basis of their deeds. This reward consists essentially in their introduction into "paradise," Garōdmān (literally "house of the hymn of praise"). The Yazatas and Aməša Spəntas triumph over the Dēws and the Drugs (*GrBd* 34.25-27 = *IndBd* 30 [31].27-29). The new state of the world, which then is finally ascribed to Ohrmazd, is also called *tan i pasēn*, "the future body" (*Dk* 7.1.54; 7.3.30). It falls outside of the world year; depending on how it is calculated, and on the duration of Fraškart, its beginning coincides either with the date of the latter and thus with the whole Fraškart itself, or else with the end of the Fraškart. That which is brought about in the Fraškart endures in the future body; no further work of creation is to be done. Those who died in immaturity live like fifteen-year olds and those who died in adulthood live like forty-year olds forever on. In them *tan* (body), *ruwān*, and *jān* (perhaps free soul and spiritual soul) are united. Ohrmazd himself officiates as high priest. The substance of darkness is purged from the world and burns together with the Lie (Drug) in molten metal, which is probably the same that had already served at the final ordeal in the separation of good from evil and in the purification of the latter. The place reserved until that time for hell is henceforth at the disposal of the "good creation," in which bliss reigns (*Dk* 7.11.7). The mountains are level (*GrBd* 34.22-33 = *IndBd* 30 [31].24-33). The Good Religion has until now lasted down through the succession of generations (*Dk* 7.1.41f.)—the restorers of the world are ultimately descended from the body of Gayōmart (*MX* 27.17). The temples of idols are destroyed (*Dk* 7.1.39f.). Sins for which penalties had previously been exacted can now be expiated (e.g., *AWN* 64.13; 87.9: the adoption of a child who was expelled or not nursed with mother's milk).

The Sōšāns takes only spiritual nourishment. His body is like the sun—with six eyes he sees in all directions. He has the Xvarənah (royal charisma) of Frētōn, Kai Xosrau, Fraŋrasyan, and Kai Wištasp. Under his rule sickness, old age, death, grief, false belief, and despotism disappear (additional information in *Dk*, see references above).

Variants to this picture, which has been put together from *Bd* and *Dk* and which can perhaps be further analyzed in terms of tradition history, are found above all in PR*DD* (reproduced here in a somewhat different sequence). Here the earth in the future body is twice its present length and width. In it Kai Xosrau reigns for fifty-seven years over the seven Karšvars (parts of the earth), and Sōšāns is the High Mōbed. Through Sōšāns the resurrection takes place in five Yašt performances, one-fifth of mankind at a time, as well as the destruction of the evil by molten metal, which Šahrēwar pours into a hole into which they—the so-called "Drug of apostasy"—along with, probably, the giant wolf and the giant snake of the preceding millennia, had been pushed by an army before the resurrection. There is a thousand times the present nourishment, yet human beings no longer need to eat meat, since they have a lingering taste of meat in their mouths: thus both sexes of livestock are transformed back into the androgynous Primeval Ox. Everyone receives a marital partner and has sexual intercourse, but no one begets offspring. Those who had sawed Yima to pieces, and other evildoers, die again and are raised once more from the dead to be punished. All creatures, even the sun and fire, assume a human forty-year-old and immortal form and worship Ohrmazd in majesty.

II B 1. The concept of a sequence of world kingdoms described above under *II A 2* permitted Cyrus the Great, who adopted it, to vindicate his reign over against non-Iranian subjects. It brought the ethnic dissimilarity of ruler and ruled, which had arisen long before, into a schema of legitimation that later became independent as a symbol. Once this independence had been realized, the schema could be transposed to the purely Iranian history and filled out in various manners. In *Bahman Yašt* 1.1-11 A. = 1.1-5 W, the world kingdoms are symbolized as golden, silver, steel, and iron branches on the world tree; they are defined as the dominion of Vištāspa (patron of Zarathustra between the tenth and sixth centuries B.C.), of Ardašīr I (Sassanian precursor, ca. 225-240 A.D.), of Xosrau Anōšarwān (for the author obviously an equally important originator of a new epoch in the promotion of Good Religion, 531-579 A.D.), and of the demons. In the *Bahman Yašt* 3.20 or 23-29 A. = 2.15 or 16-22 W. is found an expansion of the schema to seven reigns by inserting, between the second and third reigns of chap. 1, Šāhpur (probably the First, 240-272, rather than Šāhpur II, 309-379, or Šāhpur III, 383-388), an Arsacid king (chronologically impossible), and Bahram Gōr (421-439). They are now represented by seven branches on the world tree. But both schemas, which are at once universalized and cosmologized through their symbolization as world tree branches, belong rather in the millennium of Zarathustra, therefore only in 9,000-9,999 of the world year. According to the count of *GrBd* 33.12-28 (lacking in *IndBd*) this is the fourth millennium, which is followed by a fifth millennium—that of Ušētar (33.29-31)—and a sixth—that of Ušētarmāh (33.32). The schema of world kingdoms is here broken down through many additional details; the Fraškart is sketched only briefly in 33.33-35.

II B 2 and 3. Here it may suffice to refer to material in English translation in Behramgore Tehmuras Anklesaria, *Zand-i Vohuman Yasn*, and *Two Pahlavi Fragments with Text, Transliteration, and Translation in English* (Bombay, 1957); in E. W. West, *Pahlavi Texts I* (The Sacred Books of the East 5; Oxford, 1880; reprinted Delhi, 1965)

191-235; and in Samuel K. Eddy, *The King is Dead* (Lincoln, Nebraska, 1961) 343-349 (abstract of the parts which, according to Eddy, belong already to the Hellenistic period). The interpretation results from the superscriptions and references named above on p. 541, sub *II B 2* and *3*. Insofar as the chronological divisions can be detached from the fusions adopted there, their contents are taken into consideration under *II A 3 a-d*.

Mystische und berechnete, unendliche und astronomische Zeit in mittelpersischer Rezeption

Das Verhältnis zwischen naturwissenschaftlichen und humanwissenschaftlichen Untersuchungen zur „Zeit" ist theoretisch keineswegs so geklärt, daß außer Frage steht, ob hier und dort immer von derselben Sache die Rede ist. Es steht bisher keine Metatheorie zur Verfügung, welche dergestalt als apriorische Voraussetzung oder Grundlage etwaiger bestimmten Einzelwissenschaften inhärenter Theorien begriffen werden kann, daß sie auch eine allerseits akzeptable Definition des Untersuchungsgegenstandes „Zeit" ermöglichen würde[1]. Man muß sich bereits angesichts dieses Sachverhalts darüber im klaren sein, daß dann erst recht keine Einzelwissenschaft hier einen theoretischen Ausgangspunkt liefern kann, auch dann nicht, wenn sie in der Lage ist, früheste erreichbare Annäherungen an Vorstellungen aufzuweisen, die etwas mit dem zu tun zu haben scheinen, was wir heute „Zeit" nennen.

Die bisherige Beschäftigung mit antiken Hochkulturen bestätigt diese Überlegungen insofern, als sie noch keine Untersuchungen erbracht hat, welche über die „Zeit" in diesen Kulturen etwas ermitteln wollen. Das ist offenkundig deshalb nicht geschehen, weil die „Zeit" hier keine Sinneinheit ist, welche innerhalb der Quellen als ein quantitativ evident angebbarer Bestand auffällt. Es gibt natürlich einige Wörter – wir wer-

---

[1] Nimmt man etwa die Zeitlehre Newton's, die statistische Begründung des zweiten Hauptsatzes der Thermodynamik durch Boltzmann und Einstein's Relativitätstheorie als naturwissenschaftliche, Bemühungen um historische Periodisierung, Ablaufdynamiken und ihre Erklärung, Bezüge astronomischer Chronologie zu den verschiedenen kalendarischen Zeiteinteilungssystemen als humanwissenschaftliche Theorien, so darf man die Theorie dieser Theoriengruppen wohl eine Metatheorie nennen. Dem Laien stellt sie sich als die Theorie der Zusammenschau zeitlicher Strukturen des Kosmos, der Erde und der Menschheit dar, wie sie z. B. C. F. VON WEIZSÄCKER, Die Geschichte der Natur, Göttingen 1948, ²1954, bes. S. 31–43, 75–83, 104–114, und ders., Die Einheit der Natur, München ²1971, bes. S. 172–206, vornimmt. Gegenüber der dort vollzogenen Abweichung von Kant war hier keine andere Position als die in Anm. 70 angedeutete möglich.

den über sie Auskunft geben –, welche in den Lexica mit „Zeit" übersetzt werden. Und es gibt andere Sinneinheiten wie die Vorzeichenschau in Babylonien, die Dynastienlegitimation in Iran, die Seelenwanderung in Indien, die nicht nur als der jeweiligen Kultur gemäßere Sinneinheiten in den Quellen quantitativ evident hervortreten, sondern die auch als früheste Chiffren einer naiven Zukunfts-, Gegenwarts- und Vergangenheitsperspektive begriffen werden können, aus denen sich eine genau so naive Zeitvorstellung zusammensetzen läßt. Es gibt schließlich Zeit-Spekulationen in indischen philosophischen Systemen; aber sie heben sich von dem, was man als einen Kulturausdruck „Zeit" begreifen könnte, so deutlich ab wie jeder Begriff von einer Sache.

Es wäre unter jedwedem Untersuchungsaspekt verfehlt, bei Wörtern, die mit „Zeit" übersetzt werden, als der vermeintlich sichersten Gegebenheit einzusetzen. Denn wir kennen die theoretischen Voraussetzungen nicht, aufgrund derer früheste Lexikographen zu einer Übersetzung kamen, die – in ebenfalls ungeklärten Abhängigkeiten – von späteren Lexikographen mit westeuropäischen Wörtern wiedergegeben wurden, über deren gegenseitige Umsetzbarkeit im Sinne eines Zeitbegriffs erst in der Neuzeit Konsens besteht. Voraussetzungen und Querverbindungen in der in unseren modernen Wörterbüchern mündenden Wissenschaftsgeschichte aufzuhellen, wäre das Forschungsprogramm für eine Generation. Schon eher darf man bei quantitativ evidenten Sinneinheiten wie den genannten anfangen. Dieses Verfahren ist aber nur dann nicht ebenso irreführend wie das an Wörterbüchern orientierte, wenn man in aller Grundsätzlichkeit die Einsicht festhält, daß es um eine wieweit auch immer geklärte Kategorie „Zeit" *bei uns* sich handelt[2], welche mittels anderer Sinneinheiten in antiken Quellen aus einer Form innerer Anschauung in eine Gegebenheit überführt werden kann. Erst wir sind es dann, die darin eine Zeitvorstellung wiedererkennen, und erst wir können daraus vielleicht sogar einen Zeitbegriff bilden.

Es ist dafür, nach dieser formal-weiten Umschreibung der Problematik, eine etwas material-engere Orientierung vonnöten. Sie steht bereits in einer methodischen Zirkelbeziehung zu den historischen Sinneinheiten, zwischen denen wir uns zurechtfinden wollen, wenn es auch technisch nicht angeht, diese schon jetzt zu nennen. Unter den sechs

---

[2] Einen philosophiegeschichtlichen Überblick über solche Anschauungen gibt W. GENT, Die Philosophie des Raumes und der Zeit, 2 Bde., Hildesheim ²1962, einen kulturgeschichtlichen Überblick R. WENDORFF, Zeit und Kultur, Opladen ²1980. Beide Darstellungen sind auf Europa konzentriert.

Kategorien Geschichtslosigkeit, Geschichtseinteilung, Geschichtsvorstellung, Zeiteinteilung, Zeitvorstellung, Zeitbegriff – Kategorien also, die keine Gültigkeit a priori mehr beanspruchen können –, sollen die Grade der Annäherung an das begriffen werden, was erst nach dem vorkritischen Kant und auch dann noch in zahllosen Definitionen „Zeit" genannt werden darf. Warum in dem historischen Bereich, aus dem sich solche Annäherungen ergeben haben könnten, gerade Babylon, Iran und Indien gewählt wurden, wird sich ergeben. Vorweg sei nur darauf hingewiesen, daß die iranische Annäherung am dichtesten gelang, daß sie aber ohne gedankliche, wissenschaftliche und spekulative Anstöße aus der westlichen und aus der östlichen Nachbarkultur höchstwahrscheinlich nicht gelungen wäre.

Wenn hier zunächst von Geschichtslosigkeit gesprochen wird, dann soll das nicht heißen, daß das Fehlen eines Verhältnisses zur Geschichte in jedem Fall ein urtümliches war, oder daß es für schriftlose Gesellschaften, „Naturvölker", Stammeskulturen typisch ist oder geblieben ist. Wir wissen heute, daß es dort Geschichtskonzeptionen gab und gibt, und sogar recht verschiedene[3]. Zentralistisch organisierte geschichtete Gesellschaften einschließlich solcher Gruppen, die staatliche oder staatsähnliche Organisationsformen entwickelt haben, kennen z. B. regelrechte Institutionen, denen die Bewahrung und Weitertradierung der Geschichte obliegt (bestimmte Würdenträger, Spezialisten am Hof, Schulen); es handelt sich natürlich nicht immer um Geschichte in unserem Sinne – die Tradition konnte z. B. für das jeweils bestehende Herrschaftssystem manipuliert, ein unehrenhafter Herrscher konnte aus der Staatsgeschichte gestrichen werden –, doch enthält die Aufbewahrung und Wiederbekanntmachung von Genealogien, Namen, Ereignissen und Preisliedern für die Herrscher schon viel davon. Andererseits treten segmentäre Gesellschaften, die nicht in soziale Klassen geschichtet sind und keine zentralistische Autoritätsgewalt im Sinne eines dynastischen Herrschers kennen, jede für sich als „Besitzer von Geschichte" auf. Sie spiegelt die latenten Konflikte, die Rivalitäten der Einzelsegmente wider und enthält historische Legiti-

---

[3] Das folgende nach P. Fuchs, Zur Funktion der Geschichte in schriftlosen Gesellschaften, in: Mitteilungen der Anthropologischen Gesellschaft in Wien 99, 1969, S. 182–188. Den Schritt von der interpretierenden Heraushebung von Geschichts- zu der von Zeitvorstellungen tut F. Kramer, Über Zeit, Genealogie und solidarische Beziehung, in: ders. und Chr. Sigrist (Hsg.), Gesellschaften ohne Staat Bd. 2: Genealogie und Solidarität, Frankfurt/M. 1978, S. 9–27. Näheres siehe am Schluß von Exkurs I.

mationen für Prioritätsansprüche, z. B. indem ein Clan behauptet, vom ältesten Bruder in einer Ahnenfamilie abzustammen.

Hat also auch die Geschichte in beiden Typen von Ethnien von Fall zu Fall immer wieder eine Funktion, so gibt es doch auch in ebensolchen Ethnien, ja noch in Hochkulturen wie der griechischen, eine Haltung, die neben oder unterhalb von Schichten oder Institutionen steht, die sich in der Funktionalisierung von Geschichte gleichsam ein Monopol gesichert haben. Diese Haltung ist so beschrieben worden[4]:
„Eines ist das System religiöser Vorschriften einer kleinen sozialen Einheit mit elementaren Notwendigkeiten und Interessen und nur unbedeutender Berührung mit anderen Kulturen, die entweder materiell oder intellektuell überlegen sind oder einen Kult und einen Glauben haben, die Neugierde und Aufmerksamkeit zu erregen vermögen – einer Sozialeinheit in welcher, um es mit den Worten eines Bühnenschriftstellers zu sagen, nichts geschieht außer daß man es drei Uhr schlagen hört und darauf wartet, daß es vier schlägt. Ein anderes ist die Religion einer prophetischen Bewegung in der ersten Inbrunst des Gründers. In der ersten gibt es keine religiöse Grenze zu überschreiten, keine schwierige Entscheidung zu treffen zwischen zwei Zwekken des Lebens, durch welche seine sämtlichen Einzelheiten verschieden werden. In der anderen steht der Einzelne vor einer Wahl, welche entweder die Absage an die eigene Vergangenheit und Eintritt in ein Königreich bedeutet, welches, sollten die darüber gemachten Versprechungen wahr sein – aber das läßt sich weder beweisen noch widerlegen –, ganz anders hier ist und ganz anders künftig sein wird, oder welche die Abweisung seines Traumes als chimärisch bedeutet. Er kann weder zweimal heiraten noch zweimal seine Seele verlieren."

Es ist die hier zuerst charakterisierte Einstellung, gleichsam das Gewahrwerden des Glockenschlags drei mit immer wieder dem Warten auf den Schlag vier, die man eine geschichtslose nennen kann. Eine solche Einstellung nun ist aus den sozialen Verhältnissen im nordostiranischen Steppenland, dem von Oxus und Jaxartes durchflossenen Gebiet, zu erschließen[5]; seit alters, mindestens aber seit dem Beginn des 1. vorchristlichen Jahrtausends, hatten sich dort seßhafte Viehzüchter,

---
[4] A. D. Nock, Conversion, Oxford 1933 (= 1961), S. 4f.
[5] Für das Folgende würden Einzelnachweise hier zu weit führen. Es fußt im wesentlichen auf K. Barr, Die Religion der alten Iranier; C. Colpe, Zarathustra und der frühe Zoroastrismus; M. Boyce, Der spätere Zoroastrismus, in: J. P. Asmussen – J. Læssœ – C. Colpe (Hrsg.), Handbuch der Religionsgeschichte Bd. 2, Göttingen 1972, S. 265–372, und der dort S. 317f, 354–357, 371f. angegebenen Literatur.

die auch beschränkt Ackerbau trieben, mit räuberischen Nomaden auseinanderzusetzen, die in ihr Land einfielen und ihr Vieh raubten. Beide Gruppen hatten in immer gleichem Rhythmus etwas zu konstatieren, die einen, wann die Schneeschmelze Acker- und Weideland freigab und wann angebaut werden mußte, die anderen, wann ein Weideplatz abgefressen war; und beide hatten auf etwas zu warten, die einen auf eine gute Ernte, die anderen auf einen neuen Weideplatz, nach dem man suchen mußte. Mutatis mutandis ist eine solche Einstellung auch für die rein bäuerlichen Verhältnisse Mesopotamiens und des Pandschab vorauszusetzen.

In den eben zitierten Worten ist sodann von einem Gegentyp die Rede, dem Verhalten aufgrund einer prophetischen Bewegung. In der Tat bricht eine prophetische Predigt das wiederholende Einerlei der Geschichtslosigkeit mächtig in geschichtliche Perspektiven hinein auf, sei es daß nach vorn auf ein Gericht verwiesen wird, in welchem über eine hier und jetzt getroffene Entscheidung zu urteilen ist, sei es daß der Prophet nach rückwärts auf eine Schöpfungsordnung verweist, die verdorben worden ist und im Auftrag eines Schöpfergottes durch ihn wiederhergestellt werden muß[6]. Diese Züge finden sich in der Predigt Zarathustras, der in der 1. Hälfte des 1. Jahrtausends v. Chr. innerhalb des eben charakterisierten Grenzgebietes zwischen dem „heiligen Lande der Arier" und der zentralasiatischen Steppenkultur, wahrscheinlich in Baktrien im heutigen nordwestlichen Afghanistan, auftrat. „Im Antagonismus zwischen ansässigen Viehzüchtern und räuberischen Nomaden bezieht Zarathustra dergestalt Stellung, daß er erstere fördert und zu schützen sucht, zur Bekämpfung und Abwehr der letzteren... aber aufruft"[7]. Indem die seßhafte Lebensweise, die der Erde als einer Gottesgegebenheit pflegend gerecht werden soll, mit älteren arischen Begriffen für Weltordnung, Wahrheit, Recht und Gut zur Konvergenz gebracht wird, tritt die räuberisch-nomadische Lebensweise, welche sich im Blutrausch zum Göttlichen ekstatisch emporsteigern will und dabei das Rind vor Schmerzen klagen läßt, als Unordnung, Lüge, Unrecht und Böse dagegen. Die Wahl zwischen beidem, welche der von Zarathustra Angeredete zu treffen hat, stellt sich als Konkre-

---

[6] Daß dies in solcher Allgemeinheit auch für die altisraelitische Prophetie gilt – man denke an Amos 5,2, Hos. 10,1, den „Tag Jahwe's" vom 8. Jh. bis in die Exilszeit, die Schöpfungstheologie Deuterojesaja's –, ist hier nicht auszuführen.
[7] K. RUDOLPH, Zarathustra – Priester und Prophet, in: B. SCHLERATH (Hsg.), Zarathustra (Wege der Forschung 169), Darmstadt 1970, S. 270–313, dort S. 287.

tion einer Urwahl dar, die an allem Anfang und dann auch von zwei anfänglichen Geistern getroffen worden ist. Sie gewinnt damit einen protologischen Aspekt, der irgendwann zu einer vollen Protologie verselbständigt werden kann. Andererseits gewinnt eine alte Ordalpraxis, die mittels eines brennenden Stoffes vollzogen wurde, symbolischen Charakter auf ein Ende des Kampfes zwischen Gut und Böse, Wahrheit und Lüge hin. Helfer Zarathustras, die sein Werk in seiner eigenen und in der nächsten Generation fortführen werden, arbeiten damit zugleich auf eine eschatologische Zukunft hin und werden in späterer Überlieferung als endzeitliche Heilande erscheinen.

Man kann sagen, daß damit eine geschichtliche Weltschau in das wiederholende Einerlei der halbbäuerlich-nomadischen Lebensanschauung gelegt worden ist, ja daß es darin sogar schon eine Einteilung gibt, natürlich noch ohne jede auch nur mythische Chronologie. Die Einteilung reicht vom Ins-Dasein-Treten der Welt oder auch von der Urwahl zwischen Gut und Böse bis zu Zarathustra und von der durch ihn eingeleiteten Wende im Kampf zwischen den beiden ethischen Prinzipien bis zur Vollendung dieses Kampfes. Aber das Proton scheint durch seinen Entscheidungsaufruf, das Eschaton durch sein Verdikt über die Lüge nur erst hindurch. Deshalb kann man von Protologie und Eschatologie und dementsprechend auch von einer Vorstellung von Geschichte als eines geschlossenen universalen Ablaufs noch nicht reden.

Es ist aber nun darauf hinzuweisen, daß es nicht nur ein prophetischer Anstoß ist, der zu einer Art Geschichtseinteilung führen kann. Dasselbe kann geschehen, indem Völker und Dynastien langsam ihrer Vergangenheiten innewerden und vielleicht auch ihr Dasein als eine politische oder kulturelle Mission begreifen, die weiterwirken wird. Dergleichen ist in Mesopotamien, wo der prophetische Aufbruch fehlt, früher geschehen als in Iran, aber es wird auf die Meder und Perser einwirken, nachdem sie mit den Assyrern in Kontakt gekommen sind, und es wird in den historischen Selbstlegitimationen der Achämeniden breit ausgeführt werden[8]. Zahlreiche Mythen und Legenden, in die auch historische Fakten eingewoben sein können, und historische Erzählungen, die noch keine Geschichtsschreibung sind, bezeugen eine Art kollektiver Erinnerung des sumerisch-akkadischen Volkes. An ihren Anfang sind Spekulationen über den Beginn der Zivilisation als

---

[8] Das Folgende nach E. A. SPEISER, Ancient Mesopotamia, und G. G. CAMERON, Ancient Persia, in: R. C. DENTAN (Hsg.), The Idea of History in the Ancient Near East (American Oriental Series 38), New Haven 1955, S. 35–76 und 77–97, dort bes. S. 49 f., 80 f., 86 f.

Gabe der Götter vom Himmel gestellt. Die Deutung einer das meiste Leben vernichtenden Flut, die nie aus dem Gedächtnis der Überlebenden schwand, als Bedrohung dieser Zivilisation, sowie ihr schließliches Bestehen oder ihre Erneuerung als rettende Tat eines Kulturheros konnten hinzukommen. Halbmythisch gewordene Herrschaften nach der Sintflut verdichteten sich dann wohl in der Gestalt des Schäfers Etana, der zum Himmel aufstieg, um die Möglichkeit fürsorgenden Herrschens über die Menschen durch einen König mit begrenzter Macht zu erkunden. Historische Kunde über Rivalitäten zwischen königsbeherrschten Stadtstaaten konnte im Licht dieser Wertung folgen. Dies führt zu Geschichtseinteilungen, wie sie sich für Dynastien in Königslisten, Annalen und Chroniken von selbst ergeben. Daß dergleichen bewußt festgehalten wurde, ergibt sich aus der Sammlung der Urkunden in Bibliotheken.

Die Assyrer, welche dieses Erbe weiterführten, wußten mithin erheblich besser über sich und ihre Vergangenheit Bescheid – und konnten ihre politische Sendung schon vom Aufkommen des Weltreichgedankens unter der Akkad-Dynastie her erheblich selbstbewußter interpretieren – als die erstaunten Meder und Perser, die zu Beginn des ersten Jahrtausends im Gebiet des heutigen Kurdistan mit ihnen in Berührung kamen, als sie in das Territorium einwanderten, welches dann Iran sein sollte. Was die fahrenden Sänger und Spielleute bewahrten, um die medischen und persischen Häuptlinge zu unterhalten, mußte schnellstens in historische Vergewisserung überführt – und aufgeschrieben! – werden, mittels derer das neu entstehende Königtum gegenüber dem nachbarlichen der Assyrer sein Selbstbewußtsein finden konnte. Die Nachrichten über Kyros den Großen zeigen, daß damit auch Geschichtseinteilung einhergeht – von der Zeit, in der das Mederreich noch bestand, bis zu der, in welcher das Perserreich es ablöst, und von da bis zur Eroberung Babyloniens, die u. a. die Beendigung der dortigen Gefangenschaft der Juden einleitet. Und an den Inschriften Darius' des Großen sieht man, wie die Königslegitimation in eine konsistent gegliederte historische Linie gebracht, und wie auf das Weltreich als ein Resultat folgerichtigen Heranwachsens geblickt wird.

Weil im iranisch-armenisch-assyrischen Grenzgebiet, also im wesentlichen in Kurdistan, innerhalb von nur zwei Generationen die Abfolge von drei Reichen mit universalem Anspruch im gleichen Blickfeld blieb – 612 v. Chr. machten dem Assyrerreich die Meder und Babylonier ein Ende, die 553 v. Chr. und 539 v. Chr. ihrerseits von den Persern unter Kyros abgelöst wurden –, konnte dort eine Einteilung der Geschichte in Weltreiche entstehen, die weltgeschichtlich folgenreich werden sollte[9]. Die Einteilung wurde später bekanntlich durch Hinzunahme des Alexanderreiches zum Vier-Weltreiche-Schema erweitert. Welche Rolle dieses – mit der leichten Veränderung, daß das in Wirklichkeit neben dem Mederreich gestandene neubabylonische Reich vor dieses, also an die Stelle der Assyrer trat – in den Weltgeschichtsvisionen von Daniel Kapp. 2 und 7 und in der gesamten davon abhängigen Apokalyptik bis in unser Mittelalter hinein spielt, ist hier nicht auszuführen[10]. Aber festzuhalten ist die Vier-Einteilung der nunmehrigen Weltgeschichte, und daß es historische Konstellationen sind, die eine solche Einteilung am ehesten erklären.

Der Seitenblick auf das antike Judentum ist deshalb wichtig, weil er uns zu der Einsicht verhilft, daß es noch erheblicher weiterer Voraussetzungen eben dort bedurft hat, damit eine Vorstellung von Geschichte im eigentlichen Sinne entstehen konnte. Aber in den drei älteren Hochkulturen kann sich unser nächster Schritt, eben der zu einer Geschichtsvorstellung, soweit bisher ersichtlich auf keine Zeugnisse stützen. Es könnte als Spielerei erscheinen, diesen Schritt hier dennoch zu reflektieren. Aber da es uns nicht nur auf das historisch Wirkliche, sondern auch auf das faktisch Mögliche ankommt, müssen wir auch das Fehlen einer Geschichtsvorstellung als Kriterium für die Aufstellung eines kulturbezogeneren Zeitbegriffs nehmen. Mit Geschichtsvorstellung ist hier die Erfassung von Geschichte oder geschichtlichen Abläufen über bloße Einteilungen hinaus als Sinneinheit gemeint. Es gehören Gesetze in der Geschichte dazu, die für den Menschen erkennbar sind; sie können als gottgegeben gelten wie in der altisraelitischen Geschichtsschreibung, sie können sogar als Summe und Umschlag der

---

[9] Aufgezeigt von M. NOTH, Das Geschichtsverständnis der alttestamentlichen Apokalyptik, in: ders., Gesammelte Studien zum Alten Testament (Theolog. Bücherei 6), München 1957, S. 248–273, dort S. 257f. Dieser Auffassung gebe ich unter den bei K. KOCH u. a. (nächste Anm.) referierten den Vorzug.

[10] Zur Forschungsgeschichte siehe K. KOCH/T. NIEWISCH/J. TUBACH, Das Buch Daniel (Erträge der Forschung 144), Darmstadt 1980, S. 102–105 und 113–115 (Tabellen zu Dan. 2 und 7), 127–157 (Großreiche), 182–213 (Vier-Monarchien-Lehre); zur Weiterwirkung z. B. A. DEMPF, Sacrum Imperium. Geschichts- und Staatsphilosophie des Mittelalters und der politischen Renaissance, München und Wien ⁴1973 (= Darmstadt 1954). Die Unterbrechungen der Interpretationsgeschichte, z. T. auch ihre Durchkreuzungen, mit einer Zwei-Reiche-Lehre (z. B. Augustin) und mit einer trinitarischen Drei-Reiche-Lehre (z. B. Joachim von Fiore) machen die jeweiligen Aktualisierungen freilich recht kompliziert. Dazu sind gute Analysen enthalten in A. FUNKENSTEIN, Heilsplan und natürliche Entwicklung. Gegenwartsbestimmung im Geschichtsdenken des Mittelalters, München 1965.

Weltgeschichte begriffen werden wie in der jüdischen und christlichen Eschatologie. Nur in der Erfassung bestimmter Kausalzusammenhänge, die gleichfalls Bestandteil einer solchen Sinneinheit sind, reicht innerhalb der altorientalischen insbesondere die hethitische Geschichtsschreibung an die Qualität der jüdischen heran[11]. Die iranische Geschichtsschreibung hingegen wird nahezu ausschließlich in der Geschlossenheit von Königssequenzen befangen bleiben, und eine indische Geschichtsschreibung gibt es überhaupt nicht.

Die Indizien, welche aus diesem Tatbestand zu gewinnen sind, sagen aber nicht nur negativ, sondern auch positiv etwas aus: würden Zeiteinteilungen, -vorstellungen, -begriffe lediglich aus korrespondierenden Geschichtsstrukturierungen gerinnen, würde sich unser Problem in unserem Themabereich gar nicht stellen. Daß es sich dennoch stellt, liegt an dem Sachverhalt, auf den die festgestellten Indizien nun umso positiver hinweisen: unabhängig von jedem etwaigen Gerinnen aus Geschichtsabläufen gibt es Zeitvorstellungen, die etwas mit Astronomie oder jedenfalls mit Beobachtung anderer Vorgänge etwas zu tun haben, als irdische Geschicke es sind. Es sind die babylonischen Mond-, Planeten-, Tierkreis- und Periodenrechnungen seit dem 6. Jh. v. Chr., also in der sog. neubabylonischen und persischen Zeit, an die wir uns hier halten müssen[12]. In einer denkwürdigen Abhängigkeit von ihnen, die aber durch autochthone Anschauungen fast unkenntlich geworden ist, klammern indische Astronomie/Astrologie zusammen mit den babylonischen bestimmte iranische religiöse Anschauungen ein und wirken auf sie, die ursprünglich weder astral waren noch etwas mit Mathematik zu tun hatten. Erst aus dieser Interdependenz erwächst das in einer solchen Akkulturation letztmögliche Endprodukt im Zeitdenken.

Auszugehen ist von einer Zeiteinheit, die man erst im babylonisch-seleukidischen Kontaktbereich der astronomischen Wissenschaft voll begriffen hat, dem sog. „Großen Jahr"[13]. Voraussetzung für die Konzeption eines „Großen Jahres" ist das Bedürfnis nach Periodenrech-

---

[11] Erstmalig aufgezeigt von H. CANCIK, Grundzüge der hethitischen und alttestamentlichen Geschichtsschreibung, Wiesbaden 1976.
[12] Siehe Exkurs I, Seite 253f.
[13] Das Folgende ist ganz und gar dem meisterhaften Werk von B. L. VAN DER WAERDEN, Die Anfänge der Astronomie (Erwachende Wissenschaft Bd. 2), Groningen o.J. (nach 1956) verpflichtet, in welchem die einschlägigen Resultate der Wissenschaftsgeschichte auch dem Nicht-Mathematiker und Nicht-Assyriologen verständlich gemacht werden. Zum „Großen

Mystische und berechnete, unendliche und astronomische Zeit 425

nung schlechthin; des Näheren werden die „Großen Jahre" schließlich ein gemeinsames Vielfaches bestimmter Planetenperioden sein. Die Grundeinheit, die hierfür zunächst wichtig ist, ist der σάρος (so die Wiedergabe des babylonischen šāru[14] bei dem Historiker Abydenos im 2. Jh. v. Chr. und in der Suda[15]), ursprünglich eine Finsternisperiode von 222 Monaten oder 18 Jahren, nach der in der Seleukidenzeit Finsternisbeobachtungen überhaupt in 18-Jahr-Gruppen geordnet wurden. Es gibt viele Gruppierungen solcher Art, in denen das Streben nach immer sachgemäßeren, besseren Perioden deutlich erkennbar ist. Als Saros bezeichnete man aber auch eine Periode von 3600 Jahren, wenn zum betreffenden Zahlsystem auch noch der νῆρος (akkad. nēr = 600) und der σῶσσος (jungbabylonisch šuššu = 60) gehören[16]. Dem „Großen Jahr" kommen lange Perioden der Planetengruppe Saturn/Jupiter/Mars/Venus/Mond oder Merkur in neubabylonischen Texten und bei dem davon abhängigen griechischen Astrologen Rhetorios nahe, die nicht durch Beobachtungen, sondern nur durch Berechnungen bestimmt worden sein können. „Große Jahre" im engeren Sinn kennen wir dann von dem eben genannten Rhetorios (kosmische Wiederkehr aller Sterne im 30. Grad des Krebses oder 1. Grad des Löwen in 175300 Jahren); von dem babylonischen Belpriester Berossos, wahrscheinlich aus seinen bereits griechisch geschriebenen Βαβυλωνιακά (oder Χαλδαϊκά o. ä.; 600 Saroi = 2160000 Jahre von der Schöpfung über die Sintflut und die historischen Könige von Babylon bis auf Alexander den Großen); von Diogenes von Babylon (6480000 Jahre vergehen, bis alle Planeten gleichzeitig wieder an ihrem Ausgangspunkt ankommen); von Heraklit (10800 oder 18000 Jahre; beide Perioden durch Saroi teilbar); und mehrere andere. Das „Große Jahr" war schon vor Berossos und den griechischen Astronomen/

Jahr" siehe S. 116–119, 210f., 230, 255f., 277. Die dort gegebenen Belege brauchen hier nicht wiederholt zu werden. Zur Ergänzung sind die Präzisierungen in der materialreichen Abhandlung von PINGREE (Anm. 21) heranzuziehen.

[14] VAN DER WAERDEN, S. 8, 106, 121f., 148–153, 254; W. VON SODEN, Akkadisches Handwörterbuch Bd. 3, Wiesbaden 1981, S. 1182b. Die häufig gegebene Übersetzung „Kreis" ist nur sinngemäß – es handelt sich um das dem Sumerischen entlehnte š/sár, das ursprünglich eine Gesamtheit bezeichnet – und hat etymologisch nichts mit *sâru(m)* „kreisen, tanzen" (a.a.O., S. 1031b) zu tun.

[15] H. G. LIDDELL-R. SCOTT, A Greek-English Lexicon, Oxford ⁹1940 (= 1953), S. 1585a.

[16] W. VON SODEN, Grammatik § 69f.; Handwörterbuch S. 779b, 1288b (beide als „unbekannter Herkunft" angegeben). Zu Berossos s. Anm. 29.

Astrologen den Griechen bekannt. Pythagoras oder seine Schüler müssen es in oder in der Nähe von Babylonien kennengelernt haben; die bekannten Erwähnungen bei Platon, Aristoteles und Eudemos sind ein Nachhall davon. Bei den vier letztgenannten Autoren finden sich noch keine Zahlenangaben.

Es ist deutlich, daß sich unser Begriff einer absoluten Zeit im Newton'schen Sinne am ehesten aus Berechnungen des „Großen Jahres" gewinnen läßt. Ein Terminus in den Quellen findet sich dafür nicht. Wichtig dafür sind die Ereignisse und die Wiederholungen, die innerhalb eines „Großen Jahres" stattfinden, z. B. Überschwemmung in einem Teil des Weltalls im 30. Grad des Krebses (Rhetorios) oder im Steinbock (Berossos), Weltenbrand bei Zusammenkommen aller Sterne im Krebs (Berossos) oder zu einer anderen Zeit (Heraklit und wohl von ihm abhängige Stoiker), Wiederkehr aller Dinge bis zu kleinsten Tageseinzelheiten (Pythagoreer). Diese Ereignisse gehören jedoch nicht von Anfang an integrierend in ein Großes Jahr hinein. Die Überlieferungen davon haben ihre je eigene Geschichte. Besonders der Weltenbrand wird uns als iranisches Element noch beschäftigen. Das wichtigste Merkmal für den Absolutheitscharakter der Zeit, die dieses alles einschließt, hat im 4. Jh. v. Chr. der Pythagoreer Hippasos von Metapont so wiedergegeben: „(Er behauptete), die Veränderung der Welt vollziehe sich in festbestimmter Zeit und das All sei begrenzt und in steter Bewegung"[17].

Ein ungelöstes Problem ist es, ob und wie das „Große Jahr" in Perioden eingeteilt war. Dieses Problem stellt sich angesichts des vorhin skizzierten Vier-Weltreiche-Schemas sowie der nachher zu besprechenden Einteilungen des indischen Mahāyuga und des iranischen Weltenjahres, denen neben anderen ebenfalls die Vierzahl zugrunde liegt. Man kommt hier nicht um die Hypothese herum, daß die vier Fixpunkte des Sonnenjahres, nämlich Sommer- und Wintersolstitium sowie Herbst- und Frühjahrsäquinoktium, auf das Große Jahr übertragen wurden. Zu dieser Hypothese berechtigt außer den Rückschlußmöglichkeiten aus iranischem Weltenjahr und indischem Mahāyuga die Tatsache, daß dergleichen schon mit einer früheren ganz anderen Einheit vorgenommen wurde, auf welche die Vierteilung gleichfalls nicht paßte, dem sog. Uruk-Schema[18]. Dabei handelte es

---

[17] Bei Diogenes Laertios 8,84 (deutsch von O. APELT, neu hsg. von K. REICH [Philosophische Bibliothek 53/54], Hamburg ²1967, S. 151).

[18] O. NEUGEBAUER, A History of Ancient Mathematical Astronomy Bd. 1, Berlin-Heidelberg-New York 1975, S. 360–363.

sich um eine Periode von 19 Jahren, die durch bestimmte, jeweils bei einem solchen Einschnitt astronomisch für notwendig erachtete Schaltungen zustande kam; sie hat nichts mit dem Saros von 18 Jahren zu tun. Wie immer die Lösung des Problems aussehen wird, eines ist sicher: die etwaige Vierteilung des Großen Jahres und das Vier-Weltreiche-Schema sind vollkommen unabhängig voneinander entstanden. Keine Einteilung ist in Anlehnung an die andere vorgenommen worden. Bei der Übereinstimmung der Vierzahl handelt es sich um einen historischen Zufall. Er sollte allerdings höchst folgenreich werden. Erwähnt sei noch, daß das Verhältnis dieser Vierteilungen zum Goldenen (χρύσεον: op. 109), Silbernen (ἀργύρεον: op. 128), Erzenen (χάλκειον: op. 144) und Eisernen (σιδήρεον: op. 176) Weltalter in Hesiods „Werken und Tagen" (8. Jh. v. Chr.) ein Rätsel darstellt. Wahrscheinlich gehört dort das heroische Weltalter (ἀνδρῶν ἡρώων θεῖον γένος: op. 159) ganz ursprünglich als viertes zwischen das Erzene und das Eiserne Weltalter und ist kein späterer Einschub[19]. Mit der Annahme eines solchen hätte dann die Forschung eine ganz eigenständige Vorstellung vom Abstieg aus einem ursprünglichen Glückszustand bis zum Elend von Hesiods Gegenwart in vier Abstufungen, aber fünf Weltaltern unter dem Zwang eben der Systeme falsch interpretiert, mit denen wir uns hier beschäftigen[20].

---

[19] Das ergibt sich immer noch überzeugend aus der Einordnung dieses Geschlechtes bei E. ROHDE, Psyche, Bd. 1, Leipzig und Tübingen ²1898 (= Darmstadt 1961), S. 103f.

[20] Ohne Erörterung werden vier Metallperioden u. a. nach Hesiod als Parallele zu den vier Weltreichen noch bei A. BENTZEN, Daniel (Handbuch zum AT 1. Reihe 19), Tübingen ²1952, S. 29 herangezogen. – Von den bei E. HEITSCH(Hsg.), Hesiod (Wege der Forschung 44), Darmstadt 1966, S. 439–601 zusammengestellten sieben Aufsätzen zum Weltaltermythos ist für das Folgende laufend vorauszusetzen und wegen der Interpretation der zentralen Stelle Mahābhārata 3, 1123ff. heranzuziehen R. ROTH, Der Mythus von den fünf Menschengeschlechtern und die indische Lehre von den vier Weltaltern (S. 450–470; urspr. in: Tübinger Universitätsschriften aus dem Jahre 1860, fasc. 2, S. 9–33). Die Verundeutlichung, welche R. Roth's Resultaten durch R. REITZENSTEIN, Vom Töpferorakel zu Hesiod, in: ders. und H. H. SCHAEDER, Studien zum antiken Synkretismus aus Iran und Griechenland, Leipzig und Berlin 1926 (= Darmstadt 1965), S. 38–68, u. a. durch Hereinziehung iranischer Lehren zuteil geworden ist (weitere Autoren bei KOCH S. 196), habe ich durch Annahme einer zweistufigen Amalgamierung von Weltaltern und Dynastienfolgen im Bahman-Yašt in der in Anm. 55 genannten Arbeit, dort S. 551, in Ordnung zu bringen versucht.

Das indische Zeiteinteilungssystem, dem wir uns nunmehr zuwenden müssen, ist die Lehre von den vier Yugas[21]. Ein Yuga ist eigentlich ein „Joch", das Mehreres überspannt. Weil das, was überspannt wird, in unseren Sprachen „Welt" oder „Zeit" genannt werden kann, interpretieren wir den Ausdruck mit der Übersetzung „Weltalter" oder „Zeitalter"[22]. Wir werden, nach dieser Warnung vor einer Gleichsetzung etwaiger Zeitbegriffe, beide Ausdrücke der Einfachheit halber beibehalten. Das System dieser Riesenperioden, das von indischen Astronomen wie Brahmagupta und im Sūrya-Siddhānta voll ausgebaut worden ist, wird ausführlich schon im dritten und im zwölften Buch des Mahābhārata und kürzer, aber in den Hauptsachen übereinstimmend, im ersten Buch der „Gesetze des Manu" erklärt. Dort wird ein „Jahr der Götter" 360 gewöhnlichen Jahren gleichgesetzt. 12 000 „Jahre der Götter", also 4 320 000 gewöhnliche Jahre, werden dort ein „Yuga der Götter" genannt. Bei den späteren Astronomen heißt diese Periode Mahāyuga, d. h. „Großes Yuga"[23]. Dieses wird schon in den älteren Quellen in vier kleinere Yugas eingeteilt.

Am Anfang steht das sog. Kṛtayuga[24], „Yuga des Gemachten" oder „Gelungenen", auch Devayuga „Yuga der Götter" oder Satyayuga „Yuga der Wahrhaftigkeit" genannt. Der Vergleich mit dem Goldenen Zeitalter im griechischen Denken bei und seit Hesiod ist gezogen worden. Es ist ein Zeitalter höchsten menschlichen Glückes und sittlicher Vollkommenheit, natürlich nach dem Maßstab der Weltordnung, des brahmanischen Dharma, der von selbst befolgt wird, ohne daß die von den Veden gelehrten rituellen Pflichten oder Manus Gesetz befolgt werden müßten. Dementsprechend widmen sich die Brahmanen dem Dharma, die Kṣatriya der Königspflicht, die Vaiśya dem Ackerbau und die Śudra dem Dienst an den höheren Kasten. Das Kṛtayuga wird in vielen Texten ausführlich geschildert, welche die priesterlichen, epischen, philosophischen Voraussetzungen der Verfasser deutlich erken-

---

[21] Näheres vor allem bei E. ABEGG, Der Messiasglaube in Indien und Iran, Berlin und Leipzig 1928, S. 5–39, und neuerdings bei D. PINGREE, Astronomy and Astrology in India and Iran, in: Isis 54, 1963, S. 229–246, wo über den Titel hinaus auch eine Geschichte der Übertragung babylonischer astronomisch/astrologischer Theorien nach Indien geboten wird, die mit der achämenidischen Besetzung des Industales begann.

[22] Belege bei M. MONIER-WILLIAMS, A Sanskrit-English Dictionary, Oxford 1899 (= 1970), S. 854a.

[23] MONIER-WILLIAMS a.a.O. und S. 799b; SHARMA (Anm. 33), S. 27.

[24] MONIER-WILLIAMS S. 302b. Vgl. auch W. E. MÜHLMANN, Chiliasmus und Nativismus, Berlin ²1964, S. 298–300 („Die psychologische Struktur des ‚Goldenen Zeitalters'").

nen lassen. Dementsprechend läßt sich kein einheitliches Bild zeichnen, sondern nur eine Summe der jeweils bedingten Idealbilder zusammenstellen. Aber es ist jedesmal, von welchem Standpunkt auch immer, eine Projektion des Idealen oder Utopischen in die Anfänge.

Es folgt das Tretāyuga[25], „Yuga der Triaden" (der Name kommt von einem der vier Würfe im indischen Würfelspiel). Der Dharma und mit ihm die Lebenszeit der Menschen nimmt um ein Viertel ab; äußere Zeremonien, Kulthandlungen, Opferwesen müssen die Erfüllung des Dharma stützen.

Im dritten Zeitalter, Dvāparayuga[26] „Yuga mit der (Würfel-)Nummer Zwei", nehmen Dharma und Lebenszeiten um ein weiteres Viertel ab. Die Menschen werden jetzt auch von Leidenschaften befallen, sie werden gewinnsüchtig und heimtückisch.

Den Tiefpunkt der Weltalterfolge bildet das Kaliyuga[27], in welchem man nach der Auffassung der Lehrer, die sich darüber äußern, in ihrer jeweiligen Gegenwart lebt, und in welchem auch wir, nimmt man die dazugehörigen Zeitberechnungen als gegeben, noch leben. Der Name bezeichnet entweder den schlechtesten Wurf des Würfelspiels, vielleicht aber auch einen Dämon (*kāla* „schwarz"), oder er hängt gar mit dem Begriff für Zeit, Kāla, zusammen, über den zu sprechen sein wird. Die Schilderungen des Kaliyuga sind, wie immer wenn es um das Schlimmste geht, in allen Texten die ausführlichsten. Doch müssen wir uns eingehendere Referate versagen, da sie uns vom eigentlichen Zeitproblem wegführen würden. Mit Bezug auf dieses ist aber noch hervorzuheben, daß für den Zeitpunkt des Eintritts des Kaliyuga auch genauere astronomische Berechnungen angestellt werden, und daß in seine Schilderungen außer mythischen auch mehr und mehr historische Bestandteile mit eingehen.

Die babylonische Herkunft der indischen Weltperioden, d. h. ihres Grundansatzes ohne die Verfallstheorie, ergibt sich durch eine ganz einfache Berechnung, welcher eben das babylonische Sexagesimal- und nicht das indische Dezimalsystem zugrunde liegt[28]. Die Weltperiode

---

[25] MONIER-WILLIAMS S. 462a.
[26] MONIER-WILLIAMS S. 503c. Zur Verankerung in der Gesetzes-Smṛti siehe WM. TH. DE BARY u. a. (Hsg.), Sources of Indian Tradition (Introduction to Oriental Civilizations 56), New York ⁴1964, S. 223 ff.
[27] MONIER-WILLIAMS S. 261c.
[28] Die Zahlen mit Belegen bei den in Anm. 20–27 und 33 genannten Autoren sowie bei V. MOELLER, Die Mythologie der vedischen Religion und des Hin-

des Berossos war, wie wir sahen, 2 160 000 Jahre lang. Das indische Mahāyuga hat genau das Doppelte, nämlich 4 320 000 Jahre. Nicht nur dieses, sondern auch die darin enthaltenen Yugas sind durch 60^3 teilbar. Das letzte davon, das Kaliyuga, ist mit 432 000 Jahren genau so lang wie die Periode der gesamten Regierungszeit aller Könige bei Berossos (dort 120 Saroi zu je 3600 Jahren)[29]. Das Dvāparayuga hat das Doppelte des Kaliyuga, nämlich 864 000 Jahre; das Tretāyuga das Dreifache, 1 296 000 Jahre; und das Kṛtayuga das Vierfache, 1 728 000 Jahre. Addiert man die vier Yuga-Zahlen, ergeben sich 4 320 000 Jahre. Diese Korrespondenzen und Übereinstimmungen mit einem babylonischen System können kein Zufall sein. Vielleicht sind schon die Emissäre des Königs Aschoka um 250 v. Chr., die bis in die Mittelmeerwelt gelangten, damit in Berührung gekommen, wenn nämlich bestimmte eschatologische Zusammenhänge im vierten und fünften Felsenedikt dieses Königs darauf schließen lassen[30]. Vielleicht war es in dieser Zeit, wo eine ältere Konkretisierung des Zahlenverhältnisses 1 : 2 : 3 : 4 dem Kaliyuga 1 000, dem Dvāparayuga 2 000, dem Tretāyuga 3 000 und dem Kṛtayuga 4 000 Jahre zuschrieb; das ergibt 10 000 Jahre, eine Zahl, die uns im Iran noch beschäftigen wird. Mathematisch genauer dürfte der westliche Einfluß am ehesten dadurch geworden sein, daß gleich zwei griechische astrologische Schriften, welche die einschlägigen Berechnungen des seleukidischen Babylonien zusammenfaßten, schon in der ersten Hälfte des 2. Jahrhunderts nach Chr. in Alexandrien verfaßt

---

duismus, in: H. W. HAUSSIG (Hsg.), Wörterbuch der Mythologie Bd. 5, Liefg. 8, Stuttgart 1966, S. 199f., die Berechnungen bei VAN DER WAERDEN S. 117f. und 276f.

[29] Zum Listenwissenschafts-Charakter der Dynastienfolgen und des Verhältnisses der Akkader zur Geschichte überhaupt siehe VON SODEN, Sumerische und babylonische Wissenschaft S. 451–457 (= 61–67), zu den apokalyptischen Implikationen bei Berossos siehe die beiden wichtigen Untersuchungen von JONATHAN SMITH, Wisdom and Apocalyptic, in: ders., Map is not Territory (Studies in Judaism in Late Antiquity 23), Leiden 1978, S. 67–87, dort S. 68–74, und A Pearl of Great Price and a Cargo of Yams: A Study in Situational Incongruity, in: History of Religions 16, 1976, S. 1–19, dort S. 2–11 (dort auch die Literatur zu Berossos; hinzuzufügen ist ST. M. BURSTEIN, The Babyloniaca of Berossus [Sources from the Ancient Near East vol. 1 fasc. 5], Malibu [California] o. J.).

[30] Zur Möglichkeit, hinduistische und buddhistische Zeitsysteme auf den Punkt vor ihrer Auseinanderentwicklung zurückzuverfolgen, vgl. F. O. SCHRADER, Über den Stand der indischen Philosophie zur Zeit Mahāvīras und Buddhas, Straßburg 1902 (die Kenntnis dieser und der in Anm. 33 genannten Arbeit verdanke ich Hinweisen von K. Bruhn).

wurden. Die eine wurde von einem gewissen Yavaneśvara um 150 n. Chr., die andere von einem Sphujidhvaja um 270 n. Chr. ins Sanskrit übersetzt. Außerdem ist wahrscheinlich die Quelle der Anthologie des Astrologen Vettius Valens (verfaßt zwischen 152 und 162 n. Chr.), welche die astrologischen Grundbegriffe sowie eine aus Babylonien stammende schematische Berechnung der Aufgangszeiten der Tierkreissysteme enthielt, ins Sanskrit übersetzt worden, möglicherweise über eine mittelpersische Zwischenstufe; denn sie findet sich in einer astronomischen Schrift des Varāha Mihira (6. Jh. n. Chr.) wieder. Es sind also mehrere Wege bekannt, auf denen letztlich babylonische Zeiteinteilungen den Indern übermittelt worden sein können[31].

Die Inder haben nun aber von hier aus weitergedacht und sind über die Babylonier hinaus zu einer Zeitvorstellung und zu einem Zeitbegriff gelangt, beides allerdings rein spekulativ und schon wieder halb mythologisch. Als Zeitvorstellung möchte ich den Kalpa, als Zeitbegriff den Kāla[32] interpretieren. Ein Kalpa ist für indische Astronomen eine Zusammensetzung aus 1000 Yugas oder gar 1000 Mahāyugas; das letztere wären 4320 Millionen Jahre. Er wird auch „Tag des Brahmā" genannt. Ebenso lange dauert die Nacht des Brahmā, und dreißigmal so lange ein Monat des Brahmā. Zwölf solcher Monate ergeben ein neues, von uns nicht besser zu benennendes „Großes Jahr", und aus 100 solcher „Großen Jahre" besteht Brahmā's Lebenszeit. Es scheint, daß man sich hier dem Problem der Unendlichkeit der Zeit genähert hat. Für Zeit ausfüllende Aussagen ist man beim Kalpa stehengeblieben: ein solcher „Tag des Brahmā" gilt als eine Schöpfungsperiode. Am Anfang eines solchen Tages erschafft der Gott die Welt jedesmal neu. In jeder solchen neuen Schöpfung verhalten sich alle Kreaturen genau so wie in jeder früheren[33]. – Dem Kalpa gegenüber ist Kāla selbst ein

---

[31] Mit Nachweisen referiert bei VAN DER WAERDEN S. 267–276. Zum zweiten oben genannten Autor, seinem wunderlichen Namen und seinen Werken siehe jetzt D. PINGREE, The Yavanajātaka of Sphujidhvaja, in: Journal of Oriental Reserarch 31, Madras 1964, S. 16–31.

[32] MONIER-WILLIAMS S. 262b u. c; S. 278a u. b; SCHRADER S. 17–30.

[33] In concreto folgt daraus jedoch keine Zyklus-Erfahrung oder auch nur -Konzeption. A. SHARMA, The Notion of Cyclical Time in Hinduism, in: Contributions to Asian Studies 5, 1974, S. 26–35, zeigt aus der Geschichte der Entstehung dieses Zeitsystems, wie die Einzelvorstellungen, die darin eingegangen sind, für Details bestimmend bleiben. Schlußabsatz: „If the description of the Hindu notion of time as cyclical has to be abandoned on account of its inadequacy if not inaccuracy then in its place a compact conceptual framework for looking at the notion of time in Hinduism must be

Gott. Sein Name ist das Wort, das in den Lexica mit „Zeit" wiedergegeben worden ist. Es scheint, daß es sich um eine Abstraktion aus der Lehre von den vier Yugas handelt. Als Gott wäre Kāla dann nicht nur eine Symbolisierung, sondern auch eine Personifizierung dieser Abstraktion. Mythologisch wird sie wieder dadurch, daß in ihr auch die Gestalt des mythischen Urkönigs und Totenrichtes Yama aufgehen kann, vor allem aber dadurch, daß Kāla manchmal vier Gesichter oder vier Gestalten hat. Darin bleibt die Vier-Einteilung der zugrundeliegenden Zeitvorstellung noch erkennbar. Auch die Viergestaltigkeit wird uns in Iran, hier beim Zeitgott Zurvan, wiederbegegnen.

Von den zu selbständiger Qualität gelangten indischen wie von den babylonischen Anschauungen aus lassen sich nun die iranischen am besten erklären[34]. Auf eine Spur hatte uns schon die mittelpersische Zwischenübersetzung der Quelle des Vettius Valens geführt, über die uns der in Nordostiran beheimatete, arabisch schreibende Universal- und Wissenschaftshistoriker Bīrūnī berichtet. Es ist jedoch zu beachten, daß in den mindestens tausend Jahren, die von Zarathustra bis zur Ausbildung der mittelpersischen Tradition vergangen sind, die iranische Religion zahlreiche Veränderungen durchgemacht hat[35]. Diese können hier nicht mitreferiert werden, da es nur um das Zeitdenken gehen soll. Wir erinnern uns dafür der Beobachtung, daß die prophetische Predigt des Zarathustra die Wiederholungserfahrung des Alltagsdaseins in einen Vergangenheitsrückblick, ein Innewerden von Gegenwart und eine Zukunftsschau aufgebrochen hatte. Am Anfang wurde eine Schöpfungsvorstellung, am Ende ein Feuerordal sichtbar. Demgegenüber treffen wir nun eine regelrechte Weltalterlehre an[36]. Wir lassen noch offen, ob sie der Kategoriengruppe Geschichtslosigkeit, -einteilung,

---

provided. Such a framework is provided by the realization that the Hindu notion of time tends to vary with the puruṣārtha or the goal of life under discussion. Hinduism recognises four such goals: Dharma, Artha, Kāma and Mokṣa, and the notion of time varies with the goal involved" (S. 33f.).

[34] Untersucht, wenn auch z. T. überholt, bei I. SCHEFTELOWITZ, Die Zeit als Schicksalsgottheit in der indischen und iranischen Religion, Stuttgart 1929.

[35] In diese Veränderungen sind neben Späterem auch vorzarathustrische Elemente wieder aufgenommen worden. Man hat sich angewöhnt, diejenige Form der iranischen Religion, die sich chronologisch nach Zarathustra entwickelt hat, „Zoroastrismus" zu nennen (von Zoroastres, der griechischen Wiedergabe des Namens Zarathustra).

[36] Als Weltalter kann man hier Zeiteinheiten von je 3000 Jahren definieren, aus denen sich das kosmische Weltenjahr zusammensetzt.

-vorstellung oder der Kategoriengruppe Zeiteinteilung, -vorstellung, -begriff zugehört[37].

Die iranische Weltalterlehre begegnet in verschiedenen Systemen[38]. Ihr ältester[39] Zeuge ist, schon im 4. Jahrh. v. Chr., der griechische Schriftsteller Theopomp, bei dem die Zahlenverhältnisse leider nicht ganz deutlich sind. Genauere Ausführungen finden sich erst in fünf mittelpersischen Schriften, von denen die beiden Fassungen einer Schrift mit dem Titel Bundahišn[40] (etwa „Grundlegung", sc. der Welt) die wichtigsten sind[41], ferner bei den arabischen Historikern Šahrastānī und dem schon erwähnten Bīrūnī sowie bei zwei christlichen Autoren,

---

[37] Die zoroastrische Weltalterlehre unterscheidet sich sowohl von der babylonischen astronomischen Zeitberechnung mit Projektion aufs Historische ohne deutende Geschichtsvorstellung als auch von der indischen spekulativen „Weitermythologisierung" der astronomischen Zeiten bis zu phantastischen Zahlen mit Zurückdrängen selbst von Geschichtseinteilungen. Die iranische Mischform kann historisch nur von Babylon und Indien, strukturell von den beiden oben und in Exkurs I nochmals genannten Kategoriengruppen her verstanden werden, jedoch mit Preisgabe der rechnenden Astronomie und eigenen Ansätzen zu deutenden Geschichtsvorstellungen. Das Iranische bleibt in der inhaltlichen Füllung dieser Strukturen bestehen. Da der Befund aus diesem Bereich der Grund für die Übertragung des größeren Themas an mich war und neuerdings weitere Kreise interessiert, bin ich hier mit Belegen, Einzelnachweisen und -erörterungen etwas ausführlicher als bisher, wobei ich freilich noch in den Porportionen des Ganzen bleiben muß.

[38] Siehe Exkurs II, S. 255.

[39] Die Angaben bei Xanthos dem Lyder (älterer Zeitgenosse Herodots) und Eudoxos von Knidos (4. Jh. v. Chr.) sind anders zu interpretieren (siehe unten).

[40] Zitiert als „Großes" (GrBd.) und „Indisches Bundahišn" (IndBd.). Die vier anderen sind Mēnōīg Ḥrad „die himmlische Vernunft" (MḤ), das „Buch von Ardā Wirāz" (auch „Wirāf" gelesen; AW), das Dādistān i dēnīg „Religionsurteil" (DD) und die Wizīdagīhā i Zādspram „Auszüge des Zadspram" (WZs.). Hinzuzufügen ist die schon neupersische, aber noch ganz in älterer Tradition stehende Schrift 'Ulemā-ye Islām „Die Gelehrten des Islam". Ausgaben siehe bei C. COLPE (Hsg.), Altiranische und zoroastrische Mythologie, in: H. W. HAUSSIG (Hsg.), Wörterbuch der Mythologie Bd. 4, Liefg. 12, Stuttgart 1974, S. 197–204.

[41] Nach G. WIDENGREN, Stand und Aufgaben der iranischen Religionsgeschichte 1, in: Numen 1, 1954, S. 16–83, dort S. 40f., und Religionsphänomenologie, Berlin 1969, S. 461 (im Zusammenhang eines anderen Vergleichs des iranischen Materials mit dem indischen) bezeichnen auch die vier Zweige des Weltenbaumes von Bahman-Yašt 1,1ff. die vier Weltperioden. Hier liegt jedoch eine Verwechslung mit dem Weltreich-Schema vor.

dem Syrer Theodor bar Konai und dem Armenier Eznik von Kolb. Die Systeme umfassen wohl kaum zwei Weltalter zu je 3000 Jahren, wohl aber drei, Aufrundung der letzteren auf 10000 Jahre und vier Weltalter. Jedes der Systeme ist manchmal so undeutlich vorausgesetzt, daß man annehmen muß, es seien von Fall zu Fall Interpretationen, die zu einem anderen System besser passen, in Anspruch genommen worden. Die folgende Rekonstruktion der Entwicklung der Weltalterlehre ist hypothetisch, versucht aber, über die Addition der Weltalter und die innere Gliederung so zu referieren, daß die Weltalter-Systeme auch in andere Verhältnisse zueinander gesetzt werden können.

Primär ist wahrscheinlich die Einheit von vier Weltaltern zu je 3000 Jahren in beiden Bundahišn[42], weil die sich ergebenden 12000 Jahre als Ganzes am ehesten ein anderes Ganzes, nämlich den babylonischen Tierkreis, voraussetzen. Dieser war ja gezwölftelt, und das 12-Monats-Jahr gehörte dazu[43]. Die 12000 Jahre erinnern an dieselbe Summe im älteren indischen Yuga-System und sind vielleicht in Anlehnung an dieses konzipiert worden, allerdings mit der Konzentration des Verfalls auf das letzte Trimillennium, ohne Konstruierbarkeit von Wiederanfängen des ganzen Zyklus und mit anderer innerer Gliederung[44]; in iranischen Quellen vertritt außerdem jedes der zwölf Sternbilder des Tierkreises ein Jahrtausend[45], womit nun wieder babylonische Vorstellungen weitergeführt werden. Die mathematischen Standards, welche für die babylonischen Periodenberechnungen gelten, sind damit übrigens preisgegeben.

Die Zwölfteilung des Zodiakós in Babylonien kann kaum vor dem Beginn des 4. Jahrhunderts vor Chr. erfolgt sein[46]; da dies auch die Zeit des Theopomp v. Chios ist (geb. wohl 378/7 v. Chr.; vorhin erwähnt),

---

[42] GrBd. 1,14–28; IndBd. 1,18–20.
[43] Zur Unterteilung der Ekliptik durch die vier astronomischen Jahreszeiten und zur Übertragung der Zwölftelung des schematischen Jahres auch auf die Ekliptik siehe VAN DER WAERDEN S. 124.
[44] Vgl. ABEGG S. 8, der es aber noch für ungeklärt hält, nach welcher Seite historische Abhängigkeit besteht. Die böse Rezension, die H. S. NYBERG dem Buch von Abegg hat zuteilwerden lassen (jetzt in: Acta Iranica 7 = Monumentum H. S. Nyberg 4, Leiden-Teheran-Liège 1975, S. 39–54), förderte das Verständnis der Pahlavi-Texte an zahlreichen Stellen entscheidend, berührte aber die größeren rezeptionsgeschichtlichen Zusammenhänge nicht.
[45] Zuordnung z. B. in GrBd. 36; IndBd. 34.
[46] H. GUNDEL u. R. BÖKER, Art. Zodiakos, Pauly-Wissowa Bd. 10 A (= 2. Reihe 19. Halbband), München 1972, Sp. 462–709, dort S. 493 (vgl. vorher bes. 491).

liegt im 4. Jahrh. der terminus post quem, vor dem die iranische Weltalterlehre nicht entstanden sein kann; dazu paßt die Zeitdauer, welche die seit Eroberung des Mederreiches von den Achämeniden mit Mantik, Astrologie und ähnlichem betrauten Priester, die Magier, gebraucht haben mögen, um nach der persischen Eroberung Babyloniens (539 v. Chr.) mit der Astrologie der dortigen Priesterklasse, die man oft Chaldäer nennt, genauer bekannt zu werden und mit iranischen Deutungen zu versehen. Die seit Zarathustra mögliche Zeiteinteilung konnte nun systematisch gegliedert werden.

In diesem System ist das erste Weltalter (Jahre 1–2999) „Gegebenheit" oder Schöpfung des obersten Gottes, der nun Ōhrmazd (spätere Form von Ahura Mazdā) heißt; sie hat einen rein geistigen Zustand, genannt Mēnōg. Im zweiten Weltalter (Jahre 3000 – 5999) wird die Mēnōg-Welt, die dabei bestehen bleibt, in eine irdisch-materielle Welt überführt, die Gētīg genannt wird. In ihr herrschen Prototypen von Mensch- und Tierwelt, Gayōmard (das „sterbliche Leben") und das Urrind; es existiert noch keine Sünde. Gegen die Mēnōg-Gētīg-Welt bringt der göttliche Repräsentant der Lüge und des Bösen, Ahriman (spätere Form von Angra Mainyu), eine Gegenschöpfung hervor, die auch sowohl geistig wie materiell ist. Im dritten Weltalter (Jahre 6000 – 8999) mischen sich Gut und Böse, die jetzt, anders als bei Zarathustra, substanzhaften Charakter haben; die Mischung ist eine Form des Kampfes, in welchem eine Substanz die andere pervertieren will. In dieses Weltalter werden Züge der mythischen (Urkönig Yima im 1. Jahrt.[47]) und der historischen (frühe Könige im 3. Jahrt.) Geschichte eingezeichnet. Das vierte Weltalter (Jahre 9000 – 12000) enthält die Eschatologie[48]. Sein erstes Millennium ist u. a. das des Zarathustra und der Geschichte bis zur Zeit der Verfasser; das zweite und das dritte Millennium sind die Zeit des ersten und zweiten Heilands (Saošyant). Am Ende dieses Millenniums und damit des ganzen Zyklus stehen das Auftreten des letzten Saošyant, Totenauferstehung, Vernichtung der Bösen, Lügenhaften in einem Strom glühend geschmolzenen Metalls und Tauglichmachung der Welt für die Alleinexistenz der Guten, Wahrhaften mit der Religion des Ōhrmazd (der ganze Vorgang wird deutsch oft als „Verklärung" bezeichnet)[49].

---

[47] Siehe Exkurs III, S. 255f.
[48] Geschichtsaufriß der 6000 Jahre seit Beginn der Mischung mit vielen historischen Einzelheiten in GrBd. 33; fehlt im IndBd.
[49] Dies ist auch die im Pahlavi-Vidēvdād (2), von den UI (8–37) und den WZs. (1,1–24) sowie die von Bīrūnī (Chronol. p. 14 SACHAU) vorausgesetzte Anschauung.

Nach der Aufstellung eines solchen Systems kann die Bindung an die babylonische Astrologie/Astronomie, die für den Anstoß zu seiner ersten Bildung unabdingbar war, preisgegeben und eine Gliederung vorgenommen worden sein, die der iranischen Einteilung in drei Weltzeiten gemäßer war: je 3000 Jahre Weltschöpfung (*dahišn*, von geistiger und materieller Welt zusammen), Mischung (*gumēzišn*, einschließlich Kampf), Auflösung (*wizārišn*, der Eschatologie entsprechend)[50].

Am Ganzen des Weltenjahres können zwei Aspekte wichtig geworden sein: einmal der einer Theogonie (einschließlich Götterkampf), die immerhin vom Anfang bis zum Ende des Weltenjahrs andauert, wenn man die mirakulöse Zeugung der Saošyants mitrechnet; zum anderen der Aspekt einer Zeit, die wirklich-irdisch erst mit dem prototypischen Menschen Gayōmard begann und mit dem letzten Saošyant endete. Nach Meinung einiger sollen sich dann unter der Voraussetzung, daß der zweite Aspekt wichtiger wurde, für den ganzen Zyklus 6000 Jahre ergeben haben. Diese Zahl ist jedoch nur erschlossen. Genau gerechnet, sind es ja auch von Gayōmard nur bis zu Zarathustra 6000, bis zum letzten Saošyant hingegen 9000 Jahre. Aus Xanthos dem Lyder, nach welchem Zoroaster 600 oder 6000 Jahre vor Xerxes' Feldzug gegen die Griechen gelebt habe[51], hat man gefolgert, daß die Lesart 6000 vielleicht noch auf die Zeit zwischen einem archetypischen Urereignis und einer historischen Kulmination hinweist. Aus Eudoxos von Knidos, nach welchem Zoroaster 6000 Jahre vor Platon lebte[52], hat man gefol-

---

[50] Zusammen 9000 Jahre: AW 18,57; 54,11; MḪ 8,9–11; 28,2.9; 57,31; DD 36,9; Theopomp bei Plut. Is et Os. 47; Eznik De Deo 2,78f. (160–165) SCHMID; J. BIDEZ-F. CUMONT, Les Mages hellénisés Bd. 2, Paris 1938, S. 91; ZAEHNER [unten Anm. 62)] S. 426); Theodor bar Konai (BIDEZ-CUMONT und ZAEHNER a.a.O.).

[51] Diogenes Laertios (oben Anm. 17), Prooem. 2: „Von den Magiern aber, deren erster der Perser Zoroaster gewesen sein soll, bis zum Fall von Troja rechnet der Platoniker Hermodoros in seinem Buche von den Wissenschaften 5000 Jahre, der Lyder Xanthos von Zoroaster bis zum Übergange des Xerxes über den Hellespont 6000 Jahre; danach, sagte er, hätte es noch eine lange Reihe von Magiern gegeben, die einander ablösten, Ostanes und Astrapsychos, Gobryas und Pazatas, bis zur Auflösung des Perserreiches durch Alexander." Die Variante „600" in den wichtigeren Handschriften, die der historischen Realität erstaunlich nahe kommt, diskutieren BIDEZ-CUMONT Bd. 2, S. 8 Anm. 4.

[52] Plinius, nat. hist. 30,2,3,: „Eudoxus, qui inter sapientiae sectas clarissimam utilissimamque eam intellegi voluit, Zoroastrem hunc sex milibus annorum ante Platonis mortem fuisse prodidit, sic et Aristoteles." Danach ein syntaktisch unklarer Satz, wonach vielleicht Hermippus, dann wie Hermodoros (vorige Anm.) Zoroaster 5000 Jahre vor den Trojanischen Krieg datiert; vgl. BIDEZ-CUMONT Bd. 2, S. 9–12.

gert, daß ursprünglich die Zeit zwischen dem Erzeuger der drei Weltheilande und dem letzten von diesen gemeint sei, der diesen Äon vollendet[53]. Da jedoch beide Autoren vor der Zeit lebten, in welcher das Zodiakalsystem fertig geworden sein kann, da es ferner sehr gezwungen erscheint, daß Zarathustra zu einem Repräsentanten des Weltanfangs, Xerxes und Platon zu solchen des Weltendes geworden sein sollen, hat die 6000-Jahr-Hypothese moderner Forscher kaum mehr wissenschaftlichen Wert als die antiken Angaben, auf denen sie basiert[54]. Diese Hypothese mußte hier aber deshalb erwähnt werden, weil sie die noch offene Frage illustriert, zu welcher Kategoriengruppe das iranische System gehört. Wir können nun versuchen, diese Frage zu beantworten.

Die 12000 Jahre, die Regierung der Millennien durch Planeten, die Vierteilung des Weltenjahres weisen, wenn auch astronomisch nicht mehr zuverlässig, auf die Zeiteinteilung. Das Ganze des Weltenjahrs

---

[53] Die vielzitierten Ausführungen von H. S. NYBERG, Die Religionen des alten Iran (Mitteil. d. Vorderas.-Aeg.Ges. 43), Leipzig 1938 (= Osnabrück 1966), S. 27–31, welche Angaben über Zarathustras wirkliche Zeit von der Weltalterlehre her verstehen, laufen offenbar auf ein System aus zwei Weltaltern hinaus. Eine Vorschaltung von 1000 Jahren analog der nach Anm. 60 möglichen, welche die 7000 Jahre bei Theodor Abu Qurrā (De vera religione 12f. CHEIKHO bei ZAEHNER S. 428f.) erklären würde, läßt ein solches System immerhin sekundär als möglich erscheinen.

[54] Nach den Orakeln des Hystaspes, verfaßt frühestens im 3. Jh. v. Chr., soll die gegenwärtige Welt bis zur Vollendung (συντέλεια) 6000 Jahre dauern (Aristokritos, Theosophie; Lactanz, div. inst. 7,14,8ff.; Texte bei BIDEZ-CUMONT Bd. 2, S. 363f., 366). Dies fügt sich nicht zur zoroastrischen Weltalter-Lehre; denn die Schlechtigkeit dominiert während dieser 6000 Jahre ungebrochen, sie wird von keinem Heiland in den letzten 3000 Jahren bekämpft und erst mit einem siebenten Jahrtausend abgelöst. Dahinter steht eher die jüdische oder christliche Woche, kombiniert mit Psalm 90,4, oder die griechische Hebdomas. Gerade dieser Umstand hat es aber erleichtert, daß die Eschatologie der Hystaspes-Orakel, die sonst inhaltlich iranisch (wenn auch wohl nicht zoroastrisch) ist, mit der neutestamentlich-jüdischen, die mit der Weltreich-Folge bei Daniel ein Element aus dem iranischen Raum (siehe Anm. 9) und mit der 1000jährigen Bindung des Satans ein zoroastrisches Mythologem weiterführt (siehe Exk. III), bei Laktanz verschmelzen konnten. Laktanz, dessen siebentes Buch der Divinae institutiones für die abendländische Eschatologie von größter Bedeutung werden sollte, hat dieser damit neben vielem anderen auch drei wichtige – heterogene! – iranische Elemente vermittelt (die Hystaspes-Orakel sind inhaltlich weitgehend aus Laktanz rekonstruierbar; Daniel-Interpretation am deutlichsten in Kap. 16; 1000 Jahre Satansbindung z. B. Kap. 26,1f., dort mit dem siebenten Welt-Millennium synchronisiert).

bzw. der vier Weltalter impliziert eine Zeitvorstellung. Aber die Angleichung an die historischen Aspekte Gegenwart, Vergangenheit und Zukunft in den 9000 Jahren sowie die von Xanthos und Eudoxos vorgenommenen historischen Eintragungen, die zur 6000-Jahres-Hypothese gereizt haben, weisen auf Geschichtseinteilung, der teleologische Aspekt in ihnen sogar auf eine Geschichtsvorstellung. Die letztgenannten Kategorien würden noch deutlicher hervortreten, wenn wir analysieren könnten, wie in apokalyptischer Literatur die Eschatologie, ursprünglich nur vom Prinzip der Zeiteinteilung umgriffen, vom Vier-Weltreiche-Schema, das auf ein Siebener-Schema erweitert werden kann, durchkreuzt wird. In einer wichtigen mittelpersischen Apokalypse, dem Bahman-Yašt, wird durch Symbolisierung der vier Weltreiche (mit anderen Herrschaften als im Buch Daniel) durch Zweige am Weltenbaum sogar die irdische Geschichtseinteilung mit der kosmischen Zeiteinteilung gleichgeschaltet[55]. Dies alles berechtigt zu der Feststellung, daß die iranische Lehre eine Mischform darstellt, die beide Kategoriengruppen zur Voraussetzung hat.

Nur in dieser Lehre finden wir auch einen Zeitbegriff, der sich seiner inneren Struktur nach mit Χρόνος und Αἰών im Griechischen[56], Kalpa und Kāla im Sanskrit vergleichen läßt. Er wird wiedergegeben durch Zamān und Zurvan, beide in den Wörterbüchern mit „Zeit" übersetzt. Ob diese beiden Wörter denselben Zeitbegriff wiedergeben, oder ob dahinter zwei Begriffe stehen, oder ob es ein Begriff aber mit einer inneren Spannung oder gar Dialektik zwischen Endlichkeit und Unendlichkeit ist[57], diese Frage ist bis auf weiteres nicht zu entscheiden. Man spricht von einem ganzen religiösen System, dem Zurvanismus, als einer heterodoxen Variante des Zoroastrismus, und man diskutiert, ob die 9000[58], die 10000[59] oder die 12000 Jahre des Weltenjahres die für diesen Zurvanismus maßgebliche Zahl ist[60]. Nur in den jüngsten Teilen

---

[55] C. COLPE, Sethian and Zoroastrian Ages of the World, in: B. LAYTON (Hsg.), The Rediscovery of Gnosticism vol. 2 (Studies in the History of Religions 41), Leiden 1981, S. 540–552, bes. S. 551.

[56] Und wohl auch mit 'ôlām und 'et im Hebräischen.

[57] Das ist nicht die „Ewigkeit" (ein Wort, das als Übersetzung z. B. von 'ôlām und αἰών in den Wörterbüchern zu rasch riskiert wird). Die Ewigkeit im religiösen Sinne ist auch kein Gegenstand der Infinitesimalrechnung, die man bei den oben genannten Größen theoretisch müßte anwenden können.

[58] Nach GrBd. 1,26; IndBd. 1,18 ist dies die Kampfzeit.

[59] Šahrastānī 1,2,2,2 (p. 183 CURETON; Übers. HAARBRÜCKER Bd. 1, S. 277).

[60] Diskussion bei H. S. NYBERG, Questions de cosmogonie et de cosmologie mazdéennes, jetzt in Acta Iranica 7 (oben Anm. 44), S. 75–378, dort S.

des Awesta[61] wird Zurvan als ein Wesen angerufen, das trotz seiner gewichtigen Prädikate ganz blaß bleibt als *zrvan akarana* „unbegrenzte Zeit" und als *zrvan dareyō.ḫvaδāta* „lange, nur eigener Bestimmung unterstehende Zeit". Diese Gestalt hat man später auch als ein zweigeschlechtiges Urwesen gedeutet, aus dem Ōhrmazd und Ahriman als Zwillinge, die sich in ihrer Macht zugleich gegenseitig begrenzen, entstanden sind. Zurvan wäre als der, der diese Begrenzungen übergreift, unbegrenzt, und zwar zeitlich als einer, der die Zwillinge zunächst in sich hat und dann gebiert, jedoch räumlich als einer, der die Gut-Böse-Ambivalenz statisch in sich trägt[62]. Dazu scheint zu passen, daß „nach Eudemos von Rhodos" das intelligible und geeinte All von einigen Magiern Τόπος, von anderen aber Χρόνος genannt wird[63]. Zurvan wäre dann die unendliche Raumzeit. Das würde eben die Unausweichlichkeit und Geschlossenheit von Raum und Zeit bedeuten, deren Erfahrung sich in dem ausdrückt, was man Fatalismus nennt. In der Tat dienen fatalistische Züge immer wieder zur Charakterisierung dessen, was als Zurvanismus gilt, und es mag eine Religion dieses Charakters gegeben haben, die mehr war als eine von Zeit zu Zeit auftretende Reaktion gegen den ganz unfatalistischen, an Willensfreiheit und moralische Qualität des Menschen appellierenden, ja optimistischen Zoroastrismus[64]. Es kann sogar, obwohl dies textlich nicht belegt ist, Zurvan als

---

249f., 369–378; ZAEHNER S. 96–100; H. LOMMEL, Die Religion Zarathustras, Tübingen 1930, S. 140f., der annimmt, der Zurvanismus habe die ganzen 9000 Jahre als faktisch im Bösen resultierende Schicksalsherrschaft begriffen und diesem Königtum Ahrimanns ein vorbereitendes des Ōhrmazd von 1000 Jahren vorgeschaltet; dieses System verundeutlichte an einigen Stellen auch das 12000-Jahr-System des Bundahišn. Die 9000-Jahr-Interpretation von Lommel S. 141 ist oben Anm. 50 für die AW- und die MH-Stellen übernommen.

[61] Nyāyišn 1,8; Yasna 72,10. Vgl. zum alten Material B. SCHLERATH, Art. Zurvan, in: C. COLPE (unten Exkurs III), S. 478.

[62] Die heute maßgebende Monographie, mit Materialsammlung, ist R. C. ZAEHNER, Zurvan. A Zoroastrian Dilemma, Oxford 1955. Andere religionsgeschichtliche Thesen vertritt z.B. U. BIANCHI, Zamān i Ōhrmazd, Turin-Mailand etc. 1958. Zu beiden ausführlich C. COLPE, Göttingische Gelehrte Anzeigen 222, 1970, S. 1–22, wo auch Begründungen für die oben folgenden Thesen gegeben werden.

[63] Text bei ZAEHNER S. 447; BIDEZ-CUMONT Bd. 2, S. 69. Es ist übrigens umstritten, ob Eudemos (Aristoteles-Schüler, spätes 4. Jh. vor Chr.) oder sein neuplatonischer Überlieferer Damaskios (um 458 – nach 533 nach Chr.) diese Meinung bezeugt. Daß man in einer Datierung um 800 Jahre schwanken kann, ist für den Zurvanismus nicht untypisch.

[64] Die letztere Meinung vertritt mit guten Argumenten M. BOYCE, Some re-

Schicksalsgottheit eben die Größe gewesen sein, innerhalb derer sich das Weltenjahr abspielt, wie lang und mit welchen Einteilungen immer man es ansetzt. Zurvan wäre dann die unendliche Zeit, welche die endliche, in einer eschatologischen Erfüllung endende Zeit „zeitigt". Man würde gern das Wort *zamān* – das übrigens, im Unterschied zu Zurvan, eine iranische Etymologie hat – als Ausdruck für die nichtfatalistisch verstandene Zeit dafür einsetzen. Aber auch dieses kann, genau wie Zurvan, in mittelpersischen Texten das Attribut *akanārag* „grenzenlos, unbegrenzt, unendlich" erhalten, wie umgekehrt Zurvan sein anderes älteres Attribut als *dagrand-ḫwadāy* „der mit der langen Herrschaft" weiterführen kann. Die Kontexte gestatten hier keine besseren begriffsgebundenen Unterscheidungen, sondern müssen, ohne daß der in ihnen enthaltene Zeitbegriff ihnen einen Sinn mitgibt, für sich allein sprechen[65]. Wichtige solche Kontexte sind leider nur außerhalb der hier befragten mittelpersischen Tradition zu finden. Aus der großen Inschrift Antiochos' I von Kommagene wie aus manichäischen Texten ist z. B. die Viergestaltigkeit des Zurvan zu erschließen, die etwas mit der Viergestaltigkeit oder der Viergesichtigkeit des indischen Kāla zu tun haben muß. Aber hier müßten wir als neues Thema die Zeitvorstellungen der hellenistischen Aion-Verehrung, der Mithrasmysterien, des Manichäismus und der sethianischen Gnosis eröffnen[66]. Gerade

---

flections on Zurvanism, in: Bulletin of the School of Oriental and African Studies 19, 1957, S. 304–316.

[65] Einzelne Interpretationen immer noch am besten in der grundlegenden Abhandlung von H. F. J. JUNKER, Über iranische Quellen der hellenistischen Aion-Vorstellung, in: Vorträge der Bibliothek Warburg 1921–1922, Leipzig-Berlin 1923, S. 125–178. Viel wäre daraus oben zu wiederholen gewesen. Einzelnes konnte ich als Antwort auf genauere Nachfragen einfach vorlesen.

[66] Auf Belege muß in diesem Zusammenhang verzichtet werden. Die von Junker und anderen vertretenen, oft zu weit gefaßten Abhängigkeitsverhältnisse wurden auf ein vertretbares Maß zurückgeführt in den gedrängten Materialdarbietungen von C. COLPE, Art. Aion, und CHR. ELSAS, Art. Zurvan, in: C. COLPE (s. Anm. 40 u. Exk. III), S. 246–250 und S. 478–481 (mit unterschiedlicher Beurteilung der möglichen Viergestaltigkeit Zurvans, wie schon in der älteren Literatur). Verhältnis zum Sethianismus s. oben Anm. 55, dort S. 540–542, und C. COLPE, Heidnische, jüdische und christliche Überlieferung in den Schriften aus Nag Hammadi VI, in: Jahrb. f. Antike und Christentum 20, 1977, S. 149–170, dort S. 161–170. Doch sind die Interpretationen von Armozel, Oroiael, Daveithe, Eleleth als Repräsentanten von Weltzeiten jetzt zu verbessern nach S. PÉTREMENT, Les „quatre illuminateurs". Sur le sens et l'origine d'un thème gnostique, in: Revue des Études Agustiniennes 27, 1981, S. 3–23. Auf die vielverhandelte Frage, ob die löwenköpfigen Statuen mit gewundener Schlange und Tierkreiszeichen

deren iranischer Hintergrund ist ein besonderes Problem, und dies wird nicht zuletzt an der Zeitvorstellung akut. Soweit diese noch in den iranischen Bereich in engeren Sinne gehört, ist unser Überblick hiermit beendet[67].

Versuchen wir abschließend, einige Einsichten zusammenzufassen. Die Geschichtslosigkeit des wiederholungsgesättigten Alltags kann auf Geschichtseinteilungen hin aufgebrochen werden durch prophetische Predigt, durch hochkulturliches Interesse an den Anfängen der Zivilisation, durch dynastienbezogene Vergegenwärtigung früherer herrscherlicher Legitimationen, schließlich sogar durch Anfänge weltgeschichtlicher Chronologisierung. Eine Geschichtsvorstellung entsteht darüber hinaus, wo der Gedanke einer göttlichen Führung oder ein anderes unmittelbares Verhältnis zu Gott oder einem göttlichen Weltgesetz der Geschichte Sinn und Ziel verleiht. Aus Geschichtseinteilungen und -vorstellungen läßt sich der Begriff einer historischen Zeit abstrahieren. Ganz heterogen sind Zeiteinteilungen der rechnenden Astronomie. Die Zeitvorstellungen, die sich daraus entwickeln lassen, haben mit den historischen ursprünglich nichts zu tun. Sie sind von ihnen

---

auf dem Leib Chronos/Aion oder Ahriman darstellen, kann hier nicht eingegangen werden. J. HINNELLS, Reflections on the Lion-headed Figure in Mithraism, in: Acta Iranica 4 (Monumentum H. S. Nyberg 1), 1975, S. 333–370, bringt die Figur mit dem Grad des Löwen in den Mithrasmysterien zusammen und nimmt sie damit ganz aus der Zurvan-Zeit-Diskussion heraus.

[67] Zurvan, Aion und die gnostischen Zeitbegriffe mit Ausnahme des valentinianischen kann man als verdinglicht bezeichnen. Zum valentinianischen Zeitverständnis vgl. H. I. MARROU, La théologie de l'histoire dans la gnose valentinienne, in: U. BIANCHI (Hsg.), Le Origini dello Gnosticismo (Studies in the History of Religions 12), Leiden 1967, S. 215–226 (wäre die Sophia nicht gefallen, gäbe es keine Geschichte und keine Zeit!). Die Zeitverdinglichung ist am komplettesten da, wo man Zeit „haben" oder „verlieren", schließlich wo man von ihr „gehabt" oder „verschlungen" werden kann. Wenn das im Zurvanismus noch nicht empfunden worden sein sollte (zur interpretatorischen Schwierigkeit siehe Anm. 66), dann sicher seit der europäischen Renaissance, siehe den Holzschnitt „Von der Verlierung der Zeit" zu Petrarcas Werk „Von der Artzney bayder Glück des guten und des widerwärtigen", Augsburg 1532 (urspr. De remediis utriusque fortunae, 1366), bei A. BUCK, Die humanistische Literatur in der Romania = DERS. (Hsg.), Renaissance und Barock 1 (Neues Handbuch der Literaturwissenschaft 9), Frankfurt/M. 1972, S. 61–81, dort 69. Die Beziehung zwischen Genealogie und logischer Deduktion, deren beider Ordnungsmächtigkeit dann dieselbe dingliche Festigkeit bekommen kann wie die „verschlingende Zeit", erklärt K. HEINRICH, tertium datur. Eine religionsphilosophische Einführung in die Logik, Basel-Frankfurt/M. 1981, S. 61–69, 98–112 u. ö.

grundsätzlich so verschieden, wie wir auch heute noch den Unterschied zwischen historischer und astronomischer Zeit erfahren bzw. unmittelbar gar nicht erfahren können. Die Impulse zur rechnenden Astronomie liegen im Interesse an Horoskopie und Tagewählerei für das Lebensglück, in Berechnungen von Jahreszeiten für zeitliche Dispositionen auf allen Lebensgebieten, insbesondere für die Landwirtschaft und die damit zusammenhängende zeitliche Planung der Versorgung, des Steuer- und Zinswesens, schließlich im numinosen Innewerden der Geheimnisse des gestirnten Himmels überhaupt[68]. Das sind andere Erfahrungen, als sie für das Gewahrwerden der historischen Zeit vorauszusetzen sind. Da immerhin dieselben Menschen die einen wie die anderen Impulse und Erfahrungen haben können, kann es zu Mischformen kommen; aber zur vollen Durchbildung derselben bedarf es des Gelehrtentums. Es sind wohl erst solche Mischformen, die von Priestern und/oder Astronomen durchsystematisiert worden sind, welche auch über die historische Erfahrung ihrer Völker und Dynastien verfügen – es sind wohl erst solche synthetischen Spekulationen, an deren Spitze Zeitbegriffe oder einem Zeitbegriff nahekommende Vorstellungen wie indisch Kalpa und Kāla, iranisch Zamān und Zurvan stehen.

Es ist verlockend, dem Gedanken Raum zu geben, daß da, wo die Vorstellung von einer sinnerfüllten Geschichte entsteht wie bei den Juden, kein Ansatz zur Gewinnung einer astronomischen Zeit aufkommt – vielleicht weil man unter solchen Voraussetzungen kein Bedürfnis mehr danach hat; während umgekehrt da, wo man wenn auch ohne Begriff zu einer astronomischen Zeit kommt wie in Babylonien, keine eigentliche Geschichtsvorstellung entsteht – vielleicht weil dafür keine temporalen Valenzen mehr frei sind. Beweisen läßt sich hier nichts. Doch würden zwei weitere Befunde auf der Linie eines solchen Gedankens liegen: einmal der, daß nur das Prinzip der babylonischen Zeiteinteilung gewaltig in Indien Platz greift – so gewaltig, daß die in Babylonien daneben stets möglichen, mit dem Uranfang beginnenden Geschichtseinteilungen nur in marginalen Auffüllungen des Kaliyuga ihr Gegenstück behalten; zum anderen der, daß dort, wo im Unterschied

---

[68] Zum Weg von der gemessenen Zeit zur Zeitrechnung vgl. M. P. Nilsson, Primitive Time Reckoning, Lund 1920; H. Kaletsch, Tag und Jahr. Die Geschichte unseres Kalenders. Zürich u. Stuttgart 1970; H. Kern – Kl.-J. Sembach, Kalenderbauten. Frühe astronomische Großgeräte aus Indien, Mexico und Peru, Ausstellungskatalog München (Staatl. Museum für angewandte Kunst) o. J. (mit guter Bibliographie).

zu Indien immerhin ein eigener Anstoß zu Geschichtseinteilungen gegeben war, die *historisch*-zeitlichen Komponenten in der iranischen Synthese gewichtiger bleiben als in der indischen. Dieser Befund ist dem Verhältnis zwischen den Zeitvorstellungen und -begriffen vergleichbar, welche bei den Griechen aus dem Verhältnis zwischen Geschichtserfahrung/wissenschaft und Astronomie folgen; unter unserem Thema konnten wir darüber leider nichts sagen.

Will man über den historischen Befund hinaus auch theoretisch etwas ausmachen, so ergibt sich m. E. nicht mehr als dies: die 12 000 bzw. 9 000 Jahre des iranischen Systems und die vor der Kalpa-Multiplikation liegenden indischen Jahre sind insofern exemplarisch mythologisch, als die erst von Kant in seine erste Antinomie transzendentaler Ideen gefaßte Antithetik von Eingeschlossenheit und Unendlichkeit der Welt[69] noch nicht einmal von ferne ins Bewußtsein getreten ist. Deshalb ist der hier vorgetragene Stoff nur für die am historischen Sinn des Menschen hängende Selbstvergewisserung von Belang. Er dürfte kaum geeignet sein, den seit Dilthey und Rickert nicht mehr wegzuleugnenden Dualismus von Natur- und Geistes- bzw. Kulturwissenschaften zu überwinden, und selbst ob der hier vorgetragene Stoff in die Vorgeschichte einer erst seit dem kritischen Kant möglichen Theorie gehört, deren Begriffsbildung und Aussagebestimmtheit den Kriterien empirischer Wissenschaftlichkeit genügen, ist fraglich[70]. Es ist zu hoffen, daß die naturwissenschaftlichen Vorträge dieser Reihe gerade in Beziehung auf Theoriesprache, welche in diesem Beitrag ganz gefehlt hat, noch so viel Beobachtungssprache bieten, daß in Orientierung an der letzteren eine zweite Durchmusterung des Stoffes diejenigen Daten aussondert oder neu zutage fördert, welche sich zusammen mit heute aus der Natur erhobenen Daten denselben Überprüfbarkeitsregeln fügen.

---

[69] Kritik der reinen Vernunft B S. 452–461, A S. 425–433.
[70] Ich bin mir bewußt, hiermit erkenntnistheoretisch noch vor Dilthey zurückgegangen zu sein und nicht mehr vorausgesetzt zu haben, als für die Denk- und Erfaßbarkeit des physikalischen Zeitbegriffs bei E. Cassirer, Zur Einstein'schen Relativitätstheorie, Berlin 1921, bes. S. 75–97 (= Zur modernen Physik, Darmstadt 1957, ²1964, S. 67–90), des geschichtlichen Zeitbegriffs bei G. Simmel, Die Probleme der Geschichtsphilosophie, Leipzig ²1905 (= München-Leipzig 1923) dargelegt ist. Aber da ich die Analyse der Quantenlogik als einer Logik zeitlicher Aussagen nicht nachvollziehen kann, blieb nur die Bescheidung mit einer formalen Problemstellung.

Exkurs I
Zu sprach- und alltagsorientierten Zeitvorstellungen.
Mit der Beschränkung auf die astronomisch begründeten Zeitvorstellungen wird, da aus Zeitmangel auch eine Kompetenz, wie sie mir fehlt, nicht zum Zuge kommen könnte, auf zwei Annäherungsweisen verzichtet, die vielleicht noch ergiebiger wären: a) Das Verstehen der Verbalaspekte und Aktionsarten in den „Tempora" der verschiedenen Sprachen. B. LANDSBERGER, Die Eigenbegrifflichkeit der babylonischen Welt, in: Islamica 2, 1926, S. 355–372, Nachdruck (mit W. VON SODEN, Leistung und Grenze sumerischer und babylonischer Wissenschaft, urspr. in: Welt als Geschichte 2, 1936, S. 411–464 und 509–557, mit Nachwort; für das Folgende ebenso vielfach zu konsultieren) in: Libelli 142, Darmstadt 1965, S. 1–19, hatte für die semitischen Sprachen, insbesondere das Akkadische und Hebräische, unterschieden zwischen den beiden Aktionen momentan oder punktuell (mit den beiden Themen des ruhenden Zustands und des dauernden Geschehens) und dauernd (mit den beiden Unterarten des Stativs und des fientischen Durativs und mehreren Unternuancierungen; in die Grammatik der schließlich herausgekommenen sog. Tempora umgesetzt bei W. VON SODEN, Grundriß der akkadischen Grammatik [Analecta Orientalia 33], Rom 1952, §§ 76–83). Erinnert sei daran, daß Landsberger zu seinen genialen Erkenntnissen nicht zuletzt deshalb befähigt war, weil er auch aufgewachsen war „im Slavischen, dem das Akkadische überhaupt hinsichtlich des Systems der Aktionsarten am nächsten steht" (a.a.O., S. 361 = S. 7). Von daher führten in der Diskussion des Vortrags am 22. Juni 1981 Bemerkungen der indogermanistischen und slavistischen Kollegen zum Injunktiv im Vedischen und Awestischen, zu sog. „vollendeten" und „unvollendeten" Verben im Russischen recht weit. Untersuchte man hier weiter, könnten die bekannte „Gegenwartsunfähigkeit" des *soveršennij vid* im Russischen, das Fehlen einer Zeitstufenbezeichnung im indogermanischen Injunktiv (vgl. K. HOFFMANN, Das Kategoriensystem des indogermanischen Verbums, in: DERS., Aufsätze zur Indoiranistik Bd. 2, Wiesbaden 1976, S. 523–540, bes. S. 553–537), das Einmünden der Kategorienpaare Punktual-Durativ und Fiens-Stativ in akkadischen Bedeutungsklassen, die Verteilung von Sein und Geschehen auf den „analytischen" und den „synthetischen" hebräischen Satz darauf führen, daß alte Texte die Zeitvorstellungen bestimmter Kulturen noch ganz anders durchscheinen lassen, als oben zu zeigen versucht wird. b) Ebenfalls der Untersuchung einer großen Masse alter Texte bedürfte es, wenn man den Zeitvorstellungen der Menschen im Alltag auf die Spur kommen will. Es bedürfte hier einer umfassenden kategorialen Erfassung des Heute, Gestern und Morgen in Briefen und Omina, des Während, Als, Sobald in der Chronistik und Geschichtsschreibung, des Einst und Jetzt in der Epik, des „Du sollst..." oder „Wenn..., dann soll man..." in der Gesetzgebung.
Der vorstehende Beitrag orientiert sich nur an zwei Kategoriengruppen

A) Geschichtslosigkeit	B) Zeiteinteilung
Geschichtseinteilung	Zeitvorstellung
Geschichtsvorstellung	Zeitbegriff
(geht auf Deutung zurück);	(geht auf Abstraktion zurück).

Ausgangspunkte sind beide Male größere Dimensionen, also
nicht Chronistik,   nicht Jahreskalender,
sondern Weltreiche-Schema;   sondern „Großes Jahr".

Beide Kategoriengruppen gewinnen durch Deutung und Abstraktion Affinitäten zur Apokalyptik (siehe Anm. 9, 29, 47). Diese hat jedoch, ebenso wie die großen Dimensionen überhaupt, die Alltagserfahrung außerhalb der Schreiber-, Gelehrten- oder Priesterklasse kaum bestimmt. Dies zeigt für Israel SH. TALMON, Kritische Anfrage der jüdischen Theologie an das europäische Christentum, in: G. MÜLLER (Hsg.), Israel hat dennoch Gott zum Trost. Festschrift für Schalom Ben-Chorin, Gütersloh 1977, S. 139–157, bes. S. 152f.: Man kümmerte sich des Näheren um die Zeit der eigenen Generation und bis zur dritten oder vierten, also um 30 – 120 Jahre (frdl. Hinweis P. von der Osten-Sacken) – angesichts heutiger „kurz-", „mittel-" und „langfristiger Planungen" eine gewaltige Zeit. Ich kann statt dessen nur im drittletzten Absatz (oben S. 250f.) versuchen, einige Motivationen für A und B in ein und demselben Alltagsleben, also als Wegführungen von Geschichts- und Zeitlosigkeit gleichermaßen, aufzufinden. Die Resultate in den großen Dimensionen haben sich davon aber abgehoben und führen ihr Eigenleben in Wissenschaften oder wissenschaftsähnlichen Zusammenhängen. Undiskutiert bleibt die Alternative oder Antinomie von zyklischer und linearer Zeitauffassung, da im Detail die Dinge komplexer sind, vgl. den Vortrag von H. CANCIK und A. SHARMA in Anm. 33, ferner E. R. LEACH, Zwei Aufsätze über die symbolische Darstellung der Zeit, in: W. E. MÜHLMANN – E. W. MÜLLER (Hsg.), Kulturanthropologie, Köln-Berlin 1966, S. 392–408, wonach es sich um Verabsolutierungen von überall möglichen Vorstellungen von der Wiederkehr (wie in der Natur) und von der Nicht-Wiederkehr (wie im Lebensprozeß) handeln könnte. Hingewiesen sei jedoch auf den weiterführenden Versuch von F. KRAMER (siehe Anm. 3), am zyklischen, linearen, verdinglichten und meßbaren Zeitbegriff vorbei einen Bezug besonderer „Zeit" zu einer gesellschaftlichen Organisationsform aufzuweisen. Es handelt sich um (mit CHR. SIGRIST, Regulierte Anarchie, Olten-Freiburg i. Br. 1967, S. 21–25 u. ö.) sog. segmentäre Gesellschaften. Hier wird „der Umfang eines Segments... durch die Zeit repräsentiert, die seit seiner Gründung vergangen ist und die die Genealogie erinnert. Umgekehrt wird die vergangene Zeit durch die relativen Abstände zwischen jeweils ad hoc konstituierten Gruppen strukturiert und bezeichnet" (S. 14). Die genealogische Zeit, die einerseits zur Linearität tendiert (vgl. auch Anm. 67 am Schluß), andererseits Vergangenes immer wieder als Grund in jeweils Gegenwärtiges hineinholt und darin der mythischen Zeit verhaftet bleibt, entwickelt sich natürlich schon in Gesellschaften, deren Gruppen überhaupt genealogisch definiert sind, kommt aber erst in deren segmentär-akephalem Spezialfall zur vollen Entfaltung. Man kann sie auch eine ökologische Zeit nennen (S. 17); sie regelt nicht nur die „Zeit" für Arbeit, die noch nicht unter dem Zwang zur Akkumulation steht und mit gemessener Zeit noch nicht koordiniert zu werden braucht, sondern auch das soziale Leben zwischen den gesellschaftlichen Segmenten überhaupt. „Stirbt ein Segment aus oder verbindet es sich dauerhaft mit einem anderen, so wird der damit insignifikant gewordene Schritt in seiner Genealogie gekürzt, um der Verzeichnung einer neuen Segmentation Platz zu machen" (S. 14, mit Verweis auf E. E. EVANS-PRITCHARD, The Nuer, London 1940 = New York 1977, S. 107 u. 198–200).

[38] Exkurs II
Zu Begriff und mythischer Dauer der „Tausend Jahre"
Eine besondere Beachtung verdient innerhalb der Weltalter und Systeme das „Jahrtausend", zumal es durch hellenistische und christliche Vermittlung (Exk. III u. Anm. 54) im abendländischen Chiliasmus bzw. Millenarismus weiterlebt. Als termini technici begegnen vor allem mittelpers. *hazārag* „Tausendheit (von Jahren)" und *hazangrōkzim* „Tausend-Winter (-Periode)". Das letztere Wort ist aus dem Awestischen umgesetzt, als welches es einmal in einem Zusatz begegnet, welchen die Pahlavi-Übersetzung zu Vidēvdād 2, 19 zitiert (translit. u. übers. v. B. T. ANKLESARIA, hsg. von D. D. KAPADIA, Bombay 1949; nach älteren Ausgaben schon bei CHR. BARTHOLOMAE, Altiranisches Wörterbuch, Berlin 1904 [= ²1961], Sp. 796 s.v. ϑ *waresah-* und Sp. 1798 s.v. *hazangrō.zyam-;* nicht im Apparat bei K. F. GELDNER, Avesta Bd. III, Stuttgart 1896, S. 9f.; mit Parallelen bei M. MOLÉ, La legende de Zoroastre selon les textes Pehlevis, Paris 1967, S. 215 Z. 1–5). Es wird mit dieser kurzen Passage, evtl. von einem Schreiber nachträglich der Genauigkeit halber, der Abschluß registriert, nachdem im Reich des Urkönigs Yima die Erde dreimal (zu) voll geworden war und er sie nach 300 Wintern um ein Drittel, nach 600 Wintern um zwei Drittel und nach 900 Wintern um drei Drittel gedehnt hatte. Wenn danach noch Wert auf die Feststellung des Abschlusses eines „Jahrtausends" gelegt wird, zeigt dies entweder, daß für ein endzeitliches Jahrtausend ein urzeitlicher Typos gesetzt werden sollte, oder daß mit dem Wort schließlich eine erfüllte runde Zeiteinheit bezeichnet wurde, bei der es auf die numerische Genauigkeit von Eintausend nicht mehr ankam. Das letztere zeigt sich vielleicht auch im Pahlavi-Rivāyat zum Dādistān i dēnīg 48,1 (p. 141 DHABHAR; bei H. S. NYBERG, A Manual of Pahlavi Bd. 1, Wiesbaden 1964, S. 96 Z. 10; bei MOLE S. 215, Z. 16). Ist dort mit Nyberg zu lesen *hac hazangrōkzim,* bezeichnet das Wort, da „von" der mit ihm bezeichneten Zeit 1500 Jahre seit Zarathustras „Unterredung mit Ōhrmazd" vergangen sein sollen, mehr als 1500 Jahre, jedoch nicht das ganze letzte Trimillennium; ist mit Molé *kē hazangrōkzim* zu lesen, wird das Wort damit in Parenthese gesetzt, um eben die 1500 Jahre zwischen Ōhrmazds Unterredungen mit Zarathustra und dem ersten Heiland Hušētar zu bezeichnen. – Das Buch von Molé enthält im übrigen auch die wichtigsten eschatologischen Texte zu unserem Thema.

[47] Exkurs III
Zur Eschatologisierung der „Tausend Jahre"
In das zweite Jahrtausend des ersten Trimilleniums des iranischen Weltenjahres wird Aži Dahāka gesetzt, der ursprünglich eine Art Chaosdrache war, aber je nach Tendenz und Abfassungszeit der Quelle zu dem einen oder andern iranfeindlichen König historisiert werden kann. Er taucht als mythisches Ungeheuer im letzten Trimillennium wieder auf, wo er das elfte Millennium hindurch (von Thraētaona/Frētōn) an den Berg Demawend gefesselt ist, um danach (von Ahriman) wiedererweckt und zur Verhinderung ei-

ner Katastrophe endgültig (von Keresāspa/Krišasp) vernichtet zu werden (Belege bei B. LINCOLN, Art. Aži Dahāka, in: C. COLPE [Hsg.], Altiranische... Mythologie [s. Anm. 40, Fortsetzung in] Liefg. 17, Stuttgart 1982, S. 303, einzuordnen in C. COLPE, Art. Eschatologie, ebda. S. 337). Diese 1000 Jahre der Bändigung des Unheils vor seinem nochmaligen Ausbruch und endgültiger Besiegung sind das Vorbild für die 1000jährige Bindung des „Drachens, der alten Schlange" (nur in Apok. Joh. 12,9 und 20,2 beide Wörter nebeneinander als Bild für den Satan, in 12,13–17 im Wechsel – Hinweis auf Einmündung einer speziell iranischen neben der altorientalisch-hellenistischen Schlangensymbolik? Bedenken bei W. FOERSTER, Art. δράκων, Theol. Wb. zum NT 2 [Stuttgart 1935], S. 284–286) in Apok. Joh. 20,1–6 (richtig gesehen schon von W. BOUSSET, Die Offenbarung Johannis, Göttingen ⁶1906 = 1966, S. 436; Versehen nur Anm. 8: „Die 9000 Jahre sind um" in Bahman Yašt 3,55 WEST [= 9,14 ANKLESARIA] beziehen sich nicht auf die Fesselung, sondern sind wohl eine Variante für die Lebenszeit Aži Dahākas, der zu derselben Opfergeneration wie Thraētaona gehörte, für den aber in dieser alten Überlieferung von keinem Tod berichtet wurde. Boussets Erkenntnis wurde von den meisten späteren Kommentaren nicht aufgenommen). Dies wurde für den abendländischen Millenarismus der locus classicus für das 1000jährige Reich, in welchem Friede ja nur vorläufig, dank Bändigung satanischer Macht herrschte, bevor diese zu einem letzten – vergeblichen – Aufstand nochmals losbrach (Apok. Joh. 20,7–10; zum Weiterleben in der Alten Kirche vgl. W. BAUER, Art. Chiliasmus, in: Reallexikon für Antike und Christentum 2, Stuttgart 1954, Sp. 1073–1078; zum Zusammenhang mit den sibyllinischen Orakeln, Laktanz und den Orakeln des Hystaspes (dazu auch Anm. 54) siehe H. FUCHS, Der geistige Widerstand gegen Rom in der antiken Welt, Berlin 1938, S. 31–35 (= Anm. 19) und 83–85 (= Anm. 84); zur mittelalterlichen Rezeption vgl. statt vieler Lit. W.-E. PEUCKERT, Die große Wende Bd. 1, Hamburg 1948 [= Darmstadt 1966], S. 164–171; zur Rezeption im Messianismus der Dritten Welt vgl. vorläufig MÜHLMANN [oben Anm. 24] S. 300–311).

Von den medischen Magern zu den hellenistischen Magiern

Mit dem Titel ist nicht das Fortschreiten von einer phänomenologischen Betrachtung einer bestimmten Personengruppe zur nächsten, einer anderen Gruppe gewidmeten Betrachtung, sondern eine wirkliche historische Entwicklung gemeint – womit nicht gesagt sein soll, daß es gelingen wird, sie zu rekonstruieren. Der Titel läuft auf die Frage hinaus, was Iran zum Hellenismus beigetragen hat. Die Behandlung dieser Frage ist im Hinblick auf Ideen und Symbole über alle Maßen kontrovers. Lediglich von einer Ermittlung des historischen Ortes der Mager bzw. Magier[1] her ist einige Klarheit zu erwarten, weil sie als Gruppe eine leichter umschreibbare Größe darstellen als eine Idee oder ein Symbol. Bei ihnen tritt dafür aber die neue Schwierigkeit auf, daß ihre Anschauungen schon in vorhellenistischer Zeit synkretistisch waren. Deshalb sind z.B. „hellenisierte Magier" kompliziertere Typen als etwa hellenisierte Perser, Juden oder Syrer. Wir werden darüber am Schluß nachdenken und uns zunächst nur darauf einigen müssen, daß wir „Mager" sagen, wo es lediglich gilt, das griechische μάγος umzusetzen, „Magier" hingegen, wo Grund zu der Annahme besteht, der Textautor denke an einen, der die μαγεία ausübt.

Die Meder hatten zusammen mit den Babyloniern, gegen Ende des 7. Jh.s dem Assyrerreich den Todesstoß versetzt: dann allein gegen die Lyder kämpfend, hatten sie bis 585 ihr Territorium bis zum Halys ausgedehnt[2]. Der Priesterstand der Meder waren die Mager. Sie hatten in den streng ritualisierten Rahmen ihrer vom Königshof privilegierten Tätigkeit aus der vorarischen Bevölkerung verschiedene Arten der Divination aufgenommen, die durch die medisch-iranische Überlagerung okkult werden sollten. Ihres Amtes war die Einhaltung der Riten beim Feuerkult, bei den Trankspenden, bei blutigen Opfern, den Bestattungen und den Liturgien für alltägliche Kasualien.

Schon so früh muß eine bestimmte Gruppe der Mager den Griechen bekannt geworden sein. Bei der Inbesitznahme Kleinasiens durch die Perser unter den

---

[1] „Mager" ist die Transliteration von μάγοι, das den ganz unhellenistischen medischen Priesterstand bezeichnet. „Magie" ist eine – die latinisierte, d.h. einfach die Form μαγεία (= die Praxis der hellenistischen Personen und Gruppen) mit itazistisch gesprochenem ei voraussetzende moderne wissenschaftliche Wortbildung. Die Umsetzung von magikos in μαγικός ist kein Problem. Die Schreibung „Mag(i)er" drückt die Unsicherheit aus, ob man die gemeinten Personen mehr dem alten Medertum bzw. dem achämenidischen Iran oder der hellenistischen Zeit zuordnen soll. Das klassische Werk von Joseph Bidez/Franz Cumont, *Les mages hellénisés*, 2 Bde Paris 1938, legt auf diese Unterscheidungen noch keinen Wert (im Französischen und Englischen ist es ja auch schwierig) und bringt bekanntlich nur Texte, in denen die Namen Zarathustra, Ostanes und Hystaspes vorkommen. Zur Sache, ohne diese Namen, gibt es aber noch viel mehr, vgl. *Stück 55*.

[2] Auf die weiterhin bestehenden und neue historische Probleme macht J. Wiesehöfer, Art. „Kyaxares" und „Meder", in: DNP 6, Xp. 849f. und 7, Sp. 1094f., aufmerksam.

Achämeniden ist dann wohl ein anderer Verband von ihnen, der auf westiranischem Territorium verblieben war, mit dem persischen Adel neu nach Kleinasien gekommen und hat sich dort in kleinen Gruppen (von manchen verglichen mit „kolonieartigen" Verbänden) niedergelassen. Sie gehörten wohl zu denen, die inzwischen für die Achämeniden offiziell die Beachtung des Kultischen übernommen hatten – soweit dies, mit Ausnahme der blutigen Opfer, im zarathustrischen Sinne deutbar war. Damit fügten sie den stark ritualisierten Vorstellungen von Assyrern, Chaldäern, Armeniern, Kappadokiern und Völkern, deren Namen wir nicht kennen, Inhalt aus der Prophetie des Zarathustra hinzu; diese nahmen ihrerseits eine andere Gestalt an, als sie in Ostiran gehabt hatten.

Für die Überzeugungskraft einer damaligen Berichterstattung mußte die Signatur des Iranischen an den unter den Persern sich entwickelnden Verhältnissen eindeutiger sein als für eine moderne Analyse – sollte es sich doch um eine Angelegenheit handeln, wie man sie sich eindeutiger nicht vorstellen konnte, nämlich um die Tätigkeit einer Klasse von Priestern, die von im Lande der Perser residierenden Großkönigen bestellt worden waren, und deren leitende Gestalten je länger desto weniger Anlässen oder Gründen für die Annahme widersprachen, daß sie über die bekannten medischen *Standes*traditionen hinaus sogar auf arische *Stammes*traditionen zurückblicken konnten, und die überdies in ihren Überlieferungen ein Ingrediens hatten, das durch die beginnende Legendarisierung seines Urhebers Zarathustra eher gewichtiger als unerheblicher geworden war. Die Griechen, die sich mit Kleinasien beschäftigten, konnten nichts Besseres tun, als diesen Eindruck auf sich wirken zu lassen und sich als Nichtiranier darüber ein Urteil zu bilden. Infolgedessen kam es zu keinem auch nur annähernd vertrauenswürdigen oder gar einheitlichen Mag(i)erbild, anachronistisch kann man auch sagen: zu keiner *opinio communis* über diese Fremden bei den meisten Griechen.

Deshalb dürfen wir heute eine Alternative zwischen dem, was als iranisch und damit als fremd angesehen wurde wie z.B. bei Herodot, Xenophon, Theopomp und Strabo, und dem, was in Wirklichkeit iranisch war, aber – wie es für Griechen, die sich mit der Kultur anderer Nationen beschäftigten, geradezu typisch war, als das jeweils Eigene galt wie z.B. bestimmte Darbringungen an Naturkräfte oder eine aus der Vergötterung der Rivalität von Gut und Böse abgeleitete Dämonologie – eine solche Alternative nicht aufstellen. Zumal es einer Religiosität wie der frühhellenistischen, für die so etwas wie Bekehrung eine völlig irreale Angelegenheit war, gar nicht möglich gewesen wäre, dabei etwa auftretende Kontroverspunkte in einen bloßen Unterschied zu fassen.

Die Bewußtheit, mit der manche nicht nur Iranisches als solches anerkannten, sondern es gerade als solches für einen möglichen Ausdruck eigener Intentionen von lediglich anderer geographischer Herkunft nahmen, ist für ein bestimmtes Niveau hellenistischer Religiosität gerade charakteristisch und bezeichnet insoweit keinen Unterschied zu selbstverständlicheren synkretistischen Strukturen des Volksglaubens. Dafür zeugen sowohl die Stellung des Magiertums im Verhältnis zu anderen Gruppen als auch die Verwendung des Magier- und besonders des Magie-Begriffes in der griechischen und hellenistischen Literatur.

Die Wortgeschichte ist so gut wie zufällig verlaufen. Es läßt sich nicht mehr mit Sicherheit sagen, ob es sich bei μάγος und *magu* um ein griechisches bzw. altpersisches Erbwort aus dem Indogermanischen handelt, oder ob – angesichts der Tatsache, daß μάγος bei Homer noch fehlt und erst bei Heraklit, Pythagoras, Demokrit begegnet – die Griechen das Wort aus dem Persischen entlehnt haben. Im letzteren Falle wäre das, was die μάγοι treiben, nämlich μαγεία, zunächst relativ richtig als Theologie der Magier und Dienst an den Göttern (θεῶν θεραπεία)[3] verstanden worden. Danach erst, infolge einer Verwechslung des Magiertreibens mit Zauberei, relativ falsch als das, was seither unter Magie, insbesondere schwarzer Magie, verstanden wird. So versteht man unter Magiern schließlich eine Personengruppe, die von Inhabern und Ausübern übernatürlichen Wissens über Zauberer zu Betrügern und Verführern reicht. Dabei steckt angesichts der Tatsache, daß zu den Divinationskünsten der historischen Magier auch die mit astrologischen Mitteln arbeitende Technik gehörte, eine gewisse Berechtigung darin, daß man sie häufig mit den Chaldäern zusammenwarf. Denn für diese trifft dasselbe zu wie für die Magier, ja die Entstehung beider Personengruppen hat sogar gewisse strukturell gleichartige Voraussetzungen. Sie bestehen darin, daß beide Gruppen Spannungen ausglichen zwischen Herrschaftswissen bei einer privilegierten Kaste (Magier) bzw. einer für die mantischen Bedürfnisse der neubabylonischen Könige unentbehrlichen Priesterschaft (da agierten Chaldäer *als Personengruppe*)[4] einerseits und den für die Sicherung des Lebens von Sippen, Familien und Privatpersonen nötigen Handlungen, Gewohnheiten und Institutionen nebst deren Begründungen bei den Substratvölkern im Meder- und Achämenidenreich andererseits (da verhielten sich Kaldu/Kasdim/Χαλδαῖοι *als Volk*)[5].

Die gleichlaufenden Idealisierungen von Chaldäern und Magiern, die beide zu Trägern uranfänglicher Weisheit machen, gehen jedoch über die skizzierte gewisse Berechtigung, beide zusammenzuwerfen, weit hinaus. In diese Tendenz gehört es, wenn eine ganze Literatur auf Namen gestellt wurde, die durch ihren

---

[3] Ps. – Plato, Alkibiades der Erste, hat diesen Ausdruck (122a) = Ps. Plato, Alkibiades 122a als Unterrichtsinhalt im Zusammenhang mit seinem faszinierenden Bericht über die persische Prinzenerziehung.

[4] Seit Herodot 1, 181. 183; Daniel 1,4; 11,2.

[5] D.D. Luckenbüll, Ancient records of Babylonia and Assyria vol. 1, §§ 793f., 806, 810; vol. 2, §§ 31ff., 39ff., 244; Babylonian Chronicle, ed. L.W. Kind, Cuneiform Texts from Babylonian Tablets ... in the British Museum XXXIV, London 1914, 5–7 u.ö. Neue Auswertung des gesamten Materials: W.: J.W. Koster, Art „Chaldäer", in: RAC 2, Sp. 1006–1021.

persischen Klang den Bezug speziell zu den Magiern sicherstellen sollten. Von diesen hat Ζωράστρης, Ζαράτας o. ä. mit dem historischen Zarathustra schlechterdings nichts mehr zu tun – genausowenig wie der Sarastro aus Schikaneders und Mozarts „Zauberflöte", der letztlich auf diese personifizierte orientalisierende Herkunftsmarke für Mysterienwissen zurückgeht. In Hystaspes leben allerfernste Reminiszenzen an die beiden Vištaspa weiter, an den Protektor des Zarathustra und den Vater Darius des I., von denen beiden man immerhin allgemein sagen konnte, daß sie als Könige in alter Zeit der Wahrheit zum Siege verholfen hatten. Ostanes könnte nach dem legendären Begleiter Xerxes des I. und Lehrer des Demokrit aus Abdera[6] benannt sein, eher war er eine reine Phantasiefigur; jedenfalls gibt es in iranischer Tradition keine Gestalt ähnlichen Namens, an die angeknüpft worden sein könnte. Weniger bekannte Magier erhalten, obwohl manchmal mit Zoroaster, Hystaspes und Ostanes zusammen genannt, dann ihre Namen offenbar schon bewußt aus anderer Tradition, so z.B. Cyprianus[7], der spätantike Vorläufer des Doctor Faustus, nach dem berühmten Bischof von Karthago, oder Dardanus nach dem mythischen Stammvater der Trojaner. Die Tatsache, daß in den Überlieferungen, die iranischen Magiern zugeschrieben wurden, das allermeiste nicht wirklich iranisch *war*, sondern es *sein sollte*, darf nicht dazu verleiten, die griechischen Magiertexte in Bausch und Bogen aus der iranischen Religionsgeschichte auszuscheiden. Denn was von griechischer Seite aus Ausdruck einer Orientromantik ist, die übrigens vorher eine ägyptisierende Phase durchlaufen hatte, ist von der iranischen Religion aus ein Indiz für die Produktivität ihrer Mißverständlichkeit.

Mißverständlich war und mißverständlich wurde die Stellung der Magier zum bösen Prinzip. Selbstverständlich wurde es weder in Hirtennomadenvölkern iranischen Stammes oder iranischer Sprache noch im Einflußbereich Zarathustras noch unter den Achämeniden religiös verehrt, auch wenn es durch einen göttlichen Repräsentanten *Angra Mainyu* als solches anerkannt war. Daneben gab es eine chthonische Gottheit, welche die sog. Derbiker im Nordosten Irans[8] und die pontischen Skythen[9] verehrten. Sie hatte im Uriranischen wahrscheinlich *Spanta Aramati* geheißen und war ins Armenische als *Sandaramet* zur Bezeichnung der Unterwelt entlehnt worden[10], lebte bei Zarathustra als *Armaiti* „angemessene Gesinnung" weiter und kam im jüngeren Avesta in den Kanon

---

[6] Plinius 30, 2,6–5,14. Das 30. Das Buch der Naturalis Historia ist eine Fundgrube für das doch weiter westlich anzusiedelnde Magiertum, wo es natürlich ohne Verweise auf „Persien" nicht abgeht. Die Erwähnung bei Diogenes Laertius 1,1, 2 setzt die griechischsprachige Fiktion voraus.

[7] Mehr bei Ludmilla Krestan – Alfred Herrmann, Art. Cyprianus II („Magier", in: RAC 3, Sp. 467–477.

[8] Strabo, XI, II, 8.

[9] Herodot IV, 59.

[10] Yasna 16,10; Yascht 1,25; Videvdad 2, 10; 3, 3, 18, 64 und passim.

der *Ameša Spentas* hinein[11], in dem sie wieder, wie die anderen auch, mit einem Element, nämlich der Erde, in Verbindung stand[12]. Und außerdem gab es den Gott *Airyaman,* wohl eine Personifikation des Priesterstandes und über dessen spezielle Fertigkeit, die Heilkunst, auch ein göttlicher Heilkundiger. Das Videvdad schließt mit einem Bericht über seine Taten, mit dem ihn die Verfasser, die historischen Magier der Achämenidenzeit, offensichtlich als Prototypen und Vertreter ihres Standes hinstellen wollten. Außer ihm verehrten sie die Erde, womit sie sowohl vorzarathustrisch-iranischer als auch tellurisch geprägter nichtiranischer als auch spiritualisierter und neu konkretisierter zoroastrischer Frömmigkeit gerecht wurden. Die ambivalente Natur des griechischen Hades, der seit Homers und Hesiods Zeiten sowohl als Furchtbarer und Gewalttätiger als auch als Bewahrer der Schätze der Erde beschrieben werden konnte[13], brachte es mit sich, daß in Kleinasien der Hades sowohl mit *Angra Mainyu* bzw. *Ahriman* als auch mit *Aramati* gleichgesetzt wurde. Die Magier als Verehrer der letzteren und des *Airyaman* stehen nun plötzlich auch als Verehrer des bösen Gottes da; Volksetymologien, welche die drei Namen auch sprachlich miteinander in Verbindung brachten, mögen mitgespielt haben. Plutarch kann dies berichten[14]: „... Der Magier Zoroastres ... nannte den einen (Gott) Horomazes den anderen Areimanios und behauptete auch noch dazu, daß jener unter den wahrnehmbaren Dingen am meisten dem Lichte ähnele, dieser dagegen der Finsternis und Unwissenheit. ... Er lehrte ferner, dem einen Opfer als Bitten und Dank darzubringen, dem anderen aber nur abwehrende und finstere Opfer. Denn eine Pflanze, die Omomi heißt, zerstampfen sie im Mörser und rufen dabei den Hades und die Finsternis an, dann vermengen sie sie mit dem Blute eines geschlachteten Wolfes und tragen das an einen sonnenlosen Ort, wo sie es wegwerfen. Sie glauben nämlich, daß auch von den Pflanzen die einen des guten Gottes, die anderen des bösen Dämons sind, und von den Tieren z.B. die Hunde, Vögel und Landigel des Guten, die Wassermäuse des Bösen; deshalb preisen sie den glücklich, der recht viele davon tötet." Man beachte die entstellende Nähe zum Zoroastrismus: hinter „Omomi" steckt natürlich der Haoma – Trank!

Ursprünglich dürfte es sich bei der Darbringung gewisser Pflanzen und Tiere an die Erde oder die Unterwelt um nichts anderes handeln, als was J.G. Frazer in der modernen Wissenschaft „kontagiöse Magie" nennen wird – falls es nicht „sympathetische Magie" war, durch die man die Heilkraft des Airyaman aktivieren wollte. Die Deutung Plutarchs, es handele sich um apotropäische Opfer, kann ein neues Stadium in der Geschichte des Ritus treffen und dann richtig, oder sie kann falsch sein, je nachdem ob die Unterwelt tatsächlich schon als Ort

---

[11] Yasna 28, 3; 30, 7; 31, 9 und passim.
[12] Yasna 16, 10; Yascht 1, 24; Videvdat 2, 10; 3, 35; 18, 64 et passim.
[13] Homer, *Ilias* s 158; 15, 188; Hesiod, *Theogonia* 453ff. und Hesiod, *Erga* 465.
[14] Plutarch, *Moralia* V, 369 E-F. (ein Exkurs in der Schrift über „Isis und Osiris").

des Bösen angesehen wurde oder noch nicht. Doch auch wenn sie richtig ist, ist ein apotropäischer Ritus noch keine offene und sich hingebende Verehrung, wie sie einem Hochgott oder einem guten Gott zuteil wird. Es bedurfte eines weiteren Mißverständnisses, um den apotropäischen Sinn zu übersehen. Auch dies ist geschehen, wie noch im 5. Jh. nach Chr. Theodor von Mopsuestia bezeugt, für den die Magier richtige Anbeter des Satanas sind.

Die tellurische Frömmigkeit der Magier kannte auch Opfer an die Yazatas wie Anahita und damit das Fruchtbarkeit bringende Fließwasser, an Mithra und damit das die Erde erleuchtende Licht, an Atar/Adhar und damit das Feuer. Das Mißverständnis machte daraus die ganze Kenntnis einer magisch-chemischen Technologie einschließlich einer alle Naturkräfte spiritualisierenden Weltanschauung, wie sie etwa die Physika-Literatur des hellenistischen Ägypten enthält; von da aus wurden aus den Magiern nicht nur Physikoi, sondern gelegentlich sogar Alchemisten. Die Verbindung zwischen tellurischen und siderischen Elementen, wie sie sowohl die Kosmologie der neubabylonischen Chaldäer als auch die Chemie der älteren ägyptischen und mesopotamischen Metallurgen kannte, ließ dann auch die Qualifizierung der Magier als Astrologen plausibel erscheinen. Hier wurde jedoch nicht so viel mißverstanden wie bei der Qualifizierung als Alchemisten: Wenn sich von den Magier-Lehren aus auch nicht die ganze Katarchenastrologie ableiten und schon gar nicht die Verbindung zur astronomischen Mathematik herstellen läßt, wie sie bis Claudius Ptolemaeus auch zur sog. Astrologie gehörte, so war doch das Ausgehen von Erscheinungen an Gestirnen (Sonnenfinsternisse, Sternschnuppen, besondere Konstellationen), am Wetter (Donner und Blitz, Regenbogen, Winde, Wolken) und auf der Erde (Brände, Fluten, Erdbeben) für die divinatorische Praxis der Magier genauso unentbehrlich wie das Ausgehen von Physiognomien, Leichnamen, Tierverhalten, Träumen oder Losen. Was dann wieder mißverständlicher war, ist ihr Verhältnis zum Schicksal und seinen Ewigkeitsaspekten, dem Welt und Menschen unterliegen, und zu den Geistern, deren Heimsuchungen an den Menschen (Unglücke, Seuchen, Hungersnöten) kosmische Ausmaße annehmen konnte (und können!), sowie der Umgang mit dem Regler des Umlaufs der Gestirne (wir wissen nicht, ob gerade die Magier ihn Zurvan Akarana „unendliche Zeit" nannten). Mit ihm konnten die vielfältigsten Aion-Vorstellungen assoziiert werden, die sich im Hellenismus auch noch aus vielen anderen Spekulationen speisten. Dämonen, die als ahrimanische Klasse den guten Geistern entgegenzustellen sind, würde man auch, wenn z.B. Porphyrius nicht so gelehrt darüber Bescheid gäbe[15], bis zu ihrer Klassifizierung und vielleicht Verehrung bei

---

[15] Augustinus, *De civitate Dei*, X, 9; vgl. Porphyrius, *De abstinentia,* II, 36–43 und Plinius, XXX, 11.

Cornelius Labeo[16] als dieselben wiederkennen, denen die Magier blutig opferten; und vielleicht darf man aus Ansätzen zu schwarzer Magie und – anachronistisch mit einem mittelalterlichen Ausdruck gesagt – schwarzen Messen in der römischen Kaiserzeit folgern, daß die Magier ihre Opfer nicht nur aus apotropäischen Gründen darbrachten, sondern auch, um sich Dämonen gegen Feinde oder überhaupt zur Beherrschung unterwerfungsbedürftiger Gemüter dienstbar zu machen.

Um jetzt die eingangs gestellte Frage nach dem Charakter des Hellenischen zu beantworten, machen wir uns – in Weiterführung von J.G. Droysens Ergebnis – klar, daß Begegnung mit dem Griechentum außerhalb von Griechenland zum Hellenismus führt. Diese inzwischen einfach gewordene Sprachgewohnheit wird aber schwierig, wenn man Wörter für den Vorgang benutzen will, die der Relativität der Wortwahl für ihre eigene Zuordnung zu dem historischen Gegenstand Rechnung tragen, für den sie selbst der Ausdruck sein sollen. Dann ist es z.B. in Syrien und Iran Graezisierung, die zum Hellenismus geführt hat. Im Judentum hingegen ist es Hellenisierung, denn es waren bereits hellenistische und nicht mehr griechische Mächte, die dort eingriffen. Wie und was sind dann die Mager und die Magier? Hier läuft die Vorgeschichte der Wortprägung in entgegengesetzter Richtung: Nicht kommt das Griechische zu den Nichtgriechen, sondern das Nichtgriechische kommt zu den Griechen. Die Magier aber bringen bereits Synkretismus mit, als sie in das Licht der Geschichte treten, aber es wäre Konsequenzmacherei bis zur Absurdität, wenn man diese ihre Begegnung mit der Graecitas „Graezisierung" nennen würde. Also sind sie, seit sie sich in griechischer Sprache äußern oder griechische Bräuche aufnehmen, hellenisiert. Die Magier sind es im zweiten Grade, denn sie wurzeln oder sind in ihren Anfangsstadien bereits hellenisierte Mager, und für das, was an Griechischem oder Hellenistischem etwa noch hinzukommt, gibt es kein Wort. Es bleibt bei „hellenistisch", jener Eigenschaft, für die das Wort nicht mehr ausdrücken kann, ob es ein einfacher oder ein zusammengesetzter Begriff ist[17].

---

[16] Augustinus, *De civitate Dei,* VIII, 13; vgl. Iamblichus, III, 31 (175, 15) und Arnobius, *Adv. nat.,* IV, 12. K. Goldammer, Art. „Magie", in: Hist WbPhilos 5, Sp. 631–636, hat die in dieser Kürze beste Sammlung griech. und römischer Zeugnisse. Wichtig noch H. Kusch, Cornelis Labeo, in: RAC 3, Sp. 424–431.

[17] Zum Ausgang der Geschichte siehe den Schluß von *Stück 51.*

Iranische Ursprünge der Gnosis?

Die Ermittlung eines spezifisch iranischen Hintergrundes der Gnosis ging früher von deren systematischer Vollendung, dem Manichäismus, in seinen in den Turfantexten vorliegenden mittelpersischen Zeugnissen aus, zu denen die vielen Parallelen in Mandäertum und westlichem Gnostizismus gestellt wurden.[1] Die z.T. recht verschlungenen Wege der Rückdatierung haben die fundamentale Metamorphose unkenntlich gemacht, die zwischen den gnostischen Systemen und Erlösungskonzepten einerseits, den älteren Religionen andererseits stattgefunden hat. Sie besteht darin, daß die Wertung der Welt so negativ wird, daß ein unfassendes Wissen, bei dem das Erkenntnisorgan mit seinem Objekt einswird, eine die Welt transzendierende und damit erlösende Qualität gewinnt. In der Struktur dieses Wissens, das einen antikosmischen Dualismus zu überwinden haben wird, liegen die psychologischen Ursprünge der Gnosis.

Historisch ist es einer Ebene zuzuweisen, die kategorial bisher ebensowenig erfaßbar ist wie die, auf der sich Geschichtskonstruktion und Hypostasierungen ausbilden. Ein Spezialfall der letzteren ist es, der zur Vorstufe der Gnosis wird, nämlich die Hypostasierung der höchsten Geisteskraft des Menschen und der gleichbenannten Gotteskraft, gelegentlich mit Symbolisierung dieser Kraft als Lichtglorie oder in Kongruenz mit einer Makrokosmos-Mikrokosmos-Spekulation. Im letzteren Falle wäre die Gotteskraft zugleich ein Teil der Weltseele, welche einem Teil der Menschenseele korrespondiert. Nous, Pneuma und Logos (und einige weitere Weisheitsbegriffe, Ruaḥ, Ḥokmah und Torah (nebst entfunktionalisierten Ausdrücken für das Wissen um göttliche Geheimnisse, Vohu Manah, Čisti und Daena sowie eventuell andere Ameša Spentas oder Seelenteile wären hier nebeneinanderzustellen. Dies wäre im Sinne einer Homogenisierung von Erkenntnisstrukturen aufzufassen; keine Schwierigkeiten macht dabei die Einbeziehung der iranischen Strukturen, einfach auf Grund ihrer Enwicklung, wie sie von den Gathas bis zur Übersetzung der entscheidenden Ausdrücke im Pahlavi-Yasna, z.T. bis zum jüngeren Awesta und zum Hadōxt-Nask sowie bis zur Bedeutung von dānišn (Wissen) und frazanakih (Weisheit, Intelligenz) in den Pahlavi-Schriften dokumentiert ist.[2]

Was aber die dualistische Zerspaltung dieser Hypostasen zum pneumatischen Selbst der jeweiligen Gnosis anlangt, so ist sie an den griechischen und jüdischen bis auf weiteres deutlicher sichtbar als an den iranischen; denn die Pole des Dua-

---

[1] Bahnbrechend für diese These, wie auch der weiteren, ihr nicht mehr verpflichteten Forschungen, war Richard Reitzenstein, Das iranische Erlösungsmysterium, Bonn 1921.

[2] E. g. Škand-Gumānīk-Vičār 1.8; 4.58; 5.83; 8.113ff; 9.18 (tr. de Menasce, p. 24f; 54f; 70f; 92f; 108f); Dātistān i Dēnīk 4.3 (tr. West, Pahlavi Texts II, p. 20f); Dēnkard IX. 59.2–6 (tr. West, Pahlavi Texts IV, p. 360–1); Dēnkard III. 298 = 307, 9–17 (tr. de Menasce, p. 292); 337ff = 329, 11–330, 6 (tr. de Menasce, p. 313).

lismus, die bei der Apokalyptik bezeichnet wurden, decken sich nicht mit dem Dualismus von *mēnōk* (irdisch-materiell) und *gētīh* (himmlisch-spirituell), wenn man voraussetzt, daß dieser in der Partherzeit genau so aussah wie später in den Pahlavi-Schriften. Erst eine solche Deckung aber, ohne die auch der *salvator salvandus* nicht richtig begriffen werden kann, wäre für die Gnosis konstitutiv. Man könnte sie nun für die im engeren Sinne iranische Tradition einfach postulieren und damit annehmen, die Homogenisierung der Erkenntnisstrukturen auf griechischer und jüdischer Seite einerseits, iranischer Seite andererseits erstrecke sich auch noch auf deren Gnostisierung. Doch statt zu einem solchen Postulat sollte man sich lieber zur Annahme einer historischen Paradoxie entschließen, nämlich der, daß Verabsolutierungen des dualistischen Denkens, zu dem es in Iran die meisten Ansätze gab, sich leichter mit Hilfe und an den Orten von Traditions-Mischungen und -Erweichungen – babylonischer, kleinasiatischer und ägyptischer Hellenismus, hellenistisches Judentum, semijüdisches und westaramäisches Täufertum – (kristallisieren und) ausdrücken konnten als durch das gegen Synkretismus und Begriffsaustausch bis zum 3. Jahrh. nach Chr. viel resistentere Medium einer rein iranischen, namentlich der zoroastrischen Begrifflichkeit.[3] Dies änderte sich erst, als die dualistischen Ansätze in ihrer neuen, der manichäischen Manifestation nach Iran zurückkehrten. Es gibt nur Gründe, nach Indizien für eine Wirkungsgeschichte zu suchen, innerhalb derer das Nichtiranische über das Iranische noch mehr und etwas anderes aussagt, als durch lediglich vertikale Auffüllung der Traditionslücke zwischen Achämeniden- und Sassanidenzeit postuliert werden könnte.

Diese Indizien liegen eben dort vor, wo die Pole der Dualismen völlig zur Deckung gebracht sind, und man gelangt dorthin sowohl durch verallgemeinernde Rückschlüsse aus der dem Manichäismus und dem Mandäertum gemeinsamen Schicht als auch durch wechselweise subtrahierende Ermittlung dessen, was diese Schicht mit westlicher Gnosis gemeinsam hat. Diese Gemeinsamkeit besteht darin, daß die Not des Einzelnen als absolut und durch eigene Bemühungen nicht mehr überwindbar angesehen wird, daß man diesen Einzelnen durch seinen inneren Menschen repräsentiert sieht, und daß ein gerechter Mann, Prophet oder Apostel als nötig erachtet wird, dessen erleuchtender Anruf den Leidenden der Fremdheit seines inneren Menschen im äußeren und damit des ganzen Menschen in der Welt bewußt macht. Derartiges kann in Unterägypten und in Zonen am Rande der palästinisch-syrischen Kultur bis nach Kleinasien, insbesondere Phrygien, und Nordmesopotamien, insbesondere das Gebiet um Harran und die Adiabene, aus verschiedenen Ursachen empfunden, gedacht und erwartet worden sein.

---

[3] Rechter Ginza, III. 74. 10ff; 77.15ff; 100–102 (tr. Lidzbarski, p. 70; 75f; 107–111); Lidzbarski, Johannesbuch, 13 (50.3ff); Alf Trisar Šuialia 1 § 142.

Die selbstverständliche Eingebundenheit solcher Empfindungen und Gedanken in den Referenzrahmen des erwähnten, im einzelnen variablen, aber durch anschaulich-bildhaftes Denken immer wieder zustandekommenden Systems kosmologisch-anthropologischer Hypostasierungen gab Möglichkeiten, die Fremdheit des inneren Menschen im äußeren und in der Welt als hypostatische Dualität im Verhältnis zu einem oberen oder kosmischen Menschen zu sehen, und zwar auf dem Grunde einer Identität der seelisch-spirituellen Substanz beider. Die Eingebundenheit der Erwartungen in diesen Referenzrahmen ließ den jeweiligen Gerechten, Apostel oder Propheten als Repräsentanten der kosmischen oder himmlischen Geisteskraft bzw. des oberen Menschen erscheinen, im Verhältnis zu dem die Herstellung einer hypostatischen Einheit mit ihm für den inneren Menschen oder die Seele im Leidenden ein Freikommen aus der Geschichte, und d.h. Erlösung bedeutete. Indem der gerechte Mann dadurch, daß er mit einem Wort aus seinem Innern den inneren Menschen im Leidenden anruft und trifft, die Einheit ermöglicht, deren Vollzug zugleich ein Erkenntnisakt ist, haben sich Wissens- und Erkenntnisstrukturen, Hypostasierungssysteme, eine bestimmte Prophetologie und im Hinblick auf ihre Aufhebung konzipierte Dualismen miteinander verbunden und zur Gnosis gewandelt.[4]

Die eben angekündigten Gründe, darin nicht so sehr eine Veränderung auf einer kategorial bisher unerfaßbaren Ebene, als vielmehr einer Wirkungsgeschichte zu sehen, von der aus man auf einen iranischen Faktor schließen darf, der in den beiden ersten Jahrhunderten nach Chr. als solcher nicht belegt ist, sind die folgenden. Es gibt eine Anzahl von Übereinstimmungen zwischen Manichäismus und Zoroastrismus – Kampf der beiden Prinzipien bzw. Götter bzw. Schöpfungen, kosmische Mischung, Besiegung des Prototypen der Menschheit, Trennung des Gemischten, Dramatisierung und Eschatologisierung des Weltlaufs –,) welche quantitativ gewichtiger sind als die Unterschiede, welche beide trennen. Dies kann darauf hinweisen, daß diese Unterschiede, die qualitativer und damit natürlich prinzipieller Art sind – antikosmischer Dualismus, der alle Pole zur Deckung bringt, Erlösungslehre, von da aus anderer Stellenwert der genannten Übereinstimmungen – zu ihrer vollen Manifestation nach einem iranischen und keinem anderen System verlangt haben. Das iranische System erklärt dabei nicht die Entstehung des gnostischen, sondern es zeigt die Voraussetzungen auf, die eine frühere Gnostisierung speziell der iranischen Tradition unmöglich gemacht hatten; es bietet dann allerdings die wesentlichen mythographischen, zur Dogmatisierung tauglicheren Kristallisationspunkte, welche die dualistisch und soteriologisch produktiveren Gärzonen schuldig bleiben mußten. Zum qualitativ vom zoroastrischen verschiedenen gnostischen Dualis-

---

[4] Diese Entwicklungen stehen hinter: Hippolytus, Refutatio 1.2.14; Diogenes Laertius 1.8ff; Plutarch, Moralia V. 370 A–C; Clemens Alex., Protrepticus V. 65.1–4; Porphyrius, De abstinentia N. 16 (tr. Taylor, p. 166–7); Damascius, Dubitationes et solutiones 125 (vol. 1, p. 322).

mus ebendort – außerhalb von Iran! – aber kann die Religiosität der Magier gedrängt haben. Dies war einmal durch die Konvergenz ihrer Erdverehrung mit der Anerkennung des bösen Gottes als irdisch wirksamer Macht möglich, sodann aber auch dadurch, daß sich die Ambivalenz der von ihnen höchstwahrscheinlich angenommenen Wirkung der unendlichen Raumzeit auf die Welt immer wieder zwangsläufig zum Bösen hin auflöste. So kann die Gleichsetzung des Bösen mit dem Materiellen und des Guten mit dem Geistigen in der Gnosis eine Konsequenz sein, zu der es ohne eine iranisch-dualistisches Denken voraussetzende Magierreligiosität nicht gekommen wäre; die davon unabhängigen dualistischen Tendenzen im Westen hätten vielleicht statt zu einem Antagonismus nur zu einer Korrespondenz der Prinzipien oder zu einer emanatistisch abgeschatteten Sicht der Welt, ähnlich wie im Neuplatonismus, geführt. Um einen alle Pole zur Deckung bringenden, absoluten Dualismus zu erreichen, konnte man dann im Westen natürlich nicht von seiner ewigen Präexistenz ausgehen, sondern mußte die Kraft, die zur bösen Materie des Kosmos werden soll, aus ihrer guten lichthaften Umgebung herabstürzen und von der transzendenten Geisteswelt abreißen lassen. Auch daß durch die Hereinholung des Guten in das immer schon gegenwärtige Geistige der Sieg des Guten weitgehend entfuturisiert und zu einer Sache von individueller Eschatologie und Ekstasefähigkeit wird, ist eine folgerichtige Eigenentwicklung vorwiegend westlicher gnostischer Systeme.

Bei der unter dem Vorzeichen des Dualismus vor sich gehenden Gnostisierung behalten die nichtiranischen Überlieferungen durchaus ihre Individualität. Die Verkörperung der Wüste und ihrer räuberischen Bewohner im schöpfungsfeindlichen Seth verschiedener ägyptischer Systeme, die orphische Gefangenheit der Seele im Leibe, die alttestamentlichen Motive der Klage des Einzelnen, des Verklägers im Hofstaat Jahwes oder des bösen Geistes, den er entsenden kann, schließlich das Kreuz Christi, das diese Welt als sündig und damit widergöttlich entlarvt – alles dieses bleibt auch immer, was es war. Etwas anders ist es bei den Erlösergestalten. Grundsätzlich ist zu sagen, daß sie zuerst nicht rein mythisch und nicht spekulativ konzipert wurden, auch nicht im Anschluß an eine wie immer beschaffene Urmensch-Lehre. Ursprünglich sind sie vielmehr Doketisierungen historischer Charismatiker. Von diesen ist Jesus von Nazareth, später Jesus Christus und apokalyptischer Menschensohn, noch später Logos, pneumatischer Himmelsmensch und Sohn dieses Menschen, mit Abstand die wirkungsmächtigste Gestalt. Ähnlich werden Simon von Gitta, auf den bereits das Prädikat eines Magos übertragen wurde, die Propheten bei Celsus, Valentin und seine Schüler und zahlreiche Unbekannte durch Identifikation mit einer himmlischen Kraft doketisiert und dadurch zu systembezogenen Erlösergestalten geeignet, deren Typik dann den anstoßgebenden Charismatiker enthistorisieren und schließlich ohne jeden irdischen Bezug mythologisch weiter produktiv werden konnte. Der überirdische Raum älterer Epiphanien, gleichermaßen wieder spontan erfahren wie durch Training reproduzierbar, stützte die rational immer gefährdete Numinosität der himmlischen Offenbarer. In dem Maße, wie das Selbst des leidenden Organs zum Empfang der Offenbarung und irdischer Offenbarer war, der dualistisch vom himmlischen getrennt erfahren wurde, nahm der Offenbarer die Qualität eines Erlösers an, der selbst erlöst werden muß.

Die Aufgabe, den Erlösungsvorgang darzustellen, um ihn im Selbstverständnis wie in der Mission überhaupt erst zu ermöglichen, trieb zahlreiche mythologische Systeme hervor, in die mannigfache heterogene Gestaltungsgesetze eingingen. Dabei konnte die zentrale Wiedervereinigung der erlösenden Kraft mit sich selbst mit Hilfe älterer, ungnostischer Aufstiegsschemata ausgedrückt werden. Es scheint, als ob der Ausbildung dieser erlösenden Dynamik die iranische Vorstellung von der Himmelsreise der Seele auch inhaltlich zu Hilfe gekommen ist. Es waltet hier allerdings nicht die innere Verwandschaft, wie sie – in der Endgestalt des manichäischen Systems – den anthropologisch-kosmologischen Dualismus, der wesentlich im babylonischen Hellenismus ausgebildet worden war, zur eindeutigen und lehrbaren Manifestation schließlich ein iranisches System finden oder gar wiederfinden ließ. Denn die Vorstellung von der Himmelsreise ist kein iranisches Specificum einer antiken Seelenlehre, die den Aufstieg der Seele sonst so ausgeprägt nicht kennt, sondern sie repräsentiert einen letzten Ausläufer archaischer, wohl schon jungpaläolithischer Ekstasetechnik neben mehreren anderen. Unter diesen sind im hier zur Diskussion stehenden Bereich die griechischen gleich gewichtig ausgebildet, während die ägyptischen und die jüdischen anderer Herkunft zu sein scheinen, weil sie keinen ekstatisch-schamanistischen Hintergrund erkennen lassen. Ekstatische Phänomene sind aber auch in der Gnosis weit verbreitet – man denke an die sog. Gnostiker des Epiphanius, die Borborianer, Markosier, Phibioniten und Stratiotiker, außerhalb der Gnosis auch an Apollonios von Tyana und Alexander von Abonuteichos, an die Verehrer der Isis und die Gallen der Kybele sowie an die Verbindung frühchristlicher Pneumatik und phrygischer Mania bei den Montanisten. Trancen und Orgiasmen gaben nun den Selbst-Erfahrungen und Seelenlehren gewisser Gnostiker eine natürliche Affinität zu den griechischen und iranischen Überlieferungen von der Himmelsreise, ja sie lehnten sich vielleicht sogar an die letzteren, die vielleicht schon weitgehend literarisiert waren, an, um sie gleichzeitig zu reproduzieren, zu aktivieren und zu erneuern. Zwei Gründe gibt es, dies eher im Verhältnis zu iranischen als zu griechischen anzunehmen: In Iran scheinen Phänomene solcher Art länger lebendig geblieben zu sein als in Griechenland und im griechischen Hellenismus; das kann ein Vergleich der Ekstase des Arta Viraz, die zur Erkundung weiterer Verbindlichkeit der himmlischen Wahrheit für die zoroastrische Gemeinde unternommen wird, mit dem Enthusiasmus gewisser Neuplatoniker lehren, der eher eine Erleuchtung ist. Und: Die iranischen Erkundungsekstasen verbinden sich seit alters nicht mit einem theoretisch-spekulativen Interesse an Art, Ausmaß und Wirkungskraft der kosmischen Dimensionen, wie es die mittel- und neuplatonischen Erleuchtungen tun. Kosmologisch uninteressiert sind aber ursprünglich auch die ekstatischen Gnostiker; wo sie doch interessiert sind, da nähern sie sich eben der griechischen Theorie, wodurch ihre Gnosis unekstatischer und universeller wird als die, welche sich aus der iranischen Čisti entwickeln läßt.

Individualistisch-partikularistische Grundzüge und volkstümlich-ekstatische Voraussetzungen haben nun genau die Überlieferungsschichten, die an der Schwelle zu ihrer imposanten Entfaltung im Manichäismus stehen; es sind dies, in der viele Motive mischenden Bildersprache einer chaldäisch-magischen Folklore, bestimmte Thomaspsalmen mit ihren Parallelen in den mandäischen Schriften (und darüber hinausgehende Mandäertexte)[5] und, in der präziseren und bei aller Bildhaftigkeit reflektierteren Terminologie des parthischen Feudalismus, das Perlenlied.[6] Die ältesten Thomaspsalmen zeigen die Verknüpfung der drei Motive: Not des Einzelnen im dämonisierten Diesseits, seine Erlösung im Seelenaufstieg sowie dessen Ermöglichung durch die Sendung eines doketisierbaren Propheten. Jüngere Thomaspsalmen zeigen die Verschmelzung dieser Motive zum Kern eines Mythos. Das Perlenlied zeigt dessen, wahrscheinlich früheste, Explikation. Wer hinter dem Königssohn steht, der, nunmehr eine mythologische Figur, die Perle (= Seele) aus Ägypten (= finstere, dämonisierte Welt) hervorholt, ist unbekannt. Da alle individuellen Züge verwischt sind und auch aus dem im Ganzen zweifellos parthischen Milieu nicht wiedergewonnen werden können, nimmt es nicht wunder, daß gelegentlich Christus als die Gestalt hinter dem Königssohn angenommen wurde. Die Forschung folgte damit der Interpretation, die das Lied durch seine Einordung als „Gesang des Apostels Judas Thomas im Land der Inder" in die ursprünglich syrischen Thomasakten erhalten hat: Judas Thomas, der auf Befehl des Königs Misdaios von vier Soldaten, Symbolen der vier Elemente, mit der Lanze durchbohrt werden wird, singt das Lied zuvor im Gefängnis und bezieht so in dessen Rahmen sich selbst als Zwilling Christi ein, der mit vielen geretteten Seelen in das Vaterhaus eingehen darf. Dies zeigt, überlieferungsgeschichtlich gesehen, eben nicht wie das Christentum gnostisiert wurde – dafür gibt es viele andere Beispiele –, sondern wie auch eine „heidnische" Gnosis christianisiert werden konnte. Im Verlauf der Textgeschichte wurden sogar, unter Beibehaltung der enkratitischen Tendenzen, Veränderungen im Sinne der im 4. und 5. Jahrhundert entstehenden großkirchlichen Orthodoxie vorgenommen und dadurch aus der neu christianisierten Gnosis das Gnostische emendiert. Dies illustriert exemplarisch die fließenden Übergänge zwischen Gnosis und Nichtgnosis, sowohl historisch in Hin-

---

[5] Allberry, Psalm-Book, p. 218.10–21 (= Drower, Prayerbook, no. 129); Psalm-Book p. 213ff (= Rechter Ginza, III. 117. 12–18); Psalm-Book, p. 210. 18–22 (= Linker Ginza, II. 61. 5–15); Psalm-Book, p. 225. 5–14 (= Prayerbook, no. 96).

[6] Acta Thomae 108–13 (Bedjan III, 110–5).

und Rückentwicklungen zwischen beiden als auch prinzipiell in gegenseitiger Transformierbarkeit zweier ganz verschiedener Typen von Erlösung. Gleichsam prosopographisch überschau- und analysierbar finden sich diese Übergänge in der Gestalt des Bardesanes von Edessa (154–222). Das Hochzeitslied der Sophia und die Mutter-Epiklesen[7] in den Thomas-Akten haben mit einer aus seiner Schule[8] hervorgegangenen Gnosis ebensoviele Verbindungen, wie der Manichäismus mit beiden hat. Bardesanes selbst hingegen hat sich der Last eines doch wohl wie bei den Magiern zu verstehenden Schicksals-, wahrscheinlich bereits des Zurvan-Glaubens, wie er in seiner Gleichsetzung von Gott und Raum[9] zum Ausdruck kommt, auf widersprüchliche Weise entledigt: einmal durch entschlossenen Rückgriff auf stoische Lehren zugunsten der Willensfreiheit, zum andern durch Aufstellung einer Kosmogonie, in der die Finsternis eine aktive Rolle spielt und in einer Mischung mit „Wesenheiten" aus der Höhe das Material für den Kosmos liefert. Ein „Wort des Denkens", welches der Höchste den vier reinen Wesenheiten gegen die Finsternis zu Hilfe sendet, weist in dieser Kosmogonie[10] entweder auf Paganisierung eine Logoschristologie oder auf Übernahme einer aus der Doketisierung einer anderen Prophetengestalt entwickelten Erlöserlehre hin.

---

[7] Ibid., 6ff; 27; 50.
[8] Ephraem, Contra haereses IV 1, 5, 7–10.
[9] Ephraem, Refutations I, p. 133. 1–134. 9.
[10] Bar had beš abba, Histoire, p. 191 ff.

Der iranische Anteil an der Entstehung der Mithras-Mysterien

Die Entstehung einer Mithra-Theologie ist nicht nur bei der Zoroastrisierung der Mithra-Verehrung von beispielhafter Problematik, sondern auch bei ihrer Mysterienwerdung. Sie fand statt am äußersten Gegenpol des Überganges von Iran nach Indien, nämlich am Übergang von Iran nach Kleinasien. Die Zeit, in der es geschah, ist die der Entstehung des Kuschan-Reiches – 1. Jh. vor und nach Chr.; diese Dauer hat die Ausbildung der Mysterien gebraucht, ehe sie, ausweislich datierter Inschriften, um 140 n.Chr. vom römischen Heer übernommen werden konnten. Die Zusammenhänge der Magiergruppen, die die Ausbildung besorgten, mit ihren östlichen Brüdern sind noch nicht ermittelt. Daß sie bestanden haben müssen, geht aus der Anschließbarkeit eines zentralen Topos der mithrischen Mythologie an einen indischen hervor, die am Zorostrismus total vorbeiführt; die relativ vielen zoroastrischen Parallelen zu mithrischen Aussagen und vor allem Darstellungen führen nicht in das Zentrum des Ansatzes, von dem aus die Mithra-Mythologie in eine Erlöserlehre verwandelt werden konnte. Bei diesem Topos handelt es sich um folgendes:

Nach vedischen Aussagen ist der vergottete Soma gleich dem Regen sowohl Same des Himmelsstiers, der die Erde befruchtet, als auch Milch der Himmelskuh, die das Weltall ernährt[1]. Er kommt aus dem Mond[2] und kehrt nach Durchgang durch Pflanzen, Tiere und Menschen in ihn zurück; der Mond füllt sich wie eine Schale, welche die Götter zur Forterhaltung ihrer Unsterblichkeit allmonatlich leertrinken[3]. Auch Menschen können nach ihrem Tode durch Soma-Trinken Unsterblichkeit gewinnen[4]. Ein biomorphes Kosmos-Modell, projiziert aus dem Zerschlagen des Stengels der Somapflanze zur Gewinnung des Opfertrankes[5], enthält die Tötung des Gottes durch andere Götter[6]. Auch Mitra beteiligt sich daran[7], worauf sich die Rinder, die er besitzt, von ihm abwenden; von einer Tötung des Stieres, der den Soma enthält, ist nicht die Rede, wohl aber von einer Tötung Vṛtras[8], der mit dem Mond gleichgesetzt ist. Dieser enthält ebenfalls Soma[9], und seine weiße Farbe ist die des Stieres. Deshalb macht die Annahme keine Schwierigkeiten, daß man das Uropfer, das die Entstehung der Nutzpflanzenkultur einleitet und von da aus kosmische Bedeutung bekommen wird,

---

[1] *Rig-Veda*, 1. 19. 1–23; 9. 71. 3, 74. 3, 97. 31.
[2] Ebd. 10. 85. 2–5.
[3] Ebd. *Śatapatha Brāhmaṇa*, II. 4. 4. 2–15.
[4] Ebd. IX 4. 4. 8ff; desw. *Rig-Veda*, 3. 62. 15; 7. 54. 2; 8. 48. 4–11.
[5] *Rig-Veda*, 1. 28. 1–9, etc.
[6] *Taittirīya Sanhitā*, VI. 4. 7. 1; *Śatapatha Brāhmaṇa*, IV. 1. 3. 2–19.
[7] *Taittirīya Sanhitā*, VI. 4. 8. 1ff; *Śatapatha Brāhmaṇa*, IV. 1. 4. 8–10.
[8] *Mahābhārata*, 10098–10142 („Santi parva", section 282. tr. Vol. IX, p. 334–8).
[9] *Śatapatha Brāhmaṇa*, III. 9. 4.2; IV. 2. 5. 15.

auf eine Stiertötung zuspitzen konnte; sie steht im Zentrum der Mithras-Mysterien. Auch hier noch sieht auf Reliefs der Stier zuweilen dem Mond ähnlich; manchmal blickt Luna schmerzlich weg, wenn der Stier getötet wird, manchmal dient in einer Nebenszene die Mondsichel dem Stier als Himmelsboot.

Mit(h)ra(s) selbst wird aus einem Felsen geboren, der ein Symbol des Himmels ist, aus dem der Lichtgott hervorgeht; daß er eigentlich die Sonne ist, liegt in der zusätzlichen Abbildung des Helios auf den Reliefs, meist links neben seiner menschlichen Gestalt. Daß der Tod des Stieres weiterhin den Nutzpflanzen Leben gibt, zeigen die Kornähren, die aus dem Blut und dem Schweif des Tieres wachsen. Weil aber inzwischen die Pflanzenkultur als Teil eines Ganzen, des Kosmos, erkannt worden ist, entsteht durch das Stieropfer auch das Himmelsrund, welches durch den Kreis des Zodiacus dargestellt wird. Seine mikrokosmische Entsprechung ist die Höhle, in welcher Mithras den Stier opferte. Sie wird wiederholt in jedem Mithräum, in welchem sich Anhänger des Gottes versammeln. An dieser Stelle liegt wieder einer der Brüche, die Iran extérieur als geistige Größe von Iran intérieur trennen: es ist bisher auf persischem Boden nicht ein einziges Mithräum nachgewiesen, und wahrscheinlich wird sich auch nie eines finden. Dies ist ein Indiz dafür, daß die Einbeziehung Kleinasiens, das seinerseits eine autochton-phrygische Tradition der Gleichgestaltung des Geschicks eines Gottes mit seinem Anhänger bewahrte, in den Bereich griechischer Kultformen die wesentliche Voraussetzung für die Mysterienwerdung der Mithra-Verehrung war.

Denn nur in Griechenland findet sich diese Sonderform esoterischen Gottesdienstes mit Initiation, Weihegraden und dem Ziel der – wie auch immer zu verstehenden – Wiedergeburt. Neben diese rituellen Besonderheiten tritt ein weiterer nach Westen weisender Komplex, bei dem die Identität des Griechischen freilich in Frage steht: die Weltschöpfungslehre des *Timaios*[10] und die vielfach weiterdeutende Interpretation des ganzen Dialogs in spätantiken platonischen Schulen. Wenn hier wie in den Mithras-Mysterien ein Gott die Welt erschafft[11] und Himmelsrund, Tierkreis und Planeten durch ihre Drehungen Tage, Monate, Jahre und dahinter Chronos entstehen lassen[12]; wenn Seelen- bzw. Lebenssubstanz (Sperma) in einem Krug gemischt werden und Angriffe der Elemente bzw. bösen Tiere (Skorpion) zu ertragen[13] haben; wenn der Mensch die bösen Leidenschaften in sich bzw. die ahrimanische Schöpfung bekämpft und dabei mit seiner Seele[14] die Planetensphären durchläuft; wenn schließlich nach den Höhlengleichnis[15] – dies im „Staat" – die Ideen am besten geschaut werden kön-

---

[10] Plato, *Timaios*, 27D–42E.
[11] Porphyrius, *De antro Nympharum*, 6.
[12] Vermaseren, *Corpus*, nos 543, 545.
[13] Ebd. no. 1727.
[14] Origenes, *Contra Celsum*, VI. 22.
[15] Plato, *Rep.*, VII. 514A–517A.

nen, indem die Menschen in ihrer dunklen Höhle, dem Gleichnis der Welt, von ihren Fesseln befreit und an das Sonnenlicht hinaufgezogen werden, und wenn in den Mithräen, den Abbildern des Komos, Fesselungs-und Entfesselungszeremonien geübt wurden[16] und Mithras selbst zu Helios emporsteigt wie sein Anhänger, der den vorletzten Weihegrad „Sonnenläufer" (Heliodromos)[17] erreicht hat: dann ist der Schluß unausweichlich, daß die Mithras-Mysterien der römischen Kaiserzeit von einem oder mehreren Männern ausgebildet worden sind, die platonische Überlieferungen, besonders aus dem Timaios, und griechisches Mysterienwesen ebensogut kannten wie die indo-iranische Mit(h)ra-Mythologie und den zoroastrischen Dualismus, und die nun wechselseitig das Eine unter Heranziehung des Anderen interpretierten. Die Leistung, die diese Religionsstiftung darstellt, ist mit der des Mani und seiner frühesten Apostel durchaus zu vergleichen, zumal sie früher ist.

Es geht an dieser Stelle nicht darum, Gestalt und Wandel der Mithras-Mysterien im Imperium Romanum bis zum Ende ihrer Geschichte im Jahre 313, wo Konstantin der Große unter dem Zeichen des Kreuzes siegte, zu verfolgen. Es geht nur noch um den Aufweis der weiteren iranischen Bestandteile, soweit ihre Metamorphose in Inschriften und Reliefs bis zuletzt erkennbar bleibt. Die Mit(h)ra-Mythologie hat, wie eben gezeigt, kaum eine Metamorphose durchlaufen. Aber hinter der Steigerung der Befähigung zur Durchsetzung des Guten in sieben Mystengraden steht der persische Antagonismus zwischen Gut und Böse. Das Taurobolium, das in die Mysterien des Mithra wohl aus denen der Magna Mater übernommen wurde, gehörte ursprünglich wahrscheinlich auch nicht zu diesen, sondern zu Anāhitā und damit zu einer ethnisch-iranischen Religion, in der man durch das Blut des Stieres einfach dessen Kraft und noch nicht, wie in beiden Mysterien, die Erneuerung der menschlichen Seele erlangen wollte. Der Angriff der bösen Tiere und damit die Übertragung der ethischen Dualität von Taten und Tätern auf Fauna, Flora und Weltelemente wurde bereits erwähnt; zu den guten Tieren gehört der Hund, der auf Mithra-Reliefs als Helfer des Menschen so gewürdigt wird, wie es dem Gegenteil zu den Strafen für seine Verletzung und Tötung im Vidēvdat entspricht. Der mithrische Chronos-Aion, umwunden von einer Schlange und mit einem Löwenhaupt mit aufgerissenem Rachen als Symbol der alles verschlingenden Zeit, ist eine Interpretation der Zeit, wie sie in Iran, wahrscheinlich im Zurvanismus empfunden wurde; vielleicht konvergierte Zurvān, der als unausweichliches Schicksal dem Menschen keine Möglichkeit zum Entweichen mehr ließ, mit Ahriman, der Böses über sie verhing. Der Ausweg, den Mithras eröffnete, führte nicht nur nach oben, sondern auch nach vorn; der Kampf zwischen Gut und Böse sollte sich nicht bis ins Unendliche fortsetzen. Am Ende dieser Weltzeit sollte ein wunder-

---

[16] Gregor von Nazianz, *Orationes,* IV. 70; *Pseudo-Augustini quaestiones,* CXIV. 11.
[17] Hieronymus, *Epistulae,* CVII. 2.

barer Stier erscheinen, der dem Urstier entspricht; Mithras würde ihn ein letztes Mal schlachten und aus einer Mischung seines Fettes mit geweihtem Wein den Gerechten einen Unsterblichkeitstrank bereiten. Mit dessen Hilfe würden sie den Weltbrand überstehen, den Mithras/Phaethon vom Himmel aus entfachen werde. Dies ist eine Urzeit-Endzeit-Typologie, die man für endogen mithrisch halten darf, weil sie sich von der zoroastrischen Eschatologie unterscheidet, die aus dem Bedürfnis nach Weiterführung und Vollendung der von Zarathustra gebrachten Offenbarung durch drei Saoschyants entstanden ist. Sekundär kann Mithras gleichwohl dem letzten Saoschyant angeglichen und dadurch erst recht zum Erlöser geworden sein. Die Mithra-Priester müssen ihre zoroastrischen Kollegen gekannt haben.

Das führt auf die Frage, warum sich die eine Religion nur außerhalb und die andere nur innerhalb Persiens durchsetzte. Versuchsweise seien dafür einige gesellschaftliche Gründe namhaft gemacht, die noch genauer zu untersuchen wären. Der verzeihliche, weil erst in neuester Zeit sich auflösende Irrtum, daß so etwas wie die Pax Romana mit Waffengewalt gebracht werden muß, ließ die Tätigkeit der Soldaten, und zwar vornehmlich diese, als Kampf für das Gute erscheinen. Im Imperium Romanum war das Heer seit Tiberius die eigentlich staatstragende Kraft und verstand sich im Zeitalter der Soldatenkaiser (193–284 n.Chr.) bewußt als solche. Mehr als andere Bevölkerungsschichten gewannen deshalb die Soldaten Affinität zu einem hilfebringenden Gott, dessen Dienst ein beständiger Kriegszug für das Gute war. In Iran hingegen war dieser Kampf nicht so ausschließlich an eine bestimmte Gruppe delegiert. Vielleicht war deshalb die gesellschaftliche Stellung des Heeres hier eine andere. Es kämpfte nicht eine Gruppe stellvertretend für die übrigen, sondern jeder für sich und den Mitmenschen. Dies war kein Boden für die Ausbildung esoterischer Gruppen, in denen der Mithra-Kult zu einer Mysteriengemeinschaft von Gottesstreitern werden mußte. Mithras hätte natürlich der Helfer des Einzelnen werden können und wurde es sicher auch oft, aber nicht ausschließlich, sondern mit anderen zusammen und im Rahmen eines Systems.

Aion und Zurvan

1. Die griech. Zeitvorstellungen, die mit dem Wort αἰών (verwandt mit aw. *āyav-* neutr. Lebensdauer Y. 31, 20; Lebensalter Yt. 8, 11: Pokorny, Idg. Wb. 17) verbunden sind, werden in unterschiedlichem Ausmaß auf den Einfluß der mit den verschiedenen Formen von Zurvan verbundenen Lehren zurückgeführt, seit αἰών von der Bedeutung „Leben", „Lebenszeit" (seit Homer und in der Poesie bis in nachklass. Zeit) zur Bedeutung „Ewigkeit" gekommen ist. Abzusehen ist davon, daß diese Verbindung oft auf Grund von Vergleichen hergestellt wird, innerhalb derer die griech. Tradition erst vom modernen Wissenschaftler mit dem in seine Terminologie übergegangenen Ausdruck Aion bezeichnet wird. Aber die Inanspruchnahme der folgenden sieben Stellen als Zeugnisse für die Verbreitung iran. Zeitvorstellungen ist gerechtfertigt:

a) Wenn Heraklit (540–480) sagt, der Aion sei ein spielender Knabe, der die Brettsteine hin- und hersetzt und als solcher die Königsherrschaft ausübe (B 52 Diels-Kranz), so kann dies in Verbindung mit seiner Logos- und Zeitlehre (hier vor allem zu vergleichen A 1. 5. 8.; B 12. 49a. 88. 91) bedeuten, daß der Logos/Aion als die „gleichsam spielende Aufeinanderfolge von Tag und Nacht, Sommer und Winter im ‚Zyklus' der Tages- und Jahreszeit sowie des ‚großen Jahres', in welchem alle Erscheinungen zu ihrem elementaren Ausgangspunkt (12000 Jahre?) zurückkehren"[1], verstanden ist. Da Heraklit auch sonst, sei es durch Vermittlung der chaldäischen Schicksalslehre[2], sei es in direkter Bekanntschaft mit der Verbindung von Wahrheit und Feuer bei den Magiern (B 30. 31. 64–66. 76. 90)[3], auf iran. Vorstellungen vom Lebensgesetz zurückgreift, kann in B 52 eine – durch Anknüpfung an ein homerisches Gleichnis modifizierte – Interpretation des iranischen Weltenjahres vorliegen.

b) Platon (427–347) unterscheidet (Tim. 36b–38d) zwischen dem Aion, in dem es keine Tage, Nächte, Monate und Jahre gibt, und einem bewegten Abbild des Aions, das Chronos genannt wird und zugleich mit der Welt entstanden ist. Da deren Formen „War" und „Wird sein" nach dem ewigen „Ist" und im Gegensatz zu ihm ins Entstehen getreten sind, rückt der „Vater", der daneben mythologisch als Erzeuger des bewegten Alls bezeichnet wird, sehr nahe an dessen „Paradigma", eben den ungeschaffenen Aion, heran, dem er das Entstandene einschl. seiner Zeit – vergeblich – ähnlich zu machen beschließt. Diese Spannung zwischen einer Ewigkeit, die die endliche Zeit fast aus sich erzeugt, und dieser letzteren selbst ist kaum als Analogie zur Dialektik von Idee und Erscheinung zu begreifen, sondern stellt sich dar, als sei sie durch Einführung eines Be-

---

[1] Deichgräber 193.
[2] C. Colpe, Kairos 12, 1970, 92–100 (= *Stück 12*).
[3] J. Duchesne-Guillemin, Heraclitus and Iran, Hist. Rel. 3, 1963, 34–49.

griffs von außen zustande gekommen[4]. Dieser kann innerhalb der bereits unspezifisch gewordenen, deshalb meist nur „orientalisch" zu nennenden kosmologischen Traditionen gerade des Timaios[5] die „unendliche Zeit" gewesen sein, die nun zur endlichen in einen Gegensatz trat, der jenem entsprach, in welchem sie bereits zur „Zeit der langen Herrschaft" bzw. der „langen, eigener Bestimmung unterstehenden Zeit" (Zurvan) gestanden hatte. Dafür spricht, daß Aristoteles diesen offenbar als ungriechisch empfundenen Gegensatz in De cael. 1, 9 und 2, 1 (279a 23ff. und 283b 26ff. Bekker) wieder rückgängig machte[6].

c) Der Aristoteles-Schüler Eudemos von Rhodos (schrieb Ende des 4. Jhs. v.Chr.) kennt, falls ihn hier sein Überlieferer Damaskios (453–533 n.Chr.) nicht weiterinterpretiert (De princ. 125 = 1,322,8 Ruelle), Magier, welche die Eine geistige Welt teils Τόπος, teils Χρόνος nennen, wovon der gute Gott und der böse Dämon oder auch Licht und Finsternis zu unterscheiden seien[7]. Hier wird ganz gewiß die Raum-Zeit-Komplexität Zurvans auseinandergelegt[8]. Der Ausdruck Aion wird nicht verwendet.

d) Theopompos (geb. 376 v.Chr.) wird von Plutarch (46–nach 120 n.Chr.) mit einer Ergänzung zum Mythos vom Kampf zwischen Horomazes (Ōhrmazd) und Areimanios zitiert (Is. et Os. 47 = 370 B/C), derzufolge jeder der beiden Götter je 3000 Jahre herrscht, worauf ein 3000jähriger Kampf zwischen beiden stattfindet, nach dessen Ende der Hades ausgeschlossen wird und die Menschen glücklich werden. Wenn es abschließend heißt, daß „der Gott, der dieses bewerkstelligt hat, ausruht und eine Zeitspanne (Χρόνος) rastet, übrigens nicht lange für einen Gott, nur etwa solange, wie ein Mensch schläft", so liegt offenbar ein schwacher Reflex einer Ōhrmazd und Ahriman übergreifenden Gottesvorstellung, doch wohl wieder des Zurvanismus, vor[9], in welchem ohne Verwendung des Ausdrucks Aion der Aspekt der Unveränderlichkeit der kosmischen Zeit an eine irdische Zeiteinheit angeglichen ist.

e) Antiochos I. von Kommagene (reg. 69–38/31 v.Chr.) läßt an seinem Grabdenkmal auf dem Nimrud Dagh u.a. einmeißeln, daß nach Entsendung der gottgeliebten Seele zum himmlischen Thron der bis zum hohen Alter glücklich bewahrte Körper des Königs für immer *(εἰς τὸν ἄπειρον αἰῶνα)* im Grabmal ruhen soll (OGIS 383, Z. 43), und daß die Kultsatzung für alle Menschengeschlechter gilt, welche die folgende immerwährende Zeit *(χρόνος ἄπειρος)* zur Nachfolge in diesem Land bestimmt habe (Z. 112f.). Das sind allenfalls künstli-

---

[4] Vgl. W. Jaeger, Aristoteles, Berlin 1923, 133f.; Reitzenstein/Schaeder 143–148.
[5] Mehr bei A. Olerud, L'idée de macrocosmos et de microcosmos dans le Timée de Platon, Uppsala 1951, 181–189.
[6] Sasse 1933, 198.
[7] Vgl. Bidez/Cumont 1, 62–67; 2, 69; Reitzenstein/Schaeder 81.
[8] Sasse 1950, 194, der bei Philo, quaest. in Gen. 1, 100 eine Polemik dagegen sieht.
[9] Anders W. Lentz, Plutarch und der Zerwanismus, Yād-Nāme-ye Irānī-ye Minorsky, Teheran 1969, 1–21 (Sep.).

che Anspielungen auf zurvanitische Gedanken, aber weder von ἄπειρος αἰών exakt auf *Zurvān akarana*[10] (es wäre auf eine Auferstehung am Ende des Weltenjahres hinzublicken) noch von χρόνος ἄπειρος exakt auf *Zurvān ī dē-ranghwatāy*[10] (die „lange Herrschaft" wäre mit ἄπειρος unzutreffend wiedergegeben). Solche Gedanken werden in der Kommagene immerhin den Priestern des Königskults bekannt gewesen sein und konnten in den Dienst des bewußten Synkretismus gestellt werden, in welchem sich die „Perser- und Hellenen" (Z. 29f.) treffen sollten; um den mythisch noch valenten Zurvan-Mythos handelt es sich nicht, da weder die Reihe Apollon-Mithra-Helios-Hermes (Z. 54f.) eine Exposition der Vierfältigkeit des „Zurvan"/Aion[11] ist noch mit Zeus-Oromasdes (Z. 41f. 54) die Göttlichkeit, mit der eben genannten Reihe das Licht, mit Artagnes-Herakles-Ares (Z. 55f.) die Kraft und mit der Kommagene (Z. 57) die Weisheit Zurvans bezeichnet wird[12]. Denn es handelt sich nicht um eine Tetras (Vierheit), sondern einschließlich des Antiochos (Z. 61: σύνθρονος), der Hauptperson, um eine Pentas (Fünfheit), wie sie nicht für einen Allgott stehen kann; und im Zusammenhang mit den Sachdubletten der früheren Inschrift von Arsameia am Nymphaios hielt man Anspielungen auf Zurvanitisches noch gar nicht für nötig[13], was man doch sicher getan hätte, wenn die Zurvan-Mythologie dieselbe Rolle gespielt hätte wie die genannten Theokrasien.

f) Dion von Prusa (um 40–120 n. Chr.) spricht in seinem Magier-Hymnus (Or. 36, 42)[14] vom Götterkönig Zeus, der ἐν ἀπαύστοις αἰῶνος περιόδοις sein Gespann lenkt und dadurch die Welt in Bewegung hält. Hinter der stoisierenden Gottesvorstellung schimmert eine zurvanitische durch.

g) Theodor von Mopsuestia (gest. 428 n. Chr.) kennt nach Photius (820–886; MPG 103, 281) die von Zarades eingeführte Perserlehre von Ζουρουάμ, der nach einer Libation Ormisdas (Horomazes) und Satanas geboren habe. Er gibt Zurvan zwar nicht mit Aion, aber gar nicht schlecht mit Τύχη wieder.

Es handelt sich ausnahmslos entweder um philosophische Interpretation (a–c, f) oder um gelehrte Kenntnis (d, e, g) zurvanitischer Gedanken, nicht aber um ein iran. Substrat der hellenist. Aion-Theologie oder -Religiosität[15], auch

---

[10] So Junker 151; umgekehrt bei H.H. Schaeder, Urform und Fortbildungen des manichäischen Systems, Vortr. Bibl. Warburg 4 (1925/26), Leipzig 1927, 139f. (mit Einschränkungen).
[11] So Reitzenstein, Ir. Erl. Myst. 168 n. 4. 185. 187f.; Junker 151.
[12] So Schaeder, Urform 139.
[13] H. Dörrie, Der Königskult des Antiochos von Kommagene im Lichte neuer Inschriften-Funde (AAG 3, 60), 1964, 194–196.
[14] Dazu H.S. Nyberg, JA 1931, 92–94; Bidez-Cumont 2, 144 n. 4.
[15] Wie z.B. in den Zauberpapyri (Preisendanz, PGM. 1, 207; 4, 1202) oder im alexandrinischen Geburtstagsfest des Gottes Aion nach Epiph. haer. 51, 22, 9f.; vgl. auch R. Reitzenstein, Poimandres, Leipzig 1904, Reg. s.v. A., bes. 256–291. Betonung des Ägyptischen auch bei Nock, R. Pettazoni (AC 18, 1949, 265ff.) und Fauth 186f. Anders Reitzenstein, Ir. Erl. Myst. 188–207 („Der alexandrinische Aion"), der mit Einwirkung „iranischer Mystik" rechnet, ähnlich E. Norden, Die Geburt des Kindes, Stuttgart 1924 (= Darmstadt 1958), 24–46.

nicht soweit diese in die Gnosis übergegangen ist[16]. Innerhalb der letzteren bedient sich nur die iran. Form des Manichäismus einer Lehre mit Zurvan als oberstem Gott, der aber in westlichen Formen des Systems gerade nicht mit „Aion", sondern mit mehreren anderen Ausdrücken (Vater der Größe, König der Paradiese des Lichts, Großer Vater des Lichts o. ä.) wiedergegeben wird. Die als Aion gedeutete löwenköpfige Gestalt der Mithrasmysterien trägt diesen Namen nie[17]; und es ist ebenso unwahrscheinlich, daß ein umfassender Allgott dem Mithras untergeordnet wurde wie daß ein Ewigkeitsgott dem Mithras übergeordnet wurde, bei dem es keine Eternalisierung, sondern ein Schöpfungsgeschehen war, in das der Myste – mit keinerlei antifatalistischer Tendenz – zu seiner Rettung einbezogen wurde. Allenfalls hat die leichter zum Bösen als zum Guten hin auflösbare Ambivalenz des fatalistischen Aspekts in Zurvan mit Ahriman konvergiert[18]; sehr wahrscheinlich ist aber die löwenköpfige Gestalt ausschließlich und eindeutig Ahriman gewesen, der allerdings aus verschiedensten Gründen auch Ähnlichkeit mit Janus, Kronos-Saturn, Sarapis und Atargatis gewinnen konnte.

R. Reitzenstein, Das iranische Erlösungsmysterium, Bonn 1921, bes. 151 bis 250; H. Junker, Über iranische Quellen der hellenistischen Aion-Vorstellung, Vortr. Bibl. Warburg 1 (1921/22), Berlin 1923, 125–178; A.D. Nock, A Vision of Mandulis Aion, HThR 27, 1934, 53–104; H. Sasse, αἰών, αἰώνιος, ThWbNT 1, 1933, 197–209; ders., Aion, RAC 1, 1950, 193–204; K. Deichgräber, A., RGG 1, 1957, 193–195; W. Fauth, Aion, KlP. 1, 1964, 185–188.

---

[16] C. Colpe, Die religionsgeschichtliche Schule, Göttingen 1961, 209–216.
[17] Nock 78ff.; auch die Benennung als Kronos ist nicht sicher, sie würde aber, wenn Kronos = Chronos, eher an die undifferenzierte Aion-Prädikation des nubischen Mandulis als an die differenzierte iran. Zeit-Ewigkeits-Relation denken lassen.
[18] C. Colpe, GGA 222, 1970, 17f. (= *Stück 14).*

Ältere und jüngere Dämonologie

1. Unter iran. Dämonologie kann man einen Komplex aus Mythologie und Folklore verstehen, dessen Phänomene weder nur e i n e historische Wurzel haben, noch sachlich einheitlich sind. Von Fall zu Fall können sie dennoch mehr oder weniger miteinander verschmelzen. Die Quellen lassen allerdings nicht mehr erkennen, ob solche Verschmelzungen dann im Volksglauben wurzeln oder mehr literarischer Art sind. Historisch ist vor allem zwischen den bereits in „heidnisch"-iran. Zeit dämon. Gestalten und den zoroastr. Unholden zu unterscheiden, sachlich bei den letzteren zwischen solchen, die aus vorzarathustr. Zeit übernommen, und solchen, die neu abgewertet worden sind. Die Zuweisung der Gestalten zu einer bestimmten derartigen Gruppe ist manchmal unsicher. Doch dürfte die vorzarathustr. Tradition die Pairikās, das Hrafstra und verschlingend-zerstörerische Fabelwesen wie Aži Dahāka, Aži Srvara, Gandarǝwa gekannt haben (s. auch Drachenkampf); mit Ausnahme des Hrafstra wurden sie an Zarathustra vorbei in die zoroastr. -mythol. und später in die epische (Aržang, Akwān) Tradition übernommen. Hinzu kommen die Daēvas, die vielleicht schon vor, konsequent aber erst durch und nach Zarathustra zunächst zu antiquierten Göttern, dann zu Dämonen werden. Die Verschmelzung beider Gruppen, meist unter dem gemeinsamen Namen der Daēvas (selbst die Pairikā gehört nun dazu, Vd. 11, 9), muß innerhalb weniger Generationen vor sich gegangen sein und ist schon in den älteren Teilen des jüngeren Aw. vollendet. Einzelne Gestalten werden nur selten genannt in den Yašts (z.B. der Dürredämon Apaoša, Yt. 8, 28f.) und im Yasna (z.B. die planetarische Gestirnfeindin Mūš, Y 16, 8), reichlich aber im Vd.

2. Im Vd. werden sowohl Tiere, die nach archaischer Ansicht (Rein und unrein), als auch solche, die nach zoroastr. Lehre als unrein gelten, als daēvisch gefaßt. Dazu gehört z.B. *Zairimyangura* „dessen Zehen in festem Gehäuse stekken", wohl die Schildkröte (Vd. 13, 6), wahrscheinlich weil sie weder eindeutig zur Spezies des Pfoten- oder Zehen- noch zu der des Flossentieres gehört; ähnliche Mischungen der Eigenschaften von Spezies, die rein, d.h. unvermischt existieren sollten, diskriminieren Heuschrecken (Fliege und Krabbeltier), Schlangen (über- und unterirdisch), Frösche (Wasser- und Landtier). Hinzu kommt das Hrafstra, dessen Schädlichkeit evident ist und vielleicht erst in zoroastr. Deutung, und dann im Plural, zum Repräsentanten nichtseßhafter Religionsfeinde und ihrer Götter überhaupt wird (Vd. 7, 2; 16, 12; 17, 3).

Zu Dämonen personifiziert werden sodann Krankheiten: *Driwi, Dawi, Kasviš* (19, 43), Kapasti, sowie die Erzeuger von Menschenalter und Pflanzengift *Zairik und Taurvi* (10, 10; 19, 43: Zāric̆ und Tawric̆), oder von verderblichem Wind Vāta. Bei manchen ist nicht mehr zu ersehen, worum es sich konkret handelt, z.B. *Hrviγni* „die blutig Tötende" (11, 9), *Paitiša* „der Widrige" (19, 43).

Von Zarathustra dämonisiert wurden wohl erst Gestalten, die mit dem Mordrausch seiner Gegner in Verbindung stehen, allen voran natürlich Aēšma selbst, dann vielleicht *Āzi, Hru* (blutiges, rohes Fleisch; 11, 9), Kundā, *Kundižā*. Die ar. Götter Indra, Saurva, Nånghaiθya (10, 9; 19, 43) fügen sich bereits deshalb in diesen Kreis, weil sie große Trinker waren. Auf diese historische Stufe der Dämonisierung gehören dann wohl auch alle Gestalten, die mit Leichen oder Abgeschnittenem zu tun haben: Nasu, Astōvidātu, Vaya, *Aoša* (17, 1–6), *Vizarəša* (19, 29). Tugenden, die durch Zarathustras Lehre etabliert sind, werden bedroht durch Aka Manah, *Būšyastā* (Schläfrigkeit), *Draoga* (19, 46), und die gute Religion insgesamt von Maršavan, Būiti, Spənǰaγrya, Akataš.

Manche Dämonen sind heute nicht mehr einzuordnen und bloße Namen: so *Būidi* und *Būidižā* (11, 9), *Mūidi* (ebenda) und die beiden weibl. Klassen der *Kahuži* und der *Ayehyā* (21, 17).

Archaisch ist wohl der personifizierte Versammlungsort Arəzura, während nach späterer Anschauung die Dämonen natürlich dort zusammenkommen, wo Erde zu einer Leichenstätte aufgeschüttet ist oder überhaupt einen Leichnam birgt. Demgegenüber werden Dämonen überall dort ferngehalten, wo das Leben der guten Schöpfung vorangebracht wird, z.B. bei der Aussaat oder der Vorbereitung des Getreides für das Dreschen; sie fliehen sogar schon vor Mehlteig (3, 32).

3. Im Zuge der Symmetrisierung des Dualismus wird Angra Mainyu, ursprünglich kein Daēva, zum „Daēva(aller)Daēvas" (Vd. 19, 1), der an ihrer Spitze steht und genannt wird (Y 27, 1; Yt. 10, 97). Entsprechend den 7 Aməša Spəntas wird eine Gruppe von 7 „Erzdämonen" gebildet. Zu ihnen gehören immer Indra, Saurva, Nånghaiθya, Zairik und Taurvi, als 2 weitere begegnen entweder Aka Manah und Angra Mainyu oder der eine an Stelle des anderen, und dazu Aēšma oder *Miθaohta* (Miθōht; vgl. *IndBd. 1, 24 = GrBd. 1, 32; zu allen Vd. 10, 9f.; 19, 43; IndBd. 28 West [= Justi 29; GrBd. 27], 7–13; Dk. 9, 21, 4; 32, 3; NM 1,10,9). In die Gruppe hineingenommen werden nun auch die Yātu's „Zauberer"*, von denen der höllische Räuber *Ahtya* genannt sei (er gehört Yt. 5, 2 noch nicht dazu); die 99 Rätsel, die er aufgibt, werden von Yōišt(a) aus der Familie der Fryāna gelöst, und 30 Jahre nach Zarathustras Tod wird er erschlagen (MJF). Charakteristisch zoroastr. ist sodann die alternative Bezeichnung von Gestalten durch den heterogenen Ausdruck Drug (vgl. auch *daēvī druǰ* Vd. 8, 21; 18, 31; Y 9, 8; 57, 15; Yt. 5, 34; 14, 4), wodurch ihre Ursprünge unerkennbar werden, falls Vergleichsmaterial oder historische Indizien keine genauere Bestimmung erlauben.

Diese Vereinheitlichung ist namentlich in den Pahlavi-Schriften erreicht. Es dürfen auch Gestalten hierhergerechnet werden, die das Epitheton Drug oder Dēw nicht ausdrücklich tragen. *Anāstāpānīh* („Unbeständigkeit") und *Ašgahānīh* („Faulheit") wollen die Gebete des *Behdīn* bei Tagesanbruch hindern und werden durch Rezitation von Ny 1 und Ny 5 gebannt. *Čēšmak* erzeugt Wirbelwinde, darunter auch den, welcher die Heimstatt des Zarathustra-Kindes zerstören will (DkS. 7, 2, 44f.), Jēh und *Varən* (IndBd. 28, 25; DkS. 3, 33, 2) verkörpern die Unzucht, *Frazīšt* und *Nizīšt* verunsichern den *Ašavan* auf der Činvat-Brücke (MH2, 115), *Frēftār* täuscht und verführt die Menschen (IndBd. 28, 30), *Nihīw* bringt den Körper des Menschen durch Erkalten in Todesgefahr (DD 37, 52); *Uda* und *Spazg* lassen den Menschen schwatzen, wenn er schweigen sollte, und auch Blutschande treiben (IndBd. 28, 19; 31, 6; DkS. 9, 21, 4; MḤ 2, 12 u. ö.). *Pūš* hamstert Vorräte und gibt nichts davon ab (IndBd. 28, 28).

Ārāst ist das dämonisierte „Nicht-Recht", *Pas* das „Später", dem die Menschen verfallen, statt eine Sache gleich zu tun (SDN 81, 14–17). Miθōḫt („Falschheit"), *Arašk* („Neid") und *Hēšm* (Aēšma) verrücken die lebengebende Ordnung des Himmels und der zoroastr. Gemeinde (IndBd. 28, 14. 16; MH 9, 6; DkS. 9, 30, 4f.; 31, 6–10; DD 37, 50–53). Für manche dieser Gestalten, z. B. *Uda* und *Varən*, wird eine genealogische Verwandtschaft mit Ahriman, Aži Dahāka oder einer anderen Gestalt aus einer anderen Gruppe konstruiert. Dies sind nur einige Beispiele für eine die dualistische Grunderfahrung weiterführende dämonolog. Phantasie und Konstruktionskraft. Diese kann bei einem weiterentwickelten Volksglauben auch neue Anleihen machen.

A. V. W. Jackson, GIPh 2, 646–668; Gray, Foundations 175–219; Christensen, Démonologie; Boyce, History 85–92; C. Colpe, RAC 9, 1976, 585–598.

Die Entwicklung der „Welt-selb-ander"-Tradition zum vollen Dualismus

Seit im 18. Jahrh.[1] zur Charakteristik des für die persische Lehre konstitutiven ewigen Gegensatzes zwischen einem guten und einem bösen Prinzip der Ausdruck „Dualismus" aufkam[2], dient dieser als Hauptkennzeichen iranischer Religion und Mythologie. Häufig wird Iran sogar zur historischen Urheimat des größeren Teils aller auf der Welt bezeugten Dualismen erklärt. Zur Erfassung der Eigenart muß man jedoch unterscheiden. 1. Dualismus, der für Iran nicht bezeugt ist oder fälschlich behauptet wurde. 2. Dualismus eines Typs, den die iranische Mythologie mit der anderer Kulturen gemeinsam hat. 3. Dualismus, der nur Iran eigen ist. Innerhalb jedes dieser Dualismen gibt es noch Unterarten (jeweils a, b). Vom iranspezifischen Dualismus aus kann man z.T. erklären: 4. Dualismen, die vom iranischen Dualismus angeregt, abhängig, oder übernommen worden sind.

1.a) Die iranische Mythologie kennt nicht die altvölkische Schöpfungslehre, derzufolge ein demiurgischer Trickster neben oder unter dem Hochgott steht und statt seiner für die Materialisierung der Welt überhaupt sowie für die Kultur, das Komische und das Böse in ihr verantwortlich ist. Die Existenz des ossetischen Sirdon, der eine solche Figur war, und die Parallelität zwischen den Erzählungen vom wasserspeienden Frosch in den syrischen „Akten des Adurhor-

---

[1] Zuerst wohl in: Encyclopédie ou Dictionnaire Raisonné des Sciences ... par M. Diderot ... par M. D'Alembert, tome cinquième, Paris 1755, dort S. 151f der Artikel „Dualisme ou Ditheisme". Der Verf. beruft sich gleich zu Anfang auf „Hyde, De relig. vet. Pers. c. jx. art. 21" (sic). Er will damit wohl den wichtigsten Aspekt von Hydes Darstellung der persischen Religion zusammenfassen. Thomas Hyde, Veterum Persarum et Parthorum et Medorum Religionis Historia (1700), ed. secunda, Oxonii 1760, hat außer dem alten *Dualitas* nur *Dualista(e)*, besonders häufig in Kap.9 (z.B.S.161f) und Kap.22 (z.B.S.296). Beide Wörter dienen auch als Übersetzung des arab. *ṯanawīya*, das man erst neuerdings mit „Dualismus" wiedergibt.

[2] R. Eucken, Geschichte der philosophischen Terminologie, Leipzig 1879 (Nachdr. Hildesheim 1960), S.99 und 195, ist wohl der Urheber der seither oft wiederholten Angabe, der Ausdruck Dualismus stamme von Hyde, und Pierre Bayle habe ihn „in seinem Dict. (s.v. Zoroastre) ... weiteren Kreisen vermittelt" (S.99). Beides ist falsch. Auch der Dictionnaire Historique et Critique par Mr. Pierre Bayle, quatrième édition, tome quatrième, Amsterdam-Leiden 1730, wo im Art. „Zoroastre" (S.555–560) Hyde breit ausgeschrieben wird, bleibt bei „Les Dualistes", „le dogme des deux principes" u.ä. Noch Peter Baylens Philosophisches Wörterbuch oder die Philosophischen Artikel aus Baylens Historisch-kritischem Wörterbuch in deutscher Sprache abgekürzt und herausgegeben ... von Ludwig Heinrich Jakob, Bd.2, Halle und Leipzig 1797, S.924, 928 u. 929 (Druckfehler für 944, 948 und 949) hat „zwei Urwesen" und S.951 aus Hyde 1. Aufl. (1700) die Stellen über Dualistae und verwendet auch sonst zur Charakteristik Zarathustras (und übrigens S.164–181 auch der Manichäer, wo ebenfalls passim „zwei Urwesen") den Ausdruck Dualismus nicht, obwohl inzwischen auf die französischen Enzyklopädisten hätte zurückgegriffen werden können.

mizd und der Anahed" (Act. Mart. 2, 576ff. Bedjan)[3] einerseits, bei Völkern im Ontario-Gebiet, in Australien und auf den Andamanen andererseits, in denen das Wasser nicht überall eine kosmische Primärgabe des Frosches ist[4], beweisen nichts.

b) Ebenfalls unbekannt sind Dual- oder Zweiklassensysteme nach Art der pazifischen oder altamerikanischen mit besonderer Wohnungsanordnung, Exogamie, Wettstreiten und dementsprechenden Gegensatzpaaren in Ideologie und Symbolik. Der klassische iranische Gegensatz zwischen seßhaften Viehzüchtern und nomadisierenden Räubern ist von ganz anderer Art.

2.a) Weithin kann eine mythische Urambivalenz – manchmal (nicht in Iran) die eines Hochgottes – in einen Zwillingsmythos zerlegt werden, der gleichfalls bei vielen Völkern vorkommt. Im iranischen Bereich begegnet er vielleicht ikonographisch zuerst auf drei Luristanbronzen seit dem 8./7. Jh. v.Chr.[5], literarisch zuerst in Y 30, 3–5[6]. In beiden Fällen ist es gefährlich, den Namen eines einheitlich-ambivalenten Gottwesens hinter den zwillingshaften Gegensätzen zu substituieren. Erst bei Eznik von Kolb (De Deo 2, 1, 7–9)[7] kommt Zurvan als Erzeuger der Zwillinge Ōhrmazd und Ahriman eindeutig vor.

b) Von diesem Dualismus ganz unabhängig scheint es den Reflex eines historischen Vorgangs mit Metaphysizierung oder Aeternisierung der Gegensätze, die in Wirklichkeit nacheinander ins Dasein traten, gegeben zu haben. Auch er ist nicht spezifisch iranisch, wie die Symbolisierung der Überlagerung der bäuerlichen Bewohner des Niltals durch Jägernomaden in dem Kampf zwischen (äg.) Osiris und Seth zeigt[8]. In Iran war die Ausbildung eines solchen Dualismus jedoch folgenreicher. Den Antagonismus zwischen der Ekstatik ostiranischer Räubernomaden, die im orgiastischen Mordrausch das Rind schlachteten, und seinem eigenen Eintreten für das Rind in einer Gesellschaft ansässiger, gelegentlich auch schon das Feld bestellender Viehzüchter – welche Lebensform hier die jüngere war, ist noch nicht gesichert – setzte Zarathustra in einen Kampf zwischen Wahrheit (Aša) und Lüge (Drug) um. Die Vorgegebenheit der indischen *druh*-, die eine viel trivialere Klasse von Dämonen waren, kann hier nicht mehr selbständig prägend gewirkt haben, sondern ist allenfalls aktualisiert

---

[3] Übers. von Th. Nöldeke, Geschichte der Perser und Araber zur Zeit der Sasanider, aus der arabischen Chronik des Tabari übersetzt, Leyden 1879; bei Zaehner, Zurvan, Text F 5; bei Bidez-Cumont 2 Text S 7.

[4] Ethnologische Parallelen bei Bianchi, Dualismo 30 Anm. 14; 60; Relativierung bei Bianchi, Zamān 144; Diskussion bei Colpe 10.

[5] So jedenfalls nach R. Ghirshman, Artibus Asiae 1958, 37ff.; ders., Iran – Protoiranier, Meder, Achämeniden, 1964, 51f. 70. 405f., dazu Colpe 19.

[6] Zur Überschneidung von metaphysischem und historischem Dualismus an dieser Stelle siehe Colpe 20f. und HdR 2, 338–341.

[7] Bei Zaehner, Zurvan, Text F 1.

[8] Vgl. WdM I, 382ff. 396ff.

worden. Die verbleibende Prägekraft von (ind.) R̥ta[9] für Aša ist dann nicht mehr ausschließlich konstitutiv für den Dualismus. (Vgl. WdM V, S. 155, s.v. R̥ta.)

3. Die spezifisch iranische Eigenart eines Dualismus scheint dadurch entstanden zu sein, daß der historische Dualismus (2.b) in den metaphysischen Dualismus (2.a) eingezeichnet wurde[10]. Dem Zarathustra kam die Doppelung kosmisch-ethischer Bestrebungen (siehe 2.a) in einen heilwirkenden Geist (Spənta Mainyu) und einen unheilwirkenden Geist (Angra Mainyu) zu Hilfe. Der erstere rückte folgerichtig an den Gott Ahura Mazdā heran und erscheint in späterer zoroastrischer Tradition mit ihm zu Ōhrmazd verschmolzen. Sein Kampf mit dem Widersacher, der nun Ahriman heißt, wird in der Pahlavi-Tradition das Große Weltenjahr durchziehen.

Der Dualismus wird damit vom jüngeren Awesta an immer symmetrischer. Er bestimmt sogar den Sprachgebrauch, indem für ahurische Wesen andere Ausdrücke gebraucht werden als für daēvische[11] (daneben gibt es neutrale Ausdrücke und Komposita mit duš- „übel-, un-" und hu- „gut-", „wohl-"). Beispiele:

ahurisch	neutrale deutsche Entsprechung	daēvisch
puθra-	Sohn	hunav-
nāirikā-	Frau	ǰahī-
vaγδana-	Kopf	kamərəda-
dōiθra-	Auge	aš-
ḫvar-	essen	gah-
uš-	Ohr	karəna-
dəmāna-, nmāna-	Haus	gərəδa-
zan-	geboren werden	hav-
raēθ-	sterben	mar-
ay-, gam-, čar-, tak-	gehen	dvar-, pat-, zbar-
θwarəš-	schaffen	karət-

„... daß ... Synonyme derartig einem religiösen Zweck dienstbar gemacht wurden, ist einzigartig ..."[12] Im MP finden sich nur noch Spuren dieses Phänomens, wie ein Vergleich zwischen der awestischen und der MP-Version von HN 2 und den Parallelen zur letzteren in MḪ 2, 114ff. 158ff. zeigt[13].

---

[9] Vgl. WdM V, 155ff.
[10] Siehe Anm. 6.
[11] Belegverzeichnis bei Gray 428ff.
[12] Güntert 3. Anders Gray 439, für den „... the Ahurian and Daevian vocabularies of the Avesta were due to historical and political factors of invasion, conquest, and expulsion, and are still traceable in geographic distribution; they were not caused by linguistic or even by religious considerations."
[13] So bleibt z.B. für den „Schädel" das daēvische kamār, aber der ahurische Gegenbegriff ist

Der Dualismus bleibt jedoch prinzipiell ein solcher zwischen Gut und Böse, wie auch die – nun immerhin konsequentere – Zuordnung von guten Kräften zu Dämonen zeigt (vgl. z.B. Yt. 19, 96: Vohu Manah überwindet Aka Manah, Haurvatāt und Amərətāt überwinden Hunger und Durst, usw.). Erst nach und nach beginnt sich die ursprünglich wertneutrale Polarität von Licht und Finsternis mit ihm zu decken, so daß Ōhrmazd als Anführer der Yazatas auch das Licht, Ahriman als Anführer der Daēvas (Dämonologie) auch die Finsternis repräsentiert. Hingegen bleibt die Komplementarität zwischen geistiger und materieller Welt von diesem Gegensatz ganz unberührt.

Ein besonderes Problem stellt der Wahrheit-Lüge-Dualismus der Achaimeniden, insbesondere Darius' des Gr. (DB I 34; IV 34. 38. 63. 68) dar. Er k a n n Aufnahme des zarathustrischen Dualismus gleichen Inhalts sein; wahrscheinlicher ist, daß er entweder religionspolitisch ad hoc neu geschaffen wurde – „Wahrheit" ist dann die Position des Königs und die Tugend seiner gut reitenden, gut schießenden und pünktlich Steuern zahlenden Untertanen (Her. 1, 136. 138; 3, 89 Darius als „Kaufmann"), Lüge die Position seiner Gegner –, oder daß Darius damit den Wahrheit-Lüge-Dualismus des aufständischen Gaumāta, der in Verbindung mit dem Zarathustras gewesen sein kann[14], unterlief und für sich umpolte.

4. Am Ausgang der hellenistischen Zeit waren der zoroastrische und der achaimenidische Dualismus formal nicht mehr zu unterscheiden. Bei Mani dürfte dieser nun gemein-iranische Dualismus mit dem judenchristlich-hellenistischen leib- und materiefeindlichen Geist-Körper-Dualismus kombiniert worden sein. Im ausgebildeten manichäischen System werden so den inzwischen erfolgten Polarisierungen auch noch die geistige und die materielle Welt kongruent gemacht, deren jede nun nicht mehr, wie zuvor im Iranischen, sowohl dem ethischen (gute und böse geistige Welt / *mainyu-* / *mēnōk*, gute und böse stoffliche Welt / *gaēθā-* / *gētīk*) Gegensatz als auch den physikalischen (*mēnōk* und *gē tīk* beide teils licht, teils finster) Gegensatz in sich haben konnte: Geist, Licht, Gutes und Materie, Finsternis, Böses fallen zusammen. Die Behauptung des materiellen Charakters der jetzigen Welt, die doch vornehmlich als Mischung von Licht und Finsternis erklärt wird, ist dann, unter dem Vorzeichen des ganz antikosmischen Dualismus gesehen, eine Inkonsequenz. Diese ist bei Markion (2. Jh. n.Chr.) vermieden; er deutet den jüdischen Jahwe, dem nur wenige Generationen vorher in Satan/Belial selbst ein böser Feind zugeschrieben worden war, als den jeder Güte baren Demiurgen und läßt sein Werk durch den fremden Gott und sein Evangelium erlösen. In der übrigen Gnosis wird der Dualismus von Leib und Seele, in dem auch ein orphisches Erbteil steckt, zuweilen zu ei-

---

bālēn i tan „Körperende"; die Seele des Wahrhaften „geht hinüber" *(witīrēt)* über die Činvat̬-Brücke, aber die des Lügenhaften „führt" *(nayēt)* der Dämon Vizarəša usw.

[14] Altheim-Stiehl, Aram. Sprache unter den Achämeniden 91. 98; Supplementum Aramaicum 52f. mit Anm. 163.

nem Dualismus Seele-Seele bzw. Geist-Geist, deren einer durch den anderen erlöst werden muß. Diese äußerste Zuspitzung des Dualismus taucht im Mittelalter in einigen Sekten und gelegentlich in der Mystik auf, eher als soteriologischer Elementargedanke denn durch historische Vermittlung. Kaukas. Narten, S. 42.

S. Pétrement, Le dualisme dans l'histoire de la philosophie et des religions, Paris 1946. – Dies., Le dualisme chez Platon, les Gnostiques et les Manichéens, Paris 1947. – U. Bianchi, Zamān i Ōhrmazd. Lo Zoroastrismo nelle sue origini e nella sua essenza, Turin 1958. – Ders., Il dualismo religioso. Saggio storico ed etnologico, Rom 1958 (zu beiden C. Colpe, GGA 222, 1970, 1–22). – H. Güntert, Über die ahurischen und daēvischen Ausdrücke im Awesta, Sb. Heidelberg 1914, 13. Abh. – L.H. Gray, The „Ahurian" and „Daevian" vocabularies in the Avesta, in: JRAS 1927, 427–441. – Boyce, History 298.

Die iranischen Vorstellungen vom Weltende

1. Die Vorstellung und später „Lehre vom Letzten" (griech. ἔσχατον) in mytholog. Gestalt wird, wie in vielen Religionen, auch in der iran. unter kollektivem und unter individuellem Aspekt abgehandelt. Der kollektive betrifft das Ende der gegenwärtig vorfindlichen Welt einschließlich der Schicksale der bis dahin gestorbenen und dann wohl noch lebenden Menschen; der individuelle steht damit insofern im Zusammenhang, als er das Schicksal der Menschen am Ende des Einzellebens und am Ende der Welt deutend aufeinander bezieht, jedoch mit mehr Interesse am „Leben nach dem Tode". Insofern die kollektive Eschatologie, manchmal von Sehern oder durch Visionen mit Offenbarungsanspruch, in Schriften bezeugt ist, die myth. Ereignisse, die noch niemand gesehen hat, gemäldeartig „enthüllen" (griech. ἀποκαλύπτειν), kann sie auch Apokalyptik genannt werden (für die unmytholog. kollektive Eschatologie, die in Iran aber nicht bezeugt ist, wäre eine solche Gleichsetzung unstatthaft); nur sie wird hier behandelt. Zur individuellen Eschatologie Daēna; Seele; Vohu Manah; Urvan.

2. Die These, daß es eine vorzarathustrische iran. Eschatologie gegeben hat, hängt davon ab, ob man in der Weltalter-Lehre eine Kontinuität von ind. zu Pahlavi-Zeugnissen durchziehen und die ersteren zugleich als Repräsentationen gemein-arischer Vorstellungen annehmen will. Tut man dies – es bleibt immer hypothetisch –, dann kann man eine Verwandtschaft zu iran. Vorstellungen in Schilderungen des ind. Kaliyuga (oder Tiṣya) sehen, wie sie namentlich im Padma-, im Viṣṇu-, im Vāyu- und im Bhāgavata-Purāṇa vorliegen. Hier führt eine absolute Verkehrung der natürlichen und menschlichen Verhältnisse jeweils zur Vernichtung der Geschöpfe bei Erhaltung der Weltsubstanz, aus der sich ein neues Kṛtayuga (oder Devayuga) bildet; ein letztes Kaliyuga aber endet in totaler und endgültiger Weltauflösung.

Vgl. WdM V, S.199, s.v. Weltperioden, u. S.121f., s.v. Kalkin

3. Die in den Purāṇas vorliegende Kombination von zyklischer und linearer Zeitauffassung macht es schwierig, vor Zarathustra nur eine von beiden vorauszusetzen. Bei ihm selbst überwiegt jedenfalls die lineare. Sein Bewußtsein von der Unfertigkeit seines Werkes blickt auf einen Zustand, in dem die Welt durch Ahura Mazdās Herrschaft und der Menschen Arbeit von der Lüge frei sein wird; das weist deutlich über seine und die ihm folgende Generation hinaus, aber es bleibt undeutlich, wie weit. Mit einem Saošyant kann er in Y 45, 11 und 48, 9 ebenso sich selbst wie einen zeitgenössischen Helfer (in Y 53, 2 wohl nur sich selbst), mit mehreren Saošyants in Y 34, 13; 46, 3; 48, 12 Helfer seiner und der nächsten Generation(en) meinen. Die Abrechnung über Wahrhafte und

Lügenhafte, auf die in Y 30, 2 vorausgeblickt wird, ist als Ordal (Ayōḫšust) vorstellbar, das z.B. noch der Förderer König Vištāspa veranstalten wird, doch ist sie zum Symbol eines endzeitlichen Vorgangs erhoben. Die Činvat-Brücke und das Eingehen der Wahrhaften in die Wohnstatt Vohu Manahs, die Niederlassung der Feinde im Hause des Schlechtesten Denkens *(Ačista Manah)* sind Möglichkeiten für Verstorbene, die zeitlich das Dasein der noch Lebenden begleiten, die aber immer bestehen bleiben werden und insofern futurisch-eschatolog. Qualität gewinnen; dasselbe gilt für den Zustand des Garōdmān, das aus Zarathustras künftigem „Haus des Lobgesangs" (Y 45, 8; 51, 15) zu einem besonderen Ort im Himmel wurde. So gewinnen Beschreibungen und Begriffe für eine Vollendung von Zarathustras Werk den Charakter von Symbolen, die nicht nur zwischen Diesseits und Jenseits, sondern auch zwischen Gegenwart und Zukunft vermitteln. Eine eschatolog. Spannung ist damit von Zarathustra selbst durch die prophetische Komponente seines Wirkens angelegt – kaum, wie viele meinen, durch latenten Bezug auf ein vorgegebenes System ähnlich dem der Pahlavi-Texte erzeugt – und kann von folgenden Generationen ausgeweitet und fundamentalisiert werden.

4. Es scheint, daß in diese Fundamentalisierung, die das jüngere Aw. bereits bezeugt, auch nationaliran.-politische Erretterhoffnungen eingegangen sind, welche auf eine Weiterentwicklung der Eschatologie im Zusammenhang mit einer Ausbreitung des Zarathustrismus über Ḫwārezm hinaus mindestens bis nach Sīstān und in andere ostiran. Gebiete schließen lassen. Der locus classicus über den Astvat. ərəta, Yt. 19, 92–96, läßt diesen mit einer Keule bewaffnet sein, mit der zuvor historische, nur im Falle des Aži Dahāka schon mythisierte Gegner des iran. Volkes erschlagen worden sind. Diese Befreiung wird ineins gesehen mit der universaleren, in welcher Aša, Vohu Manah, Haurvatāt und Amərətāt, die nun durch zoroastr. Tugenden ausgezeichnete Genossen des Astvat.-ərəta geworden sind, ihren je spezifischen Gegner und alle zusammen Aēšma und Angra Mainyu besiegen. Daß dem die Auferstehung vorhergeht (Yt. 19, 89), kann hier noch auf literarischer Komposition beruhen. Durch diese kann auch Astvat.ərəta zum Saošyant schlechthin geworden sein (Yt. 13, 129; gemeint wohl auch Y 59, 28; 26, 10), während dieser Titel sonst wohl allgemein für Fortsetzer von Zarathustras Werk reserviert ist, bei denen man an Priester (Y 12, 7; 17, 2; 13, 3; 14, 1; 20, 3; Visp. 11, 3) und weltliche Helfer, vielleicht sogar Fürsten („S.'s der Länder", Y 70, 4 und Visp. 11, 13, Krieger wohl Y 13, 38) denken kann. *Uḫšyat.ərəta* („der das Aša wachsen läßt") und *Uḫšyat.nəmah* („der die Verehrung wachsen läßt"), beide nur in Yt. 13, 128 angerufen, scheinen noch nicht dazuzugehören, wie dergleichen auch bei den zweimal 2 anderen Gestalten, die in Y 13, 110 und 117 vor Astvat.ərəta angerufen werden, ganz fern liegt. Astvat.ərəta hat eine Mutter, *Vīspa.taurvairī* („Allüberwinderin") oder *Ərədat.fəδrī* („die dem Vater Gedeihen schafft") genannt (Yt. 13, 142; 19, 92), und kommt aus dem Kąsaoya-See (wohl der Hāmūn-See in Seistān); ihrer An-

rufung gehen in Yt. 13, 139 bis 142 die von 26 ašagläubigen Frauen, beginnend mit der legendären Gattin Zarathustras, voran; die drittletzte und vorletzte sind *Srūtat.fəðrī* („die mit dem berühmten Vater") und *Vanghu.fəðrī* („die mit dem guten Vater"), die auch allenfalls durch ihren Platz in der Aufzählungslitanei bis an die Mutter des letzten Saošyant herangeführt werden. Immerhin ist mit alledem ein Raum endlicher Zeit abgesteckt, bis an dessen Ende die Vorstellungen von der nationalen Integrität des iran. Volkes und der liturgischen Richtigkeit des Gottesdienstes ausgedehnt werden können. -

Es scheint, daß dieser Raum noch mit einer ganz heterogenen Vorstellung gefüllt werden konnte, nämlich der von der in der endlichen Zeit unbegrenzten Dauer vom Wirken der Fravašis; zu ihr fügt sich die naturgegebene Dauer des Vourukaša-Sees und der Sterne, und eschatol. Bedeutung gewinnt von daher der auferweckbare Körper des Kərəsāspa – der sich unter den Keulenschlägern von Yt. 19, 92f. nicht befindet – und die nicht vertrocknende Samenflüssigkeit des Zarathustra; dies alles, das bestehen bleibt, wird von 99999 Fravašis bewacht (Yt. 13, 59–62).

5. Die Pahlavi-Schriften bezeugen die Integration aller dieser Vorstellungen, die nun homogen erscheinen; in sie werden von Fall zu Fall neue Elemente aufgenommen. Während als solche häufig historische Details erkennbar sind, die einen terminus ante quem für die Datierung der betreffenden Schrift oder Redaktion hergeben, ist die Entstehung des Grundkonzepts in tiefes Dunkel gehüllt. Vielleicht waren endogene Triebkräfte in den beiden Tendenzen gegeben, die Sequenz individueller Erlösungen nach dem Tode in einer gleichzeitigen und endgültigen Wiederherstellung aufzuheben und die letzten, auf das Eschaton zielenden Glieder von Litaneien mit den letzten Weltaltern des Weltenjahres zu akkordieren (siehe 6.). Die national-iran. Farbe geht nie verloren, was nach weiteren Grundtriebkräften in der Geschichte der iran. Gesellschaft zu suchen zwingt. Im einzelnen können hier nur folgende Ereignisse skizziert werden: a) Millennium des Zarathustra (9000–9999 des Weltenjahres; GrBd. 33, 12–28; WZs. 4, 1–28, 7 A. [= 12, 1–24, 19 + 0,1–9 W.]; Dk. 7, 8, 1.44–61; 8, 14, 3–11; AJ 16, 2–54 [= JN]; PRDD 48, 1 [p. 141; inkonsequente Dauer von 1500 Jahren vielleicht Textfehler]; ZWY 1, 6–2, 1; 3, 20–7, 2 A. = 1, 3–6; 2, 15–3, 13 W.): Zu Beginn ist Zarathustra 30 Jahre alt; Kämpfe zwischen Iraniern und Nichtiraniern fast in jeder Generation; Alexander zerstört die Religion und verbrennt das Awesta, Ardašīr stellt sie wieder her; die jeweiligen Feinde lassen tote Körper begraben, waschen oder essen; *Kai Wahrām* (Vərəθraγna 3) und *Pišyōtan* machen diesen Freveln ein Ende (GrBd.); wenn vom 10. Jh. noch 30 Winter übrig sind, kommt die 15jährige Jungfrau *Nāmīk-pit* (Ü. von *Srūtat.fəðrī*) zum „Wasser", trinkt (sic) den darauf schwimmenden Samen, den Zarathustra das drittletzte Mal über seiner Gattin Hwōw ergossen hatte, und empfängt so den *Waḫšenitar-ahrāyīh* (Ü. von *Uḫšyat.ərəta*, sonst zu *Ušētar* verballhornisiert und manchmal mit dem Epitheton *bāmīk* „glänzend" versehen). Wenn er 30 Jahre

alt ist, kehrt die Sonne an den Ort zurück, den sie bei der Schöpfung angewiesen erhalten hatte, und bleibt 10 Tage und Nächte stehen (Dk.); Meineid, Rache, Araber, Gesetzlosigkeit und Anarchie sind an der Tagesordnung, Nichtiranier herrschen, in der Ständeordnung ist das Unterste zu oberst gekehrt, sogar Kinderlosigkeit erscheint den Menschen wünschenswert (JN; die Feinde lassen sich nach ZWY konkretisieren und ergänzen: Araber, Römer, Türken; Kampf des Mithra gegen *Hēšm* [Aēšma], *Bēwarasp* (Aži Dahāka) und eine Dämonin; ein weiterer Herrschaftsprätendent dringt aus Zawul in das iran. Territorium ein und kämpft zusammen mit dem König von Patašxwargār die letzte Schlacht vor Ankunft des Pišyōtan und des Ušētar); der widerwärtige Mazdak kommt (auch im GrBd. erwähnt), Xosrau hält ihn zurück; Dämonen mit zerteiltem Haar vom Geschlecht des *Hēšm* (gedeutet als orgiastische Männerbündler oder Griechen) brennen Haus und Land in Iran nieder und halten Verträge nicht; Jahre, Monate und Tage werden kürzer, Menschen kleiner und böser; die Riten und Feste werden verhindert oder wirken nicht; Winde und Regen zur Unzeit; Groß- und Kleinvieh wird kleiner und schwächer; Königtum, Herrschaft und Besitz fällt an Fremde aus Ost und West; Metalle kommen aus der Erde, Sonne wird dunkel, Mond verfärbt, Nebel, Erdbeben, Stürme; Wenige halten die Riten und retten so die Qualität der Vištāspa (= Zarathustra)-Zeit noch durch 3 endzeitliche Schlachten hindurch bis zur Ankunft des Ušētar, für den 3 verschiedene Geburtsorte genannt werden, darunter einer der Kąsaoya-See (ZWY; in diesem Text ist das Reich des Ōhrmazd eindeutig mit dem geogr. Iran identifiziert; vielleicht steht dies auch hinter der Symbolisierung seines Weltreichschemas durch Zweige des Weltenbaumes, wodurch dieses dem heterogenen Weltenjahr angenähert wird; wegen des Nebeneinanders von 4 und 7 Herrschaften wird Kap.1 oder 3 A. für sekundär gehalten).

b) Millennium des Ušētar (Jahre 10000–10999; GrBd.33, 29–31; Dk. 7, 9, 1–23; 8, 14, 12; AJ 17, 2f.; PRDD 48, 2–22 [141–145]; ZWY 7,3–9, 10 A.; 3, 14–51 W.): Ušētar bringt Offenbarung, Räuberei verschwindet, Friede kehrt ein, Bäume grünen und Wasser fließen wieder, Kraft von Heilpflanzen wird konzentriert; man stirbt nur noch an Alter oder Mord, nicht mehr an Krankheit; Wolfsarten verschwinden; gegen Ende 3jähriger Mahrkūša-Regen, den die Menschen in einer heimlich gebauten Yama (Yima)-Burg überstehen (GrBd., das letzte auch im Dk. und in PRDD); Schilderung der Empfängnis und Geburt des *Waḫšēnitar-nyāyišn* (Ü. von *Uḫšyat.nəmah* statt der sonstigen Verballhornung in *Usētarmāh*) durch *Wēh-pit* (Ü. von *Vanghu.fəδrī*) 30 Jahre vor Ende des Millenniums wie beim vorigen Retter; Sonne bleibt jetzt 20 Tage und Nächte stehen; Viehbestand vermehrt sich, Verhältnis von Frommen zu Bösen verschiebt sich zugunsten der ersteren auf $^2/_3:^1/_3$; die Ungeschöpfe der Welt vereinigen sich zu einem Riesenwolf, einer Drug, den Ušētar nicht besiegen kann; Tiere werden auf Artwahišts Geheiß nicht mehr geschlachtet, sondern gegessen, wenn sie alt sind (PRDD); 18 Herrscher regieren in diesem Millenium

(AJ̌); ein Kai, der verschieden identifiziert und dessen Herkunft mehrfach angegeben ist, wird geboren – ein Komet zeigt es an – und schlägt Feinde nieder (ausführliche Schilderung); Yazatas und Dämonen beteiligen sich am Kampf; Pišyōtan setzt sein Werk fort, die Welt wird wieder, wie Ōhrmazd sie wollte (ZWY).

c) Millennium des Ušētarmāh (11000–11970 bzw. 12000; GrBd. 33, 32–35; 34, 2–5 = IndBd. 30 W. (31 J.) 2–6; Dk. 7, 10, 1–14; 8, 14, 13; AJ̌ 17, 3–8; PRDD 48, 23–37 [145–147]; ZWY 9, 11 bis 23 A.; 3, 52–61 W.): Auch Ušētarmāh bringt Offenbarung Zarathustras; Schlangen und andere schädliche Tiere verschwinden; Aži Dahāka macht sich los, Frētōn kann ihn nicht besiegen, Krišasp (Kərəsāspa) wird auferweckt (nach AJ̌ sein Vater Sām) und tötet ihn (GrBd., Dk., ZWY, PRDD). Alle Schlangen vereinigen sich zu einer Riesenschlange, die Ušētarmāh nicht besiegen kann (PRDD). Schilderung der Empfängnis und Geburt des *Sūtōmand Pērōžkār* („Siegreicher Retter" als Wiedergabe von Astvat.ərəta statt der sonstigen Verallgemeinerung zum Sōšāns schlechthin; auch *Tan-kartār* „Körpermacher" genannt) durch *Gōbak-pit* (Ü. von *Ərədat.fəδrī*) 30 Jahre vor Ende des Millenniums wie bei den vorigen Rettern, Sonne bleibt jetzt 30 Tage und Nächte stehen; Kai Ḫosrau erscheint mit Helfern, die den Sōšāns beim Vollbringen des Fraškart unterstützen werden (Dk.). Die Menschen essen zunächst weniger, dann vegetarisch, dann gar nichts mehr; Auferstehung mit rationalistischer Erklärung (GrBd.).

d) Fraškart (Frašō.kərəti; GrBd. 34, 6–33 = IndBd. 30 W. [31 J.] 7–33; Dk. 7, 11, 1–9; 8, 14, 14f.; 9, 8, 1–6; 32, 25; 41, 8; 42, 1; 53 passim; 58, 10f.; WZs. 34, 1–35, 47 A. [lehrhafte Reflexion]; Plut. Is. et Os. 47 [nur 370 B ἔπεισι ... – C ... σκιὰν ποιοῦντας]; AJ̌ 17, 9 [dort und MḪ 2, 95 inkonsequent als „Millennium des Sōšāns" bezeichnet] – 16; Lact. Div. Inst. 7, 16; Just. apol. 1, 20 [Parallelen zu ZWY und Bd.]; ZWY 9, 24 A.; 3, 62 W.; MḪ 57, 7; PRDD 48, 38–107 [147–159; ausführlichste Schilderung]); Schilderung nach Bd. siehe unter Saošyant und Frašō.-kərəti. Der Saošyant nimmt nur geistige Nahrung zu sich, sein Leib ist wie die Sonne, er sieht mit 6 Augen nach allen Seiten; er hat das Ḫvarənah von Frētōn (Feridūn), Kai Ḫosrau, Frangrasyan und Kai Wištasp; Krankheit, Alter, Tod, Kummer, Irrglauben, Gewaltherrschaft verschwinden; alle Horden der Drug und die Drug Ahriman werden vernichtet; alle Menschen werden die Religion des Ōhrmazd haben, der letztlich selbst – Sōšāns tritt zurück – die Erneuerung der Welt zum Künftigen Körper vollbringt (Dk.). Die Erde wird doppelt so lang und breit wie jetzt. Kai Ḫosrau herrscht 57 Jahre über die 7 Karšvars, und Sōšāns ist Obermobed; die Auferstehung vollzieht sich gemäß 5 Yt.-Verrichtungen durch Sōšāns in Fünfteln von Menschengruppen, ebenso die Vernichtung der Bösen durch flüssiges Metall, das Šahrēwar (Ḫšaϑra vairya) in ein Loch gießt, in welches ein Heer sie, die „Drug des Abfalls" genannt werden (darin wohl auch der Riesenwolf und die Riesenschlange der voraufgehenden Millennien eingeschlossen), vor der Auferstehung gedrängt hat. Es gibt das 1000fache der jetzigen Nahrung, doch brauchen die Menschen kein Fleisch mehr zu essen – die beiden Geschlechter des Viehs verwandeln sich in den doppelgeschlechtlichen Urstier zurück [Rind] –, da sie dauernd Fleischgeschmack im Mund haben. Jeder bekommt einen Ehepartner und hat Geschlechtsverkehr, zeugt aber keine Nachkommen. Diejenigen, die Yima zersägt haben, und andere Frevler sterben erneut und werden abermals auferweckt, um bestraft zu werden. Alle, auch Sonne und Feuer, nehmen Menschengestalt an und verehren, 40jährig und unsterblich, Ōhrmazd in Herrlichkeit (PRDD, in anderer Reihenfolge).

6. Von allen Möglichkeiten, die Entwicklung des Grundprinzips dieser Eschatologie zu erklären, ist diejenige die wahrscheinlichste, welche mythopoietische Triebkräfte in dem Bemühen erblickt, die naturgegebene Dauer der in der Individualeschat. erreichten Zustände durch Ereignisse absolut beendet zu sehen, wie sie in der Zerdehnung präsentisch-eschat. Symbole zu futurisch-eschat. Daten fundamentalisiert erscheinen. Vor allem die Überzeugung, daß das Abbüßen von Sünden bis zum Ende der 9000 Jahre nach Einbruch Ahrimans in der Hölle und das Gleichgewicht von Gutem und Bösem im *Hamēstakān* noch keinen *fraša*-Zustand darstelle, muß zum Glauben an einen jüngsten Tag geführt haben, an welchem das Böse ganz vernichtet und damit die „Welt", nun eher eine postmundane Größe, neu gestaltet sein würde. Dieser Glaube kann die Futurisierung dessen, was vor allem im Ordal erwartet wurde, gefördert haben. Der damit geschaffene Rahmen ermöglichte die Episierung dessen, was im jüngeren Aw. nur erst in litaneiartigen Reihen erscheint, vor allem die Ausgestaltung der Saošyant-Erwartung. Von Generation zu Generation, von Redaktion zu Redaktion zeitbedingte Einzelheiten, die teils Interpretationen von Ereignissen und teils freie Phantasmen sind, konnten hinzukommen.

Es sind diese Einzelheiten, von denen sich eine bemerkenswerte Anzahl in der jüd. Eschatologie wiederfinden: Einteilung dieses Weltlaufs in Unterperioden (hier im einzelnen allerdings beträchtliche Unterschiede), Feuerkatarakt oder Metallstrom, Lebensbaum, astrologische und dämonologische Vorstellungen, 1000-jähriges Zwischenreich, Tötung des Drachen, Auferstehung der Toten. Abgesehen von der Auferstehung, die wohl auch genuin israelitisch ist, nehmen solche Einzelheiten zu, je jünger die Zeugnisse sind. Darin ist die jüd. Apokalyptik der iran. verpflichtet. Dies ist nur erklärbar, wenn man für die Entwicklung des eschat. Grundprinzips eine jüdisch-iran. Konvergenz annimmt, deren Ansatz beiderseits sowohl in prophetischen Anfangsimpulsen als auch in strukturell gleichartigen und schnell symbolisierten Reaktionen auf spätere Fremdherrschaften zu suchen ist. Die Ausbildung von Messianologien (Saošyants und begleitende Könige hier, Messias ben David, Menschensohn und andere dort) und Vorstellungen der „Neuen Welt" (Künftiger Körper hier, Neuer Äon dort) gehören zum Phänomen der Konvergenz, nicht in den Bereich des Einflusses.

Grundlegend für das Ganze: Söderblom, Vie future; für die Beziehungen zum Osten: Abegg, Messiasglaube; für die Beziehungen zum Westen: Bousset-Greßmann, Religion des Judentums. Danach zahllose Einzeluntersuchungen, und Kapitel in Gesamtdarstellungen, auf die nur stillschweigend Bezug genommen werden konnte.

Iranisches Königtum

Obwohl das iranische Königtum seit achaimenidischer Zeit ein Wahlkönigtum war und dieses auch bei Beschränkung der Wahl auf Mitglieder einer bestimmten Familie grundsätzlich bis zum Ende der Sasanidenzeit blieb, sind ihm immer wieder zusätzliche Begründungen gegeben worden. Diese werden gewöhnlich unter der Bezeichnung „Königsideologie" zusammengefaßt. Hier stellt sich die Frage, wieviel von dieser Ideologie mit Mythos oder Mythologie zusammenfällt. Zwei anderswo bezeugte einschlägige Motivzusammenhänge fallen in Iran aus. Erzählungen von Anschlägen gegen das neugeborene Kind, vom Heranwachsen des designierten Königs in der Umgebung von Hirten oder anderen Personen niederen Standes, und von der Machtergreifung mit Hilfe seiner Erzieher oder des Kriegerstandes, wie sie seit Herodot 1, 107–122 mehrfach bezeugt sind, gehören zur Gattung der Legenden. Diese sind nicht mit sakraler Symbolik durchsetzt. In Iran fehlt ferner eine mythische Synchronisierung von Thronbesteigung, Weltschöpfung und Neujahrsfest. So kann man auch von einem myth-and-ritual-pattern nicht sprechen.

Es gibt jedoch eine Reihe von Transzendierungen anderer Art. Die Aussagen über Yima können am ehesten als mythische Prototypisierungen der Königsgestalt betrachtet werden. Eine jenseitige Beglückung des Königs kommt zustande, indem sich das Hvarənah auf ihm niederläßt.

Der kosmische Bezug der – seit parthischer Zeit – von einem König erwarteten oder ihm auch gegen die historische Erfahrung zugeschriebenen Heilszeit kommt in der Ankündigung seiner Geburt durch einen Stern und die astrale Symbolik auf seinem Amtsgewand zum Ausdruck. Titulaturen, in denen der sakische König als „gnädiger Gott" oder „Gottessohn" bezeichnet wird, gehen zwar ursprünglich auf das Konto des Hofstils und bringen eher Repräsentanz göttlicher Herrschaft zum Ausdruck, doch durfte man an direkte Göttlichkeit oder mythisch-genealogische Beziehung zu einem Gott immerhin denken.

Die Übernahme von Funktionen der Feuerpriester durch Sasanidenkönige läßt zeitweise die Bezeichnung „Priesterkönig" als gerechtfertigt erscheinen; der König kann sogar betrachtet werden, als sei er selbst Feuer. Die Investituren von Sasanidenkönigen durch Ahura Mazdā nebst Gleichstellung ihrer politischen Gegner mit Ahriman (Abb. 6 und 7) gehen über Gottesgnadentum hinaus bis zur völligen Parallelisierung von Königs- und Gottesgewalt, und diese steigert sich durch Gottesattribute für den König auf manchen Reliefs oder in den Namen von Hormizd I.-V. (oben S. 175f.) zur personenhaft empfundenen Identität. Šābuhr II. bringt sie in seinem Brief an den römischen Kaiser Constantius II. zum Ausdruck, wenn er sich Teilhaber an den Sternen, Bruder der Sonne und des Mondes nennt (Anm. Marc. 17, 5, 3). Doch da es keine Astralmythologie gibt (Sterne), kann diese Valutierung des Königs nur insoweit mythologisch genannt werden, als dieser Ausdruck auch für das Herrschertum und die kosmische Verflochtenheit Ahura Mazdās akzeptabel ist.

G. Widengren, Religionen Irans 52–59. 151–155. 236–242. 310–319. 342f.; ders., Iranische Geisteswelt 281–304; ders., The Sacral Kingship of Iran, in: La Regalità Sacra (Suppl. Numen IV), 1959, 242–257; Zaehner, Dawn and Twilight, New York 1961, 284–301.

Der iranische Begriff von der Seele

1. Die Entstehung des Seelenbegriffes[1] in der europ. Geistesgeschichte hat eine Verengung der Kategorien zur Folge gehabt, welche Bedingung für die Möglichkeit der Erkenntnis und genauen Benennung einschlägiger antiker Vorstellungen sind. Erst in neuerer Zeit hat namentlich die ethnologische Forschung hier wieder für Erweiterung gesorgt[2]. Auch die iranistische Terminologie muß die damit gestellten Forderungen erfüllen[3], zumal sie der modernen wissenschaftlichen Verknüpfung mytholog. Zusammenhänge zahlreiche durch Vereinfachung verfälschende tertia comparationis zur Verfügung gestellt hat.

2. Eine größere Gruppe von Begriffen bezeichnet die nichtfleischliche Wesenheit des Menschen. Hier kann man wieder unterscheiden:

a) Lebenskräfte, die ursprünglich vital an eine physiologische Funktion gebunden sind. Es sind 3 für uns nicht mehr klar zu trennende Arten von Lebenshauch oder Atem, nämlich (aw.) ą̇nman- (Y 30, 7: wird von Ārmaiti gegeben), das zu einer gewissen Vorstellungskraft werden kann (Y 45, 10 und vielleicht Y 44, 20), ahū- (ursprünglich geistig wegen Verwandtschaft mit ai. asu, im Aw. dann aber das ganze Leben einschließlich des leiblichen umfassend[4])/(MP) ahw, und *vyāna-/gyān (Menschen und Tieren gemeinsam, vergänglich[5])/NP ǧān. Daneben gibt es das vom Geruchssinn zur Wahrnehmungskraft entwickelte baoδah- (anthropologische Einordnung z.B. Y 55, 1, Entweichen nach dem Tode z.B. Vd. 7, 2) / bōy (bōd) / bōy und die vom Gehörsinn zur Verstandeskraft entwickelten uši- (du. n. „die beiden Ohren") / (h)ōš / hōš (huš).

b) Geisteskräfte, die selbst verschiedene Funktionen darstellen und damit vom Körper und seiner Physiologie frei sind. Es sind vor allem Urvan, immer die freie Vitalseele, Daēnā, die sich zum ethischen Selbst entwickelt, und Fravaši, die zuletzt als Genius verstanden werden kann. Als intellektuell oder moralisch gegenüber den unter a genannten höheren konstituieren sie einzeln oder kombiniert das eigentiche Selbst des Menschen. Daneben sind es die Lebenskraft uštāna- / im MP übersetzt (nicht sprachlich weitergeführt) mit gyān, und die beiden Summen intellektuell – voluntativer Fähigkeiten xratu- / xrat / xirad (mehr „Weisheit, Vernunft") und manah- / -man (in Zusammensetzungen, Übersetzung mit neuem Suffix als mēnišn) / -man (maniš) (mehr „Denken, Verstand"). Beide haben einen mit dem menschlichen konsubstantialen göttlichen

---

[1] Vgl. H. Schmalenbach, Logos 16, 1927, 311–355.
[2] Beispielhaft: J. Paulson, Die primitiven Seelenvorstellungen der nordeurasischen Völker, Stockholm 1958.
[3] Vorbildlich zuerst geschehen durch G. Widengren, Stand und Aufgaben 16–20 = Numen 1954, 30–34, in Anlehnung daran das Folgende.
[4] Siehe Bartholomae, Altiranisches Wörterbuch 106–110. 283.
[5] Nyberg, Manual 2, 106.

Aspekt, wie er beim ersteren in den Titel der Schrift MḤ und beim letzteren in die dem Menschen gegenübergestellte Existenz von Vohu Manah eingegangen ist.

3. Eine kleinere Gruppe von Begriffen bezeichnet den Körper oder einen Körperteil, der als Persönlichkeitsträger in ein Selbst transzendiert. Es sind *kəhrp- / kirb (karp)* „sichtbare Gestalt, Form", *tanū- / tan / tan* „Leib", auch im Sinne von „Ich, Person", und *grīvā- / grīw / garīwe* (und *girī*). Das letztere ist zwar aw. der „Nacken" daēvischer Wesen und NP „Hügel" (und „Hals, Nakken"), aber MP ergibt sich neben zoroast. „Nacken, Kehle" auch manichäisch „Selbst" o.ä. Das könnte auf Nacken/Kehle als alten Vitalseelenträger, analog etwa dem Blut, hindeuten.

4. Mytholog. werden „Seelen"-Begriffe in die Erklärung von Erschaffung und Tod des Menschen hineingezogen. Im Sinne eines gleichursprünglichen „Gegebenseins" darf man z.B. in Y 55, 1 *tanū-, ast-* (Knochen), *uštāna-, kəhrp-, təvīšī-* (physisches Vermögen), *baoδah- / urvan-* und *fravašī-*[6] und z.B. in ŠGV 5, 82 *ḫrat, dānišn* (Wissen), *wīr* (Gedächtnis, Vernunft), *hōš, bōy, frawahr, aḫw* als Konstituentien des ganzen Menschen auffassen[7]. Wo in der Weltschöpfung der Aspekt der Mischung überwiegt, gilt z.B. *ruwān* eher geschaffen als *tan* (IndBd. 15, 4 = GrBd. 14, 9), oder bei der Auferstehung *gyān* als vom Feuer oder Wind genommen (IndBd. 30 (31) 6 = GrBd. 34, 5 Ende). Die sog. „Himmelsreise der Seele" ist klassisch ein Komplex aus jenseitiger Errichtung einer Daēnā aus den Taten des Menschen und nachfolgender Vereinigung von dessen Urvan mit ihr; ursprünglich ist es nur die Geleitung des Urvan des Wahrhaften über die Činvaṯ-Brücke und des Lügenhaften auf einem Pfad in die Finsternis (Vd. 19, 28–34, wo das schöne Mädchen noch nicht Daēnā ist). Die durch HN 2 und 3 (par. Yt. 24, 53–64) klassisch gewordene Lehre wird z.B. in MH2, 110–157, GrBd. 30 und in SDN 87, 10f weitergeführt[8]. Von dieser Himmelsreise einer Toten-„Seele" ist die Reise nur des Ruwān eines Lebendigen zu unterscheiden, z.B. in der Erkundungsekstase AW 3, 1f, die gleichwohl dieselben Stationen passiert wie in den anderen Zeugnissen die Urvan/Daēnā des Toten (AW 5, 1–5 u.ö.). Ruwān steht hier auch für das Ich des Ardāy Wirāz (7, 1; 8, 1; 9, 1; 10, 1 u.ö.; ähnliche Vertretung schon in Vd. 7, 52). Die Himmelsreise des Ruwān des Toten wie des Lebenden wird durch Weinen der Zurückgebliebenen behindert, durch korrekte Rezitation des Aw. und Ausführung der Rituale gefördert (SDN 96; AW 16, 7–10)[9].

---

[6] Weiteres zur awest. Anthropologie Lommel, RelZar. 166–176.

[7] Reiches Materal bei Bailey, Zor. Problems Kap. 3 (die zitierten Stellen dort 92 und 102f.), wo noch viele andere, der „Seele" nahestehende Begriffe gebracht werden, deren wechselnde Gliederung in Triaden, Pentaden und Heptaden auffällt.

[8] Weiteres Material bei J.D.C. Pavry, The Zoroastrian Doctrine of a Future Life, New York 1929, 9–27. 33–48. 60–111.

[9] Zu diesen und weiteren mit dem „Schicksal der Seele nach dem Tode nach mandäischen

Gnostisch wird die „Himmelsreise der Seele" erst dann, wenn sie ins salvator-salvandus-Konzept integriert ist[10]. Hierfür werden im iran. Manichäismus, offenbar bewußt, nur die Ausdrücke *wahman / manuhmed* (Vohu Manah 2) und *grīw* mit *gyān* benutzt. Der erstere erlöst als dem westl. $No\tilde{u}\varsigma$ entsprechender höherer „Seelen"-teil sich selbst von oben und steigt zu sich von unten herauf, wenn er die rechte Erkenntnis hat, deren Organ er gleichzeitig ist; *grīw* hingegen spricht zu *gyān*, das seinerseits *grīw* und *manuhmed* hat[11].

---

und parsischen Vorstellungen" (Titel) zusammenhängenden Anweisungen und Jenseitsbeschreibungen siehe W. Brandt, Jahrb. prot. Theol. 18, 1892, 405–438. 575–603 (= Darmstadt 1967).

[10] C. Colpe, FS Joseph Klein, 1967, 85–104 (zugleich Weiterführung von W. Bousset, ARW 4, 1901, 136–169. 229–273 (= Darmstadt 1960), der grundlegend bleibt).

[11] W. Lentz, ZDMG 1956, 18*f., dazu Colpe, Relgesch. Schule 91–100.

Die iranische Anschauung von der Weltschöpfung

1. Der Ausdruck Weltschöpfung enthält eine moderne Interpretation, welcher in den Überlieferungen keine einheitliche Anschauung entspricht. Keine der zugrundeliegenden Anschauungen darf Weltschöpfung im Sinne einer creatio ex nihilo oder auch nur eines bildnerischen Schaffens aus einer amorphen Urmaterie genannt werden. Man befindet sich bis zur hellenist. Zeit im Bereich vorwissenschaftlicher und in der Zeit danach im Spannungsfeld zwischen wissenschaftlich gemeinter und mytholog. durchformter Weltdeutung. Resultat einer Weltschöpfung ist niemals ein Kosmos in einem physikalisch-neutralen Sinn, sondern eine von sozialen Institutionen durchdrungene Welt, welche als Ideogramm ganz an ihre Stelle treten können oder Hauptgegenstand des kosmogonischen Interesses sind. Solche Institutionen sind das Opfer, die gesellschaftlichen Stände, die kultischen Festzeiten, Viehzucht und Ackerbau.

2. Indogerm. war wohl die Vorstellung von der Entstehung der Welt aus dem – alle späteren Opfer begründenden – Opfer eines menschengestaltigen Urwesens, in der Nähe Irans am deutlichsten im Puruṣa-Lied RV 10, 90, 1–16 (dort mit Intention über die kosmischen Bereiche hinweg auf die priesterliche Literatur und die 3 bzw. 4 Kasten) bezeugt. In Iran lebt diese Vorstellung vielleicht noch in der Tötung des Yima, später des Gayōmart, aus dessen Leib noch Metalle, Pflanzen und Menschen entstehen, fort; die einst zu dieser Vorstellung gehörige Makrokosmos-Mikrokosmos-Idee, derzufolge die Welt ein großer Mensch und der Mensch eine kleine Welt „ist", ist in Iran noch breit in GrBd. 28 ausgeführt, aber nicht mehr kosmogonisch bzw. opfertheoretisch gefaßt: der makrokosmische Urmensch ist nicht als Zerstückelter zur Welt geworden, sondern gilt selbst als aus einem Wassertropfen gemacht (GrBd. 28, 2)[1].

---

[1] Grundlegende Bearbeitung durch A. Götze, ZII 2, 1923, 60–98 und 167–177. Götzes These, daß die aus dem 5. Jh. v.Chr. stammende pseudohippokratische Schrift περὶ ἑβδομάδων von der im GrBd. erhaltenen Parallelisierung des Menschen als Mikrokosmos mit dem Makrokosmos abhängig sei – womit diese Parallelisierung auch in einer Fassung als iran. Schöpfungslehre einen terminus ante quem bekäme –, wird von Duchesne-Guillemin, Ohrmazd 56f. (dort auch Nachweis wichtiger Arbeiten von M. Wellmann und W. Kranz) und Western Response 72–78 zugunsten eines gemeinsamen indogerm. Hintergrundes abgelehnt; Widerruf seiner Skepsis gegen Götze (vgl. auch HThR 1956, 115ff.) in Problemi attuali di scienza e di cultura, Acc. Naz. dei Lincei, quad. 76, 1966, 427. Zum problematischen idg. Hintergrund siehe auch W. Koppers in: Mélanges v. Ginneken, Paris 1937, 149ff., zu vermuteten archäologischen Darstellungen des iran. „Weltriesen" A. Alföldi, Jb. d. Schweiz. Ges. für Urgeschichte 40, 1949/50, 17–34 (Hinweise von W. Burkert). Die Frage, die auch die orphischen, hermetischen, neuplatonischen und gnostischen Allgott-Vorstellungen einzubeziehen hat, bleibt kontrovers.

3. Wohl ganz unabhängig davon ist die Vorstellung von der Geburt der Welt, wieder als kosmischer Urmensch, aus einer androgynen Gottheit[2]. Davon zu unterscheiden ist die Kosmogonie aus einem Weltenei (siehe 7) und der Mythos von der Geburt von Zwillingsgöttern (siehe 6), der wohl nicht kosmogonisch zu verstehen ist[3].

4. Gleichfalls archaisch ist die Herbeiführung des gegenwärtigen Weltzustandes durch Ausdehnung der Welt mittels dreier Schritte des Yima (Vd. 2, 11f; falls Horomazes in Plut. Is. et Os. 47 pantheistisch verstanden werden darf, gehört auch seine Selbstausdehnung zu dreifacher Größe hierher); ebenfalls die Herbeiführung des gegenwärtigen Weltzustandes durch Bezwingung des Chaos (Drachenkampf); und vielleicht[4] die Einsetzung der für die Welt konstitutiven, vom Menschen zu pflegenden Fauna und Flora durch Tötung des Stieres in den Mithrasmysterien.

Die unter 2–4 genannten Modelle zeigen die Entstehung „von etwas aus etwas", das im Entstandenen enthalten bleibt; sie sind dementsprechend mit keiner „Schöpfungs"-Terminologie verbunden. Eine solche findet sich erst in den folgenden Modellen.

5. Die einfachste Bezeichnung für das Abhängigkeitsverhältnis von einem „Gott" soll vielleicht nicht einmal „Schöpfung" im strengen Sinn bedeuten, obwohl sie oft so übersetzt wird: aw. $d\d{a}man$- von $d\={a}$- „geben, setzen" > „verschaffen, zuweisen" > „hervorbringen, produzieren"[5]. In diesem Sinne (so z.B. Y 16, 3; Yt. 13, 77; 15, 43) ist $d\d{a}man$- einfach das „Gegebene" oder „Gesetzte". Es ist wahrscheinlich, daß schon vor Zarathustra der Himmel, das Wasser, die Erde, die Pflanzen, die Tiere und der Mensch als vom obersten Gott und weiteren Kräften gegeben verstanden worden sind, die nach Zarathustra als Ahura Mazdā und Aməša Spəntas genauer gefaßt wurden; ungeklärt ist, ob damals schon das Feuer als 7. „Schöpfung" dazugehörte. Im Bereich des Himmels können Steine, Metalle und Sterne, auf der Erde besonders bestimmte Berge und Gewässer, ferner spezifische Pflanzen (Baum) und Tiere (Rind) als so „hervorgebracht" gelten, teils unmittelbar, teils aus einem primären Elementarbereich (Pflanzen aus Erde, Wasser aus Berg usw.)[6]. Diese einfachen Vorstellungen scheinen auch, oft sogar terminologisch, in den schon reflektierten Darstellungen bis zuletzt durch.

---

[2] Nachweise bei G. Widengren, Stand und Aufgaben 5f. (= Numen 1954, 19f.); abzulehnen ist aber die Harmonisierung mit der makrokosmologischen Opfer- und der Weltenei-Vorstellung sowie mit der Weltalter-Gliederung.

[3] So Humbach, ZDMG 107, 1957, 370, anders Widengren a.a.O., Lincoln, History of Religions 15, 1975, 130 und andere.

[4] So Cumonts alte Interpretation, neuerdings jedoch bestritten, vgl. J. Hinnells, Mithraic Studies 2, 291f.

[5] Bartholomae, Altiranisches Wörterbuch 714. 734.

[6] Siehe zum Ganzen Boyce, History 132–141.

6. In den Gathas leben diese Vorstellungen weiter bzw. werden vorausgesetzt, was den Bereich anlangt, der nun der der Wahrheit ist (s. auch zu Ahura Mazdā, vor allem Y 44, 3–5, Aša und Vohu Manah als „Schöpfern"); das Feuer, auf Aša bezogen, gehört mit dazu. Analog wird nun der zur Drug gehörende Bereich verstanden; wichtiger noch als der symbolische Ausdruck der Gegebenheit des Bösen ist der seines Gewähltwerdens (Y 30, 3), durch das sie aktualisiert wird. Daß dahinter eine Kosmogonie steht, derzufolge zwei zeitlich sich begrenzende und sich ethisch entgegengesetzte, demzufolge zwei auch geistig/materielle Weltbereiche repräsentierende Götter aus einem zeitlich und räumlich unendlichen, ethisch ambivalenten Hochgott geboren werden, läßt sich nicht beweisen.

7. Im jüng. Aw. ist die Symmetrie der Gegebenheit des Guten und des Bösen erreicht. Zu allem, was Ahura Mazdā „schafft", gibt es eine „Gegenschöpfung" des Angra Mainyu bzw. der Daēvas[7]. Theopomp (bei Plut. Is. et Os. 46f [mor. 369 D-370 C]) nennt jeden direkt einen Demiurgen der guten bzw. schlechten Dinge und gebraucht für ihre Hervorbringung der guten und schlechten „Götter" aus Licht und Finsternis den Ausdruck „machen". Die eigentliche Weltschöpfung ist hier aber in einem Weltenei angelegt, das letztlich Variante zu der im Vorangehenden geschilderten Bildung des Himmelsgewölbes sein muß[8]. In ihm ist das Schlechte mit dem Guten „vermischt".

8. In den Pahlavi-Schriften wird der aw. Ausdruck *dąman-* (siehe 5) als *dām* weitergeführt. Daneben gibt es, ebenfalls von nunmehr MP *dā-*, *dāt* für das „Geschaffene", *dātīh* für die Eigenschaft der Erschaffenheit, *dahišn* für den Akt des Schaffens (die Bedeutungen sind oft nicht klar voneinander zu trennen). Der Titel des klassischen Werkes Bundahišn, das in Kap. 1–7 Kosmogonie enthält und später oft darauf anspielt, heißt zwar „Prinzipiendarlegung", aber er spielt mit der Bedeutung „Grundlegung" oder „Wurzelsetzung" (sc. für die Welt). In bestimmten Zusammenhängen können auch *āfurišn* „Segnung" und *brēhēnišn* „Anordnung" für die Schöpfung stehen. Für das Hervorbringen Ahrimans und der Dēws steht *kirrēnītan* „auseinanderreißen".

Sachlich erscheint die einfache „Schöpfung", hier die von gutem und bösem *mēnōk*, differenzierter als erste in einer Folge von Weltaltern, in deren weiterem Ablauf es zu einer Materialisierung und dann Mischung von beidem kommt[9].

---

[7] Zu den Haupttexten in Yt. 13, Yt. 19 und Vd. (Angra Mainyu) und ihren Kommentierungen siehe M. Molé, Culte, mythe et cosmologie dans l'Iran ancien, Paris 1963, 390–95.

[8] Duchesne-Guillemin, Pauly-Wissowa s.v. Weltschöpfung, Sp. 1583.

[9] Nach Nyberg, JA 1931, 240 (= Acta Iranica 7, 374ff.) ist dies der zurvanit. Typ, während nach der zoroastr. der Anstoß zur Schöpfung bereits durch den Zusammenstoß der beiden Götter im geistigen Zustand erfolgte; ähnlich Zaehner, Zurvan 103. In diesem Art. kann zwischen beiden Typen nicht unterschieden werden, teils weil ohnehin „die zurvanit. Spekulationen überall in einen mazdäischen Rahmen eingefügt oder vom mazdäischen Geist geprägt sind" (Nyberg a.a.O. 243 (377), teils weil auch das für den reinen Zoroastrismus in Anspruch genommene IndBd. im Sinne der 12000 Jahre, die nach Nyberg nur zurvanit. sind, interpretiert werden kann.

„Weltschöpfung" im strengen Sinne findet hier erst zu Anfang des 3. Trimillenniums statt, als durch die Mischung von guter und böser „Schöpfung", deren Qualitätsmerkmale inzwischen substantialisiert worden sind, der gegenwärtige Weltzustand erreicht ist; alles andere gehört nun in die Präexistenz. In der präexistenten wie in der gemischten Schöpfung findet sich sowohl ein emanatistischer als auch ein diffusionistischer Typ. Im ersteren leben vielleicht die unter 2–4, im letzteren die unter 5 und 6 genannten Vorstellungen weiter. Im emanatistischen Typ entsteht, die Gegebenheit von *mēnōk* oder auch von *gētīk* vorausgesetzt, aus dem anfangslosen Licht (Anaγra Raočah) das Feuer, aus diesem der Äther (Vāta), aus diesem das Wasser, aus diesem die Erde und alles andere Körperliche (GrBd. 1a, 2; fehlt im IndBd.); daneben „trägt" und „hält" der Äther auch Wasser, Pflanzen, Tiere und Menschen (GrBd. 1a, 4 ab drittletzter Zeile); die letzteren 3 werden außerdem als aus der Erde, diese als aus dem Wasser, dieses als aus dem Himmel entstanden angegeben (GrBd. 1a, 6–14). Im diffusionistischen Typ entstehen Himmel, Wasser, Erde, Pflanzen, Tiere und Mensch (nur nach GrBd. 1a, 4 Mitte und 3, 7 Ende auch das Feuer) nach-, aber nicht auseinander (GrBd. 1, 54 = IndBd. 1, 28; GrBd. 1a, 4, Z. 7–13; 3, 7)[10]. Quellenscheidung wie Traditionsgeschichte, beides bisher nur wenig in Angriff genommen, versprechen Aufschluß über die Entstehung dieses Durcheinanders von kosmogonischen Vorstellungen.

---

[10] Nach Analyse in einer Seminararbeit von P. Sohn, Berlin 1975. Im Auferstehungskapitel IndBd. 30 bzw. 31 = GrBd. 34 dient die diffusionistische wie die emanatistische Erschaffenheit von Gestirnen, irdischen Bereichen (z.B. Flüssen) u. menschlichen Organen (Haut, Nägeln usw.) als Argument für die Möglichkeit ihrer endzeitlichen Wiederherstellung.

Zarathustras Verhältnis zum Mythos

Die literarische Form und das prophetische Anliegen der Gathas sind der Tradierung von Mythen nicht günstig. Es gibt sogar unverkennbare Auslassungen, sonst Anspielungen. Zarathustra erwähnt Anāhitā und Mithra nicht, obwohl die erstere zum Wasser und der letztere zum Himmel seines Weltbildes die mythologischen Komplemente wären. Er verwirft entweder den Yima-Mythos oder deutet ihn gegen seine ursprüngliche Intention (Y 32, 8), und die dementsprechende Hochwertung von Gəuš Urvan ist eher eine Personifizierung als eine Mythologisierung. Die Weltschöpfung steht in Y 30, 3ff., wenn überhaupt, so im Hintergrund, daß die Wahl von Gut und Böse in illo tempore an ihre Stelle tritt. Die ältesten fünf Aməša Spəntas, deren Begriff aus arischer Tradition vorgegeben gewesen sein kann, repräsentieren mit ihrem Namen weder mehr Götter (Aramati) noch andere mythologische Gegebenheiten und stehen auch zu den Elementen in keiner Beziehung, wie sie der Mythos schildert (Erschaffung, Verwandlung, Eltern- oder Herrschaftsverhältnis), sondern haben eher den Charakter von Symbolen, die zur Vergeistigung wie zur Materialisierung tendieren können. Symbole, die für präsentische Aktualisierung wie für futurische Erwartung offen sind, sind auch die Vorstellungen der sog. Eschatologie einschließlich des Ordals, ob sie nun gleich als solche konzipiert oder aus einer mehr linear episierenden Tradition, wie der letzte Teil der Weltalterlehre es gewesen sein könnte, verdichtet worden sind. Naturphänomene werden kreationistisch als Gegebenheiten Ahura Mazdās hingestellt, nicht ätiologisch auf ihre sie transzendierenden Repräsentationsmächte zurückgeführt. Dasselbe gilt für das Böse im Verhältnis zu Angra Mainyu, welches damit ganz unfatalistisch erscheint (anders im Zurvanismus). Aešma wird nicht durch eine Beschwörung bekämpft, die eine Kontrafaktur seines Mythos enthält, sondern durch das Ins-Werk-Setzen von Tugenden, die mit der Pflege des Viehs und Düngung seiner Weiden zusammenhängen.

Dieser Sachverhältt läßt zwei Deutungen zu: Entweder Zarathustra war im Verhältnis zur ihm etwa vorgegebenen Tradition wie zu seiner Umwelt ein großer Entmythisierer. Oder wir haben in den Gathas nur diejenige Auswahl seiner Äußerungen vor uns, die das hymnische Komplement oder vielleicht gar der Kontrast seiner traditionellen Eingebundenheit ins Priestertum waren; zur letzteren gehört die Mythentradition, aber sie wäre für ihn nicht mitüberliefert worden. Eine Entscheidung dieser Alternative wird vielleicht irgendwann möglich sein[1].

---

[1] J. Duchesne-Guillemin, Symbol und Mythos im alten Iran, ZDMG Suppl. IV (XX. Dt. Orientalistentag Erlangen), 1980, 57–65 plädiert an Hand zentraler Beispiele für die zweite Lösung und geht noch darüber hinaus, indem er bei Zarathustra Anspielungen auf Mythen erschließt, die diesem kongenial gewesen seien (Korrekturzusatz).

Zoroastrismus und Remythisierung

Unter der Voraussetzung, daß Zarathustras Verhältnis zum Mythos (vgl. *Stück 41*) ein negatives war, muß die reichere Bezeugung oder wirkliche Ausgestaltung von Mythen nach ihm, also im Zoroastrismus, als Remythisierung betrachtet werden. Ein solches Phänomen ist nach entmythisierenden Prophetien oder Philosophien nicht ungewöhnlich, wie z.B. die Apokalyptik des antiken Judentums oder Synkretismus und Gnosis in der hellenistischen Welt, aber auch die auf die Upaniṣads folgende Hindu-Mythologie zeigen. Nimmt man diese Beobachtung mit derjenigen zusammen, daß die Eschatologie der Gathas nur einzelne, meist kollektive Symbole enthält und, gäbe es die Eschatologie der Pahlavi-Schriften nicht, nach einer Interpretation in apokalyptischen Gemälden kaum verlangen würde, so ist der Schluß erlaubt, daß die Pahlavi-Eschatologie eher in den Zusammenhang der Remythisierung gehört, als daß sie den Hintergrund der Gatha-Eschatologie bildet. Dies schließt natürlich nicht aus, daß im einzelnen sehr alte Vorstellungen wiederaufgenommen werden. Aber sowohl die Anordnung dieser Vorstellungen als auch die Behandlung von Begriffen, Personen, Göttern wie auch mannigfache Hypostasierungen und Personifikationen innerhalb des neuen Zusammenhangs sind nicht mehr archaisch.

Die Geschichte des letzten Saošyant Astvat.ərəta z.B., einschließlich seiner Beziehung zu seinen beiden Vorgängern als „Brüdern" und der Abkunft aller drei aus dem Samen des Zarathustra, dürfte eher aus Überlieferungsstücken zusammengesetzt und ausgestaltet worden als in einem vollständigeren als dem uns überlieferten Awesta bereits enthalten gewesen sein. Vielleicht ist schon seine Eschatologisierung als solche – nachdem ein Saošyant nach Zarathustras Aussagen eher sein Werk noch zu seinen Lebzeiten oder kurz nach ihm fortsetzte – eher eine Folge der sekundären Ausbildung einer Eschatologie als eine ihrer Wurzeln.

Auf derselben Linie könnten die Verendzeitlichung des Hadayaoš-Opfers und der Auferstehung liegen. Die Spekulation über die endgültige Erneuerung der Welt zur Frašō.kərəti könnte eine Typologie nach sich gezogen haben, innerhalb derer entweder die Tötung des Urstiers Ēwagdāt zur Zeit Gayōmarts oder aber die normale zoroastrische Opferpraxis einen komplementären Vorgang verlangte.

Akzeptiert man diese historischen Einordnungen, dann bedeuten sie zugleich etwas für die Sicht des nacharchaischen Mythos als System. Eine Systematisierung des Erzählten kommt zustande etwa durch die Einordnung in die letzten Trimillennien des Weltenjahres, durch typisierende Bezüge der Natur- und Geschichtsereignisse während der Herrschaften des Zarathustra und der beiden ersten Saošyants aufeinander, und durch gleichstrukturierte Aussagen über Yazatas, Aməša Spəntas, Sterne, Gebete, wie sie auch außerhalb von Systemen vorkommen. Einen Mythos als System stellen insgesamt die voll ausgebildete Lehre des Zurvanismus wie eng oder weit auch immer man sie faßt – im Unterschied zur zurvanitischen Zeitvorstellung dar, ferner die Lehre von Zarathustra als vollkommenem Menschen[1] im Unterschied zur Zarathustra-Legende im 5. und 7. Buch des Dēnkard. Als Indiz für zurvanitische Remythisierung sind Gestalten wie Ašōqar, Frašōqar, Zarōqar, Mahmi, Jeh, Arašk zu nennen, deren negative Funktionen nicht unmittelbar aus einem den Zwillingsmythos überwölbenden Gottes- und Zeit-Monismus folgen, sondern erst aus dem davon mitgeprägten, also sekundären Fatalismus. Die Lehre vom Vollkommenen Menschen setzt eine gleichlaufende Idealtypisierung der Eigenschaften von Gayōmart, Zarathustra und dem letzten Saošyant voraus, die daraufhin als Repräsentationen einer idealtypischen Gestalt erscheinen können. Dieser Vorgang ist übrigens von anderer Art als die Makrokosmisierung des hellenistischen und gnostischen Anthropos teleios und des jüdisch-mystischen Adam Qadmōn; zu diesen beiden Gestalten dürften, vielen entgegenstehenden Vermutungen zum Trotz, keine Beziehungen bestehen.

Außerhalb von Systemen gibt es dieselben Indizien wie innerhalb von ihnen in a) Vergötterungen, b) Dämonisierungen, c) Hypostasierungen und d) Personifikationen. Für Remythisierung zeugen sie deshalb, weil nur die so konzipierten Gestalten und Kräfte als handelnd oder sprechend gedacht oder in erzählende Zusammenhänge eingefügt werden können.

a) Vergottet werden die Yāiryas: ursprünglich sind sie sechs Jahreszeiten und die am Schluß von ihnen jeweils fünf Tage lang gefeierten Feste, im jüngeren Awesta sind sie deren Götter, und diese werden im Bundahišn mit den sechs Teilen der Weltschöpfung in Zusammenhang gebracht[2]. Ähnlich werden aus den Māhya's, eigentlich nur die „auf den Monat Bezüglichen", die „Monatsgötter". Das Ahuna-Vairya-, das Ašəm-Vohu-[3] und das Yenghē.hātąm-Gebet[4] werden nicht nur im Kampf gegen das Böse gesprochen, sondern selbst wie Gottheiten angeredet, die Angra Mainyu besiegen können (Y 61, 1f.); das Ašəm-Vohu-Gebet kann darüber hinaus unter die Aməša Spəntas eingereiht, ja mit Aša gleichgesetzt werden. Vergötterung darf man es auch wohl nennen,

---

[1] K. Barr, Irans Profet som τέλειος ἄνθρωπος in: Festschrift L.L. Hammerich, Kopenhagen 1952, 26–36; S. Hartman, Der große Zarathustra, in: Orientalia Suecana 14/15, 1965/66, 99–117; Molé, Culte 469–525.

[2] Zur Verbindung der sechs Jahreszeiten mit der Erschaffung von Teilen der Schöpfung in GrBd. 1a, 15–21 siehe Nyberg, JA 214, 1929, 226–228; JA 219, 1931, 239. Zu damit zusammenhängenden Einzelheiten der altiranischen Kalendersysteme vgl. H. Taqizadeh, BSOAS 14, 1952, 603–611, bes. 609.

[3] Geldner, Av. 2, 35; Wolff, Av. 133; Darm., ZA 2, 684; Nyberg, RAI 267–269; Hertel, Beiträge 1–57; Tavadia, IISt 2, 114–124; Modi, Rel. Cer. 327f.; Molé, Culte 274 und 516.

[4] Geldner, Av. 1, 98; Wolff, Av. 66; Darm., ZA 1, 196–205; Humbach, Gathas 1, 49; Lommel, ZII 1, 1922, 16–28; Hertel, Beiträge 240–250; Nyberg, RAI 270; Tavadia, IISt 2, 122f.

wenn die vier jahreszeiteinleitenden Mondstationen[5] selbständig die Fruchbarkeit der Natur und den Wohlstand des Menschen beeinflussen. b) In der Pahlavi-Literatur werden manchmal die Planeten dämonisiert[6] – eine bemerkenswerte Parallele zur westlichen Gnosis, die hypothetisch „zurvanitisch" genannt werden kann. Astō.Vīδātu, als „Leibauflöser" wohl ursprünglich nur das personifizierte Sterben, wird zum schicksalhaften Todesdämon, der jede Kreatur von ihrer Entstehung an besitzen will. c) Personifikationen können wohl eher Laster als Tugenden betreffen. Ārāst, die Verleumdung, wird zum Dämon, der nur Böses spricht; Pas „später" zu demjenigen, der alles durch Verzögerung vereitelt[7]. d) Hypostasierungen hingegen betreffen eher gute Dinge. Vahišta „das Beste", was immer es bei Zarathustra bedeutet, wird zum Bihišt „Paradies". „Gute Gedanken, Gute Worte, Gute Werke", die zoroastrischen Kardinaltugenden, werden in der Individualeschatologie zu Räumen oder Etappen, welche der Urvan des Ašavan auf seinem Wege zum Anaγra Raočah durchmißt.

Die vier Vorgänge, die hier theoretisch unterschieden sind, laufen oft zusammen. Dämonen entstehen sowohl, wenn etwas Gutes oder Neutrales deteriorert, als auch wenn etwas Böses personifiziert wird. Vergottung ist manchmal nur ein höherer Grad der Personifikation, diese ein höherer Grad der Hypostasierung von etwas Gutem. Wo diese Vorgänge stattfinden, vielleicht sogar: erzeugt werden, läßt sich in einigen Fällen genauer angeben: in der Liturgie und eventuell sogar in der Litanei. Da es sich hier um Kultus handelt, entsteht fast wieder mythische Valenz alter Art – Remythisierung ist immer auch Archaisierung –, aber mit anderen Inhalten.

---

[5] J. Hampel, Die Kopenhagener Handschrift Cod. 27, Wiesbaden 1974, 194–204.
[6] Zaehner, Zurvan 144 Anm. F; 152.
[7] Gray, Foundations 200 und 212.

Zu einigen islamischen und westlichen Wert- und Weltvorstellungen

Fremdheit und Verwandtschaft als Tatbestände für beiderseitige Identitätssuche

Nationale Vielfalt und ökumenische Einheit in der Selbstbesinnung der Muslime

Obwohl man seit einigen Jahren von einer allgemeinen islamischen Renaissance sprechen darf, sind die politischen Entwicklungen in den islamischen Ländern im einzelnen recht unterschiedlich gewesen. Man braucht nicht gleich an den iranisch-irakischen Krieg zu denken, der die Verhältnisse in den beiden beteiligten Ländern überdeutlich gemacht hat. Es genügt, die am 7. November 1982 angenommene neue türkische Verfassung mit der iranischen zu vergleichen, oder daran zu erinnern, daß kürzlich in Ägypten in einem Schauprozeß an die dreihundert Personen wegen islamisch begründeter politischer Aktivitäten nach iranischem Muster auf Hochverrat verklagt und mit dem Tode, beziehungsweise hohen Gefängnisstrafen bedroht wurden: An diesen wie an vielen anderen Sachverhalten zeigt sich die Unterschiedlichkeit der Entwicklungen auf den ersten Blick. Und dieses Spektrum vervielfältigt sich noch, wenn man mit in Betracht zieht, wie wechselnd sich islamische Staaten außenpolitisch orientieren.

Ein paralleler Befund zu dieser Polarität von Einheitlichkeit und Vielfalt ergibt sich, wenn man das Selbstverständnis der Muslime in der Diaspora betrachtet. Während sie von den derzeitigen politischen Restaurationen und insbesondere den wirtschaftlichen Krisen so übereinstimmend hart getroffen werden, daß sie sich sogar über die Grenzen ihrer Gastländer hinweg zu verständigen beginnen, wirken sich die Entwicklungen in ihren Heimatländern auf sie unterschiedlich aus. Das hat drei Gründe:

Einmal liegt es an den Generationsunterschieden und politischen Bewußtseinsgraden innerhalb der islamischen

Minoritäten in den westlichen Industrieländern selbst. Verschiedene Gruppen verhalten sich zu den politischen Verhältnissen in ihrer Heimat durchaus unterschiedlich.

Der zweite Grund für die Vielfalt liegt darin, daß es eben die unterschiedlichen Bewegungen in den Heimatländern sind, mit denen sich die Minderheiten, die außerhalb davon leben, auseinanderzusetzen haben. So stellt für Muslime aus Ägypten und Syrien der israelisch-palästinensische Krieg im Libanon ein anderes Problem dar als für solche aus Afghanistan, deren Angehörige unter einer sowjetischen Besatzung leben.

Die größte Komplikation aber resultiert aus dem dritten Grund: Muslime in westlichen Gastländern können sich mit Vorgängen in islamischen Staaten solidarisieren, die nicht ihre Heimatländer sind, und zu denen sie, lebten sie weiterhin daheim, wahrscheinlich eine andere Stellung einnehmen würden. So ist für Muslime aller Nationen, auch für Türken, die doch überwiegend der sunnitischen Richtung des Islam angehören, die Errichtung eines schiitisch-islamischen Staates nach der iranischen Revolution gleichwohl ein Anstoß zur Rückbesinnung auf die Werte des Islam als mögliche Alternative für die Zukunft geworden, und dies nicht einmal in erster Linie deshalb, weil auch in der Türkei als Reaktion gegen den kemalistisch-weltlichen Staat theokratische Tendenzen aufgekommen sind.

Die Multiplikation der Verhaltensweisen, welche durch die Mehrzahl der Faktoren bei Muslimen in Gast- und Heimatländern zustandekommt, macht europäischen und nordamerikanischen Gastgebern die Orientierung besonders schwer. Fast kann man sagen, daß die nationale Vielfalt, welche den Muslimen ihre Identitätssuche in gleichem Maße erschwert, wie die ökumenisch-islamische Einheit sie ihnen erleichtert, den Tatbestand ihrer Fremdheit in westlichen Ländern noch verstärkt. Will man sich hier nicht, aus welchem Grund auch immer, mit einer bestimmten politischen Richtung identifizieren — so mit einer der jetzt für zehn Jahre verbotenen türkischen Parteien, oder mit den faktisch einen Bürgerkrieg ausfechtenden iranischen Volksmudschahedin oder Chomeini-Anhängern, oder mit einem für besonders repräsentativ gehaltenen Volk (zum Beispiel den Palästinensern), oder mit einem für besonders repräsentativ gehaltenen Staat (zum Beispiel Libyen) —, so ist die Versuchung zu unsolidarischer Abstinenz besonders groß.

Dabei müßten die Bürger westlicher Länder, und unter ihnen besonders die Christen, in all dem auch ein verwandtes Problem erkennen; ist ihnen doch die Spannung zwischen nationaler oder kirchlicher Vielfalt hier, militärischen und wirtschaftlichen Bündnissen oder christlicher Ökumene dort gut bekannt. Aber es gilt nicht nur, sich dies bewußt zu machen, man muß noch weitere Besonderheiten ihrer Fremdheit entkleiden, die häufig auf den ersten Blick für nur islamisch gehalten werden, die aber in Wirklichkeit viel mit westlichen Phänomenen gemeinsam haben oder sogar historisch mit ihnen verbunden sind.

Es kann sich dabei außerdem herausstellen, warum man gerade das Verwandte gegenseitig als fremd empfindet. Beides, Bewußtsein von Fremdheit wie von Verwandtschaft zwischen westlicher und islamischer Welt, kann zur Identitätsfindung beitragen, und zwar nicht nur auf islamischer, sondern auch auf westlicher Seite, wo sich die Notwendigkeit dazu gerade in dieser Begegnungssituation neu ergeben hat. Es ist für beide Seiten so wie beim Erlernen einer neuen Sprache: Man macht sie sich als Fremdsprache, die sie auch bleibt, zu eigen und lernt gleichzeitig seine Muttersprache besser verstehen.

»Westlich« und »politisch-islamisch« statt »jüdisch-christlich« und »religiös-islamisch«

Es mag befremdlich wirken, von da aus die Forderung abzuleiten, in dem so auf Herausarbeitung von Verwandtschaft ausgerichteten christlich-islamischen Dialog nicht nur die Glaubensunterschiede stehen zu lassen, sondern in ihn außerdem noch das Bewußtsein der Fremdheit und die Gründe für diese einzuführen. Und doch muß es einmal sein, sonst wird man hinterher zu sehr enttäuscht. Man muß sich dafür zuerst klarmachen, daß Denkweisen, die man sonst gern als theologische oder politische isoliert, unter dem Stichwort »westlich« einander zugeordnet werden müssen. Denn erst dann wird die Distanz deutlich, in welche sie faktisch zu ihren islamischen Gegenstücken getreten sind, während sie mit diesen als theologische oder politische paradoxerweise leichter verglichen werden können. Es zeigt sich zum Beispiel, daß die Sicht eines Christen beziehungsweise Theologen nur charakteristische Besonderheit einer breiter fundierten Sicht ist, wie sie in unseren Medien zwar völlig verzerrt erscheint, welche aber in ihrer Verwurzelung im Spannungsfeld zwischen unserer Zivilisation und unserem Glauben doch eine Qualität bekommen hat, die sie von einer rein geistesgeschichtlich verstandenen ziemlich unterscheidet.

In Westeuropa und Nordamerika, die als eine unserer drei oder vier Welten zusammengehören, hat eben die Denkweise, welche theologisch wohl als reine Lehre beschreibbar wäre, im öffentlichen Gesamtzusammenhang eine Funktion bekommen, welche sie selbstbewußten Muslimen höchst verdächtig macht. »Theologisch« bezeichnet hier dann nur noch einen Zusammenhang, in welchem zwischen christlichen und jüdischen Überlieferungen oft zwar in ihrer tatsächlichen historischen Ausprägung, aber nicht funktional unterschieden werden darf. Die Verbindung zwischen den beiden Worten »westlich« und »theologisch« deckt dann, auf den ersten Blick leider nur ungenau erkennbar, ein Zweifaches: Sie bedeutet einmal, daß die theologische Sicht nicht, was auch möglich wäre, eine islamische oder buddhistische ist, sondern eben eine westliche, das heißt jüdisch-christliche. Die Wortverbindung bedeutet zum anderen, daß die jüdisch-christliche theologische Sicht, entweder kraft ihrer historischen Herkunft oder in neuer Säkularisierung, eng mit dem politischen, gesellschaftlichen und kulturellen Bereich verschwistert ist, den man im Unterschied zum Orient eben »Okzident«, Westen, zu nennen pflegt. Auch daraus muß grundsätzlich immer so viel wie möglich in die Betrachtung einbezogen werden, damit das rein Theologische nicht isoliert zur Sprache kommt.

Erst, wenn man sich die weltanschaulich-ideologische Verwestlichung der jüdisch-christlichen — mit der religiös-islamischen an sich verwandten — Tradition klargemacht hat, kann man mit der notwendigen *Epoche*, mit Inne- und Zurückhaltung neu untersuchen, welchen Anteil an der vielverhandelten Gemeinsamkeit des hellenistischen Erbes in Abendland und Islam das politische Denken und die politische Praxis hat. Es wäre sodann die gleichfalls schon oft angegangene Untersuchung der biblischen Religion im Koran auf die Frage zuzuspitzen, was für das dortige Verständnis Jesu die koranische Prophetologie besagt, derzufolge der Apostel *(rasul)* wohl zu gleicher Zeit Prophet *(nabi),* aber der Prophet nicht unbedingt zugleich Apostel ist. Das ist wichtig, weil das enge Verhältnis zwischen dem Apostel und seinem Volke (seiner *umma*), welches durch Gottes Sendung eines jeweils einzigen Apostels zu jeder *umma* zustandekommt, eine politische Leitung »seines« Christenvolkes durch Jesus nach islamischem Verständnis eventuell einschließen würde. Es ist dann von christlicher Seite schwieriger als es rein biblizistisch möglich wäre zu erklären, warum die Christenheit von dieser Möglichkeit keinen Gebrauch macht, sondern die Rolle Jesu genau so unpolitisch läßt wie die der vielen *nabi*.

Von der Politisierbarkeit des geistlichen Leiters her bekommt man die bekannte strukturelle Übereinstimmung des schiitisch-imamitischen Mahdismus mit dem Messianismus der jüdischen und judenchristlichen Apokalyptik neu in den Blick. Dazu bedarf es aber noch der Berücksichtigung einer weiteren wichtigen Besonderheit. Diese ist das Leidens-Charisma der *Schia*, welches in Vergegenwärtigung des Martyriums Husseins und der folgenden Imame das Sterben zur höchsten Stufe des Lebens macht, den Tod ins Leben hineinnimmt und Zehntausende unter den Gewehren der Schah-Armee unbewaffnet den Zeugentod sterben ließ. Solche Todesbejahung führte die Soldaten zu plötzlicher Einsicht in die Sinnlosigkeit von Terror und Tyrannei. Das Leidens-Charisma fordert Klärung seiner Beziehungen zur Solidarität mit dem Leidenden im Judentum, ja zur ganzen jüdischen Leidens- und wohl auch zur christlichen Kreuzes-Theologie; aber gleichzeitig muß deutlich gemacht werden, warum der Westen und der Islam sich darüber fremd wurden, das heißt, inwieweit es hier eine spirituelle Angelegenheit, dort eine politische Realität geworden ist.

Die Politizität oder Materialität von Denkweisen erweist sich als das Kriterium, anhand dessen man konstatieren kann, wieso weiterhin Verwandtschaft zwischen der islamischen Welt und dem das Politisch-Materielle auf anderer Ebene erledigenden Westen besteht, und wo zwischen beiden Welten Fremdheit entstanden ist. Das hat Konsequenzen auch für andere Bereiche. Bedenkt man zum Beispiel, daß die Zeit nicht fern sein könnte, wo man den Christen nicht an seiner Fähigkeit erkennen will, inwieweit er seine Tradition vom jeweiligen Zeitgeist her zu interpretieren fähig ist, sondern einfach an dem, was er tut und was er nicht tut, so ergibt sich ein neuartiger Vergleich zwischen jüdisch-christlicher Ethik und islamischem Sittenkodex; der letztere hat die Funktion, das Gegebensein von Islam evident zu machen, immer gehabt, während die erstere erst »materialisiert« werden muß, um insbesondere Christentum erkennen zu lassen. Weiter muß erkannt werden, daß etwa die iranische Revolution sehr viel allgemeine ökologische Komponenten hat, daß also das, was sich dort als Protest gegen kapitalistische Überindustrialisierung durch den Westen äußert, genau mit dem übereinstimmt, was wir gegen die Zerstörung von Gottes Schöpfung durch unsere eigene Gesellschaftsordnung einzuwenden haben. So muß sogar die Gedankenwelt eines Ali Schariati (1933-1977), der mehr war als ein Chefideologe der iranischen Revolution und geistiger Vater ihrer »Volks-Glaubenskämpfer« *(mudschahedin-e chalq)*, mit dem religiösen Sozialismus bei uns seit dem Ausgang des vorigen Jahrhunderts verglichen werden, und es ist zu prüfen, was aus beiden gemeinsam für einen neuen politischen Ökosozialismus gewonnen werden kann, ohne den unsere Welt hier wie dort zugrundegerichtet werden wird.

Fremd erscheint uns die neu propagierte islamische Wirtschaftsethik, weil sie sich zu modernen Problemen wie Arbeitslosigkeit, Gewerkschaftsbewegungen, Unterentwicklung, Geld- und Investitionspolitik so gar nicht fügt. Und doch stimmt sie verblüffend mit den Wirtschaftslehren unserer Kirchenväter überein, nicht zuletzt, weil die sozialen und geographischen Gegebenheiten in ihrer Heimat — Nordafrika und anderen Mittelmeerländern — und der Heimat Mohammeds sowie der großen islamischen Rechtsgelehrten weitgehend übereinstimmten. Fremd erscheinen heute den islamischen Fundamentalisten und Modernisten die ökonomischen Theorien des Westens, und doch können sie nicht umhin, viele von ihnen in ihr neues Gesellschaftsbild aufzunehmen — islamisch ist dann nur noch die mit der theologischen übereinstimmende Rationalität, welche etwas anderes ist als unsere vom Glauben freigesetzte Vernunft.

Fremd ist uns heute die Binnenmoral einer islamischen Familie (Herrschaft des Vaters, Häuslichkeit der Mutter, unterschiedliche Geschlechtsnormen für Söhne und Töchter), aber bei genauerem Hinsehen ist sie fast dieselbe, die bei uns noch vor zwanzig Jahren herrschte. Unsere eigene Vergangenheit ist uns in manchen Bereichen fremder geworden, als manches in der islamischen Gegenwart uns zu sein brauchte.

Fremde Verwandte: die Theokratien

Grundsätzliches islamisches Verständnis

Unter den eingangs angedeuteten übernational wirksam gewordenen Erneuerungsbewegungen war es unstreitig die islamische Revolution mit ihrem Anführer Chomeini, welche viele Muslime in der Diaspora auf den Weg zu neuer Identitätsbildung gebracht hat. Zugleich haben Chomeinis für viele Irrwege offene Regelungen, wie sie immer getroffen werden müssen, wenn man nur Gott über diese Welt herrschen lassen will, im Westen das meiste Befremden hervorgerufen. Es gibt für die Summe dieser Regelungen den Namen Theokratie, »Gottesherrschaft«. Sie ist in den Verständigungsschwierigkeiten zwischen der westlichen und der islamischen Welt, auch wenn sie nicht — wie es neuerdings sogar einige türkische Richtungen tun — das darin eingeschlossene Verhältnis zwischen politischer Führung und geistlicher Leitung neu zur Debatte stellt, der gewichtigste Komplex. Deshalb wird sie im folgenden ausführlicher erörtert.

Unter den zur Zeit Mohammeds

»gegebenen Umständen äußerte sich die Kraft der Religion vorwiegend politisch. Sie schuf eine Gemeinschaft, und über ihr eine Autorität, die Gehorsam fand. Allah personifizierte die Staatshoheit; ... das Heer und die öffentlichen Einrichtungen wurden nach Allah benannt. Der bis dahin den Arabern überhaupt fremde Begriff der Obrigkeit wurde durch Allah eingeführt. Es war damit der Gedanke verbunden, daß nicht eine äußere und menschliche Gewalt, sondern allein eine innerlich anerkannte, über den Menschen stehende Macht das Recht zur Herrschaft habe. Die Theokratie ist die Negation des M u l k , des menschlichen Königtums ... Man kann die Theokratie definieren als das Gemeinwesen, an dessen Spitze nicht der König und die angemaßte oder ererbte Gewalt steht, sondern der Prophet und das Recht Gottes. ... Die Theokratie hatte auch

Islamische und westliche Wert- und Weltvorstellungen 505

keine Ähnlichkeit mit einer Republik, trotz dem Gedanken, daß alle Untertanen Allahs in gleichem Verhältnis zu ihm stehen. Das Hauptkennzeichen der Republik, die Abstimmungen und Wahlen durch das Volk, fehlte gänzlich. Der Supremat war nicht bei dem Volke, sondern bei dem Propheten. Er allein hatte ein festes, sogar göttliches Amt ... Die muslimische Theokratie wurde nicht durch eine Organisation von besonderer Heiligkeit abgestempelt; in dieser Hinsicht hatte sie keine Ähnlichkeit mit der jüdischen nach dem Exil. Es gab keinen Priesterstand, keinen Unterschied von Klerus und Laien, von geistlichen und weltlichen Geschäften. Allah wirkte gleichmäßig in allen Funktionen und Organen des Gemeinwesens. Die Rechtsprechung und der Krieg waren ebenso heilige Geschäfte wie der Gottesdienst. Die Moschee vertrat zugleich das Forum und den Exerzierplatz; die Gemeinde war auch das Heer, der Vorbeter (Imam) auch der Anführer«.
(Wellhausen, 1960², S. 5 f.).

Angesichts der Aktualität, welche die iranische Revolution der Diskussion dieser Staatsform wieder verliehen hat, muß man sich außerdem klarmachen, womit sie nicht verwechselt werden darf. Sie bedeutet nicht, daß der Herrscher von Gottes Gnaden amtiert oder selbst priesterliche Funktionen ausübt. Die Theokratie setzt oft die Verselbständigung des Priestertums gegenüber dem Königtum, auch gegenüber dem Priesterkönigtum voraus. Ein Konflikt zwischen der Religion und ihren Repräsentanten einerseits, dem Staat und seinen Vertretern andererseits ist dann immer möglich. In der reinsten Form von Theokratie aber gilt Herrschaft nicht nur als von Gott gewollt und eingesetzt, sie muß auch unter besonderer Leitung und in Stellvertretung der Gottheit geschehen. Solche stellvertretenden Herrscher können Priester sein, wo die betreffende Religion eine solche Institution im strengen Sinne kennt, es kann aber auch ein religiöser Repräsentant, Funktions- oder Würdenträger anderer Art sein. Einen Grad weniger rein ist die Theokratie verwirklicht, wo ein Priestertum oder Entsprechendes über einem König- oder sonstigen Herrschertum steht.

Der Islam stellt bis heute nicht zuletzt durch seine politische Theorie einen Religions- und in eins damit einen Gesellschaftstyp dar, den man jedenfalls in der Theorie weiterhin theokratisch nennen muß. Der Staat wurde nicht Kirche oder Kirchenstaat, sondern Organismus der Religion. Obwohl der Prophet Mohammed darauf bestand, daß er ein arabischer Prophet mit einer besonderen Botschaft für das Volk der Araber war, deutet seine Vorstellung vom Gläubigen und Ungläubigen sowie vom Glauben und der Art seiner Verbreitung darauf hin, daß die Gemeinschaft, die zu begründen er im Begriff stand, sowohl etwas Engeres als auch etwas Weiteres war als eine spezifisch ethnische oder territoriale Gruppe. Die islamischen Gemeinschaften in Mohammeds späteren Lebensjahren und unter dem frühesten Kalifat sind dann wirkliche Theokratien geworden. Sie wurden nach dem geoffenbarten Buch (Koran) und im Geiste des Propheten von dessen Stellvertreter geleitet, dem Kalifen, der in Einzelfällen sogar als Stellvertreter Gottes interpretiert werden konnte; im letzteren Falle galten die Qadis (Richter) als Kalifen des Propheten. Wo immer das heilige Gesetz als gültig anerkannt und befolgt wurde, und wo die Menschen als wahre Muslime unter der Führerschaft des gottgeleiteten Kalifen lebten, da existierte, jedenfalls nach sunnitischer Theorie, ein islamischer Staat. Dieser Begriff wurde auch, und immer noch mit Recht, festgehalten, als unter den Omajjaden die dreifache Regierungsfunktion — politische Verwaltung, Eintreiben von Steuern, religiöse Leitung — von drei verschiedenen Beamten wahrgenommen wurde. Deutlicher trat der theokratische Charakter des islamischen Staates wieder unter dem abbasidischen Kalifat hervor, mit dem sich eine bestimmte theologische Richtung als Orthodoxie durchsetzte, die auf den Hof in Bagdad großen Einfluß ausübte. Im Prinzip war es nicht anders bei den Kalifaten, die zeitweise daneben bestanden oder sogar länger währten, wie das spanisch-omaijadische in Cordoba und das fatimidische in Kairo.

Konflikte, die denen zwischen Kaiser und Papst im mittelalterlichen Europa vergleichbar wären, konnten im Islam nicht aufkommen, weil es dort keine Spannung zwischen Gesetz und Evangelium gab wie bei Paulus, und weil keine besondere kirchliche Körperschaft, geschweige denn eine hierarchische Verfassung existierte.

Ausprägung im schiitischen Iran

Während in der *Sunna* »Kalif« und »Amir al-Mu'minin« (»Fürst der Gläubigen«) die obersten Titel sind, bezeichnet in der Schia in erster Linie der Imam-Titel das Haupt des Staates. Es gehen darin die metaphysisch-übergeschichtliche Bedeutung, die den in der Verborgenheit auf seine Wiederkunft wartenden *Imam-Mahdi* meint, und die konkret-zeitliche Bedeutung, mit welcher der anerkannte Leiter der jeweiligen schiitischen Gemeinschaft auf Erden bezeichnet wird, ineinander über. Als geistige Vertreter des verborgenen Imam auf Erden sehen sich die *Ulama* (Religionsgelehrten) an, die schon immer jeder Staatsform mißtrauisch gegenüberstanden, welche nicht die des verborgenen Imams ist — in Iran also dem Schah. Für ihre Erkenntnisfähigkeit wird der Gebrauch der Vernunft besonders hoch bewertet, welche zu einem Teil übernatürliche Einsicht *(irfan)* durch Verbindung mit dem verborgenen Imam ist. Kraft dieser sind es insbesondere die *Mudschtahids,* das sind diejenigen, die eine selbständige Entscheidung von Rechtsfragen aufgrund der Interpretation der Quellen treffen dürfen und können (auch wenn diese der Tradition widersprechen), welche zwar nicht nach einer institutionellen Theorie, wohl aber in der Praxis in den oberen Rang einer Hierarchie gerückt sind. Unter ihnen rangieren die *Muqallids,* diejenigen, welche die Entscheidung einer Rechtsschule oder eines *Mudschtahid* nur übernehmen. Die vorzüglichsten *Mudschtahids* sind, aufgrund von nichts anderem als Konsensus und Zustimmung, die *Ayatollahs* (»Zeichen Gottes«), unter denen in jeder Generation noch einmal zwei oder drei *Mardscha'-e taqlids* (»Autoritäten für die Entscheidungsübernahme«) hervorgehoben sind. Seit die *Ulama* insgesamt, zuerst in Reaktion gegen die Ungerechtigkeiten der Staatsgewalt unter *Fatch Ali Schah* (1797-1834), ein großes soziales Prestige errangen, entwickelte sich die Tendenz, die *Mudschtahids* als Repräsentanten und irdische Interpreten des verborgenen Imams anzusehen und in eins damit jede weltliche Staatsmacht als illegitim zu bewerten. Diese Haltung verfestigte sich unter der Pahlavi-Dynastie aus zahlreichen Gründen (Entzug der Jurisdiktion, der Verwaltung der Heiligtümer, des Monopols der höheren religiösen Erziehung, der Aufsicht über die religiösen Stiftungen; aber ebenso aus Protest gegen die immer stärkere Abhängigkeit vom ausländischen Imperialismus mit ihren despotisch-terroristischen Folgeerscheinungen).

In den letzten 25 Jahren haben sich maßgebliche *Ulama*, teils insgeheim im Iran selbst, teils im Exil, auf die politiktheoretische Begründung eines islamischen Staates vorbereitet. Er sollte in der Geschichte der Zwölferschia (sie erwartet in der Reihe der verborgenen Imame den zwölften als Mahdi) insofern ein Novum sein, als die weltliche Herrschaft darin auch ohne Schah möglich sein würde. Man kann zwar nicht sagen, daß bewußt und eindeutig auf dieses Ziel hingearbeitet wurde, doch theoretische Erörterungen konnten mit einer solchen Hypothese arbeiten. Als der Sturz des Schah tatsächlich gelang, konnte deshalb die Aufarbeitung und Bewältigung der Einmaligkeit und Erstmaligkeit einer Chance für dauernde schiitische Theokratie jedenfalls nicht unvorbereitet in Angriff genommen werden. Seit der Wiedererrichtung des »Zentrums für (religiöse) Wissenschaft in Qom« spielte von etwa 1920-1935 der Ayatollah Scheich Abdu l-Karim Ha'iri Yazdi eine entscheidende Rolle, der nach dem Ersten Weltkrieg aus Iraq nach Qom ausgewandert war. Während der entscheidenden Jahre 1945-1961 hatte der *Mardscha'-e taqlid* Ayatollah Sayyid Agha Husein Burudschirdi (1875-1961) die Führung. In diese teilten sich nach seinem Tode dann wohl drei Ayatollahs: Scheich Schahabu d-Din Maraschi-Nadschafi, Scheich Mohammed Kazim Schari'at-Madari und Scheich Mohammed Reza Golpayegani. Neben oder hinter ihnen rangierten noch ein halbes Dutzend andere: Scheich Ruhollah Chomeini, ein Schüler Yazdi's; Scheich Chu'i, der in Nadschaf lebte (Iraq, Neustadt des alten Kufa), wohin Chomeini nach seiner Ausweisung 1963 ging; die Scheichs Chonsari, Taleghani und Mutahheri in Teheran; Scheich Mohammed Hadi Milani in Maschhad.

Ein alter Text, im vierten Jahrhundert der Hidschra kompiliert und auf sunnitischer wie auf schiitischer Seite im Lauf der Jahrhunderte jeweils ein Dutzend Mal kommentiert, ist in den gelehrten Erörterungen der genannten Ayatollahs immer wieder herangezogen worden und heute in der öffentlichen Diskussion um die islamische Theokratie in Iran zu einer unerwarteten Bedeutung gelangt: das *Nahdschu l-balagha*, »Methode der Beredsamkeit«. Es ist eine Sammlung, die in ihrem ersten Teil die Predigten und in ihrem zweiten Teil die Sendschreiben enthält, welche sämtlich dem Kalifen Ali, dem ersten schiitischen

Imam, zugeschrieben werden. In der literargeschichtlichen Beurteilung, was darin authentisch und was apokryph oder pseudoepigraphisch ist, weichen europäische und islamische Wissenschaft natürlich beträchtlich voneinander ab. Doch kommt es darauf nicht an, wo es gilt, die enorme Rolle einzuschätzen, welche dieses Werk in der Selbstorientierung der neuen iranisch-islamischen Gesellschaft zu spielen begonnen hat. Es nimmt wohl den zweiten Platz nach dem Koran ein. Als Hauptzeugnis für eine theokratische Gesellschaftsordnung wird immer wieder, gleichsam als Katechismus, das 53. Sendschreiben des zweiten Teils zitiert, exzerpiert, kommentiert: Ali soll es an Malik Aschtar, seinen Gouverneur in Ägypten, geschrieben haben. Aufschlußreiche Resultate würde eine Untersuchung versprechen, welche der Frage nachgeht, ob und wie hier die Herrschertugenden und politischen Idealvorstellungen der Fürstenspiegel hellenistischer und römischer Zeit, vielleicht sogar des christlichen — eher byzantinischen als lateinischen — Mittelalters unter ein neues Vorzeichen gestellt werden: dergestalt, daß nicht mehr Könige die Stellvertreter Gottes auf Erden sind, denen Philosophen oder Bischöfe zu sagen wagen müssen, was sie tun sollen, sondern daß der Imam als Stellvertreter Gottes gewisse Herrschaftsaufgaben gleich direkt an einen Dritten delegiert. (Weitere Ausführungen zu diesem Thema im Beitrag »Der Pfad der Beredsamkeit«, Seite 89 in diesem Buch.)

Chomeinis Theorie

In diesem Zusammenhang muß nun auf Chomeinis Buch eingegangen werden, das direkt den Titel trägt: »Die delegierte Herrschaft des Rechtsgelehrten« (*wilayet-e faqih*; »des Rechtsgelehrten« ist *genetivus obiectivus*). Es wurde und wird auch, wohl in Fortsetzung der früher notwendigen Täuschung der Zensur, unter den Titeln »Die islamische Regierung« (*hukumat-e islami*) und »Der Hinwegzieher der Hülle« (*kaschif-e ghita*) verbreitet. Es handelt sich um Vorlesungen, die vor Theologiestudenten in Nadschaf gehalten wurden und 1970 in arabischer wie persischer Sprache herauskamen. Vergleicht man die Vorstellungen, die darin entwickelt werden, mit dem, was seit Februar 1979 eingetreten ist, so bemerkt man eine erstaunliche Konsequenz. Chomeini setzt sich vor allem mit dem Problem auseinander, wie im Zeitalter der großen *Ghaiba*, das ist die Verborgenheit des zwölften Imam, die staatsleitende Person zu bestimmen sei — denn daß es eine solche geben müsse, wie auch überhaupt einen Machtapparat für den Dienst am Volk, steht für ihn aufgrund vernünftiger wie historischer Evidenz außer Zweifel. Grundsätzlich gilt, daß Charakteristika des gerechten Herrschers immer noch in jeder Person vorhanden sind, die qualifiziert ist, über die Menschen zu herrschen, sie zu richten und ihnen zurechtzuhelfen (mehrfacher Sinn von *hakim/hakama*). Die Qualifikation besteht in Kenntnis des Gesetzes sowie Unbescholtenheit oder Gerechtigkeit und ist bei den meisten Rechtsgelehrten in unserer Zeit vorhanden. Wenn ein gelehrter und gerechter *Faqih* (Rechtsgelehrter) die Bildung einer Regierung betreibt, dann leitet er aus den Angelegenheiten der Gesellschaft ab, was auch Mohammed daraus ableitet: er ist also gleichberechtigt mit dem Propheten, und die Menschen müssen ihm gehorchen. Der Prophet Mohammed hatte zwar mehr moralische Qualitäten als der Kalif Ali und dieser mehr als der *Faqih*, aber das verringert die Kompetenz des letzteren in bezug auf die Regierung nicht. Chomeini macht also eine scholastische Unterscheidung zwischen Qualifikation und Kompetenz. Gott hat während der *Ghaiba* dem *Faqih* dieselben Aufgaben übertragen — Schlichtung von Streitigkeiten, Ernennung von Statthaltern, Erhebung von Steuern, Fruchtbarmachung des Landes —, die er auch Mohammed und dem »Fürsten der Gläubigen« (Ali) übertragen hatte. Der Rechtsgelehrte ist also nicht unfehlbar, wie die Imame es sind. Er wird zu ihrer Stellung oder gar der des Propheten nicht erhoben, sondern übt nur dieselbe Funktion aus wie sie. Sie besteht darin, die *Schari'a* durchzusetzen, und das ist schwer für den, der dessen würdig ist, ohne damit über die Menschen erhoben und vor ihnen begünstigt zu sein. Die Funktion des *Faqih* ist mit der eines Vormundes zu vergleichen, wie ihn das Gesetz ja auch für Minderjährige vorsieht. Die Aufgabe eines Vormundes des Volkes unterscheidet sich von einem solchen nur quantitativ, und in dieser Funktion stehen Prophet, *Imam* und *Faqih* gleich.

Der *Faqih* ist auch berechtigt, die Hadd-, das heißt die äußersten Strafen zu verhängen, aber er darf dabei in den

einzelnen Rechtsfällen nicht soweit gehen, wie es jeweils der Prophet tat, sondern er muß demgegenüber das Strafmaß verringern, damit ein Unterschied zwischen ihm und dem Propheten bleibt.
Die *Fuqaha* (Plural von *Faqih*) können die Regierung einzeln, sie können sie aber auch in Gemeinschaft bilden. Sollte das nicht möglich sein, müssen sie wenigstens die vier Arten von Steuern einziehen und — auch schon unter einer nicht von ihnen gebildeten Regierung — sie zum Besten der Muslime verwenden. Es bleibt hier nur offen, ob ein *Faqih* selbst Staatsoberhaupt werden muß, oder ob die Bildung der Regierung auch so vollzogen werden kann, daß ein Nicht-*Faqih*, ein weltlicher Politiker, von den *Fuqaha* beauftragt oder mindestens, nach Beauftragung durch das Volk, von ihnen bestätigt und weiterhin kontrolliert werden muß. Auf diese Fragen haben erst die Artikel 107-113 der neuen persischen Verfassung eine Antwort gegeben, nach welchen die Staatspräsidenten gewählt und vereidigt worden sind. Aber die prinzipielle Führerschaft des *Faqih*, welcher die Verhältnisse der Zeit kennen muß, oder, wenn ein solcher nicht zu finden ist, eines Gremiums von *Fuqaha*, ist schon im Anfang dieser Verfassung, in Art. 5, festgelegt, und das Wächteramt der Rechtsgelehrten bleibt aus dem parlamentarischen Verfahren herausgenommen.

Parallelen in Asien und Vorstufen im Judentum

Die öffentliche Meinung im Westen hat diese Prinzipien bisher kaum zur Kenntnis genommen oder sie nur aus der Verzerrung abgeleitet, welche ihre Durchführung in einer Revolution wie der iranischen nahezu notwendig erfahren mußte. Die Reaktion war die eines äußersten Befremdens. Es gibt nun in der Tat für dergleichen in der Weltgeschichte nur zwei oder drei Parallelen. Die eine liefert der tibetanische Lamaismus, in dessen Organisation die politische Funktion mehr vom Dalai Lama, die geistliche Funktion mehr vom Pantschen Lama — dies die beiden höchsten geistlichen Würdenträger dieser Form des Buddhismus — wahrgenommen wird. Das steht uns fern. Sodann sind die Sikhs des Pandschab zu nennen, aber an der Bedeutung, Autorität und kanonischen Verbindlichkeit ihrer zehn Gurus (1469-1708) und danach ihrer Heiligen

Schrift, des *Adi Granth*, sind wohl schon islamische Prinzipien mitbeteiligt. Die Haupt-»Parallele« jedoch liefert die jüdisch-christliche Tradition, und diese sollte zumindest unserem Wissen noch nahestehen.

Moses, der nach der ältesten Tradition ein Levit war, bekam am Sinai eine theokratische Herrschaft über die Stämme übertragen. Er war kein Priesterkönig. Gott redet mit Moses von Angesicht zu Angesicht, wie man mit einem Freunde redet (Exod. 33, 11) — das ist eine Parallele zu der auch von Chomeini (arab. 1979, S. 78) hervorgehobenen Überlieferung, daß der Imam das Sprachrohr Allahs ist. Moses tut dem Volk, das mit seinen Rechtshändeln zu ihm kommt, Gottes Rechtssprüche und Entscheidungen kund (Exod. 18, 15), und er soll die Leute gegenüber Gott vertreten, ihre Rechtsbegehren vor ihn bringen und sie in seinen Satzungen und Weisungen unterrichten (Exod. 18, 19). Josua stellt die Legitimität seiner Amtsführung erneut fest, indem er alle von ihm erlassenen Verordnungen und Pflichten in das »Gesetzbuch Gottes« einträgt und einen Stein als Zeugen dafür aufrichtet, daß Gott mit ihm und dem Volk geredet hat (Jos. 24, 25-27). Der Endzeitentwurf des Ezechiel (Kap. 40-48) sieht eine Gottesherrschaft vor, die ganz neu und nicht etwa eine Wiederherstellung des Alten ist. Nach der Rückkehr der Juden aus dem babylonischen Exil knüpfen sich messianische Erwartungen an den davidischen Exilantenführer Serubbabel, neben dem ein Hohepriester Josua an der Spitze steht. Beide vollenden den Tempelbau. Der Prophet Sacharja hat den Auftrag erhalten, entweder Serubbabel allein oder beiden als künftigen Königen eine Krone aufs Haupt zu setzen, aber die Sache ging — wir können nur erraten, wie — so aus, daß im Bericht (Sach. 6, 10 f.) jetzt nur vom Priester Josua als dem Gekrönten die Rede ist. Künftig wird der Vorrang des Priestertums vor dem Königtum (Test. Ruben, 6, 7-11; Jes. Sir. 44-46; Philo) umso stärker betont werden, als Hasmonäer, Herodier und römische Prokuratoren sich danach in der Praxis nicht richten. Es war dies alles, für welches der jüdische Historiker Josephus erstmals das Wort »Theokratie« prägte, das dann in unsere neuzeitliche politische Terminologie überging. Er wollte damit den Feinden des jüdischen Volkes dieses außerhalb ihres Weltbildes liegende Phänomen erklären:

Islamische und westliche Wert- und Weltvorstellungen 513

»Unendlich sind im einzelnen die Verschiedenheiten der Sitten und Gesetze im Menschengeschlecht: hier hat man die Regierung der Staaten Monarchen, dort wenigen mächtigen Familien, anderwärts dem Volke überlassen. Unser Gesetzgeber hingegen hat auf keine solche Regierungsform Rücksicht genommen, sondern den Staat *(Politeuma),* wie man mit einem etwas erzwungenen Worte sagen könnte, zu einer Gottesherrschaft *(Theokratia)* gemacht, indem er Gott die Herrschaft und Gewalt anheimgab und die große Masse bewog, auf ihn als den Urheber alles Guten hinzuschauen, das die Menschen im staatlichen wie privaten Leben genießen und das ihnen, wenn sie darum baten, selbst im Unglück zuteil wurde; denn seinem Wissen könne nichts entgehen, was sie täten oder was auch nur ein einzelner Mensch bei sich denke«.
(Gegen Apion 2, 16, 164-166).

Das Muster, in das sich der Islam fügen wird, ist fertig, als es im Judentum keinen Hohepriester und keinen Priester mehr gibt und auch ihre Leitungsfunktion von den Schriftgelehrten mitübernommen wird, ob sie nun der sadduzäischen, der pharisäischen oder der essenischen Richtung angehören. Seit Esra aufgrund der Gesetzesstudien auch ihre Richtertätigkeit gefördert hatte, gehört innerhalb des Forschens und Lehrens auch das Richten zu ihren Aufgaben — im doppelten Sinne des Urteilens und des Zurechthelfens, und ausschließlich aufgrund der heiligen Schriften. Diese Aufgabe wird umfassend, seit das Königtum nicht mehr existiert, und ihr entspricht der Status der Schia, seit kein Imam mehr auf Erden wandelt (den Priester gab es ohnehin nie): der *Hadith*, die Überlieferung von Mohammed und seinen Genossen, ist nun das »Sprachrohr Allahs« — sogar für Chomeini, der, obwohl sonst ein Grundlagenmethodiker *(usuli)*, hier den Standpunkt des Traditionsorientierten *(achbari)* einnimmt (Chomeini, arab. 1979, S. 77 f.). Der Wandel der theokratischen Vertretung von Moses bis zum Schriftgelehrten entspricht genau dem, der sich in der Geschichte der Zwölferschia vollzieht: Er beginnt beim zwölften Imam, an welchen während der kleinen Verborgenheit, das heißt der ersten vierzig Jahre seiner Entrückung, noch vier Schreiber Anfragen richten konnten, die schriftlich beantwortet wurden, und geht bis zum *Hakim* oder *Faqih*, welcher als Testamentsvollstrecker gilt und, weil er auf jeden Fall Richter *(Qadi)* sein kann, auch die Befähigung zum Herrscheramt haben muß (Chomeini, arab.

1979, S. 76 f.). Ja, auf den Imam wie auf Moses, auf den *Faqih* oder *Hakim* wie den Schriftgelehrten oder Rabbi treffen die Worte des Josephus zu:

»Er (Moses) machte nicht die Frömmigkeit zu einem Teil der Tugend, sondern zu einem Teil von ihr (der Frömmigkeit) machte er (umgekehrt) alles andere, nämlich Gerechtigkeit, Besonnenheit, Ausdauer, die Eintracht der Bürger untereinander in allen Dingen. Denn alles Tun, das ganze Leben, alles Reden beziehen sich bei uns auf die Frömmigkeit Gott gegenüber. Denn alle diese Dinge prüfte er und regelte sie ... Sogleich mit der ersten Nahrung und mit dem Leben im Hause hat er nichts, auch nicht das Geringste, selbstherrlich dem Willen derer, für welche die Gesetze bestimmt waren, überlassen, sondern in bezug auf die Speisen, die man nicht oder wohl essen soll, über die, welche diese Lebensweise mitmachen sollen, über die Anstrengung bei der Arbeit und wiederum über die Ruhe hat er das Gesetz als Maß und Richtschnur gegeben, damit wir, unter ihm wie unter einem Vater und Herrn lebend, weder mit Willen noch aus Unwissenheit sündigten«.
(Gegen Apion 2, 16, 170 f.; 2, 17, 173 f.; Übers. W. Foerster, Bd. 2, 1961[3], S. 246).

Und in den Ehebestimmungen:

»Eines andern Gattin begehren, ist Sünde; wer dies tut, ferner wer eine Jungfrau, die einem andern verlobt ist, notzüchtigt oder eine Ehefrau verführt, der verfällt unbedingt der Todesstrafe«. (Verboten ist außerdem der Geschlechtsverkehr unter Männern.)
(a. a. O. 2, 24, 199-201; im AT vgl. Lev. 20, 9-21; Deut. 22, 22-27).

Weiterentwicklungen im christlichen Abendland

Das eschatologische Christentum tut einige Schritte vor diese Position zurück. Die Gebrochenheit seiner Stellung zu allen sozialen Problemen aber, die damit gegeben ist, muß sich nach Kaiser Konstantin dem Großen in zwei ganz verschiedenen Mitteln objektivieren, solcher Probleme dennoch Herr zu werden. Diese Mittel bestehen — um es hier und im folgenden mit den klaren Worten Ernst Troeltschs zu sagen — in der »relativ-naturrechtlichen und der theokratisch-absolutistischen Theorie. Mit Hilfe der ersten gewinnt die Kirche das Mittel, die an sich ihren Grundbegriffen widersprechende, also in der Richtung auf das Jenseits und im Sündengefühl gering geschätzte, soziale Wirklichkeit teils zu ertragen, teils ihren naturrechtlichen Prinzipien gemäß zu regulieren. Mit Hilfe der zweiten gewinnt sie das Mittel, für irdische Dinge den Kaiser und Staat gewähren zu lassen, aber für alle die Religion und die Kirche betreffenden Dinge sie in ihren Dienst zu stellen« (E. Troeltsch, Soziallehren [1922], S. 171).

»Daher ist die Frage nach der Würdigung des Staates nicht identisch mit der des Kaisertums selbst, und die naturrechtliche Theorie vom Staate ist etwas anderes als die über die Geltung des Kaisertums ... Wie (dieses) von Gott unmittelbar stammt, so hat es auch seine besondere Aufgabe in dem Verhältnis von Welt oder Staat einerseits und Kirche oder Heilsanstalt andererseits. Seine Sonderstellung nämlich bedeutet keinen Verzicht auf Begrenzung des Kaisertums. Es sollte nur nicht von unten, vom Naturrecht her, begrenzt werden. Sehr wohl aber kann und muß es von oben her, von demselben Gott her, begrenzt werden, der es eingesetzt hat, das aber heißt, es muß begrenzt oder geleitet werden durch die Gott verkörpernde Institution, die Kirche... Das Kaisertum leistet der Kirche Schutz und Privilegierung, an eine christliche Staats- und Sozialreform in den eigenen Beziehungen des Staates ist nicht gedacht. Aber indem das Kaisertum die Kirche in die Fähigkeit voller und ungehemmter Tätigkeit versetzt, so weiht, heiligt, durchgeistigt die letztere selbst das ganze große Gefüge der weltlichen Zwecke, mit der innerlich ihnen sich entziehenden und äußerlich sie duldenden Gottesliebe. Sie gibt damit dann den Naturrechtselementen des Staates erst die göttliche Kraft und Tiefe, macht die weltliche justitia der gesetzlichen Ordnung zur vollkommenen justitia einer die Welt zur Entsagung und Liebestätigkeit gebrauchenden Frömmigkeit. Zu dieser Wirksamkeit aber muß ihr die kaiserliche Gewalt verhelfen; sie hat sich der Gottesherrschaft zur Verfügung zu stellen. Es ist der in der Kirche zunächst ausgebildete theokratische Gedanke, der sich aus der soziologischen Gestaltung der religiösen Gemeinschaft ergab und der nun hinübergreift in das politische und soziale Gebiet. Das letztere hat bekanntlich Augustin vor allem in seinem großen Werk (Vom Gottesstaat) ausgeführt. Aber er hat, was weniger beachtet wird, auch das erstere dort vorausgesetzt und behauptet. In dem unausgeglichenen Streit beider Gesichtspunkte liegt der doppelschlächtige Charakter auch dieses Werkes des großen Mannes, das eben daher auch der Zukunft doppelte Tendenzen übermittelte. Theokratie und Naturrecht heiligen gemeinsam den Staat; was das eine nicht vermag, vermag das andere, und der Kaiser jedenfalls ist in erster

Linie bestimmt durch sein Gottesgnadentum und seine theokratische Abhängigkeit«.
(Troeltsch, a. a. O., S. 169 f.).

Da Troeltsch hier richtig vom Mittelalter auf Augustinus zurückweist, darf nicht unerwähnt bleiben, daß Augustinus' Staat als legale Ordnung auch Strafe für Adams Ungehorsam und ein Heilmittel gegen die bösen Folgen dieses Ungehorsams, Habgier, Stolz und Herrschsucht ist. Zur Rechtspflege in ihm gehört auch die Todesstrafe, auf die man ebensowenig verzichten kann wie auf Folter und auf Krieg.

»Doch hat Gottes gebietender Wille selbst einige Ausnahmen von jener Anordnung, keinen Menschen zu töten, verfügt. Es versteht sich nämlich, daß wenn Gott selbst töten heißt, sei es durch Erlaß eines Gesetzes, sei es zu bestimmter Zeit durch ausdrücklichen an eine Person gerichteten Befehl, solch ein Ausnahmefall vorliegt. Dann tötet nicht der, der dem Befehlenden schuldigen Gehorsam leistet, wie das Schwert dem dient, der es führt. So verstießen keineswegs gegen das Gebot ›Du sollst nicht töten‹, die auf Gottes Veranlassung Kriege führten, oder die als Träger obrigkeitlicher Gewalt nach seinen Gesetzen, das heißt nach dem Gebot vernünftiger Gerechtigkeit, Verbrecher mit dem Tode bestrafen«.
(Vom Gottesstaat 1, 21, übers. v. W. Thimme, 1955, Bd. 1, S. 79).

Der Übersetzer merkt richtig dazu an, daß sich die Todesstrafe also nach Augustin nicht nur auf das Gesetz des Moses, sondern auch auf das Naturrecht berufen kann.

»Und wie steht es mit der Rechtsprechung von Menschen über andere Menschen, die ja im Staate auch bei dauerndem Friedenszustande nicht fehlen darf? Wie kümmerlich ist sie doch, wie beklagenswert! Denn die, welche das Urteil fällen, können denen, über die sie urteilen, nicht ins Herz sehen. Darum sind sie oft genötigt, durch Folterung *(tormenta)* unschuldiger Zeugen, die mit der Sache, um die sichs handelt, nichts zu tuhaben, die Wahrheit zu erforschen. Und wie, wenn einer in eigener Sache gefoltert und peinlich gefragt wird, ob er schuldig sei, und nun unschuldig um einer ungewissen Straftat willen gewisseste Qualen erleiden muß, nicht etwa, weil es herausgekommen wäre, daß er die Tat begangen hat, sondern weil man nicht weiß, ob er sie begangen hat«.

So gilt Augustins ganzes Bedauern nicht dem Gefolterten, sondern dem armen Richter.

»Es kommt vor, daß der Richter einen Angeklagten foltern läßt *(torqueat)*, um nicht unwissentlich einen Unschuldigen zu töten, und nun infolge dieser kläglichen Unwissenheit den Gefolterten und Unschuldigen auch noch tötet, den er doch hatte foltern lassen, um keinen Unschuldigen zu töten ... Wird überhaupt in diesen Finsternissen, die über dem Gemeinschaftsleben lagern, ein weiser Richter zu Gericht sitzen, oder wird er es nicht wagen? Doch, er wird es. Denn die menschliche Gesellschaft verpflichtet und nötigt ihn zu diesem Dienst, und er hält es für Unrecht, sich ihr zu entziehen. Das aber hält er nicht für ein Unrecht, wenn er unschuldige Zeugen in fremder Sache foltern läßt; wenn er Angeschuldigte, die oft, vom Schmerz der Folterung überwältigt, ein unwahres Geständnis ablegen, unschuldig bestraft, nachdem sie schon unschuldig die Folter erlitten ...«
(Vom Gottesstaat 19, 6, übers. von W. Thimme, 1955, Bd. 2, S. 542 f., der S. 864 treuherzig dazu bemerkt, man vermisse hier den Protest gegen die Folterung bei der Rechtsprechung).

Wie Augustin zu dieser Position kommt, ist sowohl soziologisch aus den Hintergründen der Donatisten- und Circumcellionenbewegung als auch politisch aus Konstantins sehr harten Reaktionen dagegen erklärbar, bestätigt Augustin dies alles doch noch drei Generationen später in seiner Schrift gegen Parmenian. Darin hat »Augustin ... als erster die Todesstrafe von Christen für Christen theologisch (Lehre von Staat und Mensch) und heilsgeschichtlich (Adam-Mythos) und ›juristisch‹-politisch (Verfolgung der Heiligen) begründet. Er schuf diese Begründung als Römer und als Katholik in einer Situation, die zeitweise Züge eines ›Klassenkampfes‹ trug. Er machte sich zum Vollstrecker der konstantinischen Politik; er wurde auch dadurch zu einem Vorbild christlicher Staatslehre im Mittelalter und speziell mit seiner Lehre vom *terror utilis* (epist. 93, 1, 3f.; 5, 17-6, 20) zum ›Vater der Inquisition‹«« (Cancik, 1979, S. 241).

Es braucht hier nicht weiter verfolgt zu werden, wie es zur Staatsauffassung der Päpste im Mittelalter kommt, die sich als Statthalter Gottes zur Herrschaft über alle Könige und Völker der Christenheit berufen glaubten. Auch die Einrichtung der Inquisition ist bekannt. Theokratische Regenten zweiten Ranges unter den Päpsten sind sogar noch die Fürstbischöfe, die Mehrzahl der deutschen Bischöfe also, die gleichzeitig Landesherren und Reichsfürsten, zum Teil sogar Kirchenfürsten waren. Die österreichischen Fürstbischöfe behielten daraus Rechte weit über die Säkularisation (seit 1803) hinaus, nämlich bis zum Ende des Ersten Weltkriegs, indem sie kraft Amtes Virilstimme im Herrenhause des österreichischen Reichsrates hatten. Man versteht den Wunsch Chomeinis, sich mit dem Papst zu verständigen, da die katholische Staats- und Soziallehre von der schiitischen nicht sehr verschieden sei. In der Tat: So wie das Dogma von der Theokratie die Ergänzung durch das Dogma vom Universalepiskopat verlangt hatte, so ist es fast zwangsläufig, daß Chomeini sich — ein Novum in der Geschichte der Zwölferschia und des Islams überhaupt — auf dem Titel seines Hauptwerkes »Autorität für die Entscheidungsübernahme der Schiiten der Welt« nennt.

Im Protestantismus würde man es sich zu leicht machen, die islamische Theokratie auf der Stufe des Überholten anzusiedeln, auf der man gern das katholische Gegenstück sieht. Denn in unserer Geschichte haben wir Ähnliches aufzuweisen. Das durch die Reformation neu gestellte Problem des Verhältnisses zwischen Staat und Kirche haben solche Gruppen, die einen christlichen Staat nach radikal reformierten Prinzipien wollten, in durchaus theokratischer Weise zu lösen versucht: So die Wiedertäufer in Münster mit Heinrich Roll und Bernhard Rothmann, dem »Worthalter« des (sc. himmlischen) »Königs«; die »Zwickauer Propheten« mit Nikolaus Storch, der später in Westthüringen und Nordbayern den Bauernkrieg vorbereitete (der übrigens mit der Revolution der Schia, die stark im Bauerntum verwurzelt ist, in mehrfacher Hinsicht sinnvoll verglichen werden kann); die kongregationalistischen Staaten in Neu England und der Quäker-Staat in Pennsylvanien. Auch hier haben die Gottesmänner aus der Notwendigkeit, über untergeordnete soziale Verbände zu herrschen, die Konsequenz gezogen, ihre Herrschaft mit kirchlichen Machtmitteln auszustatten, die bis zu Terror und Grausamkeit gebraucht werden konnten.

Wohl am eindrücklichsten ist der theokratische Gedanke im englischen Independentismus des 17. Jahrhunderts Wirklichkeit geworden. Auch Oliver Cromwell »wollte einen christlichen Staat. Er steckte nur die Grenzen der Christlichkeit weiter: Sündenerkenntnis, Rechtfertigungsgewißheit, Gnadentheologie, das sind die Grenzen der Christlichkeit. Auch er übte eine moralische Volksüberwachung; nur nicht durch kirchliche Zuchtgerichte, sondern durch die staatlichen Generalmajore. Auch er hielt fest an der Theokratie, betrachtete sein und der Armee Vorgehen als das Vorgehen der magistrats inférieurs (man denkt an die *Pasdaran,* die »Nachhüter« oder Wächter der Revolution neben Armee, Polizei, Justiz und Verwaltung im Iran, C. C.) bei Versagen der legitimen Obrigkeit, sah sein eigenes Amt als durch Vorsehung und faktische Fügung Gottes geheiligt und darum als Gottesgnadentum an ... Seine Lehre von der Salus publica und der Volkssouveränität ist die reformierte von der Pflicht des Volkes, für eine Gottes Willen gemäße Regierung zu sorgen, und den Willen Gottes sieht er aus dem faktischen Verlauf ... Er war ... dem Spiritualismus zugeneigt, ... aber nicht ohne die feste Begrenzung, die in den calvinistischen Gedanken eines Gott dienenden und verherrlichenden Staatswesens liegt ... Mit alledem aber blieb der Cromwell'sche Independentismus ein Intermezzo. Die endgültige Revolution von 1688 griff auf die Ideen vor Cromwell zurück, und der Independentismus gab seine treubleibenden Anhänger an den Dissent ab«, unter anderem an die eben erwähnten Quäker und Kongregationalisten (Troeltsch, Soziallehren, 1922, S. 751 f.).

Folgerungen

Historische Relativierung

Schon eine kurze historische Betrachtung wie diese kann uns zeigen, daß es ganz unangemessen ist, die Errichtung eines islamischen Staatswesens — man könnte dafür im wahabitischen, das heißt reformiert sunnitischen Bereich, etwa in Saudi-Arabien, ganz parallele Versuche zu Iran aufzeigen — mit dem Hochmut des aufgeklärten Europäers zu bewerten, entweder so, daß man sich einen Kulturschock einredet, der einen angesichts von etwas so absolut Fremden befallen müsse, oder so, daß man den Weg »zurück ins Mittelalter« tadelt. Es bleibt damit freilich die Aufgabe, zu einer solchen Synthese von Religion und

Politik ein angemessenes Verhältnis zu gewinnen. Diese Aufgabe wird sich nun nicht mehr so darstellen, daß hier der Okzident dem Orient seine Maßstäbe anlegt — soweit diese moderne Variante des Kreuzzugdenkens heute auch verbreitet ist. Die Aufgabe wird sich vielmehr so darstellen, daß diejenigen, die in Judentum, Christentum und Islam gemeinsam den Einen Gott bekennen, sich fragen, ob sie nun auch die Theokratie wollen oder nicht, und wenn sie sie nicht wollen, warum nicht.

Bei uns ist die Geschichte tatsächlich darüber hinweggegangen, und auch in vielen islamischen Staaten besteht die Theokratie mehr als Ideal denn in der Realität. Und es gibt dafür hier wie dort die theologischen Begründungen — ja, auch im Islam haben sich Theoretiker an der Begründung eines säkularen Staates versucht, und es wäre über alles Erwarten ergiebig, solche Versuche mit denen zu vergleichen, die uns vertraut sind: von Luthers Schrift *Von weltlicher Obrigkeit* durch die wechselvolle Geschichte der Zwei-Reich-Lehre hindurch, von der calvinistischen oder zwinglianischen Staatsauffassung bis hin zu Karl Barths Schrift *Christengemeinde und Bürgergemeinde.* Aber mit alledem hätten dann die »Religiösen« neben den »Säkularen« wieder nur ihr eigenes Thema, und es bleibt ein Problem offen, das bei den einen wie den anderen mit den gleichen Denkmitteln, über die sie doch tatsächlich verfügen, bisher noch kaum angegangen, geschweige denn gelöst worden ist. Dieses Problem besteht darin, was denn nun daraus, daß man Gott als monotheistisches Moralprinzip denkt, für die politische Ethik wirklich folgt. Die Bekenntnisse zu dem Einen Gott sind klar, und die konkreten Gestaltungen des Alltags und des Staates sind vorfindlich oder stehen in den Büchern. Aber der logische Nexus zwischen beidem steht nicht fest, und solange er nicht feststeht oder überzeugend neu begründet wird, läßt sich die ideologiekritische Frage nicht abweisen, ob hier der Mensch nicht nur sein eigenes Bedürfnis nach Monokausalität verabsolutiert. Sollte sich herausstellen, daß sich dies tatsächlich so verhält, muß nach dem Gott gefragt werden, der höher ist als alle Vernunft, auch höher als jedes monotheistische Moralprinzip. Was heißt das?

Sozialethische Auflösung

So viele und kluge philosophische und theologische Ethiken auch schon geschrieben worden sind, sie machen nicht entschlossen genug mit der Einsicht Ernst, daß Religion und Moral von Haus aus nichts, aber auch gar nichts miteinander zu tun haben. Es gibt religiöse oder gläubige Menschen, die nicht sozialisierbar sind und ihre Mitmenschen beständig unzumutbar peinigen. Mit religiöser, ja theologischer Begründung können Taten begangen werden, gegen die sich bei anderen alles sträubt, und diese anderen können Atheisten sein. Und warum sind eigentlich Todesstrafe, Folter und patriarchalisch-sexuelle Repression in theokratischen Prinzipien unerschütterlicher verwurzelt als anderswo? — Andererseits gibt es eine Sittlichkeit, die ihre eigene Richtigkeit rein aus sich selbst heraus evident macht — um eine Aussage zu wagen, deren Allgemeinheit noch vor den Konkretionen solcher repräsentativer Typen wie des kantischen Formalismus, des Psychologismus, des Utilitarismus und der materialen Wertethik liegt, um die es hier nicht mehr geht. Es ist reine Definitionssache, daß man hier für die an Transzendenz heranreichenden Formen von religiöser Moral spricht, die sogar in moralische Religion übergehen könne — eine apriorische Begründung dafür steht aus.

Natürlich durchdringen Religion und Moral einander oft. Aber wo das geschieht — die israelitischen Propheten sind hier wohl in erster Linie zu nennen, und nicht nur weil wir in ihrer Tradition stehen; Zarathustra blieb ein Einzelgänger; das meiste andere hat in so früher Zeit noch merkwürdig unmoralische Beimischungen und mausert sich erst später —, da ist ein bestimmtes Stadium in der Religionsgeschichte erreicht, und wir müssen es festhalten. Aber was ist geschehen, wenn eine Religion durch eine Moral überzeugt — und hier gehört dann die politische Moral mit dazu —, die ihrerseits nur durch sich selbst überzeugen könnte? Die Antwort steht im weiten Felde. Hier kann zum Schluß lediglich der Befund erhoben werden, daß eine Religion nur dann bleibt, was sie ist, wenn sie bei ihrem Versuch, auch moralisch zu sein, sich nicht nach Gesetzen strukturiert, die viererlei Gesetzlichkeiten anderer Herkunft lediglich analog sind: erstens solchen, welche ein Wertsystem konstituieren, zweitens solchen, welche in naturalistischen und deterministischen Theorien enthalten sind, drittens denen, welche das Gesollte begründen, viertens rein formalen Kriterien. Denn die Übernahme solcher Gesetze führt in der Religion zu Machtdenken, und solches findet auch statt, wo Gott zu einem theistisch-weltanschaulichen Prinzip von Macht und Herrschaft gemacht wird, die konkret doch immer nur von fehlsamen Menschen ausgeübt werden kann. Bleibt man davon überzeugt, hat man die Fiktion, die Religion werde tatsächlich und ausschließlich aus und durch sich selbst organisiert, sozialethisch aufgelöst.

Einsichten solcher Art sollten im Unterricht schon für Jugendliche islamischen wie christlichen Bekenntnisses, wie auch allgemein jeder orientalischen und westlichen Nationalität zu vermitteln sein. Am Kardinalfall der Theokratie könnte exemplarisch diskutiert werden, wo Fremdheitsgefühl in Verwandtschaftsbewußtsein aufgehoben werden kann, und wo es zur Erkenntnis rationalisiert werden muß, daß islamische und westliche Wert- und Weltvorstellungen notwendig verschieden bleiben müssen, dann aber eben so, daß zwischen ihnen Verständigung möglich ist. Das wird sich freilich, wenn überhaupt, nur durch solche Muslime und Bewohner des Westens in Taten umsetzen lassen, die es sich bereits leisten können, mit Kenntnis- und Denkhilfen zu arbeiten. Die viel zu vielen, die noch um ihre nackte Existenz kämpfen, müssen in einen solchen Stand erst versetzt werden.

Benutzte und weiterführende Literatur

Verfassung der islamischen Republik Iran, in: *Iran und die Islamische Republik,* Heft 6, Mai 1980, übersetzt und herausgegeben von der Presse- und Kulturabteilung der Botschaft der Islamischen Republik Iran, Bonn

Verfassung der Republik Türkei. Übersetzung durch TÖB-B »Studentenverein der Türkei/Berlin (West) e. V.«, 1982

Antes, Peter: *Der Islam als politischer Faktor,* hrsg. von der Niedersächsischen Landeszentrale für politische Bildung Hannover 1980

Ders.: »Ethik« im Islam, in: C. H. Ratschow (Hrsg.): *Ethik der Religionen,* Stuttgart 1980, S. 177-225

Ders.: *Ethik und Politik im Islam,* Stuttgart 1982

Balić, Smail: *Ruf vom Minarett. Weltislam heute — Renaissance oder Rückfall? Eine Selbstdarstellung,* Wien 1979

Falaturi, A.: *Der Islam im Dialog,* 2. Aufl., Islamische Wissenschaftliche Akademie, Köln 1979
Levy, Reuben: *The Social Structure of Islam,* Cambridge 1957
Tabatabai, A. S. M. H.: *Shi'ite Islam,* transl. ... by S. H. Nasr, London 1975
Wellhausen, Julius: *Das arabische Reich und sein Sturz,* 2. Aufl. Berlin 1960

Ayoub, Mahmoud: *Redemptive Suffering in Islam. A Study of the Devotional Aspects of Ashura in Twelver Shiism.* Den Haag 1978
Monchi-Zadeh, Davoud: *Ta'ziya. Das persische Passionsspiel,* Stockholm 1967
Rosenzweig, Rachel: Solidarität mit den Leidenden im Judentum (*Studia Judaica,* 10), Berlin 1978

Nienhaus, Volker: Die islamische Wirtschaftslehre. Politik zwischen Pragmatismus und Utopie, in: Orient, 1, 1981, S. 50-68
Ders.: *Katholische Sozial- und islamische Wirtschaftslehre. Gemeinsamkeiten, Unterschiede, Gegensätze,* Cibedo-Texte (der Dokumentationsstelle der Christlich-Islamischen Begegnung, Frankfurt) Nr. 7 vom 15. Januar 1981
Seipel, Ignaz: *Die wirtschaftsethischen Lehren der Kirchenväter,* Wien 1907 (Nachdr. Graz 1972)

Chomeini, Ruhollah: *Al-hukūma al-islāmīya* (= arabisch »Die islamische Regierung«), Vorlesungen in Nadschaf (Iraq) vom 21. Januar bis 8. Februar 1970, Buchausgabe Beirut 1399 d. H. = 1979 n. Chr.
—: Persische Ausgabe (Titel siehe oben im Text), Teheran o. J.
—: Französische Ausgabe: *Pour un gouvernement islamique,* Paris: Fayolle, 1979
—: *Islam and Revolution. Writings and Declarations of Imam Khomeini,* translated an annotated by Hamid Algar, Berkeley 1981
Nahjul Balagha: *Sermons, Letters and Sayings of Hazrat Ali,* transl. by Syed Mohammed Askari Jafery, Library of Chehel Sotoon Theological School, Teheran 1397 d. H. = 1977 n. Chr.
To the Commander-in-Chief: »*From Imam Ali to Malik-e-Ashter*«, selected from »Nahjol-Balagha«, transl. by A. A. Behzadnia and S. Denny, Presse- und Kulturabteilung der Islamischen Republik Iran in Bonn, veröffentlicht 1979 oder 1980
Shariati, Ali: *Hajj* (Die Wallfahrt), translated by A. A. Behzadnia and S. Denny, Presse- und Kulturabteilung ... (wie oben); andere Übersetzung von Somayyah und Yaser, Free Islamic Literature Incorporated, Bedford (Ohio) 1977
Ders.: *Reflections of a Concerned Muslim on the Plight of Oppressed Peoples,* prepared from Persian by Mohammed Bidal, veröffentlicht ebenda 1977
Shariati, Ali: *On the Sociology of Islam,* translated from the Persian by Hamid Algar, Berkeley 1979

Abrahamian, Ervand: *Iran. Between two Revolutions,* Princeton University Press 1982
Greussing, Kurt und Grevemeyer, Jan-Heeren (Hrsg.): *Revolution in Iran und Afghanistan,* Frankfurt 1980

Greussing, Kurt (Hrsg.): *Religion und Politik im Iran*, Frankfurt 1981

Jabbari, Ahmad und Olson, Robert: *Iran. Essays on a Revolution in the Making*, Lexington/Kentucky, Mazda Publishers 1981

Katouzian, Homa: *The Political Economy of Modern Iran. Despotism and Pseudo-Modernism 1926-1979*, London, Macmillan 1981

Keddie, Nikki R.: *Roots of Revolution. An Interpretative History of Modern Iran*, with a section by Yann Richard, New Haven and London, Yale University Press 1981

Dies. und Bonine, Michael E. (Hrsg.): *Modern Iran. The Dialectics of Continuity and Change*, Albany, State University of New York Press 1981

Richard, Yann: *Le Shi'isme en Iran — Imam et révolution*, Paris, Maisonneuve 1980

Lambton, Ann K. S.: Quis custodiet custodes? Some reflections on the Persian theory of government, in: *Studia Islamica* 5, 1956, S. 125-148; 6, 1956, S. 125-146

Nagel, Tilman: Das Wesen des islamischen Fundamentalismus und seine Rolle in der Gegenwart, in: *Kairos* N. F. 24, Salzburg 1982, S. 87-99

Roy, Olivier: Bani-Sadrs politische Theorie, in: *Befreiung*. Zeitschrift für Politik und Wissenschaft 22/23, Berlin 1981, S. 134-145

Steppat, Fritz: Islamisch-fundamentalistische Kritik an der Staatskonzeption der islamischen Revolution in Iran, in: Hans R. Roemer und Noth, Albrecht (Hrsg.): *Studien zur Geschichte und Kultur des Vorderen Orients* (Festschrift B. Spuler), Leiden 1981, S. 443-452

Waardenburg. J.: *Schiitischer Islam und iranische Revolution. Einige Notizen*, Manuskript 1979

Cancik, Hubert: Zur Entstehung der Christlichen Sexualmoral, in: B. Gladigow (Hrsg.): *Religion und Moral*, Düsseldorf 1976, S. 48-68

Ders.: Christentum und Todesstrafe: Zur Religionsgeschichte der legalen Gewalt, in: H. von Stietencron (Hrsg.): *Angst und Gewalt. Ihre Präsenz und ihre Bewältigung in den Religionen*, Düsseldorf 1979, S. 213-251

Halm, Heinz: Ethischer Rigorismus im Islam: die Ibaditen des Mzâb, in: Gladigow (Hrsg.); a. a. O. S. 191-202

Rotter, Gernot: Dschihad: Krieg im Namen des Glaubens, in: von Stietencron (Hrsg.); a. a. O. S. 252-267

Hadot, P.: Fürstenspiegel, in: *Reallexikon für Antike und Christentum*, Bd. 8, Stuttgart 1972, Sp. 555-632

Thür, G.: Folter (juristisch), *ebenda* Sp. 101-112

Vergote, J.: Folterwerkzeuge, *ebenda* Sp. 112-141

Keller, C. A.: Todesstrafen, in: *Biblisch-historisches Handwörterbuch*, Bd. 3, Göttingen 1966, Sp. 2002-2004

Augustinus, Aurelius: *Vom Gottesstaat*, eingeleitet und übertragen von Wilhelm Thimme, 2 Bände, Zürich 1955

Ders.: Contra epistulam Parmeniani, in: *Migne, Patrologia Latina*, Bd. 43
Eichrodt, Walther: *Theologie des Alten Testaments*, Teil 1: Gott und Volk, 3. Aufl. Berlin 1948
Des Flavius Josephus kleinere Schriften (Selbstbiographie — Gegen Apion — Über die Makkabäer), übersetzt von H. Clementz, Halle/S. o. J.
Foerster, Werner: *Neutestamentliche Zeitgeschichte*, 2 Bände, 3. Aufl. Hamburg 1955 und 1961
Troeltsch, Ernst: *Die Soziallehren der christlichen Kirchen und Gruppen*, Tübingen 1922, Neudruck Aalen 1965

Barth, Karl: *Christengemeinde und Bürgergemeinde*, Zürich 1946
Ders.: Die christliche Gemeinde im Wechsel der Staatsordnungen, in: *Evangelische Theologie*, 8, 1948/49, S. 1-15
Luther, Martin: Von weltlicher Obrigkeit und wie weit man ihr Gehorsam schuldig sei (1522/23), in: *Weimarer Ausgabe* Bd. 11
Schrey, Heinz-Horst (Hrsg.): *Reich Gottes und Welt. Die Lehre Luthers von den zwei Reichen* (Wege der Forschung 107), Darmstadt 1969
Trillhaas, Wolfgang: *Ethik*, 3. Aufl. Berlin 1970, Kap. 29 (Lit.)
Wolf, Ernst: *Sozialethik*, Göttingen 1975, §§ 14-17

Wach, Joachim: *Sociology of Religion*, University of Chicago Press 1944; deutsch: *Religionssoziologie*, Tübingen 1951

Nachtrag:
Eine umfassende Aufarbeitung des im vorstehenden Beitrag gewählten Hauptbeispiels bietet jetzt das Buch von Jakob Taubes (Hrsg.), *Religionstheorie und Politische Theologie*, Bd. 3: Theokratie, München/Paderborn 1987. Sowohl zu theokratischen Tatbeständen als auch zur Begriffsgeschichte werden viele neue Materialien beigesteuert. Wichtig ist das Dossier von Wolfgang Hübener: »Texte zur Theokratie«. Es hätte jedoch die Gewichtung der Thematik unseres Beitrages in eine nicht beabsichtigte Richtung gebracht, wenn dies alles eingearbeitet worden wäre. Desgleichen wurde darauf verzichtet, die Zitate aus Chomeinis Hauptwerk, die auf dem arabischen Text unter Zuhilfenahme der englischen und französischen Übersetzung basieren, auf die inzwischen erschienene deutsche Übersetzung abzustimmen: Ajatollah Chomeini, *Der islamische Staat* (Islamkundliche Materialien, Bd. 9, übersetzt von Nader Hassan und Ilse Itscherenska), Berlin 1983. Auf beide Bücher sei nachdrücklich hingewiesen.

Iranische Religionen oder Iranische Religion?

1. Definitionen 2. Uriranier 3. Westiranier 4. Nordiranier 5. Ostiranier 6. Zarathustra 7. Zoroastrismus 8. Verflechtungen in Hellenismus und Synkretismus 9. Beziehungen zum antiken Judentum und frühen Christentum 10. Beiträge zur Gnosis 11. Einwirkungen auf den schiitischen Islam

1.1. Unter i.R. versteht man genuine Religionen von Völkern und Stämmen, die iran. Sprachen gesprochen haben oder noch sprechen. Im Zusammenhang mit i.R. handelt man sinnvoll auch andere Religionen ab, unter deren Phänomenen oder Merkmalen sich solche befinden, die auch für i.R. bezeugt sind oder eine inhaltliche Variante davon darstellen. Nicht dazu gehören Religionen mit nichtiran. Sprachen, die auf einem Territorium heimisch blieben, das unter eine iran. Herrschaft kam (wie die der Elamer) oder die dort später heimisch geworden sind und dabei manchmal gegenüber ihren Ursprüngen gewisse Veränderungen erfahren haben (wie die mancher Turkstämme) oder die nur von einigen iran. Sprechenden als eigene angenommen werden konnten (wie der Buddhismus von Saken und Sogdiern).

1.2. Die iran. Sprachen sind der westl. Zweig der zu den indo-europ. Sprachen gehörigen arischen Familie, deren Sprecher in Zentralasien, etwa nördl. des Tienshan-Gebirges, gelebt haben müssen. Als Sprecher der von einer indo-arischen (oder einfach: ind.) bereits getrennten irano-arischen (oder einfach: iran.) Ursprache ist ein Volk anzunehmen, das in den Gebieten um den Aralsee, an den Flüssen Oxus und Jaxartes (heute Amudarja und Syrdarja) und im nordwestl. Teil des heutigen Afghanistan nomadisierte (Nomaden). Die Ethnogenese und die meisten Einzelvorgänge der wohl um 2000 v.Chr. beginnenden Wanderungszeit dieses iran. Urvolkes sind unbekannt. Einigermaßen gesichert erscheint nur, daß es sich seit etwa 1500 v.Chr. in mehreren Schüben nach Westen und Süden, diffuser auch im Steppenvölkergürtel nach Osten ausdehnte.

2. Aussagen, Namen und Bräuche, die mehr oder weniger alle i.R. und die vedische Religion haben, erlauben Hypothesen über die Religion des *iran. Urvolkes*. Sie ist für den Zeitraum ab dem 2. Jt. mit verschiedenen Methoden zu erforschen. Schon um 1500 v.Chr. hatte in Nordmesopotamien ein nichtiran. Volk, die *Hurriter*, ein Reich unter einer Dynastie mit arischen Namen gehabt, den *Mitanni*. Sie können nur eine Exklave des iran. Urvolkes gewesen sein. Hier liefern im 14. Jh. solche und andere arische Gemeinsamkeiten, z.T. auch schon indo-arische bzw. ind. Weiterentwicklungen, die sprachwiss. Anhaltspunkte für die Rekonstruktion eines Systems, das einen *Sonnengott (Sūryas)*, aus Abstraktionen von Eid und Vertrag zu deren Garanten gewordene *Herren (Varuna* mit Tendenz zum Gott des regnenden, *Mitra* mit Tendenz zum Gott des bestirnten Himmels), ein kosmisch-moralisches *Weltgesetz (Rta)*, einen *Kriegergott (In-*

dra), zwei *Rosselenker,* die am zwielichtigen Morgenhimmel zu einem täglichen Opfer erscheinen (die *Nāsatyas),* sowie *Häuptlingsadel, Streitwagenkriegerschaft* und *Bauerntum* umfaßte. Dazu gehörten Mythen vom *Ersten Menschen* und von *Urkönigen* sowie von der Oxusgöttin *Ardvī Sūrā Anāhitā* (Umwandlung einer vorarischen Großen Mutter; Muttergottheit) und vom ersten Viehraub an den nichtarischen Nachbarn, die als dreiköpfige Schlange repräsentiert wurde. Im Kultus der Ur- und aller späteren Iranier brannte ein Feuer, das teils als Medium, teils als Adressat von Götterverehrung aufgefaßt wurde; Libationen wurden dargebracht. Der Gebrauch eines halluzinogenen Getränkes (iran. *Haoma,* ind. *Soma)* weist auf *Schamanismus,* auf den wohl auch Visionsbegabung (Visionen) und Erfahrung von „Seelen"-Vielfalt, die sich bei allen späteren Iraniern finden, letztlich zurückgehen. – Vieles wäre unten unter 3.-7. wiederzuerwähnen, andererseits gehört manches von dort und vielleicht von 8. auch schon hierher. Eine Fülle von Einzelheiten ist heftig umstritten.

3.1. Unter den Migrationen wurden diejenigen am wichtigsten, in deren Verlauf die Völker entstanden, die eine hist. Rolle spielen sollten. Am Ende von nördl. um das Kasp. Meer durch die Kaukasus- und Zagrostäler sowie durch die Kasp. Tore zwischen Demavendgebirge und unbewohnbarer Salzwüste gehenden Bewegungen erscheinen die *Perser* und *Meder,* als Schluß einer direkt auf die südöstl. des Kasp. Meeres gelegene Landschaften zielenden und dort haltmachenden Expansion die *Parther.* Die Perser kamen im 9. Jh. südl. des Urmia-Sees in Kontakt mit den *Assyrern* und ließen sich im 7. Jh. im Südwesten des heutigen Iran nieder, von dem bis dahin schon etwa 1000 Jahre lang ein großer Teil von den kulturell und sprachl. ganz für sich stehenden *Elamern* bewohnt war. Die Meder breiteten sich im Nordwesten des heutigen Iran aus und brachten es dort um 620 v.Chr. zu einer Staatsgründung, die u. a. das mit den Hurritern verwandte Volk der *Urartäer* westl. des Van-Sees und ein pers. Unterkönigtum einschloß. Aus diesem okkupierte Kyros II. (558–529) i.J. 557 die medische Herrschaft und legte damit den Grund für ein Großreich unter seiner eigenen Dynastie, den *Achämeniden.* Durch Eroberungen umfaßte es noch zu seinen Lebzeiten Lydien (547/46) und Babylonien (539), unter seinen Nachfolgern dann nach Osten zu alle Gebiete bis zum Indus einschließlich der Stammsitze des iran. Urvolkes, zeitweise auch Ägypten, Kleinasien mit der griech. besiedelten Westküste und Skythengebiete. Dieses erste Weltreich der Geschichte bestand, bis Alexander d.Gr. (336–323) es von 333–323 übernahm.

3.2. Bei den *Persern* erscheinen die genannten und andere „Herren" wörtlich als *Ahuras,* neben denen Mächte des Universums wie der Wind *(Vāyu)* und das Feuer *(Ātar)* bedeutsam waren. Hingegen wurden *Indra,* die *Nāsatyas* und andere, die bei den Indern Götter geworden sind, zu bösen Geistern abgewertet. Ein damit angelegter Dualismus wurde mythologisch weiter ausgebaut und wohl schon in einem sozialen Gegensatz von Ordnung oder Wahrheit *(Aša* an

Stelle von *Rta)* und Betrug oder Lüge *(Drug)* manifest. Jede Schlachtung war ein Opfer, das ebenso wie jetzt der Haoma Himmlischen und Irdischen zur Lebenserneuerung diente. – Ähnliches ist für die *Meder* vorauszusetzen. Bei ihnen war unter dem Königtum an einen ihrer sechs Stämme, die *Mager*, ein besonderes Priesteramt (Priester) delegiert. Dies wurde als Institution von den Achämeniden übernommen. Die medischen Mager schufen einen eigenen Dualismus, indem sie in ihrer rituellen Praxis die irdische Welt als aus zwei absoluten Bereichen von Rein und Unrein ineinandergelegt behandelten. Zum Unreinen gehörte auch der menschliche Leichnam, dessen Bestattung (Begräbnis) sich deshalb zum zentralen Religions- und Sozialanliegen entwickelte. Da Vergraben oder Verbrennen die reinen Elemente Erde und Feuer verunreinigt hätte, blieb nur das Aussetzen an eigens präparierten Orten, wo unreine Tiere die Leichen fressen und damit die Verunreinigung der Luft in Grenzen halten konnten. – Die Religion der *Parther* ist außer aus später bezeugten Wörtern auch mittels der Archäologie der frühen Steppenvölker zu rekonstruieren. Namen von kultischen Plätzen einschließlich Gräbern, Priesterämtern, Riten und Göttern sind bekannt, doch scheint in der Verehrung der letzteren die soziale hinter der naturorientierten Komponente zurückzutreten. – Reste westiran. Religion leben in der Folklore der *Kurden* weiter.

4. Von den Wohnsitzen des iran. Urvolkes aus im großen Steppenvölkergürtel nach Westen und Osten ausgreifend, behielten mehrere Völker ihre nomadische Lebensweise bei. Griech. Schriftsteller seit Herodot (um 490–425/20) nennen sie *Skythen*. Sie sind rein im 8. Jh. v.Chr., über das heutige Südrußland verstreut anzutreffen und haben seit dem 6. Jh. v.Chr. in Symbiose mit Völkern gleicher Kultur, aber nichtiran. Sprachen von der Ukraine bis nach China gelebt. Ihnen allen war der Schamanismus gemeinsam, der hier strukturell wichtiger gewesen sein muß als die iran. Variante seiner Mythologie (Mythos, Mythologie). Dies gilt wohl auch für die *Kimmerier*, die vielleicht, und für die *Saken* und die *Alanen*, die bestimmt zu den Skythen gehörten.

5. Nach der ethnischen Differenzierung müssen als *Ostiranier* die Bewohner des großen Gebietes von Transoxanien über den Hindukusch bis auf die geographische Breite des Hamunsees gelten. Als Sprachen treten der *Dialekt Zarathustras*, das *Choresmische*, das *Baktrische* und das *Sogdische* hervor. Die gemeiniran. Überlieferung erscheint bes. durch archaische Helden- und Königsdichtung und -epik strukturiert; die dreiköpfige Schlange wurde von jetzt an als ausländ. Usurpator aktualisiert *(Ažī Dahāka)*, von dem jeweils ein Held die Herrschaft zurückgewinnen mußte. Auch werden Götter der Fruchtbarkeit, des Wassers, einiger Sterne, des Glücksloses, des Sieges in Hymnen besungen. – Reste ur-, nord- und ostiran. Religion erscheinen noch heute in der Folklore von Stämmen zwischen *Nūristān* und *Dardistān*.

6. Im ostiran. Milieu, zuerst wohl in der Gegend von Balkh (heute Wazīrābād, nordwestl. Afghanistan), lebte im 7. Jh. mehr als 75 Jahre lang *Zarathustra* (an-

dere Datierungen: 10., 9., 8., 6./5. Jh.), davon etwa die Hälfte als priesterlicher Vollzieher eines gottesdienstlichen Rituals (des *Yasna*) und als prophetischer Verkündiger eines neuen Gottesverhältnisses (Propheten, Prophetie); in beidem war er Bestreiter einer orgiastischen Hirtennomadenreligion und Reformer einer Tier und Pflanze hegenden Viehzüchter- und Bauernreligion. Seine Festlegung der „Wahrheit" auf das mit der Rinderpflege verbundene Ethos, der „Lüge" auf die durch Trinken von Rinderblut und Haoma herbeigeführte Ekstase ergab den durchschlagendsten unter den iran. Dualismen. Durch die Zuordnung der Wahrheit zum mächtigsten der überkommenen „Herren" verlor dieser seine zu einem milderen Dualismus tendierende uranische Ambivalenz und wurde eindeutig zum *Weisen Herrn (Ahura Mazda)*. Um die entstandene Spannung zum neuen, auch zu Gut-Böse verallgemeinerten Dualismus, der auf der Gegenseite durch einen *Bösen Geist (Angra Mainyu)* repräsentiert wurde, auszugleichen, wurde ein *Heilwirkender Geist (Spenta Mainyu)* zu Ahura Mazda in ein dialektisches Verhältnis zwischen Identität mit und Selbständigkeit neben diesem gesetzt. Indem das Leben als Kampf zwischen den Warhaften und den Lügenhaften und ihren beiden Göttern bzw. den Prinzipien des Guten und des Bösen gesehen wurde, brach erstmals eine geschichtl. Dimension in der bisherigen zeitlosen Weltsicht auf. Elemente wurden zu *Heilwirkenden Unsterblichen (Ameša Spentas)* vergeistigt, ethische Verhaltensweisen ihnen eingereiht. Gott und Mensch konnten durch denselben *Guten Sinn (Vohu Manah)* wirken. Zarathustra kannte auch irdische *„Helfer" (Saošyants)* im Kampf, auf deren Tätigkeit er in einer Art präsentischer Eschatologie vorausblickte. Entsprechend zukünftig war nach dem Tode der individuellen Wahr- und Lügenhaften ihre Trennung an der *Furt des Schichtenden* (auch: *Činvat-Brücke*): die Guten, Anhänger der Lehre Zarathustras, konnten sie überschreiten, die Bösen schreckten davor zurück. Die Rigorosität der Entscheidung, die mit all dem verlangt war, scheint dem Zarathustra den Haß seiner Umwelt eingetragen zu haben, denn er mußte fliehen. Sein neuer Protektor, *Vištāspa*, war ein König, wohl über das nördl. Khwārezm (Choresmien, südl. des Aralsees). Dort, oder wo die neue Heimat sonst lag, breitete sich die Botschaft Zarathustras wohl zuerst aus, dann auch in seiner alten Heimat.

7.1. Bald nach seinem Tode breitete sich Zarathustras Botschaft über *Arachosien* (mittleres Afghanistan) in westl. Richtung aus, eher weil die iran. Völker und Stämme in Zarathustras ethisch eindeutiger Neuinterpretation eine wesensgemäße Vervollkommnung ihrer je eigenen Religion erkannten, als durch geplante Mission. Nach und nach wurde der *Zoroastrismus* – so nennt man die nunmehr entstehende Form – sogar von den achämenidischen Großkönigen angenommen, für die natürlich die Wahrheit ihre eigene Legitimität, die Lüge die Position ihrer politischen Gegner einschloß. Die kultische Praxis der medischen Mager wurde integriert, was bes. für die Leichenbestattung Folgen hatte (Aussetzung auf „Begräbnis"-Türmen). Im ganzen wurde Zarathustras Predigt von den Grundlagen her rückinterpretiert, die sie überwinden wollte. Götter, die neben der Verehrung *Ahura Mazdas* uninteressant geworden waren, bekamen eine neue Bedeutung (wie *Mithra* oder *Anāhitā*). Der Dualismus wurde nicht nur zwischen den beiden Hauptgöttern, sondern auch zwischen Heilwirkenden Unsterblichen und anderen guten Geistern hier, Dämonen dort möglichst symmetrisch gemacht. Die Eschatologie wurde futurisch. Die *Činvat-Brücke* führte nun in einen Raum des „*Besten Daseins*" oder der „*Anfanglosen Lichter*", doch auch die Bösen konnten sie begehen und von ihr in eine Hölle stürzen.

7.2. In der *Sassanidenzeit* (226–651 n.Chr.) wurde der Zoroastrismus von einer Priesterschaft als Staatsreligion durchgesetzt. Die Machtausübung des *Ōhrmazd* (= früher: *Ahura Mazda*) und des Königs, die Rebellionen seiner Gegner und des *Ahriman* (= früher: *Angra Mainyu*) liefen gleich. Ein Netz von Begräbnistürmen *(Dahmas)* und von hierarchisch gestaffelten Feuer(tempel)n überzog das Land. Haoma wurde wieder getrunken, wenn auch nicht mehr als Rauschtrank, sondern zur Reinigung. Das Religionssystem wurde um eine Kosmologie und ein 12000jähriges Weltenjahr erweitert. Die seit Zarathustra herangewachsene religiöse Überlieferung wurde gesammelt und in einer dem Kult zugeordneten Form aufgezeichnet *(Awesta)*. – Der Zoroastrismus lebt bis heute fort bei den sog. *Iranis* in Yazd, Kermān und Teheran und bei den sog. *Parsis* in Gudscharāt (Indien; Auswanderungen dorthin seit dem 8. Jh., Organisation im 13. Jh.).

8.1. Durch die auf Alexander folgenden Diadochenreiche der *Seleukiden* (seit 311) und der die zweitöstlichste Satrapie verselbständigenden *Diodotiden* (seit 239 v.Chr.) und mehrerer *indoskythischer Nachfolgestaaten* (bis ins 3. Jh. n.Chr.) wurden iran. Gebiete und Völker zu den quantitativ gewichtigsten Trägern des gesamten Hellenismus. Dieser war jedoch kulturell dicht und stilreiner griech. nur in der genannten und ihren Nachbarsatrapien, d.h. in Baktrien, der Areia und Gandhara (heute etwa pers. Provinz Khorāsān, Afghanistan und Nordpakistan), während er zwischen dort und der genauso durchdringend hellenisierten semit.-iran. Kontaktzone im Westen eigentümlich spärlich erscheint. Zudem traten politisch als Liquidatoren, aber kulturell als Belasser des Hellenismus in den Städten und wieder als Förderer des Iraniertums einschließlich des Zoroastrismus auf dem Lande seit dem 3. Jh. v.Chr. die *Parther* ins hellere Licht der Geschichte, die das Seleukidenreich von Osten her verkleinerten. Aus mehreren Gründen also enthielt auch die hell. Religion in jener synkretistischen Kontaktzone (Synkretismus) (Adiabene östl., Osrhoene, Hatra, Charakene westl. des Tigris) so viele iran. Elemente, daß die Weitervermittlung einiger von ihnen an den mediterranen Hellenismus dort eine innerhalb der ganz anderen Traditionsproportionen zwar kleinere, aber immer noch deutlich erkennbare Teilmenge hinterließ.

8.2. Die *Königsideologie* zahlreicher hell. Dynasten und mehrerer ganzer Dynastien (Herrscherkult) wurde vom iran. Herrschercharisma *(Ḫvarnah)* geprägt. Das Phänomen der zauberischen Magie erhielt durch die nicht mehr medischen Mager, die infolge Symbiose mit den neubabylon. Chaldäern und nachfolgender Hellenisierung zu einer mobilen Körperschaft von Divinatoren, Natur- und Heilkundigen, Alltagsritualisten, Wettermachern und Astrologen geworden waren, seine maßgebenden Repräsentanten (nunmehr „Magier"), seine Theorie und v.a. seinen Namen. Mehrere Dämonologien (Dämonen) bekamen neue Gestalten und einen dualistischen Zug hinzu. Die *Aion-Theologie* gewann durch iran. Spekulationen über die *Unendliche Raumzeit (Zurvān akarana)* eine weitere Dimension. Iran.-griech. Theokrasien veränderten den Charakter von Göttern in manchen Mythologien, darunter in derjenigen, die zur Lehre der kleinasiat., später röm. *Mithras-Mysterien* (Hell.-röm. Religion) wurde.

9. Wohl im 2. Jh. v.Chr. hat sich die futurische Eschatologie in Auseinandersetzung mit hell. Fremdherrschaft zu einer national-iran. *Apokalyptik* entwickelt. Strukturelle Übereinstimmungen mit der jüd. Apokalyptik erklären sich aus gleichartigen Entstehungsbedingungen. Etwa im 1. Jh. n.Chr. konvergierten beide Traditionen auch in Einzelheiten (Angelologie, Dämonologie, Weltenbrand, Totenauferstehung; nicht in der Messiasgestalt). Danielexegese (Daniel) und Überlieferung der *Orakel des Hystaspes* traten das Erbe dieser Konvergenz an. In die altkirchl. und damit in die gesamte abendländ. Eschatologie kam über die Johannesapokalypse (20,2–10; dort noch die inzwischen zum kosmischen Ungeheuer gewordene Schlange) zusätzlich die Idee des *Tausendjährigen Reiches* hinein, das einst das letzte Millenium im zoroastrischen Weltenjahr gewesen war.

10. Der *gnostische Sethianismus* (Gnosis) enthielt eine Weltalterlehre, der *Manichäismus* eine Kosmogonie nach zoroastrischem Muster und führte in seinen mittelpers. (= Südwestdialekt), parthischen (= Nordwestdialekt) und sogdischen (= Nordostdialekt) Versionen periphere ältere iran. Überlieferungen weiter. Drei Forschergenerationen lang stand für die gesamte Gnosis ein „iran. Hintergrund" zur Debatte. Die Frage ist für *salvator-salvandus*-Konzeption, Himmelsreise der Seele und antikosmischen Dualismus, auch für den zwischen Licht und Finsternis, immer noch richtig gestellt. Iran. „Einfluß" läge auf einer zu ungeschichtl. Oberfläche, doch haben iran., meist zoroastrisch oder zurvanitisch vermittelte Begriffs- und Vorstellungsstrukturen eine Rolle in dialektisch-geisteshist. Prozessen gespielt, die manchenorts in der Gnosis zu zentralen Aussagen geführt haben.

11. Die seit 1501 im Iran herrschende Richtung der *Schia*, die den verborgenen zwölften *Imam* als *Mahdi* erwartet, hatte zwar ihre Zentren in arab. Ländern (Irak und Libanon-Gebiet) und war bei turkmen. Stämmen Anatoliens zum Bekenntnis der sich zur Herrschaftsübernahme anschickenden *Safawiden* geworden; sie war damit genauso uniran. wie der ganze Islam. Dennoch kommt, angeregt durch ein in 500 Jahren angesetztes, durch das von der Majorität (und

im Iran von der Gesamtheit) der Zwölferschiiten gesprochene und geschriebene Neupersisch vermitteltes Lokalkolorit, immer wieder die Frage nach der Wirkungskraft alt- und mitteliran., religiöser, jur. und anderer Traditionen nicht nur im mittelalterlichen, sondern auch im neuzeitlichen Iran auf: Haben z.B. der wiederkehrende Imam mit dem *Saošyant*, die Mystik mit zarathustrischem „Idealismus", das Ordenswesen mit etwaigen Männerbünden etwas zu tun? Kontinuitäten dieser Art sind nicht gesichert, aber aus dem Volksglauben weisen zahlreiche Motive und Symbole, aus der Esoterik manch ein illuminativer oder metaphysischer Ansatz in vorislam. Zeit zurück. Hier darf man von einer Wahlverwandtschaft zwischen iran. Spiritualität und neuplatonischem (Platonismus) oder gnostischem Denken sprechen. Sie wurde in mancherlei Form bis hin zu einer eigenständigen Theosophie (z.B. bei *Suhrawardī Maqtūl*, d.h. dem Hingerichteten, 12. Jh.) realisiert, dann aber immer auch als „Übertreibung" empfunden. Dies beschwor inneriran. Auseinandersetzungen herauf. So kann man das Bestehen der Schia auf Bindung der wahrheitsbestätigenden *göttlichen Eingebung (ḥulūl)* an die Genealogie der Imame als ordnungstiftende Reaktion auf die ungebundene, zu geistiger und politischer Anarchie führende Inspiration von „Übertreibern" *(ġulāt)* ansehen. Paradoxerweise rückt gerade damit noch die Zwölferschia ihre Imame in das Schema der Vererbung eines Legitimitätsglanzes (*ḫvarnah* = jetzt *farr*, von den Imamen selbst jedoch nie ausdrücklich in Anspruch genommen) ein, wie er schon dem altiran. Herrscher eigen gewesen war. Der *Wahrhaft Gerechte Gelehrte (faqīh)*, der den Verborgenen Imam auf Erden vertritt, profitiert davon (Art. 107–112 der Verfassung vom 15. Nov. 1979). So kann selbst durch die neuen Institutionen der Islam. Republik Iran ein unverdächtiges iran. Nationalbewußtsein durchscheinen.

Nyberg, H.S.: Die Religionen d. alten Iran, Berlin 1938 (Nachdr. Osnabrück 1966) – Tolstow, S.P.: Auf d. Spuren d. altchoresmischen Kultur, Berlin 1953 – Widengren, G.: Iran.-semit. Kulturbegegnung in parthischer Zeit, Köln/Opladen 1960 – Hinz, W.: Zarathustra, Stuttgart 1961 – Widengren, G.: Die Religionen Irans, Stuttgart 1965 – The Cambridge History of Iran 1–6, 1968–1986 – Barr, K./Colpe, C./Boyce, M.: Die Religion d. alten Iranier/Zarathustra u. d. frühe Zoroastrismus/Der spätere Zoroastrismus, *in:* Asmussen, J.P./Laessoe, J./Colpe, C.: Hb. d. Religionsgeschichte, Bd.2, Göttingen 1972, 265–372 – Jettmar, K.: Die Religionen d. Hindukusch, Stuttgart 1975 – Greussing, K. (Hg.): Religion u. Politik im Iran, Berlin 1981 – Boyce, M.: A History of Zoroastrianism 1.2, Leiden 1975 u. 1982 – Haussig, H.W. (Hg.): Götter u. Mythen d. kaukas.u. iran. Völker, Stuttgart 1986 – Gnoli, G.: *Art.* Iranian Religions, The Encyclopedia of Religion Bd.7 (1987) 277–280 – Colpe, C.: Hist. u. religiös-politische Konfliktpositionen im iran.-irak. Krieg, *in:* Calließ, J./Lob, R.E. (Hgg.): Praxis d. Umwelt- u. Friedenserziehung 3, Düsseldorf 1988, 671–694.

Die Kurden als ethnische Minderheit

1. Name 2. Identität 3. Geschichte 4. Religion 5. Gegenwartsprobleme

1. *Kurdistān* (etwa „Feld[neupers. *Kurd*]gebiet") nannte die seldschukische Verwaltung Irans (1092–1194) eine Region, die sich etwa von einer Linie zwischen Van- und Urmia-See bis zur geographischen Breite des mittleren Zagros-Gebirges erstreckt haben muß. Das Grundwort wurde für den Gebrauch im Arabischen als Kollektiv (mit Plur. *akrād*) herausgelöst und sinngemäß als „der Akkerbewohner (oder -bauer)" oder „der Schafhirt" verstanden. Heute wollen einige Forscher die „Kurd" in den *Karduchoi* bei Xenophon (Anab. 3, 5, 15–4, 1, 11: Autopsie östl. des oberen Tigris, 400 v.Chr.) wiederfinden, die bei Strabon (63 v.-19 n.Chr.) *Gordyaioi* heißen (Geogr. 16, 1, 24). Das setzt eine Selbstbezeichnung iran. Herkunft voraus, als deren Träger seit dem 5. Jh. nach Westen gezogene Nachfahren der Meder in Frage kommen.

2. Nach diesen undeutlichen Anfängen, deren autoritative Festlegung in Für und Wider politischen Wollens eine enorme Rolle spielt, war die Ethnogenese jedenfalls spätestens gegen die erobernden Araber, d.h. bis 637/51 n.Chr., beendet. Von da an bestimmt sich die Identität der K. klar nach Zugehörigkeit zur nordwestiran. Sprachfamilie, Folklore (Märchenmotivik, Kleidersitten), Sozialstruktur (Bevorzugung der Kreuzvetternheirat, Rechte auf Besitz von Anbau- und Weideland in Ausgleich oder Konkurrenz zwischen einer Art feudaler Aristokratie und wirtschaftlich unabhängigen Bauern und Nomaden) und Moralkodex (System abgestufter Loyalitäten zu und zwischen den Aghas von Familien, Clans und Stämmen sowie zwischen diesen und den Scheichs religiöser Orden samt Zugehörigen).

3. Aus diesen ethnischen Grundgegebenheiten sind immer wieder geschichtsmächtige Bewegungen hervorgebrochen, sei es durch die Bildung selbständiger Fürstentümer, sei es durch die Gründung von Dynastien außerhalb Kurdistans (beides bis zum 16. Jh.), sei es durch eine Staatsgründung (Reich der *Zand-Khane* im 18. Jh.). In der Neuzeit sind die K. sowohl durch sich selbst als auch durch herrschende oder interessierte Mächte (Osmanen, Safawiden, Qadscharen, Europäer) in Beziehung zu gesellschaftlichen Größen gebracht worden, von denen her oder gegen die sie als Volk, als Nation oder als Minderheit zu definieren sind. Häufig sollten Aufstände den letzteren Status zugunsten eines der beiden anderen überwinden, doch erwies sich die notwendige Konsequenz daraus, nämlich ein Reich zu konstituieren, immer wieder als unmöglich.

4. Die Rekonstruktion der ursprünglichen Religion und Mythologie (Mythos) aus alten Nachbardaten und neuerer Folklore erscheint möglich, gelang aber bisher nicht. Später hat die Multiorientiertheit ihrer Existenz die K. für Synkretismen (Synkretismus) empfänglich gemacht *(Ahl-e ḥaqq, Alawiten, Je-*

ziden), doch führte das Bedürfnis nach Überwindung solcher Diffusität eine kleine Mehrheit in die Schia (Zwölfer, daneben Derwischorden der *Naqšbandī* und der *Qadirīya*), eine größere (ca. zwei Drittel von allen) in die Sunna (schafiitische Rechtsschule) des Islam. Die auf kurd. Territorium lebenden Christen (Syr.-Orthodoxe [*Surīyānī*; Syr. Orth. Kirche], Nestorianer [*Ašūrī*; Nestorianische Kirche] und Armenier [Armen. Apostolische Kirche]) sind keine K., auch wenn sie gelegentlich kurd. Sprache und Gebräuche zusätzlich annehmen.

5. Seit dem I. Weltkrieg findet *diskriminierende Behandlung* durch die neu entstandenen Staaten statt (soziale Benachteiligung, Herabwürdigung zu Bergtürken, Verweigerung der von der iran. Revolution von 1979 versprochenen Rechte, offener Völkermord auf der irak. Seite des sog. Golfkrieges). Nicht erst in einem Jahr großer Freiheitsbewegungen wie 1989 stehen föderative Angebote an die Größe der kurd. Bevölkerung (Schätzungen: westl.-konservativ 11 Mill., kritisch-soziologisch 14 Mill., kurd.-national 18–20 Mill.), die Verbreitung ihrer Sprache (drei große Gruppen, zwei andere Dialekte), die Ausdehnung ihrer Siedlungsgebiete (Türkei 194400 km^2, Iran 124950 km^2, Irak 72000 km^2, Syrien 18300 km^2; Diaspora in der Sowjetunion) auf der übergreifenden politischen Tagesordnung. Mehrere politische Parteien in den Ländern selbst, kurd. Akademien und zahlreiche Exil- und befreundete Organisationen nehmen sich der bisher nicht koordinierbaren Aufgaben an.

Socin, A.: Die Sprache d. K., *in:* Grundriß d. iran. Philologie, Bd. 1, 2. Abt., Straßburg 1901, 249–286 – MacKenzie, D.N.: Kurdish Dialect Studies, 2 Vols., London 1961/62 – Nebez, J.: Der kurd. Fürst Mir Muhammadi Rawandizi, genannt Mir-i Kora, im Spiegel d. morgen- u. abendländ. Zeugnisse, Diss., Hamburg 1970 – ders.: Kurdistan u. seine Revolution, München 1972 – Behn, W.: The Kurds in Iran. A Selected and Annotated Bibliography, London/München 1977 – Franz, E.: Minderheiten in Iran. Dokumentation zur Ethnographie u. Politik, Hamburg 1981 – Ibrahim, F.: Die kurd. Nationalbewegung im Irak, Berlin 1983 – Kaya, Şerafettin; Diyarbakır. Erfahrungen in einem türk. Kerker, Bremen 1984 – Chaliand, G.: Kurdistan u. d. K., Bd. 1, Göttingen 1984 – Vanly, I.Ch.: dasselbe, Bd. 2 u. 3, Göttingen 1986/88 – van Bruinessen, M.M.: Agha, Scheich u. Staat. Politik u. Gesellschaft Kurdistans, Berlin 1989.

Die Jeziden als religiöse Minderheit

Eine Religionsgemeinschaft, die vom syr. Bezirk *Simʿān* bis zu den beiden Autonomen Ossetischen Sowjetrepubliken verbreitet ist. In Phänotyp und Kleidung oft den Wirtsvölkern, v.a. den irak. Arabern ähnlich, sind sie doch über von fast allen gesprochene kurd. Dialekte (Kurden) und eine besondere hl. gehaltene Überlieferung zu einer eigenen Ethnie geworden. Ende des 19. Jh.s sollen es noch 2–300000, nach dem I. Weltkrieg 100000, 1983 um 20000 Personen gewesen sein. Sie nennen sich, wohl nach einer früheren nestorianischen Diözese, *Dāsin* (plur. *Dawāsin*, syr. *Dasnīyē*) und empfinden den Namen Jeziden als jung. Ein Scheich *Jezīd*, der ihr Stifter gewesen sei, ist eher ein legendärer *heros eponymos*. Die häufig vorgenommene Identifizierung mit dem Omajjaden-Kalifen *Jezīd Ibn Muʿāwija* (680–683) ergibt keinen Sinn, da dies Parteinahme für den Besieger der Partei des Kalifen ʿ*Alī* und seines Sohnes *Ḥusein* (der in der Schlacht bei Kerbela zum Märtyrerimam wurde) voraussetzt, die Jeziden aber von den Sunniten (Sunna) stets ähnlich befeindet worden sind wie die Schiiten (Schia). Wahrscheinlicher ist die Ableitung von einem auf altiran. *yazata*, „verehrungswürdig" (neupers. *īzed* oder *yazdā n*), zurückgehenden Wort, das die Bedeutung „Gott" erhalten hat. Die Jeziden verehren eine Reihe solcher Yazatas. Der wichtigste ist der *Melek Ṭāʾūs*, „Engel Pfau(-hahn)", dessen angeblich unverwesbares (und sicher ungenießbares) Fleisch für Unsterblichkeit steht. Als Zweitrangiger in einem wohl umfänglichen, aber erfolgreicher Arkandisziplin unterliegenden mythologischen System (Mythos) besorgt er die Schöpfung und hat sie weiterhin in seiner Obhut. Die dualistische Position (Dualismus), in der er zu einem namenlosen obersten „Gott" oder „Herrn" steht, ist die eines Tricksterdemiurgen, der in der Welt Gegensätze zuläßt. Sie wurde jedoch von Außenstehenden antagonistisch mißverstanden, wodurch der *Melek Ṭāʾūs* in die Rolle eines Repräsentanten des Bösen Prinzips geriet. Dies hat den Jeziden seitens ihrer Nachbarn wie auch der Wiss. die falsche Bezeichnung „*Teufelsanbeter*" eingetragen. Die Jeziden reagierten darauf, indem sie sogar das Wort *Šaiṭan* in den Katalog ihrer Tabus aufnahmen, der bereits die Bohne, den Lattich, den Kürbis, den Fisch, die Gazelle, den Hahn und die blaue Farbe umfaßte. Der *Melek Ṭāʾūs* steht auf einem Kandelaber im Haupt-Heiligtum in *Lālesch* (nordöstl. von Mossul im Scheichān-Bezirk, neben dem Sindschar-Gebirge, westl. davon zentrales Wohngebiet der Jeziden), an dem alljährlich im Sept. ein Pilgerfest gefeiert wird; es ist nach dem dort bestatteten Scheich ʿ*Adī* (Ibn Musāfir; gest. 1162) benannt, einem von der islam. Orthodoxie (Islam) unbeanstandet gebliebenen Sufi (Sufismus), den die Jeziden als ihren größten Heiligen verehren (Heiligenverehrung), weil in ihm der *Melek Ṭāʾūs* oder „*Jezīd*" wiedererschienen sei.

Mit ihrem altiran., wohl aber nicht zarathustrischen Erbe (Iran, Religionen 6., 7.), in das nach und nach archaischer, bisher kaum erklärter *Volksglaube* (außer den genannten Tabus noch Bestattungssitten, Traumorakel, Tänze), *Jüdisches* (Speisevorschriften), (meist Nestorianisch-)*Christliches* (eine Art Eucharistie, Kirchenbesuch bei Hochzeiten, Weinerlaubnis), *Gnostisch-* (viel aus der Mythologie, bes. Seelenwanderung) *Täuferisches* (die Kindertaufe kann aber auch christl. sein) und *Islamisches* (Buchbesitzerprinzip, verwirklicht in einem „Buch der Offenbarung" und einem „Schwarzen Buch"; Verehrung mehrerer Sufi-Scheiche; Beschneidung, Fasten, Opfer, Wallfahrt, Grabinschriften) aufgenommen wurde, sind die Jeziden überzeugende Fortsetzer des antiken Synkretismus.

Als *Sozialorganisation* mit besonderen endogamen Heiratsregeln und -bräuchen, sechs geistlichen Graden neben dem Laienstand, Zuordnung eines Jenseitsbruders bzw. einer -schwester zu jedem Jeziden Gliederung in Ältestenschaften, weltlichem und geistlichem Oberhaupt, sind sie armen. Christen und sunnitischen Muslimen wohl schon seit dem 9./10. Jh. aufgefallen. Hinzu kam ihre überlegene Kundigkeit in Ackerbau, Gärtnerei und Viehzucht. Sie waren deshalb häufig *Repressalien* ihrer jeweiligen islam. Obrigkeit ausgesetzt, bes. schlimm unter osmanischen Statthaltern seit dem 17. Jh. Vielerlei Nötigungen (von Kindern zum islam. Religionsunterricht, junger Männer zu unbezahlter Arbeit, junger Frauen zu exogamen Ehen, von Erblassern zu Besitzüberschreibungen außerhalb der Familie u.a.) sind, nach Lockerung in der nachosmanisch-laizistischen Türkei, nicht nur durch die Reislamisierung, sondern paradoxerweise auch durch die Redemokratisierung wieder massiv geworden: kurd. Großgrundbesitzer sunnitischen Bekenntnisses bedienen sich der Redemokratisierung, um die Vollmachten von Dorfschützern mit Polizeigewalt an sich delegieren zu lassen, die sie dann, zugleich um einen Loyalitätsbeweis zu erbringen, zur *Expropriation* von Jeziden gleich dörferweise einsetzen. Von ihren Volksgenossen als Ungläubige und von Türken und Arabern außerdem noch als Kurden unter unerträgliche Lebensbedingungen gesetzt, haben die Jeziden weder in türk. Großstädten noch in Westanatolien noch in der Sowjetrepublik Armenien, sondern überwiegend in der Bundesrepublik Alternativen gesehen. Im Mai 1988 war nahezu die gesamte *türk.* Jeziden-Bevölkerung – ca. 8000 Personen (meist aus dem Ṭūr ʿAbdīn und der Provinz Hakkari) – dort eingetroffen. Nur einige Hundert blieben zurück, darunter Verwandte, die wie auch das Bauernland nebst Hab und Gut zur Aufbringung der Flugkosten verpfändet werden mußten. Nachzug der *arab.* Jeziden-Bevölkerung, die seit dem iran.-irak. Waffenstillstand (August 1988) vor der auf Weiterbeschäftigung erpichten irak. Armee zunächst in die Türkei flieht, ist zu erwarten.

Menant, J.: Les Yézidiz. Épisodes d'Histoire des Adorateurs du Diable, Paris 1892 – Bittner, M.: Die Hl. Schriften d. J. oder Teufelsanbeter, Kurd. u. Arab., übers. ..., DAWW. PH 55, 1913 – Lescot, R.: Enquête sur les Yézidis de Syrie et du Djebel Sinjār, Mémoires de l'institut Français de Damas 5, Beirut 1938 – Menzel, Th.: *Art.* Yazīdī, HIsl (1941) 806–811 – Müller, K.E.: Kulturhist. Studien zur Genese pseudo-islam. Sektengebilde in Vorderasien, Wiesbaden 1967, 132–205, u.ö. – Schneider, R. (Hg.): Die kurd. Yezidi. Ein Volk auf d. Weg in d. Untergang, Gesellschaft f. bedrohte Völker, Göttingen 1984 – Guest, J.S.: The Yezidis, London/New York 1987 – Sternberg-Spohr, A.: Gutachten zur Situation d. Yezidi in d. Türkei, Gesellschaft f. bedrohte Völker, Göttingen 1988.

Die Pahlawi-Literatur

Hauptwerke der Sassanidenzeit

Wenn auch im gesamten Pahlawi-Corpus der Eindruck zoroastrisch-priesterlicher Abfassung oder Redaktion quantitativ vorwiegt, so gibt es doch gerade in der sassanidischen Frühzeit dahinter und daneben deutliche Zeugnisse für weltliche Literatur. Innerhalb dieser hat sich am besten dasjenige Genus gehalten, durch welches Iran an der „internationalen" und interkulturellen Weisheitsliteratur des Vorderen und Mittleren Orients teilhatte.[1] Man nennt sie hier mit dem mittel- und neupersischen Wort für Ratschlag, Verfügung, Feststellung „Andarz-Literatur". Es scheint, daß es die parthische Literatur war, welche der sassanidischen dieses Erbe maßgeblich vermittelt hat: das reizvolle kleine Kataloggedicht *Draḥt ī Asūrīg* (Der babylonische [eigentlich assyrische] Baum) – der Titel erinnert daran, wie weit die parthische Herrschaft einmal nach Westen reichte –, ein Disput zwischen einer Dattelpalme und einem Ziegenbock, läßt hinter einer Absage an aus Babylonien eingeführten Götzendienst einen Rangstreit anthropomorpher Eigenschaften von Pflanze und Tier deutlich erkennen. Dieser aber war, wie einzelne Wörter noch zeigen, eines parthisch abgefaßt.

Ethische und praktische Anweisungen, Maximen, Rätselsprüche, Epigramme, gnomisch gefaßte Beobachtungen sind in theologische Literatur überall leicht integrierbar, wo Unterordnung und Gehorsam unter einen Gott gefordert wird, dieses Prinzip aber allenfalls zur Begründung, nicht zur Konkretisierung praktischen Handelns ausreicht. Dies erklärt die relativ breite Vertretung von Andarz auch in der zoroastrischen Literatur. Ein Ādurbād ī Mahraspandān (das heißt A., Sohn des Mahraspand; er lebte im 4. Jahrhundert) gilt sowohl als Heros der Orthodoxie als auch als Autor von Andarz-Sammlungen. Eine davon ist seinem Sohne Zardušt (= Zarathustra!) gewidmet. Dieser verfaßte selbst ein *Pandnāmag* (Ratschlagbuch), das einen Späteren motivierte, einen Schluß über die Vergänglichkeit des Lebens und der irdischen Güter hinzuzufügen. Das theologische Vorzeichen, unter das hier die Pflichten eines Durchschnittsgläubigen gestellt werden, wird auch äußerlich durch einen einleitenden Katechismus gebildet, der Altersautorität beansprucht, und so heißt das Werk auch *Čīdag andarz ī pōryōtkēšān* (Auswahl von Belehrungen der ersten Glaubens-

---

[1] Eine andere Gattung, welche über Fragen der politischen Ordnung und Staatsführung, der höfischen Etikette und feinen Lebensart sowie des Kriegswesens belehrte, ist hingegen im Original verlorengegangen und lebt nur in arabischen und neupersischen Adaptionen fort. Näheres, mit reichen Literaturangaben, bei W. Sundermann: Commendatio pauperum. Eine Angabe der sassanidischen politisch-didaktischen Literatur zur gesellschaftlichen Struktur Irans. In: Altorientalische Forschungen 4, Berlin 1976, S. 167–194; und in: The letter of Tansar, translated by M. Boyce, Roma 1968. Aus der obigen Übersicht ausgeschlossen bleiben Rechtstexte.

lehrer). Eine ganze Reihe namentlich benannter und historisch beglaubigter Lehrer figuriert in Vorschriften, Anekdoten, Beispielerzählungen und ähnlichem, die später teils in Buch 3 des *Dēnkard* eingehen, teils gesammelt dessen Buch 6 ergeben sollten. Ein anderes *Pandnāmag* schrieb zwei Jahrhunderte später der Großwesir Buzurgmihr wohl auf Anregung seines Königs Khosrau I. Anōšarwān (531–579) zur Befähigung und Bildung künftiger Würdenträger im Staat. Diesem König selbst wird das *Andarz ī Hosrau ī Kavādān* (Belehrungen der Khosrau, Sohns des Kavād) als eine Art geistiges Testament zugeschrieben. Gerade daß dies geschehen konnte, wenn auch vieles von andern stammen mag, zeigt die Stände und Klassen überbrückende Kraft einer Reflexion, welche zu Mäßigkeit und Weltdistanz findet. Als gleichzeitig der Vernunft und der guten (explizit auch: nicht einer falschen) Religion gemäß wird dergleichen, wohl um dieselbe Zeit, in dem anonymen *Dādistān ī menōg ī hrad* (Entscheidung der himmlischen Vernunft) abgehandelt. Über den Gedanken, daß am ehesten Vernunft der Rettung der Seele nützt, werden auch Überlieferungsstücke aus der individuellen Eschatologie eingeführt.

Mit der Andarz- ist die Kārnāmag-(Tatenbuch-)Literatur verwandt, weil hier das Berichtete exemplarisch belehrenden Charakter annehmen kann. Das *Kārnāmag ī Ardašīr ī Bābagān* (Tatenbuch des A., Sohns des Bābag) erzählt, wie Bābag, ein Markgraf des letzten Arsakidenkönigs Artabanus'V. (213–224?), im Traum auf den bei ihm dienenden Hirten Sāsān hingewiesen wird, der ein direkter Nachkomme des letzten Achämeniden Dareios III. (336–331 v.Chr., von Alexander dem Großen gestürzt) sei. Bābag gibt ihm seine Tochter zur Frau, und sie zeugen Ardašīr, der nach vielen Abenteuern der Begründer der Sassanidendynastie wird. Der Bericht führt bis zu seinem Enkel Ohrmazd I. (272/73) und überträgt viele sagenhafte oder mythische Motive auf den Helden, zum Beispiel den Drachenkampf oder Symbolisierungen der Königsglorie durch ein Lamm und des heiligen Feuers von Stakhr durch einen Adler, der den König schützt. So wie hier Legitimität begründet wird, so wird sie verteidigt im *Mazdak nāmag* (Buch von M.). Es berichtet von Ausbruch, Verlauf und Niederschlagung einer sozialen Revolte unter König Kavād I. (488–531) durch den gnosisnahen Ketzer Mazdak, der sich in diesem Werk auf direkte Anweisungen des heiligen Feuers beruft. Das Original des Werkes ist verloren, aber es ist aus historischen Werken der islamischen Zeit und dem Königbuch des Firdausī rekonstruierbar.

Dasselbe ist der Fall bei dem großen Geschichtswerk, in dem alle historischen Traditionen, zum Teil unter Verwendung literarischer Gestaltungen wie der beiden genannten und einer Version des Alexander-Romans, ferner am Hof geführte Annalen und unterhaltend-belehrende Handbüchlein wie über Reimkunst, Schachspiel, Polo, Musizieren, Astrologie und andere höfische Fertigkeiten zusammenkamen. Dies ist das *Hwadāy nāmag* (Königsbuch), das unter anderem eine große Chronik der ganzen Sassanidenzeit ist. Als beispielgebend wird die Epoche der Kayaniden glorifiziert, die mit mythischen Königen der Vorzeit beginnt und bis in die Zeit hineinreicht, als sich die Iranier mit ihrem Erzfeind, dem „Turer" Frangrasyān, auseinandersetzen müssen. Auch sehr viel Folklore ist in dieses Werk eingegangen. Jeder König, ob gut oder böse, hält bei seiner Thronbesteigung eine Rede im Andarz-Stil. Bedeutung und Nachwirkung dieses Werkes, an dem mehrere anonym bleibende Verfasser gearbeitet haben, sind gar nicht zu überschätzen. Der bedeutendste arabische Literat des 8. Jahrhunderts, Ibn al-Muqaffaʿ (718 oder 723 bis 757 oder 759), hat die meiste Arbeitskraft an die Übersetzung dieses Werkes ins Arabische gewandt; daneben muß es andere Übersetzungen gegeben haben. Arabische Historiker werden davon reichen und vielfältigen Gebrauch machen. Der Bewertungsmaßstab, der bei einer ersten Redaktion unter Khosrau Anōšarwān und einer zweiten unter Yazdgird III. (632–651), dem letzten Sassaniden, festgesetzt worden war und einen König wie Yazdgird I. (399–420) vom zoroastrischen Standpunkt aus in schlechtem Licht erscheinen läßt, wird dabei tatsächlich in die Zeit nach der arabischen Eroberung übernommen und prägt das besondere Selbstverständnis der iranischen Nation innerhalb der islamischen Ökumene neu. Dasselbe bewirkte eine von vier Männern 957 gefertigte Übersetzung ins Neupersische – sie kann auch aus einem mit dem Ḥwadāy nāmag nicht identischen, sondern aus einem ihm nahestehenden Werk hervorgegangen sein –, und erst recht das Šāhnāme des großen Firdausī, der für sein Epos auch dieses historisch konzipierte Viermännerwerk benutzte.

Die Zeit Khosraus I. war eine kulturelle Blüte, der die orthodoxe Reaktion nach dem Mazdak-Aufstand keinen Abbruch tat. Außer den bisher schon mit dieser Zeit in Verbindung gebrachten Schriften wurden in ihr wahrscheinlich noch weitere verfaßt. Ihre Verschiedenartigkeit zeigt, daß theologische Normierung nicht notwendig zu literarischer Stereotypie führen muß. Die Pahlawi-Übersetzung des *Awesta*, von welcher der größere Teil noch ausstand, wurde vollendet; was später das siebte und neunte Buch des *Dēnkard* sein wird, geht darauf zurück. Dasselbe liegt dem *Šāyast nē šāyast* (Erlaubt, nicht erlaubt) zugrunde. Dieses Werk behandelt Verunreinigung und magische Läuterung, Sünde und rituelle Sühne in eindrucksvoller Kasuistik und liefert so einen Wahrheitsbeweis für die vorausgesetzte religiöse Grundanschauung. Ganz anders, nämlich mittels einer Erkundungsekstase, tut dasselbe das *Ardāy Wirāz Nāmag* (Buch von A. W.): Der Titelheld der Geschichte, der nach dem Einbruch Alexanders des Großen in Iran lebt, wird von der verwirrten Priesterschaft mittels eines Narkotikums in eine siebentägige Trance versetzt, während der seine Seele, von Gottheiten des traditionellen Pantheons geführt, himmlische Belohnungen für das Wahre und höllische Strafen für das Falsche schaut, die nach dem Erwachen einem Schreiber diktiert werden. Es ist möglich, daß für eine derartige Vergewisserung erst in frühislamischer Zeit genügend Grund bestand; auch in ihr kann dieses Werk verfaßt worden sein.

Sammlung, Sicherung und Ausgang in frühislamischer Zeit

Die arabische Eroberung Irans hat nur rund 15 Jahre in Anspruch genommen und war bereits 651 militärisch beendet. Sie sollte das Land unter dem Monotheismus des Korans in einen von Spanien bis zum Pandschab und nach Zentralasien reichenden Zusammenhang einbeziehen, innerhalb dessen sich eine synkretistische zu einer nach und nach homogener wirkenden islamischen Kultur wandelte, wie sie Byzanz und das mittelalterliche Europa neben sich wußten. Iranische Traditionen, und zwar nicht nur rein-, sondern auch para-zoroastrischer Natur, waren an diesem Umgestaltungsprozeß auf den Ebenen der gesellschaftlichen Institutionen, der politischen Auseinandersetzungen, der religiösen Schul- und Gruppenbildungen, der Alltagsfolklore vielfach beteiligt. In der erhaltenen Literatur sind diese Traditionen nurmehr in einer eigentümlichen Formelhaftigkeit, Traditionalität und doktrinären Selbstgenügsamkeit vorzufinden. Die arabische Eroberung scheint die kleine iranische Elite, die auch schrieb, bereits ohne lebendige Beziehung zu Volk und Nachbarschaft ihres Landes angetroffen zu haben.

Dieses Urteil steht natürlich unter dem Vorbehalt, daß wir vieles nicht mehr kennen. Aus dem Erhaltenen heben sich heute nur zwei Komplexe heraus. Der eine ist in die Zeit bald nach der Eroberung zu datieren, der andere ins 9. Jahrhundert.

Die neue historische Situation scheint zunächst und vor allem dazu gezwungen zu haben, das überkommene Geschichtsbild zu revidieren. So erklärt es sich, daß die iranischen Apokalypsen in dieser Zeit ihre teils verändernden, teils erweiternden Neu- und Schlußredaktionen erfuhren. Das *Jāmāsp-Nāmag* wird als 16. Kapitel in ein größeres Werk, das *Ayādgār ī Jāmāspīg* (Gedenkbuch des Jāmāsp), eingeordnet, in welchem die iranische Universalgeschichte, nun auch eine Berechnung über die mutmaßliche Dauer der arabischen Herrschaft einschließt. Im *Bahman Yašt* (Verehrungstext für Bahman, das heißt für Vahuman, den „Guten Sinn") wird die mythologische Lehre aus dem alten awestischen *Sūdgār-Nask* von den vier Weltaltern mit der Abfolge von sieben qualitativ absteigenden nationaliranischen Königtümern verschmolzen; damit wird die alte Millennien-Eschatologie so harmonisiert, daß die Leser im letzten Jahrhundert des durch Zarathustra eingeleiteten Jahrtausends die Wirkungen der Katastrophe wiedererkennen konnten, die der arabische Einfall verursacht hatte.

Im 9. Jahrhundert wird die Tradition in mehreren enzyklopädischen Werken gesammelt. Die Apologetik nach außen und das Ringen um eine Orthodoxie nach innen sind damit unlöslich verbunden. Ein bedeutender Gelehrter, Ādurfarnbag ī Farroxzādān, tritt hier sogleich zweifach hervor. Er ist Sieger in einer Disputation gegen einen vom zoroastrischen wie vom islamischen Standpunkt aus ambivalenten Mann, welcher der Abweichung von den Reinheitsvorschriften und der Leugnung der Gerichtsausübung durch den obersten Gott Ōhrmazd überführt wird. Er erhält dafür den Schimpfnahmen *Guzastag Abāliš* (Der verfluchte A.). Ein Traktat mit diesem Titel hält diese Disputation fest. Sie fand in Gegenwart des abbasidischen Kalifen al-Ma'mūn (813–833) statt, für den das Ergebnis gleichfalls wichtig war. Ādurfarnbag hat sodann Traktate über die Abfolge des von Dämonen verursachten Unheils und des vom Urkönig Yima garantierten Heils, über menschliche Tugenden und Leidenschaften, über Geschicke, Inhalte und Umfang der religiösen Überlieferung einschließlich der Zarathustra-Legende und vielen anderen Stoffen zu sammeln und zu redigieren begonnen. 50 Jahre später vollendet Ādurbād ī Ēmēdān das Werk; unter dem Titel *Dēnkard*, etwa „Religionsangelegenheit", ist es fortan die maßgebende Summe der Lehre.

Zeitgenossen des Schlußredaktors waren zwei Brüder, die hohe priesterliche Funktionen ausübten. Der ältere, Manuščihr, war in den Provinzen Fārs und Kermān tätig. Er verfaßte das Werk *Dādistān ī dēnīg* (Religiöse Entscheidung), worin er, schwerfällig und mehr aufs Rituelle als aufs Ideelle konzentriert, den Kampf zwischen dem guten und dem bösen Geist von der Schöpfung bis zur Auferstehung der Toten einschließlich aller Pflichten und Rechte von Priestern und Laien abhandelt. In zwei langen öffentlichen Episteln *(Nāmagīhā)* nimmt er sich außerdem der für Zoroastrier so wichtigen Frage der Reinigung eines durch einen Leichnam Verunreinigten an. Nicht sein geringster Gegner ist sein Bruder Zādspram, der vor seiner Versetzung nach dem Süden im Nordosten in der Nähe eines manichäisch gewordenen türkischen Volkstammes wirkte. Seine stilistisch viel gewandteren Schriften, überliefert als *Wizīdagīhā* (Auszüge oder Ausgewähltes), spiegeln in ihrem Aufriß der Weltgeschichte in drei Teilen noch gewisse Züge, die auf jene Nachbarschaft zurückgehen können und für Orthodoxe wie seinen Bruder mit der Häresie des Zurvanismus gleichbedeutend waren. Ganz im Sinn dieser Orthodoxie verteidigt, wohl auch noch im letzten Viertel des 9. Jahrhunderts, ein Mardānfarrohī Ōhrmazddādān die reine Lehre gegen die genannten Häresien, doch nun auch gegen Atheisten, Materialisten, Juden, Christen und Muslime. Sein Werk heißt *Škand-Gumānīg Wizār* (Zweifelzerstreuende Entscheidung). Es ist von erstaunlicher analytischer Schärfe, geschrieben in einem gehobenen rhetorischen Pahlawi.

Dieselbe intellektuelle Kraft, wenn auch nicht dieselbe sprachliche Klarheit, atmet das wohl wichtigste Werk dieser kurzen Epoche, das *Bundahišn* (Grundlegung, Schöpfung). In 48 Kapiteln ordnet es die meisten Gegenstände der Überlieferung aus allen damaligen Wissensgebieten den vier Trimillennien der Weltalterlehre zu und gibt viele legendäre und historische Nachrichten über das alte Königsbuch hinaus. Die Zarathustra-Anhänger, die bis heute in Bombay und Gujarat (genannt die Parsis) oder in der Nähe von Yazd (genannt die Iranis) leben, überliefern zwei verschiedene Versionen. Mehrere Hände vom 9. bis wohl zum 12. Jahrhundert haben namentlich an der längeren, der iranischen Version gearbeitet. Das Werk ragt damit in die Zeit hinein, in der einerseits die neupersische Literatur ihr bedeutendstes Werk, das Šāhnāme des Firdausī, schon hervorgebracht hat und in der andererseits sich die Zarathustrier mit rein ritualistischen, den jeweiligen Zeitumständen angepaßten Kommentierungen, partiellen Zusammenfassungen und Weiterschreibungen begnügen werden – seit der zweiten Hälfte des 10. Jahrhunderts in einem eigenen, nicht mehr mittelpersischen Dialekt.

Die späte Pahlawi-Literatur spricht in unserem Ich keine primordiale Erfahrungsschicht (im Husserlschen Sinn) an, wie es Literaturen, die aus uns noch entfernteren Ländern stammen oder die viel älter sind, manchmal tun. Wir müssen gerade von dieser Erfahrungsschicht aus ein kollektives Fremd-Ich anerkennen, das hier eine objektiv andere Welt konstituiert hat. Dieser Tatbestand hat nicht verhindert, daß im 19. und 20. Jahrhundert kompetente Parsengelehrte ihren europäischen und amerikanischen Kollegen bei der sehr schwierigen Erschließung der Pahlawi-Literatur wichtigste Hilfe geleistet haben.

Literatur

Asmussen, J. P.: Manichäismus als Vermittler literarischen Gutes. In: Temenos 2, 1966, S. 5–21.
Back, M.: Die sassanidischen Staatsinschriften. In: Acta Iranica. Bd. 18, Leiden-Teheran-Liège 1978.
Boyce, M.: Middle Persian Literature. In: Handbuch der Orientalistik (HO) Abt. 1, Bd. 4, Abschn. 2, Liefg. 1, hg. von B. Spuler. Leiden 1968. S. 31–66.
Dies.: Parthian Writings and Literature. In: CHI (s. u. unter M. Dresden), Bd. 3 (2), S. 1151–1165.
Dies.: The Manichaean Literature in Middle Iranian. In: HO, S. 67–77.
Dies.: Manichaean Middle Persian Writings. In: CHI, Bd. 3 (2), S. 1196–1204.
Dies.: A Catalogue of the Iranian Manuscripts in Manichaean Script in the German Turfan Collection. Berlin 1960.
Dresden, M.: Sogdian Language and Literature. In: The Cambridge History of Iran (CHI), Bd. 3 (2), hg. von E. Yarshater. Cambridge 1983. S. 1216–1229.
Emmerick, R. E.: A Guide to the Literature of Khotan. Tokyo 1979.
Geldner, K. F.: Awestaliteratur. In: Grundriß der iranischen Philologie (GiPh) Bd. 2, hg. von W. Geiger und E. Kuhn. Straßburg (1896) 1904. S. 1–53.
Gershevitch, I.: Old Iranian Literature. In: HO, S. 1–30.
Ders.: Bactrian Literature. In: CHI, Bd. 3 (2), S. 1250–1258.
Gignoux, Ph.: Middle Persian Inscriptions. In: CHI, Bd. 3 (2), S. 1205–1215.
Henning, W. B.: Selected Papers. 2 Bde. Acta Iranica 15 u. 16. Leiden-Teheran-Liège 1977.
Humbach, H.: Baktrische Sprachdenkmäler. 2 Teile. Wiesbaden 1966/67.
Ders. und P. O. Skjærvø: The Sassanian Inscription of Paikuli. 4 Teile. Wiesbaden 1978–1983.
Klíma, O.: Avesta. Ancient Persian Inscriptions. Middle Persian Literature. In: J. Rypka: History of Iranian Literature. Dordrecht 1968. S. 1–67.

Lang, D. M.: The Wisdom of Balahvar. London 1957.
Mackenzie, D. N.: Mani's Šābuhragān. In: Bulletin of the School of Oriental and African Studies 42, 1979, S. 500–533; 43, 1980, S. 288–310.
Ders.: Khwarazmian Language and Literature. In: CHI, Bd. 3 (2), S. 1244–1249.
de Menasce, P. J.: Zoroastrian Pahlevi Writings. In: CHI, Bd. 3 (2), S. 1166–1195.
Ders.: Zoroastrian Literature after the Muslim Conquest. In: CHI, Bd. 4. 1975. S. 543–565.
Nöldeke, Th.: Burzoes Einleitung zu dem Buche Kalila wa Dimna. Schriften der wiss. Gesellschaft in Straßburg, Heft 12. 1912.
Sundermann, W.: Mittelpersische und parthische kosmogonische und Parabeltexte der Manichäer. Mit einigen Bemerkungen zu Motiven der Parabeltexte von F. Geissler. Berliner Turfantexte 4. Berlin 1973.
Ders.: Mitteliranische manichäische Texte kirchengeschichtlichen Inhalts. Berliner Turfantexte 11. Ber lin 1981.
Tavadia, J. C.: Die mittelpersische Sprache und Literatur der Zarathustrier. Leipzig 1956.
Weissbach, F. H.: Die altpersischen Inschriften. In: GiPh, Bd. 2, S. 54–74.
West, E. W.: Pahlavi Literature. In: GiPh, Bd. 2, S. 75–129.

Vom hellenistischen, täuferischen und randständigen Judentum zur dualistischen Gnosis

a) (Zweites Jahrhundert:) Jüdische Voraussetzungen des valentinianischen Geistapostolats

1. Ein Stadtmilieu

Von den mehr als ein Dutzend Städten, denen Alexander der Große seinen Namen gegeben hatte, war das in Unterägypten am Mittelmeer gelegene Alexandrien im 2. Jahrhundert n.Chr. wohl die größte Stadt der Welt. Seine Einwohnerzahl hat man auf eine Million berechnet. Zwei Fünftel davon waren Juden, die anderen waren Makedonier, Griechen, Kleinasiaten und Ägypter. Kaiser Hadrian (117-138), der für die kaiserlich-römische Provinz Ägypten manche Vorliebe hegte und sie durch einen Statthalter aus dem Ritterstande regieren ließ, der sogar gewisse Vorrechte der Pharaonen behalten durfte, soll einmal an einen Konsul geschrieben haben:

„Hadrianus Augustus entbietet dem Konsul Servianus einen Gruß! Ägypten, das du mir so gerühmt hast, mein lieber Servianus, habe ich als ein ganz leichtsinniges, schwankendes und jedem Geschwätz zugängliches Land kennengelernt. Hier sind die Sarapisdiener Christen, und die sich christliche Bischöfe nennen, sind dem Sarapis ergeben. Hier gibt es keinen jüdischen Synagogenvorsteher, keinen Samaritaner, keinen christlichen Presbyter, der nicht zugleich ein Astrologe, ein Wahrsager und ein Quacksalber wäre. Wenn der Patriarch selber nach Ägypten käme, würde er von den einen dazu gezwungen werden, den Sarapis, von den andern, Christus anzubeten. Es ist ein höchst aufsässiger, oberflächlicher und gewalttätiger Menschenschlag. Die Hauptstadt ist reich und wohlhabend und prosperiert. Niemand frönt in ihr dem Müßiggang. Die einen sind Glasbläser, andere Papiermacher. Alle (?) sind wenigstens Leinenweber (oder?) scheinen sonst irgendein Gewerbe ... auszuüben. Die Fußgichtkranken haben ihre Beschäftigung ebenso wie die Kastraten und die Blinden. Nicht einmal die Handgichtkranken gehen hier müßig. Alle haben sie nur einen Gott, das Geld. Ihn verehren die Christen, ihn die Juden, ihn verehren alle, auch die Heiden".[1]

---

1 Flavius Vopiscus, Hist. Aug., Saturninus 8,1-10, deutsch: *Historia Augusta*, übers. von E. Hohl, Bd. 2, München u. Zürich 1985, S. 267f. (Übersetzung leicht verändert). Es handelt sich um eine Fälschung aus dem Ende des 4. Jahrhunderts, doch zeigt gerade sie — zwar nicht in Einzelheiten, aber grundsätzlich —, wie ein Christ die Dinge sehen mußte.

546   *Stück 48*

Der große Hafen mit den für ihre Zeit riesigen Im- und Exporten sorgte dafür, daß die blühenden Alltags- und Luxusgewerbe oft in Wucher und Spekulation übergingen. Das nach außen glitzernde Leben zog immer neue Menschen an; hundert Jahre nach Hadrian muß der Kaiser Caracalla (211-217) Edikte gegen die Landflucht erlassen, und dafür dürfte es auch früher schon Gründe gegeben haben. Papyri bezeugen uns, daß Fremde im Taumel der Weltstadt leicht versanken. Das Leben muß, namentlich für die kleinen Leute, sehr mühselig gewesen sein, wenn auch wohl nicht ein solcher Horror wie im heutigen Kairo, wo die Bevölkerung alle acht Monate um eine Million anwächst. Sicher gab es oft Grund, auf der Straße zu demonstrieren, wenn uns dafür auch nur ein einziges, allerdings einzigartiges Zeugnis überliefert ist, das sich liest wie eine Zeitungsmeldung von heute: in den Tagen von Hadrians Vorgänger Trajan (98-117) schreibt eine Frau aus der Oberklasse an ihre Tochter: „Das Volk zog zahlreich in der ganzen Stadt umher und forderte höhere Löhne" (P. Brem. 63[2]).

Mit dem Neben- und Durcheinander der Menschen mischte sich das, was sie dachten und glaubten. Die mit dem Austausch zwischen den genannten Bevölkerungsteilen gegebenen Möglichkeiten, daß jeder Alles meinen und vertreten konnte und durfte, wurden noch alternativer, wenn Neger, Inder, Chinesen und Germanen hinzukamen, wie sie in Bühnenspielen auftreten und auf Terrakotten der Zeit erscheinen[3]. Der Obrigkeit blieb dies nicht verborgen.

2. Die Lehre des Valentinus und ihr hellenistisch-jüdischer Hintergrund

In dieser schwierigen Stadt, seiner Heimatstadt, hatte vor achtzehneinhalb Jahrhunderten, um 135 unserer Zeitrechnung – also gegen Ende der Regierung des Kaisers, von dem die eben zitierte Milieuschilderung stammen soll –, ein christlicher Philosoph mit Namen Valentinus ein auditives Erlebnis. Es wurde wahrscheinlich für seine gesamte geistige Entwicklung und dann für das Denken in seiner weit ausstrahlenden Schule von großer Bedeutung. Folgendermaßen wird es geschildert – man beachte, wie kurz es ist, was gegen legendarische Ausschmückung spricht –: „Valentinus sagte, er habe ein kleines Kind gesehen, gerade geboren; er habe es gefragt, wer es sei, und es habe ge-

---

[2] U. Wilcken, „Die Bremer Papyri", in: *APAW* 1936, phil.-hist. Klasse, Nr. 2, S. 141-144, Z. 14-17.
[3] W. Schubart, „Alexandria", in: *RAC* 1, Sp. 277.

antwortet, es sei der Logos" (frgm. 7[4]). Logos, das war bis dahin ein Wort für etwas Erhabenes gewesen. Eine große philosophische Tradition, getragen vornehmlich von Stoikern und Platonikern, schwang darin mit. Es war eine Art Weltvernunft, die den Kosmos durchwaltete, leitete und ordnete und in diese Funktion die Vernunft des Menschen einbezog, damit sie auch ihn anleite, der natürlichen Ordnung des Kosmos gemäß zu leben. Unmöglich, daß irgendjemand diesen Logos in einem noch unvernünftigen Säugling repräsentiert gesehen hätte. Valentinus aber tut eben dies. Indem er in seiner Audition aus dem Lallen des Säuglings eine derartige Selbstprädikation vernimmt, kommt er zu einer schlechterdings umwälzenden Umwertung eines klassischen Wertes. Vielleicht hat er auch an das Kind Jesus Christus gedacht, hatte diesen doch schon der Prolog des Johannesevangeliums (Joh 1,14) als fleischgewordenen Logos bezeichnet und damit – denn der Logos war bis dahin Geist, nicht Fleisch gewesen – eine vergleichbare Umwertung vorgenommen. Wie dem auch sei, Valentinus war als Christ auf der Suche nach einem wahren, und das hieß für ihn: nach einem geistigen Christentum, nach einem Erlösungsglauben, der in Astrologie und Wahrsagerei, in die Verehrung der ägyptischen Götter und, wie wir sehen müssen, auch des jüdischen Schöpfers dieser Welt nicht mehr hineingemischt sei. Ob er nun das schwierige Leben vor Augen hatte, das einem in diese alexandrinische Welt hineinwachsenden Kinde bevorstand, oder aber an den Weg zum schmerzhaften Tode dachte, den der Logos Jesus Christus zu gehen hatte – am ehesten hat er eines im anderen wiedergefunden –, in jedem Falle könnte dieses Erlebnis das Nachdenken des Valentinus auf die negative Bewertung einer Welt hingepolt haben, in der ein derartiges Geschick des Logos zwangsläufig war. Denn alles, was von des Valentinus und seiner Schüler Lehre erhalten ist, ließe sich zu einem positiven Platonismus umdrehen[5], den man als Grundzug eines intakt gebliebenen Denkens interpretieren und einem Denker des zweiten Jahrhunderts zuschreiben dürfte, für den die diesseitige Welt eben besser aussieht und in keinem so krassen Gegensatz zur jenseitigen Welt steht. Wie sich nun gerade das letztere in Valentinus so vorbereitet hat, daß es durch sein Schlüsselerlebnis in eine ganz neuartige Erklärung der Welt, des Schicksals seiner Vernunft und der Erlösung des Menschen umgesetzt wurde, das ist fast psychologisch zu rekonstruieren[6]. Es läßt sich jedenfalls aus den vielen valentinianischen Zeugnissen und Schriften, die inzwischen vor-

---

4 Bei Hippol. *Ref.* 6,42,2; deutsch bei Förster, Bd. 2, S. 314.
5 Genauer bei H. Langerbeck, *Aufsätze zur Gnosis*, Göttingen 1962, S. 38-82.
6 E.R. Dodds, *Heiden und Christen in einem Zeitalter der Angst*, Frankfurt 1985, S. 30, 35, 94f, 125, Anm. 43.

liegen, erschließen, und es zeigt sich dann, daß sie sich alle in die Folgerichtigkeit einer lehrhaften Erzählung fügen, die den Weltenlauf in sich einschließt und neu den Knoten entwirrt, in den das bisherige Weltbild des Valentinus durch sein Erlebnis zusammengezogen worden sein kann. Immerhin sagt nämlich der Berichterstatter gleich im Anschluß von dessen Wiedergabe: „Darauf fügte er (= Valentinus) einen tragischen Mythos hinzu und will aus diesem die von ihm gegründete Häresie bestehen lassen" (Hipp. ref. 6,42,2).

Man kann diesem Satz noch zwei weitere wichtige Informationen entnehmen. Einmal, daß es inzwischen eine hierarchisch verfaßte Kirche gab, von deren Rechtgläubigkeitsmonopol aus der Berichterstatter — es ist der römische Presbyter Hippolyt, der hier als Widerleger nach dem Jahre 222 schreibt — die Schule des Valentinus eine Häresie nennt; einen solchen Status handeln sich vorher, gleichzeitig und später viele vergleichbare Schulen ein. Zum andern, daß die von Valentinus inaugurierte Häresie selbst aus dem tragischen Mythos besteht, soll heißen: daß die Welt im Mythos enthalten und durch eine Vermittlung, die eine innerhalb dieser Welt ihrerseits den Mythos enthaltende, verkündende und lebende Gemeinschaft von Erwählten besorgt, in ihrer Teleologie zu beeinflussen ist. Dieser tragische Mythos ist aus zahlreichen Quellen in allen Einzelheiten und in mehreren Varianten bekannt[7]. Mehrere von ihnen sind zu einem großen System ausgebaut, das mit seinen referentiellen Innenbezügen Anforderungen selbst einer modernen Systemtheorie erfüllt. Die wichtigsten Bezüge bestehen hier zwischen der tragisch in die Welt verstrickten, nicht mehr auf die himmlische Seite gehörigen Vernunft und ihrem Erlöser, und das noch auf mehreren kosmo-ontologischen Ebenen. Erlösung besteht in Aufhebung dieser Entfremdung; auf sie zielt der Mythos hin, und zu ihr soll damit die Welt hingeführt werden. Das läuft über den Menschen, der dieselbe Entfremdung in verkleinertem Maßstab in sich empfindet und von Christus aus ihr gerettet wird. Man braucht nur noch zu wissen, daß in der Sprache solcher Erlösungslehren die griechischen Worte für Geist (*pneuma*) und für Weisheit (*sophia*) mit dem für Vernunft (*logos*) gleichbedeutend geworden waren — das grammatische und damit das persönliche Geschlecht spielte keine Rolle —, um zu verstehen, wie an zentraler Stelle des Mythos das Schicksal der in die untere Welt geworfenen himmlischen Vernunft oder Weisheit mit anderen Worten beschrieben wird:

„Das Sinnen der oberen Sophia ... war notwendiger Weise in Orten des Schattens und der Leere zerfressen. Denn sie war außerhalb des Lichtes und der himmlischen Fülle geraten, ungeformt und ungestaltet wie eine Fehlge-

---

[7] B. Layton (Hrg.), *The Rediscovery of Gnosticism 1: The School of Valentinus* (Suppl. Numen 41), Leiden 1980.

burt, weil sie nichts begriff. Es erbarmte sich aber über sie der obere Christus, streckte sich über das (sc. kosmische Licht-)Kreuz hinaus aus und gab ihr durch seine eigene Gestaltungskraft die Gestaltung (zurück) . . ." (Iren. haer. 1,4,1).

Bedenkt man, daß an anderen Stellen die Trennung der Sophia von der himmlischen Lichtfülle, in welcher sie beheimatet war, als Fall oder Sturz beschrieben wird, dann darf man sich die Fehlgeburt ganz drastisch vorstellen: als Herausstürzen eines Foetus aus einer im Stehen abtreibenden Mutter, eines Foetus, der klumpig ist und nicht denken kann, der Gestalt und Denkvermögen aus eigener Kraft auch nicht erlangen wird und gleichwohl dahinvegetiert — Symbol des in Jammer und Schmerz dahinwesenden Menschen. So sind verwandte Texte voll von ergreifenden Beschreibungen der mannigfachen Leiden der gefallenen Sophia, bzw. der Seele[8].

Nur drei Generationen *vor* Valentinus hatte in derselben Stadt Alexandrien ein jüdischer Philosoph mit Namen Philon ganz anders über Logos und Sophia gesprochen. Seine Weltsicht ist getragen von einem festen Vertrauen in die Ordnung des Kosmos, die Gott durch sein Wort, d.h. durch seinen Logos, gesetzt hat. So schreibt er in seiner Schrift über die Weltschöpfung:

„Ähnlich (wie den Bau einer Stadt) haben wir uns die Sache auch bei Gott zu denken, daß er also in der Absicht, die Großstadt (= den Kosmos) zu bauen, zuerst im Geiste ihre Formen schuf, aus denen er eine gedachte Welt zusammensetzte und dann mit Benutzung jenes Musterbildes die sinnlich wahrnehmbare herstellte. Gleichwie nun die in dem Baumeister zuvor entworfene Stadt nicht außerhalb eine Stätte hatte, sondern nur der Seele des Künstlers eingeprägt war, ebenso hat auch die aus Ideen bestehende Welt keinen anderen Ort als die göttliche Vernunft (= *logos*), die dieses alles geordnet hat. Denn welchen anderen Wohnsitz für die göttlichen Kräfte könnte es wohl geben, der geeignet wäre, ich sage nicht alle, sondern auch nur eine einzige (sc Kraft oder Idee), welche es auch sein mag, unverändert aufzunehmen und zu fassen? Eine göttliche Kraft aber ist auch die weltschöpferische, die als Quelle das wahrhaft Gute hat" (op. mundi 19ff)[9].

Für den Menschen wirkt sich das z.B. so aus:

„Dieses Lied (d.h. Ps. 23,1: der Herr ist mein Hirt, mir wird nichts mangeln) paßt indessen nicht nur zum Vortrag für jeden von Gottesliebe erfüllten Menschen, sondern auch in besonders hohem Maße für das Weltall; denn wie eine Herde, so leitet Erde, Wasser, Luft, Feuer samt den sie erfüllenden Pflanzen und Tieren, sterblichen und göttlichen Wesen, überdies den Himmel, die Kreisbewegungen der Sonne und des Mondes, die Wendungen und harmoni-

---

[8] Vgl. die „Exegese über die Seele" (*NHC* II, 6), deutsch bei Förster Bd. 2, S. 127-135.
[9] Übers. J. Cohn, *Die Werke Philos* 1, S. 33; mehr in Kap. VI.

schen Reigen der anderen Himmelskörper Gott, der Hirt und König, nach Recht und Gesetz, nachdem er seine rechte Vernunft, seinen erstgeborenen Sohn, zum Leiter eingesetzt, damit sie die Fürsorge für diese heilige Herde wie ein Unterbeamter und Vertreter des Großkönigs übernehme" (agric. 51)[10].

Der Logos als Gottessohn, der so eindeutig oben bleibt, daß eher die Beschreibung der Menschen in die himmlischer Wesen als die Beschreibung der letzteren in die irdischer Geschöpfe übergehen kann: ein größerer Gegensatz zu einem Logos, der leidvoll in die Welt verstrickt ist, weder denken noch reden kann und einen fremden Erlöser braucht, um wieder herauszufinden, läßt sich nicht denken.

Valentinus aber verkündet eben diesen verstrickten Logos, diese gefallene Weisheit als ein Apostel[11] der Weltablehnung und wandelt damit auch die überlieferte Rolle des Propheten von Grund auf um.

3. Fortentwicklungen zu gnostischen Systemen oder Mythen „ägyptischen" Typs

Die Welt, deren wichtigster Repräsentant Philon von Alexandrien ist, war das hellenistische Judentum. Die Welt, welche Valentinus repräsentiert, nennen wir Gnosis oder Gnostizismus. Das griechische Wort Gnosis heißt Erkenntnis. Diese ist nicht im erkenntnistheoretischen Sinne der antiken Philosophie, unter der Voraussetzung von Distanz vom Gegenstand und Analyse desselben zu verstehen, sondern in einem neuen, fast mystischen Sinne: der Erkennende wird durch ein Erkenntnisorgan, welches sein ganzes Selbst ausmacht, eins mit dem Gegenüber seiner Erkenntnis, und er wird dadurch erlöst, daß dieses Gegenüber ihm die Erkenntnis erst ermöglicht. Das ist z.B. die Quintessenz der Beziehung zwischen der nach unten gefallenen Sophia und dem oberen, kosmischen Christus, die wir kennengelernt haben. Es ist berechtigt, alle Mythen und Systeme, welche diese Quintessenz enthalten, unter dem Gnosisbegriff zu vereinigen. Da das ziemlich viele sind, hat man damit in Kauf genommen, eine ganze religiöse Bewegung, als welche der geistige Zusammenhang zwischen diesen Mythen, Systemen, Lehrgebäuden, Verkündigungen sich darstellt, Gnosis zu nennen. Da manche es für problematisch halten, ein Wort, das schon in den Quellen oft ihre Quintessenz bezeichnet — denn das ist der Fall —, zu einer modernen wissenschaftlichen Bezeichnung zu machen, sagen sie Gnostizismus im Sinne einer Lehre von Gnosis.

---

[10] Übers. I. Heinemann, *Die Werke Philos* 4, S. 122.
[11] W. Schmithals, *Das kirchliche Apostelamt* (FRLANT 79), Göttingen 1961, S. 156.

Der Unterschied zwischen hellenistischem Judentum und Gnostizismus, wie er zwischen Philon und Valentin repräsentativ zutage tritt, ist so groß, daß man ihn einen Bruch nennen muß. Ein historischer Bruch bedeutet, daß es sinnlos wird, für das, was nach ihm kommt, die Ursprungsfrage zu stellen, wenn bei Ursprung daran gedacht wird, daß man es hier mit einem Entstehungsgrund für das Ganze oder wenigstens mit einem Erklärungsfaktor für wichtige Besonderheiten des Späteren zu tun habe. Den Grund der Heterogenität des Neuen hat man transzendental genannt[12]. Soziologische und tiefenpsychologische Versuche, ihn zu konkretisieren, sind gemacht worden — erinnert sei an die Thesen von der Metaphysizierung der Entmachtung der Weltvernunft auf Seiten bestimmter, diese für ihr bisheriges Wirken in Anspruch nehmender und durch neue Machtverhältnisse deklassierter Intellektueller, Schreiber, Administratoren[13], oder vom „Aufstand der Bilder" aus ihrer bloß abbildenden Ruhe in den Unterschichten der Seele —[14], und diese Versuche erklären auch immer etwas der Gnosis Eigentümliches recht gut. Aber sie geben keine Determinationen an, wie denn ja überall, wo solche Erklärungen durchaus greifen, nicht die Notwendigkeit für die Entstehung von Gnosis schlechthin aufgewiesen wird, so daß Parallelerklärungen für den Tatbestand gefunden werden müssen, daß zur gleichen Zeit und am gleichen Ort auch etwas ganz Anderes entstehen konnte als Gnosis.

Denn die Gnosis war kein universales Phänomen. Sie deckt sich nicht mit dem Ausbreitungsgebiet der Religionsmischung, des antiken Synkretismus, so wie dieser nicht das religiöse Gesamtcharakteristikum des Hellenismus ist, sondern innerhalb davon nur in gewissen Teilbereichen, Denkstrukturen wie Gemeinschaften, Praktiken wie Institutionen, zutage tritt. Konnten doch, um zu unserem Beispiel zurückzukehren, bestimmte Menschen die Verhältnisse in Alexandrien als anziehend, faszinierend, erfolgversprechend empfinden, andere dabei bleiben, sie bloß für schwierig zu halten, wie wir es auch zu schildern versuchten, und nur ganz besonders Disponierte wie die Valentinianer und andere Gnostiker unter diesen Verhältnissen als unter ganz dämonischen, bösen, übernatürlichen Gegebenheiten leiden.

Solche sozialen Verhältnisse sind im Verein mit den entsprechenden seelischen Dispositionen nun freilich an mehreren Stellen der späthellenistischen, antik-jüdischen und frühchristlichen Welt anzutreffen, was den Bruch im transzendentalen Grunde nur noch schwerer erklärbar macht. Man ist fast ge-

---

[12] H. Jonas, *Gnosis und Spätantiker Geist* 1, Göttingen ²1954, S. 12-14.
[13] H.G. Kippenberg, „Versuch einer soziologischen Verortung des antiken Gnostizismus", in: *Numen* 17, 1970, S. 211-231.
[14] G. Quispel, *Gnosis als Weltreligion*, Zürich 1951.

neigt, hier wieder von einer Achsenzeit im Jaspers'schen Sinne zu sprechen, die zwei fundamental verschiedene Epochen des Denkens und Weltverhaltens voneinander abgrenzt, und sieht sich daran nur dadurch gehindert, daß die Gnosis zwar ein weitverbreitetes, aber eben kein universal durch- und tiefdringendes Phänomen war, welches zudem gewisser gedanklicher Voraussetzungen bedurfte, wie sie nicht überall gegeben sind, und welche da, wo sie gegeben sind, durchaus nicht evident zusammenhängen. Dergleichen ist bei diesem Typus in Samarien, in Syrien, in Phrygien und eben auch in Ägypten, hier vor allem in Alexandrien, geschehen, und zwar unter Juden wie Christen, unter solchen, die keines von beiden sind, wie unter solchen, die auf den Grenzen zwischen allen stehen. Erst von solchen Elementarentstehungen aus scheint es Verbindungen zwischen den Orten, Schulen, Lehrern und Verkündern gegeben zu haben, und erst dann wurde auch Ausbreitung gnostischer Botschaften möglich. Wir kennen Wege, auf denen das geschah, im Westen durch Nordafrika und bis nach Rom, im Osten durch Zentralasien bis nach China; dabei konnte eine ganze Reihe neuer Zentren entstehen, in denen sich auch Auseinandersetzungen mit einheimischen Lehren vollzogen, welche bis zu deren voller Gnostisierung gehen, freilich auch rigide Abwehr hervorrufen konnten.

Dem historischen Bruch zwischen zwei geistig-religiösen Welten entspricht ein psychologischer Bruch im Innern ihrer wesentlichen und bestimmenden Repräsentanten. Man meint zwar, anders als auf der großen historisch-sozialen Bühne, auf der persönlichen Ebene der Wortwahl und des Anschauungsmaterials Kontinuitäten zu erkennen – *logos* und *sophia* sind nur zwei ganz einfache Beispiele aus einer ungeheuren Fülle –, doch diese Kontinuitäten sind pseudologisch und erlauben es nicht, in den früheren Worten und Anschauungen Anlagen oder Vorbedingungen für die absolut andersartige Wiederverwendung nach dem Bruch zu erkennen. Wenn irgendwo, so sind in solchen individuellen Denkbrüchen die Gründe für das kollektive Phänomen zu suchen, das der historische Bruch darstellt. Wie Flugsamen, der von irgendwo herangeweht wird und teils hier, teils dort zu Boden fällt, um jeweils elementar emporzukeimen[15], so scheint der gnostische Grundgedanke, welcher erlösende Überwindung des Bruches in der Seele beinhaltet[16], bald an diesem, bald an jenem Ort, bald in einem Individuum und bald in einer Gemeinschaft, Fuß gefaßt und unter Inanspruchnahme der gedanklichen Voraussetzungen ein mentales Konzept oder einen veranschaulichenden Mythos hervorgetrieben zu ha-

---

15 Bild von J. Wellhausen, *Das arabische Reich und sein Sturz*, Berlin ²1960, S. 311.
16 C. Colpe, „Gnosis II", in: *RAC* 11, Sp. 609-611.

ben, der die Erkenntnis ins Werk der Erlösung unmittelbar und bis ins Kosmische hinein mächtig einsetzt.

Exkurs

4. Formen des Hellenismus

Der Unterschied zwischen Philon und Valentinus, so kurz der zeitliche Abstand, noch dazu in derselben Stadt, auch ist, stellt einen Unterschied zwischen zwei Welten dar. Die ältere ist jüdisch, aber von einer bestimmten Art: sie war durch Auswanderungen aus Palästina auch rings um das ganze Mittelmeer ausgebreitet und durch die Eroberungen Alexanders des Großen dort wie im Heimatland vom Griechentum überzogen worden. Durch diesen Vorgang, der noch mehrere andere Kulturen betraf, war eine neue, übergreifende Kultur entstanden, die theoretisch als eine umfassende Synthese bezeichnet werden kann. Zu dieser Synthese konnten die beteiligten Kulturen, da sie durch gegenseitigen Austausch zu einer gewissen Homogenität tendierten, einerseits gemeinschaftlich beitragen, andererseits aber hielten sich in ihnen gewisse Bodenständigkeiten durch, die der neuen Synthese in der materiellen wie in der geistigen Kultur von Region zu Region wechselnd ein eigenes Lokalkolorit verliehen. Man bezeichnet diese Synthese, einer der wenigen von wirklich weltgeschichtlicher Relevanz, bekanntlich als Hellenismus. Aus der langen Geschichte, die dieser Begriff seit dem Altertum hat, sollte man in Präzisierung des Ansatzes von J.G. Droysen[17] seiner weiteren Verwendung diejenige Bedeutung zugrundelegen, nach der ein mit -ismus endendes Wort ein nicht mehr ganz ursprüngliches, ein abgeleitetes, eventuell sogar ein artifizielles Phänomen bezeichnet: also nicht wie ein Taoismus – Religion vom Tao – oder in Marxismus – Lehre von Karl Marx –, sondern wie in Mystizismus – keine elementar erfahrene, sondern eine gewollte oder unechte Mystik –, oder wie in Klassizismus – keine genuine, sondern eine regenerierte oder nachgeahmte Klassik. Hellenismus ist dann nicht ein ausgebreitetes Hellenen- oder Griechentum, sondern ein inhaltlich versetztes, in dem das griechische Element, selbst bei Vorwalten der Sprache, nicht mehr originär die synthetische Substanz bestimmt, sondern in dieser nur eines neben ägyptischen, kleinasiatischen, syrischen, babylonischen oder iranischen Elementen darstellt. Wo man den Prozeß beschreiben will, der zu diesem historischen Tatbestand führt,

---

[17] Nachweise bei R. Bichler, *„Hellenismus". Geschichte und Problematik eines Epochenbegriffs*, Darmstadt 1983, S. 55-109.

sollte man nicht von Hellenisierung, sondern von Gräzisierung reden, es sei denn, es liegt als Ausgangsfeld nicht mehr reines Griechentum, sondern bereits Hellenismus im eben definierten Sinne vor.

Der letztere Fall ist beim Judentum gegeben, das auch sonst innerhalb der hellenistischen Welt eine Ausnahme darstellt. Denn was hier als hellenistisch erscheint, ist bis zum Ende des 3. Jahrhunderts v.Chr. vom ptolemäischen Ägypten, danach vom seleukidischen Syrien aus induziert, und beide waren schon hellenistische Diadochenstaaten. Es zeigt sodann einen Unterschied in der Blickrichtung an, ob man von jüdischem Hellenismus oder von hellenistischem Judentum spricht. Im ersteren Falle hätte man eine Parallele zum ägyptischen, zum babylonischen, zum iranischen Hellenismus vor sich. Diese aber läge nicht auf der geographischen Ebene, denn das Judentum war keine regional begrenzte, sondern eine ökumenische Größe. Damit hängt es zusammen, daß es zum Begriff „hellenistisches Judentum" eigentlich keine Parallele gibt. Denn schon der Begriff „Judentum" geht mit seinen religiösen weit über die mehr oder weniger kulturellen Konnotationen hinaus, wie sie z.B. dem „Griechentum" oder dem „Iraniertum" anhaften[18].

b) (Drittes Jahrhundert:) Judenchristliche Voraussetzungen der manichäischen Gesandtenprophetie

5. *Ein Landmilieu*

Von den Landschaften Babyloniens verdient die südlichste, zwischen den Unterläufen von Euphrat und Tigris gelegene am meisten den Namen, den die benachbarten Iranier dem ganzen Zweistromland gaben: „Tiefland", mittelpers. *ērāg* (wovon sich das heute so arabisch klingende Wort *al-'Irāq* herleitet[19]). Die Region hieß seit alters Maisan, woraus die Griechen Mesene machten. Etwa um die Zeit, als die Parther den Seleukiden die Mesene wegnahmen, schwangen sich lokale Satrapen zur Herrschaft auf und brachten es im Verhältnis zu benachbarten Herrschaften zu einiger Selbständigkeit. So konnte ein Iranier Hyspaosines es sich leisten, den Königstitel anzunehmen (ca. 125-121 v.Chr.) und sein „Palisadenlager", die Charax Spasinou, zur Hauptstadt zu machen. Das kleine Königreich hieß danach fortan die Charakene. Münzen

---

[18] W. Tarn/G.T. Griffith, *Die Kultur der hellenistischen Welt*, Darmstadt ³1966, S. 249-282.
[19] W. Eilers, „Iran und Babylonien zwischen Alexanderzeit und Islam", in: *AMI* 17, 1984, S. 195-218, dort S. 196.

bezeugen die Dynastie bis 224 n.Chr.[20]. Es war ein ständig verfallendes Gebiet. Das alte Kanalsystem funktionierte nicht mehr, die Flüsse änderten häufig ihren Lauf, die Gegend versumpfte. Die Bevölkerung, die noch unter Antiochos III. ein Bindeglied im Handel zwischen Babylonien und Indien gewesen war, entwickelte sich zu eigenbrötlerischen Marschbewohnern. Noch in einem Sendschreiben der dort im 10. Jahrhundert etablierten islamischen Lokaldynastie, mitgeteilt von dem arabischen Geographen Jaqut, heißt es:

„Das Land ist leichter Sandboden", „die Luft ist schlecht", „der Himmel hat braune Färbung, die Wolken bringen keinen Regen, die Glutwinde sind Feuer, das Wasser erweist sich als Gifttrunk", „es ruft Krankheit hervor", die Nahrung besteht aus (sc. für den Muslim?) verbotenen Speisen. „Die Leute sind verächtlich, die Vornehmen zeigen sich als gewöhnliche Menschen, die gewöhnlichen Leute sind stumpfsinnig, teils alte Sünder, teils junge Dummköpfe. Ist man zugegen, so hat man unter ihrem Lärm zu leiden, weilt man fern, so verleumden sie mit Lügen, das Gestikulieren halten sie für feine Erziehung, den Trug für ein Mittel zum Lebensunterhalt, die Freuden dieser Welt genießen sie in Raffen, und die Religion erachten sie für Kurzweil und Spielen"[21].

Die Ökonomie war ärmlich. Die Grundlage der Nahrungsproduktion hat man sich in feuchten, durch Winde aus der syrisch-arabischen Wüste wie vom iranischen Hochland gleichwohl mit Staub bedeckten, durch Wassergräben voneinander getrennten Parzellen vorzustellen, nach unseren Vorstellungen weder Feld noch Garten, nach dortigen beides. Sie lieferten Gemüse und Obst für das Nötigste, einschließlich der Versorgung der Hauptstadt, und noch die staubigste Palme war nicht ganz ohne Datteln. Das Leben muß karg gewesen sein, wenn auch wohl noch nicht so in jeder Hinsicht entbehrungsvoll wie heute, wo der iranisch-iraqische Krieg, der von hier aus mit einem iraqischen Angriff auf das östlich benachbarte Khusistan begonnen wurde, dem Land den Rest gegeben hat.

Weil die Charakene unattraktiv war, und weil man das Wasser aus Gräben und Flüssen in kleinen Teichen sammeln konnte, die die Fiktion gestatteten, es fließe weiterhin, war es ein ideales Rückzugsgebiet für Gruppen, die in schöneren Gegenden nicht gelitten wurden, weil ihre Gewohnheit, sich in regelmäßigen Zeitabständen in fließendem Wasser zeremoniell unterzutauchen, einen elitären Abstand zwischen ihnen, die kultisch rein sein wollten, und den anderen, die sie für unrein hielten, herstellte. Das waren hauptsächlich die

---

[20] D. Sellwood, in: *CHI* 3, S. 310-315.
[21] P. Schwarz, *Iran im Mittelalter nach den arabischen Geographen*, ND Hildesheim 1967, S. 393.

Mandäer und die Elkesaiten[22]. Beide waren aus dem Randjudentum des Westens hervorgegangen, die ersteren dann gegen die christliche Variante allergisch reagierend, die letzteren sich christianisierend (weshalb man auch sie Judenchristen nennen kann). Beide waren auch synkretistisch, aber die Mandäer waren es, indem sie babylonische und iranische, die Elksaiten, indem sie griechische Elemente amalgamierten. Sie lebten auf denselben Territorien wahrscheinlich nicht als ganze Gruppen, sondern gemeindeweise einander benachbart, ganz wie die von ihnen umwohnten Taufteiche lagen.

6. Die Lehre des Mani und ihr täuferisch-orientchristlicher Hintergrund

In einer Elkesaitengemeinde hatte vor etwa siebzehneinhalb Jahrhunderten, um 235 n.Chr., ein Mann, dessen Vater aus dem Norden zugezogen war, er hieß Mani, eine Reihe von visionär-auditiven Erlebnissen. Sie bereiteten zwei Offenbarungen vor, durch die er zu einem wirklichen Propheten, Apostel und Religionsstifter werden sollte. Folgendermaßen werden sie geschildert:

(Mani spricht:) „Da nötigte mich jener Täufer mit den Worten: ‚Steh auf und komm mit mir zu der Stelle, wo Holz ist; nimm Holz und trage es!' Wir gingen zu einer Palme; jener stieg hinauf . . . (Jene Palme sprach zu mir): ‚Wenn du die Pein von uns abwendest, wirst du nicht zusammen mit dem Mörder sterben.' (Der Täufer steigt voll Furcht von der Palme herab und läßt sich von Mani das Geheimnis des Vorganges erklären. Dann macht er sich ans Schneiden von Gemüse, von dem es weiter heißt) . . . und schmolz dahin (unter Jammern) ganz in der Art von Menschen und so wie Kinder. Wehe, wehe! Blut strömte herab von der Stelle, die von der Sichel in seinen Händen getroffen worden war, und sie schrieen mit menschlicher Stimme unter den Schlägen. Der Täufer wurde bei dem Anblick sehr bewegt. Er kam und fiel vor mir nieder" (CMC 6,7-10,15). (Mani steht an einem Teich, und „Aus der Quelle) der Wasser erschien mir die Gestalt eines Mannes und wies mich mit der Hand auf das Ausruhen hin, damit ich nicht sündigte und Leid über ihn brächte. In dieser Weise wurde ich vom vierten Lebensjahr bis zum Zeitpunkt der Reife meines Leibes in den Händen der heiligsten Engel und Mächte der Heiligkeit (heimlich) umsorgt" (CMC 11,23-12,15).[23]

---

[22] G.P. Luttikhuizen, *The Revelation of Elchasai*, Tübingen 1985, S. 153-176, 220-222 u.ö.
[23] L. Koenen/C. Römer (Hrg. u. Übers.), *Der Kölner Mani-Kodex. Über das Werden seines Leibes*. Kritische Edition (Papyrologica Coloniensia 14), Opladen 1988.

7. Fortentwicklung zu einem gnostischen System „iranischen" Typs

Der innere Bruch, der Mani zur Trennung von der Elkesaiten mit einer eigenen Verkündigung trieb, ist demjenigen vergleichbar, den wir für Valentinus mit den Trägern hellenistisch-jüdischer wie mittelplatonischer Weisheitstraditionen voraussetzen müssen. Die Lehre, die Mani entwickelte, stimmt formal mit der des Valentinus darin überein, daß auch sie einen Mythos zu einem System mit referentiellen Innenbezügen ausbaut, wenngleich es — um von den christlichen Voraussetzungen beider nicht auch noch zu reden — bei Valentinus eine aus der griechischen Philosophie, bei Mani eine aus der zurvanitischen Richtung der damaligen iranischen Religion abgeleitete Konstruktion war, welche zur Systembildung mithalf.

Auch bei Mani ist der Bruch, welcher hier historisch die Gnosis stiftet, analog dem innerseelischen sowie demjenigen, den sein kosmologischer Mythos dokumentiert.

„Die Materie ist im Grunde ‚Begierde', böses ‚Lustverlangen', dem sexuellen Begehren wenn nicht gleich, so doch vergleichbar; dies ist in uns nichts Anderes als das ‚düstere Feuer' im Innern der Materie. Dieses bis zur Maßlosigkeit heftige Begehren strebt dunkel nach seiner Befriedigung. Es entsteht unabhängig im Unbewußten oder im Halbbewußten; und die Materie ist für den Manichäismus wohl das Unbewußte oder das Instrument des Unbewußten. Sie wird aber hierbei, genauer gesagt, zurückgewiesen vom Lichte, welches das Gute und das Bewußte darstellt. Dem Vordringen in das Bewußtsein entspricht ein Bruch dieser Abweisung. Ein Vorstoß des Bösen strebt danach, sich ohne Grenzen auszuweiten. Die Expansivkraft des Begehrens sucht in das ganze Gebiet des klaren Denkens einzudringen und es einzunehmen. Der Mythus vom Angriff auf das Lichtreich durch die Dämonen der Finsternis könnte also hervorgehen aus einer Projektion der manichäischen Erfahrung der Sünde nach außen. Die Texte beschreiben jedenfalls die Versuchung nach einem ähnlichen Mechanismus".[24]

In diese Interpretation ließen sich die Textaussagen, aus denen sie gewonnen wurde, nachträglich wieder einzeichnen, und wenn man es täte, dann würde sich zeigen, daß keine der Traditionen in irgendeiner der vielen manichäisch rezipierten und neu verwendeten Sprachen das Eigentliche erklärt, um das es dem Gnostiker geht.

Mani verstand seine Prophetie eschatologisch. Schon als Selbstbezeichnung ist „Siegel der Propheten" bei ihm vorstellbar.

---

[24] H.-Chr. Puech, „Die Religion des Mani", in: F. König, *Christus und die Religionen der Erde 2*, Freiburg 1957, S. 499-584, dort S. 525.

c) (Viertes Jahrhundert:) Jüdische und judenchristliche Elemente in unprophetischer Gnosis

Das Verhältnis zwischen hellenistischem Judentum und valentinianischer Gnosis ist durch die beiden Brüche, den kollektiv-sozialpsychologischen zwischen zwei großen Glaubens- und Denkrichtungen und den individuell-psychologischen im Glaubens- und Erkenntnisvermögen des Juden und des Gnostikers, bestimmt. Um dieses Doppelphänomen durch Vergleichsmöglichkeiten zu illustrieren und eventuell zu bestätigen, wurde neben es ein mit dem valentinianisch-gnostischen Neuanfang vergleichbarer Vorgang gestellt. Er begann ziemlich genau einhundert Jahre später im Osten und gewann bekanntlich als Manichäismus noch größere historische Bedeutung. Die Metamorphose, die das jüdische Element bis in die griechisch schreibenden Elkesaiten hinein durchgemacht hat, geht noch um einige Grade weiter als diejenige, welche im Westen mit der Hellenisierung des Jüdischen verbunden ist. Der individuellpsychologische Bruch, der Mani von den Elkesaiten trennt, ist von gleicher Qualität wie der, der zwischen Valentinus und dem hellenistischen Judentum liegt, während die Fortentwicklung zum ausgebildeten Manichäismus dann zwar nicht noch einen Bruch, aber deutlich kultur- und religionsgeschichtliche Diskontinuität, die Fortentwicklung zum ausgebildeten Valentinianismus hingegen Kontinuität voraussetzt. Nochmals zwei- bzw. einhundert Jahre später, als die Nag-Hammadi-Gnosis fertig ausgebildet ist und die mit ihr in manchem verwandte Hekhalotspekulation beginnt, ergibt sich noch eine dritte Variante von Pseudokausalität im jüdisch-gnostischen Verhältnis.

8. Zerspaltung der Weisheit und Degradierung der Schöpfung

Das hellenistische Judentum liefert, wie gezeigt, keine Indizien für einen maßgebenden jüdischen Anteil, sei er allgemein, hellenistisch oder von einer der vielen jüdischen Sondergruppen vermittelt, an der Entstehung der Gnosis im Ganzen. Eine unbefangene Betrachtung gerade solcher Sondergruppen bestätigt diesen Schluß. Es gibt zwar ein ausgeprägtes gnostisches Interesse an bestimmten Texten der hebräischen Bibel, vor allem der ersten sechs Kapitel der Genesis mit der Schöpfung am Anfang, der Thronwagenvision bei Ezechiel, Angaben über Gestalten wie Melchisedek, an Psalmversen oder apokalyptischer Geschichtsschau. Aber wenn man mehr darin sehen will als Material, an welches gnostische Interpretation sich heftet, wie sie sich anderswo auch an Anderes heften kann, nämlich Ausdruck eines Gottes- und Weltverständnisses, in welchem sich genuin Gnosis vorbereitet, dann muß man als Stätte, wo diese zur Verwirklichung gelangt, ein Semi- oder Randjudentum annehmen.

Wenn das hellenistische Judentum keine Indizien für einen substanziellen oder prägenden jüdischen Anteil an der Entstehung der Gnosis liefert und also daran auch letztlich nichts erklärt — welchen Sinn hat es dann überhaupt, das Verhältnis gerade dieser Sonderform des Judentums zur Gnosis zu thematisieren? Die Antwort muß bis auf weiteres wohl lauten: Es enthält virtuell seinen eigenen Zerfall und läßt Fortentwicklungsmöglichkeiten daraus erkennen; damit illustriert es etwas, und zwar reichlich und auf mehreren Ebenen. Für den heutigen Erklärer sind am besten diejenigen Ebenen zu beschreiben, die es mit Orientierungen zu tun haben, die man mit ihrer Reichweite vom Metaphysischen bis ins Alltägliche immer noch, wie damals, als „Weisheit" zusammenfassen kann. Illustriert wird zunächst, was dem Menschen mit der Weisheit, unabhängig von ihm wie sie sich oft darstellt, alles widerfahren kann. Die Weisheit kann ihm, wie sie soll, ganz nahe bleiben: Sie wohnt unter den Menschen, sie durchkreist die Welt, um eine Ruhestätte unter ihnen zu finden und jedes Volk in ihren Wirkungsbereich einzubeziehen (Sir 24,3-7). Sie kommt vom Himmel und kann auf Erden unter den Menschen wandeln (Prov 8,31; Bar 3,38). Sie kann aber auch verborgen bleiben, wie schon ein ganz frühes Dokument, das Buch Hiob (28,12-27), weiß[25]. Ja sie kann, auch wenn sie einmal da war, wieder entschwinden[26].

Auf diese Weise wird hier ausgesprochen, was bis dahin sehr oft das Charakteristikum von Göttern wie der ägyptischen Isis gewesen war. Die hellenistisch-jüdische Weisheitslehre entmythisiert dies und nimmt es damit in eine allgemeine menschliche Erfahrung auf. Mit der Erfahrung, daß der Mensch von der Weisheit — wir sagen heute „von allen guten Geistern" — verlassen werden kann, ist unter anderem ein tiefer Pessimismus gegeben, wie er vor allem das Buch des Predigers Salomo durchzieht. Dieser illustriert, daß Weltansichten und Weltverhalten von außen einander immer viel ähnlicher sind, als ihre dahinter liegenden theoretischen, philosophischen, theologischen Voraussetzungen es sein können. Die letzteren lagen im Judentum, auch wo es pessimistisch ist, weiterhin im Glauben an Gott, der die Weisheit sowohl als erstes seiner Werke geschaffen wie auch als eine selbständige Kraft sich zu eigen gemacht hat[27].

Der Gnosis hingegen ist Gott nicht nur fern geblieben, sondern ganz fremd geworden — der Böse, der diese Welt zu verantworten hat, verdient den Namen eines Gottes nur in übertragenem Sinne —, und dementsprechend in sich zerrissen, gespalten in einen Teil, den der fremde Gott behält, und in

---

[25] B. Mack, *Logos und Sophia*, Göttingen 1973, S. 21.
[26] Mack, S. 32f.
[27] Mack, S. 31.

einen Teil, der unter den Menschen wohnen will, muß die Weisheit sich darstellen[28].

Das illustriert das Gegenteil jüdischen Gott- und Weltvertrauens — Depression und Verzweiflung. So wie beides sich nicht auseinander erklärt, aber ineinander umschlagen kann und dann sichtbar wird, so illustrieren Griechentum, Judentum, Iraniertum, Christentum und die Synkretismen aus allen einerseits, die Gnosis andererseits zwei menschliche Grundmöglichkeiten. Der Unterschied zwischen damals und heute liegt nur darin, daß Zerspaltung des Selbst einst in eine Substanz eingriff, während die Zerspaltung des Ich heute einfach erlitten wird, weil das Ich nicht mehr „funktioniert", wie es möchte und sollte.

9. Kompensation des Stellvertretercharismas

Das Charisma, das für die Legitimität der Prophetentradition bürgte, war das des Kalifen, des Stellvertreters, gewesen (s. Kap. III,6-8). Das frühe Christentum hatte viele Verheißungen, wie sie seit der Nathanweissagung gegeben worden waren, nicht nur in Jesus, sondern auch in seinen engeren Verwandten erfüllt gesehen.

„Die Vorstellungen, die sich mit Jakobus und mit Judas Thomas verbunden hatten, gaben den judenchristlichen Gemeinschaften Würde und Berechtigung, ohne daß diese lokalen Gemeinschaften mit Absicht häretisch sein wollten. Außerhalb Palästinas wurde die besondere Autorität dieser Brüder Jesu dann nicht mehr mittels des davidischen Gentilcharisma, sondern mit der Vorstellung einer geheimen, nur den Brüdern bekannten Offenbarung verbunden. In beiden Fällen aber lag der Überlieferung eine kritische Stellungnahme zu den politischen Institutionen von Stadt und Staat zugrunde."[29]

Damit ist aus dem Stellvertreter der Repräsentant einer Offenbarung geworden. Aber noch als solcher hat er die prophetischen Züge, die den judenchristlichen Kalifen ausgezeichnet hatten, nicht ganz verloren. Gleichwohl tritt damit auch er an den Rand des Judentums oder überschreitet ihn gar. Das kommt einem Bruch gleich, der den beiden bisher geschilderten Brüchen sachlich entspricht.

---

[28] Ein Beispiel: Die Paradoxien im Traktat „Bronte" (NHC VI, 2), die in die Form einer Rätselrede gekleidet sind, wie B. Layton gezeigt hat.
[29] Kippenberg (wie bei Kap. VII 7), S. 147.

10. Dualismus als Ausdruck jüdischer Selbstentzweiung und Identitätspreisgabe

Mit dem Semi- oder Randjudentum stößt man auf ein Phänomen, das zwar mit einer Bezeichnung behaftet ist, die als Wortbildung eindeutiger ist als „Judenchristentum", das aber als Sache schwierige Definitionsprobleme stellt. Der radikalste Lösungsvorschlag besteht darin, das Phänomen überhaupt zu leugnen, weil man darin alles unterbringen könne, was sich mit herkömmlichem, insbesondere mit dem ins Rabbinat einmündenden Judentum nicht verträgt. „Aber in solchen Fällen hätte es wenig Sinn, der Bezeichnung ‚jüdisch' noch einen besonderen Wert zuzumessen".[30] Und wo es geboten ist, unter allen Umständen von Judentum zu reden, da fehlen eben die Kennzeichen, welche man fordern muß, um die Bezeichnung „gnostisch" weiterhin als sinnvoll erscheinen zu lassen. Die frühen jüdischen Mystiker wollen in einer Trance, welche sich wahrscheinlich während der synagogalen Liturgie vollzog, die Hekhalot, die himmlischen Hallen oder Paläste, durcheilen, um der Merkabah, des göttlichen Thrones, ansichtig zu werden und damit die Mühen des minutiösen Gesetzesstudiums überspringen, die gemeinhin für die Erforschung des göttlichen Willens für nötig erachtet wurden[31]. Die Ekstatik dieser Erfahrung als solche kann durchaus dieselbe gewesen sein wie die, die dem Gnostiker widerfuhr, aber es fehlt die Dämonisierung der Welt, der Niedersturz einer himmlischen Kraft, die Zerspaltung des menschlichen Selbst, die Degradierung des Gottes Israels zu einem gegenüber dem fremden Gott anmaßenden Demiurgen, die Begegnung der gefallenen Vernunft/Weisheit mit einem jenseitigen Erlöser. Die Apokalyptiker erwarteten den neuen Äon, der von Gott heraufgeführt werden sollte, aber man kann weder nachweisen noch es sich überhaupt vorstellen, daß sie selbst es gewesen sein könnten, die nach dem Fehlschlagen ihrer Hoffnungen angesichts des Falles von Jerusalem in den zwei Generationen nach 70 n.Chr. ihr Weltbild durch ein so anderes wie das gnostische ersetzt hätten. Die Qumran-Essener hatten zwar einen Erkenntnisbegriff, der formal mit dem gnostischen darin übereinstimmt, daß er nicht nur den geoffenbarten Willen Gottes interpretieren, sondern auch in Gottes Geheimnisse und Pläne eindringen will. Aber sie verschwinden mit dem jüdischen Aufstand aus unseren Augen, und die Besonderheit ihres Erkenntnisbegriffs hat in

---

[30] J. Maier, „Jüdische Faktoren bei der Entstehung der Gnosis?", in: K.-W. Tröger (Hrg.), *Altes Testament, Frühjudentum, Gnosis*, Berlin 1980, S. 239-258, dort S. 256. Fehlender Bezug zur rabbinischen Überlieferung: dort S. 254.
[31] P. Schäfer, *Hekhalot-Studien*, Tübingen 1988, S. 234-295.

griechischer wie in iranischer Tradition so gewichtige Konvergenzen, daß die Hervorhebung nur einer Prävalenz und deren Kennzeichnung gerade als „jüdisch" abermals sinnlos wird. Die sogenannten Minim innerhalb des rabbinischen Judentums lassen, soweit sie uns überhaupt deutlich werden, mit nichts erkennen, daß sie Gnostiker waren; sie können allenfalls mit biblischen und nachbiblischen Traditionen in einer Weise kritisch umgegangen sein, die mit der von außen kommenden Judentumskritik, wie der antike Antijudaismus sie reichlich enthielt, gleichsinnig gemacht und wie diese gleichermaßen von Gnostikern verwendet werden konnte. Sollten diese Gnostiker einmal Juden gewesen sein, so waren sie es doch in dem Moment nicht mehr, wo sie dergestalt verfuhren, und von „jüdischer Gnosis" zu reden, hätte nur als moderne historisch-genetische Bezeichnung Sinn, noch dazu mit der grundsätzlichen Einschränkung, welche jede genetische Bezeichnung in diesem Falle erfahren muß. Vollends im talmudischen Judentum hat es den Anschein, daß Rabbinen sich zwar nicht selten mit gnostischen Ansichten auseinanderzusetzen hatten (was indes noch keine jüdisch-gnostische Gruppe voraussetzt), daß eine Übernahme rabbinischer Traditionen in die Gnosis aber kaum stattgefunden hat. Die vieldiskutierte Alternative, ob es sich um eine jüdische Revolte gegen das Judentum selbst, gleichsam um ein erstes Zeugnis des erschütternden „jüdischen Selbsthasses"[32] handelt, oder um eine verbreitetere dämonisierende Abwertung der Welt, die nur deshalb im jüdischen Schöpfungsglauben das häufigste Objekt der Polemik fand, weil hier die Positivität der Welt durch Beziehung auf den sie geschaffen habenden und weiter leitenden Gott eines offensichtlich gegen jede menschliche Gegnerschaft gefeiten Volkes so deutlich ausgesprochen wurde wie in der Antike nirgends sonst — diese Alternative hebt sich mit alledem im Grunde genommen selbst auf. Die Erklärung historischer Prozesse gelangt damit an die Grenze ihrer Möglichkeiten, und das Verstehen dessen, was daraus geworden ist, tritt in sein Recht.

---

[32] Es sei gestattet, den vorerst nur zu erahnenden Sachverhalt mit dem Buchtitel von Theodor Lessing, *Der jüdische Selbsthaß*, Berlin 1930 (ND München 1984), anzudeuten, obwohl es sich bei diesem um etwas ganz anderes handelt, nämlich um die dem neuzeitlichen Juden unterstellte Preisgabe der Selbstliebe, die von seiner Verbindung nicht nur mit dem eigenen Volk, sondern auch mit dem eigenen Boden und mit der Natur abhängig sei. Gerade wie hier ein Jude ein ganz unjüdisches Defizit, die Entbehrung kosmischen Einheitsgefühls im Sinne von Ludwig Klages, zum Kennzeichen jüdischen Identitätsverlustes macht — gerade das wäre in Kategorien einer historischen Psychologie zu fassen, die Sinn, Motive und Resultat des Heraustretens aus dem Judentum in der Spätantike mit einer Verleugnung des Jüdischen vergleichbar macht, die bereits selbst unjüdisch ansetzt und deshalb auf inhaltlich antijüdische Thesen verzichten kann.

Der „iranische Hintergrund" der islamischen Lehre vom vollkommenen Menschen

Zur Diskussion seit H.H. Schaeders ZDMG-Aufsatz von 1925

Persönliche Erinnerung. In seiner Einladung zu einem – dann leider nicht zustande gekommenen – Symposion über „Recurrent Patterns in Iranian Religion from Mazdaism to Sufism" in Uppsala vom Dezember 1988 führte Bo Utas „the famous article" von Hans Heinrich Schaeder (1896–1957), „Die islamische Lehre vom Vollkommenen Menschen, ihre Herkunft und ihre dichterische Gestaltung" (in: *ZDMG* 79, 1925, 192–268) als wegweisendes Beispiel für den gelungenen Nachweis des Zusammenhanges an, den sich unter demselben Thema jetzt ein besonderer „Round Table" dieser Konferenz zum Ziel gesetzt hat. Ich erfülle ein gewisses Vermächtnis, wenn ich hier mitteile, wie Schaeder in seinen letzten Jahren, als ich bei ihm studierte, seine These widerrufen hat. Er schenkte mir eines Tages einen Sonderdruck seines Aufsatzes, auf den er folgende Widmung schrieb:

„Ps 25,7a-141,5a∝
ʾwd hrw cy tw wxʾšt ʾc mn / dhʾn ʾw tw
ʾwd nwʾg krʾn tw ʾrʾm / pd bwrz šhrdʾryft
ʾngd rwšnʾn VI 65
Ex libris Carsten Colpe
Gottingae Saxonum
a.d. XI Kal. Nov. MCMLV"

Ps 25,7a („Herr, gedenke nicht der Sünden meiner Jugend und meiner Vergehen") bezog er auf sich, Ps 141, 5a∝ („Schlägt ein Gerechter mich: das ist Liebe") sollte meine Rolle bei seiner Widerlegung bezeichnen. Er meinte aber mit Recht, daß er dafür seiner eigenen Hilfe bedürfe, und versprach mir mit dem parthischen Hymnendichter: „Alles, was Du von mir wünschtest, werde ich Dir geben. Neu werde ich Deinen Wohnsitz machen im erhabenen Reich." Er hat sein Versprechen gehalten, und ich darf hiermit vortragen, was sich aus meines Lehrers in meinen eigenen Gedanken zur Sache entwickelt hat. Die Kürze der Gelegenheit erlaubt nur eine Zusammenfassung in Thesen und fordert Beschränkung auf ganz wenige Nachweise.

Referat (Résumé)

I. Verzichten kann man auf eine Auseinandersetzung mit den Teilen „5. Die klassische Form der Lehre vom Vollkommenen Menschen bei Ibn al-ᶜArabī. 6.

Der Vollkommene Mensch als beherrschendes Stilmotiv der persischen Lyrik. 7. Beilage: Ein manichäischer Hymnus" (S. 237–268); denn die „ideengeschichtliche Kontinuität von typischer Bedeutung" (S. 192 Anm.) ist nicht mehr vom 12. (ᶜAttār), 13. (Ibn al-ᶜArabī, Saᶜdi), 14. (Maḥmūd Šabistarī, Ḥāfiẓ) und 15. (al-Ǧīlī) Jahrh. u. Z. aus zu ermitteln. Wie immer man die Kontinuität „from Mazdaism to Sufism" inhaltlich bestimmt oder auch leugnet, ihre Entwicklung war im Prinzip vorher abgeschlossen und dann in ein neues Stadium eingetreten. In diesem wurde das Erreichte nach anderen Gesetzen umgestaltet. Soweit vorislamische „Ideen" im Spiel blieben, ist ihr Wandel am ehesten in ihrer Bindung an die Syntaktik und gegebenenfalls an die poetische Komposition der Texte zu erfassen. Wenn man überhaupt mit der Frage nach einem sich durchhaltenden Pattern weiterarbeitete, war dieses deshalb in erster Linie eher stilistisch-literarischer Natur (W. Lentz, Yasna 47, in: *ZDMG* 103, 1953, 318–343; Yasna 28. Kommentierte Übersetzung und Kompositions-Analyse = *Abh. Akad. Mainz* 1954, Nr. 16; Attar als Allegoriker, in: *Der Islam* 35, 1960, 52–96).

II. Das wirklich ideengeschichtliche Problem besteht zwischen Schaeders A.) Teilen „2. Der Urmensch in der altiranischen Kosmologie" (S. 201–209) und „3. Die dualistisch-pessimistische Abwandlung der Idee des Urmenschen in der gnostischen Erlösungslehre" (S. 209–218) und den B.) Teilen 3 und „4. Die Rezeption der Lehre in der islamischen Gnosis" (S. 218–237).

Zu A. Einen altorientalischen, einen indo-iranischen oder einen noch älteren, verbreiteten Urmensch-Mythos gab es nicht (K. Rudolph, Urmensch, in: *RGG* 6, 1962, 1195–1197). Der altiranische *Gaya-maretan-* stand als „sterbliches Leben" dem „unsterblichen Leben" *(ámartya-gáya-)* des vedischen Āditya-Kreises gegenüber; seine embryonal-ovale Ungestalt war nicht die vollkommene Kugelgestalt des Weltalls (K. Hoffmann, Mārtāṇḍa und Gayōmart, in: *Aufsätze zur Indoiranistik* 2, 1976, 422–438). Die Herstellung von Beziehungen zwischen Metallen, Sternen und Körperteilen dieser für das Menschsein prototypischen Gestalt demonstriert das sehr viel spätere Streben nach Systematisierung eines einheitlichen Weltbildes. Die Kenntnisse, die dafür hinzugekommen sein müssen, sammeln auch das Bundahišn und das Śatapatha-Brāhmaṇa. Die hier bezeugte Verkörperung transhumaner Kräfte und Eigenschaften, seien diese tellurisch (C. Colpe, *Die Religionsgeschichtliche Schule*, 1961, 140–164) oder kosmisch (G. Widengren, The Death of Gayōmart, in: *Myths and Symbols* (Studies in Honor of M. Eliade), 1969, 153–162), in einem Protoplasten, der als individuelle Gestalt erst fertig ausgebildet sein muß, setzt die folgende Stufe von Spekulationen voraus. Es besteht also auch keine Kontinuität zwischen Gayōmart und dem manichäischen Urmenschen. Letzterer ist von Anfang an eine makrokosmische Größe. Daraus folgt grundsätzlich:

Ein Current Pattern oder Kontinuität ist nicht zwischen früheren und späteren ausgebildeten Ideen anzunehmen (Sh. Shaked, First Man, First King. Notes on Semitic-Iranian Syncretism und Iranian Mythological Transformation, in: *Gilgul* (dedicated to R.J. Zwi Werblowsky), 1987, 239–254), sondern zwischen früheren und späteren Voraussetzungen für die Produktion von Ideen. Die früheren Voraussetzungen entstehen im spätantiken Synkretismus (H.-M. Schenke, *Der Gott „Mensch" in der Gnosis*, 1962).

Zu B. Das Vollkommenheitsprädikat, in Verbindung mit einem makrokosmischen Menschen zuerst in der Naassenerpredigt belegt *(teleios anthrōpos)*, ist sachlich dem *ousiōdēs anthrōpos* der Hermetik analog. Es tendiert zu einer dualistischen Spaltung des *anthrōpos* in eine jenseitige und eine diesseitige Hypostase, ist also halb gnostisch und bedeutet damit etwas anderes als die Vollkommenheit des Propheten Mohammed (L. Massignon, *L'Homme parfait en Islam et son originalité eschatologique*, 1947). Die Parallelen zwischen dem manichäischen *insān al-qadīm*, dem jüdischen *ādām qadmōn* (R.A. Nicholson, al-Insān al-Kāmil, in: *Handwörterbuch des Islam*, 1941, 212f) und dem *teleios* oder *ousiōdēs* (nicht *prōtos*!) *anthrōpos* (R. Arnaldez, al-Insān al-Kāmil, in *EI* 3, 1971, 1239–1241; Gayōmart steht hier wie bei Schaeder falsch) gehört zum ersten Vollkommenheitstypus.

Die hierhergehörige Lehre von der *successio prophetica* ist judenchristlich und wurde dem Mani wahrscheinlich durch die Elkesaiten vermittelt. Ihr Anschluß an Adam meint diesen als *rīšōn*, nicht als *qadmōn;* die Propheten sind deshalb auch in dieser Reihe keine Repräsentanten eines Urmenschen (C. Colpe, *Das Siegel der Propheten*, 1990), es sei denn, sie werden durch gewisse Neuinterpretationen der schiitischen Imam-Theorie dazu gemacht.

III. Schaeders Teil „1. Vorbemerkung über Islam, Iranismus und Hellenismus" (S. 192–201) arbeitet mit der Kategorie einer „hellenistisch-aramäisch-iranischen Gesamtkultur". Die drei Charakteristika liegen auf zwei verschiedenen Ebenen: hellenistisch ist die Gesamtkultur, aramäisch und iranisch (und weiteres) sind prävalente Elemente bestimmter Phänomene dieser Kultur. Ein solches (Teil-)Phänomen ist der Synkretismus (siehe II A). Zu diesem hat allerdings in vorislamischer Zeit nicht nur allgemein iranisches, sondern besonders mazdaistisches Denken sehr viel beigetragen. Erst auf diesem Grunde werden im Islam auch inhaltliche Rezeptionen möglich. So ist der Enzyklopädismus der Lauteren Brüder von Basra zu einem guten Teil eigenständige Fortführung platonischen Denkens, die durch ein verwandtes Milieu begünstigt wurde; die „Theologie des Aristoteles" (ed. A. Badawi, *Plotinus apud Arabes*, Kairo 1955) aber ist richtige Rezeption Plotins. Beides weist nicht auf weiterwirkende iranische Ideenmuster, sondern auf eine strukturelle Übereinstimmung zwischen Hypostasenbildungen auf islamischer und neuplatonischer Seite, die durch das – vom Mazdaismus mitinduzierte – synkretistische Denken erst möglich wurde. Hier kann dann auch die Dimensionierung des Körpers des „ersten Menschen" produktiv zu einer universalen Idee umgedacht werden. Noch einen Schritt weiter geht die – der Entsprechung zwischen *Ādām Rīšōn* und *Ādām Qadmōn* in

Midrasch und Kabbala umgekehrt analoge – theosophische Projektion der göttlichen Attribute des makrokosmischen Anthropos auf die Eigenschaften des Mystikers und seines Typos, des Propheten, bei Ibn al-ᶜArabī, Maḥmūd Šabistarī und al-Ǧīlī (A. Schimmel, *Mystische Dimensionen des Islam*, 1985, 396–406 in Wiederaufnahme von R.A. Nicholson, *Studies in Islamic Mysticism*, 1921, Kap. 2, den Schaeder in andere Richtung weiterführen wollte). Dabei kann im Vollkommenheitsprädikat der halbgnostische und der prophetologische Sinn zusammengekommen sein.

Ahriman oder der Unheil bringende Geist Zarathustras

1. Richtpunkte historischer Annäherung

Aus einer fremden Frühzeit in uns näher liegende, vertrautere Gefilde muß eine lange Strecke zurückgelegt werden. Zweifach ist sie charakterisiert. Methodisch soll von ihr aus gleichermaßen zu entschlüsseln sein zum einen, daß eine religiöse böse Erfahrung gemacht wurde, die auch zu einer Begriffsbildung geführt hat, und daß diese in Wörtern eines Mythos oder einer Mythologie einen vorläufigen Abschluß fand; zum andern, daß die Erfahrung wie ihr Ausdruck weiterhin ein Problem stellen, das letztlich nur theologisch bewältigt werden kann und zur Entstehung von Theologie mit beiträgt. Faktisch muß der methodische Mittelweg an Grenzen entlang führen, die den Unterschied zwischen historisch gegebenen Religionen, Mythologien und Theologie(n) deutlich bezeichnen. Der Weg muß da beginnen, wo die Bildung eines umfassenden Begriffs des Bösen nicht für uns – denn wir könnten es ja überall tun –, sondern für die damaligen Täter, Erleider, Denker und Sprecher erstmals in den Bereich der Möglichkeiten rückt. Der Weg muß weiter so verfolgt werden, daß die bösen Fälle, aus denen er besteht, auch solche einschließen, die nicht so oder die falsch so benannt werden, so daß der transhistorisch Interessierte ein von beidem unabhängiges Urteil fällen kann. Der Weg darf selbst weder auf einen Nachweis zusteuern, daß die ontologische, noch darauf, daß die geschichtlich-, oder auch ethisch-, oder auch psychologisch-relativistische Option die richtige ist.

Vier Punkte sind es dann, die die Richtung der Annäherung dessen zu leiten haben, der auf solchem Wege historisch-ethische Erkenntnis sucht. Sie müssen zugleich so beschaffen sein, daß sie einen Tatbestand zusammenhalten, der sich dem Erkenntnisbereiten sozusagen auch selber näherbringt, weil er die Eigenart aller Konkretionen teilt, die nicht als Realisierungen einer Idee, sondern als sukzessiv sich vermittelnde Kontingenzen zu interpretieren sind; können sie doch nur so die Manifestation einer Erfahrung oder einen Gedanken oder eine Vorstellung ins Dasein treten lassen und zugleich für deren Weiterverwirkung als Erinnerung oder als eine sich ständig erneuernde Weltdeutungs- und Selbsterfahrungshilfe den Boden bereiten.

Erstens: Es muß ein kurzer Zeitraum sein, in dem die Erfahrung gemacht, der Gedanke gedacht, die Vorstellung gefaßt wird, als sei es für den Augenblick und nicht für lange Dauer.

Zweitens: Es muß ein geographischer Raum, eine Region dasein, in dem die initialen Erfahrungsbedingungen einmalig und unverwechselbar gegeben sind.

Drittens: Es muß eine repräsentative Persönlichkeit geben, die die Erfahrung macht, ausspricht und vorstellt.

Und viertens: Es muß eine Entsprechung oder Korrelation zwischen geschichtlichen und übergeschichtlichen, zwischen veränderlichen sozialen und unveränderlichen kosmischen Gegebenheiten bestehen, die ein dialektisches Verhältnis zwischen Einmaligkeit und Wiederholbarkeit der Erfahrung, zwischen Punktualität und Symbolhaltigkeit der Begriffsbildung, zwischen Farbigkeit der Imagination und Austauschbarkeit der Farben ermöglicht.

2. Archaische Götterbenennung und religiöse Wortverbindung

Fragt man, wann und wo diese vier Richtpunkte zusammengekommen sind, um Erfahrung, Begriff und Vorstellung des Bösen deutlicher zu konstituieren als irgendwo sonst, dann stößt man auf Zeit, Region und Person des iranischen Propheten und Priesters Zarathustra.

Leider läßt sich gleich die Frage, in welchem Zeitraum die kurze Zeit lag, in der sich sein Leben abgespielt hat, nicht sicher beantworten. Argumente aus der Sprachgeschichte weisen ins 10. oder 9. Jahrhundert; die relative Chronologie, die innerhalb der Tradition gepflegt wird, die mit Zarathustra anhebt, führt auf ein- oder zweieinhalb Jahrhunderte später. Für unser Problem kommt es aber weniger auf kalendarische Genauigkeit an als darauf, daß sich der Zeitraum in seiner ganzen fraglichen Ausdehnung mit vielen Ereignissen und Entwicklungen synchronisieren läßt, die aus Griechenland, Israel, Babylonien und Assyrien gut bekannt sind.

Etwas einfacher steht es mit dem Richtpunkt des geographischen Raumes. Historische Überlegungen weisen auf ein Königreich Choresm, das zwischen dem 8. und 6. Jahrhundert in einem Gebiet von östlich bis südlich des Aralsees bestand. Sowjetische Ausgrabungen haben dort Wohnmauersiedlungen für Menschen ans Licht gebracht, die zugleich die Aufgabe hatten, Herden- und Haustiere sicher unterzubringen. Mit dieser Funktion gehörten sie als kleine Segmente in ein ganz zentrenloses, pastoral-agrikulturales ökonomisches System.[3] Wir werden hören, daß es um Schutz und Ruhe für Mensch und Vieh dem Zarathustra unter anderem ging. Als seine Geburtsheimat kommt ein südlich benachbartes Gebiet, in der nordwestlichen Ecke des heutigen Afghanistan gelegen, in Frage. Hier lagen zwei Siedlungen, heute die Städte Wazirabad und Mazar-e-Scharif, mitten in der Region des antiken Baktrien. Dort ist Zarathustra sehr wahrscheinlich zu Hause gewesen.

In diesem Gebiet, aber auch weiter nördlich bis Choresmien, das landschaftlich noch größer war als das eben umrissene Königreich, gab es Weidewirtschaft einerseits und Bedrohung derselben andererseits, Bedrohung durch Nomaden, die zwischen den Siedlungen schweiften (man hat sich diese wie die choresmi-

---

[3] S.P. Tolstow, *Auf den Spuren der altchoresmischen Kultur*, Berlin 1953, S. 9–82.

schen, aber weniger befestigt vorzustellen). Hier wurden neben Kleinvieh das Rind, das Pferd und das Kamel gezüchtet, das zwei Höcker hat (heute sieht man dort nur das eingeführte einhöckrige Dromedar). Die Gattungsbezeichnung für das baktrische Kamel ist Uschtra. Sie steckt im Namen Zarathuštras, zu deutsch „der mit den hellbraunen Kamelen". Der Name seines Schwiegervaters war Fraschaoštra, „der mit den untadeligen Kamelen". Die Gattungsbezeichnung für das Pferd ist Aspa. Zarathustras Vater hieß Pouruschaspa, „der mit den grauen Pferden". Der König, zu dem Zarathustra fliehen mußte, als er in seiner Heimat mit seiner Verkündigung unhaltbar wurde, hieß Vischtaspa, „der mit den scheuen Pferden".

Damit haben wir schon etwas über den dritten Richtpunkt für unsere Erkenntnis gesagt, die repräsentative Persönlichkeit. Zarathustra war Priester innerhalb eines arischen Clans, der Spitamiden. Er war aber auch Prophet und Dichter. Es sind von ihm Verspredigten erhalten, die zum Schwierigsten gehören, was indoeuropäische Poesie zu erklären aufgibt, die Gathas. Von den verschiedenen Richtungen der modernen Gathaexegese fragen einige, ob Zarathustra besser von seinen Ideen her – wir werden gleich von ihnen hören –, andere, ob er aus seinem Milieu und seinem Handeln in ihm zu verstehen sei. Man weiß inzwischen, daß das keine Alternative ist. Aber bei Zarathustra wurde das besonders spät erkannt, nicht zuletzt gerade deshalb, weil der wirkliche Gegensatz zwischen Wahrheit und Lüge, oder der Widerstreit zwischen dem wirklich Guten und dem wirklich Bösen heute dermaßen plausibel erscheint, daß man nicht auf den Gedanken kommt, daß er dies erst geworden ist – und wenn doch, dann weiß man damit immer noch nicht, daß man den Ursprung dieses wirklichen Dualismus dort zu suchen habe, wo dergleichen am unplausibelsten zu sein scheint, bei Zarathustra.

Damit sind wir beim vierten Richtpunkt, dem Entsprechungsverhältnis zwischen sozialen und kosmischen Gegebenheiten. Man kann die Gathas nur verstehen, wenn man die syntaktischen Beziehungen zwischen Götternamen und Begriffen aus dem ökonomisch-sozialen Milieu nicht zu Identifikationen zusammenzieht, sondern ausgedehnt läßt und die dergestalt relativ getrennten Ausdrücke dann gleichermaßen semantisch auf dieselben Gegenstände bezieht.[4]

Der Clan, zu dem Zarathustra gehörte, bestand aus seßhaften Viehzüchtern, die beschränkt Ackerbau betrieben. Seine Gegner, die ihn bedrohen, die er die Bösen nennen und von denen er den Namen des Bösen Gottes ableiten wird, sind räuberische Nomaden, die sich an orgiastischen Viehschlachtungen berau-

---

[4] Den folgenden Interpretationen liegen zugrunde: C. Colpe, „Zarathustra und der frühe Zoroastrismus", in: J.P. Asmussen/L. Laessoe (Hg.) *Handbuch der Religionsgeschichte*, Bd. 2, Göttingen 1972, S. 319–358 (und die dort S. 317f.; 354–357; 371f. angeführte Literatur); Art. „Ahriman", „Angra Mainyu", „Drug", „Dualismus" u.a., in: H.-W. "Haussig (Hg.), *Wörterbuch der Mythologie*, Bd. 4 Stuttgart 1986, S. 239f. und s. vv.

schen. Vielleicht berauschten sie sich auch vorher mit einem bestimmten Getränk, damit das Blutvergießen an den Tieren mit dem gehörigen rasenden Mut erfolgen konnte. Beides scheinen korrespondierende Arten einer urtümlichen Ekstasetechnik gewesen zu sein, mittels derer man seine Kraft zu noch größerer Kraft steigern, sein Leben zu einem höheren Leben erweitern, sein Bewußtsein und seine Sinne für eine andere Welt öffnen wollte. Verehrung verschiedener Geister und Götter und die ganze Ordnung des sozialen Handelns kann mit diesem Erzwingen einer besseren Wirklichkeit verbunden gewesen sein.

Für Zarathustra war diese Wirklichkeit eine schlechtere – warum, das ist letztlich unerklärbar. Ein elementarer Abscheu gegen Gewalt einschließlich dessen, was heute Tierschutz und Naturschutz wäre, Erhaltung des Viehs als Lebensbasis, Verteidigung eines bereits etablierten Sozialsystems mit seßhaftem Ackerbau, Verehrung anderer Götter, zu der keine blutigen Opfer gehörten, all das mag, und wohl in Trancen, die als offenbarte Richtungsweisungen erfahren wurden, zusammengekommen sein. Die Praxis, in die sich dies umsetzte, war jedenfalls so revolutionär, daß er irgendwann von Baktrien nach Choresmien fliehen mußte. Ein Teil seiner Praxis muß der Vortrag seiner Versdichtung gewesen sein. Damit muß er zugleich – anders kann man es sich nicht vorstellen – öffentlich die Hymnen und Gebete verändert oder ersetzt haben, die ihm in liturgischen Sequenzen der Kultur schon vorgab, in dem er als Priester amtierte.

In dieser Verkündigung, die zugleich eine prophetische Predigt war, werden alten Göttern neue Namen gegeben und aus alten Wörtern neue Begriffe zusammengesetzt. Mit ihnen bekämpft Zarathustra das Verderben, das seiner Welt droht, indem er das Rind als Repräsentanten aller Rinder darüber vor einem himmlischen Gerichtsherrn klagen läßt, der ein *Weiser Herr* ist. Dadurch, daß dieser entscheidet, entsteht *Wahrheit*, die auch selbständig tätig wird. Die Entscheidung für die Wahrheit ist eine Option für *Gutes Denken* oder Guten Sinn, der vom Weisen Herrn wie vom Menschen geübt werden kann. Was vom Weisen Herrn, was für die Wahrheit, was durch Gutes Denken geschieht, ist *Heilwirkender Geist*. Die Rindertötung, gegen die es geschieht, ist *Lüge*, wirkt durch *Böses Denken* und ist im Ganzen *Unheilbringender* oder *Böser Geist*. Dieser kann auch selbständig den rinder- und damit menschenfeindlichen *Mordrausch* ins Werk setzen. Dadurch manifestiert sich auch Lüge und Böses Denken oder Böser Sinn.[5]

Es sind damit die acht wichtigsten unter vielen Wörtern und Wortverbindungen genannt, die ihren Inhalt nur durch den religiösen Impetus erhalten haben, den Zarathustras Predigt ausübt. Sie weisen auf eine Erfahrung, die als eine böse auch von dem nachvollzogen werden kann, der in einer anderen Zeit und in einem anderen Milieu lebt und eine andere Sprache spricht. Die Sprache, in der

---

[5] Nach der Deutung der sog. Stiergatha (= Yasna 29) als Gerichtsszene bei W. Hinz, *Zarathustra*, Stuttgart 1961, S. 59–70 u. 166f.

dies geschah, nannte man früher nach Zarathustras Heimat „altbaktrisch", heute nennt man sie nach dem Literaturcorpus, in dem die Sprachdenkmäler vereinigt sind, „awestisch". Wir kommen den Einzelheiten und dem Fortgang der bösen Erfahrung am besten auf die Spur, wenn wir uns an Wörter aus dieser und der ihr nachfolgenden Sprache halten. Zwei Wortverbindungen sind zu neuen Götternamen geworden, der Weise Herr *Ahura Mazda* und der Böse Geist *Angra Mainyu*, und aus dreien sind neue Begriffe entstanden, Heilwirkender Geist *Spenta Mainyu*, Gutes Denken *Vohu Manah* und Bösen Denken *Aka Manah*. Drei Wörter, die schon immer Gutes und Böses bezeichnet hatten, bekommen einen spezifischen Sinn, nämlich die Wahrheit *Ascha*, die Lüge *Drug* und der Mordrausch *Aëschma*.

3. Vorarische und indo-europäische Personifikationen

Die neu komponierten Begriffe und die zu neuen Begriffen spezifizierten Wörter können auch personifiziert werden. Darin kommen sie dann den Göttern gleich, die von Anfang an Personen sind. Alle diese Personen können angeredet, aber ebenso gut geschaut werden. Denn Zarathustra war auch Visionär. Deshalb wird Böses bei ihm nicht nur ausgesprochen, sondern auch ausgemalt und vorgestellt. Dabei bleibt ihm aber bewußt, daß er sich – wir würden sagen: dualistisch denkend – immer an dem orientiert, was die Gegner seiner Gruppe, seiner Person und seines Gottes tun werden. Insofern kann eine historische Soziologie dieser Verhältnisse hier voll zugreifen. Aber was geschaut und was daraufhin ethisch gefordert wird, geht in den Methoden dieser Disziplin nicht auf. Um dessen gewahr zu werden, kann man einen alten Zwillingsmythos heranziehen, den vielleicht Bewohner einer Bergregion erzählten[6], die schon ansässig waren, als die Arier oder auch schon die Gruppe unter ihnen, aus denen die Iranier werden sollten, dort ankamen. Zarathustra könnte sich dieses Mythos genauso bedient haben wie der alten Wörter, um seine Grundanschauung klar zu machen.

Und diese beiden ersten Geister, welche als Zwillinge durch einen Traum vernommen wurden, sind ja im Denken, Reden und Handeln das Bessere und das Schlechte; zwischen diesen beiden haben die Rechthandelnden richtig entschieden, nicht die Schlechthandelnden.

Und als diese beiden Geister zuerst zusammenkamen, schufen sie Leben und Nichtleben, und daß zuletzt schlechtestes Dasein der Lügenhaften sei, aber für den Wahrhaftigen das Beste Denken.

Von diesen beiden Geistern wählte sich der Lügenhafte, das Schlechteste zu tun, die

---

[6] So nach der Deutung von Zwillingsdarstellungen auf Luristan-Bronzen von R. Ghirshman, *Iran. Protoiranier, Meder, Achämeniden*, München 1964, S. 48–53, aber unter Absehen von seiner inkonsequenten Interpretation im Sinne einer zarathustrischen Mythologie.

Wahrheit aber (erwählte sich) der heilwirkendste Geist, der in den sehr festen Himmel gekleidet ist, und die, welche willig den Herrn durch richtige Taten befriedigen, den Weisen.

Zwischen diesen beiden haben sogar die Dämonen nicht richtig unterschieden, weil, als sie sich berieten, Betörung sie überkam, so daß sie sich das Schlechteste Denken erwählten. Da liefen sie zusammen zum Mordrausch, durch welchen die Sterblichen das Dasein krank machen.[7]

Indem Zarathustra die Zwillinge – wer immer sie einmal gewesen waren – als den Heilwirkenden (hier nennt er ihn im Superlativ) und den Bösen (hier sagt er „lügenhaften", *drugvant-*) Geist träumt, in die seine ethische Erfahrung geronnen war, läßt er als ihren Ausdruck die mythische Form stehen und ethisiert zugleich ihren Inhalt. Indem er aber die Eigenschaften der beiden Geister auf die Eigenschaften der Mitmenschen hin auslegt, die in seiner wie überhaupt in der irdischen Zeit handeln, historisiert er diesen Mythos. Das wurde später in einer Auslegung rückgängig gemacht, die die Konsequenz voraussetzt und ablehnt, daß sich hier ja das Gute und das Böse gegenseitig begrenzen, also endlich sind, und die statt dessen aus der eher Komplementarität als Dualismus anzeigenden Bezeichnung „Zwillinge" folgert, daß die beiden Geister einmal in einem Wesen vereinigt waren, das in sich keine Grenzen kennt, das zudem keinen Anfang hat, wie die irgendwann entstandenen Geister ihn notwendig haben müssen, aber auch kein Ende, wie es von den Wahrhaften und den Lügenhaften, aus deren Wahl ein Kampf gegeneinander wird, selbstverständlich ins Auge gefaßt werden muß. Dieses Wesen wird „unendliche Raumzeit", *Zurvan akarana*, heißen, und seine Bezeugung wird weithin mit der des antiken Schicksalsglaubens gleichlaufen. Die Unentrinnbarkeit aber, die das Hauptkennzeichen des Schicksals ist, wird abermals als etwas Böses empfunden werden. Es ist von ganz anderer Art als das, was die bisher genannten Götter, Begriffe und Personifikationen verkörpern. Aber es sollte später – wir können es hier nur eben erwähnen[8] – in halb metaphysischen, halb mythologischen Spekulationen mit ihnen verbunden werden.

Die Iranier fanden aber bei der Einwanderung in ihre endgültigen Siedlungsgebiete nicht nur Mythen vor, sie brachten auch welche mit, darunter sehr alte aus indoeuropäischem Erbe. Einer davon ist auch im Sinne Zarathustras historisiert worden, nicht von ihm selbst, aber nach ihm von seiner Gemeinde. Das konnte wiederholt geschehen, da es zwischendurch rückgängig gemacht wurde, und letzteres ergab Aktualisierungen eines ganz anderen, originären Mythos

---

[7] Aus H. Lommel, *Die Gathas des Zarathustra*, hg. v. B. Schlerath, Basel 1971, S. 41f. Es handelt sich um Yasna 30, 3–6, mit leichter Angleichung einzelner Ausdrücke an die bisher gewählten Begriffswiedergaben.

[8] Die sehr kontrovers interpretierten Texte bei R.Z. Zaehner, *Zurvan. A Zorastrian Dilemma*, Oxford 1955. Letzter Stand: M. Boyce, „Some further Reflections on Zurvanism", in *Acta Iranica 30* (Festschrift E. Yarshater), Leiden 1990, S. 20–29.

vom Bösen.[9] Es handelt sich um die tierische Personifizierung eines äußeren Feindes, genannt *Ažī Dahāka*, auf deutsch „die dahische Schlange". Da ist aus dem Norden, aus einer Landschaft östlich des Kaspischen Meeres, immer wieder eine feindliche Völkerschaft über die Landschaft Hyrkanien und das östliche Elbursgebirge in das Hochland hereingebrochen, die Daher. Weil sie in der Nähe eines riesigen Wassers wohnten, in dem es merkwürdige Störe und andere große Fische gab, hat man sie in Fischgestalt gesehen, die die Phantasie des Landvolkes Iran auch weiter beflügelt hat: eine Art Drache oder Schlange.

Das wird dann gleichsam von der Seite her in die zoroastrische Mythologie aufgenommen. Die dahische Schlange kommt und stört die Ordnung der Zarathustra-Gläubigen. Verbunden damit ist das merkwürdige Mythologem, daß sie für tausend Jahre – diese gehören in die 3000 Jahre der iranischen Eschatologie aus dem Weltenjahr, das wir im nächsten Abschnitt kennenlernen werden – eingesperrt wird und dann noch einmal herauskommt, um endgültig besiegt zu werden. Am Schluß einer mittelpersischen Apokalypse (Bahman-Yascht 9, 21– 24 bzw. 3, 60–62) heißt es: „Und nachher gehen Srōsch und Yazata Nēryōsang zu Kersāsp, dreimal rufen sie, das vierte Mal steht Sām siegreich auf und geht auf Ažī Dahāka los". (Sām ist ein iranischer Volksheld, der hier aufgeboten wird, diesen Drachen zu erschlagen.)

Und er schenkt dessen Worten nicht Gehör, und die siegreiche Keule trifft ihn auf den Kopf, er schlägt ihn nieder und tötet ihn. Dann weichen Bedrückung und Feindschaft aus der Welt, und für tausend Jahre stelle ich den Anfang der Welt wieder her. Dann wird der Saoschyant (= der iranische Heiland) die Schöpfung wieder reinigen, die Auferstehung und der Künftige Körper werden kommen.[10]

Dies ist das einzige eindeutige iranische Mythologem, das in verwandelter Form im Neuen Testament wiederkehrt: es steht hinter der Endzeitvision der Offenbarung des Johannes (20, 1–8), daß Satan „die alte Schlange" oder auch „der Drache", der gleichzeitig Diabolos „der Verleumder" genannt wird, tausend Jahre eingesperrt ist und während dieser Zeit Friede auf Erden herrscht. Über Kirchenväter vermittelt[11], von denen einer für seine Auslegung nochmals Motive aus der iranischen Apokalyptik christianisiert, wird dieser kurze Text zum locus classicus für den abendländischen Chiliasmus. Man darf es nicht vergessen, wenn man im Mittelalter vom tausendjährigen Reich spricht: das ist eine escha-

---

[9] Belege zum Folgenden bei B. Lincoln, *Wörterbuch der Mythologie* (wie Anm. 4), S. 302 ff., und bei K. Berger/C. Colpe, *Religionsgeschichtliches Textbuch zum Neuen Testament*, Göttingen 1987, S. 327 f., Nr. 626 zu Offenbarung des Johannes 20, 1–6 (lies dort *Srosch*, ‚der Gehorsam' statt ‚der Gehorsame'). Kurzer Überblick bei C. Colpe, „Iranische Religionen", in: *Evangelisches Kirchenlexikon*, Bd. 2, Göttingen 1989, Sp. 717–724.

[10] Übersetzung von G. Widengren, *Iranische Geisteswelt*, Baden-Baden 1961, S. 207 f. Im „ich" spricht Ahura Mazda.

[11] Letzte Zusammenfassung des größeren Zusammenhangs: G. Strecker, „Der Antichrist. Zum religionsgeschichtlichen Hintergrund von 1. Joh. 2, 18.22; 4, 3 und 2. Joh. 7", in: T. Baarda u.a. (Hg.), *Text and Testimony. Essays ... in Honour of A. F. J. Klijn*, Kampen 1988, S. 247–257.

tologische, eine utopische, eine gute Zeit, aber es ist nicht die Zeit, wo der Satan endgültig entmachtet ist. Er liegt gefesselt irgendwo im Kosmos und wird noch einmal wiederkommen. Erst danach beginnt die eigentliche Zeit der Erlösung. Es geht also nicht so sehr um die zerbrochene Macht als vielmehr um die Bändigung des Bösen.

4. Dualistische Mythologisierung widerlicher Begebenheiten

Die Mythologie in der Tradition direkt nach Zarathustra entwickelt sich anders. Es kommt zu einem antagonistischen Gegensatz zwischen der Welt, in der der Böse Geist, und der, in der der Gute Geist agiert. Diese Welten heißen „Gegebenheiten". Etwas später wird sich dieser Ausdruck zu dem der Schöpfung wandeln. Zunächst sind „die Gegebenheiten" da, und die Geister wirken in ihnen, später werden die Gegebenheiten als von diesen beiden Geistern geschaffen gelten. Und in dem Maße, wie in jüngerer Literatur der Begriff des Gegebenen sich zur Schöpfung wandelt, wird auch die Rolle des Unheilbringenden Geistes universaler, kosmischer, dinglicher. Dasselbe geschieht mit den Bezügen zwischen sozialen und kosmischen Gegebenheiten, die eine Dauer dieses Dualismus ermöglichen werden. Angra Mainyu, dessen Name mittelpersisch zu Ahriman wird, bekommt also seine eigene Schöpfung, eine Gegenschöpfung zu der guten des Spenta Mainyu, die nun dieselbe ist wie die des Ahura Mazda, der jetzt Ohrmazd heißt. Überdies wird ein davon ursprünglich ganz unabhängiger Gegensatz zwischen rein und unrein in dieses kosmisch-soziale, realistische Weltbild eingezeichnet. Es handelt sich darin immer noch um einen Antagonismus zwischen vornehmlich ethischen Qualitäten bzw. zwischen sozialen Gegebenheiten, aber in ihn werden nun auch Elemente, Pflanzen und Tiere hineingezogen. Während man sie früher aus bestimmten Gründen einfach gemieden hatte, gelten sie damit als aktiv böse, weil dem Ohrmazd feindliche Kräfte. Über den immer gebotenen Kampf des Wahrhaften, Gläubigen gegen den Lügenhaften, Ungläubigen hinaus gilt dann, was Goethe – der dies alles für seinen Westöstlichen Divan studiert hat – in seinem „Vermächtnis altpersischen Glaubens" kongenial folgert: „Rohr und Binse, Molch und Salamander, Ungeschöpfe, tilgt sie miteinander!"

Blicken wir in jüngere Literatur der Zarathustra-Religion, so werden mit Schöpfung und „Unschöpfung" auch noch Licht und Finsternis, geistige und stoffliche Weltsubstanz gleichsinnig gemacht. Während bisher dieses alles sowohl innerhalb von Licht als auch von Dunkelheit, sowohl innerhalb der geistigen als auch innerhalb der materiellen Welt stattfinden konnte, wird nun der Dualismus noch symmetrischer: Die geistige Weltsubstanz zieht die Sphäre des Guten Denkens und des Heilwirkenden Geistes an, ebenso das Licht; die stoffliche Weltsubstanz tendiert zur Seite des Bösen Denkens und des Unheilbringenden Geistes, die Finsternis ebenfalls. Manifest werden diese beiden Tendenzen im kosmogonischen Prozeß. Eine solche Symmetrisierung des Dualismus, in dem das Böse ein dem Guten gleichkommendes Gewicht erhält, gibt es in der Welt wohl sonst nicht. Ahriman wird der griechischen Welt als Areimanios und der lateinischen Welt als Arimanius Deus bekannt bleiben, und es werden sich neue Deutungsmuster für das an ihn anschließen, was dort als böse gilt.[12] Bleiben wir aber zunächst noch bei ihm selbst im Iran.

Dort hängt die weitere Entwicklung mit der Identifizierung verschiedener Gegenspieler miteinander und der Einbeziehung der ganzen archaischen Dämonologie in dieses dualistische Weltbild zusammen. Es geht sogar so weit, daß von guten Geistern, die nun auf die Seite des Guten treten, andere Worte für laufen, gehen, sprechen, reden, handeln gebraucht werden, als für böse: sogar das Vokabular wird dualistisch, ganz wie wenn man bei uns von einem Guten immer sagen würde: „er stirbt", von einem Bösen immer: „er kratzt ab" oder ähnlich. So gebraucht man schließlich mindestens literarisch, vielleicht aber auch in der Umgangssprache für jede Eigenschaft, für jede Tätigkeit einer bösen Mensch- oder Geistperson eigene Wörter – auch dies ist einmalig in der Welt.[13]

Der archimedische Punkt des Bösen in der Welt steuert ihre gesamte Deutung. Man stellt sich die gute Schöpfung als ein umgrenztes Gebilde im absoluten Raume vor; von unten ragt die böse Schöpfung halb hinein, wölbt sie wie einen Pilz nach oben und trachtet danach, ganz in sie einzubrechen. Ahriman, der von unten kommt, beginnt seine Gegenschöpfung geistig (darin steckt noch der alte Sinn von „Böses Denken" für den „Bösen Geist"), aber sie wird dann in Körperlichkeit überführt. Der kosmogonische Prozeß vollzieht sich, indem in den präkosmischen Bereichen aus geistiger und stofflicher Weltsubstanz, deren jede bereits zur Reservierung einer antagonistischen Handlungs- und Orientierungssphäre für sich tendiert, die Schöpfung des Ohrmazd angegriffen wird. Das macht das Böse Denken zu einer materiellen Funktion und gibt dem Unheilbringenden Geist eine finstere Qualität. Erst jetzt, wo Ahriman diesen Angriff startet, erfährt er von der Schöpfung und Existenz seines Gegengottes, wie er überhaupt – seine Unwissenheit wird immer wieder betont – im Gegensatz zu Ohrmazd's vorherigem Bedenken seiner Handlungen – zuerst handelt und dann über die Folgen nachdenkt. „Der Handelnde kennt kein Gewissen."

---

[12] Kontrovers ist vieles, wie z.B. in den Ausblicken bei H. Waldmann, „Die beiden ersten Geister und der sog. zarathustrische Dualismus", in: Gh. Gnoli – A. Panaino (Hg.), *Proceedings of the 1st European Conference of Iranian Studies*, Part 1, Rom 1990, S. 313–332 (materialreich).

[13] Das Muster, das damit entsteht, prägt kontinuierlich auch die Fortführung der alten Aussageweise von Frieden und Nicht-Frieden und damit die Gesamtanschauung vom Kampf, vgl. Bo Utas, „War and Peace in Iran", in: E. Kahrs (Hg.), *Kalyāṇamitrārāgaṇam. Essays in Honour of Nils Simonsson*, Oslo 1986, S. 287–302.

Zuletzt ist dieser Vorgang in das große Weltenjahr von 12000 Jahren eingefügt worden; das war möglich, nachdem die Iranier babylonische Astronomie kennengelernt hatten. In den ersten 3000 Jahren bestehen die beiden Schöpfungen, die gute und die böse, ungetrennt nebeneinander; dann bricht die böse in die gute ein, es findet ein Kampf von 6000 Jahren statt. Im 9., 10. und 11. Jahrtausend treten Zarathustra und nachfolgende Saoschyants oder Retter auf, um den Kampf zwischen Gut und Böse zugunsten des Guten zu entscheiden. Während der 6000 Jahre vorher, als die Dinge noch auf der Kippe stehen, ist Ahriman Fürst dieser Welt. (Nur die Geburt Zarathustras stürzt ihn nach der späteren Mythologie in äußerste Verwirrung). Er ist absolut böse, und zwar jetzt, in der späteren Entwicklung der Religion, nicht mehr wie nach der früheren Gatha-Stelle, die wir gehört haben, durch freie Wahl, sondern zwanghaft. Er ist bestimmt zum Bösen durch seine Kälte, durch seine Trockenheit, durch seine Schwere, durch die Dunkelheit und den Gestank seiner Substanz. Jetzt wird alles mythisiert: So wie früher, nach Zarathustra, die Nomaden seine Rinder getötet haben, so hat Ahriman das Urrind getötet, und den Urmenschen hat er gleich mitgetötet. Alle Krankheiten, alle Armut, alles Vergehen, aller Tod in dieser Welt kommt von ihm.

Im Ausblick auf das Ende des Kampfes und damit der irdischen Zeit kommt eine Spannung von Anfang an dadurch zustande, daß eine Strafe für den Bösen oder für den Lügenhaften – und damit wird gerechnet – nur für irgendwann prophezeit werden kann. Wann man diese Zeit endgültig ansetzt, das ist dann eine andere Frage, aber Strafe für den Bösen muß sein, und sie muß endgültig sein. Dadurch werden Bilder aus einer ganz alten Ordalpraxis mobilisiert: zwischen zwei Feuern hindurchgehen, ohne sich zu verbrennen; Brust mit geschmolzenem Metall begießen, ohne zu sterben – Bilder, die wir später als endzeitliches Feuer und als Weltenbrand ins Kosmische erweitert wiederfinden werden.

Bilder aus der nicht mehr geübten Ordalpraxis, in der Gerechtigkeit und Verkehrtheit in einem ethisch neutralen Sinne als Übereinstimmung oder Nichtübereinstimmung mit bestimmten naturwüchsigen Gesetzen des jeweiligen gesellschaftlichen Organismus festgestellt worden waren, werden zu Symbolen für eine endgültige Rechtsfindung. Diese Rechtsfindung wird immer weiter in die jenseitige Zukunft hineinversetzt; zu dieser hin wirken die Saoschyants, Heilande, deren Reihe mit Zarathustra beginnt. Sie umfaßt zu seiner Zeit schon Zeitgenossen und erhoffte Fortsetzer und ist auf Verlängerung angelegt. Ihre Zeit reicht bis zu einem natürlichen, noch nicht auf einer astronomischen oder sonstigen Zahlengrundlage berechneten Ende der Welt. Später wird die babylonische Astronomie und das Weltenjahr das astronomisch-chronologische Gerüst liefern, in dem das Ende in eine unerfahrbar ferne Raumzeit verlegt werden kann.

In der letzten Epoche dieser Weltgeschichte wird die Lüge ausgeschaltet, die Schöpfung wird untadelig, ihre bisherige aus Gut und Böse gemischte Geschichte setzt sich nicht fort, sie wird umgewandelt in eine gute Geschichte. Die ursprüngliche Spannung zwischen Zukunft und Gegenwart in der Predigt Zarathustras führte folgerichtig zu einer Spannung zwischen Universalität, was die Einbeziehung der ganzen Schöpfung in einen auf Vollendung orientierten Geschichtsablauf anlangt, und Partikularität, wie sie mit Zarathustras ausschließlichem Eintreten für das Hirtentum und sein Rind gegeben war.

5. Kollektivierung, neue Konkretionen – und Okkultation

Mit alledem haben die alten Namen, Begriffe und Personifikationen von ihren Ursprüngen ganz abgehoben. Die sozialen Bedingungen sind dahinter verschwunden. Die Farbe des orgiastischen Räubertums ist blaß geworden, und andere Farben können in sein Bild eingezeichnet werden. Das spezifische Wort für „böse" wird übertragbar. Und je mehr die zarathustrische Religion sich ausbreitet, auch durch politische Macht getragen (im Achämeniden-Reich), desto verschiedenere böse Erfahrungen werden gemacht, doch kollektiv steht inzwischen ein Begriff des Bösen für sie zur Verfügung. Einige können ihn fortan einfach benutzen oder neu anwenden, andere müssen sich mit ihm auseinandersetzen. Für den Großkönig Darius (521–486) z.B. ist das, was ein gegen ihn aufstehender Thronrivale und abtrünnige Prinzen tun, „Lüge" in einem nach dem Muster Zarathustras neu zur Summe von Unfrieden und Bosheit gemachten Sinn, und man darf schließen, daß das, was er selber tat, für seine Gegner genau so „böse" war. Das Faktum der Verabsolutierung politischer Gegnerschaft zum Bösen schlechthin hat seither seinen festen Platz in der Weltgeschichte.

Auf diese und andere Weise kommt ein Böses zum andern, aber es wird nicht einfach in der Erfahrung gesammelt, übertrieben, ausgewählt, behalten, verdrängt, vergessen, begriffen oder nicht begriffen wie überall, sondern es wird prinzipiell als das Werk des Unheil bringenden Geistes gesehen und diesem zugeschrieben, vergleichbar der Ordnung von Unterbegriffen unter einen Oberbegriff. Groß ist die Zahl der Adjektive, die diese Zuschreibung leisten. Substantivisch – geringer an Zahl – lauten die mittelpersischen Wörter für Böses *ak, anagīh, bazag, bazagīh, dušīh, petyārag, wadagīh, wadīh, wattarīh*.[14] Das sind die neuen Konkretionen des Bösen. Die meisten dieser Wörter haben ältere Formen im jüngeren Awestisch, und dort, d.h. nicht lange nach Zarathustra, zeigt sich auch, wie das *Böse Denken* vierfach neu- und weiterkonkretisiert wird: von einer Tätigkeit des Menschen zu einer über-menschlichen und über-naturhaften Aktivität an sich und von da zu einem *Bösen Geist*, aber auch zum *Bösen Dasein* und von da zu einer *feindlichen Unterwelt*. Die Macht des Bösen ist so selbstverständlich, daß es auch bei Wörtern mitgedacht wird, die

---

[14] Transkription nach D.N. Mackenzie, *A Concise Pahlavi Dictionary*, London 1971; andere mit Belegen bei H.S. Nyberg, *A Manual of Pahlavi, Part II: Glossary*, Wiesbaden 1974.

es ursprünglich nur partiell oder gar überhaupt nicht bezeichnen. Das erstere zeigt das Wort *petyāragīh*, das eine Landplage meinte (Überhandnehmen unreiner Tiere o.ä.), die wieder vergeht. So wird gleich zu Anfang des wohl schon im 5. Jahrh. v. Chr. „Gegen die Dämonen gegebenen (Gesetzes)" etwas Lästiges oder Widerwärtiges (awest. *paityāra-*) wie rötliches Schlangengetier oder der alljährlich wiederkehrende Winter (!) als von Angra Mainyu geschaffen bezeichnet (Vidēvdād 1,2). Ein anderes awestisches Wort, das neutral das „Herzukommen" oder den „Eintritt" (etwa einer Jahreszeit) bedeutet hatte *(aiwigatay-)*, bekommt den Sinn „Angriff des Bösen" *(aibigat* oder *ēbgatīh)*. So sagt eine Lehrschrift aus dem 9. Jahrhundert mit dem Titel „Zweifelzerstreuende Entscheidung" in einem Kapitel, das sie ganz der „Priorität" oder „Vorzeitigkeit des Widersachers" widmet: „(Daß) die Ankunft des Herzukommens (!) auf die Geschöpfe später als die Schöpfung (erfolgt), zeigt (sich daran,) daß der Schöpfer (die Fähigkeit,) dem Unterdrücker *(hamēstār)* zu widerstehen, noch vor der Ankunft des Unterdrückers gemacht hat".[15] Hier ist das „Herzukommen" – die Belege für das Wort sind zahlreich und weisen auf einen verbreiteten älteren Sprachgebrauch zurück – eine selbständig bewegliche Zeiteinheit geworden wie bei uns der „Advent" (von dem wir ja auch pleonastisch sagen können, daß er „herannaht"). Aber während wir nicht mehr mitzusagen brauchen, daß wir das Ankommen (der Geburt) des Heilandes meinen, war für die Zarathustra-Anhänger jenes Herzukommen genau so selbstverständlich als das (des) Böse(n) gemeint. Es wird damit zugleich okkult gemacht und von da her um so wirksamer begriffen.[16]

6. Vorbereitungen einer Hypostasierung zum Bösen

Die Ausbildung einer Mythologie mit Wörtern, die „böse" bedeuten und in weiteren Zusammenhängen stehen, als die Zuschreibung böser Eigenschaften an einen Unheil bringenden Geist und dann auch an viele andere Geister es sind, stellt bemerkenswerterweise einen gewissen Bruch in der Geschichte der Religion dar, die mit der Verkündigung Zarrathustras beginnt. Man nennt diese kurze Phase nach seinem originären Namen die zarathustrische, die darauf folgende, viel längere nach der Namensform, die Spätere, nämlich die Griechen prägten (Zoroastres o.ä.), die zoroastrische. Die Mythologie, in die Zarathustras religiöse Begriffsbildung eingeht, ist zoroastrisch. Ihre Ausbildung geschieht in ei-

---

[15] P.J. de Menasce (Hg.), *Škand-Gumānīk Vičār*, Fribourg 1945, S. 110f. (= Kap. 9, 40).
[16] Auch die weibliche Sexualität wird dämonisiert und auf eine in der Urzeit verborgene Urhure zurückgeführt; vgl. G. Widengren, „Primordial Man und Prostitute: A Zervanite Motif in the Sassanid Avesta", in: *Studies in Mysticism and Religion, presented to Gershom G. Scholem*, Jerusalem 1967, S. 337–352. Das ist etwas anderes als die Zurückführung der gesamten Sexualität auf den Teufel (3. Vorlesung, § 5).

nem Wechselwirkungsverhältnis zu einem Vorgang, den wir Verdinglichung oder Substanzwerdung eines Begriffs nennen können.

Sowohl sprach- als auch religionsgeschichtlich nennt man dies auch Hypostasierung, weil das griechische Wort Hypostasis (von dem ja lat. sub-stantia die genaue Umsetzung ist) in gewissen Zusammenhängen Begriffe bezeichnen kann, die wie verselbständigte oder vergegenständlichte Entitäten gehandhabt werden. Es ist besonders wichtig, die jeweilige Eigenständigkeit solcher Hypostasierungen zu erkennen. Manchmal, besonders bei Geistbegriffen, Emanationen und verständlicherweise gerade bei einem Begriff des Bösen, wird dahinter ein richtiger Grübelzwang erkennbar, der erst in Vergegenständlichungen zur Ruhe kommt – ein erster Ansatz für historische Psychologie. Da wir eine solche noch nicht haben, kommt um so mehr darauf an, dieses Phänomen, wenn es fertig ist, nicht mehr den Methoden philologischer Textarbeit zu unterziehen, sondern es im Beziehungsgeflecht von geistiger Auseinandersetzung und konkreten gesellschaftlichen Zuständen und Entwicklungen als Gegenstand stehenzulassen und zu beschreiben. So ein Verfahren steht ganz der Absicht entgegen, die Immanuel Kant[17] mit einer Metaphysik verfolgte, die Hypostasen enthält. Wir führen dies hier auch deshalb an, weil das Grundsätzliche gerade an der Behandlung des Begriffs des Bösen anschaulich wird, dessen Bezeichnung als „Prinzip" einen anderen Sinn hat als sonst bei Kant. Allgemein sagte er, daß Theorien über die Seele „auf einem bloßen Blendwerke beruhen, nach welchem man das, was blos in Gedanken existirt, hypostasirt, und in eben derselben Qualität, als einen wirklichen Gegenstand außerhalb dem denkenden Subjekte annimmt, nämlich Ausdehnung ... und Bewegung ..., welche auch außer unseren Sinnen an sich wirklich vorgeht".[18] Kant nennt demgemäß das „radikale Böse in der menschlichen Natur" ein „böses Prinzip", das „Äußerst-Böse" eine „bloße Idee" und schiebt ihm gegenständliche Realität selbst dann nicht unter, wenn der Rekurs auf die – im 18. Jahrhundert zuweilen in einen neuen Rezeptionszusammenhang[19] gerückte und bei Kant unter dem Einfluß seines Lehrers Franz Albert Schultz deutlich manichäisch stilisierte[20] – biblische Erzählung, „was der

---

[17] Geistes- und forschungsgeschichtliche Nachweise zum folgenden in der ausgezeichneten Untersuchung von H.-O. Kvist, „Das radikale Böse bei Immanuel Kant", in: *Makarios-Symposium über das Böse* (siehe 2. Vorlesung, Anm. 43), S. 237–288, bes. S. 244f., 264f., 276f.
[18] *Kritik der reinen Vernunft*, Ausg. A., Riga 1781, S. 384. Das folgende nach: *Die Religion innerhalb der Grenzen der bloßen Vernunft*, Königsberg 1793, S. 3–116 (Zitat: S. 100 Anm.), und: *Die Metaphysik der Sitten*, Königsberg 1797, S. 180 Anm.
[19] M. Stausberg, *Der Zoroastrismus und die europäische Religionsgeschichte im 18. Jahrhundert*, Magisterschrift, Bonn o.J. (behandelt L. Holberg, C.E.J. de Pastoret, J.J. Rousseau, J.G. Herder, M. Ramsay, Voltaire, D. Diderot, F.C. Eilschov, L. de Cahusac und E. Schikaneder) arbeitet diesen wichtigen, bisher unzureichend erkannten Tatbestand auf.
[20] Gezeigt von J. Bohatec, *Die Religionsphilosophie Kants in der ‚Religion innerhalb der Grenzen der bloßen Vernunft'. Mit besonderer Berücksichtigung der theologisch-dogmatischen Quellen*, Hamburg 1938 (Neudr. Hildesheim 1966), S. 160–163.

böse Geist in die zu Anfang gute Schöpfung hereingebracht habe", dies ganz leicht gemacht hätte.

Es muß aber nicht erst die fertige Hypostase, sondern schon der Vorgang der Hypostasierung ganz als das Phänomen belassen werden, als welches es erscheint. Ein Sprachwissenschaftler vom Range J. Kurylowicz' hat gesagt, daß ein „motivierter und charakterisierter Wortgebrauch" zu Hypostasen führen kann[21], und R. Jakobson erläutert: „Any elucidating interpretation of words and sentences ... is a message referring to the code. Such a hypostasis – as L. Bloomfield pointed out – ,is closely related to quotation, the repetition of speech', and it plays a vital role in the acquisition and use of language".[22] Die erste Einsicht ist für unser Thema in zweifacher Hinsicht wichtig. Wenn alsbald Begriffsaustausch mit westlich benachbarten Traditionen ansteht, dann zeigt sich, daß dieser leichter vonstatten geht, wenn die Begriffe hypostasiert sind. Und wenn theologische Neudefinitionen nötig werden, wie es bei bestimmten Gnostikern und Christen der Fall sein wird, dann lehrt diese Einsicht, daß sie besonders gut bei Hypostas(ierung)en ansetzen können. Die zweite Einsicht hat etwas mit der Glossolalie hinter Zaubertexten und mit dem Repetieren sowohl von bedeutungslosen Silben als auch von Namen in Beschwörungen böser Geister zu tun, die auch zu – sogar magisch gegen sich selbst wirkenden – Hypostasen werden können.

Mit der Vorbereitung der Hypostasierung des Bösen geht eine weitere Tendenz einher. Das Wort für „böse", das menschliches Denken bezeichnet, wenn es sich in den Zusammenhang der Gegnerschaft zum Weisen Herrn, *Ahura Mazda*, zu den Viehzüchtern und zu Zarathustra fügt, lautet *aka-*. Es wird auf diese Weise gleichbedeutend mit dem Wort, das wir mit „unheilbringend" übersetzt haben, *angra-*. Das *Böse Denken, Aka Manah*, gehört nun zum Unheilbringenden Geist, *Angra Mainyu*; auch das weist auf ein weiteres sprachlich-psychologisches Gesetz. Danach begünstigt (vielleicht sogar: erzeugt) Hypostasierung auch Dynamisierungen von an sich statischen Beziehungen zwischen Substanz und realem (nicht: logischem) Akzidens (sinngemäß wird dann immer das „ens in alio" zu einem „ens ex alio"), oder zwischen Inhalt und Form (sinngemäß wirkt dann immer die Form aktiv auf den Inhalt ein, der passiv bleibt), oder zwischen Allgemeinem und Besonderem, bzw. Gattung und Art (sinngemäß wird dann immer der dem Oberbegriff klassifikatorisch zugeordnete Unterbegriff zu etwas Unterem, das aus dem Oberen herabsteigt). So ergeben sich pseudomythologische Prozesse im Kleinen. In den mittelpersischen Texten heißt das, daß der Unheilbringende Geist das Böse Denken – aus *Aka Manah* wird *Akaman* – als einen Boten entsendet, der sogar ein Dämon, *Dēv*, genannt werden kann. Auf diese Weise entstehen regelrechte Emanationen.

---

[21] Zitiert von R. Jakobson, *Selected Writings*, Bd. 2, Den Haag-Paris 1971, S. 215f.
[22] *Shifters, Verbal Categories, and the Russian Verb*, a.a.O., S. 130–147, dort 131.

Zwar wird hier der letzte Schritt zu ihrer Bildung noch nicht getan. Aber die Tendenz zur Emanations- wie zur Hypostasenbildung trägt zum Aufbau eines Referenzrahmens bei, der zweierlei Umgang mit dem Bösen ermöglicht: er nötigt dazu, es von vornherein eindeutiger zu erfahren, und er hilft, sich mit ihm bewußt auseinanderzusetzen. Folgendermaßen läßt sich zusammenfassen, wie sich das auswirkte.

Das Böse wird von den Iraniern in der Nachfolge Zarathustras sozial und metaphysisch als dauerhaft erfahren. Politische und fatalistische Umwertungen kommen hinzu. Inhaltlich summieren sich der rauschhafte Mord, die räuberische Heimsuchung durch feindliche Nachbarn, eine generalisierbare Dualität von Werten, politische Gegnerschaft, die Unausweichlichkeit gewisser Ereignisse aus Schicksalszwang und die als bedrohlich empfundene Anwesenheit des Unreinen. Konzeptualisierungen können deshalb zu sehr unterschiedlichem Ausdruck führen: zu Verbalisierung dem Bösen adäquater Gedanken und Handlungsweisen sowie zu Personifikationen. Letztere werden zu Dämonisierungen, die mit der Weiterführung von ähnlich deutendem, altem Geisterglauben und einer dualistischen Neuorientierung alter Gottesverehrung einhergehen. Die Hauptgötter werden dabei zu Schöpfern der guten und der bösen Grundgegebenheiten; in diesen wird die Unterscheidung des Guten als *Mēnōg* („Geistiges") und Helligkeit vom Bösen als *Gētīg* („Materielles") und Dunkelheit ethisch relevant. Es wird aber auch das Gute als spirituelle Substanz und als Licht, das Böse als stoffliche Substanz und als Finsternis mythologisch manifest. Das erlaubt die Vorstellung einer Dimension der Verborgenheit, die auch das alltäglich-empirische Böse in den Rang einer Manifestation des eschatologisch-letztgültigen Bösen erhebt, das sich noch nicht zeigt.

Alles zusammen ergibt einen enorm zusammengesetzten Begriff des Bösen. Alles, was in ihn eingegangen ist, kann fortan von niemandem mehr zugleich gedacht werden; aber erkennbar bleiben uns die Unterschiede zwischen (a) religiöser Begriffsbildung mit zugehöriger Wortprägung, (b) Hypostasierung oder Substanzwerdung bzw. Verdinglichung, (c) Dynamisierung bzw. Mythologisierung.[23] In den älteren Texten liegen häufig das erste und das zweite, in jüngeren das zweite und das dritte ineinander. Vom ersten Jahrhundert vor bis zum vierten Jahrhundert n.Chr. läßt sich diese Hypostasierungstendenz lexikalisch am Überhandnehmen substantivierter Abstrakta aufzeigen, und zwar quer durch die verschiedenen religiösen Traditionen hindurch: außer im zoroastrischen – und natürlich manichäischen – Mittelpersisch auch im hellenistischen Griechisch, im Koptischen, im Qumran-Hebräischen, im samaritanischen Aramäisch, im Mandäischen, im manichäischen Parthisch. Hier liegen die konzeptuel-

---

[23] Vgl. U. Bianchi, »Il male e il maligno nelle religioni«, in: *Sacra Doctrina 72*, 1973, S. 575–585; »Nota storico-religiosa sull' ermeneutica del male profondo«, in: *Archivio de Filosofia*, Rom 1980, S. 155–166; »Théologie et théorie du mal aux premiers siècles de l'ère nouvelle«, in: *Le Muséon 100*, Louvain 1987, S. 1–11.

len Voraussetzungen für die Bildung eines umfassenden Begriffes des Bösen, in den aus dem syrischen Christentum ganz neue Inhalte aufgenommen werden können. Außerdem tritt das Mythologisieren der Zoroastrier zwar nicht in Austausch, aber doch in Parallele zu einer Eigenart von anderen ihrer westlichen Nachbarn, dem Denken in Emanationen bei Gnostikern und Neuplatonikern.

Äußerungen leitender Institutionen und Bezeugung leitender Ideen in der hellenistischen Zeit Irans

I. Zu den „persischen Zeiten", den Räumen von „Iran extérieur" und der „Aussage von Institutionen"*

Wenn von zwei Zeiten die Rede ist, ohne daß angegeben wird, in welcher Region, in welcher Kultur, in welchem Staat, oder wo auch immer der Mensch sich primär an ihnen orientiert, dann muß jedesmal eine Zeit gemeint sein, deren historische Bedeutung die Nation oder Kultur übergreift, die ihr den Namen gegeben hat. Damit konstituieren diese Zeiten indirekt auch Regionen oder ein Territorium, wo solche Zeitbezeichnungen grundsätzlicher gelten als anderswo, wo sie z.B. nichts Geringeres als deren Anfang und Ende anzugeben vermögen. Ihre Namen können zunächst zweifach gebraucht werden, dann aber auch in einem umfassenderen Gebrauch zusammenfallen.

a) Für Zeitgenossen sind sie, merkwürdiger Weise, nur in Bezug auf die militärisch und politisch *okkupierten Gebiete* sinnvoll, weil sie nur dort einen inhaltlich besonders signifikanten Zeitabschnitt bezeichnen können. In Deutschland war die Zeit von Napoleons Eroberung bis zu den Freiheitskriegen „die Franzosenzeit". In Frankreich würde niemand irgendeine Epoche so nennen.

b) Vom nachgeborenen Historiker kann eine solche Benennung vorgenommen werden, wenn er den *Kairos* z.B. *eines Landes* oder eines Volkes charakterisieren will, d.h. eine in einer bestimmten Hinsicht gloriose Epoche, in der das Volk oder Land seinen Genius findet, oder sich seiner Eigentlichkeit versichert, und dies auch nach außen sichtbar macht. Eine Größe wie z.B. das Mongolenreich oder das British Empire steht dann repräsentativ für einen weltgeschichtlich besonderen Zeitraum („Die Mongolenzeit", „The Epoch of the British Empire"), obwohl es immer genügend Nationen gab, die einem solchen Machtgebilde nicht unterworfen waren. Das Ende der Großen Reiche lehrt: Wie „jedes Ding hat seine Zeit", so haben sie auch die meisten Kulturen, Völker, Nationen

---

* Abkürzungen: AI = *Acta Iranica*; BCH = *Bulletin de Correspondance Hellénique*; CRAI = *Comptes Rendus de l'Académie des Inscriptions et Belles Lettres*; HP = *Hellenische Poleis*, hg. von E. Ch. WELSKOPF; CHI = *The Cambridge History of Iran*, Bd. 3, 1983, hg. von E. YARSHATER (aus dem unpublizierten deutschen Ms meines dortigen Beitrages „Development of Religious Thought" (819/65 und 1338/51) wurden einige kurze Passagen für diesen Vortrag verwendet); EF = *Erträge der Forschung*; FGrHist = *Die Fragmente der griechischen Historiker*, hg. von F. JACOBY; HO = Handbuch der Orientalistik; JHS = *The Journal of Hellenic Studies*; OGIS = *Orientis Graeci Inscriptiones Selectae*; RAC = *Reallexikon für Antike und Christentum*; SEG = *Supplementum Epigraphicum Graecum*; ST = *Soziale Typenbegriffe im alten Griechenland und ihr Fortleben in den Sprachen der Welt*, hg. von E. CH. WELSKOPF; StHR = *Studies in the History of Religions* (Supplements to *Numen*).

und Imperien. Ist die Epoche vorbei, so haben jene historischen Gebilde „ihre Zeit gehabt".

c) Eine Verschmelzung des Sinnes beider Namensverwendungen findet statt, wenn die politischen Vorgänge, aus denen ein Kairos hauptsächlich bestehen kann, *hegemoniales Ausmaß* annehmen. Sie schließen dann die zuerst erwähnten, kleineren territorialen Übergreifungen mit ein. Solche Hegemonien können schon von Zeitgenossen wahrgenommen werden. Diese unterscheiden sich dann nicht mehr prinzipiell vom nachgeborenen Historiker, dem es in bestimmten Fällen erlaubt ist, das proprium einer Kultur zur Signatur einer Epoche von weltgeschichtlichem Ausmaß zu erheben.

Soweit die Bezeichnung „persische Zeit" auch außerhalb Irans etwas Bestimmtes besagte und besagt, wäre das die Zeit der ersten Hegemonialherrschaft in der Geschichte, die Zeit der Achämenidendynastie.[1] Kein Zweifel: unter ihr hatte Iran das erste Mal „seine Zeit", in welcher Hinsicht auch immer. Die Achämenidenherrschaft gab aber auch einer Epoche das Gepräge, die im ganzen nicht von Iraniern beherrscht war, in der jedoch nicht miteroberte Nationen sehen und lernen konnten, was ein Imperium ist, kurz bevor einige von ihnen unter ebendieses, und lange bevor die meisten von ihnen unter ein anderes, unter das römische Imperium geraten würden. Heißt es im Symposionstitel dann aber weiter „und in der hellenistisch-römischen Zeit", dann wird eine Epoche chronologischer Gleichzeitigkeit verschiedener Herrschaftstypen anvisiert, innerhalb derer nur der eine, der römische, imperial werden sollte, während der andere, der hellenistische, mangels einer griechischen Zentralgewalt politisch niederging, dafür aber kulturell erst recht Herrschaft ausübte.

Die hellenistische Epoche bzw. Welt liegt chronologisch bzw. geographisch in der Mitte. Von einer solchen Mitte aus läßt sich nicht nur diese selbst, sondern evtl. zusätzlich Früheres oder Späteres bzw. Benachbartes besser analysieren, als wenn man sich auf einen dieser umliegenden Örter konzentrierte oder bei ihm einsetzte. Politisch beginnt die hellenistische Zeit Irans mit Seleukos I. Nikator (312–281 v.Chr.) und endet mit Antiochos VII. Sidetes (139–129 v.Chr.). Aber: Die wirkliche Hellenisierung Irans begann erst nach dem dortigen Ende der Seleukiden, als neue, nach ihrer Herkunft eindeutig iranische Herrscher – beginnend mit Mithridates I. von Parthien (ca. 171–139), der sich selbst „Philhellen" nannte – griechisch erzogene Männer brauchten, die mit der seleukidischen Erbschaft umgehen konnten. Dabei fühlte sich die iranische Elite, die unbefangen etwa eine Aufführung von Euripides' *Bakchen* am parthischen Hof

---

[1] Aus G. WALSER, *Hellas und Iran. Studien zu den griechisch-persischen Beziehungen vor Alexander* (EF 209), Darmstadt 1984, ergibt sich, daß weder die Perserkriege noch irgendeine Religionsbegegnung für die Entstehung der griechischen Barbarentopik eine Rolle gespielt haben. Umgekehrt waren persische Religions- und persische Kriegspolitik nicht aneinander beteiligt. Eine erkenntnisleitende Modellvorstellung ist aus keinem der beiden Sachverhalte zu gewinnen.

genießen konnte, nicht mehr von der griechischen Polis beiseite gedrängt. Sie blieb iranisch und vertraute wieder Ahura Mazda und nicht Apollon. Voll hellenisiert waren Iranier z.B., wenn sie glaubten, daß die griechische Weisheit ursprünglich ihre eigene war, die sich die Griechen nach Alexanders Eroberung von den iranischen Vorfahren der jetzigen Generation nur ausgeliehen hätten.[2] Die hellenistische Zeit Irans ging also kulturell unter den Arsakiden weiter. Ihre Ära hatte lange vor Mithridates I., nämlich 247 v.Chr., unter dem Seleukiden Antiochos II. Theos (261–246) mit der erstrittenen Autonomie des Satrapen Andragoras angehoben und endete mit Artabanos V. (nach anderer Zählung: IV., 213–224 nach Chr.). Kulturell gehörten auch gräko-baktrische und gräko-indische Kleinstaaten (230–130 vor Chr.) sowie die indoskythischen Königtümer (130 vor – 227 nach Chr.) teilweise zum hellenistischen Iran.

Iran/Persien hatte auch, als es das römische Imperium schon gab, „seine Zeiten", diesmal freilich nicht als des römischen Imperiums Vorläufer, sondern als sein Nachbar. Die Vorläuferzeit ist jetzt die hellenistische; sie verhält sich zu den folgenden persischen Zeiten durchaus anders als zur römischen Zeit, und dementsprechend verschieden sehen die römische Zeit und die persischen Zeiten aus. Denn in den annähernd tausend Jahren nach der achämenidischen Herrschaft, die zwischen der griechischen und der islamischen Eroberung Irans liegen, erscheinen auf der historischen Horizontale die westlich angrenzenden Kulturgebiete, auf der historischen Vertikale außerdem noch gewisse durch nahezu alle hellenistischen Lande miteinander verwandte soziale Unter- und Mittelschichten als Träger von Dämonologien im Alltagshandeln sowie fremder gedanklicher Einschläge in eigenes Denken unverwechselbar dynamisch miteinander verbunden, wenn man offene Zentren größter kultureller Dichte in Iran und in der hellenistisch-römischen Welt als geographische Brennpunkte annimmt. Aus diesen Zeiten und Regionen wird im folgenden ausgewählt, was das Verhältnis zwischen den beiden im Titel genannten Arten von Quellenzeugnissen vielleicht ein Stück weit zu klären vermag.

Die bisherigen religionsgeschichtlichen Darstellungen dieses Gebietes sind durch ein schweres Defizit beeinträchtigt: sie sind fast ausschließlich Ideengeschichte. Wer hier analysieren will, scheint auf der syntaktischen Ebene festgebannt zu sein. Es ist dringend erforderlich, solche Analysen anhand konkreter Daten materialistisch[3] zu kontrollieren und zu verifizieren. Wem es nicht genügt, durch pragmatische Rückschlüsse die Basis zu erreichen, der war immer gut beraten, wenn er sich an die Institutionen hielt. Wo es um Modellbildung geht, die immer auf etwas Klares aus ist, mag es sogar geboten sein, bei den Institutionen einzusetzen. Allein so weit man hier auf anderen Territorien und in

---

[2] E. BICKERMAN, „The Seleucid Period", in: *CHI* 3/20, dort 18. Viel Neues dazu bei J. WOLSKI, *L'Empire des Arsacides* (AI 32), Louvain 1993.
[3] Ich gebrauche Ausdruck und Methode im austromarxistischen Sinn.

anderen Regionen auch kommt – im hellenistischen Iran versagt diese Methode. Die einzige und in ihrer Art beste Darstellung[4], von der man Hilfe erwartet, handelt zuverlässig und mit schlagkräftigen Belegen das Königtum, den Hof, die Armee, den Fiskus, die Verwaltung („Organisation" einschl. Steuererhebung), Geldwesen (d.h. die Münzprägung) und den Herrscherkult als Institutionen ab. Die *Cambridge History of Iran*[5] fügt Gesetzgebung und Rechtsprechung sowie Zeitrechnung einschl. Jahres-Festkalender hinzu. Religionsgeschichtlich verwertbare Äußerungen könnten etwa sein seitens der Könige bestimmte Edikte mit Gesetzeskraft, seitens des Hofes Chroniken, Fürstenspiegel oder Memoiren, seitens der Armee die Heeresreligion, seitens des Fiskus Nachrichten über etwaige Verwendung des Königs- oder Staatsvermögens z.B. als Donation an protektionsbedürftige Kulte, seitens der Verwaltung Hand-, Kopial- und Lehrbücher für die Praxis der Beamten, seitens der Münzstätten gemeinsame Prägungen von Herrschern und Göttern, seitens der Justiz Schlichtung von Rechtsstreitigkeiten zwischen Angehörigen verschiedener Religionen. Aber die Hoffnung trügt: diese Institutionen bleiben stumm. Nur der Herrscherkult in Verbindung mit der teilweise dazugehörigen Münzprägung macht eine Aussage, aber natürlich nur über sich selbst. Es bleibt nichts anderes übrig, als das folgende entlang der Reihe der Könige darzustellen, wie konventionell das auch immer sein mag.

II. Die Seleukiden als ehemalige Griechen und die Verpflanzung der Polis-Religion

Alexander sprengte die Grenzen der griechischen und makedonischen Überlieferung, in denen er als tapferer Heerführer allenfalls dem Achilleus oder dem Herakles nacheiferte[6], als die Eroberung des Hafens von Side in Südkleinasien ihm wie durch die Hilfe eines gottgewirkten Wunders gelang[7], und als er sich, vielleicht schon in Memphis als neuer Pharao inthronisiert, in der Oase Siwa

---

[4] ELIAS JOSEPH BIKERMAN, *Institutions des Séleucides,* Paris 1938, 236/57.
[5] Bd.3, 1983, 627/815 (A. PERIKHANIAN, V.G. LUKONIN, CHR. BRUNNER, E. BIKERMAN, M. BOYCE).
[6] Diodorus Siculus 17, 17, 1/4. 97, 3.
[7] FGrHist 124 F 31. Es sollte wohl eine Marschstrecke abgekürzt werden, und deshalb mußte die Armee durch eine Bucht waten. Obwohl darin außerhalb des ausgebaggerten Hafenbeckens das Wasser bei Ebbe nur knietief stand, war es für einen gepanzerten Soldaten doch eine unerhörte, sich nachträglich fast von selbst glorifizierende Strapaze. Am 3. Oktober 1960 erzählte Professor Arif Müfid Mansel bei einer Führung durch die von ihm geleiteten Ausgrabungen und die Umgebung der Stadt, es gebe seither nach Bewältigung einer besonders schwierigen Angelegenheit das Sprichwort „Es war für mich der Hafen von Side!" Das Ereignis wurde später mit dem „Durchzug der Israeliten durch's (Rote?) Meer" parallelisiert und spielte eine Rolle bei der Identifikation der beiden „Zweigehörnten" Moses und Alexander, die entweder der Koran (Sure 18, 83/98) schon voraussetzt, oder zu der er mitgeholfen hat.

vom Oberpriester des dortigen Orakels als „Sohn des Ammon" anreden ließ. Wenn er in bewußter Übernahme der mythischen Rolle eines Gottessohnes nach Iran gekommen sein sollte, wofür manches spricht[8], dann kann es mehr als eine protokollarische oder politische Maßnahme gewesen sein, wenn er dort die Proskynese verlangte – aber es ist strittig, ob es die Form war, mit der sich am Hofe des Großkönigs die Untertanen unter den Herrscher und sein X^{v}arnah beugten[9], oder das Zuwerfen einer Kußhand bei aufgerichtetem Körper, mit der ein Edler einen seinesgleichen grüßte.[10] Nur zur ersten Form würde passen, daß Alexander im Jahre 324 nach seiner Rückkehr aus Indien sogar Griechen aufforderte, ihn offiziell als Gott anzuerkennen[11]. Dies alles war aber nicht ausreichend, um in Iran die Königsideologie weiterzuführen oder zu erneuern oder gar ein pattern zu installieren. Neue Impulse, vor allem durch Antigonos Monophthalmos und seinen Sohn Demetrios Poliorketes hervorgetrieben und von anderen Dynasten konkurrierend aufgenommen, waren nötig, um den Herrscherkult nachhaltiger in Iran einzuführen.

Die Religiosität Seleukos des I. war eher konservativ. Sein Beiname Nikator war nicht offiziell und bedeutete keine Gleichsetzung mit Zeus. Ebenso ist er erst nach seinem Tode zum Sohne des Apollon, des Schutzgottes der Seleukiden, gemacht worden. Auf seinen Münzen[12] finden sich nach Aufgabe der Alexanderprägung auch Artemis, Zeus, Athene und Herakles als Schutzgottheiten des Herrscherhauses. Münzen, die auf der Vorderseite Zeus und auf der Rückseite Athene als Kämpferin auf der Elefantenquadriga zeigen, und solche, die auf der Vorderseite den Kopf eines gehörnten Rosses und auf der Rückseite einen Elefanten haben, könnten auf Übernahme oder Anleihe bei der indischen und der iranischen Königsideologie weisen, in welcher der Elefant bzw. das Pferd eine besondere Rolle spielen. Noch andere Münzen, die einen idealisierten, durch Namen und Königstitel bezeichneten Kopf mit gehörntem Pantherfell auf der Vorderseite und Nike mit einem Tropaion auf der Rückseite zeigen, gleichen den Seleukos dem Dionysos oder dem Alexander an – aber nur dem, der den Osten erobert hatte, nicht dem Ammonssohn. In all diesem zeigt sich eine einfache Verschmelzung makedonisch-griechischer und epichorischer Vorstellungen.

---

[8] F. TAEGER, „Alexanders Gottkönigsgedanke und die Bewußtseinslage der Griechen und Makedonen", in: *La Regalità Sacra* = StHR 4, Leiden 1959, 394/406.
[9] L.R. TAYLOR, „The ‚proskynesis' and the Hellenistic Ruler Cult", in: *JHS* 47, 1927, 53/62.
[10] Besprechung dieser und weiterer Formen: FEODORA Prinzessin VON SACHSEN-MEININGEN, „Proskynesis in Iran", in: F. ALTHEIM – R. STIEHL, *Geschichte der Hunnen* Bd. 2, Berlin ²1969, 125/66.
[11] Dies ist denn am eindeutigsten auch nur in einer Anekdote bezeugt: Claudius Aelianus, *Varia Historia* (ed. R. HERCHER, Leipzig 1867) 2, 19.
[12] G.F. HILL, *Catalogue of the Greek Coins of Arabia, Mesopotamia, and Persia*, London 1922.

Antiochos I. Soter (281/80–261) war es gewesen, der Seleukos, seinen Vater, durch den Titel „Nikator" mit Zeus gleichsetzen wollte, ihn aber diesem de facto nur annäherte. Immerhin bildete er dadurch das Prinzip vor, die Könige nach dem Tode offiziell zu vergöttlichen. Seinen eigenen Beinamen verdiente er durch einen Sieg über die Kelten; kultische Ehren, die ihm zuteil wurden, kennen wir nur außerhalb von Iran (Ilion, Klazomenai, Milet). Auch sie bezeugen noch keine Vergottung des lebenden Königs, wie sie für den gleichzeitigen Ptolemaios II. Philadelphos in Ägypten bereits gegeben war. Doch ist es möglich, daß dessen Beispiel dann bei Antiochos II. (261–247) wirkte, dessen Beiname Theos keine Phrase gewesen sein kann; zwar war dieser zunächst lokal gebunden (in Milet), doch seine Münzen zeigen Herakles auf dem Felsen, den Apollon auf dem Omphalos und den nun wappenartig stilisierten gehörnten Pferdekopf.

Seleukos II. Kallinikos (246–227) propagierte sich selbst so gut wie gar nicht, umso mehr Apollon und Athene; außerdem verband er den Kult der verstorbenen Königin Stratonike Thea mit dem ihrer Beschützerin Aphrodite. Seinen Beinamen führte er auf Münzen ebensowenig, wie Seleukos III. Soter (226–223) und Antiochos III. Megas (223–187) es taten, die ihrerseits Apollon oder den Elefanten auf die Münzrückseiten prägten – der Elefant hat aber mit indischer Königsideologie nichts mehr zu tun. Der Verfestigung des dynastischen Kultus unter Antiochos III. schließlich fehlten erst recht alle charismatisch-mythischen Bezüge; sein Prostagma aus dem Jahre 204 zeigt[13], daß es um nichts weiter geht, als durch Bestellungen von Erzpriestern für sich und von Erzpriesterinnen für seine „Schwester"-Gemahlin Laodike alle Satrapien mit ihren verschiedenen kulturellen, ethnischen und religiösen Traditionen symbolisch zu einer Einheit zusammenzufassen. Etwas mehr sagt ein Schreiben aus Antiocheia in der Persis. Es zählt alle Könige von Seleukos I. bis Antiochos III. (nebst seinem ältesten Sohne Seleukos IV. Philopator (187–175)) mit ihren üblichen Beinamen auf und setzt voraus, daß nur die Könige, nicht auch die Königinnen ihren Kult zu Lebzeiten hatten; das ist ein Unterschied zu Ägypten, während in der Formel „der König und seine Vorfahren" eine persische Interpretation der hier stattfindenden hellenistischen Umgestaltung griechischen oder makedonischen Heroenkultes vorliegen kann. Nach diesem Dokument versiegen nicht nur unsere Quellen für Iran, es verbietet sich auch noch mehr als bisher eine Verallgemeinerung von westlicheren Zeugnissen aus, zumal die parthischen und die baktrischen Dokumente oder Indizien für den Osten wichtiger zu werden beginnen.

Eine Maßnahme, die eine Begegnung von Religionen in großem Ausmaß ermöglichte, war die Gründung von griechischen Städten mit Polis-Verfassung durch Alexander und die Seleukiden auf dem Boden des untergegangenen

---

[13] OGIS 224; M. HOLLEAUX, in: *BCH* 54, 1930, 235/47.

Achämenidenreiches.[14] Einheimische Städte, die so durchorganisiert waren, daß sie gegenüber Konkurrenzgründungen oder trotz neuer Organisation in ihrer eigenen Mitte iranisch-religiöses Profil behielten, gab es praktisch nicht; die Stadt, von der es am ehesten zu erwarten gewesen wäre, Persepolis, lag zerstört da.

Die Seleukiden, die mehr Zeit für dergleichen hatten als der große Alexander, bezogen in ihre in der Weltgeschichte beispiellose Umsicht bei der Gründung und Organisation ihrer Städte auch die Fürsorge für die Religion ihrer Untertanen mit ein.[15] Für die iranischen Untertanen scheint dies allerdings bedeutet zu haben, daß ihnen die Religion einer wertvolleren Sozialorganisation, eben die der Polis, nahegelegt wurde; in Syrien – die Juden sind ein Sonderfall – und Babylonien war es anders. So wurde schon auf Veranlassung Seleukos des I. das Ritual der Götter von Uruk aus Susa in seine Heimatstadt zurückgebracht und dort kopiert, womit der Grund für eine Erneuerung des Kultes gelegt war.[16] Im Jahre 201 v. Chr. wurde dort der Anu-Tempel wiederaufgebaut, später die Errichtung einer Tempelbibliothek durch einheimische Priester gefördert. Ähnliches geschah in Borsippa (Neustiftung des Nabu-Tempels durch Antiochos I.), Susa (Erhebung des Tempels der akkadischen Nanaja zur zentralen Stätte der Regelung aller öffentlichen Angelegenheiten), Bambyke und Olba, während der Plan Alexanders und dann Antiochos des I., auch den Esangila-Tempel wiederaufzubauen, nicht bis zum Schluß ausgeführt wurde.[17] Bezeichnend ist ferner, daß die Babyloniaka des Belpriesters Berossos die Weiterführung der Geschichte Marduks am Ende des Enuma-Elisch reproduzierten und ganz neue Beschwörungs- und Divinationstexte unter den und für die Seleukiden geschrieben wurden. In Uruk sind sogar Opfer zu Ehren von Antiochos und Seleukos bezeugt. Sie sind als Antwort auf die königliche Gunst von mehr Gewicht als andere Äußerungen aus der Umgebung des Herrscherkultes.

Im Verhältnis zu Iran unterscheidet sich diese Förderung der babylonischen Religion von den Grundsätzen Alexanders und ist überdies zweideutig. Alexanders Absicht, das Zentrum seines Reiches in den Osten zu verlegen und damit auch die iranische soziale Potenz darin angemessen zur Geltung zu bringen, hätte sich, wäre er länger am Leben geblieben, ohne Zweifel auch religionspolitisch ausgewirkt. Die Seleukiden hingegen hatten seit 300 v.Chr. ihr Zentrum in An-

---

[14] SIDNEY SMITH, *Babylonian Historical Texts relating to the capture and downfall of Babylon*, London 1924, 150/9.

[15] *SEG* Nr. 1–3, 9–13, 15–26; Plutarch, *Moralia* 10, 790 A („Ob ein Greis die Staatsgeschäfte führen soll").

[16] Mehr bei BERNHARD FUNCK, „Die Wurzeln der hellenistischen Euergetes-Religion im Staat und in den Städten des Seleukos Nikator", in: *HP* 3, Berlin 1974, 1290/1334.

[17] Die Bauinschrift, die Antiochos anläßlich der Reparaturen an den Tempeln Esangila und Ezida hat abfassen lassen, schließt mit einem persönlichen Gebet des sich vielleicht gar nicht mehr als Grieche verstehenden Seleukos-Sohnes an Nabu. Es ist übersetzt bei A. FALKENSTEIN – W. VON SODEN, *Sumerische und akkadische Hymnen und Gebete*, Zürich 1953, 291f.

tiocheia am Orontes und betrachteten die iranischen Satrapien als Grenzgebiete. Zwar setzten sie mit ihrer Bevorzugung der Religion gerade Babyloniens die Politik fort, die die Achämeniden dort, in Magnesia am Mäander, in Jerusalem und in Ägypten[18] auch betrieben hatten; sie wollten aber, anders als die Achämeniden, damit nicht durch Respektierung der Bedeutung von Tempeln und heiligen Städten bei in- und umwohnenden Bevölkerungen einen Verbund von Loyalitätszentren schaffen, sondern im Gegenteil die babylonische Religion speziell zur Niederhaltung der persischen, insbesondere der zoroastrischen, beleben.[19] Die Förderung des Griechentums in den Städten folgt derselben Tendenz.[20]

„Zum Begriff der griechischen Polis gehört die Selbstverwaltung mit Rat und Volksversammlung sowie erwählten und diesen verantwortlichen Jahrbeamten, mit eigenem Recht, eigenen Finanzen und Truppen, und eigenem Kultus in den Formen der griechischen Religion, in die dann nach Bedürfnis die lokalen Gottheiten, Traditionen und Mythen eingegliedert werden mögen"[21], dementsprechend auch Tempel, Gymnasien und Theater mit ihrer je eigenen kultischen Würde.

Auch wo es nicht ausdrücklich literarisch bezeugt und noch nicht archäologisch gesichert ist, darf man annehmen, daß dies alles das iranische Territorium in jeder Richtung durchdrang: im Osten bis hin zu den von Alexander oder auf seine Veranlassung gegründeten, von Diadochen gelegentlich erneuerten vier Alexandreia, nämlich Margiane (Merw), Arion (Herat), Arachoton (Kandahar) und Eschate (Chodschent/Leninabad) sowie weiteren sieben oder gar elf Städten, die in der Sogdiana und in Baktrien – eine von ihnen könnte mit dem seit 1964 ausgegrabenen Ai Khanum in Nordafghanistan identisch sein[22] – gegründet worden sein sollen; später zu den drei Seleukeia am erythräischen Meer, am Eulaios und am Hedyphon, den beiden Apameia in der Mesene und der Sitakene bzw. Apolloniatis, den beiden Antiocheia am Tigris und seinem Nebenfluß Tornadotos, nach Artemita (Chalasar) am Rand des Zagros und Chala in der Chalonitis; nach dem medischen Europos, in das Seleukos I. das altehrwürdige Rhagai verwandelte; durch Parthien und Areia (Kalliope, Charis, Hekatompylos, Achaia, Soteira) hindurch; in die Persis, wo sich neben einer ein-

---

[18] Die Ereignisse, die hinter den Büchern *Esra* und *Nehemia* sowie hinter der *Demotischen Chronik* stehen, werden hier übergangen, da sie Gegenstand anderer Referate des Symposiums sind.

[19] S. SMITH bei W. TARN, *Die Kultur der hellenistischen Welt*, ³(von G.T. GRIFFITH) Darmstadt 1966 (engl. 1952), 152f, vgl. TARN 120.

[20] Andere Aspekte bei F. JÜRSS, „Religion und Aufklärung in der niedergehenden hellenischen Polis", in: *HP* 3, 1142/67.

[21] EDUARD MEYER, „Blüte und Niedergang des Hellenismus in Asien" (1925), in: F. ALTHEIM – J. REHORK (Hsg.), *Der Hellenismus in Mittelasien*, Darmstadt 1969, 19/72, dort 42f.

[22] D. SCHLUMBERGER – P. BERNARD, *BCH* 1965, 590/657; P. BERNARD, *CRAI* 1967, 306/27; 1968, 363/79; P. BERNARD, *Syria* 44, 1968, 111/51; L. ROBERT, *CRAI* 1968.

heimischen Dynastie, die Feuerkult und Verehrung Ahura Mazdas für eine spätere Zeit retten sollte, ein Antiocheia hielt, und nach „Skythien", wo Stephanos v. Byzanz ein weiteres Antiocheia erwähnt; und dann auch in die über die von Alexander gesetzten Grenzen hinausgreifenden Eroberungen und Neugründungen der baktrischen Griechenkönige: Eukratideia in Baktrien, Demetrias in Arachosien, Euthydemeia im Pandschab; selbst an so unwahrscheinliche Stellen wie jenen Platz mitten in der Steppe jenseits des Jaxartes, wo der Statthalter Demodamas im Jahre 282 v. Chr. einen Altar des Seleukidengottes Apollon Didymaios bauen ließ, um gegen rebellische Nomaden ein Herrschaftszeichen zu errichten; und bis auf die Insel Ikaros (Failaka) im persischen Golf, wo es mindestens zwei griechische Tempel gab[23].

Die griechische Götterwelt, deren Verehrung sich auf diese Weise verbreitete, ließ sich durch die persische selbstverständlich nicht in Frage stellen. Der griechische Wahrheitsbegriff machte es leicht, die iranischen Götternamen als Äquivalente der griechischen zu sehen, sodaß man eigentlich nur eine Grundüberzeugung von der Identität der Götter mit wechselnden Bezeichnungen, aber keine Theokrasien konstatieren darf. Problematischer ist dieses Phänomen vom iranischen Blickpunkt aus: welch ein Wahrheitsbegriff liegt dort vor, der es dem Iranier gestattet, in Ahura Mazda wie einen Bel so auch einen Zeus, in Angra Mainyu wie einen Nergal so auch einen Hades, in Mithra wie einen Schamasch, Men oder Sabazios so auch einen Apollon, Hermes oder Helios, in Anahita wie eine Ischtar, Nana oder Ma so auch eine Hera, Aphrodite, Artemis oder Athene, in Verethragna einen Herakles zu sehen? Die Texte und Inschriften erlauben keine Antwort, und zur Hypothese des Weiterwirkens eines archaisch-indoeuropäischen, griechisches wie iranisches Denken ähnlich bestimmenden Wahrheitsbegriffes möchte man keine Zuflucht nehmen.

Man kann jedoch die griechischen Götter im Seleukidenreich als solche betrachten und verfehlt ihren Charakter kaum, wenn man die Frage außer acht läßt, welche iranischen Götter die Einheimischen in ihnen wiedererkannt haben könnten. Dabei muß jedoch ein zweiter Umstand hinzugenommen werden, nämlich der, welche Götter von welchen Königen gefördert wurden, und wie sich die Verehrung bestimmter Götter zum jeweiligen Herrscherkult verhält. Leider fehlen uns dafür in Iran fast alle direkten Zeugnisse; kombiniert man Schlüsse, die von ägyptischen, syrischen, kleinasiatischen und griechischen Verhältnissen aus gezogen werden könnten, mit solchen aus der älteren iranischen Königsideologie, so geht man leicht in die Irre, da für die Kreuzungspunkte beider Schlußketten, die nach seleukidischen Königen, Königinnen, Prinzen und Prinzessinnen benannten Städte, große Unterschiede im Verhältnis zu ihren westlichen Schwesterstädten und im Verhältnis zu ihren älteren Epochen zu

---

[23] Zur Ergänzung des Obigen H. KREISSIG, „Die Polis in Griechenland und im Orient in der hellenistischen Epoche", in: *HP* 2, 1973, 1074/84.

konstatieren sind. Es ist nur erlaubt, nach folgenden drei hypothetischen Komponenten des Herrscherkults im seleukidischen Iran zu fragen: der Dialektik zwischen makedonischer Königsauffassung und der weiter verpflichtenden sakralen Überhöhung Alexanders des Großen; dem Einfluß der Königsideologie aus dem Ptolemäerreich, die dort eindeutiger ägyptische, als sie im Seleukidenreich iranische Wurzeln erkennen läßt; und der religionspolitischen Verwertung lebendig gebliebener charismatischer Vorstellungen vom Königtum bei iranischen Untertanen.

Angesichts der – hier nicht zu erörternden – Antworten ist die weitere Frage, ob die Seleukidenkönige aus religionspolitischen Gründen charismatische Vorstellungen ihrer Untertanen vom Königtum aufnahmen oder sich gar persönlich von einem Xᵛarnah legitimiert wußten, durch das auch die Achämenidenkönige für Ahura Mazda die Weltherrschaft ausgeübt hatten, eindeutig zu verneinen. Nicht eine der Aussagen, die man über den altiranischen oder arischen König machen kann[24], gilt auch für sie. Dabei waren in Griechenland Interpretationen bekannt, die der wirklichen Bedeutung des Perserkönigs durchaus nahekamen – Aischylos hatte den Dareios ἰσόθεος, θεῖος, θεομήστωρ und θεός Πέρσαις nennen lassen, und von Xenophon gab es eine wenn auch ungenaue und verkürzende Beschreibung des Neujahrsfestes in Persepolis, in dessen Zentrum der König stand.[25] Also wurde auch hier die iranische Religion bewußt vernachlässigt; die Tatsache, daß einige Seleukiden iranische Prinzessinnen heirateten, beweist kaum, daß man Blut und Erbteil einer Königin so charismatisch einschätzte, wie es die Achämeniden mit der Verwandtenehe getan hatten.

Umgekehrt akzeptierten auch die Iranier den Seleukidenkönig nicht als legitimen Herrscher. Das kann sowohl, von dynastisch-genealogischen und politischen Gründen einmal abgesehen, den Grund gehabt haben, daß die Angleichung des Ahura Mazda an Zeus im Ganzen nicht so weit ging, wie es gewisse Magiergruppen oder Literaten wollten, als auch den, daß Apollon und nicht Zeus der Archeget der Seleukiden war. Diese Nichtakzeptierung bedeutete keinen Verzicht auf Auseinandersetzung; die Orakel des Hystaspes, die als iranisches Ferment in der hellenistischen und frühchristlichen Apokalyptik eine Rolle spielen werden, zeigen vielmehr eine intensive Rückbesinnung auf nationale Traditionen – eindeutiger antihellenisch und mit weniger vermittelnden Zwischenpositionen, als sie z.B. die hellenisierenden Juden einnahmen. Und so, wie Berososs den neuen Herrschern die babylonischen Angelegenheiten nahe zu bringen versuchte, schrieb der Iranier Pharnuchos aus Antiocheia/Mygdonia (Nisibis) eine Persische Geschichte, aber sie scheint kein Dokument eines iranischen Hellenismus gewesen zu sein.

---

[24] G. WIDENGREN, „The Sacral Kingship of Iran", in: *StHR* 4, 242/57; S.K. EDDY, *The King is Dead. Studies in the Near Eastern Resistance to Hellenism 331–31 B.C.*, Lincoln/Nebraska 1961, 37/64.
[25] *Kyroupaideia* 8, 3, 1–4; 8, 5, 21; 8, 7, 1–11.

Paradoxer Weise hat also die hellenistische Religion in Iran weniger iranische Komponenten als außerhalb von Iran, z.B. in Kleinasien. Nicht einmal das Letztere, das sogleich gesondert zu betrachten ist, gilt für die Literatur der Stoiker, die in diesem Zusammenhang insofern erwähnt werden darf, als sie in einem weiteren Sinne religionsphilosophischer Art ist. Aus Städten innerhalb des Seleukidenreiches kamen die früheren: Chrysippos (Soloi), Zenon, Antipatros, Archedemos, Herakleides (alle vier aus Tarsos), Boethos (Sidon), Apollophanes (Antiocheia/Nisibis), Diogenes („Babylonien"), Apollodoros (Seleukeia am Tigris), und die späteren: Poseidonios (Apameia am Orontes), Nestor und Athenodoros von Korylion (beide aus Tarsos), Antipatros und Apollonios (Tyros), Sosos (Askalon), Athenodoros (Kana in Kilikien). Aber ihr Kosmopolitismus ließ sie sich überall heimisch fühlen, am wenigsten im Seleukidenreich und schon gar nicht in dessen iranischem Teil. Eine Ausnahme bildet nur Archedemos, der Schüler des Babyloniers Diogenes, der von Athen nach Babylon (oder nach Seleukeia) zurückkehrte und dort eine Schule gründete. Stoisches Denken wurde dadurch ebensowenig in Iran heimisch, wie Iran zur Stoa etwas beigetragen hat.

Man wird dem Hellenismus in Iran nicht gerecht, wenn man eine über die geographischen Bezüge hinausgehende inhaltlich bestimmte Spielart zu konstruieren versucht, so wie es eine babylonische, ägyptische, syrische und kleinasiatische Art gab. Nur der umgekehrte Aspekt ist seiner Bedeutung angemessen: der Hellenismus zeigt seine katalysatorische Kraft in dem Maße, wie er aufgesogen wird und über partherzeitliche Religion und sassanidische Restauration bis zu schiitischen Bewegungen der Abbasidenzeit ein hellenisiertes Iraniertum prägt, das ein durchaus anderes Phänomen ist als jeder denkbare iranische Hellenismus.

III. Gräko- und national-iranische, internationale, jüdische, christliche, zoroastrische Apokalyptik

Es muß mindestens eine Gruppe von Magern gegeben haben, die nicht international, sondern national, d.h. royalistisch-iranisch gesonnen war. Sie lebten in der Persis. Auf sie gehen wahrscheinlich die Anfänge einer national-iranischen Apokalyptik zurück. Diese sind in der ältesten Schicht der sog. Orakel des Hystaspes noch zu erkennen[26]. Es spricht vieles dafür, daß dies zu derselben Zeit wie bei den Juden geschah, d.h. im ersten Viertel des 2. Jahrh.s vor Chr. Beide Apokalyptiken waren gegen die Überfremdung des eigenen Landes, des iranischen wie des jüdischen, durch den Hellenismus gerichtet. Beide Apokalyptiken entwickelten sich strukturell erstaunlich gleichartig weiter. Etwa vom 1.

---

[26] Vgl. für alles Nähere zuletzt C. COLPE, „Hystaspes", in: *RAC* 16, Stuttgart 1994, 1056/82.

oder 2. Jahrh. nach Chr. an haben sie auch aufeinander eingewirkt, und das darf man getrost eine „Begegnung" nennen. Ihr Verlauf gehört zum Kompliziertesten, das in der Allgemeinen Religionsgeschichte vorkommt, und kann an dieser Stelle auch in Andeutungen nicht geschildert werden. Die Vereinfachung zu einem Modell von Begegnung hingegen, das sich später als eines von eigener Art erweisen wird, ist möglich. Genau wie bei den internationalen Magiern kommt man damit aus der seleukidischen in die arsakidische Zeit hinein – und noch weiter: spielt nämlich der Hellenismus in den beiden Epochen als Herausforderung, Vermittlung bestimmter Denkformen und auf andere Weisen eine Rolle, die ihn wenigstens, so oder so, präsent hält, so wird er in der sassanidischen Epoche zum Verschwinden gebracht.[27]

Die arsakidische Macht, die sich seit der Mitte des dritten Jahrhunderts vor Chr. zwischen der baktrischen und der seleukidischen entwickelte und namentlich auf Kosten der letzteren unaufhaltsam erweiterte, brachte Neuanfänge iranischer Religiosität in ethnischer, sprachlicher, kultureller und nationaler Hinsicht mit sich oder regte sie an. Dabei wurden auch ältere zoroastrische Traditionen wiederaufgenommen, die einschließlich ihrer problematischen Existenz in seleukidischer und ihrer vollen Entfaltung und Weiterentwicklung in sassanidischer Zeit eine gesonderte Behandlung verlangen[28]. Ferner trat das Verhältnis der indigenen Religionen zu den exogenen in ein neues Stadium: im Westen, nach dem Judentum, nun auch zum Christentum, dessen nichtchalcedonensische Formen sich abzeichnen, die dann zu einem eigenen Kapitel der spezifisch orientalischen Religionsgeschichte werden[29], und im Osten zum Buddhismus[30]. Vor allem aber kam es zu einer qualitativen Differenzierung zwischen den partherzeitlichen Religionsformen und ihren eigenen Grundlagen, den iranischen wie den griechischen, auf der ganzen Breite zwischen Kleinasien/Syrien und Zentralasien. Von der durch Steppenvölker wieder genährten, sprachlich und ethnisch iranischen, aber auch von der in hochkulturellen Regionen lebendig gebliebenen graeco-iranischen Volksreligion begann sich eine „höhere", fast aristokratische Religiosität zu unterscheiden.

---

[27] Dafür steht dann eine fast nationalistische iranische Apokalyptik da, in der auch die auf die Griechen folgenden Einfälle der Römer, Byzantiner, Araber und Türken verarbeitet sind. Näheres jetzt in den materialreichen Untersuchungen bei D. HELLHOLM (Hsg.), *Apocalypticism in the Mediterranean World and in the Near East*, Tübingen 1983: 21/50 T. OLSSON, „The Apocalyptic Activity. The Case of Jamasp Namag"; 61/7: S.S. HARTMAN, „Datierung der jungawestischen Apokalyptik"; 77/162: G. WIDENGREN, „Leitende Ideen und Quellen der iranischen Apokalyptik"; 387/412: A. HULTGARD, „Forms and Origins of Iranian Apocalypticism". Zum Ganzen: C. COLPE, „Die Apokalyptik als Elementargedanke und als Diffusionsphänomen", in: *Berliner Theologische Zeitschrift* 11, 1994, 279/88.

[28] Einen guten, materialreichen Überblick gibt J. DUCHESNE-GUILLEMIN, *La Religion de l' Iran Ancien*, Paris 1962, 245/75: „Le rôle de l'Iran dans la pensée hellénistique".

[29] Dazu JES PETER ASMUSSEN, „Christians in Iran", in: *CHI* 924/48.

[30] Vgl. RONALD EMMERICK, „Buddhism among Iranian Peoples", in: *CHI* 949/64.

Trotz und alledem läßt die Partherzeit Iran im Blickpunkt umliegender Gebiete bis zur Konfrontation mit den Römern nicht als ein Land in einer neuen Epoche erscheinen. Ethnische und sprachliche Iranisierungen der Religion, die durch die *Daher* von Nordosten her zustandegekommen sein mögen und den latenten Zoroastrismus manifester machen konnten, blieben zunächst unter dem Hellenismus verborgen, ehe sie zu sich selber fanden – weniger durch seinen Einfluß, mehr in Antworten auf seine Herausforderung und noch mehr in Prozessen, bei denen die bloße Anwesenheit von Hellenismus eigentlich nichts erklärt, die man also katalysatorische nennen muß. Da der arsakidische Hellenismus ebensosehr wie der seleukidische aus seinen eventuellen außeriranischen Reflexen wie aus seiner inneriranischen Evidenz ermittelt werden muß, darf hier bei den ersteren eingesetzt werden; dies umso eher, als die vorparthischen Traditionen, an die dann angeknüpft werden kann, dort noch kontinuierlicher in sie übergehen, als das Entsprechende beim Kulturwandel in Iran selbst der Fall ist, und als dort die Traditionen des halben Jahrtausends um Christi Geburt gemeinsamer über das dritte Jahrhundert hinaus weiterwirken als auf iranischem Territorium.

Es ist dabei freilich sogleich eine grundsätzliche Überlegung einzuschalten. Die partherzeitliche Religion, sofern sie rein iranisch ist, kann eher aus einer neuen historischen Konstellation erklärt werden – in der sich das Austragen einer Spannung zwischen hirtennomadischer Steppenvölkerkultur und imperialisierter Kulturtradition wiederholt, wie sie auch zu Zeiten Zarathustras und später der ersten Achämeniden gegeben war –, als daß sie aus einer endogenen Wiederbelebung des Zoroastrismus oder anderer älterer Religionsformen abgeleitet werden kann. Ganz entsprechend ist bei der Frage nach Beziehungen zwischen inner- und außeriranischer Religion die Möglichkeit strukturell gleichartiger Bedingungen in Rechnung zu stellen, die hier wie dort die Übereinstimmung religiöser Grundhaltungen besser erklären, als die Kategorien des Einflusses oder der Mission einerseits, der Kontinuität oder der Identität andererseits es tun. Diese Fragen werden evidentermaßen bei religiösem Grundverhalten zur faktischen Geschichte am akutesten, und gerade damit haben wir es in der Partherzeit zu tun: mußten sich in ihr doch Hellenismus und durch ihn zu sich selbst gekommenes Iraniertum irgendwie zu seleukidischen, römischen und arsakidischen Herrschaften stellen, deren Gesetze mehr und mehr zum Symbol für die Gesetze dieser Welt überhaupt wurden. Wir überschreiten die Grenze dessen, was historische Erklärung überhaupt zu leisten vermag, wenn wir feststellen, daß man sich diesen Gesetzen häufig weder unterwarf noch sie aufgeklärt bewältigte, sondern sie apokalyptisch[31] zu überwinden suchte. Die

---

[31] Oder gnostisch! Für die Gnosis gilt in dieser vereinfachenden Sicht und für den hier herausgegriffenen Aspekt dasselbe wie für die Apokalyptik. Bei einer alles berücksichtigenden Darstellung würde sich zeigen, daß man von einer „Begegnung iranischer (oder: orientalischer,

Apokalyptik ist dann ein beispielloses und beispielgebendes Gebiet, auf dem sich die Analyse von Übereinstimmungen zwischen Zeugnissen im östlichen Mittelmeergebiet und im partherzeitlichen Iran sowie die Zuverlässigkeit von Rückschlüssen aus den ersteren geschichtstheoretisch zu bewähren hat.

Die Einsicht, daß prophetische Verkündigungen eines Neuanfanges in der Durchsetzung eines göttlichen Willens überhaupt erst Geschichte als solche erfahren lehren, rückt Zarathustra und die israelitischen Propheten des 8. und 7. Jahrhunderts v. Chr. im Grundsätzlichen nebeneinander. Hier kann man nicht mehr sagen, als daß die Menschheit an zwei Stellen für ein neues Verhältnis zu ihrer Geschichte reif wurde, daß dann aber der Gegensatz des Neuen zum Alten bei Zarathustra zu einem Dualismus von Wahrheit und Lüge metaphysiziert wurde, der mit der israelitischen Spannung zwischen der Erinnerung an Exodus und Wüstenzeit und der Bindung dieser Vergangenheit an die Gegenwart der Angeredeten – und Angeklagten! – nicht mehr verglichen werden kann. Die Vollendung des in prophetischer Geschichtsschau Angelegten in einer eschatologischen Apokalyptik hingegen ließe sich für Iran und Judentum getrennt nur hypothetisch konstruieren; denn de facto fand die Ausbildung konvergier- und einflußfähiger Zukunftsankündigungen in einer Zeit statt, die zwei Jahrhunderte (539–332 v. Chr.) Zugehörigkeit der jüdischen Theokratie zum Achämenidenreich und die Ausbildung einer jüdischen Diaspora u.a. in Medien (seit 200 v. Chr.) und im parthischen Babylonien (seit 150 v. Chr.) hinter sich hatte. Sie ist nunmehr durch intentionsgleiche Widerstände verschiedener Völker gegen den Hellenismus gekennzeichnet. So werden das persische wie das jüdische theologische Geschichtsbewußtsein bei ihrer Ausbildung zu apokalyptischen Eschatologien unter dieselben Bedingungen gestellt, und dadurch kommt eine Homogenität zustande, die allen Abhängigkeitsthesen ständig neue Nahrung geben wird. Auf der anderen Seite wird bei der Ausbildung der Eschatologien selbstverständlich in erster Linie jeweils jüdisches und iranisches Material transformiert, und dies wird Bestreitern der Abhängigkeit, die dafür einen im engeren Sinne philologischen Nachweis vermissen, immer wieder die Argumente liefern.

Erkennt man, daß die Argumentationen auf verschiedenen Ebenen liegen, dann ergibt gerade das Festhalten an ihnen allen ein Bild von der Vielschichtigkeit des Verhältnisses.[32] Der tiefste Grund der Übereinstimmung liegt un-

---

etc.) und jüdischer (oder: griechischer, etc.) Gnosis" nicht reden kann. Ein Modell gibt sie gleichwohl her, nur eben keines der Begegnung.
[32] Obwohl HANS G. KIPPENBERG, *Die vorderasiatischen Erlösungsreligionen im Zusammenhang mit der antiken Stadtherrschaft,* Frankfurt/M. 1991, Iran nicht behandelt, eröffnet er von der Art von Vergleichen aus, die er zwischen den sozialen Hintergründen von antikem Judentum und Christentum, frühem Islam und der Gnosis anstellt, auch neue Sichtweisen für die Erstellung eines iranischen Modells, weil, wie der hier folgende Absatz zeigen soll, zwischen diesem und dem jüdisch-christlich-islamischen Vieles strukturell vergleichbar ist.

terhalb des begrifflichen und literarischen Ausdrucks; für seine kategoriale Erfassung bietet die Geschichtswissenschaft bisher keinen Begriffsapparat an, und auch die folgenden Umschreibungen können nicht beanspruchen, ihn zu enthalten. Es handelt sich um zweierlei: a) die Erfassung der Geschichte als eines in sich geschlossenen und übersehbaren Ablaufs schlechthin, der als Zustreben auf die Erfüllung eines göttlichen Heilsratschlusses verstanden werden kann; b) die Hypostasierung göttlicher und menschlicher Äußerungs- und Erscheinungsformen zu Kräften, Engeln oder Geistern, namentlich des Bösen zu einer selbständig handelnden, halbwegs personifizierten Potenz, deren Gegenspieler die Hypostase des Guten ist, sowie die zunehmende Qualifizierung beider als Finsternis und Licht. Verstreute Angaben in den Magiertexten und ein Teilzusammenhang, wie er in den Orakeln des Hystaspes gegeben ist, dürfen als Indizien dafür gelten, daß in den beiden genannten Hinsichten die jüdische Apokalyptik als Bestandteil desselben Homogenisierungsprozesses, in dem heterogene prophetische Ansätze auch zur persischen Apokalyptik entwickelt wurden, mehr über die letztere auszusagen vermag, als bisher belegt ist.

Auf einer etwas leichter erfaßbaren Stufe darf man das, woraus Schlüsse gezogen werden können, bereits eine Wirkungsgeschichte nennen. Daß hier eine Religion von Magier- und vielleicht Chaldäer-Provenienz in der jüdischen wirkte und nicht umgekehrt, dürfte den Grund haben, daß die Magierkultur, mit oder ohne Verbindung zu der der Chaldäer, diffusionsfähiger und -bereiter war als die der jüdischen Gemeinden. Diese ihrerseits waren auf ihrem Wege in die Trennung einer Orthodoxie von anderen Gruppierungen durch die Gefahr der Zersetzung überlieferter Glaubensformen gezeichnet, wie sie für die von Anfang an synkretistischen Magier nicht bestand. Wirkungsgeschichte der letzteren im weitesten Sinne also kann es gewesen sein, wenn der Geschichtsablauf unter dem Aspekt eines ethischen Dualismus interpretiert wird. Natürlich hat der alte Kampf zwischen Israel und den Völkern und sein Reflex in den beiden Traditionen vom Jahwe-Krieg und dem Tag Jahwes in der Makkabäerzeit eine eschatologische Verschärfung erfahren, ohne die ein iranisch-dualistischer Entwurf von einem Gegensatz, der in einem Endgericht aufgehoben werden soll, gar nicht hätte einwirken können. Es muß dann aber auch tatsächlich Influenz gewesen sein, die den jüdischen Ansatz zu einem Kampf Gottes, des Lichtes, der Wahrheit und des Guten gegen Satan/Belial/Mastema, die Finsternis, die Lüge und das Böse weitergebildet hat, und kein endogener Umschlag in einer Parallelentwicklung, auch kein Resultat einer Konvergenz. Das ist deshalb wahrscheinlich, weil sich der entsprechende Wandel vom jüngeren Awesta über von rückwärts und von vorwärts zu rekonstruierende Zwischenstufen bis zur Theologie der Sassanidenzeit logischer vollzieht als der, welcher von der Jom-Jahwe-Tradition über Danielbuch und dualistische Qumrantexte zu jüngeren Apokalypsen, zum Rabbinat und zur jüdischen Mystik führt. Wenn diese Rückschlüsse richtig sind, dann haben Einzelüberlieferungen für die Bestimmung der Verhältnisse keinen begründenden, wohl aber illustrierenden Wert (Daniels chaldäische Studien, sein Magieramt; Wettkampf der Pagen; Purim-Fest; Asmodaios; glühender Strom geschmolzenen Metalls, der die Bösen bestrafen und vernichten wird[33]).

Dagegen zeigt sich gerade an Hand solcher Details, daß die wichtigsten Überlieferungen hier und dort, nämlich die von den Erlösergestalten, nichts miteinander zu tun haben. Der Davidssohn macht die – von der in der Rückschau glorifizierten Davidsgestalt durchgeführte – Reinigung Jerusalems von den Gottlosen endgültig; im am Himmel erscheinenden Menschensohn wird eine in kanaanäischer Mythologie den gealterten Hochgott ablösende und dabei mächtiger werdende Gottheit neu benannt und zunächst zum Symbol kommender Gottesherrschaft, danach zum Repräsentanten des Gottesvolkes gemacht; der „Messias aus Aaron" ist eine hohepriesterliche Gegenfigur zum Davididen. Sie alle sind durchaus andere Gestalten als der Große König der Hystaspesorakel oder als die Saoschyant bzw. Soschyans des Zoroastrismus, in denen sich der eschatologische Aspekt des bewahrenden Werkes Zarathustras verselbständigt hat. Vergleichbar werden diese Gestalten überhaupt nur durch ihre Einbeziehung in das dramatisch-heilsgeschichtliche Periodenschema, insbesondere durch den Platz, den sie darin erhalten; an der vollen Homogenität des eschatologischen Zeitenschemas aber hätten die messianischen Gestalten nur teil, wenn es sie auch hervorgebracht hätte – was nicht der Fall ist.

IV. Modelle des Getrenntseins und der Begegnung

Die persische und die hellenistisch-römische Zeit stellen ein Beispiel für „interreligiöse Begegnungen" dar, das Modellcharakter hat. Sie sollen demnach so interpretiert werden, daß Modelle aus ihnen zu entwickeln sind, nach denen interreligiöse Begegnungen überhaupt, also auch in anderen Zeiten und Räumen, verstanden werden können. Aber solch hypothetisch postulierte Vergleichbarkeit macht Schwierigkeiten. Denn es verschlangen sich religionsgeschichtliche Abläufe nicht nur in den beteiligten Ländern selbst in einer mit früheren oder späteren Vorgängen kaum vergleichbaren Weise – nein, nach der mazedonischen Eroberung begann dreierlei.

a) Die seit Anfang des ersten Jahrtausends vor Chr. iranisch gewordenen Völker, welche durch die Reform des Zarathustra und die Religionspolitik der

---

[33] Zusammenstellung von Bo REICKE, „Iran. 4", in: *Biblisch-Historisches Handwörterbuch* Bd. 2, Göttingen 1964, 771f.

Achämeniden nur halb homogenisiert worden waren[34], besannen sich insgeheim auf ihre volle Identität.

b) Es breitete sich eine jüdische Diaspora aus, deren lokale Gemeinden überall eine Sonderstellung behalten werden und hier außer Betracht bleiben.[35]

c) Erst neben und zwischen die jeweils dazugehörigen Religionen rückten die Religionen der griechischen Polis. Sie wurden nicht zuletzt durch diesen Prozeß, und anfänglich noch nicht einmal auf iranischem Gebiet, zu einer der vielen Formen hellenistischer Religion. Diese gehört als ein Kulturfaktor, der ein halbes Jahrtausend lang unmittelbar und noch lange danach mittelbar wirksam war, dann auch mit zur Geschichte der iranischen, babylonischen, syrischen, kleinasiatischen, griechischen und ägyptischen Religionen.

Zusätzlich stellt die hellenistische Religion die Frage nach ihrem im engeren Sinne iranischen Anteil, und zwar nicht nur in Iran selbst, sondern auch außerhalb davon – sowohl in Ländern, die einmal für kürzere oder längere Zeit, als auch sogar in Ländern, die nie unter persischer Herrschaft gestanden hatten. Die ersteren kann man, analog einer in Frankreich aufgekommenen Bezeichnung für die weit nach Zentralasien und noch weiter in den Osten ausgreifende Herrschaftsdimension, mit einem historisch-politischen Recht „Iran extérieur" nennen. Mit einem kleineren, dem religionsgeschichtlichen Recht, ist diese Bezeichnung von Fall zu Fall auch für niemals iranisch beherrschte Regionen zulässig.

Unter Berücksichtigung dieser Vorbehalte lassen sich etwa folgende Modelle annehmen.

a) Die Unterscheidung zwischen *Polis* und *Nicht-Polis* wurde von den Griechen in Iran festgehalten – nicht aus Prinzip, denn eine Ausnahme wie Tyros oder Karthago[36] wäre von ihnen sicher auch dort anerkannt worden –, sondern auf Grund ihres Urteils, daß kein Gemeinwesen so gut durchorganisiert war, daß es die Bezeichnung „Polis" verdiente. Dafür wurden für Gemeinden, die sich durch wenigstens einige der Kennzeichen (Körperschaften und Bezirke, die den Phylai und Demoi vergleichbar waren, Stadtmauer, Stadtland usw.) – die alle zusammen die Polis ausmachten, wie z.B. noch das parthische Dura-Europos – vom Dorf unterschieden, die Bezeichnungen Politeuma und Katoikia eingeführt. Poleis und Politeumata waren darin gleich, daß sie ein religiöses Zentrum hatten; vielleicht darf man das, was im allgemeinen für die Polis gilt, in Iran so-

---

[34] Wie anders eine Beziehung nach dem Westen in dieser Zeit aussehen konnte, zeigt W. SUNDERMANN, „Soziale Typenbegriffe altgriechischen Ursprungs in der altiranischen Überlieferung", in: *ST* Bd. 7, Berlin 1982, 14/34.
[35] Vgl. statt dessen als bisher beste Darstellung SHAUL SHAKED, „Iranian Influence on Judaism: First Century B.C.E. to second Century C.E.", in: *The Cambridge History of Judaism* 1, 1984, 308/25.
[36] Die Vorgeschichte bei I. HAHN, „Die Hellenisierung Karthagos und die punisch-griechischen Beziehungen im 4. Jahrhundert u.Z.", in: *HP* 2, 1973, 841/54.

gar für die Katoikia sagen. Eine Stütze der Polis-Verfassung durch eine zahlenmäßig gewichtige griechisch-makedonische Bevölkerung scheint es nirgends gegeben zu haben außer in Seleukeia am Eulaios (für das alte Susa), das jahrhundertelang an seiner Polis-Verfassung festhalten konnte. Es entstand aber auch nicht, wie im hasmonäischen Palästina, ein Gegensatz zwischen den religiösen Überzeugungen der Einheimischen und etwaigen „Hellenisten" aus ihren eigenen Reihen; allenfalls gab es Spannungen zwischen griechischen und iranischen Quartieren, denjenigen zwischen einer christlichen *cité* und einer islamischen *madinah* in den Städten früherer französisch-arabischer Kolonien vergleichbar. Das untergründige oder abseitige Überleben iranischer Religiosität, ohne dessen Vitalität die sassanidische Restauration nicht denkbar wäre, bildet das eigentliche Rätsel dieser Epoche und ist namentlich soziologisch noch nicht richtig erfaßt.

b) Mission, Internationalisierung, Diffusion. Anders steht es mit den *Magern*, nachdem sie zu Mag*i*ern geworden sind. Insgesamt treiben sie eine gewisse *Internationalisierung* iranischen Volksglaubens voran, wobei der Begriff des Volksglaubens bereits jene Rezeptionen vorarischen und nichtiranischen Gutes einschließt, die schließlich Übergewicht bekommen. Dies sieht verschieden aus, jenachdem wie weit sich die Magier von ihren dem Zoroastrismus am nächsten stehenden Zentren Kleinasiens – nicht nur im Osten, auch in Galatien, Phrygien, Lydien, Pontos und Kappadokien – entfernen und vom Status des 1. Jahrhunderts vor Chr. wegentwickeln. Wir blicken damit über das Ende der Seleukidenzeit hinaus: Magier gab es kolonienweise, außer in den genannten Gebieten und, nicht zu vergessen, in Iran selbst (Persis, Elam, Medien), in Babylonien, Arabien, Syrien, Äthiopien und Ägypten; einzelne Vertreter auch in der westlichen Mittelmeerwelt. Sehr kleine Kolonien gab es in Iran bis in sassanidische, außerhalb davon bis in byzantinische Zeit hinein.[37]

c) Apokalyptik, Konvergenz, Austausch, Beeinflussung. Die in Teil IV gegebene Überschau läßt sich beträchtlich vertiefen und ergänzen durch Herausarbeiten der Strukturen, nach denen in einer Kulturbegegnung insbesondere *Streit und Pakt* sowie Absorption, Synkretismus, Synthese und Reform verlaufen.

d) Mysterien und Gnostizismus. Für die Mysterien *entfällt die Streit-, die Pakt-* und mit Einschränkungen auch die Reform*struktur*. Aber die Strukturen von Synkretismus, Synthese und Absorption bleiben eindeutig gegeben. Für Gnosis und gnostische Systeme sind die wichtigsten hierhergehörigen Strukturen – unter anderer Fragestellung sind es andere – die Reform, die Identitätsfindung und die Katalyse.

---

[37] Einen einigermaßen spezifizierten Magierbegriff bietet FRANCIS BARRETT, *The Magus*, London 1801.

V. Leitende Ideen und pragmatische Rückschlüsse

Die Hystaspes-Orakel und die Mithrasmysterien, der Philosoph Bardesanes von Edessa, das gnostische Denken und der Manichäismus, die Landschaften Kommagene und Baktrien, die Parthische Kunst und der Kuschan-Synkretismus konnten in diesem Überblick nicht behandelt werden. Hier sind diese Phänomene aber mindestens zu erwähnen, weil auch sie – und für einiges gilt: nur sie – die Voraussetzungen der Dinge enthalten, die jetzt noch zu besprechen sind.

Das Spektrum der gesellschaftlichen Bedingungen von Unter- wie Oberschicht-religionen auf der ganzen Breite von Klein- bis Zentralasien scheint gegen Ende der parthischen Epoche wohl abermals in verschiedenen Gnostizismen und Mysterien durch. Von ihnen machen die ersteren wegen ihrer Verwandlung auch ägyptischer, semitischer, jüdischer, christlicher Mythen, Geistbegriffe und Theologumena, die letzteren wegen ihrer Neudeutung bestimmter altkleinasiatischer Riten, die Ermittlung der Spezifica einzelner Länder besonders schwierig.

a) Mit dem Regler des Umlaufs der Gestirne, von dem wir nicht wissen, ob gerade die Magier ihn *Zurvan* Akarana „unendliche Zeit" nannten, konnten die vielfältigsten *Aion*-Vorstellungen assoziiert werden, die sich im Hellenismus auch noch aus vielen anderen Spekulationen speisten.

b) Geister, Dämonen, Pneumata. *Dämonen*, die als ahrimanische Klasse den guten Geistern entgegenzustellen sind, würde man auch, wenn z.B. Porphyrius nicht so gelehrt darüber Bescheid gäbe, bis zu ihrer Klassifizierung und vielleicht Verehrung bei Cornelius Labeo als dieselben wiedererkennen, denen die Magier blutig „opferten"; und vielleicht darf man aus Ansätzen zu schwarzer Magie und – anachronistisch mit einem mittelalterlichen Ausdruck gesagt – schwarzen Messen in der römischen Kaiserzeit folgern, daß die Magier ihre „Opfer" nicht nur aus apotropäischen Gründen darbrachten, sondern auch, um sich Dämonen gegen Feinde oder überhaupt zur Beherrschung unterwerfungswürdiger Gemüter dienstbar zu machen.

c) Geister-/Weltmischung, Seele/Selbst, Ur-/Vollkommener Mensch. Diese *Ideen* sind einzuzeichnen in das Verhältnis der drei iranischen *Dualismen*: aša – δρυγ bzw. Gut – Böse, *mēnōg – gētīg, rošn – tārīgīh,* zu den fünf hellenistisch – jüdisch – christlichen: Ideen – Hyle, Licht – Finsternis, Sünde – Gnade, Kosmos – Transzendenz, Geistselbst – Geistselbst.

d) Rückschlüsse auf kulturspezifische *Begriffsbenutzung*. Diese sind getrennt zu versuchen in Armenien-Pontus, Kappadokien/-Kommagene, Osrhoene/Adiabene, Hatra-Charakene, Syrien/Palästina. Damit zusammen hängen Rückschlüsse auf *religionspolitische Absichten* der Institutionen, d.h. der seleukidischen Satrapien, der jüdischen Patriarchate, der orientalischen Kirchen, der spätrepublikanischen Provinziallandtage, des Herrscher- und frühen Kaiserkultes.

Somit wären wir bei den Institutionen wieder angekommen und dürfen nun mehr als zu Anfang hoffen, daß wir vielleicht irgendwann ihr Schweigen brechen werden.

Die iranische Vischtaspa-Gestalt und griechischsprachige Hystaspes-Literatur – Griechische und iranische Sibyllinen – Ursprünge jüdischer und iranischer Apokalyptik

A. Einführung

I. Name und Gestalten

a. Verschiedenheit.
Der griech. Name Hystaspes setzt den awestischen u. altpers. Namen Vištāspa (wohl ‚der mit den scheuen [oder: angeschirrten? trainierten?] Pferden') um. Die beiden wichtigsten Träger dieses Namens waren der königliche Protektor des Propheten Zarathustra u. der Vater des Großkönigs Dareios I (Hauptnachweise: Chr. Bartholomae, Altiran. Wb. [1904] 1473f; F. Justi, Iran. Namenbuch [1895] 372. 382 [Zu Zariadres/Zarēr, dem Brudes des Hystaspes; s.u. A. II. b.]). Der erstere gehört in die genealogische Nachbarschaft der noch halblegendären Kawi-Dynastie in einem ostiran. Reich vom nördl. Oxus-Jaxartes-Gebiet bis zum späteren Chorasān; seine Datierung ist genau so unsicher wie die des Zarathustra (9./6. Jh. v. Chr.). Der letztere war im Süden Irans zu Hause, wahrscheinlich in der Persis, von wo aus sein Vetter Kyros II d.Gr. (550/29) das Weltreich der Iranier begründen sollte; schon zu dessen u. des nachfolgenden Kambyses II (529/22) Regierungszeiten muß seine Wirksamkeit begonnen haben. Ist eine Identifizierung beider Vištāspa-Gestalten chronologisch gerade noch möglich (sie wird zuletzt vor allem von E. Herzfeld, Zoroaster and his world [Princeton 1947] vorgenommen), so ist sie doch aus kulturhistorischen u. -geographischen Gründen ausgeschlossen (W.B. Henning, Zoroaster, politician or witchdoctor? [Oxford 1951] 24).

b. Übereinstimmung
Beide Vištāspas hatten indessen das Merkmal gemeinsam, die ‚gute Religion' (mittelpers. vēh-dēn, auch dēn mazdēsn) gefördert zu haben. Zarathustra erwähnt seinen Schirmherrn mit Aufforderung u. Dank, daß er zu ihm fliehen kann, in seinen Verspredigten (Yasna 28, 7; 51, 16). Der Erzeuger u. Erzieher des Dareios, mit dem Regierung (522/486) u. Titel ‚der Große' in seine Linie übergingen, diente seinem Sohn als General in Partien u. schlug Rebellionen nieder, die auch gegen die göttliche Legitimation dieses Machtwechsels gerichtet waren (alle Erwähnungen in den Keilinschriften bei R.G. Kent, Old Persian (New Haven 1953] 209); mit Vater u. Sohn begann die Annahme u. Durchsetzung der zarathustrischen Ahura-Mazdā-Religion durch die Achämeniden-Dynastie. Beide Vištāspas blieben innerhalb der gesamten iran. Tradition bis heute bekannt. Sie gingen aber mehr oder weniger ineinander über, in der Epik unter dem Typus des Helden (vgl. F. Wolff, Glossar zu Firdosis Schahname [1935] 711

s. v. Guštāsp), in der priesterlichen Literatur unter dem genannten Merkmal des Religionsförderers. Im Altertum war es namentlich dann selbstverständlich, Vištāspa als einen einzigen, zwar nicht in der Urzeit, aber in einer maßgebenden Vorzeit mächtigen Erstling u. Repräsentanten wahrer Gottesverehrung zu sehen, wenn es nach Zeiten ihrer Vernachlässigung oder Unterdrückung darum ging, derselben wieder Geltung zu verschaffen. Zugleich konnte diese Gestalt, die damit zu einer mythischen wurde, wie in jeder Pseudepigraphie als Autor schriftlicher Kunde aus seiner Zeit in Anspruch genommen werden.

II. Gestalt und Texte

a. Sagenhaftes.

Von den antiken Autoren weiß, dem Tatsächlichen sich annähernd, nur Agathias Scholastikos (6. Jh. n. Chr.), der sich gerade über die Perser unter den von Kaiser Justinian bekriegten Gegnern erstaunlich gut informiert erweist, von zwei Gestalten namens Hystaspes: einer, dem er den Zoroaster als Zeitgenossen zuweist, u. dem ‚Vater des Dareios', der derselbe wie oder ein anderer als jener sein könne (hist. 2, 24 = Bidez/Cumont 2, 360 nr. 4). Er erneuert damit offenbar eine historische Kunde, die schon verlorengegangen war, denn zwei Jhh. vor ihm weiß Ammianus Marcellinus nur von ‚Hystaspes, dem überaus klugen König, Vater des Darius', bringt ihn aber in die Nähe des ‚Baktriers Zoroastres', der aus den arcana der Chaldäer zum Wissen um den unverdorbensten cultus divinorum beigetragen habe, wenn er von ihm sagt, er sei zu den Geheimnissen Ober-Indiens vorgedrungen u. in einer Einöde derselben stillen Ruhe wie das ingenium der Brahmanen teilhaftig geworden (23, 6, 32 = Bidez/Cumont 2, 359 nr. 2 u. 32f Text B 21 zu Zoroaster, dem die Quelle des Ammianus wohl eher als dem Hystaspes die Indienreise zuschrieb: M. Stausberg, Der Zoroastrismus u. die europ. Religionsgeschichte im 18. Jh., M.A.-Schrift Bonn [1991] 75f). Noch ein Jh. früher meint Athenaios mit einem Hystaspes, der ‚über Medien u. das Gebiet darunter herrschte', denselben König, versetzt ihn aber auch in das Reich der Sage, wenn er unter Berufung auf Einheimische sagt, Hystaspes u. sein Bruder Zariadres seien von Adonis u. Aphrodite gezeugt worden (dipnos. 13, 33, 575 A = Bidez/Cumont 2, 360 nr. 5); doch geht Athenaios' Gewährsmann Chares v. Mytilene mit seiner Nachricht vom Bruder des Hystaspes (zum Namen s.o. A. I. a.) mit mittelpersischen Legenden parallel, die Ereignisse späterer Zeiten zur Typologisierung älterer Verhältnisse verwenden. So reflektiert das ‚Buch der heroischen Taten des Sohnes des Zarēr' (Rekonstruktion: Benvéniste, Mémorial), erhalten als episches Gedicht Ayādgār ī Zarērān (ed. Pagliaro), die Niederlage des Sassanidenkönigs Pērōz iJ. 484 gegen die Hephthaliten in der Schilderung eines Religionskrieges zwischen König Vištāspa u. dem turanischen Herrscher Arǰāsp aus dem Stamm der Chioniten z. Zt. Zarathustras auf Grund einer kurzen Anspielung in Yašt 19, 87. Diese Zeugnisse sind für die Auseinandersetzung zwischen Antike u. Christentum ohne Belang.

b. *Spruchgut.* Um so belangvoller sind eine Reihe griechischer u. lateinischer Exzerpte mit Spruchcharakter, die bei Justin dem Märtyrer, Clemens v. Alex., Joh. Lydus, Aristokritos u. vor allem Laktanz erhalten sind (maßgebende Sammlung: Bidez/Cumont 2, 355/77; im folgenden daraus als ‚Bidez/Cumont nr.' zitiert). Wegen ihres apokalyptisch-historischen Inhalts, ihres Offenbarungsanspruchs u. der Inanspruchnahme des Hystaspes als Empfängers von Traumvisionen, die er weitersagt (Lact. inst. 7, 15, 19 = Bidez/Cumont nr. 1), faßt man diese Aussagen als ‚Orakel des Hystaspes' zusammen. Bezeugt ist ein solcher Titel (Χρήσεις Ὑστάσπου) nur in der ‚Theosophie' des Aristokritos, 5. Jh. (Bidez/Cumont nr. 3 = H. Erbse, Frg. griech. Theosophien [1941] 167; s.u. B. III.). Sonst wird meist von der Person, selten von einem Buch des Hystaspes gesprochen. Dahinter ist das historische Profil der beiden Gestalten endgültig verschwunden. Als ein Einziger ist Hystaspes der Empfänger göttlicher Geheimnisse u. rückt mit eigenem Anspruch für die Alten in die Reihe der Propheten, für die Heutigen mitten in den Problemzusammenhang zwischen iranischer, jüdischer u. christlicher Apokalyptik.

B. Das historisch-literarische Problem

I. *Herkunft und Alter der Apokalyptik*

a. *Alternativen möglicher Ursprünge*
Die Abhängigkeitsverhältnisse, die zwischen iranischer u. jüdisch-christlicher Apokalyptik bestehen, sind nicht zuletzt schon aufgrund der Voraussetzung umstritten, ob man die Hystaspes-Orakel vornehmlich der einen oder der anderen zuweist (für iranische Tradition optiert vor allem Widengren, für jüdische Flusser). Daß sie synkretistischer Herkunft seien (so Windisch 98), löst das Problem nur scheinbar, da Synkretismus wohl ein Resultat der sukzessiven Homogenisierung, aber keine Voraussetzung einer Homogenität beider Traditionen sein kann. Die Alternative, die damit besteht bleibt, betrifft überdies die Ursprünge; sieht man das Abhängigkeitsgefälle nur entweder in der einen oder in der anderen Richtung, dann kann es nur e i n e n wirklichen Ursprung geben. ‚Diese Diskussion gehört ohne Frage zu den leidigsten u. verworrensten, die jemals innerhalb der humanistischen Wissenschaften stattgefunden haben; sie ist auf lange Strecken nichts anderes als Spiegelfechterei u. ein Blindekuhspiel der Gelehrten, außerdem mit ... einem guten Teil Parteifanatimsus vermengt' (H.S. Nyberg, Die Religionen des Alten Iran [1938] 355). Mit diesem Urteil geht es zwar des Näheren nur um die Frage, ob die nach Westen ausstrahlende iran. Religion ‚Zoroastrismus' sei, aber rekonstruiert wurde dieser vornehmlich an Hand des ‚Spätjudentums', wie unmittelbar aus den Arbeiten derer hervorgeht, die Nyberg u. andere in diesem Zusammenhang zitieren (F. Spiegel, J. Darmesteter, N. Söderblom, J.H. Moulton, G.F. Moore, E. Meyer, E. Stave, F. Justi, A.

Christensen u.a.m.). Wurde damit das ‚Spätjudentum' letztlich als Aushilfe für die Konstruktion eines paniran. Absenkers der Arier-Ideologie in Anspruch genommen (denn diese ist hinter der extensiven Betonung iranischer Überlieferungselemente vor den jüdischen letztlich erkennbar), so mußte der Ausschlag des Argumentationspendels nach der anderen Seite, wo dann das (‚Spät'-)Judentum von allen Fremdeinflüssen frei u. rein als es selber erschien, halb notwendig auch zu einem wissenschaftsideologischen Philosemitismus neigen. Von den historisch-psychologischen Voraussetzungen her besteht aber kein Grund, mit nur einer einzigen Möglichkeit der Entstehung von Apokalyptik zu rechnen.

b. Voraussetzung mehrerer Anfangsbedingungen
Aus der neueren Forschung (Dokumentation: Hellholm) ist ein Resultat zu ziehen, daß historisch mehrere Ursprünge von Apokalyptik möglich waren, daß aber nur einige von ihnen wirkliche Anfänge einer solchen geworden sind. Der Ursprung, der zur Anfangsbedingung für spätere Entstehung von Apokalyptik werden kann, besteht in einer originären Prophetie, die inmitten alltäglicher Zeiterfahrung eine besondere Zukunftsperspektive eröffnet. Diese Perspektive kann von präsentischer über sich realisierende bis zu futurischer Eschatologie verschiedene Spannweiten haben, in deren jeder auch zwei dieser drei Momente dialektisch ineinander liegen können. Zu einer Apokalyptik kann sich eine solche Perspektive aber nur dann entwickeln, wenn weitere Entstehungsbedingungen für sie hinzukommen. Das war nach den dann u. wann im Alten Orient sich ereignenden Prophetien, in Ägypten der des Neferti (um 1950 v. Chr.; vgl. F. Kammerzell: Kaiser 102/10; J. Bergman: Hellholm 53/5; J. Assmann: ebd. 357/64), in Mesopotamien der von Mari (um 1700 v. Chr.; vgl. M. Dietrich: Kaiser 83/93), der des Marduk (um 1100 v. Chr.; vgl. K. Hecker; ebd. 65/8 u. H. Ringgren: Hellholm 381/3) u. der z.Zt. Asarhaddons (681/69) u. Assurbanipals (669/31) (vgl. Hecker aO. 56/65), nicht der Fall. Umgekehrt waren für die Entstehung apokalyptiknaher Welt- u. Zeitsichten in Griechenland (W. Burkert: Hellholm 235/54) u. Rom (B. Gladigow: ebd. 255/72; H. Cancik: ebd. 549/76) zusätzliche Bedingungen maßgebend, die von außerhalb auf die jeweils genuinen Traditionen einwirkten, dort aber auf keine prophetologischen Entstehungsbedingungen trafen. Wo letztere tatsächlich gegeben sind, da können sie zur Ausbildung einer Apokalyptik nur unter solchen Verhältnissen führen, die konkretere Inhalte u. deutlichere Anschaulichkeit der Zukunft erfordern, als die urtümliche Prophetie sie hatte bieten können. Solche Verhältnisse traten ein, wenn eine Gemeinschaft, die vielleicht durch Aufnahme der prophetischen Predigt entstanden war, jedenfalls aber durch Überlieferung derselben bestehen bleiben wollte, sich in ihrer sozialen u. religiösen Integrität gefährdet sah. Gründe dafür konnten sein eine neue politische Herrschaft am gleichen Ort, sei es durch Wechsel innen oder durch Okkupation von außen, oder das Geraten unter eine Herrschaft an einem anderen Ort, sei es durch Ausbreitung u. Wanderung, sei es

durch Deportation dorthin. Dann mußten aus dem Weltbild, das zu der neuen Situation jeweils gehörte, mindestens soviele Elemente übernommen werden, wie nötig waren, um das frühere eigene dagegen zu immunisieren. Damit wurden auch Elemente aus der eigenen Tradition, nicht nur der prophetischen, so weiterentwickelt, daß sie sich mit den später übernommenen Elementen verbinden konnten. Das apokalyptische Weltbild, das so entstand, konnte auch außerhalb der Gemeinschaft, die es ausgebildet hatte, kognitive Hilfe leisten. Die neuen Elemente, die dies ermöglichen, kann man weisheitliche nennen. Sie konnten innerhalb der Tradition regelrecht ausgetauscht werden u. geben sich statt als alternative Entstehungsbedingungen, für die ein neuerer Zweig der Forschung sie hält, als die gesuchten Zusatzbedingungen zu erkennen. Die Variabilität des Ganzen im Innern war eine Vorbedingung für eine eventuelle Übertragung von Elementen oder Teilen des Ganzen im Äußeren. Damit erklärt sich von einem gewissen Zeitpunkt an auf dem Grunde einer strukturellen Verwandtschaft der verwirrende Austausch zwischen den beiden einzigen alten Apokalyptiken, auf die alle genannten Voraussetzungen zutreffen, der jüdischen u. der iranischen.

c. Entstehung iranischer parallel zur jüdischen Tradition

Die prophetischen Anfangs- u. die weisheitlichen Zusatzbedingungen, die für die historisch-genetische Erklärung der jüd. Apokalyptik gelten, stehen einmal für die genuine Entstehung derselben, zum anderen sind sie zu einem Modell für die Erklärung anderer originärer Apokalyptiken formalisierbar. In Iran war die Anfangsbedingung für die Entstehung einer Apokalyptik mit der Prophetie des Zarathustra gegeben, die, wann immer man sie ansetzt, mit israelitischer Prophetie gleichzeitig war. Neue Verhältnisse, die die Ausbildung eines apokalyptischen Weltbildes ermöglichten, waren die Ausbreitung der zarathustrischen Gemeinschaft in das Gebiet des heutigen Afghanistan u. ihr Geraten unter achämenidische Herrschaft ebendort u. westlich davon im iran. Hochland. Wann unter diesen Verhältnissen ein apokalyptisches Weltbild frühestens fertig ausgebildet war, ist unbekannt. Eine für alle genannten Gebiete gleichermaßen neue Situation, der die Kriterien für die Ausbildung von Apokalyptik noch einmal entsprechen (zu den verschiedenen Vor- u. Ausbildungsstufen vgl. T. Olsson, S.S. Hartman, G. Widengren u. A. Hultgard: Hellholm), trat indes mit der makedonischen Eroberung ein. Durch diese wurde solchen Kreisen, die allein aufgrund dieses Umbruchs schon zu Trägern apokalyptischer Erwartungen hätten werden können, zusätzlich ein Referenzrahmen für diese nahegebracht, der sibyllinische.

II. Alter und Verbreitung der Sibyllistik

a. Ältere Wanderung nach Westen

Die Angaben über Wanderungen einer Sibylle nach Erythrai im westl. Lydien (gegenüber Chios), einer erythräischen nach Cumae in Unteritalien, einer phrygischen nach Delphi, einer marpessischen von Paros auf die anderen ägäischen Inseln Delos u. Samos sowie dem der letzteren gegenüberliegenden Ort Klaros deuten auf ein Zentrum sibyllinischen Sehertums in Westkleinasien hin. Auch die nicht gewanderte, offenbar bodenständig gebliebene Sibylle v. Sardes zeugt dafür. Für eine ursprüngliche Geschlossenheit dieses Gebietes spricht wohl auch, daß noch im 5. Jh. Platon nur eine Sibylle kennt. Mit der Vermehrung der Zahl der Sibyllen bei weiterer Bevorzugung von Küstenlandschaften (Thesprotia, Libya, Campania, auch Latium mit Tibur) läßt sich eine Erweiterung des Wirkungskreises dieses Sehertums nach Westen erkennen, wo mehr als ein Dutzend Dependancen eindeutig lokalisiert sind. Angaben über Orte, aus denen eine Sibylle erst in jenes Zentralgebiet gewandert sei (Ägypten, Babylonien, Kimmerien), bleiben hingegen eigentümlich vage u. waren eher Versuche, von Westen aus die östl. Herkunft in einem noch erweiterten, imaginierten Orient anzusiedeln. Wie immer dem sei, es kann kein Zufall sein, daß dabei die Länder der Hebräer u. der Iranier ausgespart werden.

b. Jüngere Rückkehr nach Osten

Dies änderte sich in hellenistischer Zeit. Mit dem Wachsen der tradierten Anzahl der Sibyllen auf zehn (G. Radke: KlPauly 5 [1975] 158/61) wurde auch eine persische in ihren Kreis aufgenommen, ‚probably the first non-Hellenic member of this imagined sisterhood' (Boyce, History 372 mit Verweis auf A. Rzach: PW 2 A [1923] 2097). Für den Aristotelesschüler u. Alexanderbegleiter Nikanor war sie sogar die erste in der Reihe (FGrHist 146). Dies dürfte darauf hindeuten (weiterführend Boyce, History 371/401), daß die spätestens seit dem 4. Jh. bestehende Möglichkeit, politische Propaganda durch das Medium sibyllinischer Orakel zu treiben, vom 3. Jh. an auch von Iraniern wahrgenommen werden konnte.

III. Textgattungen und -wandlungen

Der Exzerptor der Θεοσοφία (Bidez/Cumont nr. 10; dazu Windisch 41/3) gibt an, sein Autor (Aristokritos) handele zunächst in sieben Büchern περὶ τῆς ὀρθῆς πίστεως. Die eigentliche ‚Theosophie' (dazu C. Colpe, Art. Heilige Schriften: o. Bd. 14, 214f) scheint nur aus den folgenden vier Büchern bestanden zu haben. Wenn über das vierte dieser Bücher angegeben wird, es enthalte die Behandlung der Orakel des Hystaspes sowie eine Chronik von Adam bis zu Kaiser Zenon innerhalb einer Weltzeit von 6000 Jahren, nach welcher das Ende kommen werde, dann dürfte auch der zugrundeliegende Hystaspes-Text sowohl Orákel, am ehesten in Spruchform, als auch eine Welt- u. Endzeitschilderung, dann doch wohl in Form eines apokalyptischen Traktates, enthalten haben. Wie es bei solchen Texten häufig der Fall ist, waren Hystaspes-Buch u. -Orakel wohl so angelegt, daß sie dem Fortschreiten der Geschichte gemäß angepaßt, erweitert oder umgeschrieben werden konnten, wenn gewisse Ereignisse für so wichtig gehalten wurden, daß sie Erfüllung göttlich autorisierter Prophezeiungen sein mußten. Insofern wurden die Hystaspes-Texte mehrmals ‚aufgesetzt' oder ‚abgefaßt' (Peretti), in iranischsprachiger Tradition zweimal, in griechischsprachiger sogar dreimal. Annahme u. Charakter des ersten Males werden durch literarische Parallelen gestützt u. erhellt.

a. Hystaspes-Buch und iranische Apokalypsen

Zu den Hystaspes-Texten gibt es zahlreiche inhaltlich u. z.T. wörtlich übereinstimmende Aussagen in mittelpersisch (= Buch-Pahlavi) abgefaßten Apokalypsen, am zusammenhängendsten im sog. Zand ī Wohuman Yasn oder Bahman-Yašt (ed. B.T. Anklesaria [Bombay 1957]; Übers. ebd.; E.W. West, Pahlavi-Texts 1 = Sacred Books of the East 5 [Oxford 1880] 191/235; Widengren, Geisteswelt 183/95. 198/208) u, im Jāmāsp-Nāmag, das jetzt im wesentlichen das 16. Kap. des Ayādgār ī Jāmāspīg (ed. Messina) darstellt. In diesem Werk erfährt König Vištāspa in einem langen Dialog von Jāmāsp, dem seherisch begabten Wezir, die Geschicke, die Iran seitens (heute als realer u. fiktiver zu unterscheidender) feindlicher Völker erfahren wird. Wie die Abhängigkeitsverhältnisse zwischen den Hystaspes-Orakeln bzw. dem Hystaspes-Buch, Zand ī Wohuman Yasn u. Jāmāsp-Nāmag beschaffen sind, ist umstritten. Im Anschluß an Benvéniste, Apocalypse wird meist angenommen, daß die Hystaspes-Orakel über ein hypothetisches Vištāsp-Nāmag auf das Zand ī Wohuman Yasn zurückgehen, das den verlorenen awestischen Bahman-Yašt wiedergibt, welcher seinerseits auch die unmittelbare Vorlage des Jāmāsp-Nāmag gewesen sein kann. Doch können die Hystaspes-Texte, sogleich in griechischer Sprache, auch ganz selbständig entstanden sein, u. Inhalte aus ihnen wären, eventuell neben solchen aus einem weiterhin awestischen Bahman-Yašt, in das von Anfang an mittelpersische Zand ī Wohuman Yasn sowie über dieses u. an diesem vorbei ins Jāmāsp-Nāmag eingegangen. Das setzt nicht Übersetzung aus dem Griechischen ins Jungawestische oder Mittelpersische, sondern Zweisprachigkeit voraus. Das Milieu, in dem diese gebräuchlich u. nötig war, dürfte nicht zoroastrisch gewesen sein, da der sonst reich bezeugte Name des Ζοροάστρης, Ζαράδης u.ä. gerade in den eigentlichen Hystaspes-Texten (also abgesehen von den o. A. II. a. genannten) nicht vorkommt. Doch hat die ‚zweite Abfassung' deren Inhalte, wie sie jetzt in den mittelpers. Apokalypsen erscheinen, ganz in die Zarathustra-Tradition hineingezogen (von da aus interpretiert Hinnells fälschlich das gesamte Hystaspes-Orakelcorpus als zoroastrisch). Das geschah am eindeutigsten dadurch, daß sie als endzeitlichen Retter den Vištāspa-Sohn Pešyotan einsetzte (Kippenberg, Geschichte 64/70). Diese Entwicklung führt aus dem Rahmen des RAC hinaus.

b. Hystaspes-Exzerpte und griechische Orakel

Wenn sich im 3. Jh. v. Chr. eine iran. Sibyllistik bilden konnte u. vieles für Zweisprachigkeit spricht, dann wird für die Weissagungen, ob sie nun zunächst selbständig ausgegeben u. dann Teil des Hystaspes-Buches wurden, oder ob sie von Anfang an in dieses gehörten, die Spruchform griechischer Orakel gewählt worden sein, eventuell sogar in Hexametern (so Boyce, History 377$_{60}$). Die lat. Wiedergaben, namentlich bei Laktanz, müßten dann auf einer Übersetzung beruhen (Windisch 95), die das Versmaß in Prosa umsetzte. Die griech. Angaben sind nicht von der Art, daß Verse zitiert werden müßten. Immerhin rückt Clemens v. Alex. das Buch, oder die Orakelsammlung, in die Nähe sibyllinischer Literatur u. empfiehlt sie unter Berufung auf Paulus (!). Dieser habe gesagt: ‚Nehmt auch die griech. Bücher zur Hand, lernt die Sibylle kennen ... u. nehmt den Hystaspes u. lest ihn' (strom. 6, 43, 1 [Übers. O. Stählin: BKV² 2, 19, 266, der Herkunft aus (wohl apokryphen!) Paulusakten erwägt] = Bidez/Cumont nr. 8; dazu W. Speyer, Die literar. Fälschung im heidn. u. christl. Altertum = HdbAltWiss 1, 2 [1971] 247. 252). Doch auch wenn weder im Osten die Urfassung metrisch war noch im Westen der Name des Hystaspes zitiert wird, zeigen viele Anklänge aus den erhaltenen Hystaspes-Exzerpten an Sibyllinendichtung einschließlich der Oracula Sibyllina, daß eine Verwandtschaft zwischen dieser u. den Hystaspes-Orakeln bestanden haben muß (z. B. Orac. Sib. 2, 202/5: Sterne fallen ins Meer [vgl. D. I. c.]; 2, 196f; 3, 84/7; 4, 173/5: Feuerstrom kommt vom Himmel [vgl. C. III. a.; D. III. a.]; 3, 350/5: Rom gibt geraubte Schätze dreifach an Asien zurück; vgl. C. II. a. u. Windisch 27f. 51f). Doch können deshalb die Hystaspes-Orakel nicht zur Quelle ganzer sibyllinischer Bücher, etwa des zweiten (so A. Kurfess: Hennecke/Schneem.³ 2, 498) oder des achten (so Flusser 29/39, der hier außerdem eine Proto-Sibylle schon als Quelle der Hystaspes-Orakel annimmt), gemacht werden (vgl. die Übers. des 8. Buches von U. Treu: Hennekke/Schneem.⁵2, 605/16 mit der von Kurfess aO. 514/25).

C. Nichtchristliche Hystaspes-Orakel

I. Abfassung und Hintergrund

a. Zweisprachige Mager

Die Verfasser der Hystaspes-Orakel waren wohl μάγοι, d.h. Mager (sic), die in der Persis gegen eine Fremdherrschaft prophezeit haben, vielleicht eines Antiochos I (294–80/261 v. Chr.) oder eher noch eines Seleukos IV (187/75 v. Chr.; Zusammenfassung der Indizien aus älterer Forschung bei Colpe 104/7 u. The Cambridge History of Iran 3, 2 [1983] 831/6). Zugrundegelegen haben kann Oneiromantie von ähnlichem Charakter, wie Herodot beschreibt: ‚u. als die Nacht hereinbrach, hatte Kyros ... im Schlaf folgendes Gesicht. Er meinte, den ältesten von Hystaspes' Söhnen mit Flügeln an den Schultern zu sehen, von denen er mit dem einen Asien, mit dem anderen Europa überschattete' (1, 209). Denn damit wird eine Weltherrschaft im Namen des Hystaspes verbildlicht. Der Großkönig, der sie ausüben soll, nämlich Dareios, an den das Reich des Kyros fallen soll (1, 210), kann für die drei- oder vierhundert Jahre später wirkenden Mager zum Prototypen eines politischen Erlöserkönigs geworden sein. Der folgende Text hat Anspruch, sinngemäß zur ältesten Aussage dieser Mager gehört zu haben: ‚Das wird die Zeit sein, in der die Gerechtigkeit verbannt wird, die Unschuld verhaßt ist u. die Schlechten die Guten als Beute feindlich verschleppen. Kein Gesetz, keine Ordnung, keine Strenge militärischen Dienstes wird erhalten bleiben. Keiner wird die Alten verehren, keiner erkennt die Pflicht der Frömmigkeit an, keiner erbarmt sich der Frauen oder Kinder: alles vereinigt u. vermengt sich gegen göttliches Gesetz, gegen Naturrecht. Da wird die ganze Erde wie durch eine allgemeine Räuberbande verwüstet. Wenn dies eingetreten sein wird, dann werden die Gerechten u. die, die der Wahrheit folgen, sich absondern von den Schlechten u. in die Einsamkeit fliehen. Nachdem dies ruchbar geworden ist, wird der Gottlose zornig mit einem großen Heer kommen u. mit herangeführten Truppen den Berg umstellen, auf dem sich die Gerechten aufhalten, um sie zu ergreifen. Sobald jene sich von allen Seiten eingeschlossen u. belagert sehen, schreien sie mit lauter Stimme zu Gott u. erbitten himmlische Hilfe, u. Gott erhört sie u. schickt einen Großen König vom Himmel, der sie herausnimmt u. befreit u. alle Ruchlosen mit Feuer u. Schwert vertilgt' (Lact. inst. 7, 17, 9 = Bidez/Cumont nr. 15a Text 1). Die Unterscheidung des vom Himmel herabsteigenden ‚Großen Königs' vom ihn entsendenden Gott hat noch gut iran. Parallelen in Zand ī Wohuman Yasn 7, 3/8 Anklesaria (= 3, 14/8 West) u. Jāmāsp-Nāmag 49 (117 Messina). Es besteht eine sachliche Verbindung zwischen der Wiederherstellung der Gerechtigkeit, der Alltagstugenden, der Zucht militärischer Strenge durch den Großen König u. dem Herrschen des obersten Gottes über alle irdischen Herrschaften hinweg u. seinem Leuchten als Stern. In dieser Verbindung u. nicht in der Übernahme einer Rolle des zoroastrischen Saoschyant (so Hinnells 146) dürfte der Grund für die eschatologische Mythologisierung des Erlöserkönigs liegen.

b. Nationaliranischer Inhalt
Die Einstellung der Mager war offenkundig nicht zoroastrisch, sondern royalistisch-nationaliranisch. Ihre Lehre weist mit der zoroastrischen eine noch punktuellere Berührung auf als die Ideologie der Achämeniden. Die Berührung, die ihren Grund in einer substanzlos gewordenen historischen Beziehung hat (s.o. B. III. a.), bestand in der für solche Mager wie für Zoroastrier gegebenen Möglichkeit, die Weltherrschaft des Königs durch die des Auramazdā (sic; vgl. C. Colpe: H.W. Haussig [Hrsg.], WbMythol 4 [1986] 300f) zu symbolisieren u. umgekehrt, ferner darin, diesen Sachverhalt auch in demjenigen Planeten repräsentiert zu sehen, der den Namen des Gottes trägt (vgl. Lact. inst. 7, 18, 2: Juppiter;

iran. Äquivalente: J. Hampel, Art. Sterne, Sternverehrung: Haussig aO. 439/42). Dieser Gottesname braucht ebensowenig substantiellen Zoroastrismus anzuzeigen wie seine östl. Form Rēmažd (O. Hansen, Art. Almesti: ebd. 256f).

c. Antigriechische Tendenz.
Die Mager haben sich auf einen Berg zurückgezogen, weil ein impius gegen sie zog. Das kann am ehesten ein griech. Feldherr gewesen sein, der als Erneuerer des Herrschaftsanspruchs des verhaßten Alexander angesehen wurde. Vielleicht war der Berg direkt das Βαγίστανον ὄρος (der heutige [Behistān] Bisutūn), von dem Diodorus Siculus (2, 13, 1/3) sagt, daß er der Berg des Zeus (= Ahura Mazdā) war (mehr bei H.v. Gall, Art. Berge: Haussig aO. 308f). Doch kommen auch andere Berge in Frage, auf denen die Iranier zu opfern pflegten (Herodt. 1, 131; Strabo 15, 3, 13; Appian. 12, 65).

II. Neuverwendung gegen Rom

a. Kleinasiatischer Ausgangspunkt
Aus der Geschichte der weiten Verbreitung u. Neuverwendung der Hystaspes-Orakel ist eine Station in der Aufsplitterung Anatoliens zu erschließen, die mit u. nach dem Frieden von Apamea zwischen dem Seleukidenreich u. Rom nebst seinen Bundesgenossen Pergamon u. Rhodos 188 v. Chr. vollzogen worden war. Dabei wurde Ilion/Troia zu einer freien Griechenstadt deklariert u. könnte ein Symbol für kulturelle Autonomie geblieben sein. Ansprüche auf eine solche dauerten fort, seit Mysien, Phrygien, Lydien u. Karien mit der Umwandlung des Pergamenischen Reiches in die röm. Provinz Asia (123 v. Chr.) der Auspowerung durch fremde Steuerpächter verfielen. Unter diesen Verhältnissen wäre eine Ereigniskritik des Inhalts verständlich, daß ‚illa Troiana gens‘ nicht hätte gegründet werden dürfen. Das kann sich auf deren Übertragung durch Anchises/Aineias nach Rom beziehen. Von daher ergibt sich ein Sinn, wenn die Deutung eines von Hystaspes überlieferten Traumes besagt, ‚daß das röm. Imperium u. der röm. Name ausgetilgt werde‘ (Lact. inst. 7, 15, 19 = Bidez/Cumont nr. 1 u. 13a; vgl. Windisch 45).

b. Gesamtvorderasiatischer Standpunkt
Es kann sein, daß von da aus die Hystaspes-Orakel am ehesten unter Mithridates VI v. Pontos (120/63 v. Chr.) im orientalisch-politischen Sinn erweitert wurden. In eine verbreitete antiröm. Position, wie sie in jener Zeit bestand (vgl. Fuchs 31/5 mit vielen sibyllinischen Parallelen), paßt jedenfalls die Aussage: ‚Die Ursache dieser Verwüstung u. Verwirrung wird die sein, daß der Name Roms, in dem jetzt die Welt regiert wird, von der Erde vertilgt werden u. die Herrschaft nach Asien zurückkehren wird; dann wird der Orient wieder herrschen u. der Okzident dienen‘ (Lact. inst. 7, 15, 11 = Bidez/Cumont nr. 13b; dazu

Windisch 50). Gleichsinnige Aussagen, die das Hystaspes-Zeugnis in einen weiten Zusammenhang rücken, stellt Kippenberg, Orient zusammen. Vergil wird über die Besiegung der ‚Macht des Orients' (Aen. 8, 687) in der Schlacht bei Actium genau das Gegenteil sagen (ebd. 8, 675/713)!

III. Verhältnis zur jüdischen Apokalyptik

a. Szenerie und Prodigien

Die Hystaspes-Orakel haben ursprünglich wahrscheinlich keine apokalyptische Chronologie gehabt. Die 6000 Jahre, die die gegenwärtige Welt bis zur Vollendung (συντέλεια) dauern soll (Aristokritos, Theosophie; Lact. inst. 7, 14, 8/16; s. u. D. III. b.), fügen sich nicht zur zoroastrischen Weltalter-Lehre (anders Hinnells); denn die Schlechtigkeit dominiert während dieser Zeit ungebrochen, von keinem Erlöser in den letzten 3000 Jahren bekämpft, u. wird erst mit einem siebenten Jahrtausend abgelöst. Dahinter steht eher die jüd. oder christl. Woche oder die griech. Hebdomas. (Joh. Lydus wird im 6. Jh. sogar von allen [den Chaldäern um Zoroaster u. um Hystaspes wie von den Ägyptern] sagen können, daß sie von der Zahl der Planeten in der Hebdomas die Tage übernahmen [mens. 2, 4 = Bidez/Cumont nr. 9].) Innerhalb dieser beiden Siebentage-Schemata aber kommt es vom jüd. Topos der sechstägigen Schöpfung her (J. C. M. van Winden, Art. Hexaemeron: o. Bd. 14, 1250/69, bes. 1252f) auf die universalistische Typisierung der Weltepoche an, in der Arbeit u. alle weiteren Verhältnisse stattfinden, aus denen Erlösungsbedürftigkeit entsteht. Nur unter Absehen von diesem Tatbestand konnten, implizit vielleicht schon von antiken, aber explizit sicher von modernen Autoren, die tausend Jahre Erlösung, deren Typos der Schöpfungstag der Sabbatruhe ist, mit den tausend Jahren verwechselt werden, in denen der endzeitliche Widersacher in Fesseln liegt (Näheres bei K. Berger/C. Colpe, Religionsgeschichtliches Textbuch zum NT [1987] 327f). Innerhalb dieses Rahmens hat das ganze Repertoire der apokalyptischen Prodigien Platz (Zusammenstellungen bei Boyce, Sibyl; Flusser; Colpe). Die meisten sind so unspezifisch geworden wie z. B. Lact. epit. 66 (71), 1; inst. 7, 14, 16. 25, 1 (= Bidez/Cumont nr. 11b/d), daß es keinen Sinn macht, für sie einen jüd. oder iran. Ursprung zu erweisen (letztes Ende steht bevor, Bosheit nimmt überhand, alle alten Autoritäten sagen es). Nur in Ausnahmefällen wird der iran. Ursprung, mehr noch als durch den Namen, durch Inhalte sichergestellt, die Parallelen im Ǧāmāsp-Nāmag, Indischen oder Kleinen (ed. F. Justi, Der Bundehesh [1868]) u. Iranischen oder Großen (ed. B. T. Anklesaria, Zand-Ākāsīh [Bombay 1956]) Bundahišn, Zand ī Wohuman Yasn oder in Dēnkard Bücher 7 u. 8 (Inhaltsangabe: de Menasce 38f. 63/7), aber nicht in jüdischen u. christlichen Apokalypsen haben. Solche sind Ausbleiben der Frucht an blühenden Pflanzen u. Trockenheit (Zand ī Wohuman Yasn 4, 18f. 46 [2, 31. 42]), Krieg zwischen benachbarten Städten, Überwältigung dreier Könige durch einen mächtigen Feind aus dem

Norden, Erdbeben (A. Herrmann: o. Bd. 5, 1070/113, bes. 1086/96), Überleben der endzeitlichen Schrecken durch ein Drittel der Gottesfürchtigen, Regen zur falschen Zeit (Gr. Bundahišn 33, 30 u. ö.) u. unzuträgliche Wechsel von Hitze u. Kälte (Zand ī Wohuman Yasn 4, 41/4 Anklesaria [2, 41f West]), Übergang der Weltmacht an andere Völker (Nichtiranier in Ayādgār ī Jāmāspīg 11, 3/6; 12, 8/16 als Vorbereitung von 16, 2/6 [vgl. Lact. inst. 7, 15, 7f; fehlt bei Bidez/Cumont]; 16, 27/36. 49f) sowie die Vorschau auf das endzeitliche Feuer (Ind. Bundahišn 30, 31/3 bzw. Gr. Bundahišn 34, 31/3 u. passim in den Apokalypsen; von da vgl. Hen. aeth. 52, 6; 67, 4/9; 4 Esr. 8, 23; Orac. Sib. 3, 84/7; 4, 172/7 mit Lact. inst. 7, 21, 3/7 [= Bidez/Cumont nr. 16] u. mit Iustin. apol. 1, 20, 1 [s.u. D. III. a.]).

b. Erlösergestalt
Die Konvergenz der Eschatologien (s. u. D. I. c.) u. die Austauschbarkeit der Motive, insbesondere der Prodigien (s. o. B. I. b.), hat die Erlösergestalt nicht einbezogen (anders Flusser). Der ‚Menschenähnliche' von Dan. 7, 13 hat mit dem ‚Großen König' der Hystaspes-Orakel nichts zu tun (zum Ganzen ausführlich Colpe 107/12).

D. Christliche Hystaspes-Orakel

I. Beiläufige Aussagen mit Hystaspes-Überlieferungen

a. Jüdisch-christliche Diffusion apokalyptischer Motive
Auch die Untersuchung christlicher Verwendung, Ergänzung, Umordnung oder Veränderung des jüd. Materials hängt davon ab, ob man sich auf solche Zitate beschränkt, in denen Hystaspes genannt wird, oder solche hinzunimmt, die mit jenen verwandt erscheinen, ohne den Namen zu haben. Letzteres ist namentlich aufgrund zahlreicher Einzelheiten in Endzeitschilderungen geschehen, wie P. Volz, Die Eschatologie der jüd. Gemeinde (1934) 147/62. 193/7 u. a. sie zusammenstellt. Dieser Tatbestand ist zwar für das Auseinandersetzungsproblem von höchstem Belang, aber er deckt sich hier, über den rein jüd. Tatbestand (s. o. C. III. a.) noch hinausgehend, mit der ganzen Apokalyptik u. läßt sich unter Anleitung eines Stichwortes ‚Hystaspes' nicht sinnvoll untersuchen. Denn die Identifikation des zum Stichwort gehörigen Inhalts, mit dessen Ansatz die Analyse der Motive zu beginnen hätte, hängt ihrerseits davon ab, wie man das historische Problem der Christianisierung der jüd. Apokalyptik im einzelnen löst. Berücksichtigt man dies nicht, dann kann man in Zirkelverfahren geraten: man erweitert den Stichwortinhalt, indem man das ganze christl.-apokalyptische Repertoire in ihm unterbringt (so Flusser 39/68 mittels der Elia-, Henoch- u. Esra-Apokalypsen sowie des ‚Buch[es] des Zerubabel' u. der Elchasai-Überlieferung) u. hat dann Hystaspes-Texte als Grundlage der christl. Apokalyptik von der Offenbarung des Johannes an, oder man engt ihn in Einzelheiten ein (so z. B. Philonenko u. Hinnells) u. erwartet dann, daß die Christlichkeit eines Dokuments oder eines apokalyptischen Inhalts als Kriterium für die weiter erforder-

lichen Unterscheidungen taugt. Nicht das Gesamt-, sondern nur ein Einzelproblem ist auf diese Weise zu lösen.

b. *Christologische Umdeutung des Großen Königs*
Eine jüd. oder christl. Übernahme der Erlösergestalt, von der in der Apokalyptik (s.o. C. III. b.) u. im NT (s.u. D. II. a.) nichts zu spüren ist, muß am Rande, evtl. erst im Judenchristentum, doch erfolgt sein. Das Zeugnis liefern die Elkesaiten (G. Strecker, Art. Elkesai: o. Bd. 4, 1171/86). Nach Epiph. haer. 19, 3, 4 sprach Elxai von Christus als dem Großen König (s.o. C. I. a.), u. nach Hippol. ref. 9, 15, 1 wird der Sohn Gottes (der ebd. 9, 13, 2f als männlicher Engel von ungeheurer Größe beschrieben wird) ‚Großer König' genannt; nach ebd. 9, 15, 1 kann nach sexueller Verfehlung laut Alkibiades eine zweite Vergebungstaufe im Namen des großen u. höchsten Gottes u. seines Sohnes, des Großen Königs, empfangen werden (zum Ganzen Luttikhuizen 62. 70/4. 87. 120. 196/9; die Zusammenstellung bei J. Irmscher, Das Buch des Elchasai: Hennecke/Schneem.[5] 2, 619/23 ist überholt). Hier dürfte der eschatologische Erlöserkönig, von dem schon die ältesten Hystaspes-Orakel sprachen, die Vorstellung gewesen sein, auf die hin die Elkesaiten ihr Christus-Bild verständlich machen wollten.

c. *Konvergenz der Eschatologien*
Es ergab sich eine Eschatologie mit den wichtigsten apokalyptisch-chronologischen Stationen, wie etwa Lact. epit. 66 (71), 3 (= Bidez/Cumont nr. 14b) das klass. Kompendium der Ereignisse in Lact. inst. 7, 16, 4/12 (= Bidez/Cumont nr. 14a), das wegen seiner fünf spezifischen Parallelen zum Bahman-Yašt (2, 43. 44. 47. 63; 3, 2 West = 4, 47f. 49f. 54f; 5, 8/10; 6, 2 Anklesaria) u. einer weiteren zu Jāmāsp-Nāmag 11/3 (113 Messina) gegenüber nur einer unspezifischen zu 4 Esr. 4, 51/5, 13 den Hystaspes-Orakeln zuzurechnen ist, zusammenfaßt: ‚Es wird dann eine fluchwürdige Zeit sein, in der niemand mehr Freude am Leben hat. Schließlich geraten die Dinge in einen solchen Zustand, daß man die Lebenden betrauert u. die Toten beglückwünscht. Städte u. Flecken gehen zugrunde, bald durch Feuer u. Schwert, bald durch häufige Erdbeben, bald durch überflutende Wasser, bald durch Seuchen u. Hunger. Die Erde bringt keinen Ertrag hervor; sie ist unfruchtbar durch das Übermaß von Kälte oder Wärme. Alles Wasser verwandelt sich teils in Blut, teils schlägt es in Bitterkeit um, so daß nichts mehr für Speisen brauchbar oder zum Trinken heilsam ist. Zu diesen Übeln gesellen sich noch Schreckenszeichen vom Himmel, damit den Menschen nichts fehle, was Furcht erregt. Häufig ist das Erscheinen von Haarsternen, die Sonne umdüstert sich zu immerwährender Blässe, der Mond färbt sich in Blut u. ergänzt nicht mehr die Einbuße des verlorenen Lichtes; die Sterne fallen sämtlich vom Himmel, den Zeiten bleibt nicht mehr ihre Gesetzmäßigkeit, Winter u. Sommer sind vermengt. Dann verkürzt sich auch das Jahr u. der Monat u. der Tag'. Strukturell gleichartige endzeitliche Katastrophenfolgen ergaben sich in der jüdisch-

christl. Apokalyptik. Es geht also nicht an, aus dem 7. Buch der Institutiones des Laktanz die kompletten Kap. 16; 17 u. 19 zusätzlich zu den in ihnen u. in den Kap. 14; 15; 18; 21; 24; 25 u. 26 zitierten oder mit hoher Wahrscheinlichkeit als Hystaspes-Tradition zu erweisenden Stücken für eine zusammenhängende Epitome aus den Hystaspes-Orakeln zu halten (so Flusser 16f u. passim; Gegenargumente auch bei Boyce, History 378$_{63}$). Das hat notwendig die Annahme zur Folge, diese hätten den ganzen Bestand jüdisch-christlicher Motivik enthalten u. müßten deshalb, dem Namen ihrer Gewährsperson zum Trotz, eine jüd. Apokalypse gewesen sein, die auf Griechisch vor der Zerstörung des Tempels, wahrscheinlich zu Beginn der christl. Ära, verfaßt worden sei (so Flusser 70 u.ö.). Die Parallelisierung von Apc. 11, 3. 5/7. 9.12f; 13, 3/5. 12/6; 19, 29 mit Lact. inst. 7, 17, 1/8 (vorgenommen u. einer anderen Reihenfolge der Apc.-Stellen zum Erweis ihrer literarischen Abhängigkeit zugeordnet von Flusser 68/70) zeigt nicht, daß die Hystaspes-Orakel schon eine Quelle der Offenbarung des Johannes waren, sondern lediglich, daß die jüd.-christl. u. die iran. Eschatologie in ihrer apokalyptischen Grundanlage konvergierten. Diese Konvergenz war allerdings die Voraussetzung dafür, daß in der Folgezeit Hystaspes-Orakel explizit in die christl. Eschatologie eingesetzt werden konnten.

II. Programmatische Hystaspes-Weissagungen in der Alten Kirche

Außer daß Hystaspes-Überlieferungen im marginalen Sonderfall der elkesaitischen Christologie u. bei der generationenlangen Verchristlichung der jüd. Apokalyptik mitverwendet worden sind, haben sie auch für die fertige christl. doctrina ihre Bedeutung gehabt. Laktanz bezeugt dies in dreifacher Hinsicht: für die Entwicklung, die zu ihm selbst hinführt, für sein eigenes System u. für Grundaspekte der Eschatologie, die die Theologie nach ihm weiterhin enthalten wird.

a. Geschichtstheologische Entwicklung

Im Anschluß an eine Anspielung auf das Fest der Passio Christi sagt Laktanz: ‚(3) Das ist die Nacht, die von uns wegen der Ankunft unseres Königs u. Gottes durch Nachtwache gefeiert wird; diese Nacht hat einen doppelten Grund: daß er in ihr das Leben empfing, als er litt, u. daß er später die Herrschaft über den Erdkreis übernehmen wird. (4) Das ist der Befreier, der Richter, der Rächer, der König u. Gott, den wir Christus nennen, der vor seiner Herabkunft folgendes Zeichen geben wird. (5) Plötzlich wird ein Schwert vom Himmel fallen, damit die Gerechten wissen, daß der Führer der heiligen Heerschar herniedersteigen wird. Er steigt (dann wirklich), von Engeln begleitet, mitten auf die Erde herab, eine unlöschbare Flamme geht ihm voraus, u. die Kraft der Engel liefert jene Menge, die um den Berg herum lagert, den Händen der Gerechten aus; von der dritten Stunde bis zum Abend wird niedergehauen, Blut fließt in Strömen. Aber wenn alle Truppen vernichtet sind, wird der Gottlose allein entkommen, doch seine eigene Kraft wird ihn verlassen. (6) Dieser ist es, der der Antichrist genannt wird, er selbst hingegen wird sich fälschlich für Christus ausgeben u. gegen die Wahrheit kämpfen. Besiegt entkommt er, fängt den Krieg aber immer von neuem an u. wird immer wieder besiegt, bis er in einer vierten Schlacht, nachdem alle Gottlosen erledigt sind, endgültig niedergekämpft u. gefangen genommen wird u. schließlich für seine Verbrechen die Strafe erleiden muß' (inst. 7, 19, 3/6). Dieses Stück verbinden Bidez/Cumont (nr. 15a Text 3, aber erst mit § 5 beginnend, aus § 6 ‚sed se ipse Christum mentietur et contra verum dimicabit et' auslassend u. § 7/9 mit apokalyptischen Einzelheiten anhängend) mit dem o. C. I. a. zitierten durch das folgende (nr. 15a Text 2): ‚Wie alle Propheten aus dem göttlichen Geist u. ebensosehr die Seher aus Eingebung der Dämonen gesungen haben, wird es künftig folgendermaßen geschehen. Hystaspes nämlich, den ich oben [nämlich 7, 15, 19; die erste Erwähnung, zitiert o. C. II. a.] erwähnt habe, sagt, nachdem er die Ungerechtigkeit dieses letzten Zeitalters beschrieben hat, daß die Frommen u. Glaubenden von den Bösen getrennt werden u. mit Weinen u. Stöhnen die Hände zum Himmel erheben u. die Gunst Juppiters erflehen: Juppiter wird auf die Erde schauen, die Stimme der Menschen hören u. die Sünder auslöschen. Dies alles ist wahr, außer dem einen, daß er nämlich sagt, Juppiter werde jenes tun, was (in Wahrheit) Gott tun wird. Aber auch jenes ist nur durch Betrug der Dämonen ausgelassen worden, daß nämlich dann Gottes Sohn vom Vater geschickt werden wird, der alle Übel vernichtet u. die Frommen befreien wird' (inst. 7, 18, 1f; dazu Windisch 45; es folgt eine Bestätigung durch Orac. Sib. 5, 107/10; 3, 652f; 8, 326/8). In der Tat gehört dies alles in ein u. dieselbe apokalyptische Episode u. bietet innerhalb derselben in zwei Stücken die iranische u. in einem die christl. Version. Aber diese Episode ist nicht schon in den Hystaspes-Orakeln Teil eines chronologischen Gerüstes gewesen, innerhalb dessen hier von einem zweiten bösen König bzw. Antichristen gesprochen werden könnte (so Flusser 21/3). Er wird erst zu einem zweiten, indem diese Episode der in inst. 7, 16, 3 beschriebenen nachgeordnet wird, in der ein sehr mächtiger Feind der Frommen die Herrschaft über Asien an sich reißen wird. Daß dieses nicht Komposition des Laktanz ist, wird dadurch erwiesen, daß auch die kopt. Elia-Apokalypse (29, 7/11 u. 31, 15/34, 9), vielleicht Hippolyts (C. Scholten: o. Bd. 15, 507) Schrift De Christo et Antichristo (zu beiden W. Schrage: JüdSchrHRZ 5 [1980] 204/6) u. einige sibyllinische Zusammenhänge (2, 154/6. 167f. 170f. 186/8; 7, 16), falls sie so wiederherstellbar sind (zum Ganzen W. Bousset, Der Antichrist [1895] 49/55), sowie eindeutig das Carmen apologeticum (823/9 u. 891/7; vgl. 995. 1008. 1018/41) des Commodian (L. Krestan: o. Bd. 3, 250) zwei Antichristi aufweisen (bei Commodian ist der zweite ein König aus Persien!). Statt deshalb die Hystaspes-Orakel nun auch noch zur Quelle Commodians zu machen (so Flusser 29/39), muß man eher annehmen, daß mit ihnen die apokalyptische Chronologie, so wie sie bis dahin jüdisch-christlich ausgebildet war, erweitert worden ist. Diese Erweiterung des eschatologischen Aufrisses führt an der ntl. Apokalypse (die deshalb mit den Hystaspes-Orakeln auch nichts zu tun hat; s.o. C. III. c.) vorbei; doch wird in die Erweiterung dann auch das schon in Apc. 11, 3/14 auftretende Wirken, Sterben u. Entrücktwerden der beiden Propheten als weitere eschatologische Zeiteinheit einbezogen. Mit dem zusätzlichen Faktor des zum Antichristen gemachten Widersachers aus den Hystaspes-Orakeln geht die ganze Entwicklung aus dem Vergleich zwischen Laktanz u. der kopt. Elia-Apokalypse bei K. Berger, Die Auferstehung der Propheten u. die Erhöhung des Menschensohnes (1970) 66/82 hervor.

b. Das System des Laktanz
Im 7. Buch der Institutiones handelt Laktanz nicht nur ‚vom seligen Leben' als einem weiteren Thema nach der Widerlegung des Polytheismus u. der Entstehung des Götterglaubens (Buch 1 u. 2., u.a. mit umfassender Anführung des Euhemeros; K. Thraede: o. Bd. 6, 877/90), der parallel dazu notwendigen Auseinandersetzung mit der Philosophie (Buch 3), der durch den Sohn Gottes gebrachten wahren Religion u. der auf der heidn. aufbauenden christl. Ethik (Buch 4 u. 6, zwischen denen Buch 5 gegen die Christenverfolger allerdings eine Einschaltung ist, die sich auch in die Systemtendenz nicht fügt); denn er ist nicht ‚als Theologe rückständig: chiliast. Eschatologie; keine Trinitätslehre; dualist. Welt- u. Menschenbild, monist. Überdachung' (so E. Heck: LexMA 5 [1991] 1606). Er nimmt vielmehr alles (dazu umfassend A. Wlosok: R. Herzog/P.L. Schmidt, Hdb. der lat. Liter. der Antike 5 = HdbAltWiss 8, 5 [1989] 385/91) in die Eschatologie auf, wobei es ihm die auch sonst folgenreich gewordene Gliederung in eine individuelle (‚Unsterblichkeit': Kap. 1/13) u. eine universale (‚Lehre von den letzten Dingen': Kap. 14/27) Endzeit ermöglicht, Anthropologie, Tugendlehre bzw. Ethik u. den heilspädagogischen Teil der Christologie dem ersteren, Prophetien, Weltherrschaften, Jüngstes Gericht bzw. Gerechtigkeit Gottes u. den heilsgeschichtlichen Teil der Christologie dem letzteren Aspekt zuzuweisen. Insofern konzentriert sich sein programmatisch umfassender Umfang mit der heidn. Literatur wie mit der christl. Bibel im Prinzip seiner Darstellung der Weltendzeit, selbst wenn es dann in der Durchführung nicht so viel Gelegenheit gibt wie vorher, abgrenzend gewisse Rhetoren u. Statthalter, zustimmend Sibyllen u. Dichter oder gar Seneca, den ‚scharfsinnigsten aller Stoiker' (inst, 2, 8, 23), u. Cicero, den ‚Fürsten der röm. Philosophie' (ebd. 1, 17, 3), zu nennen. Die Heranziehung der Hystaspes-Überlieferungen steht unter diesem Prinzip. Alle bisher überlieferungsgeschichtlich auseinandergenommenen Zitate wären hier in ihrer ursprünglichen Zusammensetzung noch einmal anzuführen. Die Tatsache, daß grundsätzlich nichts fehlt (es hätte grundsätzlich mehr sein können!), weist auf eine konsequent gestaltete christl. Positivität im Verhältnis zu den unverkürzten Testimonien der heidn. wie der jüd.-christl. Vergangenheit. Sie macht Laktanz zu einer Art enzyklopädischem Verwandten des Isidor v. Sevilla, der mit seinem Weltalterschema seinerseits ein geschichts-

theologischer Verwandter des Laktanz ist. In diesem Zusammenhang gehört die Selbstverständlichkeit, mit der für Laktanz Sibyllen u. Propheten, die Apokalyptiker Daniel u. Johannes u. im Verein mit allen eben auch Hystaspes für denselben Weltplan Gottes, des Vaters aller Menschen, zeugen. In diesem besteht deswegen auch eine richterliche Identität zwischen dem von Juppiter/Ahura-Mazdā u. dem von Gott, dem Vater des Einen Sohnes, Gesandten. Diese Verchristlichung wird in der Epitome der Institutiones vorgenommen. ‚Aber jener Rasende (scil. der gottlose König), der in unversöhnlichem Zorne wütet, rückt mit dem Heere an u. belagert den Berg, auf den sich die Gerechten geflüchtet haben. Nachdem diese sich umlagert sehen, rufen sie mit lauter Stimme zu Gott um Hilfe, u. Gott erhört sie u. schickt ihnen einen Retter. (67, 1) Dann öffnet sich der Himmel in tiefem Schweigen der Nacht, u. Christus steigt mit großer Macht herab. Feuriger Glanz u. eine unzählbare Schar von Engeln geht vor ihm her, u. die ganze Menge der Gottlosen wird ausgetilgt, in Strömen fließt das Blut. Der Führer selbst entkommt, erneuert mehrmals das Heer u. liefert eine vierte Schlacht. In dieser wird er gefangen u. mit allen übrigen Tyrannen dem Feuer überantwortet. (67, 2) Aber auch der Fürst der Dämonen selbst, der Urheber u. Anstifter der Übel wird in Ketten geschlagen u. in Gewahrsam gebracht, auf daß die Welt Friede erhalte u. die so viele Jahrhunderte lang mißhandelte Erde zur Ruhe komme' (epit. 66, 10/67, 2 = Bidez/Cumont nr. 15b). Hiermit, wie wohl auch bei Clemens v. Alex. (s.o. B. III. b.), wird zugleich Christus an Stelle des Großen Königs (o. C. I. a.; zu unterstellen auch o. C. II.) gegen die röm. Herrschaft in Anspruch genommen, dann also nicht mehr, weil sie okzidentalisch, sondern weil sie heidnisch ist.

III. Vorbereitung der mittelalterlichen Sicht

Zeitweise hat sich das ganze Herkunftsproblem der Apokalyptik (so bei J. Sikkenberger: o. Bd. 1, 510) u. damit auch die historische Bestimmung ihres späteren theologischen Ortes an Hystaspes geheftet. Wichtig war die Überlieferung in der Tat, aber partiell. Denn nur in ihrer namentlich durch Laktanz besiegelten Konvergenz mit jüdisch-christlicher Eschatologie haben die Hystaspes-Orakel einen gewissen Einfluß auf den abendländischen Chiliasmus ausgeübt (W. Bauer: o. Bd. 2, 1076).

a. Zurücktreten des Hystaspes-Namens

In welchem Umfang sich Hystaspes-Texte bei Laktanz anhand von Similien auch identifizieren lassen, die Zahl derer, die demgegenüber dazu den Hystaspes-Namen enthalten, ist sehr klein. Im apokalyptischen Zusammenhang begegnet er nur je einmal in den Institutiones (7, 18, 2, hier allerdings an sachlich zentraler Stelle; s.o. D. II. a.) u. in der Epitome (68 [73], 1 zu Beginn des Schlußkapitels). Die letztere Stelle lautet: ‚Deshalb, weil alle diese Dinge wahr u. zuverlässig sind – denn sie sind durch die gleichlautenden Weissagungen aller Propheten verkündet, u. mit diesen stimmen auch die Aussprüche des Trismegistos, des Hystaspes u. der Sibyllen überein – deshalb darf man nicht mehr daran zweifeln, daß alle Hoffnung des Lebens u. des Heiles auf der Religion Gottes allein beruht' (Bidez/Cumont nr. 11a; dazu Windisch 44). Hier kommt es Laktanz in erster Linie darauf an, zusätzliche Zeugen aufzurufen. Als solche hatte schon Justin die Sibylle u. den Hystaspes zusammen genannt, einmal für die Aufzehrung des Vergänglichen durch das Feuer (apol. 1, 20, 1 = Bidez/Cumont nr. 6, dazu Windisch 26), u. ein zweites Mal, um die Verhängung der Todesstrafe für die, welche solche Prophetenbücher lesen, als Werk der Dämonen zu brandmarken, welche die Menschen von der Erkenntnis des Schönen (!) fernhalten wollen (apol. 1, 44, 12 = Bidez/Cumont nr. 7, dazu C. Colpe: o. Bd. 9, 596f; P.G. van der Nat: ebd. 755f). Justin bestätigt damit die Wichtigkeit von Sibylle u. Hystaspes schon vor Laktanz. Bei diesem steht dann aber die Nennung des Hermes Trismegistus zur Masse der Verwendung hermetischen Gedankengutes (A. Wlosok, Laktanz u. die philosophische Gnosis = AbhHeidelberg 1960, 261f) in einem ähnlichen quantitativen Mißverhältnis wie die Nennung des Hystaspes-Namens zur Verwendung seiner Orakel. Bei Trismegistus scheint es sogar mehr darauf anzukommen, daß sein erhabener Name genannt werden kann, als daß er wirklich Altern u. Verfallen der Welt prophezeit hat (dies wird im Anschluß an epit. 66 [71], 3 [Bidez/Cumont nr. 14b; s.o. D. I. c.] gesagt, läßt sich aber aus hermetischer Literatur nur mit Ascl. 26 verifizieren). Dies zeigt, daß die Zeugen Hermes u. Hystaspes weniger wichtig sind als das, was über das Weltende u. den Jüngsten Tag gesagt werden soll: wenn es künftig darum geht, wird ‚teste David cum Sibylla' genügen.

b. Aufgehen im Millenarismus
Die 1000 Jahre im locus classicus Apc. 20, 1/10 stammen zwar auch aus iranischer Tradition, jedoch nicht den Hystaspes-Orakeln, sondern aus einer anderen, die von dem Drachen Aži Dahāka als Endfeind (richtig schon W. Bousset, Die Offenbarung Johannis[6] = Meyers-Komm. 16 [1906] 436) u. vom letzten der zwölf Millennien des zoroastrischen Weltenjahres als Endzeit bestimmt ist (zur Kontinuität des ersten Motivs kurz C. Colpe, Art. Iranische Religionen: Evang-Kirchenlex 2 [1989] 717/24, zur Endzeitchronologie ders., Art. Eschatologie: Haussig aO. [o. C. I. b.] 333/40). Allerdings konnte dieses Jahrtausend leicht auch im millenarisierten Sechs- oder Siebentageschema (o. C. III. a.) gesehen werden, zumal in seinem Rahmen dann die endzeitlichen Drangsale nicht mehr spezifisch sind; denn die ‚Theosophie' des Aristokritos (o. B. III.; C. III. a.) zeigt, daß die Konvergenz der Eschatologien die Einfügung dieses chiliastischen Details in den chronologisch nicht so detaillierten Zusammenhang der Hystaspes-Orakel ganz einfach gemacht hat. So wird Laktanz denselben Vorgang belegen, wenn er sagt: ‚Die Siebenzahl ist gesetzmäßig u. vollständig: denn es gibt auch sieben Tage, durch deren abwechselnde Rückkehr die Jahreskreise vollendet

werden, u. sieben Sterne, die nicht untergehen, u. sieben Gestirne, die Irrsterne genannt werden, u. von denen man glaubt, daß ihre ungleichen Bahnen u. ungleichmäßigen Bewegungen die Veränderung der Dinge u. Zeiten bewirken ... Durch sechs saecula, das sind sechstausend Jahre, muß die Welt in diesem Stadium bleiben, denn der große Tag Gottes ist begrenzt durch den Lauf von tausend Jahren ... Religion u. Wahrheit müssen in diesen sechstausend Jahren leiden, während die Schlechtigkeit übermächtig ist u. dominiert; wiederum ist es notwendig, daß am Ende des sechstausendsten Jahres alle Schlechtigkeit von der Erde vertilgt wird u. die Gerechtigkeit tausend Jahre lang herrscht' (inst. 7, 14, 8 = Bidez/Cumont nr. 12). Dahinein fügt sich dann auch die Auslegung der 1000 Jahre aus der Apokalypse in inst. 7, 24, 5. 26, 1; epit. 67 (72), 2 (= Bidez/Cumont nr. 18), als hätten sie diesen Zusammenhang nicht schon herstellen helfen. Das tausendjährige ‚Reich der Gerechten' kann dann epit. 67 (72), 3/5 (= Bidez/Cumont nr. 17b) frei in den utopischen Farben des Goldenen Zeitalters (inst. 7, 24, 7 = Bidez/Cumont nr. 17a, mit Bildern auch aus messianischen Weissagungen Jesajas) geschildert werden, die dem Chiliasmus des MA mehr bedeuten sollten als die Autorität eines Hystaspes.

E. BENVÉNISTE, Une apocalypse pehlevie. Le Žamāsp Namak: RevHistRel 106 (1932) 337/80; Le mémorial de Zarēr, poème pehlevi mazdéen: JournAsiat 200 (1932) 245/93. – J. BIDEZ/F. CUMONT, Les mages hellenisés 1/2 (Paris 1938). – M. BOYCE, A history of Zoroastrianism 3 (Leiden 1991); The Persian Sibyl and the Zand i Vahman Yašt: CahStudIran 7 (1989) 59/77. – C. COLPE, Der Begriff ‚Menschensohn' u. die Methode der Erforschung messianischer Prototypen (III 1): Kairos 12 (1970) 81/112. – F. CUMONT, La fin du monde selon les mages occidentaux: RevHistRel 103 (1931) 64/93. – D. FLUSSER, Hystaspes and John of Patmos: S. Shaked (Hrsg.), Irano-Judaica. Studies relating to Jewish contacts with Persian culture throughout the ages (Jerusalem 1982) 12/73. – H. FUCHS, Der geistige Widerstand gegen Rom in der antiken Welt[2] (1964). – D. HELLHOLM (Hrsg.), Apocalypticism in the mediterranean world and the Near East (Tübingen 1983). – J. HINNELLS, The Zoroastrian doctrine of salvation in the Roman world: E. Sharpe/J. Hinnells (Hrsg.), Man and his salvation (Manchester 1973) 125/48. – O. KAISER, Texte aus der Umwelt des AT 2. Orakel, Rituale Bau- u. Votivinschriften, Lieder u. Gebete (1986/91). – H.G. KIPPENBERG, Die Geschichte der mittelpers. apokalyptischen Tradition: StudIran 7 (1978) 49/80; ‚Dann wird der Orient herrschen u. der Okzident dienen.' Zur Begründung eines gesamtvorderasiat. Standpunktes im Kampf gegen Rom: Spiegel u. Gleichnis, Festschr. J. Taubes (1983) 40/8. – G.P. LUTTIKHUIZEN, The revelation of Elchasai (Tübingen 1985). – J.-P. DE MENASCE, Une encyclopédie mazdéenne. Le Dēnkart (Paris 1958). – G. MESSINA, Libro apocalittico Persiano Ayātkār i Žāmāspīk (Roma 1939). – A. PAGLIARO, Il testo pehlevico Ayātkār-i-Zarērān: RendicAccadLincei 6, 1 (1925) 530/64. – A. PERETTI, Sulla duplice stesura del libro d'Istaspe: WienStud 69 (1957) 350/62. – M. PHILONENKO, La sixième vision de IV Esdras et les Oracles d'Hystaspe: ders.u.a. (Hrsg.), L'apocalyptique (Paris 1977) 127/37. – G. WALSER, Rom, das Reich u. die fremden Völker in der Geschichtsschreibung der frühen Kaiserzeit (1951); dazu F. ALTHEIM: Gnomon 23 (1951) 428/34. – G. WIDENGREN, Iranische Geisteswelt (1961); Die Religionen Irans (1965). – H. WINDISCH, Die Orakel des Hystaspes (Amsterdam 1929).

Die Apokalyptik als Elementargedanke und als Diffusionsphänomen

Hellholm, David (Hg.): Apocalypticism in the Mediterranean World and the Near East. Proceedings of the International Colloquium on Apocalypticism. Uppsala, August 12–17, 1979. J. C. B. Mohr (Paul Siebeck), Tübingen 1983, 878 Seiten, 2., um eine Bibliographie vermehrte Auflage, Tübingen 1989, 910 Seiten.

Ein Kongreßband ist inzwischen zum Standardwerk geworden. Das kommt auch in der Tatsache zum Ausdruck, daß eine zweite Auflage nötig wurde – bei Büchern solcher Art, und dazu noch nach so kurzer Zeit, ein wirklich seltener Fall. Angesichts dessen ist es am sinnvollsten, statt einer Zusammenfassung und Beurteilung des Inhalts der wichtigsten Beiträge einen Überblick über die Wirkung dieses Werkes zu geben – konnte und kann doch keiner, der heute über Apokalyptik schreibt, an diesem Musterstück für die Forschung vorübergehen. Da der Band ungewöhnlich breit angelegt ist, ist es außerdem nötig, auf die Forschungsgeschichte einzugehen, und zwar nicht nur im christlich-jüdischen Bereich. Die festgesetzte Länge der Rezension verbietet es leider, dies so ausführlich und mit Zitierung von Forschernamen und Buchtiteln zu tun, wie es angemessen wäre; aus demselben Grunde können auch die Beiträge nur mit den Namen der Autoren, aber ohne die vollständigen Titel ihrer Beiträge angegeben werden.

Der erste der drei Hauptteile ist überschrieben „Die Vorstellungswelt der Apokalyptik". Für Engländer bzw. Amerikaner und für Franzosen ist „The Phenomenon of..." bzw. „Le Phénomène de..." hinzugefügt – gewiß nicht sicherheitshalber, falls sie etwa das deutsche Wort nicht übersetzen könnten, sondern um den Gesamtaspekt zu verbreiten; denn „Phänomen" bedeutet etwas anderes als „Vorstellungswelt" und zeigt damit zugleich an, wie schwierig ein „Phänomen Apokalyptik" zu definieren wäre. Diesem Teil sind zugeordnet eine begriffsgeschichtliche Studie von Morton Smith über ἀποκαλύπτω und ἀποκάλυψις (9–20), zwei Einführungen in die ägyptische A. (Jan Bergman, 51–60; J. Gwynn Griffiths, 273–294, mit Gewicht nicht nur auf dem ägyptischen Hellenismus), drei Beiträge zur iranischen (Tord Olsson, 21–50; Sven S. Hartman, 61–76; Geo Widengren, 77–162) und drei zur jüdischen A. (J. H. C. Lebram, 171–210; Marc Philonenko, 211–218; Marcel Simon, 219–238), eine Durchmusterung der hebräischen Bibel (Jean Carmignac, 163–170), eine Methodenstudie zum Umgang mit der früheren christlichen und eine ähnlich gerichtete zur gnostischen A. (Elisabeth Schüssler-Fiorenza, 295–316; George MacRae, 317–325). Als große Überraschungen sind in lauter oft und öfter

Untersuchtes eingebettet: Walter Burkert zum frühen Griechentum (235-254) und Burkhard Gladigow zu Etrurien und Rom (255-273). Quantitativ hat also die iranische Apokalyptik den Löwenanteil erhalten, ihr folgt die jüdische, dann die anderen Überlieferungskreise. Nicht alle Beiträge halten den phänomenologischen Ansatz durch, wieder und wieder geht ein Autor nicht ergänzend oder einleitend, sondern der Aufgabe ausweichend ein auf die historischen Hintergründe eines Verfassers oder dessen, was er schildert. Besonders verführerisch ist es, auf die apokalyptische Literatur als solche einzugehen und ihr etwa ein Motiv zu entnehmen, das man kaum merkbar an die Stelle eines Factums setzen kann.

Der Literatur ist indessen der zweite Hauptteil gewidmet, sogar meist zugespitzt auf Gattungsfragen. Damit leitet Lars Hartman diesen Teil ein (329-344). Konsequent auf die Frage einer apokalyptischen Literaturgattung beschränken sich sodann Martin Krause (621-637 zu den Nag-Hammadi-Schriften), Hans Dieter Betz (577-598, mit Gewicht auf dem Trophonius-Orakel), E. P. Sanders zum palästinischen (447-459) und John J. Collins zum hellenistischen Judentum (531-548). Die anderen Beiträge handeln entweder das Sachproblem in gewohnter, das heißt die Fragestellungen und dementsprechend die Resultate mischender Weise ab (Anders Hultgård, 387-412 Iranisches; Klaus Koch, 413-446, Wolfgang Harnisch, 461-494, und Hartmut Stegemann, 495-530 Jüdisches; Ulrich B. Müller, 599-620 Frühchristliches), oder sie untersuchen wenig ausgewertetes Material (mit dem manch einer erst hier bekannt werden dürfte: Jan Assmann, 345-378 Ägyptisches; Helmer Ringgren, 379-386 Akkadisches; Hubert Cancik, 549-576 Römisches).

Der dritte Teil ist überschrieben „Die Soziologie der Apokalyptik und der Sitz im Leben der Apokalypsen". Diesmal zeigen der englische und der französische Titel, daß es hier gar nichts zu übersetzen gibt, selbst „Sitz im Leben" nicht (dieser Begriff hätte auch im Deutschen in Anführungszeichen gesetzt werden müssen, da ohne diese der folgende Genitiv falsch bezogen werden kann). Die Anordnung und die Darstellungsart von Beiträgen zu dieser Gruppe zeigen, daß wir von einer Soziologie der Apokalyptik noch sehr, sehr weit entfernt sind. Voll zugreifen konnte eigentlich nur Martin Hengel mit einer soziologisch reflektierten Geschichtsdarstellung von jüdischen Diaspora-Aufständen, aber er hat die Gunst des Quellenmaterials auf seiner Seite (S. 655-686). Die anderen haben viel Mühe, dem von ihnen gewählten Material etwas Soziologisches abzugewinnen: George W. E. Nickelsburg läßt es gleich bei „Social Aspects..." (dann wie gewöhnlich: „...of Palestinian Jewish Apocalypticism", 641-654), Wayne A. Meeks bei „Social Functions..." (dann aber anspruchsvoller: „...of Apocalyptic Language in Pauline Christianity", 697-706; das meiste dürfte auf das Konto der persönlichen Endzeiterwartung des Paulus gehen, von der er sich erst im Philipperbrief abkehrt). Die urchristliche Apokalyptik wird auf Sozialgeschichtliches durchmustert von Luise Schottroff (707-928, ausgehend von Mk 13 anhand der eschatologischen Gegenwartsaussagen des NT) und von Adela Yarbro Collins (729-750, anhand der Verfolgungsaussagen der Apk. Joh.).

Den soziologischen Teil faßt Hans G. Kippenberg zusammen (751-768, anhand eines Vergleiches von jüdischer, christlicher und gnostischer Apokalyptik; die „soziologische Verortung" führe auf „herrschaftskritische Intellektuelle jüdischer

Herkunft, die ihre Anhänger bei Mittel- und Unterschichten finden", und bei den Christen auf eine „städtische Bewegung, deren Wortführer gebildeter, deren Anhänger einfacher Herkunft waren und die ebenfalls Distanz zur politischen Ordnung hielt", 763), das ganze Werk Kurt Rudolph (771–789, verbunden mit einer Übersicht über den „Stand der Forschung" und dem richtigen Hinweis, daß die messianisch-apokalyptischen Bewegungen in Asien, Afrika und Amerika sowie der Islam nicht berücksichtigt worden sind). David Hellholm, dem man für die Organisation des ganzen, des Kongresses wie des Buches, nicht genug danken kann, führt anhand eines Berichtes über Gründe und Vorbereitung der Kongresses indirekt ebenfalls in die Forschung ein (1–6) und sorgte für die Indices der zitierten Autoren und Stellen sowie für die Abkürzungen und Bibliographien (791–876 bzw. 910). Gewidmet ist das Werk dem Gedenken an den Neutestamentler Philipp Vielhauer, der zu früh verstarb (1914–1977) – die beste Wahl, die man für eine Dedikation treffen konnte.

Was die Wirkung des Werkes anlangt, so zeigt sich heute, daß zwei Themen inzwischen überall mitdiskutiert werden, als sei es nie anders gewesen. Es handelt sich um

a) den Bereich der iranischen Apokalyptik. Die Preisgabe der Scheu vor ihr liegt nicht zuletzt daran, daß – von der Forschungsgeschichte her gesehen – die Beiträge von Olsson und Hultgard endlich methodisch in Ordnung sind. Beide konzentrieren sich auf die Pahlavi-Texte und innerhalb ihrer auf die Überlieferungsgeschichte zentraler Motive. Olsson analysiert alte historische Konflikte und den Vorgang ihrer Modellwerdung; auf sie kann zurückgegriffen werden, wenn spätere Konflikte bewältigt werden müssen. Hultgård unterläuft das Altersargument (dazu weiter unten), indem er an mehreren Beispielen zeigt, daß die sassanidischen oder postsassanidischen Redaktoren zwingende Gründe gehabt haben müssen, wenn sie ihrer Tätigkeit nicht die alten awestischen, sondern die jüngeren mittelpersischen (= Pahlavi-)Texte zugrundelegten. Das begründet eine wissenschaftliche Zuverlässigkeit, wie sie in diesem Band die Untersuchungen einzelner Motive (Carmignac: Zusammenhang zwischen Prophetismus und Apokalyptik; Lebram: Frömmigkeit; Sanders: Imaginationen, Geschichtskonstruktionen) oder Texte (Philonenko: Lehre von den zwei Geistern, Krieg der Söhne des Lichts, Melchisedek; Koch: Daniel; Simon: Jüdische Sibyllinen; Harnisch: IV Esr) aus dem jüdischen Bereich bestätigen. Implizit geht aus diesen Untersuchungen wie aus den allgemeinen Problembetrachtungen (Lars Hartman, Nickelsburg, Sanders) hervor, daß die Erforschung iranischer Tradition auf einen methodischen Status gelangt ist, auf dem die Erforschung jüdischer Tradition seit langem steht. – Es handelt sich sodann um

b) den Bereich des Hellenismus und der Gnosis. Für den Hellenismus nennt J. G. Griffiths den „Traum des Nektanebos" am Anfang des Alexander-Romans, die „Demotische Chronik", die „Vorhersage des Lammes" unter Bokkhoris und das „Töpferorakel". Es wäre zu untersuchen, wieviel Pharaonen-Ideologie hier in *vaticinia ex eventu* umgesetzt wird, und ob es als Merkmal einer vollen, auch den Kosmos einbeziehenden Apokalyptik ausreicht. – H. D. Betz findet im „Trophonios-Orakel" die Voraussage in einen Mythos übergehend und fragt selbst, ob dieses und kleinere Phainomena in jüdische und christliche Apokalyptik hätten übergehen können (596). – Frau Schüssler-Fiorenza berichtet über ein Projekt der Society of Biblical Literature, das u. a. eine Klassifikation der zwischen 250 vor und 204 n. Chr. entstandenen Apokalypsen vorsieht. Der Anteil der christlichen unter ihnen belief sich damals auf 36 verschiedene Titel, davon 24 volle und eindeutige Apokalypsen und zwölf verwandte Texte. Dieses Projekt läuft seither; über seinen derzeitigen Stand zu berichten, ist dies nicht der Ort. Auch diejenigen, die an diesem Projekt nicht beteiligt sind, hat insbesondere die Publikation der Nag-Hammadi-Texte gezeigt, was an gnostischen Stücken zur Apokalyptik gehört (G. MacRae: Valentinianismus; NHC II 5: „Vom Ursprung der Welt", NHC XIII 1: „Dreigestaltige Protennoia", NHC III 5: „Dialog des Erlösers", NHC VI 4: „Gedanke unserer Großen Kraft", NHC VII 1: „Paraphrase des Schem", NHC V 5: „Apokalypse des Adam"; M. Krause außerdem anhand einer Untersuchung, welche Texte mit Recht, welche mit Unrecht die Bezeichnung „Apokalyptik" im Titel haben, und welche ihn haben müßten: NHC V 2: „Apokalypse des Paulus"; NHC VII 3: „Apokalypse des Petrus"). Hier muß untersucht werden, inwieweit verschriftete „Offenbarungen" (gut U. B. Müller zur „Offenbarung des Johannes") weitergeführt werden, und inwieweit das durch die christliche Predigt total veränderte Zeit- und Offenbarungsverständnis in der christlichen wie auch in der heidnischen Gnosis von innen heraus eine genuine Apokalyptik ermöglicht.

Die neuartige und besser begründete Einbeziehung des Iran- und Hellenismus-Gnosis-Themas in die Apokalyptik-Forschung kann man die materiale Wirkung des Bandes nennen. Damit wird aber zugleich die Forschungsgeschichte um ein gewichtiges Kapitel weitergeschrieben. Bekanntlich handelt es sich in solchen Fällen niemals um eine einfache Addition; denn da eine solche Einbeziehung ihre methodischen Implikationen nicht nur nach Vorwärts, sondern auch nach Rückwärts hat, gibt sie Anlaß, auch die bisherige Forschungsgeschichte mit neuen Augen zu betrachten. Sie könnte alte, bisher wirkungslos oder verdeckt gebliebene Einsichten freigeben, die zur Bereicherung der neuen Einsichten beitragen. Auch das wäre letztlich eine Wirkung dieses Kongreßbandes; man kann sie eine methodologische oder formale nennen.

Schwierigkeiten, die die christliche Theologie (und darin durchaus nicht nur die neutestamentliche) mit der Apokalyptik hatte, erlauben zuerst das Urteil, daß ihr Studium lange Zeit außer wegen kontroverser Prioritäten noch aus ganz anderen Gründen belastet war. Den theologischen Lesern dieser Zeitschrift wird am ehesten einfallen, wie heftig die „positive" Theologie reagierte, als durch Gelehrte wie Johannes Weiß und Albert Schweitzer ein völlig neues Zeitverständnis in die Debatte um die rechte Theologie des Neuen Testaments hineinkam, das eschatologische. Dieses verfremdete nicht nur große Ausschnitte aus der von der Bibel belegten oder mitbelegten Kultur- und Politikgeschichte, es machte, schlimmer noch, den angeblich dort hinein gehörigen Jesus aus einem Weisen, von dem man lernen, aus einem Guten, den man sich zum Vorbild nehmen, aus einem Bruder, den man lieben, aus einem Kirchengründer, dem man nachfolgen, aus einem Märtyrer, von dem man erlöst werden, aus einem Gottessohn, an den man glauben konnte – es machte Jesus selbst aus all diesem zu einem Fremden. Dieser Fremde hatte stürmische Empfindungen, er sprach schroff und einseitig (manchmal wie ein halber

Sozialist oder Frauenrechtler), er hielt es für möglich, daß einer sich kastriert oder ein Auge ausreißt, er forderte nicht auf, das Gottesreich zu bauen, sondern es zu erwarten; wenn es da sei, würde es nicht dem harmonisch abgeklärten System eines friedlichen Ethikers ähneln, sondern sich in unerhörten Bildern präsentieren, an deren Stellung und Kolorierung nur der schlechte Geschmack des Aberglaubens gearbeitet haben konnte. Und: Jesus habe nicht nur an eine Zukunft geglaubt, in der die Wasser und der Mond sich blutig färben; in der Städte und Dörfer durch Feuer und Schwert, oder durch Seuchen und Hunger, oder durch Blitz und vom Himmel fallende Sterne, oder durch Überschwemmung und Erdbeben zugrunde gehen sollten – nein, Jesus habe eine Zukunft, die so aussehen würde, selbst kaum erwarten können!

Es kam dann für die Wissenschaften eine Episode, in der man froh war, über diese und noch mehr schlimme Dinge wenigstens Bescheid zu wissen, und sei es auch nur, um Jesus davon entlasten und alles auf das Judentum abladen zu können. Das Judentum hätte nach dieser Meinung zwar unter Mose und den Propheten, oder unter Salomo und David, schon bessere Zeiten gesehen, aber was es nun produzierte, sollte es definitiv als „Spätjudentum" erweisen (auch noch aus anderen Gründen). Was auch immer das Christentum davon unzeitgemäßer Weise übernommen haben mochte, man wußte jetzt, woher es kam, und damit auch, wie man es eventuell wieder entfernen konnte. Den schwarzen Peter behielten die Juden: Sollten sie doch selber herausfinden – oder wenn sie es nicht konnten, es durch ihnen freundlich gesonnene christliche Alt- oder Neutestamentler erledigen lassen –, woher das alles kam, und wenn es aus der Fremde kam, ob sie es behalten wollten oder nicht.

Zur Lächerlichkeit der nun anhebenden Debatte trug nicht wenig die methodische Zwangsvorstellung bei, daß alles Interessante, alles Gute oder alles Böse, auf das man in der Geschichte stieß, nicht den einen oder anderen Ursprung haben müsse, sondern nur einen einzigen Ursprung haben *könne* (oder sogar: haben *„dürfe"*). Sollte es in diesem Falle das Judentum nicht sein, dann eben – „der Iran" (warum der Landesname im Deutschen masculini generis ist, weiß kein Mensch). Damit stand man bei dem vermeintlichen „iranischen Einfluß auf das Spätjudentum". Diese These aber hatte bei von Iran faszinierten Bibelwissenschaftlern einen anderen Hintergrund als bei den meisten Iranisten. Bei den letzteren bestand er eher in der Überzeugung von der alles in ihren Bann schlagenden Universalität und Einzigartigkeit des Gegenstandes, bei den ersteren im Gewahrwerden zum Beispiel der Begründungen der politischen Befreiung von Fremdherrschaft, der nationalen Identität, der Rolle von Messiassen. Angesichts solcher Umwertung gab es keinen Grund mehr, die Apokalyptik oder die häßlichen Teile von ihr auszugrenzen. Wenn sie außerdem nach Iran gehörte, wie das viele Quellen belegten, so durfte das aus diesen gewonnene Weltbild der Apokalyptik nun umgekehrt gern einige Ergänzungen aus dem jüdischen Bereich erhalten. Die Iranisten konnten sich aussuchen, was sie haben wollten. Als sie aber zu allererst die Messiasgestalt, daran anschließend dann noch einiges Andere wählten, schieden sich auf der bibelwissenschaftlich-judaistischen Seite die Geister. Diejenigen Forscher, für die die Heilsgeschichte leicht erkennbar an die jüdisch-christliche Tradition gebunden war, wollten die

Messiasgestalt nicht hergeben; da auch diese Gestalt unter dem monogenetischen Bann stand, also entweder aus dem Judentum oder aus dem Iran herstammen mußte, schluckte man dann mit der jüdischen Option auch die Kröte der apokalyptischen Häßlichkeiten. Diejenigen Forscher – sofern sie überhaupt theologisch interessiert waren –, für die die Heilsgeschichte nicht ohne weiteres erkennbar in der Universalgeschichte verborgen war, hätten die Messiasgestalt gern ganz für die pro-iranische Position[1] gehabt, um mit ihrer Hilfe zu beweisen, um wieviel ihre Hermeneutik leistungskräftiger als die der Kontrahenten sei: vermochte sie doch einer viel weitläufigeren, diffusen Traditionsmasse, die dazu noch keinen Kairos kannte und nicht unter dem Vorzeichen einer Offenbarung stand, eine entscheidende Heilswahrheit abzugewinnen. Leicht kann man nun verstehen, was für beide Parteien an einer Option für oder gegen ihre Position hing.

Besonders apart war die Rolle der „über-Kreuz-interessierten" Forscher, bei denen man zwei Gruppen unterscheiden kann.

a) Die Vertreter der einen Gruppe kämpften für die Homogenität einer analog zur Heilsgeschichte oder gar als diese selbst gesehenen, ins Christentum führenden, die Apokalyptik einschließenden Traditionskette. Sie waren aber gleichzeitig an einer außerhalb dieser Tradition stehenden, sich selbst genügenden Position interessiert, die de facto die Absolutheit des Christentums historicotheologisch in Frage stellte. Beispiel: Die neuartige These, die Apokalyptik sei die Mutter der christlichen Theologie, konnte ihrem Urheber den erstrebten Ruf radikaler Unvoreingenommenheit nur dann verschaffen, wenn gleichzeitig feststand, daß die Apokalyptik im wesentlichen iranischer Herkunft war.

b) Die Vertreter der anderen Gruppe argumentierten, was die Apokalyptik anlangt, für ihre Heterogenität, und mit einem die Bedeutung ihres Ursprungsmaterials umkehrenden Interesse. Psychologisch muß man das wohl bei diesen Vertretern als unbewußt gewollte Demonstration ansehen, daß sie nicht als im eigenen fachlichen Gesichtskreis befangen gelten wollten. Beispiel: Ein Gräzist setzte alle Kraft für sein Lebenswerk daran, möglichst viele griechische Gedanken als iranische zu erweisen. Ihm respondierte ein Iranist, der erst zufrieden war, wenn er möglichst viele iranische Gedanken als griechische erwiesen hatte.

Zu a). Hier kommt eine Reihe von Neutestamentlern in Frage. Sie hätten als Anwälte des Urchristentums eigentlich pro-jüdisch sein müssen (wenn sie nicht aus noch wieder anderen Gründen antijüdisch waren), aber sie waren es nicht. Pro-iranisch waren sie statt dessen allerdings auch nicht, jedoch wären sie es sicher gewor-

---

[1] Diese kann man als ‚Paniranismus' gut und gerne neben den Panbabylonismus vergangener Tage stellen. Das paniranistische Interesse machte die viel geringere Menge an Iranica, mit der es im Vergleich zu der enormen Fülle der Babylonica operieren konnte, durch eine gesteigerte Ideologisierung solcher Theorien wett, die zur Begründung seiner Resultate aufgestellt wurden. Diese haben ihrerseits, nach meiner ganz privaten Überzeugung, etwas mit der Arier-Ideologie in der Wissenschaft zu tun. Allerdings müßte dies bei den meisten Vertretern erst noch ‚enthüllt' werden, wozu korrespondierend die Enthüllung gehören würde, daß die pro-jüdisch Gesonnenen so heftig argumentierten, weil sie das Ariertum ihrer Kontrahenten dumpf spürten.

den, wenn sie jemals im Geschichtsatlas eine Karte des Vorderen Orients aufgeschlagen hätten, am besten eine, auf der die Farbe des Achämenidenreiches auch Palästina überdeckt. So mußten sie mit einer verwaschenen Orient-Vorstellung auskommen, die dafür in ihrer Rede vom „orientalisch-gnostischen Urmensch-Erlöser-Mythos" eine umso größere Wirkung entfaltet hat! Aber jene Neutestamentler argumentierten nach demselben Muster wie die pro-iranisch überzeugten, nur eben mit dem Über-Kreuz-Interesse, den Christentumsforschern und besser noch den Christen selbst so viel Nichtjüdisches zu servieren wie es eben ging, und auch wie es eigentlich schon nicht mehr ging, damit nur möglichst wenig aus der (Heils-) Geschichte abzuleiten sei, und damit sie möglichst ausschließlich existentiell – und dazu gehörte manchmal auch ein bestimmter Wortlaut – sich zu „entscheiden" hätten.

Zu b). Hier kommt eine Reihe von Iranisten in Frage. Sie hätten als Anwälte der Religionsgeschichte eher pro-orientalisch sein müssen, aber sie waren zumeist projüdisch und manchmal sogar pro-griechisch (also pro-westlich!). Deshalb waren sie ganz nach Bedarf sowohl den Christen(tumsforschern) als auch den Humanisten unter den klassischen Altertumsforschern gar nicht hoch genug einzuschätzende Bundesgenossen, wenn es um die Originalität abendländischen Denkens und Glaubens ging.

Überblickt man die Forschungsgeschichte nur unter diesen beiden Gesichtspunkten, dann bestätigt sich der Eindruck, daß der Band stillschweigend bei einem sogar recht frühen Stadium von ihr ansetzt. Umfassend war der Pan-Iranismus, und am umfangreichsten ist der Beitrag von Widengren. Als Materialsammlung ist er vorzüglich zu gebrauchen und deshalb im ersten Teil richtig plaziert, aber in kleinen historischen-analytischen Randbemerkungen führt er wieder und wieder auf höchstes Alter, möglichst auf Zarathustra, noch besser auf „indoiranisches Erbe".

Die Apokalyptik scheint danach überhaupt keine Geschichte gehabt zu haben, sondern so riesig und fertig und unveränderlich vom Himmel gefallen zu sein, daß die folgenden Jahrhunderte ein für alle Mal genug davon hatten und sich höchstens von Fall zu Fall ein Stückchen in ihre Sprache übersetzten, die, wenn iranisch, durchaus Veränderungen hinter sich hatte oder ganz durch das Hebräische bzw. Aramäische ersetzt worden war. Auf derselben Linie liegt Sven Hartman: Alle awestischen Namen, die aus gathischen Wörtern gebildet worden sind, ohne gathisch zu sein, weisen auf das 7. Jh. Damit hat man die Götter und die Heilande erfaßt, und wo die sind, da dürfen der „Prophet, der zugleich Urmensch und Erlöser ist, genau wie es der Fall im Henochbuch und im Christentum ist", nicht fehlen. Dann aber „kommt" auch „die Teufelsvorstellung aus dem Iran und ist dort mindestens seit 600 v. Chr. nachweisbar" (73). Während früher ein Pan-Iranist die extremen Rückdatierungen und die oberflächlichen Diffusionsthesen zusammen vertrat, haben sich die beiden schwedischen Kollegen diesmal die Sache geteilt. Die Karikatur religionsgeschichtlicher Forschung, die beide Male herauskommt, ist denn auch bei dem einzelnen Forscher nur halb so peinlich – auch ein Fortschritt.

Man wird jedoch versöhnt durch die Beiträge, die ganz neue Perspektiven eröffnen: Es interpretieren W. Burkert den Er-Mythos am Schluß von Platons Staat, B. Gladigow die etruskischen und die römischen *saecula* und H. Cancik die älteren

Sibyllinen und die lateinische Divinationsliteratur gleich so, daß sie nicht als alte Apokalypsen, sondern daß sie auf Entstehungsbedingungen zurückgehend erscheinen, die, kämen sie zu primären Prophetien – die es in ihrem Umkreis aber nicht gab – hinzu, mit hoher Wahrscheinlichkeit zu einer vollen Apokalyptik geführt hätten.

Umgekehrt sind – so würde es jedenfalls zu den Übersetzungen und manche Frage noch offen lassenden Kommentierungen von J. Assmann („Königsdogma und Heilserwartung. Politische und kultische Chaosbeschreibungen in ägyptischen Texten") und H. Ringgren („Akkadian Apocalypses") passen[2] – in ägyptischen und akkadischen Voraussagen eben solche prophetologischen Anfangsbedingungen gegeben, wie man sie chronologisch auch vor der jüdischen und iranischen Überlieferung hat; aber dafür fehlen jenen die Zusatzbedingungen, die diesen beschieden waren. Daraus erklärt sich, warum es auch im ägyptischen und akkadischen Bereich zu einer vollen Apokalyptik nie gekommen ist.

Es bleibt bei den beiden großen Elementargedanken, d. h. einer genuin jüdischen und einer genuin iranischen Apokalyptik. Nachdem sie in die Welt getreten waren, diffundierten Elemente aus jedem von beiden dahin, wo Rezeptionsmöglichkeiten bestanden. Die Summe solcher Diffusionen ist die Geschichte der Apokalyptik. Für sie und damit für viele – auch benachbarte – Texte, Aussagen, Überlieferungen ist mit diesem Band eine Fülle neuer Erkenntnismöglichkeiten eröffnet.

---

[2] Der Leser sei darauf aufmerksam gemacht, daß ihm diese Texte jetzt bequem zur Verfügung stehen in: O. KAISER (Hg.), Texte aus der Umwelt des Alten Testaments, Bd. 2, Lieferung 1: Deutungen der Zukunft in Briefen, Orakeln und Omina, Gütersloh 1986, 56–82 (K. HECKER, Zukunftsdeutungen in akkadischen Texten, besonders die „Marduk-Prophetie"), 83–93 (M. DIETRICH, Prophetenbriefe aus Mari) und 102–137 (F. KAMMERZELL/H. STERNBERG, Ägyptische Prophetien und Orakel). Es sei dem Rezensenten erlaubt, nur zur Information über Einzelheiten, die hier nicht zu behandeln waren, auf einen eigenen Artikel zu verweisen, der ohne Hellholms Band nicht hätte geschrieben werden können: C. COLPE, Art.: Hystaspes, in: RAC XVI (1994), 1056–1082 (=Stück 52)

„Sich der Westbeziehungen Enthalten" bei Iraniern: Identitätsfindungen im zoroastrischen und im islamischen Kalender

Das Mihrgan-Fest ist kein islamisches, sondern ein altes zoroastrisches Fest. Auch sein Name ist altpersischen Ursprungs; es trägt einen alten Götternamen. Die altpersischen Monats- und auch Tagesnamen wurden nämlich durch Götternamen wiedergegeben, die sich, wenn auch sprachlich umgewandelt, bis heute erhalten haben.

Mihr ist die neupersische Form des Namens des altpersischen Gottes Mithra, dessen Bedeutung anzugeben sehr schwer ist; denn im alten Iran gab es nicht eine, sondern mehrere Religionen, zum mindesten sehr verschiedenartige Ausprägungen einer Religion, die sich voneinander unabhängig entwickelten und ab und an synkretistische Verbindungen eingingen. In jeder dieser Religionen hatte Mithra eine etwas andere Stellung. Sein Name bedeutet ursprünglich „Vertrag"; Mithra war in der Zeit der Einwanderung der Arier der Vertragsgott, der den Zusammenhalt in allen den sozialen Gruppen schützte, auf denen der Bestand der Gemeinschaft beruhte. Diese Eigenschaft, also die eines sozialen Gottes, tritt auch im Awesta noch hervor, wenn auch dort in seinem Wesen der Nachthimmel vorherrscht. Aber als Gott des Nachthimmels wacht er bei Nacht über die Menschen, schützt die Seinen und behält seine und ihre Feinde im Auge. Es heißt, daß er dazu tausend Ohren und zehntausend Augen hat und niemals schläft. Steht Mithra so in nächster Verbindung zum Nachthimmel mit seinem Mond, den Sternen und dem dämmernden Morgenrot, so scheint ihm doch auch nicht der Zusammenhang mit dem dämmernden Taghimmel zu fehlen. Jedoch sind die Stellen, die davon reden, nicht sicher zu deuten. Ein prächtiger, von vier himmlischen Rossen gezogener Wagen, auf dem er fährt, scheint als Sonnenwagen gedacht zu sein, und einmal wird der auf dem Wagen fahrende Mithra offenbar direkt als die strahlende Sonne angerufen. Ganz sicher jedoch ist Mithra im westlichen Iran, etwa im Ausgangsgebiet der achämenidischen Dynastie, als Sonnengott verehrt worden; diese Bedeutung hat er auch im offiziellen altpersischen Kalender. Dieser Kalender ist ja eine Urkunde des westlichen Zoroastrismus – die älteste datierbare übrigens zum Unterschied vom Awesta, in dem wir den östlicheren Zoroastrismus finden.

Die Probleme der altpersischen Zeitrechnung und des Kalenders sind im einzelnen genau so verwickelt wie die der Religion. Ich muß mich deshalb auf den eben erwähnten Kalender beschränken. Er ist das Ergebnis einer Kalenderreform, die in den letzten Jahren Dareios' I. des Großen oder in den ersten Jahren Xerxes' I. von den zoroastrischen Theologen, den Magiern, durchgeführt wurde. Auch von ihm gab es noch mehrere Redaktionen, die den Dialekten und örtlichen Überlieferungen der verschiedenen Landschaften angepaßt waren; wir kennen eine awestische Fassung, die, der mittelpersischen und später der neupersischen Sprache angepaßt, seit dem Mittelalter bei den Parsen von Bombay weiterlebt, eine altpersische, die u.a. in Kappadokien eingeführt wurde und deren Monatsnamen bei Johannes Lydus (550 n.Chr.) und in einem spätgriechischen Ptolemaios-Kommentar erhalten geblieben sind, ferner eine chwarizmische und eine sogdische Fassung; die beiden letzteren teilt Biruni mit.

Dieser Kalender nun beruhte auf einem Sonnenjahr, das mit der Frühjahrstagundnachtgleiche begann und 365 Tage zählte, verteilt auf 12 Monate zu 30 Tagen mit 5 Schalttagen am Jahresende. Es sei nur ganz kurz erwähnt, daß dieses Schaltsystem uns heute ganz außerordentliche chronologische Probleme aufgibt; einmal wurde die 5-Tages-Schaltung nur im sakralen Gebrauch verwendet, während man im bürgerlichen Leben keine Rücksicht auf sie nahm; man hatte also ein bürgerliches Jahr ohne und ein religiöses Jahr mit Schaltung, die man dann auch durch Einfügung beweglicher Schalttage ins bürgerliche Jahr öfters wieder aneinander anzugleichen suchte; ferner hätte, da das Sonnenjahr bekanntlich 365 1/4 Tage lang ist, alle 120 Jahre ein Monat eingeschaltet werden müssen, was wohl meistens unterblieb oder zu falschen Zeitpunkten durchgeführt wurde; schließlich mußte eine Schaltung unter ganz besonderen Feierlichkeiten von einem König veranstaltet werden, war also nur bis zur islamischen Eroberung möglich. Die letzte Schaltung hat nach Biruni der sassanidische König Yezdegerd I. vorgenommen, jedoch ist es auch möglich, daß dieses eine Kalenderreform gewesen ist.

Ich habe diesen Sachverhalt gestreift, um zu zeigen, wie es infolge Fehlens einer astronomischen Überwachung des Kalenders, das natürlich in islamischer Zeit unverbessert anhielt, mit der Zeit zu beträchtlichen Verschiebungen der Daten und der Feste gegenüber den Jahreszeiten kommen mußte. Daher erklärt es sich, daß wir heute für jedes Jahr der persischen Geschichte aus den Angaben der zeitgenössischen Autoren gesondert berechnen müssen, wann etwa unser Mihrgan-Fest wirklich stattgefunden hat, ferner erklärt sich so, daß die Feste ihren Charakter oft geändert haben. So war z.B. das Mihrgan-Fest, das sich ursprünglich auf die Wintersonnenwende bezog, schon bald zum Herbstfest geworden und nur dann und wann noch weit in den Spätherbst hinein verschoben worden. Doch konnte es, wie z.B. im Jahre 121/738, auch in den Hochsommer fallen. Nicht einmal der Abstand zum Nauruz, dem mit dem Frühlingsbeginn zusammenfallenden Jahresanfang, blieb sich immer gleich; er schwankt zwischen 169 und 194 Tagen. Unter dem seldschukischen Sultan Dschelaloddin Malekschah jedoch fand im Jahre 472/1079 eine Kalenderreform statt, die den Jahresanfang, Nauruz, fest auf den Tag der Frühjahrstagundnachtgleiche legte, das erste Jahr dieser Ära mit dem ersten Jahr der Regierung des letzten Sassaniden Yezdegerd III. zusammenfallen ließ, die 5 Schalttage stets hinter dem 12. Monat einschaltete und für jedes 4. Jahr einen zusätzlichen Schalttag einsetzte.

Ich möchte annehmen, daß dieses die Ära war, die man unter allen anderen in der Folgezeit am liebsten heranzog, wenn man die offizielle islamische Zeitrechnung einmal nicht brauchen wollte; denn sie ist unter den persischen Ären die zuverlässigste. Auch das Datum des derzeitgien persischen Jahresbeginns, eben Nauruz, Frühlingsäquinoktium, wird durch diese Ära garantiert; der Monat Mihr würde danach an unserem 17. September beginnen und bis zum 16. Oktober dauern, und sein 16. Tag, das Mihrgan-Fest, würde in eben die Oktoberwoche fallen, in der es tatsächlich auch – von den Parsen bis heute – gefeiert wird.

Doch damit sind wir schon bei der Stellung des Mihrgan-Festes innerhalb des altpersischen Kalenders. Von der absoluten Chronologie können wir jetzt absehen. Jener Kalender ist wahrscheinlich die iranische Nachbildung des ägyptischen Kalenders, den die Perser nach der Eroberung Ägyptens durch Kambyses (529–522 v.Chr.) kennengelernt hatten; denn ägyptisch ist vor allem der Grundsatz, jeden einzelnen Tag des Monats einer bestimmten Gottheit zu weihen und ihn nach dieser zu benennen. Nun hörten wir schon zu Anfang, daß im persischen Kalender auch die Monatsnamen selbst nach Göttern benannt wurden. Der siebente Monat ist hier nach Mithra benannt; in der Reihenfolge der Monate war er wohl ursprünglich der erste Monat des Winterhalbjahres, was seiner Bedeutung als Monat des Sonnengottes nicht widersprechen würde, da ja vom 1. Tage des Winters an das Tageslicht wieder zu wachsen anfängt.

Ein solcher Monat war viergeteilt; jeden Teil kann man entfernt mit unseren heutigen Wochen vergleichen. Die beiden ersten Teile des Monats, vom 1.–7. und vom 8.–14. Tag, haben jeder 7, die beiden anderen Teile jeder 8 Tage. Die einzelnen Tage sind nach den Gliedern theologisch durchdachter und geordneter Götterreihen benannt, auf die hier nicht weiter eingegangen werden soll. In diesen Reihen kommen auch einige Namen vor, die schon durch die Benennung der Monatsnamen beansprucht waren. Ein solcher ist auch Mithra, der Name des 16. Tages. Auf diesen Tag im Mithra-Monat fällt nun der Beginn unseres Mihrgan-Festes. Er liegt also auf dem Tag Mithra des Monats Mithra, d.h. dem 16. Tag des 7. Monats. (In dieser Weise fielen alle 12 großen Monatsfeste immer auf den Tag, der den Namen der Monatsgottheit trug). Das Mihrgan-Fest dauerte ursprünglich 6 Tage, wie das Neujahrsfest, vom 16.–21. Mihr. Biruni berichtet, daß Hormuz, der Sohn des Schapur, diese beiden Tage, die ursprünglich verschiedene Feste waren, vereinigt und die Tage dazwischen zu Festtagen erhoben habe, so daß ein sechstägiges Fest entstand. Später hätten die Könige von Iran auch die nächsten 30 Tage nach dem Mihrgan-Fest feierlich begehen lassen, wobei nacheinander alle Klassen der Bevölkerung je 5 Tage zur Feier zugewiesen bekamen.

Nach der islamischen Eroberung blieb der persische Kalender weitgehend in Gebrauch, hauptsächlich aus wirtschaftlichen Erwägungen. Denn der offizielle islamische, auf dem Mondjahr basierende Kalender tat diesen nicht Genüge.

Darüber hinaus aber blieben die Feste auch deshalb erhalten, weil sie von den kleinen Landedelleuten, den Dehkanen, die weithin Träger der staatlichen Repräsentation blieben, zusammen mit der ganzen nationalen Kultur weiter überliefert wurden. Die Feste wurden also weiterhin gefeiert, ähnlich wie nach der Eroberung Ägyptens die Nilfeste.

Freilich wurden sie nicht immer offiziell geduldet. Der omajjadische Kalif Omar II (717–20) wollte Nauruz und Mihrgan abschaffen und die zu diesen Tagen üblichen Geschenke an Höhergestellte unterdrücken. Er hatte keinen Erfolg damit, weil diese Sitte im persischen Volk zu fest verwurzelt war. Stattdessen wurde das Fest unter den Abbasiden und Bujiden allgemein üblich und fand sogar im Zweistromland Eingang. Im 9. Jahrhundert bereitete man in Bagdad am Mihrgan-Fest Palmwein, nahm Nüsse, Knoblauch, rohes Fleisch, warme Speisen und Getränke zu sich und beging kultische Abwehrriten. Auch die in Persien lebenden Araber sahen sich, um ihr Ansehen zu wahren, veranlaßt, nach persischer Sitte diese Feste mitzufeiern und die traditionellen Geschenke entgegenzunehmen. Diese Feste boten überhaupt Anlaß zu großen Ausgaben. Man gab sich Ehren- und symbolische Geschenke (738 in Balkh einen Apfel). Man begnadigte auch politische Missetäter, die bisweilen in goldenen Fesseln vorgeführt wurden und dann einen Gnadenbecher (Kāsä-yi amān) leeren durften. Dabei ging die religiöse Bedeutung des Festes nach und nach verloren, und man feierte nur mehr aus Tradition. Die Geschenke wurden die Hauptsache (goldene und silberne Gefäße, Geld, Gebrauchsgegenstände und Kleider). Freilich gab es auch hierin Ausnahmen. So nahm z.B. der Ṭāhiride ᶜAbdallāh (213/828–229/844) die alte persische Gewohnheit wieder auf, an Nauruz und Mihrgan Recht zu sprechen. – So behauptete sich das Fest durch die ganze Abbasiden- und Samanidenzeit, sogar noch unter den Seldschuken. Erst nach dem Mongolensturm verschwand es und blieb auch unter den folgenden persischen Dynastien vergessen. Und da es seit Jahrhunderten keine lebendige Tradition mehr bei den muslimischen Völkern Irans hatte, wurde der Versuch seiner Neubelebung durch die Pahlavi-Dynastie auch nicht wiederholt.

Für Quellen- und Literaturangaben wird auf den Aritkel s. v. Mihragān *(Jean Calmard) in der* Encyclopædia of Islam, New Edition, VII (1993), pp. 15–20 *verwiesen.*

Das Magiertum, die Mageia, der Magus

Der Fehlschlag einer Annäherung an das Altfremde durch Herbeiführen einer neuen Verfremdung

I

Die Erforschung des „Magiertums" und der Literatur, die sich mit historischem Recht oder in durchschaubarer Fiktion auf es bezieht, war immer von verschiedenen Interessen geleitet. Auch indem in diesem Beitrag von Magiern, näherhin von hellenistischen Magiern, gesprochen wird, ist bereits mit der Aufstellung eines solchen Themas zugleich eine Vorentscheidung zugunsten eines bestimmten Interesses daran gefallen. Ihr zufolge geht es nicht um das Bild der persischen Geschichte oder Religion in der griechischen und lateinischen Literatur, oder um den Reflex der Begegnung mit Iran in der griechisch-römischen Welt, oder um die Zuverlässigkeit klassischer Quellen für die Ermittlung der wirklichen iranischen Verhältnisse. Sondern es geht um die Aussage griechischer und lateinischer Texte als solcher – und nicht als „iranische Nebenüberlieferung" o.ä. –, sofern sie einen auch noch so kleinen Inhalt oder Anhalt bietet, der zu ihrer oder zu unserer Zeit irgendeine Assoziation „Iran" wachrief und wachruft. Das Interesse am Thema ist im Untertitel dieser kleinen wissenschaftsgeschichtlichen Studie formuliert.

Die hiermit getroffene Vorentscheidung geschieht also bewußt. Sie will die historischen Traditionen zunächst so nehmen, wie sie gegeben sind – synkretistisch mindestens in der Verschmelzung von intendierten Gegenständen auf der syntaktischen Ebene, ungenau mindestens in der semantischen Beziehung zwischen anderweitig ermitteltem Phänomen und überliefernder Sprache, vielleicht auch noch in einigen pragmatischen Hinsichten. Diese Betrachtungsart ist nicht, wie es auf den ersten Blick scheinen könnte, durch das bloße Vorkommen tatsächlicher oder vermeintlicher iranischer Inhalte und Namen paralysiert. Sie vereinnahmt dementsprechend nicht alles unter einem zu weit gefaßten Titel, um gegen die Kritik mangelnder Unterscheidung von vornherein gefeit zu sein. Vielmehr ist es bei der Wahrnehmung eines so diffusen Phänomens wie der „Magie", oder bei Anerkennung gesammelter Excerpte als eines Literaturcorpus, das über „Magiertum" etwas aussagen will, durchaus möglich, auch innerhalb des von den verschwimmenden Grenzen dieser Phänomene mitgebildeten Feldes von Fall zu Fall anzugeben, wo z.B. die medischen „Mager" nicht mehr als definierbare Gruppe bestehen, sondern zu einer anderen Größe transformiert sind, die mit ihnen nur mehr verwandt oder aus irgendwelchen sonstigen Gründen vergleichbar ist. (Solche definitorischen Grenzziehungen, bei denen die Grenze keine scharfe Linie, sondern gleichsam ein breiter Streifen von stärkerer oder schwächerer Deutlichkeit ist, sind natürlich riskanter und fehlerträchtiger als diejenigen, welche von den eingangs abgelehnten Fragestellungen geleitet sind.)

Auch korrekte Fragestellungen fallen der Disparatheit etwaiger Intentionen der für sie zitierten Quellen häufig anheim, wie sich aus einer Reihe von früheren Arbeiten ergibt. Diese hätten deshalb, zwecks Einhaltung ihrer thematischen Linie, von ihren Autoren zusätzlich nach weiteren Gesichtspunkten ausgerichtet werden müssen. Geschehen ist es nur selten, und wenn, dann mehr oder weniger ungewollt oder unbewußt. Solche Gesichtspunkte sind z.B. gewisse Unterschiede zwischen genau beschreibbaren Tatsachen, die sich wirklich auf iranischem Territorium, und ähnlichen Tatsachen, die sich außerhalb davon abgespielt haben. Andere Gesichtspunkte solcher Art ergeben sich etwa aus Fragen, wie der Kultus der Magier aussah; was Magie im Sinne von Zauberei war und bedeutete; was sich in griechischen Texten mit der Aussage awestischer und mittelpersischer Quellen vereinbaren läßt und was nicht; schließlich, was Anspruch auf Anerkennung als wirklich iranisch hat, oder worin sich lediglich eine antike Iran-Romantik ausdrückt.

Die Setzungen solcher Erkennungsmarken durchkreuzen immer wieder die positivistischeren, mit denen man begann. Sie führen zwar nicht von vornherein, aber doch von Fall zu Fall zur Preisgabe solcher textgebundener Leitwörter wie Mag(i)er, Perser, Zoroaster, Feuer, Oromazes, Areimanios, Mithra. Grundsätzlich gereicht dies dem Gegenstand nur zum Vorteil, es sei denn, zu disparate Ansätze historischer Erkenntnis würden kombiniert. Sinnvoll durchgeführt, können sich solche Orientierungen sogar auf die Ausbildung stoffinterner Kriterien hin entwickeln, z.B. für eine nachprüfbare Beantwortung der Frage, unter welchen Umständen man das außerhalb des eigentlichen iranischen Territoriums in griechischer, lateinischer, syrischer, armenischer, mandäischer Literatur Übermittelte als Zeugnis einer von Iran ausstrahlenden Kultur nehmen darf, von der aus sich auf das Mutterland schließen läßt, und unter welchen Umständen man es nicht darf.

Besonders wenn man sich in der Arsakidenzeit, d.h. in den beiden Jahrhunderten vor und in den beiden Jahrhunderten nach Christus bewegt, läßt sich ohne solche intern sich ausbildenden Kriterien nicht mehr arbeiten. Man darf deshalb mit forschungsgeschichtlichem Recht den Weg zur vollen Ausbildung geeigneter Kriterien zu Ende gehen. Man darf diese dann auch so konsequent anwenden, daß sie schon von vornherein zur Ausgrenzung anderer leitender Begriffe, Vorstellungen, Markierungen als der eben genannten führen – z.B. des Urmenschen, der Seele oder des Geistselbstes, der unendlichen Raumzeit, der kosmischen Mischung. Man steht damit den Quellen in freier Kritikfähigkeit gegenüber und kann sich ebendeshalb ihre bisherige Verwertung zunutze machen, indem man auf solche Orientierungen achtet, die in Spannung oder Widerspruch zur beabsichtigten Darstellung stehen und damit für die Gewinnung von noch weiteren, innovationsträchtigen Kriterien etwas austragen.

II

Es war wohl zuerst der gelehrte „senatus Parisiensis praeses" BARNABÉ BRISSON, der schon am Ende des 16. Jahrhunderts die persische Welt, vor allem die Institutionen des Königtums und des Staates von den Anfängen bis zu den Parthern (Buch 1 = p. 1–337), die Religion, Gesetze, Sitten (Buch 2 = p. 338–626) und das Kriegswesen (Buch 3 = p. 627–800) auf Grund der damals bekannten griechischen und lateinischen Autoren darstellen wollte. Nach ihnen verehren die Perser Jupiter und die Sonne (p. 338–342), diese auch unter dem Namen Mithra (p. 342–346), außerdem Oromazes und Arimanes (p. 346) sowie Mond, Venus, Feuer, Wasser, Winde und Erde (p. 347–358). Auf die Magier kommt BRISSON häufig zu sprechen (Stellen im Index LII 3f), einmal in einer längeren Kompilation (p. 361–398). Die Magier sind Berater, manchmal sogar Auftraggeber der Könige – mehrere Beispiele aus der Geschichte werden gebracht –, und sie führen die Könige in ihr Amt ein. Sie werden über Vorzeichen befragt, wachen über die Opfer und Königsgräber, lehnen Gottesbilder ab, sind der Astrologie, Botanik und aller Weisheit kundig, vollziehen die Riten beim Begräbnis und genießen hohes Ansehen im Volke. Sie sind Priester von anderer Art als die ägyptischen; aber den keltischen Druiden, etruskischen Auguren, indischen Gymnosophisten und Brahmanen sind sie vergleichbar. Ihr *auctor* ist Zoroaster, mit dem Weisheit und Gerechtigkeit in der Welt angefangen haben.

Die Autoren, die BRISSON immer wieder in bunter Reihenfolge zitiert, sind – hier in grober chronologischer Ordnung – Herodot (485–425), Xenophon (430–355; Kyropädie), Ps.-Platon (?; Alkibiades I), Isokrates (436–338; Panegyrikos), Diodorus Siculus (1. Jahrh, v. Chr.), Cicero (106–43; De divinatione, De legibus, Oratio in Verrem, Tusculanae quaestiones), Strabon (63 v. Chr.-19 n. Chr.), Vitruvius (Ende 1. Jahrh. v. Chr.; De architectura), Philon von Alexandrien (1. Hälfte 1. Jahrh. n. Chr.), Valerius Maximus (1. Hälfte 1. Jahrh. n. Chr.; Facta et dicta memorabilia), Curtius Rufus (1. oder 2. Jahrh. n. Chr.), Plinius d.J. (62–114), Dion Chrysostomos (40–120; Orationes), Plutarch (46–120; Artaxerxes, De Iside et Osiride), Lukian (120–180; Juppiter tragoedus), Apuleius (2. Jahrh. n. Chr.; Apologia), Pausanias (2. Hälfte 2. Jahrh. n. Chr.), Appianos (2. Jahrh. n. Chr.; Mithridates), Junianus Justinus (3. Jahrh. n. Chr.; Epitoma historiarum Philippicarum Pompeii Trogi), Maximus von Tyros (2. Hälfte 2. Jahrh. n. Chr.; Dialexeis), Clemens von Alexandrien (2. Jahrh.; Protreptikos, Stromata), Aelianus (170–240; Ποικίλη ἱστορία), Diogenes Laertius (3. Jahrh. n. Chr.), Flavius Philostratos (um 200 n. Chr.; Vita Apollonii Tyanensis), die ps.-klementinischen Homilien (2. Jahrh. n. Chr.), Ammianus Marcellinus, (2. Hälfte 4. Jahrh.), Epiphanius (4. Jahrh.; Panarion), Hieronymus (350–420; Daniel- und Jesaja-Kommentar), Augustinus (354–430; De civitate Dei), die Kirchenhistoriker Sozomenos und Theodoret (beide 1. Hälfte 5. Jahrh.), Prokopios von Kaisareia (500–560; Perserkriege), Agathias (530/ 2–579/ 82; Über die Kaiserherrschaft Justinians) und die Suda (10. Jahrh.). Brisson kombiniert auch Äußerungen, in denen nicht von den Magiern, sondern allgemein von den Persern die Rede ist.

Quellenkritik treibt Brisson noch nicht. Aber gerade dadurch treten, allein durch ihr Eigengewicht, diejenigen Hinweise hervor, nach denen Lehre und Brauch der Magier etwas anderes sind, als was man seit Apuleius unter „Magie" versteht, wenn natürlich auch noch keine genaue Unterscheidung eingeleitet wird. Für den Inhalt der Magierlehre steht als Kronzeuge fast allein Diogenes Laertius (p. 388–390). Auch sonst enthält Brisson's Bild von der persischen Religion, angesichts der Zeugenreihe beinahe zwangsläufig, vornehmlich das, was für die Magier seit der Zeit charakteristisch ist, als Kleinasien nicht mehr unter persischer Herrschaft stand. Da Brisson das Weiterbestehen des Parsenrituals bis auf seine Tage nicht zur Kenntnis nahm, blieb seine Darstellung für Kontrollen und Korrekturen an diesem Punkt offen.

Diese Kontrollen, und nicht nur am Ritual, sondern auch schon an Stücken aus avestischen Codices sowie in erstaunlichem Ausmaß an der neupersischen und arabischen Literatur, nahm etwas über hundert Jahre nach Brisson der epochemachende Thomas Hyde vor. Er weist gleich in seiner *Monitio ad lectorem* (nicht in der *Ad lectorem Praefatio*) darauf hin, daß die Namen der Meder und Perser bei Brisson und anderen *promiscue et indistincte* gebraucht werden, und läßt von da an auf jeder Seite seines bewunderungswürdigen Werkes das Bemühen um historische und geographische Unterscheidungen in der Religion und um differenzierende Verwertung der Quellen erkennen. Obwohl er zu Beginn der eigentlichen Darstellung noch einmal den Titel seines Werkes mit einer in Bezug auf die Magier sehr generalisierenden Variante setzt – „Historia Religionis Veterum Persarum eorumque Magorum" etc. –, spricht er dann von den Magiern doch in engeren Zusammenhängen: in Kap. 3 (p. 80–104) beim Kult der Venus (Anahita), in den Kapiteln 8 und 29 (p. 148–159, 358–367) von ihrem Amt als Feuerpriester (der Feuertempel ist die *Magorum Ecclesia*, p. 359), in Kap. 19 (p. 235–259) bei den Festen, die er gelegentlich als von den Magiern veranstaltete bezeichnet, und in den Kapiteln 28, 30 und 31 (p. 353–358, 368–392) von ihrem Amt, ihrer Hierarchie und ihrem Ordo im allgemeinen (der gleichfalls *ecclesia* heißt, z.B. p. 353). Hyde hält sich überall ziemlich eng an das aus der Parsentradition, der islamischen Literatur und aus Reiseberichten Bekannte. Erst in Kap. 31, das mit einer Ableitung von hebr. *māg*, griech. μάγος, arab. *magūs* von neupers. *mug* beginnt, wendet er sich den Magiern als Weisen – und Messiasverkündern! – zu, und so überwiegen auch nur hier wie in Kap. 30 die griechischen und lateinischen Belege. Hyde läßt von Brisson's Gewährsleuten z.B. Isokrates, Diodor, Vitruv, Curtius Rufus, Lukian, Appian, Aelian, Philostrat, die Pseudoklementinen, Augustinus, Sozomenos und Theodoret weg. Dafür fügt er hier und bei Gelegenheiten in anderen Kapiteln Ktesias (um 400 v. Chr.), Platon (427–347; Die Gesetze), Aristoteles (384–322), Theopompos (2. Hälfte 4. Jahrh. v. Chr.; Hellenika), Berosos (3. Jahrh. v. Chr.), die Makkabäerbücher (2. und 1. Jahrh. v. Chr.), Plutarch (Lucullus), Tacitus (55–116/20 n. Chr.), Ptolemaeus (2. Jahrh. n. Chr.), Porphyrius (2. Hälfte 3, Jahrh. n. Chr.), Firmicus Maternus (4. Jahrh. n. Chr.), Hieronymus (350–420; Adv. Jovinianum), Theodor von Mopsuestia (starb 428), Hesychios aus Alexandreia (5. oder 6. Jahrh. n. Chr.), Damasskios (2. Hälfte 5. Jahrh. n. Chr.) hinzu – eine deutliche Verschiebung weg von Historikern, die im Stil ihrer Berichte etwas mitteilen, hin zu Philosophen, Gelehrten, Theologen, die eine Tradition überliefern, vergleichen, erörtern. Dabei freilich gerät HYDE – der andererseits doch dem bekannten Zeugnis des Herodot Gerechtigkeit widerfahren läßt, die Mager seien die Priesterschaft der Meder gewesen, und der durch den Zusatz „si ei fides" von einem Autor Distanz halten kann – in eine Wertung der Mag(i)er hinein, in der sie Bewahrer und Verkünder eines nicht mehr historisch relativierbaren Heilswissens sind. Diese Tendenz wird noch deutlicher in seinem Kap. 32. Hier werden die Prophetien in den Sibyllinen (5. Jahrh.) und bei Laktanz (um 300) mit den Möglichkeiten der Astronomie/Astrologie zusammengestellt, unter denen von den Chaldäern bis zu den Magiern in Bethlehem die Vorausschau des Richtigen am wichtigsten war, und die sich alle im vielgelesenen Macrobius (um 400 n. Chr.) wiederfinden ließen. Das Richtige, die Offenbarung Christi, habe deshalb schon Zoroaster vorweggenommen; er sei nicht nur den alttestamentlichen Propheten vergleichbar, sondern kannte das Alte Testament aus Unterhaltungen mit Juden, die in Persien gefangen waren (*praefatio*). Die Perser haben deshalb mit Grund den Abraham zu ihrem Antistes gemacht (p. 80).

Ähnlich wie bei BRISSON, mit dem sich HYDE übrigens öfter auseinandersetzt, ergibt sich also hier bei HYDE eine Spannung zwischen der heilsgeschichtlichen Orientierung und der gewollten historischen Darstellung. So erklärt es sich auch, daß er durchgehend darauf achtet, inwieweit die Juden ihrerseits seit Abraham mit der persischen Religion bekannt waren, bzw. wieweit beide Religionen miteinander übereinstimmten. Dementsprechend wird, aber mit anderer Absicht als die neupersische und arabische, auch viel biblische, besonders nachexilische, und rabbinische Literatur zitiert. Die Pole der Spannung sind geradezu äußerlich lokalisierbar: die heilsgeschichtliche Orientierung wird in der *praefatio* eingeführt, als solle sie das ganze Buch bestimmen, und findet sich dann nur an den genannten Stellen bzw. Kapiteln; überall sonst überwiegt die historische Darstellung bzw. Beschreibung der innerpersischen Verhältnisse. Oder: der eine Pol sind die in Kap. 31 und 32 zitierten Stellen, der andere das davon weltweit entfernte Ritenkompendium Sad-Dar – „Magorum liber" genannt –, das hier (p. 443–512) erstmals in einer lateinischen Übersetzung bekannt gemacht wird. Natürlich besteht die Spannung für HYDE selber nicht; für ihn wächst – die theologiegeschichtlichen Zusammenhänge sind hier nicht zu erörtern – die heilsgeschichtliche Zuspitzung aus der beschriebenen Historie selbst, und was wir als Pole einer Spannung sehen, liegt für ihn beisammen. So ist es, wenn er z.B. sagt, die Magier, die Christus besuchten, scheinen aus Parthien gekommen zu sein, wo es dieselbe Religion gab wie in Persien und damals das Regiment über beide Länder seinen Sitz hatte; der Besuch müsse zur Zeit des Gotarzes oder Phraates erfolgt sein (p. 383).

III

Die Wende, welche die Reisen, Berichte und wissenschaftlichen Publikationen von ABRAHAM HYACINTHE ANQUETIL-DUPERRON (1731–1805) bis 1777 in die iranischen Studien brachte, gab auch der Sammlung klassischer Texte durch JOHANN FRIEDRICH KLEUKER (1749–1827) ein anderes Gesicht. KLEUKER stellte die Quellen zusammen, um mit einer Zeugenreihe, die sich über mehr als ein Jahrtausend erstreckte und im Abendland immer noch mehr galt als das Selbstzeugnis des Orients, die Echtheit und das hohe Alter der von ANQUETIL-DUPERRON veröffentlichten heiligen Schriften gegen Kritiker zu verteidigen. Die inhaltliche Auswertung blieb ADOLF RAPP überlassen, der BRISSON's Werk als „sachlich geordnetes Aggregat von Citaten" kurz erwähnt (p. 8) und sich ganz auf KLEUKER's Sammlung stützt. Neben ihm, und offensichtlich weitgehend unabhängig von KLEUKER's Sammlung, bezog FR. WINDISCHMANN die klassischen Quellen in seine weitergehenden Studien ein. WINDISCHMANN's Werk erschien vor den Arbeiten von RAPP, doch bemerkt der letztere (p. 21 Anm.), daß seine Abhandlung vor Erscheinen der „Zoroastrischen Studien" von WINDISCHMANN und vor SPIEGELS „Eran" verfaßt sei und er darauf keine Rücksicht mehr habe nehmen können.

Für RAPP steht „die Übereinstimmung der persischen Religion und Sitte, wie sie sich in den griechischen Nachrichten uns darstellt, mit dem Inhalt des Awesta in allen Grundzügen fest" (p. 2). Wenn er dennoch eine Darstellung nur an Hand der ersteren unternimmt, dann deshalb, weil sie das Awesta ergänzen, das „eine Sammlung von Trümmern" und „durch eine Übersetzung in einen andern ziemlich verschiedenen Dialekt mit ganz anderem Alphabet hindurchgegangen" ist (p. 3). Die griechischen Nachrichten gehen über die zweite Hälfte des 4. Jh.s hinauf, in der die ältesten Teile des Awesta frühestens verfaßt worden seien, und ihre Angaben gelten ziemlich alle nur für Persien und Medien, die des Awesta nur für Baktrien. In RAPP's gründlichen, zu Unrecht vernachlässigten Aufsätzen sind die Magier (1866, p. 68–77) diejenigen, denen „die zoroastrische Religion auf besondere Weise angehört habe, insofern sie als die Priester im Gegensatz zu den Laien ihre Religion genauer, vollständiger und im Sinn der Griechen wissenschaftlich erkennen" (p. 69). Man sollte meinen, in einer so harmonistischen Sicht müsse eine Spannung zwischen sich ergebender Darstellung und leitender Absicht notwendig ignoriert werden; sie wird es auch, ist aber trotzdem erkennbar. Denn RAPP ist redlich genug, „diese Nachrichten und die daraus zu entnehmenden Ergebnisse bloß für den Westen Irans gelten zu lassen, und in Beziehung auf den Osten unsere gänzliche Unkenntnis hierin auszusprechen" (p. 70). Damit kommt eine *principii petitio* heraus: es wird nur eine Ergänzung durch jene Nachrichten für möglich gehalten, kein Gegensatz.

Einen Gegensatz aber bemerkt WINDISCHMANN, der sein Kapitel „Stellen der Alten über Zoroastrisches" (p. 260–313) in einen Rahmen stellen kann, für den nun auch schon die altpersischen Keilinschriften, das Bundahischn, Neryosengh's Sanskrit-Übersetzung des Awesta und vieles andere Originär-Iranische verarbeitet werden können, an einigen Stellen durchaus. Er legt auf den Unterschied wert, den z.B. Clemens Alexandrinus zwischen den Magiern mit ihrem Zoroaster und den Chaldäern mit ihrem Zaratas macht, und weist von da aus z.B. Plinius und der Suda Ungenauigkeiten nach. Er fragt noch nicht nach den inneren Gründen, die zur Kontamination zwischen Magiern und Chaldäern, zwischen Zabratas/Zaratas und Zoroaster – wenn es denn wirklich auch für die Legende einmal zwei verschiedene Personen gewesen waren – geführt haben können, weist aber statt dessen darauf hin, wo eine Nachricht „durchaus nichts specifisch Zarathustrisches enthält, vielmehr in sehr wichtigen Punkten dem magischen System geradezu widerspricht" (so p. 263 bei Aristoxenos, dem Gewährsmann des Hippolyt und des Porphyrios – lehrreich auch unabhängig davon, daß dies mit Za[b]ratas und nicht mit Zoroaster verbunden ist). Es ergibt sich eine kritische Aufgliederung des Stoffes einmal durch Kontrolle der griechischen und lateinischen Überlieferung an Hand der originär iranischen, zum andern durch eine wirklich traditionsgeschichtliche Betrachtung der ersteren als solcher, in der namentlich zwischen Etablierung einer Tradition durch Übermittlung und Einleitung einer solchen durch berichtete Anschauung von Autoren unterschieden wird, die nachweislich in Babylonien oder Persien gereist sind, mit Magiern verkehrten und dabei mit zarathustrischen Lehren bekanntgeworden sein können (Pythagoras spätestens unter Kambyses, Herodot und Demokrit unter Artaxerxes I.). WINDISCHMANN hat damit als erster eine Spannung zwischen sich ergebender Orientierung und gewollter Darstellung vermieden; er hat sich statt dessen sowohl an Übereinstimmungen als auch an Unterschieden zwischen iranischer und griechischer Überlieferung sowie innerhalb jeder von ihnen orientiert, und er hat das eine wie das andere auch wirklich hervorheben wollen. Er hat damit die kritischen Maßstäbe gesetzt, die sich auch für moderne Untersuchungen als die brauchbarsten erweisen.

Es ist nach WINDISCHMANN nur folgerichtig, daß die von JACKSON seiner Zarathustra-Biographie als Appendix V angehängte Sammlung von „Classical Passages mentioning Zoroaster's Name" (p. 226–273) im wesentlichen ornamentalen Charakter hat. Nur ein knappes Dutzend Mal kann auf sie zurückgegriffen werden, nämlich wenn es um die Namensform, Geburtsort und -jahr, Todesort und -jahr sowie biographische Einzelheiten bei Zarathustra geht. Und auch da haben die Passagen nur ihre Funktion, weil JACKSON's Buch auf der Tradition, vor allem der Pahlavi-Schriften, basiert und ihrer üblichen Einschätzung als Mythos oder Legende bewußt eine Gegenprobe auf historische Verifizierbarkeit entgegenstellen will. In diese Gegenprobe werden auch die klassischen Nachrichten einbezogen, womit ihr historischer Wert weder bewiesen noch widerlegt ist. Sie stehen außerhalb der Alternative, inwieweit sie für sich selbst, und inwieweit sie für den von ihnen in Anspruch genommenen Gegenstand zeugen. Für den, der das eine oder das andere untersuchen will, ist die Sammlung gleichwohl von Wert. Obwohl der Auswahl nach dem Vorkommen des Namens Zoroaster eine engere Grenze gesetzt ist, als wenn es um die Magier ginge, kommen zu den übrigen eine Reihe bisher nur selten oder garnicht berücksichtigter Autoren zu Wort: im 4. Jahrh. v. Chr. etwa Eudemos von Rhodos, Herakleides Ponticus, Hermodoros der Platoniker, Klearch von Soli, im 2. Jahrh. Hermippos, im 1. Jahrh. Alexander Polyhistor, Diodor von Eretria und Nikolaus von Damascus, im 2. Jahrh. n. Chr. die Chaldäischen Orakel, Kelsos/Origenes Philo von Byblos und Ailios Theon, im 3. Jahrh. Arnobius, Eusebius und Solinus Polyhistor, im 4. Jahrh. Marius Victorinus Afer, Basilius d.Gr., Gregorios, Panodoros und Johannes Chrysostomos, im 5. Jahrh. Aeneas von Gaza, Claudianus Mamertus, Cyrill von Alexandrien, Johannes Lydos, Theodoretos Kuraios und Orosius, im 6. Jahrh. die Geoponica, Gregor von Tours und Johannes Malalas, im 7. Jahrh. das Chronicon Paschale, im 8. Jahrh. Alcuin und Georgios Synkellos, im 9. Jahrh. Photios, die antimanichäischen Abschwörungsformeln und Georgios Hamartolos, im 12. Jahrh. Georgios Kedrenos, Hugo von St. Victor, Michael Glykas und Petrus Comestor. Zum Teil ist die Reihe nur äußerlich länger als die früheren, weil JACKSON Autoren ausgliedert, die von anderen, oft verwerteten zitiert werden, z.B. die des 4. und 2. Jahrh.s von Diogenes Laertius, Plutarch und Plinius, und weil die byzantinischen Autoren für sich und neben den von ihnen zitierten aus dem 4. und 5. Jahrh. n. Chr., manchmal auch noch neben älteren, stehen. Doch ist gerade dies wichtig für die Gewinnung einer noch tieferen traditionsgeschichtlichen Perspektive, die allerdings vornehmlich bei solchen Autoren, die andere zitieren, noch viel literarkritische Arbeit erfordern wird.

IV

Nicht in einem ablesbaren Namen, sondern in einem erst zu begreifenden Sachverhalt besteht das Auswahlkriterium, das der Sammlung von CARL CLEMEN zugrundeliegt. Wie er den Sachverhalt begreift, stellte er in einer gleichzeitig erscheinenden Monographie dar, für die Magier noch einmal gesondert. Aber seine Meinung ist den Mitforschern nicht recht klar geworden. Einerseits wird die Absicht von KLEUKER und RAPP übernommen, das Awesta mit Hilfe der Griechen und Lateiner ergänzen zu wollen, und die letzteren werden z.T. sogar gegen dieses bevorzugt (Zarathustra lebte nach Xanthos um 1000 v. Chr., wenn nicht früher, und zwar in Westiran! p. 28, 42), andererseits wird das, was sich nicht auf der gleichen Ebene dem Zarathustrismus des Awesta ergänzend zuordnen läßt, für die Religion der Achämeniden, der Magier und des Volkes in Anspruch genommen. Aber diese grundsätzlich begrüßenswerte Unterscheidung bleibt in ihren Resultaten zweifelhaft, weil nicht klar wird, wie es zu den wirklichen Unterschieden kam. Geradezu diametral gegeneinander stehen die Kriterien für die Einschätzung der griechischen Nachrichten: bei Achämeniden-, Volks- und Magierreligion werden sie deshalb für zuverlässig gehalten, weil diese Größen im Westen leichter bekannt werden konnten, im Falle Zarathustras und seiner Lehre aber deshalb, weil uns die awestische Tradition nicht gut genug bekannt ist. Dementsprechend werden die vielen – dort im übrigen gut nachzuschlagenden – Theorien beurteilt, welche meist nicht im Sinne dieses Zusammenfallens von literarischem Bild und historischer Wirklichkeit, von historischen und geographischen Unterschieden, von kulturgeographisch geprägten und öfters an Gruppen gebundenenen Religionsformen sind.

„On reading Clemen's book one cannot help doubting the value of evidence which could serve to support such varied theories", sagt BENVENISTE deshalb mit Recht (p. 12). Er erkennt die Schwierigkeit, die in einer Examinierung des Literaturcorpus als Ganzen liegt, als gehöre es zusammen, obwohl es sich auf so verschiedene Perioden und mehrere Religionen bezieht. BENVENISTE beschränkt sich deshalb bewußt auf die vier wichtigsten Texte und erkennt in Herodot einen zuverlässigen Zeugen der Naturreligion der Achämeniden, die mit dem – nichtzoroastrischen (!?) – Mazdaismus nur insofern übereinstimmt, als dieser Züge derselben bewahrt hat. Strabo bezeuge diesen Mazdaismus selbst in einer in Kappadokien entwickelteren Form, und Theopomp bzw. Plutarch bezeugen den Zurvanismus. Weniger klar und überzeugend kommt die Bedeutung der Magier als Träger der jeweiligen Religion oder Lehre heraus. Obwohl Herodot die Notwendigkeit ihrer Anwesenheit beim Opfer und ihre Begräbnisvorschriften betont, sei die Religion der Achämeniden „differing from the religion of the Magi and that of Zoroaster at the same time" (p. 49). Aber BENVENISTE's Absicht, in der Interpretation der ganzen Religionsbildung als eines „degenerate Mazdaism" mit Strabos Magierbericht übereinzustimmen, wird wieder zweifelhaft, wenn es heißt: „The person of Zoroaster and the teaching of the Magi exercised over Greek ideas an influence which was real". Für die zurvanitische Theogonie spielen die Magier, als deren Mythologie sie doch von Theopomp bezeichnet wird, dann keine Rolle mehr. Die Magier sind kein eigenes Thema in BENVENIST's Vorlesungen; klar ist immerhin, daß sie nicht mit Zarathustra zu tun haben sollen.

V

GIUSEPPE MESSINA will das Gegenteil beweisen. Nach ihm bedeutet das gathische Wort *maga-* die Zarathustra-Religion als eine „Gabe", ein „Geschenk" des Weisen Herrn. *Maga-van-* ist dann ein Wahrhafter, der an diesem Geschenk teilhat, bzw. ein Anhänger dieser Religion; *magu-* ist eine späte Bildung für *magavan-* (p. 67–75). Der Unterschied zwischen dem Zarathustrismus des Magierstandes und dem von Herodot Beschriebenen wird auf ein Nebeneinander von Elitewissen und für das Volk verständlicher Soziallehre bei Zarathustra zurückgeführt (p. 75–84), welch letztere jedoch die ihr zugedachte Funktion, das Volk für eine Annahme der Reform reif zu machen, nicht erfüllt habe, wie das Scheitern der Magierbewegung unter Gaumata beweise (p. 84–91). Derart zu Kompromissen gezwungen, hätten sich die Magier mehr und mehr von der Reform und Religion Zarathustras entfernt (p. 92–99), insbesondere seit sie nach der persischen Eroberung Babylons einen Ausgleich mit der Lehre der Chaldäer versuchten (p. 48–55). Magierlehre wird nun u.a. Astrologie und im Gefolge davon auch Wahrsagekunst und Zauberei und mündet als solche in das große Bekken neupythagoräischer, ägyptisch-jüdischer und anderer zauberischer Naturauffassung, für die Plinius am Anfang seines 30. Buches das beste Zeugnis ist (p. 13–48).

MESSINAS Aufstellungen, insbesondere die sprachlichen, haben mit Recht keine Nachfolge gefunden. Ihm gehört jedoch das Verdienst, das Problem einer etwaigen historischen Zusammengehörigkeit der spätantiken Magie mit irgendwelchen Komponenten der Magierlehre gestellt zu haben. Es waren JOSEPH BIDEZ und FRANZ CUMONT, welche – bei Vernachlässigung dieses Problems oder gar ausdrücklicher Leugnung einer solchen Zusammengehörigkeit – die Zeugnisse der sog. Magie enorm um alchemistische, astrologische, apokalyptische, „physikalische" erweiterten. Überraschend ist, in welchem Ausmaß dies nach dem simplen Grundsatz möglich war, nur Texte aufzunehmen, die Zoroaster, Ostanes oder Hystaspes nennen. Es würde zu weit führen, die mehr als vierzig Texte aufzuzählen, die auf diese Weise zu den bisherigen hinzugekommen sind. Sie runden das Bild auch nicht gleichmäßig und sachbestimmt ab, denn es sind Stücke dabei, die ganz kurz sind und mit Zoroaster nicht mehr verbinden als es Emanuel Schikaneder mit seinem Sarastro tat, während z.B. Herodot und Strabo fehlen, nur weil bei ihnen keiner der drei Leitnamen vorkommt. Man darf nicht verkennen, daß damit eine große Inkongruenz zwischen Unter- und Ober-Titel des Werkes besteht: es ist eben nur zum Teil erfaßt, was wirklich zu den Magiern gehört, wie weit man den Begriff auch immer faßt. Mit diesem Teil deckt sich nur das kleinere Segment eines Textkreises, in dessen größerem Teil die Leitfossilien Zoroaster und Ostanes (Hystaspes ist ein anderer Fall) für nichts zeugen als für sich selbst. Vielleicht hängt es mit dieser Verzerrung des Magierbegriffes zusammen, daß das monumentale und großartig gelehrte Werk dann, wenn es um die Magier geht, mehr mit Respekt als mit Verständnis zitiert wird. Hinzu kam, daß die Rolle von Magiern bei der Schaffung oder jedenfalls Ausübung der frühen, noch kleinasiatischen Mithras-Mysterien leicht mit jenem ganzen anderen Teil des gewaltigen Lebenswerkes von FRANZ CUMONT assoziiert wurde, in welchem er den mithräischen Problemkreis aufarbeitete, der sich z.T. ebenfalls in den bereits genannten, daneben aber auch in sehr vielen anderen Arbeiten herauskristallisiert hatte.

VI

Die Frage, wer die Magier wirklich waren, war anfangs sicher von der Neugier auf das Wesen dessen geleitet, was als Magie seit Jahrhunderten bekannt war. Sie existierte wie ein Fremdkörper in Gesellschaften, die wenigstens ihrer Theorie nach von Rationalität geprägt waren, und man wollte sie sich so vertraut machen, wie alles andere bereits war. Statt dessen erfuhr man Unerwartetes über die Religion der alten Iranier. Sie war den Europäern nicht weniger fremd als die Sache „Magie". Kam etwa diese, kamen die Geheimwissenschaften, kam die Zauberei auch aus Iran? Konnte man vielleicht die beiden Rätsel ineins lösen? Oder wirkte die iranische Gesellschaft deshalb so fremd, weil sie gar rationaler war als die europäische, so sehr, daß MONTESQUIEU (1689–1755) die Widersprüche innerhalb der letzteren in seinen *Lettres Persanes* (anonym 1721) von zwei aufgeklärten persischen Standesherren kritisieren lassen konnte? Solche Anliegen standen hinter der Arbeit der zehn besprochenen Autoren. Was sagen wir heute?

In der Behistun-Inschrift Darius des Großen (II § 11) ist eingemeißelt:

„Es kündet Darius der König: Darauf war ein Mann, ein Magier namens Gaumata, der empörte sich von Paischyachvada aus, von einem Berge namens Arakadrisch. Im XII. Monat am 14. Tage empörte er sich. Er belog das Volk so: Ich bin Smerdis, der Sohn des Kyros, der Bruder des Kambyses. Darauf fiel das ganze Volk von Kambyses ab, zu jenem ging es über, Persien wie auch Medien und die sonstigen Länder. Die Königsherrschaft ergriff er. Im IV. Monat am 9. Tage ergriff er die Königsherrschaft. Danach starb Kambyses seines eigenen Todes."

Dazu heißt es (bei Brandenstein-Mayrhofer S. 130f): „*magu-* m. ‚Magus, Magier', Titel des Rebellen Gaumāta. [Nicht zu scheiden von dem iran. Priestertitel *magu-*, ... mp. *magū*, neup. *mōγ, muγ*, der weiter wohl zu ai. *maghá-* ‚Gabe', ... aw. *maga-* ... gehört; vgl. auch das Lehnwort gr. μάγος ...]". Es muß hier also sprachwissenschaftlich besonders eingeschärft werden, was etymologisch zussammengehört; denn es gab (und gibt!) Etymologien, die als Stammwort für den altiranischen Priesterstand ein anderes haben wollen als für den Magier, der allerhand zauberische Dinge treibt. Offensichtlich konnte man sich nicht vorstellen, daß die Angehörigen einer staatlich anerkannten Institution mit demselben Wort bezeichnet werden wie die subversiven Elemente, vor denen sich Regierungen immer wieder schützen müssen.

Und doch: Schon eine einfache begriffsgeschichtliche Betrachtung zeigt, daß es sich um dasselbe Wort handelt, dessen Bedeutungen sich allerdings weit auseinander entwickelt haben. Daß ein Aufständischer unter den frühen Achämeniden das Wort als Selbstbezeichnung entweder aus dem Stande mitnahm, in dem er großgeworden war, oder es einfach an sich riß, ist eine gut revolutionäre Umwertung eines vom Staat in Ehren gehaltenen Wortes und Wertes – von eben dem Staat, der gestürzt werden soll. (Vergleichbar sind in der Gegenwart die Geschicke solcher Wörter wie „national" oder „sozialistisch". Sie wären weiterhin von Demokraten gut zu gebrauchen, wurden aber von antidemokratischen Revolutionen an sich gerissen und mit neuem Gehalt gefüllt. Jetzt sind sie seriös bzw. mehrheitlich, zumal in Kompositumsverbindung, nicht mehr zu gebrauchen.) Aber das Wort „Magu-" hat seither einen positiv-negativen Doppelsinn, der auch mit anderen Inhalten konkretisiert werden kann als mit solchen der staatlichen Legitimität. Beispiele für das, was ein Magu- positiv oder negativ tut, sind: Wissenschaft – Scharlatanerie; Astronomie – Astrologie; Wettervorhersage – Schicksalsprophezeiung; Abwehr des Bösen in der eigenen Gesellschaft – Affinität zum Bösen im Wertesystem der Wirtsvölker; Beherrschung übernatürlichen Wissens – Zauberei, Betrug, Verführung; Medizin und Heilkunst – lebensgefährliche Quacksalberei.

Vieles, was die Mager schon auf iranischem Territorium als Weisheit kennengelernt hatten, war durch die persisch-medische Überlagerung der Urbevölkerung bereits sozial okkult geworden. Es blieb so, ja der Okkultismus wurde zusätzlich noch psychologisiert (und damit potenziert), als die Griechen in Kleinasien „Mager" (sic) kennenlernten, die im Zuge der iranischen Westeroberung mit dorthin gekommen waren. Für die Praxis der Mager bildeten sie das Wort „mageia". Damit konnten diejenigen Personen, die im – in einem neuen Sinne okkult gewordenen – gesellschaftlichen Abseits der mediterranen Welt „Mageia" trieben, „Magier" genannt werden. Genau zwischen Magern und Magiern verläuft nun die Grenze zwischen dem, was im hellen Lichte der Geschichte steht und stehen soll, und dem Okkulten. Die Herkunft des Vorläufers des Personentypus „Magier" wurde bald vergessen – einer der bekanntesten Magier des Altertums trägt den Namen des Bischofs von Karthago, Cyprian. Am produktivsten wurde das Magiertum wahrscheinlich in Kleukers Propaganda für die Theosophie Louis-Claude de Saint-Martin's (1743–1803) und überhaupt in der ganzen martinistischen Bewegung.

Zum Schluß soll die richtige Iranistik das Wort haben. „Im mazdayasnischen, mittelpersischen Schrifttum, unter den Literaturen des vorislamischen Iran die wichtigste und umfangreichste, läßt sich eine gewisse Neigung erkennen, Werten, die im geistigen und gesellschaftlichen Leben Irans Heimatrecht gefunden hatten, durch einen lehnübersetzten Namen den Charakter des Fremden zu nehmen, wohingegen ausländische Würden, Ämter und Titel auch durch Fremdwörter bezeichnet wurden" (SUNDERMANN 1982, p. 15). Der Jubilar und Empfänger dieser Festschrift hat dann den Übergang des Wortes „Philosoph" von Griechenland nach Iran so genau beschrieben, daß man präzise von allem nur das Gegenteil zu sagen braucht, um die Übertragung des Wortes *magu-* in entgegengesetzter Richtung, von Iran nach Griechenland, zu beschreiben: „Im griechischen Schrifttum läßt sich eine gewisse Neigung erkennen, Bezeichnungen von Gewohnheiten und Verhaltensweisen, die aus dem Orient kamen, nur als Fremdwort aufzunehmen, damit der Charakter des Fremden auf jeden Fall erhalten bleibe." Dasselbe ist in der Forschung seit Beginn der Neuzeit herausgekommen, obwohl sie das Gegenteil, die Aufhebung des Fremden, erstrebte.

Besprochene Werke (in der Reihenfolge ihrer Erwähnung)

BRISSONIUS, B.: De regio Persarum principatu libri tres, Paris 1590
HYDE, TH.: Veterum Persarum et Parthorum et Medorum Religionis Historia, Oxonii 1700. Editio Secunda (nach dieser wird zitiert): Oxonii 1760
ANQUETIL-DUPERRON, A. H.: Zend-Avesta, ouvrage de Zoroastre, contenant les idées théologiques, physiques et morales de ce legislateur, les cérémonies du culte religieux qu'il a établi et plusieurs traits importants relatifs à l'ancienne histoire des Perses, tome 1–3, Paris 1771
Anonymer Übersetzer (= KLEUKER, J.F.): Zend-Avesta. Zoroasters Lebendiges Wort, worin die Lehren und Meinungen dieses Gesetzgebers von Gott, Welt, Natur und Menschen; ingleichen die Ceremonien des heiligen Dienstes der Parsen u.s.f. aufbehalten sind, 3 Theile:
1. Theil, welcher mit dem, was vorausgeht, die beiden Bücher Izeschne und Vispered enthält, Riga 1776; 2., durch und durch vermehrte und verbesserte Ausgabe, Riga 1786
2. Theil, der, außer einigen Abhandlungen, die übrigen Zendbücher, Jeschts Sades, Siruze und Vendidad enthält, Riga 1777
3. Theil, welcher Zoroasters Leben, den Bun-dehesch, zwei kleine Wörterbücher, und die bürgerlichen und gottesdienstlichen Gebräuche bei den jetzigen Parsen enthält, Riga 1777
KLEUKER, J. F.: Anhang zum Zend-Avesta. 1 Bd. in 2 Theilen: wovon der erste verschiedene Abhandlungen von Herrn Anquetil du Perron über wichtige Gegenstände der persischen Religion, Philosophie, und Geschichte; und der zweyte Herrn Fouchers historische Abhandlung über die Religion der Perser enthält. 2 Bände in 4 Theilen: 1. Band, Leipzig und Riga 1781
1. Theil des 2. Bandes, Leipzig und Riga 1783
2. Theil des 2. Bandes, Leipzig und Riga 1783
3. Theil des 2. Bandes. Persika, das ist: Vollständige Sammlung und Erklärung dessen, was die Griechischen und Lateinischen Schriftsteller von Zoroaster, den Lehren und heiligen Gebräuchen der Magier und Perser berichten; verglichen mit den authentischen Angaben der Zend-Urkunden, Leipzig und Riga 1781
KLEUKER, J.F.: Zend-Avesta im Kleinen, das ist Ormuzd's Lichtgesetz oder Wort des Lebens an Zoroaster dargestellt in einem wesentlichen Auszuge aus den Zendbüchern, als Urkunden des alten Magisch-Zoroastrischen Religionssystems; nebst ganz neuen

Abhandlungen und vollständigen Erläuterungen aller hier vorkommenden Sachen und Begriffe. In drei Theilen, Riga 1789
Anonymus (= KLEUKER, J.F.): Magikon oder das geheime System einer Gesellschaft unbekannter Philosophen (= der Martinisten, C.C.) unter einzelne Artikel geordnet, durch Anmerkungen und Zusätze erläutert und beurtheilt, und dessen Verwandschaft mit älteren und neueren Mysteriologien gezeigt. In zwei Theilen. Von einem Unbekannten des Quadratscheins, der weder Zeichendeuter noch Epopt ist, Frankfurt und Leipzig 1784
RAPP, A.: Die Religion und Sitte der Perser und übrigen Iranier nach den griechischen und römischen Quellen, in: ZDMG 19, 1866
WINDISCHMANN, FR.: Zoroastrische Studien. Abhandlungen zur Mythologie und Sagengeschichte des alten Iran. Nach dem Tode des Verfassers hsg. von FR. SPIEGEL, Berlin 1863
JACKSON, A.V.W.: Zoroaster. The Prophet of Ancient Iran, New York 1898 (= 1901 = 1919)
CLEMEN, C.: Fontes historiae religionis Persicae, Bonn 1920
–: Die griechischen und lateinischen Nachrichten über die persische Religion, Gießen 1920
BENVENISTE, E.: The Persian Religion according to the chief Greek Texts, Paris 1929
MESSINA, G.: Der Ursprung der Magier und die zarathustrische Religion, Rom 1930
BIDEZ, J. – CUMONT, F.: Les Mages Hellénisés, 2 Bde, Paris 1938
MONTESQUIEU, CHARLES/LOUIS DE SECONDAT, BARON DE: Lettres Persanes, éd. par J. STAROBINSKI, Paris 1973

Zum Okkultismus

SAINT-MARTIN, LOUIS-CLAUDE DE: Oeuvres Majeures, éd. par R. AMADOU, 5 Bde, Hildesheim 1973–1990
BARRETT, FRANCIS: The Magus, London 1801
KIESEWETTER, K.: Der Occultismus des Altertums, Leipzig 1896
–: Geschichte des Neueren Occultismus, Leipzig 1891–1895
SELIGMANN, K.: Das Weltreich der Magie, Stuttgart 1958
THORNDIKE, L.: A History of Magic and Experimental Science vol.1, New York 1923

Sekundärliteratur (alphabetisch)

ASCHOFF, F.: Der theologische Weg Johann Friedrich Kleukers (1749–1827), Frankfurt/M. 1991
BORGER, R. und W. HINZ: Die Behistun-Inschrift Darius' des Großen, in: O. KAISER (Hsg.), Texte aus der Umwelt des Alten Testaments Bd.1, Gütersloh 1984, S.419–450
BOYCE, M. and F. GRENET: A history of Zoroastrianism vol.3: Zoroastrianism under Macedonian and Roman Rule, Leiden 1991
BRANDENSTEIN, W. und M. MAYRHOFER: Handbuch des Altpersischen, Wiesbaden 1964
COLPE, C.: Hystaspes, in: RAC Bd.16, Stuttgart 1994, Sp.1056–1082
DUCHESNE-GUILLEMIN, J.: Anquetil-Duperron, in: Encyclopaedia Iranica 2, London-New York 1987, S.100f.
–: The Western Response to Zoroaster, Oxford 1958
ELSAS, CHR.: Clemen, Carl (1865–1940), in: The Encyclopedia of Religion vol.3, New York 1987, S.532f

GELDNER, K.F.: Awestalitteratur, in: Grundriß der Iranischen Philologie 2, Straßburg 1896–1904, S. 1–53
KOSTER, W.J.W.: Chaldäer, in: RAC Bd. 2, Stuttgart 1954, Sp. 1006–1021
KRESTAN, L. und A. HERRMANN, Cyprianus II (Magier), in: RAC Bd. 3, Stuttgart 1957, Sp. 467–477.
KIPPENBERG, H.G. und B. LUCHESI (Hsg.): Magie. Die sozialwissenschaftliche Kontroverse über das Verstehen fremden Denkens, Frankfurt/M. 1978
LACH, D.F.: Asia in the making of Europe, vol. 1: The Century of Discovery (in 2 Teilbänden), Chicago 1965
STAUSBERG, M.: Der Zoroastrismus und die europäische Religionsgeschichte im 18. Jahrhundert, Magisterschrift Bonn 1951
SUNDERMANN, W.: Soziale Typenbegriffe altgriechischen Ursprungs in der altiranischen Überlieferung, in: E. CH. WELSKOPF (Hsg.), Soziale Typenbegriffe im alten Griechenland und ihr Fortleben in den Sprachen der Welt, Bd. 7, 2. Teil, Berlin 1982, S. 14–38

Priesterschrift und Videvdad

Ritualistische Gesetzgebung für Israeliten und Iranier

„Eine herrliche Erfindung aber, die Dinge ins hellste Licht zu rücken, sind die Gleichnisse (*similitudines*). Unter ihnen sind die einen ..... unter die Beweismittel zu rechnen (*probationis gratia inter argumenta ponuntur*), andere sind geschaffen, um das Bild der Dinge deutlich herauszubringen (*ad exprimendam rerum imaginem compositae*). ..... Bei dieser Art von Gleichnissen muß man sich vor allem davor hüten, daß das, was wir um der Ähnlichkeit willen herangezogen haben, nicht unklar sei oder unbekannt (*ne id ..... aut obscurum sit aut ignotum*), denn es muß, was zur Erklärung einer andern Erscheinung dienen soll, selbst klarer sein als das, was es erhellt (*ipsum esse clarius eo, quod inluminat*)".[1]

In der wissenschaftlichen Literatur von heute wird diese Art von *illustratio* oder *perspicuitas* noch gern geübt. Sie setzt voraus, daß eines der beiden Vergleichsstücke bekannt ist und das andere unbekannt, oder daß das eine mindestens um einige Grade bekannter ist als das andere. Aber die Illustratio sagt nicht zugleich, was sie noch leisten kann, wenn das Bekannte mit dem Unbekannten den Platz tauscht oder genauso unbekannt geworden ist wie dieses. Im letzteren Falle steht man dann bei der alten Alchemistenregel, es sei *ignotum per ignotum* oder gar *per ignotius* zu erklären. Welchen Bekanntheitsgrad haben die beiden in der Überschrift genannten Texte?

Wenn erklärt wird:

„Vendidad (aw. *vîdaêvo-dâtem*, das widerdämonische Gesetz, ...) ist von Haus aus kein liturgisches Werk, sondern der Leviticus der Parsen, das kirchliche Gesetzbuch, welches die priesterlichen Reinigungen, Sühnen und kirchlichen Bußen vorschreibt. ..... Anfang und Ende des Vendidad sind mythologischen Inhalts, der Kern von 3–21 enthält das eigentliche Priestergesetz"[2],

hat dann der Autor gegen Quintilians Regel verstoßen oder nicht? Sagt das Wort „Leviticus" klarer als die das Wort „Vendidad" (V) erklärenden Sätze, worum es sich handelt? Wenn ja, für wen ist es dann klarer, für die Iranisten, von denen offenbar angenommen wird, daß sie aus dem Religionsunterricht am Gymnasium zunächst besser wissen, was der Leviticus ist, als was das doch in ihrer eigenen Wissenschaft traktierte Videvdad (V) ist? Oder ist es für die Alttestamentler klarer, die vom V entweder noch gar nichts oder aber so wenig gehört haben, daß es der Erklärung bedarf? Wir verfolgen diese Fragen nicht weiter und zitieren eine Meinung, die die Sache in einem einfachen, in beiderlei

---

[1] Quintilian, *Inst. orat.* VIII 3, 72f; deutsch: S. 181 RAHN (Darmstadt 1975).
[2] K.F. GELDNER, „Awestalitteratur", in: *Grundriß der iranischen Philologie*, Bd. 1, Straßburg 1896–1904, S. 1–53, dort 5f. Nahe dabei steht O. KLIMA, „Avesta. Ancient Persian Inscriptions. Middle Persian Literature", in: J. RYPKA, *History of Iranian Literature*, Dordrecht 1968, S. 1–67, dort 12–15 zum Videvdad.

Richtung lesbaren Vergleich faßt. Dieser wird freilich sogleich neue Fragen aufwerfen.

„Das *Vendidad* (genau *Vidêvdât* ‚Gesetz gegen die Daevas') ist oft mit dem *Leviticus* verglichen worden. Im Grunde ist es ein Handbuch, vornehmlich in Katechismus-Form (Ahura-Mazda beantwortet Zarathustras Fragen), der Regeln für Reinigung nach einer Befleckung und für Vergebung nach einer Versündigung. Mit den Regeln sind allerlei beiläufige Dinge, die sich bei ihrer Anwendung ergeben haben, in das Buch hineingekommen, und so wird uns ein Blick in das Alltagsleben der Männer und Frauen gewährt, zu deren Nutz und Frommen das Buch zusammengestellt wurde."[3]

So weit, so gut. Aber was besagt der Vergleich für die beiden Bücher? Sind der Inhalt, die Verfasser, die Abfassungszeit, der Abfassungsort, die literarische Gattung, die Struktur der Rituale, die Gliederung der Stoffe bzw. der Aufbau der Texte vergleichbar oder ähnlich oder identisch?

Gehen wir zuerst die wichtigsten Forschungsergebnisse zu den beiden Büchern kurz durch, so zeigt sich bei Leviticus, daß er meistens von einer übergeordneten Einheit aus erklärt wird, der „Priesterschrift" oder „Priestercodex" genannten Quellenschrift des Pentateuch (P). Es ist also auf der einen Seite des Vergleichs mit zwei Größen zu rechnen. Für den Fall, daß es in der Sache liegt, die umfangreichere Größe, also P, werde sich als die besser vergleichbare Einheit erweisen, ist es einfacher, bei dieser einzusetzen und dann bei ihr zu bleiben, statt von der kleineren Einheit, also dem Buch Leviticus aus, viele Schlüsse *a minori ad maius* ziehen zu müssen. Für den Fall, daß Indizien vorliegen, die kürzere Größe solle sich als die besser vergleichbare Einheit erweisen, ist es ebenfalls einfacher, bei der umfangreicheren Größe einzusetzen und eventuell Überschießendes einfach wegfallen zu lassen, statt von der kleineren Einheit aus viele Negativbeweise führen zu müssen, daß Bestimmtes nicht dazu gehört. Wir tragen also Informationen über P zusammen.

„Zur ..... Entstehungszeit ist allgemein zu sagen, daß es sich ..... um die jüngste Quellenschicht des Pentateuch handelt. ..... P ist ..... jünger ..... als Ezechiel, der noch nichts von einem Hohenpriester weiß und die Degradierung der Leviten zu Tempelpriestern, die P voraussetzt, erst ankündigt. Schließlich kennen die Propheten Deuterojesaja, Haggai, Sacharja und Maleachi offenbar das Deuteronomium, nicht aber P. Erst die nicht vor Mitte des 4. Jh. verfaßte Chronik ist von P beeinflußt. Nach alledem ist P im 5. Jh. entstanden. Als Entstehungsort ist die babylonische Diaspora anzunehmen"[4]. „Als geltendes Gesetz kann darum P nicht vor Anfang des 5. Jh. Bedeutung gewonnen haben. ..... P führt die Rationalisierung des religiösen Lebens und Denkens, die mit dem Deuteronomium eingesetzt hat, zur Vollendung dadurch, daß das Ritualgesetz mit seinen einzelnen Bestimmungen die Ganzheit des Lebens umspannt. ..... Das Politisch-Nationale ist ausgeschaltet, das Ethische ..... durch das Übergewicht ritueller Observanzen zurückgedrängt. .....

---

[3] I. GERSHEVITCH, „Old Iranian Literature", in: *Handbuch der Orientalisitk* Abt.I Bd. 4: *Iranistik*, Abschn. 2/1: *Literatur*, Leiden/Köln 1968, S. 1–30, dort 26–28.

[4] E. SELLIN – G. FOHRER, *Einleitung in das Alte Testament*, [10]Heidelberg 1965, S. 201.

Die Vermittlung zwischen Gott und Mensch obliegt nun dem Priester und seinem auf die Sühne ausgerichteten Dienst."[5] „Das Werk entstammt wahrscheinlich den Kreisen der jüd. Priesterschaft im babylonischen Exil, wurde jedoch erst gegen Ende desselben (6.-5. Jh. v.Chr.) abgeschlossen und später mit den älteren Quellen zum Pentateuch zusammengearbeitet"[6]. „In seiner Bundestheologie setzt P die Arbeit der d(eu)t(e)ronom(istischen) Schule voraus, den Begriff für das göttliche Schaffen hat er mit Deuterojesaja gemeinsam ..... Die Vorstellung von der Herrlichkeit Jahwes mit Ezechiel. ..... Die geschichtl. Konstellation, in die P gehört, ist die Umformung Jerusalem-Judas zur Kultusgemeinde unter der polit. Herrschaft der Perser.... P liefert dieser jüd. Gemeinde mit ihrem Tempel, ihrer Hierarchie, ihren Riten und Bräuchen ..... ihre Ätiologie: sie wurde vor mehr als einem Jahrtausend am Sinai durch die göttlichen Anweisungen gegründet..... So stellt P eine gewaltige Rückprojektion dar..... Sollten in P die Erfahrungen des Exils reflektiert sein, dann ist es mindestens nicht ausgeschlossen, an Babylonien als Entstehungsort zu denken. Zugunsten dieser Möglichkeit lassen sich auch die Wirksamkeit des Ezechiel in diesem Bereich und die später von dort ausgehende Mission des Esra anführen. Die erste Möglichkeit bleibt freilich weiter Jerusalem.... das Gesetz des Esra war P mindestens mit einem Teil der gesetzl. Erweiterungen, wenn nicht sogar schon als die „Grundschrift" des einigermaßen fertigen Pentateuchs."[7]

Es würde keine Mühe machen, zu P weitere Forschungsresultate heranzuziehen.[8] Ein Verzeichnis der Zeitschriftenaufsätze zusammenzustellen, ist dies nicht der Ort. Die entsprechende Bilanz zu V vorwegnehmend[9], darf man sagen: verglichen mit diesem ist es evident, daß P der bekanntere Text ist.[10] Es ist aber nicht nur P als ganze bekannter, es sind auch Einzelheiten in ihr, ihre historischen Hintergründe, ihre theologischen Tendenzen und ihr Gebrauch durch das Volk, dessen priesterliche Repräsentanten das Werk herstellten, viel zahlreicher bekannt, als das Entsprechende bei V der Fall ist. Der Vergleich ist also im Prinzip sinnvoll, und man muß nur herausfinden, an welcher Stelle er anzusetzen ist.

---

[5] A. WEISER, *Einleitung in das Alte Testament*, [6]Göttingen 1966, S.128 u. 131.
[6] G. WALLIS, „Priesterschrift", in: *Biblisch.-Historisches Handwörterbuch*, Bd. 3, Göttingen 1966, Sp.1493f.
[7] R. SMEND, *Die Entstehung des Alten Testaments,* [3]Stuttgart 1984, S.57–59. Von den Geschichten Israels, die weiter nicht zitiert zu werden brauchen, steht SMEND am nächsten A.H.J. GUNNEWEG, *Geschichte Israels bis Bar Kochba*, Stuttgart 1972.
[8] In K. ELLIGER, *Leviticus* (Handbuch zum Alten Testament I 4), Tübingen 1966, finden sich auch die wichtigsten Nachweise zur ganzen Priesterschrift.
[9] Übersetzung: F. WOLFF, *Avesta. Die heiligen Bücher der Parsen übersetzt .....*, Straßburg 1910 (ND Berlin 1960), S.317–439. Einem Kommentar kommt gleich H. REICHELT, *Avesta Reader. Texts, Notes, Glossary and Index*, Straßburg 1911 (ND Berlin 1968), S.37–65 (Texte in Auswahl), 132–160 (Erläuterungen).
[10] Es liegt daran, daß unsere Gesellschaft einer größeren Anzahl von Personen Gelegenheit und Mittel gibt, sich mit der Priesterschrift, als mit dem Videvdad zu befassen. Insofern liegen dem Vergleich ganz ungleichzeitige Forschungen zugrunde. Ein richtig angesetzter Vergleich bietet aber auch die Chance, die weniger geförderte Forschung von der mehr geförderten profitieren zu lassen und so die Ungleichzeitigkeit ein Stück weit zu beheben.

Der Inhalt beider Schriften ist in den Einzelheiten total verschieden. Das nimmt nicht wunder, denn die Adressaten gehören ganz verschiedenen Kulturkreisen an und verehren nicht dieselben Götter bzw. denselben Gott. Es gibt jedoch noch vor den Einzelvorschriften, oder an ihrem Grunde, eine auffällige Übereinstimmung, nämlich die, daß die ganze lebendige Welt überhaupt in Rein und Unrein aufgeteilt wird. Das ist ein anderer Dualismus als zwischen Gut und Böse, Mēnōg und Gētīg, Licht und Finsternis. Wahrscheinlich ist es der elementarste Dualismus, den es überhaupt gibt. Er war völlig ohne die Ausdeutungen und Neufunktionalisierungen zu praktizieren, deren ihn spätere Generationen unterzogen. Dies weist auf eine gemeinsame archaische Schicht. Daß sie auch regional dieselbe war, geht aus dieser Feststellung noch nicht hervor, doch ist dies wahrscheinlich, weil alte Kulturen, die man nach ganz wenigen Merkmalen oder gar nur nach einem einzigen einteilt (aneignende Wirtschaft, d.h. Jagen oder Sammeln; Bestattungsart; Tierzucht oder Gartenbau; nomadisch oder seßhaft, o.ä.), ohnehin viel größere Territorien bedecken als jüngere, differenziertere Kulturen. Über den Zeitpunkt der Abfassung der Grundstöcke kann man dann nur in den Beschränkungen relativer Chronologie etwas sagen, nämlich daß sie erfolgt sein muß, als die maßgebenden Eigenheiten der alten Kultur noch bestanden und sozial gültig waren. Für den Abfassungsort der Grundstöcke gilt das Entsprechende, doch kommt darauf nicht so viel an wie auf die Endredaktion. Diese weist bei P auf den ganzen fruchtbaren Halbmond, bei V eindeutig nach Ostiran. Als Informationsquelle über die Realitäten des alten ostiranischen Lebens ist V bei weitem das wichtigste Buch des Awesta.[11]

In der Vermittlung der Rituale besteht, mutatis mutandis, kein Unterschied: Gott gibt sie dem Mose und dem Aaron auf, wie Ahura Mazda sie dem Zarathustra aufgibt. In der Struktur der Rituale aber ist der Unterschied groß: nachdem sie mitgeteilt sind, muß der Israelit die Reinigungsprozedur vollziehen und anschließend dafür sühnen, daß dies überhaupt nötig war. Für den Zoroastrier besteht keine solche Sühnevorschrift. Der Israelit ist für seine Unreinheit verantwortlich, für den Zoroastrier liegt die Verantwortung bei Ahura Mazda, der dem Unreinen und dem Reinen entsprechende Landstriche zugeteilt hat.

Was die Verfasserschaft von P anlangt, so hat die alttestamentliche Wissenschaft durch Einzeluntersuchungen seit Generationen auch den kritischsten Geist überzeugt, daß es sich um Priester handeln muß. In der Iranistik hat der Eindruck einer tödlichen Pedanterie, die die Autoren zu langweiligen Wiederholungen und haarspalterischen Klassifikationen verleitet haben, kombiniert mit dem Nachdruck, den das Videvdad auf die Vernichtung schädlicher Geschöpfe (*xrafstra-*) und auf die Abwehr der Dämonen legt, zu dem Urteil ge-

---

[11] Eine umfassende kulturgeographische Auswertung von V, die fast so etwas wie eine ostiranische Landeskunde ergibt, wird vorgenommen von M. SCHWARTZ, „The old eastern Iranian world view according to the Avesta", in: I. GERSHEVITCH (Hg.), *The Cambridge History of Iran*, 2, Cambridge 1983, S. 640–663.

führt, die Mager hätten das Werk verfaßt, denn mit den im Videvdad kodifizierten Bräuchen gibt es nach der Beschreibung Herodots (1, 140) bei den Magern zwar wenige, aber zentrale Übereinstimmungen. So bestatten sie den Leichnam eines Persers erst, nachdem ein Hund oder ein Raubvogel ihn herumgezerrt habe und er mit Wachs überzogen worden sei. Von anderen Menschen und insbesondere von den ägyptischen Priestern unterscheiden sich die Mager dadurch, daß sie außer dem Hund und dem Menschen alle Lebewesen, z.B. Ameisen, Schlangen und sonstige Kriech- und Flugtiere töten. Mit den israelischen Priestern stimmen hier zwar keine Einzelheiten, wohl aber das Prinzip der Reinhaltung überein, und das genügt.

Somit bleibt nur noch die Frage nach der Gliederung der Stoffe bzw. dem Aufbau der Texte – um über die literarische Gattung und die Struktur der Rituale nicht zu reden (dafür ist es noch viel zu früh). Hier gibt es eine Reihe großer Überraschungen. Relativ genauso viel, wie diskutiert wurde, ob und warum die Schöpfungsgeschichte am Anfang einer von Gesetzgebungen durchzogenen Geschichte Israels steht[12], wurde auch die Stellung des geographischen Kapitels als erstes des V erörtert.[13] Nun bestätigen sich beide Positionen gegenseitig. Wie P zum Ausdruck bringen will, daß der Gott Israels in erster Linie der Schöpfer und Herr der Welt ist, deren Urgeschichte einschließlich der „vorisraelitischen" Menschen sich auf die Erwählung eines Volkes hin entwickeln wird, so muß den V-Redaktoren daran gelegen gewesen sein, von ihrem begrenzten Wirkungskreis aus auf die größere Leistung ihres Gottes, die Ordnung der arischen Lande, hinzuweisen. Es gehört nicht mehr zur Theologie, sondern zur vorwissenschaftlichen Wissenschaft, die unter den P-Redaktoren recht entwickelt gewesen sein muß, daß die gegenüber dem eigenen Volke höhere Schöpfung für die Mager „Airyana Vaejah" war, für die israelitischen Priester aber „Himmel und Erde".

V enthält auch, wie P, einige Episoden, die aus dem Rahmen eines Gesetzbuches herausfallen, so des Protoplasten Yima[14] Bau einer Burg, in der gewisse Menschen und Tiere einen Winter überdauern sollen, der ansonsten die Gattungen verderben wird (2, 20–43). Das steht gleich zu Anfang, oder jedenfalls, wie die Erzählung von der Arche Noah, schon in der Urgeschichte. Vor allem

---

[12] Vgl. C. WESTERMANN, *Genesis 1 – 11* (Erträge der Forschung 7), Darmstadt 1972, S. 13–25.

[13] Vgl. A. CHRISTENSEN, *Le premier Chapitre du Vendidad et l'histoire primitive des Tribus Iraniennes* (Kgl. Danske Videnskabernes Selskab, hist.-filolog. Medd. XXIX 4), Kopenhagen 1943.- Linguistische Argumente bringen nichts (siehe Anm. 16). Die Feststellung einer verwirrenden Nachlässigkeit beim Umgang mit dem, was nach älteren awestischen Standards korrekte Flexionsendungen sind, hat kein Gegenstück für das Hebräische. – Im alttestamentlichen Text gab es bis zur Entdeckung der Qumranschriften keine echten Varianten, im Awesta gibt es sie bis heute nicht.

[14] Vgl. A. CHRISTENSEN, *Les Types du premier Homme et du premier Roi dans l'histoire légendaire des Iraniens,* IIe partiee *Jim*, Leiden 1934, S. 16–18.

aber: die Stoffanordnungen beider Texte stimmen so sehr bis in Einzelheiten überein[15], daß es erlaubt sein muß, daraus Schlüsse zu ziehen.

Der erste Schluß lautet, daß iranische Mager und israelitische Priester einmal so nahe nebeneinander gelebt haben müssen, daß – aus welchen Gründen auch immer – die Aufrisse ihrer Gesetzescorpora einander angeglichen werden konnten. Das war der Fall, als die Mehrheit von Israel im Exil lebte, und als die medischen Mager noch zu den Westiraniern gehörten[16]. Der zweite Schluß lautet, daß erst mit dem Zusammenbruch des Achämenidenreiches (330 v. Chr.) Gruppen von Magern in Ostiran Zuflucht zu suchen brauchten und auch erhielten, nachdem sie in Westiran zunächst der für alle kultischen Dinge zuständige Stamm im Mederreich, nach dessen Niederwerfung durch Kyros II. (553 v. Chr.) nicht mehr als Stamm, sondern als Stand mit dem zoroastrischen Priesteramt betraut gewesen waren. Damit wäre ein Grund für beides angegeben, für die nachachämenidische, also nach 330 v. Chr. fallende Endredaktion[17] von V, die dann nur etwa 50 Jahre später als die Endredaktion von P, wenn nicht gleichzeitig mit ihr erfolgt wäre[18], und für das Fehlen jeglicher Bezugnahme auf westira-

---

[15] Man gehe die im Anhang beigegebene Synopse gründlich durch. – Eine Erzählung wie die Versuchung Zarathustras durch den unheilwirkenden Geist (Kap. 19) hingegen läßt sich analog einer Versuchungsgeschichte in P nicht einordnen. GERSHEVITCH verweist auf S.23 seines Beitrages, wo er in anderem Zusammenhang als Beispiel Geschichten über die frühesten Helden und Könige erwähnt, die zu der „erstgeschaffenen" Generation gehören.

[16] Vgl. A. CHRISTENSEN, *Die Iranier* (Handbuch der Altertumswissenschaft III. Abt.: Kulturgeschichte des Alten Orients 3,1), München 1933, S. 232–239 (Die Iranier des Westens: 1. Erstes Auftreten der Meder und Perser, 2. Die medischen Stämme und das medische Großreich, 3. Die persischen Stämme und das achaimenidische Königsgeschlecht).

[17] Die nachachämenidische Datierung wenigstens eines Teiles von V wird bestätigt durch W.B. HENNING, „An astronomical Chapter of the Bundahishn", in: *Journal of the Royal Asiatic Society* 1942, S. 229–248 (= *Selected Papers* II, S. 95–114), dort 235, daß eines der beiden Maßsysteme, die in den Texten verwendet werden, das griechisch-römische ist. Außerdem ist ein spätes Datum schon immer aus dem nicht sehr kompetenten Umgang mit der awestischen Sprache erschlossen worden. Das Flexionssystem ist offenkundig zerbrochen oder auf dem Wege, zu zerbrechen, und die Autoren hielten sich an ältere Texte, so gut sie konnten. Was das Fehlen von Bezugnahmen auf Westiran anlangt, so darf man von den späten Epigonen der besten Awesta-Autoren erwarten, daß die ersteren sich auch dann an die Tradition der letzteren hielten, wenn es um die Formulierung von Magierregeln ging. Die Mager selbst, so könnte man vermuten, wären nur zu begierig gewesen, in die Schrift Passagen einzufügen, die Magertugenden lobpriesen und die Verbindungen des Zoroastrismus mit Westiran proklamierten. Mit der Zeit, in der die Mager die exklusive Kontrolle zoroastrischer Angelegenheiten auch in Ostiran übernahmen (3.–2. Jahrh. v. Chr.), mußte der Magertitel aus der Schrift ausgeschlossen bleiben; denn der früheste Awestakanon war mittlerweile aufgestellt worden und man konnte nicht mehr in ihn eingreifen außer bei der Neu- oder Rückanordnung von Abschnitten und Fragmenten, oder um verloren gegangene Abschnitte, von deren früherer Existenz man wußte, mittels erhaltener lexikalischer und struktureller Muster wiederherzustellen (GERSHEVITCH, siehe Anm. 3, passim).

[18] Dazu paßt am besten die Hypothese, daß Esra im 7. Jahr Artaxerxes' II. (nicht des I.!), also 398 v. Chr., und d.h. nach Nehemia zu wirken begann, und daß das von ihm mitgebrachte Gesetzbuch eben die noch nicht ganz fertige P und nicht der Pentateuch war. Es ist indessen nicht nötig, für die Endredaktion beider Schriften unbedingt auf Gleichzeitigkeit zu bestehen; siehe auch Anm. 20.

nische Länder oder Institutionen, einschließlich einer Erwähnung der Magerpriesterschaft selbst.

Für das folgende können die Fragen offenbleiben, wieweit die Priester an der Fertigstellung des Pentateuch, und wie weit die Mager an der Komposition eines Teiles des Awesta wirklich beteiligt waren. Beide Vorgänge stehen jedoch in einem gewissen Zusammenhang mit der achämenidischen Religionspolitik, zumal mit jenem Teil derselben, der für die militärisch und politisch entmachteten Randvölker für die Herstellung einer kulturellen Autonomie den Umgang mit eigenen Gesetzen und Geschichtsüberlieferungen und für die Rekonstitution der jeweils einheimischen Religion die Kanonisierung jener Tradition zu Heiligen Schriften vorsah. Die Vorgänge um die Autorisation des ägyptischen Landrechts[19], um das Apolloheiligtum zu Magnesia am Mäander und um den Wiederaufbau des Jerusalemer Tempels sind im großen und ganzen bekannt und sollen hier nicht rekapituliert werden. Weniger bekannt ist eine entsprechende These zu den Medern.[20]

„Da die Magier den Priestern der übrigen im Reiche vertretenen Religionen grundsätzlich gleichgestellt waren, so ist anzunehmen, daß auch sie zur Kodifikation eines Rechtsbuches veranlaßt wurden – und ich zweifle nicht daran, daß wir dieses Rechtsbuch noch besitzen. Es ist das Videvdat (Vendidad) des Awesta, das ‚Gesetz wider die Deven'. Davon spricht Xerxes in der sog. Daiva-Inschrift von Persepolis, in der er sich rühmt, an einem leider nicht näher bezeichneten Ort die Devenverehrung ausgerottet und den reinen Dienst Ahuramazdas eingerichtet zu haben, wenn er den Wandel ‚nach dem Gesetz, das Ahuramazda aufgestellt hat', empfiehlt".

An dieser These ist mißverständlich, daß man bei der „grundsätzlichen Gleichstellung der Religionen" in diesem Zusammenhang gleichzeitig an die Gleichstellung von Ethnien denken mußte, in deren Mitte die Religionen gehörten. Aber auch der Urheber dieser These setzt nicht voraus, daß es etwa noch ein medisches, in seiner Kleinheit dem jüdischen vergleichbares Reich gab, das dem von den Persern zerschlagenen Großreich nachgefolgt wäre oder wenigstens ein politisches Gemeinwesen, dem ein Status eingeschränkter, aber freie Ausübung der angestammten Religion einschließenden Selbständigkeit zugebilligt werden konnte. Dergleichen Verhältnisse zwischen den beiden iranischen Völkern sind nicht bekannt. Aber die These will doch wohl sagen, daß den in ein neues Großreich integrierten – und nicht, wie die Jerusalemer Priesterschaft, äußerlich übernommenen – Priestern ihre heilige Schrift belassen wurde, die zugleich ihre Gruppenidentität bestätigte und weiterhin auch unter einer neuen

---

[19] Vgl. W. SPIEGELBERG, *Die sog. ‚Demotische Chronik' des Pap. 215 der Bibliothèque Nationale zu Paris* (Demotische Studien 7), Leipzig 1914. Dies ist ein Parallelfall zur obigen Erörterung. Wenn sie überzeugt, dann stimmt die These nicht, die deuteronomistische Geschichtsschreibung habe auf die demotische Chronik eingewirkt.
[20] H.H. SCHAEDER, „Das persische Weltreich" (1941/42), in: DERS., *Der Mensch in Orient und Okzident*, München 1960, S. 48–82, dort 71.

Oberherrschaft bewußt erhielt. In den so rekonstruierten Sachverhalt würde jedenfalls das Videvdad am besten passen. An voller Überzeugungskraft mangelt es dieser These allerdings immer noch, und zwar deshalb, weil zu einer solchen historischen Rekonstruktion das Videvdad selbst mit herangezogen werden muß[21].

Diskussionswürdig bleibt die folgende Synopse. Selbstverständlich ist bei P wie bei V mit Arbeit am Text zu rechnen, die erst nach dem Stadium der aussichtsreichen Vergleichbarkeit stattfand. Dazu gehörten wahrscheinlich späte Neufassungen gewisser älterer Texte, deren sich die Autoren erinnerten. Die Übereinstimmung im Aufbau der beiden Schriften muß im 5. Jahrh. v. Chr. in einem Gebiet zwischen dem nach Babylonien offenen Westiran und Babylonien selbst hergestellt worden sein. Die Frage nach den Gründen dafür wurde nicht beantwortet.

---

[21] Mein Plausibilitätsargument in Sachen V ist von derselben Art wie das von H. DONNER, *Geschichte des Volkes Israel und seiner Nachbarn in Grundzügen (ATD Ergänzungsreihe 4/2)*, Göttingen 1986, S. 428f. in Sachen Pentateuch bzw. P.

Gliederung von Teilen der Priesterschrift, insbesondere des Buches Leviticus		Gliederung des Videvdad	
	I. Geschichte, aus der sich Gesetz entwickelt
A. Gen. 1,1–2,4a	Schöpfung der Welt mit der Erde durch Elohim	A. 1	Schöpfung der guten Länder durch Ahura Mazda, darin jeweils böse Gegenschöpfungen
B. 5 6,9–22 9,1–17	Berichte über mythische Vorfahren der Menschen	B. 2	Yima-Legende
C. 23	Vorblick auf die Zuteilung des gelobten Landes	C. 3,1–6 7–11	fünf wahrhafte Stätten auf der Erde fünf lügenhafte Stätten auf der Erde
	II. Gesetzbuch
D. Opfergesetze Lev. 1–3	Brand-, Speise- und Schelamim-Opfer	D. Fünf Beispiele für Gesetzeserfüllung 3,12f.	Nr. 1 und 2
4,1–5,13	Sündopfer	3,22–29	Nr. 3
5,14–26	Schuldopfer	3,30–33	Nr. 4 (genannt „Kern der mazdayasnischen Religion")
6f. 22,1–16	Pflichten und Anteile der Priester bei allen Opfern	3,34f.	Nr. 5 Eingeschoben (3,14–21) bzw. angehängt
22,17–33	Pflichten und Anteile der Laien bei allen Opfern		(3,36–42) sind Vorgriffe auf 7,1–52 usw.
17	Vorschriften über Schlachtung und Bluterguß		
E. Priestergesetze als Erzählungen von 8	der Weihe Aarons und seiner Söhne	E. Zivil- und Strafsachen in der Gemeinde 4,1–16	Vertragsrecht (Abschluß, Kündigung, Verletzung, Sühne)
9	erstem feierlichen Opfer Aarons und seiner Söhne	4,17–43	Bestimmungen über Bedrohung und Körperverletzung

10	erster priesterlicher Verfehlung im Gottesdienst und ihrer Bestrafung	4,44f.	Hilfe für Glaubensgenossen (mit Geld, einer Frau, Belehrung)
		4,46–55	Ordalvorschriften
F. Reinheitsgesetze		F. Reinheitsdefinitionen und -gesetze	
11	über reine und unreine Tiere	5, 1–26 8, 23–25	Gegenstände oder Elemente, die mittelbar oder unmittelbar mit Leichenteilen in Berührung gekommen sind
12	über Wöchnerinnen	5, 27–62	Verhalten bei Ansteckung mit Leichengift u.ä.
13f.	über Aussatz an Menschen und Gegenständen sowie seine Beseitigung	6 8, 1–22	Vorschriften über das Verhalten an Plätzen, wo ein Lebewesen gestorben ist oder bestattet werden soll
15	über verunreinigende Ausflüsse bei Männern und Frauen	7, 1–52 8,33–72	Vorschriften über die Behandlung von Leichen und von
21, 1–15	über verunreinigende Priester	8,97–107	Personen, die damit zu tun
21,16–23	über Leibesfehler, die vom Priestertum ausschließen	9,1–36	haben
		7,53–59	Daevas an Leichenstätten
		7,60–75	Behandlung einer fiebernden Frau und der von ihr benutzten Gegenstände
		7,76f.	Behandlung eines leichenfressenden Rindes
		7,78f.	Nachtrag
		8,1–25	siehe zu 6 und 5,1–26
		8,26–32	gegen Päderasterie
		8,33–72 und 8,97–107 siehe zu 7,1–52	
		8,73–96	gegen Leichenverbrennung
		9,1–36	siehe 7,1–52
G. Entsühnung und Vorschriften, die der Sünde vorbeugen		G. Läuterungsvorschriften	
16	der große Versöhnungstag	9,37–42	Entgelte für Läuterungen in diesem Leben

17	siehe unter D.	9,43f.	Entgelte für Läuterungen nach dem Tode
18 und 20	Ehe und Keusch-	9,45f.	siehe zu 10
19	heitsgesetze, Vorschriften für den Alltag	9.47–50	Maßregeln gegen den unkundigen Läuterer
21	siehe unter F.	9,51–57	Vorgriff auf 18,1–12
22	siehe unter D.	10,1f.	Vertreibung der Leichenfliege durch magisches
		9,45f.	Gatha-Rezitieren
		10,3–20	Kommentar zur Rezitationsart
		11	Läuterung des wahrhaften Mikro- und Makrokosmos durch Ahuna-Vairya-Rezitieren
		12	Trauerfristen und -bräuche beim Tod von Verwandten
H. Kultus		H. 13f.	Tiere, die dem Spenta Mainyu dienen; Strafen für ihre Tötung oder Mißhandlung
23	Sabbat und Jahresfeste		
24	Leuchter und Schaubrote		
25	heilige Jahre		
I. 26	Segen und Fluch	I.	Sünden und Beseitigung von Sünden, durch die man bei der Auferstehung seinen Leib verwirken kann
		15,1–8	Zusammenfassendes
		15,9–19	Illegitime Schwangerschaft und uneheliche Kinder
		15,20–51	Werfen und Paarung von Hunden
		16	Vorschriften für menstruierende Frauen und ihre Mitmenschen
		17	Der Dämon „Verderber"
		18,1–6	falsche und wahre Priester
		18,7–12	Der Dämon „Vergessenmacher", Irrlehrer, die ihm anheimgefallen sind (vgl. 9,51–57) 18,13–59 Sraoscha und sein Hahn sowie das Feuer: ihre Funktionen zu den verschiedenen Tages- und Nachtzeiten
		18,60–65	über Dirnen
		18,66–76	siehe zu 16

III: Rückkehr zur Geschichtserzählung

J.	P-Stücke nach Jos. 13,15	Ausübung des zuvor beschriebenen wahren Gottesdienstes im gelobten Land	J 19,1–16	Angriff Angra Mainyus und seine Abwehr
			19,17–47	in der richtigen Verehrung Ahura Mazdas
K.	Josua und Stammeshäupter als die Protektoren das wahren Gottesdienstes		K. 20	Heroen, die sich um die Bändigung von Krankheit und Tod verdient gemacht haben

Anhang

L. 21		milchspendendes Rind; wasserspendender Vouro-kascha-See; Mond und Sterne, die Ursprung des Rindes und des Wassers sind
M 22.		Krankheiten und ihre Heilung durch Airyaman

Die meistverbreitete iranische Anschauung vom Seelenaufstieg

Die klass. Anschauung. Der locus classicus für den Seelenaufstieg ist zugleich der locus unicus: Yast 22 oder Hadoxt Nask. Unter den ‚Seelen'- u. ‚Geist'-Teilen, aus denen das nichtleibliche Selbst des Menschen besteht (awestische Formen, bei Übergang in spätere Sprachstufen lautlich u. inhaltlich mannigfach verändert: ahu-, vyana-, boadah-, uschi-, urvan-, daēna-, fravaschi-, uschtana-, h̬ratu-, manah-, kehrp-, tanu-, griva-, ast-, tevischi-), sind die urvan- (= Urva) u. die daēna-(= Daēna) besonders ausgezeichnet. Letztere wird aus den Taten des Menschen ‚errichtet' u. erscheint der Urva, die als Freiseele den toten Leib verlassen durfte, als eine schöne Frau. Sie überzeugt die Urva-Repräsentation des Verstorbenen, die ihr auf der ins Jenseits führenden Cinvat-Brücke entgegengekommen ist, daß sie (interpretierend darf man wohl sagen: das gute Denken, gute Reden, gute Handeln gleichsam zusammenfassend) die Daēna der eigenen Person sei. Davon überzeugt, setzt die Urva ihren Fuß auf drei materialisierte Tugenden, die nacheinander eine gefahrlose Bodenfläche ergeben, auf der es sich gut gehen läßt; mit dem vierten Schritt gelangt sie auf ‚die anfangslosen Lichter'. Das Leben in dieser Endstation wird mit Frühlingsbutter gewürzt, d e r Speise für den Ascha- (= Wahrheits-)Gläubigen nach dem Wegsterben. – Der Text ist didaktisch konzipiert u. durch eine ganze Reihe von Beziehungen zwischen den entscheidenden Termini in mehrere Dimensionen hinein bedeutsam gemacht. Er bedient sich u.a. des alten Karma-Gedankens. Die Entstehungszeit ist unbekannt, doch dürfte sie nicht später als das 4. Jh. v. Chr. liegen. Die Einzigkeit der Aufstiegsanschauung zeugt eher für eine gewisse Randständigkeit der hinter ihr liegenden u. von ihr vertretenen individuellen Eschatologie im Zoroastrismus, der sich im ganzen zu anderen Aussagen über Tod u. Jenseits entwickelt hat. Vgl. auch die Bearbeitung bei C. Colpe, Die religionsgeschichtliche Schule (1961) 117/30; dazu G. Widengren; OrLitZt 58 (1963) 534/48.

Spätere Variationen in bezug auf die Auseinandersetzung zwischen Antike und Christentum. Die relative Vereinzelung der klass. Anschauung inmitten vieler multikausal bestimmter religiöser Phänomene darf nicht hinwegtäuschen über die Wirkungsmächtigkeit u. Qualität der ersteren, wegen der sie in der mittelpers. Literatur vielfach weitergeführt wird. Der Reichtum an Variationen, die sich an die Grundanschauung heften werden, gehört für sich genommen nicht mehr in den Einzugsbereich des RAC. Indessen müssen viele Varianten in diesen, namentlich in das Mandäertum (u. Sp.435), hineingewirkt haben (Bedrohung des Toten durch Dämonen; drei Tage Bewachung des Toten durch ihm nahestehende Menschen; Personifikation seiner guten Werke zu einer abbildlichen Gestalt, welche die Hinaufführung übernimmt; Verleihung von Unsterblichkeitsinsignien). In der für die mandäische Anschauung grundlegenden Abhandlung von W. Brandt, Das Schicksal der Seele nach dem Tode nach mandäischen u. parsischen Vorstellungen: JbbProtTheol 18 (1892) 405/38. 575/603 bzw. Libelli 152 (1967) mit Nachwort von G. Widengren (danach zitiert), stehen die ‚parsischen' Einzelnachweise nicht beisammen (so erst später bei Bousset 155/69. 229/73), wie der Titel vermuten läßt (vgl. Widengren a. a. O. 17_1. 18_1. 19/21. 23/8. 30. 31_1. 32/4. 37.39_3. 40 [‚Paradies' nach Mēnōgī Ḫrad]. 42 [Auferstehung!]. 43_1. 50f [Azi Dahaka]. 58_4. 63 [Klage des Rindes?]. 67 [Nachtrag Widengren]).

Eine „zoroastrische Vergewisserung der eigenen Orthodoxie"?

Spuren des Schamanismus. Die Anzahl der Seelenbegriffe, der guten u. der bösen Geister, ist im Vergleich zu den Nachbarkulturen ungewöhnlich groß. Ähnliches haben nur die nordeurasischen u. die altaischen Völker zu bieten, bei denen der Zusammenhang mit Schamanismus gesichert ist. Visionäre Begabung ist häufig in einer Form bezeugt, die an die Jenseitsschau der selbständig agierenden Freiseele denken läßt. Rationalisiert zum Wiedererstehen des leiblichen Menschen begegnet die ‚Auferstehung aus den Knochen' noch im eschatologischen Zusammenhang des Großen Bundahischn Kap. 34, 9f. Weitere schamanistische Spuren sind, gleichfalls im eschatologischen Zusammenhang, die Qualifikationen eines Körpers, einer Seele u. eines Saoschyant als ‚knochenhaft' (vgl. C. Colpe: Haussig a. a. O. 1, 4 [1986] 299f. 316/9. 430/2 u.ö.; mehr bei Gignoux, Corps).

Der Jenseitsreisende Kirdir. Kirdir (auch Kardir, Karder, Kartir transliteriert) war der von den ersten fünf Sassanidenkönigen (241/93 n. Chr.) bevollmächtigte Mobed, der über die Restauration des Zoroastrismus zu wachen hatte. Mit mehr u. mehr wachsender eigenen Machtvollkommenheit machte er aus diesem Amt eine inquisitorische Institution. Sie durchzog schließlich den ganzen Staat u. ließ den religiösen Minderheiten keinen Raum. Kirdir hinterließ vier Inschriften, die als religions-, sprach- u. allgemein-geschichtliche Dokumente von allerhöchstem Wert sind (ed. M. Back, Die sassanid. Staatsinschriften [Leiden 1978] 383/498). Inhaltlich stimmen sie überein; eine von ihnen ist eine Version, eine andere die Zusammenfassung eines Grundtextes, als welcher die beiden identischen Inschriften von Sar Mašhad u. auf der Ka'ba-i Zardošt erwiesen worden sind (Gignoux, Mage). Obwohl es oft möglich ist, Lücken der einen Version aus einer anderen zu ergänzen, sind eine ganze Reihe von Textverderbnissen noch nicht bereinigt. Deshalb ist im folgenden vieles hypothetisch. Man kann zunächst zwei Teile unterscheiden, einen Rechtfertigungsbericht im Res-Gestae-Stil u. eine Schilderung der J. Eine stark gekürzte Probe aus dem ersten Teil: ‚Und wer auch immer diesen (Text sehen u.) wiedergeben wird, der sei großmütig u. aufrichtig gegen die Götter ... (Ich) habe ... von den Göttern erbeten. Da wurde von mir dies angezeigt, daß, wenn ihr, o Götter, es für euch möglich ist, (ich?) dann das Wesentliche von Paradies u. Hölle erreiche (= deute?) ... (die Personen) ... Und jenem, der mir ähnlich ist, werdet ihr ihr Aussehen von der Art zeigen ... Und jener, der ein Wahrhafter (?) (ist), dessen eigene Dēn wird ins Paradies geführt; aber jener, der ein Lügenhafter (?) (ist), dessen eigene Dēn wird in die Hölle kommen. Sodann möge mir ... sichtbar werden, damit zu jenem Zeitpunkt, wenn ... gekommen ist, u. wenn der Wahrhafte ... ist, möge ... ebenso sichtbar sein wie von dem, der zum Paradies hingegangen ist. Und wenn ich ein Lügenhafter sein sollte, dann soll ich sein ..., gleichwie (der, der) zur Hölle geführt wurde. Und als ich diese Opfer u. Kulthandlungen ... hinsichtlich der Verstorbenen ... In der Persis, in Sakien u. in allen andern Provinzen (wurden) die Magier froh (?) ... um der Kulthandlungen der Götter u. um meiner eigenen Seele willen, damit ich ein Wahrhafter werde ...' (frei u. mit weiteren Auslassungen übersetzt im Anschluß an Back, a. a. O. 444f; Gignoux, Corps 43f; G. Gropp: ArchäolMittIran NF 1 [1968] 155). Der folgende Teil spielt nach Meinung aller Untersucher im Jenseits. Kirdir ist dort u. sieht sein Ebenbild. Es wird nicht deutlich, ob das eine von Osten herkommende Frau ist, wie er eine edlere nie gesehen hat, oder ein Mann, von dem mehrfach gesagt wird: ‚der ebenso war, wie Kirdirs Ebenbild, der stellte sich Kopf zu Kopf', also ihm direkt gegenüber. Beide nehmen nun einander an den Händen, u. auf einem sehr leuchtenden Weg gehen sie (?) nach Osten auf die Götter zu. Bei einem goldnen Thron wird ein festliches, von der Königsglorie erleuchtetes Mahl gehalten. Es scheint, als käme dann die Cinvat-Brücke ins Spiel. Sie wird für den Mann u. die Frau beim Betreten breiter. Kirdir, der ihnen wohl folgt, wird eskortiert oder ist bis hierher eskortiert worden von Reitern, die ihre Fravaschi (himmlisches Gegenbild) mit ihrer Ruvan (Freiseele) vereinigt haben u. damit Glückselige sind. Sie halten sich bei goldenen Thronen auf. – Kirdir ist also ein Visionär, der sich als Jenseitsreisenden sieht. Die Frau ist natürlich die Daena, über die als Ebenbild des Menschen im Hadoxt-Nask mehr gesagt wird (o. Sp. 414). Kirdir bekommt auf seiner Reise das, was ihm Herrschergunst u. die Institution seines Amtes ohnehin sichern, frei bestätigt u. begründet, als gäbe es das alles nicht. Die Reise wird beschrieben als wirkliches Erlebnis eines Lebenden u. ist nicht nach dem anschließend (s. unten) zu behandelnden Text modelliert. Kirdir war vielleicht außerdem ein Trancekünstler, der den ekstatischen Zustand autosuggestiv herbeiführen konnte. Denn die Reise hatte wohl einen Zweck, nämlich den Autor als Kirchenpolitiker zu legitimieren. Solche Legitimationen aber bedürfen von Zeit zu Zeit einer Erneuerung.

Der Visionär Arda Viraz. (Ed. u. Übers.: Ginoux, Livre.) Arda Viraz, ein als sündenfreiester u. rühmlichster bezeichneter Mann einer Zoroastriergemeinde wohl im 4. Jh. n. Chr., wird während einer Versammlung im Feuertempel Atur-Farnbag von den Dasturs der Religion u. von ‚allen' Menschen durch Wahl u. durch das Los dazu bestimmt, in Trance versetzt zu werden, eine Vision des Jenseits zu erleben u. anschließend den zweifelnden Menschen Kunde aus dem Jenseits zu bringen u. ihnen zu berichten, ob ihre Kulthandlungen richtig sind oder falsch. Im Rahmen einer großen Zeremonie wird Viraz dann in Trance versetzt, u. seine Seele geht ins Jenseits. Sie wird dort von Atur Yazat, der Gottheit des Feuers, einer Personifizierung des Feuers (Ohrmazds) u. dem Gerechten Srosch (dem gerechten oder frommen Gehorsam) empfangen. Sie zeigen ihm die Wonnen des Paradieses u. die Strafen der Hölle, indem sie ihn von Ort zu Ort führen u. ihm jeweils die Wohltaten u. die Sünden der Belohnten u. der Bestraften erläutern. Zum Abschluß der J. erlebt er die unsichtbare Gegenwart Ohrmazds, welcher ihn darüber aufklärt, daß es nur einen Weg im Leben gibt, den Weg der Gerechtigkeit (Frömmigkeit) u. den Weg der alten Lehre. Arda Viraz wird aus sieben Männern ausgewählt u. ausgelost. Seine Trance wird mit Hilfe von Wein u. Hanf herbeigeführt. Er erlebt sie, während er sieben Tage u. sieben Nächte auf einem Teppich schläft, der auf einem Thron ausgebreitet ist. Der Schlaf im Liegen oder Sitzen wird nicht durch Schlafwandeln unterbrochen, wenn Arda Viraz eine Szene träumt, in der er geht, z. B. über die Cinvat-Brücke. Sein Erwachen erfolgt, indem seine Seele wieder in den Körper eingeht. Von seinem Bericht fertigt ein Schreiber ein Protokoll an. Alle, auch die Priester u. Religionsgelehrten, richten sich nach den Weisungen, die Arda Viraz mitbringt.

Konsens, Diskretion, Rivalität

Aus der Ethnohistorie von Kurden und Jeziden

I

Die Nennung der Kurden im Titel des folgenden Teilstückes einer Vorlesungsreihe, die insgesamt schon von den Kurden handelt, bedarf einer kurzen Begründung. Tatsächlich war zunächst nur „Die Jeziden" (natürlich „Die JezidInnen") als Titel vorgesehen. Es hat sich aber gezeigt, daß eine Beschränkung solcher Art so viele Fragen nach dem Verhältnis der Einen zu den Andern und damit auch nach dem Platz der Jeziden in Kurdistan und in der Kurdologie aufwirft, daß es praktischer schien, die Kurden von Anfang an mitzunehmen. Dies um so eher, als sich von den Jeziden aus manche Differenzierung im Bilde und in der Definition der Kurden ergibt, die sich auf Grund der anderen Vorlesungen vielleicht nicht ergeben würde. Außerdem ist es möglich, bei einem Gegenstand, über den so viele Meinungen herrschen, zu der einen, die vielleicht schon vorgetragen wurde oder noch vorgetragen werden wird, eine andere, ebenfalls diskutable Meinung zu stellen. Die Chance zu weiterer Erkenntnis, die damit geboten wird, scheint größer zu sein als die Gefahr überflüssiger Wiederholung. Das Wörtchen „und" zwischen beiden Namen ist also nicht additiv, sondern explikativ gemeint. Obwohl es eine Konjunktion ist, kann es hypothetisch auch als Disjunktion verstanden werden. Es besteht die Möglichkeit, daß das Wörtchen „und" beides ist und auch bleibt. Das ist alles nicht so spitzfindig, wie es zunächst klingt. Bei uns könnte man anhand einer Verbindung wie „Franzosen und Hugenotten" genau so exemplifizieren.

Die Kurden[1] sind nach allgemeinem sozialwissenschaftlichem Konsens ein *Volk*. Verglichen damit sind die Jeziden[2] eine soziale Größe, die an Merkmalen,

---

[1] Neuere Gesamtdarstellungen: G. CHALIAND, *Kurdistan und die Kurden*, Bd. 1, Göttingen/Wien 1984; I. CH. VANLY, *Kurdistan und die Kurden*, Bd. 2 u. 3. Göttingen/Wien 1986 u. 1988; Kurdistan-AG AStA-FU Berlin/ Kurdologie-AG der Uni Hamburg (Hsg.), *Kurdologie. Studien zu Sprache, Geschichte, Gesellschaft und Politik Kurdistans und der Kurdinnen und Kurden*, mit Beiträgen von 16 Autoren, Berlin (Bibliothek Feqiye Teyran Bd. 1), 1994; DAVID McDOWALL,*The Kurds: A Nation Denied*, London 1992; DERS., *A Modern History of the Kurds*, London/New York 1996; PHILIP G. KREYENBROEK/ STEFAN SPERL (Hsg.), *The Kurds. A Contemporary Overview*, London/New York 1992.

[2] Neuere Gesamtdarstellungen: ROBIN SCHNEIDER (Hsg.), *Die kurdischen Yezidi. Ein Volk auf dem Weg in den Untergang*, Göttingen 1984; JOHN S. GUEST, *The Yezidis. A Study in Survival*, London/New York 1987; revidierte und erweiterte Ausgabe: DERS., *Survival among the Kurds: A History of the Yezidis*, London/New York 1993; PHILIP G. KREYENBROEK, *Yezidism – its Background, Observances and Textual Tradition*, Lewiston/Queenston/Lampeter 1995. In seiner Knappheit immer noch unübertroffen ist TH. MENZEL, „Yazidi", in: A.J. WENSINCK-J.H. KRAMERS (Hsg.), *Handwörterbuch des Islam*, Leiden 1941, Sp. 806–811. Ganz kurz: WILHELM

mit denen man eine solche zu definieren pflegt, am vollständigsten diejenigen aufweist, die zu einer *Gruppe* gehören[3]. In diesem Fall ist sie zahlenmäßig klein, als siedelnde Bevölkerung aber ausgedehnt. An der Jezidengruppe erweist sich das Verhältnis zwischen Stamm, Volk, Religionsgemeinde, Sprachgemeinschaft und Nation als ein besonderes Problem. Der größte Teil der Jeziden besteht aus Kurden und spricht dementsprechend den jeweils seit alters in dem betreffenden Siedlungsgebiet eingebürgerten kurdischen Dialekt (eingebürgert ist sonst nur noch ein alter, heute ganz für sich stehender arabischer Dialekt in einem einzigen Dorf); hinzu kommt sehr oft als zweite Sprache die Amtssprache eines der fünf Staaten, in denen die Kurden leben (manchmal auch die ihren Wohnsitzen am nächsten befindliche Regionalsprache). Innerhalb der Kurden ist aber der jezidische Anteil recht klein; die Kurden sind ihrerseits heute größtenteils Muslime verschiedener Konfessionen.

Wir treffen also auf zwei Schnittstellen von Wohnstätten sehr unterschiedlicher Größe: der größeren von Kurden, bei denen sich die Siedlungsgebiete von Angehörigen jezidischer und islamischer Religion, und der kleineren von Jeziden, bei denen sich die Niederlassungen von Kurden und „Wirtsvölkern" überschneiden. Beide Überschneidungen weisen in früheste Zeiten zurück, dergestalt, daß man hat erwägen können, ob die Überlieferungen der Jeziden etwa die vorislamische Nationalreligion der Kurden repräsentieren, bzw. ob die Kurden ihre eigentliche Identität über die Jeziden finden müßten. Auf diese Ansicht kann man jedenfalls die folgenden Sätze zuspitzen:

„Die Religion, die die meisten kurdischen Elemente enthält, ist die der Yezîdî-Kurden, die früher als ‚Teufelsanbeter' verrufen waren. Maximilian Bittner stellte fest, daß es sich bei den Yezîdî ethnisch und sprachlich um einen echten Kurdenstamm handelt, und 1970

Eilers, „Jeziden", in: *Die Religion in Geschichte und Gegenwart* Bd. 3, Tübingen 1959, Sp. 664f. WERNER SCHMUCKER,"Sekten und Sondergruppen", in: W. ENDE / U. STEINBACH / M. URSINUS (Hsg.), *Der Islam in der Gegenwart*, München 1984, S. 505–526. Mein eigener Beitrag gehört wechselnd der lexikographischen und der essayistischen Gattung an, weil er ein doppeltes Ziel verfolgt: er soll streckenweise wie meine beiden Artikel „Jeziden" und „Kurden", in: *Evangelisches Kirchenlexikon,* Bd. 2, ³Göttingen 1989, Sp. 831–833 und 1525–1527, möglichst viele knappe, auf Zuverlässigkeit kontrollierte Informationen auf dem zugebilligten Raum unterbringen, zwischendurch aber relativ ausführlich Probleme diskutieren, die erst in jüngster Zeit hervortraten. Da ich zu den letzteren aus Zeit- und Gesundheitsgründen keine neuen Quellenstudien treiben konnte, hätte es sein Bewenden damit haben müssen, daß ich Materialien, die mir aus den Zeiten meiner Synkretismusforschung noch verfügbar sind, in dieser Druckfassung vollständiger ausbreite, als es an anderen Stellen, darunter in den beiden EKL-Artikeln, möglich war. Doch kamen mir überraschend Carsten Borck, Martin van Bruinessen, Siamend Hajo, Ferhad Ibrahim, Feryad Fazil Omar und Eva Savelsberg zu Hilfe, indem sie mich auf neuere Literatur und allerlei Einzelheiten hinwiesen oder diese an den Rand meines Vortragsmanuskripts schrieben. Dafür sei ihnen auch an dieser Stelle auf das herzlichste gedankt.

[3] Ich halte mich beim Gebrauch der Wörter „Volk" und „Gruppe" an die Definitionen in: TH. SCHOBER/M. HONECKER/H. DAHLHAUS (Hsg.), *Evangelisches Soziallexikon,* ⁷München – Berlin 1980, Sp. 1390–1393 (H.-H. SCHREY) und Sp. 560f (W. MARHOLD).

konnte Prof. Samî Sa'îd Al-Ahmad in einem zweibändigen Werk nachweisen, daß es sich bei den Yezîdî auch religiös um echte Kurden handelt, da bei ihnen die Zarathustrareligion in synkretistischer Form weiterlebt. Außerdem verfügen die Yezîdî-Kurden in ihren heiligen Schriften als einzige über ein eigenes kurdisches Alphabet. Diese Schriften sind mit Ausnahme einer arabischen Hymne alle in Kurmancî abgefaßt und zählen zu den Schätzen der kurdischen Nationalliteratur. Es handelt sich dabei um das *Kitab-i Calwa* („Buch der Offenbarung") und die *Mas-chaf(-i) resch* („Die schwarze Schrift"). Der Grund dafür, daß die Yezîdî-Religion keine auf das gesamte kurdische Volk übergreifende Rolle spielen konnte, liegt darin, daß die Yezîdî, die sich als auserwähltes Volk ansehen, das (gemeint: dessen Urahn, C.C.) – noch vor der Erschaffung Evas! – direkt von Adam abstammen, keinen Proselytismus kennen, d.h. daß jemand, der nicht von Yezîdî-Eltern geboren ist, kein Angehöriger dieser Religion werden kann, womit eine große Verbreitung von vornherein ausgeschlossen ist.

Nach der im 7. Jahrhundert erfolgten arabischen Invasion und der damit verbundenen Islamisierung der besetzten Gebiete wurde die arabische Sprache zur Amts- und Religionssprache erklärt. Die Kurden, die bis dahin Anhänger der Religion Zarathustras waren, leisteten langen, harten Widerstand gegen die neue Religion des Propheten Mohammed, was bis heute die sog. ‚Friedhöfe der Ungläubigen', d.h. von Kurden, die im Kampf gegen die Muslime gefallen sind oder den Islam einfach nicht angenommen haben, bezeugen"[4].

So anerkennenswert es ist, wie wichtig in einem sprachwissenschaftlichen Artikel auch die Nationalreligion als einer der wirklichen Identitätsfaktoren genommen wird – bei der „Religion Zarathustras", die man sich offenbar in reiner wie in „synkretistischer Form" als ein- und dieselbe vorstellen soll, bleibt doch manches unklar. Um hierüber etwas mehr Klarheit zu gewinnen, fangen wir noch einmal mit der frühesten Zeit an, und zwar unter der Fragestellung, ob die „Vor- und Frühgeschichte" der Kurden und der Jeziden etwa ein und dieselbe ist.

II

Wie immer bei der Frühgeschichte von Minderheiten – und anderer kleiner Völker ohne solchen Status! – sucht man mangels anderer Anhaltspunkte nach einem damaligen Namen, der mit dem gegenwärtig benutzten Namen einige Ähnlichkeit hat. So wollen noch heute einige Forscher die *Kurd* in den *Karduchoi* bei Xenophon wiederfinden, der diese als Teilnehmer am Kriegszug Kyros'

---

[4] ZARADACHET HAJO, „Die kurdische Sprache und ihre Dialekte. Ein Beitrag zur Standardisierung des Kurdischen", in: Kurdistan-AG AStA-FU Berlin u. Kurdologie-AG der Uni Hamburg *(Hsg.), Kurdologie,* Bibliothek Feqiye Teyran o. J. (1994), S. 73–81, dort 79f. Der Autor benutzt, wie es im Türkeitürkischen eingeführt ist, das c als Wiedergabe von dsch. Ich habe die beiden Buchtitel für deutsche Leser etwas aussprachegerechter transliteriert (s-ch steht für Trennung von s und gutturalem h, sch ist wie in „Schule" zu sprechen), folge in Zitaten aber sonst dem jeweils zitierten Autor. In eigener Darstellung helfe ich mir bei Eigennamen oder unübersetzten orientalischen Wörtern auf dieselbe unbefriedigende Weise durch, da ich ein korrektes Transliterationsschema aus Mangel an diakritischen Zeichen nicht befolgen kann.

des Jüngeren im Februar 400 vor Chr. beim Durchmarsch durch ihr Gebiet östlich des oberen Tigris selbst gesehen habe (Anab. 3,5,15–4,1,11)[5]; es seien dieselben, die bei dem Geographen Strabon (63 vor–19 nach Chr.) *Gordyaioi* heißen (Geogr. 16, 1, 24)[6]. Wenn die Namen richtig zusammengestellt sind, setzen sie zwar eine Selbstbezeichnung iranischer Herkunft voraus, als deren Träger seit dem 5. Jh. vor Chr. eine Gruppe von nach Westen gezogenen Nachfahren der Meder nicht auszuschließen sind. Sichere Zeugnisse für die reale Existenz ein und desselben Volkes, zu dem die Kurden in historischer Kontinuität stehen, sind das jedoch nicht[7].

Erst in hochislamischer Zeit, im 12. Jahrhundert, stehen wir auf etwas festerem Boden. Es sind immerhin zwei Zeugnisse anzuführen, die jedes für sich dürftig sind, gemeinsam aber sich gegenseitig stützen. Der große Patriarch der syrisch-jakobitischen Kirche, Michael (1126–1199, schrieb seit 1166), den man in Europa seiner hohen repräsentativen Bedeutung wegen „den Syrer" nennt, hat in seiner Weltgeschichte[8] einige wichtige Angaben gemacht. Einstmals scheinen wie die Perser so auch der Stamm der *Kurdâyê* (sic) mit dem arabischen Reich verbunden gewesen zu sein; dieser Tatbestand wird noch viel später, als die Türken eine wohl ebensolche Verbindung eingingen, zum Vergleich herangezogen (XIV 5, 570/156). Zum Jahre 1140 erwähnt Michael Araber, die *Khurdanâyê* (sic, so auch im folgenden) heißen; Räuber und Heiden glaubten, daß ein König namens Mahdi (!) aus ihnen hervorgehen werde; als er wirklich kam, wurde er gefangen gesetzt, und die Khurdanâyê bereiteten seiner Familie

---

[5] Xenophon, „Der Zug der Zehntausend". *Cyri Anabasis,* griechisch-deutsch hsg. von W. Müri, München 1954, S. 188–193. Was hier über ein von den Achämeniden unabhängiges Reich der Karduchen erzählt wird, macht es eher unwahrscheinlich, daß diese die Vorfahren der heutigen Kurden sind. Grundsätzlich ist es überhaupt zu vermeiden, umfassende Thesen auf ein einziges Argument zu gründen, noch dazu wenn es aus einem einzigen Wort besteht. Das gilt auch für den Namen in Anm. 7.

[6] *The Geography of Strabo,* ed. and transl. by H.L. Jones, London 1930 (viele NDD), vol. 7, S. 231 f. Die Kurden müßten viel vergessen haben, wenn sie wirklich die Nachfahren derer wären, die hier als Spezialisten im Festungsbau und in der Errichtung von Zitadellen mit zwei Türmen sowie als Experten im Bau von Belagerungsmaschinen beschrieben werden.

[7] Gar nicht erörtert wird offenbar, ob etwas aus den beiden Tatsachen folgt, daß es im Synkretismus auch künstliche Namen gibt, und daß die Namen kleiner Völker auch wandern können, namentlich aus der Sicht Außenstehender. In den letzteren Zusammenhang kann schon die Anführung des Namens *Kar-da(-ka)* in einem neusumerischen Text durch F. Ibrahim (Titel siehe unten Anm. 35), S. 107, gehören.

[8] *Chronique de Michel le Syrien, Patriarche Jacobite d'Antioche* 1166–1199, éditée pour la première fois et traduite en français par J.-B. Chabot, tome I-III, Traduction, Paris 1901 (ND Brüssel 1963), tome IV, Texte Syriaque, Paris 1910 (ND Brüssel 1963). Ich zitiere nach Buch des Werkes (mit röm. Ziffern), Kapitel des Werkes (mit arab. Ziffern), Seite des faksimilierten Handschrift-Textbandes/Seite der Übersetzung nach der die Bände durchlaufenden Paginierung.

Schwierigkeiten (XII 12, 508–512/50–55)[9]. Später trennten sich die Khurdanâyê von den Taiyâyê (XII 16, 522/73). Dies ist die wichtigste Aussage über die soziale und ethnische Selbständigkeit der „Kurden" gegenüber den Arabern. Sie wurde wohl in einer Art Revolte erstritten, wie es deren noch mehrere gab (XII 2, 542/109). In einem dieser Kämpfe stiegen die Khurdanâyê von ihren Pferden, schnitten ihnen die Sehnen durch und kämpften zu Fuß weiter (XII 20, 537/96f).

Zur gleichen Zeit, da Michael der Syrer wirkte, hatte es die seldschukische Verwaltung Irans (1092–1194) mit einer Region zu tun, die sich etwa von einer Linie zwischen Van- und Urmiya-See bis zur geographischen Breite des mittleren Zagros-Gebirges erstreckt haben muß[10]. Diese Region wurde nach ihrer landschaftlichen Eigenart und ökonomischen Nützlichkeit mittels eines neupers. Wortes für „Feld", nämlich *Kurd*[11], benannt. Hier würde also einmal eine Eigenbezeichnung mit einer Fremdbezeichnung – eventuell homonymisch, da man die Bedeutung der alten Namen bzw. des alten Namens nicht kennt – zusammenfallen. „Kurdistan" wäre dann etwa mit „Ackergebiet" oder „Feldregion" zu übersetzen. Sekundär konnte das Grundwort auch für den Gebrauch im Arabischen[12] als Kollektiv (mit Plur. *akrâd*)[13] herausgelöst werden. Sinngemäß kann der Singular davon als „der Ackerbewohner (oder -bauer)" oder „der Schafhirt" verstanden worden sein[14].

Doch was immer man aus früh- und hochislamischer Zeit heranziehen kann – die Anfänge bleiben undeutlich, und das gilt nicht nur für die Kurden, sondern auch für die Jeziden. Ein solcher Tatbestand ruft immer wieder nach autoritativer Herstellung von Deutlichkeit bzw. Eindeutigkeit, und zwar umso intensiver, je heftiger politische Gegensätze zwischen Parteiungen innerhalb der Gruppe oder zwischen dieser und der Außenwelt aufeinander prallen. Solches Für und Wider spielt eine enorme Rolle bis auf den heutigen Tag, hier mehr für die Kurden als für die Jeziden. Hält man sich unabhängig von alledem an eine Art von

---

[9] Was hier insbes. über den Mahdismus gesagt wird, und die verschiedenen Namensformen (die *Qardawaye*,in deren Land die Römer eindrangen IX 29,309/244,sind wohl ein anderes Volk), bedarf dringend einer Spezialuntersuchung.

[10] Diese und viele weitere Angaben passim bei R.N. FRYE und J.A. BOYLE (Hsg.), *The Cambridge History of Iran*, vols. 4 (*The Period from the Arab Invasion to the Saljuqs*) und 5 (*The Saljuq and Mongol Periods*), Cambridge 1975 und 1968.

[11] In den neueren persischen Wörterbüchern wird dieses Wort nicht mehr geführt, wohl aber noch bei I.A. VULLERS, *Lexicon Persico – Latinum*, tom. II, Bonn 1864 (ND Graz 1962), p. 814a mit der Bedeutung „ager circumcirca elevatus".

[12] MANFRED ULLMANN, *Wörterbuch der klassischen arabischen Sprache*, Bd. 1: Kāf, Wiesbaden 1970, S. 121 b.

[13] A. ASBAGHI, *Persische Lehnwörter im Arabischen*, Wiesbaden 1988, S. 24, letzte Zeile. Eventuell ins Mandäische weiterenlehnt, vgl. E. S. DROWER/R. MACUCH, *A Mandaic Dictionary*, Oxford 1963, p. 18a s.v. „akrad".

[14] Falls im mittelpers. Wort „*kurtik" die Vorform von „kurd" steckt, ist die Erörterung sozialer Bedeutungen wie „slave shepherd" bei H.S. NYBERG, *A Manual of Pahlavi*, part II: *Glossary*, Wiesbaden 1974, S. 120b s. v. interessant. Leider sind die Datierungen des *Tatenbuches des Ardaschir, Sohnes des Papak*, in dem das Wort vorkommt, nicht genau genug.

historischem Erfahrungswert[15] für Entstehung und Verlauf einer Ethnogenese im Vorderen Orient, nämlich etwa 300 Jahre, so war sie für die Kurden spätestens gegen die erobernden Araber, d.h. bis 637/51 n. Chr., beendet. Ob man für die Jeziden eine entsprechende Aussage machen kann, hängt ganz davon ab, inwieweit man sie als eine eigene Ethnie definieren kann, auf die gleichfalls die allgemeinen geschichtlichen Gesetze einer Ethnogenese zutreffen. Bis auf weiteres wird man hier wahrscheinlich auf eine gesicherte Feststellung verzichten müssen.

III

Die Identität der Kurden bestimmt sich jedenfalls von der arabischen bzw. islamischen Eroberung an klar nach Zugehörigkeit zur nordwestiranischen Sprachfamilie und nach einer unverkennbaren, in Märchenmotivik, Liedern und Kleidersitten aufscheinenden Folklore. Auch die Sozialstruktur hebt sich von der der Umgebung ab. Ansprüche auf Besitz von Anbau- und Weideland werden anders als in der umgebenden Ordnung reguliert. Eine etwaige Konkurrenz zwischen den Gewohnheitsrechten einer Art feudaler Aristokratie, zu der auch wirtschaftlich unabhängige Bauern und Nomaden (!) gerechnet werden dürfen, und einem Moralkodex, der auf einem System abgestufter Loyalitäten zu und zwischen den Aghas von Familien, Clans und Stämmen beruht, wird nach einer genauen Kasuistik gegenseitig ausgeglichen oder durchgestanden[16]. Zwischen den weltlichen Aghas und den Scheichs religiöser Orden samt Zugehörigen gibt es noch einmal besondere Regeln. Es besteht aber auch eine wichtige Übereinstimmung zwischen Kurden und Arabern, Paschtunen und anderen muslimischen Völkern in ihrer Umgebung: die Heirat mit der patrilinealen Parallelkusine wird vor anderen familiaren Regulierungen bevorzugt.

Bei der internen Organisation von Orden und im Verhältnis der Geistlichen zur Bevölkerung liegen die Dinge bei den Jeziden in mancher Hinsicht ähnlich wie bei den anderen Kurden, wenn auch die Entstehung gewisser Regeln chronologisch nicht mit derjenigen der letzteren übereinstimmen kann. Das ist ein Tatbestand, der wohl mit einer Tendenz eher zu äußerlicher Anpassung als zur Abgrenzung entschärft werden soll. In Phänotyp und Kleidung sind sie oft den

---

[15] Dafür kann man etwa die Zeiten heranziehen, die die Samaritaner, die Mandäer und die Sikhs gebraucht haben, um eine eigene Religionsethnie zu werden.

[16] Grundlegend: MARTIN M. VAN BRUINESSEN, *Agha, Shaikh and State. On the social and political organization of Kurdistan,* Diss. Utrecht 1978; deutsch: M.M. v. B., *Agha, Scheich und Staat. Politik und Gesellschaft Kurdistans,* Berlin 1989. Martin machte mich auch auf den – in meinem Ms. von anderen übernommenen – Irrtum aufmerksam, daß die Kreuzvetternheirat die bevorzugte Eheform sei.

Wirtsvölkern[17] ähnlich. Gewisse endogame Heiratsregeln und -bräuche der Jeziden sind mit denen der Kurden vergleichbar[18]. Sie selbst oder mindestens ein größerer Teil von ihnen nennen sich in neuerer Zeit- es läßt sich nicht genauer feststellen, seit wann – mit einem eher iranischen, trotz alter Verwendung als Name für eine nestorianische Diözese (syr. *Dasnîyê*) kaum semitischen Wort *Dâsin* (plur. *Dawâsin*). Das ist als altiran. **daêvaysna-* etymologisiert worden, was bei einem Sinn „Daeva-Anbeter" sachlich genau so unmöglich ist wie „Teufelsanbeter". Das als Alternative angebotene Wort *mazdayasna-* wäre sachlich möglich, ist aber mit seinem *m* den Bezugswörtern zu unähnlich.

Aus den ethnischen Grundgegebenheiten sind immer wieder neuartige Erscheinungen hervorgangen.

Bei den Kurden waren es geschichtsmächtige Bewegungen. Entweder wurden selbständige Fürstentümer gebildet, oder es wurden Dynastien außerhalb Kurdistans gegründet (Hasnawiyya, 950–1095; Schaddâdi, 951–1164; Fadlawiyya, 1065–1449)[19]. Beides wiederholte sich gelegentlich bis zum 16. Jahrhundert. Einmal kam es sogar bis zu einer Staatsgründung, dem Reich der Zand-Khane im 18. Jahrhundert[20].

Bei den Jeziden waren es Auffälligkeiten, die lokal begrenzt blieben: Den übrigen Kurden, den Persern und Arabern sollen sie an Kundigkeit in Ackerbau, Gärtnerei und Viehzucht weit überlegen gewesen sein. Alle anderen „neuartigen Erscheinungen" werfen die Frage nach dem Identitätsfaktor „Religion" bei Kurden wie bei Jeziden auf. Bei den Jeziden war eine gewichtige Veränderung im Totenglauben wahrscheinlich der wichtigste Differenzpunkt (s. u.).

IV

Die Rekonstruktion der ursprünglichen Religion und Mythologie der Kurden aus alten Nachbardaten und neuerer Folklore erscheint möglich, gelang aber bisher nicht vollständig. Man darf aber, wie anderwärts, aus der Tatsache bis auf den Grund gehender Islamisierung ein Bedürfnis nach geistiger und glaubensmäßiger Einheit erschließen, das als ein Moment der außerordentlichen religiösen Diffusität im Tur Abdin, im oberen Euphrat-Tigris-Gebiet und in deren

---

[17] Dieser Ausdruck trifft nur auf Völker zu, innerhalb derer Jeziden nach Art einer Diaspora leben, nicht auf Völker wie die iraqischen Araber oder die um den Van-See herum wohnenden Armenier, deren Volksgrenzen auf weite Strecken mit der iranisch-türkischen Staatsgrenze zusammenfallen, die aber dennoch teilweise vom zentralen Kurdistan überlagert sind.

[18] R. LESCOT, *Enquête sur les Yezidis de Syrie et du Djebel Sinjar,* in: Mémoires de l'Institut de Damas 5, Beirut 1938.

[19] Vgl. J. NEBEZ, *Kurdistan und seine Revolution,* München 1972, S. 60.

[20] Der darauf folgende politische Versuch, der bis ins 19. Jahrh. reicht, ist aufgearbeitet von J. NEBEZ, *Der kurdische Fürst Mir Muhammad Rawandizi, genannt Mir-i-Kora, im Spiegel der morgen- und abendländischen Zeugnisse,* Diss. Hamburg 1970.

Nachbarschaften bis zum 7. Jahrh. n. Chr. mitentstanden war. Die Überwindung derselben führte wohl eine kleine Mehrheit in die Zwölferschia, daraus (?) wieder Einzelne in die – sunnitischen! – Derwischorden der Naqschbandiya und der Qadîrîya; eine größere Mehrheit, ca. zwei Drittel von allen, fand den Weg in die allgemeine Sunna, die im damaligen Vorderasien vornehmlich durch die schafiitische Rechtsschule repräsentiert war. Die auf kurdischem Territorium lebenden Christen – Syrisch-Orthodoxe (Sûrîyânî), Nestorianer (Aschurî) und Armenier – sind keine Kurden, auch wenn sie gelegentlich kurdische Sprache und Gebräuche zusätzlich annehmen.

Zu gewissen Zeiten, vor allem natürlich in der vorislamischen Epoche, kann es nur die kulturelle Multiorientiertheit ihrer Existenz gewesen sein, die die Kurden für Synkretismen nicht nur empfänglich, sondern auch produktiv gemacht hat. Gewisse synkretistische Religionsformen müssen von einer beträchtlichen Anzahl von Kurden, trotz der islamischen Einheitlichkeits- und Vereinfachungsangebote, durchgehalten worden sein. Das könnte nicht zuletzt dadurch als bestätigt gelten, daß auch Kurden mit einer anderen synkretistischen Mythologie, als die jezidische es darstellt, nämlich derjenigen der Ahl-e Haqq und der Aleviten, in der Religionsstatistik der gesamten Bevölkerung einen größeren Prozentsatz ausmachen, als ihnen zukäme, wenn man sie nur demographisch betrachtete.

V

Über die Anfänge der Jeziden sind noch mehr aus der Luft gegriffene Hypothesen im Schwange als über die Kurden insgesamt. Wo sichere Nachrichten fehlen, kann man Erkenntnisse aus dem Religionsvergleich zu Hilfe nehmen, doch keinesfalls, um etwas Bestimmtes zu behaupten, sondern nur, um gewisse Dinge auszuschließen. So darf man wohl sagen, daß die Jeziden weder aus einer mystischen innerislamischen Bewegung noch aus dem Akt eines Stifters hervorgegangen sind[21]. (Gründe darzulegen, würde an dieser Stelle zu weit abführen.) Aber auch da, wo man nicht mit komparatistischen Argumenten arbeiten darf, steht es historisch schwierig. Nur die wichtigsten Fakten können hier herausgegriffen werden.

Als Sozialorganisation mit einer unverständlichen Verehrung von sonst nirgends kultisch zugelassenen Geistern und anderen Lebewesen, mit Gliederung in Ältestenschaften, mit einer Art Priesterstand von sechs geistlichen Graden neben dem Laienstand und dementsprechend mit einem geistlichen und einem weltlichen Oberhaupt, mit sehr archaischen Bestattungssitten und Grabinschriften, mit Zuordnung eines Jenseitsbruders bzw. einer -schwester zu jedem

---

[21] Ersteres setzt KREYENBROEK 1995, S. 45, letzteres GUEST 1987, S. 28 voraus.

Gruppenmitglied sollen sie sowohl armenischen Christen[22] als auch sunnitischen Muslimen schon seit dem 9./10. Jahrhundert aufgefallen sein.

Die den Außenstehenden unverständliche Devotion der Jeziden gilt einer Reihe göttlicher Wesen. Das wichtigste unter ihnen ist der Melek Tâ'ûs, „Engel Pfau(-hahn)". Das weist in neolithische, wenn nicht in noch frühere Zeiten (Ansatz des Mittelneolithikums in dieser Region: 5. und 1. Hälfte des 4. Jahrtausends). Grund und Bedeutung dieses Ritus sind unbekannt. Daß das definitiv ungenießbare Fleisch dieses Vogels bedeute, es sei unverweslich und symbolisiere damit die Unsterblichkeit, ist wohl eine nachträgliche (und vielleicht humorvolle!) Rationalisierung. Als Zweitrangiger in einem wohl umfänglichen, aber erfolgreicher Arkandisziplin unterliegenden mythologischen System besorgte er die Schöpfung und hat sie entweder weiterhin in eigener Obhut oder betraut einen Diener Attâ'ûs. Die dualistische Position, in der sowohl der Melek Tâ'ûs zu einem namenlosen obersten „Gott" oder „Herrn" als auch der Diener Attâ'ûs zu Melek Tâ'ûs steht, ist die eines Trickterdemiurgen[23], der in der Welt Gegensätze zuläßt. Dieses Zulassen wurde jedoch von Außenstehenden antagonistisch mißverstanden, wodurch der Melek Tâ'ûs in die Rolle eines Repräsentanten des Bösen Prinzips geriet. Dies hat den Jeziden seitens ihrer Nachbarn wie noch der neuzeitlichen Wissenschaft die falsche Bezeichnung „Teufelsanbeter"[24] eingetragen.

Wir müssen einen Augenblick innehalten, um über die Unsinnigkeit einer solchen Bezeichnung nachzudenken. Es gibt auf diesem Globus keine einzige Gemeinschaft, und es ist auch keine zu fingieren oder zu konstruieren, die den Bösen oder das Böse rein als solches verehrt. Wer oder was auch immer der Adressat z.B. von Gebeten ist, er kann nur auf die gute Seite des Wertsystems gehören, das der betr. Gemeinschaft eignet. Es ist ausgeschlossen, daß eine solche Gemeinschaft etwa die Schizophrenie erträgt, einen Verbrecher unter ihnen zu verfolgen und zur Rechenschaft zu ziehen und gleichzeitig den „Bösen" zu verehren, dessen Haupteigenschaft, eben das Böse, soeben von einem Menschen in die Tat umgesetzt worden ist. Das Böse als Böses zu verehren, blieb dem literarischen oder ästhetischen Satanismus des 19. und 20. Jh.s vorbehalten. Im Altertum und Mittelalter kann die Bezeichnung „Teufelsanbeter" im Sinne von „Verehrer des Bösen" nur von außen beigelegt worden sein, und zwar von Leuten,

---

[22] Diese gelegentlich vertretene, plausible, aber bisher von niemandem belegte These bedarf einer gründlichen weiteren Untersuchung der apologetischen und der dogmatischen Literatur. Aus VICTOR LANGLOIS, *Collection des Historiens Anciens et Modernes de l'Arménie,* 2 Bde, Paris 1867/69, kommt noch nichts in Frage: der erste Band enthält Übersetzungen griechischer und syrischer Historiker ins Armenische, der zweite Band originär armenische Historiker des 5. Jahrhunderts.

[23] Warum man ihn in gewisser Hinsicht so nennen kann, begründet U. BIANCHI, *Il Dualismo Religioso. Saggio storico ed etnologico,* Rom 1958, S. 53–54.

[24] In der europäischen Wissenschaft am ehesten durch den eindeutigen Buchtitel von J. MENANT, *Les Yézidiz. Épisodes de l'Histoire des Adorateurs du Diable,* Paris 1892.

die ein irgendwie dualistisches Weltbild hatten – da kommen von den Zoroastriern bis zu gewissen syrischen Christen viele in Frage. Und sie können es nur diskriminierend gemeint haben: etwa „was bei uns ausgegrenzt worden ist, das wird bei denen, die immer unsere Feinde waren und sich hiermit weiterhin als ständig dieselben erweisen, als göttliches Wesen verehrt."

Die Jeziden reagierten auf diese Diskriminierung, indem sie sogar das Wort „Schaitan" in den Katalog ihrer Tabus aufnahmen. Die Formulierung, in der das geschieht, ist eindeutig, allerdings auch mitschuldig an dem eben besprochenen Mißverständnis. Sie lautet: „Und nicht ist es erlaubt, daß wir aussprechen das Wort *Schaitan*, weil es der Name unseres Gottes ist" (Schwarze Schrift 24, 12; S. 35 arab. Spalte). Das kann sinngemäß nur bedeuten: weil es unserem Gott als Name beigelegt wird, der in Wirklichkeit ganz anders heißt. So entstand Rivalität.

Auch von diesem Punkt abgesehen, war und ist der Katalog der jezidischen Tabus umfangreich; er umfaßte bereits die Bohne, den Lattich, den Kürbis, den Fisch, die Gazelle, den Hahn und die blaue Farbe – lauter Dinge, die sie angeblich nicht genießen dürfen. Man muß aber vorsichtig sein mit der These, daß diese Tabus nun wirklich in ganz alte Zeiten, Zeiten vor den Einwanderungen der Arier und der Semiten, zurückweisen[25]. Wenn man einen Jezidi nach Einzelheiten fragt, lächelt er nachsichtig und zählt einem ein Dutzend „Ausnahmen" auf, die in seiner Familie oder seinem Dorf gebräuchlich sind (wenn er sie nicht gleich als das Normale und die im „Tabukatalog" stehenden Dinge als Ausnahmen ansieht). Im ganzen darf man dies alles aber der wohlbegründeten Ansicht zur Ergänzung zuweisen, daß es auch private Tabus gibt und daß äußere Ereignisse oder neue Erfahrungen die Verwerfung oder den Austausch eines Tabus zur Folge haben können.

Der Melek Tâ'ûs steht auf einem Kandelaber im Haupt-Heiligtum in Lalesch. Dies liegt nordöstlich von Mossul im Scheichan-Bezirk, der neben dem Sindschar-Gebirge westlich davon das zentrale Wohngebiet der Jeziden war. An jenem Heiligtum wird alljährlich im September/Oktober ein Pilgerfest gefeiert. Die Ikonographie an den Außenwänden des Heiligtums ist eindeutig synkretistisch. Man sollte kein einzelnes Motiv, z.B. die senkrecht geringelte Schlange neben dem rechten Türpfosten, herausgreifen und darauf eventuell sogar eine Ursprungshypothese gründen. Öfter wird darüber gestritten, ob das Heiligtum mitsamt dem aufgepflanzten Pfau das einzige sei, oder ob es von beidem wohl noch mehr gebe. Das letztere scheint in der Tat der Fall zu sein, wenn auch für

---

[25] Mehr, auch zum folgenden, bei KLAUS E. MÜLLER, *Kulturhistorische Studien zur Genese pseudo-islamischer Sektengebilde in Vorderasien*, Wiesbaden 1967, S. 159–166.

heute genaue Ortsangaben fehlen[26]. Wenn es woanders noch ein Heiligtum gegeben haben sollte, so spricht das nicht dagegen, daß Lalesch eine Zentrale war. Am ehesten als deren Repräsentation, nicht als Konkurrenz, wird man die Heiligtümer zu betrachten haben.

In dem bisher skizzierten Stratum liegt noch am ehesten ein altiranisches Erbe; vielleicht war es sogar schon arisch, jedenfalls wohl nicht zarathustrisch. Auf dieses Erbe könnte auch die altiranische Bezeichnung *yazata-*, deutsch „verehrungswürdig", für die göttlichen Wesen weisen. Seine neupersische Form *îzed*, die neben der Form *yazdän* steht, kommt am ehesten als das Wort in Frage, aus dem die frühere Selbstbezeichnung *Yezidi* gebildet worden ist[27]. Prinzipiell könnte dieses Erbe den Kurden im allgemeinen und den Jeziden im besonderen gemeinsam gewesen sein. Es gibt nun aber eine Reihe von Traditionen, die eindeutig nur den Jeziden gehören und diese aus dem gesamtkurdischen Zusammenhang herausnehmen. In ihr altiranisches Stratum, wenn es denn ein solches gab, dürfte nach und nach ein archaischer, bisher kaum erklärter Volksglaube anderer Herkunft aufgenommen worden sein; zu ihm gehören außer den genannten Tabus noch Bestattungssitten, Traumorakel und Tänze. Begegnungen mit Juden müssen zur Beachtung gewisser Speisevorschriften geführt haben. Letztere brauchen nicht durchgehend restriktiv gewesen zu sein; es ist z.B. in den meisten Familien (also nicht in allen) erlaubt, Wein zu trinken, woher auch immer diese Zulassung gekommen sein mag. Nachbarlicher Verkehr zumeist mit Nestorianern, aber auch mit anderen Christen kann es gewesen sein, der im jezidischen Kultus eine Art Eucharistie und bei Hochzeiten den Brauch des Kirchenbesuches hinterlassen hat. Diese Angelegenheit ist ersichtlich eine Ausnahme. Es gab von Fall zu Fall, von Ort zu Ort, von Zeit zu Zeit andere Ausnahmen. Die Ausnahme des Kirchenbesuches bedeutet nicht, daß die Jeziden selber Kirchen haben oder hatten, wie frühe Reisende meinen beobachtet zu haben.

Bei anderen Merkmalen ist die Herkunft nicht eindeutig zu bestimmen, weil dieses schon in den Herkunftsüberlieferungen nicht mehr möglich ist. Gnostisch klingt vieles aus der Mythologie, besonders die Seelenwanderung, aber diese ist bekanntlich eine noch ältere Vorstellung, und die Gnosis käme mehr als Vermittlungsinstanz in Frage. Analoges gilt für täuferische Aussagen und Prak-

---

[26] Näheres bei GUEST 1993, S. 35f. Dort der gute Ausdruck „replicas", aber es bleibt unklar, ob es sich nur um solche des Pfauensymbols oder auch um solche des Gebäudes handelt. GUEST gibt für frühere Zeiten mit ihren Namen sechs Orte an, wo sich die Repliken befunden haben sollen, aber keine Hinweise, ob sie in einem Kultus Verwendung fanden.

[27] Von da her rechtfertigt sich die Aussprache „Ezid-", auf die von den Zugehörigen großer Wert gelegt wird. Vgl. F.F. OMAR, *Kurdisch-deutsches Wörterbuch (Kurmancî)*, Berlin 1992, S. 199 b s.v. êzdî. Ich habe trotzdem die in der deutschsprachigen orientalistischen Literatur gebräuchliche Transkription beibehalten, da eine andere jeden Leser, dem sie etwa schon im Titel auffällt, dauernd irritieren würde. Daß mit „Je-" auch die Aussprache beibehalten werden sollte, die von der arabisch-persisch-türkischen Form des Namens abgeleitet ist, sage ich nicht.

tiken: sie können aus der gesamten baptismalen Bewegung stammen, aber auch aus dem Christentum. Letzteres ist wohl ziemlich sicher bei der Kindertaufe der Fall; es war jedoch bisher nicht möglich, dafür eine Vermittlungsinstanz zu benennen. Ganz unmöglich ist bis heute schließlich die Herleitung von Männerbeschneidung, Fastenzeiten, Wallfahrts- und Opferpraxis aus dem Brauchtum einer anderen Gruppe.

Das Schriftbesitzerprinzip, verwirklicht in einem „Buch der Offenbarung" und einem „Schwarzen Buch"[28], kann aufgestellt worden sein, um die Vorteile zu genießen, die das islamische Recht für die *Ahl al-Kitab* vorsah, es kann sich inhaltlich aber auch aus dem Judentum oder dem Christentum herleiten. Die Tatsache, daß diese beiden Schriften[29] – sie müssen übrigens nicht unbedingt genuin jezidische Erzeugnisse, sie können ebensogut aus dem unermeßlichen synkretistischen Schatz soteriologischer Überlieferungen adaptiert worden sein – nicht nur auf Kurdisch, sondern auch auf Arabisch verfaßt worden sind, ist wohl so zu interpretieren, daß diese Bücher von allen gelesen werden sollen. Sie unterstützen außerdem das unabdingbare Alltagserfordernis, Kurdisch zu denken und Arabisch zu schreiben. Gegen diese Annahmen die Arkandisziplin ins Feld zu führen, die von Jeziden für verschiedene Dinge allerdings geübt wird – und offenkundig so effektiv, daß wir immer noch nicht wissen, um was für Dinge es sich handelt –, bedeutet keine Widerlegung der Behauptung öffentlichen Schriftgebrauchs. Denn es blieb ja unbenommen, daneben noch eine geheime Überlieferung zu pflegen. Eine aus dem arabisch-persischen Alphabet entwickelte jezidische Geheimschrift stand zur Verfügung. Die Schriftbesitzer aber, die öffentlichen Schriftgebrauch praktizieren, wollen sich ihren Feinden und Rivalen in Sprach- und Kulturpflege ebenbürtig erweisen, wenn sie nicht gar insgeheim erwarten, daß die Leser, ohne es zu wollen, vom verborgenen Sinn dieser Schriften erfaßt werden. Daß solche Schriftbesitzer damit bewußt zugleich einen Teilverlust an Identität riskieren, steht auf einem anderen Blatt[30].

VI

Mit alledem sind die Jeziden authentische Fortsetzer des antiken und Produzenten eines „mittelalterlichen" Synkretismus. Das macht sie zu einer Gruppe, die sich sehr charakteristisch von den anderen Kurden unterscheidet. Die Charakteristika ergeben zusammengenommen ein so einmaliges Bild, daß man die Jeziden sogar eine eigene Religionsethnie nennen könnte. Das ist, paradoxerwei-

---

[28] MAXIMILIAN BITTNER, (Hsg.) *Die Heiligen Bücher der Jeziden oder Teufelsanbeter, kurdisch und arabisch,* in: Denkschriften der Kaiserl. Akademie der Wissenschaften in Wien, phil.-hist. Klasse 55, Wien 1913.
[29] Zu diesem Problem ausführlich KREYENBROEK 1995, S. 10–24.
[30] Neunzehn Hymnen und Gebete sind übersetzt von KREYENBROEK 1995, S. 170–326.

se, soziologisch überzeugender zu vertreten, wenn man annimmt, daß die Ethnogenese inmitten einer islamischen Umgebung stattfand, anstatt in vorislamischer Zeit. Bei den anderen pseudo-islamischen Gruppen ist eher der Tatbestand anzutreffen oder mindestens zu vermuten, daß die dem Synkretismus dienliche Konstitutionskraft der – aus eben jener Zeit stammenden! – Inhalte und Phänomene durch das Hinzutreten des Islam gerade geschwächt, wenn nicht gar ausgeschaltet wurde.

Als in der Religionsgeschichte einzigartiger, noch dem blasiertesten Städter von heute ans Herz greifender Totenbrauch bleibt noch die Institution der Jenseitsgeschwister zu besprechen. Wir beginnen mit einer Petition, die im Jahre 1872 der osmanischen Verwaltung eingereicht wurde. Dort heißt es unter Punkt 10: „Just as each Yezidi has a ‚Brother of the Hereafter', he also has a ‚Sister of the Hereafter'. If a Yezidi has a new shirt made, his ‚Sister of the Hereafter' must make the opening at the neck with her own hands"[31]. Wird mit diesem Satze auch bezweckt, den Frauen eine Art kultischer Gleichberechtigung zu erstreiten, und dies in der aus Erfahrungen ähnlicher Art offenbar gerechtfertigten, listigen Erwartung, wenn man an diesem Punkt erfolgreich sei, dann werde sich das weitere (Ausdehnung der Gleichberechtigung u.ä.) schon finden, so interessiert uns hier als solcher der Brauch, mittels dessen den Osmanen etwas abgeluchst werden sollte. Worum es sich handelt, sei hier mit einem Punkt aus einem wissenschaftlich, moralisch und politisch gleich hervorragenden Gutachten zitiert[32], wo deutschen Behörden die Vormundschaftsbräuche jezidischer Asylbewerber von der Institution des Jenseitsbruders/der Jenseitsschwester her erklärt werden. Die Sensibilität, mit der das geschieht, spricht für sich selbst.

„Jeder Yezidi oder jede Yezidin muß, sobald sie geschlechtsreif geworden ist, sich einen ‚Bruder' oder eine ‚Schwester in der anderen Welt' auswählen. Dieser ‚Freund' muß aus einer anderen Scheich-Familie stammen als jener, der der Scheich zugehört, von dem man erblicherweise abhängig ist.
Es ist nicht richtig, wenn Lescot schreibt:
Der Bruder in der anderen Welt hat keine weitere Funktion, als die Geschenke anzunehmen, die ihm der Gläubige macht, der sich durch diese moralische Verwandschaft an ihn gebunden hat. Im Jenseits dagegen kann der *murid* im Gegenzug auf den Heiligen zählen, von dem sein Freund abstammt (Lescot 1938, S. 84)."

(Ebenso irreführend verkürzt ist Lescots Beschreibung der Institution des *murebbi:*)

---

[31] Bei Kreyenbroek 1995, S. 7, der S. 22 unter Anm. 56 hinzufügt: „This information is not confirmed by other sources or by current practice. Possibly the term ‚Sister of the Hereafter' is used loosely here for the wife of the ‚Brother'." Auch über die Außenansicht dieses mindestens immer interessanten, oft mißverstandenen und viel verleumdeten Brauches sehe man ausführlich Kreyenbroek 1995, Reg. s.v. Brother (or Sister) Hereafter.
[32] Verfaßt von A. Sternberg-Spohr, *Gutachten zur Situation der Yezidi in der Türkei*, Göttingen (Gesellschaft für bedrohte Völker) 1988, S. 14f.

„Der *brayê achêretê* (und ersatzweise, wenn dieser nicht greifbar ist, der *murebbî*, dieser aber nur unter bestimmten Voraussetzungen) hat eine außerordentlich wichtige Funktion beim Tod des Gläubigen. Er sollte beim Sterben anwesend sein, denn er ist es, der dem Sterbenden jene Geheimnisse ins Ohr flüstert, die dieser zu seinen Lebzeiten nicht erfahren durfte, um sie nicht zu verraten. Es geht um die Metempsychose, die Seelenwanderung. Im Sterbezimmer und in dem Raum, in dem die Leiche rituell gewaschen und eingehüllt wird, fällt immer auf, daß ein Loch in die Außenwand geschlagen wurde. Yezidi-Gräber unterscheiden sich auch von denen der Muslime und Christen dadurch, daß um den Körper des Verschiedenen, zumindest aber um den Kopf herum, ein fester Rahmen (beim Kopf eine Nische) aus Stein (oder anderem nicht verrottenden Material) gebaut wird. Zumindest der Kopf des Leichnams wird nicht mit Erdreich zugeschüttet, sondern sorgfältig mit Platten abgedeckt, deren Spalten auch noch mit Lehm oder ähnlichem zugeklebt werden. Am Kopfende (in einigen Gegenden am Fußende) ist ein kleines Loch gelassen. Dies ist der Weg für die Seele. Der weitere Weg, das Verhalten der Seele beim Übergang in die Andere Welt und bei der Wiedergeburt, wird dem Sterbenden durch den Bruder/die Schwester in der Andern Welt flüsternd beschrieben, so daß die Umstehenden nichts hören können. Dies ist eine der wichtigsten der zahlreichen Funktionen der beiden ‚Freunde'."

Dieser Brauch scheint ein Unikat zu sein. Er muß dringend näher untersucht werden. Im antiken Synkretismus findet sich immer wieder die eine oder andere Einzelheit[33], die einer jezidischen ähnlich ist (z.B. das Loch im Grabbau der Etrusker), doch ist keine genau dieselbe. Vor allem aber ist der ganze Komplex, besonders die Beziehung des Jenseitsgeschwisters zum Freunde schon zu Lebzeiten, schlechthin einzigartig. Sollte eine genauere Untersuchung das bestätigen, so ließe sich eine Gemeindebildung von der Art der jezidischen schon in vorislamischer Zeit plausibel machen. Es wäre ein Akt kollektiver Diskretion gewesen, durch welchen den Nachbarn der wichtigste Konsens, der über den Tod aufgekündigt worden wäre. Inmitten allgemein-synkretistischer Verhältnisse kann eine kollektive, eine Gruppenidentität, nur durch Entwicklung eines schon in das irdische Leben hineinwirkenden Totenrituals begründet werden.

Eine Betrachtung nur weniger Einzelheiten aus dem Verhältnis zum Islam vermag weitere Aspekte aus der Geschichte von Kurden und Jeziden zu erhellen.

VII

Alle synkretistischen Bewegungen vermögen sich durch Pseudoanpassungen an Religionen mit Majorisierungstendenz zu halten, ja durchzusetzen, wenn von ihnen zugleich akzeptiert wird, daß damit eine Geheimhaltung gefordert

---

[33] Vgl. L. KOEP/ E. STOMMEL/ J. KOLLWITZ, „Bestattung"; B. KÖTTING, „Grab"; K. STÄHLER, „Grabbau", in: *Reallexikon für Antike und Christentum,* Bd.2, Stuttgart 1954, Sp. 194–219; Bd. 12, 1983, Sp. 366–397; ebd. Sp. 397–429; u. v.a.

ist, die den Charakter dessen verändert, das man durch Arkandisziplin gerade vor Verfälschung schützen will. Unterschiede zwischen mehreren synkretistischen Bewegungen bestehen in den von ihnen selbst vorgenommenen Einschätzungen, wie weit man dabei gehen darf. Für die Jeziden war es unproblematisch, auch mit Phänomenen zu arbeiten, die aus dem Islam stammen können. Die Tendenz ist dann umgedreht: was aus dem Islam stammend die Identität der Rezipienten gefährden kann, wird von diesen selbst aufgenommen, um ihre Identität zu schützen.

Einen solchen Tatbestand bestätigt interreligiös oder interkonfessionell besonders die Heiligenverehrung. Die Yeziden bringen sie unter anderem mehreren Sufi-Scheichs dar, ohne darin ein Problem zu sehen. Der Islam sah darin aus anderen Gründen kein Problem: es war nur recht und billig, daß seine Heiligen auch von Nichtmuslimen verehrt wurden. Dieses wechselseitige Verhältnis, das man auf beiden Seiten „Toleranz" nennen kann, kam besonders dem jezidischen Zentralheiligtum zugute, in dem der „Engel Pfau" stand. Es heißt „Scheich Adi". Das ist der volkstümliche Name des Sufi-Meisters Ibn Musafir (gest. 1162), der dort bestattet ist. Es blieb von der islamischen Orthodoxie unbeanstandet, daß einer der Ihren von den Jeziden als ihr größter Heiliger verehrt wird, weil in ihm der Melek Tâ'ûs oder „Yezid" wiedererschienen sei. Der hiermit erwähnte Scheich Yezid illustriert zugleich eine andere Form der Identitätswahrung. Es sei eben dieser Yezid gewesen, der die Gruppe und die Religion der Jeziden gestiftet habe – so können Jeziden auch erzählen. Nein, der Yezid, den sie meinen, ist eindeutig ein legendärer *heros eponymos*, und zwar einer, der recht spät erfunden wurde. Das ist wohl auch der Grund dafür, daß der Name der Yeziden unter diesen selbst, also als Selbstbenennung nicht unumstritten ist.

Im übrigen wird die Mehrschichtigkeit und die Intention des jezidischen Verhältnisses zum Islam völlig verkannt, wenn häufig behauptet wird, dieser Jezid sei mit dem Omajjaden-Kalifen Jezid Ibn Mu'awija (680–683) identisch. Das ergibt, jedenfalls *prima vista*, überhaupt keinen Sinn, da es Parteinahme für den Besieger der Partei des Kalifen Ali und seines Sohnes Hussein voraussetzt, der in der Schlacht bei Kerbela zum Märtyrer-Imam geworden war. Die Jeziden wurden aber von den Sunniten, zu denen jener Kalif doch gehörte, stets ähnlich befeindet wie die Schiiten, ihre historischen Gegner. Genauso undenkbar wie die Verehrung eines sunnitischen Kalifen seitens der Schiiten wäre dasselbe seitens der Jeziden: So etwas würde man bei einem notorischen Gegner der Yeziden doch nicht tun – es sei denn, es habe eine Art Tyrannenverzärtelung stattgefunden (so möchte ich diese merkwürdige Sache bis auf weiteres nennen). Damit ist jener seltene Fall gemeint, wo die Haßgefühle des Volkes eine kleine Lücke freilassen, in der gegenteilige Emotionen gepflegt werden. Sie können die Haßgefühle verdrängen und bei allem, was man über die Fähigkeit des Menschen weiß, eine skurrile Eigenschaft seines Feindes für die seinem Charakter maßgebende zu halten und sich in sie zu vergucken, oder sich aus Angst vor dem bösen Herrscher euphemistisch zu verhalten, ein ganz rätselhaftes Ausmaß annehmen. So wird im Altertum der Kaiser Nero, all seinen bekannten Greueltaten zum Trotz, von einigen als *Nero redivivus* wiedererwartet[34]. Und in der Neuzeit hat es einer der widerlichsten, blutrünstigen Diktatoren vermocht, als „Väterchen Stalin" in das Bewußtsein einer gewissen Anhängerschaft einzugehen, aus der leider nie auch nur eine einzige Person als klinisches Demonstrationssubjekt für *moral insanity* zur Verfügung gestanden hat. Wenn nun bis heute alljährlich Mitte Dezember der Geburtstag des Kalifen Jezid Ibn Mu'awija ausgerechnet von Jeziden festlich begangen wird, so könnte ein ähnlicher Fall vorliegen. Das bedarf aber noch gründlicher Untersuchung.

Viele müssen die relativ spät erfolgte Bildung einer Jezid-Legende implizit beanstanden, wenn sie den Namen Jeziden als jung empfinden. Sie wählen lieber die oben erwähnte Selbstbezeichnung *Dasin*. Sowohl, wenn dabei die mögliche Herkunft des Wortes aus der christlichen Kirchenverwaltungssprache als auch, wenn eine etwaige iranische Etymologie bewußt geblieben wäre, dann ist das tatsächlich ein überzeugenderes Argument für die Existenz einer eigenen Gruppe als jedes andere und begünstigt, nebenbei gesagt, die erwähnte wissenschaftliche Ableitung des Namens von einem auf einen altiranischen Wortstamm zurückgehendes Wort, das die Bedeutung „Gott" erhielt.

Sind dies Demonstrationen eines glücklichen Sich-ineinander-Fügens von islamischem Fremdenrecht und Einübung eines unprovokativen, aber selbstbewußten und überzeugenden Fremdenstatus, so gab es leider in der Geschichte immer wieder auch andere Zeiten – solche, die an heute erinnern. Die Kurden sind in der Neuzeit sowohl durch sich selbst als auch durch herrschende oder interessierte Mächte (Osmanen, Safawiden, Qadscharen, Europäer) in Beziehung zu gesellschaftlichen Größen gebracht worden, von denen her oder gegen die sie als Volk, als Nation oder als Minderheit zu definieren sind.[35] Häufig sollten Aufstände den Minderheitenstatus zugunsten des Nationen- oder des Volksstatus überwinden, doch erwies sich die notwendige Konsequenz daraus, nämlich einen Staat zu gründen, immer wieder als unmöglich. Die Jeziden waren davon häufig mitbetroffen, doch da sie keine Muslime sind, kam es für sie häufig noch schlimmer. Sie waren immer wieder Repressalien ihrer jeweiligen islamischen Obrigkeit ausgesetzt, besonders hart unter osmanischen Statthaltern seit dem 17. Jahrhundert. Vielerlei Nötigungen – von Kindern zum islamischen Religionsunterricht, von jungen Männern zu unbezahlter Arbeit, von jungen Frauen zu exogamen Ehen, von Erblassern zu Überschreibungen von Besitz außerhalb der Familie u.a. – sind zu Dauerbedingungen des Alltags gewor-

---

[34] Näheres bei WILHELM BOUSSET, *Der Antichrist*, Göttingen 1895 (ND Hildesheim 1983), S. 49–53, 121–124 u.ö.

[35] Vgl. FERHAD IBRAHIM, *Die kurdische Nationalbewegung im Iraq. Eine Fallstudie zur Problematik ethnischer Konflikte in der Dritten Welt*, Berlin 1983.

den, die bis in die Gegenwart scheinbar nur als Schicksal ertragen werden konnten. Aber da hat sich vieles geändert.

VIII

Seit dem 1. Weltkrieg findet sehr häufig eine diskriminierende Behandlung der Kurden durch die damals aus der Zerschlagung des Osmanenreiches neu entstandenen Staaten statt. Kurden werden im Iraq und in der Türkei sozial benachteiligt und zu Bergtürken herabgewürdigt. Die von der iranischen Revolution von 1979 versprochenen Rechte werden ihnen verweigert. Als es politisch opportun war, z.B. während des sog. Zweiten Golfkrieges, scheute die irakische Seite vor offenem Völkermord nicht zurück, und die USA ließen es geschehen. Indessen: Nicht erst in einem Jahr großer Freiheitsbewegungen wie 1989 stehen föderative Angebote an die Kurden auf Grund der Größe ihrer Bevölkerung,[36] der Verbreitung ihrer Sprachen[37] und der Ausdehnung ihrer Siedlungsgebiete[38] auf der übergreifenden politischen Tagesordnung.

Mehrere politische Parteien in den Ländern selbst, kurdische Akademien und zahlreiche Exil- und befreundete Organisationen nehmen sich der bisher nicht koordinierbaren oder anderweitig nicht zu bewältigenden Aufgaben an. Zu diesen gehört auch die Solidarität mit den Jeziden. Diese standen völkerrechtlich bis vor etwa zehn Jahren lediglich als eine geschlossene Religionsgemeinschaft da; an ihr war allerdings die Verbreitung ungewöhnlich, reichte sie doch vom syrischen Bezirk Sim'an bis zu den beiden ossetischen Republiken, die schon nach der Verfassung der Sowjetunion autonom waren. Fast alle sprachen und sprechen als Muttersprache(n) die kurdischen Dialekte, die die anderen Kurden auch sprechen. So wenig über die Jeziden bei den Kurden und natürlich erst recht bei Nichtkurden auch bekannt ist, es ist bekannt genug, um irritieren zu können, daß sie nicht den Koran, sondern eine andere geschriebene Überlieferung heilig halten. Die Zahl der Jeziden verringert sich unaufhaltsam. Ende des 19. Jahrhunderts sollen es noch 2–300000, nach dem ersten Weltkrieg

---

[36] a) Die Schätzungen spiegeln natürlich, wie immer, auch die Wünsche der Schätzer wider. Die westlich-konservativen Urheber eines solch aufwendigen Unternehmens kommen auf 11 Millionen, kritische Soziologen auf 14 Millionen, national-kurdische Politiker auf 18 – 20 Millionen Personen.
b) Die Zahlen sind aus mehreren Quellen zusammengetragen, kritisch bedacht oder neu berechnet worden. Es besteht keine Gewähr, daß sie stimmen.

[37] Die Standardunterscheidungen etwa in drei große Gruppen: Kurmanci, Badinani, Mukri; und zwei kleinere Dialekte: Zaza, Sorani, werden seit kurzem einer lebhaften Revision unterzogen. Damit beschäftigen sich andere Kapitel dieses Buches. JOYCE BLAU, „Gurânî et zâzâ", in: R. SCHMITT (Hsg.), *Compendium Linguarum Iranicarum,* Wiesbaden 1989, S. 336–340, hält die beiden Sprachen unbeschadet der kulturellen Affinität ihrer Sprecher nicht für kurdische.

[38] In der Türkei sind es 194 400 km², im Iran 124 950 km², im Iraq 72 000 km², in Syrien 18 300 km²; die Größe der Diaspora in der früheren UdSSR ist unbekannt.

100000, 1960 etwa 50000, 1983 um 20000 Personen gewesen sein; heute wird ihre Anzahl auf 8000 bis 10000 geschätzt (s. Anm. 36 b). Ihre Lage steht in einem sonderbaren Gegensatz zum allgemeinen Geschick der Kurden.

Man darf hier nichts beschönigen, auch wenn ein Teil der Schuld auf Seiten der Kurden selbst zu liegen scheint. Die zusätzliche Diskriminierung der Jeziden ist, nach zeitweiser Lockerung in der nachosmanisch-laizistischen Türkei, nicht nur durch die dortige Reislamisierung, sondern paradoxerweise auch durch die Redemokratisierung wieder massiv geworden: kurdische Großgrundbesitzer sunnitischen Bekenntnisses mißbrauchen die Redemokratisierung, um die Vollmachten von Dorfschützern mit Polizeigewalt an sich delegieren zu lassen, die sie dann, zugleich um einen Loyalitätsbeweis für die Regierung in Ankara zu erbringen, zur Expropriation von Jeziden gleich dörferweise einsetzen. Von ihren islamischen Volksgenossen als Ungläubige und von Türken und Arabern außerdem noch als Kurden unter unerträgliche Lebensbedingungen gesetzt, haben die Yeziden weder in türkischen Großstädten noch in Westanatolien noch in der Sowjetrepublik Armenien, sondern überwiegend in der Bundesrepublik Deutschland Alternativen gesehen. Im Mai 1988 war nahezu die gesamte Jeziden-Bevölkerung mit *türkischer* Staatsangehörigkeit hier eingetroffen.[39] Es handelt sich um ca. 8000 Personen, von denen die meisten aus dem Tur 'Abdin und der Provinz Hakkari stammen. Sie brachten die Zahl der in Deutschland, überwiegend im Raum Celle-Hannover lebenden Jeziden auf 17000.[40] Nur einige Hundert blieben zurück, darunter Verwandte, die zur Aufbringung der Flugkosten als Personen verpfändet werden mußten, als wären sie Bauernland (mit dem das natürlich, wie mit Hab und Gut überhaupt, ebenfalls geschah). Ein Nachzug der Jeziden-Bevölkerung mit der Staatsangehörigkeit *arabischer* Länder, die seit dem iranisch-irakischen Waffenstillstand (August 1988), insbesondere in und nach dem sog. Zweiten Golfkrieg zunächst in die Türkei floh, vollzieht sich langsamer.

In den gewaltigen Bevölkerungsverschiebungen unserer Zeit sind die jezidischen Fluchtbewegungen nur ein ganz kleiner Teil. Aber auch der kleinste Vorgang stellt nicht anders als der größte Vorgang die grundsätzliche Frage: Welche Heimat ist die wahre, die von Gott gegebene oder die von Gott genommene?

---

[39] Näheres bei A. STERNBERG-SPOHR, *Gutachten zur Situation der Yezidi in der Türkei*, Göttingen (Gesellschaft für bedrohte Völker) 1988.
[40] Einen sehr instruktiven Bericht über die Jeziden in Berlin, mit teilweise von den obigen abweichenden Informationen, gibt GABRIELE YONAN, *Einheit in der Vielheit der Weltreligionen in Berlin*. hsg. bei der Ausländerbeauftragten des Senats, Berlin o. J. (wohl 1992), S. 61–63.

Ein westiranisch-mesopotamisches Milieu bei der Entstehung des Elkesaitentums

Vom 16. Mai 218 bis zum 11. März 222 machte ein Priester aus der syrischen Stadt Emesa die Sonnenverehrung seiner Heimat zum obersten Staatskult in Rom. Er hatte die Möglichkeit dazu, weil er als Kaiser Elagabal die Macht dazu hatte. Mitten in dieser kurzen Regierungszeit, um 220 n. Chr., kam eine ganz andere Doktrin in Rom an, die bald auch die wichtigsten kleineren Zentren der Mittelmeerwelt erreichen sollte. Es handelte sich, von außen gesehen, um eine Mission ohne kaiserliche Macht im Hintergrund. Sie wurde getragen von den schon damals sog. Elkesaiten.

Diese waren ihrer äußeren wie inneren Gesamtansicht nach Täufer, als solche aber nicht, wie man lange angenommen hat, „volle", sondern „halbe" Gnostiker. Das ergibt sich schon aus ganz wenigen, charakteristischen Einzelheiten ihrer Lehre. Die Dämonisierung der Gestirne gegenüber dem „großen und höchsten Gott", in dessen Namen man tauft, weist zwar auf einen antikosmischen Dualismus, aber in diesem war die Mitspaltung der Weltseele noch nicht konzipiert worden. Eine *successio prophetica* setzte die Metensomatose generationstypischer Gestalten von Adam an durch die Generationen fort, ohne daß schon in einer Metempsychose das Selbst des Einzelnen auf die Einwirkung einer erlösenden Kraft vorbereitet worden wäre[1]. Das bedeutet, daß sich sowohl aus der Mitte der Elkesaiten als auch in von ihnen ausgehenden oder angeregten Bewegungen Gnosis entwickeln konnte. Durch den Kölner Mani-Kodex tut sich sogar die Möglichkeit auf, von jenen Bewegungen aus die Gnosiswerdung derjenigen Überlieferungen nachzuvollziehen, die den Manichäismus zu einer gnostischen Religion machten[2].

---

[1] Vorausgesetzt ist die ungemein kluge Abhandlung von FRITZ STAAL, The meaninglessness of ritual: Numen 26 (1979) 3/22. Während STAALS aus indischen Ritualen gewonnene Grundannahme, ein Ritual habe ursprünglich keine – durch irgendein Symbol ausgewiesene – Bedeutung gehabt, sich bei archaischen Riten, ob sie nun in alter oder in neuer Zeit stattfinden, immer wieder überraschend zwanglos nachvollziehen läßt, hat man dergleichen für Riten im klassischen oder im christlichen Altertum m. W. bisher noch gar nicht versucht. In der Tat kann das, was bei einer Untersuchung etwa herauskommt, prinzipiell nur weit hypothetischer ausfallen als das, was auf modernem Feldforschungsmaterial basiert.

[2] Schon ALBERT HENRICHS und LUDWIG KOENEN, Ein griechischer Mani-Codex, in: Zeitschrift für Papyrologie und Epigraphik 5, 1970, S. 97–216 haben u. a. S. 133–140, entgegen vielen früheren (ebd. S. 133, Anm. 88 verzeichneten) Meinungen wahrscheinlich gemacht, daß die Taufsekte, von der Mani sich später trennte, doch die Elkesaiten waren, und S. 141–160 wird an Textauszügen gezeigt, wie im Manichäismus die elkesaitischen Reinigungsvorschriften abgetan, die Speisetabus bei Übernahme des Grundgedankens geändert und die Christologie voll gnostisiert ist. Auf Grund dieser neuen Kenntnisse kann man die elkesaitische Halbgnosis mit der bardesanitischen zusammenstellen (vgl. *Stück 15*).

Der „Missionar" – so nennt man ihn bisher am liebsten –, der mit der Verbreitung der Lehren des Elkesai betraut war, hieß Alkibiades und kam aus dem syrischen Apamea, der Stadt des Poseidonios (135–51 v. Chr.) und des Numenios (zwischen 150 und 200 n. Chr.). Von der dortigen Gemeinde gingen auch alle anderen nach Westen ausgreifenden Impulse aus, nicht zuletzt deshalb, weil ihr eine griechische Version ihres heiligen Buches zur Verfügung stand, mit der man sich anderen als aramäische Dialekte sprechenden Populationen verständlich machen konnte. Alkibiades brachte es mit, und es ist in den Auszügen, die Hippolyt aus ihm bringt, noch immer eine unserer wichtigsten Quellen über den Elkesaitismus[3].

Ehe das, was die Elkesaiten in Rom trieben, genauer unter die Lupe genommen wird, soll auf ihre frühere Zeit, möglichst auf ihre Entstehung, zurückgegangen werden. Gibt es damals und dort – im unteren Zweistromland – doch Hinweise zu unserer Frage, die in jedem Fall interessant sind.

Im Orient konnte man entweder, wie bei der berühmten Parallelgruppe der Elkesaiten, den Mandäern, die Waschungspraxis so sehr erweitern und zur Geschichte der Gruppe, zum Weltbild und zum menschlichen Selbstverständnis in so komplexe Beziehungen setzen, daß das Errettetwerden der Lichtseele gleichsam in sein eigenes Ritual aufgesogen wurde und die althergebrachte Alternative Askese-Libertinismus gar nicht mehr zur Debatte stand. Oder aber es konnte in einer Gegengründung, die unter anderem durch ein soziologisch nicht mehr ableitbares Mißtrauen in die magische Kraft des Rituals motiviert war, jene Alternative wieder ins Recht gesetzt werden. Gelang das, dann war in ihr zugunsten der Askese zu votieren. Da aber bestimmte Observanzen wegen jenes Mißtrauens nicht mehr in Frage kamen,[4] konnte die Askese nicht in ihrem einfachen rituellen Rahmen, sondern mußte als Teil eines mythischen Vorganges Tatsache werden. In Rom waren beide Möglichkeiten nicht gegeben, weil Männer wie Mani oder Elkesai, die so etwas hätten bewerkstelligen können, nicht auftraten. Unter diesen Umständen konnte nur eine Faktendeutung entscheidend werden, die einfach ein Brauch geworden war: Was für die Elkesaiten eine einfache Wahrnehmung des Prinzips permanenter Wiederholbarkeit von Wa-

---

[3] Zu Rekonstruktion, Sprache und Inhalt des heiligen Buches der Elkesaiten äußert sich am besten G. P. LUTTIKHUIZEN, The Revelation of Elchasai, Tübingen 1985, S. 59–84, früher G. STRECKER, Elkasai, RAC 4, 1959, Sp. 1171–1186, dort Sp. 1178–1183, ohne daß man seinen religionsgeschichtlichen Folgerungen in allem zustimmen muß. Unter den einschlägigen Werken nimmt die Mission ins Abendland den größten Raum ein bei WILHELM BRANDT, Elchasai. Ein Religionsstifter und sein Werk, Leipzig 1912. Kallist, Hippolyt und alle damit zusammenhängenden historischen und juristischen Fragen werden gründlich behandelt von HENNECKE GÜLZOW, Christentum und Sklaverei in den ersten drei Jahrhunderten, Bonn 1969, S. 146–172. Den Büchern von BRANDT (vgl. Reg. s.v. Alkibiades d. Elchasäer) und GÜLZOW ist die obige Darstellung fürs Faktische verpflichtet. Zu dem gleich zu Verhandelnden ausführlich und gut K. RUDOLPH, Die Mandäer, Bd. 2 (FRLANT 75), Göttingen 1961, S. 74–112.

[4] HENRICHS-KOENEN S. 141–145 ergänzen die aus anderen Quellen zu Manis Biographie schon bekannten Belege über die Abschaffung der Wiederholungstaufen durch Mani.

schungen war, konnte der christlichen Gemeinde nur als die Möglichkeit zu einer zweiten Taufe erklärt (und perhorresziert!) werden (Ref. IX 15,1). Eine solche Möglichkeit wurde rein häresiologisch sonst nur verhandelt, wenn die Würdigkeit des Taufspenders fraglich oder bestritten war.

Für die sektengeschichtliche Einordnung der elkesaitischen – und übrigens auch der bardesanitischen – Halbgnosis[5] im Osten kann man – selbstverständlich nur heuristisch – annehmen, daß sie Teil eines dialektisch-historischen Prozesses war, der sich zwischen Manichäismus und Zoroastrismus abgespielt hatte. Er läßt sich etwa so darstellen: Als Nichtiranier sind die Elkesaiten in Entgegensetzung gegen ein Mag(i)ersystem halbgnostisch geworden, das in den Gebieten ihrer Verbreitung gleichfalls heimisch, selbst nicht gnostisch, überwiegend kosmologisch, traditional iranisch gewesen sein muß. In diesem System war der Dualismus sowohl in bezug auf Bestimmung seiner Pole als auch in der Bewertung ihrer Beziehungen zueinander noch nicht eindeutig, aber er bewirkte es in Richtung auf verabsolutierende Gleichordnung der Pole bei Bardesaniten und Elkesaiten. Die soteriologischen Konsequenzen, die diese daraus zogen, führten in Verbindung mit dem iranischen System, durch das sie provoziert worden waren, zu bestimmten Verdichtungen der Alternative von Fremd- und Selbsterlösung in der Seelenerfahrung und im Christusbild. Das war die Vorgabe, aus der Mani seinen nunmehr rein gnostischen Mythos entwickeln konnte. Aber es sollte noch die ganze Soldatenkaiserzeit hindurch bis gegen Ende des Dominates, vom Nachhall des novatianischen Schismas im Orient bis zu einem halben Jahrhundert nach der konstantinischen Wende dauern, ehe die umfassendste Synthese gnostischen Denkens, der Manichäismus, die Spannungen zum nicht gnostischen, heidnischen wie christlichen Denken noch einmal aufzuheben schien[6]. Bis dahin aber war es für diejenigen, denen ein zu praktizierendes Ritual u.a. innere Sicherheit geben konnte,[7] geradezu lebenswichtig, eines zur Verfügung zu haben, das sich vielfach deuten ließ, und zwar in einem Aus-

---

[5] Nur der Elkesaitismus nimmt in West und Ost eine vergleichbare Stellung ein, weil er zusätzliche Antecedensdaten zur Erklärung des jeweils folgenden Zustandes liefert. ohne daß diese von vornherein nur in die hier gemeinte westliche oder nur in die dort gemeinte östliche Entwicklung gehören. Alle anderen Daten gehören zunächst entweder in die eine (z.B. aus dem Markionitismus) oder – viel häufiger – in die andere (z.B. aus Valentinianismus, Neuplatonismus, ägyptisch-syrischem Enkratismus, Manichäismus) und werden in ihr Pendant verpflanzt, um von dort aus verändert zurückzuwirken.

[6] Zum Zusammenhang mit dem Elkesaitismus s. gründlich A. HENRICHS, Mani and the Babylonian Baptists: A Historical Confrontation, in: Harvard Studies in Class. Philol. 77, 1973, S. 23–59.

[7] Dies ist eines der vielen Dinge, die man von VICTOR TURNER lernen kann. Diese Arbeit ist seinem Werk vielfach verpflichtet, was aus Platzgründen leider nicht angemessen häufig nachgewiesen werden konnte. Das oben kurz Wiedergegebene gehört zur Communitas: VICTOR TURNER, Das Ritual. Struktur und Antistruktur. Aus dem Englischen von SYLVIA M. SCHOMBURG-SCHERFF (Frankfurt / New York 1980), S. 128–159.

maß, das nur eine ursprüngliche – und evtl. aus Geheimhaltungsgründen zu regenerierende – „meaninglessnes" gewährleisten konnte.

Kann diese Grundhaltung mit nach Rom gebracht, und kann sie dort verstanden worden sein?

Unter den dortigen Gruppen hatte die christliche ihre eigenen Erfahrungen. Sie werden erst recht durch den Elenchus hindurch reflektiert, ohne den wir über nichts unterrichtet wären, hatte doch sein Autor, niemand anders als der römische Bischof Hippolyt, in diesem Falle noch mehr Grund als sonst, in seinem Bericht (Ref. IX 13–17) besonders genau und ausführlich zu sein. Denn der Anknüpfungspunkt, den Alkibiades für seine „Mission" suchte und fand, lag in der laxen Kirchenzucht des Papstes Kallistos (Calixt I) (? 217–222). Hippolyt war sein Gegenbischof. Er amtierte auch noch gegen Urban I (222–230) und Pontinianus (21.07.230–28.09.235), d.h. nach der Ermordung des Elagabal bis zum Ende der Regierung von dessen Nachfolger Severus Alexander (13. März 222–Febr./März 235). In Ref. IX 11f. beklagt sich Hippolyt bitter über alle Machenschaften des Kallist, insbesondere seine Freigabe von Wollustsünden, des Konkubinats für ledige Frauen, der Abtreibung und einer zweiten Taufe zur erneuerten Sündenvergebung. Daß diese laxe Praxis in der ganzen Welt Schule zu machen drohte (Ref. IX 3, 1), ist dem Hippolyt überhaupt der Anlaß, sich mit Alkibiades als dem vermeintlichen Fortsetzer von Lehre und Praxis des Kallist zu beschäftigen.

Es ist allerdings sehr fraglich, wie zuverlässig hier Hippolyt als Quelle ist. Die Amtszeit Kallists (217–222) ist zugleich eine Hauptillustration für die Rolle von Sklaven in der Kirche. Kallist war Sklave gewesen und durch die Begnadigung aus Staatshaft, in die er einer von ihm für seinen Herrn abgewickelten Geldaffäre wegen genommen worden war, ein freier Mann geworden. Hippolyt stellt seine negative, sich an literarisch gestaltete Sklavenschicksale anlehnende Schilderung nicht zuletzt unter das Thema von Kallists „sklavischer Gesinnung". Die Freigabe des Konkubinats entstellt er wohl aus Kallists Praxis, Verbindungen von freien Frauen mit Sklaven oder Freigelassenen, die durch die Ehepolitik unter Elagabal zu einem großen sozialen und juristischen Problem geworden waren, einzusegnen, und dementsprechend wird es auch um den Wahrheitsgehalt der übrigen Angaben über Kallists Libertinismus nicht zum besten bestellt sein. Auch sonst durchzieht Hippolyts Gegnerschaft das ganze Werk, vielleicht weil er Gegenkandidat schon des Kallist gewesen und ihm bei der Bischofswahl unterlegen war.

Hippolyts Parallelisierung der vermeintlichen Sündhaftigkeit Kallists mit der der Elkesaiten sagt über die Motivationen der letzteren dennoch etwas Konkretes aus: die seelsorgerlichen Gründe Kallists bis hin zu seiner Handhabung der Bußpraxis können von den fremden Elkesaiten gerade so mißverstanden worden sein, wie Hippolyt sie entstellt. Vielleicht wurden ihnen diese auch gerade in der Interpretation bekannt, die all diesen Dingen von der gesellschaftlichen

Schicht gegeben wurde, der Hippolyt und seine Anhängerschaft entstammten, dem römisch-griechischen Bildungsbürgertum, dem größerer Rigorismus in Lebensführung und Bußpraxis schon auf Grund seiner gehobenen sozialen Stellung leichter fallen mußte als armen Leuten. denen damals wie heute kein anderes Vergnügen zugänglich war. Die Elkesaiten hätten sich dann gewissen äußeren Erscheinungsformen des Gemeindelebens unter Kallist opportunistisch angeglichen, unter anderem wohl auch ihr Waschungsritual in Analogie oder Konkurrenz zur christlichen Taufe interpretiert und vorgestellt.

Doch wie dem auch sei, es hängt nicht viel daran, ob es so oder anders gewesen ist[8], denn die elkesaitische Motivation für die Rechtfertigung von Libertinismus läßt sich von jedem zu erwägenden äußeren Verhalten gleich gut trennen: es handelt sich offensichtlich um die auch von der libertinistischen Gnosis vorgenommene Neuwertung faktischer Laxheit, zu der es von ursprünglich asketischerer Haltung aus gekommen war. Die Unerheblichkeit der Befolgung von Vorschriften aus dieser Welt, welche auch das Prinzip der Handlungsweise des Kallist und seiner Gemeinde zu sein schien oder ihnen als solches unterstellt wurde, wäre dann für den syrischen Synkretisten Alkibiades das Signal gewesen, den antikosmischen Dualismus in verkleinertem Maßstab zu realisieren. Wieder einmal hätte sich die Auflösung der Eigenständigkeit moralischer Prinzipien durch ihre Hineinnahme in physische Vorfindlichkeit daran gezeigt, daß zwecks Schwächung des Fleisches, als dessen Ursache sich tatsächlich Enthaltsamkeit wie Ausschweifung vorfinden läßt, das Faktische zur Norm erhoben wurde. Dies konnte in der syrischen Elkesaitengruppe offenbar um so eher geschehen, als die regelmäßig praktizierten rituellen Waschungen[9] hier schon

---

[8] Neuerdings will K. Koschorke, Hippolyt's Ketzerbekämpfung und Polemik gegen die Gnostiker. Eine tendenzkritische Untersuchung seiner „Refutatio omnium haeresium" (Göttinger Orientforschungen VI 4), Wiesbaden 1975, gerade den Nachweis führen, daß es die Tendenz des Hippolyt gewesen sei, die Häretiker durch Rückführung auf die von ihnen geheimgehaltene Erkenntnisquelle der hellenischen Weisheit zu widerlegen, die an die Stelle der allein legitimen Lehre Christi getreten sei (so z.B.S. 28f.). So gute Beobachtungen dafür im einzelnen auch beigebracht werden, im ganzen scheint mir jedoch nicht erwiesen, daß die hellenisierenden Interpretationen ganz und gar das Werk des Hippolyt und nicht das von Gnostikern vor ihm gewesen seien. (vgl. Koschorke selbst nach dem Zusatz zu Anm. 75). Wenn Hippolyt unter den vorgegebenen Ketzerüberlieferungen diejenigen auswählt, die den behaupteten Abhängigkeitsverhältnissen am besten entsprechen (ebd. S. 17), so besagt dies doch auch, daß solche Überlieferungen bestanden. Auch die ebd. S. 22 und 60–67 überzeugend aufgewiesene Depravationstheorie (uranfängliche Offenbarung – christliche Lehre – Juden – Barbaren/ Griechen – sonstige Häretiker – Kallist) spricht nicht für eine durchgehende Entstellung der dicht bei Kallist stehenden Elkesaiten und schon gar nicht der in den Büchern V – VIII abgehandelten Häresien.

[9] Bei J. Thomas, Le mouvement baptiste en Palestine et Syrie (150 av. J.-C.- 300 ap. J.-C.), Gembloux 1935, S. 143–149 findet sich bereits eine richtige Unterscheidung der Taufe zur Sündenvergebung, wie Alkibiades sie formulierte, von den durch Epiphanius und Origenes bezeugten Waschungen, die einen anderen Charakter haben.

nicht mehr der Reinigung des Menschen als einer undifferenzierten Größe dienten, sondern der Reinigung seines Wesens oder Selbstes.[10] Das führt auf die Gründe, aus denen es im Orient neu zur Gnosisbildung kommen konnte, während es in Rom beim Ansatz dazu bleiben mußte.

Solche Zwangsläufigkeit der Überführung eines soteriologischen Regulativs, wie das elkesaitische Tauchbad es war, in einen Ritus, der prinzipiell endgültig das Heil bei gleichzeitiger Initiation in die für seine Verwaltung zuständige Anstalt zusprach,[11] war es denn auch, die diesem gnostischen Ansatz in Rom den Garaus machte: der Verlaß auf die Unauslöschlichkeit des einmal empfangenen Taufsiegels genügte völlig und gefährdete das Verbleiben in der Heilsanstalt nicht, so wie Kallistos sie verstand. Eine Konversion zum Elkesaitismus dagegen, der nicht überzeugend war, weil er nicht als Heilsinstitution mit einer Lehre über sich selbst auftrat, hätte selbst Kallistos zur Exkommunikation veranlassen müssen; zeigte doch das Geschick des Sabellios, daß er in seiner Gemeinde nicht alles duldete.

Den Alkibiades aber wird man von Haus aus einen Entrepreneur nennen dürfen, wie es jetzt schon ein Jahrtausend lang, seit dem 8. Jahrh. vor Chr., so viele gegeben hatte. Er muß von einer Lebensauffassung gewesen sein, zu der fast schon naturwüchsig ein unternehmerischer Geist gehörte. Selbstverständlich schloß das ein, daß man vom Charisma seiner eigenen Persönlichkeit überzeugt war. Aber dieses vor- und auszuleben, war etwas anderes als die Realisierung eines Programms. Auf sein „Unternehmen" gesehen, war Alkibiades eher der Exponent einer Ausbreitung als der Ausführende einer Mission. Das „Unternehmen" bestand in Waschungspraxis und fand genauso selbstverständlich statt wie jedes andere auch. Man hatte nicht zu erklären, warum, sondern warum es etwa nicht stattfand. Einführung eines solchen Unternehmens in eine Gemeinschaft wie die christliche, deren Verständnis einer Taufe und deren Durchführung und Ordnung eines Taufrituals in der Welt seinesgleichen nicht hatte, mußte entweder zur Folge haben, daß schon die erste von einem Fremden an ei

---

[10] Dafür steht, daß das Bad in einer sakralen Tracht erfolgte (Epiph. haer. 30, 2. 3.1, 5?). Der Kleiderwechsel bedeutete wie in der ganzen spiritualisierten Gewandsymbolik eine Erneuerung des inneren Menschen, vgl. W. BRANDT, Die jüdischen Baptismen oder das religiöse Waschen und Baden im Judentum mit Einschluß des Judenchristentums, Gießen 1910, S. 65ff. 74. Daneben gab es bei den Elkesaiten auch die Vorstellung vom Leib als Gewand der Seele und damit auch eine gewisse Hoffunung für die Rettung des Leibes durch die Lustration (ebd. S. 7!).

[11] Darin hatte sich das Christentum mit der Weiterübung der eschatologischen Johannestaufe, das offiziell werdende Judentum mit der Proselytentaufe (vgl. J. JEREMIAS, Die Kindertaufe in den ersten vier Jahrhunderten, Göttingen 1958, S. 28–44) ein für alle Mal aus dem enggefüllten Kreise der weitverbreiteten Wasserriten gelöst, die ihnen bei den Essenern, auch denen von Qumran, am nächsten gewesen waren und in letzlich derselben Tradition noch bei den Elkesaiten weiterlebten: bei beiden konnte allenfalls die erste Ausführung initiierenden Charakter haben und damit das Gewicht einer vollen Taufe bekommen, vgl. J. THOMAS' Zusammenfassung seiner Untersuchungen im Art. Baptistes, RAC 1, 1950, Sp. 1170–1172.

nem Einheimischen vollzogene Waschung als eine Wiedertaufe verstanden wurde, oder daß man bei den Fremden insgesamt eine unausgesetzte Folge von Wiedertaufen beobachten konnte. Beides hatte beträchtliche Konsequenzen, und zwar auf beiden Seiten.

Zarathustra in Europa

Die Fragen, wer Zarathustra für seine Zeit und für sein Heimatland war und für wen Zarathustra neu etwas bedeuten sollte, insbesondere wenn sich Gründe beibringen ließen, daß es bei der letzten Teilfrage um Europa gehen werde, diese Fragen sind jetzt zu einer einzigen geronnen.

Damit wird die Frage brennend, ob und für wen die Gestalt des Zarathustra eine verbindliche Rolle spielen wird. Es ist die schwierigste Frage, die man in einer solchen Situation stellen kann. Eine Antwort gibt es bis auf weiteres nicht, denn weder der Durchschnittswissenschaftler von heute noch eine überzeugende Idealgestalt von morgen können wissen, wie Zarathustra beschaffen war. Die Lebenszeiten, die man für ihn errechnet hat, liegen bis zu sieben Jahrhunderten auseinander. Er müsse ein Weiser gewesen sein, und Weise sind nicht nur selber alt, sie leben auch in einer alten Zeit (daß eine sehr alte von ihrem Anfang her betrachtet vielmehr eine junge Zeit ist, bedenkt oder sagt man nicht). Er muß ein Priester, oder ein Prophet, oder ein Apokalyptiker, oder ein Visionär, oder ein Weissager, oder ein Schamane, oder ein Zauberer, oder ein Dichter, oder ein Sänger, oder ein Heros, oder ein Kulturbringer, ein Rinder- und/oder ein Kamelzüchter, der erste Ökologe, oder ein Heiland, oder ein Astrologe, oder ein Philosoph, oder ein Ratgeber für Könige, oder selber ein König, oder – ein Religionsstifter gewesen sein. Die Schwierigkeit, unter diesen Persontypen die zutreffendste zu finden, hängt nicht zuletzt damit zusammen, daß Zarathustra höchstselbst für viele von ihnen als Beleg, Illustration oder Beispiel herangezogen wurde, als unsere Religionswissenschaft sich anschickte, die Typologie der homines religiosi zu entwerfen. Darüber hinaus gingen ganze Weltanschauungen, durchreflektierte Geschichtstheorien in solche Deutungen mit ein. Gegen alle Deutungen ließ sich die Meinung setzen, daß Zarathustra überhaupt keine historische Person gewesen sei. Man befindet sich dann auf dem vertrauten Boden, auf dem man mit Kategorien wie Legendenbildung, historischer Fiktion und dergleichen immer noch gut arbeiten kann. Indessen:

Die einzig feststehende Tatsache, die keiner weiteren Voraussetzung bedarf als der, daß Zarathustra wirklich gelebt hat, besteht darin, daß zwischen seiner Zeit und derjenigen, in der wir das erste Mal seinen Namen lesen oder von Verehrern hören – daß zwischen diesen beiden Zeiten bei keiner wichtig oder interessant gebliebenen Gestalt der Weltgeschichte eine so lange Zeit verstrichen ist wie die bei Zarathustra. Während wir einen solchen Zeitabschnitt in seiner Länge nur erahnen können, wird uns wie zum Ausgleich ein Zeitabschnitt geboten, der überaus gehaltvoll, zugleich aber so kurz ist, daß man ihn überblicken kann. In ihm müssen sich anteilig viele Veränderungen von jener doppelten Art zugetragen haben, wie wir sie einerseits im Steppen- und Nomadenmilieu bemerken, andererseits im Hintergrund der unaufhaltsam fortschreitenden Verstädterung voraussetzen müssen. Diese Zeit war die hellenistische, die auf weite Strecken zugleich eine synkretistische war. Das führt zu Zoroaster in der hellenistischen Literatur. Dieser Zeit fügt Stausberg nun eine weitere hinzu – nennen wir sie die europäische.

Das Bindeglied zwischen archaischer und hellenistischer Zeit hat die Weltgeschichte selbst geschaffen. Es waren, mutatis mutandis, Expansionen iranischer Macht bis hin zu jenen äußersten Kulminationspunkten, da ägyptische, ja da Pharaonendynastien aus iranischen Großkönigen bestanden (es waren die siebenundzwanzigste von 525–404, von Kambyses bis Dareios II. vertreten, und die einunddreißigste, von Artaxerxes III. bis Dareios III.). Das waren die Geburtsstunden jener historisch-politischen Größe, die man, auch auf Grund kleinerer Gegenstücke in Zentralasien, „Iran Extérieur" nennt. In den namentlich von der Religionsgeschichte herausgearbeiteten Verquickungen, die damit begannen, ist die in diesem Zusammenhang wichtigste Frage, ob es einen Unterschied zwischen imaginären und historischen Gestalten gab, die als Archegeten für Wissenschaften, Allerweltsweisheit, Mythenbildung, Zauberei, Alchemie, Astrologie, Messianismus und Eschatologie in Anspruch genommen wurden. Es scheint keinen Unterschied gegeben zu haben; denn ein Nachweis, daß sich die Dinge an einer Fabelgestalt wie Ostanes anders als an eine historische Gestalt wie Zarathustra ankristallisiert haben, läßt sich nicht führen.

Umso brennender stellt sich die Frage angesichts dessen, was jetzt Stausberg vorlegt. Man werfe einen Blick in das Inhaltsverzeichnis und staune. Das Bindeglied, das hier die entscheidende Rolle spielt, war nicht die anonyme Weltgeschichte, sondern die Philosophie des Georgios Gemisthos Plethon (1355/60–1454). Er war und schuf die Vorgabe für zahllose andere. Man gestehe sich ein, von wievielen Autoren und Texten man auch ohne ihre Bedeutung für die Zoroaster-Repristination noch nie etwas gehört hat. Und dann konstatiere man, daß eine solche europäische Geistesgeschichte noch nie geschrieben worden ist – und was es besagt, daß dieses offenbar nicht anders als mit einer Wünschelrute möglich war. Solche Wünschelruten, die aus einem Appellativum bestehen, sind selten. Im deutschen Sprachgebiet war es zuletzt wohl das Motiv *Der Turmbau von Babel,* an Hand dessen Geistesgeschichte im großen Stil geschrieben wurde. Nun gesellt sich der Zarathustra-Name dazu und leitet zu einem ganz anderen Längsschnitt durch unser geistiges Erbe an.

Man muß es einmal wagen, den höchstwahrscheinlich ehrwürdigen Träger eines ehrwürdigen Namens, wie Zoroaster einer ist, so zu benennen, daß später nicht wieder und wieder Berichtigungen nachgetragen werden müssen, die sich zu einem Reservoir von Enttäuschungen aufhäufen, das größer ist als das, welches entsteht, wenn man sich nach langem Bedenken gleich zu Anfang der Auswertung von gesammeltem Material, nämlich der schriftlichen Darstellung der Resultate seines Nachdenkens entschließt. Mag Zarathustra in der hellenistischen Welt immerhin noch eine Gestalt gewesen sein, so war er jedenfalls eine legendarische. Sein weiteres Überlieferungsschicksal hängt eng mit dem zusammen, was die Griechen als Kunst der *magoi*, als *mageia* ansahen. Sie wurde von Fremdlingen aus dem Osten vertreten und verbreitet, und Zoroaster mußte für die westlichen Mediterraneer am ehesten einer von ihnen gewesen sein. Wie aber soll man ihn in der Gestalt bezeichnen, die ihm in Europa gegeben wurde?

Es ist deutlich, daß man an dieser Stelle nicht umhin kann zu werten. Noch besser ist es in diesem Falle, wenn ein direkt betroffener Autor uns Heutigen diese Aufgabe abnimmt. Wir haben das Glück, von einer Wertung ausgehen zu können, die unserer bisherigen, die doch wohl stillschweigend immer eine positive war, direkt entgegensteht. Es gibt mindestens eine, wahrscheinlich aber viel mehr Zoroasterdarstellungen im Emblembuch des Juan de Horosco y Covarrubias (um 1550–1608).[1] Zoroaster, angetan mit der Krone und den Insignien eines Königs, befindet sich im Gerangel mit dem Satan. Dieser sieht halb den Kontrahenten, halb den Bildbetrachter an. Zoroasters Haltung ist schwierig zu deuten. Sie könnte die Meinung zum Ausdruck bringen, daß er letztlich in die Hölle gehöre, daß es ihm aber sehr recht sei, wenn der in seiner Zielrichtung eindeutigere Satan dafür die Verantwortung übernehme. Er, Zoroaster, könnte dann entweder aus eigenem Willen als Höllenfürst tätig sein, wie es ihm beliebte, oder sich von Satan halb zum Scheine dazu zwingen lassen. Vielleicht will Zoroaster sich aber auch sträuben, in die Hölle zu gehen, weil er wohl weiß, daß ihn dort der Feuertod ereilen würde. Nach dem christlichen Volksurteil, das der Emblematiker sehr wahrscheinlich vertritt, hat Zoroaster in jedem Fall die Hölle verdient, entweder weil für eine Regentschaft seiner Art auf Erden kein Platz sei oder weil er für irdische Untaten bestraft werden müsse. Die erstere Deutung könnte der Text zum Emblem nahelegen. Dort heißt es:

Si Zoroastres Rey siendo enseñado	Wenn König Zoroaster
del enemigo nuestro fue el primero	als Schüler unseres Erzfeindes
que vsò las malas artes, bien pagado	Zuerst die Zauberkünste ausübte,
	so wurde er
quedò de su maestro y compañero,	von seinem Lehrer und Gefährten
	wahrlich gut
pues dizen que del mismo fue abrasado	bezahlt. Denn man sagt, daß er
	von diesem selbst
con fuego del infierno verdadero,	mit wirklichem Höllenfeuer verbrannt wurde.

---

[1] Bei ARTHUR HENKEL/ALBRECHT SCHÖNE (Hg.), *Emblemata. Handbuch zur Sinnbildkunst des XVI. und XVII. Jahrhunderts*, Ergänzte Neuausgabe Stuttgart 1976, Sp. 1139. Dort auch die im folgenden entnommene Übersetzung. Die Herausgeber fassen den Inhalt von Bild und Text so zusammen „Zoroaster wird von Satan (seinem Lehrmeister) in die Hölle gestoßen". Angesichts der Auswahl, die dieses Werk nur bieten kann, ist es eine verlockende Aufgabe, sämtliche Emblembücher nach Zoroasterdarstellungen zu durchsuchen.

Que pago ha de esperar quien del se fia Welchen Lohn hat der zu erwarten, der ihm traut,
sino es tenerle siempre compañia? wenn nicht den, ihm immer Gesellschaft leisten zu müssen?

In letzter Konsequenz wären dann zwei Teufel in der Hölle beschäftigt – nichts Absurdes oder Übertriebenes, werden doch z.B. im Nikodemusevangelium Hades und Satan als Rivalen sowohl im Vollziehen als auch, wenngleich beträchtlicht milder, im Erleiden von Höllenstrafen vorgestellt. Es handelt sich um die wohlbekannte Abwertung und Dämonisierung, der die christliche Kirche die antiken Götter und Geister unterzog. Hier trifft entweder den Iranier Zarathustra dasselbe Geschick wie den Griechen Hades, oder Zarathustra wird „regulär" bestraft wie in einem Hexenprozeß. So kommt er auch im *Hexenhammer* von 1487 vor. Außerdem, nach Erwähnung des Weltunterganges, vor dem die Erde „überflutet ist von jeglicher Bosheit der Dämonen, da die Schlechtigkeit der Menschen zunimmt und die Liebe erlischt", wetteifert Zoroaster mit dem Satan in der Erfindung und Ausführung böser Taten, ersichtlich mit dem Ziel, das von Apokalyptikern geforderte Maß der Übeltaten vollzumachen, weil erst dann das Weltgericht, das tausendjährige Reich und der Neue Äon den Lauf zu Ende führen können, der für sie im göttlichen Heilsplan vorgesehen ist. Nach dieser apokalyptischen Version bekommt das Höllenfeuer einen neuen Zweck: es dient dazu, Zarathustra zu verbrennen, zur Strafe für seinen eschatologischen Ehrgeiz.

Es gibt also einen Zarathustra, der „gut", und einen, der „böse" ist. Ich schlage vor, den „bösen Zarathustra" ein Phantom oder einen Spuk zu nennen. Zu einem Phantom kann man sich auf verschiedene Weise verhalten. Man kann es entweder wegleugnen, indem man sich einer Wahnvorstellung, einer überreizten Phantasie oder dergleichen bezichtigt. Oder man kann Parapsychologie aufwenden, um zu einer begründeten Meinung darüber zu gelangen, ob es jemand Bestimmtes war, der sich hier im Astralleib, oder mit seiner Aura, oder als Totengeist, und allemal mit welch einer Art von Materialisierung auch immer, zu erkennen gibt. Wem der wissenschaftliche Status der Parapsychologie nicht geheuer ist, der kann sich auf sich selbst berufen, wenn er die rätselhafte Gestalt deuten will, mit der er es zu tun hat. In dem Maße, wie er auf Versuche verzichtet, Mitmenschen von der Seriosität seiner Vision zu überzeugen, kann er in dem Phantom eine konkrete Gestalt wiedererkennen oder das Phantom zu einer solchen machen, indem er die Gestalt mit Fleisch und Blut füllt, in ihrem Gesichtsumriß individuelle Züge hineinliest, kurz die rätselhafte Person zu einer konkreten Gestalt macht. Der Spuk unterscheidet sich vom Phantom vor allem dadurch, daß er für eine kürzere Zeit auftaucht und damit den von ihm Heimgesuchten die Möglichkeit nimmt, sich von ihm ein deutlicheres Bild zu machen.

Wenn wir den „bösen Zarathustra" ein Phantom oder einen Spuk nennen, wie nennen wir dann den „guten"? Seine Person- und Substanzhaftigkeit erinnert an die des Hermes Trismegistos, mit dem er ja auch wiederholt zusammengebracht wird (so bei Ficino, Steuco, Patrizi), oder an eine hypostasierte Allegorie. Ich schlage vor, den „guten Zarathustra" die „Personifikation einer regulativen Idee" oder ein „regulatives Ideal" zu nennen. Nirgends geht man – von Wissenschaft ist hier nicht die Rede – seiner Identität, seinen Eigenschaften, seiner Lehre „empirisch" nach. Wo er eingeführt wird, paßt er ganz in das System, in die Gedankenwelt dessen, der ihn herbeizitiert. Doch das Stück Philosophie der Renaissance, oder der Aufklärung, oder der Naturtheorie, oder der Ontologie, oder der Theosophie, oder einer Wissenschaft, in dem man Zarathustra figurieren läßt, sähe anders aus, wenn er nicht darin vorkäme. Auf eine weiter zu untersuchende Weise vermag er einer Ansammlung von Begriffen oder Elementen eines noch ungeordneten Kosmos zur Ordnung und zur Klarheit über sich selbst zu verhelfen. Solche Kraft hatte man früher einer Idee zugeschrieben. Hier zeigt sie sich wieder, Zarathustra reguliert, was dessen bedarf. Da man aus der hellenistischen Umformung seiner Gestalt mit einiger Sicherheit entnehmen konnte, daß die Symbolkraft seines Denkens sich nicht ausschließlich an diesseitigen, irdischen Daten orientierte, lag ein Vergleich seines impliziten Weltsystems mit einer Ideenwelt nahe. Noch in unseren Tagen konnte ein italienischer Forscher, Zarathustras Verspredigten mitbedenkend, vom „idealismo gathico" sprechen.

Jetzt heißt es, die Mythologie des Bösen nachzuvollziehen. Ist Zoroaster eine einzige Gestalt, die entweder gut und böse zugleich ist, oder die nur einen einheitlichen Charakter hat, der aber von den Einen als gut und von den Andern als böse empfunden wird? Kommt er so oder so nur in einer bestimmten Tradition vor, so daß theoretisch äußerstenfalls die Individuen, Gruppen oder Gemeinschaften, die dem „bösen" Zarathustra anhängen, nichts von den Jüngern des „guten" Zarathustra wissen? Falls ja, dann käme der Eindruck ethischer Ambiguität nur auf dem Papier, in der Handschrift, in dem gedruckten und zusammengebundenen Buch zustande, das nicht, wie wir es wollen, alles analysiert und auseinander nimmt, sondern das alles vereinigt und zusammensetzt. Oder sind es zwei Gestalten, beide mit der Kraft begabt, sich in eine andere Gestalt zu verwandeln, und beide ohne Skrupel, dies auch wirklich zu tun, wenn eine Laune sie treibt? Die Verwandlungsfähigkeit wird seit dem 13. Jahrhundert immer vom Teufel ausgesagt – sie führt per se zu etwas Bösem. Das spezifische Gewicht des Bösen kann von dem des Guten grundsätzlich niemals aufgewogen werden. Diese Feststellung besagt, daß es für das Gute keinen anderen Grund gibt, in Verkleidung aufzutreten, als den, irgendwann einmal das Böse oder den Bösen zu überlisten.

Indem man solche Überlegungen anstellt, steckt man unversehens in der Ranaissance-Forschung und derjenigen Forschung, die ihr folgt. Dabei tritt eine letzte Schwierigkeit auf. Was zahlreiche Autoren vom 15. bis zum 18. Jh. schreiben, scheint nicht recht zu dem zu passen, was man bisher „offiziell" von ihnen weiß. Ein eigentümlich subversiver oder vielleicht okkulter Bereich tut sich auf, der aber viel produktiver gewesen zu sein scheint als der offizielle. Die Wissenschaft, die man damit einmal versucht hat, scheint der Diffusität, der Ungreifbarkeit ihres Gegenstandes wieder zu erliegen.

Der böse Gott und der vom Bösen erlösende Gott – Marcions oder Zarathustras Lehre?

A. Das Christentum ohne Gesetz = Frei vom Gesetz? Gesetzeskritisch? Gesetzlos? Gesetz ablehnend? Ungesetzlich? Widergesetzlich? Gesetzesfeindlich?

1. Der „entzweite" Römerbrief

Das halbe Dutzend vertretener (!) Gleichungen führt auf die dritte unaufhebbare traditionschronologische Alternative. Sie setzt folgendes voraus: Von beiden Möglichkeiten aus bedeutet es Verschiedenes, ob und inwiefern ein Römerbrief seinerseits in die Diskussionen eingreift, die er selber hervorgerufen hat, und ob und inwiefern sich die Standpunkte dadurch weiterentwickeln.

Gesetzt den Fall, die Frage läßt sich aus ihrer eigenen Logik heraus beantworten, so lautet die dritte Alternative: Entweder handelte es sich um den Paulinischen Römerbrief. Oder es handelte sich um den Marcionitischen Römerbrief.

Und nun stelle man sich vor, was die Präsentation des Römerbriefes Marcions in einer Gemeinde bedeutete, die schon einen gleich adressierten, einen an sie gerichteten Brief besaß und die dazu die Praxis übte, bei den meisten Gelegenheiten nur eine Perikope zu Gehör oder in Umlauf zu bringen. Wer konnte es bemerken, daß da ein Text etwas anders lautete, als er im Gedächtnis haftete? Und wenn es bemerkt wurde – was war der Grund der Abweichung? So müssen praktisch schon alle Probleme haben auftreten können, um die man sich heute müht, aber ohne daß man bereits Kriterien hatte, mit denen man entscheiden konnte, welche Version die „echte" war, die längere oder die kürzere, und welche den besseren Text hatte. Man sieht: Der Vorrat an Zweideutigkeiten, mit deren Aufhebung man nie zu Ende kommen sollte, muß schon im Rom der Jahre 139 bis 144, der Jahre von Marcions Anwesenheit, seine Grundlegung erfahren haben.

2. Denkbare Radikalisierung durch Marcions Lehre vom Bösen und vom Fremden Gott

Marcions Lehren von der Dualität der Götter und der Ansatz seiner Antithesen[1] – derer, in die Marcion seine Stellung zur Großkirche faßt, wie auch derer, die zwischen Gut und Böse, zwischen Gesetz und Evangelium, und sogar zwischen mindestens zwei Gesetzesverständnissen bestehen – erklären sich gegenseitig. Das Material gehört in die schon seit langem vorliegenden Sammlungen

---
[1] Marcion, *Antitheseis*.

zu „Cerdo(n) und Marcion"[2], und dem ist nichts hinzuzufügen. Der wichtigste Punkt daraus ist der, daß aus Marcions Lehre von den zwei Göttern eigentlich nicht die Schlechtigkeit der Materie folgt, von der er doch gelegentlich spricht. Es scheint nicht so gewesen zu sein, daß Marcion zur Entlastung seines bereits konzipierten, zwar kleinlich-gesetzlichen, aber nicht schlechten Demiurgen zur Erklärung des Bösen in der Welt ein Prinzip benötigte und dieses hilfsweise von dem syrischen Gnostiker entlieh.[3] Eher hing die Materialität der beiden Götter ihren wesentlicheren Eigenschaften, der despotischen Gerechtigkeit und der kompensierenden Güte, noch wie eine Schlacke an und trat dann bei Cerdo ein wenig und bei Marcion mehr zurück. Das würde bedeuten, daß Cerdos Position neben der oben erschlossenen in die Vorbereitung des Marcionitismus mit hineingehört, ohne daß man sagen kann, ob beide historisch etwas miteinander zu tun hatten; denn Antiochien und Sinope lagen sehr weit voneinander entfernt. Marcion hätte dann beide Ansätze, den des Cerdo und seinen eigenen, zusammen weiterentwickelt.

3. Charakteristik der möglichen doktrinalen Weiterentwicklung in Rom

Der heidenchristliche Dualismus zwischen Gesetz und Evangelium dürfte hart auf der Grenze zum marcionitischen gehalten worden sein; denn nichts weist darauf hin, daß aus ihm schon die Konsequenz gezogen wurde, der Geber des Gesetzes sei ein anderer als der Fremde Gott, in dessen Auftrag Christus das Evangelium brachte. Jenen Dualismus ließ man erst recht nicht in den im engeren Sinn gnostischen abgleiten, auch nicht *in nuce*. Das ist daran zu erkennen, daß sich von den Polen jenes Dualismus aus das Gesetz nicht der gefallenen Schöpfung, dem gefallenen Adam, den Psychikern, der Sphäre der *Sarx*, der Finsternis oder den dämonischen Beherrschern dieses Äons zuordnen läßt, und das Evangelium nicht der Sphäre des *Pneuma*, dem Licht dem inneren Menschen, dem *Nous*, der *Syneidesis* und der *Kardia*. Überdies ist es noch lange nicht gesichert, daß in diesen sich mit Gesetz und Evangelium nicht deckenden Begriffen überhaupt Reflexe der Gnosis oder einer Protognosis vorliegen, wie oft behauptet wird.

---

[2] So die Überschriften zweier reichhaltiger Kapitel bei Hilgenfeld (1884), 316–341, und bei Harnack (1924), 31*–39*. Bei Harnack (1924), 98 und 194 auch der oben wiedergegebene Punkt und 180–187, 404*f. Interpretation und Material zu Apelles; bei Hilgenfeld (1884), 328–332 die oben bevorzugte und variierte, auf Tert. *adv. Marc.* beruhende Meinung, Cerdo habe zur Häresie Marcions den letzten Anstoß gegeben.

[3] Bei diesem selbst mag es aus einer rein spekulativen Materialisierung des Wesens der beiden Götter (so doch wohl historisch zutreffend Iren. *haer.* 1,27,1) gekommen sein, wie sie in der Barbelognosis z.B. bruchstückhaft das *Apokryphon des Johannes* (BG 8502 32, 10–18; Till/Schenke (1972), p. 104f.) bezeugt: der gerechte Elohim wird über Feuer und Wind gesetzt, der ungerechte Jave über das Wasser und die Erde.

B. Ein antinomistisches Nebenprodukt: Begründung eines neuen, unmythologischen Gnostizismus

4. Anthropologischer Paradigmenwechsel

Der Dualismus Gesetz-Evangelium war nicht gnostisch, aber er war doch mindestens gnostisierbar bzw. eine wesentliche Bedingung für das Entstehen von Gnosis, sowohl im marcionitischen wie im engeren Sinn. Das erstere lehrt Marcion selbst, worüber keine Unklarheit mehr besteht; das letztere lehrt sein Schüler Markos.[4] Marcion hatte die Stelle eines *salvandum*, das den ganzen, fleischlich-leiblich-geistigen Menschen vertrat, prinzipiell leer gelassen, um sich nicht sagen lassen zu müssen, der Mensch werde nur unvollkommen erlöst, ähnlich wie Paulus aus demselben Grunde seine *ad hoc* geprägte Aussage vom pneumatischen *soma* (1 Kor 15,44) nicht weiter ausbaute. Markos aber schloß aus der asketischen Praxis Marcions auf die Unerlösbarkeit des Fleisches und setzte dementsprechend an die Stelle des *salvandum* den Geist, der dem Menschen bei seiner Erschaffung von dem guten – man darf schließen: ihm konsubstanzialen – Gott eingegeben worden sei.

Markos geht damit zu dem anderen der beiden Paradigmata menschlicher Grundkonstitution über, welche für Gnostisierbarkeit zur Verfügung stehen. Dies lehrt, daß die Bildung gnostischer Begriffe eher pragmatisch aus der ethisch-anthropologischen Motivation der Benutzung ihrer Vorstufen als syntaktisch aus einer zu absolut dualistischen Konsequenzen treibenden Einwirkung der letzteren aufeinander erklärt werden kann. Hiermit bekäme endlich die vielverhandelte Askese einen richtigeren Ort: Sie wäre als Voraussetzung, nicht als Folge gnostischer Begriffsbehandlung verständlich zu machen. Dies ist ganz einfach möglich, indem man bei der Motivation des Marcion von der Zweigötterlehre absieht. Es genügt der Gesichtspunkt, daß der Geltungsbereich des Gesetzes nicht vergrößert werden darf, indem man es befolgt. Man würde es aber befolgen durch Tun des in der Welt Üblichen, einschließlich der Verhaltensweisen, in denen alttestamentliches Gesetz und *lex naturalis* konvergieren: Essen, Trinken, Zeugen, Handeltreiben. Statt dessen ist die Liebe zu üben, die den Nächsten aus der Verstrickung in die kleinlichen, die Freiheit ertötenden Gebote der Alltagsmoral herausführt.

5. Mythenkritik und ihr Bezug zum Eingottglauben oder zu einem möglichen Polytheismus

Liest man, was Hippolyt über den Marcion-Schüler Apelles schreibt (*ref.* VII 38,1–5), könnte man meinen, er habe die bei Cerdo angelegte, durch Marcion

---

[4] Harnack (1924), 164f.; nicht einleuchtend dort 136f. zur Erlösung der „Seele" nach Marcion, vorzüglich 148f. die unten umgeschriebene Motivation der Askese.

ausgeschaltete Mythologisierbarkeit des Grundgedankens nun doch realisiert: vier Götter gebe es, und: Christus sei aus allen Substanzen des Alls gebildet, die er diesem nach seiner Herabkunft überlassen habe, um dadurch gleichzeitig frei davon wieder zum Vater gehen und den Samen des Lebens seinen Gläubigen zurücklassen zu können. Der verführerischen Verwertbarkeit dieser Quelle für das Bild einer sich in Rom immer weiter entfaltenden Gnosis wird aber durch eine bessere gewehrt, nämlich durch das Streitgespräch[5] zwischen Apelles und Tatians wieder „rechtgläubigen" Schüler Rhodon; zu ihm passen einige andere Zeugnisse, aus denen man seine *Phaneroseis* und seine *Syllogismen* rekonstruieren kann. Danach folgen aus der Unglaubwürdigkeit des Alten Testamentes keine zwei Götter; es bleibt bei einem, Guten. Der Schöpfer der unteren Welt ist, obwohl *deuteros theos* genannt, ein gefallener Engel. Christus hat keinen Scheinleib; wer seine Hoffnung auf ihn, den Gekreuzigten, setzt und in guten Werken erfunden wird, wird erlöst werden. Der Gott, der in ihm erscheint, ist kein fremder.

6. Neuer Bezug zur weisheitlichen Voraussetzung für die Ausbildung von Gnosis

Erst so wird auch die Zuordnung z.B. einer Weisheit zur Welt des Gesetzes, die sie als Ordnung zu erfassen und durch vorgeschriebenes Handeln zu bewältigen strebt, und die Zuordnung einer Weisheit zur himmlischen Welt plausibel. Von dort aus ist es bis zur Zerspaltung der Weisheit zur *salvatrix salvanda* nur noch ein Schritt. Nur so läßt sich auch der Weg vom Paulinismus zur wirklichen Gnosis nachvollziehen, nicht durch eine Extrapolation der sich mit Gesetz und Evangelium nicht deckenden Begriffe auf Grund der Voraussetzung, sie hätten vor Übernahme und Uminterpretation durch Paulus zum Modell eines gnostischen Systems gehört, das später in anderen Formen wiedererscheine[6].

C. Horizontale und vertikale Wirkungen des antinomistischen Denkens

7. Wirkung auf Zeitgenossen im Okzident und auf Spätere im Orient

Marcion war wohl unter dem Pontifikat des Hyginus (136–140 oder 138–142), zu Beginn der Regierung des Antoninus Pius (138–161) nach Rom gekommen. Nachdem man hat erwägen können, ob Ansätze zur Gnosisbildung aus Paulus oder aus vorpaulinischer Gemeindetradition stammen[7], ist hier noch auf zwei-

---

[5] Berichtet bei Eusebius, *historia ecclesiastica* 5,13,5–7.
[6] Zu dieser Methode, die namentlich von H. Schlier, E. Käsemann, W. Schmithals und D. Georgi ausgebildet worden ist, vgl. die kluge Kritik von Haardt (1967).
[7] Vgl. dazu Bianchi (1967). Aland (1973) hat, unter Heranziehung der Harnack noch nicht bekannten Marcion-Refutationen des Ephraem wichtige Korrekturen an Harnacks Marcion-Bild vorgenommen. Sie betreffen vor allem seine Übernahme des mit Jaldabaoth vergleichba-

erlei hinzuweisen: erstens auf seine Berührung mit jenem von ihm unterschiedenen, mythologisch produktiven Typus von Gnosis, den der bei seiner Ankunft bereits in Rom anwesende Antiochener Cerdo repräsentierte, sodann auf die Veränderung der Lehre, die Marcions aus Ägypten nach Rom gekommener Schüler Apelles vornahm.

Von dieser Annäherung an die großkirchlich werdende Lehre aus führt kein Weg mehr zu einer vollen Gnosis wie von Marcion zu Markos. Es bedurfte trotz der produktiven Verbindungen zwischen Apelles, Tatianismus und Valentinianismus in Rom eines neuen Impulses von Außen, um sie dort weiterleben, vielleicht sogar: wieder neu erstehen zu lassen. Dies geschah aber erst nach dem Ausgang des sogenannten Adoptivkaisertums und den ersten Soldatenkaisern Septimius Severus (201–211) und Caracalla (211–217), nach den Pontifikaten des Soter (166–175), Eleutherus (175–189), Victor I (189–199) und Zephyrinus (199–217), und zwar durch das Auftreten der Elkesaiten. Dies ist hier nicht weiter zu verfolgen.[8]

Im Orient verliefen die Dinge anders. Dort existierte die marcionitische Kirche bis ins 5. Jahrhundert und schaffte sich wohl selbst aus der Welt, indem sie auch auf irdische Gesetze verzichtete. Der syrische Kirchenvater Ephraem (306–373), auf dessen Zeugnis wir uns hier beschränken, nimmt sich in seiner *Zweiten* und in seiner *Dritten Rede an Hypatius* Mani, Marcion und Bardesanes vor, in der ersten allerlei Themen ohne besonderen Rekurs auf ihre Urheber, in der vierten und fünften Mani allein. Von den acht veröffentlichten Prosa-Widerlegungen hat eine die Jungfräulichkeit zum Thema, zwei richten sich gegen Mani, zwei gegen Bardesanes und drei gegen Marcion. Die letzteren drei enthalten alles, was sporadisch oder als Teilthema auch in den anderen Abhandlungen vorkommt, und das nicht ohne Wiederholungen. Sie haben insofern einen anderen Charakter als die anderen Traktate, als Marcion keine Kosmologie, kein System, keine universale Geschichtsschau – kurz: als er alles das nicht hat, was die Auseinandersetzung mit den anderen so interessant macht. Dafür geht es hier wieder und wieder um Bibelexegese und Textkritik, und zwar oft so, daß mit einer Anspielung oder einem Stichwort, darauf hingewiesen wird, was noch alles im Hintergrund stehen könnte[9]. Die Marcioniten haben sich in Syrien of-

---

ren Gottesbegriffs, wie er in mindestens fünf gnostischen Systemen eine Rolle spielt (430), sowie die von Harnack überspielten Verbindungen, die trotz allem zwischen dem fremden und dem gerechten Gott bestehen (432). Das Verhältnis zwischen Gesetz und Evangelium wird dementsprechend bei Marcion ein wenig dialektischer gesehen (420–422, 431–434), als oben nachgezeichnet, während im Aufweis des Fehlens von Kosmogonie und Seelensubstanzlehre (435) und der Konsequenzen, die Apelles daraus ziehen mußte (443), Übereinstimmung mit der von mir vertretenen Sicht besteht.

[8] Mehr bei Colpe (1998).

[9] Die Streitigkeiten sind gerade bei exegetischen Fragen besonders schlecht mit den in römischen Gemeinden geführten vergleichbar, weil die „orthodoxen" Syrer offenbar noch im 4.

fenbar mehr als Christen ausgegeben als anderswo, und Ephraem braucht für die „Widerlegung" der Marcioniten kein anderes geistiges Rüstzeug, als er für die Beschäftigung mit (anderen) christlichen Gruppen auch verwendet.

8. Das Urteil zweier großer Kirchenväter des Okzidents

Tertullian ist in zweifacher Hinsicht der wichtigste Zeuge für unser Thema, als polemischer Überlieferer marcionitischer *doctrina* und als barbarenfeindlicher *civis Romanus*. In der ersteren Funktion hat er deutlich ein ganzes System der christlichen Lehre im Hinterkopf und bringt es in großen Stücken so zu Papier, daß die Marcioniten perplex meinen mußten, sie hätten auch eines: zwei Bücher für die Schöpfungslehre, eines für die Christologie, wieder zwei für Textarbeit im Rahmen der Bibelwissenschaft.

Das Kapitel *adv. Marc.* 1,2 ist schon im Aufbau maßgebend: das gelehrte Wissen über die Häresien wird unpersönlich entfaltet und wäre unter normalen Umständen vergessen worden, doch es wird aktuell gehalten durch Verbindung mit den Taten, Eigenschaften, Geschlechtern, Personen, intellektuellen Vermögen, die fleißig am Anwachsen des Rätsels mitgearbeitet haben; hier wäre etwa noch an *adv. Marc.* 4,6; 1,19 anzuknüpfen[10]. Tertullian war jedoch klug genug, um zu wissen, daß auch die fundierteste Widerlegung eines Gegners nichts bewirkt, wenn nicht noch etwas Emotionales dazukommt. So mobilisiert er ein Stück antiker Xenophobie.

Zur Sache:

„Die grimmigsten Völker bewohnen sie [sc. die Küste des Schwarzen Meeres], falls man überhaupt von ‚Wohnung' sprechen kann, wo das Leben im Wagen verbracht wird. Sie haben ja keinen festen Wohnsitz. Ihr Leben hat auch nicht das winzigste Körnchen Zivilisation in sich. Sie geben sich ihren gierigen Bedürfnissen ungezähmt hin, meistens in ganz nacktem Zustand. Mehr noch: wenn sie der geheimen Lust frönen, hängen sie ihren Köcher am Wagenjoch auf, um einen zufälligen und flinken Beobachter abzuschrecken. So prostituieren sie schamlos sogar noch die Kriegswaffen. Die Leichname ihrer Eltern schneiden sie zusammen mit den Körpern ihrer Schafe auf und verschlingen sie auf ihren Festen. Von denjenigen, die noch nicht ganz tot sind, um Nahrung für andere werden zu können, behaupten sie, sie seien durch Verfluchung gestorben. Ihre Frauen werden durch ihr Geschlecht nicht zur Mäßigkeit besänftigt. Sie entblößen ihre Brüste, an denen sie ihre Kampfspangen aufgehängt haben, und ziehen die Kriegführung der Eheschließung vor.

Ihre Klimazone ist von derselben rauhen Natur. Die Tageszeit ist niemals hell (klar), die Sonne niemals erfreulich. Der Himmel ist einförmig wolkig. Das ganze Jahr herrscht der Winter. Der einzige Wind, der weht, ist der üble Nordwind. Wasser erhält man nur durch Schmelzen. Die Flüsse fließen nicht, wegen des Eises. Die Berge sind mit Haufen

---

Jahrhundert das *Diatessaron* benutzten. Die Marcioniten haben anscheinend auf das Evangelium des Marcion verzichtet (Burkitt 1921).

[10] und evtl. weitere bei Ritter (1977), 22–25.

von Schnee bedeckt. Alle Dinge sind schändlich, alle steif vor Kälte. Nichts hat dort Lebensglut, sondern jene Wildheit, welche die Geschichten von den Opfern der Taurier, den Liebesaffären der Kolcher und den Martern des Kaukasus ihren Bühnenstücken vermitteln.

Nichts jedoch ist in Pontus so barbarisch und traurig wie die Tatsache, daß Marcion dort geboren ist, schmuddeliger als irgendein Skythe, vagabundierender als das Im-Wagen-Leben der Sarmaten, unmenschlicher als die Massageten, unverschämter als eine Amazone, dunkler als eine Wolke, kälter als der Winter, spröder als das Eis, betrügerischer als ein Istrier, schroffer als der Kaukasus. Mehr noch, Allmächtiger Gott, noch der wahre Prometheus wird von den Blasphemien Marcions entstellt. Marcion ist noch wilder als selbst die Bestien in jener barbarischen Gegend."[11]

Ganz anders sieht die Polemik und der stillschweigende Anspruch auf geistige Überlegenheit bei Origenes aus.[12] Er sagt:

„Diejenigen, die leugnen, daß der gute Gott auch der gerechte Richter sei, wollen wir jedoch fragen, was sie zu diesem Wort des Apostels sagen: ‚Gott lieferte sie den Begierden ihres Herzens aus zur Unreinheit, so daß sie ihren eigenen Leib entehrten.' [...] Marcion und alle, die aus seiner Schule wie Schlangenbrut hervorgegangen sind, werden es nicht wagen, auch nur mit den Fingerspitzen die Lösung zu berühren. Um solcher Fragen willen haben sie ja das Alte Testament verworfen." (Origenes, *comm.* 1,18 *in ep. ad Rom.* 1,24–25)

„Marcion aber und alle, die mit verschiedenen Lügenmärchen die Lehre von den unterschiedlichen Naturen der Seelen einführen, lassen sich durch diese Stelle ganz offensichtlich widerlegen. Denn Paulus sagt, Gott richte über das, was im Menschen verborgen ist, durch Jesus Christus." (Origines, *comm.* 2,10 *in ep. ad Rom.* 2,15b-16)

„Marcion weiß sicher gar keinen Rat, wie er das Wort des Apostels, die Beschneidung sei nützlich, auslegen soll, da er ja nichts allegorisch verstanden wissen will." (Origenes, *comm.* 2,12, *excursus: circumcisio*)

Zum Fehlen von Literaturangaben siehe den Epilog.

---

[11] Zusammenfassung von *adv. Marc.* 1,1.
[12] Aus Zeit- und Platzgründen können keine Belege mehr gebracht werden. Man nehme den Römerbriefkommentar des Origenes (Heither 1990–1993), der in jedem Band im Register unter Marcion reichlich Material bietet.

Epilog

Das Bisherige war ein Gang durch die iranische Frühgeschichte, der an Neuem allenfalls einige Streiflichter und eine Vergegenwärtigung der bisher bestehenden Lücken aufwies. Im Ganzen aber war es die eingebürgerte Sicht der iranischen Geschichte. Es wäre wohl zu vertreten gewesen, dieselbe abermals und mit den neuen Streiflichtern und Lücken darzustellen. Insgesamt war aber noch etwas anderes beabsichtigt: ein historischethnologischer Ansatz mit nachfolgend sich ergebender andersartiger Interpretation der Hauptphänomene, wie z.B. des Dualismus. Der Platz hat dafür jedoch nicht mehr gereicht.

Eigentlich müßten wir noch eimal ganz von vorn anfangen indem wir von ganz anderen Seiten her kommen und evtl. erst sehen, wie es zu dem Bilde kommt, das wir so gut kennen. Wir müssen zu ganz neuen Ansätzen auf diesen Gebieten gelangen. Also: Was ist ein Elementargedanke? Was ist ein Völkergedanke? Wie ist das Verhältnis zwischen Elementargedanken und Religionsbeginn? Welches Zeugnis liefert Altiran zu den Antworten, die auf diese Fragen bereits gegeben wurden? Dies alles sollte wenigstens in einem eigenen Kapitel zu stehen kommen. Es dürfte sich daraus ein Primärcharakter der Dinge ergeben, der auch zu Iran gehören kann. Ließe sich das wirklich zeigen, käme man erstmalig an einer Stelle aus dem dialektischen Verhältnis zwischen Darstellung einer oder mehrerer Religionen hier und einer oder mehrerer, dieselben manifestierenden Kulturen dort, heraus.

Ein zweites Desiderat besteht in mehren Indizes: mindestens je einer über Sachen, von Stellen, von Personen in den Quellen und von modernen Autoren. Statt des letzteren kann auch eine Bibliographie zur Sache erstellt werden, die zeigt, in welche Richtungen sich der Stoff sonst noch verzweigt, ohne daß dies auf eine Ausarbeitung im Textteil zurückweist. Ferner sind bei einer Schriftensammlung auch die Umschriften so verpflichtend festgelegt, daß man sie in kleinen Umschriftenkonkordanzen festhalten und gleichzeitig neben andere Umschriften stellen muß, so daß niemand auf die Idee kommt, hier Widersprüche auffinden zu dürfen. Die Lesenden vermissen all dies zu Recht.

Doch das vorliegende Buch mit einer Darstellung auch dieser Dinge zu versehen ging nicht an, da es weitere Monate bis zur Fertigstellung gedauert und seinen Umfang noch um ein Zehntel vergrößert hätte. Weder aus organisatorischen noch finanziellen Gründen erschien dieses Vorgehen wünschenswert. Andererseits sträubte sich in jedem der Beteiligten die Vorstellung gegen eine Kürzung der Textsubstanz zugunsten der Register etc.

In einem folgenden Ergänzungsband sollen nun beide angezeigten Desiderata durch die dankenswerte Bereitschaft des Verlegers, der Herausgeber und der Redaktoren des vorgelegten Werkes ihren Platz finden.

Verzeichnis der 62 Einzelstücke

1. Art. „Avicenna", in: RGG 3. Aufl., Bd. 1, Sp. 801 f, Tübingen 1957
2. Werfen die neuen Funde vom Toten Meer Licht auf das Verhältnis von iranischer und jüdischer Religion? in: Herbert Franke (Hsg.), Akten des XXIV. Internationalen Orientalistenkongresses (28. Aug.–4. Sept. 1957 München), S. 479–481, Wiesbaden 1959
3. Rezension von: Geo Widengren, Iranisch-semitische Kulturbegegnung in parthischer Zeit, Köln und Opladen 1960, in: ZDMG 113, S. 218–221, Wiesbaden 1963
4. Lichtsymbolik im alten Iran und antiken Judentum, in: StudGen 18, S. 116–133, Berlin 1963
5. Die „Himmelsreise der Seele" als philosophie- und religionsgeschichtliches Problem, in: Erich Fries (Hsg.), Festschrift für Joseph Klein zum 70. Geburtstag, S. 85–104, Göttingen 1967
6. Kurze Charakteristik der Esra-Forschungen 1927–1967 = S. 273–282 vom „Nachwort: Kurze Charakteristik der Mani-, Bardesanes- und Esra-Forschungen 1927–1967", in: Hans Heinrich Schaeder, Studien zur orientalischen Religionsgeschichte, hg. v. C.C., S. 253–282, Darmstadt 1968
7. Rezension von: Geo Widengren, Mani und der Manichäismus, Stuttgart 1961, in: OLZ 63, Sp. 253–258, Leipzig 1968
8. Überlegungen zur Bezeichnung „iranisch" für die Religion der Partherzeit, in: XVII. Deutscher Orientalistentag (21.–28. Juli 1968 Würzburg) = Wolfgang Voigt (Hsg.), ZDMG Suppl. – Bd. I/3, S. 1011–1020, Wiesbaden 1969
9. Der Ausdruck „Mensch" als Interpretamet iranischer Gestalten (Gayomart, Yama/Yima, Fravaschi) in Wechselwirkung mit einem humanistischen Interesse an ihm, 10. Zur Überlieferung und zum Ursprung der Orakel des Hystaspes, 11. Jüdisch-christlich-iranische Parallelen im Geschichtsbild, 12. Schlüsse aus der Entwicklung der Vorstellung vom endzeitlichen Feuer, 13. Großer König und Menschensohn, *Stück 9–13* aus: Der Begriff „Menschensohn" und die Methode der Erforschung messianischer Prototypen, Teile II und III, in: Kairos 11, S. 254–263; 12, S. 84–87 + 104–107, 87–91, 91–104, 107–112, Salzburg 1969 und 1970
14. Die Stellung einer einzelnen, auch vor- oder außerethnisch denkbaren ‚Welt-selb-ander'-Tradition inmitten sinnverwandter Folklore in aller Welt, Doppelrezension von: Ugo Bianchi, Il Dualismo Religioso. Saggio Storico ed Etnologico, Roma 1958; Ders., Zamān i Ōhrmazd. Lo Zoroastrismo nelle sue Origini e nella sua Essenza, Turin 1958, in: GGA 222, S. 1–22, 1970
0. Zu den Jubelfeiern für die Persische Monarchie in Pasargadae, Schiraz, Persepolis, Teheran, den iranischen Provinzen und der ganzen Welt = Rede vor der „Messevollversammlung der Literatuproduzenten" in Frankfurt/M. (in:

C.C., Kleine Schriften Bd. 1, hsg. von Renate Haffke und Gesine Palmer, Abt. A: Zur gesellschaftlichen Verantwortung des Wissenschaftlers und der wissenschaftlichen Ausbildung, Universitätsbibliothek der FU Berlin 1996, S. 90–95), gehalten am 16. Oktober 1971

15. Rezension von: Albert Henrichs/Ludwig Koenen, Ein griechischer Mani-Codex (= ZPE 5/2 , Bonn 1970, S. 97–216), in: JbAC 14, S. 150–153, 1971
16. Zarathustra und der frühe Zoroastrismus, in: Jes Peter Asmussen – Jœrgen Læssœ – C.C. (Hsg.), Handbuch der Religionsgeschichte Bd. 2, S. 319–347, Göttingen 1972 (stark gekürzt)
17. Lehr- und Lernbeziehungen zwischen diversen Ostaramäern, westlichen Magiern, und frühen Manichäer als dialektisch-historischer Prozeß, unveröffentlicht, verfaßt etwa im Jahr 1972
18. Die Arsakiden bei Josephus, in: Otto Betz – Klaus Haacker – Martin Hengel (Hsg.), Josephus. Studien. Untersuchungen zu Josephus, dem antiken Judentum und dem Neuen Testament (FS Otto Michel zum 70. Geburtstag), S. 97–108, Göttingen 1974
19. Wissen und Erkennen in den Gathas, in: XVIII. Deutscher Orientalistentag (1.–5. 10. 1972 Kiel) = Wolfgang Voigt (Hsg.), ZDMG Suppl.-Bd. II, S. 456–464, Wiesbaden 1974
20. Parthische Religion und parthische Kunst, in: Kairos 17, S. 118–123, 1975
21. 1 Mithra-Verehrung – **2.** Mithras-Kult – **3.** Die Existenz iranischer Mysterien, in: John Hinnells (Hsg.), Mithraic Studies, vol. 2, p. 378–405, Manchester 1975
22. Die iranische Dämonologie und ihre teilweise Umadressierung an Juden und Christen = Art. „Geister (Dämonen)", Teil B. Nichtchristlich, I. Alter Orient , d. „Iran", in: RAC 9, Sp. 585–598, Stuttgart 1976
23. Hintergründe der Irankenntnis und Inanspruchnahme Zarathustras im alexandrinischen Neuplatonismus = S. 150–159 von „Heidnische, jüdische und christliche Überlieferung in den Schriften aus Nag Hammadi VI", in: JbAC 20, S. 149–170, 1977
24. Auf der Grenze zwischen zoroastrischer und „westlicher" Weltalterlehre = S. 162–169 des unter Stück 23 genannten Aufsatzes 1977
25. Die griechische, die synkretistische und die iranische Lehre von der kosmischen Mischung, in: Orientalia Suecana 27/28, S. 132–147, Uppsala 1978
0. Was sind „islamische Marxisten"?, in: Iran-Komitee Informatiomsdienst 8, S. 13–18, Berlin 1979
26. Irans Anteil an der Entstehung des antiken Synkretismus = S. 327–335 von „Irans Anteil an Entstehung und Ausgang des antiken Synkretismus", in: Karl-Wolfgang Tröger (Hsg.), Altes Testament – Frühjudentum – Gnosis. Neue Studien zu „Gnosis und Bibel", S. 327–343, Berlin 1980
27. Selbstbegrenzung von Iraniern in der eigenen Kommunität und ihr Funktionswechsel unter alteingesessenen und hinzugekommenen Dynastien

(Ende 3. bis Ende 10. Jh.) = S. 335–343 des unter Stück 26 genannten Aufsatzes 1980
28. Daēnā, Lichtjungfrau, zweite Gestalt. Verbindungen und Unterschiede zwischen zarathustrischer und arabisch-manichäischer Selbst-Anschauung (anstatt „manichäischer ..."), in: Roloff van den Broek – Marten J. Vermaseren (Hsg.), Studies in Gnosticism and Hellenistic Religions (EPRO 91 = FS Gilles Quispel zum 65. Geburtstag), S. 58–77, Leiden 1981
29. Sethian and Zoroastrian Ages of the World, in: The Rediscovery of Gnosticism II: Sethian Gnosticism = StHR 41, vol. 2, hsg. von Bentley Layton, S. 540–552, Leiden 1981
30. Mystische und berechnete, unendliche und astronomische Zeit in mittelpersischer Rezeption = „Die Zeit in drei asiatischen Hochkulturen (Babylon – Iran – Indien"), in: Anton Peisl – Armin Mohler (Hsg.), Die Zeit (Schriften der Carl Friedrich von Siemens Stiftung, Bd. 6, S. 225–256, München/Wien 1983
31. Von den medischen Magern zu den hellenisierten Magiern für „Iranian Elements in bis Hellenism: The Magians" 1983, 32. Iranische Ursprünge der Gnosis? für „Origins of Gnosis" 1983, 33. Der iranische Anteil an der Entstehung der Mithras-Mysterien für „New developments: the Iranian contribution to the rise of the Mithraic Mysteries", d.i. überarbeitete Auszüge – bisher unpublizierten, jetzt überarbei– deutschen Vorlage der Teile I (= S. 821–834): „The Seleucid Period „ (b) 1 (= S. 826–831), II (= S. 834- 857): The Parthian Period (a) 3 (= S. 836–840) und (c) 1 (= S. 853–856) von „Development of Religious Thought", *Stück 31–33* in: Ehsan Yarshater (Hsg.), CHI vol 3 (2): The Seleucid, Parthian, and Sasanian Periods, S. 819–865 und 1338–1351, Cambridge 1983.
34. Aion 35. Dämonologie, 36. Dualismus, 37. Eschatologie, 38. Königtum, 39. Seele, 40. Weltschöpfung, 41. Zarathustras Verhältnis zum Mythos, 42. Zoroastrismus und Remythisierung, *Stück 34–42* in: Hans-Wilhelm Haussig (Hsg.), Götter und Mythen der kaukasischen und iranischen Völker (= WbMyth Bd. IV), Teil III = C.C. et al. (Vf.), Altiranische und zoroastrische Mythologie, S. 246–250, 316–319, 327–331, 333–340, 430–432, 465–469, 473f, 475–478, Stuttgart 1986
0. Historische und religiös-poltische Konfliktpositionen im iranisch-iraqischen Krieg, in: 22. Deutscher Evangelischer Kirchentag, Frankfurt/M. 1987: Dokumente, hsg. von Konrad von Bonin, S. 715–740, Stuttgart, vorgetragen am 20. 06. 1987
43. Zu einigen islamischen und westlichen Wert- und Weltvorstellungen = 3. Kapitel (S. 61–88), in: C.C., Problem Islam (2. Aufl., 198 S.), Frankfurt/M 1989
44. Iranische Religionen oder Iranische Religion? = Art. „Iranische Religionen", in: EKL 2, Sp. 717–724, Göttingen 1989
45. Die Kurden als ethnische Minderheit = Art. „Kurden", in: EKL 2, Sp. 1525–1527, Göttingen 1989

46. Die Jeziden als religiöse Minderheit = Art. „Jesiden", in: EKL 2, Sp. 831–833, Göttingen 1989
47. Die Pahlawi-Literatur: Sammlung, Sicherung und Ausgang in frühislamischer Zeit = Kapitel (S. 68–85) „Iranische Traditionen", in: Wolfhart Heinrichs (Hsg.), Orientalisches Mittelalter (= NHL 5), S. 77–79, 82f, Wiesbaden 1990
48. Vom (1.) hellenistischen, (2.) täuferischen und (3.) randständigen Judentum zur dualistischen Gnosis = Kap. V (= S. 123–140) C.C., Das Siegel der Propheten. Historische Beziehungen zwischen Judentum, Judenchristentum, Heidentum und frühem Islam (270 S.), Berlin 1990
49. Der „iranische Hintergrund" der islamischen Lehre vom vollkommenen Menschen (zugleich: Zur Diskussion seit H.H. Schaeders *ZDMG*-Aufsatz von 1925, in: *Recurrent Patterns in Iranian Religions from Mazdaism to Sufism* (Proceedings of the Round Table hold in Bamberg 30. Sept.–4. Oct. 1991) = Studia Iranica, *Cahiers* 11, S. 9–12, Paris 1992
50. Ahriman oder Der Unheil bringende Geist Zarathustras, in: C.C. – Wilhelm Schmidt-Biggemann (Hsg.), Das Böse. Eine historische Phänomenologie des Unerklärlichen (= stw 1078), S. 16–35, Frankfurt/M. 1993
51. Äußerungen leitender Institutionen und Bezeugung leitender Ideen in der hellenistischen Zeit Irans (Eröffnungsvortrag zum Symposium des Graduiertenkollegs Bonn „Interkulturelle Begegnung am Beispiel der persischen und hellenistisch-römischen Zeit"), unveröffentlicht, gehalten am 17. November 1994
52. 1. Iranische Vischtaspa-Gestalt und griechischsprachige Hystaspes-Literatur – 2. Griechische und iranische Sibyllinen – 3. Ursprünge jüdischer und iranischer Apokalyptik Art. „Hystaspes", in: RAC 16, Sp. 1056–1082, 1994
53. Die Apokalyptik als Elementargeanke und als Diffusionsphänomen, Rezension von: David Hellholm (Hsg.), Apocalypticism in the Mediterranean World and the Near East, Tübingen 1983, in: BThZ 11, S. 281–288, Berlin 1994
54. „Sich der Westbeziehungen Enthalten" bei Iraniern: Identitätsfindungen im zoroastrischen und im islamischen Kalender, für: Das Mihrgan-Fest, in: Spektrum Iran 7, S. 5–9, Bonn 1994
 0. Der Heilige Bernhard und der gerechte Khomeini (= S. 63–71) von: C.C., Der „Heilige Krieg". Benennung und Wirklichkeit, Begründung und Widerstreit (98 S.), Bodenheim 1994
55. Das Magiertum, die Mageia, der Magus. Der Fehlschlag einer Annäherung an das Altfremde durch Herbeiführen einer neuen Verfremdung, in: Christiane Reck – Peter Zieme (Hsg.), Iran und Turfan. Beiträge Berliner Wissenschaftler, Werner Sundermann zum 60. Geb. gewidmet, S. 59–76, Wiesbaden 1995
56. Priesterschrift und Videvdad: Ritualistische Gesetzgebung für Israeliten

und Iranier, in: Manfred Görg – Stefan Timm – Manfred Weippert (Hsg.), Meilenstein (FS Herbert Donner zum 65. Geburtstag), S. 9–18, Wiesbaden 1995

57. Die meistverbreitete iranische Anschauung vom Seelenaufstieg, Art. „Jenseitsfahrt I (Himmelfahrt)", Teil B. Heidnisch, II. „Iran". in: RAC 17, Sp. 413–415 (der zugrunde liegende Text wird meist zitiert „Hadhokht-Nask" oder „Yascht 22") 1996

58. Eine „zoroastrische Vergewisserung der eigenen Orthodoxie"? Art. „Jenseitsreise", Teil B. Nichtchristlich, II. „Iran", in: RAC 17, Sp. 499–502, 1996

59. Konsens, Diskretion, Rivalität. Aus der Ethnohistorie von Kurden und Jeziden, in: Carsten Borck – Eva Savelsberg – Siamend Hajo (Hsg.), Kurdologie. Ethnizität, Nationalismus, Religion und Politik in Kurdistan, S. 279–300, Münster 1997

60. Ein westiranisch-mesopotamisches Milieu bei der Entstehung des Elkesaitentums, Teile II, III, IV (= S. 59–64) von „Die ‚elkesaitische Unternehmung' in Rom, ihre Hintergründe und ihre mögliche Einwirkung auf das Häresienbild des Bischofs Hippolyt", in: Ernst Dassmann (Hsg.), Chartulae = JbAC Erg.-Bd. 28 (FS Wolfgang Speyer zum 65. Geburtstag), S. 57–69, Münster 1998

61. Zarathustra in Europa, S. XXXII–XXXIX des „Geleitwortes" zu: Michael Stausberg, Faszination Zarathustra. Zoroaster und die europäische Religionsgeschichte der Frühen Neuzeit (RGVV 43, 2 Bde), S. XXI–LX, Berlin 1998

62. Der böse Gott und der vom Bösen erlösende Gott – Marcions oder Zarathustras Lehre? Teile F, G und H (= S. 30–37) von: „Marcion, das Christentum ohne Gesetz und die Gesetze der Völker", in: Gesine Palmer et al. (Hsg.), Torah – Nomos – Ius. Abendländischer Antinomismus und der Traum vom herrschaftsfreien Raum, S. 18–51, Berlin 1999

BThZ = Berliner Theologische Zeitschrift, CHI = The Cambridge History of Iran, EKL = Evangelisches Kirchenlexikon, EPRO = Études préliminaires aux Religions Orientales dans l'Empire Romain, GGA = Göttingische Gelehrte Anzeigen, JbAC = Jahrbuch für Antike und Christentum, NHB = Neues Handbuch der Literaturwissenschaft. OLZ = Orientalistische Literaturzeitung, RAC = Reallexikon für Antike und Christentum, RGG = Die Religion in Geschichte und Gegenwart, RGVV = Religionsgeschichtliche Versuche und Vorarbeiten. StudGen = Studium Generale.. StHR = Studies in the History of Religions. stw = suhrkamp taschenbuch wissenschaft. WbMyth = Wörterbuch der Mythologie., ZDMG = Zeitschrift der Deutschen Morgenländischen Gesellschaft. ZPE = Zeitschrift für Papyrologie und Epigraphik. – In Fällen, wo es dem Autor angemessen erschien, wurden zur vereinfachten Handhabung geringfügige editorische Änderungen vorgenommen.

Wissenschaftliche Untersuchungen zum Neuen Testament
Alphabetische Übersicht der ersten und zweiten Reihe

Ådna, Jostein: Jesu Stellung zum Tempel. 2000. *Band II/119.*

Ådna, Jostein und *Kvalbein, Hans* (Hrsg.): The Mission of the Early Church to Jews and Gentiles. 2000. *Band 127.*

Alkier, Stefan: Wunder und Wirklichkeit in den Briefen des Apostels Paulus. 2001. *Band 134.*

Anderson, Paul N.: The Christology of the Fourth Gospel. 1996. *Band II/78.*

Appold, Mark L.: The Oneness Motif in the Fourth Gospel. 1976. *Band II/1.*

Arnold, Clinton E.: The Colossian Syncretism. 1995. *Band II/77.*

Ascough, Richard S.: Paul's Macedonian Associations. 2003. *Band II/161.*

Asiedu-Peprah, Martin: Johannine Sabbath Conflicts As Juridical Controversy. 2001. *Band II/132.*

Avemarie, Friedrich: Die Tauferzählungen der Apostelgeschichte. 2002. *Band 139.*

Avemarie, Friedrich und *Hermann Lichtenberger* (Hrsg.): Auferstehung - Ressurection. 2001. *Band 135.*

Avemarie, Friedrich und *Hermann Lichtenberger* (Hrsg.): Bund und Tora. 1996. *Band 92.*

Bachmann, Michael: Sünder oder Übertreter. 1992. *Band 59.*

Back, Frances: Verwandlung durch Offenbarung bei Paulus. 2002. *Band II/153.*

Baker, William R.: Personal Speech-Ethics in the Epistle of James. 1995. *Band II/68.*

Bakke, Odd Magne: 'Concord and Peace'. 2001. *Band II/143.*

Balla, Peter: Challenges to New Testament Theology. 1997. *Band II/95.*

Bammel, Ernst: Judaica. Band I 1986. *Band 37*
– Band II 1997. *Band 91.*

Bash, Anthony: Ambassadors for Christ. 1997. *Band II/92.*

Bauernfeind, Otto: Kommentar und Studien zur Apostelgeschichte. 1980. *Band 22.*

Baum, Armin Daniel: Pseudepigraphie und literarische Fälschung im frühen Christentum. 2001. *Band II/138.*

Bayer, Hans Friedrich: Jesus' Predictions of Vindication and Resurrection. 1986. *Band II/20.*

Becker, Michael: Wunder und Wundertäter im frührabbinischen Judentum. 2002. *Band II/144.*

Bell, Richard H.: Provoked to Jealousy. 1994. *Band II/63.*
– No One Seeks for God. 1998. *Band 106.*

Bennema, Cornelis: The Power of Saving Wisdom. 2002. *Band II/148.*

Bergman, Jan: siehe *Kieffer, René*

Bergmeier, Roland: Das Gesetz im Römerbrief und andere Studien zum Neuen Testament. 2000. *Band 121.*

Betz, Otto: Jesus, der Messias Israels. 1987. *Band 42.*
– Jesus, der Herr der Kirche. 1990. *Band 52.*

Beyschlag, Karlmann: Simon Magus und die christliche Gnosis. 1974. *Band 16.*

Bittner, Wolfgang J.: Jesu Zeichen im Johannesevangelium. 1987. *Band II/26.*

Bjerkelund, Carl J.: Tauta Egeneto. 1987. *Band 40.*

Blackburn, Barry Lee: Theios Anēr and the Markan Miracle Traditions. 1991. *Band II/40.*

Bock, Darrell L.: Blasphemy and Exaltation in Judaism and the Final Examination of Jesus. 1998. *Band II/106.*

Bockmuehl, Markus N.A.: Revelation and Mystery in Ancient Judaism and Pauline Christianity. 1990. *Band II/36.*

Bøe, Sverre: Gog and Magog. 2001. *Band II/ 135.*

Böhlig, Alexander: Gnosis und Synkretismus. Teil 1 1989. *Band 47* – Teil 2 1989. *Band 48.*

Böhm, Martina: Samarien und die Samaritai bei Lukas. 1999. *Band II/111.*

Böttrich, Christfried: Weltweisheit – Menschheitsethik – Urkult. 1992. *Band II/50.*

Bolyki, János: Jesu Tischgemeinschaften. 1997. *Band II/96.*

Brocke, Christoph vom: Thessaloniki – Stadt des Kassander und Gemeinde des Paulus. 2001. *Band II/125.*

Brunson, Andrew: Psalm 118 in the Gospel of John. 2003. *Band II/158.*

Büchli, Jörg: Der Poimandres – ein paganisiertes Evangelium. 1987. *Band II/27.*

Bühner, Jan A.: Der Gesandte und sein Weg im 4. Evangelium. 1977. *Band II/2.*
Burchard, Christoph: Untersuchungen zu Joseph und Aseneth. 1965. *Band 8.*
- Studien zur Theologie, Sprache und Umwelt des Neuen Testaments. Hrsg. von D. Sänger. 1998. *Band 107.*
Burnett, Richard: Karl Barth's Theological Exegesis. 2001. *Band II/145.*
Byron, John: Slavery Metaphors in Early Judaism and Pauline Christianity. 2003. *Band II/162.*
Byrskog, Samuel: Story as History – History as Story. 2000. *Band 123.*
Cancik, Hubert (Hrsg.): Markus-Philologie. 1984. *Band 33.*
Capes, David B.: Old Testament Yaweh Texts in Paul's Christology. 1992. *Band II/47.*
Caragounis, Chrys C.: The Son of Man. 1986. *Band 38.*
- siehe *Fridrichsen, Anton.*
Carleton Paget, James: The Epistle of Barnabas. 1994. *Band II/64.*
Carson, D.A., O'Brien, Peter T. und *Mark Seifrid* (Hrsg.): Justification and Variegated Nomism: A Fresh Appraisal of Paul and Second Temple Judaism. Band 1: The Complexities of Second Temple Judaism. *Band II/140.*
Ciampa, Roy E.: The Presence and Function of Scripture in Galatians 1 and 2. 1998. *Band II/102.*
Classen, Carl Joachim: Rhetorical Criticsm of the New Testament. 2000. *Band 128.*
Colpe, Carsten: Iranier – Aramäer – Hebräer – Hellenen. 2003. *Band 154.*
Crump, David: Jesus the Intercessor. 1992. *Band II/49.*
Dahl, Nils Alstrup: Studies in Ephesians. 2000. *Band 131.*
Deines, Roland: Jüdische Steingefäße und pharisäische Frömmigkeit. 1993. *Band II/52.*
- Die Pharisäer. 1997. *Band 101.*
Dettwiler, Andreas und *Jean Zumstein (Hrsg.):* Kreuzestheologie im Neuen Testament. 2002. *Band 151.*
Dickson, John P.: Mission-Commitment in Ancient Judaism and in the Pauline Communities. 2003. *Band II/159.*
Dietzfelbinger, Christian: Der Abschied des Kommenden. 1997. *Band 95.*
Dobbeler, Axel von: Glaube als Teilhabe. 1987. *Band II/22.*
Du Toit, David S.: Theios Anthropos. 1997. *Band II/91*
Dunn , James D.G. (Hrsg.): Jews and Christians. 1992. *Band 66.*
- Paul and the Mosaic Law. 1996. *Band 89.*
Dunn, James D.G., Hans Klein, Ulrich Luz und *Vasile Mihoc* (Hrsg.)*:* Auslegung der Bibel in orthodoxer und westlicher Perspektive. 2000. *Band 130.*
Ebertz, Michael N.: Das Charisma des Gekreuzigten. 1987. *Band 45.*
Eckstein, Hans-Joachim: Der Begriff Syneidesis bei Paulus. 1983. *Band II/10.*
- Verheißung und Gesetz. 1996. *Band 86.*
Ego, Beate: Im Himmel wie auf Erden. 1989. *Band II/34*
Ego, Beate und *Lange, Armin* sowie *Pilhofer, Peter (Hrsg.):* Gemeinde ohne Tempel – Community without Temple. 1999. *Band 118.*
Eisen, Ute E.: siehe *Paulsen, Henning.*
Ellis, E. Earle: Prophecy and Hermeneutic in Early Christianity. 1978. *Band 18.*
- The Old Testament in Early Christianity. 1991. *Band 54.*
Endo, Masanobu: Creation and Christology. 2002. *Band 149.*
Ennulat, Andreas: Die 'Minor Agreements'. 1994. *Band II/62.*
Ensor, Peter W.: Jesus and His 'Works'. 1996. *Band II/85.*
Eskola, Timo: Messiah and the Throne. 2001. *Band II/142.*
- Theodicy and Predestination in Pauline Soteriology. 1998. *Band II/100.*
Fatehi, Mehrdad: The Spirit's Relation to the Risen Lord in Paul. 2000. *Band II/128.*
Feldmeier, Reinhard: Die Krisis des Gottessohnes. 1987. *Band II/21.*
- Die Christen als Fremde. 1992. *Band 64.*
Feldmeier, Reinhard und *Ulrich Heckel* (Hrsg.): Die Heiden. 1994. *Band 70.*
Fletcher-Louis, Crispin H.T.: Luke-Acts: Angels, Christology and Soteriology. 1997. *Band II/94.*
Förster, Niclas: Marcus Magus. 1999. *Band 114.*
Forbes, Christopher Brian: Prophecy and Inspired Speech in Early Christianity and its Hellenistic Environment. 1995. *Band II/75.*
Fornberg, Tord: siehe *Fridrichsen, Anton.*
Fossum, Jarl E.: The Name of God and the Angel of the Lord. 1985. *Band 36.*
Fotopoulos, John: Food Offered to Idols in Roman Corinth. 2003. *Band II/151.*
Frenschkowski, Marco: Offenbarung und Epiphanie. Band 1 1995. *Band II/79* – Band 2 1997. *Band II/80.*
Frey, Jörg: Eugen Drewermann und die biblische Exegese. 1995. *Band II/71.*
- Die johanneische Eschatologie. Band I. 1997. *Band 96.* – Band II. 1998. *Band 110.*

Wissenschaftliche Untersuchungen zum Neuen Testament

- Band III. 2000. *Band 117.*
Freyne, Sean: Galilee and Gospel. 2000. *Band 125.*
Fridrichsen, Anton: Exegetical Writings. Hrsg. von C.C. Caragounis und T. Fornberg. 1994. *Band 76.*
Garlington, Don B.: 'The Obedience of Faith'. 1991. *Band II/38.*
- Faith, Obedience, and Perseverance. 1994. *Band 79.*
Garnet, Paul: Salvation and Atonement in the Qumran Scrolls. 1977. *Band II/3.*
Gese, Michael: Das Vermächtnis des Apostels. 1997. *Band II/99.*
Gheorghita, Radu: The Role of the Septuagint in Hebrews. 2003. *Band II/160.*
Gräbe, Petrus J.: The Power of God in Paul's Letters. 2000. *Band II/123.*
Gräßer, Erich: Der Alte Bund im Neuen. 1985. *Band 35.*
- Forschungen zur Apostelgeschichte. 2001. *Band 137.*
Green, Joel B.: The Death of Jesus. 1988. *Band II/33.*
Gundry Volf, Judith M.: Paul and Perseverance. 1990. *Band II/37.*
Hafemann, Scott J.: Suffering and the Spirit. 1986. *Band II/19.*
- Paul, Moses, and the History of Israel. 1995. *Band 81.*
Hahn, Johannes (Hrsg.): Zerstörungen des Jerusalemer Tempels. 2002. *Band 147.*
Hannah, Darrel D.: Michael and Christ. 1999. *Band II/109.*
Hamid-Khani, Saeed: Revelation and Concealment of Christ. 2000. *Band II/120.*
Hartman, Lars: Text-Centered New Testament Studies. Hrsg. von D. Hellholm. 1997. *Band 102.*
Hartog, Paul: Polycarp and the New Testament. 2001. *Band II/134.*
Heckel, Theo K.: Der Innere Mensch. 1993. *Band II/53.*
- Vom Evangelium des Markus zum viergestaltigen Evangelium. 1999. *Band 120.*
Heckel, Ulrich: Kraft in Schwachheit. 1993. *Band II/56.*
- Der Segen im Neuen Testament. 2002. *Band 150.*
- siehe *Feldmeier, Reinhard.*
- siehe *Hengel, Martin.*
Heiligenthal, Roman: Werke als Zeichen. 1983. *Band II/9.*
Hellholm, D.: siehe *Hartman, Lars.*
Hemer, Colin J.: The Book of Acts in the Setting of Hellenistic History. 1989. *Band 49.*

Hengel, Martin: Judentum und Hellenismus. 1969, ³1988. *Band 10.*
- Die johanneische Frage. 1993. *Band 67.*
- Judaica et Hellenistica. Kleine Schriften I. 1996. *Band 90.*
- Judaica, Hellenistica et Christiana. Kleine Schriften II. 1999. *Band 109.*
- Paulus und Jakobus. Kleine Schriften III. 2002. *Band 141.*
Hengel, Martin und *Ulrich Heckel* (Hrsg.): Paulus und das antike Judentum. 1991. *Band 58.*
Hengel, Martin und *Hermut Löhr* (Hrsg.): Schriftauslegung im antiken Judentum und im Urchristentum. 1994. *Band 73.*
Hengel, Martin und *Anna Maria Schwemer:* Paulus zwischen Damaskus und Antiochien. 1998. *Band 108.*
- Der messianische Anspruch Jesu und die Anfänge der Christologie. 2001. *Band 138.*
Hengel, Martin und *Anna Maria Schwemer* (Hrsg.): Königsherrschaft Gottes und himmlischer Kult. 1991. *Band 55.*
- Die Septuaginta. 1994. *Band 72.*
Hengel, Martin; Siegfried Mittmann und *Anna Maria Schwemer* (Ed.): La Cité de Dieu / Die Stadt Gottes. 2000. *Band 129.*
Herrenbrück, Fritz: Jesus und die Zöllner. 1990. *Band II/41.*
Herzer, Jens: Paulus oder Petrus? 1998. *Band 103.*
Hoegen-Rohls, Christina: Der nachösterliche Johannes. 1996. *Band II/84.*
Hofius, Otfried: Katapausis. 1970. *Band 11.*
- Der Vorhang vor dem Thron Gottes. 1972. *Band 14.*
- Der Christushymnus Philipper 2,6-11. 1976, ²1991. *Band 17.*
- Paulusstudien. 1989, ²1994. *Band 51.*
- Neutestamentliche Studien. 2000. *Band 132.*
- Paulusstudien II. 2002. *Band 143.*
Hofius, Otfried und *Hans-Christian Kammler:* Johannesstudien. 1996. *Band 88.*
Holtz, Traugott: Geschichte und Theologie des Urchristentums. 1991. *Band 57.*
Hommel, Hildebrecht: Sebasmata. Band 1 1983. *Band 31* – Band 2 1984. *Band 32.*
Hvalvik, Reidar: The Struggle for Scripture and Covenant. 1996. *Band II/82.*
Joubert, Stephan: Paul as Benefactor. 2000. *Band II/124.*
Jungbauer, Harry: „Ehre Vater und Mutter". 2002. *Band II/146.*
Kähler, Christoph: Jesu Gleichnisse als Poesie und Therapie. 1995. *Band 78.*

Kamlah, Ehrhard: Die Form der katalogischen Paränese im Neuen Testament. 1964. *Band 7.*
Kammler, Hans-Christian: Christologie und Eschatologie. 2000. *Band 126.*
– siehe *Hofius, Otfried.*
Kelhoffer, James A.: Miracle and Mission. 1999. *Band II/112.*
Kieffer, René und *Jan Bergman (Hrsg.):* La Main de Dieu / Die Hand Gottes. 1997. *Band 94.*
Kim, Seyoon: The Origin of Paul's Gospel. 1981, ²1984. *Band II/4.*
– "The 'Son of Man'" as the Son of God. 1983. *Band 30.*
Klauck, Hans-Josef: Religion und Gesellschaft im frühen Christentum. 2003. *Band 152.*
Klein, Hans: siehe *Dunn, James D.G..*
Kleinknecht, Karl Th.: Der leidende Gerechtfertigte. 1984, ²1988. *Band II/13.*
Klinghardt, Matthias: Gesetz und Volk Gottes. 1988. *Band II/32.*
Köhler, Wolf-Dietrich: Rezeption des Matthäusevangeliums in der Zeit vor Irenäus. 1987. *Band II/24.*
Korn, Manfred: Die Geschichte Jesu in veränderter Zeit. 1993. *Band II/51.*
Koskenniemi, Erkki: Apollonios von Tyana in der neutestamentlichen Exegese. 1994. *Band II/61.*
Kraus, Thomas J.: Sprache, Stil und historischer Ort des zweiten Petrusbriefes. 2001. *Band II/136.*
Kraus, Wolfgang: Das Volk Gottes. 1996. *Band 85.*
– siehe *Walter, Nikolaus.*
Kreplin, Matthias: Das Selbstverständnis Jesu. 2001. *Band II/141.*
Kuhn, Karl G.: Achtzehngebet und Vaterunser und der Reim. 1950. *Band 1.*
Kvalbein, Hans: siehe *Ådna, Jostein.*
Laansma, Jon: I Will Give You Rest. 1997. *Band II/98.*
Labahn, Michael: Offenbarung in Zeichen und Wort. 2000. *Band II/117.*
Lange, Armin: siehe *Ego, Beate.*
Lampe, Peter: Die stadtrömischen Christen in den ersten beiden Jahrhunderten. 1987, ²1989. *Band II/18.*
Landmesser, Christof: Wahrheit als Grundbegriff neutestamentlicher Wissenschaft. 1999. *Band 113.*
– Jüngerberufung und Zuwendung zu Gott. 2000. *Band 133.*
Lau, Andrew: Manifest in Flesh. 1996. *Band II/86.*

Lee, Pilchan: The New Jerusalem in the Book of Relevation. 2000. *Band II/129.*
Lichtenberger, Hermann: siehe *Avemarie, Friedrich.*
Lieu, Samuel N.C.: Manichaeism in the Later Roman Empire and Medieval China. ²1992. *Band 63.*
Loader, William R.G.: Jesus' Attitude Towards the Law. 1997. *Band II/97.*
Löhr, Gebhard: Verherrlichung Gottes durch Philosophie. 1997. *Band 97.*
Löhr, Hermut: siehe *Hengel, Martin.*
Löhr, Winrich Alfried: Basilides und seine Schule. 1995. *Band 83.*
Luomanen, Petri: Entering the Kingdom of Heaven. 1998. *Band II/101.*
Luz, Ulrich: siehe *Dunn, James D.G.*
Maier, Gerhard: Mensch und freier Wille. 1971. *Band 12.*
– Die Johannesoffenbarung und die Kirche. 1981. *Band 25.*
Markschies, Christoph: Valentinus Gnosticus? 1992. *Band 65.*
Marshall, Peter: Enmity in Corinth: Social Conventions in Paul's Relations with the Corinthians. 1987. *Band II/23.*
Mayer, Annemarie: Sprache der Einheit im Epheserbrief und in der Ökumene. 2002. *Band II/150.*
McDonough, Sean M.: YHWH at Patmos: Rev. 1:4 in its Hellenistic and Early Jewish Setting. 1999. *Band II/107.*
McGlynn, Moyna: Divine Judgement and Divine Benevolence in the Book of Wisdom. 2001. *Band II/139.*
Meade, David G.: Pseudonymity and Canon. 1986. *Band 39.*
Meadors, Edward P.: Jesus the Messianic Herald of Salvation. 1995. *Band II/72.*
Meißner, Stefan: Die Heimholung des Ketzers. 1996. *Band II/87.*
Mell, Ulrich: Die „anderen" Winzer. 1994. *Band 77.*
Mengel, Berthold: Studien zum Philipperbrief. 1982. *Band II/8.*
Merkel, Helmut: Die Widersprüche zwischen den Evangelien. 1971. *Band 13.*
Merklein, Helmut: Studien zu Jesus und Paulus. Band 1 1987. *Band 43.* – Band 2 1998. *Band 105.*
Metzler, Karin: Der griechische Begriff des Verzeihens. 1991. *Band II/44.*
Metzner, Rainer: Die Rezeption des Matthäusevangeliums im 1. Petrusbrief. 1995. *Band II/74.*

- Das Verständnis der Sünde im Johannesevangelium. 2000. *Band 122.*
Mihoc, Vasile: siehe *Dunn, James D.G..*
Mineshige, Kiyoshi: Besitzverzicht und Almosen bei Lukas. 2003. *Band II/163.*
Mittmann, Siegfried: siehe *Hengel, Martin.*
Mittmann-Richert, Ulrike: Magnifikat und Benediktus. *1996. Band II/90.*
Mußner, Franz: Jesus von Nazareth im Umfeld Israels und der Urkirche. Hrsg. von M. Theobald. 1998. *Band 111.*
Niebuhr, Karl-Wilhelm: Gesetz und Paränese. 1987. *Band II/28.*
- Heidenapostel aus Israel. 1992. *Band 62.*
Nielsen, Anders E.: "Until it is Fullfilled". 2000. *Band II/126.*
Nissen, Andreas: Gott und der Nächste im antiken Judentum. 1974. *Band 15.*
Noack, Christian: Gottesbewußtsein. 2000. *Band II/116.*
Noormann, Rolf: Irenäus als Paulusinterpret. 1994. *Band II/66.*
Obermann, Andreas: Die christologische Erfüllung der Schrift im Johannesevangelium. 1996. *Band II/83.*
Okure, Teresa: The Johannine Approach to Mission. 1988. *Band II/31.*
Oropeza, B. J.: Paul and Apostasy. 2000. *Band II/115.*
Ostmeyer, Karl-Heinrich: Taufe und Typos. 2000. *Band II/118.*
Paulsen, Henning: Studien zur Literatur und Geschichte des frühen Christentums. Hrsg. von Ute E. Eisen. 1997. *Band 99.*
Pao, David W.: Acts and the Isaianic New Exodus. 2000. *Band II/130.*
Park, Eung Chun: The Mission Discourse in Matthew's Interpretation. 1995. *Band II/81.*
Park, Joseph S.: Conceptions of Afterlife in Jewish Insriptions. 2000. *Band II/121.*
Pate, C. Marvin: The Reverse of the Curse. 2000. *Band II/114.*
Philonenko, Marc (Hrsg.): Le Trône de Dieu. 1993. *Band 69.*
Pilhofer, Peter: Presbyteron Kreitton. 1990. *Band II/39.*
- Philippi. Band 1 1995. *Band 87.* – Band 2 2000. *Band 119.*
- Die frühen Christen und ihre Welt. 2002. *Band 145.*
- siehe *Ego, Beate.*
Pöhlmann, Wolfgang: Der Verlorene Sohn und das Haus. 1993. *Band 68.*
Pokorný, Petr und *Josef B. Souček:* Bibelauslegung als Theologie. 1997. *Band 100.*

Pokorný, Petr und *Jan Roskovec* (Hrsg.): Philosophical Hermeneutics and Biblical Exegesis. 2002. *Band 153.*
Porter, Stanley E.: The Paul of Acts. 1999. *Band 115.*
Prieur, Alexander: Die Verkündigung der Gottesherrschaft. 1996. *Band II/89.*
Probst, Hermann: Paulus und der Brief. 1991. *Band II/45.*
Räisänen, Heikki: Paul and the Law. 1983, ²1987. *Band 29.*
Rehkopf, Friedrich: Die lukanische Sonderquelle. 1959. *Band 5.*
Rein, Matthias: Die Heilung des Blindgeborenen (Joh 9). 1995. *Band II/73.*
Reinmuth, Eckart: Pseudo-Philo und Lukas. 1994. *Band 74.*
Reiser, Marius: Syntax und Stil des Markusevangeliums. 1984. *Band II/11.*
Richards, E. Randolph: The Secretary in the Letters of Paul. 1991. *Band II/42.*
Riesner, Rainer: Jesus als Lehrer. 1981, ³1988. *Band II/7.*
- Die Frühzeit des Apostels Paulus. 1994. *Band 71.*
Rissi, Mathias: Die Theologie des Hebräerbriefs. 1987. *Band 41.*
Röhser, Günter: Metaphorik und Personifikation der Sünde. 1987. *Band II/25.*
Roskovec, Jan: siehe *Pokorný, Petr.*
Rose, Christian: Die Wolke der Zeugen. 1994. *Band II/60.*
Rüegger, Hans-Ulrich: Verstehen, was Markus erzählt. 2002. *Band II/155.*
Rüger, Hans Peter: Die Weisheitsschrift aus der Kairoer Geniza. 1991. *Band 53.*
Sänger, Dieter: Antikes Judentum und die Mysterien. 1980. *Band II/5.*
- Die Verkündigung des Gekreuzigten und Israel. 1994. *Band 75.*
- siehe *Burchard, Christoph*
Salzmann, Jorg Christian: Lehren und Ermahnen. 1994. *Band II/59.*
Sandnes, Karl Olav: Paul – One of the Prophets? 1991. *Band II/43.*
Sato, Migaku: Q und Prophetie. 1988. *Band II/29.*
Schaper, Joachim: Eschatology in the Greek Psalter. 1995. *Band II/76.*
Schimanowski, Gottfried: Die himmlische Liturgie in der Apokalypse des Johannes. 2002. *Band II/154.*
- Weisheit und Messias. 1985. *Band II/17.*
Schlichting, Günter: Ein jüdisches Leben Jesu. 1982. *Band 24.*
Schnabel, Eckhard J.: Law and Wisdom from Ben Sira to Paul. 1985. *Band II/16.*

Schutter, William L.: Hermeneutic and Composition in I Peter. 1989. *Band II/30.*
Schwartz, Daniel R.: Studies in the Jewish Background of Christianity. 1992. *Band 60.*
Schwemer, Anna Maria: siehe *Hengel, Martin*
Schwindt, Rainer: Das Weltbild des Epheserbriefes. 2002. *Band 148.*
Scott, James M.: Adoption as Sons of God. 1992. *Band II/48.*
– Paul and the Nations. 1995. *Band 84.*
Shum, Shiu-Lun: Paul's Use of Isaiah in Romans. 2002. *Band II/156.*
Siegert, Folker: Drei hellenistisch-jüdische Predigten. Teil I 1980. *Band 20* – Teil II 1992. *Band 61.*
– Nag-Hammadi-Register. 1982. *Band 26.*
– Argumentation bei Paulus. 1985. *Band 34.*
– Philon von Alexandrien. 1988. *Band 46.*
Simon, Marcel: Le christianisme antique et son contexte religieux I/II. 1981. *Band 23.*
Snodgrass, Klyne: The Parable of the Wicked Tenants. 1983. *Band 27.*
Söding, Thomas: Das Wort vom Kreuz. 1997. *Band 93.*
– siehe *Thüsing, Wilhelm.*
Sommer, Urs: Die Passionsgeschichte des Markusevangeliums. 1993. *Band II/58.*
Souček, Josef B.: siehe *Pokorný, Petr.*
Spangenberg, Volker: Herrlichkeit des Neuen Bundes. 1993. *Band II/55.*
Spanje, T.E. van: Inconsistency in Paul? 1999. *Band II/110.*
Speyer, Wolfgang: Frühes Christentum im antiken Strahlungsfeld. Band I: 1989. *Band 50.*
– Band II: 1999. *Band 116.*
Stadelmann, Helge: Ben Sira als Schriftgelehrter. 1980. *Band II/6.*
Stenschke, Christoph W.: Luke's Portrait of Gentiles Prior to Their Coming to Faith. *Band II/108.*
Stettler, Christian: Der Kolosserhymnus. 2000. *Band II/131.*
Stettler, Hanna: Die Christologie der Pastoralbriefe. 1998. *Band II/105.*
Strobel, August: Die Stunde der Wahrheit. 1980. *Band 21.*
Stroumsa, Guy G.: Barbarian Philosophy. 1999. *Band 112.*
Stuckenbruck, Loren T.: Angel Veneration and Christology. 1995. *Band II/70.*
Stuhlmacher, Peter (Hrsg.): Das Evangelium und die Evangelien. 1983. *Band 28.*
– Biblische Theologie und Evangelium. 2002. *Band 146.*

Sung, Chong-Hyon: Vergebung der Sünden. 1993. *Band II/57.*
Tajra, Harry W.: The Trial of St. Paul. 1989. *Band II/35.*
– The Martyrdom of St.Paul. 1994. *Band II/67.*
Theißen, Gerd: Studien zur Soziologie des Urchristentums. 1979, ³1989. *Band 19.*
Theobald, Michael: Studien zum Römerbrief. 2001. *Band 136.*
Theobald, Michael: siehe *Mußner, Franz.*
Thornton, Claus-Jürgen: Der Zeuge des Zeugen. 1991. *Band 56.*
Thüsing, Wilhelm: Studien zur neutestamentlichen Theologie. Hrsg. von Thomas Söding. 1995. *Band 82.*
Thurén, Lauri: Derhethorizing Paul. 2000. *Band 124.*
Treloar, Geoffrey R.: Lightfoot the Historian. 1998. *Band II/103.*
Tsuji, Manabu: Glaube zwischen Vollkommenheit und Verweltlichung. 1997. *Band II/93*
Twelftree, Graham H.: Jesus the Exorcist. 1993. *Band II/54.*
Urban, Christina: Das Menschenbild nach dem Johannesevangelium. 2001. *Band II/137.*
Visotzky, Burton L.: Fathers of the World. 1995. *Band 80.*
Vollenweider, Samuel: Horizonte neutestamentlicher Christologie. 2002. *Band 144.*
Vos, Johan S.: Die Kunst der Argumentation bei Paulus. 2002. *Band 149.*
Wagener, Ulrike: Die Ordnung des „Hauses Gottes". 1994. *Band II/65.*
Walker, Donald D.: Paul's Offer of Leniency (2 Cor 10:1). 2002. *Band II/152.*
Walter, Nikolaus: Praeparatio Evangelica. Hrsg. von Wolfgang Kraus und Florian Wilk. 1997. *Band 98.*
Wander, Bernd: Gottesfürchtige und Sympathisanten. 1998. *Band 104.*
Watts, Rikki: Isaiah's New Exodus and Mark. 1997. *Band II/88.*
Wedderburn, A.J.M.: Baptism and Resurrection. 1987. *Band 44.*
Wegner, Uwe: Der Hauptmann von Kafarnaum. 1985. *Band II/14.*
Welck, Christian: Erzählte ‚Zeichen'. 1994. *Band II/69.*
Wiarda, Timothy: Peter in the Gospels. 2000. *Band II/127.*
Wilk, Florian: siehe *Walter, Nikolaus.*
Williams, Catrin H.: I am He. 2000. *Band II/113.*
Wilson, Walter T.: Love without Pretense. 1991. *Band II/46.*

Wissenschaftliche Untersuchungen zum Neuen Testament

Wisdom, Jeffrey: Blessing for the Nations and the Curse of the Law. 2001. *Band II/133.*
Wucherpfennig, Ansgar: Heracleon Philologus. 2002. *Band 142.*
Yeung, Maureen: Faith in Jesus and Paul. 2002. *Band II/147.*
Zimmermann, Alfred E.: Die urchristlichen Lehrer. 1984, ²1988. *Band II/12.*

Zimmermann, Johannes: Messianische Texte aus Qumran. 1998. *Band II/104.*
Zimmermann, Ruben: Geschlechtermetaphorik und Gottesverhältnis. 2001. *Band II/122.*
Zumstein, Jean: siehe *Dettwiler, Andreas*

Einen Gesamtkatalog erhalten Sie gerne vom Verlag
Mohr Siebeck – Postfach 2040 – D–72010 Tübingen
Neueste Informationen im Internet unter www.mohr.de